1 MONTH OF FREE READING

at

www.ForgottenBooks.com

By purchasing this book you are eligible for one month membership to ForgottenBooks.com, giving you unlimited access to our entire collection of over 700,000 titles via our web site and mobile apps.

To claim your free month visit: www.forgottenbooks.com/free748371

* Offer is valid for 45 days from date of purchase. Terms and conditions apply.

ISBN 978-0-483-45592-4
PIBN 10748371

This book is a reproduction of an important historical work. Forgotten Books uses state-of-the-art technology to digitally reconstruct the work, preserving the original format whilst repairing imperfections present in the aged copy. In rare cases, an imperfection in the original, such as a blemish or missing page, may be replicated in our edition. We do, however, repair the vast majority of imperfections successfully; any imperfections that remain are intentionally left to preserve the state of such historical works.

Forgotten Books is a registered trademark of FB &c Ltd.
Copyright © 2017 FB &c Ltd.
FB &c Ltd, Dalton House, 60 Windsor Avenue, London, SW19 2RR.
Company number 08720141. Registered in England and Wales.

For support please visit www.forgottenbooks.com

EUGENIO TORTORA

NUOVI DOCUMENTI

PER LA STORIA

DEL

BANCO DI NAPOLI

NAPOLI
A. BELLISARIO E C. — R. TIPOGRAFIA DE ANGELIS
Portamedina alla Pignasecca, 44
1890

HG
3090
N4847

CAPITOLO I.

FONDAZIONE ED ORDINAMENTO DEI VECCHI MONTI DI PIETÀ DI NAPOLI

Leggi e fatti concernenti li mutui contro pegno
1538 a 1794

1. Fondazione del *Monte di Pietà*, malamente attribuita ad una espulsione degli Ebrei — 2. Monti di Pietà anteriori a quello di Napoli; Controversie teologiche cui dettero occasione — 3. Il Monte di Roma. Applicazione del fervore religioso alle opere filantropiche—4. Il *Monte di Pietà* di Napoli — 5. Il *Monte dei Poveri* — 6. La Casa Santa dell'*Annunziata* ed il Banco *Ave Gratia Plena* — 7. L'Ospedale degl'*Incurabili* ed il Banco di *Santa Maria del Popolo* — 8. Il Conservatorio e Banco dello *Spirito Santo* — 9. L'Ospedale e Banco di *Sant'Eligio* — 10. La Chiesa, Ospedale e Banco dei *Santi Giacomo e Vittoria* — 11. Il Banco del *SS. Salvatore* — 12. Antiche regole sui pegni.

1. Parecchi scrittori (1) definiscono la fondazione del Monte di Pietà sagace rimedio, immaginato dal Viceré di Napoli D. Pietro di Toledo, per provvedere ai disordini ed inconvenienti della legge che scacciava gli Ebrei. Narra Giannone, sulla testimonianza del cronista contemporaneo Gregorio Rosso, (2) che, allorquando visitò Napoli l'imperatore Carlo V. molti cittadini, ed in particolare modo molti feudatarî, dettero in pegno tutti i loro argenti e beni mobili, per sfoggiare in Corte con lusso straboccchevole. Gli Ebrei guadagnarono molto; maggiori sarebbero stati i loro profitti se più lungo tempo Carlo fosse rimasto a Napoli. Essi godevano il monopolio del prestito pegnoratizio, proibito ai Cristiani da leggi ecclesiastiche e civili, per virtù d'una *Costituzione* dell'Imperatore Federico, del secolo XIII, la quale a favor loro tollerava gl'interessi fino a dieci per cento; ed avevano quasi rinunziato all'altre qualità di mutui per la ragione che dal predecessore di Carlo, Ferdinando il

---

(1) Rocco Michele. Dei Banchi di Napoli e della lor ragione, Vol. I, pag. 151—Giannone. Storia Civile, libro 32, cap. IV. — Bianchini. Storia delle Finanze, Vol. 2.° pag. 567 — Aniello Somma. Trattato dei Banchi Nazionali delle due Sicilie, pag. 11. Con altri molti.
(2) Giornali — Anno 1536.

Cattolico, si era tolta qualsiasi sanzione legale ai crediti degli Ebrei, con una legge del 1507, la quale dichiarava, per loro, non valide l'obbligazioni chirografarie, le personali ed anche quelle fondate sopra ipoteche. Il pegno dunque d'un oggetto mobile era indispensabile all'Ebreo, che non poteva procedere contro la persona, nè sui beni del Cristiano.

Partito il Sovrano da Napoli, cessata l'occasione di chiedere altre somme, i debitori si dolsero per l'estorsione che subivano. Pare veramente cosa certa che gl'interessi fossero a tutt'altra ragione di quella consentita dalla *Costituzione*, e che si potessero dire scandalosamente usurarî. Gridarono tanto questi debitori, e furono in tal modo sostenuti dall'opinione pubblica, che il Vicerè dovette pensare ad un rimedio.

D. Pietro di Toledo si voleva far credere schietto sostenitore delle opinioni religiose, fra le quali, nel secolo XVI., erano universalmente ammesse quella che condannava i mutui ad interesse, e l'altra che definiva cosa illecita contrattare co' miscredenti. Di buon grado quindi si adoperò pel necessario permesso dell'Imperatore, ed avutolo, nel 1540, pubblicò rigoroso bando contro gli Ebrei, ordinando che tutti partissero dalla città e dal regno. Ebbe piena esecuzione questo bando, che tornava d'immenso vantaggio a migliaia di cittadini, fra cui erano molti feudatari e persone potenti, che colpiva una classe d'individui universalmente odiata, che lusingava le passioni ed i pregiudizî dell'intero popolo. La conseguenza fu che, tolta la possibilità di prendere a mutuo sopra pegno dagli ebrei, i bisognosi dovessero ricorrere ai cristiani ricchi; costoro non si facevano scrupolo di pretendere usure più grosse. Il rimedio quindi sarebbe stato peggiore del male. Ma gli autori pretendono che si fosse ogni inconveniente levato per cura del Vicerè Toledo. Affinchè restasse la comodità di far pegni, e perchè gli usurai cattolici non avessero occasione d'imitare, superandolo, il rigore degli ebrei, fu aperto il *Sacro Monte della Pietà*. I fondatori, dopo di aver liquidati gli affari in corso, riscattando i pegni che già s'erano fatti, misero una cassa di anticipazioni, la quale non doveva riscuotere interesse alcuno, per i mutui inferiori a dieci ducati, e doveva contentarsi di retribuzioni discretissime per gli affari più importanti.

Raccontata in questo modo, l'origine del Monte di Pietà presuppone sapienza di cose economiche, con buona volontà del Toledo e dei suoi coadiutori, le quali sono smentite da tutti gli atti dell' amministrazione viceregnale. Spiega la fondazione della prima Cassa, che si vuole avvenuta nel 1540, ma non dà ragione dei fatti che produssero l' apertura del Banco *Ave Gratia Plena* o Santissima Annunziata verso il 1587, dell' altro del Popolo nel 1589, del quarto dello Spirito Santo nel 1591, del quinto di Sant'Eligio nel 1592, del sesto dei SS. Giacomo e Vittoria nel 1597, del settimo dei Poveri nel 1600, e finalmente dell' ottavo ed ultimo del SS. Salvatore nel 1640 (1).

L' opera sui banchi del sig. Michele Rocco, che a pag. 151 ripete la comune opinione, d'essere stato il Monte aperto al 1540, *dopo la cacciata degli ebrei*, alla pagina seguente si contradice, confessando che la fondazione fu dovuta al senno ed alla filantropia di due cittadini napoletani, Aurelio Paparo e Leonardo di Palma, i quali " animati da una carità senza pari, con proprio da-
" naro, un anno prima della espulsione, cioè nel 1539 e 1540
" (*ciò apparisce dal primo libro del Monte*) (2) riscossero dagli ebrei la
" roba tutta che aveano in pegno, e la trasportarono nella loro
" casa ch' era nella strada della *Selice* poco distante della *Giude-*
" *ca* (3) ove la conservarono e ne fecero i dispegni; anzi diedero
" principio alla grande opera, prestando denaro sopra il pegno, sen-
" za alcuno interesse. Napoli è portata per le opere di pietà, quin-
" di varî ricchi e pietosi cittadini concorsero al glorioso fine; e
" in breve tempo si vide l'opera cresciuta in guisa che non fu ca-
" pace la casa dei due famosi cittadini a disimpegnarla, onde la

---

(1) Agli anni soprascritti rimontano i più antichi volumi di *scrittura apodissaria*, che di ciascun Banco conservi l' archivio generale. Il prestito con pegno, però, per alcuni era già cominciato prima, come per esempio al Monte dei Poveri, che avea fatto i primi mutui nel 1563, e da altri s' intraprese più tardi, esempio il Banco Spirito Santo, che ottenne il permesso viceregale nel 1629.

(2) Per mala ventura, nella notte del 31 luglio 1786, un incendio consumò parecchie scritture del Monte della Pietà. Anche gli archivi degli altri antichi banchi furono manomessi dopo la sospensione di pagamenti del 1794. Questo *primo libro del Monte* non si trova, come non si trovano le corrispondenze dei secoli XVI e XVII Però nei registri e documenti salvati, che compongono l'attuale prezioso archivio patrimoniale, ci sono attestazioni che abbia esistito e che contenesse atti dell'anno 1538, vale a dire di molti mesi anteriori alla pretesa espulsione degli ebrei. È, per esempio, descritto con queste parole nell' " *Inventario di scritture del Sacro Monte della*
" *Pietà di Napoli nel quale anco si da ragguaglio del tempo e delle condizioni di quelle* (archi-
" vio patrimoniale scaffale, N. 76 vol. N. 508 pag. 21 tergo).
" Il libro della fondazione del Sacro Monte, nel quale vi sono registrati anco più lettere et
" ordini Regi circa il buon governo del detto Sacro Monte, dall' anno *1538* in quà, si conserva
" insieme con la detta scatola nel stipo de scritture d' esso Sacro Monte. „
Siffatto inventario si dovette compilare verso il 1595, poichè contiene i bilanci degli anni 1586 a 1594 e non descrive documenti poste iori.

3) Specie di *ghetto* dove gli ebrei dovevano tutti dimorare per una ordinanza di Carlo V.

" trasferirono nella Casa Santa di *Ave Gratia Plena* nel cui cortile
" fu amministrato sotto il titolo di Sacro Monte della Pietà, e fino
" d'allora si trovano dati gli amministratori, col titolo di Protettori. „

L'*istruzioni per gli ufficiali del sacro monte*, del 18 maggio 1585, ch'esistono manoscritte nel volume di *conclusioni* di quell'anno (1) non parlano di cacciata d'ebrei, anzi fanno argomentare che costoro non avessero lasciato Napoli quando fu messo, poichè dichiarano che il Monte nacque per combatterli. Dice infatti il primo paragrafo.

" Considerandosi che il detto Sacro Monte è *stato instituito per* TO-
" GLIERE *li prestiti abbominevoli e .contratti usurarî che nel pre-*
" *sente Regno di Napoli erano stati introdotti dai Giudei* e per evi-
" tare altri scandali e delitti che si commettevano dai bisognosi,
" non potendo avere denari pronti ai loro bisogni. Come già si
" vede che colla sovvenzione che alla giornata si fa per esso Sa-
" cro Monte a tutti li poveri, col prestito grazioso, mercè d'Id-
" dio, sono non solo rimediati infiniti mali, ma anco fatti innume-
" rabili beni. Però si ammoniscono tutti gli ufficiali che nell'eser-
" citare dei loro uffici non abbiano riguardo principalmente alle
" provvisioni che se li daranno, ma al servizio di nostro Signore
" Iddio, al quale essi son deputati, esercitando il loro ministerio
" con carità e timor di Dio, fedelmente, sopportando l'uno l'altro
" ed anche li poveri importuni che vengono al Monte per impe-
" gnare, servendoli con pazienza e con carità. „

Manca il testo d'una lettera di Re Filippo. Ma questo compendio, che teniamo nel volume dell'inventario (n. 508 pag. 15 tergo) riferisce l'ordine al Vicerè Toledo che *s'informasse del detto negocio*, prova chiarissima che non era fondazione sua.

" La lettera della Cattolica Maestà di Re Filippo, nostro Signo-
" re, spedita a dì 29 d'ottobre 1540 in Brusselles, diretta all'Ec-
" cellenza dell' olim Vicerè di questo Regno, Marchese di Villa-
" franca, per la quale se gli. ordinava che avendo inteso la Mae-
" stà sua qualmente s'è eretto in questa città il Sacro Monte della
" Pietà, ove recorreno i poveri a ricever denaro sopra pegno, per
" impronto gratis per amor del Signore. E per lo buono governo
" di quello si sono stabeliti certi capitoli, con consenso dell' Ec-
" cellenza Sua, dei quali si domandava confirmacione alla Maestà

---

(1) Scaffale 17 Vol. 167 archivio patrimoniale.

" Sua; et anco si supplicava si degnasse assegnare alcuna limosi-
" na al detto Sacro Monte, per sostentamento della detta grande
" opera di Pietà, sopra li proventi della Vicaria, l' Eccellenza sua
" s' informasse del detto negocio, e del tutto poi facesse relazione
" a Sua Maestà, acciò si provvedesse al supplicato „.

Il Vicerè dunque non aveva fondato il Monte, nulla gli aveva dato, contentandosi appena d'un verbale consenso; supponeva S. M. che poco ne sapesse. Forse Toledo dovette dopo far pratiche per soccorrerlo, colla borsa degli altri, ed è probabile che per suggerimento suo, od almeno permesso, gli amministratori del Municipio di Napoli donassero la piccola rendita di D. 72 annui, che appare dai registri contabili conceduta dalla Fedelissima Città nell'anno 1544.

Altre ragioni per negare che il Monte di Pietà fosse invenzione ed opera di D. Pietro di Toledo offre la stessa prammatica contro gli ebrei. Trascriviamo questo documento, del 10 novembre 1539, che minaccia, ma non comanda la loro cacciata dal Regno. Carlo V, infatti, esprime la volontà di bandire, ma provvisoriamente si contenta di farli stare il più che possibile separati dai Cristiani, ed ordina che portassero segno ben visibile, pel quale fossero conosciuti e distinti.

.... Et quia perfidorum iudaeorum cum christianis conversatio atque commixtio, periculosa indecentia facinora producere plerumque consuevit, sitque propterea inconveniens quod alius non distinguatur ab alio, et ideo, pro Dei servitio et bono publico, illos a civitate Neapolis, totoque regno decrevimus *quam citius* expellere, non obstante conventione cum eis per Pro Regem Nostrum habita. *Volumus interim, donec id quod decrevimus executioni demandetur*, illos a Christianis, quam possibile est, secernere. Quamobrem mandamus, quod eisdem tam Neapoli, quam aliis in civitatibus, terris et locis quibuscumque ubi commorantur, locus vel platea separata assignetur, in qua ipsi simul habitent seorsum a christianis, nec alia in parte quam in loco eis assignando valeant habitari. Et ut a Christianis discerni facile possint, cogantur penitus ad portandum signum coloratum et notabile, masculi in capite, videlicet pileum sive biretum rubei, seu crocei giallive coloris, ita ut tegi nullo modo possit; similiterque eorum mulieres signum vel in capite, vel alio loco ubi pateat cunctis, viderique liceat, portare cogantur, scilicet fasciam eiusdem coloris. Si qui autem contravenisse reperiantur, non habitando in loco qui deputabitur eis, vel signum ut superium dictum est non portando, vel portando illud cooperiendo, poenam publicationis bonorum omnium incurrant, in quam ex nunc pro tunc et contra illis incidisse declaramus, bonaque eorum omnia, vel eius qui contravenerint, Fisco nostro, in causa contraventionis, applicata esse decernimus. Quam quidem poenam omni et inviolabili modo exigi volumus et mandamus.

Quae omnia et singula suprascripta, in omnibus suis punctis, articulis et

clausulis integre concusse observari volumus, et per nostrum in eodem Regnum Vice Regem et Locum Tenentem Generalem praesentem, et per alios Consiliares et Officiales nostros, cuiuscumque nominis, gradus, conditionis et qualitatis existant, debitae executioni mandari, omni dubio, difficultate, sinistra interpetrazione cessantibus, haec secus attentari ulla ratione, praetextu, sive causa, si ultra iram et indignationem nostram gravissimam, poenas supra expressas, et alias graviores, quas nobis et successoribus nostris reservamus, incurrere formident. In cuius rei testimonium, praesentes fieri iussimus, nostro magno negotiorum Siciliae Citerioris Regni sigillo pendenti munitas. Datum in oppido nostro Matriti die X mensis novembris, anno a Nativitatis Domini millesimo quingentesimo trigesimo nono. Imperii nostri 19, Regnorum autem nostrorum, videlicet Regni Castillae, Granatae etc. anno trigesimo sexto, Navarrae 24. Aragonum, utriusque Siciliae, Ierusalem et aliorum vigesimo quarto. Regis vero omnium 24. Io el Rey.
Vidit Maius Vice Protonotarius et pro Magno Camerario — Vidit Severius Regens.— Vidit Beltran Regens General Thesaur. — Sacra Caesarea et Catholica Maiestas mandavit mihi Alphonso Idiaqui.

Quale, precisamente, fosse l'epoca della cacciata degli Ebrei non dicono le prammatiche. Dovette senza dubbio essere posteriore al 10 novembre 1539, e precedere l'anno 1572. Per questa seconda data c'è ordinanza del Vicerè, nella quale si parla di ebrei che vengono dall'estero, *con licenza*, in occasione di mercati o fiere. Anche costoro dovevano portare il berretto giallo, con minaccia ai contravventori di cinque anni di galera.

Assai piccola parte prese dunque il Vicerè Toledo alla fondazione del Monte. Il merito spetta ai due individui mentovati (qualche documento aggiunge il notaio Giovan Domenico di Lega ed il gesuita Alfonso Salmeron) ed ai cittadini napoletani che li soccorsero di denaro, di consigli, di opera.

I biografi di S. Gaetano Tiene attribuiscono a lui, ed al socio Giovanni Marinonio, l'onore di aver fondato il napoletano Monte di Pietà. Dice Magenis (1).

§ 529 « La seconda (opera notevole) è il molto che S. Gaetano contribuì a quella grand'opera insigne, detta il *Monte della Pietà*, eretta in quest'occasione. L'interesse e l'usura tutta l'anima possono dirsi d'un Ebreo per cui solo vive ed opera, apportavano gravissimi danni alla città di Napoli, dove traf- ficando, sparsasi per più luoghi e città la schiatta degli ebrei in gran numero, prestavano costoro a cristiani o roba o dinaro con usure sì ingorde, che in poco tempo si divoravano ancora i loro pegni e tutte le loro sostanze. Impoveritesi perciò molte famiglie, fino a vedersi ridotte all'estremo bisogno,

---

(1) Vita di S. Gaetano Tiene, pag. 395 parte 1ª libro 3o cap. 24.

« la Città (1) fece istanza al suo Prin-
« cipe, l'Imperatore Carlo V, che si
« degnasse, pel pubblico bene, dare
« un bando generale, da tutto il re-
« gno, a quella nazione sì rapace e
« sì nemica del nome Cristiano. Mol-
« to aggradì queste suppliche l'in-
« nata pietà di Cesare, e tanto se ne
« compiacque, che nulla curando ve-
« nisse a mancare al suo erario una
« lucrosissima rendita, proveniente
« dalle grosse contribuzioni degli e-
« brei, comandò loro con un editto
« rigorosissimo che in termine di
« tanti giorni uscissero da tutto il
« regno di Napoli, senza speranza
« alcuna di potere più ritornarvi.
« Ora, purgata la città da questa fec-
« cia di gente sì avida ed usuraria,
« cadde un bel pensiero nella mente
« del nostro venerabile Padre D. Gio-
« vanni Marinonio, novizio già ed
« allievo di S. Gaetano, e poi com-
« pagno nella santità; di ergere un
« luogo pio, che provvedesse di de-
« naro i bisognosi, ma con ricever-
« ne da loro il solo pegno, senza un
« minimo pro o interesse; per chiu-
« dere ogni strada ai Cristiani di
« camminare sulle nere vestigia la-
« sciate dagli espulsi ebrei. E già pur
« troppo alcuni cittadini, dominati
« dalla cupidigia del guadagno, in-
« cominciato avevano a prestar de-
« naro a poveri, con quelle usure stes-
« se che praticavano prima gli ebrei.
« Il Marinonio adunque comunicò il
« suo conceputo disegno al Beato Gae-
« tano, come quello che sempre ve-
« nerava da padre e maestro, con
« una totale dipendenza dai suoi
« consigli, aspettando sopra di ciò
« il di lui parere ed approvazio-
« ne (2) Consolatosi il Santo a sì bella
« idea del suo diletto figliuolo e fra-
« tello, non solo l'approvò, non solo
« il sollecitò ad eseguirla, ma volle
« esser anch'egli a parte della gran-
« de impresa, che conosceva sì pro-
« fittevole al pubblico ed impeditiva
« di tanti peccati. Onde, maneggian-

(1) Amministratori del Municipio.
(2) Fort — Vita di S. Gaetano, lib. 1 cap. 44.

« dosi ambidue con sommo zelo e
« fervore, sì nel superare le molte
« difficoltà che si opposero, come in
« persuadere ai loro penitenti più fa-
« coltosi il contribuire ad opera sì
« santa e fondi, e censi, ed oro, fu
« eretto questo luogo pio, nomina-
« tosi con tutta ragione il Monte
« della Pietà, che fu ed è di tanto
« profitto e spirituale e temporale
« alla città di Napoli, e al di cui e-
« sempio fondaronsi poi altri monti
« simili, in puro sollevamento di
« quanti abbisognano ricever denari
« in prestito.

§ 530. « L'erezione di questo Monte
« della Pietà, promossa dai consigli
« di Gaetano, accadde fin dal 1539,
« ma quello che in oltre vi contribuì
« negli anni correnti (1545 e seg.)
« in cui si trova la nostra storia,
« maggiormente dimostra il di lui
« zelo. Ritornato il Santo quest'ul-
« tima volta da Venezia a Napoli,
« ripigliò a dirigere la coscienza del
« suo già penitente, il nominato più
« volte Conte d'Oppido, a cui un
« giorno espose, come riferisce D.
« Francesco Maggio, le premure del-
« la sua carità, cosi dicendogli: *Voi*
« *vedete, o Conte, non avervi Iddio da-*
« *ta prole a cui lasciare le vostre fa-*
« *coltà doviziose; forse perchè fossero*
« *impiegate in altre opere di sua mag-*
« *gior gloria. Vi ricorderete ancora*
« *della prima mia venuta a Napoli,*
« *che vi esibiste d'istituire erede dei*
« *vostri beni la mia Religione, acciòc-*
« *chè avesse entrata da sostenersi; e*
« *che io costantemente mi opposi a tanta*
« *vostra generosità, per essere incom-*
« *patibile col nostro apostolico istituto.*
« *Eccovi ora un savio consiglio, che*
« *non può essere nè più grato al Cielo,*
« *nè più utile alla vostra anima, nè*
« *più profittevole al pubblico bene. Quei*
« *poderi e ricchezze che offeriste alla mia*
« *Religione, applicateli al nuovo Monte*
« *della Pietà, che non ha ancora tanta*
« *forza da poter soccorrere a tutti i*
« *bisognosi, e togliere ogni occasione a*
« *Cristiani di Giudaizzare colle usure,*
« *e commettere ingiustizie ed estorsioni*
« *contro dei poveri.* La bontà di que-

« sto Cavaliere, rispettando per co-
« mandi i savi consigli di Gaetano,
« donò una gran parte dei suoi beni
« al detto luogo pio; e col suo esem-
« pio mosse altri benestanti a mag-
« giormente arricchirlo, di modo che
« in progresso di tempo, fin da que-
« gli anni in cui scrisse le sue sto-
« rie il padre Sylos, trovavasi posse-
« dere in dinaro contante, da darsi
« in prestito ai poveri, trecento mila
« scudi d'oro, ed un milione di ca-
« pitale, potendosi questo Monte del-
« la Pietà stimare profetizzato da
« Davide, in quelle parole del salmo
« 62. *Mons Dei, mons pinguis.*

Quando gl'impiegati del Banco formarono un Pio Sodalizio, nella chiesa di San Potito, misero fra' Santi protettori Gaetano Tiene, stimandolo fondatore del Monte della Pietà. Ogni anno se ne celebra la festa, ed il predicatore, incaricato del panegirico del Santo, non dimentica questo gran merito. Ma la tradizione, fondata sulla testimonianza del Magenis e di altri PP. Teatini, manca di buoni appoggi. Infatti le più antiche carte del Monte della Pietà parlano di Aurelio Paparo, di Nardo di Palma, del P. Salmerone, del notaio di Lega, e d'altri benefattori, senza accennare al Tiene ed al Marinonio. La cacciata degli ebrei non precedette, ma fu certamente posteriore alla fondazione del Monte, trovandosi nell'archivio le descrizioni d'un registro del 1538, mentre che li 10 Novembre 1539 fu firmata a Madrid, non a Napoli, una semplice minaccia d'espulsione. Ciò demolisce tutto il racconto, perciocchè non ebbero Marinonio e San Gaetano quelle ragioni di pensare al nuovo Istituto, o meglio d'inventarlo, che dicono i trascritti due paragrafi della biografia. Negli anni 1539 e 1540 fu in grandissime faccende S. Gaetano per viaggi a Roma, controversie teologiche con l'Ochino, il Valdesio ed altri predicatori, ch'egli stimava volessero pervertire la Fede, per amministrazione ed impianto di monasteri di uomini e donne con regola nuova, per fondazioni d'ospedali dove personalmente curava gl'indigenti e per svariate altre opere ascetiche o di filantropia. Non una traccia della donazione del Conte d'Oppido c'è riuscito di pescare fra documenti del secolo XVI, e specialmente nei *giornali* e *mastri patrimoniali*, chiamati *Libri di casa*, che, per assodare questo punto, furono diligentemente studiati. È vero che di tali libri mancano quelli anteriori al 1584, ma i successivi, ch'esistono, danno minute spiegazioni sulla provenienza ed uso di tutt'i capitali dell'Ente. Il conto, *legati e donazioni liberi e senza peso alcuno* distrugge la leggenda che il patrimonio venisse dall'elemosine, perchè **prova** come dal giorno dell'impianto fino al 1597 s'accumulasse la modica somma di D. 5766,95. Notisi ch' entrano in questi ducati 5766.95 le rendite di mezzo secolo. Usavano gli amministratori d' aggiungere al capitale e di conteggiare come aumento di patrimonio il frutto dei fondi donati liberamente all' Istituto. L'altre donazioni, con oneri di maritaggi, scarcerazioni, messe, pegni gratuiti ed altro, sono tutte registrate, con una contabilità di partita doppia che si potrebbe dare come insegnamento ai moderni ragionieri, tal' è la chiarezza e tante l' informazioni che fornisce. Se il Conte d' Oppido avesse donato qualche cosa, certamente lo troveremmo registrato.

*
* *

2. La costituzione delle agenzie di prestito sopra pegno, a modico interesse, e per iscopo di beneficenza non possiamo dirla inventata dal Paparo e dai suoi compagni. Fin dal 1198 se n' era fondata una a Freisingen (Baviera) (1). Nel 1350 i borghesi di Salins (città della Franca Contea) versarono il capitale di ventimila fiorini, per aprirne un' altra. Undici anni dopo, Michele di Northburg, vescovo di Londra, lasciava per testamento mille marchi al Capitolo della sua Cattedrale, onde li distribuisse in prestiti senza interesse e della durata di un anno; con patto che ad un laico povero si potessero dare fino a 10 lire sterline, 20 lire ad un borghese della capitale o ad un nobile, 30 lire al decano ed ai canonici della Cattedrale stessa di S. Paolo, 40 o 50 lire ai Vescovi. Per assicurare la restituzione del prestito, occorreva un pegno di eguale o maggiore valuta. Se, passato l' anno, qualche debitore non avesse adempito all' obbligo suo di riportare la somma ricevuta, il predicatore di S. Paolo doveva annunziare dal pergamo che gli oggetti non riscattati sarebbero venduti nella seguente quindicina.

Le ricordate tre agenzie di prestiti, o Monti di Pietà, che pare siano le più antiche, ebbero vita breve ed ingloriosa. Se ne parla da parecchi scrittori, come di una curiosità storica, ma ad onta delle più diligenti ricerche non è stato possibile di conoscere in qual modo compirono il filantropico uffizio e per quali ragioni smisero. Probabilmente fallirono per insufficienza di capitale e pel cattivo ordinamento, tuttochè l' opera loro dovesse risultare utilis-

---

(1) Blaize, des monts de pieté et des banques de prêt sur gages. — Boccardo, Dizionario di Economia politica, art. Monti di Pietà. — Arnauld, Avantages et inconvenients des Monts de Pieté.

sima, anzi necessaria, in epoca di generale miseria, quale fu il *medio evo*.

Un monaco italiano, Barnaba da Terni, deve reputarsi il vero inventore dei Monti di Pietà, sia perchè ne provvide in pochi anni molte città di Romagna, Lombardia e Toscana, sia perchè trovò il modo di farli durare. Egli conobbe i vantaggi della concorrenza, centinaia di anni prima che fossero dimostrati dai volumi degli economisti, e pensò di combattere gli usurai con l'arme loro stessa, *il danaro*. Erano veramente inique a quell'epoca l'estorsioni usurarie degli Ebrei e dei Caorsini, non meno perchè mancavano la moneta, il commercio e la sicurezza, quanto perchè le leggi civili e religiose proibivano i prestiti ad interesse e l'opinione pubblica li condannava. Ogni uomo dabbene si asteneva dal collocare i propri capitali su mutui, con o senza pegno, ed i prestiti si facevano dai soli furfanti, a scandalosi patti.

Frate Barnaba, volendo muovere guerra agli strozzini, avendo sperimentata la insufficienza ed il danno delle leggi proibitrici dei mutui ad interesse, deplorando forse la poca efficacia d'un'opinione religiosa, che avrebbe dovuto far credere gli ebrei personali nemici dei cristiani, spese il grande ingegno e la straordinaria facondia per dimostrare la legittimità dei prestiti a discreto lucro, i vantaggi sperabili da un banco di mutui sopra pegno, che fosse condotto con idee filantropiche.

Il primo esperimento si fece a Perugia nel 1462.

La predicazione del monaco produsse, di elemosine, un capitale che bastò alla costituzione dell'agenzia di prestiti. Ivi le persone che avevano bisogno di poca moneta, per la giornaliera sussistenza, la trovavano senza pagare interessi; promettendo però di restituirla fra un anno, ed avvalorando la promessa col deposito d'un pegno. Le persone poi non miserabili, che chiedevano somme più importanti, dovevano aggiungere al pegno, ed alla promessa di restituire quanto avevano ricevuto, anche il pagamento d'una piccola elemosina per le spese amministrative. Questa distinzione fra persone miserabili e persone agiate, o per dir meglio fra pegni piccoli e pegni grossi, assicurò esistenza e durata alla nuova forma di banco che l'inventore chiamò Monte di Pietà. Le spese indispensabili potevan farsi col provento che davano gli affari, l'istituto possedeva una rendita quasi certa e non si doveva più ricorrere volta per volta alla filantropia dei benefattori.

L' esempio di Perugia fu presto imitato. Un Monte di Pietà si costituì ad Orvieto nel 1466 con l' approvazione di Papa Pio II. Sisto IV. sanzionò nel 1471 gli statuti di quello di Viterbo e nel 1479 dell' altro di Savona. Innocenzo VIII. nel 1484, permise che si fondasse quello di Mantova. Parecchi altri Monti dell'alta e media Italia pure nacquero nel secolo XV. e di qualcuno s' è stampato lo statuto primitivo (1).

I frati Domenicani, rivali dell' ordine di San Francesco, al quale Barnaba da Terni apparteneva, furono malcontenti degli applausi che tutta Italia prodigava alle nuove banche; cominciarono a scrivere ed a predicare contro, si adoperarono anche presso del Papa per la revocazione dei permessi e privilegi conceduti. Ma l' ordine di San Francesco non ristette perciò. Berardino da Feltro continuò vigorosamente l' opera di Bernaba, e parlò con efficacia maggiore. A Firenze, un suo discorso concitò in tal modo gli uditori contro gli ebrei, che la plebe corse al *Ghetto* per manometterne gli abitanti; i magistrati, che ordinarono al fanatico oratore di uscire dalla città, provocarono una sommossa. Anche a Venezia fu proibito a frate Bernardino il pulpito; (2) ma egli potette fondare Monti di Pietà a Parma, Rimini, Montefiore, Cesena, Montignano, Chieti, Narni, Rieti, Lucca, Campo San Piero, Siena; Padova vide sorgere il suo nel 1491; Pavia nel 1493; Milano nel 1497, regnando Ludovico il Moro.

Nondimeno le polemiche lungi dal cessare ingagliardirono, e presero parte alla disputa i più reputati teologi di San Domenico, fra' quali il Cardinale Caietano, Tommaso de Vio, Domenico di Soto. Anche Nicola Barianno, monaco Agostiniano, fece stampare a Cremona, nel 1496, l'opuscolo *De Monte impietatis*. Esaminata sottilmente la costituzione delle banche di prestito sopra pegno e gli spedienti per provvedere alle spese amministrative; spedienti che si riducevano ad aumentare la somma prestata con qualche altra cosa,

---

(1) Nell' archivio Storico Marchigiano (vol. I, pag· 665 a 705) il prof. Luigi Moretti ha pubblicato le regole del Monte di Fano, che nacque nel 1471, dando notizie dell' altro di Fabriano, nato nel 1470.

(1) Il governo della repubblica non permise che si fondassero Monti di Pietà in Venezia e quello che ora esiste fu messo nel presente secolo dall' amministrazione austriaca. Fra i decreti del Consiglio dei dieci se ne ricorda uno del 24 dicembre 1534 che *per importantissime cause e ben considerate ragioni* ordina ai gentiluomini che volevano aprirlo, di *non proponere nè di parlare di detta materia, sotto pena della vita ed indegnazione del Consiglio.*

Non sembra potersi attribuire a parzialità per gli usurai siffatto decreto, perciocchè le leggi Venete erano tutt'altro che benevole agli strozzini.

che i Francescani chiamavano retribuzione, premio, elemosina, evitando la parola *interesse*, questi teologi ne traevano argomento per sostenere che le speculazioni del Monte di Pietà fossero cose biasimevoli ed anti Cristiane. Posti i principî, ammessi dai competitori, che il mutuo non differisca dal deposito, che la moneta non debba crescere pel mutuo, che sia usura tanto il piccolo quanto il grosso interesse, era cosa facile provare come dal Monte di Pietà si praticasse l'usura; mediante patti coi quali si riscuoteva più di quanto si fosse al debitore prestato. Ne veniva la conseguenza che gli statuti, scritti o approvati da Barnaba e da Berardino, si dovessero dalla Chiesa condannare, proibendone l'applicazione.

L'ordine di San Francesco difese le nuove casse di prestito col metterne fuori dubbio lo scopo filantropico, e con molti decreti e bolle di Pontefici antichi e recenti; i quali, in determinati casi e per giuste ragioni, avevano permesso che il mutuo fosse proficuo; al rigore dell'argomentazione teologica rispose con le necessità della vita civile e coll'esempio di quanto succedeva in tutt'i paesi ed in tutte le famiglie. Vari vescovi e predicatori francescani scrissero libri e parlarono nel Concilio Laterano (1512 a 1517) ottenendo una esplicita ed autorevole approvazione dei Monti di Pietà. Ma voleva il Concilio che non si domandasse ai debitori, vale a dire ai proprietarî dei pegni, più di quanto fosse strettamente necessario per le spese amministrative, dichiarando pure che reputava preferibile l'intera gratuità del mutuo, e che consigliava ai fondatori d'assegnare i fondi necessari per l'esercizio dell'opera pia.

Conc. Lateran V. Sess. X. hab IV non. Maji 1515. Sacro approbante Concilio, declaramus et definimus. Montes pietatis, per respublicas institutos, et auctoritate Sedis Apostolicae hactenus probatos et confirmatos, in quibus, pro eorum impensis et indemnitate, aliquid ultra sortem recipitur, ad solam ministrorum impensam, aliorumque rerum ad illorum conservationem, ut praefertur, pertinentium; pro eorum indemnitate dumtaxit, absque lucro eorumdem montium; neque speciem mali praeferre, nec peccandi incentivum praestare, neque ullo pacto improbare, quinimmo meritorium esse, ac laudauri et probari debere tale mutuum, et minime usurarium putari; liceri que illorum et misericordiam populis praedicare, etiam cum indulgentiis a Sancta Sede Apostolica eam ob caussam concessis; deinceps alios etiam hujusmodi Montes, cum Apostolicae Sedis approbatione, erigi posse.

Multo tamen perfectius, multoque sanctius fore, si omnino tales montes gratuite constituerentur, hoc est si illos erigentes aliquid census assignarent, quibus si non omni, saltem vel media ex parte hujusmodi montium ministrorum solvantur impensae.

Così s'era regolato San Giacomo della Marca e con tali criterî il Beato Marco da Monte Gallo aveva scritto fin dal 1470 e 1471 gli statuti dei monti di Fabriano e di Fano. Ma per quelle due città i Monti erano surti come pubblici servigi, diretti ed amministrati dall'autorità civile ed ecclesiastica. Il capitale si prelevava dalla cassa pubblica o si raccoglieva mediante percezione di particolare imposta.

Non potendo sperare altrettanto altrove, i Pontefici tollerarono le retribuzioni, anzi Giulio III. e Pio IV. compresero nelle spese anche gl'interessi passivi, un discreto frutto cioè pagabile dal Monte a chi lo provvedesse di capitali. Fu grande concessione. Solamente da quell'epoca è divenuta possibile la durata e la corretta amministrazione dei Monti, nonchè l'accoglimento di tutte le richieste di mutuo. Infatti la parola dei Francescani, col suo reddito di elemosine, non poteva bastare ai bisogni d'intere popolazioni, che si manifestavano con infinite domande di prestiti; meno ancora potevano le prediche procacciare ai Monti buoni patrimoni. Vita meschina menarono dunque nel secolo XV. Essi soddisfecero solo per una piccola parte al bisogno, fino a quando non ebbero facoltà di provvedersi di capitale, pigliandolo a mutuo dalle persone doviziose.

Ad onta dei rescritti e decisioni dei Papi, e sebbene Leone X avesse anche pubblicata una bolla di scomunica per gli avversarî dei Monti (1), durarono fino al Concilio di Trento le dispute fra teologi, sulla legittimità dei loro atti. Cessarono queste controversie pel Decreto che li classifica fra luoghi pii (2), con obbligo ai Vescovi di visitarli.

*
* *

3. È un fatto strano che Roma lavorasse tanto al bene altrui e tanto poco al bene proprio. Non ostante il molto studio di tutte le cose spettanti al mutuo contro pegno, non ostante il lavoro enorme di teologi, di predicatori, di cardinali, ed anche di papi, perchè si fondassero Monti di Pietà, la capitale del Cattolicismo non lo ebbe prima del 1539. Eppure a Roma non erano ignote le pratiche amministrative per le quali certi frati Domenicani si dicevano scandalizzati; al secolo XVI, vi abbondavano i Monti di

---
(1) Atti dei concili tomo IV.
(2) Sessione VIII.

famiglia, ed altre istituzioni semi bancarie, cho facevano circolare la moneta, davano o pigliavano danaro a mutuo e riscuotevano o pagavano interessi. Per la sola povera gente non si provvedeva; e gli ebrei, più che altrove numerosi, godevano piena libertà di traffico.

Giovanni Calvo, frate minore, riuscì a fondare il Monte di Pietà di Roma, nel 1539. Approvato da Paolo III. e da Pio IV., riformato da San Carlo Borromeo, ebbe rapido progresso, ed in tempo relativamente breve giunse a tale ricchezza, che non solamente i poveri, ma anche la borghesia, la nobiltà, i principi stranieri e lo stesso erario pubblico se ne giovarono assai volte (1). I suoi prestiti erano gratuiti fino a trenta scudi e per le somme maggiori si contentava del solo due per cento. Adesso però, per mutamenti politici, guerre, infelici speculazioni, ed anche per tradimenti di amministratori, ha perduto l'antico credito e molta parte del pingue patrimonio. Stentatamente provvede al solo pegno degli oggetti, ed i patti sono abbastanza gravosi per la povera gente.

Napoli, nel secolo XVI, imitava ed accoglieva con maravigliosa prontezza le opere di filantropia e gli ordini religiosi che Roma vedeva sorgere. Or siccome la predicazione e le pratiche di Calvo sono d'epoca proprio contemporanea alla nascita del nostro Monte, si può attribuire la gloria d'aver ispirato Paparo, e gli altri benefattori, più al frate minore che non all'industria di Toledo od ai suggerimenti di S. Gaetano.

Fra gl'importantissimi fatti, occorsi nella seconda metà del secolo XVI. uno dei più notevoli è la generale applicazione del fervore religioso alle opere di beneficenza, e la riforma che si fece nella Chiesa Cattolica pei decreti del Concilio di Trento. Riforma imposta dall'autorità Pontificia, ed annunziata con parole meno pompose dell'altre predicate nell'Europa Settentrionale da Lutero, Calvino ed altri novatori; ma non meno radicale; e che condusse a risultati di eguale importanza.

Essendo proibite le dispute sopra materie di fede, l'attività religiosa dei popoli cattolici doveva volgersi alle pratiche di culto ed alle opere di filantropia. Onde avvenne in quello e nel seguente secolo la fondazione di tante chiese, monasteri, ospedali, conservatorî, la costituzione delle società di mutuo soccorso, chiamate allora

---

(1) Monsignor Morichini, degl'istituti di pubblica carità a Roma.

cappelle o *fratellanze*, ed i provvedimenti intesi a combattere la miseria. Di questi provvedimenti molti menarono a conseguenze contrarie allo scopo, ed a Napoli il solo che producesse ottimi risultati fu la fondazione dei Monti di Pietà. A questi deve la città nostra molta parte dei progressi che fece nei secoli XVI. e XVII e che si compendiano negli aumenti di popolazione. Quando il malgoverno dei vicerè, ammiserendo i cittadini, spopolava le province; quando le colonie d'America, la Sardegna, e molte contrade della stessa Spagna, attestavano, spopolandosi, che l'amministrazione pubblica era pessima, Napoli diventava, per numero d'abitatori, la città più cospicua d'Italia.

Eccellenti filosofi credono che alla prosperità della Scozia, e di certi stati della Confederazione Americana, abbia grandemente contribuito la libertà delle banche. Non sarebbe difficile provare che, eziandio a Napoli, la concorrenza fra otto istituti di credito, i quali erano tutti abbondevolmente ricchi di moneta, e gareggiavano a servire meglio il pubblico, per accrescere i rispettivi affari, valse a correggere molti sbagli economici di chi allora comandava.

*
* *

4°. Dal domicilio dei primi fondatori, in via della Selice, il Monte della Pietà si trasferì nella Casa Santa dell'Annunziata, probabilmente l'anno 1539 o 1540. C'è in archivio un contratto notarile del 27 gennaio 1563, notevole pergamena, con cui furono stipulate altre concessioni di locali. Intervennero per parte del Monte i due fondatori ancora viventi, Aurelio Paparo e Giovan Domenico de Lega, più Giovanni Alfonso Paparo, Giacomo Carolo, Oliverio Carolo, Tommaso Carolo, Giovan Domenico de Massa ed Angelo Bifalo; mentre che per parte della Chiesa ed Ospedale gli stipulanti furono Federico Tommacello, Giovanni Berardino de Acampulo ed Antonio Vespolo. Dice che ispirando la grazia Divina, ottenuto il permesso del Vicerè, e la benedizione della Santa Sede, si era già da tempo (*olim*) eretto il Monte della Pietà, per servizio di Dio e beneficio dei poveri. Che lo scopo (*animo et intentione*) era d'estirpare la pravità usuraria, prestando su pegno ai poveri, per certo tempo, qualche quantità di moneta; però gratis e per amor di Dio, senza speranza d'interessi o di compensi.

Sul primo nascere del Monte, scarseggiando la moneta (*stante modica pecunia*) tutto si faceva in propria casa dai fondatori; ma crescendo di giorno in giorno la devozione di molti nobili e cittadini per la sant'opera, ed aumentatisi li pegni, divenne necessario un luogo più vasto e pubblico dove poterla esercitare. Si ricorse perciò ai predecessori dei mentovati Tommacello, Acampolo e Vespolo nel Maestrato o governo della chiesa e dell'ospedale. Costoro riconoscendo nel programma del Monte il servizio di Dio, il beneficio dei poveri, il decoro della città di Napoli; ed anche per deferenza verso dei protettori, (*ad contemplationem dominorum protectorum*) concedettero un po' di spazio, che poi fu allargato (*concessisse eidem quemdam parvum locum, intra cortile praedictum, qui locus in dies, crescente multitudine pignorum, fuit ampliatus prout ad praesens reperitur*).

Colà, nel periodo di oltre vent'anni, s'erano prestati duecentomila ducati, sempre gratis e per amor di Dio, senza speranza di mercede o di retribuzione, secondo la regola statutaria, (*iuxta statutum ordinem montis praedicti*) come si poteva chiaramente verificare sui libri di conti.

Ad onta dell'allargamento, lo spazio concesso non bastava, nel 1563, ed era pure deplorato l'inconveniente dell'umidità, che danneggiava le robe di lana e di lino, con pregiudizio dei proprietarî poveri, onde i Protettori avrebbero dovuto cercare altro locale più vasto ed asciutto. Ma, considerando che l'Istituto quasi era nato, e s'era educato nella Santa Casa dell'Annunziata, si facevano scrupolo di lasciarla; anzi volevano che, piacendo a Dio, vi restasse in perpetuo. Insistettero dunque per altre concessioni ed ottennero, oltre delle camere umide, un lungo corridoio con stanze adiacenti, che naturalmente si obbligarono di separare a loro spese dalle camere dei bambini esposti e delle giovanette.

Nell'archivio poi dell'Annunziata, (1) il Cav. G. B. d'Addosio (2) ha trovato la deliberazione dei Maestri, registrata nel medesimo giorno in cui si stipulò il contratto, la quale dice:

A 27 gennaio 1563. Li signori Maystri hanno concesso alli signori Protectori del Monte della Carità per suo uso et exercitio, lo subscritto luoco; videlicet, lo correturo con le camare dove stanno le donne exposite vecchie, superiore al luoco dove s'esercita lo detto Monte di Carità; comin-

---

(1) Notamento c. fol. 76.
(2) Origini, vicendo storiche e progressi della Santa Real Casa dell'Annunziata. Cap. II pag. 247. Napoli 1883. Stamperia Cons.

ciando dal quarto arco insino al altare de la Cappella di dette donne, dove prima era la porta per la quale s'entrava a dette donne, includendoci il luoco per dove se saglieva a l'appartamento delle donne ritornate. Qual luoco detti signori Protectori lo possano accomodare de fabbrica et altro a loro arbitrio et volontà, per uso et exercitio di detta Opera di Charità; promettendo non ammuovere detto Monte da detto luoco in nullo futuro tempore, come da Istrumento per Notar Gio. Antonio Russo.

Li 31 luglio 1549 (1) ottenuto avevano i governatori un privilegio dal Viceré Pietro di Toledo, pel quale si dichiarava che il Monte dovesse preferirsi a qualsiasi creditore, eziandio precedente, per la somma di ducati quattro (L. 17) prestata sopra ciascun pegno. Privilegio che fecero confermare ed allargare dal Cardinale Granvela, con lettera regia del 26 giugno 1573. Tale lettera, di cui manca il testo, ma abbiamo un sommario contemporaneo, (2) conteneva:

Che il privilegio pegnoratizio del Monte, rispetto agli altri creditori, fosse valevole fino alla somma di ducati 10 (L. 42,50).

" Si dà potestà agli officiali del Sacro Monte ch'essi possano vendere i pegni senz'altra richiesta, decreto, nè sollennità di Corte, passato il termine prefisso a ricattar i pegni. „

" Detti ufficiali non siano tenuti pel detrimento che potria causarsi nei pegni, mentre quelli s'hanno a ricattare dai pegnoranti, purchè il detrimento non sia grande e causato per colpa loro. „

" Li signori Protettori del detto Sacro Monte possono eleggere ufficiali ai quali si doni fede, ed essi recuperino le cartelle dai pegnoranti quando loro si ricattono i pegni. „

" Similmente detti ufficiali possano pigliare e stipulare le pleggerie (malleverie) per le cartelle che perdono i pegnoranti: verum l'eligenti (ufficiali) siano tenuti dei loro difetti. „

" Et anco che detti Signori Protettori siano Giodeci nelle liti e differenze, che forse occorressero, tra li debbitori et ufficiali del detto Monte. „

Li 22 agosto 1576 lo stesso Vicerè Cardinale Granvela nominò giudice d'appello per le sentenze dei Protettori il Regio Consigliere Vincenzo de Franchis.

Nei primi anni, le somme raccolte con doni volontari non ba-

---

(1) Archivio patrimoniale vol. 508 pag. 1.
(2) Archivio patrimoniale vol. 508 pag 1.

stavano a soddisfare tutte le domande, sicchè mancava la piena esecuzione del programma dei fondatori, che sarebbe stato: accettare da qualsivoglia persona i pegni di oggetti d'oro e d'argento, ovvero di metallo comune cioè di rame, ferro, acciaio, piombo, zinco, ed anche di lana, seta, cotone, lino in filo o in tessuto; prestare senza interesse somme non maggiori di ducati quattro, poi dieci; serbare breve tempo i pegni, e dopo, se i debitori non avessero curato di riscattarli, farne la vendita all'asta pubblica; ottenendo prezzo maggiore dell'anticipazione concessa, restituire il supero.

A poco a poco, cumulando il dritto di entratura di pochi carlini che pagava ogni nuovo socio, le contribuzioni mensili di quelli già scritti, la rendita d'annui ducati 40 che da tempo remoto avevano certe pie persone donato alla smessa *opera della carità*, altra rendita d'annui ducati 72 che ottenne dal municipio di Napoli li 8 luglio 1544 (1), i doni dell'Abate Giovan Francesco Carrafa, della Contessa di Nola, del Cardinale Acquaviva ed altri benefattori, porzione dei depositi a conto corrente, ed il lucro di speculazioni bancarie che saranno descritte nel secondo capitolo, la confraternita accresceva il proprio patrimonio ed allargava l'opera dei pegni senza interessi. Prima del 1563, aveva fatto una quantitá di mutui pel valore totale di ducati duecentomila, come dice la pergamena. Verso il 1570, teneva collocato su pegni circa ducati ventimila; nel 1577 ducati 28696,68 e nel 1583 ducati 64295,59. Pure nel secolo XVI il Monte cominciò a praticare altre opere di beneficenza, come scarcerare prigioni per debiti, dotare fanciulle povere (2), riscattare schiavi dai barbareschi etc. Tali atti filantropici erano comandati da parecchi testamenti a favore del Monte di Pietà, che vennero dopo le concessioni spirituali del Papa Giulio III.

---

(1) Notar Mattia Vollaro 8 luglio 1544. Donazione di annui ducati 72 sull'arrendamento dei sal d'Abruzzo fatta dal fedelissimo popolo di Napoli al Monte della Pietà Tentò il Comune d'annullare questa cessione di rendita, ma risulta dall'inventario di scritture del secolo XVI (vol. 508 pag. 3) che il Monte, dopo litigio nel quale provò che la somma si spendeva in vantaggio dei poveri vergognosi, ottenne sentenza favorevole della regia camera della Sommaria del 26 gennaio 1555. Peccato che siano perduti gli atti di questa lite, particolarmente *l'allegazioni de raggioni del Monte*.

(2) Li 3 aprile 1579 — " Per li sottoscritti signori Protettori del Sacro Monte è stato con-
« chiuso ed ordinato, che essendosi constato, per fede del magnifico capitano e complateari della
" strada del Mercato grande di questa città, della povertà, onestà e virginità di Prudenzia Lic-
" carda, orfana senza padre, se li abbiano a pagare in sussidio di sue doti, al tempo del mari-
" taggio, al futuro suo marito, ducati dodici contanti, dal legato de la quondam signora Beatrice
" Carrafa, fatte prima le debite cautele pel receptio. — Il marchese di Bucchianico — Annibale
" Caracciolo — Orazio Palomba — Giovan Domenico Caprile — Giovan Domenico Scoppa „.

— 21 —

Di questo Pontefice si ricordano due brevi Apostolici. Con uno (1), come compendia l'inventario " s'applicano al Sacro Monte " annoi ducati quaranta, olim donati da più persone per sus- " sidio dei poveri vergognosi all'Opra della Carità, che antica- " mente s'esercitava e dopo fu intarlassata ; e per non esservi in " Napoli altra opera pia, che impronti gratis per amor del Si- " gnore, eccetto che il detto Sacro Monte di Pietà, perciò quel- " li, vivae vocis oraculo, gli furono concessi per convertersi nel " salario de ufficiali et altre spese occorrenti d'esso Sacro Monte. " Commutando la volontà di detti donatori, et assolvendo li detti " signori Protettori da qualsivoglia scomunica, canoni, censure e " pene nei quali forse fussero incorsi per avere applicati li detti " annui ducati 40 in beneficio del detto Sacro Monte, avanti la " concessione del Breve. „

Molto prima del Monte della Pietà, forse prima del secolo XVI, s'era dunque costituita a Napoli l'*opera della carità* per l'impronto gratis. Spiace di non trovarne altro ragguaglio che le vaghe parole del breve e la citazione d'un contratto del 7 agosto 1540, che non siamo riuscito a trovare nelle schede di notar Ferrante Bonocore, ma non si può dubitare dell'esistenza di una rendita donate ab antiquo per questo scopo, che nel 1538 o 1539 Paparo e di Palma si fecero cedere, e che forse fu la base della filantropica loro fondazione. E cosa probabile che San Giacomo della Marca, il quale venne a Napoli dopo d'avere costituito nel 1470 e 1471 i Monti di Fabriano e di Fano, che fu valente coadiutore del Beato Berardino nella crociata contro gli usurai, avesse, sul finire del secolo XV, fondato quest'altro Monte ed ottenuto, per beneficenza, le somme necessarie.

L' altro breve di Papa Giulio (2), ammette che i confratelli possano giungere al numero di cinquemila e li munisce di grandi privilegi ecclesiastici, come la facoltà pel rispettivo confessore d'assolverli nei casi riservati alla Sede Apostolica, di commutare in al tre opere pie i voti di pellegrinaggio a San Pietro od a San Giacomo di Campostella ecc. ecc. Contiene pure l'importante dichiarazione. " Inhibendo strettamente a qualsivoglia, che sotto pena di

(1) 4 idus Ian Pont. anno 3.
(2) 7 Marzo 1551.

" escomunicacione latae sententiae, della quale non possano essere
" assoluti se non nell'articolo della morte, non debbiano fraudare
" il Sacro Monte; et quelli che in tal fraude saranno trovati deb-
" biano ritornargli il doppio, al che si possono constrengere „.

Di Papa Paolo IV c'è un breve del 27 gennaio 1559, che conferma i precedenti ed approva i capitoli pel reggimento e buon governo del Monte. Di più concede " che quelli i quali illuc ad
" triennium donassero alcun sussidio di loro proprio al detto Sacro
" Monte o gli prestassero, conseguissero l'indulgenza e giubileo ple-
" nario e la remissione di tutt'i loro peccati. „

Pio IV, ai 15 febbraio 1562, non solo fece le solite conferme e prolungò per altri dieci anni il beneficio spirituale a quelli che sovvenissero il Monte con doni o con prestiti, quanto aggiunse, secondo l'inventario (vol- 508) "Et anco si approbano et innovano tutte, e qualsivoglia Indul-
" genze e Remissioni di peccati, Gracie, Immunità, Essemptioni, Conces-
" sioni, Indulti, Privilegi, e Facoltà concedute per la Sede Apostolica
" a gli altri consimili Monti, esistenti in Italia, in qualunque modo, in
" genere ed in specie, li tenori dei quali s'abbino per espressi nel
" detto suo breve. Il quale Pio IV quelle comunica al sacro Monte
" di Napoli, suoi governatori, ufficiali e confrati dell'uno e l'altro
" sesso, acciò di quelle si servano liberamente. Che le presenti let-
" tere in nessun modo si comprendano sotto qualsivoglia revoca-
" zioni, sospensioni, derogacioni ovvero alteractioni di simili vel dis-
" simili approbacioni, concessioni, confermacioni, indulgenze, statuti,
" ordenacioni e gracie. Nè sotto di qualsivoglia regola, tenori e
" forme della cancelleria apostolica, per qualsivoglia causa fatte
" in qualche tempo; ma sempre da quelle siano esenti, e quante
" volte quelle s'emaneranno tante volte sieno restituite, riposte e
" plenariamente reintegrate nel prestino loro stato, non ostante
" qualsivogliano ordinactioni e constitucioni edite in contrario. „

Altri privilegi spirituali ai confratelli ed all'oratorio del Monte della Pietà concesse Gregorio XIII con Bolla del 1 aprile 1578 e Brevi 13 maggio 1578 e 4 marzo 1581.

Un importante progresso si fece coll'aggiungere il *servizio apodissario*. Parleremo nel seguente capitolo di questa stupenda idea, e del modo come fu applicata nei primi due secoli. Con tale servizio il Monte di Pietà, accettando depositi di monete, e controcambiandoli con carte chiamate *fedi di credito*, divenne banco di

— 23 —

circolazione. Dal connubio fra le due qualità si ottenne aiuto e vantaggio reciproco: il Monte provvide il Banco di saldo credito, d'immensa benevolenza; il Banco procacciò al Monte moneta disponibile, capitali superiori al bisogno, rendita e lucro notevole. Ed i primi beneficî del pubblico furono la possibilità di crescere da ducati quattro a ducati dieci la somma da prestare senza interesse, più di allungare il tempo pel riscatto de' pegni. Leggesi in fatti nella *conclusione* 9 aprile 1578:

« Essendosi per lo tempo passato costumato, nelle polizze e bollettini che dal casciere dei denari dei pegni si fanno, per li pegni che alla giornata s'impegnano in sacro monte, notare il termine e tempo che si dà ai pegnoranti per riscuotere e spegnorare i pegni: stabilendo mesi sei a quelli pegni sopra li quali s'improntano da ducati quattro in bascio e un mese a quelli sopra li quali s'improntano da ducati quattro in su, sino a ducati dieci. Il quale costume e solito, benchè sia stato istituito con molta considerazione, affinchè i padroni dei pegni tenessero memoria delle loro robe, che non si marcissero, pure si è sempre dato e aspettato assai più tempo; li pegni di lana non si sono venduti se non è passato l'anno, ed a quelli di lino, seta, rame e d'argento e di oro si è dato e aspettato molto più tempo; talchè delle volte vi sono stati nelle guardarobe piú di due o tre anni li pegni, per non esservi stato pericolo di marcirsi, come si scorge dalli libri de' pegni di questo sacro Monte. E come che per esperienza s'è visto, che molti pegnoranti, vedendo notato in dette polizze il termine di un mese, per paura ch'elasso il mese non si vendessero li pegni, non sapendo l'equità che si usa da questo Sacro Monte di aspettare assai più tempo, hanno riscosso li pegni, e poi ritornato di nuovo ad impegnarli, facendo il medesimo spegno e impegno più volte l'anno, « Dal che se n'è causato assai disturbo e impedimento alli ufficiali di questo Sacro Monte, pel continuo esercizio d'impegnare e spegnare, ed agli altri bisognosi, li quali per tal causa sono stati impediti ad avere il sussidio del prestito grazioso, per lo gran concorso delli suddetti che attendono a rinnovare le polizze dei pegni; oltre che la detta equità, di maggior tempo che si dà dal Monte, non si sa, e molti restano mal soddisfatti del detto termine d'un mese. Ed affinchè si tolga il disturbo e impedimento, e si aumenti la devozione verso il Sacro Monte, il quale dà maggior tempo, poichè li signori Protettori del detto Monte hanno facoltà, della quale si servono a richiesta di ciascun pegnorante, di prorogare il termine dato nelle polizze alli pegni di lana sino a per tutto un anno, ed a tutti gli altri pegni di panni di lino e di seta, e di rame, oro ed argento sino all'anno e mezzo, computando dal dì che son impegnati li detti pegni, come si dimostra dalla conclusione notata in questo volume, folio 172, e dal capitolo 30 dell'istruzioni generali de' pegni a carta 197. Per tali cause si è concluso, per li sottoscritti signori Protettori, che il cassiere dei denari dei pegni di questo Sacro Monte, debba notare il termine di sei mesi in tutte le polizze e bollettini che per esso alla giornata si fanno delli pegni che s'impegnano; tanto di quelli che sono

« da ducati quattro in bascio, quan-
« to di quelli che sono da ducati
« quattro in su, sino a ducati dieci
« inclusive.

« Pietro Gambacorta — Rafael de
« la Marra — Giov. Domenico Capri-
« le — Aniello de Martino ».

Nello stesso manoscritto (1) si legge questo proemio alle

« Istruzioni che si hanno da osser-
« vare dagli uffiziali presenti e futuri
« del Sacro Monte della Pietà della
« città di Napoli, pel buon reggimento
« della cassa dei denari, che alla gior-
« nata si depositarono in esso Sacro
« Monte. 19 agosto 1577. — Perchè,
« con l'aiuto e favore dell'Onnipo-
« tente Dio, l'opera del Monte è au-
« mentata a tanto, per lo gran con-
« corso dei depositi e la grande ed
« eccessiva povertà dei bisognosi,
« che alla giornata si son conferiti
« e si conferiscono a pigliare in pre-
« stito, da non potersi con gli ordi-
« narii officiali attendere al servizio
« dell'impegnare e spegnare, ed al
« ricevere ed al pagare dei
« danari depositati. Considerato che dal ri-
« cevere maggiore quantità di depo-
« siti il Monte ha maggiore facoltà
« di poter oprare assai più opere di
« carità, per tal ragione è stato ne-
« cessario all'aumentarsi delli nego-
« zi far corrispondere l'aumento del
« numero degli ufficiali. Anzi, per to-
« gliere l'impedimento che dava l'im-
« pegnare al ricevere dei depositi, è
« stato bisogno distinguere l'una o-
« pera dall'altra non solo di luogo,
« ma anche di officiali, acciò ad un
« medesimo tempo si attenda all'uno
« ed altro servizio senza disturbo nè
« impedimento alcuno

« Così distintamente anco si dan-
« no le sottoscritte istruzioni, le
« quali si registreranno in una ta-
« bella che abbia continuamente a
« stare nel luogo dove si eserciterà
« l'amministrazione della cassa dei
« denari dei depositi.

« Si ammoniscono gli uffiziali che
« assisteranno al servizio del det-
« to Sacro Monte, che loro si ritro-
« vano deputati al servizio del da-
« naro di un luogo tanto pio e san-

« to; talchè hanno da servire con ca-
« rità, fedelmente e legalmente, con
« ogni debita diligenza; nè miran-
« do principalmente alla provvisione
« che loro si dà, ma al servizio di
« Nostro Signore Iddio; il quale, co-
« me larghissimo remuneratore pre-
« mierà quanto di bene faranno nel
« detto servizio; e così (quod Deus
« avertat) punirà non solo le male
« azioni, ma anche il mal animo di
« chi penserà offendere o fraudare
« il detto Monte. Costui incorrereb-
« be nella scomunica, dalla quale
« non potrebbe essere assoluto, *nisi*
« *in articulo mortis*, e sarebbe tenu-
« to di soddisfare il doppio di quel-
« lo che avrebbe fraudato o negato
« al Monte, per vigore della Bolla
« di Papa Giulio Terzo. Il danno che
« potrebbe succedere puote causarsi
« ancora da negligenza, atteso nel-
« l'amministrazione quel che più
« importa è il buon ordine della
« scrittura, e la diligenza di porre
« in libro le partite d'introito o e-
« sito, e di raffrontare e puntare
« giornata per giornata.

« Però si esortano che vogliano
« con carità e sollecitudine aiutarsi
« l'un l'altro a fare il detto servi-
« zio, quietamente sopportando, e
« corrigendo senza alterazione con
« amorevolezza l'un l'altro, osser-
« vando l'infrascritte istruzioni per
« servizio di Nostro Signore Iddio e
« buon governo del detto Sacro Mon-
« te. Altrimenti oltre il disservizio
« che faranno a Iddio, poichè sanno
« a che gran carità è destinato l'uso
« de li denari che si depositano in
« detto Monte, incorrono di più nel-
« le infrascripte pene da eseguirsi
« irremisibilmente contro quelli che
« contraveneranno alle presenti i-
« struzioni, quali sono ec. ec. ».

(1) Conclusioni del Banco Pietà. Scaffale N. 17 Vol. 167. Archivio patrimoniale.

— 25 —

Le funzioni di Protettore o Capo erano gratuite, anzi onerose per chi le accettava, mettendolo nella necessità di provvedere a parecchie spese ed elemosine, che non si facevano coi danari del Monte.

Rapido accrescimento di affari venne dall'uso della *fede di credito* e dall'accettazione dei depositi. Leggesi in una *conclusione* di lugho 1578:

« Considerando li subscripti signori Protettori del detto Sacro Monte che, avanti l'anno 1574, l'opera di esso Sacro Monte, tanto del prestare sopra pegno, come dell'amministrazione della cassa dei depositi, si esercitava nell'appartamento superiore del luogo del suddetto Sacro Monte; talchè il sig. Protettore che facea il mese poteva ad un medesimo tempo mirare all'uno e all'altro esercizio e provvedere a tutto; e che di poi il detto anno 1574, essendo fatto molto aumento, tanto di prestare graziosamente sopra pegno ai poveri, come del concorso di depositi di denari alla cassa del suddetto Sacro Monte; per lo che, per togliere l'impedimento che dava l'uno esercizio all'altro, per esser differenti tra loro detti esercizi, fu necessario distinguere e separare l'amministrazione di detta cassa di depositi, e ridurla nell'appartamento inferiore del detto Sacro Monte, dove al presente si vede ec. »

Pochi mesi dopo, e precisamente ai 14 aprile 1580, con altra deliberazione si disse:

« Essendo aumentato, mercè di Dio, il concorso de li negozi di questo Sacro Monte, dal che è aumentata anche la fatica delli uffiziali di esso; perciò, desiderando gl'infrascripti signori Protettori che con maggiore attenzione e diligenza gli ufficiali attendano al carico delli loro ufficii, hanno concluso ed ordinato che se li abbia da aumentare la provvisione ad ognuno degl'infrascripti ufficiali ec. »

Aumenti d'impiegati si fecero pure nel 1585, giungendosi a ventuno persone, alle quali si davano ogni mese ducati 174 1[2.

E quell'anno stesso si modificarono l'istruzioni pel pegno senza interessi, compilandosi uno statuto pieno di carità e di buon senso, ch'è rimasto inedito nel libro di *conchiusioni*. (1) Lo stamperemmo volentieri, ma c'è impedito dalla sua lunghezza, dalla forma antiquata e pedantesca, coll'ortografia del tempo e con innumerevoli ripetizioni che ne rendono faticosa la lettura. Molti articoli meriterebbero

---

(1) La raccolta delle *conclusioni*, cioè atti e deliberazioni dei Protettori, dal Secolo XV^1 fino al 1807, epoca di soppressione del Collegio, fu recentemente posta in regola dal compilatore di queste memorie, che ne scoperse la massima parte dei volumi fra dimenticati libri contabili ed in camere dove non s'entrava dai tempi di Gioacchino. Quantunque si deplori la perdita di quattro o cinque libri, particolarmente di quello anteriore al 1574, che conteneva il testo della regola 1571, questa collezione di 45 grossi manoscritti potrà fare molta luce sulla storia economica del mezzogiorno d'Italia, e spiegare molti fatti politici.

d'essere riprodotti nelle regole dei Monti moderni, dello stesso Banco di Napoli che non li ricorda, e per decorrere di tempo, per accidenti politici, per comando di ministri, fu necessitato di sostituirli con prescrizioni ed usi meno filantropici.

Uno dei Protettori, che chiamavano il Mensario, era dai compagni delegato ad assistere quotidianamente per un mese e dirigere tutte l'officine del Monte pegni. Le giornate nelle quali si prestava senz'interessi erano martedì, giovedì e sabato; ma tutti i Protettori, particolarmente il Mensario, tenevano facoltà di prescrivere, con ordine scritto, d'accettar pegni gratuiti pure gli altri giorni, destinati ai servigi di scrittura, controllo, revisione ecc. L'orario degli ufficî determinato dallo stesso Protettore, secondo la quantità d'affari, ma si doveva cominciar sempre a due ore di giorno la mattina e ad ora di vespro nel pomeriggio. Per assenze non giustificate, gl'impiegati pagavano multa variabile da un *tarì* (L. 0,85) ad un *cianfrone* (L. 2,12 1|2); però nei casi di frequenti recidive perdevano un mese di stipendio ed anche l'ufficio.

Stava bene determinato chi dovesse scrivere ciascun libro o documento, con proibizione di farsi aiutare dai compagni. Specialmente al custode ed al cassiere la regola vietava molte volte di aggiungere cosa alcuna alla firma ed a qualche contrassegno, tanto sui registri quanto sulle cartelle e cartellini, che allora si chiamavano *polizze* e *polizzette*. Nessun impiegato poteva sbrigare faccende estranee alle rispettive incombenze, presentare pegni e cartelle proprie o d'amici, servirsi in qualsiasi maniera, diretta od indiretta, dello ufficio per alterare l'eguaglianza con la quale intendeva il Monte di trattare tutti quelli che a lui ricorrevano.

Rispetto a mance, l'art. 10 dei capitoli generali s'esprime cosi. „ Per conto del detto impegnare, spegnare e pagare di sopra più, e per ogni altro servigio che si fa nel detto Sacro Monte, li detti ufficiali non possano ricevere cosa alcuna per pagamento, in dono, nè per qualsivoglia altra causa, benchè fosse cosa commestibile e minima, e si desse spontaneamente, senza richiesta dei detti ufficiali; e ritrovandosi che ciascuno delli detti ufficiali contravvenisse al presente capitolo sia, senz'altro, privato dell'esercizio di detto ufficio e per l'avvenire non si possa ricevere più al servizio di detto Sacro Monte; avendosi rispetto che la detta contravvenzione è direttamente contraria al principale intento della detta Santa Opera, che è stata instituita per lo prestito grazioso, ossia per togliere la usura. Però l'ufficiali predetti non solo devono guardarsi dall'usura esteriore, che si commetterebbe col ricevere dei doni, ma anco dalla usura interiore e mentale, nella quale s'incorre con la promessa o certa speranza d'aversi pagamento o dono dal mutuo che s'ha da fare per detto Sacro Monte graziosamente; e tanto più il peccato è grave per essere li detti ufficiali pagati delle loro fatiche, con le provvisioni e salari ordinarî che se li danno dal detto Sacro Monte. „

A dicembre d'ogni anno faceva l'inventario generale uno dei Protettori. Costui, impossessatosi di due chiavi della guardaroba, lasciando l'altre due al custode ed al cassiere, cominciava dal riscontro del registro dei mutui (*libro d' impegnati*) con le polizzette che si dovevano trovare cucite o legate sopra ciascun pegno; poi verificava diligentemente gli oggetti, guardando se materialmente rispondessero alle dichiarazioni del libro e delle polizzette, per qualità, quantità, numero di pezzi, valore. Trovato tutto in regola, testificava d'aver fatto la verifica segnando di sua mano la lettera corrente del libro d'inventario, perchè le gestioni annuali erano distinte con lettera d'alfabeto; e quindi faceva passare i pegni verificati in altra stanza, ovvero in altri armadi, dei quali egli solo teneva la chiave. Il custode doveva consegnare i pegni di mano in mano che se gli domandavano dal Protettore, ma non poteva leggere o riscontrare le polizzette e nemmeno i registri, che dal Protettore stesso erano egualmente tenuti sotto chiave, per tutta la durata dell'operazione.

Finito di compilare il libro dell'inventario, lo passavano, con tutti gli altri registri del servizio pegni, al revisore dei conti ed altri ufficiali dell' *apodissario* per un esatto riscontro, da farsi senza "*partecipazione od intrommissione degli ufficiali dell' amministrazione dei pegni.* „ Grandi precauzioni usavano per impedire al guardaroba di nascondere qualche deficienza, col presentare due o più volte lo stesso oggetto, e col *serrare*, cioè scaricare indebitamente qualche partita.

Il riscontro, o *puntatura*, del libro dell'inventario con gli altri registri, fatto dagl'impiegati del Banco, non del Monte, e la correzione di tutti gli errori servivano a liquidare anno per anno il debito del custode. Questi rispondeva di qualsiasi mancanza, dovendo pagare non solo la somma prestata dal Monte, ma eziandio la maggiore valuta dei pegni, coi danni ed interessi. Parecchi articoli della regola dichiarano che la maggiore valuta, *si abbia a tassare ed arbitrare per lo Protettore*, avuto riguardo alle circostanze; che pei danni ed interessi potesse agire, in linea civile e penale, tanto l'interessato quanto l'amministratore dell'Istituto. Sono chiarissimi gl'intenti di agire con la massima buona fede; le preoccupazioni di non permettere che di qualche bassa valutazione dell'apprezzatore potessero gli impiegati trarre profitto a danno dei proprietari delle cose impegnate.

Nelle vendite " S'esortano li signori Protettori che, per fare un atto di vera carità, almeno uno di essi vi debba intervenire, affinchè si senta il maggiore beneficio dai poveri padroni dei pegni, facendoli vendere per giusti prezzi. Nè da così ottimo e piissimo atto si faccino rimovere per alcuno umano rispetto, sapendo che ciò far si deve per obbligo della fraterna carità, della quale abbiamo specialmente mandato dal nostro Redentore. „

" Qualunque delli predetti e tutti gli altri ufficiali e ministri di esso Sacro Monte non possa comprare detti pegni, o alcuno di essi, che si troveranno impegnati nel detto Sacro Monte, al tempo che si venderanno. Nè procurare e far sì che si comprino per supposita persona; nè avere intelligenza o partecipazione con quelli che li comprassero. Ed ognuno delli detti ufficiali che ciò sapesse lo debba rivelare ai detti signori Protettori, li quali, anco per dare buon esempio ai detti ufficiali e per ogni buon rispetto, durante la loro amministrazione, s'asterranno dal comprare dei detti pegni. „

Queste vendite si dovevano fare ad aprile, agosto, e novembre, ed erano più volte annunziate dai pubblici banditori, che colle trombe e la campanella giravano tutta la città.

È singolare, ma savia, la prescrizione che non si potessero tenere oggetto nella guardaroba o monete in cassa per proprio uso e di propria pertinenza dal cassiere, dal guardaroba e da qualsiasi altro impiegato. Quanto stava nel *luogo del Monte* si doveva trovare scritto sui libri di pegno o di cassa, e mancando d'annotazione diventava roba del Banco, che puniva i contravventori non solo col sequestrarla ma anche con multe e pene disciplinari.

Proibito d'impegnare le cose voluminose, come materassi, coverte ecc. l'armi, i libri, le pelli e le gioie. Per quest'ultime sta prescritto non tenerne conto quando fossero ligate e facessero parte d'oggetti d'oro o d'argento. Proibiti pure i pegni d'abiti e d'altre cose non permesse dall'ordinanze viceregnali ed ecclesiastiche, nonchè di arredi sacri di qualsiasi specie quando mancasse la formale richiesta dell'Arcivescovo.

Le cartelle o polizze di pegno si consideravano quali titoli nominativi, non al latore come adesso, onde prescrive la regola di consegnare le robe ai veri padroni, non ad altri; permettendo gli atti di sequestro tanto da parte dei magistrati quanto per ordine dei Protettori. Al custode la responsabilità per qualsiasi controversia e danno derivante da consegne non giustificate.

In caso di perdita della cartella poteva il cassiere prendere malleverie per la restituzione degli oggetti, ovvero pel pagamento del supero ricavato dalle vendite, ma gl'impiegati non si potevano intrigare di questi fatti, essendo loro vietato di sottoscrivere l'obbligazioni, com'era vietato alle donne, ai minorenni ed agli ecclesiastici.

Queste obbligazioni o *pleggerie* contenevano la promessa di riconsegnare il pegno, ovvero di pagarne la valuta giusta la determinazione fatta dall'apprezzatore, ovvero di restituire i denari del sopra più. quando comparisse la polizza asserita dispersa "Apponendovi tutte le clausole solite, con osservare la forma e modo espresso nel libro delle pleggerie, le quali poi s'hanno a stendere e registrare in detto libro delle pleggerie per mano dello scrivano. Ognuno delli detti istrumenti d'obbligazioni e pleggerie, da pigliarsi nelli casi contenuti nel presente e precedenti capitoli, steso e registrato che sarà nel detto libro, si sottoscriverà per mano del cassiere; avvertendo il detto cassiere che le pleggerie s'hanno a pigliare a suo risico, pericolo e fortuna, per lo che avrà da mirare molto bene di pigliare pleggi sufficienti, altrimenti sarà tenuto pagare dei suoi proprî denari tutto il danno ed interesse che il Monte patisse per conto delle consegnazioni e liberazioni dei pegni, e delli sopra più dei venduti che si restituisssero o pagassero senza le polizze originali. „

Sulle robe di lana si prestava la metà del valore del pegno, su quelle di lino e seta due terzi, sull'oro ed argento tre quarti.

Oltre dei pegni *graziosi* si mettevano in guardaroba *i pegni di deposito* che qualche volta riducevansi a semplice custodia, ma più spesso rappresentavano la malleveria pei mutui ad interesse di somme maggiori di dieci ducati. Nel 1585 s'era dato piccolo sviluppo a questi affari, prevalendo l'idee dei fondatori, che miravano alla beneficenza non al guadagno, cosicchè la regola contiene poche norme particolari per la conservazione, la scrittura ecc. Ma nei secoli successivi, dopo la costruzione dell'attuale palazzo del Monte, e per effetto della crisi monetaria 1622, diventò ramo principale dell'operazioni il pegno fruttifero, ramo accessorio quello gratuito. La predilezione però dei protettori e del pubblico era sempre per l'opera filantropica non per la speculativa, onde si provvide a non licenziare mai li richiedenti, per mancanza di fondi, ed il capitale destinato per li pegni gratuiti giunse a più di tre milioni di lire o settecentomila ducati.

L'incendio del 1786 e l'appropriazioni fiscali, di cui parleremo nel terzo capitolo, fecero cessare quest'opera del pegno senz' interessi, nel giorno 21 maggio 1796; ma per molti anni gli amministratori non rinunziarono alla speranza di farla risorgere. Essi, non potendo altro, tennero separati i conti, perchè si conoscesse sempre qual fosse quel patrimonio dei poveri che la sventura e la violenza loro impedivano di consacrare al legittimo uso. Curarono i Protettori di mandare al Re e trascrivere in vari registri la dimostrazione contabile del 30 dicembre 1802.

« La proprietà dei pegni graziosi del S. Monte della Pietà, che si contava prima dell'incendio accaduto ai 31 luglio 1786, era di   D. 732,941,43 $^1/_2$

Ed era composta cioè:
Dal denaro effettivo del Luogo, che da tempo in tempo si aveva impiegato dall' avanzo annuale delle sue rendite   » 618,281,57
Da un legato di D.2000, pro una vice, lasciato dal quondam Tommaso Borrello . . . . .   » 2,000,—
Da altro legato di D. 1000 fatto dal quondam Giovan Paolo Sanfelice colla condizione che il di lui annuo frutto si fosse convertito in detti pegni. Quali D. 1000 si trovano impiegati colla Regia Corte sopra fi-

A riportare D. 620,281,57

Riporto D. 620,281,57
scali di Terra di Lavoro, fra la somma di D. 200000; e tale frutto per tutto li 30 luglio 1786 era importato . . . .   » 4,327,83
Da un impronto fatto dal Banco, che restituire se li doveva dall' avanzo annuale delle rendite del luogo . .   » 30,000,—
Dall' avanzo dei pegni venduti, che dai rispettivi padroni non erasi venuto a riscuotere e che fino allora era in .   » 77,731,65 $^1/_2$
Da sbilanci antichi, risultati in credito nell' appuramento della scrittura . . . . .   » 585,15 $^1/_2$
Dai crediti di taluni cassieri antichi che amministrato avevano l'opera . .   » 15,22 $^1/_2$

Totale eguale D. 732,941,43 $^1/_2$

Dalla quale somma dedotti Ducati 25,395,32 ½ per tante deficienze antiche fatte da vari apprezzatori . . .	D. 25,395,32 ½		sentemente è di .	D. 491,406,98
L'esistenza netta nel tempo del suddetto incendio era di	D. 707,546,11		A questi si aggiungono altri D. 14,000 per tanti improntati graziosamente dalla Regia Corte cioè D. 8000 ai 15 maggio 1800 e D. 6000 a 15 giugno detto per aprire l'opera suddetta	» 14,000,—
Dai quali si deducono le sottosegnate partite cioè:			Somma la suddetta proprietà del Monte per li 31 dicembre 1802 in . .	D. 505,406,98
Per tanti spesi nella rifazione di due comprensorii, per formare il nuovo edifizio del Monte .	» 90,000		I quali si ritrovano impiegati cioè:	
Per tanti che si trovavano impiegati nei pegni i quali furono incendiati .	» 130,302,57		Colla regia deputazione olearea D. 300,000 alla ragione di quattro per cento; in virtù d'istrumento dei 31 gennaio 1800; per mano del Regio Notaio Donato Ranieri Tenti di Napoli . . .	» 300,000
Pel quarto pagato sulle cartelle di detti pegni bruciati	» 30,746,37			
Per tanti ritrovati deficienti nelle vendite seguite dopo il suddetto incendio, che, per mancanza dei libri incendiati, non si è venuto a giorno degli apprezzatori a carico dei quali avrebbe dovuto andare la deficienza suddetta	» 537,53		Colla Regia Corte, alla ragione del tre per cento, con istrumento dei 10 ottobre 1800 per mano del Regio Notaio D. Vincenzo Portanova di Napoli . .	» 9,462,48
			Colla suddetta con istrumento dei 5 novembre detto anno	» 40,269,—
Sono	D. 251,586,47		Colla suddetta, con istrumento dei 30 dicembre detto anno	» 121,635,31
Per conto dei quali l'opera suddetta ne ha ricevuto, dall'annuale avanzo di rendite del conto corrente, a tenore dell'appuntamento dell'anno 1787 . .	» 35,447,34		Colla suddetta con istrumento dei 3 aprile 1802	» 2,071,86
Resta la perdita suddetta in . . .	» 216,139,13		Col conto corrente D. 12,257,35 resto delli D. 60,000 improntatili a 17 maggio 1800 per appianare il vuoto della fede	
Sicchè la proprietà del monte pre-			A riportare	D. 473,438,65

Riporto D. 473,438,65 di detto conto che in detto tempo e-sisteva . . . . . D. 12,257,35
D. 485,696,—

Per questa somma di D. 485,696 sta ordinato, con dispaccio dei 10 marzo 1801, nel piano degli officiali, che l'interesse di detto denaro impiegato deve introitarsi al conto dei pegni gratis per escomputo dell'intero suo credito, non ostante che con appuntamento dei 19 agosto 1800 si trovi stabilito di pagarsi per conto d'interessi e non già pel capitale.

L'interesse che si è esatto da settembre 1800 per tutto dicembre 1801 è in D. 4988,60; e se l'ha introitato il conto corrente per supplire alle spese ed alle provvisioni degl'individui del luogo.

Più altri Ducati 5000 improntati al conto corrente a 24 dicembre 1801, in virtù di Real Dispaccio dei 23 detto per pagare le limosine a tutto agosto 1801, esclusa la spartenza dell'Assunta in detto anno » 5,000
Dippiù altri Ducati 2,063,75 improntati a detto conto corrente ai 4 giugno 1802, in virtù di

A riportare D. 490,696,—

Riporto D. 490.696,—
Real Dispaccio degli 11 maggio per pagare le limosine, cioè le mensualità di Novembre e Dicembre 1801 e metà della festività di dicembre detto. . . » 2,063,75
Inoltre altri D. 1,700 improntati a detto conto corrente ai 23 dicembre 1802, in virtù di Real Dispaccio dei 20 dicembre per supplire al pagamento delle limosine per tutto dicembre 1802 » 1,700,—
Per tanti che sono esistenti nella guardaroba dei pegni d'oro, per dicembre 1802 . . . » 2,770,20
Per tanti che esistono nella guardaroba sopra pegni di panni come sopra » 8,049,70
In potere dei cassieri, per tutto dicembre 1802, Ducati 127,33 fra la somma di D. 291,36 mentre li D. 164,03 sono di avanzo dei pegni venduti, che spettano alli padroni d detti pegni venduti . . . . . . » 127,33

Sono in tutto D. 505,406,98

Nell'anno 1787 fu stabilito in Banca d'impiegare qualche somma a mutuo, secondo le richieste che ne sarebbero state fatte dai particolari, acciocchè la rendita di essa, una coll'avanzo annuale del conto corrente, si fosse impiegata nell'opera dei pegni graziosi, per supplire in parte alla perdita sofferta dei D. 251,586,47, siccome era solito praticarsi per istituzione del luogo.

In detto anno 1787,ed in quello del 1788, furono impiegati a mutuo circa due milioni di ducati, così con particolari che con luoghi pii, tutto con denaro degli apodissarî. Sicchè, accortosi il governo di allora del gran vuoto fatto nel conto dei capitali, stabilì che l'avanzo suddetto non più si fosse dato all'opera dei pegni graziosi; ma si fosse annualmente introitato al conto de' capitali, per appianare il vuoto suddetto,assieme colla restituzione dei capitali che venivano da tempo in tempo a scadere; ed indi poi ripigliare nuovamente l'antico sistema, cioè di passare l'avanzo del conto corrente a credito di detto monte, conto all'opera suddetta, per soccorrere al bisogno dei poveri ».

« Napoli 30 Dicembre 1802 »

Questo conto, in particolar modo per le prime partite, onora gli uomini che avevano retto il Monte. Salvo due elemosine, le quali non ne fanno la duecentesima parte, tutto il pingue capitale fu costituito e raccolto dalla loro filantropica solerzia. Ottima l'idea d'investire in altri pegni gli avanzi di vendita non chiesti dai proprietarî, per trascuraggine ovvero perdita delle cartelle; più degno d'elogio il sistema di convertire i lucri o rendite del pegno fruttifero in capitale del pegno *grazioso*. Ossequenti al desiderio della Sede Apostolica, che fin dai tempi di Leone X aveva consigliata non imposta pei Monti la gratuità del prestito, e convinti che da questa venivano i progressi dell'istituto, il beneficio del pubblico, la depressione degli usurai, la soddisfazione del loro amor proprio e la quiete della coscienza, i governatori si servirono del credito, della circolazione fiduciaria, dei mutui fruttiferi, di tutte le forme di speculazione bancaria conosciute a quell'epoca, ed in parte da loro inventate, col solo scopo di mantenere od accrescere il patrimonio dei poveri.

Le altre partite delle perdite e del collocamento sono conseguenze degli avvenimenti occorsi dal 1786 al 1802, che racconteremo nel terzo capitolo. Il fisco prese e consumò, cogli altri fondi dei banchi, pure quelli del pegno gratuito, cosicchè nel 1802 l'opera era quasi cessata. Ma si tenne ragione dei capitali che le spettavano; non potendo materialmente consacrarli all'uso legittimo, procurarono i governatori che almeno dai libri se ne sapesse il valore e la destinazione.

Pei progressi della pia opera, divenuta impossibile la dimora nella Casa Santa si dovette contravvenire al contratto 27 gennaio 1563, col quale il Monte aveva promesso e solennemente stipulato di non uscirne. Il notaio aveva consumato tutto l'arsenale delle formole e dei patti, senza dimenticare una multa di cent'once d'oro, che fu poi reclamata. a carico dell'inadempiente, ed in vantaggio per metà del fisco, per l'altra metà del notaio stesso. Abbondando in precauzioni, aveva fatto stipulare che le cent'once si dovessero riscuotere dal fisco e dal notaio pure nel caso di reciproco consenso ed accordo dell'ospedale e monte, di condonazione e remissione qualsiasi; trattandosi di multa dovuta pel solo e semplice fatto della separazione dei due enti morali.

Valsero le circostanze più della pergamena, e fra queste dovette avere molto peso l'introduzione dei mutui ad interesse, ch'erano proibiti dal contratto (In quo quidem loco liceat et licitum sit dictis Protecteribus et eorum successoribus, exercere et exerceri facere dictum montem pietatis *mutuando gratis et amore Dei, ut supra, et non aliter nec alio modo*, perpetuis temporibus, prout hactenus actum et gestum fuit). Tale interesse era nonpertanto indispensabile per lo svolgimento e fors'anche per l'esistenza del Monte.

Sembra pure che ci fossero quistioni pecuniarie fra due istituti. Un inventario d'archivio, compilato sul finire del secolo XVI (1), prova l'esistenza a quella epoca del processo tra "li signori Governatori della Casa Santa della Annunziata con questo Sacro Monte, circa l'uscir di quello da detta Santa Casa, con la copia della protesta, di quanto deve per l'interesse, per capitale e terza per conto di banco „. Sulla pergamena, le frasi che riguardano la multa sono interlineate, ed è segnato in margine qualche patto più importante. Dippiù essa è molta gualcita e sciupata, mentre che altre di poco posteriori stanno in buono stato. Forse ciò dipende da che l'abbiano molte volte riletta e presentata in giudizio per farla valere.

Lasciando i locali dell'Annunziata, si prese in fitto, per annui ducati seicento, il palazzo dei Duchi d'Andria; ch'è quello al largo S. Marcellino, rimpetto alla porta dell'Educandato, fra il Vico S. Severino ed il Vico S. Filippo e Giacomo. Stette a quel posto pochi anni il Monte, che dal libro di Casa (folio 187) risulta avesse nel 1595 n.° 37 impiegati con stipendio, oltre dei Protettori e dei zelatori dell'opera pia, che ci lavoravano gratis. Gl'impiegati di Banco erano: Il pandettario con mensili D. 30, il cassiere apodissario con D. 25, il revisore con D. 16,66; il segretario con D. 16; il libro maggiore con D. 15, l'esattore con D. 15, il razionale con D. 10, quattro giornalisti a D. 9, due ar-

---

(1) Documenti patrimoniali vol. 508 pag. 28 t

chivari a D. 7, il porta libretti a D. 6, due aiutanti d'archivario a D. 3 e due portieri a D. 4. Pel Monte pegni c'erano: il custode dei pegni con D. 17, il revisore con D. 14,50, il cassiere con D. 11, due aiutanti di cassa con D. 4, un credenziere a D. 10, ed altri due a D. 6, un apprezzatore a D. 9, sei aiutanti di guardaroba a D. 6; due cassieri di vendite a D. 6; due incantatori a D. 6, ed uno scrivano dei pegni a D. 5.

Siffatto *libro di casa*, del quale esistono in archivio il giornale ed il mastro, (1) riferisce che alla chiusura dell'esercizio 1596 il patrimonio dell'istituto fosse così composto.

D. 50656,99, *dei quali appare creditore esso nostro monte, conto di sua proprietà, nelle compre e vendite dipendenti dalli libri antecedenti.*

Coll'odierno linguaggio li avrebbero chiamati fondi pubblici. Erano rendite assegnate sul provento delle imposte. Le operazioni del Banco rassomigliavano molto a quelle degli attuali agenti di cambio, perchè facilitavano l'emissione e commercio di tali titoli. Però non si contentava l'istituto della sola funzione di sensale. Egli pigliava l'obbligo di pagare la rendita quando il fisco non l'avesse fatto. Questa malleveria produceva l'effetto che il compratore si contentasse d'interesse più discreto di quello promesso dal fisco, ed i D. 50656,99 rappresentano, in valor capitale, tutto il lucro fatto fino al 1595 per le diverse ragioni dell'interesse.

" 144436,75 *dei quali appareno creditori li utili e danni di esso nostro monte per tutto il presente anno 1595, qui tirato poichè è utile per la Iddio grazia.*

„ 179,67 Id. come sopra
" 2,80 Id. come sopra

D. 195276,21
" 24204,50 deduzione per storni e per inesigibilità

D. 171071,71 *Nostro Monte conto di sua proprietà per D. 171071,71 dalla somma delli D. 195276,21 in più partite, che si tira in cre-*

---

(1) Archivio patrimoniale — Banco Pietà. Scaffale N. 2. — Volumi N. 20 e 21.

dito in esso nostro monte conto nuovo di proprietà, per averli a tirare in libro nuovo del 1597, atteso li restanti D. 24204,50; si lasciano in questo libro perchè procedono da debitori non veri ed altri che non sono buoni.

Era un capitale più che sufficiente, a quell'epoca, per pagare la costruzione d'un nuovo vasto edificio. I Protettori Cesare Miroballo, Alfonso Gaetano, Camillo Macedonio, Paolo Balzerano, Ferrante Imparato e Giovanni Tommaso Borrelli, ai quali meritamente si dette il nome di secondi fondatori, comperato da Delizia Gesualdo, madre e tutrice del minore Francesco Carafa, per D. 16300, il palazzo di D. Girolamo Carafa in contrada Nilo o San Biase dei Librari, con la direzione dell'architetto Romano Giovan Battista Cavagni (1), e con la spesa di ducati 49.146.57 menarono a termine, nel 1605, la fabbrica dell'attuale Monte di Pietà e scrissero sulla porta:

GRATUITAE PIETATIS AERARIUM
IN ASILUM AEGESTATIS
PRAEFECTIS CURANTIBUS
PHILIPPO III REGE
HENRICO GUSMAN OLIVARES COM.
ANNO SAL. CIƆIƆIC (2)

Fra le opere d'arte che l'adornano, le quali valgono più dei ducati cinquantamila spesi sul finire del secolo XVI per l'intero palazzo, oltre degli affreschi di Bellisario Corenzio, (3) meritano at-

---

(1) D. Aniello Somma, (pag. 12 sulla fede di precedenti scrittori, dice che il palazzo apparteneva ai Duchi di Montecalvo e che si pagò D. 10000. Tali notizie furon ripetute nella prima edizione di queste memorie, ma in seguito si sono scoperti due contratti notarili. Il primo (pergamene del Banco Pietà vol. 3, scaffale 3, n. 14) è l'assenso regio, 23 Luglio 1599, d' ipotecare beni feudali per l'evizione a favore del Monte e per garentirgli la piena proprietà e libertà dello stabile. Dei denari pagati D. 16000 servirono a saldare la resta di prezzo delle baronie di Supino e Sassinoro, in contado di Molise, comprate dal defunto Girolamo Carafa ed i residuali D. 300 per affrancare un censo di annui D. 18 della Chiesa di S. Andrea. Coll'altro contratto del 20 gennaio 1606, (pergamene vol. 41 n. 15) Francesco Carafa, divenuto maggiore, ratifica gli atti della madre, particolarmente l'istrumento 14 giugno 1597, col quale "vendidit dicto sacro monti quondam palatium in platea seu sedilis Nidi, in quo fuit erecta domus dicti montis.
Dippiù prende l'obbligo di affrancare a sue spese un altro censo d'annui ducati dieci a favore dell'ospedale degl'Incurabili, scoperto dopo che s'era stipulato il contratto e consegnato il palazzo.
(2) Esistono i giornali e libri maggiori patrimoniali che contengono minutissimi conteggi della spesa per la costruzione del palazzo, la quale durò otto anni, 1597 a 1605. Ma regolarmente la iscrizione del 1599 poichè già nel primo biennio la fabbrica era tanto innanzi da potersi aprire molte officine pel pubblico servizio.
(3) Conclusione 19 ottobre 1601, pag. 74 vol 168. A Bellisario si paghino le pitture fatte nella casa nuova allo appartamento della congregazione del Banco, a D. 20 l'una confuse, e se li facci il bullettino per lo compimento
5 Novembre 1601. Avendo il sig. Scipione Brandolino riferito che Bellisario vuole fare fra ter-

tenzione due statue del Bernino, (1) sulla facciata della cappella, in fondo al cortile, che esprimono assai bene gli scopi dei fondatori, perchè rappresentano la carità e la sicurezza e perchè sono illustrate dai versi

I.

Forsan abest misero signata pecunia civi
Atque illum interea tempora saeva premunt.
Nummorum huic operi ingentes cumulamus acervos
Pignore deposito quod petit inde damus.

II.

Si quis amat brevibus caute persolvere chartis
Aut timet insidias furis et arma domi
Congerite huc aurum, placidos et carpite somnos
Per me securos civibus esse licet.

La protezione del Cardinale Arcivescovo di Napoli contribuì pure all' incremento dell' opera ed a buon dritto i Governatori posero questa lapide nella sacrestia della medesima cappella:

OCTAVIO
AQUAVIVA ARAGONIO CARD.
ARCHIEP. NEAP.
OB LEGATUM MONTI PIETATIS SUPPELLECTILEM
AUREORUM MILLIUM XX.
PRAESTITUM ETIAM POST OBITUM
PASCENDI GREGIS MUNUS
QUEM CONSILIO DOCTRINA OPIBUS
STRENUE ALUEBAT
PRAEFECTI DOCUMENTO POSTERIS PP.
AN. SAL MDCXVII.

---

mine di sei mesi, decurrendi del primo di gennaio 1602, l'opere di pitture a fresco nella cappella, concludono che se faccino conforme alle note dell'ingegnere Cavagni. „
Alcuni quadri sono di Fabrizio Santafede Conclusione 30 luglio 1601. . . . . Fabrizio Santafede facci la cona della cappella, con che l'apprezzo se facci da uno dei signori Protettori, ed esso Santafede facci albarano al nostro Sacro Monte di contentarsi di detto apprezzo e che non eccedi detto prezzo ducati duecentocinquanta, e che se gli paghino anticipati soli ducati quaranta.
(1) Conclusione 9 febbraio 1601 pag. 44. Li signori Marchese della Polla, Ascanio Carafa, Pie-

Nel 1623 spendevansi, per soli stipendii, novemila ducati allo anno, ed al 1634 la rendita annuale del Monte era già arrivata a ducati quarantacinquemila. Quanto superava dalle spese di amministrazione era destinato ad opere di beneficenza. Oltre dei pegni senza interesse, che erano tutti quelli da ducati dieci in sotto, e che facevano restare infruttifero il capitale già specificato, dal Monte di Pietà si pagavano ogni anno molte decine di migliaia per altri atti filantropici, che consistevano, come abbiamo detto, in sussidi alle famiglie indigenti, doti per matrimonio o per monacazione alle ragazze povere, riscatto di prigioni per debiti o di schiavi da barbareschi (1).

L'associazione o confrateria fondatrice del Monte pare che si fosse sciolta quando questo potette sussistere senza contribuzione di soci e senz'elemosine. Prova il libro di conclusioni che nel 1574 non

---

trantonio Albertino, Giovan Domenico Grasso e Vincenzo Girardo, Protettori, in congregazione; Non avendo voluto il sig. Marchese di Grottola dare il parere di quello che si poteva pagare a Michelangelo Naccarini per la statua della Pietà, ed a Pietro Bernini per le due altre della carità e sicurtà, fatta per servizio della cappella della nuova fabbrica, al quale sig. Marchese era stato rimesso il giudicarle E desiderando essi signori Protettori che siano soddisfatti detti scultori, concludono che li magnifici Gio: And: Magliulo e Fabrizio Santafede riconoschino dette statue minutamente e del conveniente prezzo che lor si potria dare restino contenti farne relazione in scriptis, per potersi deliberare l'esecuzione di detto pagamento Presenti detti Michelangelo e Pietro ed accettanti detta elezione.

Avendo li detti Giovannandrea Magliulo e Fabrizio Santafede pittori fatta relazione in scriptis, dopo viste le dette statue, che a Michelangelo, per lo prezzo della manifattura della statua della Pietà, senza la pietra, se potranno dare ducati ottocento; ed a Pietro Bernini, per le due della sicurtà e carità ducati settecento, detti signori Protettori concludono che si paghino alli predetti scultori le dette quantità; con che s'escomputi quello che hanno ricevuto sin quà; e prima di farsi detto pagamento si portino e mettono dette statue nelli luoghi dove hanno da stare di detta casa nuova.

(1) « 5 marzo 1578. — Per li sottoscritti signori Protettori, è stato conchiuso ed ordinato che « in sussidio del riscatto d'Annibale Gallo, che fu preso da mano de infedeli con Col'Ambrosio " Gallo suo padre e Baldassarre suo fratello, con una fregata al tempo che fu pigliata la Goletta; « del che e della loro estrema povertà costa per la fede del magnifico Capitano e completarii « della strada dei lanzieri, si debbono distribuire e pagare ducati dieci, dalla somma di annui du- « cati dieci donati per il quondam D. Giovan Battista Villano ad esso sacro monte, per sovvenzione " dei poveri captivi. Data sarà previa idonea pleggeria di convertirsi detti ducati dieci nel ri- « scatto del predetto Annibale, o di restituirsi ad esso Sacro Monte fra termine di sei mesi, non « constando per scrittura e fede autentica il detto riscatto essere stato fatto, e con espressa men- " zione che la somma che si pagherà per detto riscatto sono inclusi e veramente pagati detti " ducati dieci e che il mentovato Annibale sia in terra di cristiani — Annibale Caracciolo — No- « tar Giovanni Ambrosio di Lega—Giovan Domenico Caprile — Leonardo deZocchis atque Terracina.

Il riscatto degli schiavi si faceva dell'amministrazione pubblica, per mezzo dei negozianti ebrei di Livorno, che prendevano una provvigione del 14 per cento. 24 settembre 1794, conclusione. Dovendo il nostro sacro monte della Pietà, erede del Reggente Carrillo per la confidanza del riscatto dei cristiani schiavi, soddisfare alla Regia Corte la sua rata sopra li ducati 212000, dalla medesima erogati per riscatto di molti schiavi, e non avendo denari pronti per tal pagamento, deve prenderli ad interesse sulli fondi di tal confidanza, anche per esecuzione di reali ordini. Perciò essendosi presentate l'occasione di poter prendere a vendita di annue entrate la somma di ducati diciassettemila circa ecc ecc.

Pochi individui si potevano liberare, chè un prigione era pagato, in media, a Tunisi duc. 750, ad Algieri ducati 1400. Costavano il doppio i padroni di bastimenti ed assai più i nobili o persone ragguardevoli.

esisteva più, e che si fosse già inventato l'originale modo di nominare li Governatori, ch'è durato fino al 1807 e crediamo abbia contribuito più di qualsiasi altra circostanza alla lunga e prosperosa vita de' Banchi ; modo che consisteva nel limitare a soli due anni l'ufficio e nel fare scegliere il proprio successore da chi finiva il biennio. Con lettera regia del 15 dicembre 1571 fu legalizzato l'uso che il Monte e Banco della Pietà, dovesse dirigersi da un consiglio amministrativo, chiamato *Governo*, composto di tre nobili, due avvocati ed un mercatante. Sul principio, queste sei persone ebbero il titolo di Protettori, ma essendosi poi aggiunto, per usurpazione del Viceré, un *Delegato Protettore* di nomina Regia, col grado di capo e presidente del consiglio, presero talvolta l'altro titolo di Governatori. Si alternavano nel biennio i sei governatori ed ogni seconda domenica di dicembre, celebrata la messa dello Spirito Santo, i tre uscenti per aver finito il tempo, presentavano ciascuno un elenco di sei persone. Proibito di mettere nella lista parenti prossimi, sia proprî, sia degli altri cinque governatori, come pure gente che si trovasse in lite col Banco o ne fosse debitrice, o gli avesse domandato sussidî. Fra sei candidati poteva scegliere S. M., per essa chi la rappresentava a Napoli, ma non abbiamo trovato esempio che si fosse nominata persona diversa dal primo iscritto di ciascuna lista; praticamente dunque l'elenco si riduceva ad una pura e semplice designazione del successore.

Quando un governatore non poteva o non voleva servirsi del suo dritto di nomina, ed anche quando pareva che la lista non rispondesse alle regole ed alle consuetudini, passava questo dritto alla Banca, cioè al Delegato Regio ed agli altri cinque governatori. Il caso s'è verificato varie volte e con incidenti non sempre serî.

Le dispute per la precedenza fra tre nobili fecero introdurre lo uso di non mettere feudatari nelle liste, ma solo cavalieri di Piazza, cioè persone di case patrizie e godenti dritto di voto nei Sedili. E quando eccezionalmente sceglievano un titolato, ovvero per successione diventava tale qualche governatore esercente, facevangli invito di non adoperare il titolo, ma firmare col solo nome e cognome.

Come sorvegliavano i Protettori l'esercizio del Banco apodissario, e della cassa de' pegni gratuiti, sappiamo dalla conclusione di luglio 1578, che dice :

..... perchè l'assistenza del signor Protettore, pel buon governo del Monte, è necessaria tanto nell'uno quanto nell'altro esercizio, e principalmente dove si esercita l'amministrazione della cassa dei pegni, per esercitarsi quella sì grande opera di carità verso li poveri, prestandosi graziosamente sopra pegno, importa anco che vi assista uno delli signori Protettori di esso Sacro Monte. Però, non potendo il signor Protettore mensario assistere ad un medesimo tempo all'una ed all'altra parte, per essere distinti e separati li due appartamenti, tal chè non si può mirare all'amministrazione degli officiali come si conviene; considerando anche che assistendo due almeno delli signori Protettori, ogni dì non festivo, al Sacro Monte, se ne causa maggior servizio al Pio Luogo, perchè accadendo alcuno impedimento che non più potesse assistervi uno di essi, vi si rattroverà l'altro, che potrà firmare tutte le scritture e provvedere a tutte le altre cose necessarie, che bisogna subito darle spedizione, che non si può ritardare.

Però è stato conchiuso ed ordinato, che ognuno delli signori Protettori di esso Sacro Monte, debba servire quattro mesi ogni anno, a circulo, nel governo di esso Sacro Monte, assistendo in quello ogni giorno non festivo; cioè due mesi nel luogo dove si fa l'amministrazione della cassa dei depositi; e due altri mesi nel luogo dove si fa l'amministrazione delli danari dei pegni dagli altri ufficiali di esso Sacro Monte. Talchè ogni mese debbano a circulo assistere al governo due Protettori, cioè un gentiluomo e un cittadino, ed un d'essi all'amministrazione della cassa di depositi, l'altro all'amministrazione della cassa di pegni. E dai detti due signori Protettori che fanno il mese si terranno le due chiavi della camera del tesoro del Sacro Monte: cioè la chiave ch'è solito di tenersi per lo signor Protettore gentiluomo si terrà dal signor Protettore gentiluomo che farà il mese, e l'altra chiave ch'è solito di tenersi per lo signor Protettore cittadino si terrà dal sig. Protettore cittadino che fara il mese. Ogni volta che si farà Congregazione (*adunanza dei Protettori*) nei giorni stabiliti, faranno relazione di quanto occorrerà, che sarà bisogno di provvedersi in congregazione; ed in fine del mese, il Protettore che farà il mese, nel luogo dell'amministrazione delli denari dei depositi, farà completare di porre tutte le partite di debito e credito nel libro maggiore e nelli giornali di cassa, con fare tirare le reste della predetta cassa e delli conti de'banchi pubblici, con li quali farà tirar d'accordo; e conterà tutto il denaro che di contanti vi si troverà nelle dette casse, a fine si possa vedere se il cassiere sia debitore; e ritrovandolo debitore lo farà pagare subito.

Similmente il signor Protettore che farà il mese, nel luogo dove si esercita l'amministrazione dei denari dei pegni, farà compiere di porre in libro tutte le partite di impegnati e spegnati, di vendite di pegni, di soprapiù, e di pleggerie che si pigliano per lo cassiere, e farà firmare li bollettini, li quali, firmati dal guardaroba, dal cassiere e da esso signor Protettore addetto al servizio dei pegni, farà notare dal Razionale di esso Sacro Monte, nel libro maggiore e nel giornale di Banco, come è solito; con fare tirare al detto Razionale la resta delli conti dei pegni, di guardaroba, di soprapiù e della detta cassa, acciò si possa vedere se il cassiere è debitore; e ritrovandolo debitore lo farà pagare subito. Delle reste li signori Protettori debbono fare relazione ai Protettori loro compagni nella congregazione. E così si debba osservare ogni mese.

Pietro Gambacorta — Giov. Cola Minutolo — Giov. Domenico Scoppa — Benedetto de Loffredo — Orazio Palomba.

Il pegno con interesse, pei mutui maggiori di D. 10. (L. 42,50) diventò ramo precipuo d'operazioni nel 1628, e fu imposto dalle circostanze, non nacque dalla libera volontà dei Protettori. Un cambiamento di tipo delle monete napoletane, del quale ci toccherà di parlare a lungo, fatto con poco accorgimento e meno buona fede dal Vicerè Zapata, per poco non ammazzò tutt'i Monti della città, distruggendone il credito e sciupandone i patrimonî. Per salvare il Monte e Banco della Pietà, escogitarono gli amministratori l'espediente di prelevare 30000 ducati dalle somme sottoposte a vincolo o sequestro, ch'esistevano nella cassa dei depositi dello stesso banco, e di collocarli alla ragione di sette per cento. Così procacciarono una rendita per pagare gl'impiegati e le spese d'amministrazione, senza intaccare maggiormente il capitale del pegno grazioso, che da D. 270000, quant'era nel 1622, trovavasi nel 1628 ridotto a soli D. 70000.

La garenzia della cassa depositi consistette nei pegni pronti alla vendita, perchè scaduti di tempo, che invece d'alienarsi, con danno dei padroni, sostituirono per qualche tempo la moneta contante. Al dire dei Governatori: Quella medesima carità che il Monte faceva al pubblico, di prestare senz'interesse, intendevano che dalla propria officina all'*apodissario* fusse fatta al Monte. Ecco il testo della petizione per l'occorrente permesso del Vicerè.

" Li Governatori del Sacro Monte della Pietà fanno intendere
" a V.E. come, per la mutazione delle monete, e per avere la maggior
" parte delle sue entrate con la Regia Corte e con la Città (1)
" sta in estremo bisogno. Di modo che non può soddisfare ai suoi
" creditori, ne può pagare le provvisioni dei ministri, tanto de la
" casa che del banco, che importano da ducati seimila l'anno. Per
" lo passato s'è servito del capitale applicato all'impegno; dimo-
" dochè per prima detto capitale era di ducati duecentosettantamila,
" ed ora è ridotto a ducati settantamila; ed ogni giorno va mancando
" detto capitale. In breve s'estinguerà un opera di tanto merito, se
" la potente mano di V. E. non dà il rimedio, che almeno si pos-
" sano pagar li ministri senza interessar più la casa. Ed acciò lo
" espediente che si presenta non abbia da portar conseguenza, si
" dice a V. E. come detto Monte tiene, per la somma di ducati
" trentamila, tanti pegni d'oro e d'argento che se potriano vendere;

---

(1) Il fisco ed il municipio avevano puntato i pagamenti.

" ma, a fine di non pregiudicare i padroni di detti pegni, quelli
" stessi si terranno in luogo di pegno in cassa maggiore di banco;
" dalla quale *(cassa maggiore dei depositi apodissari)* si piglierà tanta
" moneta coniata, dalle somme vincolate e sequestrate, sino a D.30000;
" quali si potranno prestare a mutuo, alla ragione di sette per cento,
" conforme è stato solito farsi. E dall'interesse pagarsi li ministri,
" acciò non si diminuisca più il capitale e si possa mantenere l'opera.
" Quella stessa carità che il Monte fa con diverse persone, verrà a fare
" la cassa maggiore di banco con detto Monte. Pertanto supplicano
" V. E. voglia concedere il suo beneplacito in così giusta domanda,
" acciò detta opra si mantenga in piedi e ne avrà merito dal Si-
" gnore Iddio, ed essi supplicanti l'avranno a grazia ut Deus. „

Nel seguente anno 1629 s'aggiunsero altri 30000 ducati, e si formularono le istruzioni e regole del pegno fruttifero, che può dirsi siano l'attuali leggi del Banco, pel ramo Monte di Pietà.

Col mutuo *grazioso* si concedevano ai debitori tre anni di tempo, perciocchè la scadenza delle cartelle relative a gioie, metalli, oggetti preziosi e seterie, era a trentasei mesi data. Scorso tal tempo, i pegni non riscattati dovevansi vendere all'asta pubblica; nondimeno la vendita era spesso prorogata di uno o due anni. Le sole cose di lana, perchè soggette a tarlo e deperimento, si accettavano per soli mesi sei, e verso il 1750 per un anno. Qualche volta l'epoca della vendita era abbreviata con petizioni dei possessori delle cartelle, i quali volevano riscuotere il supero, cioè la maggiore valuta del pegno sulla somma anticipata dal monte. In occasione di crisi monetaria, gli oggetti d'oro e d'argento, invece di vendersi all'asta pubblica, si mandavano, per ordine del Vicerè, alla zecca.

Non bastando l'ampio palazzo del Monte, si comprarono, nel 1728, per D. 7500, la casa di Francesco de Laurentiis, e nel 1742, l'altra adiacente di Domenicantonio de Palma, per D. 16500. Congiunte queste con una cavalcavia al resto dell'edifizio, furono adatate per guardaroba o magazzino dei pegni di rame, ferro, ed altri metalli comuni.

*
* *

5. Nell'inverno del 1563, i frequentatori della Vicaria sentivano gridare da un carcerato, che mostrava attraverso dei cancelli il suo

giubbone di velluto " Signori pietosi, per cinque carlini, che non
" ho, non posso uscire da queste carceri; vi supplico, in nome di
" Gesù Cristo, a prestarmeli con tener questo in pegno. „ Un avvocato gli dette il danaro e rifiutò il giubbone. Ci spiace d'ignorarne il nome, non per l'elemosina dei cinque carlini, che forse molti avrebbero fatta, sibbene perchè la commozione in lui destata da quella domanda, gli fece immaginare un istituto di beneficenza, che poi divenne assai ricco e sommamente vantaggioso. Dai fatti che giornalmente vedeva, trasse la persuasione che i carcerati, più d'ogni altra qualità di gente, paghino usure strabocchevoli. Chiusi come sono, non si possono raccomandare al meno ladro fra gli strozzini di loro conoscenza, ma debbono stare a discrezione dei pochissimi individui, forniti di danaro, che stanno o possono entrare nella prigione .

Volendo a ciò rimediare, volendo procacciare anche agli ospiti della Vicaria il vantaggio del mutuo sopra pegno senza interesse, che dal Monte di Pietà si offriva da più di vent'anni ad ogni altra classe di cittadini, l'anonimo avvocato si volse ai proprii amici, e ne ebbe soccorso di moneta e di opera; si raccomandò al Reggente della Vicaria, e ne ottenne la concessione di alcune stanze, adiacenti alla scala del Sacro Regio Consiglio. Ivi raccolse una fratellanza di curiali, formò l'altro Monte, per esclusivo uso dei carcerati, e tenne in deposito i pegni. Nei primi tempi l'opera gratuita di tre delegati dalla confrateria, che si chiamavano Maestro Mensario, Maestro Guardaroba e Maestro Segretario, bastava per sbrigare tutte le faccende amministrative. Il Mensario faceva per un mese l'ufficio di Capo o Direttore, ed anco di cassiere; il Guardaroba custodiva li pegni, ed il Segretario teneva la corrispondenza e le scritture contabili.

Cresciuti presto di numero i soci, dettero al loro pio sodalizio la denominazione di *Sacro Monte dei Poveri*. Le adunanze e le pratiche religiose si fecero, dal 1563 al 1571, nell'oratorio che ottennero in prestito dai Padri Teatini dei Santi Apostoli.

Scarseggiando il denaro, perchè troppo inadeguato pel bisogno era il capitale donato dai primi fondatori, e troppo poca cosa le contribuzioni mensili dei socii, si fece ricorso all'elemosina, onde, per molti anni, pensiero principale del sodalizio fu la questua.

Allora Napoli era divisa in nove quartieri. Si scelse per ogni quartiere un governatore del Monte, fra le persone più ricche o autorevoli, e questi ebbe mandato di nominare ogni sabato tre o quattro collettori, che per una settimana si pigliassero la briga di chiedere limosine a vantaggio della pia opera. Non occorreva d'essere socio per la scelta all'ufficio di collettore. La questua si faceva in quella maniera che molti Napoletani ricorderanno di aver vista usare prima del 1860 dall' arciconfraternita del Purgatorio e da parecchie altre. Il collettore, vestito di sacco, col cappuccio calato sul viso, con gli emblemi della confraternita sulla spalla, chiedeva le limosine nelle chiese, per le strade ed anche per le case, e le faceva deporre in certe cassette, di forma particolare, adoperate anche adesso nelle chiese, di cui non aveva la chiave.

Fra gli obblighi del Mensario, cioè dell'amministratore principale del Monte, c'era, nel secolo XVI, quello di aprire tutte queste cassette, custodire la moneta, e con l'aiuto del Segretario portare i conti.

Nel 1571, avendosi a ricostruire l'edificio dei Santi Apostoli, dovette uscirne la compagnia, che prese stanza nella Chiesa di San Giorgio. Ivi si svolsero meglio le opere di carità, giacchè ai carcerati non si dava solo il mutuo gratuito, prestando loro senza interessi su pegno sino a ducati 5; ma si liberava un certo numero di quelli chiusi per debiti, pagando i loro creditori; e si curavano quelli colti da malattia, somministrando letti, medicine, assistenza e costituendo nelle prigioni ben regolate infermerie. Qualche atto filantropico si faceva anche fuori delle carceri, visitando le case della povera gente, e con soccorsi pecuniarii alle persone che ne parevano meritevoli.

Increscheva alla Confraternita di non tenere sede stabile e propria, spettando al tribunale le stanze nella Vicaria, dove si teneva il Monte di Pietà, ed essendo appena tollerata, come ospite, nella Chiesa di San Giorgio. Domandarono in proprietà, all'Abbate amministratore di detta chiesa, una cappelluccia abbandonata che ci era nel cortile ed una porzione del portico; ottenutili nel 1577, mediante canone di annui ducati diciotto, col permesso della Curia Arcivescovile, fabbricarono in brevissimo tempo una nuova grande cappella pel pubblico e sovra questa un oratorio pei socii. La solenne apertura si fece al 1° novembre 1579, e per la spesa avevano i fratelli provveduto con volontarie contribuzioni e con denari presi a censo.

Parve allora alla compagnia di poter bastare a sè stessa, e fu prescritto che elegger non si potesse ad ufficio di maestro chi non fosse socio.

Mancava non pertanto l'approvazione del Vicerè, e per ottenerla il sodalizio presentò, nel 1585, al Duca d'Ossuna, i proprii *Capitoli* cioè gli Statuti dell'opera dei pegni e della confraternita. Ossuna li fece esaminare dal Consiglio Collaterale. Esiste il processo (1) e furono nel passato secolo messi a stampa parecchi documenti (2) dai quali si conosce che il Reggente Moles, ed i Pro Reggenti Cardona e Lanario, dettero favorevole avviso, che li 11 novembre 1585 fu riconosciuta formalmente dal Vicerè la confraternita, come pubblico istituto di beneficenza e come Monte di Pietà, e finalmente che fin dal 31 marzo 1584 lo stesso vicerè Ossuna aveva dato il permesso di raccorre limosine per la Città e pel regno.

Trascriviamo questi capitoli del 1585 i quali pare che si fossero concordati fra soci fin dal 1563 ed avesse confermati Papa Gregorio XIII, con una bolla del 1572 per l'erezione del Sacro Monte dei Poveri. Li scrisse certamente una brava persona; forse l'avvocato stesso che dette al carcerato i cinque carlini pel giubbone.

Sapendosi che li poveri carcerati, oltre gli altri infortuni che patono, sono anche gravemente oppressi dalle maledette usure, talmente che, per averne qualche piccol sussidio della loro vita, si riducono, con tanta offesa di Dio N. S. con tanta perdita d'anime, e con tanto loro danno, a pagare fino ad un carlino al mese per un ducato a quelle maledette coscienze che li prestano denaro sopra i loro pegni. Tanto più che il medesimo pegno lo ritornano ad allogare un tanto il dì al padrone, talchè i loro pegni scorrono in pochissimo tempo, per molto pochi denari, e qualche volta ne sono truffati; e si cagionano perciò molte risse dentro le carceri, onde i poveretti spesso ne patono corda, ne vanno in galera. ed anche ne sono appiccati; dandone continuamente maggiori travagli agli ufficiali; e ne seguono altri inconvenienti, talvolta peggiori e tali che per onestà si tacciono. Perciò ha piaciuto allo spirito d'Iddio, per dare qualche sussidio a così miserande persone, ispirare alli Governatori e Confrati del S. Monte dei Poveri, costrutto appresso la Chiesa di S. Giorgio Maggiore di questa città, di aiutare e sovvenire detti poveri carcerati, derelitti ed abbandonati dagli altri, prestandoli graziosamente sopra i loro pegni, e dandoli comodità di riaccattarseli, seconda la forma delli seguenti Capitoli.

I.

Primieramente s'ordina che, avuta la benedizione spirituale, ed il favore dell'Eccellenza del signor Vicerè; nel

---

(1) Processo del Consiglio Collaterale citato dal cav. Petroni pag. 27.
(2) Regole e capitoli antichi e nuovi per lo regolamento della congregazione e del Sacro Monte e Banco dei Poveri del SS.mo Nome di Dio — Napoli 1750 — Per ordine del Re N. S. Nella stamperia di Giovanni de Simone. Questo volume fu stampato per cura di Domenico de Simone, dei Marchesi di Capogrosso, a quell'epoca Segretario, che aveva compilato nuove regole. — Biblioteca Municipale Cuomo — vol. 5547. — 15. — 3. — 43.

luogo che sarà consignato dentro il Palazzo delli Regi Tribunali, si abbia ad ergere la detta S. Opera, da governarsi perpetuamente da detti signori Governatori e Confrati, secondo l'elezione da farsi mese per mese dal signor Ministro e dalla Compagnia dei Bianchi del detto S. Monte. Li quali, l'ultima domenica di ciascun mese, eligeranno un Protettore mensario pel seguente mese; ed a contento di quello un Segretario per scrivere, ed un Guardaroba che averà pensiero del governo e del valore dei pegni, come dirassi.

II.

Sarà tenuto il detto Segretario di fare tre libri diversi, in uno de' quali saranno notati tutti l'introiti che per qualsivoglia via perveniranno a detta opra. E nell'altro tutti i pegni, che giorno per giorno s'impegneranno ovvero si recatteranno, colla giornata, col nome e cognome di colui a cui si presta, e la quantità che se li presta; nel terzo poi si noteranno i decreti, o altre cose straordinarie che occorrere potranno intorno a detta opra. Sarà anco pensiero del detto Segretario di fare le cartelle, per darle a chi porta i pegni, le quali saranno contrasegnate col segno del monte, e firmate di sua mano, acciocchè poi il riscatto si facci a chi porterà la detta cartella e non ad altri.

III.

Per evitare le fraudi che sopra ciò si potrebbero commettere, si supplica l'Eccellenza del signor Vicerè che si imponghi notabil pena a chi sotto nome di carcerato, impignasse pegno che non fusse suo. Con dichiarazione ancora che, mentre il pegno non è ricattato, non possi altri pretendere che sia suo, ma solamente colui in nome del quale sta notato detto pegno, acciò si possa esercitare detta opra senza risse e senza lite, ma con quella semplicità e carità che si conviene.

IV.

Si ordina ancora che i detti tre deputati, cioè il Protettore mensuario, suo Segretario ed il Guardaroba, debbano stare in ciascheduno giorno feriale nel luogo ordinario, almeno per tre ore il giorno, e che nel partire possano lasciare in potere del carceriere maggiore, o di chi tiene il libro dei carcerati, fino alla somma di ducati sei; acciocchè occorrendo alcun bisogno ai detti carcerati, se li possa sovvenire sopra i loro pegni ancora *in absentia* dei deputati; i quali saranno obbligati, subito che arriveranno il giorno seguente, fare il debito notamente dei pegni che fossero stati fatti dal loro sostituto. E medesimamente il giorno precedente qualsiasi festa, possono lasciare per detto effetto fino alla somma di ducati dieci, ed il giorno poi la festa subito notare i pegni che fossero fatti.

V.

Appresso; ogni primo sabato di ciascun mese, si rivedano i conti di detta opera di tutto quel mese passato dai due mensari, delli quali uno sarà stato protettore quel mese e lo altro sarà del mese futuro, congiontamente colli loro segretari e guardarobbi passati e futuri; per vedere che i conti sieno giusti, e che i denari e li pegni siano molto bene aggiustati, con farsi l'inventario di detti pegni, e ritrovandosi alcun errore di qualche momento, siano obbligati, la domenica seguente, tutti sei manifestarlo al ministro di detto Monte, acciò di comun parere si possa provvedere secondo il bisogno.

VI.

Di più s'ordina che la cassetta per l'elemosina, la quale, con buona grazia dei Superiori, si tenerà nel banco deputando per detto effetto, abbia ad avere due chiavi, da tenernosi una dal Protettore che farà il mese, e l'altra dal suo Segretario. La quale s'aprirà ogni sabato in presenza di ambedue, e si noterà l'introito di quello che si ritroverà; acciocchè poi coll'altri conti se ne dessi notizia al nuovo Protettore mensario che entrerà, conforme al sopradetto capitolo. Similmente nella cassa maggiore saranno due chiavi, da tenersi dal Protettore e Segretario istessi, ed in quella saranno conservati tutti i denari che serviranno per detta opra. Avvertendo che dentro di quella non si lascino più di cinquanta ducati per sovvenzione di detta opra, e mancandone poi si supplisca giornalmente, non però passando la detta quantità.

VII.

Potrà anco il Segretario tener fuori di detta cassa fino alla somma di ducati dieci, per l'occasioni che potriano accadere *in absentia* del protettore e mensario, a cui ciascuna volta ne renderà conto fedele.

VIII.

E perchè alcune persone devote, per guadagnare l'indulgenze, ed aumentare dett'opra, facilmente potriano prestare o depositare alcune somme di denari in questo S. Luogo; si supplica S. E. che non solamente a detti Deputati sia lecito poterli pigliare, e servirsene in benefizio di detta Opra, ma ancora, bisognando, per cautela di chi li deposita, farne la fede, la quale abbia il vigore come scrittura pubblica; acciò questa S. Opra possa crescere in maggior benefizio di detti poveri carcerati.

IX.

Ancora s'ordina, per maggior sicurtà di detta opra, che ciascun pegno sopra il quale si presterà, ecceda di valore almeno il doppio di quella quantità che si presta. Il che non osservandosi da detti Deputati, s'intenda i detti pegni essernosi pigliati a loro risico. E perciò tutti i libri delle mesate abbiano molto bene a conservarnosi, acciò, occorrendo il caso, si possa vedere in qual mese fu pigliato il pegno, che forse valesse meno del prestito.

X.

Al detto Segretario, *in absentia* del Protettore, per ora non sarà lecito poter prestare più di sei ducati per volta; ma con volontà e saputa di quel Protettore che averà pensiero e non più per ordinario; ma per caso d'importanza, ed a persona di qualità, si potrà passare a maggior summa; purchè il pegno vaglia almeno il doppio di quel che si presta.

XI.

Oltre ciò si è concluso che non solamente si presti alli carcerati nelle carceri della G. C. della Vicaria, ma ancora a' prigioni dell'Ammiragliato, dell'arte della seta e dell'arte della lana, e ad altri, secondo occorrerà il bisogno e saranno le facoltà del detto Monte.

XII.

Finalmente si stabilisce il tempo ordinario di ricattarsi li pegni per tre mesi solamente e non più; ma poi elassi li tre mesi si superseda a venderli per due altri mesi, e quando non vi sia strettezza di denari si aspetterà per sei mesi, per darli maggior commodità di poterseli ricattare; ma passati li sei mesi e venendosi ad atto di vendere i detti pegni, s'abbiano a vendere senza decreto allo incanto, e non usarci fraude alcuna, e cercar che si vendano per giusto prezzo, secondo il loro valore. È vendendosi più di quella quantità per la quale stavano impegnati, si restituisca quel di più al padrone, con farne del tutto il debito notamento. E se il padrone fosse morto a suoi legittimi eredi; e non retrovandosi eredi resti tutto il denaro in beneficio di detta opera, con annotarsi pure il tutto, ed obbligandosi i detti deputati a far pregare Iddio per l'anima di colui che era stato padrone del pegno.

Concedendo l'approvazione ed i privilegi domandati, il Viceré fu largo di encomii pel sodalizio, dicendo che il Re di Spagna, Filippo, era lieto " piis et iustis supplicationibus annuere, ac favore pro" sequi, et omni adminiculo protegere, ut catholici et pii ac reli" giosi principis nomen merito in futurum sibi vindicet. „

A quell'epoca (1583) erasi costituita un'altra Compagnia da 29 gentiluomini, nella chiesa di S. Severo dei Domenicani, a persuasione di Frate Paolino da Lucca e per opera di Orazio Teodoro, la quale, intitolatasi del SS. Nome di Dio, intendeva anch'essa ad opere di carità, visitando i carcerati e soccorrendo i poveri vergognosi. La comunanza di condizione e di scopo, e la piccola distanza che c'era fra le chiese di San Giorgio e di San Severo, avvicinò le due confraternite, che nel 1588 si fusero. Ma durò l'unione dalla domenica 17 gennaio al venerdì santo 15 aprile dello stesso anno 1588, leggendosi nei documenti che " successe tal differenza e dis" senzione, seminata dai ministri di Satana, che per S. E. (il Vi" ceré) fu ordinato che non si congregassero più i fratelli e dopo " molti mesi fu data licenza all'una ed altra confrateria che cia" scuna si congregasse nel suo oratorio „ cioè il Monte dei Poveri a San Giorgio, il Nome di Dio a San Severo.

I pettegolezzi erano e sono un tarlo per tutte le associazioni e corpi morali. Sul nascere, le nostre confraternite avevano quella costituzione, essenzialmente democratica, di cui San Bonaventura ci ha lasciato il più perfetto modello, con le regole della Compagnia del Gonfalone di Roma. Ma le regole approvate a 28 maggio 1583 per la fratellanza *Nome di Dio*, sono piuttosto dirette all'ascetismo che alla filantropia, e ci sono scritti doveri pei soci i quali adesso sarebbero intollerabili anche per un ordine monastico. Oltre della ubbidienza incondizionata al Priore, delle messe, rosario, confessioni e comunioni frequentissime, avevano i fratelli l'obbligo di fare la spia!

" Art. XIV. Ciascheduno fratello sappia che è obbligato di pro" curare l'utile ed onore della compagnia, con tutti li modi leciti " ed onesti; e sapendo che alcuna cosa potesse ritornarli a danno, " deve proporlo nella Compagnia, acciò possa darvisi rimedio;

" *ed essendo cosa da tenersi segreta potrà dirlo al Priore e Consiglieri*,
" acciò colla destrezza e prudenza loro possano ripararli, senza ru-
" more nè strepito; ed insomma tutti li fratelli, con ogni loro in-
" gegno e potere, sono tenuti servirla, favorirla ed aiutarla „.

Dovevano anche serbare un silenzio che adesso non si pretende forse nemmeno dalla Frammassoneria e dal Nichilismo.

" XV. Ciascheduno fratello sia obbligato a tenere segrete tutte
" le cose che si fanno e si stabiliscono per li fratelli dentro l'ora-
" torio, *e così anche li nomi delli fratelli*, acciò quelli che là si uni-
" scono, per il servizio di Dio, non siano additati dagli altri men
" devoti. Nel che deve stare molto avvertito ciascheduno fratello,
" poichè si stabilisce che sempre si costerà, *nel modo che parerà al*
" *Priore e Consiglieri bastante,* che uno averà rivelata alcuna di
" dette cose ad altri che non sono di detta compagnia; per la prima
" volta se li darà quella penitenza che a detto Priore e Consiglieri
" parerà; e la seconda volta sarà espulso da detta Compagnia.

Fortunatamente, nelle due associazioni costituite per soccorrere i carcerati di Napoli, la carità vinse l'alterigia, sicchè si ricongiunsero al 24 gennaio 1599, conservando nel titolo, *Monte dei Poveri del Sacro Nome di Dio*, la memoria delle rispettive origini. Da quel tempo si cominciò a tenere regolare scrittura delle operazioni, e si accettarono pegni da qualsivoglia persona, non dai carcerati soltanto. Nessun interesse era chiesto per le somme minori di ducati 5.

L'ottavo articolo della regola 1585, ora riferito, non solo facultava le ricezioni di depositi liberi e volontari, e l'emissioni di carte valori, ma permetteva alle fratellanze di servirsi, pei mutui pegnoratizî, di quella parte della somma affidata che si supponeva non sarebbe prontamente ridomandata dal possessore. Però si oppose il Monte della Pietà, che, giusta il notamento del secolo XVI (1) ebbe
" lettera regia intimata alli Signori Reggenti e Giodici della Vicaria,
" ed alli deputati del novo Monte dei Poveri, rentro le carceri della
" Vicaria, che suspendano in ricever denari in deposito, di far fede
" di quelli, per esservi questo Sacro Monte, eretto da tanto tempo,
" che subviene a tutti che gli ricorrono, col grazioso prestito; che
" si mantiene colli depositi, senza i quali mancaria detta santa opra

---

(1) Archivio patrimoniale vol. 508 pag. 24 t.

"per il beneficio pubblico e privato dei poveri. Spedita detta lettera "a 21 di gennaio 1586 in partium 30 fol. 122 „.

Il Monte dei Poveri aspettò dunque vari anni per costituire, con forma legale, un banco di deposito e di circolazione, tanto che la collezione delle sue fedi di credito ed analoghi registri comincia dal 1600. Come vedremo, s'erano nel frattempo fondate altre pubbliche casse, chiamate *apodissarie*, ed il Monte della Pietà, di buona o mala voglia aveva dovuto rinunziare alle sue pretese di monopolio. Ma fin dall'origini questo Monte dei Poveri s'era servito del deposito volontario e dello chèque. C'è nell'archivio patrimoniale un registro di conti del tesoriere, per la fabbrica della cappella, che prova l'uso della sua carta nominativa nel 1577. A pag. 8 si legge questo mandato di procura:

" Noi subscritti maestri del Sacro Monte dei Poveri, construtto
" ne la chiesa di San Giorgio Maggiore di Napoli, declaramo qual-
" mente, con voto anco de li fratelli del detto Monte, è stato eletto
" il magnifico Salvatore Caccavello sopraintendente et capo de la
" fabbrica da farsi in l'ecclesia ed oratorio de confrati del detto
" Sacro Monte, il quale haverà da pagare tutte quelle cose che per
" detta fabbrica saranno necessarie. Pertanto dicimo, ce contentamo
" et ordiniamo al magnifico Giovanni Antonio Romano, Thesoriero
" del detto Sacro Monte, che debbia pagare tutte quelle quantità di
" denari che per polizze firmate de mano del detto magnifico Sal-
" vatore li verranno per conto di detta fabbrica tantum, non ob-
" stante che le polizze predette non venghino firmate per mano di
" noi predetti maestri, *secondo è solito e si ricerca per il capitolo*.
" Perchè tutti di ciò restamo contenti, e semo confidati ne la bona
" qualità e diligenza di detto magnifico Salvatore. Et per essere
" questa la nostra volontà et a cautela etc. „

Fra le molte polizze di pagamento, trascritte sullo stesso registro, riferiamo questa del 15 ottobre 1577, sulla quale, in epoca remota segnarono ed interlinearono le parole DE LI DENARI CHE SONO IN VOSTRO POTERE ECC. nonchè l'altre ET SONO AD COMPLIMENTUM ecc. Forse questo libro fu dal Monte dei Poveri presentato nel 1586, quando l'altro Monte della Pietà voleva proibirgli di tenere carte in circolazione; ed è possibile che abbia servito per provare come da molto tempo facesse uso della facoltà concessa dalle consuetudini Napoletane a qualsiasi corpo morale, ed anche a semplici commercianti.

" *Magnifico Giovanni Antonio Romano, Thesoriere del Sacro Monte Poveri*, DE LI DENARI CHE SONO IN VOSTRO POTERE DE DETTO MONTE RESTATE CONTENTO PAGARE *a mastro Fabio Salese, et mastro Antonino Vecchionero, et mastro Vincenzo Saccino, fabbricatori, li quali servono in la fabbrica del detto Monte, ducati dieci et grana dieci*, ET SONO AD COMPLIMENTUM DE DUCATI QUINDICI TARÌ DUE ET GRANA DODICI, CHE LI ALTRI SONO PAGATI IN CONTANTI DA ME. *Li quali ducati quindici, tarì due et grana dodici se li pagano per trenta giornate de maestri et manopoli, ad ragione de carlini quattro per ciaschuno dì, et giornate decennove de manipoli ad ragione de grana 18 per ciascheduno dì. Li quali ducati quindici, tarì 2.12 sono per saldo pagamento per tutto lì 5 di ottobre 1577.* ET PONETE AD CONTO DE DETTI MAESTRI. *A 5 di ottobre 1577. De Vostra signoria servitore. Salvatore Caccavello* ".

Rapidamente aumentarono gli affari e la ricchezza del Monte per opera, fra gli altri, di Lorenzo De Franchis, figlio del celebre giureconsulto Vincenzo, al quale i socii posero la seguente lapide sulla porta d'un nuovo oratorio, che costruirono nel cortile del proprio palazzo, gli anni 1659 a 1685.

MONS HIC INOPUM EST PROXIME ATTINGET COELUM
MIRARES QUO MAGIS ARDET PIETATE HOC FIT ALTIOR
HINC AURUM ERUITUR QUO FERREA NECESSITAS EGET
TOT OPES NON ALIUM FERUNT USUM NISI OPEM
MONTI ET SPATIUM FECIT LAXIUS ET AURUM LARGIUS
LAURENTIUS DE FRANCHIS SODALITII PRAEFECTUS
SODALES BENEMERENTI M. PP.
ANNO A CHRISTO NATO MDCXVI

Queste altre due iscrizioni, che esistono nel medesimo oratorio, ricordano gli atti della consacrazione ecclesiastica, e la qualità d'istituto filantropico ed elemosiniere, che dal Monte si conservava nel secolo XVII.

D. O. M.
SUCCEDE QUISQUIS ES PAUPER DIVES
VESTRA RES AGITUR
PUBLICO PAUPERUM BENEFICIO
PIA MANU SODALES DIVITES
ANNO AB ORBE REDEMPTIO MDLXIII
MONTEM EREXERUNT
DECIMUM POST ANNUM
LEGES FIRMARUNT AEQUISSIMIS
HINC
GREGORIUS XIII ET INNOCENTIUS XI
PONTIFICES OPTIMI MAXIMI
INDULGENTIARUM DITAVERE THESAURIS
ET ANNO MDCLXIX
EMINENTISSIMUS PRINCEPS
INNICUS CARDINALIS CARACCIOLUS
ARCHIEPISCOPUS NAEPOLITANUS
AMPLIORI DEI CULTUI
SACRUM HINC PRIMUM LAPIDEM IEGIT
GAUDETE PAUPERES
NOVI LAPIDES AGGERANTUR
NOVA EXCITABITUR ARA
PIETATIS PERENNABUNT OFFICIA

D. O. M.
MEMORIE SACRUM
JESU DULCISSIMO
QUI CUM ESSET DIVES
EGENUS FACTUS EST NOBIS
UT EIUS INOPIA DIVITES ESSEMUS
UNICUM HOC ALTARE
FR. VINCENTIUS MARIA CARDINALIS URSINUS
TITULI SANCTI XISTI
ARCHIEPISCOPUS SIPUNTINUS
ET IPSE
VOTO PAUPER IN PRAEDICATORUM ORDINE
PAUPERUM PATER IN PONTIFICUM CANONE
IN HOC SODALITIO PAUPERUM FRATER
AD PRECES
PRIORES ET GUBERNATORUM
IPSO DIE DIVAE CATHARINAE M. SACRO
SOLEMNI RITU SACRAVIT
ET UTRIUSQUE SEXUS CHRISTI FIDELIBUS
ANNIVERSARIAS HIC FUNDENTIBUS PRECES
CENTUM INDULGENTIARUM DIES
SINGULOS IN ANNIS CONCESSIT
ANNO DIVINAE PANEGYRIS MDCXXXV

Fra benefattori del Monte si ricordano pure Innico Caracciolo. Scipione Rovito, Antonio Spinelli ed altri, di casa Filomarino, Monforte, ecc.

Nel 1602 si potettero sopprimere le volontarie (1) contribuzioni

---

(1) Le regole della confraternita *Nome di Dio,* dicevano:
"Art. XXVII. E poichè la limosina è una delle più principali opere che possa far un Cristiano, poichè si dice che *aelemosina éxtinguit peccatum,* avendo anche necessità il nostro oratorio di molte spese necessarie, oltre anche la necessità che tengono li RR. PP. Riformati, nostri principali protettori ed oratori; si è stabilito che ciaschedun fratello si tassi volontariamente quel tanto li detterà lo Spirito Santo, da pagarsi mese per mese in potere del nostro tesoriere, e il simile averà da fare ogni fratello che in futurum si ammetterà, dal giorno del suo ingresso. „

Ma questo suggerimento *dello Spirito Santo,* si convertiva col tempo in dovere imprescindibile, per trovarsi scritto all'art. 4 degli obblighi del tesoriere, pag. 39.

"Averà obbligo il tesoriere, ogni prima domenica del mese, dar un bilancio in mano del Priore, nel quale si contenga quanti denari siano in potere suo, o pure debba avere da altri, e di più nota particolare di tutto quello s'è esatto e s'ha da esigere da ciascheduno fratello per le mesate della tassa, e il Priore farà leggere pubblicamente acciò, si sappia da tutti. „

dei socii , e la qualità di membro dell'associazione divenne dritto creditario d'una cinquantina di famiglie , che non si poteva esercitare senza d'un'accurata inchiesta sulla condotta civile e morale del candidato e senza voto favorevole degli altri soci. Ecco un documento degli ultimi tempi.

Conclusione del Governo del Banco e Monte dei Poveri. 25 febbraio 1789. Il signor marchesino D. Giuseppe Tagliavia, figlio del signor marchese D. Emmanuele Tagliavia nostro fratello, ha chiesto in banca voler essere ammesso per fratello della nostra Congregazione. Esaminata la domanda e la sua fede di battesimo, della quale si rileva aver egli compiuti gli anni diciannove di età, si è conchiuso che i nostri colleghi cav. D. Prospero De Rosa e signor D. Cesare Biscione si informino *de vita ed moribus* del ricorrente, e riferiscano in iscritto; e qualora l'informo sia favorevole, resti parimenti conchiuso proporsi a ballottare nella prima Congregazione, affinchè, ottenendo la chiesta maggioranza di voti, resti ammesso per nostro fratello.

La qualità di fratello dava dritto a molti vantaggi spirituali, indulgenze e altro, concedute in varie occasioni da diversi Pontefici, specialmente da Gregorio XIII nel 1583, quando si costituì la confraternita Nome di Dio, e da Gregorio XIV nel 1588, allorchè, pel passaggio dell'opera nella nuova chiesa , furono solennemente confermate tutte l'indulgenze, bolle, brevi, licenze ed altro che tenevano ambedue li sodalizii. Oltre di tal beneficio, procacciava la stessa qualità non piccolo vantaggio temporale, sia perchè negli affari di Banco e di Monte erano i soci con grande deferenza trattati , sia perchè la confraternita pensava alle persone ed alle famiglie dei soci bisognosi. Nacque l'istituto come società di mutuo soccorso e nel già mentovato suo conto del tesoriere, del 1577, si leggono molte polizze di pagamenti ai fratelli poveri od infermi.

Fino da quando si fece la prima unione, cioè nel 1588, allorchè ambo le fratellanze erano povere, fu stipulato che " se alcu-
" no dei detti confrati venisse in povertà , calamità o carcere si
" abbia primamente da sovvenire dalli fratelli della compagnia, e
" venendo a morte se li abbia da fare l'onore necessario. „

" E perchè molte volte sogliono gli uomini venire in povertà ,
" per questo si ordina che se alcun fratello cadesse in tal miseria
" che lui , o dopo morte sua li suoi eredi, non avessero comodità
" di collocare le figlie o sorelle che restassero di detto fratello, si
" debba per la nostra compagnia tenere protezione particolare di
" detta casa, procurando di aiutarli e sovvenirli , e potendo anco

" collocarli, in quel miglior modo che si potrà, secondo le forze
" della compagnia. „.

Cresciute di ricchezza, di potere e di credito le confraternite, furono maggiori gli aiuti pecuniari ai soci bisognosi. Nondimeno chi accettava sussidio ed impiego dal Monte, perdeva *la voce attiva e passiva*, vale a dire che non poteva presentarsi alle adunanze e dar voto, nè poteva essere scelto per amministratore.

La regola del 1612 proibiva addirittura che i fratelli avessero impiego. Art. 3 pag. 96. — " Potendo altresì accadere che in qual-
" che tempo alcuno dei fratelli della nostra congregazione aspiras-
" se al pretendere le provvisioni di dette piazze in sua persona,
" il che non si giudica convenevole, sì perchè non poco si toglie-
" rebbe all' autorità e potestà dei Governatori, che deve essere gran-
" dissima verso li ministri; e maggiormente in caso di defalta o
" d' altro mancamento, richiedendo l' essere fratello che gli si a-
" vesse riguardo particolare. Come ancora perchè ne nascerebbe po-
" ca reputazione e sinistra imputazione a tutta la nostra compa-
" gnia; per questo dunque e per altri degni rispetti, espressamente
" si stabilisce che non mai fratelli della nostra compagnia possano
" essere provvisti per ministri, così del Banco come del Monte.

I *Ministri* stipendiati s' erano introdotti nel 1606, quando l' Istituto aveva fatto altra modifica del proprio titolo, chiamandosi *Banco e Monte dei Poveri*. Nel 1616, divenute anguste le stanze in Castel Capuano, alle quali con grande fatica aveva potuto aggiungere una stalla, la confraternita comprò il palazzo di Gaspare Ricca, allo sbocco della via Tribunali (1).

Le cause della prosperità stavano nella buona amministrazione, nel savio uso del credito, ed in particolar modo nella vicinanza del tribunale, che faceva affluire alla cassa del Monte i depositi giudiziarî. Anche la qualità degl' individui ascritti al sodalizio, che allora noverava fra soci la maggior parte dei reputati giureconsulti, dava a questo Banco la prevalenza sugli altri. Per sola filantropia, i fratelli scelti all' ufficio di mensario, guardaroba (*custode dei pegni*) e segretario, di propria mano scrivevano i registri e le car-

---

(1) Esiste ancora, atti di Notar Marco di Mauro di Napoli, l'istrumento del 16 marzo 1616, fra Gaspare Ricca venditore, ed i protettori o governatori del Sacro Monte, Ottavio de Ruggiero e Francesco Antonio de Auriemma. Un censo dovuto da Ricca alla chiesa di San Tommaso a Capuana produsse lunga lite nel seguente secolo e parecchie sentenze del Sacro Regio Consiglio; sosteneva il Monte che non dovea pagare quindennio, per la regione che non era mano morta.

telle dei pegni. Il deposito di moneta si contraccambiava con una carta che diceva: *Fa Fede il mensario deputato del Monte dei Poveri etc.*, autenticata con firma e suggello della confraternita. Non isdegnarono li primi avvocati di rubare tempo alle faccende forensi, per spenderlo in opera santa e profittevole al prossimo, e fu attribuito a singolare aiuto del Signore, quasi a miracolo, la circostanza che persone poco pratiche di contabilità tenessero molto bene i registri.

Sul principio i *Mastro d' atti*, cioè cancellieri di tribunali, rifiutarono le *fedi* di deposito nel Monte, pretendendo l'effettiva moneta. Ma l'opera de' Regi Ministri che erano scritti alla confraternita, ed in particolar modo le autorevoli persuasioni di Lorenzo de Franchis, avvocato fiscale della Vicaria, e di Scipione Rovito, Reggente della Real Cancelleria, valsero per togliere questa difficoltà. Ci contribuì pure la fiducia nel Monte, che mostrò il Viceré Conte di Benavente, quando versò nella cassa e prese la *fede* per una elemosina di trecento ducati ai carcerati. I *mastro d'atti*, incoraggiati dall'esempio di chi comandava, non solamente rinunziarono all'eccezione di *non numerata pecunia*, ma rifiutavano, sempre che potevano, ogni altra maniera di pagamento. Sicché tutti i depositi che nei Tribunali conveniva fare, e tutte le somme che si pagavano *condizionate* con patto cioè d'investirle in determinato modo, ovvero di spenderle con particolari cautele, al Monte dei poveri si consegnavano. Questo ne poteva collocare buona parte in mutui, con o senza pegno, per la ragione che la durata dei giudizi, o lo adempimento delle condizioni, faceva giungere assai tardi l'obbligo di restituire i depositi. La cassa fiscale dei depositi e prestiti, flagello dei litiganti, non s'era inventata a quell'epoca.

L'antico storiografo del monte dei poveri (Domenico De Simone) ne spiega altrimenti la ricchezza, col dire che: " al meraviglioso in-
" cremento del Banco e Monte dei poveri ha conferito non poco
" l'esatta osservanza delle regole, così per quel che spetta allo spirito,
" come per ciò che riguarda la temporale economia del pio Monte;
" fedelmente e lodevolmente praticata dagli anzidetti nostri prede-
" cessori fratelli; il fervoroso esempio de'quali debbe servire di spro-
" ne e di virtuoso pungolo a ciaschedun di noi, per adempiere a
" quei doveri che dagl'istitutori del pietoso Monte sono tramandati."

Nel 1632, a 22 dicembre, un altro *Regio Assenso* lo dichiarò pubblico Banco; approvandosi dal Conte di Monterey, Vicerè, altre capitolazioni compilate fin dal 1612 (1).

Nuove capitolazioni furono munite di Regio Assenso nel 1666 e 1750. A quest' ultima epoca il capitale da collocare in pegni senza interessi era di ducati 108500. Oltre gli oggetti preziosi, si accettavano quelli di ferro, ottone e rame, dicendosi negli statuti che il fondo dei pegni gratuiti non si dovesse per qualsivoglia pretesto diminuire, essendo destinato ad opera troppo benefica. I registri contabili provano che, imitando la pratica del Banco Pietà, tal fondo per una parte fu raggranellato colla rendita netta dell'istituto e per un altra parte coi superi di pegni venduti, cioè colle somme che i proprietari delle cartelle scadute non curavano di ritirare. Provano pure che l'assegnazione di D. 108500, chiamata *Proprietà dei pegni graziosi*, non era sempre sufficiente, ma l'istituto non licenziava i richiedenti per mancanza di fondi, sibbene prelevava capitali dal conto patrimonio o dal conto deposito, capitali che spesso giungevano a molte migliaia di ducati e si conteggiavano come prestiti dell'una all'altra azienda.

Conservò la confraternita il dritto di nominare, con libera scelta, i cinque governatori del Monte e Banco fino alla reazione del 1799, come prova il seguente documento:

(1. L'ultimo articolo dice:
Queste sono le capitolazioni che noi Priore, Governatori e Deputati, a gloria del SS. nome di Gesù Cristo e della Gloriosissima Vergine Maria, per lo buono governo del Banco e Monte dei Poveri, abbiamo di comune giudizio stabilite; la cui osservanza, perché sia per avere effetto, non solo per opera del nostro fratello Pietro Laseine l'abbiamo in questo volume deposte, ma anche con la subscrizione dei propri nomi segnate e confirmate: nel Monte, l'anno della comune salute 1612, a 22 settembre dell'indizione II — Lorenzo de Franchis — Scipione Duca Rovito — Scipione Capece Minutolo — Giovan Battista Apicella — Giovan Francesco Vitagliano — Giov. Anello Longo Deputato — Carlo Longo Deputato — Michele Zappullo Deputato — Giovan Nicola del Monte Deputato, in luogo del quondam Fabio de Falco Dottore — Giacomo Salerno Deputato — Antonio Pepe Segretario.
Ecco la domanda pel Regio Assenso: Ill mo ed Ecc.mo signore — Li governatori del Banco e Monte dei poveri espongono a V. E. come l'opra di detto monte e banco essendo fondata dallo oratorio seu fratelli della congregazione, ora detta del Nome di Dio e Monte dei Poveri, sita presso la chiesa di S. Giorgio Maggiore, e sotto la protezione dei PP. Riformati di S. Severo dell'ordine dei Predicatori, nell'anno 1585 fecero alcune capitolazioni, sopra le quali essendo supplicato interponersi il Regio Assenso, fu quello dall'illustre signor Duca d'Ossuna concesso, confermando ed approvando dette capitolazioni; ma essendo detta opera, con tanta soddisfazione ed utilità del pubblico, avanzata e cresciuta in migliore e più ampio stato, per la medesima congregazione fondatrice, nell'anno 1612, s'è provvisto al governo di detto banco e monte, con nuovi ordini, regole e capitolazioni, le quali essendo tutte indirizzate al bene pubblico, e la esperienza avendole dimostrate utili e necessarie, supplicano V. E. degni similmente approvarle col suo Regio Assenso, confermando, *quatenus opus est*, le prime capitolazioni, ed approvando e confirmando quanto è aggiunto e riformato in queste seconde, che si presentano a V. E. e si riceverà a *gratia ut Deus* — Novembre 1632.

In vista di una rappresentanza del Governo attuale del Banco dei Poveri, circa il diritto che la Congregazione di esso Banco si attribuisce, di scegliere cioè dal suo seno, per voti segreti, i Governatori del medesimo: riserbandosi S. M. di pronunziare su questo punto, dopo necessari rischiarimenti, ha voluto per ora che l'attual Governo proponga due terne di soggetti, tra' fratelli di esso Banco, per due piazze che si debbono coprire, una che vaca in tutto e l'altra che, con rincrescimento di S. M. attese le ottime qualità del soggetto, si dee lasciare da D. Pasquale Narni, per le sue abituali indisposizioni.

Ha dichiarato il Re che questo espediente è interino, finchè non sia esaminata la pretensione della Congregazione, ed è stato suggerito dalla urgenza con cui la generale riordinazione dei banchi richiede il pronto rimpiazzo di ottimi governatori, senza soffrire lo indugio nè della complicata elezione, che si dice solita nei Poveri, nè della discussione di questa singo'arità.

La Real Segreteria di Stato di Azienda lo partecipa, nel Real nome, a cotesta Giunta dei banchi, per sua intelligenza — Palazzo 18 maggio — Giuseppe Zurlo.

Alla indipendenza che si seppe conservare per tanti anni, all'esclusione dell'ingerenza governativa e fiscale, stimiamo doversi, per molta parte, attribuire la ricchezza del Banco de' Poveri.

Ma quest'esclusione non si mantenne senza contrasto nella seconda metà del secolo XVIII. Il Re fece sostituire al Priore elettivo un Delegato di sua scelta, e mise alla porta molti confratelli, nominandone, senz'averne il dritto, tanti nuovi da spostare la maggioranza ed ottenere i voti che gli convenivano. Dippiù non trascurò pretesti per inquirere, ed a denunzia d'un intrigante, Luigi Cervelli, fece riscontrare nel 1789 le casse e libri dell'istituto. Esiste il processo, compilato da gente parziale e sottoscritto da quel Domenico Marciano che, vedremo, fu poi l'artefice principale della rovina di tutti i banchi napoletani; però non sappiamo astenerci dal compendiare i risultati di quell'inchiesta per le notizie che se n'ottengono sull'uso dei denari affidati ai Banchi, e sulle pratiche amministrative di quell'epoca.

Debito apodissario, cioè circolazione e conti correnti passivi, rappresentato da:

Nomi di diverse persone (saldo dei conti debitori del libro mastro). . . . . D. 1691180,52

Riscontri (titoli del Monte e Banco dei poveri in potere di altri banchi napoletani) . . . . . . „ 94540,74

Madrefedi del cassiere dei pegni (somme disponibili

A riportarsi D. 1785721,26

Riporto D. 1785721,26
pel mutuo pegnoratizio che usavano di versare in conto
corrente per la giustificazione dell'introito ed esito). „ 37106,71
Libri a parte dei crediti minuti (Per le carte nominative di piccolo valore e di data remota i banchi
tenevano scrittura separata) . . . . „ 34258,64

Meno la riserva : D. 1857086,61
Monete di oro in tesoro. . . . D. 231934,00
Id argento Id. . . . . . " 29048,80
Monete d'oro e d'argento forestiere, te-
nute in tesoro come pegno, che per ragione di data del deposito e controbaratto con
carta si stimavano cedute al banco. " 8972,07
Riscontri a credito, cioè carte bancali
da riscuotere in contanti . . . . " 37463,69
Titoli del Banco Poveri già pagati ma
non ancora scaricati dal debito per ragioni
contenziose od amministrative. . . " 16588,01
Anticipazioni di stipendi agl'impiegati . . . . " 1512,33
Pegni di monete da restituire . . " 9678,94
Valute contanti in mano dei cassieri. " 20035,09
───────── 355232,93

Debito del banco coi nomi dell'apodissari, vale a dire ─────────
collocamenti e prelevazioni dai depositi - . . D. 1501853,68

Come computava Marciano, il rapporto fra la circolazione, di
D. 1857086,60 e la riserva di D. 355232,93 risulta di 19 0/0
ovvero 1 a 5,22 circa, e se vogliamo dalla riserva sottrarre i pegni, riscontri, anticipazioni ecc. calcolando la sola moneta propria dell'istituto cioè D. 281017,89, le proporzioni scendono a 15 0/0
ovvero 1 a 6,60 circa. Il Monte dunque parrebbe che si trovasse
allora in pericolose condizioni. Ma l'inquisitore non dice quale porzione dei D. 1857086,61 fusse proprietà dell'istituto, portata a debito e scritturata in conto corrente passivo per suo comodo. Usavano i Monti di *versare in madrefede* i loro capitali, e spiegheremo
quali vantaggi derivassero da tale consuetudine, per la quale figuravano come debitori della roba loro.

1 bilanci si tenevano segreti, onde non derivava nessuno scredito od inconveniente da siffatta scritturazione, nè occorreva provvedere a mettere in buona luce le risultanze contabili.

Lo scoverto, ovvero debito apodissario superante riserva, era rappresentato da :

Pegni ad interesse, d' oro, argento e gioie . . D. 297818,—
Id.   Id.   pannine, seterie, rame ed altro   .   " 115023,—
Prestiti fatti per ordine del Re e conceduti a base di ministeriali dispacci . . . . „ 48297,28
Beni mobili ed immobili avuti da debitori per transazioni di liti . . . . „ 7597,77
Anticipazioni. Credito scritturato in alcuni conti correnti con ordine del governo senza che fosse venuta la moneta, per potere emettere e pagare gli chèques. È l' unico esempio, anteriore al 1794, di sanzione d' una irregolarità che tutti gli statuti vietavano, minacciando pena di morte ai contravventori . . . . . " 33866,09
Libro a parte. Contropartita dell' eguale cifra a debito. I *crediti minimi*, vale a dire le carte antiche rappresentanti piccole somme, stimavano potersi collocare fruttiferamente . . . . „ 34258,64
Danaro degli apodissari impiegato in mutui , compre d' entrate, fabbriche ed altro . . . . . . „ 910011,23
Deficienza sulla vendita dei zecchini . . . . „ 5203,66
Pegni restituiti alla regia corte . . . . . „ 425,—
Debiti inesigibili di fratelli esclusi della congregazione. . . . . „ 3326,64
Deficienze di cassa o di guardaroba . . . . " 24148,42
Sbilanci di conti da verificare . . . . . . " 20047,77
Crediti minimi pagati cioè titoli presentati dei debitori dopo che il Monte l'aveva conteggiati nella proprietà . . . . „ 1830,18

Totale D. 1501853,68

Un conto tanto minuto, che riempie centinaia di pagine, avrebbe dovuto dare le notizie della proprietà dell' istituto, specificandone i beni mobili ed immobili ; ma non se ne cura Marciano, contentandosi delle sole partite che entrano in questo ristretto. Però per rispondere all'interrogazione del ministro, aggiunge che il *Monte dei pegni graziosi è un conto a parte, senza relazione coll°apodissario, facendosi una tal opera con denaro uscito dalla rendita del Banco.* A 31 dicembre 1788 il capitale continuava ad essere di D.108500, dei quali si trovavano collocati su questa qualità di pegni D. 71232,30, e gli altri D. 37267,70 stavano in mano dei cassieri, pronti pel mutuo senza interessi, quando il pubblico l'avesse domandato.

Parlando poi degl' impieghi fatti del 1763 al 1788, Marciano ne trascrive l' elenco, dal quale risulta che nei venticinque anni il Monte aveva collocato:

Per contratti di mutuo a conto scalare . . D. 800818,17
Per contratti di annue entrate (*prestiti quandocumque*). " 552104,33
Per affrancazioni di censi e compre d'arrendamenti (fondi pubblici) . . . . " 19506,93
D. 1372429,43

I denari se l' aveva procacciati:
Da capitali restituiti dai debitori. D. 130651,40
Dal fondo delle partite minute . " 34258,64
Dal debito apodissario, collocando cioè fruttiferamente i depositi . . . . " 910011,23
Dalla partita dei zecchini . . . " 5203,66
Dagli avanzi annuali di rendite . . " 292304,50
D. 1372429,43

C' era dunque stato un lucro netto di circa dodicimila ducati all' anno, posto a moltiplico, oltre del denaro speso in miglioramento di fabbriche (D. 85118,26). Il patrimonio dell' istituto garentiva largamente la sua circolazione, ch' era ben minore di quella che risulta dal conto contemporaneo.

Prestavano giuramento le persone scelte di " *osservare le regole* " *e le capitolazioni di nostra Congregazione e il segreto del Banco,* „ e ci stava una commissione di tredici fratelli, esclusivamente addetti a vigilare sull' osservanza delle regole stesse.

*
* *

6. La prosperità dei due monti, Pietà e Poveri, stimolò gli amministratori di altre opere pie ad attendere ai negozi di banca. La Casa Santa dell' Annunziata, che meglio poteva valutare la bontà

delle due fratellanze, conoscendone le pratiche amministrative, poichè, come abbiamo ricordato, gli atti del Monte di Pietà s'erano fatti, per molti anni, nel suo cortile e nelle sue stanze, fu il primo ospedale che mettesse banco, chiamandolo di *Ave Gratia Plena*.

Voleva probabilmente far concorrenza al suo vecchio inquilino e diminuirne gli affari. Alle controversie fra i Governatori della Casa ed i Protettori del Monte, alla scambievole gelosia, sembra che si possa attribuire il cambiamento di domicilio del Monte e l'apertura del Banco Ave Gratia Plena o della SS.ª Annunziata nel 1587. Gli atti delle liti sono perduti, rimanendone scarsa memoria nei libri contabili o negl'inventari d'archivio, e gli scrittori che abbiamo consultato parlano assai poco di tali controversie, e non dicono in che consistessero, forse perchè stimarono un obbrobrio delle famiglie di Maestri e Protettori morti, il minuto ragguaglio dei piati giudiziari che occupavano all'epoca viceregnale i nostri Istituti di beneficenza, consumandone buona parte delle rendite. Comunque sia, questa Casa dell'Annunziata è una delle più antiche ed illustri opere pie del napoletano. Fondata verso il principio del XIV secolo, (1) ha dato sempre vitto, assistenza e ricovero a migliaia d'infelici.

Nicola e Giacomo Scondito, nobili napoletani, soldati di Carlo II d'Angiò, furono da questi mandati in Toscana, ed ambedue subirono insieme la disgrazia di essere dai Fiorentini fatti prigioni. Penavano da sette anni nel carcere di Montecatini, quando si raccomandarono alla Vergine Annunziata, col far voto di fabbricarle a Napoli una chiesa. Pretende la tradizione che nella notte del voto videro la Madonna e che nella seguente mattina furon liberi.

---

(1) La data 1304, sebbene riferita da una moltitudine di scrittori dei secoli XVI e XVII, come Celano, Contareno, Engenio Caracciolo ed altri, si nega con buona ragione da chi osserva che negli anni vicini al 1297 non ci furono guerre di Toscana nelle quali avesse preso parte Carlo 2. Cinquecento uomini d'arme, per soccorso dei Fiorentini contro Uguccione della Fagiuola, furono mandati da Roberto, nel 1315, e tutti gli storici parlano della battaglia di Montecatini (29 agosto 1315) infelice per gli alleati Guelfi, dove perirono due principi di Napoli, cioè Pietro fratello del Re, e Carlo nipote. Fra numerosi prigioni è certo che si trovasse Nicola Scondito, trovandosi nel registro Angioino quest'annotazione. " Il Re Roberto esorta il ministro di Terra " di Lavoro, dell'ordine dei minori, acciò congeda licenza al frate Marino Tortella di conferirsi " con un suo socio nelle parti della Toscana, per liberare dalle carceri Niccolo Scondito, carce- " rato dai Ghibellini. „ (a) Ma la sua carcerazione dovette durare un solo anno, non sette, poichè la pace coi Pisani fu stipulata li 12 agosto 1316 e n'esiste il contratto, che all'articolo ottavo parla di scambio e liberazione dei prigionieri di guerra (b).

(a) Aldimari, Famiglie nobili — pag. 738.
(b) Flaminio del Borgo — Diplomi Pisani — pag. 251. Veggasi d'Addosio che tratta largamente quest'argomento.

Tornati a Napoli, si misero con incredibile attività e zelo a raccogliere limosine; ebbero gratuitamente un suolo, alla contrada detta *malo passo* ora *Maddalena*, da Giacomo Galeota, altro signore napoletano del Seggio Capuano, ed ivi costruirono la promessa chiesa. Fondarono anche un ospedale per gl'infermi poveri, ed una confraternita, detta dei *battenti ripentiti*, alla quale si scrissero i Principi del Sangue, molti Baroni del Regno ed una moltitudine di gentiluomini. Queste confraternite di battenti, molto in voga nel secolo XIV, pensavano che il paradiso si guadagnasse con legnate. Le dovettero poi proibire i Papi, perchè occasione d'incredibili scostumatezze.

I battenti napolitani si adunavano le sere dei venerdì: dopo di aver recitato l'uffizio ed intesa la predica, correvano le strade, percotendosi aspramente con flagelli di corda o di ferro. Tornando all'oratorio, ad ora assai tarda, trovarono una volta che s'era buttato un bambino sui gradini della loro cappella, e che questo teneva fra le fasce il cartello *ex paupertate proiectus*. Lo raccolsero, ne presero cura e risolvettero di aggiungere all'ospedale un istituto che accettasse, nutrisse ed educasse i bambini derelitti.

Nel 1344, la Regina Sancia provvide alla costruzione di nuova chiesa ed altro ospedale, occorrendole l'edifizio al Malpasso o Maddalena, per allogarci un conservatorio di prostitute che volessero tornare oneste, da lei vent'anni prima fondato.

Nel 1438, Giovanna II riedificò dalle fondamenta chiesa ed ospizio, dotandoli di molte case in Napoli e di varî beni rustici in Somma Vesuviana; anteriormente Margherita di Durazzo, madre del Re Ladislao, aveva donato il feudo di Lesina, città di Capitanata, per essersi, con la protezione della Madonna, guarita da grave infermità.

Maggiormente arricchì in seguito la Casa Santa dell'Annunziata, con doni e legati testamentarî di molti nobili del Sedile Capuana, (1) e di altri benefattori nazionali ed esteri, per modo che sul finire del secolo XVII la rendita annuale superava i ducati 200,000. Con tale ricchezza non solo manteneva benissimo l'asilo dei trovatelli, ma teneva un educandato per ragazze e giovanette, un

---

(1) Uno dei maestri economi o governatori della Santa Casa e Banco, che teneva la presidenza del consiglio d'amministrazione, era nominato da questo sedile. Gli altri quattro si sceglievano dal *Seggio del Popolo*.

— 64 —

monastero d'oblate, due ospedali a Napoli, uno a Pozzuoli, più un alunnato per gli studenti di medicina e chirurgia. Non mentiva l'elegante iscrizione sulla porta.

Lac pueris, dotem innuptis, velumque pudicis
Datque medelam aegris, haec opulenta domus.
Hinc merito sacra est Illi quae nupta, pudica,
Et lactans orbis vera medela fuit.

Molti scrittori di patrie memorie, discorrendo dei banchi, dicono che il Monte della Pietà e la Casa Santa dell' Annunziata cominciassero ad emettere fedi di credito nel 1575. Ma è un errore. Esistono all' archivio generale volumi di fedi emesse dal Monte di Pietà nel 1573, cioè due anni prima, e le carte apodissarie più antiche del Banco Ave Gratia Plena o Annunziata sono del 1587, vale a dire di dodici anni posteriori. Aggiungasi che nel 1575 il Monte di Pietà occupava ancora le stanze concedutegli della Casa Santa e non pare concepibile la coesistenza, nel medesimo locale, di due istituzioni simili. Dippiù il diligentissimo cav. Petroni (1) ha ricordato un documento che prova benissimo la inesistenza del Banco A. G. P. nel 1575, sicchè non possa attribuirsi a dispersione o mala tenuta dell' archivio la mancanza di titoli anteriori al 1587. È la domanda del banchiere Germano Ravaschieri, *15 maggio 1577* perchè " li ministri e governatori della Casa Santa si potessero ser-
" vire del suo Banco, sino alla somma di ducati diecimila, a patto
" che si osservi e continui ciò ch' erasi trattato col revisore d'essa
" Casa Giambattista d' Assaro, di ritirarsi, dagli altri Banchi ec-
" cetto *il Monte di Pietà, tutto il denaro di credito e depositarlo nel*
" *suo* „. Prometteva Ravaschieri che per tre anni non avrebbe ridomandato i ducati diecimila, nè preteso rendita o interessi, nè diffalcata tal somma dai crediti della Casa. Il più volte citato inventario di carte del secolo XVI (vol. 508 dell'archivio pag. 17 t.) aggiunge l' altra più convincente prova della " convenzione fatta
" tra li signori Governatori della Nonciata di Napoli e li signori Pro-
" tettori del Sacro Monte, per la quale detti Governatori promettono
" per tre anni continui *negociare e fare entrare nel detto Sacro Mon-*

---

(1) Pag. 34 e seg.

" te tutti i denari che perveneranno alla detta Casa Santa , e che
" ella pagherà in qualunque modo , et anco di non servirsi d' altri
" banchi durante il detto triennio.

" E li detti signori Protettori promettono di fare perciò dispo-
" nere de' denari del detto Sacro Monte, sino alla somma di du-
" cati 12000, in beneficio della Casa Santa. Con che essi Gover-
" natori ogni anno, in fine di loro amministrazione, soddisfacciano
" al Monte quanto li doveranno, non ostante che detto triennio non
" fosse fenito ; siccome si legge nel detto albarano, fatto a dì 5
" settembre 1580, sistente (allora) nel fascicolo n.° 2 f. 34 „.

L' Annunziata dunque, nel 1577 e nel 1580, non poteva tener banco proprio, poichè si serviva del Monte di Pietà per le sue operazioni di cassa. Hanno fatto gli autori una gran confusione fra il Monte della Pietà, nato nel 1539, ed il Banco Ave Gratia Plena, surto nel 1587; tanto che lo stesso Cav. d' Addosio, nella pregevole monografia, sebbene chiarisca e provi con documenti da lui scoperti come. (1) *Tuttochè in quest' ospizio avesse avuto la sua sede il Monte di Pietà , pure non bisogna confondere tale istituzione col Banco così detto di Ave Gratia Plena* (pag. 247) ingannato poi da certe allegazioni forensi del secolo XVIII, e dalla dizione poco precisa di qualche carta contemporanea, attribuisce all'Annunziata cose che riguardano la Pietà.

*
* *

7. Come la Casa Santa all' Annunziata divenne imitatrice del Monte della Pietà, quando ebbe conosciuto che dalle operazioni bancarie potevasi ricavare aumento di rendita , ricchezza di patrimonio, così l'ospedale degl' *Incurabili* fu invitato a fare lo stesso dall' esempio dell'Annunziata, ed aprì il terzo banco nel 1589.

La nascita di quest' ospedale , ch' è stato uno dei più cospicui d' Europa, ed è ancora il primo di Napoli, si racconta così: Maria Lorenza Longo, vedova di Giovanni Francesco Longo, Regio Consigliere e poi Reggente del Consiglio Collaterale, fu colta da paralisi, per veleno datole da una cameriera. Tentati senza frutti gli umani rimedi, invocò il Divino aiuto e si fece portare alla Santa Casa di Loreto. Il giorno stesso che vi giunse, che fu la Penteco-

---

(1) Origini , vicende storiche e progressi della Real Santa Casa dell'Annunziata. Napoli stamperia Cons. 1883.

ste del 1519, al sentire nella Messa le parole del Vangelo, rivolte da Cristo al paralitico: *tibi dico surge*, si sentì sciogliere le membra e si alzò libera. Allora fece voto di servire gl' infermi. Tornata a Napoli, sana e vigorosa, cominciò a frequentare l' ospedale di S. Nicola della Carità, ma ciò non le parendo bastevole a sciogliere il voto, deliberò di fondare, a proprie spese, una casa per gl' infermi, più ampia ed in luogo più acconcio. Consultati i migliori medici di Napoli, scelse la contrada sopra Santo Aniello, e nel 1521, ottenuto un Breve da Papa Leone X, diede principio alla costruzione del nuovo edifizio. Pose la prima pietra il Viceré Raimondo de Cardona, che volle poi essere uno dei Governatori. Dopo soli due anni, qualche porzione dell' ospedale era completa. Maria Lorenza Longo cominciò ad accogliere infermi, senza guardare a sesso, età, patria o religione ; bastava che le malattie fossero pericolose. Clemente VII concedette al nuovo istituto tutti i privilegi spirituali accordati da' Papi all' ospedale di San Giacomo d' Aosta di Roma ; gli donò pure un Abbadia o Commenda nella provincia di Lecce, che si valutava ducati settantamila circa (1).

---

(1) Stato generale attivo e passivo della R. S. Casa degl' Incurabili dell' anno 1801. — pag. 77 a 79 — Rubrica XII. Dell' Abbadia di S Maria a Cerrate in Lecce, e de' suoi poderi, effetti, e rendite.
Possiedè la nostra S. Casa un podere rustico, denominato l' Abbadia di S. M. a Cervata, seu Cerrate, alias de Charitate; sito nelle pertinenze della Città di Lecce; distante da essa Città da circa miglia 9, verso tramontana; distante dalla Terra di Surbo miglia 5., dalla Terra di Trepuzzi anche miglia 5., e dalla Terra di Squinzano altre miglia 5 Li corpi ed effetti della quale anzidetta Abbadia ritrovansi distintamente descritti e confinati in una platea a parte, formata giuridicamente nell' anno 1692, dal fu Dottor D. Fabrizio de Vecchis, uno de'Governadori allora di questa Real Santa Casa; il quale, avendo avuta non meno un' amplissima delegazione per poter esercitare atti giudiziari, concedutali dal fu Spettabile Presidente del S. R. C. D. Felice Lanzina y Ulloa, Delegato e Protettore della medesima S. Casa, che altresì la generalissima potestà trasferitali dall' intera Banca, si portò in quel tenimento, accompagnato da un Procuratore, dal Regio Tavolario Giuseppe Parascandolo, e dallo Scrivano della Delegazione Pietro Majone; ove, trattenutosi più mesi, procedè giudiziariamente così alla misura de'territori demaniali e proprietà di detta Abbadia, come alla verificazione di tutti li stabili posseduti dalle persone soggette alla medesima; e se ne fabricò un voluminoso processo, che unitamente con detta Platea, data poi alle stampe nel 1693, si conservava nel nostro Archivio fra le altre scritture appartenenti all' Abbadia.
La sudetta Abbadia, anticamente, era un monastero di monaci Basiliani. Ma essendo poi seguita la soppressione de' Monasteri e Chiese Basiliane, furono i loro beni aggregati alla S. Sede, e fra di essi anche dett' Abbadia, la quale poi fu data in Commenda a' Signori Cardinali, e l' ultimo Abbate Commendatario della medesima si fu l' Eminentissimo Cardinale Nicolò Gaddi, del titolo di S. Teodora; il quale, nell' anno 1531, la rinunciò e rassegnò in mano del Sommo Pontefice Clemente VII. E perchè allora il nostro nascente Ospedale degl' Incurabili, che pochi anni prima erasi fondato, ritrovavasi in una somma scarsezza di entrate, che non poteano bi stare a mantenere il numero de' poveri infermi, che giornalmente cresceva; stimarono gli Amministratori e Deputati di quel tempo, che lo governavano, di supplicare Sua Santità a non denegarsi di unire ed incorporare perpetuamente, al detto Ospedale, il sudetto vacante Monastero ed Abbadia di S. M. a Cerrate; affinchè si potesse con quelle rendite dare una necessaria sovvenzione a' poveri Infermi; e più facilmente vi si mantenessero, accrescessero, e continuassero altre simili opere, pie e caritative. A queste suppliche benignamente annuì il generoso Pontefice, con aver conceduto in com-

Avendo la fondatrice consumato, per la costruzione e per il mantenimento dell'ospedale, tutte le sue sostanze, domandò l'elemosina ai fedeli che venivano a visitare ed a servire gli ammalati poveri.

menda perpetua, ed accordato a titolo di elemosina all'ospedale il suddetto Monastero ed Abbadia, colle sue ragioni, rendite, frutti, e proventi; mediante una special Bolla, spedita in Roma nel dì 18 Giugno 1531. La quale fu avvalorata con Regio Exequatur, mediante provisioni spedite a' 2. Gennayo 1532, dall'Eminentiss. Cardinal Pompeo Colonna, allora Viceré di Napoli, e dal suo Collateral Consiglio, in vigor delle quali Andrea de Cecchis, come special Procuratore di questa S. Casa, in nome della medesima e suoi Signori Governadori, a' 18. Gennaro dello stesso anno, prese il corporal possesso di dett'Abbadia, e suoi corpi, ed effetti. E ne fu rogato pubblico atto, per mano di pubblico notajo, che reassunto in pergamene, coll'inserta forma cosi di detta Bolla, come delle sudette provisioni e Regio Exequatur, si conservava in nostro archivio, nel fascio settimo delle istruzioni in pergamena al num. 22.

Le rendite, ed effetti di detta Abbadia, per quel che si ricava dal sudetto Processo e Platea data alle stampe, si dividono in tre specie, cioè;

La prima specie si chiama demaniale, possedendola l'Abbadia *pro ejus mensa et proprietate*, con andare a suo peso il coltivare i territorj demaniali, e raccogliernei frutti, e la maggior rendita della medesima si ricava dalle olive.

La seconda specie si chiama decimale, la quale non è per ragion di decima dovuta per peso di anime, e somministrazione de' Sagramenti; a' quali pesi non è obbligata l'Abbadia, per essere quella una semplice Commenda, e nudo beneficio ecclesiastico, col solo obbligo di celebrarse una messa cotidiana; ma si chiama decima a sol riguardo che essendo anticamente stati quelli territorj tutti boscosi, paludosi, e molto lontani dall'Abbadia, gli Abbati *pro tempore* li concedevano a diversi particolari, affine di farli disboscare e ridurre a coltura; colla riserba del *jus decimandi* di ogni sorte difrutti, che son tenuti li concessionarj soddisfare franco di ogni spesa, precedente stima delli frutti pendenti ed agresti, e con portar detta decima sino alla Casa dell'Abbadia. Vi è anche un'altra decima, che si chiama erbatica, carnatica, e monta L'erbatica si è che di tanti animali pecorini, vitellini, e caprini, che nascono, se ne paga la decima. La carnatica delli animali porcini: e la monta tutto il frutto di un giorno che nasce da detti animali per ciascun'anno, ad elezione dell'Abbate, benché li padroni per detto jus di erbatica, carnatica, e monta sogliono transigersi con pagarne un tanto l'anno. Ha però luogo questo peso di erbatica, carnatica, e monta in quelli territorj ove sono case, e masserie, poichè è una specie di annuo canone, per concessione enfiteutica perpetua, *ad quoscumque etiam extraneos*; a tal segno che quando accade alienazione di qualche stabile, di qualsivoglia valore, pretendono pagar naturali pagare un dritto, che chiamano decima pretii, che lo tassano a cinque carlini per qualunque alienazione. Ed essendo ciò sembrato un abuso irragionevole, s'imprese nel 1692, l'esazione del laudemio, contro i terzi possessori, e se ne ordinarono contro di essi diversi sequestri, come apparisce dal sud. processo. Gli effetti demaniali che sono della prima specie consistono in chiusure piantate di alberi di olive, in territorj, ed in due masserie parte seminatorie e parte olivetate, che in tutto sono di capacità di tom. settecento trentanove 1|4. . . . tt.   739 1|4

Gli effetti decimali, che sono della seconda specie, consistono in diversi territorj, posseduti da diversi Cittadini di Lecce, Lequile, Surbo, Trepuzzi, e Squinzano, che in tutto sono della capacità di . . . , ... tt.   3573 1|2

Unita dunque tutta l'estensione e capacità de' territorj demaniali e decimali di detta Abbadia, forma *in unum* . . . . tt.   4312 3|4

E la terza specie di effetti di detta Abbadia consiste in molti piccoli annui canoni, seu censi enfiteutici perpetui, che si pagano ia danaro da diversi particolari, sopra varie case di antico dominio della medesima, site nelle Terre di Surbo e Squinzano, e sopra alcuni territorj siti in Lequile, che *in unum* ascendono ad ann. doc. 8.33.

La mentovata Abbadia, con detti suoi corpi ed effetti demaniali, decimali, censi, e masserie, da tempo in tempo per lo più si è data in affitto, per l'annuo estaglio metà in danaro e metà in olio; come si praticò nell'anno 1753, essendosi affittata a D. Pompeo Marone di Brindesi, per anni 6, per l'annuo estaglio in danaro di anni, doc. 1201., ed in olio mosto di annue stara 1200 misura di Lecce, trasportate a spese del conduttore nelle posture di Gallipoli; ed alle volte, non essendosi ritrovata ad affittare, si è tenuta in demanio per conto di essa S. Casa, la quale è stata solita mantenervi colà un agente, o sia amministratore per esiggere quelle rendite.

Dalli conti, che in ogni anno si rimettono alla nostra S. Casa da quello Amministratore, a rileva che coacervata la rendita per più anni, tanto in denaro che dal prezzo dell'olio, importa an. doc. 2732.12, alli quali si dà prudenzialmente il capitale alla ragione del 4 per 100, importante 68303

Sopra la sudetta annua rendita si paga la decima ed altri pesi fiscali, dovuti alla Regia Corte, ne' rispettivi tenimenti ove sono accatastati i poderi.

I doni furono moltissimi; fra gli altri Lorenzo Battaglini, mercante Bergamasco, dette scudi diecimila. Con siffatti sussidii l'ospedale fu completato e si provvide pure alle donne che volevano lasciare la mala vita, fondando per loro tre monasteri. Nel primo erano ricevute quelle che consentivano a servire le inferme ed a vestire l'abito di *Conventuali*, godendo d'una relativa libertà. Nel secondo, detto delle *Riformate*, andavano le altre più sinceramente convertite, che accettavano le regole monastiche. E nell'ultimo, detto delle *Cappuccinelle* o *Trentatrè*, pigliavano posto, dopo molti anni di prove, quelle che avevano dimostrato zelo religioso e coraggio non ordinari. Gli statuti più che severi erano inumani, e per osservarli ci voleva un vero fanatismo.

Ivi la benefattrice dei poveri, Maria Longo, passò gli ultimi anni, dopo aver affidata all'amica Maria Aierbo, Duchessa di Termoli, la cura di mantenere ed accrescere gl'istituti di beneficenza. Degna della fiducia in lei posta si mostrò l'Aierbo, col menare a termine la chiesa, e col fondare altri ospedali a Torre del Greco e ad Agnano, per i tisici e per gli idropici.

Morte le fondatrici, si formò per l'amministrazione una Commissione o *Giunta*, composta d'un barone del regno, scelto dai feudatari, d'un cavaliere nominato per turno da ciascuno dei cinque seggi della nobiltà di Napoli, d'un cavaliere forestiere, ordinariamente spagnuolo, di due borghesi, eletti dal seggio del popolo, e di un mercatante. Dal Vicerè si nominava il Presidente, ch'era quasi sempre un Consigliere di Stato.

Nel 1582, i negozianti Corcione e Composta, volendo mettere banco, pensarono di chiamarlo *Incurabiles* ed offerirono all'ospedale parte del lucro, con agevolezza di prestiti. Riparleremo di questo banco, che durò pochi anni, ma, insieme all'esempio dell'Annunziata, fu sprone alla commissione amministratrice per fondare una pubblica cassa di deposito e di circolazione, che si chiamò *Santa Maria del Popolo*. Allora fu leggermente mutata la composizione della giunta stessa, col farla di sette individui, un Delegato Protettore, Magistrato di grado non inferiore a Presidente di Tribunale o Capo ruota del Sacro Regio Consiglio, più sei Governatori, cioè un cavaliere di piazza, napoletano; un cavaliere secondogenito, ancor esso di piazza; un membro del Sacro Regio Consiglio; un avvocato; due commercianti l'uno napoletano e l'altro forastiere. Con siffatta modifica, il Viceré tolse ai Sedili o prese per sè il dritto di nominare tutti gli amministratori dell' ospedale e delle opere annesse, cioè Banco, Monte, Conservatòrii, Monasteri di donne e altro.

Riferiamo gli atti di fondazioni e leggi primordiali del Banco Santa Maria del Popolo, aperto nell' anno 1589.

Banno et comandamento. Da parte dell' Illustrissimo et Eccellentissimo Signor D. Giov: de Zunica, Conte de Miranda, et Marchese de Labagnara, et nel presente Regno, della prefata Maestà, Viceré, Locotenente, et Capitan generale etc.

Essendosi per noi, li giorni passati, espedito ordine, ad istanza delli Governatori della Casa Santa de Incurabili; di possere tenere, in detta Casa, una cascia di depositi, conforme a quella che hoggi si tiene in la Casa Santa de la Nuntiata, et Santo Jacovo de li Spagnoli; come più largamente appare dal dett'ordine, che è del tenor seguente: « Philippus Dei Gratia Rex etc. Illustris: et magnifici viri Regii Consiliarii, fideles dilectissimi. Per vostra parte ci è stato presentato l' infrascritto memoriale: Illustrissimo et Eccellentissimo Signore. Li Governatori della Real Casa Santa degl' Incurabili di questa Città, riducono in memoria a V. E., come avendola supplicata questi di passati, che si degnasse permettere che detta Santa Casa potesse tenere una Cassa di depositi; simile a quelle che hoggi si tengono per la Casa Santa dell'Annunciata, et per Santo Giacomo delli Spagnoli; restò servita V. E. (comandare) che si presentassero li Capitoli, con li quali s' havesse da governare la detta Cassa; et perchè hora si producono qui inclusi a V. E., la supplicano di nuovo si degni farli grazia di concederli la detta licenza; acciò si possi effettuare un'opera di tanto utile e beneficio a detta pia Casa; senza la quale certificano V. E. che non potrà mantenersi per l' avvenire la detta Santa Casa. E tutto l' haveranno a grazia singolarissima ut Deus etc. »

Con il quale memoriale, ci sono stati presentati l' infrascritti Capitoli, per voi fatti, del tenor seguente. « Per la Santa Casa di S. Maria del Popolo, detta degl'Incurabili, di questa Fedelissima Città, si desidera tenere una cassa di depositi; simile a quella che tiene oggi la Casa Santa dell' Annunciata di detta Città, et il Sacro Spedale di S. Giacomo delli Spagnoli; et per il buon governo di detta Cassa, si darà ordine che li Governatori di detta Casa Santa non possono, in conto nullo, disponere del dinaro che intrarà in detta Cassa; eccetto per farne compre d'annue intrate o con lo Regio Fisco, o con la Città di Napoli, assolutamente.

Item, che detti Governatori non possono accomodare persona alcuna, qualsivoglia che sia, del dinaro che intrerà in detta cassa; ma solamente farne disponere da colui che ci haverà il dinaro, et per quella summa assolutamente che sarà creditore et non più; nè possano, privato nomine, spendere, nè far fare debitori nelli libri di detta casa.

Item, che la detta Santa Casa dell' Incurabili, ancorchè si ritrovasse in estremissima necessità, e per qualsivoglia causa, etiam urgentissima, non si possa servire del dinaro di detta cassa; ma solamente debba godere l' utile che pervenerà dalle dette compre d' intrate, che si faranno.

Item, che le polizze false o vero depositi mal pagati, vadino a risico et danno del Pandettario di detta cassa.

Item, che gli errori che si commettessero da colui che terrà il libro maggiore di detta cassa, vadino a suo pericolo et danno.

Item, che le monete falze, che si riceveranno dal Cassiero di detta cassa, vadino a danno suo; et l'avanzo, et il disavanzo delle monete, che si conterranno in detta cassa, vadi similmente a comodo et incomodo del detto Cassiero.

Item, che il Cassiero non si possi servire d'alcuna summa di danari di detta cassa, ne accomodarne altri, etiam con pegni di nulla sorte ; et facendo il contrario, incorra nella pena di ducati mille per ciascuna volta, da applicarsi al Regio Fisco ; et altra pena corporale, ad arbitrio di S. E. Et l'istesso s'intende a rispetto del Pandettario, e di colui che tiene il libro maggiore.

Item, che li ministri di detta cassa non debbano tenere conto proprio in essa cassa, sotto l'istessa pena.

Item, che non si possa tener conto con altri Banchi, nè cassa di depositi in lo libro maggiore; ma solamente (*allorchè*) si saranno girati dinari per Banchi pubblici o casse di depositi, da terze persone, per volerci fare intrare il dinaro, et ponerlo a credito loro al libro della Cassa, si possano accettare; con dover subito prendere il contante, per portarlo alla Cassa predetta, et non altrimenti.

Item, che la cassa grossa si debbia tenere con tre chiavi; due di esse in potere di due delli Governatori di detta Santa Casa, et l'altra del Casciero; et che ogni mese, una volta per il meno, si debbia riconoscere unitamente da tutti li Governatori di detta S. Casa; a quali similmente si debbia, per li due Governatori che amministraranno, dare relazione in qual termine restaranno li negotii, acciò si possa da tutti provedere al che sarà necessario.

Item, che il casciero della cassa piccola debbia, di otto in otto giorni, dar conto dell'introito ed esito di essa alli Governatori deputandi ; et quelli dinari che li avanzaranno, da quello in poi che parirà di lasciarli per pagare alle giornate, si debbiano ponere nella cassa grossa.

Item, che li Governatori debbiano far tenere un libro separato, il quale si habbia a riconoscere con il libro maggiore della detta Cassa, per notare in esso tutte le compre si faranno et terze (1) ne perveneranno ; et cossi li notamenti necessarj, toccanti all'introito ed esito della cassa grossa; et tenere conto della cassa piccola con il casciero di essa; et quello più accaderà per occasione della cassa predetta.

Item, che ogni sei mesi si debbia dare breve bilancio a S. E. delli creditori di detta cassa; giacchè non vi saranno debitori delli dinari contanti; et delle compre, ed utili seguiti da quelle ».

Et inteso per Noi il tenore del detto preinserto Memoriale et Capitoli, per voi presentatoci, per le cause in quelli espresse, ne semo contentati, siccome per la presente ne contentamo, di darvi licenza che, conforme alli detti preinserti Capitoli, li quali osserverete ad unquem, possiate tenere la sopradetta Cassa. Con facoltà di possere ricevere in deposito li dinari, gioje, robbe, et altre cose, che vorranno lassarvi a conservare et guardare, persone di qualsivoglia natione; con chè da poi, ad ogni istanza delle persone predette, che faranno detti depositi, se li debbiano restituire et consignare, non havendo altro ordine in contrario Dandosi però idonea et sufficiente pleggieria, per le persone che saranno deputate ne la administrazione di detta Cassa, di osservare quanto per li preinserti Capitoli stà ordinato et disposto, et di refare il danno ed interesse, che da la controventione di quelli ne nascesse alle parti depositanti. Ordinando et comandando con la presente, a tutti et qualsivogliano Officiali et Tribunali, tanto Regj come di Baroni, che admettano, et debbano admettere, et havere, et tenere per vera et reale la fede delli predetti depositi, che si faranno in detta Cassa ;

---

(1) Rendite o interessi.

nella medesima forma et manera che si admettono in detti tribunali le altre fedi et depositi, fatti in simili Casse, et Luochi da noi approbati, et confirmati. Ordinando con questa, à tutti li Protettori presenti e futuri della predetta Casa Santa, che cosi lo debbiano fare eseguire, che tale è nostra volontà. La presente resti in vostro potere. Datum Neapoli die ultimo Januarii 1589. El Conde de Miranda — Vidit Moles Regens, — Vidit Ribera Regens; — Vidit Barracanus Regens. — Torres pro Secretario. In Part. 21· fol. 159.

Et acciò detto ordine, ut supra spedito, sia noto et manifesto a tutte persone, nc ha parso fare emanare lo presente banno, per lo quale se notifica a ciascuno, che possa liberamente fare detti depositi, nel modo et forma che in dette preinserte Provisioni se contene. Datum Neapoli die ultima mensis Januarii 1589.

A dì 9 e 10 di Febbraro 1589. In Napoli. Io Raimo Ruffo, Regio Trombetta, con miei compagni, riferimo havere publicato lo presente banno, alli luoghi soliti e consueti di questa Fedelissima Città, e più al Mercato, alla Loggia, all' Orefici, al Pendino, alla Sellaria, alla Carità, a Palazzo, alla Dogana, alli Banchi novi, et all' Armieri, modo quo supra.

Occorre dichiarare che cosa fossero le *compre d'annue entrate* perchè s'intenda il programma dei governatori degl' Incurabili, dell' Annunziata ed altre opere pie, quando fondarono le rispettive agenzie bancarie, che impropriamente chiamavano *cascie de depositi*.

Nel secolo XVI il prestito ad interesse era proibito, fra cristiani, tanto dalla legge canonica quanto dalla legge civile ; ma fu trovata la maniera di praticarlo lecitamente col chiamare *vendite* i mutui, *cessioni di rendita* li pagamenti di frutti. Pel caso dell' ipoteca, ch' era il più comune, non si diceva dal debitore ; ho ricevuto la somma A ; prometto di restituirla nell' epoca B ; pagherò pel frattempo l' interesse C ; e metto in pegno, per malleveria del capitale e del frutto, il fondo D. Il discorso che faceva fare dal notaio era invece: Vendo pel prezzo A ; ricomprerò nell' epoca B; la rendita C sarà pel frattempo riscossa dal compratore; e quando, per la fatta restituzione *(retrovendita)* sarà sciolto il contratto, riprenderò la piena proprietà del fondo D. I mutui dunque si stipulavano con la forma di vendita a patto di ricompra e gl' interessi erano definiti cessioni temporanee della rendita. Ma spesso non conveniva prefiggere data pel rimborso, che si lasciava ad arbitrio del debitore, dicendo che la *retrovendita* ovvero riscatto sarebbe fatto *quandocumque*. Più spesso la stipulazione non si poteva riferire all' intera rendita del fondo, perchè in tal' occorrenza valeva meglio una vendita pura e semplice, senza patto di ricompra e senza calcolo di frutto. Le condizioni di siffatti prestiti diventavano proprio quelle dell' odierno mutuo ipotecario fruttifero, per la ragione che il debitore prometteva, senz'altro, di pagare in tempi determinati il frutto proporzionale alla somma datagli. Il nome solo differiva, perchè tal pagamento, che a Napoli per vecchia consuetudine, conservata negli affitti di case, scade a gennaio, maggio, settembre e si dice la *terza*, non era chiamato interesse, sibbene *vendita*, supponendosi che porzione dell'entrata avesse il debitore ceduta. I registri degli antichi banchi, per la contabilità dei mutui attivi o passivi, erano detti *libri di terze* e contengono migliaia d'esempi di questa forma di contrattazione, che non si riferiva ai soli cespiti immobiliari.

Le rendite derivanti dall'imposte o monopoli diventarono materia di compra, di vendita, di retrovendita; ed i debiti degli stati, dei comuni, dei corpi morali, dipendevano quasi tutti da alienazioni dell'annuo provento. Anche i feudatarî si servivano spesso di questo mezzo, vendendo *l'adoe* ed i *fiscali*, quantunque le leggi del Regno pretendessero particolare *Assenso Regio*, e non mancano esempi di mutui fatte sull'*entrate* del debitore, senza designazione di cespite. Erano questi ultimi puri e semplici prestiti ad interesse, che per finzione legale pigliavano il nome di *vendite*.

L'ospedale, chiedendo di mettere banco, disse, nel primo articolo dello statuto, che intendeva d'investire le somme che gli avrebbero portate in compre con lo Regio Fisco e con la Città di Napoli, vale a dire in mutui fruttiferi alla finanza ed al municipio. Nacque dunque l'istituto come speculazione dell'opera pia e collo scopo di crescerne la rendita.

Dopo venti mesi, lo stesso Vicerè, Conte di Miranda, provvide con altra ordinanza sull'uso delle rendite, che il banco avrebbe ottenuto dal collocamento dei capitali confidatigli. Chiarisce questa sua lettera come gli utili netti derivanti da investimento fruttifero delle somme che il pubblico gratuitamente confidava all'ospedale, si dovessero tenere a moltiplico.

Philippus, Dei gratia Rex Castillae, Aragon., utriusque Siciliae et Hierusalem etc.

Illustres et magnifici circumspective viri, Collateralis, et Consiliarii Regii, fideles dilectissimi, Perchè ne la Capitolazione et ordini fatti, sopra l'apertura et buon governo de la Cassa de depositi, novamente eretta per il Sacro Ospitale dell'Incurabili, di questa Fidelissima Città, sotto nome et titolo di S. Maria del Popolo, stà ordinato espressamente, che il detto Sacro Ospitale, per qualsivoglia causa o necessità urgentissima che avesse, che non si possi servire del denaro, che da li particolari viene depositato in detta cassa; ma solamente farne compra a suo beneficio, con la Regia Corte, o con questa fedelissima Città di Napoli, di quella quantità et parte che à li Maestri parerà posserne fare sicuramente, come per detta capitolazione appare; et havendone anco al presente parso espediente, per maggior fondamento di detta cassa, et aumento di detta buona opera, di provvedere ancora che li frutti pervenuti, et che perveneranno da le dette compre, fino ad oggi fatte et che per l'avvenire si faranno, de li danari di essa Cassa, servata la forma di detta Capitulazione, non si possano in modo alcuno, per li Governatori et Maestri di questo predetto Sacro Ospedale, spendere, ne convertere in altro uso o bisogno, da quello eccetto farne altre compre di annue intrate; con quelle persone però che essi Governatori cognosceranno esserne più sicure, per un certo tempo, fino a tanto che di dette intrate se ne faccia un cumolo competente, dal quale poi si possino redimere tutte ad un tempo le altre entrate proprie, che detto Ospedale tiene vendute. Per tanto, con la presente, vi dicemo et ordinamo, che tutti li denari che avanzaranno in detta cassa, tanto di li frutti di dette compre fatte et faciende dalli danari di quella, come de le terze delle compre fatte, et che in futuro di tempo si faranno con particolari, li detti frutti ut supra, deduttene prima li salarj de li ministri et ufficiali di detta cassa, spese di libri, et altre occorrenze necessarie di quella, si debbiano tutti integramente implicare et convertere in compra di altre annue intrate, con chi meglio a voi parerà di contraere, che sia persona sicura. Il che si rimette al giudizio et conscientia vostra, tanto di dette compre tenere conto a parte, tanto nel libromaggiore, come nel libro particolare di Casa, che si fa da la detta cassa; acciò per la detta entrata, e frutti perveniendi da le compre di quella, di tempo in tempo, vada in moltiplico et aumento di essa cassa; et cosi continuarete per alcuni anni, et insino ad altro ordine nostro, o di nostri successori. Et questo volemo che si abbia da osservare, tanto per voi, quanto per li altri vostri successori, Governatori e Maestri in questo predetto Sacro Ospedale in futurum, affinchè per la causa sopradetta, et tra alcuni anni, si faccia un patrimonio notabile, per beneficioet utile di questo predetto Sacro Ospedale; per poterse poi à suo tempo, in qualche buona parte, sollevare dalla molta necessità et miseria in che adesso si ritrova, per la spesa eccessiva che fa, in mantenere tante opere di pietà che exercita, et per la poca entrata che tiene. Ordinando anche a li ministri di detta cassa, come sono il Pandettario, quel che tiene il libro maggiore, et il Cassiere, che cosi lo debbiano anche osservare; et facendone detti Ministri de la detta Cassa il contrario, volemo, et cosi per la presente comandamo, che incorrano per ogni volta ne la pena di ducati mille per ciascuno di loro, et altra corporale, a nostro arbitrio servata. Datum Neapoli die ultimo mensis Octobris 1590. Il Conde de Miranda — V. Moles Regens — V. Ribera Regens — V. Gorostiola Regens — Barrion — In part. 46. fol. 35.—Elemosinaliter— Alli Governatori del Sacro Ospidale dell'Incurabili.

Dal 1589 al 1601, la cassa depositi si tenne nell'edificio dell'ospedale. Cresciute poi le faccende, i Governatori dovettero pensare a trasferirla altrove; e scelsero un palazzo alla strada S. Lorenzo, che possedeva la stessa Santa Casa di S. Maria del Popolo, per dono del signor Gaspare de Frisi, con testamento messo in esecuzione al 1547. Questo palazzo, allargato mediante aggiunzione di altre case, che si comperarono da Laudomia Morello per ducati 1250, dalle sorelle Mazzacano per ducati 750, e che si presero a censo enfiteutico dalle monache di San Gregorio Armeno, per l'annuo canone di ducati 100, fu adattato all' esigenze del banco e monte de' pegni, spendendo i governatori ducati diecimila circa, che tolsero dal provento delle compre. Ecco la polizza di pagamento, che fu tema di lunghe discettazioni nel secolo XVIII, quando si litigò fra l'Ospedale ed il Banco per la proprietà dell'edificio.

Al nostro Banco, conto di terze, docati diecimila, tari 1. grana 13., e per esso al nostro Banco conto di fabbrica; per tanti che si sono spesi, per mezzo di detto nostro banco, nella fabbrica della casa e botteghe, site alla strada di S. Lorenzo, dove fa residenza esso Banco, dalli 22 ottobre 1597 per tutto li 9 del presente (*anno 1600*) come per libri particolari di detta Santa Casa si è visto; e detto pagamento si fa, non ostante l' ordine in contrario di S. E., e del Collaterale Consiglio, che li frutti delle compre di detto Banco sì dovessero implicare in compra di entrade; poichè, per li tempi passati, è stata informata l' Eccellenza Sua, che detta spesa si faceva dalli detti denari, per non avere la Casa Santa altra comodità di farla, come per loro conclusione delli 3 del presente appare, alla quale etc. docati 10000. 1. 13.

Le operazioni del Banco continuarono senza disturbo fino al 1623, nel quale anno, per deficienza di cassa, effetto d' un ordine del Vicerè, che annullava la monetina d'argento chiamata *zannetta*, dovette puntare li pagamenti. Racconteremo nel seguente capitolo questo fatto delle zannette, che fece fallire gl' istituti di Napoli. Per quello di S. M. del Popolo sappiamo da relazione dei vari Delegati, scritta nel 1780, e da memoria dell'Avv. Gerardo Gorgoglione, stampata nel 1796, che l' ospedale fu costretto a pagare ducati 83,316,71, facendo debiti al 5 ed al 6 per cento, con ipoteche sui beni patrimoniali; ma questo non bastò per tornare credito al banco, che aveva nel disastro perduto il patrimonio, vale a dire tutto il capitale delle compre fatte nel trentennio, che valutarono duc. 193,598.26 effettivi e duc. 329,983.60 nominali. Ne prese l' amministrazione il Corpo Municipale di Napoli, cioè i cinque seggi della nobiltà e l' altro del popolo, che garentirono con le rendite comunali l'altre passività, ed ottennero per tale nuova malleveria che i depositi di moneta ricominciassero.

Ma non mancarono proteste di chi governava l' ospedale sulla intrusione della *Città*, che si reputava ingiuria ed oppressione della Santa Regal Casa degl' Incurabili. Scrivevano infatti al Vicerè.

Illustrissimo et Eccellentissimo Signore. Ordinò V. E. che la relazione fattale a bocca, dalli Governatori della Casa Santa degl'Incurabili, nel parlare del Banco di detta Santa Casa, se le dovesse fare per iscritto; e per ubbidirla si dice a V. E. come nell'ultimo del mese di Febbraio 1589, per l' Eccellenza del Conte di Miranda, allora Vicerè, fu data licenza che detta S. Casa potesse ereggere un Banco; con darseli nome S. Maria del Popolo, come appare per le capitulazioni, e Regie Lettere sopra di ciò espedite.

Ed essendosi continuato a tenere detto Banco, sotto il governo e nome di detta S. Casa, dalli Governatori di quella, per li quali non solo unitamente si è governato, ma ogni mese si è assistito da uno di detti Governatori al servizio di quello, e questo fino al mese di Gennaro 1623.

Nel mese di febbraro del detto anno, fu per viglietto di V. E. ordinato che Fra Lelio Brancaccio, del Consiglio di Sua Maestà, governasse detto Banco in luogo del Marchese di Corleto; come con effetto governò per alcun tempo, in compagnia delli altri Governatori di detta Santa Casa; di modo che quando si trattava di governo di detta Santa Casa, interveniva il Marchese di Corleto con li medesimi Governatori, però quando si trattavano negozi del Banco, interveniva detto Fra Lelio con detti Governatori.

Restò servita V. E., dopo, ordinare che Fra Lelio andasse in Genova; e nel partire, credendo egli forse non chi succedeva a lui nel *Governo della Grassa* (1) fosse anco successore al Governo del detto Banco, lasciò una delle chiavi della cassa maggiore del detto Banco, ch' egli conservava, a Gio. Lorenzo Buongiorno Razionale della città; e l' altre chiavi restarono in potere del Segretario e Razionale de la Casa Santa dell' Incurabili, come per prima le tenevano.

Essendosi dopo eletto il Reggente D. Gio: Erriquez per *Grassiero*, ordinò al detto Segretario e Razionale degli Incurabili, che le chiavi che conservavano appresso di sè, nell' Udienza di detta Santa Casa, l' avessero consegnate ad esso Reggente Erriquez; a chi per obedire furono consignate, credendo esso Segretario, che detto Reggente tenesse autorità similmente di governare detto Banco come il detto Fra Lelio.

Ma perchè, Signore Eccellentissimo, il Banco predetto non è stato, nè fu mai della Città, ma di essa Casa Santa dell'Incurabili, con detto nome di S. Maria del Popolo, e governato dalli Governatori di essa, come si è visto, resterà servita V. E. ordinare, che in conto nullo la Città predetta se intrighi nel governo di detto Banco; ma che tenghi solamente il suo conto e denari in quello, conforme si è tenuto per il passato, e tiene per li altri creditori del detto Banco; e che li Governatori di detta Santa Casa attendano al detto Governo con tutta l' autorità, e solite prerogative. E non tenendosi dalli Governatori di detta Santa Casa cura del detto Banco, come per il passato, potria di facile succedere danno e disordine; che perciò resterà scrvita V. E. ordinare che nel governo di detto Banco non se intrighi persona alcuna, solo che il Marchese Manzeda, il Marchese di Braciliano, Bernardo Sersale, il Consigliere D. Francesco del Campo, Gio: Tomaso Giovene, Andrea Pappagallo, e Giov: Battista Morroni, Governatori al presente di detta Santa Casa, e li Governadori che in tempo saranno.

Rappresentando anco a V. E., e ponendoli in considerazione, che li E-

---

(1) Sorveglianza dell' annona municipale.

letti e il Reggente Grassiero il maneggio di detto Banco non possono tenerlo in nessun modo, sotto nome della Città; e particolarmente senza licenza espressa di V. E., e di suo ordine, in potestà della quale stà il permettere che si erigesse novo Banco, con farsi le debite Capitulazioni, e prestarci il Regio Assenso; e volendosi tener Banco, in nome di detta Città, non si può senza convocar prima le Piazze, e che quattro di esse Piazze per Conclusione ne supplicassero V. E.

Talchè si conosce chiaramente detto Banco esser di detta Santa Casa, e non della Città. Però, quando V. E. fosse servita di dar licenza alla detta Città di erigere e tener Banco, e per comodità di detta Città se li concedesse il luogo dove oggi si tiene, per esser vicino al Tribunal di S. Lorenzo; in tal caso sia obbligata detta Città, con assenso di V. E., a pagare docati mille l'anno per il piggione del luogo *tantum*, che oggi sta occupato per servizio di detto Banco, cosi per il passato, come per lo avvenire; restando a beneficio di detta Santa Casa tutto il rimanente dello stabile di detto Banco, cosi come l'Eletti predetti han dato sempre ad intendere, e che li Governadori di detta Santa Casa teneranno il loro Banco in detto luogo, o altrove, dove li parerà più comodo e necessario etc.

Durò la tutela del Municipio 12 anni, 1623 a 1636. Poi furono dall'ospedale ripresi per proprio conto gli affari del Banco. Però per poco tempo, chè nel 1640 e 1645, dopo altri sconci, ed altre puntate di pagamenti, furono le due amministrazioni divise, onde non corresse sempre pericoli il patrimonio degl'infermi.

Quali fossero gli sconci, argomentiamo dalla seguente protesta d'un Governatore.

Io Giovan Battista d'Alessandro, ritrovandomi Governatore dell'Incurabili, e del Banco del Popolo di detta Santa Casa, dico con la presente dichiarazione, come nelle sessioni che si son tenute in detta Casa Santa, nelle quali io sono intervenuto, ho fatto più volte istanza al signor Reggente Pietro Giordano Orsini, Presidente del S. C., Protettore e Delegato di detta Casa Santa, che dagli officiali s'osservassero puntualmente le constitutioni del detto Banco, et l'ordini Regali sopra di ciò fatti; et particolarmente, che dal libro maggiore Liberato Franco, et dalli cassieri Giovanni Nigretto et Francesco di Massa, non si facesse disponere, pel prestito, di niuna quantità di denari del detto Banco, in beneficio di persona alcuna che non fosse creditore in Banco, senza l'ordine in scritto di tutta la Congregazione, quando fosse bisognato. Perlochè dal detto Signor Presidente, con la sua solita circospezione e zelo, sono stati dati diversi ordini agl'Ufficiali di detto Banco in dette sessioni, per l'osservanza di dette costitutioni et ordini, in conformità di dette istanze fatte da me, siccome costa per più conclusioni fatte in diversi tempi, e particolarmente una de' 24 di ottobre 1638, et una de' 22 di luglio 1639. Al presente intendo, che per detto Libro Maggiore et Cassieri, non ostanti detti ordini fatteli, cosi a bocca come in scritto, s'è controvenuto a tutto quello che per detto Signor Presidente è stato ordinato in dette Sessioni; havendo essi Libro Maggiore et Cassieri fatto disponere di denari del Banco, a diverse persone che non vi tenevano credito, conforme delli notamenti che si sono cavati dalli libri del detto Banco. Per le controventioni di detti ordini, e dar certezza della verità, cosi alli futuri Governatori di detta Casa Santa et Banco, come ancora ad altri superióri Maggiori, fò la presente dichiarazione, per disgravio della mia coscienza, et per beneficio del publico; con la quale mi protesto di non esser stato colpevole in cosa alcuna, per qualsivoglia sorte di danno che potesse venire al detto Banco, per l'inosservanza degli ordini detti di sopra; giacchè per me non è mancato di procurar continuamente che il tutto camminasse con ogni buon governo, integrità, et rettitudine; come si potrà vedere dagli ordini dati per detto Signor Presidente, il quale, come Ministro di Dio Benedetto di tanta qualità et bontà, è stato sempre zelantissimo a far che s'osservasse il tutto con ogni puntualità. Et perciò voglio che la presente s'abbi a conservare tra le scritture di detta Casa Santa, affinchè in ogni futuro tempo appaia quel che io ho procurato di fare, per gloria e servizio di Dio Benedetto, e beneficio di detto Banco. Oggi il dì 18 di settembre 1639. Giovan Battista d'Alessandro.

Non volendo biasimare i colleghi Governatori, d'Alessandro si sfoga coi cassieri, quasichè da costoro dipendesse l'indirizzo amministrativo. Ma Franco, Nigretto e di Massa non facevano altro che ubbidire alla maggioranza del Consiglio la quale, in soli tre anni (1636 a 1639), tolse dal deposito apodissario, per collocarla in *compre* od in mutui fruttiferi la somma di D. 144315. Questa maggioranza voleva procacciare subito al Banco di S. M. del Popolo una rendita che, non solo fosse bastevole per le sue spese d'esercizio, ma gli permettesse d'aiutare l'ospedale ed anche di formarsi il patrimonio. Per conseguenza metteva a frutto i denari dei depositi appena ch'entravano nella cassa, senza preoccuparsi della necessità di tenere riserva metallica sufficiente per fare onore a tutti gli obblighi e specialmente per pagare a vista le carte nominative. Succedette dunque che, nel 1639, qualche polizza non si potette subito estinguere, che ciò produsse *correria*, cioè ressa dei creditori agli sportelli del cambio e che gl'imprudenti governatori dovettero vendere a rotta di collo i titoli comperati pochi mesi prima, facendo sopportare all'ospedale una perdita di molte migliaia di ducati.

Il Duca di Caivano, Angelo Barile, ch'era il Delegato Protettore, pensò di separare definitivamente i due enti e fece costituire pel Banco, nell'anno 1642, un Governo diverso da quello della Casa ed Ospedale degl'Incurabili. Quest'ultima mandò pure la seguente petizione al Vicerè.

Eccellentissimo Signori. Li Governadori della S. Casa degl'Incurabili di S. M. del Popolo di questa Città, espongono a V. E. come, nell'anno 1589, li Governadori che in quel tempo erano di detta Santa Casa, per utile expediente, così del pubblico come di detta Santa Casa, previa licenza del Signor Vicerè di quel tempo, et plegiarie date, et consenso delle Piazze, apersero un Banco sotto nome di S. Maria del Popolo, che per alcuni si resse nell'istessa Casa degl'Incurabili. Dapoi, per maggior comodità, con occasione che questa Fedelissima Città negoziava in detto Banco, edificarono una casa nella strada di S. Lorenzo, con spesa di ducati 10 mila e più; nella qual casa si è eretto detto Banco, per insino a tanto che, essendo fatto Delegato di detto Banco il Duca di Caivano, volse dividere il governo di detto Banco dal governo di essa Santa Casa degl'Incurabili, facendoci altri Governadori. Il quale Banco, essendo ultimamente dismesso, s'intende adesso che di nuovo si voglia aprire, sotto l'istesso nome, et che si vogliono unire gli *effetti* (1) di detto Banco, per pagare creditori fatti a tempo di altra amministrazione, per le provvisioni de'ministri, e spese da farsi in questo Banco novamente da erigersi; con servirsi anco della propria casa, edificata da essa Santa Casa. Et perchè non conviene che essa Casa Santa stia soggetta al danno che può apportare detto Banco, e non all'utile che potria pervenire; come si è visto in altri tempi, che fu necessitata la Casa pagare a' creditori del detto Banco grossa summa, che ancora corrisponde a' diversi creditori del detto Banco; et che presenzialmente patisca il danno di avere a pagare, dalli effetti del Banco che sopravvanzeranno, le spese che se haveranno da fare per manutentione di esso, et anco il piggione della casa, che per lo tempo che teneva la Cassa questa Fidelissima Città li pagave ottocento ducati l'anno. Perciò ricorrono a V. E., e la supplicano voler ordinare che il nuovo Banco, forse da erigersi, si faccia di modo che essa Casa Santa non stia soggetta a danno e spese, che potrà apportare detto Banco; et che degli effetti che oggi vi sono, si paghino quelli creditori alli quali potria star obbligata la detta Santa Casa; e lo dippiù, che forsi avanzasse, si applichi alli bisogni di detta Santa Casa, che sta tanto interessata; alla quale se paghi anco il piggione della casa di Santo Lorenzo, in caso che si vogliano servire di essa. Supplicando V. E. a volere committere al Collaterale, dove già stà introdotto detto negozio, o chi altro parerà a V. E., acciò intese le ragioni di detta Casa Santa, si facci sopra l'esposto complimento di giustizia; ut Deus etc. Giov: Francesco Capece Piscicelli — D. Diego Varela — Giov. Battista Franco — Oratio Spinola.

Fu la domanda quasi soddisfatta, con questo decreto del Reggente Zufia:

Die 28 Julii 1645 Neapol.—Per spectabilem Regentem Didacum Bernardum Zufia, Regii Collateralis Consiliarium, et Commissarium Delegatum. — Viso retroscripto memoriali, porrecto S. E. pro parte Sacræ Domus Incurabilium. Provisum, et decretum est, quod administratio Gubernii dicti Banci Sanctæ Mariæ de Populo, ad præsens noviter erecti, per Gubernatores ipsius, nullo nunquam futuro tempore afficiat præjudicium, nec interesse Sacræ Domui, et Hospitali Incurabilium; salva provisione facienda super aliis contentis in dicto memoriali, hoc suum etc. — D. Bernardus Zufia Regens — Franciscus Anastasius Regius a mandatis scriba.

(1) Titoli, crediti ed attività.

— 79 —

Le firme sul memoriale sono quattro, non sette, probabilmente perchè agli altri tre Governatori non piaceva la separazione. Nella memoria dell'avv. Gorgoglione sono trascritte le seguenti proteste d'un oppositore, che ci paiono importanti, per le notizie sullo attivo e passivo, ma specialmente perchè manifestano quali benefici i luoghi pii sperassero di trarre dall'amministrazione dei Banchi e Monti di Pietà.

Non è dubio alcuno, che li Signori Governadori di detta Santa Casa abbiano fatto errore in abbandonare il Banco, essendo il Banco una gioia. Qualunque Luogo Pio ha desiderato averlo per due cause; la prima per utile che li proviene, essendo che la Casa Santa degl'Incurabili, da che ha posto il Banco ne have avuto d'utile più di duecentomila scudi; la seconda per lo comodo che ne sente; poichè le Case Pie grandi, per li gran negozj ed amministrazioni d'eredità e di monti, che tengono, l'è necessario avere il Banco proprio per tenerci diversi conti, il che nelli Banchi alieni non si può fare. Si lassa in disparte la reputazione, che tiene una Casa in avere il Banco. E cosi, essendosi fatto errore in abbandonarlo e rinunziarlo, opra di prudenza sarà di ripigliarlo, per l'utile che al presente ne si trova. Ed è che essendosi spogliato il Libro Maggiore ultimo di detto Banco, nel quale sono notati li creditori e debitori e l'assegnamenti fatti, per aver certezza dello stato in che si trova il Banco, s'è ritrovato, che il Banco del Popolo tiene creditori, alli quali s'ha da fare assegnazioni, per la somma di centoventiquattromilasettecentotrentotto ducati, e tari quattro. All'incontro il detto Banco tiene di proprietà, sopra l'infrascritti arrendamenti e persone particolari l'infrascritte summe di capitali cioè: *(segue un lungo catalogo di crediti, poi continua).*

Quali importino annui duc. 13,000

in circa e di proprietà D.   200337,4,19
Delle quali deducendone la summa d'assegnare   124738,4,00
Rimane di proprietà in beneficio di detto Banco   75599,0,19

Dippiù, della summa che si ha da assegnare a' creditori, ci è più del terzo che non si assegnerà, per essere li creditori minuti e scordati; e d'altri, che non li spetteno crediti per errore, sicchè il Banco avanza altri ducati 41579,3 (1).

Il detto Banco tiene di debitori più di duc. 100 m. dei quali sì bene ce ne sarà la maggior parte decotta, in ogni modo se ne ponno ricuperare altri ducati 40000, che in tutto sariano duc. 157138, 3, 19.

Questo utile è venuto al detto Banco per la diligenza, e prudenza del Signor Andrea di Gennaro, Regio Consigliere, Delegato del detto Banco; poichè non tanto il quondam Regio Consigliere Migliore, suo predecessore, aveva cominciato a rovinare il detto Banco, con assegnare ai creditori capitali, e le terze si sono venute a perdere (2), quando il detto Signor Andrea have assegnato

(1) L'accusa fatta al Libro Maggiore Franco, ed ai Cassieri Negretto e di Massa, era per l'appunto d'aver scritturato a credito di parecchi individui duc. 41579,3 senza che il denaro si fosse versato nella cassa.
(2) Non merita tanto biasimo il R. C. Migliore, che dovette porre in esecuzione una legge o *Prammatica* del 10 aprile 1623. — Si vegga al seguente capitolo, paragrafo 14, tale prammatica che ordina la liquidazione dei Banchi e Monti di Pietà, mediante consegna a'creditori dei beni mobili e specialmente degli *effetti* e dell'*annue entrate* o *terze.*

terze, e li capitali si sono guadagnati; opra di prudenza e di carità, giacchè ridonda in beneficio di questa Santa Casa, cosi depressa.

Talchè, da tutte queste cose, si viene in cognizione che il ritardare a ripigliarsi il Banco è cosa di grande interesse alla Casa Santa, essendovi cosi notabile avanzo, e potendolo in così gran miseria sollevare alquanto, poichè di tutto questo avanzo, designatone un capitale più esplicito per la provisione delli Ministri del Banco, e per le spese di esso, tutto l'avanzo, o buona parte di esso, si potria ogn'anno voltare in affrancare l'assegnamenti che dallo stesso Banco si sono venduti; e questo è utile certo e presente.

Vi è anche l'utile incerto, e futuro, cioè che avendo la Casa Santa pigliato il banco, ed avendo qualche opulenza di contanti in cassa maggiore, può avvalersi di D. 40 o 50 mila per fare li prestiti; conforme la licenza che si è ottenuta dal Collaterale. E cosi l'utile, che potria importare qualche cosa, saria della Casa Santa.

Rimase il Banco separato dall'Ospedale, con Delegato e quattro Governatori propri, fino al 1806. La sua cassa di pegni ad interesse s'era aperta nel 1648, quando ottenne permesso dal Vicerè, per un capitale che sul principio fu di soli D. 6000; ma nel secolo decimottavo superò la somma di D. 400000. Nuove regole per tutti gli affari avevano l'approvazione Regia, data con dispaccio 3 ottobre 1753.

L'amministrazione municipale adoperò sempre questo banco pel suo servizio di cassa. Abbiamo documenti del 1616 (1) i quali provano che dal Vicerè Conte di Lemos s'era comandato di separare fra tre istituti tale servizio, e precisamente di usare il Banco di Sant'Eligio per la parte relativa all'annona, il banco della Pietà per la nuova acqua (canale di Carmignano), ed il banco di S. M. del Popolo per le gabelle, cioè dazi di consumo; ma il Re disapprovò quest'ordine pel suo rappresentante, facendo scrivere nel dispaccio 22 agosto 1616 " che tra sei mesi tutto il denaro della
" *città* andasse al Banco di S. M. del Popolo, tenendosi in esso i
" conti separati dell'annona e degli altri rami di spese, secondo
" prima stava e si tenevano, obbligando gli altri banchi di girare al Banco del Popolo tutto il denaro della *città* presso di
" loro esistente. „

Al tempo che furono garentiti i depositi dal Comune, cioè pel dodicennio 1623 a 1635, era sorvegliata la gestione del banco dai 29 delegati dei seggi *(eletti)* e particolarmente dal capo dell'an-

---

(1) Rapporto dell'archivario municipale Michele Pastina, 19 giugno 1826. Vol. 45 archivio del segretariato generale del banco.

nona municipale *(Grassiero).* Sembra che la *città*, servendosi di questa tutela amministrativa, non fece pagare circa centosettantunomila ducati, dei quali era debitrice verso il banco, per resta del compenso assegnatogli quando si abolirono le *zannette.*

Nel 1767 fu scoperto un altro debito del municipio di D. 236404,96, che faceva parte della deficienza di D. 325508,80 a carico del cassiere Gaetano La Planch e del Razionale Gennaro Graziuso. Quest'ultimo, che per molti anni tenne nel tempo stesso le due incompatibili cariche di Razionale della Città e del Banco, pagava le spese comunali con *polizze vuote*, vale a dire che traeva cheques sul cassiere quando la madrefede, cioè conto corrente, non offriva rimanenza di credito. Ci fu strepitoso giudizio (1) che durò fino alla soppressione dell'istituto, quantunque avessero insistito per una decisione qualsiasi, e con una rappresentanza del 28 marzo 1796, i Governatori si dolessero vivamente col Re per le declinatorie di foro, le controversie di precedenze ed altre cavillazioni con le quali il Comune ritardava, da trent'anni, la spedizione della sentenza.

Anche l'ospedale insistette al secolo XVIII, con atti amministrativi e giuridici, per ripigliare la proprietà del banco, od almeno per riscuotere le pigioni dello edifizio, dal 1645 in poi, più gli *effetti del banco vecchio*, vale a dire le rendite patrimoniali, i capitali dei mutui, e quanto l'istituto di credito possedeva al momento della separazione. Tale lite finì per l'ottima ragione ch'era cessato lo scopo di contendere dopo i fatti che racconteremo al capitolo terzo. Vale a dire perchè un altro ente, il fisco, prese e consumò quello che spettava alla Casa, al Banco, ed allo stesso pubblico, per carte in circolazione!

*
* *

8. Ambrogio Salvio, monaco Domenicano, fondò verso il 1555, nella chiesa dei SS. Apostoli, un'associazione zelatrice delle opere di culto o di filantropia e specialmente del buon costume, Non sappiamo per quali ragioni, passò tale associazione all'altra chiesa di San Giorgio Maggiore e dopo due anni a San Domenico. Cresciuti di numero i soci, fabbricarono la cappella del Rosario a Porta Medina con un educandato per le loro figlie e poi, nel 1562

---

(1) Archivio di Stato. Processi della Camera di Santa Chiara irresoluti. Serie 17 n. 425.

tolsero in enfiteusi parte del giardino del Duca di Maddaloni, per l'annuo canone di ducati 1040. Ivi costruirono altra cappella, dedicata allo Spirito Santo, alla quale aggiunsero un *asilo* o *conservatorio* per le figlie delle prostitute. Il Vicerè, lieto che praticassero la cristiana opera di salvare da immonde speculazioni quelle fanciulle, accordò al monaco Salvio ed ai capi della confraternita, chiamati allora *maestri*, la facoltà di strappare, anche con la forza, le donzelle dalle loro madri.

Articolo 2.° della regola del 1664.
« Perchè detto conservatorio fu eretto e fondato per salvare le povere figliole che si ritrovano in procinto di perdere il bel fiore della loro pudicizia e verginità, per levarle dalla bocca del dragone infernale e farle spose dello Spirito Santo; perciò si deve stare ben avvertito all'esecuzione di quest'opera; di sorta che non si tralasci di fare quello si deve, ne si facci quello si deve tralasciare. Invigilando di aver luce per la città di chi si ritrovasse in tal pericolo, per salvarla da quello. Per quanto la qualità delle figliole che si possono accettare per detto conservatorio è che siano figlie di meretrici, o allevate da quelle, o da altre donne infami, che altre volte abbino venduto la lor pudicizia e che cerchino di vendere quella di simili figliole, o che stiano in evidente pericolo di perdere la loro verginità. »

« Onde le prime prove saranno le informazioni extra iudiciali, che si faranno da noi medesimi, e da nostri successori, o da ciascheduno di noi, o dal maestro d'atti a ciò destinato. E conosciutosi con tal diligenza che possa esser dell'opra, si commetterà in scriptis da noi detta informazione al detto mastro d'atti, il quale la piglierà con ogni diligenza, puntualità e secretezza possibile, acciò non venisse in notizia delle loro madri, o parenti, o baile, come fussero, e l'occultassero; con esaminarsi tre testimoni di buona vita e fama e degni di fede. E ritrovandosi uniformi e contesti, nella lettura che dovrà farsi di detto esame in congregazione, si farà la decretazione e conclusione in dorso della medesima informazione, acciò si possa mandar a pigliare. *Ed essendo necessario di mandarci il nostro portiero, con la guardia di soldati, per dubitazione di renitenza da chi li tiene, si facci senza indugio; tenendo quest'opra ed il nostro governo la prerogativa di poterle togliere da qualsivoglia luogo o casa.* L'altro requisito è che dette figliole, della qualità ut supra, non averanno da avere meno d'otto anni, nè più di quattordici, conforme sopra ciò ci avemo anco le bulle e brevi Pontifici, e lettere de' signori Cardinali della Santa Congregazione. E perciò havemo concluso che oltre l'informazione abbia da costare detto requisito anco per fede di battesimo ecc. »

Le rendite del sodalizio non bastavano pel suo scopo, ma nel 1590 si pensò di accrescerle col negozio di banco. Fu sprone l'esempio freschissimo dell'Annunziata e degl'Incurabili. Raggranellato un capitale di ducati 18000, per sicurezza dei depositanti, chiesero i maestri la facoltà di aprire pubblica cassa di deposito e di circolazione. Dopo favorevole parere del Consiglio Collaterale, il

Duca di Miranda, Vicerè, concedette *Regio assenso*, ch'è una copia quasi letterale di quello promulgato pel Banco S. M. del Popolo; ma con questa notevole conclusione:

" Delli denari che fossero depositati in detta cassa voi presen-
" ti maestri possiate far compra, come con la Regia Corte, o
" con questa fedelissima città di Napoli, di quella quantità e par-
" te che a voi parerà poterne fare sicuramente compra, con che
" li frutti perverranno da dette compre, che si faranno dalli da-
" nari di essa cassa, non si possino in modo alcuno, per voi pre-
" senti Maestri e Governatori della detta chiesa et conservatorio,
" nè per vostri successori spendere, nè convertire in altro uso o
" bisogno. da quello eccetto farne ulteriori compre d'annue entra-
" te, con quelle persone però che voi presenti Maestri e Gover-
" natori conoscerete essere più sicure; per un certo tempo, fino
" a tanto che di dette entrate se ne fa un cumolo competente,
" dal quale poi si possano redimere tutto ad un tratto le altre
" entrate proprie, che questa chiesa et conservatorio tien vendute „.,

Con maggiore chiarezza dunque di come s'era espresso per Santa Maria del Popolo, approva il Vicerè l'idea di far servire il banco per redimere i debiti dell'opera pia; egli permette d'investire fruttiferamente parte dei depositi, comanda di tenere a moltiplico la rendita, e spiega che tutto debba servire per ricomperare *l'entrate proprie che cotesta chiesa e conservatorio tiene vendute*.

Dopo trent'anni d'esercizio e prima di fondare monte di pegno il Banco dello Spirito Santo teneva:

Per depositi liberi e con fedi (carta in circolazione libera) . . . . Ducati 699788,71

Per depositi condizionati e sequestrati (somme rappresentate pure da carte in circolazione che il Banco non avrebbe liberato prima che s'adempisse a qualche patto, ovvero che si verificasse qualche circostanza preveduta e registrata sul titolo creditorio nonchè sui libri dell'istituto) . . . . " 489587,17

Per conti nostri di casa e banca (rendita accumulata, crediti per compre e per altri prestiti, capitale patrimoniale dell'istituto) . . . . " 209476,41

Totale Duc. 1398852,29

Pari a L. 5945122,23. Questi numeri son presi da un bilancio del 2 Marzo 1622 (Arch. pat. vol. 226 pag. 426) ma si noti che quella fu epoca di crisi, anzi di puntata dei pagamenti e liquidazione per comando regio. Certo la circolazione ed i depositi furono anteriormente più cospicui.

La moneta metallica in cassa giungeva quello stesso giorno a Duc. 489655,70, escluse verghe e paste da mandare alla zecca per riconiazione.

Nel patrimonio di Duc. 209476,41 entravano Duc. 74000 circa già spesi pel conservatorio delle orfane. I Governatori riferirono, rispondendo ad un quesito lor fatto a 17 febbraio 1628 (arch. patr. vol. 226 pag. 468) " dei Duc. 74000 s'ha servito la casa " dello Spirito Santo in diversi tempi, per la fabbrica e mante- " nimento di essa, che senza detto soccorso saria stato bisogno " di smettere la santa opera „.

Nel 1629 là Casa ottenne permesso d'aggiungere al banco un monte pegni ad interessi, col capitale di Duc. 4000. Quando fece questa concessione, il Vicerè tolse parecchi dritti ai fratelli e maestri, ordinando che l'amministrazione del Monte e Banco fosse sorvegliata da una *Giunta* o Commissione di sette individui, cioè un nobile di età non minore di 50 anni, un avvocato e cinque *eletti* borghesi, fra cui un mercatante forestiere; tutti di età non minore di 35 anni. Nella *regola* del 1664 ecco i paragrafi che riguardano l'elezione della Giunta, e le scarse facoltà che furono lasciate a' maestri, cioè ai delegati delle *ottine*.

« .... Reggono tutte le dette opere (chiesa, conservatorio, casa e banco) sette signori Governatori. Il primo de' quali ha da esser nobile, di buona vita e fama, e d'età matura, non meno d'anni 60, di piazza (*ascritto ai sedili*) o fuor di piazza. Il secondo avvocato delli regi tribunali di questa città. E gli altri cinque cittadini scelti e qualificati; fra li quali vi ha da essere un negoziante forastiero. Li quali tutti dovranno essere di buona vita e fama e non meno d'età d'anni 35 per ciascheduno ».

« Il nobile, finito che ha il tempo del suo governo, propone e nomina sei altri suoi pari; tre che godano nelle piazze e seggi di questa fedelissima città, e tre altri fuori piazza. E tutti sei, dopo nominati, si bussolano con ballotte segrete, tanto dagli altri signori Governatori, quanto dall'infrascritti deputati dell'ottine di questa città ovvero dalla maggior parte di essi. Cioè ciascheduno dei signori Governatori una ballotta, ed ogni ottina fa una voce e non ogni deputato. Che perciò se sono due deputati d'una ottina, danno una ballotta; ed essendovi uno deputato per ottina, similmente dà una voce per detta ottina. »

« Fattasi detta bussola o scrutinio,

s' implora prima la assistenza dello Spirito Santo, dal clero della nostra Chiesa, come negozio di somma importanza, che richiede ogni dovuta preparazione, colla maggior divozione possibile; e poi, riconosciuti li voti, resta eletto quello nel quale sono concorsi maggior numero di voti. Al quale dopo si darà il possesso, nella forma solita; con cantarsi il *Te Deum laudamus* dalle reverende monache, in agimento di grazia. »

« Nella qual medesima forma si fa l'elezione degli altri sei atteso ciascheduno d' essi, terminato il tempo del suo governo, propone e nomina tre altri, dell' istessa sua qualità o professione; precedente prima l'istessa funzione; li quali nominati si bussolano nell' istessa forma, dalli signori governatori e deputati di ottine, o maggior parte di essi; e resta eletto quello che haverà maggior numero e quantità di voti, al quale poi se li dà il possesso nel medesimo modo accennato di sopra. »

« La quale elezione è solita farsi due volte l'anno, cioè nella Pasqua di Pentecoste e nella Pasqua d'Epifania. E si è osservato sempre che quando si muta il nobile resta l'avvocato; quando si muta questo resta il nobile; acciò rimanga sempre una delle dette due sedie, che stia più informata degli negozii e interessi di detta Santa Casa e banco. »

« Suol durare il tempo di ciascheduno di detti signori Governatori per anni due. Atteso che vi è biglietto del signor Vicerè di quel tempo, in esecuzione di lettera regia, che li governi di simili luoghi e banchi non possano durare più di due anni. Però si è osservato che a rispetto del signor Governatore nobile si è confirmato dalla Deputazione tante volte quanto li è parso. Ma gli altri signori Governatori non hanno avuto tal conferma, se non con ordine dei signori Vicerè; la quale conferma si è praticata e si pratica tanto a rispetto di detti sei altri signori Governatori, quanto anco al signor Governatore nobile; quando così è parso di ragione alli signori Vicerè di questo regno, che sono stati e sono *pro tempore*. »

« Uscito uno dei detti signori Governatori, non può ritornare ad essere bussolato, per detto governo, se non tre anni dopo. »

« . . . . Alli quali signori Governatori, cioè alli sei, essendone da ciò esente il signore Governatore nobile, spetta a ciascheduno di essi, mese per mese, conforme l' ordine della banca, cominciando dal primo di essi, di far l' ufficio di *Mensario*. Il qual' è appunto come un padre di famiglia ed economo di tutta la casa, chiesa, conservatorio e banco. Ed a lui spetta di venir ogni giorno all' ore destinate, che li pareranno e saranno più commode, per firmar le polizze, ricevere e dare li pegni, provvedere la chiesa e conservatorio delle cose necessarie; governare e reggere tutte le opere giornalmente, con particolare zelo e santa carità e accuratezza al tutto; con dare poi ragguaglio alla banca in ogni sessione di quanto l' occorre. Ben vero quando occorrano spese o altre resoluzioni straordinarie e non correnti, si hanno da risolvere da tutta la banca che governa. »

« Come la detta elezione, conforme si è detto, si fa tanto dalli signori governatori, quanto dalli deputati dell' ottine di questa città, conviene ben anco d' haver ragguaglio di detta deputazione e del modo e forma della sua creazione. »

« Questi deputati sono 72 per 36 ottine, cioè due per ogni ottina, tanto per dentro quanto per fuori la città, cioè per li borghi di essa, che vanno anco inclusi in questa deputazione. L'elezione e creazione dei quali cammina in questa forma. »

« Un mese prima della Pasqua di Pentecoste, con ordine di detti signori Governatori, si manda il portiere ordinario di questa Santa Casa, ai Deputati che si ritrovano, a pigliar da essi le nomine per la futura elezione, ciascheduno dei quali ne nomina due altri. Quali (*nomine*) ricevute e raccolte dal nostro Magnifico Segretario, si portano in banca alli signori Governatori, che per tale effetto si congregano. »

« Quelle viste, si ripartono dal signor Governatore nobile a ciascheduno degli altri signori governatori, acciò faccino le diligenze e informazioni necessarie; se siino abili, con li requisiti che si ricercano; dovendo esser cittadini onorati, capi di famiglia, di buona vita e fama, di anni 40 incirca, conforme anche sta ordinato dal signor Vicerè, per Collaterale, sotto li 22 novembre 1662. Fatte dette diligenze ed informazioni, si ritornano ad unire detti signori Governatori, e da essi si eliggono li due per ciascheduna ottina. Quale elezione fatta, se li manda l'avviso, per darseli il possesso nella forma solita, otto giorni prima della Santa Pasqua di Pentecoste. Ed in caso che li nominati non si trovassero (*buoni*) con le informazioni e diligenze, si richiederanno che faccino altra nomina, altrimenti si provvederà dall'istessi signori Governatori. »

« È vero però che si sogliono confirmare quelle ottine che si ritrovano sedendo in Chiesa. quali restano per un altro anno; e se alli detti signori paresse confirmar anche gli altri possono liberamente farlo ».

« Ed in caso alcuno de gli deputati eletti, durante il tempo della sua deputazione, si avesse notizia che fosse discolo o di mala vita, e costumi non leciti, (il che a Dio non piaccia!) si debbono prendere l'espedienti giusti per rimoverli. Li quali deputati, finito che haveranno il tempo della loro deputazione, non possono essere di nuovo nominati nè eletti, se non elassi due anni. »

« Questi deputati tengono il lor luogo in chiesa, dove sedono in bancone da loro fabbricato a questo effetto, a man dritta della porta grande quando si entra, dove assistono con molta devozione, per raccogliere l'elemosine da fedeli devoti e distribuire le indulgenze; ed anco hanno obbligo di andar facendo le cerche per le loro ottine per l'elemosine, e portarle in cassa per soccorso delle tante opere che si fanno. »

« E quando occorre di chiamarli in congregazione, perchè la camera dell'udienza non è capace di tanto numero, si fanno sedere in alcuni banchi che stanno attorno alla sala a quest'effetto, e nel mezzo si colloca la tavola dell'audienza conforme al solito ».

Per togliere ogni dubbio sulla perfetta separazione d'interessi, fra il conservatorio delle giovanette, amministrato dal sodalizio, ed il Banco, si convenne che avrebbe pagato quest'ultimo la pigione del locale concedutogli. L'archivio tiene completa la raccolta di scritture, dal dì che si mise la cassa di depositi, cioè dal 1591.

Il Monte pigliava in pegno solamente le gioie e gli oggetti o monete d'oro e d'argento. Gl'interessi giungevano, nei primi anni, al sette per cento; ma poi si ridussero al sei e qualche volta a quattro o cinque per cento. Il capitale poi, di ducati quarantamila, con permesso dei Vicerè, fu cresciuti a D. 50,000, quindi a D. 60,000 e poi a maggiore somma, arrivando, nel secolo XVIII alla cifra di D. 150,000. — Abbiamo pure documento che la somma collocata con pegno fosse di D. 184,333,4,5 al 31 dicembre

1730 e di D. 190,650,4,5 al 30 giugno 1731. Nel mese di settembre 1744, quando fu carcerato il cassiere Gaspare Starace, il Monte di pegno teneva collocato un capitale di D. 159,138,4,5.

Lasciava molto a desiderare, nel seguente secolo, la amministrazione del Monte e Banco Spirito Santo, sicchè i Governatori compilarono nel 1664 nuovi statuti ed istruzioni (1), che non ebbero la sanzione del vicerè prima del 17 settembre 1717 e sembra che avessero fatto crescere gli abusi, invece di sradicarli. Il cassiere principale, Pietro Monteforte, ebbe comodità di prendere D. 269443,4,09

---

(1) Meriterebbero queste regole d'essere ristampate, per notizia degli usi d'allora, e del modo come pensavano o scrivevano i Governatori. Valga per saggio l'articolo 67.

" Essendosi visto per esperienza e toccato con mani, che l'uscita della processione delle monache e figliole del nostro conservatorio per Napoli, il martedi di Pentecoste, anticamente istituita per ricordare alla città tutta la così grande e pia Opera, tanto accetta a N. S. Dio, che si esercita per detta nostra Casa; acciò le pie e facoltose persone, dalla loro vista ispirate e mosse a divozione, con elemosine o donazioni o legati aiutassero il mantenimento di essa; come anche per comodità di collocarle (a); al presente, per essersi il mondo talmente viziato, e li buoni costumi in modo corrotti, opera effetti in tutto contrari; mentre la detta processione ora è assolutamente un incentivo di molti peccati e disordini e inconvenienti; dandosi occasione a'tristi di esercitare le loro dissolutezze; ed a persone pie di buona volontà, di scandalo e di alienarsi da ogni buona intenzione che avessero verso la Santa Casa. Mentre in detta processione non si vede più quella antica e santa modestia, che moveva fin le persone più rilasciate a compunzione, ma con l'abuso così male di gale, ornamenti, con guardinfanti, gioie ed altro, non solo si somministrano ai giovani dissoluti occasioni di parlare sconciamente, e di fare mille atti disconvenevoli; ma alle persone di matura età e gran giudizio causa grandissimo scandalo, ed anco mormorazione, o ne nascono più e più inconvenienti e disordini, quali per modestia non si devono esprimere in carta. Nè è possibile a quelli rimediare, stante che per esser talmente mutato il mondo, li guardiani che si pongono per custodia della grege riescono tanti lupi. Oltre che per ritrovare tante vesti galanti, oro, gioie ed altro, mesi prima, fanno mille pratiche e si pone sossopra una città intera. Dal che ne nascono mille disordinate amicizie, con la peggior qualità di persone, quali con la vista sola possono macchiare la candidezza di quelle, non che tenerci familiar amicizia. E per quello che spetta al maritarle, s'è anco sperimentato che se ne maritano più nel conservatorio che nella processione; conforme è successo gli anni passati, che nella processione se ne maritarono quattro sole e nel conservatorio se ne sono maritate altre dodici, con maggior reputazione e decoro; e così anche negli anni seguenti. Oltre che di 200 persone che si alimentano in esso conservatorio, tra monache e figliuole, appena ne escono in processione circa 40; atteso l'altre, parte di esse, per essere persone esemplari, che conoscono li stessi inconvenienti di sopra accennati, e parte per la proibizione fattali di non portare vesti galanti, oro, nè gioie, nè abbigliamenti di testa e di faccia, si scusano sotto varî pretesti e impedimenti di uscire; sicchè appare l'opera molto diminuita e quasi annichilita; quando poco discapito della nostra casa, quale porta il peso al presente di 200 bocche, e per la città non se ne vede che la quarta parte ».

« Fatte più e diverse sessioni sopra detta materia, ed il tutto maturatamente considerato e discorso, s'è giudicato che detta processione non sia più necessaria, nè per servizio di Dio, nè del pubblico, nè di detta Santa Casa; sì per le cause di sopra, come anche per essersi conosciute che in poche non si perde quanto si travaglia un anno, per educarle nel santo zelo, modestia ed obbedienza che si conviene. Che perciò s'è concluso, che per togliere affatto tutti li detti ed altri inconvenienti ed occasioni di offendere S D. Maestà; detta processione da oggi avanti non si faccia più Tanto maggiormente che così anco si osserva dalla Casa Santa della Santissima Annunziata di questa città, dalla casa di Santo Eligio, e da tant'altri luoghi, che similmente per antico solito uscivano le loro figliole e monache in processione. Dismesse non senza validissime cause, e certo avendosi esperimentato li medesimi inconvenienti e disordini che sono praticati in quelle del nostro conservatorio. E così si esegua per l'avvenire, pregando li signori governatori pro tempore che così vogliano osservare, assicurandoli che sarà servizio di N. S. Dio, utile di detta Santa Casa, e decoro di detto nostro Conservatorio.

(a) In matrimonio. Un testamento di Notar Cristofaro Cerlone donava ducati cento per dote, a ciascuna ragazza del conservatorio che trovasse marito.

vale a dire quasi due terzi di tutta la riserva metallica, ed appare dal processo (vol. 227 arch. patrimoniale) che molti mesi prima della carcerazione si fossero dai governatori conosciute le mancanze. Infatti nella verifica dell' ottobre 1690 trovarono la deficienza di ducati centotredicimila e nell' altra di Febbraio 1691 di ducati 143000; ma lo lasciarono in carica fino al 24 luglio 1691, perchè s' erano contentati della cessione di certi suoi titoli creditori e non avevano saputa scoprire la vera entità delle malversazioni. Solo nella terza verifica mostrarono energia, facendo sequestrare le persone di Monteforte e di altri sette individui, presunti complici, che per tre giorni furono trattenuti nel locale stesso del banco e poi portati alle prigioni regie.

Monteforte cercò di scusarsi, dicendo che altri cassieri gli avevano dato l'esempio e che causa di tutto era stato una cortesia al collega del Banco S. Giacomo. Costui s' era servito della cassa e per ingannare i propri governatori, nella contata che sapeva avrebbero fatta in determinato giorno, gli chiese per poche ore quarantamila ducati. Denari che produssero l'effetto di far comparire in piena regola la cassa San Giacomo, ma poi non furono restituiti al Banco Spirito Santo ed a Monteforte, per la ragione che il mezzano dell' intrigo, Antonio d'Asti, genero del cassiere Carluccio, se n' era impossessato.

Il processo fu interrotto dall' uccisione di Monteforte, che secondo le carte sarebbe rimasto vittima d' un tentativo di fuga dalle carceri; ma non è impossibile si fosse mandato all' altro mondo per impedirgli di palesare quello che sapeva.

Due terzi della deficienza si ricuperarono dal Banco Spirito Santo colla riscossione dei crediti e la vendita dei beni mobili od immobili dell' indelicato cassiere. Altri D. 45,635,2,16 li perdette il Banco San Giacomo, per una fede di credito data da Monteforte a Carluccio, che si riconobbe falsa.

Quando, nel 1740 e 1745, i governatori risolvettero di cancellare dal libro maggiore apodissario le rimanenze debitrici trovarono accesi questi quattro conti.

Cassa piccola del quondam Pietro Monteforte . D. 80,162,0,09
" " " " Pietrantonio Grimaldi " 11,520,1,03
" " " " Giuseppe Franzese " 67,2,18
Conto di Bernardo e Giambattista Viganei . " 8,529,0,01
D. 100,278,4,11

La rendita accumulata del monte di pegni presentava, a quell'epoca, margine sufficiente per lo storno di tali crediti non esigibili, che allora scomparvero dalla scrittura; salvo ben inteso le ragioni contro degli eredi dei malversatori.

Ma poco dopo dovettero riaprire i conti di debito per colpa di Cesare de Marco, che prese D. 14,000, e di Gaspare Starace che fece molto peggio. Questo cassiere, indipendentemente da un furto di D. 23,000, aveva screditato il Banco, col pagare zecchini scarsi mediante bilance falsificate. Stamparono i Governatori del Banco Spirito Santo (15 maggio 1747) un allegazione la quale prova benissimo la colpabilità di Starace, ma lascia eziandio credere che avessero vigilato ben poco sulle operazioni dei loro subalterni. Le accuse infatti non ci riferiscono solamente alla deficienza nella cassa, ed al pezzetto di cera che trovarono sotto la coppa della bilancia dei zecchini; due delitti che per qualche tempo avrebbero potuto sfuggire alla più rigorosa sorveglianza, ma parlano pure di *introiti vacui* pei quali occorreva la complicità di molti impiegati, e di esorbitanti prelevazioni del tesoro, cioè d'un atto che non avrebbe potuto compiersi senza che lo avessero conosciuto ed approvato gli stessi governatori. Per gl' *introit*i *vacui* dice l'allegazione: " Spetta alla causa sapersi dal difensore del reo che malamente si fonda nello argomento della crescenza della resta nella cassa del Banco nel 1742, 1743 e 1744; quasi che provenendo l'aumento di detta resta dal denaro che nel Banco s'introitava, nasca da ciò che ben trattate, e non già straziate nei loro interessi dallo Starace erano le persone che nel banco introitavano il danaro. Si tratta d'interessi dei banchi, onde conviene far sapere al difensore del reo quel che in qualità di governatore di banco dovrebbe sapere. Può benissimo un cassiere di banco tener nella cassa ducati centomila di effettivo denaro, e far crescere la resta fino a ducati duecentomila, col farla tale apparire in ogni contata, mentre può in testa sua, o di persona supposta, fingere uno o più introiti, di altri ducati centomila, e quelli descrivendo nel libro della cassa, farne una o più fedi di credito di simil somma; ed in tal modo, perchè la resta va a crescere quanto più cresce l'introito nel libro, apparirebbero nella cassa del Banco D. 200,000 quando soli 100,000 dovrebbero starvi. Per restar poi il cassiere disciolto dai D. 100,000, fintamente introitati, gli basta che conservi nella cassa la fede o le fedi di credito già fatte, perchè esibendole nel tempo della contazione in suo discarico, resterebbe coverto quel debito a cui per li ducati centomila non introitati potrebbe esser tenuto. Questo non nasce da fantasia accesa, perchè così praticò Gaspare Starace fino a principi del 1742, tanto che nella relazione che umiliarono a S. M. li tre zelanti governatori, non lasciarono di esporre l'inconveniente. Dissero, in detta relazione, che nella contata della cassa, fatta ai 2 Aprile detto anno, fè trovarvi Gaspare Starace, di polizze non ancora passate, la somma di D. 765142.00. D' altre della stessa natura, sotto la rubrica di doversi accomodare, D. 62193.00 e di altre consimili la somma di D. 14373,00. Tutte dell' istesso Banco Spirito Santo, in testa di esso Starace e di altre persone. Ed abbiamo detto tutte del banco dello Spirito Santo, perchè di altri Banchi, sotto nomi di riscontri, se ne trovò la somma di duc. 81173. Questo dunque era il modo con cui Gaspare Starace regolava la cassa del banco, per avvalersi del suddetto argomento, quando si sarebbero scoverti i suoi delitti; modo che racchiudendo inganni e frodi, fu necessario raffrenarsi per il buon governo del Banco „.

Rispetto alla riserva metallica, che Starace aveva fatto passare dal tesoro alla cassa, racconta l' allegazione che:

" Ricorse Gaspare Starace ad altro mezzo più proprio, qual si fu di trasportarsi, dalla cassa del tesoro, tutto il danaro nella cassa del banco. E gli si aprì ampiamente questa strada col dispaccio dei 6 aprile 1742, che il suo difensore trascrive nella nuova allegazione. Si ricava da questo che fingendo Starace impedirsegli da governatori di tener pronto il denaro, per servizio del regio erario e delle regali truppe, furono costoro avvertiti a non dargli sopra di ciò alcuno impedimento. Ognun sa che nei banchi della nostra città la maggior parte del denaro si conserva nella cassa chiamata del *Tesoro*, di cui se bene una chiave stia presso del cassiere, non è però il denaro nella sua libera amministrazione, perchè altre chiavi diverse si conservano dai governatori, e senza l' intervento di costoro non può il denaro dalla detta cassa estrarsi. Gaspare Starace, che godea la felicità del tempo nel 1742, 1743 e 1744, fece in modo che tutto o quasi tutto il denaro, dalla cassa del tesoro passasse nella cassa di sua amministrazione. E perchè la resta, che giornalmente si forma, contiene soltanto il denaro della cassa che amministra il cassiere, coll' essersi in questa unito il denaro di quella del tesoro venne la resta ad avanzare. Ma, coll' a. vanzo della resta, non avanzò il denaro del banco con altro denaro di negozianti, ma col denaro che, già sistente nel banco, si conservava nella cassa del tesoro.... Rivolga (il difensore del reo) lo sguardo alla ricontata fatta coll' autorità del signor Consigliere D. Giuseppe Andreassi, sopra la resta della giornata dei 17 ottobre 1744, perchè troverà che il denaro della cassa del Banco, nell'amministrazione dello Starace, doveva giungere a duc. 715,423,3,2 e quello della cassa del tesoro giungeva a duc. 156,000 — che uniti sommano duc. 871423,3,2. Se il difensore del reo, il quale colla bocca e colla penna esagera sempre *la verità*, volesse di questa far uso nella domanda che gli facemmo, in qualità di governatore del banco, se il denaro che si conserva in ciascuno altro banco ascenda a detta somma, saremmo fuori d' impaccio.... „

Esercitavano dunque con molta negligenza il loro ufficio i governatori e delegato del banco Spirito Santo, ed è giusta un esclamazione della memoria. *Poveri banchi, quando son governati da uomini della stessa semplicità!* Gli atti della causa parlano pure di *continua illecita negoziazione che tenea Gaspare Starace colli cambiamonete ed altre persone per avere zecchini scarsi, rilasciando a loro beneficio il terzo dello scarso !..* Nonchè di altre frodi commesse al 1741, epoca di correria o crisi monetaria, quando si teneva che potesse fallire quell' istituto, ed i creditori pigliavano ciò che dava loro Starace, senza peso nè verifica, dicendo che *l' avevano asciato nterra e si avesse dato cape de chiuovi pure l' avarriene pigliate !*

Ai vuoti Starace e di Marco s' aggiunsero le spese per rifar la chiesa (D. 80,000); un mutuo al conservatorio di D. 110,000 ; e la perdita di altri D. 145,990,68, subita li 11 febbraio 1769, per un furto con scasso, di cui furono accusati i fratelli Davolo, Giosuè Rao ed altri ladri siciliani.

Tutte queste deficienze di cassa e perdite, rappresentate da carta circolante e pagabile a vista, tenevano sempre in pericolo l'istituto Spirito Santo, che non avrebbe resistito senza soccorso degli altri Banchi. Per invito del Re (dispaccio 22 Febbraio 1769) gli altri sei Monti aprirono un credito a conto corrente (*riscontrata*) di oltre ducati 200000. Dice tale invito "Per far cessare le voci sparse per
" la città in disvantaggio del Banco dello Spirito Santo, per il furto
" nel medesimo accaduto, pel quale, sebbene di poca considera-

" zione in rapporto dei fondi che ha il cennato banco, non la-
" scia nondimeno di angustiarlo per la concorrenza dei creditori ecc. „

A titolo di rimborso del mutuo al conservatorio, di D. 110000, avevano i Governatori sospeso l'annuo pagamento della elemosina di ducati 3000, con la quale contribuiva il Banco alla sussistenza delle 400 giovanette e delle sessanta monache professe. La badessa si raccomandò al Re dicendo, come riferisce un rapporto contemporaneo " che non ostante l' opulenza della Casa e Banco, si ve-
" devano esse e le fanciulle lacere e morte di fame. Mosso il pie-
" toso animo di V. M. a compassione, si degnò di ordinare al de-
" legato e governatori che l'informassero, provvedessero a dovere,
" e riferissero. Questo ricorso dovette cagionare qualche maggior
" restrizione e dispetto nei subalterni incombenzati, onde un giorno
" le monache presero lo strano partito di uscire dal conservatorio,
" come fecero, per venire a raccomandarsi a S. M. in processione.
" Ma furono sulla strada opportunamente impedite e fatte tornare
" a casa. „

Fece gran chiasso lo sciopero delle monache! Ferdinando IV se ne dovette occupare. Egli mandò ad inquirere Giovanni Pallante, ed avutone il rapporto, che biasima duramente i concetti amministrativi dei precedenti governatori, commise alla Camera di Santa Chiara, ed ai sette delegati protettori, la compilazione d'un progetto completo d' ordinamento, non del solo Banco Spirito Santo, ma di tutti gl'istituti di credito napoletani. Poco si conchiuse, e non ci furono grandi novità fino alla crisi del 1794.

*
* *

9. Tre gentiluomini francesi, familiari di re Carlo I. d'Angiò, che si chiamavano Giovanni Dottun, Guglielmo Borgognone e Giovanni Lions, con l'aiuto di filantropi cittadini napoletani, fondarono un ospedale pei militari e pellegrini poveri. Piacque al Sovrano l'idea di soccorrere la gente più bisognosa d'aiuto, per lontananza dalla patria o dai parenti; forse perchè il maggior vantaggio sarebbe toccato ai soldati che gli avevano fatto conquistare il Regno di Napoli, e la prova del suo compiacimento consistette nel Regio Editto 13 luglio 1270, pel quale fece dono di un vasto suolo edificatorio, presso le mura della città. Nove anni dopo, lo Arcivescovo

Aiglerio approvò solennemente le regole dell'ospedale e d'un annessa chiesa, dedicata a S. Eligio. Regole poco diverse da quelle dell'Annunziata e di tante opere pie napoletane e straniere; per le quali una fratellanza serviva i malati, ed alcuni socii, scelti con libera elezione, pensavano ai conti, alla spesa ed agli uffici amministrativi. Fu l'associazione protetta e favorita dai monarchi di casa d'Angiò ; per oltre due secoli provvide quindi assai bene al culto ed alla beneficenza; ma, cacciata quella famiglia da Alfonso d' Aragona, i soci furono maltrattati per la qualità di francese o di partigiano dei francesi e la confraternita si dovette sciogliere. Affinchè non finissero anche l'opere pie, concorse l'amministrazione municipale a nominare altri *maestri*. Prima quattro *Ottine* del quartiere Mercato, poi tutte le *Ottine* di Napoli , vale a dire i borghesi e popolani che costituivano il *Seggio del popolo*, ebbero parte all'elezione di tali maestri. Ma ciò non valse ad impedire la decadenza dell'ospedale, che nel 1546 era quasi vuoto. Si pensò di metterci il conservatorio di fanciulle orfane o miserabili che prima stava a Santa Caterina Spina Corona; quindi , nel 1573 , si aggiunsero altre sale per la cura ed assistenza delle donne colpite da morbi acuti.

Occorrendo maggiori rendite, ed anche per comodo de' commercianti dei quartieri Mercato e Pendino, i maestri imitarono lo Spirito Santo ed altri luoghi pii, mettendo banco con casse di deposito e di pegno. Le più antiche fedi di credito sono del 1592.

Si modificò allora nuovamente il *governo* dell' Istituto , aggiungendo ai quattro maestri, che nominavano le *Ottine*, tre persone scelte dal Vicerè, cioè un magistrato, un gentiluomo ed un *maestro della zabbatteria* vale a dire un delegato dell' associazione dei calzolai. L' ospedale fu considerato sempre come proprietario dell' edifizio , tanto che il Banco gli pagava l' annua pigione di D. 870.

*
* *

10. Pietro di Toledo , uomo vago di fama , amatore di belle arti e di lavori edilizi, aveva fatto cominciare, verso il 1540 , la costruzione di una grande chiesa per la nazione spagnuola , che dedicò a S. Giacomo. I disegni architettonici fece Ferdinando Manlio ed i denari vennero da ritenute sugli stipendii della milizia e da elemosine.

Don Giovanni d' Austria, figlio naturale dell' Imperatore Carlo V, quando, nel 1571, venne a Napoli, trionfante per la vittoria ottenuta sui turchi a Lepanto, fondò un ospedale destinato alla medesima nazione Spagnuola, che chiamò S. Maria della Vittoria. Posteriormente chiesa e spedale si fusero in una pia istituzione che, congiungendo i due nomi, s' intitolò dei Santi Giacomo e Vittoria. I reggitori, per meglio condurla, posero Banco e Monte di Pietà. La collezione delle fedi di credito comincia dall' anno 1597; ma stimiamo che sia perduto qualche volume più antico, per la ragione che l' istituto di credito doveva certamente esistere nel mese di gennaio dell'anno 1589, quando cioè la Santa Casa di S. M. del Popolo domandava, coll' istanza che abbiamo ora trascritta, la facoltà di mettere *una cascia di depositi, conforme a quella che hoggi si tiene in la Casa Santa de la Nunziata, et Santo Jacovo de li Spagnoli*.

Pel monte di pegni si racconta (1) che l' operazioni cominciarono al giorno 8 marzo 1606 e che furono, sul principio, assegnati dodicimila ducati al mutuo senza interessi.

Assorbì questo banco, nei secoli XVII e XVIII, la maggior parte degli affari fiscali, per la sua prossimità al palazzo reale, dove allora stavano l' amministrazioni finanziarie, e principalmente perchè la sua qualità d' istituzione spagnuola procacciava le simpatie del Vicerè e dei principali ministri. Però tali affari non lo fecero regolare meglio degli altri, anzi lo misero varie volte in pericolo.

I governatori, che avrebbero dovuto tenere l' ufficio solo per due anni, come negli altri banchi, trovavano modo di durare molto più. Aspettava S. E. che fosse successo qualche inconveniente per imporre il rispetto della regola.

Nel 1702 fu necessario di sopprimere il monte di pegno, che riaprirono due anni dopo (7 giugno 1704) ma col fondo di soli ducati 20,000, accresciuto in seguito mediante permessi taciti od espressi del Vicerè. Questo monte riceveva solo l' oro e l' argento, con esclusione delle gioie e di qualsiasi altra materia.

L' inabilità degli amministratori fece rinunziare al traffico sui fondi pubblici, anzi fece domandare la sanzione regia per una conclu-

---

(1) Memoria inedita del Marchese Ciccarelli Reggente del Banco delle Due Sicilie, Gennaio 1845 vol. 1156 dell' archivio del Segretariato Generale.

sione del 1704, con la quale si proibiva assolutamente di far vendite d'annue entrate, od altre alienazioni sia perpetue, sia pure provvisorie di beni, per qualsivoglia motivo, anche urgentissimo, sotto pena di privazione d'ufficio e d'altro, a beneplacito di S. E. Così San Giacomo potette molte volte dichiarare che non teneva creditori strumentari, che non aveva " peso alcuno d'annualità con " nessuno luogo nè persona, non avendo mai preso denaro ad in-" teresse per lo quale dovesse corrispondere alcuna annualità o " terze „.

Ma, se mancavano debiti legittimi, abbondavano invece gl'illegittimi, le deficienze cioè di cassa e di guardaroba, coverte dalla circolazione di carta nominativa. Nel 1744 si scoverse che i conservatori dei pegni usavano di sottrarre gli oggetti loro confidati e d'impegnarli come roba propria negli altri banchi della città. Disponevano così d'un cospicuo capitale che avevano dato a mutuo, ritraendone grossa rendita. Quando dal proprietario si ridomandava il pegno la frode non si scopriva, perchè l'oggetto esisteva in un altro monte ed essi lo spegnavano e lo restituivano dopo piccolo ritardo. I cassieri da parte loro si servivano con la massima impudenza dei depositi fiduciari.

Tenendo segreti questi fatti si tirò innanzi vari anni, ma nel 1757 e 1758 le *correrie*, che erano giustificate dalla deficienza di settecentomila ducati, fecero sospendere i pagamenti del Banco San Giacomo. L'avrebbero probabilmente distrutto, se gli altri istituti di Napoli non consentivano a tenere in cassa carta sua, per l'ammontare di quattrocentomila ducati, senza domandarne baratto. Dicono le conclusioni.

31 gennaio 1761. Essendosi da noi considerato che il signor D. Marcello Ferro, nostro collega, e che sta incaricato di sopraintendere all'esazione del denaro dovuto da'debitori del nostro banco, in virtù delle loro confessioni, obblighi ed istrumenti, fatti fin da che si penetrarono le arti detestabilissime di coloro che ne avevano sottratto considerevoli somme, onde avvenne la prima correria del Banco. E quantunque non siesi creduto mai regolare che ai signori governatori, per le fatiche che fanno per lo buon governo del banco, si avesse a dar loro veruna ricognizione, a ogni modo, come il caso occorso quanto è stato straordinario, altrettanto è stato fastidiosissimo e pieno di fatali conseguenze per la sussistenza del banco; per cui provvedendosi di avvocati fuori di esso, oltre l'avere a palesare con intempestiva pubblicità le cose, scritture e libri del banco stesso, avrebbero dovuto essere non piccole le ricognizioni che s'avrebbero dovuto fare. Quindi, per risparmiarle il meglio che

si potesse, avendone dato il maggiore carico all' anzidetto nostro collega D. Marcello Ferro, ed avendo il tutto, per quanto è stato dal canto suo, procurato disimpegnarlo con zelo e dottrina, abbiamo stimato farli una ricognizione di duc. 150 in contrassegno del gradimento di quanto ha fatto in queste circostanze, cotanto critiche per lo nostro banco.

31 gennaio 1761. Avendo il signor D. Ferdinando Santoro, fu governatore del nostro banco, in tempo del suo governo, fatta ricevuta di essergli stati esibiti e tenere in suo potere li mandati di città n.° 85 ritrovati nella cassa piccola di Michele Buero, fu nostro sotto cassiere, che dolosamente gli aveva anticipati a diversi mercanti, in somma di ducati 286755. Li quali, in tempo della prima correria, nelli mesi di ottobre e novembre 1757, dalla real clemenza di S. M. Cattolica, mediante il zelo ed assistenza così dell' Ill.° signor cav. delegato (Francesco Vargas Macciucca) come di detto signor D. Ferdinando, furono ripartiti per tutt' i banchi di questa capitale, acciocchè ne avessero presi tanti nostri riscontri quanta era la rata che a ciascuno fu assegnata, con real dispaccio in data dei 2 novembre di detto anno 1757; per riscuotersi poi e rimborsarsi la detta rata da ciascun banco a misura che sarebbero maturati li detti mandati; e per li quali non contenti gli anzidetti banchi dai soli mandati originali, che loro si erano consegnati, domandarono anche che dal nostro banco loro si fossero fatte le fedi di credito per la corrispondente somma, come in fatti si fecero; eccetto che al banco dello Spirito Santo, il quale dopo che prese tanti riscontri di nostro banco quanta fu la rata dei mandati di Città che li fu data in virtù di detto dispaccio, li rimandò al nostro banco con farsene fare ricevuta. Ed essendosi finalmente, dopo il corso di tre anni, state restituite tutte le anzidette nostre fedi di credito, per causa che li mentovati banchi hanno esatte dalla città tutte le rispettive somme, e ne sono stati pienamente soddisfatti. Pertanto ordiniamo ecc.

Causa principale del vuoto di cassa e della correria fu dunque il pagamento anticipato di un debito del Municipio di Napoli, di ducati trecentomila circa. Ma ci concorsero le mancanze nelle guardarobe, la disordinata scrittura dei conti apodissari e molti prestiti che certi cassieri si permisero di fare a proprio vantaggio, con denaro del pubblico.

Per ripianare il vuoto di settecentomila ducati, San Giacomo diminuì la spesa, soppresse tutte l' elemosine, assottigliò il numero e gli stipendî degl'impiegati, fece insomma molti sforzi affinchè migliorasse la proporzione della rendita netta, che investiva tutta in minorazione del passivo. Nel 1774 aveva ridotto lo sbilancio a ducati 550,000 e nel 1780, giusta relazione del suo Delegato Crisconio, a D. 400,000. Giovandosi del credito ricuperato dalla sua carta, moltiplicò i mutui attivi e collocamenti fruttiferi, aprendo cassa di pegno a quattro per cento, cioè a ragione più discreta di quella degli altri banchi, per vincerli nella concorrenza. Molto probabilmente avrebbe toccato la meta del perfetto bilancio, e liberato da ogni ipoteca il suo cospicuo patrimonio, se non fossero sopravvenuti i guai del 1794, che raccontammo diffusamente nel terzo capitolo.

*
* *

11. Il Banco SS. Salvatore, ultimo per data di fondazione, fu l'unico che nacque senza scopi filantropici, senza legami con istituti pii.

I *consegnatari* o amministratori del provento d'una gabella sulla farina, che dovevano fare ogni mese migliaia di riscossioni e pagamenti, pensarono che il movimento di capitali imposto dalla loro gestione potesse bastare per la vita del settimo istituto di credito. Dicendo al Vicerè che le varie casse di circolazione non li servivano con sufficiente zelo, che si perdeva troppo tempo per depositare nei banchi la moneta e per *notare le polizze*, cioè avvalorare cheques, ottennero, nel 1640, il permesso di fondare la *cassa di credito della gabella della farina sotto il titolo del SS. Salvatore*. Lo statuto si approvò con decreto del consiglio collaterale del 17 Aprile 1640, a relazione del Reggente Casanata, e concedeva monopolio al nuovo ente per qualsiasi movimento di moneta fosse prescritto dai numerosi contratti d'appalto e di vendita della gabella.

Non c'era capitale patrimoniale, ma i fondatori speravano di raggranellarlo a poco a poco, col mettere a frutto le somme giacenti, vale a dire le rate di rendita dell'imposta che non si dovevano pagare senza l'adempimento di qualche formalità, come pure ciò che non si domanderebbe dai creditori per dimenticanza, perdita del titolo, morte ecc.

Uno dei fondatori prestò diecimila ducati perchè cominciassero le operazioni di un monte di pegni ad interessi, simile agli altri già esistenti, che col suo provento doveva sopperire alle spese d'amministrazione. Il resto dei fondi si prese in seguito dalla rimanenza dei depositi, tenendo collocati fruttiferamente D. 40,000, in media, nel secolo XVII e poco meno di D. 200000 nel secolo XVIII.

La vita di questo banco fu molto tempestosa. Parecchie volte dovette chiudere le casse, venendo a concordato coi creditori. Suo difetto intrinseco era la qualità di ente quasi fiscale, che gli toglieva il rispetto procacciato agli altri banchi dell'opinioni religiose e dalla filantropia (1). A ciò si aggiungeva, per dargli poca reputazione, la maniera scorretta com' aveva cominciato, poichè la regola del 1640 niente diceva del monte di pegno, posto senza permesso, e dava facoltà d' avvalorare le fedi di credito, o certificati di deposito, per le somme lasciate nella cassa dai soli consegnatari dell' imposta, e che derivavano dalla ripartizione del provento della gabella. Abusivamente si convertì la *cassa della farina* in pubblico banco, non diverso dagli altri per l' ordinamento e per l' operazioni ; cosicchè quando i governatori furono invitati a dichiarare chi avesse loro dato facoltà di fare pegni e fedi di credito, non potettero presentare altro che soprascritte di poche lettere del Vicerè , dove l' istituto era chiamato Banco, con qualche documento di tribunale.

Altro fatto che contribuiva all' inferiorità del Banco Salvatore , era la direzione data ai *consegnatari* dell' imposta. Calcolandolo come un nuovo affare della gabella, lo lasciarono in balia delle persone stesse che si dovevano brigare della farina, e tali persone si continuarono a scegliere per via d' *albarano* cioè lista di sei governatori, discussa, concordata e firmata dalla maggioranza dei comproprietarî. Però s' usavano le tacite conferme, con le quali diveniva perpetuo l'ufficio di governatore, convocandosi gli elettori per nuove scelte nei soli casi di morte o dimissione. Al 1660 i governatori si ridussero a cinque e nel 1706 a quattro. Avvenne la prima diminuzione perchè non parve conveniente far tenere dallo stesso individuo i due uffici di Delegato Protettore con nomina del Vicerè, e di Governatore per elezione dei comproprietarî. La seconda poi fu effetto d' un pettegolezzo, perchè il Duca di Castelluccio, come titolato, pretendeva il primo luogo e gli altri colleghi, come anziani, non glielo vollero cedere; rimase per conseguenza vuota la sedia. Carlo III fece cessare, nel 1758, la perpetuità della carica di governatore, comandando al Banco Salvatore che imitasse gli altri e facesse presentare la lista di tre candidati alla successione da chi terminava un biennio d' esercizio. Nondimeno le scelte cadevano sempre sui consegnatari dell' imposta, rispettando , in quel ceto di creditori dello Stato, un dritto di tenere il governo del Banco.

---

(1) 1673. Ad un invito del Vicerè di concorrere per riscatto di soldati spagnuoli presi dai turchi, risposero i governatori che davan D. 300, *ancorchè il Banco non abbia istituto di far opere pie*. Quella fu l' unica spesa di beneficenza fatta nel secolo XVII.

Dopo soli cinque anni d' esercizio, il Salvatore sospese i pagamenti a Luglio 1647 e li ripigliò nel 1650, facendo concordato coi creditori, che si dovettero contentare del quaranta per cento. La transazione consistette nel cedere ai portatori della carta nominativa le azioni che teneva il banco nella regia della gabella ed un credito cartolario sulla Casa Spinola. Calcolandole al valore nominale, l' azioni rappresentavano 60 0[0 dél passivo del Banco, ma poichè si vendevano con grande discapito ed occorreva di pagare molte quote con numerario non titoli, fu pareggiata la condizione di tutti per la valutazione di 32 per 100. Gli altri otto centesimi poi, compimento del quaranta per cento, furono distribuiti a tutti in contanti; ma dopo molti anni, quando cioè si riscossero dagli Spinola le somme che dovevano.

Alcune carte danno la colpa al cassiere Bartolomeo di Stefano, che accusano d' un vuoto di D. 100,000: ma pare che il fallimento fosse conseguenza dei tumulti popolari e fatti politici del 1647, che mandarono in rovina tutti gl' istituti di Napoli.

Altra sospensione di pagamento nel 1664, questa volta per tradimento del cassiere Carlo Pulcarelli e per cattivo indirizzo. Facendo il bilancio si conobbe poter distribuire sessantasei per cento circa, ed il Protettore Delegato, con la speranza di giovarsi dei crediti abbandonati, non solo promise settanta per cento, pagabile in sette uguali rate mensili, ma soddisfece integralmente il fisco, il municipio di Napoli e gli assegnatari della gabella. Troppo tardi s' accorse che aveva fatto male i conti e che i denari non bastavano; ma fu rimediato alla meglio coi proventi d' un capitaluccio che si tenne ad interesse nel monte pegni, e col soddisfare a piccole rate i creditori ritardatari, facendo durare più di trent' anni la liquidazione del conto 1664. Non fu questa la sola prova d'imperizia data in tale occasione. Si conservano in archivio molti conteggi, lettere .ed atti per la deficienza Pulcarelli, che sebbene compilati per ordine del Delegato e dei Governatori sono la loro condanna. Dal 1648 al 1661 non contarono la cassa, ovvero computarono a discarico del cassiere parecchi prestiti ad interesse, con o senza pegno, ch' egli, usufruendo delle somme confidategli, aveva fatto per proprio vantaggio. Le date di tali prestiti e la controversia giuridica per quello a Felice Basile di D. 4148,48, nella quale presero parte i Governatori stessi, mostrano che li sapessero ma

— 100 —

non c'avessero provveduto. A 14 ottobre 1661 Pulcarelli si rifugiò in una chiesa (le carte non dicono quale) con tutto il residuo denaro del Banco, e di là, forte del dritto d'asilo, fece sentire ai Preposti, per mezzo d'Ottavio Brancaccio, che se non gli rilasciavano ducati venticinquemila sarebbe coi denari uscito dal Regno. Non valse la potestà del Vicerè, cui ricorse il Delegato de Rosa, ed i Governatori subirono l'umiliazione di firmargli formale quietanza, con una *conclusione* dal ladro dettata, che infelicemente cercarono di rendere nulla, mediante preventiva protesta scritta nella quale dicevano di sottostare alla forza ed alla necessità, e che non volevano nè intendevano di danneggiare il Banco. (1).

Un simile fatto avrebbe dovuto scuotere i Preposti, invitarli a

(1) *Protesta dei Governatori*.
Avanti il Regio Signor Consigliero Giuseppe de Rosa, Delegato per Sua Eccellenza del Banco del Santissimo Salvatore, compareno li Signori Governatori di detto Banco, et esponeno come Carlo Pulcarelli, cassiero di quello, si sia rifugiato in Chiesa, a di 15 del presente mese di ottobre 1661, e portatosi appresso di se molte migliaia di ducati, coll'intenzione di non ritirarsene se prima da detti signori Governatori non se li farà escomputo di ducati venticinquemila, con conclusione da consegnarseli originalmente; quali ducati venticinquemilia dice ritrovarsi meno nella cassa cosi per causa del contagio come per diverse altre cause. Il che considerato da detti signori Governatori, hanno trattato diversi modi, e fatteli varie promesse acciò ritornasse; e, non essendo stato possibile, alla fine per rimediare all'improvviso successo sono stati costretti offerirli delli detti ducati 25000 rilasciarli ducati dodicimila e li altri ducati tredicimila restarne sospesi E perchè di questo trattato devono farne conclusione, per consegnarcela originalmente, perciò prima, con la presente, si protestano che la detta conclusione non si fa di loro volontà, ma sono forzati a farla per rimediare a maggior danno; e per servizio del pubblico e del Banco predetto, al quale non s'intende con quella farsi pregiudizio alcuno in ogni futuro tempo; atteso condiscendono a tale risoluzione assolutamente per ricuperare quelle quantità di denari che dettò casciero si ha ritirato in chiesa. E fanno instanza al detto Regio sig. Consigliero Delegato che con la sua giudiziaria autorità voglia interponerli decreto che citra praeiudicio di tutte le loro ragioni e del Banco suddetto contro qualsivoglia persona, le sia lecito fare detta conclusione, mentre cosi stimano espediente per servizio del pubblico e buon governo del detto Banco, qual decreto, insieme con la presente, si debba conservare dal Segretario del Banco ad ogni futura cautela, (non ci sono firme).
Die 20 mensis 8bris 1661 Neap. Per militem. utriusque. I. D. Josephum De Rosa Regium Consiliarium et per S. E. Delegatum Banci SS. Salvatoris, fuit provisum et decretum quod praesens comparitio conservetur penes Mag. Secretarium Banci praedicti, pro futura cautela supradictorum Gubernatorum; quibus et Banco praedicto, per conclusionem per eos faciendam, nullum inferatur preiudicium — Joseph De Rosa.
Conclusione data a Pulcarelli.
A di 22 ottobre 1661. Congregati li signori Governatori del Banco del Santissimo Salvatore nelle solite stanze dell'udienza, ed avendo letto il memoriale di Carlo Pulcarelli cassiere del Banco, ed udito le sue istanze di quali contengono che essendo stato esercitato da lui per anni quindici il detto uffizio con ogni finezza e fedeltà, senz'essere stata assegnata altra provvisione che D. 18 il mese, avendo egli pagato molto più alli sustituiti, che per l'affluenza dei negozi è stato forzato tenere; e per lo spazio di tal tempo essendo seguita la deplorabile calamità del contagio, nel qual tempo, ritrovandosi sospeso il commercio di tutti li altri banchi, egli tenne aperto questo dei Santissimo Salvatore negoziando indifferentemente; stando sempre senz'aiutanti, essendone morti nel principio del morbo sette successivamente, perlochè non era possibile con oculatezza contar solo la moneta a tanto numero di persone, la maggior parte infette, senza irreparabili sbagli, ed in conseguenze senza perdita notabile E di più, servendosi della fedelissima Città del Banco, viene di necessità ad introitarsi in esso la moneta di cavalli, portata dai panettieri; seguendo il simile per li arrendamenti della farina vecchia ancora, servendosi di tal Banco li signori Deputati di esso arrendamento, correndo anco la moneta metà di cavalli, nel contante, quali con la cambiatura di essi ci è stata perdita notabilissima. In modo che misurandosi il tempo del suo esercizio cosi lungo, incontrò perdite di grandissima considerazione, mentre che a molti altri cassieri d'altri

licenziare il cassiere appena potessero, contentandosi d'aver perduti D. 25,000, e se non lo consentiva qualche altro segreto patto del quale non c' è traccia scritta, dovevano almeno badare bene che non crescesse la deficienza. Ma questa, quando tre anni dopo si risolvettero a farlo finalmente carcerare, giungeva a D. 58,000 (1).

Terza crisi nel 1681, pure per cattiva amministrazione; però sen-

<hr />

Banchi di questa fedelissima città, senza ne patissero danno nessuno, li è stata fatta defalcazione di considerabili somme.
Pertanto ha supplicato che se li bonificassero e deducessero D. 25000. E fatta matura reflessione da detti Governatori di materia tanto importante, tenuto sopra di essa varie sessioni, e considerata la suddetta istanza, ed avendo fatto pensiero a molte ragioni urgentissime le quali ne hanno mosso la mente, hanno concluso e deliberato, con parere e voto comune, senza discrepanza di nessuno, che li debbano contare li denari de la cassa, e ritrovandoli giusti, in conformità del bilancio del libro maggiore, gli debbano bonificare e defalcare da detto conto D. 12000 e per altri ducati 13000 in conformità delle sue pretensioni si riserbano di pigliare appresso la risoluzione, sospendendo però di chiedere il rimborso d'essi, fintanto si considereranno molte scritture su tal materia e si riveggano di nuovo li conti e per vedere se vi sia errore; determinandosi che da qui avanti si abbia ogni principio del mese da contare la cassa dal sig. Governatore mensario per togliere affatto per l'avvenire di chiedere più deffalcazioni ed escomputi. E cosi hanno concluso e determinato li sottoscritti governatori del Banco del Santissimo Salvatore —Macedonio—Miranda —Lanfranchi — Aulisio — Citarella.
(*Non fu trascritta nel volume delle conclusioni nè in quello degli appuntamenti*).
(1) *Relazione al Vicerè del Delegato De Rosa*
Illust. ed Eccel. Signore. Con vigliatto delli 5 del presente si servi V. E. rimettermi l'inclusa nota presentata a V. E. per parte di Carlo Pulcarelli, olim cassiere del Banco del Salvatore, ordinandomi che io le riferissi quello che intorno ad essa mi occorreva. Che perciò, per obbedirla come devo, dico, che il debito del detto cassiero non solo è di D. 50000, come dice lui, ma di D. 58000, che tanto si ritrovò quando io lo carcerai e gli contai la cassa, e ne feci fare atto pubblico dallo scrivano, firmato dall'istesso cassiere. Anzi, adesso che si sta formando bilancio più esatto dalli ufficiali del Banco, mi dicono che cresce più detto debito per certe partite che non se l'erano caricate.
Per quello che poi tocca alli discarichi che lui pretende. Al primo di D. 25000 che suppone esserseli fatto d'escomputo dal presente governo, dovrà bene detto cassiere ricordare come passò quel fatto. Poichè a 15 di ottobre 1661, giorno di Santa Teresa, il prescritto cassiere si ritirò in chiesa, e mandò a patteggiare con li governatori del Banco, che voleva D. 25000 d'escomputo che dicea mancarli in cassa; li quali governatori, sospettando, come era probabile, che lui si avesse preso o tutto o maggior parte del denaro che era in cassa, bisognò che per evitarne mali maggiori, promettessero di fare quello che lui voleva, acciò ritornasse al Banco. Come con effetto sotto il di 21 dell'istesso mese li firmarono una conclusione, nella quale asserirono quello che lui volle, e gli fecero escomputo di D 12000; e per l'altri D. 13000, sino alli 25000, promisero di sospenderli sinchè si vedessero meglio li conti, come dalla copia della conclusione che viene alligata con questa.
Però, prima di fare detta conclusione, li governatori me ne diedero parte e si fecero proteste avanti a me che tutto quello lo facevano forzatamente e per evitare il danno maggiore del Banco, al quale non intendevano fare pregiudizio alcuno con detta conclusione; ed io sotto li 20 dell'istesso mese li feci decreto per conclusione per eos faciendam nullum inferatur praeiudicium Banci, come dalla copia della protesta e decreto che viene alligata E deve V. E. ricordare che di tutto questo fatto glie ne feci parte, riferendole a voce tutto quello era passato, e V. E. mi disse che avessi visto allora di riparare al meglio si potesse, che poi si saria preso rimedio opportuno; sicchè il voler oggi allegare quello escomputo è allegare un doppio delitto Oltre che li governatori, al quando volontariamente avessero voluto fargli l' escomputo di D. 12000, nemmeno tenevano quella potestà; nè la causa delli danni patiti in tempo del contagio potea importare quella somma, essendosi visto che gli altri Banchi, che pure sono stati in quel tempo, non hanno patito simil danno; oltre ciò che può rispondere agli altri D. 13000 che non furono escomputati, ma solo sospesi? Sicchè per questo capo detto Carlo non ha difesa.
Alla seconda partita delli D 8600, che dice doversi cioè D. 6400 da Ger. Lignito e D 2200 da Donato ed Andrea Pisano, si dice che quelli furono sotto cassieri posti dall'istesso Carlo a sua risico e pericolo, ed avendosi preso il denaro del banco nell'anno 1655, si obbligono di restituirlo fra certo tempo, ma senza pregiudizio dell'obbligo dell'istesso Carlo principal debitore, come dalla

za deficienza di cassa. I creditori si pagarono integralmente, ma per un quarto a vista e per gli altri tre quarti dopo quattro mesi.

Narreremo, nel seguente capitolo; come avvennero l'altre sospensioni di pagamenti del 1701 e 1794 che in parte derivarono da infedeltà dei cassieri o dappocaggine dei governatori, ma furono anche conseguenza di fatti politici che scossero il credito pubblico dell'intero regno di Napoli.

Ebbe stanza questo monte e banco prima, coll'amministrazione e archivio della gabella della farina, nel chiostro del convento di S.M. di Montevergine (strada dell'Università). Dal 1652 alla casa di Giov. di Gennaro in via Forcella, dirimpetto la chiesa dei SS. Filippo e Giacomo e poi nel palazzo al largo S. Domenico che comperò per ducati diciottomila dai Principi di Castiglione, di casa Aquino nel 1697, ed era prima appartenuto alla famiglia del Balzo (1).

Dall'avvocato signor Orazio Faraone (2) fu pubblicata la *rappresentanza* al Re del Delegato Michele Iorio, 15 ottobre 1789, che trascriviamo pei ragguagli che fornisce sulle condizioni finanziarie di questo Banco, verso la fine del secolo passato.

---

fede dell'instrumento che viene acclusa. Ma perchè quelli tali erano persone decotte, e non se n'è esatto quasi niente, ed al presente non vi sono effetti di considerazione, e li detti obbligati sono morti, ed uno ch'è vivo va fuggendo, onde ne resta detto Carlo debitore.

Alla terza, dei D. 3025 che dice aver pagato al Banco di Sant'Eligio, quello non è vero, essendosi pagati di denari del Banco a lui bonificati. Di questo non se n'ha notizia, non avendo lui mai tenuta tal pretensione; che perciò giudico non sia vera se non ne porta prova concludente.

Alla quarta delli D. 750 pagati per mandati spediti dalla deputazione della salute in tempo del contagio, il banco non ha potuto ricuperarne cosa alcuna con tutte le diligenze fatte, ben note a V. E. solamente lui stesso ne ha ricevuto D. 200.

Alla quinta di D. 4500 improntati da lui al quondam Felice Basile in effetto non sono se non D. 4148.2.3. Ancorchè il Banco ne abbia avuto aggiudicazione di simil somma dalli effetti di detto Felice sopra il pane a rotolo, nondimeno li creditori di detto Felice anteriori cercano a levarli dal Banco e c'è attualmente la lite.

Al sesto ed ultimo delli D. 6000 che dice di avere di pleggi sicuri e solvendi, questa è una bella forma di discarico! Lui si piglia li denari dal banco e con quello viene a confessare il furto che ha fatto, e poi vuole che il banco vadi appresso alli pleggi! Oltre che li pleggianti sono di molto poca considerazione.

In quanto poi al dire che a tempo di sua carcerazione la cassa non fu ben contata, questo non può asserirlo con verità, perchè fu contata esattamente, in presenza mia, di tutto il Governo e molti testimoni, e dello scrivano della causa, e colla sua assistenza; ed io ne feci fare atto pubblico firmato da lui stesso prima che andasse carcerato.

Questo è quanto posso riferire a V. E. intorno a questa materia, rimettendomi del tutto alla sua incomparabile prudenza, con la quale risolverà quello li parerà più conveniente. Intanto resto facendoli umilissima riverenza. Li . . . 1664,

(1) Dopo d'aver litigato vari anni, si transigette nel 1732 per D. 4500 un controverso dritto di ricomprare il palazzo che pretendevano tenere gli eredi del venditore.

(2) Del passato, del presente e dell'avvenire del Banco di Napoli.

« S. R. M. — Con Real carta dei 23 settembre prossimo caduto, nel tempo stesso che si degna V.ª M.ª rescrivermi di essere rimasta intesa di quanto io Le avea umiliato, con rappresentanza del dì 5 detto, relativa ai sussidii ad Elisabetta Bianchi, Niccola Tizzani, Maria Sarnataro, D. Anna e D. Narcisa Furiel; mi comanda che rimetta alla M. V. pel canale di codesta Regia Segreteria di Stato e Casa Reale, il bilancio d'introito e di esito di questo Banco del Salvatore ».

« Ed io, in obbedienza e per maggior esattezza, trascrivo in breve a V. M. lo *stato* del Banco dell'intero caduto anno a tutto dicembre 1788, quello stesso appunto che ai 6 agosto dello scorso anno 1788, ricevuto l'onore della carica di Delegato del suddetto Banco, fu da me esaminato e discusso, e ai 20 dicembre dello stesso anno non mancai di umiliare a V. M. ».

« Rilevai adunque dal medesimo che le rendite proprie del Banco non ad altro ascendono che alle somme di circa 15 in 16 mila ducati l'anno. Che altrettanta somma, a un dipresso, si ritraeva dall'interesse dei pegni; e che finalmente dal capitale di circa mezzo milione, non proprio del Banco, perchè il denaro lo aveva preso dal pubblico e lo avea impiegato in compra, ne lucrava l'interesse di circa altri ducati 10000; meno o più secondo le restituzioni del denaro, ed altre cause straordinarie che accadono alla giornata. »

« Esaminai al contrario i pesi intrinseci del Banco, e rilevai che quelli ascendevano a circa ducati annui 18700. Passai alle spese necessarie per lo meccanico di esso, ed osservai che quelle montano alla somma di circa annui ducati 15300, tra le quali erano comprese circa annui ducati 8500 di elemosine ; e che finalmente appena avvanzavano circa ducati 10000, più o meno come sopra; quelli stessi che si ricavano d'interesse dal capitale non proprio del Banco, perchè di denaro del pubblico, a cui ad ogni semplice richiesta dovea restituirsi ».

« Da ciò due prossimi nascenti assurdi rilevai. Uno cioè che il Banco era debitore del pubblico di mezzo milione, perchè lo avea impiegato in compra, e non avea un modo facile a potere assicurare un tale debito; talchè, domandandosi dai depositanti il loro denaro, non lo ritrovavano. L'altro, peggiore del primo, che invece di badarsi a togliere, con qualche annuale avanzo, una tale ingente somma, che avea il Banco contratto di debito col pubblico, quello si impiegava in buona parte ad elemosine. Ne chiesi conto, ma rilevai dal registro delle rappresentanze che questo stesso, conosciutosi dal fu D. Nicola Vespoli, mio antecessore Delegato, avea rappresentato a V. M. in agosto 1777, che il Banco non potea sostenere il peso di elemosine ; perchè non avea, nè fondi addetti per le medesime, nè sostanze sufficienti a poterle sopportare. Non avea fondi poichè il suo istituto lo ebbe dalli consegnatari dell'arrendamento delle farine, i quali, invece d'introitare ed esitare per li Banchi in allora già eretti, stabilirono una cassa particolare per gl'introiti e gli esiti di loro pertinenza; per cui si chiamò cassa delle farine, che poi col tratto di più tempo divenne un pubblico banco. Non avea sostanze sufficienti, perchè li pesi assorbivano le rendite, anzi quelli si soddisfacevano in parte col prodotto dell'interesse dei pegni. Soggiungendo a V. M. che per queste tali ragioni si era fatto una ragionatissima conclusione, colla quale restò stabilito, per punto fisso, che non si fossero oltrepassati ducati 3000 annui di elemosine, nascenti dall'espressato prodotto dell'interesse dei pegni. »

« Non ebbero benigno ascolto tali suppliche; e seguitando a crescere di giorno in giorno le limosine, dopo qualche tempo e propriamente in gennaio 1782, fu costretto il detto fu

Delegato Vespoli di nuovamente rappresentare alla M. V. supplicandola della sospensione di dette elemosine; poichè quelle giunte già erano alla somma di circa ducati annui 5000, abbenchè vi fosse stato lo stabilimento suddetto di non oltrepassare la cennata somma di ducati 3000, per le additate ragioni ».

« Queste seconde suppliche neppure ebbero sfogo; e continuando, con qualche lentezza per altro, ad aumentarsi le elemosine, e perchè il detto fu Delegato Vespoli era passato alla carica di Direttore delle Reali Finanze, e quella di Delegato del suddetto Banco non era stata ancora conferita dalla M. V., si vidde nell'obbligo il Giudice della Gran Corte D. Paolo Guidotti, allora Governatore del Banco medesimo, rappresenre a V. M. in giugno 1786, che si fosse degnata sospendere i reali ordini per nuove elemosine, giacchè quelle erano cresciute al doppio dello stabilimento fatto colla surriferita conclusione ».

« E Vostra Maestà, con Reale dispaccio del 1° luglio 1786, rescrisse al detto Giudice Guidotti, che si era reso carico dei motivi esposti, onde il Banco suddetto non era in grado di gravarsi di elemosine, oltre a quelle già stabilite, che per niun titolo era in obbligo di fare. E che, per governo ed intelligenza, dichiarava la Maestà Vostra che avea sempre fatto insinuazione e non comando, e perciò li Governatori doveano regolarsi colla loro prudenza ed a misura delle forze del Banco ».

« Ma non ostante le suddette reiterate suppliche del fu Delegato Vespoli e del Governo, con il suddetto Reale dispaccio, continuarono semprepiù ad aumentarsi a dismisura le dette elemosine; perchè furono in maggior numero i reali dispacci coi quali V. M. comandava che quelli coi quali insinuava; fino a che giunsero alla mentovata somma di ducati annui 8500 ».

«Ritrovando io in questo stato le cose, sembrò a me un dovere rinnovare alla memoria di V. M. i suddetti alti e giusti motivi, pei quali degnata si fosse esentare questo Banco da ulteriori elemosine, mentre quelle erano cresciute a detta considerabilissima somma di ducati 8500 annui, umiliandole ancora l'intero stato di detto Banco. Di fatti la M. V. si degnò incaricare la persona di D. Giuseppe Marciano, per lo riscontro e verificazione di quanto nello stato erasi esposto. Ma quando credeva che ben giuste si fossero rinvenute le cause, per le quali il Banco dovea esentarsi da dette elimosine, pure tra il corso di men di un anno, queste sononsi aumentate in altri ducati 200 circa; sicchè oggi importano tali annuali distribuzioni di elemosine duc. 8700 circa ».

« Ora io aggiungo ai detti fatti le seguenti circostanze che vi concorrono. Per la negoziazione oltremodo cresciuta veniva ritardata la scrittura nel suo giro; e restando impedito quell'ordine, col quale solamente può regolarsi e reggere il Banco, accadevano dei disordini tali che, coll'andare del tempo, senza meno recar doveano al pubblico ed al Banco un notabile danno. Per l'opportuno riparo del quale, si è dovuto crescere nel principio del corrente anno altro numero di uffiziali, le annuali provvisioni dei quali sommano ad annui ducati 1156. Dippiù è inevitabile accordar quasi ogni anno qualche perdita o spesa straordinaria, cui deve succumbere il Banco; come appunto è avvenuto questo anno, essendosi perduta ogni speranza di barattarsi molte migliaia di monete forestiere, per lo stesso prezzo che si ritrovavano da molti anni pegnorate nel Banco; quelle si sono principiate a vendere in parte e su di questa porzione venduta il Banco ha perduto ducati 4849,30; restando tuttavia a vendersi il resto, dove in conseguenza dovrà fare altra perdita. In tempo del fu Delegato Vespoli, circa l'anno 1778, nel tesoro del

Banco vi esisteva più di un milione di contante, in oro ed argento. Nel principio della mia delegazione, cioè in agosto scorso anno, ne ritrovai esistenti 727 mila e rotti. E nel corso di circa un anno, per le richieste del pubblico, si sono tolti dal Tesoro ducati 230000. Sicchè ora appena esistono in esso ducati 497000 e rotti. Da che ho avuto la carica di Delegato, non ho impiegato in compra neppure un ducato, perchè ho conosciuto mio preciso dovere di economia e giustizia, che quando anche dal bilancio dell'introito e dell'esito, in fine anno, avvanzasse somma, questa dovesse erogarsi in dismissione del debito che ha il Banco contratto col pubblico e non già di accrescerlo, nè farne altro uso del detto avvanzo. Da ciò la conseguenza ne risulta, che la rendita del Banco di giorno in giorno diminuisce, perchè si fanno delle restituzioni di capitali al Banco, e quelli non si reimpiegano. L'interesse dei pegni anche va deteriorando da quel che era prima, perchè il capitale impiegato in esso va diminuendo, avendo sospesa la pegnorazione da qualche tempo, per la notoria scarsezza del contante e per le addirate altre circostanze del Banco. Finalmente riferisco che il detto capitale impiegato in pegni era, pel passato anno, circa 80000 ducati dippiù di quello che è oggi ».

« Queste, o Signore, sono le circostanze del Banco, che come fedele conservatore delle sostanze del pubblico, debbo far presenti a V. M. affinchè si degni risguardarle cogli occhi di sua clemenza reale e si compiaccia concorrere ad annuire alle mie umili suppliche. E il Signore Iddio feliciti la M. V. e la Reale famiglia per lunghissima vita, a seconda dei voti dei vostri fedelissimi sudditi. Napoli 15 ottobre 1789. Di V. S. M. umilissimo vassallo — il Delegato del Banco del SS. Salvatore — Michele De Iorio ».

Soverchiamente timido si mostra, con questa lettera, il Delegato Jorio. Se tutti gli altri amministratori avessero pensato ed agito nel medesimo modo, i banchi di Napoli non avrebbero mai posseduto un patrimonio o capitale proprio, nè recato avrebbero giovamento alcuno. Infatti egli chiama *prossimo nascente assurdo* (!) tenere investito in mutui ed in fondi pubblici *(compre)* ducati cinquecentomila. Riscuote per conseguenza li crediti appena scadono, si astiene da qualsivoglia collocamento o reimpiego, e preferisce le diminuzioni di utili agli aumenti di debito. Vuole in somma cambiare il banco di circolazione in vera e propria cassa di deposito, sì che la carta emessa sia effettivamente rappresentata dai sacchi di scudi.

Riflettendo nondimeno sullo scopo della lettera, che è una specie d'invito a S. M. per non tormentare maggiormente il banco del Salvatore, comandandogli largizioni ed elemosine alle quali non era tenuto, si approva la straordinaria prudenza della quale fece pompa il Delegato. Notiamo pure che veramente la riserva metallica era scemata d'oltre la metà in pochi anni. Più che fra sette banchi il Salvatore stava al secondo posto per la circolazione *(debito apodis-*

sario), al penultimo per la somma collocata in pegni, ed all'ultimo per gli utili annuali.

* * *

12. Trascriviamo certe regole pel servizio pegni, messe dal Banco San Giacomo nel 1745, che rassomigliano molto a quelle degli altri Istituti, per notizia del modo come si conduceva a Napoli l'amministrazione dei Monti di Pietà, nello scorso secolo.

« *Appuntamento dei Signori Delegato e Governatori del Banco dei SS. Giacomo e Vittoria. 1745 a 30 dicembre.*

« Si è appuntato (a) di far fare le seguenti istruzioni, da stamparsi, attinenti alla cassa dei pegni di nostro Banco (b).

« 1. Non deve essere permesso al cassiere dei pegni prendersi, con biglietti, dalla cassa (c) del Banco somma alcuna, per qualunque causa; sotto pena di privazione d'ufficio, tanto a lui quanto a chi li pagherà il denaro.

« 2. Che per il denaro bisognevole per detta causa, si deve far polizza dal Governatore Mensario, non più di ducati 1000 la volta, pagabile al detto Cassiere, al quale se li deve dar debito dal Libro Maggiore, e discaricare tal debito con l'esito dei pegni; qual'esito (d) deve notarsi dal Libro Maggiore o suo aiutante in una partita in sano giornalmente a due conti, cioè a debito del conto nuovo di pegni, ed a credito di detto Cassiere.

« 3. Che in ogni sera il credenziere dei pegni faccia il conto dei dispegni e dell'interesse; dal corrente mese di gennaio avanti; atteso per lo passato si deve terminare il conto vecchio, ed introitarsi il denaro in Cassa Maggiore, siccome si è praticato. Quale conto, firmato da esso Credenziere e dal Magnifico Razionale, che ne tiene il libro all'incontro, et in sua assenza o altro legittimo impedimento dall'aiutante del medesimo, si consegni al detto cassiere, acciò nell'istesso giorno facci introito nella cassa maggiore e consegni al Cassiere Maggiore detto conto firmato: dovendo detto Cassiere Maggiore conservarsi detto conto, e badare se l'introito sia conforme alla certificatoria del Razionale e Credenziere. Ed in fine d'ogni semestre dovrà il Cassiere Maggiore consegnare alla Revisione i detti conti, acciò si puntino con l'introito dal Revisore, o suo aiutante ».

« 4. Che resta incaricato l'aiutante del Magnifico Razionale, ogni sera, puntare il libro del credenziere con quelli del cassiere, ed andare di accordo anco con il libro del guardaroba. »

« 5. Che il cassiere dei pegni, ogni sera, consegni le cartelle all'Esito di Cassa, acciò la scrittura vadi in corrente con li giornali, secondo l'istruzioni del Banco; e questi (*giornali*) puntino in sano con il Libro Maggiore così lo introito come l'esito ».

« 6. Che non sia lecito al Credenziere e Cassiere dei pegni introitare e discaricare interesse dei pegni di qualunque sorta, se non si facci nell'istesso tempo ll detto pegno; potendo bensì questo novellamente impegnarsi con la giornata corrente; riserbandosi solamente al Governo

---

(a) Deliberato.
(b) Tutti questi provvedimenti presero quando fu conosciuta la deficienza fatta dal guardaroba Mazzarella e dall'orefice Savastano, i quali, come dicemmo, usavano d'impegnare per conto proprio in altro banco, la roba consegnata a S. Giacomo.
(c) Apodissaria o di deposito.
(d) Prestito o somma collocata.

di far ricadere l'interessi a conto (a) secondo la quantità del pegno e qualità del padrone del medesimo; il che dovrà pratticarsi quanto meno sia possibile, per evitare la confusione della scrittura e poca cautela del Banco. »

« 7. Che non si possa vendere pegno di sorte alcuna ad istanza del padrone, senza licenza *in scriptis* del Governatore Mensario; il quale dovrà permetterlo con il consenso *in scriptis* del padrone; con far descrivere il pegno nella nota corrente, che dovrà fare il Credenziere, dei pegni che devono ponersi in vendita, dopo che detta nota sarà sottoscritta dal Governatore Mensario ».

« 8. Che non si facci pegno di sorte alcuna in testa d'officiali (b) e soprannumeri, nè si ricevano per mano dei medesimi, a tenore anco dell'appuntamento su di ciò fatto ».

« 9 Che per l'inviolabile osservanza delle presenti istruzioni, ne resti incaricato il Magnifico Razionale, sotto pena di privazione d'ufficio, se d'ogni inosservanza non ne dia subito notizia al Governatore Mensario; siccome ancora sarà privato d'officio ogni altro officiale che controverrà alle presenti istruzioni; al quale effetto resterà a peso del medesimo Razionale consegnare una copia delle presenti istruzioni a ciascuno delli officiali di sopra nominati, con farsene fare ricevuta, cioè al Cassiere Maggiore e Sotto Cassiere, Libro Maggiore e suo aiutante, Revisore, Guardaroba, Orefici, Credenziere e Cassiere dei pegni. Restando però ferme l'altre istruzioni del Banco, circa l'obbligazioni di ciascun officiale dei pegni, purchè non s'opponghino alle presenti. »

(a) Cioè non riscuotere l'interesse al momento della rinnovazione del pegno, ma aggiungerlo al valore della somma già prestata.
(b) Impiegati del Banco.

L'interesse sui pegni era discretissimo. Nel secolo XVII fu quasi per tutti del sette per cento; poi, per iniziativa del Monte della Pietà, si ridusse a sei per cento nell'operazione ordinarie, ed a minor ragione per parecchie qualità di mutui garentiti. Ciascun Banco lo poteva mettere alla ragione che gli pareva; poichè nessuna regola antica contiene tariffa degl'interessi; praticamente però trattavano tutti nella stessa maniera la clientela. Li 17 luglio 1748, proposero i Governatori del Banco dello Spirito Santo ed i Protettori del Banco della Pietà di moderare gl'interessi sui pegni dal 6 al 4 per cento, Furono interrogati dal Re gli *Eletti* (Consiglio Comunale) della città di Napoli; costoro suggerirono il 2 per cento, e rammentarono d'avere, nel 1735, fatto calorose istanze al Re ed ai sette banchi per una generale minorazione.

Porta la data 1 febbraio 1748 un curioso opuscolo stampato: *Ragioni per le quali si deve bassare e ridurre a più giusto e ragionevol modo l'interesse che si esige per li prestiti sopra pegno dai banchi e dai Monti di Pietà in Napoli; proposte da un Governatore della Regal Casa dello Spirito Santo*. L'anonimo governatore voleva provare:

" 1.° Che tale interesse, così come ora si esige, in ragione del sei per cento, è dalla morale cristiana detestato e condannato, perchè lontano dalle massime e dai principî di quella vera pietà che ella insegna, „

" 2,° Che non è permesso della savia politica, perchè opposto al bene pubblico ed alle leggi che sono al bene pubblico ordinate „.

" 3,° E che finalmente il menomarlo e recarlo a più giusto ragguaglio non è contro la conveniente utilità e la ben condotta economia dei banchi e dei monti medesimi „.

Indipendentemente dal grosso capitale che la Pietà ed i Poveri tenevano collocato in pegni *graziosi*, molte somme si davano, pure senza interesse, da tutt' i sette monti ai luoghi pii; che impegnavano argenti nei casi di squilibrio contabile, quando, per ragioni di beneficenza o d'utilità, erano dall'Arcivescovo e dal Ministro facoltati ad indebitarsi.

Al pubblico concedevano quasi tutt' i banchi sei giorni *franchi*, computando l'interesse dal settimo in poi. Questo costituiva comodità, per le momentanee urgenze, ed appare dai libri che molti si giovavano di tale facilitazione. Il gran lusso d'argenti, sfoggiato allora da tutte le case magnatizie di Napoli, non meno che alla moda, si può attribuire alla larghezza dei Monti, che subito li convertivano in danaro e niente domandavano pei prestiti pegnoratizi di brevissima durata.

Quasi tutte le regole davano tre anni di tempo per riscattare i pegni; ma spesso si concedevano differimenti. Per le vendite si agiva con la massima buona fede e con molta deferenza pel proprietario del pegno. Fu deliberato dalla Giunta di governo del Banco S. Giacomo a 12 maggio 1774. " Le vendite dei pegni *scorsi*
" (scaduti), che si devono fare nella strada degli orefici a pubblico
" incanto, si faccino in ogni tre mesi; e con avvisarsi pria della
" vendita suddetta li padroni dei medesimi dei quali si potrà avere
" notizia. E da oggi in avanti ordiniamo al custode ed all'apprezzatore dei pegni, che con bel garbo, procurino sapere dai pegnoranti dei pegni da ducati 50 in sopra, chi ne sia il vero
" padrone ed ove abita; affinchè scorso il tempo del maturo si
" mandi ad avvisare, che fra il termine di giorni venti li mandino a dispegnare, altrimenti si venderanno; e se per avventura,
" dopo il suddetto avviso, e passati li suddetti giorni venti, non

" l'averanno dispegnati, se li mandi di nuovo avviso che accudi-
" scano nella piazza degli orefici, nel giorno destinando, perchè
" si venderanno li loro pegni „.

Volendo, ad ogni costo, impedire i monopolî, tutti gli antichi monti di Napoli non temettero le spese, fastidî e pericoli del metodo di vendita che aggiungeva alla legalità del pubblico incanto il buon prezzo che dipende dal saper fare del venditore. Tenevano perciò bottega in piazza degli orefici, pei metalli e gioie, ed alla *giudeca* pei panni, dove l'apprezzatore, pagato con premio di tanto per cento, aveva tre mesi di tempo per raccogliere offerte sulle quali s'apriva la gara in prefisso giorno. Quest'apprezzatore, o magazziniere, si faceva coadiuvare da parecchi *incantatori*, pure pagati ad agio, che portavano essi i pegni in giro, mostrandoli in tutt' i negozi delle due contrade ed offerendoli a quante più persone potevano. Allorchè, compiuto il giro, non trovavano da vantaggiare, *segnavano la posta*, cioè l'indirizzo del migliore offerente, cui in seguito era liberata la roba quante volte nella pubblica definitiva licitazione non si fosse ottenuto altro aumento di prezzo. L'asta pubblica si teneva con le forme prescritte dalla procedura giudiziaria del tempo, ch'erano abbastanza complicate, facendo assistere un Governatore, il Razionale, il Segretario, il Custode, il Credenziero ed altri agenti, divulgando prima la notizia coi trombettieri regî e con manifesti stampati che descrivevano minuziosamente *t*utti gli oggetti.

Tutt' i Monti di Pietà eran pure banchi di circolazione, essi usavano, come vedremo, una valuta cartacea che sostituiva molto bene la moneta ed era, com'è ancora a parer nostro, lo strumento di credito meglio immaginato. Ma, con accorgimento e lealtà, non se ne vollero servire pei mutui con pegno. Le regole prescrivevano espressamente che le casse di monte dovessero adoperare la sola moneta d'argento; escluso l'oro perchè soggetto ad oscillazioni di cambio; escluso il bronzo o rame, che si stimava valuta non ricettibile, quantunque la zecca viceregnale n'avesse inondato il regno e ci fossero prammatiche minacciose per chi la rifiutasse; escluse pure le carte bancali, che pei vecchi ordinamenti si dovevano emettere ed avvalorare contro consegna dell'equivalente valore di contanti, senza che l'istituto avesse facoltà di crearne per proprio conto. Prima del **1794**, non s'è dato il caso che i monti avessero procurato d'allargare la circolazione, consegnando carta in luogo di moneta nei pegni d' oggetti. Molto meno consentivano che a titolo di restituzione, ovvero d'interesse, ovvero di prezzo di vendita, si accettassero valute bancarie. Il possessore della *fede* o *polizza* la doveva prima *spendere*, cioè permutare con moneta d' argento nella cassa *apodissaria*, e poi presentarsi allo sportello della cassa di pegno. Quest'antica regola ed uso di tre secoli, nel 1800 (1) i Governatori della Pietà insistettero per fare rimettere, però senza frutto.

I pegni senz' interesse qualche volta tornavano ai proprietarî per liberalità di benefattori. Era stimata opera molto cristiana riscattare le cartelle degli operai, onde non mancarono testamenti e donazioni per le quali si riconsegnava gratis un numero più o meno grande d' oggetti, particolarmente d' utensili da lavoro. In occasione di pubbliche esultanze, si facevano generali liberazioni di pegno, qualche volta a spesa della Corte, più spesso per elemosina degli istituti. Anche nel presente secolo se ne sono dati varî esempi ed i più recenti furono quello del 1859, per l' assunzione al trono di Francesco 2° quando si restituirono 46793 pegni di pannine e 10800 di metallo, con la spesa di D. 82648.99. Del 1860, per la venuta di Garibaldi, allorchè furono 85,000 con la spesa di D. 160000 circa; e del 1862, per una visita di Vittorio Emanuele, che costò somma maggiore, per essersi liberati tutt' i pegni minore di tre ducati (L. 12,75).

La cartella, come abbiamo già osservato, era titolo nominativo; ma, per forza di consuetudine, divenne un valore al portatore, usando i mutuari d'indicare un nome qualsiasi, non il proprio, quando presentavano il pegno. Evidenti ragioni di comodità per l' Istituto, e di convenienza pei debitori, facevano tollerare l' infrazione della regola, per la quale i Monti pigliavano indole più speculativa di quanto sarebbe ai Protettori piaciuto.

---

(1) Rappresentanza 3 luglio 1800, vol. 59 archivio patrimoniale.

CAPITOLO II.

IL SERVIZIO APODISSARIO (1) DEGLI ANTICHI BANCHI

1. Antichi banchieri a Napoli. Privilegio di Giovanna d'Aragona — 2. Prammatiche di Carlo V. e di Filippo II.—3. Elenco dei banchieri. Notizie sui loro libri commerciali—4. Dispute per la cauzione—5. Tentativo di mettere un monopolio bancario (1580) —6. Petizioni del Monte della Pietà e della Casa Santa dell'Annunziata — 7. Il Banco *Incurabiles*—8. Provvedimenti presi contro dei Banchieri —9. Secondo tentativo di mettere il monopolio con la *Depositeria Generale* — 10. Indole ed operazioni dei banchi nei primi tempi — 11. Le alterazioni di monete—12. Sedicente riforma monetaria del Card. Zapatta— 13. Sospensione di pagamento dei banchi per le zannette—14. Prammatica 10 aprile 1623—15. La *Gabella* sul vino—16. Prammatiche sulle monete tosate—17. Altre sospensioni di pagamento al 1636 ed al tempo di Masaniello—18. L'ufficio di Regio pesatore e le monete scarse—19. Dispute pel denaro *demortuo*— 20. Riforma monetaria del Marchese del Carpio — 21. Bilanci del 1691 — 22. Uso di tagliare le monete false o tosate —23. Fallimento del Banco e Casa Santa dell'Annunziata—24. Ordinanze dei Viceré Austriaci che proibiscono la riscontrata—25. Altro tentativo di monopolio bancario—26. Atti di Carlo III. e di Ferdinando IV.—27. La denunzia dell'Avvocato Rossi— 28. Bilanci dei banchi al 1788.

Fin dall'epoca degli Aragonesi (secolo XV), ed anche prima, ci furono in Napoli case di banca che accettavano depositi, speculavano sul cambio, riscuotevano o pagavano per conto altrui, adempivano insomma ai più necessari uffizi degl'istituti di credito. Le funzioni erano maggiori di quelle dei moderni banchi pubblici o privati, perciocchè tenevano qualità di Regi uffiziali, e nel tempo stesso lavoravano da agenti di cambio, da sensali, da commissionari e specialmente da notai. Erano queste case di banca che pigliavano ragione, sulle proprie scritture, delle compre e vendite fatte pel loro mezzo, e formavano gli atti giuridici bisognevoli all'acquisto di qualsivoglia cosa. Alcune meritarono tale fiducia, e disponevano di tanta moneta, che gli stessi Sovrani ne diventarono clienti. Esistono, nell'archivio di Stato, molti volumi di conti fi-

---

(1) Da Αποδεικτικός—dimostrativo—Voce usata per dimostrare che sono tenute le scritture contabili con forma assolutamente analitica.
Difatti, per ogni cliente, è aperto un conto speciale, con molte indicazioni sulla data di emissione, numero d'ordine, giratario, somma, data di estinzione etc delle fedi e polizze, nonchè dei polizzini, mandati e madrefedi, da lui formati durante l'esercizio. Tanto i titoli, quanto i registri appartengono alla scrittura apodissaria.

nanziarî del secolo XV, dove sono spesso ricordati i nomi ed i servigi dei banchieri Antonio e Luigi de Gaeta, Filippo Strozzi, Giovanni di Costanzo, Ambrogio Spannocchio, Lorenzo e Francesco Palmieri, Battista Lomellino e parecchi altri.

Da questi conti, chiamati *Cedole di tesoreria*, il prof. Faraglia (1) ha trascritto un documento del 1488 che prova quanto fosse vecchio a Napoli l'uso di pagare collo *cheque*, cioè mediante ordine al proprio banchiere; più di mentovare nello *cheque* o *polizza* o *cedola* le cagioni ed i patti del pagamento, nonchè gl'individui che vi sono interessati.

" A dì 31 di ottobre 1488, da Ludovico d'Afflitto, Commissario
" nella provincia di Terra di Lavoro, e per esso da Iacopo Foce,
" sindaco della Università di Alife. Ducati quarantacinque per lo
" banco di Filippo Strozzi. Disse sono cioè, ducati trenta per conto
" del terzo del sale di agosto prossimo passato. E ducati quindi-
" ci per conto delli residui dovuti per detta università alla Real
" Corte „.

Un privilegio della Regina Giovanna, vedova di Ferrante I, francava le case di banca da qualsivoglia tassa giudiziaria (2).

Magnifici viri regii Consiliarii nobis dilectissimi — Voi sapete molto bene quanta obligacione lo Serenissimo quondam Re nostro figlio et Noi, devemo haver a li cittadini Napolitani, per quello hanno fatto e che continuamente fanno per stato et servicio de S. M.; la quale ha deliberato continuamente, quanto li sarà possibele, beneficarneli, et usarli ogni demostracione de amore et de honore; et per questo S. M. et Noi volimo, et ve comandamo, che da qua avante, per nesciuno tempo, in questa Camera, non debiate per modo alcuno molestare, nè permettere siano molestati li banchieri Napolitani, per qualsivoglia ragione o deritto loro si domandasse dal banco de la Justicia; et si alcuno atto per questa Camera contro de loro, per questa cosa se fosse fatto, li tornareti al pristino stato, non facendo altramente per causa alcuna. La presente restituirete al presentante. Datam in Castello novo Neap. XVIII Martii 1496. La Trista Reina.

Con questa sottoscrizione Giovanna alludeva alla vedovanza, alla guerra che teneva lontani i figli, ed alle miserrime condizioni della Casa d'Aragona, insidiata a quel tempo e minacciata dagli Spagnuoli e dai Francesi, che con segreti patti s'avevano già diviso il Regno.

Le leggi niente disponevano sulle accettazioni di depositi; per-

---
(1) Il Comune nell'Italia Meridionale, pag. 117.
(2) Giulio Petroni, dei Banchi di Napoli, pag. 17 nota.

mettevano a chi voleva farsi banchiere, senza guardare alla sua ricchezza e senza nemmeno ordinare che fosse regnicolo. L'importanza degli affari ed il valore della clientela dipendevano unicamente dai capitali e dal credito che ciascuna casa sapeva procacciarsi, nonchè dalla maggiore o minore abilità di chi dirigeva. Di siffatta grande libertà si giovarono molte famiglie Genovesi e Catalane, e specialmente gli Strozzi Fiorentini; i quali aprirono in Napoli un'agenzia molto accreditata, che teneva relazioni continue d'affari con le altre condotte da loro stessi, o dai loro corrispondenti Toscani, nell'Italia superiore, in Francia, ed anche in Germania, Inghilterra, Spagna ed Oriente.

*
* *

2. Al secolo XVI, la libertà di aprir banco fu limitata coll'obbligo di presentare mallevadori per ducati 40,000 (Prammatica di Carlo V, 16 settembre 1549) poi aumentati a duc. 100,000 (prammatica 18 giugno 1553), e quindi a duc. 150,000; non chè con parecchie regole o leggi, che formavano oggetto delle prammatiche *De Bancis*, *De Nummulariis*. Le più importanti erano:

a) Quando per sei giorni un banchiere avesse mancato all'obbligo suo di restituire i depositi, o di pagare i debiti, e si fosse nascosto o allontanato, dovevano i giudici spiccare mandato di comparizione; e scorsi altri sei giorni, senza che si fosse presentato, incorreva nella pena di morte, procedendosi contro di lui con la *forgiudica*.

Statuimus propterea et mandamus, quod dicti comptores seu bancherii, qui se absentaverint, et per sex dies latitaverint, citentur in domibus in quibus solebant habitare, et si citati per alios six dies non comparuerint, et suis creditoribus non satisfacerint, in poenam mortis naturalis incurrant; et quod elapsis dictis sex diebus, post citationem ita factam, procedatur contra eos ad foroiudicationem, nullo alio tempore expectato, et pro foroiudicatis publicentur per solita loca. (prammatica 1ª de nummulariis, anno 1536, governo di Carlo V.)

b) Ogni Banchiere aveva facoltà di trarre mandati di pagamento sulle casse dei proprii colleghi, e soddisfare con questi li creditori per depositi o per mutui; ma incorreva nella multa di cento once di oro se a tali mandati non si faceva onore (1). Questa

---

(1) Prammatica del Vicerè Giovanni de Zunica, a nome di Filippo II, del 25 Decembre 1579, 4ª de nummulariis.

multa di cento once (ducati 300 o lire 1275) fu poi minacciata anche ai cassieri ed impiegati dei banchi (1).

c) Dovevano i banchieri presentare ogni due anni, ad un delegato del Vicerè: i loro bilanci, e si minacciava pena di falso, cioè la morte, ai mentitori. Egual pena colpiva i fideiussori che per uscire di responsabilità si facessero scrivere in questi bilanci come creditori del Banco. La malleveria era solidale fra tutti i fideiussori.

Verum bilancium effectuum Banci, quolibet biennio, praesentetur Commissario deputando per Suam Excellentiam; quo non reperto vero, bancherii puniantur poena falsi. Incidantque in eandem poenam falsi, fideiussores qui procurabunt se describi creditores banci et non sunt. Eidemque fideiussores, pro rata qua fideiudebant, teneantur in solidum; in oppositionibus bancorum pubblicorum Sua Excellentia providebit snper quantitatibus fideiussionium (prammatica 5 de nummulariis 29 ottobre 1580).

3. Il Rocco (2) ed il Toppi (3) danno un elenco dei banchi aperti dal 1516 al 1604.

Ravaschiero — 1516 a 1579.
Vaglies — 1519 a 1554.
Marruffo e Oria — 1529.
De Mari e Citarella — 1533 a 1570.
Lomellino e Pallavicino — 1535 a 1546.
Galzarano e Vidal — 1536 a 1547.
Sommaya — 1542.
Serra e Vivaldo.
Larcaro e Imperiale — 1544 a 1551.
Spinola e Mare — 1551.
De Montenigro — 1559 a 1576.
Grimaldi — 1571 a 1588.
Citarella e Rinaldo — 1572.
Olgiatti e Solaro — 1573 a 1580.
Composta e Corcione — 1573 a 1580.
Colamazza e de Pontecorvo — 1576 a 1582.
Casola e Marrocco — 1582 e seg.
Cimino — 1578 a 1581.

---

(1) Prammatica 29 ottobre 1580, 5ª de nummulariis.
(2) Ragione dei Banchi vol. 1 pag. 3, 4.
(3) De Origine Tribun. pag. 50.

De Leone e Bonaventura — 1579 e seg.
Olgiatti di nuovo — 1578 a 1597.
Coneglio — 1580.
Di Belmosto — 1580.
Bifoli — 1581.
Casola, Baccaro e Borrella — 1578 e seg.
Vollaro, Solaro e Composta — 1582 a 1596.
Incurabiles — 1583 a 1588.
De Centurione — 1591 a 1596.
Spinola, Mari e Grillo — 1592 a 1595.
Lorenzo e Sebastiano Mari — 1595 a 1598.
Talamo e Mari — 1595 a 1598.
Spinola, Ravaschiero e Lomellino — 1596 a 1608.
Turbolo e Caputo — 1602 a 1604.
Franco e Spinola — 1604.

Dal Cav. G. Petroni (1) si aggiungono a questo elenco, senza però determinare epoca, Michele Coriel, Gianvincenzo e Giannandrea del Solaro, Ravaschiero e Pinelli, Rafael Galsareno, Acciaiuoli e Giulio Comeres.

La massima parte di questi banchieri dimorava, ed esercitava il suo negozio, alla strada che oggi si chiama *S. Biagio dei Librai;* passarono poi vicino al *Sedile di Porto*, dove tuttavia la contrada serba il nome di *Banchi nuovi*.

Quando scriveva Nicola Toppi (1666), nell'archivio dei tribunali c'erano circa cinquemila volumi di scritture dei mentovati banchieri. Ma il tempo; più del tempo il saccheggio della Vicaria, che avvenne all'epoca della congiura di Macchia (1701), con la poca cura ed i molti trasporti da luogo a luogo ne hanno fatto perdere gran parte, sicchè adesso l'Archivio di Stato di Napoli non ne tiene più d'un migliaio. La conservazione di questo residuo pare che sia dovuta al seguente fatto.

A Maggio 1581, un certo Aniello Paolillo domandò il diritto di raccogliere e conservare i libri e documenti contabili dei banchi che avevano e che avrebbero liquidato le operazioni e cessato di esistere, per volontà del conduttore, morte, fallimento o altre cause. Egli ne voleva fare un archivio simile a quello dei notai,

---

(1) Dei Banchi di Napoli pag. 13.

ed incassare il compenso di un carlino, per ogni copia, notizia o certificato. Avvalorò la domanda con descrizione del male temuto dalla dispersione di quei registri, che provavano le ragioni creditorie o liberatorie di molte persone, nonchè con offerta di pagare D. 1700; cioè 500 subito ed il resto fra un anno. Al Paolillo si oppose Giovanni Flores, Uffiziale della Regia Camera, sostenendo che spettava a lui la conservazione degli archivi dei banchi smessi, per averlo ordinato il Vicerè Parafan de Rivera, fin dal 18 gennaio 1563.

Ed era così. In seguito di rimostranze del Procuratore del Regio Patrimonio, contro dei banchieri che, chiudendo il negozio, portavano i libri e le scritture a Genova o in altri siti, avea D. Parafan disposto che tutti i documenti relativi alla gestione dei banchi si dovessero consegnare alla Regia Camera. La domanda del Paolillo, col chiamare l'attenzione sul valore di quei libri, avrà forse assicurata l'osservanza degli ordini Viceregnali.

Un catalogo dei libri esistenti, che pei nomi dei banchieri e gli anni d'esercizio differisce dagli elenchi di Toppi e Petroni, compilò lo storiografo del Banco sig. Aniello Somma nel 1834 (1). Buffe dispute ci furono e strana corrispondenze si scambiarono l'istituto e l'archivio di stato a proposito di tale lavoro, che per poco non fece assaggiare le prigioni al suo autore.

Molti anni prima, cioè nel 1808, quando insieme con altri banchi fu soppresso Sant' Eligio, il demanio, impossessatosi dell' edificio, aveva fatto affastellare in uno dei saloni le scritture degli antichi banchieri, togliendole dal locale Vicaria. Si era chiusa la porta principale, ritirando la chiave il sopraintendente dell' Archivio di Stato, ma senza badare all' esistenza di altri accessi.

Ottenuta in seguito la restituzione dei locali dall' antichissimo conservatorio ed ospedale di Sant' Eligio, olim proprietario dell' omonimo Monte e Banco, i nuovi Governatori, ch'intendevano ridurre quel salone a dormitorio delle giovanette, e c'erano entrati senz' aver bisogno di forzarne la chiave, trovandolo pieno di libri vecchi, supposero, naturalmente, che fossero del banco smesso. Invitarono perciò il Reggente De Rosa a ritirare subito le scritture, avendo essi urgente bisogno della camera.

---

(1) Archivio del Segretariato Generale, vol. 45 fasc. 29.

De Rosa tentennò qualche tempo. Sebbene ignaro dei dritti dell'Archivio di Stato, dubitava della propria facoltà. Sollecitato nondimeno da altre lettere del Conservatorio, e dalla minaccia d'esecuzione dei lavori di muratura, ch'avrebbero fatto perdere i pregevoli documenti, mandò il sig. Somma a prenderne la consegna. Erano già fatti gl'inventari quando si svegliò l'Archivio di Stato, che fece un chiasso incredibile. Voleva promuovere l'azione penale pel Reggente, poi Governatori, per gl'impiegati stessi e facchini che, ubbidienti agli ordini, avevano ardito di toccare quei volumi.

* * *

4. La cauzione di duc. 40,000, ed i successivi aumenti a ducati 100,000 e 150,000, non impedirono le malversazioni ed i fallimenti, per la ragione che non occorreva il possesso di grandi capitali, e non c'era obbligo di tenere le mentovate somme. Per fondare il banco, bastava presentare al Presidente della Regia Camera le dichiarazioni di mercatanti ed altre persone solvibili, che dessero malleveria personale. Pagando poi qualche mancia, si otteneva la licenza, ed a suono di tromba usavano di pubblicare il *Bando*, che annunziava a tutti l'apertura del nuovo banco. I mallevadori dovevano manifestare per quanto tempo e per quale somma volevano restare obbligati; sei mesi prima che scadesse il termine da loro posto avevano obbligo di nuovamente dichiarare che intendevano di ritirare la fideiussione, altrimenti si reputavano responsabili per tempo indefinito.

Ma all'obbligo di presentare i mallevadori non sempre e non interamente adempivasi. Li 3 novembre 1574, il Vicerè, Carlo di Granvela, sapendo che dei banchieri, alcuni non avevano dato malleveria, altri non l'avevano compiuta, ordinò alla Regia Camera che li costringesse a mettersi in regola. Andrea de Mari, rispose per conto suo e del socio Girolamo Grimaldi, che avendo dato fideiussori per duc. 100,000, non era ad altro tenuto, mancando ordini Regi che prescrivessero somma maggiore. Infatti, nelle raccolte stampate delle prammatiche, non si trova quella per l'aumento della cauzione da duc. 100,000 a duc. 150,000. Girolamo Montenigro similmente osservò che quando il padre suo Giambattista, nel 1558, aveva aperto banco, dava malleveria per soli duc. 100,000, e tanto era bastata per ottenere la licenza e pubblicarsi il *Bando*. I figli ed eredi di Bernardino Turboli dissero che il padre, per morte, non aveva potuto dare altra guarentigia, oltre i duc. 100.000, e chiesero dilazioni per compiere la malleveria; ma, ricevendo nuove ingiunzioni, dichiararono di volere smettere.

*
* *

5. Verso il 1580, si pensò di fare un monopolio delle operazioni di banca, concedendo a quattro ditte commerciali Olgiatti e Grimaldi, Citarella e De Rinaldo, Colamazza, Pontecorvo, che per lo spazio di 20 anni, cioè fino al 1600, *non si potessero imponere in Napoli altri banchi, nè tavole, nè depositari, nè altre sorti di mezzi di giramenti di negozii pecuniarii, eccetto il monte della Pietà*. Frai manoscritti della Biblioteca Nazionale di Napoli, ci sta un fascicolo di lettere di Filippo II su questo affare, data 26 maggio 1580 a 15 settembre 1583, dalle quali si scorge che il Re, e il Segretario che scriveva le lettere, era più intelligente e più coscienzioso del suo rappresentante a Napoli. Alle proposte di concedere il monopolio, rispondeva ordinando che si fosse bene studiato il progetto, e si fossero intesi il Consiglio Collaterale e la Summaria; dappoichè temeva non tanto per la rovina degli altri esistenti banchi da sopprimere, quanto pel pericolo che veniva allo Stato ed ai cittadini, dal concedersi per 20 anni, a pochi speculatori, un' assoluta signoria sull' azienda del Reame.

Ma dal monopolio si speravano denari. I concessionarî avevano promesso di prestare duc. 400,000, alla ragione del 6 1[2 all'anno. Il Vicerè forte insisteva, dicendo che avrebbe potuto riscattare molte rendite dello Stato, precedentemente vendute a condizioni più svantaggiose. Quanto poi la promessa di prestito fu aumentata a ducati 600,000, vale a dire che ogni richiedente offrì di dare 150,000 ducati, finirono le difficoltà da Madrid.

Con la pubblicazione della legge, cominciarono a Napoli le grida dei banchieri esclusi dalla concessione e che dovevano ritirarsi dagli affari. Avevano tutto il dritto di strepitare, per lo sfregio che si faceva alla fede pubblica, violando le capitolazioni, annullando i permessi accordati dalla legittima autorità e banditi nel modo più solenne. Filippo, che mal volentieri aveva consentito, alla notizia di siffatti clamori, annullò gli ordini del Vicerè, dichiarando, ai 16 luglio 1583, che si era sperimentata *disutile* la concessione del privilegio. Seppe anche trovare l'espediente per non restituire i duc. 600,000 e per avere altre somme. Egli disse che volendo ristabilire un antico banco o metterne altro nuovo, dovevansi prestare allo Stato, alla ragione del 6 1[2 per cento, ducati 300,000.

Il patto fu accettato ed eseguito da parecchi banchieri. I monopolisti perciò, vedendosi togliere al 1583 un privilegio che doveva durare fino al 1600, e che avevano a caro prezzo pagato, domandarono il ristoro dei danni. La contesa volle il Re che fosse risoluta dal Supremo Consiglio d'Italia, residente a Madrid. La sentenza non fu stampata, probabilmente non fu nemmeno redatta.

*
* *

6. Quando si discuteva sulla concessione del monopolio, protestò con molta forza il Monte della Pietà, che teneva la più accreditata cassa bancaria di Napoli è già si era procacciato, col savio uso dei depositi, nonchè mediante circolazione della carta, i fondi che gli occorrevano pel prestito gratuito. Ebbe molta ragione il devoto compilatore dell' inventario delle carte (vol. 508 pag. 16 t. e 17) di scrivere nel suo registro " . . della quale (capitolazione coi ban-
" chieri Olgiatti ed altri) avendosi notizia per li signori Protettori
" del detto Sacro Monte, essi, oltre dell' altre diligenze, fecero
" fare consulto nel Sacro Collegio della Società del Giesù di que-
" sta città, e dopo ricorsero all' Eccellenza Sua, presentandogli un
" memoriale, il quale, perchè importa molto al luogo, acciò che
" non s' occulti in futurum, ma di quello habbino sempre notizia
" i successori, si registra qui ad verbum, com'infra siegue cioè ".

La petizione infatti è notevolissima, non meno per l'informazioni che fornisce sulle pratiche bancali del secolo XVI, che per gli argomenti coi quali sostiene la libertà del commercio. Da trecento anni dura a Napoli la guerra fra chi intende di spendere per scopo filantropico il lucro della speculazione bancaria e chi organizza monopolî per intascarlo. Le ragioni che si dicevano a D. Iuan De Zunica, nel 1580, valgono pure adesso, con la differenza che allora si trattava di poche migliaia, ora di centinaia di milioni: allora d'interesse prettamente napoletano, adesso di tutta l'Italia; allora chi parlava d' eguaglianza si stimava meritare la forca, adesso ci sono codici e costituzioni.

" Illustrissimo ed Eccellentissimo Signore. Li Protettori del Sa-
" cro Monte della Pietà di questa fedelissima città di Napoli ri-
" ducono a memoria di V. E. come il detto Sacro luogo, per po-
" tere esercitare il grazioso prestito, che alla giornata fa ai poveri
" pupilli, vedove, monasteri ed altri luoghi pii, ed a tutt'i poveri
" gentiluomini, cittadini, forestieri e bisognosi di qualsivoglia na-
" zione, e particolarmente della nazione spagnola, tiene bisogno
" di gran somma di denari; poichè si prestano ogni anno più di
" ducati ottantamila, e per le provvisioni degli ufficiali e ministri
" e per altre spese alla giornata occorrenti si pagano da ducati
" duemila l'anno. Talchè non può col suo denaro proprio suppli-
" re a quello che bisogna per lo detto prestito, per l'infinito con-
" corso dei poveri che vi è; ma con la comodità del denaro che
" tiene e che vi si deposita, si supplisce appena a detto prestito
" grazioso, e senza li denari dei depositi non potrebbe oprare si
" gran quantitade. E per tal causa dai Sommi Pontefici sono state
" concedute molte grazie al detto Sacro Monte acciò, con la co-
" modità del detto denaro, si potesse esercitare il mutuo grazioso.
" E perchè, Ecc. Signore, s'intende che alcuni, mossi dai loro
" particolari interessi e disegni, volendo restringere tutto il denaro
" del presente regno in loro potere, per farne mercanzia e cavar-
" ne beneficii e guadagni loro privati, trattano di ottenere da Vostra
" Eccellenza ordine per lo quale si restringesse e limitasse la som-
" ma dei depositi che si ricevono nel Sacro Monte, il che non
" solo è contro ogni ragione umana e divina, essendo sempre stato
" permesso dalle leggi canoniche e civili di farsi depositi *poe-*
" *nes aedes sacras*, nelle quali case pie è stata ed è sempre
" libera la facoltà ad ognuno di potervi depositare loro dena-
" ri, siccome per disposizione di ragione ciascuno tiene libera fa-
" coltà di disporre il suo denaro, e dipositarlo dove li piace, ai
" luoghi pii ed a persone pubbliche e private; ma anco questo è
" contro il bene pubblico e la Cristiana Pietà, poichè restringen-
" dosi al Sacro Monte questa facoltà di ricevere denari in deposito,
" il luogo non potrebbe esercitare il prestito grazioso; vedendosi
" per esperienza che al presente che riceve li depositi senza limi-
" tazione alcuna può supplire a detta opera pia; e facendosi la
" detta limitazione non avrebbe il concorso dei depositi che al pre-
" sente tiene; perchè ognuno, per non tener conto in diversi luo-

" ghi, continuerebbe dove non fusse cotal limitazione, ed il Sacro
" Monte resterebbe senza depositi. E così li poveri, non avendo
" comodità di denari, incorrerebbero in diversi scandali, e partico-
" larmente, oltre li peccati e scandali, si commetterebbero l'usure,
" le quali sono state tolte con la comodità del prestito grazioso,
" e si ponerebbe in pericolo l'onore d'infinite povere verginelle
" per li stupri che succederebbero, che già sono stati evitati col
" mezzo di detta sant'opera. Però, vedendosi alla giornata l'infi-
" niti benefici pubblici e frutti di vera pietà cristiana della san-
" tissima opera, è stato tanto favorito ed accresciuto di privilegi
" e grazie il Sacro Monte da tutti li retropassati Illustrissimi Si-
" gnori Vicerè. Per lo che supplicano V. E., come principe giu-
" stissimo e fautore di tutte l'opere di pietà e caritative, si degni
" ordinare che nel suo ottimo e prudentissimo governo, come con-
" viene per ritrovarsi il Luogo sotto la protezione regia e di V. E.
" non si facci novità alcuna in pregiudizio del Sacro Luogo; tanto
" nel restringere la facoltà che tiene di ricevere depositi libera-
" mente, come in ogni altra cosa; ma che possa continuare, sic-
" come ha fatto e fa, il ricevere dei depositi, senz'altra limitazio-
" ne, e coll'istesso ordine e procedure che fin qua è stato ed è
" solito osservare; affinchè possa seguire il santissimo e piissimo e-
" sercizio del prestito grazioso, che fu introdotto per esecuzione
" dell'ordine fatto dalla gloriosa memoria della Maestà di Carlo
" Quinto dell'espulsione dei giudei dal presente regno, per toglie-
" re l'usure per lo bene pubblico; il quale si deve preponere di
" ragione ad ogni altro umano rispetto, conforme all'ottima mente
" di V. E. e di Sua Maestà Cattolica; il quale, come Re giustis-
" simo e religiosissimo, in ogni occasione ha mostrato sempre que-
" sta essere sua intenzione, con tante sante provvisioni per Lei or-
" dinate per lo bene pubblico di questa fedelissima città e regno,
" il quale sempre è stato, è, e sarà prontissimo ad ogni servizio
" della Maestà Sua. E questa fedelissima città ha fatto e può fare
" assai più utile e maggiori servizi alla Maestà Sua che non è
" quello che si procura da chi propone la diminuzione ed estinzio-
" ne (il che Dio non voglia) del detto Sacro Luogo, e successiva-
" mente il danno pubblico e dei poveri. Ed acciò V. E. sia cer-
" tificata della verità di quanto se gli è esposto, si degni ordi-
" nare che del tutto l'informi il circospetto signor Reggente

" Salernitano, (il quale di ciò è informatissimo) che avanti si pro-
" ceda ad alcuna provvisione, in qualche modo toccante il Sacro
" Monte, siano intesi a pieno essi supplicanti. Ed oltre che quanto
" si domanda è giustissimo, V. E. sarà anco partecipe di si gran
" beni che nel detto luogo di continuo si fanno, ed essi suppli-
" canti, come suoi servi affezionatissimi, ne li resteranno obbliga-
" tissimi ut Deus „.

" Avendo l'Eccellenza Sua riguardo alle dette efficaci e vive
ragioni, eccettuò il Sacro Monte dalla proibizione fatta per detta
capitolazione, di non potere ricever deposito, restando con la sua
libera facoltà che tiene di ricever li denari che se li portano a depositare, conforme al solito. „

Indipendentemente dal Monte della Pietà, la Casa Santa del-
l'Annunziata chiese che fosse riconosciuto e mantenuto il suo dritto
d'accettare depositi pecuniari e di testificarli con sue obbligazioni.
Essa ottenne questo diploma. (1)

Philippus Dei Gratia. Illustrissimi et magnifici viri Consiliarii et regii fideles dilecti. Li dì prossimi passati ci fu presentato memoriale da parte di questa Santa Casa del tenor seguente:
Ill.mo et Ecc.mo Signore. Li Mastri et Governatori del Sacro Hospidale dell'Annuntiata di Napoli esponeno a V. E. come, nella capitulatione seguita tra l'E. V. et li quattro Banchi, si leggono l'infrascripti Capitoli: Ha ordinato S. E. che siano in Napoli quattro soli Banchi e non più; che hoggi contano Bernardo Olgiati, Agostino et Geronimo Grimaldi, Nardo Luca Citarella et Liberato de Rinaldo, Leonardo Calamacza et Fabritio et Scipione Pontecorvi, et per essi loro herèdi et successori; et che per anni 20, che fineranno in fine dell'anno 1600, non si possano imponere in Napoli altri Banchi, nè tavole, nè dipositarii, nè altre sorte di mezi di giramenti di negotii pecuniarii, eccetto il Monte della Pietà. Sua Eccellenza vole et ordina che tutti li depositi, de'quali si hanno da presentare fede nelli Regi Tribunali di Napoli, si faccino in questi quattro Banchi; et per tal effetto ordina a'detti Tribunali che non ammettano altre fede che di detti quattro Banchi, recusando quelle di ogni altra persona, tavole, depositarii, cascie o monti, eccettuando però il Monte della Pietà, et se ne spediranno lettere dalla Regia Cancellaria. Et perchè sono securissimi che per detti Capitoli, et altri simili, non ha avuto mente di fare pregiuditio nè innovatione alcuna a rispetto della Casa Santa dell'Annuntiata, la quale sta et è stata sempre in possessione di recevere depositi, di farne fede et quelle presentare nelli regi Tribunali et hanno avuto sempre fede come di pubblici Banchi. Per questo supplicano a V. E. che, per togliere ogni dubio che sopra ciò potesse in futurum nascere, si degni dechiarare che non è nè è stato di suo intento di pregiudicare o innovare alla Casa predetta, et che perciò non se l'intenda fatto pregiuditio alcuno, nella detta sua possessione, che il

(1) D' Addosio — Origini ecc. pag 513 a 515.

tutto si reputerà a gratia dell'Eccellenza Vostra.

Et volendo noi havere informatione di quello che circa questo negotio è passato, da parte vostra fu offerto che non si sariano fatte fede di depositi, si non per quella summa che effectivamente le persone ad instantia di chi si havessero da fare li detti depositi ponessero et fossero creditori de la Cascia di questa Casa. Et benchè l'intentione nostra sia sempre stata et sia di agiutare et favorire ogni comodità di questo santo luogo, per le opere pie che abbondantemente si fanno in esso, in gloria et servitio di nostro Signore Iddio; non dimeno, per lo zelo che tenemo dell'osservantia di quello che per noi sta capitulato con li magnifici Olgiati, Grimaldi, Citarella et Rinaldo, Calamazza et Ponticorvi, havemo ordinato che si trattasse con essi, perchè si contentassero; et essendo ciò esseguito, essi, havendo consideratione alla pietà di questa Casa Santa, et alle dette opere Pie, si sono contentati.

Per tanto, stante lo detto consenso, vi dicemo et declaramo che possiate ricevere danari dalle persone che vorranno quelli depositare et spendere per mezo di questa vostra cascia, et far fede di depositi ad instantia di altri; con conditione però che non debbiati fare, ordinare, firmare o in qualsivoglia modo consentire che si facciano fede di depositi per questa Casa seu in suo nome, nè si paghino quantità alcune ad instantia di qualsiasi persona, ultra de la quantità che realmente et effettivamente teneno, et fossero creditori in la cascia predicta; sotto pena (in caso di contraventione, tanto a voi Mastri presenti et futuri et a tutti altri Ministri che tengono carico de lo scrittura, li quali passassero alcuna scrittura contro la forma del presente nostro ordine), a nostro arbitrio riservata — Datum Neapoli 27 Iunii 1580 — Don Iuan de Zuniga.

(In dorso). Ill.mis et magnificis viris Marchioni Bucchianici et aliis Economis et Procuratoribus Ven.lis Ecclesiae et Hospitalis B. Mariae Annuntiate huius fidelissimae civitatis Neapoli, presentibus et successive in solidum. — Vi è il bollo.

È un documento che conferma la tradizione della grande antichità d'una cassa di depositi dell'Annunziata. Dice il Marchese Ciccarelli, in un rapporto inedito del 1845 (1) che l'Ospedale d'Ave Gratia Plena avesse aperta nel 1486, *una cassa di sicurtà nella quale ciascuno depositar poteva i suoi denari per cinque anni forzosi, ritirandone il 3 per cento l'anno; nel 1488 vi si aggiunse una pegnorazione coll'interesse del 3 1/2 per cento..... il Banco e la pegnorazione rimasero sospesi dal 1530 al 1538 per le guerre di quell'epoca e la peste che afflisse il regno.* Ma non cita la fonte d'informazioni, ciò che c'impedisce di confermare le sue asserzioni, che toglierebbero ogni dubbio sull'assoluta priorità dei banchi di Napoli, come pubbliche casse di circolazione.

Il Comm. Petroni (2), ed il Cav. d'Addosio (3), senza por mente

---

(1) Archivio del Segretariato Generale del Banco—Vol. 45.
(2) Dei banchi di Napoli, pag. 35 e 36.
(3) Origini ecc. pag. 249.

al domicilio del Monte della Pietà nel locale d'Ave Gratia Plena, stimano che il Banco dell'Annunziata si fosse fondato prima del 1580. Ma, come abbiamo già osservato a pag. 65, non pare spiegabile la coesistenza nel medesimo posto di due istituti simili. Oltre delle riferite, si possono dare altre prove dell'apertura del Banco d'Ave Gratia Plena nel 1587. Questa è la data delle più antiche fedi o registri di tal Banco. La memoria a stampa, mandata al Pontefice Benedetto XIII nel 1725, che scrisse il Governatore Filippo Solombrini, dice " *quest'apertura* sortì verso la fine del XVI secolo cioè nel 1587 „ (1). Documento che leva ogni dubbio è la deliberazione 4 Giugno 1608, riferita dallo stesso d'Addosio a pag. 256, la quale non può sbagliare data di fondazione perchè si appoggia al conto dell'operazioni fatte nei VENTUNO anni d'esercizio, evidentemente dal 1587 a 1608. " Volendo riconoscere lo stato in che si ritrova il nostro Banco e per accertarci dello aumento ch'egli ha fatto *per spatio d'anni 21* che fu principiato, troviamo che, per gratia del Signore e buon reggimento de' signori Governatori, si siano posti in compra fin hora ducati 337 mila„ cioè ducati 200 mila di denari propri e liberi del Banco, e li restanti delli effetti di esso: dal frutto de' quali uniti insieme si vengono a percepire ducati 22574 annui; per il che parendoci che da un cumulo così notabile possa e debbia la Casa Santa cominciare a sentire qualche rilevamento, conforme all'intentione di quei signori che diedero principio a così utile negotio, li quali stabilirono che le entrate che pervenissero da detto cumulo dovessero andare in beneficio della Casa benedetta, non in altro uso che per estinguerne suoi debiti capitali .... ecc. „ Vol. XV delle deliberazioni, fol. XVIII, 4 Giugno 1608.

Nella petizione dunque del 1580, l'Annunziata reclamava il puro e semplice riconoscimento d'un dritto ammesso dalle vigenti leggi canoniche e civili, del quale aveva già fatto uso in remoto tempo, fors'anche considerava come cosa propria il Monte della Pietà, allogato nelle sue stanze, quantunque fosse tal monte autonomo e retto da altri governatori.

Esiste, nel teatro anatomico della Santa Casa, una lapide che ringiovanirebbe di dieci anni il Banco d'Ave Gratia Plena, testi-

---

(1) D'Addosio. Origini ecc. pag. 248.

ficando che li *praefecti* . . . . *aperiri iusserunt* li 22 Marzo 1597. D' Addosio (1) che l' ha primo pubblicata, non aggiunge commenti.

SCIPIO DE SUMMA MARCHIO CIRCELLI
IOANNES PETRUS LATINUS U. I. D.
HORATIUS PALOMBA FABRITIUS DE ARMINIO
ET PASCHALIS CAPUTUS ANNO MDLXXXXVII
HUIUS SACRAE DOMUS PRAEFECTI LOCUM
HUNC MENSE PUBLICE SIC ORNATUM SUB
DIE XXII MARTII APERIRI IUSSERUNT QUI
PRO TANTO MUNERE PERPETUO VIVANT.

Sull' autenticità del marmo non cadono dubbi poichè i nomi son proprio quelli dei maestri del 1596-1597 e perchè non si capisce qual vantaggio potesse venire da una mistificazione. Unico modo di spiegarla, senza stimare bugiardi li cinque maestri, e senza negar fede ai manoscritti ed agli strumenti notarili, meritevoli d' eguale, se non maggiore credito, è fermarsi alle parole SIC ORNATUM interpetrando che, rifatte le stanze e l' officine del Banco, Scipione di Somma e gli altri, avessero fatto ripigliare il servizio del pubblico nel giorno 22 Marzo 1597.

7. Prima ancora che venisse da Madrid la revocazione del privilegio a' quattro banchieri, si era trovato un modo d' eluderlo. Nel 1582 Gian Bernardino Corcione ed Ascanio Composta *accesi di zelo* (com' essi dicevano), per l' ospedale degl' incurabili, fecero domandare al Vicerè, dai Maestri Governatori di quell' opera pia, un permesso di tener banco. I patti erano: Si chiamerebbe degl' incurabili; non farebbe incetta di moneta, nè di merci, ma solo compre e vendite di fondi pubblici (*partite di arrendamenti*), accettazioni di depositi e movimento di danaro a *cambio reale*; libera sarebbe la direzione del banco da ogni sindacato dei governatori dello spedale. Questo però, senza contribuire in modo alcuno alla spesa, senza correre rischio di sorta per le possibili perdite, avrebbe riscosso la terza parte degli utili netti, cioè una rendita annuale che si sperava non inferiore a duc. 1500. Più si prometteva all'ospedale la

---

(1) Origini ecc. pag. 195

facoltà di togliere a mutuo, senza pagare interessi, duc. 6000 nel primo semestre, altri duc. 4000 pel tempo successivo.

Non fu lo zelo che ispirò Corcione e Composta, sibbene quel privilegio per vent' anni che gli altri avevano pochi mesi prima ottenuto. Privilegio implicante chiusura d' un banco libero ch' essi tenevano da parecchio tempo, del quale esistono nell' archivio di stato i conti degli anni 1573 a 1596. A 27 settembre 1582, il Vicerè Zunica concedette il permesso, dichiarando che non intendeva derogare alle capitolazioni stipulate con altri individui; col fatto però derogava. La malleveria di ducati 150 mila fu data a 16 novembre 1582, per atto di Notar Giambattista Crispo, e due giorni dopo si pubblicò il bando d' apertura del Banco Incurabili, per ordine del nuovo Vicerè, D. Pietro Giron, Duca di Ossuna.

* * *

8. Sul finire del secolo XVI, le perdite derivanti dalle alterazioni di monete, gli assurdi provvedimenti governativi in materia d' annona o di cambio, qualche atto di mala fede, resero molto comuni i fallimenti dei banchieri, e troppo deplorevoli pei creditori le conseguenze dei loro vuoti di cassa. I rappresentanti del Comune di Napoli, nel parlamento tenuto l' anno 1587, chiesero al Vicerè Ossuna che mettesse in esecuzione la prammatica di Carlo V del 1536, quella che dichiarava *fuorgiudicati* i banchieri latitanti; che anzi la facesse più rigorosa, estendendo la *forgiudica* anche ai loro cassieri ed impiegati; obbligando le ditte a presentare ogni anno l' inventario dei debiti e crediti, con pena di morte per la falsità; raddoppiando la malleveria; dando qualche esempio di tratti di corda e galera ai mallevadori che, per evitare il pagamento, si facessero scrivere negli inventarii e libri come creditori. A tutte queste domande il Vicerè consentiva, richiamando in osservanza le prammatiche dei suoi predecessori; ordinando perciò che ogni due anni si facesse la presentazione del bilancio o inventario; gravando della pena di falso così i banchieri che in esso mentissero, come i mallevadori che facessero registrare crediti simulati; obbligando i mallevadori stessi a provare in modo non dubbio che veramente possedessero le somme assegnate per garenzia della clientela del rispettivo banco.

Pure tali provvedimenti non furono bastevoli; e per frodi di banchieri, per dilazioni concedute ai mallevadori, per indugi di tribunali a giudicare, molte altre famiglie perdettero i crediti. Onde la *Città*, nei parlamenti del 1591 e 1600, ripetè le istanze perchè non si concedesse ai mallevadori tempo, ma nel termine di due anni del fallimento fossero tenuti di depositare in altro banco il denaro promesso, e perchè, almeno una volta la settimana, le *Ruote* dei tribunali si riunissero, nelle ore pomeridiane, per risolvere gl' inestricabili litigi dei fallimenti.

* *

9. Nel 1598, uno speculatore Genovese, certo Saluzzo, domandò, in proprio vantaggio, la riproduzione del privilegio promesso da Zunica diciotto anni prima. Supponendo che tutti i guai derivassero dai soli banchieri, e che si potessero impedire i fallimenti con la costituzione dell' agenzia unica, propose d' istituire una *Depositaria Generale*; e seppe convincere il Vicerè, Errico de Gusman Conte d' Olivares, che non ci sarebbero più inconvenienti, se a lui, Saluzzo, fosse data facoltà di mettere una cassa pubblica, la quale, per l' intiero regno, fosse la sola legale custoditrice di tutto il denaro soggetto a vincoli ed a condizioni.

I cittadini si opposero. Sarebbe utilissima cosa conoscere i ragionamenti espressi pro e contro del proposto monopolio, perchè non si trattava, come l'altra volta, d' un solo luogo pio propugnatore del mantenimento delle proprie regole, sibbene d'unità e pluralità degl' istituti di credito. Cent' anni prima che fosse aperto il banco di Londra ed inventati i biglietti al latore, centotrent' anni prima che la coesistenza di due banchi di emissione ad Edimburgo (1) avesse fatti sperimentare dagli Scozzesi, ed ammirare dai pensatori, gli effetti della concorrenza, a Napoli si disputava sui vantaggi ed inconvenienti della libertà e del privilegio in materia di credito; sul problema cioè che adesso tanto importa ai popoli ed ai governi veder risoluto, che ha ispirato maggior numero di scrittori e dato luogo a più acerbe dispute. Disgraziatamente, scarseggiano i documenti, ed i nostri storici si sbrigano con poche parole del tentativo di costituire un monopolio bancario nel 1598, dicendo che il popolo resistette perchè stimava cosa pericolosa affidare tanta moneta a straniere persone, e specialmente perchè temeva che i privilegi del nuovo banco fossero rovinosi per i monti

---

(1) Banco di Scozia fondato nel 1695 e Banco Reale di Scozia fondato nel 1727.

di pietà, potessero condurre alla distruzione degl' Incurabili, della Annunziata, e d'altri ospedali, conservatorii, ed opere pie.

Giusto timore. Prima del 1572 (1) il Monte della Pietà aveva cominciato ad accettare depositi, ed imitava i banchieri, tanto per la qualità e forma delle *fedi di credito*, cioè delle carte che metteva in circolazione, quanto pel modo di tenere i conti. Da parte loro i banchieri, che nella seconda metà del secolo XVI furono in maggioranza Genovesi, avevano adattato alle convenienze del loro traffico molte regole e sistemi del Banco San Giorgio, istituto celeberrimo per antichità, ricchezza, potere, che per varî secoli fu il fondamento della libertà Ligure.

San Giorgio di Genova, era nel medesimo tempo un banco di negozio, un monte di rendite, un appalto di contribuzioni ed una signoria politica. Strano, ma ingegnoso edifizio che colla buona fede solamente si conservava, colla cattiva sarebbe caduto, ed avrebbe senza dubbio con sè fatto rovinare lo Stato.

Come banco di negozio, per via di prestiti, di pegni di merci, e particolarmente di mutui cambiarî, entrava in quasi tutte le speculazioni mercantili dei genovesi. Queste non erano piccole nè poche, poichè nel medio evo Genova divise con Venezia l'impero del Mediterraneo ed il commercio marittimo era quasi monopolio delle due repubbliche.

Come monte di rendita, salì a tanta reputazione che poteva tirare a se tutta la moneta del paese, quando l'avesse voluto. Gli amministratori del Banco, ch'erano sempre dei più reputati e probi cittadini, trovavano ad accattare al due per cento, di raro al tre. Tali debiti, chiamati *luoghi di monte*, si cedevano e trasferivano con la stessa facilità degli odierni fondi pubblici, trovandosi sempre capitalisti che preferivano la sicurezza di quel modesto frutto, che per l'epoca si può chiamare derisorio, alla rendita più cospicua ma meno certa di qualsiasi diverso collocamento.

Come appalto di contribuzioni. Le rendite pubbliche della città di Genova erano tutte consegnate al banco, che le riscuoteva e poi

---

(1) I volumi più antichi di bancali pagate *(filze)* di giornali e registri d'introito, inventariati in archivio, tengono l'epigrafe 1573, ma il sig. Pietro Aiello vi trovò la fede condizionata del 1 ottobre 1572 che trascriveremo a pag. , ed è probabile che, frugando bene, se ne troveranno altre di epoca precedente. Dalla lettura delle girate e dei contratti, che si fecero mediante quelle polizze e fedi di credito del 1572 e 1573, viene il convincimento che si tratta di cosa vecchia e di consuetudine radicata, non di recente invenzione.

dal loro provento pagava le spese dello Stato. Più fruttava il banco, secondo la bontà dei negozi, meno si pagava di contribuzioni, cioè in ugual proporzione diminuivano i dazî, i dritti e le gabelle. Questa cosa era governata con molta prudenza ed ammirevole sincerità. Quanto alle province, ciascuna bastava a sè per entrata e per ispesa ; nulla mandavano e nulla ricevevano dalla capitale.

Infine, come signoria politica, l' ufficio di San Giorgio era padrone e signore dell' isola di Corsica, e le mandava ogni anno un governatore, un podestà ed altri ufficiali per reggere il paese ed amministrarvi la giustizia. Possedeva anche, e governava nel medesimo modo, in riviera di Levante, la città di Sarzana, Castelnuovo ed altre terre; in quella di Ponente, Ventimiglia con altre terre, ville e castelli vicini. Tutti questi luoghi erano bene amministrati, ed abbondanti di ogni cosa necessaria al vivere umano (1).

La raccolta delle *conclusioni*, cioè deliberazioni dei Protettori del Monte e Banco della Pietà comincia dall' anno 1574, per essersi perduti gli anteriori volumi. Questa sciagurata mancanza c'impedisce di riferire chi pensò di supplire col credito alla insufficienza dei doni volontarii ed alla piccolezza del patrimonio; quali concetti spinsero a fondare una cassa di deposito e di circolazione, come base del monte pegni e provveditrice dell' occorrente moneta. Idea feconda, la quale permise a quell' Istituto di dar grande sviluppo all' opera dei pegni gratuiti e piacque moltissimo alle persone che dovevano tenere in serbo, per determinato uso, qualche somma. Tali persone, fra le quali si contavano pure le vittime dei fallimenti, avevano grande ragione di preferire ai trafficanti di Genova e di Catalogna, un' associazione patria, fondata per scopo di beneficenza, condotta da molti individui reputatissimi e provveduta di sufficiente capitale. I principali istituti filantropici di Napoli avevano imitato il Monte di Pietà, fondandosi dall' Annunziata il banco di Ave Gratia Plena nel 1587, dagl' Incurabili il banco di Santa Maria del Popolo nel 1589, dallo Spirito Santo, da Sant'Eligio, da San Giacomo i rispettivi banchi nel 1591, 1596, 1597. Lo zelo e la rettitudine degli amministratori ispirava tanta fiducia che tutti credevano più sicura la moneta in quelle pubbliche casse

---

(1) Botta. Storia d' Italia — Lib. 1 anno 1504.

che nelle proprie mani. Oltre del comodo di tenere fedeli e gratuiti custodi dei capitali, la pubblica fede e la sicurezza dei pagamenti erano garentite dalla carta di banco pel modo come circolava e pel carattere liberatorio che gli usi e le leggi davano alle girate. Ciascuno poteva scrivere sulla polizza la natura del pagamento, le clausole, il contratto, il nome del notaio stipulatore, e tutto quello che voleva fosse ricordato o patteggiato per la consegna del denaro. Queste girate si copiavano parola per parola, con particolare avvertenza alle clausole e riserve, sui libri degl'istituti chiamati *giornali*. Gli estratti di tali libri, cioè le copie delle girate, che si chiamano *partite di banco*, bastavano per far decidere con tutta sicurezza dai magistrati nelle controversie per pagamenti e sulla validità dei contratti. Un tal metodo non solamente impediva le false dichiarazioni, ma sopprimeva pure gl'inconvenienti che sogliono derivare dalla perdita delle ricevute o dalle contestazioni sulla verità delle firme.

Avevano adunque scelto male il momento Olivares e Saluzzo; perchè i luoghi pii si giovavano dei banchi e ne speravano grande aiuto, l'opinione pubblica li favoriva. Importava moltissimo di conservarne il credito, svilupparne gli affari, avendo i ricchi affidato a quelle casse buona parte del proprio contante, ed i poveri avendo bisogno di ricorrere assai spesso al Monte, per mutui sopra pegno. Non deve quindi recar meraviglia se l'opposizione ai progetti del Vicerè si manifestò anche con tumulti. Olivares, che reputava i clamori dei Deputati della Città ispirati da invidia, ne fece imprigionare tre, il Principe di Caserta, Alfonso di Gennaro ed Ottavio Sanfelice. I Seggi di Capuana, Porto e Montagna, dei quali con siffatto arresto si sconoscevano i privilegi, spedirono a Madrid il Conte di Sarno, Orazio Tuttavilla, perchè facesse nota al Re la prepotenza che subivano. Si seppe che l'ambasceria era stata proposta da Placido di Sangro, duca di Vietri, *scrivano di ratione*, ed Olivares fece mettere in carcere anche costui; ma Tuttavilla seppe tanto bene esporre le ragioni della nobiltà, e giovarsi di potenti nemici a corte del Vicerè di Napoli, che questi fu richiamato e sostituito dal Conte di Lemos.

Usciti da tale pericolo, i banchi pubblici vinsero completamente la concorrenza dei banchieri privati, che verso il 1604 finirono d'avvalorare *Fedi*. Spinola, Ravaschiero e Grimaldi, case reputatissime di Genova, che tennero banco a Napoli quasi per un secolo, cioè dal 1516 al 1604, cedettero i loro affari al Monte della Pietà, con formale istrumento di Notar Francesco di Paola (1).

*
* *

10. La fondazione di questi banchi pubblici, il modo come furono condotti per moltissimi anni, sono belle pagine della storia Napoletana, ed i nepoti a buon dritto ne traggono ragione d'essere orgogliosi degli avi. Non erano banchi di deposito, come quelli che in epoca poco posteriore sursero nell'Olanda, perchè non assumevano obbligo di restituire le medesime monete che loro si consegnavano. Non erano nemmeno banchi di circolazione, nel senso che si dà ora a questa qualifica, perchè non emettevano carte al latore, e specialmente perchè il capitale non era diviso in azioni, nè gli utili si distribuivano fra' socii in proporzione delle somme versate. Infatti, dei banchi di Napoli, due nacquero per iniziativa di *benefattori*, che generosamente donarono un capitale, e costituirono nuovi enti morali, il Monte di pietà ed il Monte dei poveri. Scopo il mutuo contro pegno, senza interessi. Altri cinque banchi, cioè l'Ave Gratia Plena, Santa Maria del Popolo, lo Spirito Santo, Sant'Eligio e San Giacomo, furon messi da istituti di beneficenza che già esistevano, i quali garentirono i creditori con proprii redditi e beni patrimoniali. Scopi, la conservazione del denaro, le guarentigie di validità di pagamenti per la loro clientela, ed il lucro possibile col maneggio dei fondi pubblici *(compre e vendite d'arrendamenti)*. Quale lucro volevano spendere per gl'infermi accolti nei proprî spedali, per gli orfani, per gli esposti; come pure per costituire, mediante accumulazioni di rendita, un capitale patrimoniale sempre più cospicuo. Uno solamente, che fu il Banco del Salvatore, surse, parecchi anni dopo, senza concetto filantropico.

Parecchi scrittori moderni pretendono a torto che gli antichi monti di pietà di Napoli fossero banchi di deposito, ma l'oggetto medesimo pel quale furono creati, combattere cioè gli usurai, con prestiti a buona ragione, gratuiti per le piccole somme, già dimostra che della sola qualità di depositarii i nostri monti e banchi non si potessero contentare. Il denaro consegnato loro serviva per mutui

---

(1) Conclusione 22 Gennaio 1604—Banco Pietà—Li albarani fatti da Notar Francesco di Paula, con la consulta del Signor Scipione Brandolino, sopra la convenzione fatta da Spinola, Ravaschiero e Lomellino, per la dismissione del loro banco, si firmino e conservino dal Segretario.

fruttiferi o gratuiti, con o senza pegno, come appare dai libri dei conti, che in parte esistono, e dalle regole. Per esempio quella del Monte della Pietà, dell'anno 1585, dice nel paragrafo ventesimo degli obblighi del cassiere dei pegni. " Occorrendo al detto cassiere per ordine del Signor Mensario, pigliare denari dal cassiere dei denari dei depositi, quando gli mancheranno denari per prestare sopra pegni; allora, fatto che sarà primo il bollettino dall'ufficiale che tiene il libro maggiore del Monte, nel quale bollettino si darà debito della somma che riceverà al conto suo dei pegni; dopo sottoscritto il detto bollettino dal sig. Protettore mensario e da esso cassiere, riceverà il denaro, e di esso si servirà solo a prestare sopra pegno per servizio del detto Sacro Monte, conforme alle presenti istruzioni e non altrimenti „.

Fin dal secolo XVI il giureconsulto de Ponte scriveva (1).

" Sed ii banci habent pecuniam non ut eandem in specie red-
" dant, sed eandem in quantitate, et propterea obsignata non con-
" signatur, confunditur cum alia, transferitur dominium et habet
" bancherius seu nummularius illius usum. „ Un altro giureconsulto del secolo XVII (2), aggiunge che i banchi servivano per dare le pruove giuridiche dei pagamenti fatti; imperocchè il debitore ordinava all'istituto di pagare, facendo uso di un mandato, *apoca bancale*, che si reputava vera accettazione del creditore e sua quietanza definitiva (3).

La pratica dei tribunali, che poi divenne legge, dichiarava che, per le contrattazioni risultanti da carte bancali " è proibito al de-
" bitore opponere eccezione veruna, non potendo essere inteso se
" non che o costituito in carcere o fatto il deposito della quantità
" nelle polizze contenuta „.

Più tardi scriveva il Galanti " si mette in dubbio da alcuno se
" i nostri banchi possano valersi del denaro che vi portano i par-
" ticolari. Come casse pubbliche, essi hanno l'obbligo di un'esatta
" e vigilante custodia, ma il denaro che vi si porta non forma un
" vero deposito, da togliere il diritto di esserne, senza pregiudizio

---

(1) Consult. 56 vol. I.
(2) Francesco Rapolla, de iure regni, lib. 5, cap. 6.
(3) . . . debitores . . . , antea pecuniae debitae faciebant depositum in uno ex publicis bancis, et postea per chirografam, mandabant nummulariis, ut eam pecuniam solverent suo nomine creditoribus; et quia mandatum in scriptura redactum dici coepit apoca bancalis, quod ex eo satisfactum esset creditor, per solutionem factam in publico banco; et illum mandatum habebatur tamquam confessio, sive receptio pecuniae jam solutae.

" del depositante, arbitro e moderatore. Uno dei caratteri essen-
" ziali del deposito si è che il dominio della cosa depositata resti
" sempre presso il padrone della cosa medesima. Quindi se essa
" perisce per un mero caso fortuito, e senza colpa del deposita-
" rio, perisce a danno del padrone. Il padrone ha dritto di ripe-
" tere la cosa in natura, nè il depositario può farlo contentare
" dell' equivalente; e se il depositario si serve della cosa per uso
" proprio commette una specie di furto, giusta la legislazione Ro-
" mana ed i principii di dritto.

" Ma il danaro che si deposita presso i nostri banchi perisce
" sempre, anche per un puro caso fortuito, a danno del Banco,
" ed il depositante conserva sempre il suo credito. Il Banco, quando
" non si tratti di un deposito regolare o come dicono *in saecolo*
" *obsignato* (1) il che non cade sotto il presente argomento, non
" può essere costretto a restituire la stessa specie di moneta che
" abbia ricevuto, ma basta che restituisca l'equivalente. Finalmente,
" il più delle volte, il Banco, sotto gli occhi medesimi del depo-
" sitante, converte il danaro che gli è stato portato in altri paga-
" menti. Come non vedere in tutti questi fatti una vera ed effet-
" tiva traslazione di dominio, la quale è affatto incompatibile con
" la natura del deposito? Non bisogna confondere il dominio della
" cosa ed il diritto che rimane al padrone di poterne in qualunque
" tempo domandare l' equivalente. Quindi, nel caso nostro, il Ban-
" co non è un depositario che impropriamente, ed il suo vero ca-
" rattere è quello di debitore. Le frasi stesse con cui sono conce-
" pite le *Fedi di Credito* ci danno questa idea. Esse dicono *si è
" dato credito* e non già *si è depositato*. Se, abusivamente, si è dato
" il nome di deposito al contratto che passa tra i nostri banchi e
" coloro che vi portano danaro, ciò non può mutare la natura del-
" le cose, e molto meno portarci a conseguenze repugnanti a tutt'i
" principii.

" A questo si aggiunga che l' opera grandissima dei banchi è
" tutta gratuita, in servizio dei negozianti e delle case dei parti-
" colari in ogni loro bisogno, e che per tale opera ogni banco sof-
" fre la spesa di 35,000 ducati all' anno. Ora è indubitato, che
" sebbene il deposito sia un contratto gratuito, tuttavia il deposi-

---

(1) Vale a dire quando si metteva in deposito qualche oggetto, ovvero plico suggellato, ovvero sacchi di monete, compilandosi processo verbale e quietanza del banco.

" tario ha dritto di ripetere le spese occorse per la custodia della
" cosa. Quindi basterebbe il dispendio che soffrono i Banchi, in
" servizio del pubblico, per giustificare quel profitto che ricevono
" dal prestito del danaro, a rischio proprio e col tacito concorso
" dei padroni „.

Scopi precipui dei banchi furono dunque, fin dai primi anni. 1.°
Cambiare la moneta metallica con cedole, dette fedi di credito,
che manifestavano di quale somma l'istituto si riconosceva debitore. 2.° Facilitare la circolazione, mediante queste cedole o scritte,
che servivano ai pagamenti e tenevano luogo di contante. 3.° Conservare prove giuridiche della data, delle circostanze e dei patti di
qualsiasi pagamento fatto per loro mezzo. 4.° Adoperare poi il capitale che si otteneva contro emissione di fedi di credito, sul quale
il banco o monte aveva acquistato dritto di uso, con dichiararsene
debitore a cassa aperta, nei mutui sopra pegni o nelle operazioni
bancarie possibili a quel tempo.

Anche dai primi tempi fecero prestiti *(accomodazioni)*, con interessi
o senza, com'è provato dai libri di conti e da questa *conclusione*
del Banco Pietà.

1585; a dì 9 di febbraio, Sabato. « Perchè l'opra di questo Sacro Monte, sin dal principio della sua istituzione, non consiste in altro che solo in prestar graziosamente sopra pegno, per la somma che al presente si ritrova ampliata sino a ducati dieci sopra un pegno. E per aver denaro pronto al detto prestito grazioso (1), vi si introdusse la cassa di depositi, dove sono state depositate e si depositano alla giornata quantità notabilissime (2) con le quali si è fatta e si fa, si è mantenuta e mantiene la detta Santa Opera. Affinchè continuasse e non cessasse il concorso dei depositi, quando occorrerà che li depositanti ordinarii e continui avranno bisogno di essere accomodati d'alcuna somma, è stato anco introdotto, per li signori Protettori che per lo passato l'anno governato *(il Banco)* e anco si osserva, d'accomodarli per certo breve spazio di tempo. E si trova stabilito, per l'istruzioni fatti da detti signori Protettori predecessori nell'anno 1577, che le accomodazioni si facciano per lo signor Protettore mensario, a suo rischio e pericolo, e che le partite (1) si notino nel libro delle accomodazioni, firmando di sua mano il signor Protettore Mensario le dette partite nel detto libro. E comechè, nelle dette istruzioni, non si stabilisce nè tassa la quantità che ha da accomodare il Protettore Mensario, nè si chiariscono alcuni particolari, che sopra ciò bisogna dichiarare, per questo l'infrascritti signori Protettori, confirmando e ampliando le dette istruzioni, hanno concluso pel buon governo del sacro Monte che si osservino l'infrascritti altri capitoli; videlicet.

1.° Che non si possono fare accomodazioni, dalli signori Protettori, a quelli che non sieno veri deposi-

(1) Senza interessi.
(2) Di denari.

(1) Ordini di pagamento alla cassa.

— 135 —

tanti del Monte; ma solamente si debbano accomodare, per alcun breve tempo, quelli veri depositanti che hanno continuato il depositare dei loro denari, e di somme convenienti a loro condizione, per le quali siano stati creditori effettivamente del detto sacro Monte. Le quali accomodazioni si debbono fare, alli suddetti depositanti, da ducati cinquanta in giù dal signor Protettore Mensario del negozio di banco solamente e non da alcuno degli altri signori Protettori. E da ducati cinquanta sino a ducati cento si possa anco accomodare dal signor Protettore Mensario, coll'intervento di un altro signor Protettore. E da ducati cento in su si possa fare tal'accomodazione, nella congregazione, da quattro almeno delli signori Protettori. Però che dette accomodazioni si facciano a ciascuno delli suddetti depositanti per una volta sola in un mese, quelli non si accomoderanno di nuovo finchè non avranno soddisfatta la prima accomodazione, vel saltim s'accomodino col pegno ut infra. E occorrendo accomodarsi con pegno, si possano quelli fare da ciascuno delli Protettori, cioè da ducati cinquanta solamente, qual pegno essendo divisibile, si debba quello anco fare in più partite, prestando ducati dieci sopra ogni parte di esso pegno.

2.° Quando il signor Protettore Mensario non volesse accomodare alcun vero e facoltoso depositante, per non conoscerlo, allora debba accomodarlo da ducati cinquanta in basso, con l'approvazione d'alcuno degli altri Protettori che lo conoscerà; firmandosi la partita di tale accomodazione tanto dal signor Protettore Mensario quanto dall'altro signor Protettore che l'approverà; restando obbligato al Sacro Monte, del rischio e pericolo, il detto signor Protettore che l'accomoderà o approverà.

3.° Che non si possano anco accomodare clerici, nè persone o luoghi regolari, nè religiosi o religiose, i quali non si possano obbligare nè astringere nelli tribunali secolari e regii.

4.° E similmente non possano di nuovo accomodarsi, di somma alcuna, quelli che sono rimasti debitori per resto dell'anno passato, senza l'ordine espresso della congregazione.

5.° E che non s'accomodi dal mensario, nè da altro delli signori Protettori, quelli che altra volta sono stati accomodati, e poi non se n'è potuto avere il retratto delle quantità accomodateli, se non con citazione e spese e fatiche o difficoltà senza detto ordine di congregazione ut supra.

6.° Che li uffiziali di banco e pegni, procuratori ed esattori di questo Sacro Monte, non si possano accomodare di quantità alcuna dal Mensario, se non in congregazione, con ordine in iscritto firmato da quattro delli signori Protettori. Ma che se li possano pagare solamente le quantità debite per loro provvisioni; con ordine in iscritto, firmato dal signor Protettore Mensario e non da altri, ritenendosi però tutto quello che essi devono a questo Sacro Monte, conforme alle conclusioni sopra ciò fatte.

7.° Che li ufficiali della pandetta, libro maggiore, e cassiere di questo Sacro Monte, debbano ricevere le polizze fatte alli debitori del Monte da qualsivoglia persone, notandole in credito di detti debitori, e non facendole pagare per cassa, affinchè il Sacro Monte si soddisfaccia di quello che deve conseguire. E similmente, quando vi è pegno in guardaroba consegnato dal debitore per la somma accordatoli, siano tenuti detti uffiziali della pandetta e libri maggiori darne subito notizia al signor Protettore Mensario, il quale debba riconoscere se è passato il tempo dato al debitore accomodato. E ritrovando lui che non è ancora passato il tempo, non farà ritenere li danari che sono girati; ma se troverà ch'è passato detto tempo, farà allora ritenere al debitore accomodato tutta quella somma che esso dovrà a questo Sacro Monte, dalli denari che fossero girati al suddetto debitore in qualsivoglia modo.

8.° Che non si possa dare dilazione, nè superseder l'esazione dalli debitori di questo Sacro Monte, di qualsivoglia somma, per ordine di alcuno delli signori Protettori, senz' ordine espresso della congregazione dei detti signori Protettori.

9.° Che sulle polizze, le quali avrà da far buone lo signor Protettore Mensario, debba l'uffiziale Libro Maggiore scriver prima di sua mano come resta il conto del depositante, per quello che sarà debitore o creditore.

10.° E parimente che il pandettario e l'ufficiale che tiene peso del libro maggiore, debbano notare per extensum, e non per abbreviature quelle parole solite fannosi per essi nelle polizze, bollettini e depositi, conforme alle istruzioni attinenti al loro ufficio. Ma debbono dire e notare per extenso *notata* o *è buona* o *notisi in libro condizionata*, con la giornata corrente, siccome il negozio richiede, conforme a dette istruzioni. Affinchè si possa conoscere se detto notamento è di mano loro o d'altre persone. E facendosi altrimenti, li cassieri non debbono pagare e li giornalisti di banco e di cassa non debbono registrare nei giornali le dette polizze, bollettini e fedi di deposito, ma darne subito notizia al signor Protettore Mensario, e poi, nella prima congregazione, a tutti li signori Protettori in congregazione.

11.ª E finalmente, li detti giornalisti, debbano registrare le polizze e bollettini di pagamento, che si fanno per questo Sacro Monte, con tutte le condizioni che sono in quelli, e principalmente le condizioni delli depositi, le quali si debbano registrare ad verbum, eziandio quando si restituiscano li depositi *de voluntate partium*.

12.° E che li detti pannettario, ufficiale del libro maggiore, cassieri e giornalisti, non osservando li presenti capitoli e istruzioni, e quanto in quelli si contiene, oltre che siano obbligati a tutti i danni, spese e interessi che per ciò patisse in futuro questo Sacro Monte, incorrano anco, *ipso tunc*, nella privazione de'loro uffici.

Giov. Vinc. Pignone — Pietro Gambacorta — Agostino Caputi — Giov. Domenico Caprile.

In seguito divennero maggiori le somme da prestare, e si tolse il patto di consegnare pegno. Conserva l'archivio molti libri di *accomodazioni*, fra' quali uno del Monte della Pietà, data 27 aprile 1612 a 29 dicembre 1617, con questo titolo: *Libro degli accomodi, che si faranno per li signori Protettori del Sacro Monte della Pietà di Napoli, unitamente in congregazione, ai negozianti e persone benemerite del Monte; acciò si conservi la confluenza dei negozii utili al banco di esso Sacro Monte; li quali accomodi si noteranno per mano propria di me Giulio Vallesio, Segretario, de ordine di essi Signori Protettori; e nel principio di questo libro se vederà cucita la lettera regia originale, per la quale se proibisce ogni accomodo che non sia conchiuso da tutti essi signori Protettori o dalla maggior parte; e poi si continueranno gli accomodi alle giornate che per detti signori Protettori si conchiuderanno.*

La lettera del Viceré Conte di Lemos dice:

Philippus Dei gratia Rex.
Magnifici viri Regis fideles dilecti.
Per vostra parte ci è stato presentato il seguente memoriale.
Illust. et Eccellent. Sig. Li Protettori del Monte della Pietà dicono a V. E. come nel mese di febbraro passato, et a novembre 1611, fu per tutti essi Protettori, de pari voti et nemine dissentiente, in congregazione concluso, che li negozii della casa e del banco, e particolarmente gli accomodi che fossero occorsi di farsi per comodità di negozianti e mantenimento di detto banco, si fossero fatti in congregazione, per voto di tutti, o della maggior parte di essi Protettori, e non da un solo, come alcune volte è stato abbusato, con molto pregiudizio di quella Casa. Che, oltre l'essere cosi di ragione, è tuttavia conforme alli stabilimenti et ordini regi, altre volte sopra ciò fatti. Supplicano perciò V.E. sia servita comandare che cosi si debba osservare, che oltre sia giusto, lo riceveranno a grazia da V. E. ut Deus.

Et inteso per noi il tenore del presente memoriale, ci è parso farci la presente, per la quale ve dicemo et ordiniamo, che de qua avanti, in conto nessuno debbiate fare, nè far fare impronto nessuno di danari, nè altro, a nessuna persona, de qualsivoglia stato, grado e condizione se sia, se prima non sarà trattato in congregazione; e conchiudendosi per voi, o per la maggior parte, di fare l'impronto predetto, lo possiate fare conforme sarà conchiuso e non altramente. Ordinando, per la presente, agli ufficiali e ministri del Banco predetto, che cosi lo debbiano eseguire e osservare; altrimenti, contravvenendosi per essi o alcuno di essi, col pagare o accomodare alcuna quantità di danari o altro, contro la forma del presente nostro ordine, volemo e ordiniamo che essi sieno tenuti di proprio pagare al banco tutta quella quantità di denari o altro che per essi sarà pagata, contro la forma dell'ordine prescritto, oltre la pena riservata al nostro arbitrio. E non si facci il contrario per quanto si ha cara la grazia di Sua Maestà. — La presente resti in vostro potere. Datum Neap. die 27 mensis aprilis 1612.

El Conde de Lemos. — Vidit Constantius Regens — Vidit Tapia Regens — Vidit de Castellet Regens — Vidit Montalvo Regens — In par. 23 fol. 144. — De Ligorio.

Alli Protettóri del Monte della Pietà, presenti e successori futuri, che de quà avanti non improntino nè accomodino danaro o altro a nessuna persona, se prima non sarà trattato e conchiuso per essi, o per la maggior parte in congregazione. E conchiuso farsi detto impronto lo possono fare. Con ordine a gli ufficiali e ministri di detto monte che così l'osservino, altramente siano tenuti de proprio, oltre la pena riserbata ad arbitrio di Sua Eccellenza ut supra.

La grande differenza fra il sistema degli antichi Monti di Napoli e gli altri che prima e dopo furono usati dalle banche di emissione, sta in ciò, che la scritta di credito non si dava fuori se non dopo fatta la consegna del danaro all'istituto; mentre i biglietti di banca al latore si emettono prima che sia giunta alla cassa la valuta metallica da loro rappresentata.

Le fedi di credito si consegnavano contro deposito di somme non inferiori a ducati dieci; per i piccoli pagamenti si adoperava un altro titolo, detto *polizzino*.

Meraviglioso progresso. che al solito non sappiamo a chi si debba, fu l'uso delle *madrefedi* e delle *polizze notate*. Il sistema dei *Conti Correnti* e degli *chèques*, che tanti scrittori credono introdotto dalle Banche di Scozia, era comune a Napoli più di cento anni prima che queste fossero nate. Infatti la *Madrefede*, usatissima fra noi fin dal secolo XVI, è un perfetto Conto Corrente, che comincia da una fede di credito. Specificata con questa fede il nome del creditore, che può essere tanto un individuo come una ditta, od associazione, o corpo morale, od azienda qualsiasi; determinata la natura e lo scopo del conto; espressi li patti e tutte le condizioni o circostanze chè al creditore piaccia di mentovare; trascritti, quando occorre, i documenti; il Banco di Napoli apre un conto corrente, senza interessi, dove il credito del cliente consiste in siffatta fede e nell'altre somme, di contanti o di carte bancali che dopo si aggiungono: il debito poi risulta dalle *polizze notate*, le quali sono veri *chèques*, ovvero mandati; cioè ordini di pagare, trasferendo porzione o tutto il credito a determinate persone.

Le contabilità dell'istituto consentono d'aprire allo stesso ente o individuo quante madrefedi voglia, senza paura di confusioni scritturali, perchè il metodo *apodissario* distingue benissime le partite.

I banchieri di Napoli adoperarono la madrefede, da essi chiamata *libretto*, nei secoli XV e XVI. Surto il Monte della Pietà, e divenuto cassa di circolazione, l'ingegnoso modo di tenere i conti si svolse meglio; usandosi per liquidare i debiti ed i crediti dei banchieri col monte mercè semplici scritte e senza moneta. Ecco due articoli delle istruzioni 19 agosto 1578.

« Le polizze che alla giornata si girano, per mezzo del Sacro Monte, da qualsivoglia persona a qualsivoglia pubblico banco, si debbono presentare all'officiale della pandetta; ed in quelle, notatovi che son buone di mano dell'ufficiale libro maggiore, il detto uficiale della pandetta noterà le partite di sua mano, nelli libretti delli detti banchi in lor credito, e nelle polizze scriverà anco l'ordine che si notino e la sua firma. Quando le partite si girano sono condizionate, e non sono adempite le condizioni in quelle apposte e notate nel mandato di esso Sacro Monte, non debba accettarle, nè notarle in detti libretti; non ostante che si girassero con le medesime condizioni, che avessero da adempirsi nel detto Banco al quale si girano; ma le dette condizioni le facci adempire in esso Sacro Monte, altrimenti non accetti nè noti le polizze.....

« Ogni volta che saranno presentate polizze di partite, che si girano a questo Sacro Monte per mezzo di altri banchi, fatti prima saranno li bollettini, per mano dell'officiale che tiene il manuale di banco, le manderà con li libretti a farle notare in credito di esso Monte; li quali libretti debba subito recuperare e poi conservarli sotto chiave, e vedere se sono notate le partite delle polizze che son mandate ad accettarsi. E non facci nelli detti libretti notarvi alcuna partita per mano di qualunque altro officiale.

« Sia tenuto e debba andare a puntare ogni mese, e tante volte quanto li sarà ordinato dal signor Protettore che farà il mese, con gli altri banchi con li quali si terrà conto; acciò sempre si possa sapere la resta vera del credito o debito delli detti banchi.

Negli elenchi d'impiegati della Pietà, del secolo XVI, si trova il *porta-libretti* cioè la persona specialmente addetta ai conti correnti per *chèques* dei banchieri, che faceva sbrigare le registrazioni e le liquidazioni dipendenti dal loro negoziato coll'istituto.

Tanto sulle fedi di credito del Banco, quanto sulle polizze notate e polizzini, era espressa la somma da pagare e la data. Potevansi anche scrivere le cause del pagamento ed i patti e condizioni con cui si faceva; queste annotazioni si chiamavano *girate*. Eccone alcune molto antiche.

Magnifici Sig. Protettori et Governatori del Sacro Monte della Pietà di Napoli.

Piaccia alla SS. VV. pagare per me al magnifico Scipione Scoppa di Napoli ducati ventisei, tarì uno et grana sette et mezo correnti, et dite che pago come tutore delli figli et eredi del quondam Cola Giov. Scordamaglia, a compimento di D. 36; per tanti che per decreto del Sacro Regio Consiglio, spedito nella banca del magnifico Longo, sono stato condannato a pagarli, per qualsivoglia cosa ch'egli pretendesse contro detti germani, come pure per detto decreto, al quale si abbia relazione; che li restanti D. 9.3. 12 1/2 s'hanno da pagare al magg. Franc. Ant. Longo, per lo prezzo di tanti panni e spese fatte per servizio di detti figliuoli, per lo spazio che sono stati sotto la cura di detto magnifico Scipione, et ponete a mio conto—da casa a dì 24 marzo 1573.

D. 26. 1. 7 1/2

Al comando delle SS. VV.
Alessandro Montorio.

pag. D. 26 — 1 — 7 1/2 g.
    a 17 luglio 1873
        C. B.

E per me soprascritto Scipione Scoppa vi piacerà pagarli ad Antonio Marzano mio creato, per altri tanti.

Da casa a dì 14 luglio 1573.   *Scipione Scoppa.*

Sig. Protettori del Monte della Pietà di Napoli.
Vi piaccia pagare, per me, ai sig. Giovanni Ant.° e Dom.° Fiorillo ducati venti corr., dite sono a compimento di D. cinquanta, quali mi improntò per lo banco Ravaschieri nei mesi prossimi passati. E ponete al mio conto — da casa il 2 settembre 1573.

                                                    Servo vostro
20 — 0 — 0   *Scipione Fiorillo*
   pag. D. venti a 2 di settembre 73
          C. B.

E per me Domenico Fiorillo li pagherete al m.° Paulillo li infrascritti ducati vinti.

                                            Al com.° vostro
                                            Domenico Fiorillo.

Il Banco era tenuto d'assicurarsi della esatta osservanza delle condizioni, e lo faceva con la massima celerità e solerzia, commettendo ad un pubblico notaio al suo servizio, detto *Pandettario*, di leggere queste girate, e di permettere ai cassieri che il titolo fosse pagato solamente dopo d'essersi accertato, mediante firme per quietanze, ovvero attestati di persone di sua fiducia, ovvero documenti, che non ci fosse difficoltà. In caso di contestazione, rispondeva il Pandettario per i titoli malamenti pagati.

L'obbligo principale di questi notai Pandettari era, ed è sempre, quello di assicurarsi che il creditore abbia accettate tutte le condizioni, patti ed espressioni scritte nella girata dal debitore. Tale accettazione si prova con la firma del creditore stesso. Abbiamo una prammatica del 31 marzo 1603 che dice:

« Ordiniamo e comandiamo a tutti li banchieri e banchi pubblici, sistenti tanto in questa fedelissima città come in qualsivoglia altra del presente regno, che da qua in avanti, in modo alcuno, non debbano, nè ciascuno di essi debba ricevere, nè pagare, nè far pagare nel suo banco polizza alcuna a compimento di maggior somma, se non fosse stata soscritta dal creditore a beneficio di chi va la polizza; e non sapendo quello scrivere, che si abbia da fare di mano di notaio pubblico, con la sua soscrizione; sotto pena ai contravvegnenti di ducati mille per ciascheduna volta, da applicarsi per le due terze parti al Regio Fisco, e per l'altra all'accusatore. E di più, quando si trovasse polizza accettata, senza detta firma, vogliamo e comandiamo che non tenga alcun vigore, ma solo serva per lo pagamento reale ed effettivo, che per detta polizza si facesse. Ordinando, per la presente, a tutti i singoli officiali e tribunali, che così lo debbono fare osservare ed eseguire, e procederè all'esecuzione delle pene predette, che tal'è nostra volontà ed intenzione. »

Questa prammatica è forse l'unica, fra le tante relative ai banchi, che abbia avuta piena esecuzione, e che ancora si osservi.

Anteriormente qualche banco permetteva, anzi comandava, che i suoi uffiziali sottoscrivessero per le persone illetterate. Leggesi infatti nella regola del Monte della Pietà, 19 agosto 1577, quest'obbligo di chi teneva il repertorio del libro maggiore.

" Li bollettini delle quantità de' danari che si hanno a pagare per cassa ai depositanti, che son creditori nel libro maggiore, non si consegneranno alli detti depositanti se prima non saranno da essi firmati; *e non sapendo scrivere li detti depositanti basterà che siano firmati dall' ufficiale che tiene la pandetta come di sopra è detto*; non ostante che per lo passato fosse stato altrimenti osservato e ordinato dalli signori Protettori, il che così di nuovo è stato ordinato e confermato per più celere spedizione dei negozi. „

È cosa probabile che la trascritta prammatica del 1603 abbia suggerito ai banchi di scegliere i notai per l'ufficio di leggere le girate e di ordinare che si pagassero le polizze. Ci conferma in tale idea il titolo di *Pandettario* dato a questi notai, titolo che non risponde alle loro funzioni, sibbene a quelle dell'impiegato che al secolo XVI teneva il repertorio *(pandetta)* dei libri mastri.

Evidente utilità pei creditori e pei debitori, agevolezza somma veniva dalle girate, le quali davano autenticità ai pagamenti meglio che se per atto di pubblico notaio fossero fatti, avevano forza ed autorità di formali scritture, valide in giudizio. La *partita di banco* cioè la copia che rilascia l'istituto dei patti messi da chi paga, quali si tengono come accettati da chi riscuote pel solo fatto che sottoscrive e che si serve del titolo, fu sempre sufficiente per sciogliere qualsiasi contesa. Non s'è dato mai l'esempio di tribunali che avessero sollevato il menomo dubbio sul valore legale di questa forma di pagamento, riconosciuta come quietanza autentica, e specialmente come stipulazione di tutt'i patti che possa contenere.

Il conto corrente poi (madrefede) non era, come nell'odierne banche, un arido notamento di depositi e mandati, ma era pure la storia e la giustificazione legittima di qualsiasi gestione pecuniaria. Nei mandati sulla cassa (polizze notate fedi) si potevano, come sulle fedi di credito, scrivere avvertenze e stipulazioni di qualsiasi natura, delle quali restava la prova per ogni futuro caso, ed era sempre segnato il giorno ed il nome della persona in favore della quale si spiccavano. Anche l' *introito* cioè l'avere del cliente poteva risultare da carte bancali, che contenessero tutti li chiarimenti e notizie di cui gli piacesse di tener memoria, poichè l'istituto computava, come computa, in suo favore, tanto i versamenti di moneta contante quanto quelli di valuta apodissaria. Conservando la *madrefede*, ciascuno sapeva qual somma dapprima consegnò al banco, di quali altre poi e quanto l'accrebbe, a chi, quando, e perchè pagò. Scevro della cura di custodire la moneta, vivea tranquillo. Se egli era un semplice cittadino, il Banco gli faceva ufficio di ragioniere e di notaio e rendevasi archivio di sua domestica amministrazione, come delle sue commerciali operazioni, se fosse mercatante, e della sua azienda, se amministratore di pubblici istituti; e tutti questi servizii si rendeano gratuitamente. Esistono molti *libri maggiori*, cioè registri di conti correnti del secolo XVI, dai quali è provato che fin d'allora pubbliche amministrazioni, banchieri, monasteri, chiese, confraternite, grandi case della nobiltà e del commercio, *mastrodatti*, avvocati ed anche modestissimi cittadini tenevano madrefedi al Banco. Più, che le polizze e gli ordini di pagamento si riferiscono spesso ai bisogni domestici della clientela, trovandosi quietanza per la somministrazione della carne, delle derrate, del vino, ovvero mercedi del servo e dell' operaio.

Solamente le somme che dovevansi immediatamente spendere, erano ridomandate al Monte, il quale a vista pagava. Ma la massima parte dei depositi passava dall' uno all' altro creditore, per via di scritturazioni sui registri e volture di crediti, senza che la moneta uscisse dalla cassa.

Ecco un articolo della regola del 1577.

« Quando le polizze e fedi di deposito non hanno a pagarsi per cassa, ma debbono restare in credito di quelli che (*ai quali*) son girate e liberate, allora similmente, presentate al detto ufficiale che tien la pandetta; notatosi il numero delle carte (*la pagina*) per l'ufficiale che tien peso del libro maggiore, notatosi che son buone per lo detto ufficiale della pandetta, vi si scriverà l'ordine che si notino, con ponersi la giornata ed anno e sua firma (*dell' ufficiale pan- detta*). Ed altrimenti le dette polizze e fedi non si possano nè si debbano notare nel libro maggiore in modo alcuno; eccetto quando vi sarà ordinate, di mano del signor Protettore che farà il mese che si facciano buone. E quando, nelle dette polizze e partite di liberazioni di depositi, vi son condizioni; allora il detto ufficiale della pandetta, quando farà il soprascritto ordine, debba anche esprimervi che si notino condizionate. »

Non è da meravigliare che tanto amore e fiducia nei monti e nei banchi avesse il popolo ed onor patrio li stimasse. Ad essi affidava tutt'i suoi denari. Per molti e molti anni la maggior parte dei clienti non usò di chiedere documento alcuno, contentandosi che fossero semplicemente registrati sul libro i suoi crediti ; tanto era grande l'onestà dei governatori e degl'impiegati, come pure la chiarezza e precisione delle scritture. Il Governo stesso, dalla pubblica opinione trascinato, dovette depositare nelle casse dei banchi il danaro dello Stato, che una volta si custodiva nel Castello dell'Ovo, poi in Castelnuovo e quindi al Palazzo Vecchio. E consegnò qualche volta grossi capitali senza che niuna sicurtà dai banchi pretendesse, tutta la sicurtà veniva dalle regole buone e dagli amministratori rispettabili.

Ben contente si dovettero chiamare la Finanza Viceregnale, e poi la Finanza Borbonica, dell'opera dei Banchi, che col sistema delle madrefedi e polizze notate aveva reso impossibili i vuoti di cassa e le frodi a danno del fisco. Però la gestione della cassa governativa fu tutt'altro che giovevole agli otto monti di Pietà, e specialmente a quelli di San Giacomo e dello Spirito Santo, che assorbivano la maggior parte degli affari.

L'ordinamento degli ufficii e le scritture contabili erano modelli di semplicità ed esattezza. Ogni Banco teneva. 1.° La *Cassa*, dove si facevano le riscossioni e pagamenti di numerario. 2.° La *Ruota* dove si registrava l'entrata ed uscita del contante e dei titoli, e si portavano i conti di tutti i creditori per carte in circolazione. 3.° La *Revisione* che dopo sei mesi faceva un accurato riscontro di tutte le scritture contabili. 4.° L'*Archivio* che conservava i registri, la corrispondenza e con particolare diligenza le bancali pagate. 5.° La *Segreteria*, ufficio direttivo dell'amministrazione, dove stavano i Governatori e Delegati. 6.° La *Razionalia* finalmente, che aveva cura dei beni patrimoniali.

Le forme dei titoli apodissarii eran diverse, secondo che si trattava di mandati, di fedi, di polizze o di polizzini, ed anche per mutamenti che si stimarono indispensabili da qualche banco. Ecco i documenti che l'avv. Aiello prese dall'archivio e pubblicò sulla rivista, *Il Filangieri,* di novembre 1882.

MANDATO DI PAGAMENTO

375
445   *17 luglio 1573*

Al mag.° Giov. Bern.no Caso D. sei per resta
D. 6.

C. B.
D. 6 p.°

Occorre qualche spiegazione.

Giovan Berardino Caso aveva precedentemente consegnato delle somme al Banco Pietà, senza prenderne documento e contentandosi della scritturazione sul libro; aveva pure ripigliato porzione del suo denaro ed al giorno 17 luglio 1573 restava creditore di sei ducati. Occorrendogli tale residuo, lo domanda al *Libro Maggiore*. Questi scrive di suo pugno una specie di bono o d'ordine al cassiere, dove sono mentovati due fogli del proprio registro, la data 17 luglio 1573, la persona del magnifico Giovanni Berardino Caso, la somma di ducati sei in lettere ed in cifra, e finalmente che si tratta di *resta*, vale a dire che pagando i ducati sei il conto resta chiuso ed esaurito. Firma con le sole iniziali del nome e cognome, Cesare Bonfigli. Il cassiere, da parte sua, paga lo stesso giorno e si contenta d'aggiungere la sigla D. 6. p. (ducati sei pagati) senza domandare quietanza, bastando che gli fosse consegnato il bono, e che lo potesse mettere nel volume dei documenti di esito, per suo discarico.

ALTRO MANDATO DI PAGAMENTO

A dì 28 aprile 73 a mastro Luzio Calone D. QUARANTA

379   *C. B.*
445   *a 18 luglio 73   D. 40 p.°*

Differisce dal precedente solo perchè manca la somma, in cifra del libro maggiore, e perchè ci sono due giornate; 28 aprile 1573, data dell'emissione, di pugno del libro maggiore, e 18 luglio 1573, data del pagamento, di pugno del cassiere.

Queste due diverse date, aggiunte alla mancanza di firma del creditore, fanno argomentare con fondamento che tali boni circolassero in commercio e si trasferissero senza girate. Potevano, a parer nostro, compiere l'ufficio di titoli al portatore, anzi erano veri biglietti di banca, poichè si pagavano in contanti, a vista, al presentatore. Nessuna grave differenza, economica o giuridica, sappiamo scorgere di questa forma rudimentale ed imperfetta dell'assegno al latore col moderno biglietto di banca.

Però il Monte di Pietà dovette in seguito rinunziare a tale carta; troppo pericolosa, perchè poggiata unicamente sulla reciproca buona fede dell'istituto e del cliente, senza malleveria di sorta alcuna.

FEDE DI CREDITO CONDIZIONATA

Noi Protettori del Sacro Monte della Pietà di Napoli, facciamo fede tenere in deposito, su questo Sacro Monte della Pietà, dal magnifico Giovanni Antonio Daniele, Ducati trentatre correnti, i quali dice essere per quelli pagarsi ad Andrea e Pietro Giovene in questo modo: cioè Ducati sedici, tarì 2, grana 10 nella festività di tutti i Santi dell'anno 1572; i restanti Ducati sedici tarì 2 grana 10 nella metà del mese di agosto prossimo a venire dell'anno 1573, sempre che averanno fatte le debite cautele, e quietanza dell'entrata ed uscita d'una casa sita alla Pedamentina di Sant'Erasmo che tiene locata da essi, alla ragione di ducati trentatre l'anno; ne stassimo all'ordine della Gran Corte della Vicaria, e così osservassimo. E, restando detta somma quale deposito, vuole non si liberi se prima non saranno intesi gli Eccellentissimi Magnifici Signori Maestri dell'Annunziata di Napoli, pell'interesse che pretendono sopra detta casa. Citra praejudicium delle liti mosse in detta Gran Corte contro detti fratelli: del che e del tutto ne stessimo all'ordine di detta Gran Corte e così osservassimo.

Di mano di Cesare Bonfigli nostro Razionale e suggellata del solito suggello di detto Sacro Monte.

A dì 1° ottobre 1572.

Cesare Bonfigli Razionale

(bollo ad ostia del Banco).

In dorso sono menzionati li pagamenti fatti a Pietro ed Andrea

Giovene, ed all' Ospedale dell'Annunziata, in virtù di mandati e decreti della Gran Corte della Vicaria del 1573.

Questo è il modo come a Napoli, per centinaia d'anni, si sono fatti i pagamenti condizionati o vincolati. Fin dal secolo XVI, i banchi presero le funzioni di cassa depositi e prestiti e fecero da notai per la costatazione dell'adempimento degli obblighi e per le verifiche dei documenti, restando sempre mallevadori della verità e bontà dei documenti stessi.

FEDE DI CREDITO LIBERA

Noi, Protettori del Sacro Monte della Pietà di Napoli, facciamo fede tener in deposito, su questo Sacro Monte, da Lucrezia de Beneme ducati tredici, i quali vole se libereno a chi essa, su piede della presente, ordenerà, a fede di noi; et così osservassimo a restituzione della presente, sottoscritta di sua mano, e sigillata del solito sigillo del detto Sacro Monte.

In Napoli a dì 22 di settembre 1574
pag.º *ducati tredici a 8 ott.* 74
C. B. *Cesare Bonfigli.*

ALTRA FEDE DI CREDITO LIBERA

Noi Protettori del Banco di Sant' Eligio Maggiore di Napoli, facciamo fede tener creditore, in detto banco, il mag. Anello Balsano de Luca; D. quaranta correnti, de'quali potrà disporre a suo piacere a restitutione della presente firmata di sua propria mano e sigillata col solito sigillo di detto banco.

In Napoli il dì 4 di agosto 1592.

Oratio Patovo.

pag. a 4 di agosto 1592 D. quaranta

POLIZZA LIBERA

Signori Governatori del banco di S. Eligio di Napoli, piaccia alle SS. VV. pagare per me al magnifico Giov. Carlo Lupinaccio duc. quattordici, et sono per altri tanti et mettete in conto. Da casa il dì 8 agosto 1592.

Pagati 10 agosto 1592 D. quattordici
ad ogni honor delle SS. VV.
(firma illegibile)

Giustamente il prof. Aiello chiama l'attenzione su quest'ultimo titolo, che paragona col moderno assegno bancario per mostrare quanto si rassomiglino nella forma e nella sostanza. Polizza e *chèque* sono datati ; sottoscritti dall' emittente; pagabili a vista ed a cassa aperta; trasferibili mediante girata ed anche con girata in bianco; tratti su chi tiene fondi a disposizione del firmatario. Non vi sono che due caratteri differenziali. Primo, lo *chèque* può essere al portatore, la polizza no. Ma questa si riduce ad una diversità di forma, non di sostanza, per la ragione che le *gire in bianco*, adoperate fin dai primi anni, producevano l' effetto di farne un titolo quasi al portatore. Secondo, per lo chèque è generalmente assegnato un tempo brevissimo alla presentazione e pagamento, 24 o 48 ore; le polizze invece potevano circolare indefinitamente e non mancano esempî di titoli pagati più di cent'anni dopo che s'erano emessi.

Sulla trascritta polizza libera del Banco Sant'Eligio, nessun contrassegno dell' istituto prova che fosse debitore dei ducati quattordici, e li potesse pagare, liberamente, a vista, a Carlo Lupinaccio ovvero ad altra persona da costui designata. Regnava tanta buona fede che non solo si consegnavano denari ai banchi senza prendere documento legale, ma si accettavano come vera moneta effettiva li mandati sulla cassa, senz' indagare se rappresentassero un vero credito del traente.

Derivarono inconvenienti da questa eccessiva facoltà, lasciata a tutti, di spiccare ordinativi di pagamento. Perciò, nel secolo XVII, tutt' i banchi aggiunsero l' *introito* sui polizzini e la *notata fede* sulle polizze, cioè un attestato, autenticata da firme d'impiegati e da bolli, per la quale si riconosce il debito dell' istituto ed il credito del traente o possessore. Ciò fece radicalmente cambiare l' indole giuridica ed economica del polizzino e della polizza, che divennero strumenti di circolazione, simili alle fedi di credito.

Ma la clientela non accettò senza contrasto l' obbligo di presentare gli chèques all'istituto, per un avvaloramento che li facesse legalmente circolare. I creditori di conti correnti (madrefedi) tentarono molte volte di far rivivere, per forza di consuetudine, l'antico sistema, comodissimo a loro. Occorsero proteste dei cassieri e quest' ordine formale del Vicerè, che fu strettamente osservato per la concordanza sua colla sicurezza dei banchi.

" Carolus Dei Gratia ecc. A noi è stato presentato memoriale del tenor seguente: Eccellentissimo Signore. Li sottoscritti cassieri dei banchi di questa fedelissima città supplicando esponeno a V. E. come è stato sempre solito il notare in fede le polizze dei banchi dalli ufficiali di essi. Al presente, contro la forma del solito e senza nessuna sussistenza, se nota in fede da mercanti e particolari; dal che ne può nascere grandissimo danno ad essi supplicanti ed al pubblico, oltre il discredito delli stessi banchi; mentre alle volte se pigliano le polize per riscontro, notate dai mercanti e particolari, e poi non se trova il denaro ai libri maggiori. Che però recorrono a V. E. e la supplicano a proibire detto notare in fede dai mercanti e particolari, con ordinare alli ufficiali libri maggiori di essi banchi che non ammettano le polizze notate da detti mercanti e particolari, ma solum dall'ufficiali dei banchi, acciò s'eviteno detti danni e discrediti per bene pubblico. Oltre è di giusto lo riceveranno a gratia ut Deus. Aniello d'Apuzzo cassiere del Banco di S. Iacovo supplica ut supra. Francesco Antonio Grasso cassiere del Banco del Monte della Pietà. Costantino Amato cassiere del Banco del Popolo. Giuseppe Francese cassiere del Banco dello Spirito Santo. Orazio Perrone cassiere del Banco di Sant'Eligio. Francesco Castaldo cassiere del Banco del Santissimo Salvatore. „

" Ed inteso per noi l'esposto ci è parso di far la presente con la quale ordiniamo a tutti l'officiali dei banchi di questa fedelissima città che da oggi avanti non ammettano nè paghino le polizze che li porteranno con la notata in fede fatta dalle medesime persone che firmeranno dette polizze, sotto pena di ducati mille per ciascuna volta che si contravenerà dall'ufficiali predetti; da applicarsi a beneficio del Real Fisco. Ma la nota in fede in dette polizze si debba fare dalli medesimi officiali delli banchi a chi spetta atteso tal'è nostra volontà. Datum Neap. die **15** sept. 1668, D. Pietro Antonio d'Aragona. Videt Galeota Regens. etc. „

POLIZZINO DEL SECOLO XVIII.

Banco dei Poveri pagate ad Angiolo Sangiacomo D. tre
Fatto introito   *Napoli 5 dicembre* **1760**
Docati tre   (firma illeggibile)

ALTRO POLIZZINO

Banco del S: Monte dei Poveri li D. otto esistenti in B. vostro in credito mio li pagherete a D. Gennaro Pizzi.

— 8 — Napoli 26 novembre 1760
26 novembre D. otto Cristofaro de Costanzo
(iniziali) a 19 dicembre pagati D. otto.

Un religioso rispetto avevano li Banchi per la propria firma, cosicchè, per secoli, non s'è dato l'esempio che avessero volontariamente rifiutato di pagare qualche titolo apodissario. Anche quando sapevano che l'avvaloramento s'era fatto con frode o per isbaglio, comandavano gli amministratori di rispettare le ragioni del giratario. C'è in archivio (vol. 227 pag. 193 e seg.) un processetto del 1681 pel notatore in fede Domenico de Martino che, d'accordo coi commercianti Giov. Bernardo e Bernardino Vigannaghi, aveva messo in circolazione dieci polizze, per la somma di D. 9,205,4,09 e poi s'era rifugiato in chiesa, dove allora non si poteva arrestare.

Tuttochè patente il dolo, indiscutibile la nullità degli chèques, trattandosi di conto corrente già esaurito, volle il delegato regio che fosse riconosciuto per buono e valido il bollo del banco.

Nell'allegazioni di Rovito, Altimari ed altri giureconsulti napoletani del secolo XVII, leggonsi varie sentenze di Delegati, che sempre concludono " venendo al Banco una polizza notata " fede o pur fede di credito, sempre in quella non vi sia vizio al- " cuno, e roborata del suggello del Banco, questo è in obbligo as- " soluto di sodisfarne il denaro all'esibitore, o che la firma sia vera " o non vera, o che il denaro vi sia nel banco o non vi sia, forse " con fraude indi tolto, restando poi l'azione di ripeterlo dal dis- " rubante „. Così giudicò il Reggente Gaeta nella causa di Michele Monte (1688) per la quale si trattava di furto del titolo e falsità di firma. I denari eransi dall'istituto dati a Monte, che asseriva di aver perduto la fede di credito; ma quando si presentò Fioravante de Benedictis e disse d'aver avuto il titolo nella fiera di Salerno, e che la fede pubblica non compativa che s'impedisse il pubblico commercio, il Banco li tornò a pagare, facendo valere i dritti derivanti dal contratto di pleggeria contro Monte. Vanamente provò quest'ultimo che avevano fatto una firma falsa, essendo egli illetterato.

Similmente, nella causa col duca della Castellina (1686) per la quale si trattava di polizze notate, messe in circolazione contro la volontà del correntista e con sua firma falsa, fu dichiarato valido il dritto del terzo possessore.

Ma poche e di scarsa importanza furono le frodi consumate mediante falsificazioni delle fedi di credito o polizze, sebbene tali titoli si potessero facilmente imitare, perchè i bolli erano malamente incisi, la scritturazione e qualche ornato calligrafico si faceva con la penna, da impiegati subalterni, la carta e l'inchiostro non aveano niente di pàrticolare. Di tutte queste moderne precauzioni teneva luogo, con miglior successo, la legge consuetudinaria di mettere la firma alle girate; firma che faceva conoscere per quali mani fosse passata la bancale, ed esponeva per conseguenza a grande pericolo d'essere scoperti i falsarii. Non prima del 1748 il Banco Spirito Santo (1), del 1752 il Banco S. Giacomo, pensarono di fare un'incisione in rame per le loro fedi di credito, ottenendo maggiore sicurezza ed anche risparmio. Passarono varii anni prima che fossero imitati dagli altri; secondo il Rocco (2) solo nel 1785 avevano tutti adottata questa novità. Le lamine ed i torchi si conservavano dalle rispettive casse e segreterie che facevano tirare il necessario numero di stampe e tenevano accuratissimo conto del consumo. I fogli coll'incisione, non avvalorati, si chiamavano *scudi*.

Del denaro affidato loro facevano i banchi discretissimo uso, allogandone una parte sopra pegno di gioie, oro, argento, panni e seterie; dandone altra in prestito, con ipoteca sopra beni stabili o *partite d'arrendamento*, ch'erano i titoli di debito pubblico allora in uso. Raramente ottenevano somme a mutuo l'amministrazione municipale di Napoli, il fisco, gli ospedali, conservatorii ed altri pubblici istituti. Lo sconto delle cambiali ed il pegno di carte valori *(anticipazione)* eran cose proibite dalla legge ecclesiastica ed anche dalle prammatiche vicereali. Nondimeno le confraternite si destreggiavano per collocare qualche somma con utile del commercio. Oltre della trascritta conclusione del Monte della Pietà (pag. 137)

---

(1) Ecco una delle più antiche fedi di credito stampate:
Noi Governatori del Banco dello Spirito Santo facciamo fede tener creditore in detto nostro Banco il signor Saverio Guida in D. cento, dei quali potrà disporre ad ogni suo piacere con la restituzione della presente firmata e suggellata. Napoli 2 gennaio 1749—D. 100—*Bollo ad ostia—firme — al rovescio —* per altri tanti — Saverio Guida.
(2) Ragione dei banchi vol. I. pag. 58.

troviamo questi articoli nella regola del Monte dei Poveri, dell'anno 1612.

Art. 1. pag. 93. — " Quantunque, per lo salutevole impedimento
" della scomunica, non possa il Banco prestare cosa alcuna del suo
" denaro, può nondimeno far ispendere docati duecento, eccettuati
" espressamente in detta scomunica, li quali perciò abbiano a ser-
" vire per accomodarne, quando occorresse, alcuno negoziante fre-
" quente e fruttuoso del Banco ed anche per servigio dell'oratorio.

" Art. 3 pag. 94. — Ma per potere in qualche altro modo sov-
" venire a' bisogni di cotesti utili e frequenti negozianti del Banco,
" averanno facoltà i Governatori, con il consenso della maggior parte
" di essi, come sta determinato, accomodarli sopra pegno insino
" alla somma di duc. 200 e non più oltre „.

Il registro degli *accomodi*, cioè dei prestiti che fece il Monte della Pietà dal 1612 al 1617, più di esso i *libri di casa* e *libri di terze*, cioè i Giornali ed i Mastri della scrittura patrimoniale, che quasi tutti si sono salvati e formano una preziosa collezione, di varie centinaia di volumi, testè messa in ordine, danno curiose notizie sulle pratiche amministrative o bancarie di quel tempo. Ci sono strappi alla legge ecclesiastica di non riscuotere interesse, come per esempio questo:

" Avendo da far deposito il signor Ludovico Bucca di D. 3277 1¡2,
" e mancandoli duc. 777 1¡2, se li prestino per tutto il settembre
" prossimo che segue, e corrisponda a quella ragione che esso ne
" paga per lo debito che vuole estinguere „.

Anteriormente avevano consultato i migliori teologi, registrando, nel volume delle conclusioni, questa del 26 marzo 1604. " Avendo il Segretario proposto difficoltà di poter pigliare interesse delle accomodazioni e mutui che si fanno a tempi determinati, s'è consultato con li padri di San Paolo e del Gesù, e risoluto che con formare nel libro di casa un conto di quelle partite di denari che si pigliano ad interesse dai particolari, con intenzione di potere accomodare quelli negoziati di banco, o altri ad arbitrio dei signori Protettori, che per quella istessa summa d'interesse che si paga delle dette partite, si può liberamente pigliare dalle persone accomodate. Et però si ordina al razionale che nel libro di casa formi detto conto per la somma di venticinque o trentamila ducati che si piglino a questo effetto. „ I Gesuiti dunque ed i Teatini (padri di

San Paolo) approvarono il sistema di prendere a mutuo con interesse per lo scopo di prestar poi ad altre persone ed all'istesso saggio. Ma provano i libri contabili che siffatt' eguaglianza fra l'interesse attivo e l'interesse passivo non fosse mai serbata e che il Monte procurasse di lasciare il margine a suo beneficio di due a tre per cento. Le spese d'amministrazione e qualche perdita per inadempienza di debitore eran fatti bastevoli per quietare qualsiasi scrupolosa coscienza, anche quella dei segretari che spesso erano ecclesiastici.

Alla regola di non avvalorare nè mettere in circolazione fedi e polizze, prima d'aver ricevuta la corrispondente somma in moneta d'oro o d'argento, fecero molte eccezioni nel secolo XVI e XVII, quando cioè i monti applicavano gli usi dei banchieri di Genova, pei quali era lecito di servirsi della circolazione fiduciaria. Infatti la maggior parte degli antichi *accomodi* rassomiglia per la forma a questi due.

" 4 Maggio 1612. — Le polizze del sig. Cardinale Acquaviva
" si facciano buone fino alla somma di ducati trecento. „

" 4 Giugno 1612. — Si scriva in libro di banco la fede di cre-
" dito, fatta a 25 di maggio 1610 al signor Giovan Tommaso Ma-
" strillo, per lui girata ad Ottavio di Ragone, non obstante che
" non vi sia il denaro; tanto più che il suddetto Ottavio ha fatta
" polizza al suddetto signor Mastrillo di duc. 100; il quale resta
" debitore di duc. 100 solamente. „

Anche li conti correnti per madrefedi si accreditavano qualche volta con ordine del Protettore, senza deposito del contante. Esempio questa deliberazione dei 4 maggio 1612.

" Il signor Pier Francesco Ravaschiero, nel suo conto corrente,
" possa spendere fino alla somma di ducati seimila „.

Ma in seguito proibirono severamente gl'*introiti vacui*, che parevano falsità. Dal 1620 al 1794 non si trova nessun ordine d'avvaloramento fittizio. Si prestava nei mentovati modi, il patrimonio dell'istituto, i depositi giudiziarii ed i danari rappresentati da fedi o da madrefedi vincolate per patti che facevano prevedere una lunga giacenza della moneta nelle casse dell'Istituto; come pure le somme relative a bancali che da dieci anni o più non si fossero alla cassa riportate.

Scorso un decennio, la bancale si reputava dimenticata, e

chiamandola *partita oblita*, ovvero *dénaro demortuo*, il contabile la cancellava dalla categoria dei debiti a vista. Però anche dopo dieci, o venti o cento anni, la pagavano prontamente al presentatore.

Così solamente mettevano in circolazione i banchi molto danaro, che senza l'opera loro sarebbe rimasto inutile. Ma si servivano della moneta che materialmente tenevano in cassa e che la clientela loro aveva consegnata, o che rappresentava patrimonio e lucri accumulati degli anni precedenti; senza procurare d'accrescerla per via di credito, e senza perseverare nel sistema del primo secolo, d'usare qualche volta carta a vuoto per mutui fruttiferi od infruttiferi, per pegni, od anche per spese amministrative dell'istituto.

Troppo spesso i Vicerè domandarono prestiti ed anticipazioni; ma le confraterie resistevano, scrivendo suppliche umilissime per la forma, energiche per la sostanza. Eccone una del 1678.

« Eccellentissimo Signore. Avendo V. E. comandato, con biglietto per segreteria di guerra, che questo Banco dei Poveri soccorresse li bisogni della Regia Corte in ducati 6000; per li quali V. E. offerisce una partita dell'arrendamento del tabacco, a f. 80 per 100 (1), quale si tenesse a potere di questo banco, con passarsi il ius luendi a suo beneficio. Per obbedire V. E. come dovemo, ci è parso rappresentarle lo stato del Banco e li pesi che tiene, tutto per informazione di V. E. per móver la sua pietà verso questo Banco, del quale è protettore del mantenimento d'esso.»

« Si degnerà V. E. sentire come il Banco tenga peso di sovvenir li poveri di questa città, con impegni senza interesse alcuno, e sovvenire li poveri carcerati per impegno nell'istesso Banco. Le maggiori entrate che tiene sono sopra fiscali (2) in varie province, e se li devono molte migliaia di queste attrassate, senza speranza di poterne esigere cosa alcuna. Anzi nemmeno può avere il corrente per causa che V. E. si è degnata ordinare, per suoi giusti fini (!) che non si mandino Commissari contro le Università (2); e li procuratori che questo Banco tiene nelle province avvisano di non poter esiger cosa alcuna. Non lasciando di rappresentare che nel 1674, d'ordine di V. E., si diedero alla Regia Corte ducati 30,000, dei quali n'ebbe l'assegnamento dalla R. Corte sopra li sali d'Abruzzo; e nel 1676 diede, d'ordine di V. E., altri duc. 5000, e n'ebbe l'assegnamento sopra il tabacco. Più, nel medesimo anno 1676, per ordine di V. E. soccorse la Regia Corte di altri duc. 7000; e nell'occasione dello mancamento dei grani nella città, prestò ducati 22000 a detta città, per ordine dell'Ill. Vicerè predecessore. Di maniera che oggi mancano 29000 ducati, che sin adesso non ha potuto conseguirli. Questo Banco, per dette quantità, sta pagando interessi con suo notabil danno, per la ragione che non tiene danari da convertirli in compre, ma resta debitore di dette quantità per averle pigliate ad interesse. Il denaro, che alla giornata viene nel Banco, è dei particolari che l'introitano, del quale non può farne compra alcuna. Rappresentando

---

(1) Cioè con un quinto di beneficio pel creditore.
(2) Proventi d'imposte.

(1) Comuni debitori d'imposte delle quali il Vicerè aveva venduto il provento.

anco a V. E. che per la partita dei duc. 7000, prestati alla Real Corte, si obbligò a beneficio di questo Banco Carlo Aric, ma avendo quello richiesto per la soddisfazione, non è stato possibile d'averla dopo tante domande, con tutto che avesse offerto di soddisfare tale partita sopra il tabacco, però poi non ha complito; anzi volendo questo Banco liquidare l'istrumento pei duc. 7000, V. E. con suo viglietto, ha ordinato alla Vicaria che sopraseda dalla liquidazione.

« Con tutto ciò rappresentano a V. E. che volendo la partita debita a questo Banco dalla Città, per detta somma di duc. 22,000, potrà V. E. esigersela con la sua potentissima mano, e noi ci contenteremo impiegarla sopra il tabacco a cento per cento; o pure, per non avere questo Banco denari da convertire in compra, stante anco la suddetta mancanza dei duc. 29,000, quando V. E. facesse grazia di far soddisfare i ducati 7000, con assegnamento nel tabacco, come fu servita dar l'intenzione, ed anche vi fu consultà nella Regia Camera per detto assegnamento, in tal caso si renderebbe abile questo Banco a pigliar ad interesse i ducati seimila che adesso si domandano, per impiegarli con detto tabacco; conforme V. E. ha comandato si facesse; per conservar l'opinione del Banco, ed anco per continuar le suddette opere pie per l'instituto di esso. Rimettendoci sempre alli comandamenti di V. E. alla quale facciamo umilissima reverenza.

« Dal Monte dei Poveri li 6 maggio 1678.

« Li Governatori del Banco e Monte dei Poveri — Scipione de Marco Priore — Giov. Battista de Bonis — Antonio Barra — Giuseppe Salerno — Gennaro de Batteriis — Gennaro Anastasio — Franc. de Fusco Segretario ».

Nel seguente secolo diventarono molto più importanti le richieste di mutui che facevansi dal Fisco, ed i Banchi, non potendo ubbidire sempre, perchè mancava il capitale disponibile, studiavano di procacciarlo dal pubblico. Essi facevano in certo modo l'ufficio degli attuali agenti di cambio e sensali, pel commercio dei fondi pubblici; comperando e vendendo l'*annue entrate*. Un Governatore anonimo del Banco Spirito Santo, con opuscolo stampato al 1 febbraio 1748, perchè si diminuissero gl'interessi sui pegni, ci fa conoscere che:

" Egli è inoltre a sapere che essendo uopo al Principe, per sue giuste occorrenze, di danaio, fa capo talvolta non meno agli altri che a questo banco, acciocchè di quelle somme lo provveggano che gli fan di mestieri; per le quali lor fa vendita d'annue entrate, con la debita cautela, e con certi e sicuri assegnamenti per più facile esazione. Non avendo i banchi denari, per accomodarne nei suoi bisogni la Corte, non prendono già (se non ne' casi estremi ed a breve tempo) quei che serbano in deposito, e li quali sono inviolabili, d'onde han solo licenza d'impiegar certa somma sopra i pegni e non già di farne altro uso. Ma gli procurano altronde e ne fan vendite di annue entrate. Cosicchè per la stessa somma di danaio (quando di proprio non ne abbiano affatto) tanti capitali vendono ad altrui, quanti dalla Corte essi ne comprano „.

Mal volentieri trattavano simili faccende i banchi, per la ragione che non potevano fidar troppo sulla parola di S. M. ovvero di S. E. La memoria delle perdite non si cancellava col tempo, usandosi un metodo di scrittura che faceva restare sempre accesi sul libro mastro i conti dei crediti non esigibili; però tali conti non gonfiafano il patrimonio, perchè c'era l'annotazione che non si dovessero computare come attività. Tutt'i *libri maggiori di terze* dei secoli XVII e XVIII cominciano dal conto *debitori antichi e di difficile esazione*; che giunge a parecchie centinaia di migliaia e contiene un elenco particolareggiato, che si può dire la storia dei disappunti dell'Istituto. Il Banco della Pietà, nel registro del 1741, figura per D. 458899,98 1₁3, quasi tutti debiti della Regia Còrte (finanza) della Fedelissima Città (municipio di Napoli) e delle Università (comuni del Regno); poichè sono di pochi ducati o centinaia di ducati ognuna, le perdite per deficienze di cassa, per falsità, per dispersioni od irregolari valutazioni di pegni ecc. Oltre di tal conto ce ne sono moltissimi altri, pure riguardanti debiti fiscali, pei quali si prova che giungono a parecchi milioni le somme tolte al Banco della Pietà, con ordini mascherati più o meno infelicemente dalla forma di mutui e di pegni governativi.

Gli altri sette Istituti, particolarmente San Giacomo e Spirito Santo ch'erano casse regie ed avevano costituzioni meno libere, furono relativamente peggio trattati; ma l'appropriazioni fiscali non divennero tanto notevoli, per l'unica ragione che le circolazioni e patrimoni erano minori.

Le vessazioni fiscali non permisero ai nostri monti di sviluppare meglio le operazioni bancarie, di prendere un indirizzo più vantaggioso pel commercio, d'imitare insomma gl'Istituti di Venezia o di Genova. Molto meno tolleravano che i monti di pietà valutassero a Napoli le monete del regno o forestiere pel valore intrinseco; come si faceva a quell'epoca dai banchi d'Olanda, i quali contribuivano efficacemente alla ricchezza commerciale del proprio paese, mediante la stabilità di prezzo che davano all'oro ed argento coniato, merce intermediaria per gli scambii.

Dimostra Melchiorre Gioia, che i banchi di deposito furon rimedio, per la Svezia all' incomodo peso della moneta di rame, e nell' Olanda per alcune conseguenze del commercio con paesi forastieri. Tale commercio, facendo affluire monete estere d' ogni specie, avrebbe senza dubbio fatto sopportare sei principali danni:

1.° La loro varietà nel peso e nel titolo.
2.° Il valore variabile attribuito ad esse dall' uso.
3.° La deficienza in molte monete vecchie perchè scadenti, tosate, corrose.
4.° La difficoltà d' esprimere il loro valore in moneta nazionale.
5.° La conseguente renitenza di molti a riceverle e le contese per abbassarne od innalzarne il valore.
6.° Il corso del cambio, che necessariamente restava alterato, ed innalzavasi a danno dei piccoli stati ogni volta che dovevano pagare cambiali; giacchè l'incertezza del traente, sulla qualità della moneta con cui sarebbe soddisfatta, accresceva prezzo alla scritta di cambio del paese forastiero.

Semplice ed ingegnoso fu l' espediente. Consistette nell'inventare una valuta immaginaria, la *moneta di banco*, che unicamente serviva pei conti, per le scritte bancali, e per ridurre ad unico tipo tutte le monete, buone o scadenti, nazionali o forastiere. A Venezia, Genova, Amsterdam, Amburgo, Norimberga ecc. ogni individuo poteva depositare denaro al banco, sia che consistesse in moneta nazionale, del titolo e peso prescritto dalla legge; sia che fossero verghe d' oro o d' argento ovvero monete forastiere di buona qualità; sia pure che si trattasse di roba scadente, cioè di moneta nazionale o forestiera, tosata, corrosa, alterata e falsificata per aggiunzioni di lega. Il Banco lo riconosceva creditore dell' effettivo valore della cosa depositata, consegnandogli scritta pel deposito di tanti fiorini o zecchini, *di banco*, cioè di tante libbre ed once d'oro ed argento puro, quante le monete o le verghe ne contenevano.

Essendo queste scritte calcolate sulla quantità di metallo prezioso, non sul prezzo nominale, dovevano necessariamente godere d'un aggio quando si barattavano con moneta corrente, soggetta a tutte le conseguenze della mala fede governativa. L' aggio della moneta di Amburgo, per esempio, che dicesi essere stato in media **14 per cento**, e quello delle monete di Amsterdam, che si calcolava in media di nove per cento, rappresentava la differenza che si supponeva esserci tra il metallo genuino e le monete che uscivano dalla zecca del paese. Maggiori differenze di aggio perdeva la moneta vecchia, tosata, scadente per aggiunzione di lega, che in quelle piazze mercantili giungeva dall' estero. Però siffatte differenze non davano più luogo ad inconvenienti quando fu messo l'Istituto. Anzi da magistrati di Amsterdam essendosi ordinato che tutte le carte commerciali, di valore superiore a 100 fiorini, fossero pagate con scritte di banco, si ebbero:

1.° La facilità di eseguire i pagamenti nel minimo tempo.

2.° La sicurezza dai ladri e da qualsivoglia accidente, giacchè la città di Amsterdam se ne rendea mallevadrice.

3.° L' esenzione da qualunque diretta o indiretta confisca, assicurata con la legge ai valori depositati.

Lungi dal permettere questo, i Vicerè fecero quando poterono per distruggere il traffico ed impedire le relazioni con l'estero; ma loro malgrado, gli otto banchi prendevano la moneta forestiera, e la controcambiavano con carta apodissaria o con valuta del Regno, procacciando così al commercio napoletano qualche porzione dei mentovati vantaggi. Per antica consuetudine, i cassieri tenevano un tacito permesso di ricevere dai negozianti monete forastiere o fuori corso e di pagarle con poco meno dell' intrinseca valuta. L'atto si chiamava e si considerava come un deposito, cosicchè con la restituzione, che i negozianti a loro bell' agio facevano del contante o delle bancali ricevute, dovevano i cassieri restituire l'identiche monete fuori corso. Trattandosi di cosa non autorizzata dalle regole degl' istituti, nessuna cautela si stipulava, e bastava scrivere il nome del proprietario sulle buste o sacchi. Nelle contate di cassa, tollerando questa facilitazione, consideravano tali depositi come moneta effettiva, computando a scarico del cassiere la somma prestata.

Fra gli ostacoli al commercio, ricorderemo la legge 24 settembre 1622 del Cardinale Zapatta, che metteva l' imposta di grana venti sui cambii mercantili con l' estero, di grana dieci su quelli con l' interno del regno, più mezzo per cento sui contratti di assicurazione terrestre e marittima; e lo ricorderemo non tanto per l' esorbitanza della tassa, quanto perchè la difficoltà di esigerla fece adottare spedienti rovinosi. Fu venduto il provento ad un appaltatore, ed i notai, sensali e commercianti dovevano rivelare a costui tutti gli affari di cambio o di assicurazione, sotto pena di multa ed anche di galera. Ciò rendeva onerosissimo il patto ed i commercianti napoletani o si dovevano astenere da questi leciti atti o li dovevano fare in altri paesi; e quindi grandissimo profitto, per cambii o per sicurtà, guadagnavano i forastieri a nostro danno. Mentre le più piccole città dell'Italia superiore avevano la loro *borsa dei cambii*, il commercio di Napoli doveva ricorrere ai mediatori Genovesi, Veneziani, Livornesi , e le senserie che pagava si stimavano non meno di annui ducati 80,000.

Continuavano anche all'epoca di Carlo III e Ferdinando IV, Borboni, le assurde prammatiche dei Viceré in materia di cambio ed assicurazione, dalle quali risultava che a Napoli non se ne facessero. Solo nel 1778 fu istituita la *Borsa* dei cambii o di commercio , (1) e non prima del 1785 si formarono dirette relazioni commerciali con Amsterdam, Parigi, Amburgo e poche altre piazze. Ma non si provvide per l'interno del regno e fino a pochi anni fa, prima cioè che si aprissero le succursali della Banca Nazionale e del Banco, era più facile trovare lettere di cambio sull'America o sul Giappone, che sulle vicinissime città di Avellino, Caserta etc:

Gli antichi banchi di Napoli tenevano l'amministrazione di parecchi capitali , dati loro a titolo di fidecommesso, per distribuirne la rendita in maritaggi , scarcerazioni ed altre opere di filantropia, ovvero per metterli a moltiplico con determinato scopo. Chiamavano tali gestioni *le confidenze* e ne portavano scrittura separata, con libri diversi da quelli dell'Istituto. Una delle più cospicue era detta *di Carrillo*, dal nome d'un Protettore del Monte della Pietà, il Reggente Stefano Carrillo y Salcedo, che sul finire del secolo XVII gli lasciò per testamento la massima parte dei suoi beni, cioè più di centomila ducati, perchè ne spendesse la rendita netta in liberazioni di schiavi, pensioni ad orfane, messe ed altro. Le pensioni, d'un carlino al giorno o più, dovevano essere trentadue e concedersi solo ad orfane spagnuole. Nel bilancio 1801, il valore capitale di questa eredità si computa di D. 89346,12; per la ragione che consisteva quasi tutta in *arrendamenti* e nel secolo XVIII la finanza napoletana aveva fatte parecchie conversioni delle diverse qualità di fondi pubblici, scemando sempre non solo la ragione dell'in-

---

(1) Sede della *Borsa* fu il chiostro del Convento di San Tommaso d' Aquino. Nel 1799, essendosi impadronite le truppe francesi, e poi la guardia nazionale repubblicana di quel posto, passò nella sala dell'abolito sedile di Porto, che tenne per una trentina d'anni.

teresse ma eziandio il prezzo nominale. Lo stesso bilancio 1801 riferisce che D. 29737,08, con la rendita di D. 1187,62, servivano all' *opera dei cartelloni*, cioè alle trentadue pensioni per l'orfane spagnuole; D. 49881,55, con la rendita di D. 1721,88, alle liberazioni di schiavi; il rimanente alle spese amministrative ed altri oneri. Dopo i disordini della rivoluzione e quando si soppressero i fidecommessi, tutt' i residuali beni della confidenza Carrillo passarono, per decreto del 1 ottobre 1808, dal Monte della Pietà alla Casa ed Ospedale di S. Giacomo degli Spagnuoli.

Giuseppe d' Alesio lasciò D. 7553,33 al Monte della Pietà perchè ne spendesse la rendita in tanti maritaggi da D. 50 l'uno; ciò che facevano i Governatori, lasciandone memoria nel libro, con deliberazioni di questo tenore.

" Conclusione 20 agosto 1739. I Governatori . . . han fatto la bussola di due maritaggi di D. 50 l'uno, della confidenza del quondam Giuseppe d'Alesio, e sono usciti a sorte ad Anna Flauto e Margarita di Martino, alle quali, dopo essere state visitate dal sig. Don Giovanni Pignone del Carretto, e retrovate capaci dell' *Albarano*; per avere i requisiti richiesti dal testatore, il Magnifico Razionale glieli spedisca nella forma solita; e non avendo le predette o ciascheduna diesse i requisiti predetti, han sostituito ad una di esse o ad amendue Caterina de Grado e Barbara Conte, parimenti uscite a sorte in detta bussola „.

Isabella Colonna, Principessa di Sulmona, lasciò D. 2666,66, ordinando di largire gl' interessi metà alle carcerate e metà alle inferme degl' incurabili. Beatrice Carafa D. 3000 per scarcerazioni o per maritaggi, a scelta dei Governatori. Prudenzia Greco D. 900 per maritaggi. Michele Blanch D. 1000, da dividere la rendita in quattordici parti, due al monte, tre per gli schiavi, tre ai carcerati e sei per un maritaggio. Giovan Battista Villano lasciò un legato al Monte della Pietà, con tante incombenze d' elemosine ed altro che i Governatori s' accorsero d' aver pagato D. 3261,87 più del ricevuto ed intavolarono un processo ai coeredi. Questa non fu la sola volta che la gestione delle confidenze risultò passiva, trovandosi nei libri molte prelevazioni dal conto patrimoniale. Ma ciò poco importava ai Protettori, che intendevano di fare le promesse carità, e si servivano liberamente del denaro disponibile, pareggiando il conto come e quando avrebbero poi potuto.

Tutte le chiese e cappelle dei sette banchi possedevano una moltitudine di lasciti per messe e sacre funzioni; tanto che qualche volta mancavano i preti e nella corrispondenza del secolo XVIII ci sono parecchie domande all' Arcivescovo, perchè ci rimediasse, quietando la coscienza dei Governatori.

I banchi non solo consentivano a spendere la rendita nel modo prescritto dai testatori, ma pigliavano talvolta l' obbligo di aggiungerla al capitale, e di costituire fondi più o meno cospicui. Giuseppe de Luca lasciò D. 4000 per tenerli a moltiplico e pagare doti di mille ducati alle donzelle di sua famiglia. Le pergamene del 1577 e 1580 danno molti ragguagli sul legato di Padovana di Somma, che aveva dato un capitale al monte per accrescerlo con le rendite e pagar dote alle figlie di Scipione di Somma. Il Monte Invitti, gestione del Banco Spirito Santo, apparteneva alla casa dei Principi di Conca e serviva per mantenere il lustro di quella famiglia; grossa somma fu tenuta a moltiplico per trent' anni, giusta la volontà del testatore, ottenendosi così una rendita dalla quale si prelevavano doti di dodicimila ducati per tutte le fanciulle, ed eziandio buone pensioni mensili pei gentiluomini di cognome Invitti.

Stimolati dalla filantropia, i governatori di banchi usavano tutte le forme di speculazione note al loro tempo, e ne inventavano altre ingegnosissime, per accrescere il patrimonio dei poveri. Il contratto di vitalizio e quello d' assicurazione e costituzione di rendite, che a torto si credono cose moderne, furono da essi largamente praticati nel secolo XVI, trovandosi nei libri di conti molte annotazioni sul genere di questa:

" Havere ducati mille dugento cinquanta donati per lui (Filippo
" Ortiz d' Avalos) a questo Sacro Monte dopo sua morte, la quale
" poi seguita restano in beneficio d' esso Sacro Monte, il quale per-
" ciò ha promesso di pagare a detto signor Felippo annui ducati cen-
" tocinquanta, durante sua vita tantum, a ragione di dodici per cento,
" mediante instrumento rogato per lo magnifico notar Gio. Ambro-
" sio de Lega a 4 d' agosto 1582 „. (1)

Una forma rudimentale di cassa di risparmio fu pure inventata da loro, trovandosi molti testamenti ed infinite scritturazioni dalle quali è provato come non solo raggranellavano depositi piccoli e grossi,

---

(1) Libro di casa del Banco della Pietà dell' anno 1584 pag. 92.

che tenevano sempre a disposizione dei creditori, ma sottoscrivevano il patto di raccogliere in tempo prefisso determinato capitale. Registra per esempio l' inventario: " Fede inter caetera del testamento rogato a 2 dicembre 1573 per notar Donato Antonio Guariglia di Napoli, e per la di lui morte *(cioè di Giovanni Antonio Bonaventura)* aperto ai 19 di detto mese, col quale ordina depositarsi dalla sua eredità in ogni anno ducati cinquanta nel Monte della Pietà, per improntarsi ai poveri, com' è consueto farsi da detto monte; da osservarsi così fino a tanto che sarà fatto il pieno di ducati mille, quali li lascia a due figlie femine, a ducati cinquecento l' una. „

Le compre vendite di fondi pubblici provano che, nel secolo XVI, il Banco della Pietà godesse maggior credito della Finanza, trovando denari a ragione più discreta, e che di ciò abilmente si servisse per accrescere la propria rendita. Mancano nell' archivio i suoi primi *libri di casa*, ma quello del 1584, che s' è salvato, registra un infinità di compre d' arrendamenti, all' interesse di otto, otto e mezzo, nove per cento, e di cessioni o vendite poi fatte all' interesse sei per cento. La differenza costituiva lucro dell' istituto e prezzo della sua malleveria, poichè nel contratto si trova quasi sempre pattuita l' evizione, ed era inteso che la rendita si dovesse pagare dal Monte quando la Finanza avesse trascurato di farlo. Notisi che quasi tutte le compre furono più o meno forzose, ma le vendite sempre volontarie.

Più diretto vantaggio al credito pubblico facevano i contratti d'anticipazione e quelli di conversione. L' archivio contiene moltissime pergamene ed infinite registrazioni contabili dei secoli XVI e XVII dalle quali si rileva che all' anticipazione davano quasi sempre forma di vendita temporanea, dicendo per esempio. " Vendita fatta
" da .... di annui D...... per capitale di D...... ed asse-
" gnati detti annui D...... sopra l' arrendamento del ... colla
" facoltà al detto signor ... di restituire il capitale in più tanne ,
" non meno però di D..... per volta „.

La restituzione comunemente si stipulava doversi fare in dieci rate. Tal' è l' origine del sistema di decimazione, che per consuetudine s'è allargato alle cambiali, e reca tanto fastidio ai moderni Preposti; che per evidenti ragioni lo vogliono sopprimere, mentre dal pubblico , e particolarmente dalle case di dubbia solidità , si definisce dritto acquisito.

Le conversioni antiche, fondate sul dritto di ricompra alla pari, sono registrate con annotazioni di questo tenore. " Istrumento del " 9 dicembre 1580, per notar Consalvo Calefato, per la cessione fatta " dalla Regia Corte, a beneficio del Sacro Monte della Pietà, del ius " di ricomprare annui D. 732, sopra l'arrendamento dei censali, da " .... (sette diversi individui) per lo prezzo di duc. 9150 (cioè al- " l'otto per cento); con patto di ridursi e bassarsi i suddetti annui " duc. 732 al 7 1|2 per cento, importantino annui duc. 686,25 , " con rilasciarsi li restanti annui duc. 45,75 a beneficio della Re- " gia Corte „.

Moltiplicate queste operazioni nel secolo XVII, giunsero i sette banchi al miracoloso effetto di bassare l'interesse a quattro per cento in media, e per vari prestiti a due per cento. Proconsoli Spagnuoli, cioè amministratori tristamente famosi per dappocaggine e ladreria, trovarono capitali a miglior patto di Colbert, di Walpole, di De Witt e d'altri ministri che, per ingegno o per integrità, erano a quell'epoca la gloria delle loro nazioni.

Non si creda dunque che il capitale dei monti fosse costituito per via di doni e di testamenti. Questi ne rappresentavano una parte molto minuscola. Esistono i conti per provare che la ricchezza venne dal savio uso del denaro raccolto con forza di credito. Che anzi è degno di nota il fatto che quasi tutte le donazioni concernono *capitali impiegati col detto monte*, vale a dire che i benefattori rinunziarono, per sè ovvero per gli eredi, al rimborso delle somme ch'essi avevano già messe nel banco, e che gli avevano qualche volta dato in deposito, ma più spesso prestato per cavarne l'interesse.

11. Fra le calamità dell'epoca viceregnale quella che recava più diretto pregiudizio ai banchi era l'alterazione delle monete, cioè i mutamenti di peso, di tipo e di qualità, con cui la finanza spagnuola pretendeva di procacciarsi grosse somme. Si è creduto, per molti secoli, ed in tutta l'Europa, che le zecche fossero inesauribili fonti di lucro, che il monopolio del conio rappresentasse un imposta più comoda e più elastica dell'altre; tanto elastica da poter dare proventi analoghi a quelli che adesso si cavano dal credito, per emissioni di rendita consolidata, cedole, buoni, valute di carta e simili straordinarii spedienti. Napoli aveva un fisco troppo rapace, un go-

verno troppo scioperato per sfuggire agli effetti delle falsificazioni regie.

Dimostra assai bene il professore Ferrara (1). " Se mai non fos-
" sero esistite al mondo che quelle buone monete di metallo nobile,
" che abbiamo menzionato qui sopra (2), e mai non se ne fossero
" fatte che di un solo metallo, il problema (3) sarebbe stato assai
" malagevole a sciorsi; perchè non si sarebbe avuto che il solo mez-
" zo di attenuarne il peso, difetto esposto ad essere subitamente
" scoperto, e causa, appena scoperto, di vedersi rifiutare nel mercato
" del mondo la moneta alterata, e non vederla accettata che pel
" suo peso effettivo. Tutto dunque lo studio dei Principi si rivolse
" al fine di mascherare questa operazione medesima; inventarono
" nomi, formole tecniche, tariffe, equivalenze di monete diverse etc.
" Scoperti e vituperati in un senso, si appigliarono all' altro; chia-
" marono in loro aiuto i cavilli forensi e le dottrine dei giurecon-
" sulti; diedero alla semplice operazione del conio tutto il mistero
" d' un' occulta scienza. „

Quando s'altera qualche moneta per vantaggio del Principe, deve necessariamente trovarsi un numero più o meno grande d'individui dal quale sia pagato questo vantaggio. Sarà una classe di sudditi, ove si agisca in un modo, saranno altre nel caso si operi diversamente; possono in rarissimi casi rimanere defraudati li forastieri;
ma sempre il lucro di chi comanda corrisponde alla perdita di chi
obbedisce. L' operazione non è profittevole se non a patto che venga, di buona o mala voglia, presa la moneta contraffatta per lo stesso valore reale di cambio che teneva quella buona.

Il primo e più semplice modo sarebbe quello di scemare il peso,
pur conservando nome, conio ed epigrafi. L' usarono i Vicerè coi
carlini d' argento, che, ai tempi di Ferdinando il Cattolico, pesavano
acini 81 1|2 (4) ed essi, in meno d'un secolo, con varie successive di-
minuzioni, ridussero ad acini 56 (5). Ma senza cavarne quel profitto
che speravano, perchè la dabbenaggine dei napoletani non giungeva al
punto di contentarsi del solo nome ed aspetto del carlino; essi scanda-
gliavano con la bilancia il peso d'ogni prodotto della zecca, e com-

---
(1) Introduzione ai volumi della Biblioteca dell' Economista sulla moneta e suoi surrogati.
(2) I bisanti di Costantinopoli, i fiorini di Firenze, i ducati di Venezia.
(3) Di fare grossi guadagni con la coniazione.
(4) Grammi 3,3335.
(5) Grammi 2,4336.

putavano un aggio fra la vecchia e la nuova moneta, più o meno proporzionato alle quantità d'argento che rispettivamente contenevano. Invano le prammatiche e bandi dicevano, o lasciavano intendere, o costringevano i sudditi ad ammettere che fossero simili; l'alzamento dei prezzi era una visibile ed immediata conseguenza dello scemato peso, dovendo succedere, come succedette, che le merci le quali permutavansi prima con tre carlini (acini 244 1|2 d'argento) si vendevano dopo 4 1|2 circa, affinchè il venditore, con carlini di acini 56, ottenesse la medesima quantità d'argento.

L'alterazione di titolo, per sostituzione di rame o di zinco all'oro ed argento, ch'è lecito di chiamare falsità, non si scopriva tanto presto, occorrendo l'analisi chimica, cosa che pochi erano in grado d'eseguire. Questo perciò fu l'espediente usato da quasi tutte le zecche, compreso le nostre, che conservava il peso e l'aspetto della moneta, sebbene mancasse qualche parte del metallo nobile, e la faceva correre pel suo prezzo nominale. Gli operai dovevano star zitti. Certi documenti, messi a stampa da le Blanc (1), da Leber (2) ed altri fanno conoscere a qual rigoroso segreto i monetieri erano tenuti, che giuramenti dovevano prestare, e come si punivano gl'indiscreti. Ma il mistero si svelava, dopo qualche tempo, dagli scienziati, e particolarmente dagli orefici, che per necessità della loro arte sanno saggiare le leghe, onde il pubblico pure trovava la maniera di correggere l'atto governativo, con lo stesso rimedio del far crescere i prezzi delle merci per quantità più o meno proporzionale al valore della falsificazione.

Il nome, peso e dimensioni eguali, la qualifica, poniamo, di carlino, data alla vecchia come alla nuova moneta, costringendo i sudditi ad ammettere che fossero identiche, procacciava un lucro, pel quale gli ultimi vicerè pagarono soli due terzi delle somme che i loro predecessori avevano promesso. Fuori d'Italia le diminuzioni sono state assai maggiori, ed il diverso significato delle parole francesi *Livre* moneta e *Livre* peso, non solamente fa conoscere quanta malafede mostrarono i sovrani che si sono succeduti a Parigi, ma permette di valutare in certo modo le loro indebite appropriazioni. Ai tempi di Carlomagno la *Livre* moneta significava il peso d'una

---

(1) Traité historique des monnayes de France.
(2) Essai sur l'appreciation de la fortune privée au moyen âge.

libbra d'argento (1), adesso ne contiene grammi cinque, cioè la centesima parte. I Borboni di Francia hanno quindi preso con successive riduzioni novantanove centesimi.

Un' amministrazione pubblica è sempre debitrice di considerevoli somme, per capitali avuti in prestito, per stipendî, e per cose comperate; debitrice con patti che indicano *nomi* di monete. Tanto bastava perchè i principi credessero, ed i loro dottori provassero, con infinite citazioni del Digesto e delle Pandette, che il nome fosse sufficiente, alla quantità del metallo non si dovesse badare!

Ma la sola economia nel pagare debiti non parve sufficiente profitto; si voleva un analogo guadagno per le compre, ed in particolar modo si voleva mantenere un divario fra il valore effettivo del metallo ed il valore nominale della moneta. Ad un chilogramma d'argento, che pagavano, per esempio, L. 200, i sovrani pretendevano dare con l'atto del conio diverso prezzo, mettiamo L. 400, e quindi volevano barattare una quantità di metallo in verghe con altra quantità più scarsa di metallo coniato; i ritratti e gli stemmi, stampati sopra d'un pezzo d'oro o d'argento, ne avrebbero dovuto raddoppiare il valore; la zecca doveva produrre i denari necessari per le guerre, per lusso e pei capricci delle Corti! Pretensioni assurde, che i sudditi combattevano con accrescimento dei prezzi, chiusura di negozii, con la emigrazione e qualche volta colle sommosse.

La maniera facile di vincere questa resistenza, ed esercitare con grande lucro la zecca, stava nel determinare i prezzi, metter le *assise*, ordinare cioè che i metalli preziosi, le derrate e qualsivoglia prodotto o servizio si fosse venduto al medesimo prezzo di prima; comandare insomma che niuno avesse pensato ai cambiamenti fatti sul peso o sulla qualità dell'indispensabile strumento d'ogni permuta, la moneta. Ciò fu tentato molte volte ed in tutti i paesi; furono anche puniti con tratti di corda, con le galere, qualche volta con la forca i venditori recalcitranti. Ma siffatte leggi davano risultati contrari allo scopo, perciocchè succedeva che il governo stesso, e qualsivoglia compratore, in certi casi pagava le merci a prezzo maggiore del giusto, ed in altri casi ne restava senza. È cosa troppo certa, troppo dimostrata dalla esperienza, che le *assise*, quan-

---

(1) Mezzo chilogramma circa. I pesi hanno variato, meno però della moneta.

do sono profittevoli a chi vende, tolgono a chi compra il beneficio che potrebbe avere dalla concorrenza, gli fanno spendere dippiù; quando invece sono tanto basse da produrre perdita del venditore stesso, lo costringono a chiudere bottega e ne uccidono il commercio.

Sperimentata la vanità delle tariffe, si fece ricorso alle *equivalenze*, al partito cioè che si può trarre dall'esistenza contemporanea di varie monete, fatte di differenti metalli.

L'autorità che i Sovrani assunsero nella coniazione comprese sempre, e comprende pure adesso, un supposto dritto di determinare i baratti. Appartenne per esempio al Sovrano di stabilire che un marengo (grammi 6,45161 d'oro) si debba permutare con venti lire fatte d'argento, ciascuna delle quali pesa cinque grammi, e che una lira d'argento si debba similmente permutare con venti soldi di bronzo, del peso ognuno dl grammi cinque (1), dimodochè un gramma d'oro corrisponde a quindici grammi e mezzo d'argento e grammi trecentodieci di bronzo. Da principio questo rapporto esisteva realmente, almeno per la parte relativa al ragguaglio fra l'oro o l'argento; pareva che il principe si contentasse solamente di osservarlo e dichiararlo. Ma egli vi aggiungeva il carattere di legalità obbligatoria. Non solamente annunziarono che un marengo valesse venti lire, cioè che grammi 6,45161 d'oro si cambiassero nel giorno che fu imposto il sistema metrico decimale con cento grammi d'argento e con duemila grammi di bronzo, ma fu ordinato che queste tre quantità di tre diversi metalli si dovessero reputare ed accettare come equivalenti l'una dell'altre; che un debito da soddisfarsi, un prodotto da pagarsi, fossero bene soddisfatti e pagati, tanto colla tradizione di 6,45161 grammi d'oro, quanto con quello di cento grammi d'argento.

Imposto tale criterio, fu agevole scoprire che la supposta equivalenza legale permetteva d'involare una parte del metallo prezioso, senza che il pubblico se ne accorgesse, o che accorgendosene potesse resistere. Egli è infatti cosa certa, che si può diminuire o aumentare il marengo senza punto scemare o accrescere l'oro in esso contenuto, sibbene col solo accrescere o scemare l'argento della

---

(1) È vero che le leggi attuali e le convenzioni monetarie tolgano il carattere legale al bronz e l'obbligo di accettarne somme maggiori di una lira; ma nei secoli scorsi le speculazioni si facevano principalmente sulla moneta di rame, la quale si doveva accettare come e forse più delle altre di oro ed argento.

lira, il bronzo del soldo. Aumentando per esempio al doppio il peso del marengo, si verrebbe a stabilire che 12,90322 grammi d'oro (invece di 6,45161) debbano ritenersi come equivalenti a 100 grammi d'argento (venti lire). Che cosa ciò vorrà dire ? che grammi due di oro si debbono considerare equivalenti a 15 1|2 grammi d'argento invece di 7 3|4. Una lira dunque di argento sarà eguale a grammi d'oro 0,64516, invece di 0,32258 che prima era. In altri termini accrescere al doppio il peso del marengo vale lo stesso che raddoppiare il prezzo della lira. Se, senza toccare il marengo, si aumenta invece al doppio il peso della lira, portandolo da cinque a dieci grammi, ed intanto si continua a tenere per fermo che venti lire valgano un marengo, la conseguenza sarà che 100 grammi di argento, i quali prima equivalevano a 6,4516 grammi d'oro , ne rappresentano dopo soli 3,32258; è precisamente come se il peso del marengo si fosse diminuito della metà. Quando si procede per via di diminuzioni le conseguenze sono analoghe; diminuire di metà il peso del marengo e quello della lira vale lo stesso che raddoppiare il peso della lira o quello del marengo. Basta dunque togliere o accrescere metallo da una sola specie di moneta per impadronirsi di qualche porzione del metallo che contengono le altre specie.

Ma questo atto medesimo, di scemare una delle monete legali, restando come prima le altre, non è indispensabile. Eguali profitti vengono da leggi che mutino le proporzioni già stabilite. A modo d'esempio e nel caso della moneta decimale, il Sovrano il quale dica che il marengo vale dieci lire, prende la metà dell'argento; se invece vuole che ne valga quaranta, prende la metà dell'oro.

Le monete di rame o di bronzo hanno sempre tenuto un valore intrinseco assai più scarso del prezzo nominale, sia perchè non escono dal paese, disadatte come sono per gli scambi internazionali, sia perchè si credeva, come ancora si crede dai governi, che a tali monete, adoperate pel solo traffico interno d'un paese, basti il nome e quel valore fittizio che al Sovrano piaccia determinare. I nostri storici si sono astenuti dal definire le diminuzioni di peso ed accrescimenti continui di prezzo; tale silenzio non ci permette di calcolare i provventi che con queste coniazioni ottennero i Vicerè. Confessiamo che l'esperienza degli attuali soldi e centesimi, i quali valgono, come metallo, assai meno del prezzo nominale, prova che i danni non sarebbero stati grandissimi se i Vicerè avessero agito con discrezione. Queste monete servono ai piccoli pagamenti ed alla gente minuta, sono piuttosto segno che valore. Ma lo straordinario lucro della zecca governativa incoraggiava i falsificatori. Continui lamenti noi leggiamo nelle vecchie cronache per le molte imitazioni e per la difficoltà di scernere le monete fatte nelle zecche dalle altre che coniavano ignoti speculatori, qualche volta conosciutissimi feudatari (1) i quali usavano del loro privilegio di batter moneta per inondare i paesi finitimi con pezzi contraffatti, che pretendevano di cambiare a prezzo di argento. Queste monete, per verità, non si potevano dir false per la ragione che contenevano la medesima quantità di metallo che le buone. Anche noi Italiani ne abbiamo adesso un esempio coi soldi della Repubblica di San Marino, che invano si sforza il nostro governo di levare dalla circolazione, come invano la Francia lavora per sbarazzarsi della quantità di monete d'argento e di bronzo col conio italiano che ivi circola.

Tutte le mentovate speculazioni sulle monete furono tentate dai nostri Vicerè, e produssero lucri al governo che si pagarono a caro prezzo dai cittadini e dai banchi. Ci contenteremo di riferire le principali.

Al tempo di Ferdinando il Cattolico il carlino pesava, come abbiamo detto, acini 81 1\|2 e la libbra d'argento (acini 7500) si pagava dalla zecca ducati 8,65 1\|2. Nel 1510 la stessa libbra era valutata ducati 8,73 1\|2. Gli scudi d'oro, peso acini 76, bontà carati 22, si chiamavano una volta ducati e valevano dieci carlini; nel 1533 furono cresciuti a carlini 11; nel 1573, governo del Cardinale Granvela, a carlini 12 1\|2; nel 1582, dal Principe di Pietrapersia a carlini 13; e con successivi aumenti giunsero al prezzo legale di carlini 24.

Il prezzo della libbra d'argento fu accresciuto, dal Duca di Toledo, prima a ducati 9,32 1\|2 (anno 1533) poi a ducati 10 (anno 1542) quindi a ducati 10,50 (anno 1552) ed il carlino ebbe diminuzioni di acini 4 1\|2 nel 1533, 6 1\|2 nel 1542 e 2 1\|2 nel 1552, dimodochè si ridusse al peso di acini 68. Questo Vicerè fece coniare nel 1550 i nuovi ducati, monete da dieci carlini d'argento, che pesavano acini 671 3\|7.

---

(1) Veggansi nel Duboin e nel Promis i ragguagli sulle imitazioni delle monete piemontesi che si facevano nella zecca dei Principi di Masserano.

Nel 1554, il peso del carlino fu scemato ad acini 67 1₁2, e due anni dopo il Duca d'Alba, in occasione della guerra con Papa Paolo IV, aumentò del 20 per cento tutta la moneta, ordinando che il ducato si valutasse grana 120, il carlino grana 12 etc.

Nel 1583 il Duca d' Ossuna fece coniare mezzi carlini d'argento, del peso di acini 31; e nel 1618 un altro Duca d' Ossuna, con le sue monete da grana 15, ridusse il peso del carlino ad acini 56, stantechè tali monete non pesavano che acini 84. Anche la qualità fu peggiorata da questo Vicerè, che si mostrò fedele imitatore dei suoi predecessori, per gli accrescimenti di lega e le diminuzioni d' argento. Parecchi altri mutamenti, sempre in meno, accompagnati spesso da irragionevoli tariffe delle monete forastiere, toglievano qualsiasi stabilità delle valute legali del Regno.

Gli otto Banchi facevano grandi sforzi, e molta spesa, per tenere sempre provvedute le loro casse di moneta contante, e pagare a vista la carta. Ciò non era facile, per la ragione che tutt'i nuovi provvedimenti governativi, in materia di zecca e di cambio, non solo facevano scomparire dalla piazza le valute d' oro e d' argento, ma producevano la *correria*; cioè la ressa di creditori agli sportelli di pagamento e di cambio. Chi teneva carta apodissaria non perdeva tempo per esigerne il baratto in metallo, procurando d' arrivare prima del Vicerè, e di farsi pagare con vecchia, non nuova moneta. Quantunque molto metallo procacciassero i banchi dall'estero e dalle province del regno, come risulta dalle *conclusioni*, qualche volta giungevano a tali strettezze da dover sospendere l' opra dei pegni, vendere le ragioni creditorie, ed anche domandare prestiti con ipoteca sui beni degl'Istituti, e con interessi più pesanti di quelli che essi medesimi avevano domandato nei precedenti collocamenti dei loro capitali disponibili.

Delle conclusioni ne riferiamo due, che sembrano notevoli per notizie sugli arbitraggi del 1613 e 1617, ma bisogna confessare che i banchi liberi di Ravaschiero, Spinola, Lomellino ed altri avevano anteriormente sbrigato molto meglio questi negozi. L' intromissione del Vicerè, e per esso del Preposto della zecca (Marchese di Corleto); la perdita di tempo per deliberazioni collegiali, nelle quali dovevano concorrere tanti governatori di otto differenti corpi morali; fors'anco la pubblicità e la poca pratica di speculazioni cambiarie; rendevano troppo costose e pressochè inutili l'importazioni d'argento.

« 21 Marzo 1613 — pag. 2 — Essendosi considerato lo stato del nostro banco del Monte della Pietà; e la necessità che tiene, per ritrovarsi la cassa di quello esausta di contanti; e molto maggiormente per li continui e grossi sborsi che si fanno per causa del carico che tiene dell'opera dell'impegnare; e li pochi contanti che sono in questa città, ed il tempo prossimo dell'estate, per li molti pagamenti che si fanno a rispetto delle compre delle vettovaglie, sete, grani ed altre industrie; è parso necessario ad essi signori protettori di fare la debita e conveniente provvisione, conforme il suddetto bisogno ricerca, ed in particolare di far compre d'argenti e reali per via di Genova, e farli introdurre in questa città per ingrassar di contanti il Banco suddetto, con saputa anche ed autorità del signor marchese di Corleto. E però essi signori Protettori hanno conchiuso ed ordinato che il signor Gabriel de Martino, loro collega, possa e voglia, in nome di tutta la congregazione, fare la suddetta provvisione. Ed in virtù della presente conclusione se li dà ampia facoltà, per l'effetto e causa suddetta, di obbligare li beni di esso banco e casa, e di far tutti li pagamenti necessarî per causa della compra suddetta, e questo per lo buon governo del suddetto nostro banco. »

« Il quale negozio si è trattato con Giulio Paolo, Battista Graffoglietto e Vincenzo Lasagno, che faccino venir da Genova D. 250000 di reali di argento, fra li quali il nostro Monte ne partecipa per la somma e quantità di D. 100000; con li patti e condizioni contenute negli albarani sopra ciò fatti, li quali si hanno da eseguire per l'effetto della suddetta compra, nel modo che in essi albarani si contiene. Che li restanti, per lo compimento di D. 250000, sono compartiti fra lo Banco del Popolo e quello di Sant'Eligio, oltre gli altri D. 50000 che fa venire il magnifico Bonifacio Naselli per servizio del banco di S. Giacomo. La qual compra, per la licenza che S. E. è restata servita dare al suddetto signor Marchese di Corleto, dello zeccare nella regia zecca li detti argenti a beneficio dei banchi, compensato il danno che occorrerà nella detta compra, con l'utile e beneficio che ne seguirà per lo zeccare suddetto, l'interesse non sarà eccessivo, a rispetto degli altri danni che si sono patiti per lo tempo passato. »

« 8 Febbraio 1617. — Avendo considerato che per fortificare le casse di nostro Banco è necessario di provvedersi di contanti, per li grossi sborsi che giornalmente si fanno, e si avranno a fare nelli prossimi mesi dell'estate, si per la necessità dell'impegni, come per compre di vittuaglie e seta. Però essi signori Protettori hanno concluso che il signor Giovan Donato Correggio, loro collega, ovvero li suoi giovani Battista Noris e Giuseppe Frassoni, rimettano per conto del nostro Banco, sotto conto loro a parte M. P. (*Monte Pietà*?) a Bari, a Lecce, in fiera di Lanciano, fiera di Salerno ed in Abruzzo, alli loro corrispondenti, fino alla somma di ducati cinquantamila in una o più settimane, per farcili poi mandare di contanti col procaccio o con altre comodità, col maggior vantaggio e minore spesa che sarà possibile; ovvero che diano ordine alli suddetti loro corrispondenti che li faccino tratte quà e li mandino contanti nel modo suddetto. Però tutto quello che seguirà, tanto in fidar quello che daranno a cambio qui, come in farli condurre in questa città ed a chi li rimetteranno, s'intenda a risico, pericolo e spesa del suddetto nostro Banco, poichè il detto Correggio, e per esso li suddetti Noris e Frassoni, non ci hanno da avere altro che il nudo nome e le fatiche, le quali faranno per utile e comodo del suddetto nostro banco. »

Dopo d'aver fatto venire alcuni milioni di ducati, si dovettero i Governatori convincere che occorrevano differenti rimedî. La moneta, che essi con tanta fatica procacciavano per via di cambio e d'importazione, non restava in loro potere e non procacciava il giusto equilibrio frà la riserva e la circolazione, perchè presa immediatamente dal fisco, dalla zecca e dalla clientela. Scrissero perciò questa petizione al Vicerè duca d'Ossuna, con la quale l'invitavano a facilitare l'importazione del numerario, ed a mostrarsi meno esigente con le sue richieste di cambio della carta in contanti.

" 11 Luglio 1618. — Si è ordinato che lo viglietto fatto e sottoscritto da tutti essi signori Protettori per S. E. ed ai 9 del presente per me Giulio Vallesio Segretario del Monte, de ordine loro, consegnato al signor Marchese di Corleto, si registri qui sotto (*nel libro delle conclusioni*) acciocchè se ne abbia memoria. „

" Altre volte abbiamo rappresentato a V. E. la molta strettezza in che si ritrova questo Banco, causata dallo sborso che si fa di denari continuamente, così per servizio di particolari, come della regia cassa militare, oltre la grossa somma che gli bisogna tener pronta per l'opra dell'impegno, che si fa giornalmente, conforme tiene obbligazione. E perchè va crescendo di giorno in giorno e per molti mesi continuerà; di modo chè può apportar ruina non solo al pubblico ma anco al Real Patrimonio. Però, per compire all'obbligo del nostro governo, lo ricordiamo a V. E. col mezzo di questo viglietto, per supplicarla di due grazie; l'una, che si degni d'interponere l'autorità sua con negozianti che vogliano provvedere di qualche somma notabile di denaro, da fuori regno, per sovvenire a questi bisogni. L'altra è, che essendo la Corte creditrice delle somme chè li vanno entrando per banchi, e si tirano contanti per bisogno che tiene, così per pagamento delle genti di guerra come per l'altre occorrenze, sia servita ordinare al governatore della cassa militare che scusi quanto sia possibile di tirar contanti, ma debba fare tutti li pagamenti che può per polizze di banco. Ed oltre che farà favor segnalato a questa Casa, la quale vive sotto la sua protezione, farà anco opra di molta carità, ed avrà merito particolare da Nostro Signore. Con che fine, facendoli la nostra debita reverenza, con ogni umiltà le baciamo la mano. Il dì 9 luglio 1618. Di Vostra Eccellenza umilissimi servi. Li Protettori del Sacro Monte della Pietà — Marcello Muscettola — Giovan Vincenzo Piscicello — Mario di Bologna — Ottavio Strina — Giovan Aniello Rosso — Romano Lubrano „.

Ossuna era troppo preoccupato dai pericolosi suoi intrighi politici per studiare simili lettere. La celebre congiura per la distruzione di Venezia, tramata con Bedmar ambasciatore e Toledo Vicerè di Milano, per la quale Napoli fece quasi tutta la spesa, che s'era scoperta poche settimane prima, cioè a maggio 1618, ed era finita coll' impiccagione od annegamento di più di cinquecento complici; le altre posteriori trame, ordite dall' Ossuna stesso per diventare Re di Napoli, che lo fecero processare e morir carcerato nel castello d'Almeda; tant' altri gravi accidenti del suo breve ma tempestoso governo, gli tolsero il tempo, l'agio e la volontà di curare le piaghe economiche del paese. Egli si ricordava dei banchi solo quando gli mancavano denari, e, lungi dell'ascoltarne le petizioni, aguzzava l'ingegno per escogitare novelli scorretti modi d'esaurirne le casse, senz' offenderne troppo palesemente le regole. Uno dei più adoperati fu quello di cedere beni di pretesi banditi e pretesi debitori del fisco, stipulando legali atti di presa di possesso. Quando i banchi tentarono di riscuotere le rendite trovarono che tali beni stavano nella sola fantasia del Vicerè e del suo notaio. Nè furono discrete le somme che prese Ossuna, avend' egli sciolto il problema di mandare alla Spagna tributi più grossi di quelli che davano i suoi predecessori, di pagare milioni ai ministri ed ai preti che lo spalleggiavano in Corte, di tener sempre sul piede di guerra l'esercito e l'armata, servendosene per le guerre d'Italia e pei suoi complotti; tutto questo senz' aumentare le imposte, anzi scemandone qualcuna per conciliarsi la benevolenza della plebe. Piccolo di statura, alto d'animo, qualunque più ardua impresa gli pareva piana, e nessuno meglio di lui seppe mandarla ad esecuzione.

*
* *

12. Il Cardinale Zapata cominciò dal coniare, nel 1620 e 1621, altri pezzi da grana 15 che serbavano il peso di acini 84, ma erano maggiormente peggiorati di titolo. Poi comandò che si guardasse con maggior diligenza alla qualità dei mezzi carlini o zannette, tagliando i falsi per levarli di corso, e scrisse questo ordine ai cassieri dei Banchi.

Don Antonino S. R. E. tituli S. Balbinae Presbiter Cardinalis Zapata, Protector Hispaniarum, unus ex consiliariis status S. M. Catholicae, et in praesenti Regni prefatae Maiestatis Locuntenens et Capitaneus Generalis.

Convenendo usare ogni diligenza per estinguere la moltitudine che corre, per questa fedelissima città e regno, di moneta di mezzi carlini d'argento falsi, ne ha parso per ora ordinare, come per la presente ordiniamo e comandiamo, alli cassieri de' banchi di questa fedelissima città, che de qua avanti, nell' introiti che li porteranno in banco di dette monete di mezzi carlini, debbiano con diligenza mirare se ve ne fossero d'alchimia o d'argento falso, e quelli che se ne ritrovassero tagliare per mezzo, e così tagliati restituirli a quelli che l'avranno portati ad introitare; non facendo lo contrario, sotto pena a chi di loro contravenerà d'onze cento, d'applicarli al Regio Fisco, e d'altra (*pena*) etiam corporale a nostro arbitrio reservata in ogni caso di contravvenzione. Et acciò non possano della presente allegare ignoranza, ordiniamo che a detti cassieri se notifichi per uno delli portieri della R. Cancelleria, e che se ne lasci copia autentica alli Governatori di detti banchi; quali volemo che, per lo che a loro spetta del governo di detti banchi, attendano che così si osservi inviolabilmente, per quanto hanno cara la grazia e servizio di Sua Maestà. — Datum Neapolis die 25 mensis februari 1621. El Card Zapata. — Vidit Constantius Regens. — Vidit Valenzuela Regens. — Vidit Ursinus Regens. — Salazar Segretarius.

In seguito si persuase il Cardinale del danno grandissimo che veniva dalle alterazioni della moneta, e tentò di metterci rimedio con una rifusione e riconiazione di tutt'i pezzi scadenti. Egli ordinò che le monete da coniare fossero, per bontà e peso, proporzionate ai carlini dell' Imperatore Carlo V, più che tutto l'introito del fisco per la zecca si dovesse ridurre al solo rimborso delle spese di coniazione, che si valutavano di grana 75 3[4 per ogni cento ducati, più che si dovesse rispettare una tariffa da lui determinata, pel ritiro dell' argento che voleva levare dalla circolazione.

Ecco la *Prammatica*;

Cavandosi dalla mala moneta che corre in questo regno, quasi tutta ritagliata e falsa, danni notabilissimi a detto regno e particolarmente a questa fedelissima città; dove non solo, per lo difetto così grande di detta moneta, si è causata alterazione eccessiva nelle robe di mercanzie forastiere; quali non solo sono alterate di prezzo, come si è detto, ma di quelle neanche ne vengono come prima immesse in questa città e regno; con notabil danno anche nella entrata del Real patrimonio; ma si è alterato il cambio, eccedendo in gran modo la ragione del suo giusto valore, che non potendosi ormai supplire va quasi impedendo il commercio. E quel che più importa, nei tempi che corrono, penuriosi di quasi tutte le robe commestibili, ha talmente la detta mala moneta alterato i prezzi di esse, da molto tempo in quà, che già sono insofferibili.

Ed avendo noi, fin dal principio del nostro governo in questo regno, andato col zelo a che siamo obbligati, mirando di rimediare a detti gravi inconvenienti; e perciò fattone trattare più volte nel Regio Collateral Consiglio, con intervento della Regia Camera della Summaria; e, conforme l'occasioni, andato facendo diverse provvisioni, perchè trattando che si rimediasse con buona e nuova moneta, non s'impedisse il commercio. E per diverse sessioni nel detto Regio Collateral Consiglio, con intervento di detta Regia Camera, dati in ciò diversi buoni ordini, in esecuzione delle Reali lettere di Sua Maestà, per le quali (intesi dalla Maestà Sua gl'inconvenienti e danni che dalla detta mala moneta risultavano a questo suo fedelissimo regno) è stato ordinato che si fabbricasse la nuova, di peso e bontà de i ducati, mezzi ducati e tareni antichi. E per ciò, essendo necessaria a tal effetto grossa provvisione d'argenti, fatto partito con alcuni negozianti, di tre milioni di ducati, da immettersi in questo regno fra certo tempo determinato. Ed essendosi già da quelli, in esecuzione di detto partito, immessa buona quantità; e quella giudicata bastante, con l'altra molta moneta che si ritrova cosi nei banchi di questa detta città, come in potere de' particolari, a potersi fare l'estinzione di detta mala moneta. Considerato il tutto nel detto Regio Collateral Consiglio, abbiamo determinato di fare la presente prammatica, per la quale, con voto e parere del Real Collateral Consiglio, ordiniamo il seguente.

1. Primieramente ordiniamo e comandiamo che dal dì della pubblicazione di detta presente prammatica (*2 marzo 1622*) avanti, in questa fedelissima città e suoi borghi, i mezzi carlini, tre cinquine, e tutte l'altre monete tristi e ritagliate d'esso regno, non vagliano più per ispendersi come moneta; avendo ordinato quello che d'esse dovrà farsi (1).

Il secondo articolo concerne le province. Tutte l' università (comuni) dovevano contare, pesare e scrivere in apposito registro la moneta cattiva posseduta da qualsivoglia individuo. I proprietarî la potevano vendere, al prezzo di ducati dieci la libbra, sia nel comune stesso, sia alla zecca di Napoli; ed il registro avrebbe dovuto servire per salvezza delle loro ragioni, sulla differenza fra questi ducati dieci ed il valor nominale.

3. E perchè il nostro principale intento è di proibire affatto tutte le monete ritagliate e scarse, ed introdurre che tutte le monete sieno giuste di peso, ordiniamo e comandiamo che, da oggi in avanti, niuna persona di qualsivoglia stato, grado e condizione sia, presuma di spendere moneta alcuna di qualsivoglia sorta, così di regno come di fuori regno, che sia ritagliata, scarsa o di manco peso che per la presente prammatica si stabilisce. Ma debbano tantum spendersi le monete di questo regno, e dell'infrascritte zecche forastiere, secondo la valutazione infrascritta, con che siano del peso e bontà in piedi di questa notate; restando tutte l'altre specie di monete, così di questo regno come di fuori, espressamente proibite, come non buone, finchè da noi sia altrimenti ordinato, previa la legittima valutazione.

4. E perchè la maggior causa che ha ridotto la moneta di questo regno a tanto mala qualità è l'esser sempre corsa a numero, senza mai essere stata pagata a peso nei banchi, contro la forma e disposizione di diversi ordini e prammatiche (1) Considerando che, coll'osservarsi di ricevrsi e pagarsi in detti banchi

---

(1) Che avesse ordinato non sappiamo. La presente prammatica e quelle promulgate prima e do o, il *Bando* 30 luglio 1621, che ora ristamperemo, fanno qualche vaga promessa di compenso ai possessori di zannette e tre cinquine, ma senza determinare chi dovesse sopportare la perdita. Tali promesse non mantennero i successori di Zapata, e si finì col vendere queste monete scarse agli argentieri ed alla zecca, per la valuta effettiva del metallo fino, perdendo il proprietario la differenza.

(1) A 24 agosto 1620 il Cardinale Borgia aveva mandato altro ordine ai banchi di pesare i nuovi carlini, tari e quattro carlini, che allora si coniavano

le monete a peso, potremo assicurarci che per l'avvenire debbano in questo regno mantenersi di giusto peso. Ordiniamo e comandiamo espressamente che, da oggi in avanti, non si possa spendere quantità alcuna di moneta, per minima che sia, che non si riceva e dia a peso, cosi ne' banchi, come fra particolari, sempre che cosi vorrà quegli che avrà da ricevere il danaro. Ed a rispetto dei pagamenti, cosi d'introiti come d'esiti, che si faranno nei banchi, ordiniamo espressamente che i cassieri di quei non debbano in conto alcuno ricevere nè pagare di dette monete alcuna se non a peso. E per tale effetto debbano assistere giornalmente, nell'ore deputate di banco, e mentre v'assisteranno i cassieri, i pesatori di essi banchi, quali debbano pesare tutte le monete che si riceveranno o pagheranno nel banco, tagliando tutte le monete scarse o false, sotto pena di privazione dall'ufficio ed altra etiam corporale etc.

5. Vogliamo ancora ed ordiniamo, per più stabilire che così debba osservarsi, di pagare e ricevere le monete nei banchi a peso, che il magnifico Presidente della Regia Camera, che pro tempore sarà Commissario della Regia Zecca, vada di quando in quando visitando detti banchi; e ritrovandovi monete tagliate o scarse di peso, il cassiere di quel banco incorra nelle dette pene etc.

L'art. 6 concerne le lettere di cambio, che si dovevano pagare con moneta buona, gli art. 7 ed 8 proibiscono agli orefici la fusione di tale moneta buona.

9. E per fare il maggior cumulo che si possa di monete, per pubblico beneficio di questo regno, ci contentiamo, vogliamo, ed ordiniamo che ciascheduna persona che volesse far zeccare nella Regia zecca qualsivoglia quantità di argento suo, possa farlo, e sia franca dei diitti spettanti a S. M. E se le farà ancora ogni comodità nelle spese della fabbricazione di detta moneta.

E perchè dalla mutazione di detta moneta si causerà necessariamente alcuna strettezza di contanti, per le quali non potranno facilmente i debitori pagare ai creditori quello che loro debbono, ordiniamo: che in questa città di Napoli e nella provincia di Terra di Lavoro per giorni quaranta, e nelle altre province del regno per giorni sessanta, decorrendi dal dì della pubblicazione della presente prammatica, non si possano molestare detti debitori, nè di persona, nè in bonis, ad istanza di detti loro creditori, per quali si vogliano debiti, così d'istrumenti liquidati, come per polizze di banco, polizze di cambi, obbligazioni, pigioni di case, etiam per debiti alla Regia Corte e pene fiscali; nè eseguire, incassare, nè liquidare detti istrumenti ed obbligazioni. E dal detto dì della pubblicazione della presente, ordiniamo e vogliamo che s'intendano revocati tutt'i commissari ed esecutori spediti contro i detti debitori, ai quali commissari ed esecutori vogliamo che non corrano più giornate.

10. Le monete che, come di sopra s'è detto, dovranno spendersi in questa città e regno si valutano nel modo seguente etc.

Segue un elenco di monete d'argento di Napoli, Spagna, Milano, Sicilia, Roma, Genova, Firenze e Venezia. Per le monete di Napoli:

La piastra da grana 120 si ridusse a grana 105.

Il sei carlini da grana 60 si ridusse a grana 52 $^1/_2$.

Il quattro carlini da grana 40 si ridusse a grana 35.

Il quindici grana da grana 15 si ridusse a grana 12 $^1/_2$.

Il carlino da grana 10 si ridusse a grana 7 $^1/_2$.

L'applicazione di queste riforme produsse incredibile disordine. Il primo danno lo fecero le tariffe, che scemarono il valore delle monote allora circolanti, col dire che il pezzo da carlini 12 si dovesse valutare grana 105, il sei carlini grana 52 1[2 il quattro carlini grana 35, il quindici grana, grana 12 1[2, ed il carlino grana 7 1[2; onde i cittadini stimarono che loro si fosse tolta la quarta o quinta parte del contante.

In questo avevano torto, chè la prammatica prometteva di fabbricare moneta nuova *di peso e bontà de i ducati, mezzi ducati e tareni antichi*. Quel carlino, che riducevano a grana 7 1[2, conteneva, escluso la lega, acini 56 che (divisi per 7 1[2) davano a ciascun grano il valore di acini 7 , 47; invece il nuovo carlino, da grana dieci, avrebbe contenuto acini 81 1[2 e quindi ogni grano avrebbe avuto il valore di acini 8 , 15. Differenza in più 72[100 di acino in beneficio del pubblico ed a danno del fisco.

Se il Cardinale avesse voluto agire con lealtà, il prezzo delle derrate e d' ogni altra cosa sarebbe scemato; i possessori di monete, conoscendo che grana 7 1[2 nuove rappresentavano con vantaggio grana 10 vecchie, avrebbero volentieri fatta la permuta.

Ma la rovina del paese venne dagli articoli primo e terzo della prammatica, che assolutamente vietarono l'uso e la circolazione delle *tre cinquine, de' mezzi carlini* (zannette) e di tutti gli altri pezzi di argento esclusi dalla tariffa, ovvero scarsi di peso; venne principalmente dal fatto che il Cardinale niente sostituì alla moneta che aboliva. Egli fece promulgare la legge prima d' aver cominciato a coniare i pezzi nuovi *di peso e bontà dei ducati, mezzi ducati e tareni antichi*, prima d' aver ottenuto i tre milioni, da lui stesso giudicati necessarî, e mentovati nel proemio della prammatica.

I cittadini rimasero improvvisamente privi dello strumento per le compre vendite. Chi teneva moneta cattiva ne perdette il valore nominale, dovendosi contentare di quanto avrebbe potuto ottenere dalla zecca, ovvero dal venderla a qualche argentiere per fusione. Gli stessi possessori di piastre, o di altri pezzi privilegiati e compresi nella tariffa, subirono senza compenso la riduzione, poichè dovettero contentarsi di grana 105, per una moneta da grana 120, quando non esisteva la promessa nuova piastra, che poteva compensare vantaggiosamente, con maggior peso e quantità d' argento, la minorazione di prezzo.

Necessario effetto di questo disordine furono l' incarimento d'ogni cosa, e specialmente delle derrate commestibili. Il venditore, che prima si contentava d'una piastra, voleva dopo altre quindici grana. Se poi si trattava di zannette, lo stesso venditore le rifiutava; ed a titolo di favore le pigliava pel valore effettivo dell'argento, facendo pagare quindici o venti ciò che prima dava per cinque!

Per dare un idea del danno, compendiamo il conto della perdita sulla moneta che subì allora il Banco Spirito Santo (arch. patrim. vol. 226 pag. 436).

Sopra D. 402,000,0,00 mezzi carlini (*zannette*) ed altre monete scarse e tagliate che si trovarono nel Banco a 2 marzo 1621 e dopo portati alla zecca, in varie volte, per fabbricarne la nuova moneta; si persero D. 306531,2,16 (*più di settantasei per cento*) atteso che la zecca ha dato credito al banco di ducati 95467,2,04, pel valore delle libbre 9641,11,25 che pesavano dette monete, senza dedurne le spese per non essere ancora liquidate . . . D. 306,531,2,16

" " 7.352,4,00 valore di N. 5252 Reali da otto, per la riduzione dal prezzo nominale di carlini 14 all'altro di carl. 9.D. 2626,0,00
E per deficienza di peso su 1961 reali che a carlini 9 avrebbero prodotto D. 1755,4,10, ma la zecca pagò soli D. 1,693,3,14 „ 62,0,16

" 2,688,0,16

" " 30.200,0,00 Carlini — perdita d'un quarto per la prammatica che li riduce a tre cinquine cioè grana 7 1|2 " 7,550,0,00

" " 44,104,2,10 per numero 9801 doppie d'oro scemate da carlini 45 a carlini 26 . . . " 18,621,4,10

D. 483,657,1,10 A riportare D. 335,391,3,02

Sopra D. 483,657,1,10   Riporto . D. 335,391,3,02
" " 5.999,2,00 per N. 2727 zecchini d'oro scemati da carlini 22 a carlini 15 . . . . . „ 1,908,4,10

Sopra D. 489,656,3,10   perdita di   D. 337,300,2,12
cioè di sessantanove per cento circa.

Altri non piccoli discapiti si provarono sulle paste metalliche e verghe, sui denari dati ai capitani di strada per ordine del Vicerè, e specialmente sui prestiti, forzosi pei banchi, che derivavano dai contratti d'appalto della zecca. Appare dallo stesso conto che per ciò il Banco Spirito Santo pagò duc. 520,000 circa.

Giusta l'idea di sopprimere le zannette e l'altre cattive monete; ma bisognava rimborsarne la valuta nominale. Rispetto alle piastre ed ai pezzi conservati, non ci pare egualmente meritevole d'approvazione il concetto di conservare il nome, mentre si cambiava peso e qualità, coniandone altri migliori. Ad ogni modo, era questo un beneficio del pubblico, che supponeva qualche perdita del fisco, derivante dall'obbligo di levarli dalla circolazione e di barattarli con pezzi nuovo tipo. Doveva il governo valutare le piastre grana 105, i sei carlini grana 52 1¡2 etc. e doveva anche farli pigliare dalla zecca, permutandoli, a rigore di tariffa, con equivalente valore di monete nuove Tal perdita, o per dir meglio parziale restituzione di quanto aveva la finanza precedentemente preso, il Vicerè non volle o non potette sopportare.

Una crisi monetaria non si poteva sfuggire senza tener pronti li nuovi ducati e carlini, quando comandavasi di portare alla zecca le vecchie monete. Se Zapata non poteva prima procacciarsi tanto capitale metallico da pareggiare tutta la circolazione del Regno, doveva per lo meno fondere e riconiare le vecchie monete a misura che sarebbero entrate nelle casse pubbliche, sia per pagamento di imposte, sia per domande di baratto. Il Cardinale insomma teneva l'obbligo d'accettare le monete vecchie pel prezzo da lui stesso stabilito con la legge; il suo *bando*, 30 luglio 1621, prometteva solennemente che nessun particolare danno avrebbero subito i possessori di moneta:

Philippus Dei Gratia Rex etc. Antoninus S. R. E. tituli Sanctae Balbinae Presbiter Cardinalis Zapata, | Protector Hispaniarum, unus ex Consiliariis status S. M. Catholicae, et in praesenti Regno, praefatae Regiae

Maiestatis, Locumtenens et Capitaneus Generalis.

Havemo inteso che per questo Regno corre molta difficoltà nel negoziare, per la fama ch' è insorta di che nell'accomodazione e riforma (a che per pubblico benefizio si attende) delle monete, habbiano da sentire danno solo quelli che tengono monete contanti o nelli banchi. E che, particolarmente per tal causa, quelli che tengono robe di mercanzie e comestibili da vendere, sono renitenti al vendere e quelli che vanno comprando ritrovano difficoltà, e per la volontà che tengono di spendere le monete di mezzi carlini e tre cinquine, di mala condizione, alterano li prezzi. E perchè non è stata nè è nostra intenzione, che il danno che risultasse dalla detta accomodazione e riforma di monete, debba sentirsi solo da quelli che tengono il denaro contante o nelli banchi; ma che così come il beneficio sarà generale debba sentirsi ancora generalmente il danno; ne ha parso, con voto e parere del Regio Collaterale Consiglio appresso di noi assistente, fare il presente bando, per il quale, dichiarando detta nostra intenzione, la facemo nota a tutti, acciò ogni persona possa negoziare con la sicurezza da tal dubbio, che è di ragione, comprando e vendendo con le monete correnti, senza timore di perdenze in particulare, *assicurandoli sub verbo et fide regis atque nostris che non sentiranno maggior danno tenendo dette monete che non tenendone*. E volemo che il presente si pubblichi per questa fedelissima città e per tutto il presente Regno. Datum Napoli-Die 30 mensis iulii 1621. El. Card. Zapata-Vidit Constantius Regens. — Vidit Ursinus Regens- Vidit Valenzuela Regens - Salazar Segretarius - Stampato a Napoli appresso Costantino Vitale 1621.

Un regio Ministro, il Reggente Fulvio di Costanzo, aveva tornato a dichiarare, anzi ad impegnare la *Reale parola*, che tutte le monete si sarebbero ritirate dal fisco e cambiate pel valore che nominalmente rappresentavano. Invece si coniarono soli duc. 1,500,000 che il Vicerè disse avrebbe distribuito fra tutti i cittadini, consegnandone ad ogni famiglia carlini quindici, contro ritiro di altrettanto valore nominale di vecchio argento; (1) ma che si spesero quasi tutti per pagare l'esercito e gl'impiegati. Quando il Cardinale li ebbe messi in circolazione, tolse il valore legale alla vecchia moneta, ordinò che non fosse altrimenti accettata che a peso

---

(1) Nel conto del Banco Spirito Santo c'è questo articolo. « Danno sulle monete nuove pagate ai capitani di strada in D. 21430 cioè D. 20000 dall'Istituto e D 1430 dalla regia zecca per conto dell'istituto stesso. Denaro dato fra maggior somma ai capitani di strada con ordine di S. S Ill. per cambiare monete per la città ai poveri, a carlini 15 per ciascheduno, nel tempo che si pubblicò detta regia prammatica Si perderono D 1367ò,04, attesochè dalle libbre 774,01,27 poi avute dai mentovati capitani in tante monete vecchie, la zecca ha dato credito al banco per D 6,391,3,16 ».

La *maggior somma* cioè il totale di quanto ebbero li capitani per distribuirlo, non risulta dai documenti. Sapendosi che allora sole due casse San Giacomo e Spirito Santo, tenevano servigio fiscale, possiamo supporre che non avesse superato D 50,000 Supposizione confermata da un conto del Banco dei Poveri, che perdette soli D. 115,80 sulla somma data ai capitani, vale a dire che prese piccolissima parte in tal'operazione. Ma volendo anche credere che tutt'i banchi avessero con eguale proporzione contribuito, si giunge a D 150,000, cioè al decimo della moneta coniata.

La rettitudine dei capitani è tutt'altro che decantata dai cronisti contemporanei, onde non pare impossibile che su tali monete avessero fatto traffico, e che la feroce prammatica contro dei cambia valute o bancherotti (pag. 184) avesse origine da qualche mercimonio scoperto.

e pel valore effettivo. Ne venne un enorme aumento dei prezzi e tumulti popolari, che riferiamo con le parole del Parrino (1) e del Giannone (2) sebbene questi due storici patrii, scrivendo sotto la censura degli Spagnuoli, dovessero attribuire al popolo i torti del Vicerè.

A queste calamità (3) s'aggiunse un altro male gravissimo e difficile a ripararsi, per cagion delle monete dette comunemente *Zannette*, ridotte per l'ingordigia dei tosatori a stato sì miserabile, che non ritenevano più la quarte parte dell'antico valore (4). Onde erano da tutti rifiutate; tanto che i prezzi delle cose alterati, la moneta non sicura e rifiutata ridusse molti alla disperazione. Si pensò alla fabbrica di una nuova moneta per abolirle, e fu pubblicato che nell'abolizione di quelle niuno vi avrebbe perduto. Ma essendo impossibile a porre ciò in effetto, per la quantità di zannette ch'erano nel regno, e il poco argento che v'era da coniare, per surrogarsi in luogo di quelle, (5) nacquerò perciò disordini gravissimi e sediziose turbolenze.

La vil plebe (!) che vuole satollarsi, nè sapere l'inclemenza dei cieli o la sterilità della terra (6) vedendosi mancare il pane, cominciò a tumultuare, ed a perdere il rispetto ai ministri che presedevano all'annona. Il reggente Fulvio di Costanzo, un giorno del mese di ottobre di questo anno 1621, poco mancò che non fosse da lei oppresso; e già ogni cosa era disposta per prorompere in un universale tumulto.

Il Consigliere Cesare Alderisio, Prefetto dell'annona, per sedare le turbolenze, persuase al Cardinale che uscisse per la città, ed in una calamità così grande consolasse il popolo (7); ed in fatti, in gennaio del nuovo anno 1622, postisi ambedue in un cocchio uscirono. Ma questa uscita peggiorò il male, poichè la plebe insolentita, veduto il Vicerè, con poco rispetto cominciò a rinfacciargli la pessima condizione del pane che mangiava; ed avendo la guardia alemanna voluto frenar gl'insulti, si videro sopra il cocchio del Cardinale piover sassi lanciati da quei ribaldi; tanto che bisognò ricoverarsi nel vicino palagio dell'Arcivescovo e far chiudere le porte di quello e della chiesa, infino a che accorsi molti signori ad assisterlo, non lo ricondussero sano e salvo in palagio.

I disordini per le zannette abolite e per non essersi potuto supplire con la nuova moneta, fecero crescere la confusione nel popolo, il quale per-

---

(3) Pessimo raccolto, pioggo e venti che impedivano il commercio tanto marittimo quanto terrestre, scorrerie dei Turchi ecc.
4) Niun dubbio che i tosatori avessero scemato il peso di moltissime zannette. Lo stesso medagliere del Museo Nazionale ha completato la colleziona con monete scarse, per essere stato impossibile trovare, di alcuni tipi, il pezzo giusto e col regolare contorno. Però Giannone dissimula la grave circostanza che dalla zecca regia s'era messa tanta lega che pure la buona zannetta valeva un quarto del prezzo nominale.
(5) L'argento si sarebbe trovato se il Vicerè avesse voluto pagarlo a prezzi competenti, e se non avesse preteso di abolire le zannette, le tre cinquine e l'altre cattive monete, nazionali ed estere, senza dar nulla ai possessori. La prammatiche ed i bandi contengono semplici promesse; i documenti provano che la zecca ed argentieri le fusero e che fu pagato il solo peso dell'argento.
(6) Giannone non dice che il Cardinale aveva ordinato di valutare le monete a peso, e con quest'ordine aveva fatto quadruplicare i prezzi delle derrate.
(7) Facendosi vedere?...

---

(1) Teatro eroico dei governi di Vicerè del Regno di Napoli; nel Card, Zapatta vol. 1, p. 387.
(2) Storia civile, Libro 35, Cap. V.

dutò ogni ritegno, essendo a' 24 aprile uscito il Cardinale in cocchio fuori le porte della città, quando fu fuori Porta Capuana si vide dietro uno stuolo di plebei, uno dei quali avvicinatosi al cocchio, con un pane nelle mani, con molta arroganza gli disse: *Veda V. S. I. che pane ne fa mangiare*; e soggiungendo altre parole piene di minacce, lanciogli quel pane addosso sopra il cocchio Il Cardinale, sospettando di peggio, fece sollecitare i cavalli, e presa la strada di S. Carlo, fuori la porta San Gennaro, entrando per la Reale, che ora diciamo dello Spirito Santo, si condusse di buon passo in palazzo, dove, consultato l'affare, fu risoluto dissimularlo.

Ma questa tolleranza, invece di acchetare, fomentava i tumulti e gli ridusse nell'ultima estremità, come si vide poco da poi, poichè essendo a questi tempi venuto in Napoli il Conte di Monterey, destinato dal re ambasciatore straordinario al Pontefice Gregorio XV, postosi in cocchio il Cardinale col Conte, mentre camminavano per la città, nella strada dell'Olmo, furono circondati da molti plebei che gridavano: *Signore Illustrissimo grascia grascia* (1), alle quali voci essendosi voltato il Cardinale, con volto allegro e ridente, un di coloro temerariamente gli disse

---

(1) Volevano a buon mercato la roba commestibile.

in faccia: *Non bisogna che V. S. I. se ne rida, essendo negozio da piangere*, e seguitando a dire altre parole piene di contumelie, si mossero gli altri a far lo stesso ed a lanciare pietre al cocchio, talchè a gran passi fu d'uopo tornar indietro e ritirarsi in palagio. Allora stimossi dannosa ogni sofferenza e fu reputato por mano a severi gastighi; onde formatasi giunta di quattro più reputati ministri, che furono il Reggente D. Giovan Battista Valenzuela, ed i Consiglieri Scipione Rovito, Pomponio Salvo e Cesare Alderisio, fabbricatosi il processo, furono imprigionate più di 500 persone. Convinti i rei, contro essi a 28 maggio fu proferita sentenza con la quale dieci ne furon condannati a morire sulla ruota, all'uso germanico, dopo essersi sopra carri per li pubblici luoghi della città fatti tenagliare; furono le loro case dirocccate ed adeguate al suolo, pubblicati i loro beni ed applicati al fisco; i loro cadaveri divisi in pezzi e posti pendenti fuori le mura della città, per cibo degli uccelli, e le loro teste fur poste sopra le più frequentate porte della medesima, in grate di ferro: sedici altri, meno colpevoli, furono condannati a remare, e fu dirocato ancora il fondaco di S. Giacomo; ed in cotal maniera finirono i tumulti che, sotto il governo del Cardinal Zapatta, cagionarono la fame e le zannette.

I tempi non erano maturi per una rivoluzione pari a quella che. 27 anni dopo, fu incominciata da Masaniello, e mise in pericolo la signoria della Spagna sul regno di Napoli; onde il popolo sopportò che si eseguissero sentenze tanto inique. L'unico atto di protesta consistette nel mandare alla Corte di Madrid il P. Tarugio Tarugi, prete della congregazione dell'Oratorio, per chiedere qualche rimedio allo stato miserevole del regno. Costui ottenne la rimozione del Vicerè, che fu sostituito da Antonio Alvarez de Toledo duca d'Alba; però l'ottenne meno per gli spropositi fatti che per la morte di Filippo III°, avvenuta nel mese di marzo dello stesso anno.

13. Innocenti vittime delle zannette furono i banchi ed i loro creditori. Gli uni perdettero il patrimonio raccolto con tant'anni di onesta amministrazione, e dovettero sospendere i loro atti di filantropia, fra cui il pegno senza interessi. Gli altri subirono enorme falcidia sui loro crediti.

Stavano nelle casse apodissarie per lo meno due terze parti delle valute metalliche del regno, zannette cioè, carlini, ducati ed altre monete d'oro, di argento e di rame. Un equivalente valore cartaceo, rappresentato da fedi di credito, polizze, polizzini, mandati, ed in particolar modo da residui attivi di madrefedi, titoli pagabili tutti a vista, era in mano dei cittadini. Circolavano pure molte obbligazioni allo scoperto, dipendenti dal cospicuo negoziato patrimoniale e mercantile. Quando il Vicerè tolse il corso legale alla vecchia moneta, si trovarono i banchi nella materiale impossibilità di far onore alla propria carta. Infatti chi veniva a domandare il pagamento pretendeva, giusta la prammatica, moneta nuova e buona. Questa moneta i banchi non la tenevano e non la potevano procacciare, sia perchè la loro riserva, perdendo la qualità di strumento dei cambii, e tornando semplice metallo, scapitava di tre quarti, sia perchè non era giusto pagare un capitale quadruplo di quello che s'era ricevuto, col dare ducati e carlini di nuovo tipo a chi poche settimane prima aveva consegnato zannette. Dippiù quel milione e mezzo, ch'era di fresco uscito dalla zecca, non sarebbe certamente bastato per controcambiare tutto l'apodissario.

Appena dunque fu pubblicata la prammatica (2 marzo 1622) i banchi sospesero i pagamenti e stettero chiusi quarantott'ore ; ma furono costretti a riaprire le casse da quest'ordine del Vicerè :

« Antonino S. R. E. Cardinalis etc. Per giuste cause da noi considerate, secondo le necessità che se vanno proponendo a Noi nelle presenti occasioni, ci è parso ordinare, come ordiniamo, alli governatori et officiali delli banchi pubblici di questa città, che da qua avanti debbano ricevere e introitare in essi banchi tutta quella quantità che li sarà portata ad introitare di moneta buona, approvata per la prammatica novamente edita, ed a chi farà tali introiti facciano disponere a loro piacere della quantità ch'averanno introitata di tal moneta. E a rispetto di quelle persone che sono creditori in essi banchi per lo passato, li facciano disponere fino alla somma di ducati cinque il dì, sino alle due terze parti del loro credito, restando l'altra terza parte sopraseduta di poterne quelli disponere per ciò che potesse da Noi essere ordinato circa detti loro crediti. E questo osservino etiam per li otto dì da oggi cominciati a decorrere, fra li quali, per altro nostro ordine, è stato a detti banchi ordinato che non fa essero introiti nè esiti (1). E così volemo che eseguano, per quanto hanno cara la grazia di S. M.

« La presente resti al presentante. « Datum N apolis die 3 mensis martii 1622. El Cardinal Zapata — Vidit Constantius Regens — Vidit Valenzuela Regens — Ferdinandus Rovitus Segretarius. »

(1) Nel volume dei dispacci manca quest'ordine.

Provvisoriamente dunque, ai possessori di carte bancali si tolse un terzo del credito e gli altri due terzi diventarono titoli pagabili a rate di duc. 5 ogni giorno. Dice Domenicantonio Parrino: " Fos-
" se piaciuto al Cielo, che siccome con questo mezzo i creditori dei
" banchi sentirono solamente la perdita della terza parte dei loro
" crediti, avesse potuto nella medesima maniera ripararsi al danno
" di tanti particolari cittadini, che in poter loro trovavansi le zan-
" nette, e che furono costretti a venderle a peso d'argento; avvegna-
" chè non si sarebbero impoverite tante famiglie quante ne rimase-
" ro per tal ragione mendiche „.

Il pagamento giornaliero, del primo e del secondo terzo, le casse non potevano sbrigare per mancanza di moneta nuova o approvata dalla prammatica ; ma non mancò il Cardinale di comandare che le riserve metalliche dei banchi si riducessero al nuovo tipo. Esistono in archivio molti ordini per l'invio alla zecca di tutte le zannette, reali di Spagna, piastre di Firenze e di Genova; ordini che le confraterie amministratrici dei Monti tentavano di eludere; prevedendo quello che poi avvenne, che cioè per l'atto della riconiazione sarebbe scomparso il loro patrimonio. Dovettero nondimeno obbedir a questo minaccioso monitorio del delegato vicereale:

« Comandiamo a tutti li governatori e ministri di tutti li banchi di questa fedelissima città di Napoli, che fra due giorni immediati seguenti all'intimazione della presente debbano con effetto mandare nella Regia zecca delle monete tutte lo zannette, reali di Spagna, piastre de Florenzia et de Genova, ed ogni sorta di moneta scarza, riserbata dalla R. Prammatica pubblicata a 2 di marzo prossimo passato; conforme alli altri ordini fatti da S. S. Ill.ª sotto pena di ducati diecimila, esigendi dalli detti governatori e ministri inobedienti; applicandi al beneficio del regio fisco. Con altra pena corporale, ed arbitrio di S. S. Ill.ª, alla quale si procederà irremisibilmente nel predetto termine. Non facendosi il contrario per quanto si ha cara la grazia Regia. In Napoli li 7 luglio 1622.— Scipione Rovito. »

Spiace di trovare la firma di Scipione Rovito, uomo benemerito dei banchi, che probabilmente fu l'inventore dell'ammirevole forma amministrativa del Monte dei Poveri. Ma si noti che egli doveva trovar rimedi per un danno già fatto da altri, ed i suoi comandi sono poco giusti, non irragionevoli come quelli del Cardinale. Occorrendo pasta metallica, Rovito la toglie ai banchi e raggiunge il suo scopo; come raggiunge l'altro scopo di sopprimere le zannette con una specie di prestito forzoso e col sacrificio dei capitali e beni patrimoniali degli stessi banchi. Zapata invece distrugge, senza il menomo suo profitto, l'opera economica degl'istituti colla proibizione di *girare*, cioè cedere le loro carte (1); fa pubblicare altra prammatica con la quale tenta d'ammazzare l'industria della trafileria ed il commercio dei cambiavalute *bancherotti (2)*.

Le mode del tempo richiedevano molto consumo d'oro ed argento filato per ricami o tessuti, ed a Napoli l'arte della trafileria dei metalli preziosi era allora fiorente. Zapata le dette un colpo mortale con questa prammatica che condannava ogni esercente a dieci anni di galera, oltre delle pene pecuniarie; egli non pensò che avrebbe

---

(1) « Convenendo, ad ogni buon fine, che nelli banchi di questa fedelissima città non se girino ne passino partite, che sono in testa dei creditori di essi banchi, in faccia o in potere d'altri, per alcun tempo. Con la presente, ordiniamo alli governatori di detti banchi ed officiali di essi che sino ad altro nostro ordine non passino nè facciano passare di dette partite in credito d'altri, per qualunque ordine che tenessero, ma quelle facciano continuare in credito delli creditori che ora sono di esse; dando solo a detti creditori disposizione dei loro crediti per la somma di ducati cinque il dì, per lo tempo per altro nostro ordine stabilito circa questo; e sino alle due terze parti di detti crediti, conforme è detto con altro nostro ordine, che fu spedito sotto la data delli 3 presente ai detti banchi. E non se faccia il contrario per quanto si ha cara la grazia di S. M. con pena di D. 1000 da applicarsi al *Regio Fisco*. Li 12 Marzo 1662. El Card. Zapata. — (Archivio patrimoniale vol. 226 pag. 396)

(2) Essendosi con esperienza pratticato. in occasione della mala moneta che finora è stata, quanto siano stati dannosi li bancherotti che sono in questa città, per lo comprare e vendere che han fatto delle monete buone, da che hanno avuta molta comodità li falsificatori e ritagliatori di monete. E volendo noi rimediare, che per l'avenire si evitino quanto sia possibile tali inconvenienti, ne ha parso, con voto e parere de Regio Collateral Consiglio appresso noi assistente, fare la presente prammatica sopra ciò, omni tempore valitura, per la quale ordinamo e comandamo espressamente che, dal dì della pubblicazione di essa avanti, nessuna persona ardisca nè presuma di tare più tale esercizio di bancherotto, ma si levi affatto tale professione et essercizio; sotto pena a chi contravenerà, in esercitare per l'avenire tale essercizio, di anni dieci di galera, da eseguire irremisibilmente contro li trangressori, e di perdere tutti l'ori, l'argenti, e le monete che tenessero nel cascettino seu mostra, ancorchè non tenessero detto cascettino seu mostra in pubblico o fuori la poteca, come hanno sin'ora osservato Quali argenti, ori e monete volemo se applichino la metà d'essi al Regio fisco e l'altra metà al denunziante.

Et perchè molti inconvenienti sono stati considerati ancora nell'esercizio delli tiratori d'oro e d'argento, con la presente pramatica ordinamo e comandamo ancora: che dal dì della pubblicazione di essa avanti, nessuna persona ardisca ne presuma esercitare in modo alcuno detta arte di tiratore d'oro nè d'argento in questa città, nè in altro luogo del presente regno; ma si desista, fino ad altro nostro ordine, di esercitare tale arte ed esercizio; sotto pena a chi contravenerà, esercitandolo in qualsivoglia modo in tutto o in parte, di dieci anni di galera; quale volemo similmente se esegua irremisibilmente contro li trangressori, e di perdere tutto l'argento e l'oro che si troverà abbia tirato, e quello che tenesse ancora in parte, da applicarsi le due terze parti al Regio fisco, e l'altra terza parte al denunziante. E acciò la presente prammatica non se possa allegare ignoranza, ordinamo se pubblichi non solo in questa città, ma anco per il presente Regno. Datum Neapoli, die 9 mensis martii 1622. — El cardinal Zapata etc. (Archivio patrimoniale — Vol. 226 pag. 398).

aumentato lo scredito della moneta non circolabile, levando una maniera di servirsene.

Rispetto ai cambiavalute, il semplice buon senso poteva far intendere al Cardinale che siffatta classe di speculatori era quella che meglio lo poteva aiutare, nella sua impresa di riconiare le zannette.

Col fallimento parziale, o come si chiamerebbe adesso *concordato* al 66 2[3 per cento, i banchi uscirono d'impiccio. Non tutti però, chè quello degl'Incurabili, o Santa Maria del Popolo, tenne per qualche tempo chiusi gli uffizi, e pagò li due terzi mediante sacrifizio di molti beni e rendite dell'ospedale. Non interamente gli altri sei, perchè dovevano fare il pagamento del secondo terzo subito, e per l'ultimo terzo dopo che la zecca avesse terminato la riconiazione della loro moneta metallica, e quando sarebbero riscossi i proventi d'una nuova gabella.

Dall'ordinanze del Vicerè derivarono molte dispute giuridiche sui pagamenti fatti o da fare con carte di banco; battagliando creditore e debitore per definire su chi dovesse cadere la perdita.

I creditori volevano la stretta esecuzione dei patti stipulati, frai quali nessun notaio dimenticava di precisare che i pagamenti si dovessero fare ad epoca determinata e con monete di buona qualità; pretendevano dunque quel numero di ducati e di grana che stava scritto negli strumenti notarili. Rispondevano i debitori ch'essi dovevano restituire quanto avevano ricevuto; essendosi loro dato, prima del 2 marzo 1622, zannette, cinquine, carlini scarsi ed altre pessime monete; avendo dovuto prenderle perchè non ce n'erano altre, e specialmente perchè i regi bandi dell'aprile e giugno 1621 minacciavano le solite legnate, tratti di corda, galera etc. a chi le rifiutasse; non potevano trovarsi inopinatamente con l'obbligo di dare ducati e carlini nuovi di zecca; ciò sarebbe stato lo stesso che restituire il triplo e il quadruplo della somma ricevuta. Dicevano pure che quando i banchi pagavano un sol terzo prontamente, un altro terzo a rate, e pel resto annullavano il credito, s'intendeva bene che ogni onesto cittadino dovesse aver facoltà di estinguere nel medesimo modo qualsivoglia obbligazione.

Discussa la controversia dal Consiglio Collaterale, questo, seguendo il parere di Ferdinando Brancia, dichiarò, a 17 novembre 1622, che i depositi o mutui eseguiti prima del 15 febbraio nella città e territorio di Napoli, e prima del 20 nel resto del reame, fossero legittimamente fatti con la moneta allora corrente; non così quelli compiuti dopo le mentovate epoche. Pei primi dunque la perdita era a carico del creditore, per gli altri a carico del debitore. Ecco la prammatica:

Super differentias inter partes suborta, tam in iudicio quam extra iudicium, circa deposita facta sive in bancis pubblicis, sive penes particulares, ante diem secundum martii praesentis anni, quo fuit publicata Regia Pragmatica pro reformatione monetarum huius regni; contententibus creditoribus non teneri ad recipiendum deposita praedicta de pecunia tunc correnti, tamquam reproba, diminuta et erosa; praesertim quo ad deposita facta a debitoribus annuorum introituum cum pacto de retrovendendo, pro optinenda retrovenditione, stante clausola communiter in similibus contractibus apposita, de restituendo capitalia in moneta eiusdem bonitatis, qualitatis, ponderis et ligae, non obstante qualibet ordinatione superiorum in contrarium; et contra vero debitoribus qui fecerunt deposita, replicantibus illa vero legitime facta fuisse de pecunia tunc currenti, et expresse approbata per Regia Banna, emanata sub diebus 17 aprilis ed 30 iulii 1621, eorum vigore creditores omnes praecise teneri ad ille recipiendum, et proinde ipsa deposita stetisse et stare risico et periculo creditorum renitentium recipere. Item et circa alia deposita facta post diem secundum martii in bancis pubblicis, de pecunia duorum tertiorum, de quibus creditores bancorum possunt in dictis bancis disponere, servata tamen forma ordinum generalium Illustrissimi et Reverendissimi Domini Locumtenenti Generali; contendentibus creditoribus non esse cogendos ad illa recipienda, ex quo non tenentur recipere particularem solutionem in diversis temporibus et annis, prout est ille quam in effectu continent dicti ordines generales; et ex adverso replicantibus eisdem deponentibus, se ipsos non posse cogi ad solvendum de alia pecunia, nec in alia forma, quam prout licitum est ipsis exigere ab iisdem Bancis, vigore ordinum praedictorum.

Die 17 novembris 1622 Neap. Facta de praedictis omnibus relatione per magnificum V. I. D. D. Ferdinandum Branciam, Regium Consiliarium Ill. et Rever. D. Locumtenenti Gen. in Reg. Collat. Cons. cum interventu Illust. Regentis Marci Antonii de Ponte March. S. Angeli, Reg. Collat. Cons. Praesid. Sac. Cons. Vicequ. Protonot. ac lllust. Iacobi de Franchis, Marchionis Farini Reg. Consil. nec non magn. V. I. D. D. Caesaris Alderisii, Ioannes Baptistae Melioris et Scipionis Roviti, Reg. Cons. adiunctorum.

Idem Illustriss. ac Reverendiss. D. Locumtenens Generalis providet, mandat, decernit atque declarat, omnia deposita ut supra facta ante diem decimum quintum februarii praesentis anni, in ac civitate Neap. et per milliaria triginta circumcirca eandem civitatem, in ceteris vero partibus regni ante diem vigesimum eiusdem mensis, fuisse et esse rite et recte ac legitime facta de pecunia tunc currenti et approbata, ut supra; exceptu tamen depositi facti de pecunia aliena ad deponentes, quomodolibet perventa ad hunc effectum. Reliqua vero deposita post dies praedictos respective ut supra facta, de pecunia praedicta, fuisse illegitime facta, et proinde stetisse et stare risico, pericule et fortuna ipsorum deponentium; exceptis tamen depositis receptis, acceptatis, aut liberatis creditoribus non contradicentibus.

Item, idem lllust. et Rev. D. Locumtenens declarat atque decernit (donec aliter fuerit ordinatum) reemere volentes annuos introitos venditos cum pacto de retrovendendo, vel extinguere censos redimibiles, non aliter posse retrovenditionem vel extinctionem obtinere, nisi soluto capitali pretio in moneta numerata, nec sufficere depositum vel solutionem de duobus tertiis in bancis in eorum creditum existentibus, nisi fuerint ab emptoribus introituum conventi, ex quavis caussa pro restitutione capitalia praedictorum; quo causa, sequita vel non sequita condemnatione, licuisse et licere deponere capitalia praedicta, illaque solvere de duobus tertiis ut supra. Insuper declarat et decernit censos emphiteuticos esse solvendos in pecunia numerata, pensiones domorum et aliorum contractorum pro medietate de duobus tertiis. Solutiones vero aliorum onerum et debituum, etiam ex causa tertiarum, posse fieri de duobus tertiis, exceptis tamen quantitatibus debitis vigore literarum cambii, quae solvende erunt servata forma Reg. Pragmat.

Li 25 settembre del seguente anno 1623, uscì l'ordine che su tutte le somme dovute per prezzo di robe consegnate prima del 2 marzo 1622, il cui pagamento fosse maturato al 2 agosto dell'anno seguente, ovvero più tardi, si facesse diffalco del 20 per cento a pro dei debitori, ed i residuali quattro quinti si pagassero con moneta nuova. Che sui pagamenti maturati prima del 2 agosto la stessa diminuzione d'un quinto fosse fatta, pagandosi però l'interesse otto per cento al creditore, dal giorno della costituzione in mora. Che similmente si avessero a diminuire di un quinto i pagamenti per lettere di cambio, quando in queste fosse scritto di doversi soddisfare per banco o con valuta in corso. Ove però la lettera di cambio dicesse che in denaro sonante si era ricevuto l'ammontare, non si facesse riduzione.

*
* *

14. Ai 10 d'aprile dello stesso anno 1623, il Consiglio Collaterale ed il Vicerè avevano dettato altra prammatica della quale trascriviamo la parte dispositiva.

« 1.° In primo luogo ordina S. E. che si portino ai detti banchi (1) e che si faccino consegnare i loro libri e scritture, e con la prudenza e rettitudine che egli spera dalle loro persone aggiustino con somma puntualità e brevità i detti libri; indagandone gli effetti, i dritti e le azioni dei detti banchi, e quello che debbono ai loro creditori, e tutt'altro conveniente e necessario, acciò con tutta chiarezza costi dello stato in cui si trovano, senza che s'impedisca il corrente dispaccio.

« E parimenti S. E. accorda piena commissione e facoltà, come meglio convenga, per costringere a forza a riscuotere dai debitori del detto banco, con brevità e sommariamente, senza strepito e forma giudiziaria, e senza ammettere reclami pria di aver riscosso, sia in contante, o per via

---

(1) Le persone dal Vicerè delegate.

di compenso di credito proprio di colui che dimostri liquido e certo e che debba lo stesso banco (1).

« 2.° Che in quelle partite che si troveranno fallite e che non si potranno riscuotere, si notino i nomi dei Governatori ed Amministratori nel cui tempo si diede ad imprestito il danaro; e si dia relazione a S. E. acciocchè ordini ciò che convenga, in esecuzione di ciò che ordina S. M.

« 3.° Che parimenti si avvisi a S. E. se tra i debitori dei detti banchi vi siano alcuni ministri (2) perpetui, dichiarando chi sono e che quantità di danaro hanno ricevuto da essi, e da quando tempo, acciò S. E. ordini ciò che si ha da fare, non lasciando di riscuotere da essi ciò che debbono con prontezza.

« 4.° Che si prosegua nell'esecuzione del disposto da Sua Maestà, che ai creditori che si troveranno d'aver introitato nei Banchi nel termine degli otto mesi (3) se gli restituisca solamente il 40 per 100; dichiarando che gli affittatori della Corte e della Città ed altri che non avranno introitato con frode, non debbano esservi compresi (4).

« 5.° Che coloro che fecero introiti nei due mesi di gennaio o febbraio (1622) per cassa, o per via di deposito o imprestito, e durante il tempo dei detti due mesi, o in qualunque altro seguente, fecero compre o retrovendite col detto Banco e gli altri, si revochino e sodisfacciano. E restino soltanto creditori delle due quinte parti, o tanto di meno quanto avran riscosso per interesse dalle dette compre; perchè questi tali non solo defraudarono i banchi, cercando buona moneta per la cattiva, ma anche tirando interessi e frutti da quella; e che avendola dopo della compra fatta col Banco retrovenduta, e ritenuto il danaro in moneta nuova, essendo dentro di due mesi restituiscano tre quinti, e se prima un terzo (5).

« 6.° Che a coloro che non tengono presentemente moneta nei detti banchi, avendola introitata nei due mesi di gennaio e febbraio dell'anno passato e spendendola dopo della prammatica, cacciandola in buona moneta dai banchi, si osservi lo stesso che nel capitolo precedente, segnandoli per debitori di tre quinti (6).

« 7.° Che a coloro che cacciarono il denaro per cassa a favore di loro stessi o liberandolo in altri nei detti due mesi, non gli si deve attribuire debito alcuno; imperocchè non hanno cagionato danno al banco, perchè cacciarono la stessa moneta che introitarono.

« 8.° Che a coloro i quali pria di detti mesi eran debitori nel detto banco e pagarono per cassa durante li detti due mesi, se gli ammetta a passi buono il detto pagamento (7).

---

(1) Questa riscossione dei crediti dei banchi serviva a pagare i debiti per carte in circolazione che erano o si sarebbero presentate. Trattavasi d'una quasi liquidazione cosi dell'attivo come del passivo.
(2) Pubblici ufficiali.
(3) Dal 30 luglio 1621 al 2 marzo 1622 cioè dalla legge che ordinava di prendere pel valore nominale le zannette ed altre monete d'argento fino alla legge che toglieva loro il corso legale disponendo che si pigliassero a peso d'argento. L' ordinanza poi alla quale si accenna, che dispone pagarsi due quinti invece di due terzi non è stampata nella raccolta di prammatiche, nè si trova fra i documenti dell'archivio patrimoniale.
(4) È fenomenale la disinvoltura con cui si dispone che il Fisco (Corte) ed il Municipio (Città) non debbano sopportare la perdita di tre quinti pei depositi fatti sui banchi negli otto mesi. L' eccezione di quelli che *non avranno introitato con frode* fu scritta per coonestare la cosa, essendo cosa impossibile definire e provare la frode.
(5) Legge iniqua. Non era colpa dei contraenti se in gennaio o febbraio 1622 si pagasse con zannette, nei mesi seguenti con ducati e carlini di giusto peso. Queste novità le aveva fatte il Governo, che non poteva distruggere i contratti stipulati legittimamente dai cittadini e corpi morali. Contratti che nell'anno precedente si erano già eseguiti, col pagare o riscuotere le somme convenute.
(6) Cosa ingiustissima trattandosi di operazione compiuta molti mesi prima, in buona fede, e con sanzione delle leggi.
(7) Non ci sarebbe mancato altro che dichiararlo nullo ed invitare al pagamento di altri 8 quinti!

« 9.° Che si procuri di osservare ciò che S. M. comanda; intorno cioè al ritornare i crediti a' pristini originarii, che introitarono in frode della prammatica ed in danno dei terzi, ai quali furono girati. (1) Però, se questo non può verificarsi, si verifichi almeno quali furono i primi che girarono dette partite, in tutto o in parte; e non avendole cacciate (2) nei detti due mesi di gennaio e febbraio, ma in appresso, li segnino per debitori delle tre quinte parti.

« 10.° Che, perchè abbiamo inteso che dopo essersi fatta la pubblicazione della moneta nuova, vi si è versata molta della moneta scarsa, si verifichino coloro che lo avran fatto, e se ne faccia rapporto a S. E. per dare i convenienti provvedimenti.

« 11.° Che, nello stesso tempo, si verifichino gl' introiti che si son fatti di cattiva moneta, e se è stato con colpa e frode dei ministri del Banco, acciò i colpevoli sieno puniti.

« 12.° Che, nello stesso tempo, si riducano a minor numero gli ufficiali, ministri, e tutt' altro che dovrà riformarsi nei detti banchi; lasciando precisamente solo quelli che son necessari, con giusti e moderati salari; poichè gli altri non servono se non che a far confusione e spese; e che parimenti si mutino gli ufficiali che sembrassero non convenienti e si pongano altri in loro luogo, dando prima conto dell'amministrazione a Sua Eccellenza (3).

« 13.° Che, frattanto si andranno aggiustando i conti e libri del detto Banco, si esegua ciò che S. M. ha ordinato, con le sue lettere del 4 settembre e 9 gennaio; cioè si assegnino e vendano le rendite ed effetti ai suoi creditori; e quelle che saranno acquistate da persone facoltose non si diano nè assegnino a quelli che non lo sono, acciò non gli riesca difficoltoso il pagamento ed esazione; e si dividano, pro rata, con ogni eguaglianza, non solo riguardo alla quantità, ma anche alla qualità degli effetti che a ciascun creditore se gli assegnerà e venderà; senza dar luogo al negozio, acciocchè tutto si esegua con la giustizia conveniente; lasciando solo una competente rendita pei ministri, ufficiali, libri ed altre spese forzose del detto Banco.

« 14.° Che l'istesso ordine si osservi nella ripartizione di ciò che spetterà al detto Banco delle gabelle che si sono imposte, e si imporranno, per covrire il danno che ha sofferto per la riduzione delle monete.

« 15.° Che dal denaro che presentemente si trova di contante nel detto banco, e da quella porzione che gli spetterà dell' assegnamento di duecentoventimila ducati (4) vada pagando per settimana quella quantità che gli spetta, a ragione del 2 per cento, a ciascuno de' creditori; e se il denaro che si riceverà dai detti effetti ed imposizione sarà in tanta quantità che si possa aumentare la paga di ciascuna settimana, si dia relazione di questo a S. E. acciò ordini che si faccia proporzionatamente e conforme al denaro che si andrà introitando; avendo in mira che con tutta prontezza ed uguaglianza di giustizia siano pagati i detti creditori.

« 16.° Che i detti duecentoventimila ducati dell' assegnamento, e tut-

---

(1) Intende parlare il Viceré delle fedi e polizze o crediti su madrefedi, ottenuti prima del 2 marzo 1622, ch' egli voleva scemare di tre quinti e che, per la trasmissione e circolazione delle bancali, fossero passati per varie mani.
(2) Riscosso il denaro.
(3) Al solito, gli errori del Sovrano e del Ministro furono pagati da chi non ci aveva colpa, cioè dagl' impiegati che senza ragione si licenziarono, e dai banchi che perdettero patrimonii e libertà. La ragione per la quale ordinava il governo tanta assegnatezza stava, come si vede dagli articoli seguenti, nel progetto di cedere li beni patrimoniali ai creditori, ed ottenere che dai banchi si saldasse la perdita o spesa della riforma monetaria. Non era bastata, per pareggiare i conti, quella terza parte che avevano levata ai creditori apodissarii.
(4) Invece di 220,000 furono annui duc. 46,430 per un capitale nominale di duc. 773,871.

t'altro che si andrà riscuotendo dalle imposizioni, si è dato ordine acciò sia distribuito tra tutti i banchi; avendo considerazione ai debiti e perdite di ciascuno, di modochè a quello che avrà più debiti si sovvenga e vada provvedendo con maggior quantità, ed a quello che meno ,rispettivamente. E che per questo e per esigere quella porzione che gli appartiene, come si è detto, si versi nel banco dell'Annunziata (1) quello che dalle dette imposizioni si ricaverà; avvertendo che sempre deve tenersi manifesto questo danaro, poichè non deve servire se non che per l'effetto sopraddetto; e cosi se gli fa noto ciò, onde, per parte del detto banco, si procuri a tempo esigere ciò che gli appartiene.

« 17.° Che ciascuno dei detti creditori possa, mentre son pagati, vendere, cedere, passare in testa d'altri ed alienare in qualunque modo, a proprio piacere, a coloro che vorranno, i crediti che avranno in detti banchi, in tutto o in parte. E cosi il compratore o il cessionario di tale effetto e credito di banco, non potrà obbligare i suoi creditori a riceverlo in soddisfazione di ciò che il tal compratore gli dòvrà, se non che con volontà dei detti creditori.

« 18.° Che si prosegua a ritenere il terzo, come ha comandato S. M. finchè vi sia somma per poter soddisfare. Che, pel buon governo e conservazione del banco in appresso, si osservino da ora gli ordini dati da Sua Maestà, le prammatiche di questo regno, ed il contenuto nei capitoli.

« 19.° Che il detto Banco faccia subito un libro a parte, che si chiami libro nuovo, dove si notino per creditori coloro che da oggi innanzi verseranno moneta buona di giusto peso; tenendolo a vista, acciò senza dilazione e con ogni puntualità si paghi, come e quando il creditore vorrà, in contanti o in cambiali, come gli riuscirà più comodo.

« 20.° Che parimenti, nel detto banco, si tenga un altro libro in cui si notino i crediti antichi; mettendo con gran distinzione e chiarezza, con varie annotazioni, ciò che nasce dai debiti antichi e condizionati, che si debbono pagare sempre e quando per via giudiziaria saranno liquidati; ed in altra annotazione ciò che risulterà dai detti due terzi; ed in altra dal detto terzo sospeso; ed in altra i dimenticati.

« 21.° Che nessun ministro di banco, maggiore nè minore, da sè solo, senza il consenso degli altri possa fare imprestiti coi denari del detto banco, ancorchè sia con pegno; nè fare compre proprie, nè aliene, nè scrivere crediti, se non solo a coloro che li avranno in effetti veri e reali nel detto libro nuovo. E non si prendano per loro stessi cosa alcuna i ministri del detto Banco, sotto pena al governatore o governatori di esso di pagare il quadruplo e cinque anni di galera e della pena pecuniaria; in ambedue i casi si darà la quarta parte ai denunciatori.

« 22.° Che parimenti stieno con gran vigilanza tutti i cassieri e pesatori del detto banco a non ricevere moneta che sia scarsa di peso; sotto pena al cassiere che la riceverà e pagherà o si troverà in suo potere, di dieci anni di galera irremissibilmente e perdita di diecimila ducati; senza potersi scusare di non averlo fatto con frode, perchè per proprio ufficio tiene quest' obbligo; e nella stessa pena della galera incorra il pesatore che darà o riceverà danaro senza pesarlo, non potendosi scusare col dire che quello che lo riceve non volle pesarlo.

« 23.° Che ogni giorno debbano dare, il libro maggiore ed il cassiere, conto ai governatori che vi è in cassa; e che questi lo dieno al Commissario delegato, acciò sappia puntualmente lo stato del detto banco.

---

(1) Questa promessa non fu mantenuta; il Banco dell'Annunziata, che era il più bisognoso, non bbe nulla.

« 24.° Che si visitino i libri e la cassa di detto banco almeno due volte l'anno, dal ministro delegato che vi sarà, e di ciò deve tenerne cura il governatore di avvisarcelo a tempo.

« 25.° Che non si riceva nel detto banco moneta di minor valore che di tre cinquine; ed a quelli che porteranno questa moneta minuta, si paghi con questa stessa; notandosi nei libri di detto banco le persone che la porteranno, ed in quale specie, se di questa o di altre; avvertendo che a quelli che porteranno miglior moneta non se gli paghi con la più cattiva.

« 26.° Che si prenda la cauzione dal cassiere ed ufficiali del detto banco, nella quantità che sembrerà conveniente, con l'approvazione ed intervento del governatore del detto banco.

« 27.° Che si affiggano tutti questi capitoli, in una tavola fissa, in parte pubblica di detto banco, acciò sieno a tutti noti ».

*
* *

15. Nello stesso mese di aprile 1623, si pubblicò il bando della nuova gabella, a favore dei banchi, che fu presa in appalto da Pietro Grazioli. Diceva il Vicerè: I provvedimenti ordinati per compensare i banchi dei danni sofferti, con la mutazione della moneta e con la consegna degli oggetti d'argento alla zecca, non essere bastati a pagare i debiti. Da ciò venire impedimento alle contrattazioni ed al commercio. Fra gli espedienti escogitati e proposti, uno solo parergli acconcio, ed a questo, col voto del Regio Collaterale Collegio, essersi attenuto; consistere nella gabella di un ducato a botte su tutt' i vini che s'introducessero, vendessero e consumassero nelle città, borghi, e territorio di Napoli; sia che nello stesso territorio fossero prodotti, sia che venissero dal resto del regno o dall'estero. Una commissione d'individui, scelti dal Vicerè, doveva liquidare la perdita di patrimonio che avesse subita ciascun banco e proporne il compenso. Questa commissione suggerì di prelevare dal reddito della gabella l'interesse annuale sei per cento della somma tolta agl'istituti di credito napolitani per la sedicente riforma monetaria. Niente fu promesso per quella terza parte, ovvero per quei tre quinti, che l'abolizione delle zannette aveva levato ai possessori di titoli apodissarii.

A 28 luglio si fece la distribuzione, ed ottennero di annua rendita

S. Maria del Popolo ducati 18,434
Sant' Eligio " 15,457
Lo Spirito Santo " 6,694
La Pietà " 4,013
I Poveri " 1,686
San Giacomo " 146

Totale, annua rendita, ducati 46,430

Che, alla ragione del sei per cento, formava un credito o capitale, ipotecato sulla gabella del vino

Pel Banco S. M. del Popolo di ducati 307,241
Sant' Eligio   "   257,624
Spirito Santo   "   111,576
Pietà   "   66,885
Poveri   "   28,107
San Giacomo   "   2,438

Totale capitale ducati 773,871

Le quali somme promettevano ai banchi, con patto che riconoscendosi, per più accurato esame, minore la resta da pagare, dovessero restituire parte dell'assegnamento (1); trovandosi maggiore si sarebbe aumentato il compenso. Col valore capitale di questa rendita sei per cento, e con tutte le attività, che per avventura possedesse, doveva ciascun banco completare il pagamento dei due terzi, ovvero dei tre quinti ai creditori apodissarii, e doveva eziandio liquidare, nel termine di quindici giorni, tutta la gestione per titoli bancarii di data precedente al 2 marzo 1622.

Ordinanza del Viceré 28 luglio 1623.... Ed ordina S.ª E.ª che con la parte che spetta a codesto banco, e cogli altri effetti che possiede, paghi subito e dia soddisfazione ai suoi creditori; assegnando con ogni eguaglianza e giustizia, senza eccezione di persona, a ciascuno quello che deve avere dei due terzi correnti; e che questo si esegua nello spazio di

---

(1) I posteriori *libri maggiori di terze* del Banco della Pietà, nel conto dei *debitori antichi di difficile esazione* mettono l'articolo « Gabella del vino del ducato a botte che fu imposta nel- « l'anno 1623 D. 16146.26 di capitale per annui D. 968.41 resto di maggior somma, che gli altri « furono assegnati ai creditori di nostro banco di due terzi, e detto resto spropriato dal nostro « Banco dalla città ed assegnato alla regia Corte. » Pare che la finanza, servendosi dell'articolo della prammatica, avesse ripigliato 24|100 dell'indennizzo, ma che il Banco avesse consentito per forza, senza riconoscere tal diritto, e scritturando come suo credito una somma che non gli sembrava dover restituire. Le sue ragioni risultano da altro articolo dello stesso libro mastro del 1769 che dice « Nostro Monte contro dei creditori incerti di nostro Banco dell'anno 1622: Per « tanti che importano i creditori incerti di Banco nel libro maggiore del 1622 al folio 85 D. « 31835.91. » Se non s'erano presentati tutt'i portatori di carta bancale a riscuotere i due terzi, e se restava a carico dell'istituto la passività di lire 31835,91, era cosa legittima lasciargli la proprietà dei D. 16156,26 che non sarebbero nemmeno bastati pel pagamento, quando tutti avessero usufruito del loro diritto.

Conviene su questo proposito notare che due terzi spettarono ai portatori della carta. Ma gli otto banchi delle monete e pei capitali di loro pertinenza, ebbero la sola magra soddisfazione di aprire conti di crediti inesigibili che rimasero accesi fino alla liquidazione del 1807. La Pietà, per esempio, teneva registrata sui libri maggiori di terze una partita di D. 117864.24 conto vecchio; altra di D. 161345.57 conto dei due terzi dell'anno 1622 : altri di D. 19456.47 coll'epigrafe " Regia Corte conto di refezione dei danni patiti dal nostro Banco dopo la nuova prammatica del- » la mutazione della moneta eseguita ai 2 marzo 1622. Per tanti venuti meno dalla regia zec- » ca dove si portarono le monete vecchie ».

quindici giorni al più tardi, da V.ª S.ª e dal vostro cassiere; e non facendosi in tal tempo, S.ª E.ª nominerà altre persone che lo facciano, perchè, allo stesso tempo che conviene, vuole che si adempia con la maggior brevità.

E per maggior consolazione e comodità dei creditori di piccole somme, vuole S.ª E.ª che quegli che lo sono da duc. 200 in sotto, e non si contentassero dell'assegnazione che loro farà, e volessero far compra in questo banco alla ragione del 6 per cento, possano farlo nello spazio dei detti 15 giorni, dando loro il banco i mezzi necessarii per l'esigenza.

Ed acciocchè maggiormente si possa ottenere ed eseguire quanto si è detto, ordina e comanda S.ª E.ª che da oggi in avanti, cessi il giro delle polizze, e che nè V.ª S.ª nè il vostro cassiere le ammettesse da chicchessia, nè da altro banco; ma che nello stato in cui si trova attualmente il conto dei creditori si conchiuda e si finisca; e che dall'istante che si fa la detta assegnazione corra la paga del 2 per cento (a) giusta gli ordini generali dati da S.ª E.ª agli 11 aprile di questo anno; avvertendo che si debbono sospendere e non dar soddisfazione alle partite che V.ª S.ª tiene notate in questo banco, ed altre che gli sembreranno dubbie, finchè la Giunta non giudichi e dichiari se debbano pagare le due quinte parti, secondo gli ordini di S.ª M.ª e di S.ª E.ª

Ancora ordina S.ª E.ª che le differenzè che occorressero di polizze di banco, ancorchè dipendano da cedole e da lettere di cambio, debbansi riconoscere e decidere dalla Giunta dei detti banchi, solo per aversi in essi più intiere notizie dei casi che possono occorrere su questo particolare, ed altre giuste considerazioni e convenienze della causa comune. Di tutto questo mi ha ordinato S.ª E.ª passar avviso a V.ª S.ª perchè lo adempia ed esegua puntualmente.

(a) Una terza parte del valore delle bancali o crediti su madrefedi fu annullata, un'altra terza parte si pagò prontamente con moneta nuova, e per l'ultimo terzo i pagamenti si facevano a misura che la zecca coniava moneta coi pegni scaduti, e coi pezzi tolti dalla circolazione. Occorrendo tempo, per tale lavoro tecnico, si stabilì che fosse ai possessori di carte bancali dato il due per cento ogni settimana.

Ai creditori che, invece del pagamento in numerario di quanto si concedeva loro, avessero preferito di partecipare al provento della gabella sul vino, davano permesso di far compra, cioè prendere l'annua rendita sei per cento; purchè però si trattasse di somme minori di duc. 200.

Il Banco Spirito Santo, coi duc. 6694 annui, computati pel valore capitale di duc. 111576 e mediante cessione di quasi tutte le sue *terze*, cioè crediti patrimoniali, liquidò l'intero debito apodissario nel modo prescritto; anzi con qualche vantaggio pei possessori di carta, dappoichè i debiti minori di duc. 20 si pagarono integralmente con moneta nuova, e gli altri debiti di ducati 20 a 50 per metà con moneta, e per metà con crediti di pronto incasso. Colse anche questa occasione per fare i conti con le opere pie o conservatorio dello Spirito Santo, e poichè queste erano debitrici di ducati 35,825,76, che producevano annui duc. 2220,10, si affrancò dal pagamento di ducati 600 stipulati per fitto del locale che occupava. C'è in archivio (vol. 226) l'originale del manifesto allora pubblicato, che dice :

" Se notifica a tutti li creditori de' due terzi espliciti del Banco dello Spirito Santo, da ducati 50 in su inclusive, che a ciascuno di essi li sta fatto assegnamento del loro credito sopra effetti esigibili del detto Banco, per ordine del signor Consigliere Scipione Rovito, Commissario delegato di S. E. in detto Banco, precedente ordine di S. E. Qual assegnamento sta pronto ad ogni richiesta di detti creditori. E non comparendo li detti creditori a ricevere e stipulare li detti assegnamenti, per tutto il presente mese d'ottobre 1625, s'intendono per stipulati, ed estinti li loro crediti nelli libri del detto banco con li assegnamenti fattili. Quali assegnamenti, elasso detto tempo, s'intende restare a peso et danno di detti creditori. „

" Alli creditori da ducati 50 in basso, exclusivi, per tutto li 10 de ottobre 1625 se li darà soddisfazione in questo modo. Da ducati 20 sino a ducati 50 se li pagherà prontamente la metà di contanti, e l'altra metà se li assegnerà sopra effetti esigibili. Da ducati 20 in basso exclusive se pagaranno tutti contanti in una volta„.

Questo medesimo volume 226 contiene l'intiera liquidazione del debito apodissario del banco Spirito Santo, coi nomi di migliaia di creditori e ciò che ciascuno ricevette sia in moneta, sia in terze, ed altre valute redditizie.

Rispetto al Banco S.ª M.ª del Popolo, che parve trattato meglio degli altri, sembraci opportuno di copiare da un'allegazione a stampa di cento anni fa, (avv. Gerardo Gorgoglione) qualche notizia sulle somme distribuite, e le pruove d'avere i creditori riscosso dalla gabella del vino duc. 136,254,17 non 307,241.

Relativamente poi alla cassá degl'Incurabili, alla medesima furono assegnati duc. 307241, di capitali sul dazio istesso, e per essi annui duc. 18434, alla ragione del 6 per 100, precedente ordine del Consigliere Rovito, delegato per questa emergenza; ad oggetto di assegnarsi a'suoi creditori, in soddisfazione della terza parte de' loro respettivi crediti. Ma de' ridetti duc. 307241 di capitali, dalla fine dell'anno 1623 fino all'anno 1627, furono assegnati a molti creditori del Banco duc. 136254,17, e per essi annui duc. 8174,79, essendo rimasti in testa del Banco ducati 170986,83, e per essi annui ducati 10259,21; secondo che si rileva dalla fede fattane da Aniello Maria Turco, Razionale del patrimonio di Città, nell'anno 1713.

Fu destinato il Consigliere D. Giov.

Battista Migliore per Commessario Delegato della cassa S.ª Maria del Popolo, coll'incarico di eseguire gli assegnamenti da farsi a'creditori della medesima. Costui, dopo di avere ripartiti a molti creditori i suddetti duc. 136254,17, sulla ridetta partita, non potendo fare altri assegnamenti sulla rimanente quantità, perchè forse dalla Città convertiti in altri usi, e non mai più pagati al Banco e suoi creditori, avendo avuto sotto gli occhi le vendite di annue rendite fatte dalla Santa Casa degl'Incurabili alla sua cassa medesima, e vuol dire a sè stessa, per la somma di ducati 55000 di capitali, e per essi di annui duc. 3040, e che le doveva con alquante terze decorse; ed avendo veduto altresi l'altro debito della Santa Casa di duc. 8479,08, per prestanze fattale dalla cassa medesima, secondo le urgenze e bisogni; stimò opportuno di ordinare alla Santa Casa, come debitrice della sua cassa nelle ridette quantità, di obbligarsi, siccome, precedenti decreti del Commessario Delegato, si obbligò, di pagare a' creditori della cassa stessa le quantità a' medesimi dovute, e ne fece in beneficio degli stessi anche vendite di annue entrate, alla ragione del 5 e 6 per 100, mediante pubblici istromenti; ascendenti li detti capitali di vendite *in unum* a ducati 83316,71, dall'anno 1624, per l'anno 1629, siccome si trovan descritti in una distinta nota, ricavata da' Libri Maggiori della Santa Casa dell'anno 1624.

Qual fosse stato il fato di que' residuali duc. 170986,83, resto della somma capitale sul dazio del vino, assegnata al Banco di S.ª Maria del Popolo, e per essi degli annui ducati 10259,21, non si è affatto potuto liquidare. Ma, da talune notizie del Banco istesso, si vede che la Città non ne avesse fatto seguire assegnamento in beneficio del medesimo, e che questo, per l'adempimento, fosse stato oggetto di litigio nel Collaterale, dal quale venne ordinato, che de' 170986,83 di capitali, si fossero dalla Città assegnati al Banco per allora duc. 50000; ma niente di sicuro abbiamo e dell'uno, e dell'altro assegnamento, e se la Città gli abbia mai più soddisfatti, più non esistendo quegli atti del Collaterale, e li libri delli conti della Città.

Dopo tanto tafferuglio, i banchi restarono senza beni patrimoniali, senza capitale proprio e con grandi debiti. Essi, volendo *fortificare la cassa*, come s'esprimono le conclusioni, non guardarono a perdita per aggio ed a gravezza d'interessi; consentirono ipoteche sui loro palazzi e taluno giunse a vendere gli arredi della chiesa. Ma così non ricuperavano quel credito ch'era indispensabile per la vita degl'istituti, meno ancora procacciavano rendita che sopperisse alle spese amministrative. Dopo d'avere sacrificato, in cinque anni, tre quarti del capitale precedentemente cumulato pei pegni *graziosi*, i Protettori della Pietà ebbero la felice idea del Monte fruttifero che fu la salvezza di tutti. Giusta il documento già riferito a pag. 41, essi ottennero, nel 1628, la facoltà di collocare D. 30000 sopra pegno e coll'interesse 7 per cento. Lo Spirito Santo ebbe il medesimo permesso nel 1629 per D. 40,000 e l'Annunziata per ducati 20000 ai 14 marzo 1632. Il Monte dei Poveri venne dopo, col capitale di duc. 40,000; e quindi ottennero i rispettivi dispacci Sant'Eligio, San Giacomo, il Popolo ed il Salvatore.

Per conseguenza della sedicente riforma monetaria dunque, i banchi di Napoli diventarono Monti di pegni ad interesse.

*
* *

16. Al danno che i banchi provavano per le alterazioni di monete, fatte con ordini governativi, s'aggiungeva l'altro ingenerato dall'opera dei ritagliatori. Adesso sono tanto perfezionati, per la parte meccanica, i metodi di coniazione, che stentiamo a credere gli storici, quando parlano del numero d'individui che pel passato si permetteva di tosare i pezzi di oro e d'argento, dell'impunità di costoro e degl'inconvenienti che ne venivano. Ma allora le monete non avevano contorno rilevato e con iscrizioni, era difficile distinguere le irregolarità di forme prodotte per consumo, dalle altre fatte con lavori di lima, scernere le mancanze di peso dipendenti dall'attrito, da quelle fatte con frode. Il torchio a vite, che fu inventato da Antonio Brucker, verso il 1550, per Napoli era ancora un desiderio due secoli dopo, quando l'abate Galiani scriveva il classico libro sulla moneta.

Molte furono le leggi e le prammatiche promulgate dai Vicerè per impedire il danno, ed anche per definire chi dovesse sopportare la perdita. Per quanto si riferisce ai Banchi, una prima volta, sotto il Governo del Cardinale Pacecco, nel 1554, questa perdita la subì tutto il paese. Fu imposto tributo straordinario di duc. 29.318,93, che pagarono per tre quarti i Comuni e per un quarto i feudatarii, con lo scopo di saldare la deficienza trovata nel numerario che il Banco della Pietà aveva mandato alla zecca. In seguito si volle far subire dai Banchi il danno. Una legge, 6 giugno 1609, comandò che fossero mandate alla zecca, per la riconiazione, tutte le monete calanti, salvo le zannette e le tre cinquine (1).

La zecca doveva pagare il solo valore dell'argento, e tutta la perdita, per mancanza di peso o per aggiunzioni di lega, andava a carico dei possessori. Qualità di possessore riconobbero nei banchi, volendo il Vicerè che il danno si subisse dall'istituto, non dal creditore o dal depositante, per la ragione che, *dovevasi avere*

---

(1) Una zannetta e mezza o grana sette e mezzo.

considerazione al guadagno che i Banchi avevano fatto col danaro dei particolari, per averselo goduto e per godcrselo.

Al Bianchini (1) pare strano argomento; noi invece lo crediamo dimostrazione d'un fatto che c'importa definire, e sul quale abbiamo varie volte insistito, che cioè, eziandio nei primi tempi, i banchi non erano semplici depositari, sibbene debitori delle somme loro affidate. Nel 1609, il governo riconosceva in essi il dritto di far mutui sopra pegno ed atti di commercio con queste somme, ammetteva che le *avessero godute e le godessero*.

La legge si dovette abolire dopo soli sei giorni, per la ragione che alla zecca mancavano le buone monete d'oro o d'argento da barattare con quelle scadenti sul peso, che ad essa si portavano in gran copia. Si tentò di pagare con zannette e con tre cinquine; vale a dire con le monete che, per alterazioni fatte dallo stesso fisco, valevano meno d'un quarto del prezzo nominale quand'erano di giusto peso. Eccettuate dalla rifusione, mantenute nel corso legale, si dovevano prendere anche se rovinate dal consumo e dai tosatori. Grandissimo era quindi il pregiudizio pei banchi e pel pubblico, costretti a permutare pezzi d'oro o d'argento, che si valutavano al peso effettivo del metallo, con zannette e tre cinquine, calcolate al valore nominale; ch'erano anche scarse di peso e delle quali devevano pagare la coniazione, come se allora uscissero dal torchio. Furon tali i clamori che, annullando l'ordinanza, dovette il Vicerè comandare che le vecchie monete continuassero ad avere corso; quelle circolabili, pel consueto valore; quelle scarse e ritagliate in proporzione del peso.

A 22 giugno 1633 il Conte di Monterey ordinò (2):

« 1.° Che i Banchi di questa fedelissima città debbano ricevere tutte le monete scarse, che da qualsivoglia persona saranno portate in essi banchi, per introitarle, dandonele credito del giusto peso, conforme alla qualità delle monete e tariffe della Regia Zecca.

. « 2.° Che i cassieri e pesatori deputati e deputandi dalla Regia Corte, in ciascuno dei detti Banchi, su- bito ricevuta la moneta scarsa la debbano tagliare, e portarla in detta Regia Zecca settimana per settimana, acciò di quella si possa far altra moneta nuova al giusto peso.

« 3.° Che i banchi e i cassieri di quelli, pei pagamenti che faranno, debbano dar moneta di giusto peso.

« 4.° Perchè nella moneta zeccata finora manca per lo più alcuna poca quantità, di poca considerazione, vo-

---

(1) Storia della finanza pag. 522, vol. 2.
(2) Prammatica X, de Bancis.

gliamo e comandiamo che nel pesare che si farà della moneta, tanto in detti Banchi quanto in altri luoghi di questa fedelissima città e Regno, da qualsivoglia persona, si debba detta moneta ricevere quando il mancamento non sia più di un acino per ciascun pezzo di tari, cinque cinquine, carlino e tre cinquine; dimodochè la moneta d'argento vecchia corra liberamente col mancamento predetto. Dichiarando etc. »

Pena per le contravvenzioni once cento, delle quali la metà conceduta all'accusatore, più ai pesatori tre anni di galera e perdita dell' uffizio, più quello che a Sua Eccellenza piacesse stabilire.

Due anni dopo, (22 giugno 1635) venne fuori altra ordinanza, del medesimo Vicerè Monterey:

« Ordiniamo e comandiamo che nessuno officiale di detti banchi, libro maggiore, pannettario e cassiere, ardisca nè presuma di scrivere, nè fare scrivere nel suo libro d'introito, qualsivoglia somma, per minima che sia, come introitata nella Cassa del Banco, nè darne credito a qualsivoglia persona, di qualsivoglia grado o condizione si sia, se non allora quando con effetto sarà entrato il danaro in una cassa del Banco, in contanti, *non ostante che per riscontro loro si consegnasse fede di credito o polizza per altro Banco* ».

Comincia da questo documento la lunga serie delle proibizioni di *riscontrata*, vale a dire accettazione e pagamento di carte nominative poste in circolazione da altre casse, ch'è forse il maggior servizio reso dal Banco al pubblico, per la facilità di trasmissione dei fondi. Monterey lo definì delitto, punibile con tre anni di galera, più quanto gli piacesse di aggiungere.

E vero che coi *valori di riscontro* si potevano nascondere vuoti di cassa. Dai documenti dell'epoca conosciamo che qualche volta due cassieri, per criminoso accordo e con la complicità dei fedisti, si somministravano reciprocamente fedi di credito false del rispettivo Monte. Diventavano allora inutili le verifiche e contate di cassa. Tali fedi figuravano come credito o discarico di chi le presentava, e non c'era modo di scoprirne la falsità coi registri d'emissione perchè appartenevano ad altro Banco, e specialmente perchè erano buoni gli *scudi* e le sottoscrizioni. Nondimeno tale inconveniente potevasi togliere, come poi si è tolto, con migliore ordinamento del servizio, e custodia più rigorosa degli *scudi*, senza privare i cittadini d'un comodo inestimabile.

*
* *

17. Poco dopo, (anno 1636) fallì il Banco di San Giacomo e leggiamo in un istrumento stipulato con la Regia Corte li 16 maggio

1696, nonchè nella conclusione del Consiglio di Governo 2 ottobre 1772, che ai creditori si dette il 32 per cento.

Probabilmente venne questo disastro come controcolpo della guerra di trent' anni, la quale d'uomini e di denaro esauriva il regno di Napoli, che pur si trovava tanto lontano dai campi di battaglia. La cassa dell' Annunziata, quantunque vacillante per gl' intrinseci suoi difetti, fu dal Monterey costretta a consegnare in pochi mesi D. 135,000, e dicono i Maestri, nella posteriore supplica a Carlo VI:

Ritrovandosi il Re Filippo IV., di gloriosa memoria, angustiato da una guerra, e particolarmente di soccorrere Ferdinando Cesare, vostro avolo, nelle guerre che sosteneva nell'Alemagna per l'Imperio, e Stati ereditari contro gli eretici, ordinò egli al Conte di Monterey, Vicerè di Napoli, con sua Real Cedola, sotto il dì 11 Febbrajo del 1632, che avendo per l'accennate cause bisogno d'immense somme di danaro, vendesse tutti quegli effetti della Regia Corte, che potea vendere, anche feudali, e demaniali, non ostante qualsivoglia proibizione in contrario; nella quale congiontura, il Banco della Casa Santa fu il primo a soccorrere la Maestà Sua, con lo sborso di docati sessanta mila effettivi, per i quali il Vicerè Conte di Monterey, a nome di Sua Maestà, gliene fece vendita d'annui ducati 5100, assignati sopra fiscali di alcune terre, come dall' istrumento rogato sotto il dì primo di Maggio del 1632; e poi, sotto il dì 27 d'Agosto, furono sborzati altri ducati venticinque mila per la compra d'altri annui ducati 2125; e sotto il dì 29 Dicembre del sussequente anno 1633, altri ducati 50 mila effettivi, per i quali il medesimo Vicerè glie ne fe vendita d'annui 3500 di fiscali, alla ragione del sette per cento, sopra l'Università di Modugno. Con patto speciale, che tanto i detti ducati 3500, quanto tutte l'altre annue rendite, e fiscali, che 'l Banco e Casa, ed Ospedale della Santissima Annunziata teneano, e possedeano, e che in appresso avessero acquistato, sotto qualsiasi titolo di donazione, eredità, e legato, non si potessero diminuire, nè bassare a meno del sette per cento, ancorchè sopravvenisse qualsivoglia altra causa urgente, necessaria, e privilegiata, eziandio per lo bene della pace, stato della Repubblica, e pubblica utilità, nè di moto proprio, nè per qualsivoglia ordine in contrario, che *in futurum* venisse da S. M. C.; convenendosi, per patto specialissimo, che in ogni tempo le suddette annue entrate, possedute dalla Casa e Banco dovessero possedersi, siccome allora si ritrovano sempre al 7 per 100, con promessa di fargli veri, ed esiggibili in ogni futuro tempo, e mancando per qualsivoglia accidente, o non potendosi esiggere sopra le Università assegnate, fusse tenuta la Regia Corte a supplire d'altri effetti, senza alcuna diminuzione, permutazione, o bassamento, liberi, esenti, ed immuni da qualsivoglia ritenzione, suspenzione, decime, o pesi, con dover esser tenuta sempre la Regia Corte in caso contrario, alla refezione di tutt' i danni, spese, ed interessi, con promessa dell'evizione in ampia forma, e con promessa della ratifica di S. M. *quatenus* fusse stato di bisogno.

Fu questo contratto corroborato con decreto del Regio Collaterale Consiglio, tanto per la facoltà a'Governadori di poter pigliare la suddetta somma dalla cassa del Banco, quanto per la fermezza de' patti in quello contenuti, e poi, con biglietto della Segreteria di Guerra de'26 Giugno del 1634, fu ordinato al Tribunale della Regia Camera che se ne fosse fatto notamento dove spettava. Onde con decreto di quel tribunale, a' 23 di Febbrajo del 1635, in esecuzione del suddetto ordine, fu determinato notarsi, ne'libri del Regal Patrimonio, che tutte l'entrate della Casa Santa e Banco erano immuni di ritenzione, tassa, ed abbassamenti; il qual'ordine fu poi rinovato a'17 Luglio del 1641, come largamente si nota ne' libri del Regal Patrimonio.

E pure S. M. nell'anno 1648, essendosi formata la nuova situazione del Regno, senza avvertirsi a' privilegj della Casa Santa e Banco, e alle cose di sopra convenute, e senza essere stata intesa, o difesa la detta Casa Santa, non ostante ancora, che si fusse pagato il prezzo effettivo de'suddetti Fiscali comprati, furono quelli diminuiti, bassati, e permutati, e dedotti gli alaggi, contro ogni dovere e giustizia, siccome scorgerà V. M. dall'ingionta fede: sicchè, per dette tre sole partite, la Casa Santa e Banco, nell'anno 1648, venne a perdere annui ducati 3873. 1. 7., e nell'anno 1669 altri annui ducati 1917.4.7., donde da' detti tempi fin' oggi la Regia Corte dovrebbe rifare la somma di ducati 487041.2.19., ciò in vigore de' patti speciali inseriti ne' suddetti istrumenti, di non mutare, nè bassare le suddette annue entrate, anzi di più supplire le annualità mancanti, per le medesime esigibili in ogni futuro tempo.

Alla rivoluzione di Masaniello, 1647 a 1649, i banchi subirono gravi peripezie. Quello dei Poveri fu assalito dalla plebe armata; ma si salvò per la valentia del Libro Maggiore, Cesare d'Amato. Costui, con l'aiuto degli impiegati e dei confratelli, respinse bravamente la canaglia che voleva manomettere le casse e la guardaroba; ma non potette impedire i pegni d' argenti che provenivano da saccheggio, nè la perdita della somma prestata su tali argenti dal banco. Il *conto dei due terzi*, cioè delle liquidazioni 1622 e 1647, ne riferisce molti casi. Eccone due, notevoli per nomi d'individui che presero parte principale nei moti politici.

" Pegno de gli argenti del Sacro Regio Consiglio che si fè ad ot-
" tobre 1647, in testa di Francesco Gavotta, quale poi, per ordine
" del quondam Reggente Merlino, Presidente del Sacro Regio Con-
" siglio, si ripigliò d'autorità propria, come roba furtiva, ducati
" trecento „.

" Pegno del signor Don Ferrante Caracciolo, di ducati mille, fat-
" to nel nostro Monte dalle persone popolari in detto anno 1647,
" e poi fu forzato detto monte a restituirlo senza rimborsarsi la detta
" somma sborsata. „

Si sospesero i pagamenti del Monte dei poveri, (1) e fallirono

---

(1) Banco dei poveri. Conclusione 17 gennaio 1648. Avendo discorso come si potevano soddisfare li creditori del Banco, o con dare l' argenti impegnati a detti creditori, o pure venderli; come che c' erano alcune difficoltà, s'appuntò per questo andare in casa del sig. Presidente Cacace, per concludere quello che s'aveva da fare intorno a detto negozio, con intervento dei signori D. Diego Moles e D. Bartolomeo Franco, insieme con il Governo; per dare soddisfazione alli creditori del Banco; senza degradare lo detto Banco con dare mala faccia alli negozianti.

altri banchi pel mancato pagamento delle rendite sulle gabelle (*arrendamenti*) che costituivano gran parte dell'attivo; per arbitrarii ordini del Duca di Guisa, Capitano del popolo, nonchè dei Proconsoli spagnuoli, che si servirono come vollero dei denari e dei pegni; e forse anco per infedeltà di chi trasse profitto dei tumulti popolari. Il cassiere dell'Annunziata, Fulvio De Falco, fu convinto di aver fatto sparire duc. 39,000 (1) e quello del Salvatore, Bartolomeo di Stefano, si disse che n'avesse prese centomila.

Il citato istrumento del 1696, relativo al Banco di San Giacomo e la mentovata deliberazione di quel Consiglio di Governo (3 ottobre 1772) dicono che:

« Nel 1647, coll'occasione delle rivoluzioni popolari, furono, con biglietti del Vicerè di quel tempo, trasportati nel castello nuovo *causa custodiae!* tutti li danari e pegni del Banco *e poi applicati per l'urgenze della Regia Corte* (1) per la qual causa, sedate dette rivoluzioni, si pagò a creditori il 26 0[0, quanto per appunto capivano sugli pochi effetti che rimasero al detto banco; alla qual rata del 26 0[0 restò anche sottoposta la ridetta somma del 32 0[0 che si pagava ai creditori dal ridetto conto del 1636, pagandoseli la suddetta somma del 32 alla ragione del 26 per cento ».

(1) Bella custodia!

Insomma, ad un individuo che, nel 1772, chiese il pagamento di una fede di credito del Banco San Giacomo, data 3 dicembre 1622, valore duc. 526, tarì 4, e grana 5, si dettero duc. 45,54.

Il Monte Spirito Santo, che possedeva maggior patrimonio, potette liquidare la propria circolazione apodissaria, mediante cessione di *fiscali* e di *arrendamenti*, senza che i creditori sopportassero diminuzione di capitale. Esistono (archivio patrimoniale volume 227) i contratti stipulati nel 1650, ed anche gli ordini del Vicerè di consegnare al pagatore delle truppe spagnuole tutto il denaro contante e tutt'i pegni.

Dall'altro Banco e Monte, del Salvatore, si fece transazione al sessanta per cento.

---

(1) Vol. 3.º *Deliberazioni* an. 1649-68, fol. 34. « A 28 giugno 1652. Con l'occasione della cassa piccola del Banco, numerata a 12 febbraio prossimo passato, e della carcerazione di Fulvio de Falco, olim Cassiere di quella, cominciò a concorrere, dalli 15 del detto, grandissima moltitudine di persone a prendere li loro danari, che tenevano in detto Banco; et continuarono per molti giorni, con tanta calca e con tanto esito di detta Cassa, che non solo si sborsorno ducati 78393: che s'erano ritrovati in detta Cassa in potere di detto Fulvio, ma furono necessitati li signori Governatori di far calare da Cassa Maggiore molte maggiori quantità di danari, di moneta di oro e d'argento— a 26 febbraio ducati 1938 in oro più ducati 9534 — a 27 ducati 2985 — a 28 ducati 6414 — a 2 marzo ducati 10360 — a 23 marzo ducati 6000. Liquidato il debito di Fulvio in ducati 39 milia circa, giusta il bilancio formato dal Rationale e presentato nel processo criminale ».

La Pietà potette pagare sempre a vista e mantenne il credito della propria carta, che non soffrì falcidia, nè divenne materia di transazione, per l'affetto del popolo al suo monte senz'interessi. Ingenti capitali le furon tolti dalla cassa militare, cioè per pagare i soldati e gli scherani del baronaggio; perdette molte rendite perchè, come s'esprime il libro mastro. " Li fiscali debiti dalle università " sono sospesi in virtù di ordini generali „. Ma ciò non pertanto il senno e l'industria degli amministratori valse per tenerla in vita, con decoro, in quei procellosi anni.

La gabella delle frutta, causa della rivoluzione, fece subire grossa perdita ai banchi, che n'avevano pagato il valor capitale prima che si tentasse di riscuoterla. Dai libri di *terze* e dai giornali e mastri patrimoniali si possono ricavare molte inedite notizie sulle vicende di tale gabella, permutata molti anni dopo con un particolare dazio sul vino, chiamato *refezione dei frutti*, senza che la Pietà ricuperasse il capitale versato a titolo d'anticipazione, di D. 237500.

18. Rimessi alla meglio i banchi, col ristabilirsi della potestà Regia, continuò ad offenderli la calamità delle monete rose, che durò fino al governo del Marchese del Carpio, Gaspare de Haro. Il fisco, col pretesto di garentire le rispettive ragioni dell'Istituto e del pubblico, ma coll'effettivo scopo di far danari, creò per ciascun Banco un ufficio di pesatore regio delle monete, che vendette al migliore offerente. Protestarono i banchi, sia perchè gli atti di questo funzionario Governativo, e la sua stessa presenza, ne offendevano i privilegi, privandoli della libertà che legittimamente godevano, sì perchè gli affari non si sarebbero più sbrigati con la consueta prontezza e soddisfazione della clientela. Giovarono poco le proteste, avendo i pesatori ricevuto il diploma dal Re, dietro pagamento del prezzo della carica, onde dovettero i banchi venire a transazione, ricomperando questo ufficio. Ecco una conclusione del Banco San Giacomo.

«Domenica 6 marzo 1651—Avendo di nuovo fatto istanza Francesco Gregorio Lanzetta, per l'uffizio di pesatore delle monete del Banco, e per le mesate decorse, che non se gli sono liberate; questi signori comincia-rono a discorrere, e considerando che tenea pretensione di 536 duc. tra il prezzo dell'ufficio, interessi e salario, e parendo che quando più si dilatasse maggiore saria il danno del Banco, e che se questo Lanzetta aves-

— 203 —

se voluto domandare per via di giustizia, avrebbe potuto ottenere la sentenza, con spesa maggiore; così tutti d'accordo risolsero che se li diano ducati trecento, per il prezzo di detto ufficio, e tutte le sue pretensioni e salarii, con che venda, ceda e renunzi al Banco il detto uffizio « Mag. Not. Jacob. Ant. de Auriemma piglierà a beneficio del nostro Banco, de Santi Jacomo e Vittoria, la cessione seu vendita, che Francesco Gregorio Lanzetta fa del suo ufficio, di pesatore del detto nostro Banco, comprato per lui dalla Regia Corte sua vita durante, il quale oggi cede, vende e retrocede al detto nostro Banco, una con tutte le sue spese fatte in esso etc. ».

Ma per ogni vacanza nascevano difficoltà, e le dispute col fisco durarono fino al 1796, epoca nella quale fu riconosciuto finalmente il dritto di prelazione dei banchi. Si convenne che dovessero pagare D. 435 per ogni nomina di nuovo pesatore, restando però liberi di farne esercitare le funzioni da chi loro piacesse (dispaccio 14 maggio 1796). Non valsero le dimostrazioni d'inutilità dell'ufficio, perchè dimenticate le prammatiche del secolo precedente, e perchè soppresso da molto tempo l'uso di pesare le monete, che invece si dovevano nelle casse numerare.

*
* *

19. Molti mesi del 1656 e 1657 restarono chiusi i banchi per la peste. Un maligno detrattore, Ant. Rossi (1), attribuisce a quel flagello la ricchezza alla quale giunsero nel secolo XVIII. Secondo lui, la necessità di bruciare le suppellettili, e specialmente le carte degli appestati, fece distruggere enorme quantità di fedi di credito, ed i banchi diventarono così proprietarii delle somme consegnate loro a titolo di semplice deposito.

Esistono in archivio libri contabili, corrispondenze e deliberazioni di Protettori colle quali si prova luminosamente come i banchi, lungi dal trarne beneficio, consumarono porzioni ben notevoli dei loro patrimonî nella spesa per mantenere i lazzaretti, ed in prestiti al Comune di Napoli, che poi non furono restituiti.

In seguito fecero dai banchi sopportare la spesa delle quarantene; ed a questa, probabilmente, si dovette l'incolumità del Regno di Napoli, dove, dopo del 1657, non s'è più diffusa la peste bubonica (2).

---

(1) Il diritto del Re delle due Sicilie sopra i banchi di Napoli, 1779.
(2) Libro maggiore del Banco Pietà—«Deputati della salute di questa città di Napoli; dare, ducati 1100 improntatili, cioè D. 50 per conclusione dei 27 settembre 1720 e D. 1050 per conclusione dei 19 giugno 1721, in occasione delle guardie che si facevano nelle marine di Marsiglia, per conservare questo pubblico dal male contagioso ch'era in Marsiglia; con dichiarazione e condi-

È possibile che nelle casse fosse rimasta la moneta equivalente a qualche fede bruciata, perchè spente dalla peste tutte le persone che ci potevano vantare dritto. Ma tale straordinario e legittimo provento fu di poca importanza, per la ragione che si pagava allora, come si paga adesso, il valore dei titoli apodissari perduti o distrutti. Incolumi restarono, anzi esistono ancora, i registri d'emissione delle fedi, chiamati *Libri Maggiori*. Potevano per conseguenza gli eredi delle vittime del contagio chiedere la restituzione dei depositi, e la scrittura prova che molta gente si valse di tale dritto.

Più del pubblico se ne valsero i Vicerè, che formarono un apposita commissione, per impossessarsi dei beni vacanti, la quale dette grandi fastidî ai governatori di banchi. Non si trattava di solo contagio. Pretendeva il fisco che a lui spettassero tutt'i crediti abbandonati e tutto il *denaro demortuo*. Un premio della decima parte, qualche volta del sesto, era pagato alle spie. Non mancarono perciò tradimenti d'impiegati subalterni e pratiche d'intriganti, che tentavano d'arricchire colle casse dei banchi. Nel 1679, l'istituto Spirito Santo dovette transigere, pagando D. 6000 per alcuni pretesi debiti apodissarî dimenticati, di data anteriore al 1622 o 1647; e non gli valsero le prove contabili che di quell'epoche non ci fusse in tesoro nemmeno un centesimo; perciocchè al 1622, epoca della sospensione di pagamenti per le zannette, aveva fatto la completa liquidazione, cedendo ai creditori quanto possedeva; e nel 1647 lo stesso fisco, cioè la cassa militare spagnuola, col pretesto di non farne impossessare i rivoluzionarî, aveva preso denaro e pegni, lasciando al Banco il dovere di pagarli. La transazione non impedì di spendere altri D. 400 nel 1683, ed altri D. 1500 nel 1697; sempre per ragione di denaro demortuo e di pretesi crediti dimenticati.

Nel secolo XVIII furono più importanti e più numerosi li piati giuridici, che i Governatori cercavano di prolungare, e quand'erano messi alle strette, di transigere per la minore somma possibile.

Le lotte sostenute dai Governatori del Banco Pietà, gli anni 1677 a 1682, meritano d'essere ricordate, perchè quei coraggiosi uomini

---

zione che si debbano restituire sempre che per detta causa pongasi imposizione sopra l'arrendamenti, fiscali od adoe del regno. Gennaro Aloya, Segretario di detta deputazione, ai 27 ottobre 1723, ha presentato copia della conchiusione di detti deputati, che si conserva in questa razionalia, nella quale sta dichiarato che il nostro monte deve essere soddisfatto di detto impronto, per aversi detti deputati esatta detta imposizione sopra detti arrendamenti fiscali ed adoe ».

Questa ed altre partite, della medesima natura non furono mai pagate e compariscono sui successivi registri, fino alla liquidazione del 1808

rischiarono la libertà, e fors' anche la vita, coll' opporsi tanto risolutamente agli ordini del Vicerè. E notisi che non avevano l'appoggio della pubblica opinione o favore di popolo, trattandosi segretissimamente la cosa ; tanto che stimiamo vera fortuna d'avere scoperta la *conclusione* del 3 settembre 1682, (1) dov' è minutamente raccontato tutto e sono copiati vari documenti. Le ragioni espresse più di dugento anni fa valgono anche adesso, per esonerare i banchi dall' inquisizioni fiscali; e le promesse solennemente fatte con pubblici decreti, per titolo di transazione e di prezzo, dal Re di Spagna e dal Vicerè di Napoli, si dovrebbero rispettare da chi è succeduto negli obblighi non meno che nei dritti.

La sollevazione di Messina, celebre per le gesta navali di Ruyter e di Duquesne e per la partecipazione degli Olandesi e Francesi, aveva esaurito di navi, d' uomini e di denaro il regno di Napoli, sul quale, come prossimo possedimento spagnuolo, cadde tutto il peso della guerra. Il Vicerè, Marchese de Los Velez, si valse del Monte della Pietà, pei suoi prestiti più o meno forzosi, ed ebbe novecentomila ducati. Ma, piacendogli più di prendere che di sottoscrivere obbligazioni, pensò di far perquisire dal suo giudice di Vicaria, Giovan Battista Rocco, i libri d' un istituto che dava prove di straordinario potere e ricchezze pei medesimi servigî che allora gli rendeva. Somma di tale importanza, che rappresentava più della metà di tutta la moneta metallica circolante allora nel regno di Napoli, non ci era esempio che si fosse in poche settimane raccolta e consegnata da un solo Banco. Los Velez dunque supponeva che nei libri, dal sig. Rocco, si sarebbe scoperto molto *denaro demortuo*, ed avrebbe la cassa militare fatto un bell' introito.

Al suo biglietto fecero i governatori rispondere che danni gravissimi " avrebbe potuto cagionare tale visione delli libri, in disservi-
" zio del Re (N. S.) e del pubblico, per lo dubbio che certamente o-
" gnuno avrebbe avuto di non stare sicuro del suo denaro nel no-
" stro banco „.

Replicato dal Vicerè che, senza lo strepito d' un accesso del Giudice Rocco nel Banco, potevansi i libri portare nel palazzo reale, ed ivi, con la debita cautela e segreto, compiere l'inquisizione, i governatori dissero che la sola mancanza dei registri dai loro soliti

---
(1) Archivio patrimoniale vol. 178 pag. 53 e seguenti.

posti era più che sufficiente per la divulgazione del fatto. Come nascondere agl' impiegati che li scrivevano, ed agli archivisti che li tenevano sotto chiave, e che rispondevano della buona custodia, la temporanea sottrazione di tanti volumi ?

Aggiunsero che: praticando la consegna e pubblicando l'ordine;

" 1.° Si sarebbe insospettita tutta la città, vedendo novità non
" mai praticata. Senza passare ad investigare il fine, ciascuno, per
" assicurare il suo, s' avria tirato il denaro dal banco; con grandis-
" simo pregiudizio ed interesse non meno del nostro Banco e Monte
" che degli altri banchi di questa città, per la negoziazione e credito
" che fra essi passa. Questo saria poco in riguardo del disservizio che
" ne saria seguito alla Regia Corte, per la contrattazione pubblica,
" e pagamenti che di somme grandiose si fanno dal Banco per ser-
" vizio dell' armate, vendite dei fiscali e degli altri effetti del real
" patrimonio, la massima parte dei quali si è pagata e si paga con
" denaro che sta in credito in detto banco.

" 2.° Per la fede che si mancava ai banchi, ed alla negoziazio-
" ne pubblica, con riconoscere le sostanze e credito di ciascuno; de-
" siderando ognuno di coprire al possibile il suo avere, ed in tanto si
" confidano nei banchi in quanto che stanno accertati che non si da
" notizia a chi si sia dei loro crediti, dimodochè nemmeno ad istan-
" za del fisco si fanno simili diligenze e ricognizioni. Solamente
" quando il fisco tiene notizia o desidera notizia particolare di qual-
" che partita spettante a suo benefizio, o per successione, o per de-
" litto di quello che tiene il denaro in credito nel banco, si fa la
" diligenza; e trovandosi tale credito si sequestra. Ma non si proce-
" de per via d' inquisizione o ricognizione generale nei libri. In que-
" sta conformità si è praticato sempre.

" 3.° Con praticarsi l'ordinato in detto viglietto si veniva a
" contravvenire alle regole ed istituti dei banchi, per li quali sopra
" ogni cosa s'incarica e prescrive la confidenza e segretezza. L' os-
" servanza di queste in particolare si giura dai governatori nell'atto
" del possesso; e si gastiga severissimamente, negli officiali e mini-
" stri inferiori di banco, ogni menoma trasgressione o difetto che in
" ordine a questa materia commettessero „.

Sebbene i sei Protettori avessero detto, in questa rappresentanza, che si offrivano di fare essi medesimi le diligenze desiderate dal Vicerè, ovvero che le poteva compiere il Delegato Duca di Sant'An-

gelo, il quale era ministro Regio, zelantissimo del real servizio, che per le sue funzioni di capo del Banco teneva comodità di procedere a qualsiasi studio, senza strepito, senza screditar l'istituto: *con accerto del Real servizio e gusto di Sua Eccellenza*, poche imperiose parole di risposta fecero loro sentire " che la diligenza era importantissi-
" ma al Regio Fisco e di tale qualità che se ne rendeva inescu-
" sabile l' esecuzione „.

Ma i Protettori non mancavano di fegato. Dettero al Delegato Sant'Angelo, perchè la presentasse a Los Velez, questa nobile protesta:

" Sig. e Padrone Oss. Avendoci V. S. partecipato gli ordini di
" S. E. (con viglietto della segreteria di guerra del primo di questo
" mese) nel particolare di alcune diligenze, imposte al signor Giu-
" dice Giovan Battista Rocco, sopra li libri di banco di questo Sa-
" cro Monte della Pietà, e che si consegnassero li libri al medesi-
" mo ministro, fummo a supplicare V. S. acciò rappresentasse a S.
" E. li molti inconvenienti che sopra la pratica di tali diligenze occor-
" revano; quali tutti stimiamo che da V. S. con la sna gran prudenza,
" e lo zelo con lo quale governa questo luogo, e mira in sommo gra-
" do l' interessi del Re (N. S. che D. G.) siano stati tutti raggua-
" gliati a S. E. con quella premura che ricerca il negozio.

" Ma perchè di nuovo V. S. ci ha significato che l' E. S. con
" con altro viglietto degli 8 stante, ha insinuato doversi fare le di-
" ligenze ordinate, coll' altro spediente che li detti libri con ogni
" segretezza si portassero a palazzo, noi abbiamo stimato non meno
" obbligo nostro che servizio del pubblico, e più precisamente del
" Re (N. S) che è tanto a cuore all' Eccellenza del signor Vicerè,
" a piedi del quale sariamo stati a rappresentargli il tutto; ma per
" evitare che tal materia si divulgasse non l'abbiamo fatto; avendo
" risoluto, per mezzo di questo foglio, di nuovo ricordare a V. S.
" non solo lo stesso che a voce se li rappresentò, ma che questa
" è una materia così delicata, che non solo è abile a partorire gli
" inconvenienti tutti discorsi da noi, ma molto maggiori; perchè il
" volgo che non discorre con ragione, e chi la discorre, per assi-
" curare il suo, non vuole dipendere da contingenze; e vedendo che
" si fanno tali diligenze, non praticate in tempi migliori di questi
" che corrono, stimano essere per altro fine di quello che in realtà
" è. In conseguenza ognuno tirerà il denaro dal Banco, per non sta-
" re soggetto ad accidenti.

" Quale sospetto tanto più s' accresceria quando si vedessero por-
" tare li libri in Palazzo, ed il publicarsi sarebbe cosa inevitabile;
" mentre quella secretezza che desidera S. E. doversi praticare, quan-
" do si adoperasse al massimo segno, è impossibile che non sia nota
" almeno all' uffciali del banco, che è tanto quanto farsi nota a
" tutta Napoli; e l' istessa diligenza, per fare che il negozio non si
" palesi, causa più sospetti e maggiori conseguenze perniciose.

" Ben sa V. S. che mercè la sua buona direzione, e protezione
" oculatissima che tiene, questo luogo si è reso così ragguardevole
" che dal suo credito dipende quello degli altri banchi della città,
" per la negoziazione così grandiosa che in esso è. Nè per diligen-
" ze, anco che fossero d' interesse del fisco, si deve porre in azzar-
" do tutto l' essere di questo luogo, anzi tutta la negoziazione del
" regno, con le conseguenze che potriano accadere, in disservizio
" maggiore del Re (N. S.) in questi tempi così calamitosi.

" Ed a fine che l' interessi del fisco non patissero detrimento ben
" si potrebbero praticare l' espedienti altre volte usati, ed insinuati
" a voce a V. S.; nè questa materia tiene bisogno di espressione di
" altre ragioni; mentre la novità può partorire contingenze non pre-
" viste, e fuori di ogni ordine e discorso.

" Ed il nostro sentimento si rende maggiore, che avendo servito
" e servendo questo luogo assolutamente per obbedire ai comandi
" di S. E. ed invigilando a tutto potere, per quanto si stendono le
" nostre deboli forze, al servizio di esso, avesse a tempo nostro, che
" a Dio non piaccia, da seguire inconveniente di tanta conseguen-
" za. Che perciò, non avendo in questo particolare altro fine che
" il servizio del Re (N. S.) e di complire all'obbligo di suoi fede-
" lissimi vassalli, e di buoni servitori di S. E. *supplichiamo V. S.*
" *a disporre con S. E. che provveda, se così resterà servita, d' altri go-*
" *vernatori di maggior talento, acciò, con quella prudenza ed abilità che a*
" *noi manca, diano esecuzione alle diligenze ordinate in detti viglietti.* Ed
" a V. S. baciamo le mani. Dal Monte della Pietà, li 10 ottobre
" 1677. Di Vostra Signoria. Aff. ed obb. serv. Li Protettori del
" Monte della Pietà — Luigi Carmignano — Adriano Carafa—An-
" nibale Brancaccio — Federico Cavalieri—Francesco de Grazia —
" Giuseppe Lavagna „.

Los Velez tento d'impaurir i governatori, con altro viglietto del
17 ottobre, nel quale comandava al Delegato che *li disponesse a fa-*

re la consegna dei libri, senz' altra replica; ma Carmignano e gli altri notarono ch' essi non erano facchini, e non avevano l'obbligo di pigliarli con le proprie loro mani. Quando a S. E. fosse piaciuto di portarseli a Palazzo, dasse addirittura gli ordini al suo ministro e spedisse i suoi dipendenti.

Messina non era sottomessa, la pace di Nimega si doveva concludere, ed il regno di Napoli era tutt' altro che quieto a quell' epoca. Dovette il Vicerè dubitare che questo capriccio di perquisire li libri della Pietà potesse menare a brutte conseguenze, poichè non ardì di punire il recalcitrante governo, nè di licenziarlo, e nemmeno di sequestrare senza sua partecipazione e consenso le contese scritture. Dopo d' avervi pensato un intero mese, scrisse, ai 17 novembre 1677, che, fatta matura riflessione al negozio, egli dichiarava contumaci li Protettori, repugnanti di dare esecuzione ai suoi comandi; sospendeva non pertanto l'effetto delle sue risoluzioni, volendo che le conoscesse prima il Re.

Ma i Protettori non lo fecero parlare solo. Scelto, per patrocinare la causa del Monte nella Corte di Madrid, il Reverendo D. Luca Cofino, gli mandarono le copie di tutte le lettere scambiate, il minuto racconto dei fatti, ed alcune istruzioni, per ottenere da S. M. un giudizio illuminato. Siccome Los Velez non aveva consultato il Consiglio Collaterale, che, per la costituzione del regno, e pei privilegi della città di Napoli, doveva interloquire in simili vertenze, fecero rilevare quest' infrazione, e con grande destrezza restrinsero le lor richieste a questa sola.

" Si supplica Sua Maestà a restar servita di ordinare che non si
" innovi cosa alcuna sopra tal materia, o vero che, avendo da ri-
" solvere altrimenti, comandi che il Collaterale di Napoli o Tribunale
" della Regia Camera ne l' informi, acciò si veda se quanto se li
" rappresenta dalli Protettori sia vero, e la Maestà Sua, meglio in-
" formata, possa risolvere quello che sarà di maggior suo servizio,
" e dei suoi fedelissimi vassalli „.

L' istruzioni al Reverendo Cofino suggeriscono di far notare:
" Li Signori Vicerè in ogni occasione hanno ritrovato questo luogo
" prontissimo al Real servizio, con imprestiti di considerazione
" nelli maggiori bisogni, e più frescamente in questi affari di Mes-
" sina, in più volte e di somme notabili, fino al segno di pigliare
" il denaro ad interesse dai particolari senza interessare la Corte „

Cosa verissima e provata dai libri contabili d'allora, che forniscono informazioni sul commercio dei fondi pubblici, nel quale la Pietà era il sensale e mallevadore. Essa si costituiva debitrice dei cittadini, che le prestavano il denaro, e creditrice della finanza, alla quale lo passava per via di *compre d'arrendamenti*. Quando pagava il fisco, c'era una differenza d'interessi, derivante dal maggior credito del Monte, che procacciava qualche guadagno; ma in tempi di guerre, o di rivoluzioni, o di crisi economiche, non si rispettava l'ipoteca, non tenevano conto dell'assegnazione fatta dal provento dell'imposte, ed il Monte restava col peso degl'interessi da lui promessi, senza nulla riscuotere dal suo debitore. Avevano ben ragione di dire i Protettori " Questo hanno potuto farlo pel credito e buon nome
" che ha tenuto il Banco . . . . se, per qualche sinistro accidente,
" perdesse il credito, si lascia considerare ad ogni saggio intendi-
" mento il disservizio che ne risulterà alla Real Corte, in questi
" tempi così calamitosi . . . . devesi il mantenimento di questo luogo
" preferire a qualsivoglia altro utile presentaneo potesse cavare la
" Corte, con tali diligenze e perquisizioni nei libri, dato che ci fosse,
" il che non si crede . . . . il ritratto per la vendita del Real pa-
" trimonio, alienato per l'emergenze di Messina, tutto è stato di
" denaro che stava in credito nel banco, eccettuatone solo alcune
" poche partite e di non molta considerazione passate per altri ban-
" chi; così anche li pagamenti dell'armate, ed in particolare di
" quelle di mare, cavalleria del regno, milizie nella piazza d'armi
" di Reggio, impronti ad assentisti, ed ogni altra cosa, per servizio
" della Corte, è stata prontamente e con ogni puntualità eseguita
" dalli Protettori „.

Ricordato che poco tempo prima avevan donato alla cassa militare ducati quarantamila, avanzo per l'alterazione del valore degli zecchini, fatta dal Marchese d'Astorga " quale avanzo per ogni dritto
" doveva restare a beneficio del Banco „ aggiunsero queste altre riflessioni sulla pretesa di perquisire li libri.

" Discorrendo del maggiore interesse o utile presentaneo che po-
" trebbe avere il fisco, in questa perquisizione dei libri, questo sa-
" rebbe per ragione dei beni vacanti, in caso che qualche credi-
" tore del Banco non avesse legittimo successore; ed a questo si
" devono considerare più cose „:

" 1.° Che l'utile preteso per questo caso sarebbe molto poco;

" mentre quelle devoluzioni che vi sono state per causa del conta-
" gio già ebbero in pochi anni il loro debito effetto; per la giunta
" che fin dall'anno 1656 si formò dei beni vacanti, quali furono
" incorporati a beneficio del Real Fisco. E quando succede il caso
" che si ha notizia di qualche partita che non ha successore, su-
" bito la Regia Camera dà gli ordini necessari per l'incorporazione
" a beneficio della Real Corte; conforme in questo mese di ottobre
" prossimo passato si praticò per le seguenti partite, con mandati
" del signor Presidente D. Nicola Gascon

" Giovan Nicola Spinola   D.   76.4.12
" Suor Luisa Montaguida   "   15.——
" Isabella de Patti   "   140.——
" Capitan Luise Bravo de Braamonte "   47.1.11
" Prospero Turboli   "   15.——

" Quali subito dal detto Banco, con ogni prontezza, furono pagate
" a beneficio della Regia Corte. Eppure non mancano dottori gravi
" li quali attestano che questa sorta di denaro debba restare in be-
" neficio del possessore, quantevolte sia luogo pio, come appunto
" sarebbe il Sacro Monte della Pietà, che fa tante opere pie, e di
" gran sollievo dei vassalli del Re (N. S.).

" 2.° Quando pure fosse utile di considerazione, non per questo
" si ha da presentire lo stile ed osservanze prescritte dalle leggi,
" che sarebbero le citazioni con bandi pubblici, denunciandosi l'e-
" redità vacanti che s'intende d'applicare a beneficio della Regia
" Corte; acciò, essendovi legittimo successore, possa comparire, e
" quello non comparendo fra li tempi stabiliti, accusate le contu-
" macie, si facci l'applicazione a beneficio della Regia Corte; ma
" non per via d'inquisizione generale, con investigarsi nei libri dei
" banchi le facoltà d'ognuno.

" 3.° Sopra tutto si pone in considerazione che qualsivoglia
" utile, ossia avanzo facesse questo luogo, ridonda in servizio del
" Re (che D. G.) mentre quanto di avanzo si è fatto pel passato,
" tutto si è impiegato in servizio della Real Corte; alla quale, da
" pochi anni a questa parte, si son fatti accomodi da questo Sacro
" Monte per la somma di D. 852280.1.02. Quale buona parte si
" pigliò ad interesse dai particolari, come dalli bilanci cavati e
" consegnati altre volte ai Signori Vicerè ed al tribunale della
" Camera; per li quali, benchè dalla Regia Corte sia stato fatto

" assegnamento di fiscali ed arrendamenti, tuttavolta quelli non
" valgono il terzo, ed il Sacro Monte corrisponde ai suoi creditori
" per l'intero ed effettivo. Questo oltre di quattro altre partite, per
" la somma di D. 31725.1.07, delle quali resta liquido creditore,
" non avendone sinora ricevuto assegnamento alcuno „.

Dal Reverendo fu patrocinato l'affare con tale destrezza che in tempo relativamente breve ottenne formale cedola Regia, per la quale al Monte si fece piena giustizia. Comandò S. M. li 13 febbraio 1678:
" Visto quello che i supplicanti rappresentano e domandano col
" loro memoriale, abbiamo stimato bene d'ordinare e comandare,
" come facciamo, onde provvegga (il Vicerè) e dia gli ordini che
" convengono, affinchè non si faccia novità su questa materia nel-
" l'osservato fino ad ora per essa; per essere punto molto degno
" di riflessione, e perchè può menare a cattive conseguenze l'alte-
" rare menomamente quello che riguarda li banchi. Quando occorra
" cosa particolare, mi s'informi (dal Vicerè) e mandi il parere del
" Consiglio Collaterale, però senza innovare nel frattempo su quello
" che finora s'è osservato in tale materia, perchè così conviene e
" procede dalla mia volontà „.

Munita questa carta delle formalità di registro, vidimazioni ecc. fatta trascrivere sui libri dei decreti (in part. Neap. XIII vol. LXXXV) fidavano i Protettori che non li seccassero più per tale faccenda. Nondimeno, dopo pochi anni, morto D. Luca Cofino, morto il Reggente Galeota, ed allontanate le flotte francesi dalle spiagge del regno, ricominciarono l'insistenze del Vicerè pel denaro demortuo e per l'inquisizione nei libri. Uomini meno energici tenevano il governo del Banco, che sebbene si potessero difendere meglio dei predecessori, per l'appoggio della cedola reale, stimarono buona politica spendere poche migliaia di ducati, a titolo di prezzo della formale rinunzia che si sarebbe fatta di qualsiasi pretensione di questa specie.

Dice il verbale " Sebbene da essi signori Protettori fossero stati
" rappresentati di nuovo, a voce ed in iscritto, gl'inconvenienti
" predetti, e le ragioni che li movevano a replicare ed a contra-
" dire ad una tal risoluzione, ciò non ostante dal signor Vicerè
" fu di nuovo, con ordini apprettati (inquietanti) incaricata al sig.
" Reggente Delegato (D. Antonio Di Gaeta) la ricognizione predetta,
" col dippiù che pel passato stava ordinato sopra tal materia nei

" viglietti di sopra accennati; anzi, per quanto si era avuta noti-
" zia, stava ancora incaricata la predetta risoluzione ed esecuzione
" di essa (diligenza) ad altro ministro. Che perciò, essendo tal par-
" ticolare ridotto in contingenze così precise, giuntatisi (riuniti in
" commissione) più volte li signori Protettori, e fatta matura ri-
" flessione a negozio di tanta importanza, fu considerato:

" 1.° Che con le rappresentazioni fatte tanto da essi Protet-
" tori, quanto dal signor. Delegato passato e dal signor Delegato
" presente, così a voce come con fogli. reiterati, e con la detta
" cedola di Sua Maestà, non solo non si era posto silenzio, come
" si poteva sperare, nella materia; ma, non ostante tutto ciò, si
" era passato alla rinnovazione delli detti biglietti ed ordini pre-
" cisi. Perciò, probabilmente, si dovrà temere di molti disturbi, con
" gran discapito del Sacro Monte.

" 2.° Che, in certo modo, venivano molto pregiudicate buona
" parte delle ragioni allegate, per l'esempio che avevano dato l'altri
" banchi di questa città, che per detta causa s'erano transatti con
" la Real Corte, come erano stati li Banchi dello Spirito Santo,
" Santissima Annunziata, del Salvatore e del Popolo.

" 3.° Si fè riflessione all'ordini che continuamente mandava
" il Presidente della Regia Camera, D. Nicolas Gascon, per paga-
" mento di diverse partite in testa di molte persone, li beni delle
" quali si supponevano essere vacanti, come morte senza legittimo
" successore; per li quali ordini veniva necessitato il nostro Sacro
" Monte non solo a pagare le partite che si trovavano in essere,
" ma per l'altre dare li dovuti discarichi, con le giustificazioni anco,
" all' Attuari della Camera che venivano per tale effetto „.

" Per ultimo si dubitava grandemente che con effetto non si
" fosse venuto alla risoluzione dell'accesso di qualche Ministro nel
" Banco, per fare la ricognizione generale delli libri in conformità
" dei primi ordini. Quando ciò fosse seguito, potevano succedere
" gl'inconvenienti temuti dalli signori Protettori, e si veniva a rom-
" pere quella fede che sempre si è osservata nei banchi, in non
" far palese, per via di diligenze o altra inquisizione, l'avere di
" ciascheduno che tiene credito nelli libri predetti.

" Che perciò, per non porre in azzardo negozio di tanta con-
" seguenza, e per evitare tant'inconvenienti che la risoluzione
" comminata in detti viglietti avesse potuto partorire, fu da essi

" signori Protettori discorsa e molto ben esaminata la materia, con
" più sessioni tenute nelle congregazioni particolari, per negozio di
" tanta importanza. E in congiuntura che S. E. aveva fatto aper-
" tura di venire costretto a tal risoluzioni dall' appretti grandi e
" necessità nelle quali si ritrovava la Real Corte, considerando an-
" cora che il nostro Monte, in simili urgenze della Real Corte, si
" era segnalato nel servirla con accomodi di somme rilevanti ; si
" pensò di servire la Real Corte, a titolo d' accomodo, con ducati
" quattromila di contanti e con ducati duemila di fiscali attrassati
" sopra diverse terre, nei quali il Monte di presente non tiene in-
" teressi, cedendoli a beneficio della Regia Corte per tali quali,
" senza che il nostro Monte fosse tenuto a cosa alcuna, in caso che
" non si fossero esatti. Quale offerta, dopo molte risposte e pro-
" poste, a rispetto delli denari contanti, fu aumentata di partita
" in partita fino alla somma di ducati cinquemila; con che però
" all'incontro, per esecuzione di detta Real Cedola, si fusse da Sua
" Eccellenza e suo Collateral Consiglio quietato e liberato il Monte
" dalla pretensione della ricognizione dei libri, con ammettersi
" tutte l' altre ragioni per tal causa insinuate da essi Signori Pro-
" tettori ecc. „.

Il Vicerè fece infatti scrivere l'ampia e formale rinunzia di qualsiasi pretensione, col dispaccio spagnuolo, per segreteria di guerra,
del quale ecco la traduzione:

" Al Reggente D. Antonio di Gaeta Delegato del Consiglio Col-
" laterale e Luogotenente della Camera — Facendo attenzione il
" Marchese, mio Signore, a ciò che hanno rappresentato li Go-
" vernatori del Banco della Pietà, circa li gravi inconvenienti che
" possono succedere, nel caso si praticasse quella perquisizione dei
" libri che S. E. aveva disposto, per riconoscere ciò che s'appar-
" tiene alla Real Corte, per ragione di crediti suoi proprî e per ra-
" gione di beni vacanti; supponendo che così si mancherebbe alla
" fede che devesi osservare a quelli che tengono li lor crediti in
" esso Monte, dei quali crediti non si conosce la quantità che tiene
" ciascuno, ed è questo segreto la cosa che mantiene li banchi
" ed induce le persone a conservare in essi le loro cautele, con la
" sicurezza che saranno tenute nascoste come se le ritenessero nelle
" loro case. Fatto pure attenzione a ciò, che la fondazione dei
" banchi trae per necessaria conseguenza che qualsiasi utilità pro-

" dotta dalla negoziazione, la quale fosse per denaro dimenticato,
" ovvero perchè li padroni non tenessero legittimo successore, si
" debba reputare di spettanza del Banco, in ricompensa di tanti
" danni che per diverse cause ed accidenti subisce, non ostante
" qualsiasi pretensione del Real Fisco. E quanto pure spettasse
" azione al Fisco sopra tal denaro, rispetto che li Banchi stanno
" sotto la fede e protezione del Re, ed il loro mantenimento non
" solo ridonda in beneficio del pubblico, ma anco della Regia Corte,
" si dovrebbe abbandonare qualsiasi ragione o pretensione tenesse
" il fisco, perchè così non si verrebbe a far danno alla Real Corte.
" Tenuto conto ed in conseguenza di ciò che Sua Maestà dispose
" per dispaccio dei 13 di febbraio del passato anno 1678, in vista
" dei riferiti inconvenienti. Specialmente considerato quanto sia
" giusto di far riflessione al beneficio che di tempo in tempo ha
" percepito e percepisce la Corte istessa dal mantenimento dei ban-
" chi, ed in particolare di cotesto (della Pietà) per li molti prestiti
" che n'ottenne in varie occasioni; oltre di che la maggior parte
" del suo capitale l'ha impiegato in compre con la Corte, sopra
" arrendamenti e fiscali, le di cui obbligazioni, per accidenti dei
" tempi, hanno subito quel discapito ch'è noto; ed è certo che
" il Monte, per tali compre, sopporta il peso effettivo del denaro
" pigliato ad interesse per tal' investimento; oltre dell' altre quan-
" tità, similmente di molta considerazione, che ha pure prestato
" alla Corte, e delle quali resta debitore di molte persone, come
" consta dalli fogli presentati da V. S. „

" Credendo S. E. che le cose rappresentate dai Governatori fos-
" sero motivi e ragioni sufficienti per giustificarne le sollecitazioni,
" come V. S. ha manifestato, *ha condisceso alle loro istanze, ed ha di-*
" *sposto che non si proceda giammai per questo fatto; che il Banco non*
" *si molesti per questa causa da nessun tribunale o ministro delegato, nem-*
" *meno per istanza del Real Fisco.* Ciò in considerazione delle ragio-
" ni espresse. E per quanto si riferisce a beni vacanti, S. E. lo conce-
" de in vista d'avere li governatori offerto di servire S. M. con cin-
" quemila ducati di contanti, che presteranno immediatamente alla
" cassa militare, per accudire in parte alle presenti urgenze, più con
" duemila ducati d'esazioni di fiscali che appartengono allo stesso
" Banco, giusta la nota presentata, perchè la R. Corte se l'esigga
" ai termini della cessione necessaria che ne faranno. Però con

" dichiarazione che l'una e l'altra somma si dà per titolo d'im-
" prestito.
" Tutto quanto precede comunicherà V. S. ai mentovati Gover-
" natori, affinchè, sapendo la risoluzione favorevole di S. E. adem-
" piano, per parte loro, a quello che hanno offerto „.
" Guardi Dio la S. V. — Palazzo 1 settembre 1682. — D'or-
" dine di S. E. — Don Manoel Bustamante.

Curarono i Governatori di far approvare questo viglietto o dispaccio dal Consiglio Collaterale, per dargli il valore d'un contratto e l'autorità d'un pubblico decreto; come pure fecero il pagamento della somma mediante pubblico strumento, di settembre 1682, per notar Giuseppe Raguccio.

*
* *

20. Il Marchese del Carpio vide la necessità di abolire definitivamente la vecchia moneta e provvide alla spesa mettendo una sopraimposta sul sale di grana 15 a tomolo, accresciuta poi a grana 30, ed in seguito a grana 37 1τ2; il cui reddito avrebbe dovuto servire all'esercizio della zecca ed in particolar modo a pagare le perdite che avrebbe fatto subire la fusione, affinamento e riconiazione di monete scarse.

Al carlino fu dato il peso di acini 63 1τ2, peso proporzionale agli altri pezzi più grossi e più piccoli; titolo dell'argento 11τ12; cioè 1τ12 di lega.

Il lavoro della zecca durò cinque anni e De Haro non ebbe la soddisfazione di vederlo terminato, nè di cominciare i pagamenti con la nuova moneta, essendo morto prima che se ne fosse apparecchiata bastevole quantità (1). I banchi presero grandissima parte a questi preparativi con tre successivi prestiti, pei quali dettero ducati quattrocentomila, e col servizio di cassa, pel quale essi curarono di togliere dalla circolazione, e di barattare con altro nuovo tipo, tutta la valuta metallica del regno.

« Conclusione 2 di settembre 1682.' cominciare, con la grazia di Dio be-
Banco San Giacomo. Avendosi da|nedetto, a battere la nuova moneta,

---

(1) Dal 1683 al 1687 la zecca coniò per duc. 3,042,916. Prima di metterli in circolazione l'altro Vicerè, Conte di Santo Stefano, aggiunse un decimo al valore nominale, sicchè divennero ducati 3,347,207. Dal 1688 al 1690 si coniarono altri D. 2,108,225. Totale D. 5,455,432, che pel nuovo accrescimento di 20 per cento, comandato nel 1691, diventarono D. 6,546,518.

nella conformità risoluta dalla Regia Giunta, giusta li banni pubblicati; ed a tale effetto dovendosi non solo far compre d' argenti, ma anco ritirarsi tutta la moneta vecchia, per doversi fondere e ridurre nella moneta nuova, senza nessuna perdita dei banchi nè dei particolari; mentre, per la refazione del danno ed interesse che si dovrà patire, nel cambiarsi la moneta nova con la vecchia, dalla medesima Regia Giunta si sono pigliati gli espedienti già posti in esecuzione; e fra gli altri dell' aumento del prezzo di tutti li sali che si smaltiscono in questa città e regno, di grana 15 per tomolo. Il capitale dei quali (espedienti) si è fatto conto che possa importare un mezzo milione e più. Perciò, fra questo mentre, acciò, senza perdersi momento di tempo, si possa aprir la zecca, e cominciarsi la stampa della nova moneta, si propose dalli signori Governatori dei Banchi, che intervengono per ordine di S. E. (il Vicerè) nella medesima giunta, d'improntarsi ducati centocinquantamila alla Regia zecca, per doversi applicare prontamente in compre d' argenti.

« E come che sinora non vi è comparsa offerta ragionevole per vendita di detti argenti; essendo stata l'ultima a ragione di duc. 12 1|4 la libra, quando si è stabilito il prezzo di ducati dodici in detta regia giunta, alla quale ragione si è ragguagliato il peso e la bontà della moneta nova; perciò, li medesimi signori governatori proposero, nella istessa regia giunta, di voler applicare li detti ducati centocinquantamila in compra sopra l'istesso nuovo prezzo di grana quindici per tomolo di sale (1); promettendo pagarli a detta regia zecca, della miglior moneta che si trova in ciaschedun banco, acciò con quelle si possa cominciare la stampa della nuova moneta. Quale proposizione essendo stata bene intesa ed accettata in detta regia giunta, si sono formate le minute, con consulta di molti avvocati, anche dello stabilimento, per la forma e governo di detto novo arrendamento di grana 15 per tomolo di sale, quali sono state viste, postillate e convenute col Regio Fisco, e accettate nella medesima regia giunta.

« Or dovendosi procedere alla stipulazione di quelle con S. E. perciò abbiamo conchiuso che con effetto si stipulino dette minute, per la somma di docati ventimila, che entrano per la porzione spettante al nostro Banco di S. Giacomo, fra detta somma di ducati centocinquantamila, ripartita fra tutti li Banchi; con doversi pigliare della miglior moneta che si ritrova, tanto nella cassa picola che nella cassa maggiore. Ed a tale effetto abbiamo dato le facoltà al D. sig. Giuseppe Pandolfi, nostro collega, che intervenne anche lui per detto nostro banco in detta regia giunta, acciò, in nome di tutto il governo, possa stipulare dette minute con S. E. promettendo aver per rato, ed a maggior cautela anche di ratificare la stipulazione che si farà, in nome di tutti noi, dal detto signor D. Giuseppe Pandolfi nostro collega — CAMILLO PANDOLFI — DE LUCA.

(1) Cioè mutuo allo Stato del quale gl' interessi sarebbero pagati col reddito della sopraimposta di grana 15 a tomolo sul sale.

Crediamo che sia questo uno dei più antichi esempii di esercizio delle zecche assunto da banchi. Gli è vero che la moneta fu battuta per ordine del Vicerè, nella officina governativa, ma la parte veramente difficile dell'operazione, cioè la consegna della massa metallica, fu opera degl' Istituti di credito Napoletani.

Tra le pergamene del Banco Pietà (volume 36 numero 8) non

manca la lettera esecutoriale del regio assenso ai patti del mutuo per la nuova monetazione. L' eccessiva lunghezza del documento, con la quantità di ripetizioni e di adempimenti notarili, non permette di stamparla tutta, ma ne trascriviamo la narrativa del contratto 3 settembre 1683.

" .... Avendo risoluto S. E. per servizio del Re (N. S.) che Dio guardi, a beneficio di questa fedelissima città e regno, e del pubblico commercio, di fabbricare la nuova moneta e abolire la vecchia, per la sua mala qualità; la quale, per opera dei figli d'iniquità, si è ridotta a segno ch'è abborrita universalmente da tutti; con aver cagionato alterazione dei cambî, carestia di merci e molti altri inconvenienti, e che giornalmente ne minaccia maggiori. A tal fine formò una Giunta, alla quale destinò per capo D. Felice de Sansina y Olloa, Presidente del Sacro Regio Consiglio, con intervento di tutto il Regio Collateral Consiglio, del Signor Luogotenente della Regia Camera della Summaria (1); dei Ministri del detto Real Sacro Consiglio di detta Regia Camera; Segretario del Regno; Avvocato fiscale del Real patrimonio; Otto governatori dei suddetti banchi cioè uno per ciascun banco (2); ed uomini di negozio; ed ultimamente vi aggregò anche gli stessi deputati di questa fedelissima città sopra la detta fabbrica di nuova moneta. Con ordine espresso che dovessero primieramente applicarsi a ritrovare espedienti per la refezione del danno ed interesse che s'incontra nella detta mutazione dalla vecchia alla nuova moneta, quali dovessero essere i più soavi, miti e meno sensibili al pubblico, e più universali. Laonde, essendosi esaminati più e diversi espedienti proposti in detta Regia Giunta, e quelli molto bene ruminati e discussi; finalmente s'applicò fra gli altri a questo, cioè, che sopra il prezzo dei sali che si smaltiscono così per tutta questa città, come per tutto il presente regno generalmente, si dovessero ac-

---

(1) D. Antonio de Gaeta.
(2) D. Luigi Carmignano uno dei sei protettori del sacro Monte e Banco della Pietà.
    D. Federico Tommacèllo governatore, per la piazza del Sedile Capuana, della Santa Casa e Banco della Santissima Annunziata.
    Dottor Onofrio de Rosa, uno dei cinque governatori del banco del sacro Monte dei poveri del nome di Dio.
    D. Domenico Maria Caracciolo, Marchese di Villamaina, uno dei governatori della Santa Casa e Banco dello Spirito Santo.
    D. Giuseppe Pandolfi uno dei governatori del Banco dei santi Giacomo e Vittoria.
    D. Costantino de Aulisio, uno dei governatori della Santa Casa e Banco di Sant' Eligio.
    Dottor Leonardo Paterno, uno dei quattro governatori del Banco di Santa Maria del Popolo.
    Dottor Rodolfo Marano, uno dei governatori del Banco del Santissimo Salvatore.

crescere altre grana quindici per tomolo; quali si dovessero pagare da tutti universalmente, senza nessuna eccezione di persona, franchigia, nè immunità che si potesse pretendere; fuorchè i locati della regia dogana di Foggia, i Padri Cappuccini, e Padri riformati dell'ordine di San Francesco d'Assisi. Qual'espediente non solo fu così concluso da tutta la Regia Giunta, ma anche vi concorse poi tutta la Deputazione di questa fedelissima città, e similmente tutte le sei Piazze uniformemente; e così fu approvato e determinato da Sua Eccellenza e dal suo Collateral Consiglio e già si trova posto in esecuzione; acciocchè la rendita delle grana quindici a tomolo si avesse potuto vendere e ridurla in capitale, con i quali si spera averne una buona somma, per applicarla alla refezione del danno ed interesse che s'incontra in detta refezione „.

".... E desiderando li governatori dei suddetti otto banchi di questa fedelissima città, per maggior servizio del negozio, e per un pronto soccorso alla regia zecca, d'applicarsi ducati centocinquantamila, respettivamente ciascun d'essi per la somma che si dirà, hanno rappresentato alla Regia Giunta che si fosse dato uno stabilimento alla detta nuova esazione, il registro e norma con la quale s'avesse da governare, con dargli anche molte esenzioni e prerogative; acciò si fosse migliorata quanto fosse stato possibile la sua condizione, e si fosse potuto con maggior facilità vendere il complemento d'essa; ed a tal fine i medesimi governatori hanno proposto i seguenti capi ecc. „.

Le principali condizioni, stipulate nel contratto, furono:

Interesse sei per cento.

Obbligo di retrovendere *quandocumque*, sia al fisco, sia ai cessionari del *ius luendi*, quando fosse piaciuto alla R. Corte di restituire questo prestito.

Rendita annuale;

al Banco	Pietà	D. 1800	per un capitale di	D.	30.000
„	Annunziata	„ 1200	„		20.000
„	Poveri	1500		,	25.000
„	Spirito Santo	„ 1080		;	18,000
„	San Giacomo	„ 1200	„	„	20.000
„	Sant. Eligio	„ 1020		,	17.000
„	Popolo	600			10.000
„	Salvatore	„ 600		„	10.000
	Totale	D. 9000		Totale D.	150.000

Il prestito da eseguirsi con la migliore quantità di moneta d'argento che si trovasse nei banchi, a scelta della zecca; patto espresso che non si potesse spendere per uso diverso della riforma monetaria.

Nel caso che dalla sopraimposta sul sale non si ricavassero gli annui ducati novemila, ed anche niente s'ottenesse, i banchi niente avessero da pretendere.

L'arrendamento delle grana quindici a tomolo conceduto in piena proprietà alla zecca ed assegnato interamente per la rifusione delle monete. Calcolando che potesse rendere più di trentamila ducati all'anno, si disse che i primi novemila dovessero distribuirsi agli otto banchi, altri ducati ventunomila fosse lecito di vendere alla medesima ragione del sei per cento, od altra diversa, per aumentare il fondo disponibile. Il supero, netto di spese d'esazione ed amministrative, serviva in primo luogo per refezione dei danni e perdite della zecca; in secondo luogo per pagare ai creditori le porzioni d'interessi che per avventura non avessero riscosso negli anni di scarso provento; ed in terzo luogo si potesse consacrare alle retrovendite quandocumque per sopprimere la sopraimposta.

Pareggiata la condizione di tutt'i creditori, con la nomina d'una giunta amministratrice che incassava le rendite di tutte le province del regno di Napoli e ne faceva la distribuzione del sei per cento; senza potersi tollerare privilegi o prelazioni in pro di chicchessia. La giunta era composta da un delegato del Vicerè e due governatori di banchi; da essa dipendeva la scelta degli esattori e contabili.

Si legge pure nel contratto la esenzione dalle ritenute per tassa, la promessa che non si sarebbe tolto l'arrendamento senza pagar prima questo debito, e tutt'i patti che si stipulavano a quell'epoca per le vendite d'imposte.

Nel 1686 fu stipulato il secondo contratto, per altri D. 150000 di prestito, e nel 1689 il terzo pei residuali D. 100000. Esistono le copie autentiche che forniscono preziose informazioni sui concetti economici di quel tempo, poichè contengono i processi verbali delle discussioni nelle *Piazze* ed in varie commissioni governative. Vi si descrive una conversione di fondi pubblici, fatta con gli stessi criterî e con gli stessi metodi di quelle operate in varî paesi nel presente secolo XIX, che si credono escogitazioni moderne e gloria di viventi ministri.

" . . . essendosi presentata congiuntura . . . che molte persone
" avrebbero voluto impiegare il loro denaro in compra dell'annue
" entrate delle due imposizioni di grana 15 per tomolo di sale,
" alla ragione di cinque per cento, quando quelle stavano vendute
" alla ragione di sei per cento; li signori Ministri e deputati, co-
" noscendo il vantaggio a favore della regia zecca, che risultava
" dall'essere venduta detta rendita alla ragione di cinque per cento,
" dal che si sarebbero conseguiti ducati duecentomila di più di
" quello che vi era pervenuto, perciò, tenendo detta regia zecca
" il denaro, principiò a fare le polizze di restituzione dei capitali
" a favore dei consegnatarî che avevano comprato alla suddetta
" ragione di sei per cento ; moltissimi dei quali consegnatarî, per
" non fare le retrovendite, si contentarono di bassare l'annue en-
" trate ad essi vendute, dalla ragione di sei alla detta ragione di
" cinque per cento, ed alcun' altri si contentarono di ricevere il
" loro denaro e fecero le retrovendite. L'entrate delle predette re-
" trovendite ed anche l'altre, rimaste a beneficio della zecca per
" detto bassamento, furono parimenti vendute alla ragione di $5\,°/_0$.
" Laonde avanzò a beneficio della regia zecca la detta somma
" di D. 200000 „.

Adunque la rendita di sessantamila ducati, che si presumeva potessero dare le due imposte, fu prima venduta a ragione di sei per cento, ed ottenne la zecca il capitale d'un milione, sottoscritto per D. 300000 dai banchi e pel resto da altri firmatarî. Poi scemarono l'interesse a $5\,°/_0$, ma offrirono la restituzione del denaro (retrovendita) a chi non fosse contento. Giunse il capitale a D. 1200000, perchè i banchi e molti azionisti si contentarono, e perchè trovarono altri offerenti, al cinque per cento, delle quote disponibili. L'operazione tendeva all'aumento del debito. Anche la maggior parte delle moderne conversioni è servita ugualmente per dare introiti straordinarî alle varie finanze, senza che crescessero l'imposte o l'annuali passività dei bilanci.

Il Marchese di Santo Stefano, nuovo Viceré, fu meno onesto del predecessore, perchè prima di mettere in circolazione i nuovi pezzi, li rincarò di un decimo; dando al carlino il prezzo di grana 11, e coniandone altri che pesavano acini 58 1|2. Il ducato per conseguenza ebbe il valore di carlini 11. Dicono i contratti che il prezzo dell'oro e dell'argento fosse allora cresciuto in tutto lè piazze del mondo e particolarmente in quelle d'Italia; ma questa non era buona ragione per rinunziare alle comodità del sistema decimale. Niente impediva al Marchese di fissare per grana nove il prezzo di quel carlino vecchio ch' egli voleva rifondere e smonetare.

Fu anche meno abile, perchè non volle aspettare che la zecca fosse pronta. Sul finire dal 1688 ei pubblicò una legge per l'emissione delle nuove monete e pel ritiro delle vecchie, che ordinava il baratto nei primi dieci giorni del gennaio 1689. Dal giorno 11 gennaio in avanti le monete vecchie perdevano la valuta legale e sarebbonsi comperate dalla zecca a peso d'argento. Ad ogni cittadino poi, era data facoltà di far coniare le paste o verghe, pagando sole grana 32 a libbra.

Ma, per inesatta calcolazione di quanto potesse occorrere, non aveva il Governo provvedute sufficienti monete nuove pel baratto e ritiro, in soli dieci giorni, di tutta la valuta metallica che circolava nel regno. Riferisce l'ultimo contratto del 1689.

" Quando si sperava che il ritratto avuto dalle due imposizioni
" di grana quindici l'una per tomolo di sale (1); dal bassamento
" di dette rendite con vendita degli annui ducati diecimila bassati e
" rilasciati dai consegnatari (2); dall'annata delle rendite dei forastieri
" ed abitanti esteri (3); dall' avanzo del prezzo delle dette monete
" d'argento (4), e delle doble e zecchini, fossero stati bastantissimi
" per la refezione del danno dalla moneta vecchia alla moneta nuo-
" va, si è visto non essere bastante col ritratto e ritiro della mo-
" neta vecchia. Essendo quella, per l'industria e maltalento dei fi-
" gli d'iniquità, ridotta a segno che pochissimo ritratto si è ri-
" cavato. E similmente, quando si credeva che nella città e regno
" non vi fusse stato più di un milione e mezzo di moneta vecchia,
" sopra la quale somma si era fatto il conto di quello che poteva
" mancare per la mala qualità di essa, e si erano pigliati li sud-

---

(1) Un milione di ducati.
(2) Ducati duecentomila.
(3) Ducati duecentomila. Due volte per ragion di riforma monetaria; molto spesso con pretesto di donativo od urgenze dello stato si confiscò l'intera rendita di un anno agl'individui che non erano protetti dai privilegi municipali e dalle costituzioni dei vari regni spagnuoli. Dice questo contratto — « ed anco che tutti li forastieri che tengono azienda in questo Regno, e mede-
« simamente li napoletani e regnicoli che tengono fuori di questo regno casa di abitazione fissa,
« contribuiscano ducati duecentomila, quali debbono esigersi dalle loro rendite, cosi feudali come
« burgensatiche, conforme contribuirono nella prima imposizione ».
(4) D. 304291.60 Il Vicerè Santo Stefano rincarò di un decimo anche la moneta già battuta dal marchese del Carpio.

" detti espedienti, al ritiro della detta moneta vecchia si è ritrovata
" quella ascendere alla somma di D. 2600000 circa. Per lo chè
" tutto il ritratto, pervenuto da tutti li suddetti espedienti come so-
" pra pigliati, non è stato bastante per la refezione suddetta; a ca-
" gione della maggiore quantità di moneta vecchia ritrovata in re-
" gno di quello che si stimava, e sopra la quale si era fatto il conto
" di quello che poteva mancare „.

L' impossibilità di barattare con monete di fresco conio tutte quelle vecchie che si presentarono nei dieci giorni poteva far ripetere i disastri del 1622. Eppure l' operazione del cambio fu compiuta questa volta con sufficiente speditezza, perchè il Vicerè si seppe servire della carta, del credito e delle riserve metalliche dei banchi.

Il Monte della Pietà e gli altri sette, tenevano nelle loro casse una parte cospicua della moneta che si doveva levare dalla circolazione. Fu ordinato loro di mandarla alla zecca e di farla riconiare; occorrevano per questo tre o quattro mesi, durante i quali sarebbe stato impossibile restituire i depositi, pagare le fedi di credito ed i titoli esigibili a vista; ma si dette rimedio con una proroga delle scadenze.

« Abbiamo, col voto e parere del Regio Collaterale Consiglio, appresso di noi assistente, determinato di concedere ai banchi dilazione, come in virtù del presente bando la concediamo, di pagare ai loro creditori, niuno eccettuato per privilegiato che sia, non escludendone neppure la Regia Corte, per li termini di mesi tre, numerandi da questo giorno (1° gennaio 1689); ed acciocchè si esegua con minor incomodo degl'interessati, si sono disposti i banchi suddetti di pagare, nello istesso tempo dei suddetti mesi tre, ai loro creditori, alla ragione del 5 per 100 la settimana, in estinzione del debito di cischeduno; ed a chi sarà creditore di minor somma di ducati 100 se gli abbia da pagare la rata che corrisponde alla ragione del 5 per 100; la quale, quando non tirassero in ciascheduna settimana, vogliamo che possano farlo nell' altra seguente o quando loro piaccia.

« Con dichiarazione che in detta sospensione non vengano compresi gl' introiti che si faranno dal primo del corrente mese ed anno 1689 in avanti; i quali dovranno pagarsi interamente, senza nessuna dilazione; come anche si dovran pagare prontamente le fedi di credito date in cambio della moneta vecchia, così in questa fedelissima città, come in tutto il presente regno, essendo state quelle surrogate in luogo della moneta nuova, che effettivamente doveva darsi in permutazione della vecchia. Ed affinchè venga a notizia di tutti, vogliamo che il presente bando si pubblichi etc.

Siffatto ordine del Vicerè avendo screditato le carte bancali, facendole rifiutare nelle contrattazioni fra privati, si dovette ordinare che fossero ricevute pel valore nominale. Nel 1689 dunque, fu dato corso forzoso alla carta dei nostri banchi e crediamo che questo fosse uno dei più antichi esempi di circolazione obbligatoria.

Per facilitare la ricezione delle bancali, s'annullarono implicitamente le prammatiche proibitrici dei riscontri (1).

Il Marchese di Santo Stefano mantenne la promessa di fare estinguere, nel prescritto termine di venti settimane, le obbligazioni dei banchi; compreso quelle nascenti dal ritiro e baratto delle monete, che in gran parte si fecero coll'aiuto della fede di credito. L'istituto controcambiava più con carta che con argento la valuta da smonetare; però questa carta era pagabile a vista.

Le grana 7 1⟨2 per tomolo, aggiunte ai tre carlini di sopraimposte sul sale, e l'altra annata di rendita dei forastieri, servirono per compensare le perdite derivanti dalla riforma monetaria. Come esempio della procedura seguita allora per l'imposizioni di nuove tasse, ch'era più liberale e più ossequente ai dritti del popolo di

---

(1) 11 Gennaio 1689 — Conclusione — Avendo considerato che la mente di S. E. e dei Signori Ministri del R. Collaterale. come della Regia Giunta delle monete, è stata espressa col banno emanato sotto li 7 del corrente, nel quale, all'ultimo capo, si contiene che le fedi di credito e polizze si riceveranno dai banchi per riscontri dell' introiti correnti, come per prima, senza far novità di sorta alcuna e di fare correre la negoziazione senza pregiudizio delli Banchi ed interessi dei cassieri ed altri ministri di essi. Pertanto avendo prima avuta conferenza con tutti l'altri signori Governatori dell'altri Banchi, ed avendo unitamente ricevuto l'aura dalli suddetti Signori Ministri, per evitare ogni confusione che può nascere nella pratica dei detti riscontri, ed acciò la scrittura cammini con maggior facilità, hanno concluso, come per la presente concludono.

Che li cassieri stieno molto bene avvertiti nel ricevere detti riscontri, e che questi si piglino da persone di loro soddisfazione acciò sieno ben cautelati, conforme si è pratticato per lo passato; avvertendo che tali riscontri corrono per conto e con il solito rischio e pericolo di detti cassieri, li quali possono e debbono quelli ricusare ognicqualvolta avranno qualche dubbio nel riceverli, e debbono praticarsi nell'istesso modo come li hanno praticati per lo passato, avvertendo a ciascheduno ufficiale a chi spetta, che delle fedi e polizze che vengono per riscontro non diano nota alcuna in quella settimana che si ricevono, ma debbono darle nelle settimane susseguenti.

Dippiù hanno concluso che tutti li cassieri debbono riscontrare cosi le polizze di moneta vecchia come quelle di moneta nuova infallibilmente dentro ciascuna settimana con tutti li banchi; e per quello spetta alle polizze di moneta nuova si passino per cassa come prima, e restando taluno creditore debba tirarsi il danaro contante immediatamente che avrà riscontrato. Per le polizze di moneta vecchia, queste debba il cassiere ponersele in credito per Banco e fattosi da cascheduno la fede di credito della somma che avrà pigliato, poi debba tirare il conto coll'altro cassiere con chi riscontra, e chi resta creditore se ne debba far credito della fede di credito dell'avanzo, per poi tirarne la rata conforme matura; e quante volte segue il riscontro, tante volte debba praticarsi come di sopra.

Le polizze che si porteranno per riscontro del proprio Banco non debba il cassiere riceverle se quelle non saranno passate per rota e poste in credito della persona che le porta; acciocchè si eviti ogni confusione, e che ciò si debba inviolabilmente osservare, essendo cosa ragionevole, per evitare qualche sbaglio che colla confusione della scrittura facilmente può accadere e per essere ciò concordemente approvato da tutti li signori Governatori delli Banchi doversi praticare per tutti li Banchi.

Perlochè, in virtù della presente, si ordina al nostro Cassiere Silvio Maggiore ed altri ufficiali, a chi spetta, che debba ognuno per l'ufficio suo il tutto puntualmente eseguire senza replica, e mancando in qualche minima parte sia imputato a loro negligenza e colpa, e siano tenuti a qualsivoglia danno che il Banco potesse patirne. Ed affinchè non possano allegare causa d'ignoranza e stia ognuno vigilante alla totale osservanza delle presenti conclusioni, s'ordina che se ne debba tener copia autenticata dal nostro Segretario affissa nel Banco.

quanto generalmente si creda, riferiamo, la *conclusione* della *Piazza di Nido*.

" A di 15 marzo 1689. Congregata l'illustrissima Piazza del Seg-
" gio di Nido dentro la solita camera delle bollette — more solito
" con chiamata della cartella — Conclusione — Intesa la proposta
" fatta dalli signori cinque, e la relazione fatta dalli signori D. Gio-
" van Battista Galluccio , D. Tommaso di Guevara e D. Adriano
" Carrafa, deputati per la fabbrica della nuova moneta, ed essen-
" dosi letto il voto del signor Annibale Brancaccio, del tenore se-
" guente, cioè :
" Io sottoscritto, avendo inteso la relazione a voce dei signori de-
" putati per la fabbrica della nuova moneta, ed inteso che a sup-
" plire la mancanza, per finire questa importantissima opera, che
" per la misericordia di Nostro Signore e Nostri Santi Protettori già
" si vede quasi a sicuro porto, il tutto per la vigilanza dell'Eccel-
" lentissimo sig. Conte di Santo Stefano nostro Vicerè , che con
" tanta applicazione ha dato fine a negozio sì importante. E per-
" chè dalla relazione si conosce la mancanza, per somma di du-
" cati 500000 incirca, sono di voto e parere che per detti ducati
" cinquecentomila se esigano dall' entrate dei forastieri ducati due-
" centomila; nel medesimo modo che pagarono gli anni passati l'an-
" nata intera, con dividersi fra essi pro rata detti D. 200000 , e
" questo in esecuzione anco del concluso dalla Illustrissima Piazza,
" nel mese di settembre del passato anno 1688. Ma benchè si fos-
" se detto che tutto quel poco che mancava si fosse supplito col-
" l' entrate dei forastieri, presupponendo la mancanza molto tenue,
" pure, mancando questa somma di ducati 500000, si stima di non
" caricare per tutto li detti forastieri, ma solamente pei detti du-
" cati 200000. E per i residuali D. 300000 incirca, sono di voto
" e parere che si aumenti il prezzo del tomolo del sale per altre
" grana sette e mezzo. Questo habito rispetto dell'esser peso meno
" sensibile degli altri che forse si avessero avuto a porre , per ca-
" varne, con ogni brevità, li detti ducati trecentomila; essendo così
" precisa la necessità che non ammette dilazione alcuna. E che detta
" imposizione delle grana 7 1[2 sia in aumento del prezzo del sa-
" le, si paghi da ogni sorta di persone, non facendosi nessuna e-
" sente, benchè privilegiata e privilegiatissima, nella medesima for-
" ma e modo che s' imposero le seconde grana 15 di aumento gli

"anni passati. E questo per essere causa pubblica ed urgentissima,
" alla quale le cause private devono cedere. E di dette grana 7 1\2
" di aumento se ne debbano vendere annui ducati quindicimila, alla
" ragione cinque per cento, ed il di più dell'affitto che si caverà
" debba restare per l'evizione dei detti ducati quindicimila, acciò
" questi siano sempre precipui e si possano vendere con ogni faci-
" lità. L'altro di più, che forse avanzerà sugli annui duc. 15000,
" debba unirsi con gli avanzi degli annui D. 60000 degli altri car-
" lini tre per tumolo di sale, e si debba governare col medesimo
" modo e forma che si governa oggi, per potersi ogni anno, con
" tal frutto di avanzi, estinguere capitali dell'imposizione. Questo
" similmente in esecuzione delle conclusioni dell'illustrissime piaz-
" ze, acciò un giorno, se non si veggano estinte le dette imposi-
" zioni, se ne levi la maggior parte. Li 19 marzo 1689. Annibale
" Brancaccio.

" Perciò si ordina dai signori cinque che chi vuole concorrere al
" suddetto voto fatto dal signor Annibale Brancaccio ponghi al si,
" e chi non vuole al non. Per il che la Piazza, votato e ballot-
" tato, more solito, ha concluso conformemente al suddetto preinserto
" voto fatto dal detto sig. Annibale Brancaccio „.

Nel contratto poi sta chiaramente stipulata la formale conferma
d'un privilegio della città di Napoli, rappresentata da cinque Piazze o Seggi della nobiltà ed uno del popolo, pel quale qualsiasi gabella, tassa, imposizione si doveva da essa consentire.

" Art. 12. Sebbene S. M. diede il suo Reale Beneplacito a tutti
" li capi che furono conclusi dalle piazze di questa fedelissima città,
" nel primo espediente che si prese l'anno 1683 . . . . . . e diede
" medesimamente il suo Real Beneplacito alla seconda imposizio-
" ne . . . . e prestò il suo Reale assenso ad ambedue li contratti, 3
" settembre 1683 e 9 dicembre 1686. Ed essendo oggi questo nuo-
" vo espediente di grana 7 1\2 atto esecutivo dei due primi, per
" non essere stato sufficiente il ritratto dello arrendamento del prez-
" zo del sale, in due volte di grana 15 l'una, e l'annate dei fo-
" rastieri, e l'aumento del prezzo dell'argento ed oro; di sorta che
" detti reali assensi approvano tutte le conclusioni fatte dalle piaz-
" ze, per la suddetta altra imposizione di grana 7 1\2, essendo que-
" sta uniforme alle prime. Ad ogni modo S. E., in detto nome,
" promette che la Maestà del Re Nostro Signore (Dio Guardi) ab-

" bia a degnarsi di assentire e prestare il suo reale assenso a tutt'i
" suddetti e infrascritti capi, contenuti nel presente istrumento e
" nelle conclusioni delle piazze ; e precise, che detta fedelissima
" città, pel consenso da essa dato, non resti ne s' intenda obbli-
" gata per niuna causa e ragione a cosa alcuna ; nè possa inten-
" dersi mai acquistata contro di essa alcuna azione nè ragione. Ed
" anco, che tanto le due imposizioni delle prime e seconde grana
" 15 per tomolo di sale, quanto l'altra imposizione di grana 7 1[2,
" non inducano, nè possano indurre esempio in niuno futuro tempo,
" rispetto a nessuna sorta d'imposizione, dazio o gabella, per qual-
" siasi altro bisogno, necessità pubblica, ragione o causa, anco u-
" guale, maggiore o più potente e privilegiata di questa; ma deb-
" bano sempre stare in piedi, nella loro fermezza e robore, tutti
" gli stabilimenti, privilegi, grazie, ordini e carte della Maestà Sua,
" e suoi gloriosi antecessori, che a suo favore tiene questa fedelis-
" sima città; ordinanti che non si possa mettere niuna sorta d'im-
" posizione, dazio, tributo o gabella. A quelli (privilegi) non s' in-
" tenda in modo alcuno, nè directe, nè indirecte, per ragione del
" detto consenso dato dall' illustrissime piazze, derogato ne pregiu-
" dicato ecc. „

Un altro aumento del 20 per 100 sulle monete, che fu l'ultimo, venne fatto con prammatica 8 gennaio 1691, per la quale il ducato, senza cambiare di peso o di titolo, salì da grana 110 a grana 132, ed in proporzione crebbe il valore nominale di tutto l'altro argento, riconiato pochi anni prima. Si provvide anche per l'oro di Spagna o di Venezia, che circolava nel Regno, comandando che le *doble* fossero cresciute di altri cinque carlini ed i *zecchini* di un altro carlino. Il profitto, per maggiore valuta dell'oro e dell'argento che stava nei banchi, toccò alla finanza, che lo spese per saldare e chiudere i conti della riforma monetaria.

Per le monete poi che già stavano in commercio, tale profitto fu lasciato ai possessori.

*
* *

21. I pagamenti degli otto istituti si presero senza osservazioni dal Vicerè, Conte di Santo Stefano: però, dopo circa sessant'anni, un tale Francesco Scandinari accusò i banchi d'avere falsificato il bilancio 9 gennaio 1691, per non pagare quasi tre quarti della

somma che sarebbe spettata alla Finanza. Da siffatta accusa vennero gravi e lunghe controversie nel tribunale della Regia Camera. Scandinari, dopo promessa del fisco di donare a lui ed ai *segreti suoi compagni*, ch' erano probabilmente perfidi ufficiali dei Monti, a titolo di compenso, il decimo della somma ottenuta per le sue denunzie, suggerì le perquisizioni da fare. Seguendone i consigli, un contabile governativo, il Razionale Valente, chiese le reste dei Libri Maggiori, e liquidò che al 9 gennaio 1691 il debito apodissario giungeva a D. 4574376,79. Domandò pure le verifiche di cassa della stessa giornata, ma non avendo potuto averle, perchè non c'erano, concluse ignorantemente che i banchi le volessero nascondere. Calcolando sull'unica cifra a lui nota, di D. 4574376,79, risultava come dalla quinta parte, cioè da duc. 914,875 circa, sottratta la somma pagata dai banchi, che Scandinari pretendeva essere stata di soli D. 251157,24, restava un credito della Finanza di duc. 663718, pel quale toccavano ai delatori quasi settantamila ducati di premio.

I banchi, che allora tenevano in regola l'archivio, risposero con un conto minutissimo della riserva metallica, quale risultava dai libri e dagli autentici atti amministrativi. Presentarono pure le quietanze del fisco, da cui risultava aver essi pagato duc. 384758,31 1]2 non D. 251157,24. Coll'aiuto di alcune difese si è potuto compilare questo prospetto statistico, utile per valutare la relativa forza degli otto istituti, ed anche la diversità d'indirizzo.

MONETE D'ORO	PIETÀ	ANNUNZIATA	SPIRITO SANTO	SANT' E
Zecchini............	N. 130430,—	N. 6745,—	N. 28713,—	N. 2220
Mezzi zecchini........	» 15774,—	» 219,—	» 626,—	» 30
Quarti di zecchini.......	» =	» =	» =	»
Doble..............	» 20671,=	» 8510,—	» 5946,—	» 18
Mezze doble e scudi ricci .	» 53909,—	» 5417,—	» 3975,—	» 37
Valore in ducati delle monete d'oro..........	D. 522462,80	D. 61324,80	D. 101396,40	D. 5512

MONETE D'ARGENTO

Ducati da grana..... 110	D. 1540,=	D. 15730,=	D. 7700,—	D. 1184
Mezzi ducati da grana. 55	» =	» 22314,05	» 6804,05	» 4027
Ducati da grana..... 100	» 6095,=	» 26994,=	» 10540,-	» 617
Mezzi ducati da grana. 50	» =	» =	» =	» 101
Tari da grana...... 22	» 74135,16	» 213245,78	» 168469,18	» 18560
Carlini da grana..... 11	» 2233,=	» 21957,98	» 20900,—	» 4241
Tari da grana...... 20	» 45227,20	» 84018,40	» =	»
Carlini da grana 10	» 1193,70	» 40152,80	» 35854,80	» 231
Carlini da grana 8	» 3002,88	» 2684,08	» 11010,56	»
Totale riserva metallica ..	D. 655889,74	D. 488421,89	D. 362674,99	D. 34477
Somme pagate al fisco per l'aumento di valore. . . .	» 62766,81$^{1}/_{2}$	» 87438,79	» 56173,32$^{1}/_{2}$	» 5619

ICHI DI NAPOLI A GENNAIO 1691

GIACOMO	POVERI	SALVATORE	POPOLO	TOTALE	Osservazioni
'523,=	N. 21841,—	N. 17777,= » 407,= » 571,=	N. 8520,=	N. 279859.—¹/₄	Gli zecchini si calcolavano a D. 2,40 l'uno e le doble a Ducati quattro.
.892,=	» 276,= » 3248,=	» 56,= » 4574,=	» = » =	» 73281,—¹/₂	
'623,20	D. 60018,40	D. 52867,80	D. 13968,=	D. 964788,20	
}200,—	D. 6556,—	D. =	D. =	D. 56566,40	
)603,85	» 13200,—	» 6463,05	» =	» 139658,20	
)000,—	» 8654,—	» 44,50	» 10772,—	» 98689,50	
=	» 2400,—		» 6000,—		
!519,74	» 148222,14	» 82058,68	» 17308,28	»1031568,34	
=	» 14850,—	» 29573,50	» 2241,36	» 134172,72	
'000,—	» 7552,—	» 306,60	» =	» 144104,20	
=	» 1058,=	» 128,50	» =	» 80702,20	
000,96	» 44,=	» ∠90,80	» =	» 18233,28	
947,75	D. 262554,54	D. 171933,43	D. 50289,64	D 2668483,04	La piccola differenza in meno nasce da compu-

Ammettendo la verità delle cifre raccolte dal Razionale Francesco Valente, l'intera circolazione era

Per San Giacomo	D.	1.037.009.81
„ Spirito Santo	„	1.047.646.09
„ Salvatore	„	408.838.35
„ Pietà	„	912.251.09
„ Popolo	„	268.180.08
„ Poveri	„	329.034.85
„ Sant' Eligio	„	571.416.52
	D.	4.574.376.79

Onde la proporzione fra la riserva metallica ed i debiti a vista risulta

Popolo	80	centesimi	ovvero	1 a 1.25	circa
Pietà	72	„	„	1 a 1.40	„
Sant' Eligio	60	„	„	1 a 1.66	„
Salvatore	42	„	„	1 a 2.40	„
Spirito Santo	34	„	„	1 a 2.90	„
San Giacomo	32	„	„	1 a 3.12	„
Poveri	19	„	„	1 a 5,35	„
Media comune	57	„	„	1 a 1.76	„

Denuncianti ed inquisitori dimenticarono che nel 1691 esisteva l'altro banco dell' Annunziata.

Si pose termine all'affare con questa relazione e decreto del 1786, che riferiamo qual titolo di gloria per le famiglie dei sottoscrittori. Non sempre la materia bancale fu dai tribunali trattata con tanta indipendenza, nè le decisioni furono parimenti giuste.

" S. R. M. Signore. Con Real Dispaccio, spedito dalla Segreteria di Stato d'azienda, in data dei 20 maggio 1783, si degnò V. M. parteciparci che, con rappresentanza, l'avvocato D. Antonio Rossi aveva esposto il ricupero da lui fatto, dagli eredi del fu Fiscale De Leon, di tre processi, dai quali si rilevava che, colla prammatica degli 8 gennaio 1691, essendosi stabilito l'aumento sulla moneta d'argento, rifatta del 20 per 100, di carlini cinque per ogni dobla di Spagna e di un carlino per ogni zecchino, colla prammatica stessa si ordinò che del denaro esistente nei banchi l'utile del detto aumento fosse andato a beneficio della Regia Corte e zecca delle monete. Che dai banchi la rivela non fu fatta che per metà del denaro che si trovava esistente, come si rilevava da detti processi, e da una relazione del Razionale Valente, colla quale si dimostrava che spetterebbero alla Regia Corte D. 663718 ; volendo che un tal credito fosse pienamente liquidato a beneficio del Real Erario, e perciò si dovessero astringere i banchi, in vista di detti processi, a pagare tal somma. Onde, voleva ed ordinava V. M. che questo Tribunale, inteso il suddetto Avvocato Rossi, ed esaminati i processi che si enunciavano, e lo stato in cui ritrovavasi la causa, riferisse ciò che conveniva „.

" E con altro Real Dispaccio, dei 16 maggio dello scorso anno 1785, furono dalla M. V. dati per aggiunti in questa causa il Consigliere Ardizzone, il Marchese Panza, il Consigliere Starace ed il Consigliere Patrizi „.

" Il merito di questa denuncia e causa fiscale, promossa fin dall'anno 1749 da Francesco Scandinari, e rinnovata dall'avvocato D. Antonio Rossi nell' anno 1783, consiste nel rapporto che i banchi di questa capitale si avessero appropriato parte di quell' aumento che spettava alla Regia Corte, per l'alterazione del prezzo di alcune monete, in forza della prammatica 47 de monetis, pubblicata a 8 gennaio 1691 dal Viceré Conte di S. Stefano; e che, con dolo, dai Governatori d' allora non si fosse rivelata la vera quantità della moneta compresa nella detta prammatica; per cui il calcolo dell'avanzo riuscì minore, e dai banchi si appropriò il dippiù che alla Regia Corte si apparteneva; e che perciò dovevano li banchi suddetti, non solamente restituire il mal acquistato, ascendente secondo l'idea del denunciante alla somma di D. 663718, oltre l' interesse dal detto anno 1691 fin oggi, ma eziandio sodisfarne l' interesse alla ragione del sei per cento, per quanto da essi banchi si riscuoteva dall'opera dei pegni „.

" Questa causa, in unione degli aggiunti, si propose in questo Tribunale dal Presidente Malena, Commissario. E per più mattine furono intesi in Ruota non meno l' avvocato D. Antonio Rossi, in sostegno della denuncia, che gli avvocati dei banchi; e finalmente, nel giorno 20 dello scorso mese di aprile, dopo essersi prima inteso l'avvocato fiscale D. Nicola Vivenzio, il quale, dopo di aver rapportato il merito della detta denuncia, quanto per la medesima era occorso, e ciò che concorreva per la ragion fiscale, conchiuse rimettendosi a quel che in giustizia si sarebbe dal tribunale determinato e risoluto. Passò indi a decidere e votare la causa suddetta e si abbandonò da tutti li ministri votanti, al numero di undici, nel concorde ed unanime sentimento che la denunzia suddetta, proposta prima da Scandinari, e proseguita dal Dottor Rossi contro dei banchi, non aveva verun fondamento, ma era una denunzia la più insossistente e scandalosa che mai si fosse intesa, fondandosi sopra mere e semplici chimeriche idee del denunciante. Imperciocchè si considerò che al fisco ed al denunziante mancava il fondamento dell'azione; ostava la prescrizione e la cosa giudicata „.

" Che essendosi, li 8 gennaio 1691, pubblicata la prammatica 47 de monetis, alterato il valore di alcune monete del regno dalla medesima descritte, e di due monete d'oro forastiere, cioè della doppia di Spagna e del zecchino Veneziano, dichiarandosi che l'avanzo di tali monete ch'erano presso dei privati andasse in di loro beneficio; per quelle poi ch'erano nei pubblici banchi l'avanzo spettasse alla Regia Zecca. Fu l'esecuzione di detta Prammatica commessa ed incaricata al Luogotenente di questo tribunale, al Presidente Gascon, al Reggente di Vicaria Marchese di Barisciano, al mastro di zecca ed altri ministri, dai quali, coll'intelligenza del Vicerè, si prescelsero quattro officiali fiscali, che si stimarono li più abili e zelanti per li reali interessi, per liquidare la quantità del denaro, esistente nei Banchi, soggetto all'aumento. E da questi con esattezza fu eseguito l'incarico, dopo le sopraffine diligenze usate per lo spazio di sei mesi, formando il calcolo dell'importo dell'aumento spettante alla Regia Corte, e per essa alla Regia Zecca. Approvato dal Vicerè, dalla Giunta delle monete si ordinò di accreditarsi in beneficio della Regia Corte le quantità che ciascuno di essi dovea, in forza della medesima, contro di cui i banchi non avevano opposta alcuna legittima eccezione; ed indi, a seconda di detta liquidazione, la Regia Corte ne pretese il pagamento; come in effetti fu la medesima, secondo la sua dimanda, sodisfatta dai Banchi debitori; e la Regia Corte istessa, nell'ultima liberazione, spiegò chiaramente nel mandato di essere il compimento dell'intero suo credito, per l'aumento spettante alla Regia Zecca, in forza della prammatica emanata a 8 gennaio 1691 „.

"- Si considerò inoltre che se mai per ipotesi finger si volesse di esservi stato errore di calcolo, per colpa o per imperizia degli ufficiali regi incombenzati, oppure frode e mala fede, in essere rivelato minor quantità di moneta, per appropriarsi ciò che al fisco si appartiene in forza dell'indicata prammatica, occultandosi la vera quantità della moneta soggetta all'aumento, l'azione del fisco non sarebbe certamente contro i banchi, ma contro coloro che sentirono l'utile di tal supposto errore e supposta frode e mala fede, mentre li Banchi nessun utile e vantaggio per tale supposto abbaglio e frode ne avrebbero risentito. Poichè essendo i Banchi tanti corpi politici che non hanno parti, la custodia del denaro è affidata ai cassieri, coi quali dai ministri incaricati si fece l'appuramento della moneta suscettibile dell'aumento, senza che in tale appuramento li banchi, o per esso li governatori, avessero avuto parte alcuna, ed a debito di detti cassieri si caricò un tal avanzo, che fu notato a beneficio della Regia Corte in un conto separato e distinto dell'avanzo della moneta, di cui ne seguì la sodisfazione con li saldi. Onde, conservando li cassieri e non li banchi tutto il denaro, se mai abbaglio o frode vi fusse stato, l'utile che si ritraeva dall'alterazione del prezzo delle monete descritte nella prammatica e riposte nelle casse, sarebbe ridondato interamente non già in beneficio dei Banchi, ma in beneficio dei cassieri, che sono li conservatori ed amministratori delle monete, i quali certamente verrebbero ad essere li debitori del fisco e contro dei quali dovrebbe il fisco dirigere la sua azione „.

" Si considerò similmente che la frode che dal denunciante si suppone di esser intervenuta, nella liquidazione del quantitativo della moneta suscettibile di aumento, non si poteva in modo alcuno giustificare e provare, siccome per necessità si dovrebbe fare, nè per mezzo de' testimoni, nè per mezzo dei libri degli stessi banchi. Non a detto dei testimoni, poichè, prescindendo di non dovere l'affare del quale si tratta dipendere da pruova testimoniale, trattandosi di cose accadute da circa un secolo, qual'è quello decorso dall'anno 1691 fin oggi, non vi possono certamente essere testimoni da poter deponere il fatto che si cerca provare. Non dai libri degli stessi banchi, poichè, non componendosi tutto il debito dei cassieri in danaro effettivo contante, ma parte in moneta, parte in riscontri di altri banchi, parte in cedole delli stessi banchi, parte in monete d'oro ed argento di estranei principi, che in parte spettano ai banchi, ed in parte si tengono in confidenza col titolo di pegni di monete, ed altra parte finalmente in denaro impiegato nell'opera dei pegni; e non distinguendosi in detti libri la qualità ed il quantitativo di ciascuna moneta, non si poteva certamente per alcun verso venire alla cognizione e liquidazione delle quantità di monete che avevan ricevuto alterazioni di prezzo in forza dell'indicata prammatica „.

" Nè prova della supposta frode era o poteva essere la mancanza delle contate di cassa, non fatte dai banchi immediatamente dopo la pubblicazione della prammatica, siccome si pretende dal denunciante; poichè si considerò che per farsi le contate occorreva un ordine preventivo, che non vi fu, nè vi poteva essere. Non vi fu, mentre dalla lettura della prammatica stessa non si rileva di essersi dato un tal carico ai banchi; onde non potevano tutt'i banchi, nel giorno dopo la pubblicazione della detta prammatica, unirsi a fare per obbligazione un atto straordinario, dal Sovrano non ordinato. Nè vi poteva essere, pel danno notabilissimo che ne sarebbe indubitatamente avvenuto al Regio Fisco ed ai Banchi, mentre, penetrandosi ciò, ognuno sarebbe corso in fretta a riscuotere il contante dai Banchi e fare esso il profitto dell'avanzamento della moneta, ed i Banchi sarebbero rimasti senza contante, e per conseguenza la Regia Corte non avrebbe introitato le somme che introitò; ed all'incontro, dalla confusione che nasceva per la calca dei creditori apodissarî, che con premura avrebbero voluto riscuotere il lor denaro, ne sarebbe derivato danno ai Banchi. Oltre di che, quando finger si volesse di esservi state le contate di cassa nello stesso giorno in tutt'i banchi, si considerò che altro non si sarebbe potuto appurare e sapere se non se quel contante che trovavasi nelle casse piccole, ma non quello riposto nelle casse maggiori; restringendosi sempre le contate di cassa soltanto nel rivedere le casse piccole e non mai le casse maggiori „.

" E nè anche il denunciante poteva trarre argomento della supposta occultazione del vero quantitativo della moneta suscettibile d'aumento dalla referenda del Razionale Valente, nella quale si porta il divario della moneta sistente nei banchi, maggiore di quello che si porta nella liquidazione fatta nell'anno 1691; poichè di quella referenda non poteva nè doveva tenersene conto alcuno, per essere una referenda erronea, fondata su di principî non veri e rimissiva all' assertiva del denunciante ; e perchè il divario che si suppone, non si dimostra separando moneta da moneta, non essendo tutta la moneta sistente nei banchi suscettibile di aumento, ma soltanto quella che fu descritta nella prammatica; onde dovea starsi alla liquidazione fatta nel 1691„ .

" Si considerò benanche, che all'azione dedotta dal denunciante contro i banchi ostava la prescrizione, poichè essendosi fatta la denuncia dopo il corso di cinquantasette anni, che sono quelli decorsi dall'anno 1691, epoca della pubblicazione della prammatica, fino all'anno 1749, tempo della denuncia, per chiare disposizioni di legge, qualunque azione che mai al fisco poteva spettare e competere, per il lasso del tempo così lunghissimo, eccedente quello di 40 anni, si era prescritta „.

" E finalmente si considerò che oltre della insussistenza dell'azione ed all' ostacolo della prescrizione, ostava eziandio la cosa giudicata dalla Giunta della zecca delle monete, destinata per tal dipendenza, la quale ordinò l' esecuzione della liquidazione fatta dai Ministri incaricati; fisco instante et petente „.

" Per tali considerazioni e motivi, nascenti dalle stesse armi del fisco, per cui risulta chiara e manifesta la ragione dei banchi, in contrario alla proposta denuncia, determinarono tutti li Ministri a concorrere nel sentimento di non doversi molestare li banchi di questa città per le cose dedotte nell' espressata denuncia, con farsene di ciò relazione a S. M. senza pubblicarsi il decreto prima dell' esito di detta relazione „.

" Onde ci diamo l'onore di fare tutto ciò presente alla M. V. della quale attendiamo la sua Sovrana risoluzione su tale punto. Il Signore Iddio sempre feliciti e conservi la Real Persona di V. M. siccome noi fedelissimi vassalli desideriamo, di V. M. dalla Regia Camera della Summaria, li 19 Giugno 1786. Creati e Vassalli fedelissimi — Il Luogotenente e Presidente della Regia Camera — Angelo Cavalcanti, Luogotenente—Michele Maria Perremoto—Lorenzo Paternò — Angelo Granito — Ippolito Porcinari — Girolamo Suarez Coronel — Cons. Januarius Maddaloni a secretis. — Vidit Viventio Fiscus „.

" Essendosi fatto presente al Re quanto ha rappresentato la Camera intorno alla denunzia contro dei Banchi, promossa nel 1749 da Francesco Scandinari, e proseguita dall'avvocato D. Antonio Rossi nell' anno 1785, col decreto interposto dalla Camera stessa di non molestarsi li banchi, per l'eccezioni che patisce l'azione che si pretende promuovere, il Re n' è rimasto inteso e vuole che la Camera pubblichi il suo decreto. Di Real ordine il supremo Consiglio delle Finanze ne previene V. S. I. per intelligenza della Camera ed uso di risulta. Palazzo 4 luglio 1786. Ferdinando Corradini — Al signor Marchese Cavalcanti „.

Pare che il denunziante si fosse servito dei *libri maggiori* dei banchi, e che veramente il *Debito apodissario*, cioè la somma di tutto il passivo, fosse al 9 gennaio 1691 di duc. 4,574,376.3.19 ; ma pare eziandio che non li avesse saputo leggere, imperocchè il quinto si doveva pagare per la moneta riposta nelle casse, non pel debito apodissario. Da tale debito, levato il capitale o patrimonio, rappresentato da edifizi, da *partite d'arrendamento*, ed altri beni mobili o immobili; levati i monti di pietà, cioè le somme collocate sopra pegno; levati i mutui ; e specialmente levati i *riscontri* e le bancali pagate senza che si fosse ancora passato scrittura del discarico, restava la rimanenza di D. 2668483.04 , rappresentata da effettivo valore metallico, per la quale i banchi avevano , con la massima lealtà, pagato un quinto al governo.

*
* *

24. Nuovi e più severi provvedimenti contro i falsari e tosatori di monete si vagheggiavano dal Viceré nel 1695. Per giungere alla scoperta dei rei, voleva manomettere gl' interessi del commercio, la sicurezza dei cittadini, il credito dei banchi.

Ma ci furono a quell' epoca governatori che, senza sfoggio di scienza economica, seppero far valere un principio troppo giusto, e troppo sconosciuto ai tempi nostri dagli agenti di questura, ed eziandio da certi magistrati , che cioè non si debba aggravare con vessazioni poliziesche il danno pecuniario di chi, in buona fede, abbia preso una moneta o un titolo falso. Ecco i documenti.

« Lettera al Viceré di tutti i governatori dei banchi , riferita nella deliberazioni del Consiglio amministrativo di S. Giacomo.

« Mercoldì 11 del corrente mese di maggio 1695, si tenne sessione dai signori governatori dei banchi, nel luogo della udienza del banco del Sacro Monte della Pietà, sopra le difficoltà che s' incontravano nell' esecuzione degli ordini di .S. E. con li quali si comanda che non solamente si debba tagliare la moneta falsa o scarsa, che s' introita nei banchi di Napoli, ma anche ritenersi a disposizione di S. E. e notarsi il nome e cognome delle persone che la portano, con darne ogni settimana nota distinta alli delegati di detti banchi. Fu considerato; che in quanto a ritenere l'intiera moneta che si taglia, si dava occasione alle lamentazioni dei negozianti, li quali potrebbero sospettare che si tagliasse la moneta buona per fare questo guadagno; quando, tagliandosi e restituendosi alli padroni, non solamente potrebbero sodisfarsi, portandola alla real zecca, e facendola riconoscere a fine di sapere se sia scarsa o falsa, ma anche non resterebbero defraudati del poco valore che intrinsecamente tiene. Ed in quanto al 2° capo, di notare il nome e cognome delle persone che introitano in banco, fu considerato che questo apporterebbe un pregiudizio notabile al commercio ed al mantenimento dei medesimi banchi; atteso li negozianti si rimaneranno di fare l'introiti, per non esser notati in un pubblico libro come spenditori di moneta corrosa o falsa; il che potendo accadere ad una medesima persona centinaia e centinaia di volte in un anno, potrebbe apportare, col progresso del tempo, qualche cattivo effetto a danno degli innocenti, come per ordinario sono quelli che portano il danaro in banco; perchè i fabbricanti della moneta falsa e tosatori della buona, sogliono verisimilmente spenderla fuori banco. E per conseguenza i negozianti pubblici, e altre persone le quali riscuotono il denaro dai loro debitori, e poi lo portano in banco, resterebbero notati d'un delitto che non si hanno mai sognato di commettere, con pregiudizio della loro estimazione. Per lo che fu risoluto di andare a piedi di S. E. a rappresentarle detti inconvenienti, affinchè l'E. S. si fosse servita di darvi le provvidenze che giudicasse necessarie, per servizio del pubblico e mantenimento del commercio di detti banchi. Come in effetti, sabato la sera del 14 del detto mese di maggio 1695, li detti signori governatori dei banchi andarono a supplicare S. E. la quale si compiacque di rispondere ch' avrebbe rimessa la materia alla Giunta delle monete, affinchè, quella esaminata, si fosse presa la risoluzione che sarebbe stata accertata; e che in tutto si fosse alzata la mano (*sospeso*) all'esecuzione dei detti nuovi ordini.

« Giovedì 19 del mese di maggio 1695, dopo pranzo, si tenne nel R. Palazzo la Giunta delle monete, nella quale intervennero li seguenti signori ministri e governatori dei banchi.

« Il D. Regg. D. Felice di Landina Y Ulloa, Presidente del S. C. Capo della Giunta.

« Il Regg. D. Diego Soria Y Morales Marchese di Crispano.

« Il D. Regg D. Nicolas Gascon Y Aldana.

« Il D. Regg. D. Lucas de Sana Y Vino Luogotenente della R. Camera.

« Il signor D. Domenico Fiorillo Secr. del Regno.

« Il signor Presidente della R. Camera Don Francesco Antonio Andreassi.

« Il signor Consigliere D. Biase Altimare, avvocato fiscale del R. Patrimonio.

« Il signor D. Nicola Arcamone ed il signor D. Giuseppe Costantino, entrambi governatori del monte e banco dello Spirito Santo.

« Il signor D. Michele Augusto Baccalaro, governatore dei banchi di S. Giacomo e S.ª M.ª del Popolo.

« Il sig. D. Francesco de Fusco, governatore del banco di S. Eligio.

« Il signor D. Gennaro Cangiano, dep. del banco dei poveri e nome di Dio.

« Ed il signor D. Cesare Ferraro, governatore del banco SS. Salvatore.

« E propostasi detta materia, dal detto signor Presidente del Sacro Consiglio, capo della Giunta, dopo lunga discussione fu determinato: che, in quanto al primo punto, si osservasse inviolabilmente l'ordine dato di tagliare le monete false o scarse che s'introitano in banco, e che di esse se ne conservasse la metà nelli banchi, e l'altra metà si restituisse alli patroni; e che il medesimo ordine si fosse dato alli regi percettori delle provincie del regno, cassieri d'università, arrendamenti, ed altre persone pubbliche. Ed in quanto al 2° punto, di notare il nome e cognome delle persone che portano la moneta falsa o scarsa seu corrosa, detti signori si riserbarono di farvi migliore riflessione, per poterlo risolvere più maturamente; ed intanto comandarono che si tralasciasse di prendere detta nota del nome e cognome della persona, ma solamente si notasse la quantità della moneta scarsa o falsa che s'introita in ciaschedun giorno nelli suddetti banchi, e che in fine d'ogni settimana si mandasse detta nota in potere dei signori delegati dei ridetti banchi. Restando però sempre in piedi la R. Prammatica emanata da S. E. e suo Regio Coll. Consiglio in tempo della pubblicazione della moneta, la quale si debba eseguire ed osservare in tutti e ciascheduno delli capi in essa espressi. »

*
* *

23. La morte di re Carlo II (1701) fu seguita, per Napoli, da una crisi economica che nuovamente pose in pericolo i banchi, e fece definitivamente chiudere quello dell'Annunziata. Si sapeva che questo Monarca, privo di figli, lasciava per testamento i suoi vasti dominii ad un Borbone di Francia, Filippo nipote di Luigi XIV; si sapeva pure che la casa d'Austria, alla quale per la legge salica sarebbe spettata la successione, non voleva permettere che fossero sconosciuti i suoi diritti ereditarii. Era dunque certa una guerra tra la Francia e l'Austria, cui naturalmente non poteva rimanere estraneo il regno di Napoli (possedimento spagnuolo e quindi oggetto di disputa) nonchè l'Inghilterra, l'Olanda, i Principi Germanici e gli altri Sovrani, che erano a quel tempo alleati dell'uno o dell'altro contendente.

Appena giunse notizia di una grave malattia di Carlo II, corsero ai banchi i possessori di fedi e di polizze, per averne il cambio con oro ed argento metallico. I governatori, sapendo che non avrebbero potuto le casse pagare tutti, perchè la riserva era molto minore della circolazione, si raccomandarono all'Eletto del Popolo Pietro Paolo Mastellone, onde li aiutasse. Costui ottenne dal Vicerè gli ordini per la zecca che lavorasse giorno e notte a stampare moneta nuova. Più, fece mandare ai banchi due ordinanze che l'invitavano ad accettare riscontri ed a servirsi, come pasta metallica, dei pegni scaduti; consegnandoli alla zecca stessa, invece di venderli all'asta pubblica, giusta la regola e l'uso.

Tali espedienti, suggeriti forse da qualche banco pericolante, non piacquero agli altri che contavano sulla propria forza e sull'affetto del pubblico. Ci par pregio dell'opera trascrivere l'osservazione del Monte dei Poveri, che provano con quanta filantropia e riguardo all'interesse del debitore fosse in quell'epoca regolato il servizio di vendita.

« Essendosi ricevuti due biglietti di S. E. sotto la data delli 8 del corrente mese di marzo di questo anno 1701, di segreteria di guerra, in uno dei quali comanda S. E che il cassiero del Banco dei Poveri riceva le fedi di credito, oppure le polize notate in fede di tutti gli altri banchi. »

« Al che, per parte del Banco del Monte dei Poveri, si rappresenta a S. E. ricevendo il suddetto ordine sup. caput, *che sempre si sono ricevute le fedi di credito e polize notate in fede di tutti gli altri banchi, siccome si è praticato e si pratica al dì d'oggi*, per la toleranza, non ostante la regia prammatica che proibisce al cassiero di detto Banco; dal quale, se qualche volta ha ricusato ricevere fedi di credito o polizze notate in fede d'altri banchi, la causa è stata che l'obratore di queste non è stata persona cognita ad esso cassiero, a carico del quale va il suddetto riscontro; o pure il detto obratore, in caso che le fedi o polize di riscontro, non sia persona che ritrovandosi qualche impedimento del banco di dove è la fede o poliza notata, che possi subito pagare ad esso cassiero, altrimenti lui deve pagare al Banco per averla ricevuta; come anche l'obratore fosse forastiero, non abitante in questa città di Napoli e non solito a praticare nel detto Banco; nel quale caso ha ricusato e può ricusare il cassiero ricevere riscontri, mentre si tratta del denaro suo proprio. »

« E di più alle volte succede che li cassieri delli banchi, ricevendo polize e fedi per pagare la cassa militare e Regia Corte o altri, quali sono obbligati fare detti pagamenti, procurino di dar polizze di riscontro, acciò si paghino dagli altri cassieri, a chi se li mandino le fedi di credito girate in bianco per tirarsi il denaro, nel quale caso il cassiere che riceve polizze o fedi di credito di quel Banco, stante che tiene altre fedi di credito o polize notate in fede, non può essere soddisfatto per intiero, e resta sempre creditore, il che risulta il gran danno del banco ».

« Finalmente, si rappresenta che molte volte il banco si trova creditore d'altro banco, dal quale vengono le fedi o polize per riscontro, de migliara de docati, sino alla somma di centocinquantamila; essendosi mandato a riscontrare, hanno ricusato fare detti riscontri; il che risulta in grandissimo danno del banco che tiene riscontri d'altre somme, e per non aumentare quelle, per non voler riscontrare, si ricusa di ricevere fedi di credito o polizze di quelli banchi ».

« Onde si supplica S. E. di ordinare con ordine preciso, anco con prefiggere il tempo, che si debba riscontrare infallentemente almeno ogni quindici giorni, e coartarsi il tempo; oppure levarsi affatto detti riscontri, il che saria ottimo per li banchi; atteso li governatori possino con maggior chiarezza il denaro effettivo vedere che sta in cassa, e conoscere il dare ed avere di quella; nè li cassieri si possano coprire con fedi di altri banchi, dicendo d'essere creditori di quelli per riscontro, e con ciò fanno apparire la cassa esser giusta. Per la qual causa n.~~ può il Governo accorgersi in ess~. ì è mancamento e resta defraudato; con che, cessando il riscontro, cessa che il cassiero si possa coprire, e si vede subito il denaro effettivo ch'è in cassa».

«In quanto all'altro viglietto, col quale comanda S. E. che si debba portare in zecca l'argenti, quali stanno pegni nel banco che hanno finito il tempo ; per parte del banco del monte dei Poveri si rappresenta, ricevendo detto ordine sup. caput, che il tempo di poter vendere li pegni d'argento e d'oro sta stabilito che siano elassi anni due e mesi due; e passato detto tempo, facendosi la cassa, siccome dicono, s'apprezza detto pegno dall'apprezzatore del nostro Banco, e si vede che valuta tiene intrinseca per il peso d'argento, e anco si considera la manifattura di quello, il che coacervato, se si vede che vi resta prezzo grande a beneficio del padrone si lascia in tesoro, nè si procede alla vendita, non obstante che siano passati gli anni due e mesi due; ma solamente si portano a vendere, nella solita strada degli orefici, quelli argenti li quali non tengono valuta intrinseca per poter pagare tanto la sorta principale di banco quanto l'interesse da trattenersi; avendosi sempre rimira all'interesse dei padroni dei pegni ; per la qual causa il Banco del Monte dei Poveri tiene in affitto, nella detta strada delli Orefici, una bottega a suo costo ».

« Con che, portandosi a vendere in detta strada li pegni si d'argento come d'oro, sempre nelle vendite che si fanno, v'è avanzo del padrone del pegno, quale in ogni tempo che viene e porta la cartella originale del pegno, oppure quella dispersa con dar la plegiaria, si prende l'avanzo di detto pegno; mentre nelle vendite sempre s'ha mira alla manifattura del pegno che si vende, con che il padrone mai viene a perdere, non ostante che non vi sia presente, atteso che vi assiste in suo luogo, oltre l'officiali che vi sono, un governatore o mensario del Banco per detto effetto ».

« Che però, portandosi l'argento dei pegni a vendere nella Regia Zecca addirittura, oltre l'interesse del pubblico, viene il padrone del pegno ad esser molto interessato, per la perdita tanto del prezzo, per non vendérsi in pubblica strada, com'è quella degli orefici, nella quale non solo vi sono li suddetti orefici nelle proprie botteghe, ma anco persone particolari, quali vengono a comprare detti argenti che si vendono, avendosi mira alla manifattura d'essi, il che se si vendesse a dirittura nella Real Zecca, il padrone veneria a perdere tutto quello che si potria vendere più per la manifattura che v'è ».

« Considerandosi di più che tutti li pegni d'oro e d'argento, quali si portano alli banchi per impegnarsi, sono argenti di stima e d'affetto, come anco servibili, (atteso quello ch'è rotto si vende alli orefici dai padroni) per la qual causa il padrone si contenta di pagare l'interesse del sei per cento, sapendo per certo che il suo pegno non si vende per lo spazio di due anni e due mesi, e frattanto suppone poterselo ripigliare, anco elasso detto tempo fra il quale paga o tutto o parte dell'interesse decorso, con che sempre impedisce la vendita; il tutto causato dal prezzo si intrinseco come da quello dell'affezione per la manifattura che tiene, oppure essere antico di casa sua, e sempre spera ripigliarselo, o almeno portandosi (non essendosi pagati l'interessi e decorso affatto il pegno) a vendere all'incanto nella strada dell'Orefici, ove si ritrovano particolari che comprano detti argenti, o pure li stessi orefici, sempre paghino la manifattura che v'è, se non in tutto (il che alle volte succede per qualche incidente fra l'oblatori) almeno in parte sino alla metà, e più, secondo la qualità dell'argento, siccome l'esperienza ha dimostrato e dimostra alla giornata „.

" E pratticandosi la vendita dell'argenti nella Regia Zecca, questo risulta in grandissimo danno non solo dei padroni, per la manifattura che si perde, siccome di sopra s'è detto, ma anco dei banchi, secondo li tempi correnti sia buono „.

" Che sia buono per li banchi, appare che sapendosi dal pubblico quest'ordine e che s'osserva, il padrone del pegno verrà quello a pigliarsi, e pagherà il denaro tanto della sorte principale quanto dell'interesse, ed il banco si ripiglia il denaro che stava in quelli pegni impiegato, e s'impingua con più facilità, e paga oggi il suo creditore. Però questo risulta in danno dei poveri particolari, quali forse con qualche speranza di ripigliarselo, pagherà ad un altro particolare più interessi di quello che pagava al banco del sei per cento, e forse s'avanzeranno l'usure, il che Dio non voglia „.

"È anco danno del banco, perchè manca il trattenimento e la sustanze di potersi mantenere, atteso dall'interesse dei pegni nasce il mantenimento del Banco, il che cessando cessa il banco, perchè tutte le spese si cavano da detto interesse, quale perciò si permette tanto dall'Ecclesiastico quanto dal Regio, e cessando il banco perde il pubblico, in particolare per la scrittura e per l'usure che s'avanzano; il che nascerà col portarsi nella Regia Zecca l'argenti, quali si ritrovano nelli banchi impignati, elasso il tempo d'anni due e mesi due. Ad ogni modo, l'esperienza ha dimostrato e dimostra che pochissimi sono gli argenti; facendosi il conto da dieci anni a questa parte, con portarsi a vendere nella strada dell'Orefici, con farsi tutte diligenze, con avanzarsi il prezzo delle manifatture d'essi, pochi sono quelli che si sono venduti, siccome si può vedere dalli libri del Banco. E s'è conosciuto che essendo passati anni ed anni, non ostante l'interesse che corre, si sono ripigliati dalli padroni di detti pegni, con pagare tanto interesse, il tutto cagionato dal prezzo dell'affezione, per diverse cause quale a quelli si porta».

«Tutto ciò si pone a piedi di S. E. quale come si grande e pio, considerandosi questo, s'attende l'oracolo d'esso, per l'osservanza di tutto quello che ha comandato e comanderà, essendo essi governatori del Banco e Monte dei Poveri prontissimi ad ubbidire».

Zoppica la sintassi, ed i criteri dei Governatori, degni d'ammirazione per quanto riguarda vendite dei pegni, son troppo radicali, in materia di riscontrata. Varie volte c'è toccato e ci toccherà di ricordare che la circolazione fondavasi sull'accettazione facile della carta, cioè sulla possibilità di cambio in quella cassa di banco che al portatore tornava comoda. La soppressione dunque avrebbe tutti danneggiato, venendone per necessario effetto notevole diminuzione della quantità di carta fiduciaria. Bisogna nondimeno considerare che le circostanze del 1701 eran tali da dare ragione al Monte Poveri, poichè l'Annunziata ed altri Banchi non conteggiavano riscontri; facendo diventare questo servizio una particolare forma di corso forzoso della loro valuta, che s'imponeva ai soli banchi più ricchi e meglio costituiti. Le riserve metalliche della Pietà e dei Poveri si consumavano a pagare riscontri che poi non rimborsava il vero debitore. Insomma la disputa era proprio quella che arde adesso per le varie banche d'emissione, e gli argomenti non sono diversi.

— 244 —

Medina Celi, Vicerè, tenne poco conto delle soprascritte osservazioni sulle consegne d'argenti alla zecca. Niente gl'importava del danno dei padroni di pegni, mentre che dall'affrettata coniazione s'aspettava chi sa quali vantaggi. Dovette però ritirare l'altro suo ordine per l'illimitato pagamento ed accettazione dei riscontri; sostituendolo con perentori comandi a tutti gli otto banchi, che liquidassero al più presto le rispettive ragioni di debito e di credito. Numerose prove danno i registri e corrispondenze di quell'anno della non osservanza di tale comando, che i creditori volevano rispettato, ed i debitori non potevano eseguire. Eccone una:

« Atti del Consiglio amministrativo del banco S. Giacomo, pagina 14.
« Il banco di S. Giacomo, per conto appurato li 11 ottobre 1701, restava creditore del banco della Santissima Annunziata in ducati 87,442,1,13. Essendosi poi, questa mattina di venerdì 11 novembre 1701, mandato la riscontrata nel medesimo banco della SS. Annunziata, è rimasto il detto banco di S. Giacomo creditore in ducati 111,864.1,5, come si vede dalla fede di credito, fatta sotto la giornata di domani 11 del detto mese, a beneficio di Francesco Avallone cassiere del detto banco, la quale si è fatta vedere ocularmente al medesimo signor delegato. Sicchè, invece di scemarsi, il debito è cresciuto di duc. 24,421,3,12.

" Li governatori del detto banco di S. Giacomo hanno stimato loro obbligazione di rappresentarlo al detto signor delegato reggente, affinchè si serva di portare questa notizia a piedi di S. E. e procurare che si diino gli ordini opportuni per soddisfazione della detta somma di ducati 111,864,1,5, la quale necessita, acciocchè il detto banco di S. Giacomo possa soddisfare li suoi creditori „.

Insistendo sempre più i banchi creditori, Medina Celi, a 2 dicembro 1701, proibì l'accettazione reciproca della carta, permettendo d'estinguere metà del debito mediante cessioni di pegni o crediti cartolari:

" Avendo dimostrato l'esperienza che coll'introduzione dei riscontri, praticati tra i banchi di questa fedelissima città, si erano totalmente confusi i conti dell'uno coll'altro, e minorata la loro amministrazione, di maniera che s'era perduta tutta la regola del loro buon governo. Ed essendosi intesi più volte i governatori dei detti banchi, nella giunta formata d'ordine di S. E. per questo effetto, quali unitamente hanno conosciuto e dichiarato il detto danno, per il che hanno fatto vive istanze che si vietassero li detti riscontri. Ha ordinato S. E. che da oggi avanti restino con effetto rigorosamente proibiti, sotto gravissime pene che dichiarerà, così contro i cassieri come contro ciascuno che per l'avvenire concorresse o consentisse in qualche modo all'inosservanza di detto ordine. È come che nei riscontri fatti tra i banchi, a dippiù della provvidenza particolare che si è data per la Santa Casa di A. G. Plena, sono rimasti anche tra essi porzioni di crediti e debiti, S. E. per dar comodità ai detti banchi debitori di poter pagare per intiero ai banchi creditori, senza spropriarsi di tutta la quantità di moneta in contanti, ha ordinato che la metà dei debiti lo paghino immediatamente; e l'altra metà o in effetti col frutto del 4 1\2 per cento, secondo le cautele praticate dal Banco della SS. Annunziata, o rimettendoli tanti pegni per l'istesse quantità che stanno impegnati, caricandosi a beneficio dei medesimi banchi debitori la rata degli interessi scorsi, e questa elezione a suo arbitrio, con che debba adempiersi con ogni prestezza, di modo che non passi il termine di quindici giorni dal dì della data di questo. Il che tutto, d'ordine di S. E. le partecipo alle Signorie Vostre acciocchè così inviolabilmente l'eseguano. Iddio guardi alle S. V. Palazzo a 2 dicembre 1701—D. Domenico Fiorillo „.

Peggiorando vie maggiormente lo stato economico, per contrazione di credito, Medina Celi dispose; che durante due mesi fosse pagata in contanti la sola quinta parte delle fedi di credito maggiori di ducati 100; che gli sportelli di pagamento dei valori apodissari fossero ridotte ad uno per ciascun istituto; e finalmente che i Delegati Regi (quasi tutti Reggenti del Consiglio Collaterale) ed i Governatori si recassero ogni giorno ai rispettivi banchi e tentassero di persuadere gli accorrenti a non affrettarsi, essendoci denaro per tutti.

Poco si sentivano l'esortazioni, specialmente pei banchi dell'Annunziata e del Salvatore, ch'erano meno reputati. Il pagamento poi della sola quinta parte delle bancali maggiori di ducati cento, mentre screditò tutte le casse, non fece raggiungere lo scopo di difendere la riserva metallica, perchè i possessori scoprirono subito un modo di riscuotere l'intera valuta delle lor carte, che consisteva nel farle prima permutare, come ne avevano il dritto, con altre più piccole.

Quando poi fu nota la morte di Carlo II, ed i nobili napoletani presero le armi, per scacciare il Vicerè Spagnuolo, e dare il trono all'Arciduca Carlo d'Austria, crebbe la ressa pel cambio delle polizze. I banchi, col pretesto dei funerali, chiusero per nove giorni; ma non valse questo respiro, nè la valuta metallica che con incredibile fatica, raccolsero. Dicesi che in una sola giornata le otto casse pagato avessero in pezzi d'argento ducati un milione. Ma, dopo tale sforzo, i banchi dell'Annunziata, del Salvatore e di San Giacomo sospesero i pagamenti; gli altri adempivano con difficoltà e con ritardo all' obbligo loro, e per necessaria conseguenza le fedi o polizze furono rifiutate in commercio.

Allora si seppe che certi agenti dell'Annunziata avevano emesse fedi di credito, per ducati 86,000, senza incassare la moneta; che il cassiere del Salvatore, Francesco Castaldo, s' aveva presi ducàti 72847.44; che nel banco S. Giacomo il defunto Pietro di Carluccio aveva lasciato maggiore deficienza (1). Altre frodi si scovrirono in quello dei Poveri. Insomma non c' era più quello spirito di filantropia e di religiosità che per tanti anni avea regolata l'amministrazione dei Monti. Colpa del Governo, il quale lavorava da molti anni per escludere le confraternite, ed aveva sostituito con le cavillazioni curialesche dei suoi Delegati Protettori e con la scioperataggine aristocratica dei Governatori approvati da lui, la vigilanza, il buon senso, la carità per le quali tanto s'accreditarono gli antichi Priori o Mensarii.

Il banco del Salvatore, ottenuta la *moratoria* dal Consiglio Collaterale, (2) si potette poi rimettere, mediante la tempo

---

(1) Ducati 139047,10, che in parte potevansi riscuotere perchè rappresentati da titoli creditori. Ma era molto dubbia la bontà di tali titoli, particolarmente d'una polizza di D. 45635,56, del banco Spirito Santo, che aveva servito alle frodi di Monteforte (pag. 88)

(2) " Philippus Dei Gratia Rex etc. Essendosi trattata, nel Regio Collateral Consiglio, la causa del mancamento del banco del SS. Salvatore, per difetto delli cassieri; essendosi conosciuto, per il bilancio che han presentato li governatori di detto banco, e per le notizie che han dato a voce, il poco denaro remasto de contanti. Però con quello che si tiene impiegato nelli pegni, con il valore delli altri pegni che in fraude teneva fatti il cassiere, e coll'altri effetti che tiene detto banco, se potria soddisfare per intero ai suoi creditori. Che però, affinchè sia uguale la sorte di tutti, sospendiamo qualsivoglia pagamento di detto banco, fino a tanto che, appurandosi distintamente li suoi conti, si debba poi pagare pro rata a tutti, secondo la quantità dei loro crediti, il detto denaro contante, il valore dei detti pegni e tutti l'altri effetti, in modo che si vadino soddisfacendo intieramente li detti crediti. E diciamo ed ordiniamo, così al delegato di detto Banco, come alli governatori di quello, che con la maggior brevità procurino in questo modo la soddisfazione di tutti gl' interessati. che tal è nostra volontà· Datum. Neap. die 28 mensis decembris 1701. D. Luis de la Zerda y Aragon. Vidit Gascon Regens. Vidit Mercado Regens. Vidit Andreassi Regens. Vidit Guerrero Regens. Mastellonus. Florillus seg. „

Fra pochi *ristretti,* cioè antichi bilanci, che conserva l'archivio patrimoniale, esistono quelli del 31 luglio 1701 e 24 dicembre 1702, che fanno intravvedere qual regresso avesse fatto il Banco Salvatore, per quella crisi economica.

ranea soppressione del monte pegni, e col sacrifizio dei crediti cartolarî; l'altro, dei Santi Giacomo e Vittoria, mise in vendita i pegni scaduti, cedette ai creditori le partite d' arrendamento, chiuse per due anni il monte di Pietà, licenziò molti ufficiali, dimezzò gli stipendî di quelli mantenuti, e dopo ventidue anni di fatiche, con una liquidazione difficilissima, giunse ad estinguere tutti i debiti apodissari (1). Il Monte e Banco dei Poveri si rimise in poco tempo; col

ATTIVO

	1701	1702
In cassa maggiore (Denaro contante)	132334,42	70000,—
In cassa piccola (Denaro contante)	224279,50	37651,88
Pegni	111956 —	—
Nostro Banco per la spesa della casa ·Immobili)	13660,25	—
La Fedelissima città per l' impronto (crediti)	2177,30	—
Il Duca d' Eboli (crediti)	1123,38	—
Li Governatori del patrimonio delle prime grana 7 1|2 per tomolo di grano e farina (crediti)	1145,78	—
Antonio Armenio olim aiutante del magnifico cassiere (deficienze)	3329,99	—
Altri debitori (deficienze)	949,01	546,90
Li Governatori delle tre imposizioni dei sali (crediti)	—	3999,81
Il patrimonio dei carlini 9 per botte di vino (crediti)	—	1398,52
	490955,63	113597,11

PASSIVO

	1701	1702
Partite sequestrate	29815,98	4239,95
Partite di depositi	10463,59	159,13
Partite condizionate o vincolate	24897,59	3409,88
Crediti diversi di nostro banco (utili e rendite)	11330,87	8347,94
Riscontri S. Giacomo D. 1759,29		
Pietà « 8857,58		
Sant' Eligio « 7295,25		
Annunziata « 1159 84		
Popolo « 5226,98		
Poveri « 6920,—		
Spirito Santo « 12565,22		
	43784,16	—
Fedi di credito di arrendamenti liberi (circolazione)	371163,44	102440,21
	490955,63	113597,11

(1) Riferiamo pochi documenti relativi a questa sospensione di pagamenti e liquidazione, 9 gennaio 1702 Deliberazione della Giunta di Governo del banco S Giacomo.
" Essendosi osservato giorni sono in tutti i banchi un gran concorso, correndo ognuno con le sue fedi di credito a tirarsi il denaro ; e discorsosi dai signori governatori di quelli, che se in ciò non si pigliava qualche rimedio, in pochi giorni sarebbero estinti (a); furono di parere darne parte a S. E. acciò restasse servita remediare su questo particolare. Come in fatti se ne li diede la notizia. E per il suddetto R. Collateral Consiglio fu ordinato, con vigliette particolare per secreteria del Regno, del primo del corrente mese di gennaio, che si pagasse il quinto di moneta corrente per tre mesi generalmente a tutti i creditori che vorranno esigerlo; e che se per caso qualcheduno di detti creditori non volesse aspettare il suddetto tempo del quinto, e volesse esser soddisfatto per l' intiero, in tal caso restasse ad arbitrio di quel creditore di pagarsi prontamente dell' effetti (b) che tengono detti banchi, secondo il suo giusto valore. E perché nel nostro Banco è succeduto il caso d' essere comparsi simili creditori, che vogliono soddisfarsi prontamente dell' effetti del medesimo, nella forma che di sopra viene ordinato, e che perciò se ne doveranno stipulare le debite cautele; pertanto, con la presente, concediamo facoltà al D. G.

(a) Falliti i banchi.
(b) Crediti dei banchi pei mutui ipotecarii o chirografarii, partite d'arrendamenti, pegni scaduti,ec.

vendere o cedere piccola quantità di pegni ad interesse e col so-

Decio Tagliavia, nostro collega, di poter quelli stipulare, con tutti quelli patti, clausole e condizioni solite apponersi in simili contratti. Firmati D. A. V. P. de Machucha Vargas — Cesare Ferraro — Giuseppe Antonio Morbillo ».
7 maggio 1702. Giunta di Governo.

" Essendosi, fin dal primo di gennaio prossimo passato, alzato mano (c) a far pegni nel nostro Banco, a fine di soddisfare li creditori del medesimo, manca per conseguenza la forma di pagare gli ufficiali dall'utile che perveniva dalli medesimi pegni; e consideratosi all'incontro che si deve qualche mercede alli detti ufficiali, li quali travagliano per servizio del Banco, e particolarmente per servizio dei creditori del conto vecchio (d), habbiamo risoluto di consolare in qualche maniera detti officiali, senza toccare il denaro di detti creditori. Che però retrovandosi alcune quantità di denari, pervenute dal conto d'utile dello avanzo dei zecchini, abbiamo conchiuso che dal detto avanzo si paghi a detti ufficiali la metà delle provvisioni che godevano, per loro fatighe fatte nelli due prossimi passati mesi di marzo e aprile; esclusi tutti gli officiali giubilati, pensioni, e la piazza di sollecitatore delle liti, che resta estinta; e così il magnifico Razionale ne spedischi il mandato ».

" E poichè per l'avvenire non sono necessarii tutti gli uficii che hanno servito per lo passato il detto Banco, perciò abbiamo conchiuso di riformare e ridurre il numero di essi a quelli che sono puramente necessarii, lasciando li più abili al servizio del Banco, e non li più antichi; e perciò si é determinato che restino li seguenti ecc. "

Lettera al Vicerè, approvata dalla giunta di governo del Banco S. Giacomo — Sessione 2 luglio 1702.

« Dopo il primo ripartimento fatto ai creditori del Banco San Giacomo, di cinquanta per cento, cioè dieci in contanti e quaranta in effetti, si sono uniti da circa duc. 30,000, pervenuti dalli dispegni e vendite di pegni; e perciò si pensa di cominciare a pagare un'altra decima ai detti creditori; e benchè questa somma non basti per detta decima, ad ogni modo, come li creditori non verranno tutti insieme, ci sarà tempo di supplire quello che manca, col denaro che giornalmente va entrando dalla vendita di detti pegni e dispegni. »

« Fra detti creditori, secondo l'osservazione fatta dal Magnifico Razionale, ve ne sono moltissimi di partite minute, di carlini trenta a basso, che uniti importeranno da ducati 2500 incirca; si stima che questi si potrebbero pagare per intero. E benchè in ciò pare che non si osserverebbe l'eguaglianza, ad ogni modo si considera che per governo debba farsi, non solo perchè si tratta di poca somma, ma anche perché si consolerebbe un numero di 1800 persone, che rappresentano detti crediti minuti, con insensibile incomodo degli altri, tanto maggiormente che buona parte di essi ne hanno esatto la parte »

" Per il credito di Gaetano Patino, che si desidera far pagare in contanti quella porzione che secondo il detto primo ripartimento doveva darsi in effetti, a fine che la Regia Corte se ne possa prontamente servire; si devono dare gli ordini necessarii, non solo per cautela dei ministri ed officiali del Banco, ma anche perchè, dovendosi fare, non passi in esempio a rispetto degli altri. "

« 1722 a 3 febbraio — Avendo il nostro Banco pagato il 95 per cento alli creditori del conto vecchio, che principia dall'anno 1648 per tutto li 2 marzo 1702; che fece punto per le notorie disgrazie, originate da mancamenti commessi ossia da ufficiali antichi, come da altri più moderni; con tutto ciò dal presente Governo, con particolare attenzione, sempre si sono usate tutte le diligenze possibili per ricuperare dalli debitori di detto banco, così per esito superante introito, come in virtù di polizze e bollettini ritrovati nella cassa del quondam Pietro di Carluccio, tutte quelle somme che si è potuto; anche per via di transazioni con quelli che si sono stimati litigiosi, e secondo le ragioni di ambedue le parti, discusso e ben considerate con più sessioni, per terminare l'aggiustamento; come in effetti è seguito con molti, mediante il gran zelo del presente governo; il tutto a fine di facilitare alli suddetti creditori il pagamento della restante mezza decima. »

« Perloché, mesi sono, s'incaricò il nostro M. Razionale, che avesse di nuovo riconosciuto lo stato di detto conto vecchio, e formato un ristretto, per deliberare in vista di quello quanto si

---

(c) Cessato — Tre anni dopo, 7 giugno 1704, il Vicerè dette permesso di rimettere il Monte di Pietà, ma solo per gli oggetti di oro o argento, escluse le gioie, e con un capitale che non superava duc. 20,000.

(d) Il conto vecchio era quello concernente li debiti e crediti anteriori al 2 marzo 1702, giorno che si puntarono i pagamenti, e si venne alla liquidazione. Deliberazloni 7 marzo 1702: « Essendo succeduta la disgrazia al nostro Banco di San Giacomo di avere fatto punto, ai 2 del corrente mese di marzo 1702, per causa di non avere gli effetti bastanti a poter pagare tutt'i creditori per intero, e discorsosi assieme etc. » Si convenne di fare quanto fosse possibile per ricuperare le somme che tenevano collocate in mutui o in pegni.

spendere per qualche mese l'opera dei pegni gratuiti (1). L'altro, della Pietà, subì solo un controcolpo per lo scredito della carta; poichè teneva tanto da pagare a vista le sue bancali, ed anche da soccorrere, come fece, gli altri Monti. Il bilancio patrimoniale del 1703 dice, che dalla liquidazione per la crisi gli erano restati ducati 1851554,35; dai quali sottratti D. 620704,54, mutui ed altre

---

fusse stimato possibile e conveniente, per esonerare onorevolmente il Banco da tal debito, ed insieme giustamente consolare li creditori col soddisfarli Come in effetti, nella sessione di questa mattina, ha riferito pienamente tutto il contenuto in più volumi di spogli e ristretti, formati per detto affare, con varie distinzioni e chiarezza, cosi di quelli creditori nel libro della decima, come degli altri che non hanno ricevuto rata, per non essere tuttavia comparsi. E quantunque, dalle suddette scritture, evidentemente apparisca di non esservi il pieno per soddisfare prontamente a tutti li creditori del suddetto conto vecchio, ad ogni modo, fattesi dal Governo più riflessioni e discorsi su questo particolare, gli è parso di risolvere e ordinare il pagamento della suddetta restante mezza decina; sul riflesso che l'aspettativa delli creditori non comparsi sin oggi non possa, con giustizia, impedire la soddisfazione a tutti quelli che presentemente compariscono. E se compariranno, giammai lo potrà essere tutti in un tempo; e quando anche pur sortisse qualche piena, alla quale il Banco non potesse supplire prontamente in contanti, allora si prenderanno gli espedienti più propri per soddisfarli, col frutto annuale che perveneà al Banco dalle campre del riferito conto vecchio, o pure con l'assegnamento dei medesimi effetti, come meglio si stimerà necessario. Firmati — Ulloa, regg. — Cafaro governatore. »

(1) Rappresentanza al Vicerè dai Governatori del Banco dei Poveri. 5 giugno 1707

" In risposta del viglietto dei 3 giugno corrente; si dice, per informare S.E.ed il Regio Collaterale. „

" Che se bene, con altro viglietto, si è permesso di pagare li creditori apodissarii il quarto in monete corrente e li tre quarti in tanti pegni d'argento e d'oro, nondimeno, nell'eseguire detto ordine, si è avuto il riguardo di non alienare li pegni modernamente fatti, nè di travagliare li poveri. „

" Ed in effetto li pegni che sino adesso si son posti in cassa, la maggior parte di essi sono di somme che passano li ducati, trenta per ciascheduno e tutti li suddetti pegni ascendono alla somma di ducati tremila incirca molto piccola rispetto alla quantità dei pegni che sono in guardaroba, che ascendono alla somma di ducati cento e nove mila incirca. „

" Di più, tutti li suddetti pegni posti in cassa sono dell'anni 1701, 1702 e parte del 1703, con che resta grandissima quantità di pegni che si devono vendere; e si dovrebbero vendere anche se non vi fusse l'urgenza di pagare li creditori. „

" Inoltre li pegni, in poca quantità venduti sin adesso, non si son venduti a basso prezzo col perderci la manifattura, nella forma rappresentata a S. E. Ma si son venduti all'incanto, a prezzo assai buono, vale a dire l'argento da tre marchi a ducati tredici e tari tre la libbra, e l'argento più basso a ducati tredici ed almeno ducati dodici e tari quattro; e prima di vendersi, essendosi fatto lo scandaglio alla Regia Zecca, si è veduto che si son venduti con molto vantaggio, rispetto all'intrinseco valore; con che li padroni non solo non han perduto l'intrinseco valore, ma anco hanno guadagnato parte della manifattura. „

» Per quanto tocca al tempo seu dilazione che pretendono li padroni dei pegni, devesi sapere che dall'anno 1701 in quà non si son fatte le cartelle come la dilazione di anni due, come vi han da vendere si praticava per il passato, ma è restata libera la facoltà alli governatori da poter vendere il pegno anco un giorno dopo che si è fatto; con che la dilazione non è obbligo altrimenti, ma una pura compiacenza dei Governatori, quando non tengono necessità di praticare il contrario. „

» Per il monte dove si fanno pegni piccoli di carlini trenta a basso, senza veruno interesse, sino a questo punto non si è venduto pegno veruno; con tutto che di raggione si hanno da vendere molti pegni non solo di argento ed oro che vi sono sin dall'anno 1699, ma anco di lino e lana che, per essere passato il tempo stabilito, devonsi vendere in ogni modo, si per l'utile dei padroni come per l'utile del Monte, atteso che detta roba si consuma dal tempo e dalle tarle, tanto che si rende inutile e di nessun valore. »

» Li pegni in detto monte, non dal primo di giugno corrente, non si son fatti, a causa che ritrovandosi impiegati in detti pegni piccoli da ducati trentamila incirca, è necessario di ritirare parte di detta somma, come si é praticato in altri tempi calamitosi; e per detta ragione non si può esercitare adesso l'opera di carità, dovendosi preferire quella di giustizia, ch'è di pagare li creditori.„

I registri delle *conclusioni* provano che il Monte Poveri, per mantenere il pagamento a vista della sua carta, prese molte somme a mutuo con ipoteca delli suoi arrendamenti, ridusse a metà il fondo pei pegni senz'interesse, e levò molte spese di personale, di beneficenza e di cu to.

passività, si potevano conteggiare come pura e semplice proprietà gli altri D. 1230849,81. Ciò, indipendentemente dalla cassa di circolazione e dal Monte di pegni che bilanciavano perfettamente.

Tutt' altre erano le condizioni del Banco dell' Annunziata, che insistette e fece intervenire l'autorità del Monarca, per avere denaro dagli altri.

Libro di conclusioni del Banco e Monte dei Poveri, 19 novembre 1701 " .... Considerandosi, dai signori Governatori d'Ave Gratia Plena, il stato della Casa e Banco, nel quale si ritrova nelle correnti turbolenze, con le quali si vede che alla giornata si esitano grosse somme de denari a creditori del Banco, ritrovandosi il medesimo Banco difficilmente pronto a poter soddisfare tutti li creditori, tanto maggiormente per esservi un fosso di gran considerazione, e che grandemente dubitano che non habbia da cascare. Per lo quale effetto sono ricorsi li medesimi signori Governatori alla protezione di Sua Eccellenza, acciò l'avesse possuto dare la dovuta providenza per simile disgrazia; con supplicare Sua Eccellenza, che mancandoli da ducati 285,000, per poter prontuariamente pagare ai loro creditori (1) quelli si potrebbero ripartire a'tre banchi più opulenti di questa città, ai quali offerirno di dare previa cessioni iuris luendi per la somma si ripartirà, tanti loro arrendamenti effettivi che la medesima Santa Casa e Banco possiede. „

" Per il che, essendosi degnata Sua Eccellenza di chiamare il nostro Governo del Banco del Santissimo Monte dei Poveri, havendoli esposto tutto ciò che di sopra sta enunciato, e di vantaggio, essere detto nostro Banco il più forte per supplire alla rata per la mancanza di detto Banco e Casa Santa, non permettendosi che cada detto Banco con queste correnti calamità, ha comandato che si diano al detto Banco della Santissima Annunciata ducati cinquantamila contanti. In sodisfazione dei quali havessimo ricevuti tanti capitali d' arrendamenti effettivi, offerendo detti signori d'Ave Gratia Plena, come anco Sua Eccellenza, dare tutte le cautele di nostra sodisfazione; con darci anco li medesimi Governatori nota distinta di tutti l'arrendamenti che da loro si possedono, affinchè si possa da noi eliggere quello meglio parerà, a nostra disposizione. „

" Questi nostri signori Governatori, cerzionando Sua Eccellenza

---

(1) Mancava infatti circa venti volte tanto.

delle mancanze del nostro Banco, e dei furti fatti dall'ufficiali pro tempore, e non esatti ancora ; come per li ducati 40000 incirca dovuti da Filippo Maria Trapani, presisi furtivamente da Cassa Maggiore del nostro Banco, in tempo ch' esercitava l'ufficio di cassiere maggiore ; duc. 20000 dovuti dal fu Giuseppe e Gennaro De Felice, olim guardaroba dei pegni piccoli del Monte; altri ducati 750 dovuti da Gio. Orlandino, olim credenziero delle vendite; con altra somma dovuta dal quondam Giacom' Antonio Pandolfo e Onofrio Fieramonte; essendo la maggior parte di detti debiti inesigibile, per esserne tutti decotti, eccetto però il debito di Filippo Maria Trapani, che prontuariamente potrebbe pagare, quando però l' Eccellenza Sua, colla solita sua grandezza e magnanimità, ci proteggerà; per lo che il dare la somma suddetta sarebbe stato di grande incomodo al nostro Banco. Si degnò replicare Sua Eccellenza che applaudiva molto l' ottima disposizione, administrazione e direttione si governa il nostro Banco. *(Eh!)* Ma che però era necessario il pagamento suddetto dei ducati cinquantamila, per mantenimento del Banco suddetto della Santissima Annunziata, essendo spediente, anzi beneficio pubblico, che detto Banco se mantenghi. E per detta ragione ed effetto il Banco della Pietà dava ducati centomila, cioè ducati quarantaquattromila di riscontri che teneva con la Casa Santa e Banco di Ave Gratia Plena e ducati cinquantaseimila di contanti, per compimento dei detti D. 100000. Il Banco di S. Giacomo, essendo creditore di detta Santa Casa in ducati 112,000 dei quali dava D. 60000 di effetti e l' altro de contanti. Non stimando che il Banco dei Poveri, essendo il più opulento e ricco, possi far di meno di questo, stante la necessità che tiene detto Banco d'Ave Gratia Plena. Come anco si batteranno prima tutti li riscontri di tutti li banchi, affinchè per l' avvenire non si ricevano più riscontri; quali sono causa del danno che patiscono tutti li banchi, per non potersi mai sapere tutto il denaro esistente in ciascun Banco, e con questo ognuno spenderà sopra la sua zienna. A tutto ciò replicarono li Signori Governatori del nostro Banco, ringraziando S. E. dell' ottimo zelo che tiene del pubblico, e che haverebbero tutto ciò comunicato agli altri signori Fratelli Deputati, per quanto da S. E. li veniva ordinato. A tal effetto, dalli suddetti nostri signori Governatori con li sopra accennati signori Fratelli, fattosi lungo discorso su l'imposto da S. E. han concluso che se diano al suddetto Banco della Santissima Annunziata ducati cinquantamila, per exequtione del preciso ordine ricevutone a bocca da S. E. In sodisfazione dei quali si ricevano tanti capitali d'arrendamenti, da eligersi dai signori Governatori, previa cessione del juris luendi. „

" E dubitandose in che forma possa il Governo disporre di detta somma, a favore di detto Banco e Casa Santa, quando che non avevano per loro cautela nè biglietto di S. E. nè del Collaterale Consiglio, a ciò rispose il signor Don Domenico Fiorillo, nostro Fratello, al presente degnissimo Segretario del Regno, che bastantemente tutto questo trattato con S. E. e signori Governatori lui medesimo l'aveva notato e scritto nel libro della segreteria del Regno; asserendoci che questo era bastante cautela per la sodisfazione del denaro, trattandosi tanto più di un luogo pio ed un altro luogo pio, non si ritardasse dai signori Governatori di darsi fin alla somma di ducati cinquantamila a detta Casa Santa e Banco, così remasto con S. E. E per detto effetto anco si è concluso, che il nostro banco pigli ad interesse non solo detta summa, ma quello parerà ai signori Governatori; intendendosi però che quelli che vorranno ponere denari in compra col nostro Banco e Monte non siano polizze di detto Banco Ave Gratia Plena, per non incorrere di pagare maggiormente più di ducati cinquantamilia, a che son incorsi l'altri due banchi. Il tutto però si facci con meno discredito che si può di detto Banco A. G. P. „

Ai venticinque novembre, i Fratelli approvarono le modalità del prestito, ma gli altri creditori d'Ave Gratia Plena non dettero tempo per stipulare l'atto notarile — Dice la conclusione 30 Novembre 1701.

" Essendosi ordinato, con conclusione delli 19 del corrente, fare impronto dal nostro Banco e Monte de ducati 50000 alla Casa e Banco della SS. Annunziata per le cause espresse ed enunciate in detta conclusione; con che non si fusse proceduto a stipulare contratto se prima non si fossero riconosciute le cautele circa li capitali che detta Casa e Banco doveva assegnare al nostro Monte; ed anco si fossero nominati deputati per poter stipulare. Ed essendosi sopra di ciò tenuta sessione, ed essendosi considerato che detto banco si diede per decotto, per essere comparso li creditori strumentarî, e fatti Deputati, con protestarnosi così con atti pubblici come privati, e con istanze formiter presentate nel Tribunale della Gran Corte della Vicaria, che non possi detta Casa Santa e Banco alienare le compre ipotecate ai creditori istrumentarî, con che, con intestarsi dette compre al nostro Banco, s'intenderanno per nulle ed invalide. Di modo che, essendosi tutto ciò considerato da questi Signori, hanno concluso di non procedere al detto impronto; e che di tutto ciò si debbia formare memoriale pieno a S. E. con cerzionarlo che il nostro Monte e Banco, per non aver possuto havere cautela bastante ad intestarsi li capitali di detta Santa Casa e Banco, non se sia proceduto al detto impronto, giusta l'impostoci a voce da S. E. ,

C'è altra lunga deliberazione, del 6 dicembre 1701, dalla quale appare che il Vicerè volesse sempre far concludere il prestito, dichiarando valida la cessione di rendita, e che il Monte Poveri avesse consentito, ad onta di vivaci proteste di Fratelli, e fra gli altri dello stesso Priore Marchese Villarosa, e degli stessi Governatori scelti per sottoscrivere l'istrumento notarile, Scacciavento, Cangiano e Grimaldi. Erano costoro creditori dell'Annunziata che non si volevano danneggiare coi loro atti d'amministrazione nel Monte Poveri; cioè col riconoscere come legale l'ordine del Vicerè, che permetteva al fallito di contrarre altri debiti e di cedere cespiti pertinenti ai creditori, dopo la sospensione dei pagamenti, e dopo ch'erano cominciate le intimazioni giudiziarie ed i sequestri.

Arrivate le cose a questo punto, divennero vani i tentativi di salvare l'istituto, che sul principio dell'anno 1702 presentò il bilancio. Giungevano i debiti, per la *Casa*, cioè ospizio dei trovatelli ed opere annesse, a ducati 1,802,450, pel Banco a ducati 2,737,350, totale ducati 4,539,800 d'*obbligazioni strumentarie*; più ducati cinquecentomila circa di debito apodissario, dipendente dalla circolazione della carta nominativa (1).

Già da gran tempo Casa e Banco avevano grossi disavanzi e l'amministrazione stava disordinata. Quando, nel 1633, fu messa la gabella d'un ducato a botte sui vini, per risarcire gl'Istituti di credito di porzione della perdita derivante dalle zannette, il banco dell'Annunziata non ebbe nulla, perchè non seppe dare il conto delle perdite. Gli è vero che grandi erano l'opere di carità, ed esiste una petizione del 1625, fatta la' Governatori a Papa Urbano VIII,

---

(1) D'Addosio. Origini ecc. pag. 250.

per una diminuzione di messe, la quale dice che l'Annunziata manteneva 1200 monache o educande, pagava 5000 nudrici, sussidiava 100 trovatelle storpie e malsane, raccoglieva negli ospedali sino a 900 infermi.

Il libro patrimoniale del 1609 contiene questo notamento delle beneficenze della Santa Casa:

...... in questa predetta S. Casa si esercitano tutte le opere della misericordia, et acciò venghi a notizia precisa di tutti.

In primis se tiene un Hospedale nel quale sono sempre in ordine 388 letti per ammalati febbricitanti, di qualsivoglia natione che siano, etiam infedeli, che in quello confluiscono da tutte le parti del mondo; et quando tutti detti letti sono pieni, com'è accaduto et suole accadere spessissime volte, che sono annate d'infermità, ve si pongono delli altri, in numero conforme al bisogno di quelli che concorrono in esso Hospedale; in modo che nessuno se ne rimanda indietro, ma quanti più ne vengono se ricevono, et governano equalmente; nè perchè ne sopravengano in gran numero se manca mai a nessuno del suo bisogno, non solo ad sufficienza, ma ad superabundanza, con darsi a tutti et polli, et vitella, et castrato, et altro, conforme richiede il bisogno et necessario dell'infermo, senza risparmio di cosa alcuna. Per la speziaria, non solo si tiene in Casa, dove se lavora et in ogni cosa et di tutta perfettione, ma se tiene una dispensa particolare di tutte drogherie, aromati, zuccari, et ogni altro bisogno a tal mestiero, acciò per nessuno tempo nè per qualsivoglia occasione manchi cosa alcuna.

Se tiene anco un' altro Hospedale d' huomini feriti, alli quali se li ministrano, come alli suddetti febricitanti, tutt' i medicamenti necessari come di sopra; et per questi sempre vi stanno in ordine letti N.° 43 et tanti di più quanti ve ne venissero, non denegandosi a nessuno mai la carità.

Per la cura così dell' uni come dell' altri, vi sono deputati medici, che attendono al servitio, di N.° 4, quali matina et sera attendono a visitare l' infermi. Et oltre detti medici vi sono deputati tre prattici, quali assistono di giorno et di notte alli predetti ospedali, non solo per rimediare et provedere alli repentini accidenti, che possono et sogliono sopravenire all' infermi dopo visitati da' medici ordinarii, ma anco per referire a eglino il succeduto fra' il spatio della loro assentia; et questo acciò non se manchi de cosa alcuna per la bona cura di detti infermi, li quali, ancorchè passino meglio di loro infermità, non per questo incontinente si licentiano, ma, come convalescenti, si mandano in un altro loco che detta S. Casa tiene con casa et giardino, nella falda di S. Martino, loco di bon'aria, dove se ricreano per alquanti giorni, acciò ricuperino in tutto et per tutto la sanità, et non faccino recadìa.

Per la salute dell' anime poi delli predetti, ve si tengono deputati N.° 12 padri, ordinariamente di quelli che professano ministrare all' infermi, quali assistono il dì et di notte alli predetti infermi, per soggiovare all' anime loro, con la confessione esortatione et ricordi al ben morire per insin' all'ultimo fiato; acciò, passando da questa caduca vita all' altra, muojano da veri et cattolici cristiani.

Inoltre, questa Santa Casa riceve et tiene tutte quelle creature che li sono buttate alla Chiesa o alla Rote, o da madri et padri poveri, che non li possono notrire; o da quelle madri che occultamente li concipeno et partoriscono, et nati poi, per evitare la manifestatione del loro fallo, li buttano in detto loco; quali tutti questa Casa Santa li riceve, et li fa allevare et lattare, che per essi se tengono salariate tutto l' anno nutrici tremila in circa.

Et dipoi fatti grandi, se sono femine, se pongono nel Conservatorio particolare che se ne tiene, con farle ammaestrare et dottrinare conforme se conviene a loro stato donnesco; con somministrarle et vitto et vestito cotidianamente; delle quali altre se ne vanno maritando da tempo in tempo, con dote di ducati novanta per ciascheduna; et altre ne restano de loro volontà in Casa a vivere vita verginale et religiosa, delle quali hoggi ne sono in detto Conservatorio al N.° di 750 in circa; et li mascoli chi si da all' arte et chi si fa prete, et la Casa Santa ne tiene pensiero.

Nè la predetta carità se usa solo in Casa, ma se diffonde di fuora, maritando ogn' anno almeno quaranta figliuole povere di poveri o cittadini o habitatori di questa città, et da oltre venti se maritano dalla detta Casa Santa per legati diversi.

In oltre, se sovvengono poveri vergognosi giornalmente, chi de vestiti et chi de dinari, et altro conforme se vede il bisogno loro.

Se soccorrono anco luoghi di padri religiosi, et di donne monache ancora di diverse religioni et monasteri nelli loro bisogni, come sono cose de vitto et vestiti, cere et altro per servitio del culto divino.

Se sovveniscono ancora li poveri carcerati della Vicaria, almeno due volte la settimana, de robbe de mangiare et de vino, et finalmente se fanno molte altre carità, secondo la Casa predetta viene richiesta.

La domenica di Pasqua di Resurretione, si distribuiscono docati trenta attorno la Santa Casa a'poveri, cominciando da porta Nolana, fino alla strada di Forcella.

Da tutte queste su dette opere di pietà dunque mossi, et dalla divotione dissero portare alla Santissima Madre d' Iddio, l' infrascritti Serenissimi Re et Regine et altri signori Cavalieri et gentil' huomini, nell'infrascritti tempi, donorno a detta Casa Santa et Hospitale della SS. Annontiata, l' infrascritte città, terre, castelli et altri beni stabili per manotentione delle predette Opere Pie ecc.

Tutto questo, lungi dal giustificare un disordine di scritture che impediva di riscuotere i crediti, lo rende forse più biasimevole.

L' interrogazione: *Che !.... Ssi masto d'a Nunziata ?!......* pel tuono canzonatorio come la fanno i nostri popolani, non significa, come pretende d' Addosio: sei un amministratore insigne! Sibbene vuol dire: Dove fondi la tua tracotanza? Famosi divennero, per superbia o per asinaggine, parecchi Preposti della Santa Casa, che in varie occasioni giunsero a turbare la pace del Regno.

Prima del 1617, s' era più o meno rispettata la consuetudine della Pietà e d'altri banchi, per la quale chi finiva il tempo, designava i candidati a succedergli nell' ufficio. Piacque al Duca d' Ossuna di cambiare metodo, facendo partecipare tutt' i membri del Sedile Capuano all' elezione del maestro nobile.

Il primo Maestro così nominato, che fu Cola Maria di Somma,

Principe del Colle, inaugurò le sue pubbliche udienze fracassando la testa d'un innocente vecchio, che non fu svelto, come l'avvocato al quale era diretto, nello scansare il campanello d'argento, scaraventato dall'atrabilare feudatario.

" Zazzero — annali — pag. 525 — N. 243. A 25 gennaio 1618. Il Principe del Colle, Cola Maria di Somma, in audiencia pubblica nella SS. Annunziata, perchè un dottore l'andò a ragionare e non li diede l' Eccellentissimo, li tirò il campanello, e, quello salvandosi, colse ad un povero vecchio e li ruppe la testa. „

Pei quattro borghesi poi, dei quali toccava la scelta al Seggio del Popolo, si subirono tutti gl'inconvenienti delle votazioni, aggravati dalla pretensione del cardinal Zapata, che voleva gente denarosa " essendo la povertà e necessità gran cagione di deviar dal-
" la via retta, e per essere amici di novità sogliono essere perico-
" losi nelli governi (1) „. I villani rifatti, che per forza d'intrigo e di denaro giungevano al Maestrato, lo tenevano con superbia non minore di quella del nobile e ne derivarono tragedie.

Nel 29 agosto 1633, essendo infermo il Mastro nobile, Francesco Caracciolo, non intervenne alla riunione solita; epperò i Governatori del Popolo, Francescantonio Scacciavento, Camillo Soprano, Francesco Fiorillo, e l'altro, che non volle pigliarvi parte, Tommaso Aquino, indignati di essersi recati inutilmente nella Casa Santa, scassinarono la porta dell'Udienza e vi entrarono a viva forza. A vendicare siffatto insulto si mosse Fabrizio Carafa, cognato del Caracciolo, cui si unì Fra Vincenzo della Marra, Cav. di Malta, con altri spadaccini, per insidiare la vita dello Scacciavento, reputato autore di tale insolenza. Dapprima corsero in sua casa, e saputo ch'era uscito in carrozza con l'altro Maestro legale Soprano, recaronsi verso la Chiesa dello Spirito Santo, ove, trovata la carrozza con entro il solo Soprano, che ritornava, l'obbligarono a discenderne e baciar loro i piedi. A quest'atto sì umiliante si rifiutava il Soprano, ma ai colpi di bastone dovè cedere e praticarlo; senza alcun pro, poichè dopo fu sì aspramente battuto da cadere immerso nel proprio sangue; esalando lo spirito in mezzo alla strada, e propriamente sotto il palazzo del Principe della Rocca a Santa Chiara. Il popolo si rese furente per attentato sì barbaro, e più crebbe l'ira quando si seppe che la moglie del Soprano erasi, poco dopo la trista nuova, precipitata da una finestra, lasciando sette figli. Intanto, passando dopo breve ora il Vicerè Duca di Monterey per la strada S.ª Chiara, fu spinto dal popolo ad essere spettatore dell'ucciso, e, promettendo sollecita vendetta, ordinò a Tonno d'Angiolo, allora Eletto, di tener Sedile in S. Agostino per pacificare il popolo, disponendo l'arresto degli uccisori. Anzi lo stesso Mastro Nobile Caracciolo fu messo a custodia nel proprio letto, con delle guardie a sue spese per 25 giorni. E ciò fu piuttosto utile per

---

(1) Dispaccio 27 giugno 1622.

lui, poichè, nel portarsi a seppellire l'ucciso Soprano, con i figli che seguivano il feretro coi capelli rasi, facilmente l'ira del popolo avrebbe potuto scoppiare, assassinando il Caracciolo; come infatti, nella rivoluzione del 1647, il popolo si avventò contro quelli che presero parte a tale assassinio, covando l'ira per 14 anni, ed uccidendo Giuseppe Carafa, fratello del Duca di Maddaloni, e Gio. Serio Sanfelice, signore di Acquavella (1) ».

(1) PARRINO, pag. 247. CAPECELATRO. Diario, vol. 1°, pag. 183. d'Addosio. Origini ecc. pag. 33 e 34.

Pigliando il disopra, nel 1647, la plebe non si contentò di fare giustizia dei carnefici di Soprano. Essa costrinse il Vicerè a sottoscrivere patti coi quali si toglievano tutt' i simboli di precedenza e di supremazia al nobile.

« CAPECELATRO. *Diario*, pag. 214. Articolo 35. Item. Che nella Mastria et Governo della SS. Annunziata di Napoli, esercitata così dal Maestro seu Governatore di Seggio Capuano, come da quelli della Piazza del Fidelissimo Popolo, possano entrare, administrare e concludere li Governatori del Fidelissimo Popolo di detta Casa Santa, essendo però di numero opportuno, et nelle giornate et hore stabilite, ancorchè non intervenghi il Mastro del Seggio Capuano, o che sia presente e non concorra. Et detto Governatore di Capuano abbia una voce conforme a ciascheduno del Popolo, e che si esegui inviolabilmente quel che la maggior parte conclude, anche contradichi il Governatore di Seggio Capuano. Et dippiù, la administratione delle confidenze, purchè non contradichi la volontà del testatore, o del Banco di detta Casa Santa, si debbia fare tanto per lo mensario, che pro tempore sarà delli quattro Governatori del Popolo, quanto ancora per li Governatori di Capuano, con firmarsi per tutti e due le cartelle de pegni, polizze, mandati, bollettini di pagamenti, et qualsivoglia altra Scrittura. Et debbiano godere egualmente le prerogative, preeminenze, elemosine secrete, torcie, maritaggi, offici, anco di Mercugliano; intanto che non possa godere il Governatore di Capuano maggioranza nessuna di detti honori et prerogative, si non quanto godi ciascheduno di detti Governatori del Popolo. Et che la Rota dell'Audienzia debbia essere tonda, con ponersi il campanello in mezzo, acciò si possa sonare da tutti nelle occorrenze, et con li calamari d'argento a ciascheduno delli Governatori, non obstante che per il passato si sia altrimente osservato: et che la chiave delli Censali si occupi per il Governatore del Popolo della prima seggia, senza che debbia intromettersi nella distributione della detta chiave il Governatore di Capuano. Et di più che tutte le Mastrie e Governi di altri Luoghi Pii debbiano durare per li tempi stabiliti.

« Ci è parso concedere, siccome con questa concedemo, conforme si domanda. El Duque de Arcos. »

Questo, e gli altri articoli del trattato di pace, non furono riconosciuti nè osservati dai successori dell'Arcos, ma valgono a provar qual conto facevano i ribelli del Maestrato della Santa Casa.

Anche con Monsignore Arcivescovo ci furono gravi controversie, per le quali si giunse alla interdizione della chiesa.

Quoniam, ex inveterata consuetudine, est solitum celebrare festam Santissimae Annuntiatae, in Ecclesia propria huius civitatis, a nostris praedecessoribus, cum Cappella et assistentia Canonicorum nostrae Cathedralis Ecclesiae, prout nobis notorie constat; ideo, cum ad praefatam Ecclesiam, pro festo celebrando, nec invitati nec vocati fuerimus, ad nostram nostrorumque praedecessorum possessionem praefatam tollendam, pro tuitione iurium nostrae Cathedralis Ecclesiae, *praefatam Ecclesiam ecclesiastico interdicto supponimus*, ita ut praefatum interdictum ab omnibus Praesbiteris, tam secularibus quam regularibus, servare mandavimus; sub poena etc. Ascanius Cardinalis Philamarinus Archiepiscopus Neapolitanus.

Quarantott' ore dopo si levò l'interdizione, essendosi sottomessi alcuni Signori di Piazza Capuana: ma il Procuratore di A. G. P. fece, mediante notaio, stipulare questa protesta.

Die Sexto mensis Aprilis 1644, Neapoli. Constitutus in nostri praesentia U. J. D. Joseph. Surrentinus de Neapoli, Generalis Procurator Sacri Hospitalis et Ecclesiae Sanctae Mariae Annuntiatae huius civitatis Neapolis, sponte, coram nobis, declaravit et declarat, in vulgari sermone loquendo, pro maiori facti intelligentia, videlicet. Come questa mattina, Mercordì sei di Aprile presente anno, per uno delli Signori sei dell'Illustrissima Piazza di Capuana, è stato portato al Reverendo Sacristano di detta Chiesa, l'infrascritto ordine dell'Eminentissimo Signor Cardinale Filomarino Arcivescovo di Napoli, il tenore della copia del quale appresso si descriverà, ed ha fatto aprire detta Chiesa e cominciare a celebrare le messe. Qual ordine, essendo stato considerato che può apportare in futurum qualche pregiudizio a detta Chiesa e suoi Signori Governatori, per conservare tutte le ragioni che loro spettano e competono, e per futura cautela, in detto nome, dichiara e si protesta una e più volte e quante sarà necessario, che si riceve detto ordine dell'Eminentissimo Signor Cardinale Arcivescovo di Napoli *si et in quantum pro dicta Ecclesia facit et non aliter etc.* per non impedire lo concorso e devozione dei fedeli, che vi è in detta Chiesa e la celebrazione delle messe, alle quali è tenuta adempiere detta Chiesa per le anime dei benefattori; citra preiuditio del ricorso avuto in Roma a Sua Santità, e di tutti gli altri rimedii che loro competono e possono competere. E singolarmente si protesta, che il convitare alle festività di detta Chiesa li Signori Arcivescovi di Napoli non si è fatto continuamente, ma quando è piaciuto alli signori Governatori, che pro tempore sono stati, per loro urbanità e cortesia, e non per obbligo, nè per indurre ius in atti di mera facultà ed arbitrarii. E di più i Signori Sei dell'Illustrissima Piazza di Capuana non avevano potestà di comparire nei negozii di detta Chiesa, essendo l'amministrazione di quella data ai Signori Governatori eletti con le procure solite, ai quali Signori Governatori spetta rappresentare detta Chiesa, nè vi è concorsa la Piazza del Fedelissimo Popolo di Napoli, quale unitamente governa detta Casa Santa, e per dette due piazze si rappresenta il governo di detta Chiesa e Casa. E perciò si protesta, che per detto ordine fatto dal detto Eminentissimo Cardinale Arcivescovo di Napoli, non s'intenda nullo futuro tempore abbiano i Signori Arcivescovi di Napoli a pretendere ius, nè ragioni di essere convitati alle festività che si celebrano in detta Chiesa, ma quello resti arbitrario, e secondo la volontà dei Signori Governatori che pro tempore saranno, come sempre per lo passato etiam è stato.

Tenor vero supradicti ordinis Eminentissimi Cardinalis est, videlicet.

Nos Ascanius, miseratione divina, tit. Sanctae Mariae in Ara Coeli Praesbiter Cardinalis Philomarinus, Archiepiscopus Neapolitanus. Quoniam ex inveterata consuetudine accedendi, una cum nostris Canonicis, ad Ecclesiam Sanctissimae Annuntiatae, pro celebratione Cappellae in festo dictae Ecclesiae, ex quo non invitati nec vocati fuerimus in praesenti anno, a Gubernatoribus dictae Ecclesiae, pro tuitione iurium nostrae Cathedralis Ecclesiae, coacti fuimus illam supponere ecclesiastico interdicto. Ad petitionem vero sex nobilium rapresentantium totum Sedile Capuanum, ad quos spectat eligere gubernatorem nobilem dictae Ecclesiae, benigne annuimus relaxari praefatum interdictum Ecclesiasticum a nobis emanatum, sine tamen praeiuditio iurium dictae nostrae Cathedralis Ecclesiae. Mandantes amoveri cedolones appositos praefati interdicti. Datum in Palatio Archiep. Nostrae Residentiae, die 6 Aprilis 1644. Ascanius Cardinalis Philomarinus Archiepiscopus Neapolitanus.

Extracta est praesens copia a suo proprio originali mihi exibito, exibendi restituto, cui me refero, collatione meliori semper salva etc. Et in fide Ego Notarius Paolus Milanus de Neapoli hic me subscripsi et signavi. Locus signi.

De quibus omnibus ut supra assertis, dictus Doctor Joseph requisivit nos etc. quod conficere deberemus pubblicum Instrumentum etc. Nos autem etc. Unde etc. Presentibus opportunis etc. (1)

(1) Peccato che il copista non trascrisse la formola dell'intimazione. Probabilmente fu diversa da quelle che comunemente usavano i notai ed uscieri (*mastrodatti*) perchè sappiamo che il procuratore del cardinale non si volle ricevere la soprascritta protesta, e che gli uscieri pensarono di farla valida col metterla nel suo cappello.

Le circostanze di questo avvenimento sono raccontate da un cronista contemporaneo (1).

« Intanto, a Napoli, il cardinale Ascanio Filomarino e il Vicerè Medina, rimasti l'uno a fronte dell'altro, entrambo ombrosi, risentiti per precedenti alterchi, di ripicco in ripicco, avevano finito di bisticciarsi in tutto. Alla festa della commemorazione del Vesuvio, ancorchè non convitato, avendo Sua Eccellenza voluto accudire alla processione, mandò un portiero a darne avviso, ma gli dissero che il Cardinale non poteva aspettare, perchè voleva dir messa.

D'allora, furibondo di stizza, il Duca non ebbe più rapporti col Filomarino, e, smanioso di vendicarsi, pensò a fargli scorno.

Sapeva di certe differenze surte fra lui e quelli che reggevano la Casa Santa dell'Annunziata; e il concerto fu, che celebrandosi ai 4 d'aprile del 1644 la festività della Vergine che dava titolo al pio ospizio, non s'invitasse, secondo l'uso, il Cardinale a *tenervi cappella*, come dicevasi, e che in cambio andasse a tenerla il Vicerè. Tanto, per spuntare l'impegno, il Duca sarebbe stato capace di mostrarsi in mitra e piviale. Ed infatti Francesco Capecelatro, che in nome della Piazza di Capuana reggeva la Casa, complice nell'intrigo, non mandò lo invito,

Ma Ascanio, che aveva occhi ed orecchie dappertutto, scoperta la mac-

(1) Archivio Storico Napoletano. Anno 1880, vol. 5. pag. 387.

china del Viceré per dargli disgusto, decise di tener cappella ai SS. Apostoli, dove a sue spese faceva costruire un altare all'Annunziata; ed intanto, il giorno innanzi alla festa, per mezzo di un cavaliere, mandò a dire al Capecelatro che avvertisse di non innovare l'uso antico. Avuta risposta, che omai quanto s'era stabilito non si poteva mutare, rimandò a soggiungere; che non si curava di essere invitato egli, purchè non si facesse venire il Viceré, che era quello che gli dispiaceva molto. Ma nol vollero udire. Quindi aspettò sino alle sedici ore e mezzo del dì appresso, nel qual punto, avvisato che il signor Viceré veniva alla Chiesa a far Cappella, fece affiggere i cedoloni dell'interdetto. Allora successe una scena da ridere. Era giunto il Viceré in prossimità dell'Annunziata, dove l'aspettavano i reggenti del Collaterale, il baronaggio e nobiltà, quando, informato per via del tiro, tra la rabbia e la vergogna, non seppe a che risolversi. E, contro il parere di chi lo spronava a ridersi dell'interdetto, pauroso di qualche scompiglio, si diede per non inteso; girò per Porta Capuana, come se andasse passeggiando, e la festa andò a monte.

Vennero poi le braverie. In nome del Governo dell'Annunziata, subito s'era scritto e fatta intimare una solenne protesta al Mastro d'atti del Cardinale, e perchè non le volle ricevere, per forza gliela misero nel cappello. Nè questo fu tutto. Da una parte il Viceré, convocati i due Consigli del Collaterale, quello togato, e l'altro di cappa e spada, tempestò contro *un negotio de tanto scandolo e tanto pregiuditio alla giuriditione reale et descredito alla sua persona*; ricordando tutti gli scandali mossi dal fiero prelato, e dichiarando: Che il caso gli pareva grave, per la reiterazione dell'eccessi, et per l'intentione che tiene di sollevare questo popolo. Conchiuse che delle due l'una. O il Cardinale era pazzo, o savio: Se è pazzo, conviene ligarlo et darlo alli parenti perchè lo curino; et si è savio, è necessario de ponere rimedio contro chi ha fatto tante cose in pregiuditio di Sua Maestà, potendosi, in questo tempo, sospettare molte cose di esso.

Ma che di sotto vi fosse imbroglio, molti dubitarono. Proprio allora la Francia s'era messo in mezzo a porre termine alla guerra del Ducato di Castro (1) che si temeva dovesse sommuovere l'Italia; e i Barberini, rimasti colla peggio, avevano ben altro pel capo, pensando che il Papa loro zio era vecchio decrepito, nè d'altra parte appariva ombra di minaccia Perciò nel Consiglio, se vi fu chi propose che il Cardinale si sfrattasse da Napoli, i più opinarono che si prendesse tempo a considerare, e Sua Eccellenza aggiornò la decisione al dì seguente. Rinviati poi i signori di cappa e spada, restò coi reggenti togati, chiamò la Giunta di giurisdizione, fece leggere l'interdetto e la protesta e da capo si discusse. E la conchiusione fu che al Cardinale s'intimasse una sola *hortatoria pro tribus* (2), e che, negando riceverla, si affiggesse, e intanto s'informasse di tutto il Re ed il Papa. In mente al Duca pareva già sicura e strepitosa la vendetta. Ribadito il chiodo dei sospetti, soggiunto che da quell'ultima occasione s'era conosciuta l'intenzione sempre tenuta dal Cardinale, rese grazie a Dio di aver scoperta la strada da paternosi liberare dal pericolo grande in che stavano, con questo Prelato, che ben ha mostrato effetti degni della schola dove si è allevato, credeva che Ascanio dovesse ostinarsi, e trascendere a tali violenze che indurrebbero la Corte a dargli lo sfratto. Ma,

---

(1) Il trattato di pace era stato segnato al 31 marzo di quell'anno.

(2) Chiamavasi *Ortatoria* l'intimazione che in nome del Re si faceva alla potestà Ecclesiastica di desistere dai suoi procedimenti.

anche adesso, la burbanza spagnuola fu vinta dall'astuzia del prete. L'Arcivescovo accolse il Segretario del Collaterale, che veniva ad intimargi l'*Ortatoria*, rispose: «Aver sempre accudito il servizio di Sua Maestà e che continueria. Spiacergli di aver avuto poca fortuna con Sua Eccellenza, ed essersi incontrato in alcune cose da principio che Sua Santità gli diede il Cappello. Ma non aver fatto che star sulle difese e fatte azioni proporzionate alla sua qualità, e in ogni occasione aver mostrato quanto era servitore di Sua Eccellenza. Quanto poi ai dritti suoi, non che cedere, avrebbe sagrificata la vita per difendere la giurisditione. Però non essere quello il caso di muovere tanto rumore, perchè, ad istanza dei sei del Seggio di Capuana, e del Principe della Rocca suo parente, aveva già tolto l'interdetto». Così, fingendo di cedere a loro riguardo, dopo aver punto al vivo il Vicerè, scansava ogni altra briga. E colse giusto. Il Duca, struggendosi dalla bile, fece scacciare il Sagrestano Maggiore dell'Annunziata, che senza permesso aveva aperto la Chiesa e sonate a gloria le campane, quando il Principe della Rocca a lui solo recò l'avviso ch'era tolto l'interdetto; e rilegò fuori Napoli il Principe stesso (1) e il fratello; ma furono sfoghi vani di sdegno.

(1) Il Principe della Rocca cercò d'impedire che il Sagrestano fosse mandato via, e venne perciò a parole e a baruffa col Capecelatro. No- tam. del Collat. 1. C. E forse da ciò tolse pretesto il Vicerè per confinarlo a Gaeta.

Francesco Capecelatro, senz'accennare alla personale sua partecipazione in questi fatti, dice nel suo *Diario* (vol. 2 pag. 68).

Poco dunque dopo, venuto in Napoli Arcivescovo della Città (il Cardinale Filomarino) avendosi al primo tratto, per la sua discortesia, alienata e fatta nemica la maggior parte della più stimata nobiltà, cominciò, come uomo vano e che di poca levatura aveva mestieri, a venire in discordia coi Ministri reali, volendo con troppo zelo, come lui diceva, ed indiscretamente, come dicevano gli spagnuoli, difendere ove non bisognava le ragioni ecclesiastiche. Indi, perchè non era stato convitato alla festa della Casa Santa della Nunziata, in dispetto del Duca di Medina, il quale lui falsamente giudicava aver ciò procurato, interdisse la Chiesa, mentre vi veniva il Vicerè; acciò la festa non si celebrasse. Della qual cosa offeso il Duca ed il Collaterale, gli spedirono ordine che prestamente la ribenedicesse. E scrittone a Roma, ne fu ripreso il Cardinale, ed ordinatoli che tosto togliesse via l'interdetto. Della qual cosa avuta notizia il Cardinale, trattò coi Sei di Capuana, fra quali era Francesco Filomarino Principe della Rocca suo parente, che venissero a pregarlo che togliesse l'interdetto, come ferono, (senza saputa alcuna nè dei regii ministri nè del Governatore di detto luogo) il che fece prestamente il Cardinale. Della qual cosa offesi, non men del posto interdetto, il Duca ed i Reggenti, rilegato in Gaeta il Principe della Rocca, principale autore di tal fatto, e dato esiglio a Giambattista suo fratello dalla città, ordinò così a D. Francesco Capecelatro, allora Governatore, come agli altri futuri, che mai più in occasione della festa vi avesse convitato il Cardinale e gli altri Arcivescovi suoi successori.

Venuto poi per Vicerè l'Almirante di Castiglia, partito il Duca di Medina, venne nel giorno della festa a far cappella nell'Annunziata, pubblicate gravi minacce al Cardinale se avesse tentato d'impedirla, onde egli non tentò altro.

L' anonimo cronista merita d' essere creduto più del Maestro Capecelatro, che ebbe parte principale nel fatto. Cosa certa è la durata di sole quarantotto ore dell' interdizione della chiesa. Or siccome nel 1644 non si conosceva telegrafo, è materialmente impossibile, per la mancanza di tempo, che si fosse informato il Papa, a Roma, e se ne fosse ottenuta la *riprensione* del Cardinale, coll' ordine di riaprire la chiesa. I *notamenti del Collaterale* punto accennano a pratiche colla Santa Sede per le differenze fra Medina e Filomarino. La protesta stessa, rogata dopo che fu tolto l' interdetto, dice *citra praeiudicium* del ricorso avuto (cioè fatto) a *Sua Santità*.

Rispetto all' amministrazione del banco, tanti furono li disordini, che dovettero domandare al Vicerè, i Maestri, un formale decreto di proibizione di qualsiasi prestito. Non arrossirono di scolpirlo su marmo, ed ancora si legge nella sala del teatro anatomico la lapide:

Per conclusione delli 15 maggio 1668, fatta dalli Ecc.mi signori Ascanio Filomarino, Duca della Torre, e signori Giuseppe Pandolfi, U. I. D. Francesco Ametrano, Iacinto Portio e Geronimo Pisano, Governatori della Casa Santa della SS. Annunziata di Napoli, resta stabilito: che li signori Governatori di quella non possano dar più denaro di detta Casa Santa, suo Banco e confidenza, a particolari, per causa di mutuo, censo o altro qualsivoglia titolo o contratto; attenti li danni perciò patiti. E contravenendosi restino loro obbligati, de proprio, per tutte quelle quantità che contrattassero con particolari. Quale conclusione è stata convalidata con interpositione dell'autorità e Decreto del Regio Collateral Consiglio, con l'aggiunta della pena di ducati 1000, da essequirsi contro li signori Governatori trasgressori, e d'applicarsi la metà a beneficio di detta Casa Santa, l' altra metà a beneficio del R. Fisco; come per le provvisioni espedite per detto R. Collaterale, sotto li 30 di detto mese di maggio, appresso gli atti del M.° Anastasio Regio Scrivano de' Mandamenti. Registrato in Decretorum 45 fol. 67.

Ma la proibizione, e la minacciata multa di mille ducati, non fecero ricuperare i denari perduti, nè valsero ad impedire gl' impieghi col fisco ed i prestiti alla Casa Santa. Questa, che s' era addossato oneri maggiori delle forze, cavava il denaro dai depositi bancari e dalla circolazione della carta.

L' eccessivo debito a vista fu per molti anni assorbito dagli altri sette Monti di Pietà, che si tenevano in cassa i *riscontri* senza riscuoterli. Ma ciò si poteva fare quando la moneta soverchiava, non all' epoche di crisi. Quando, per la *correria* o contrazione di credito del 1701, dovette ciascun istituto badare alla propria salvezza, ed uscì l'ordine del duca di Medina Celi, Vicerè, che si liquidassero immantinenti le polizze di riscontro, l'Annunziata chiuse la cassa apodissaria ed il monte di pegni.

Infinite furono le controversie per questo fallimento, essendosi negata la validità dell' obbligazioni e la solidarietà dell' opera pia col banco. Pretendevano i Maestri che tutt' i beni, mobili o immobili, fossero non ipotecabili e non alienabili, per dritto canonico e concessioni regie. Respinta tal'opposizione dagli arbitri che scelse il Vicerè, sostennero la libertà ed inalienabilità degli antichi beni, quelli cioè che la Casa teneva prima d'intraprendere speculazioni apodissarie e d'aprire monte di pegno. Ma i creditori, giustamente, replicarono che Banco e Monte si fossero costituiti per opera e vantaggio di Ave Gratia Plena, cosicchè la Santa Casa dovesse rispondere d'ogni deficienza; tanto maggiormente che proprio l'esistenza degli antichi beni patrimoniali aveva spinto il pubblico a consegnare le proprie sostanze all' Annunziata, ed aveva garentito le ragioni creditorie.

Più giusta eccezione fecero i Maestri per le *confidenze* ch' erano i legati testamentari ed i doni concessi per determinato scopo, allattamento di bambini cioè, doti, ospedali, istruzione ecc. Insomma si potrebbe mettere insieme una discreta biblioteca con le sole memorie dei giureconsulti. Ci contentiamo dire che la riserva metallica del banco fu distribuita ai creditori apodissari, cioè portatori della carta, che ricuperarono 46,14 per cento. Coi creditori strumentari si sottoscrisse l'istrumento 17 gennaio 1714, chiamato *Magna Concordia*, che qui riferiamo, ad onta della sua lunghezza, per l'intrinseco valore, e specialmente perchè molte famiglie ci troveranno la spiegazione della misteriosa sigla A. G. P. interpetrata dalle male lingue *arricchitevi Governatori poveri*, che da due secoli rappresenta la Provvidenza dei causidici napoletani.

Die vigesimo octavo mensis Januarii 1717. Neapoli, et proprie in domo Spectabili Domini Reg. D. Vincenti de Miro, et coram eodem Domino Reggente, hora quarta noctis jam pulsata, tribus luminibus accensis pro observandis sollemnitatibus in nocturnis actibus a jure requisitis ad dignoscendas personas contrahentes; in nostra praesentia constitutis Domino D. Francisco Capycio Piscicello, pro Illustrissima Platea Capuana, necnon Dominis U. J. D. Dominico de Tufo, U. J. D. Francisco Santoro, et Petro Ametrano pro Fidelissima Platea Populi, Gubernatoribus Sanctae Domus et Banci Sanctissimae Annuntiatae hujus Civitatis, agentibus et intervenientibus ad infrascripta omnia Gubernatorio nomine quo supra, pro seipsis et quolibet ipsorum dicto nomine, ac nomine et pro parte dictae S. Domus et Banci, et pro eadem S. Domo et Banco successoribusque in eis quibuscumque in perpetuum; et, ad majorem cautelam, cum decreto interposito, sub die 22 elapsi mensis decembris 1716, per Suam Excellentiam ejusque Collaterale Consilium, cujus vigore, facta relatione per dictum Spectabilem Dominum Regentem de Miro, Commissarium Delegatum, visisque minutis, informatione capta ordine dicti Domini Regenti, fuit provisum, et mandatum quod expedit, et proinde liceat stipulare minutas prae dictas, in actis praesentatas, ejusdem continentiae et tenoris praesentis Instrumenti; pro ut in comparatione minutis, et decreto praedictis poenes Magnific. Antonio Lombardo Regium a mandatis scribam, quorum copia authentica in praesenti Instrumento conservatur; ex una parte — Et Dominis D. Andrea Venati, U. J. D. D. Michaele Columna, et U. J. D. D. Antonio Persico, Deputatis Creditorum Instrumentariorum dictae Sanctae Domus, et intervenientibus ad infrascripta omnia, ut supra, ac nomine et pro parte dictorum creditorum, et cujuslibet ipsorum, eorumque et cujuslibet ipsorum haeredibus et successoribus, et ad majorem cautelam similiter cum decreto quod expedit interposito per Suam Excellentiam ejusque Collaterale Consilium ut supra, ex parte altera. Praefatae quidem partes, nominibus respective ut supra, sponte asseruerunt coram nobis, et in hoc vulgari eloquio, pro majori facti intelligentia, videlicet:

Come essendo, ne' principi dell'anno 1702, accaduto il fallimento della detta Casa Santa e Banco della Santissima Annunciata, con debito di quattro milioni e mezzo in circa, a beneficio di detti creditori istrumentarii, per li capitali dalli medesimi convertiti in compra d'annue entrate, alla ragione del quattro per 100, coll'ipoteca contratta sopra gli effetti e rendite di detta Casa Santa e Banco; fra li quali creditori vi era ancora, per alcune partite, la stessa Casa Santa, sotto nome di diverse eredità, donazioni, legati ad essa appartenenti; ed altri docati cinquecento mila in circa, a beneficio de' creditori apodissari; parve espediente a detti creditori istromentari, di formare più deputazioni del loro ceto, e specialmente una, chiamata dell' *Azzienda*, per assistere e sopraintendere, unitamente colli Signori Governadori e Delegato di detta Casa Santa e Banco, agl' interessi così loro, come di detto Pio luogo; per vedere, quanto fosse stato possibile, di rifare il danno che venivano a patire li loro capitali e rendite, e pigliare gli espedienti più opportuni e convenienti, acciocchè in un istesso tempo non fossero mancate l' Opere pie, che da detta Casa Santa si esercitano, col pagamento di qualche annualità ad essi creditori.

Intanto, sorse lite tra li creditori istrumentari e gli apodissari, pretendendo questi la poziorità sopra il denaro del Banco, ed opponendo quelli che, in vigore dell' ipoteca a loro favore contratta, doveano esser preferiti. Ed essendosi, dopo qualche tempo, stabilito, anche con decreto dell' Ill. Duca di Lauria Spettabile Reg. Ulloa, che si pagasse a detti creditori apodissari la somma di docati 46,14 per 100 *deducta rata expensarum*, restarono estinti e soddisfatti tutti l' apodissarî che allora concorsero, con danaro libero dello stesso Banco; ed a riguardo degli altri, che da tempo in tempo sono andati sopravenendo, e di quelli che per anche non sono comparsi; stante che, colla ricognizione de' libri di detto Banco, si trovano diversi crediti contro di alcune persone, per causa di introiti fatti senza denaro esistente, s'aprì un conto separato, sotto titolo d' effetti del Banco dismesso, e colla ricuperazione de' crediti suddetti, e con qualche rendita del detto conto particolare, si sono poi andate soddisfacendo le partite sopravenute; e per potere soddisfare l'altre, delle quali non se n'è ancora degl'interessati domandata la soddisfazione con presentare le fedi di credito, vi è parimente robba nel conto suddetto, la quale per maggior chiarezza si esprimerà in appresso.

Tolta di mezzo questa lite fra li creditori suddetti, si attese da'Signori Deputati dell'Azienda e da'Signori Governadori al risparmio delle spese; e si dismesse un Conservatorio di figliuole esposite, chiamato il Ritiro, essendosi passate le monache che vi erano nel Conservatorio grande di detto Pio Luogo. Indi si ottenne da Sua Santità la sospensione di alcune opere, *ad decennium*, e parimente la riduzione di certe messe, siccome dagli atti fatti nella Reverenda Nunziatura Apostolica, appresso lo scrivano Riccio. Ma perchè, con tutti questi risparmii e restringimento di spese, si conobbe apertamente ch'era impossibile a'detti creditori istrumentarii conseguire la compita soddisfazione de'loro crediti; così per causa delle spese forzose per lo mantenimento delle opere più essenziali di detto Pio Luogo, cioè della Rota, dell'Ospedale, del Conservatorio, e della Chiesa, come per li pesi che teneva di maritaggi, censi, ed altri, e per la mancanza delle rendite generali del Regno, si cominciò a situare alli creditori suddetti il terzo delle loro annualità del 4 per 100. (1) Diviso in due mandati di ducati 30008,28 l'uno, importanti la somma di ducati 60016,56; de' quali annui duc. 36516.1.16 si sono pagati colle rendite degli effetti posseduti dal Banco, e li restanti annui ducati 23500,1,00 colle rendite degli effetti posseduti dalla Casa.

Praticatasi in tal forma l'amministrazione de'beni di detto Pio Luogo, da' Signori Governadori *pro tempore*, coll'assistenza della Deputazione per l'interesse de'creditori, si conobbe appresso che l'unione dei Signori Governadori e Signori Deputati non era punto profittevole per l'interesse del medesimo Pio Luogo. Poichè la Casa Santa, e suoi Signori Governadori, non potevano con la libertà dovuta adempire tutte le opere che lo stesso luogo doveva adempire; nè vi era speranza d'acquistar cosa alcuna dalla pietà de'fedeli, giacchè l'esperienza facea conoscere che si asteneva ognuno dal testare, legare, e donare a beneficio di detta Casa Santa; su la considerazione che, per l'assistenza di detti creditori, non si sarebbe la robba impiegata in usi pii. Così, all'incontro, li Signori Deputati stimavano che a danno de'loro principali s'adempivano l'opere, senza restrizione, a solo oggetto che le rendite stavano a libera disposizione dei Signori Governadori; e perciò v'erano continui litigi e controversie fra gli uni e gli altri. Per modo che, alle volte, si trascurava per sì fatte controversie il servizio ed utile non meno di detta Casa Santa che degli stessi creditori.

Per togliere adunque le liti suddette, ed evitare il dubbio evento delle medesime, precedente consenso dell'Illustrissima ed Eccellentissima Piazza Capuana, e di quella del Fidelissimo Popolo, alle quali due Piazze s'appartiene l'elezione de'Signori Governadori di detta Casa Santa; e precedente ancora il consenso del ceto de'creditori, *in unum* congregati con due decreti d'*expedit*, interposti uno dal Regio Collateral Consiglio, presso gli atti del Magnifico Antonio Lombardo, Regio scrivano di Mandamento, l'altro dal quondam Regio consigliere D. Carlo Brancaccio, delegato di detta Casa Santa e Banco, presso lo scrivano della delegazione Alesio Russo, fu, nel dì 2 maggio 1711, stipulato istrumento per mano del quondam Notaro Gio. Andrea Ranuccio, in curia nostra, nel quale, prima d'ogni altra cosa, asserirono le pretenzioni dell'una e l'altra parte, nella seguente maniera *videlicet*.

Si disse che pretendevano li cre-

---

(1) Ridussero l'interesse ad 1 1|3 per cento.

ditori che, senza pregiudizio delle ragioni che li competevano *contra quos*, e per la rifezione del mancamento seguito degli effetti di detta Casa Santa e Banco, si dassero alla alla loro libera disposizione ed amministrazione tutti i beni che si possedono dal Banco ; giacchè sempre s' era detto Banco avuto come patrimonio separato da quella della Casa; includendosi tanto gli effetti che stavano in corrente, quanto gli attrassi, e questo in conto de'loro crediti, cosi de' capitali come dell' attrasso delle terze, dall' anno 1702 avanti. Niente ostando che fra detti beni ve ne fussero alcuni ceduti da detta Casa Santa, a ragione che dette cessioni apparivano per causa onerosa, di essersi li Signori Governadori serviti del denaro di detto Banco, per supplire alli pesi ed opere fatte, di maggior esito di quello che comportava la rendita; ed inoltre s'erano le stesse cessioni fatte, come molte altre, a beneficio d' ogn' altro estraneo, onde non potevano mai impugnarsi; maggiormente che il Banco ne stava in pacifica possessione, e dovea conseguire la rifezione delle partite decotte ed inesigibili.

Si disse di più: che detta Casa Santa dovea soddisfare al patrimonio del Banco (e per esso alli creditori istrumentari) molte somme considerabili, di più centinaia di migliaia di ducati, delle quali era detto patrimonio creditore per esito superante introito, a cagione di essersi servita la Casa del denaro del Banco, senza farne il dovuto introito.

Si rubricò poi lo stato della robba di detta Casa Santa, diviso in dieci rubriche nella seguente maniera, cioè:

Primo. Effetti addetti all'Ospedale. Ducati 4680.

Secondo. Effetti addetti all' opere. Ducati 17584.

Terzo. Effetti addetti alla Chiesa ed Ospedale. Ducati 8736.

Quarto. Effetti addetti a celebrazione di messe. Ducati 268,1.

Quinto. Effetti pervenuti senza cognizione se siano addetti a spese. Ducati 816,3,10.

Sesto. Effetti addetti alla Casa Santa ducati 5939,3,10.

Settimo. Effetti comprati parte dalla Casa Santa e parte senza sapersi l' origine. Ducati 12412.

Ottavo. Effetti addetti a'maritaggi di esposite. Ducati 5549,2,17.

Nono. Effetti addetti a' maritaggi di donzelle povere. Ducati 578,1,8.

Decimo. Effetti addetti ai maritaggi d'estranee, che per anni dieci devono convertirsi in maritaggi d'esposite. Ducati 660,4,6.

E si soggiunse, per parte di detti creditori, che doveano assegnarsi alla loro libera disposizione ed amministrazione tutti gli effetti descritti nella quinta sesta e settima rubrica; come quelli, che non erano addetti ad opera, nè in generale nè in speciale, e perciò erano sottoposti all'ipoteca de' creditori.

Inoltre si allegò ; che a riguardo degli effetti descritti nella seconda rubrica, non appariva da scritture pubbliche che pervenuti fossero alla Casa Santa con peso intrinseco di opere pie, ma solo per semplice causa motrice a fare le disposizioni, la quale non era bastevole ad escludere gli effetti suddetti dall' ipoteca.

Si allegò parimente: che nemmeno gli effetti descritti nella prima e terza rubrica erano stati lasciati con vincolo particolare alla Casa Santa ; e rispetto degli effetti descritti nella quarta rubrica, addetti a celebrazione di messe, e di quelli descritti nell'ottava nona e decima, addetti a'maritaggi, si riserbavano le loro ragioni, in vista delle scritture da presentarsi.

Asserirono ancora: che doveano assegnarsi a beneficio dei creditori così gli effetti litigiosi, come tutto l'attrasso che si dovea conseguire dai nomi de'debitori; ancorchè fosse addetto ad opere certe, per la ragione che essendosi l' opere compiute per lo passato con danaro del Banco e de' creditori, era di giustizia che l' attrasso non esatto rimanesse a beneficio de' creditori suddetti. E perchè vi erano molte eredità i di cui effetti, in tutto o in parte, doveano ricadere a beneficio della Casa Santa, per le sustituzioni, legati, donazioni, e fedecommessi da verificarsi, asserirono ancora che tutte dette eredità devolvende, che avessero causa *de preterito*, dal tempo passato sin'allora, dovessero acquistarsi a beneficio delli stessi creditori; col peso solo di supplire a quelle opere pie che forse da' testatori si fussero disposte. O pure dovessero cedersi a detta Casa Santa tanti effetti che fussero sufficienti per l'opere suddette, con restare tutta l'altra roba libera a'creditori suddetti.

All'incontro, per parte de' Signori Governadori, si replicò che alli creditori istrumentari non competeva alcuna azione sopra tutti e qualsivogliano effetti della Casa Santa, per ragione che li loro crediti non erano convalidati con assenso Apostolico. E se bene si asseriva esservi una Bolla del Sommo Pontefice Niccolò V. colla quale stava data facoltà alli Signori Governadori di alienare ed obligare gli effetti, tutta volta detta Bolla non s'era esibita, e dovea esibirsi non ostante che se ne facesse menzione in un altra Bolla della Santità di Paolo III. Soggiungendosi, che o detta Bolla non vi era, o che qualora vi fosse stata, dovea detta Bolla contenere clausole tali per le quali avea da essere escluso il ceto de'creditori da qualunque azione.

Si replicò successivamente, che quando questo articolo, ch'era principale ed assorbente, e dovea principalmente decidersi, non avesse avuto luogo, allora che nemmeno poteano li creditori esercitare azione alcuna sopra gli effetti in qualsivoglia modo pervenuti alla Casa Santa; perchè doveano quelli impiegarsi in tutte l' opere di pietà alle quali la stessa Casa Santa era obligata, e per lo passato avea fatto, secondo il carico datoli, tanto prima quanto dopo la sua fondazione, e secondo l'introduzione delle medesime: per non aver avuto li pii disponenti altro preciso fine che di mantenere, conservare, ed accrescere l'opere suddette; altrimente le disposizioni non sarebbero state pie ma profane.

Si replicò in terzo luogo, che se i creditori pretendevano che il di loro denaro era servito per supplemento dell'opere, doveano specificare in qual uso di pietà s'era speso detto denaro; maggiormente che con evidenza si osservava che le rendite annuali di detta Casa Santa aveano sempre oltrepassata la somma di quello che per solito s'era speso nell' opere. E, per questa ragione, non solamente venivano esclusi i creditori da qualunque azione sopra gli effetti della Casa Santa, ma non potevano impedire alla medesima ripigliarsi dal patrimonio del Banco gli effetti malamente distratti, senza assenzo Apostolico e senza necessità d'alienarli; e benchè gli effetti, che detta Casa Santa possedeva, pareva che bastassero per l' adempimento dell' opere suddette, ad ogni modo doveano mettersi nel pristino stato molte altre opere ch'erano sospese; oltre il pericolo che vi era di potersi diminuire le rendite, ed accrescersi le miserie, che giornalmente possono avanzare; e perciò non poteano restar dismembrate le liti, attrassi, ed esigenze; dovendo detta Casa Santa adempire tutti gli obblighi a' quali è tenuta.

E finalmente si replicò, che dalle rendite degli effetti suddetti, che detta Casa Santa possedeva, e s'erano descritti nello stato suddetto, doveano dedursi tutti li pesi che vi erano sopra di essa, il dritto dell'esazione, l'annui legati, i pagamenti non contenuti in detto stato, e le spese straordinarie per le refazioni delle case, mantenimento de' corpi feudali, ed altre ch' erano necessarie.

Fatta questa assertiva, compromisero tutte l' enunciate differenze in persona del Dottor Giuseppe Valle, per parte di detta Casa Santa, e del quondam D. Francesco Albano, che fu poi Regio Consigliero, per parte di detti creditori; ed in caso di discordia, fu eletto lo Spettabile Reggente, allora Regio Consigliero, signor D. Giuseppe Positano, il quale dovesse *a principio usque ad finem* intervenire in tutte le sessioni; siccome apparisce dall'istrumento di detto compromesso, rogato per mano di detto Notar Giovanandrea, al quale etc. Ed ottenuta poi, nel dì nove di giugno 1711, la licenza da S. E. che detto Spettabile Reggente Positano avesse potuto intervenire come arbitro, si consumò moltissimo tempo in varie e diverse sessioni, nelle quali, fatti alcuni appuramenti, così intorno a detta Bolla del Pontefice Niccolò V. come circa li pesi, annui legati, e spese straordinarie, che doveano dedursi dallo stato, si commisero, per chiarire maggiormente li fatti, varie diligenze, e si reassunsero molti dubbi, ed articoli, li quali restavano da terminarsi da' detti signori arbitri. Ma perchè, per varie ragioni, non potè venirsi alla final determinazione della materia, rimase estinto il compromesso suddetto, e si ripigliò l'unione tra li Signori Governadori e signori Deputati, giusta quello, che si era pratticato dall'anno 1702.

Ed essendosi gli uni, e gli altri fermati nelle loro pretensioni: opponendosi detti signori Deputati alla continuazione dell'opere pie nella maniera che precedentemente s'erano fatte; e difendendo li Signori Governadori voler adempire tutti li pesi, a' quali detta Casa Santa era tenuta, con ripugnare ancora di pagare ogni anno li due mandati in conto di terze, si sciolse nel 1714, per tali dissensioni e discordie, l'unione suddetta.

Ricorsero perciò li Signori Deputati nel Regio Collateral Consiglio, ed essendosi commessa la causa allo spettabile signor Reggente D. Vincenzo de Miro, dedussero molti capi, tanto contro la detta Casa Santa, per l'opere che illimitatamente faceva, quanto contro a' Signori Governadori, per la libera amministrazione ch'essi tenevano; e perchè in tal tempo stava per trascorrere il decennio, per cui da Sua Santità si erano sospese alcune opere pie, e dubitavano detti Signori Deputati che, senza il loro consenso, si fussero quelle de' Signori Governadori rimesse, ottennero il decreto da detto Regio Collateral Consiglio, che s'intimassero le parti, e fra tanto non s'innovasse cos' alcuna. Come dagli atti, appo detto Scrivano de' Mandamenti Lombardo.

Intanto, dovendosi dare la provvidenza opportuna dal detto sig. Reggente de Miro, Commissario, fu di nuovo posto a mezzo l'espediente di esaminarsi amichevolmente le differenze suddette, affine di evitare ogni danno, che avrebbe potuto avvenire a detta Casa Santa ed al ceto di detti creditori, dal proseguimento della lite. Onde, essendosi l'una e l'altra parte rimesse all'arbitrio e prudenza dello stesso signor Reggente Positano, come quello che stava bene inteso dell'affare, per essere state innanzi a lui fatte molte sessioni, come si è detto di sopra, a tempo che stavano formalmente le suddette differenze compromesse.

Cominciossi a discutere buonamente, avanti detti signori Reggente e signori avvocati di detta Casa Santa e de' creditori, lo stato di detta Casa Santa, che si ritrova diviso nelle suddette dieci rubriche; ed essendosi discusso partita per partita, restorno appurate tutte le rendite che possedeva il patrimonio di detta Casa Santa. E restò appurato ancora, quali erano pervenute col peso intrinseco dell'opere pie; quali con peso di censo, e di qualche annuo legato o pagamento; quali con la causa finale o impulsiva delle stesse opere; quali con espressa proibizione d'alienarsi; quali generalmente e senza niuna espressione di peso; quali senza sapersi l'origine dell'acquisto; quali con danaro della stessa Casa Santa; ed in somma quali erano gli effetti addetti all'opere della Rota, dello Spedale, del Conservatorio, della Chiesa, e de' maritaggi così di estranee come d'esposite, e quali liberamente lasciati e donati alla Casa Santa. Permodo che si faceva un conto, per parte de' Signori Governadori, che d'annui ducati 58 mila in circa, che possedeva detto pio luogo, oltre di alcune altre entrate pervenute da eredità, donazioni, e legati (chiamati confidenze) le quali erano tutte soggette ad opere pie, ducati 36852 in circa erano pervenuti col peso intrinseco dell'opere; ducati 1637 colla proibizione d'alienare; ducati 172 colle restituzioni seu escadenze de'maritaggi; ed i restanti ducati 17526 in circa, alcuni rendite generalmente, e senza nessuna espressione di peso, ed altri senza aversi cognizione dell'acquisti, e seguentemente se fussero o no soggetti a peso alcuno; come dissero apparire dalla detta discussione, fatta in consenso delle parti, che si conserva da detto Scrivano di Mandamento Lombardo.

Fatto e finito l'appuramento suddetto, li signori Governadori fecero istanza procedersi alla discussione degli effetti che si trovavano intestati al patrimonio del Banco, in summa di annui ducati 42 mila; dei quali duc. 17000 se n'erano solamente acquistati con denaro libero di detto Banco; e l'altri duc. 25 mila erano tutti effetti pervenuti a detta Casa Santa col peso intrinseco dell'opere pie, e poi dalla medesima passati a conto del detto Banco, dall'anno 1590 per l'anno 1656, coll'assertiva d'essersi la stessa Casa Santa valuta in varie occorrenze del denaro del Banco. Ma essendosi opposto, per parte de' creditori, che gli effetti suddetti trovavansi già alienati da un secolo e più da detta Casa Santa, e si possedevano dal Banco come da un terzo possessore, e che perciò non era di ragione procedersi a detta discussione; maggiormente che si pretendeva da essi principalmente che sopra la robba posseduta da detto Banco, come robba già distratta ed a loro ipotecata, niuna azione poteva appartenersi alla detta Casa Santa; anche perchè li suddetti annui ducati 42 mila erano per fondo e pleggiaria del Banco, e come tali in tutto e per tutto s'appartenevano a i signori creditori. Fu risoluto, da detti signori Reggenti de Miro e Positano, che restassero presentate le suddette cinque rubriche, poichè nell'esito dell'arbitramento si avrebbe avuto riguardo alla detta istanza de'signori Governadori. Poi, da'medesimi signori Reggenti furono reassunti tutti li dubii, sopra de'quali avessero potuto gli avvocati dell'una o l'altra parte formare l'allegazioni *in Jure*; ed essendosi dette allegazioni già formate, si sostenevano a nome de' creditori più proposizioni, per la maggior parte asserite in detto istromento di compromesso.

Primieramente; che li signori Governadori di detta Casa Santa, in vigore della Bolla del Sommo Pontefice Niccolò V., della quale appariva notamento assai distinto sopra alcuni libri di Casa Santa antichissimi, ed anco era espresso in un altra Bolla di Paolo III, aveano libera facoltà di alienare ed ipotecare la robba di detta Casa Santa, senza li requisiti della necessità o l'utilità, e senza l'assenzo Apostolico. E che per conseguenza *licito jure* s'era a beneficio de' creditori contratta ipoteca, in vigore di cui doveano intieramente soddisfarsi de' loro crediti, escluse l'opere pie.

Secondo; s'adduceva per conferma l'uso, d'antichissimo tempo praticato, di aver ciascuno contratto colli signori Governadori di detta Casa Santa, senza assenzo Apostolico, per ordine de'tribunali superiori di questa città e Regno, e che non meno di tal uso, che della detta facoltà conceduta, in vigore della menzionata Bulla, se ne faceva menzione da molti autori, che riputano detto luogo puro laicale.

Terzo ; s' allegavo la buona fede con cui li creditori aveano contratto con li signori Governadori *pro tempore*.

Quarto; s'aggiungeva che il danaio de' creditori s' era da' detti signori Governadori applicato al mantenimento dell' opere pie ; per le quali da tempo in tempo s'era spesa maggior summa di quella che la Casa Santa possedeva per il mantenimento suddetto; onde *ex causa necessitatis* siasi validamente obligata robba di detto pio luogo.

Quinto ; che a riguardo della robba passata a beneficio del patrimonio del Banco , in soddisfazione del denaro del suddetto Banco, di cui in varie contingenze s' era servita la detta Casa Santa, nessuna azione si apparteneva a' signori Governadori; sul motivo che la detta robba si trovava già trasferita e posseduta da un terzo , a rispetto del quale non poteva controvertirsi la validità dell'ipoteca. E che qual' ora, per ipotesi, fusse stato bisognevole l' assenso Apostolico o altra solennità, nell'alienazione de' beni della Casa Santa, per il passaggio di sì lungo tempo , dovea presumersi intervenuto.

Finalmente. Che dalla roba ch'era esistente nel patrimonio della Casa Santa, posto a parte l' articolo della validità o invalidità dell'ipoteca, doveano infallibilmente dedursi gli effetti lasciati senza espressione di vincolo o peso alcuno; gli altri ch'erano pervenuti per causa impulsiva e non finale dell'opere pie ; quelli a riguardo de' quali stava proibita l' alienazione e non l' ipoteca; e per ultimo alcuni, a rispetto de' quali poteva mettersi in dubio l'adempimento delle opere pie. Onde che pochissima summa poteva restare a beneficio di detta Casa Santa.

Per lo contrario, per parte di detta Casa Santa, si rispondeva.

Primieramente. Che tutta la roba della medesima, che in sostanza era la roba della Casa , del Banco , del Conservatorio , dell' Ospedale , della Rota, e della Chiesa, come robba di luogo pio, non potea validamente alienarsi o ipotecarsi, senza detti legittimi requisiti.

Secondo. Che non vi era la detta Bolla del Pontefice Niccolò V, e che qualora vi fosse stata, quella non poteva ostare; ed in ogni caso non veniva in detta Bolla dispensato a' requisiti suddetti.

Terzo. Che non ostava nè meno l' uso per lungo tempo tenuto, nè la buona fede, che si allegava per parte de' creditori.

Quarto. Che non era vero che il denaro di detti creditori si fusse impiegato per mantenimento dell'opere pie ; perchè , tanto dopo quanto prima il fallimento, erano state bastevoli le rendite della Casa Santa per detto mantenimento.

Quinto. Che il Banco non potea dirsi terzo possessore, come quello che era l'istesso che la Casa Santa; e che la robba trasferita a beneficio di detto Banco era la medesima passata *cum onere suo*; onde sempre gli effetti rimanevano sottoposti all' adempimento di quell' opera col peso della quale erano pervenuti a detto pio luogo.

É finalmente. Che tutti gli effetti, pervenuti a detto Casa Santa, s'erano da pii disponenti lasciati e donati all' intutto , e con la causa finale dell'opere pie, e per la maggior parte col peso intrinseco delle medesime, e con la proibizione d' alienare, la quale comprendeva anche l'ipoteca. E per conseguenza che, posto a parte il dubio della validità o l' invalidità dell' ipoteca contratta a beneficio de' creditori; deducendo prima d' ogn' altra cosa quegli effetti lasciati e donati col detto peso intrinseco dell' opere; quelli soggetti alla proibizione suddetta; e gli altri lasciati colla causa finale dell'istesse opere, e pervenuti da restituzioni o scadenze di maritaggi ; poco robba rimaneva sopra la quale avessero

possuto discettarsi i dubi suddetti.
Alle quali cose molte altre se n'allegavano in contrario per parte dei creditori, e molte se n' adducevano per conferma da detta Casa Santa. Ma essendosi considerato, da detti signori Reggenti di Miro e Positano, che, per termini di buon governo e d'una esatta giustizia, non era conveniente decidere punto per punto le riferite controversie; e che qualora fosse convenuto ciò fare, richiedeva la materia lunghissimo spazio di tempo, senza che fra tanto si avesse possuto dar sistema ad un interesse cosi notabile, e per detta Casa Santa e per detti creditori; anco a rispetto, che se da una parte si consideravano l' opere pie, che da detta Casa Santa si esercitavano, dall'altra vi era la stessa considerazione, non meno per lo danno avvenuto a molte famiglie di questa città e Regno, che ad infiniti luoghi pii, destinati parimente a mantenere opere di pietà: si consigliò da' medesimi signori Reggenti, che per buon regolamento dell' affare, e per servizio di Dio, del pubblico, dell' opere di detta Casa Santa, e de' creditori, era più opportuno ed espediente concordarsi fra le stesse parti le differenze suddette; stabilendosi in confuso a beneficio di detta Casa Santa una convenevole rendita con i suoi fondi, per lo giusto e moderato mantenimento di dette opere pie; e tutto lo di più assegnandosi a' creditori, in soddisfazione di tutti li loro crediti di capitali, terze, ed interessi pretesi, ed ogn' altra cosa che avessero potuto pretendere, in vigore di qualsivoglia scrittura pubblica o privata. Tanto maggiormente che, colla sopraintendenza de'detti Deputati de' creditori, non poteva accertarsi il servizio nè della Santa Casa, nè de'creditori medesimi. E siccome anno per anno le mancava il totale adempimento di dette opere, cosi di continuo andavano avanzando due terze parte dell' annualità dovuta ai creditori, per modo che, col passaggio del tempo, sarebbe cresciuto il debito a somma pur troppo eccessiva ed immoderata.

Avendo adunque, cosi li signori Governadori, come li signori Deputati de' creditori, accettato il consiglio suddetto, dopo molte sessioni fatte fra di loro, coll'intervento dei suddetti avvocati, e coll' intelligenza, approvazione, consentimento, e presenza delli stessi signori Reggenti de Miro e Positano; e dopo aver esaminati li bilanci annuali della spesa fatta da' signori Governadori *pro tempore* di detta Casa Santa, dal tempo del fallimento per tutto l' anno 1715, così per la dispensa de' maritaggi ad esposite ed estranee, come per lo mantenimento dell' Ospedale, della Rota, del Conservatorio, e della Chiesa, e per l' esito de' ministri, e di spese estraordinarie; col riflesso a i bilanci suddetti, in vari tempi prodotti per i signori Governadori, ed ogn' altra opera e spesa, solita o insolita, ordinaria o estraordinaria, e col riflesso ancora alli capitali delle rendite del patrimonio della Casa e del Banco. Finalmente, nel dì 24 giugno del passato anno 1716, fu, da essi signori Governadori e signori Deputati, firmata la concordia, la quale è inserita nel presente istrumento.

E perchè restavan da determinarsi tre punti, rimasti all' arbitrio di detti signori Reggenti di Miro e Positano; il primo rispetto alle liti passive, se dovea esser tenuta la Casa Santa alli creditori; il secondo circa la stanza, pretesa da' detti creditori nel luogo ove prima si teneva il Banco; ed il terzo, se gli effetti di detto Banco dismesso, una insieme colle liti per causa dell' introiti vacui, dovean o nò restare a beneficio di detta Casa Santa. Per ciò, i detti signori Reggenti di Miro e Positano, nello stesso giorno 14 giugno, precedente licenza di S. E. spedita per segreteria di guerra, promulgarono il loro parere inserito nel presente istrumento.

In esecuzione della qual convenzione, transazione, e concordia, indrizzata così alla quiete di detta Casa Santa, per liberarla ed esimerla dal peso ed obbligo di soddisfar tanti creditori, con farle restare il bisognevole per l'opere che può esercitare a riguardo degli effetti esistenti; come per dare qualche luogo possibile, secondo il tempo presente, alla soddisfazione del pieno di detti creditori, senza che alli medesimi rimanga altra azione, ragione, o ipoteca contro detta Casa Santa, e sopra gli effetti che a quella restano, li quali appena possono esser sufficienti per l'adempimento delle opere suddette; affinchè si avesse *in futurum* la piena notizia di tutti gli effetti che presentemente possiede, tanto il patrimonio di detta Casa Santa, quanto il patrimonio del Banco; hanno perciò stimato spediente detti signori Governadori, in detto nome, e detti signori Deputati, far formare due inventari seu bilanci, uno dal magnifico razionale del patrimonio di detto Banco, un'altro da quello della Casa, di tutti gli effetti stabili, cosi burgensatici come feudali, censi, capitali, annue entrade, nome di debitori, liquidi ed illiquidi o litigiosi, ed altri corpi e rendite, che detta Casa Santa e Banco possedono; colla distinzione dei pesi che sopra detti effetti vi sono. Quali inventari seu bilanci si sono dati a me notaro affine di conservarli nel presente istromento. Con espressa protesta però, che tutte le dette partite e pesi, descritti in detti due inventari seu bilanci, quelli s'intendano descritti tali quali; senza che per la suddetta descrizione sia una parte obbligata all'altra, l'altra all'una in qualche cosa, nec de iure, nec de facto, nè si acquisti ragione alcuna a beneficio di persona alcuna che venisse per creditore.

Dovendosi per tanto, in conformità e per chiarezza della suddetta convenzione, transazione, e concordia, stabilire primieramente quali pesi restassero a detta Casa Santa, e quali passassero a carico de'creditori; su 'l motivo della dichiarazione fatta, che gli annui ducati 4312,3,12, più o meno, che importano li pagamenti de' censi, legati, ed altri pesi dovuti sopra gli effetti della stessa Casa Santa, che restavano a'creditori, si dovessero a'medesimi soddisfare, acciò che pagati si fussero da chi possedeva la robba: con patto che altrettanta quantità, quanto importava la summa di detti pesi, si dovesse rifare a'creditori suddetti, con dedursi dalla summa delli ducati 38455,2,9 assegnati a detta Casa Santa; facendosi prima della stipula del presente istrumento la divisione dei pesi suddetti; e per ciò si è approvato da esse parti in detti nomi, che calcolata la summa di detti duc. 4312,3,12 con altri ducati 369,1,02 di pensioni, quindemi, unioni ed altro contenuto nel primo foglio del bilancio di detti pesi, che *in unum* sono annui ducati 4682,1,02, restano a carico di essa Casa Santa li seguenti pesi, che sono sopra la robba, che viene ad essa assignata, in somma d'annui ducati 2286 cioè.

(Inseratur nota onerum, quae remanent dictae S. Domui.)

Ed all'incontro passino a carico de'creditori altri annui duc. 2396,4,14, oltre gli altri pesi che non sono sommati; a ragione che coloro ai quali si devono non tengono intenzione particolare, e questo a riflesso degli effetti che vanno a beneficio di detti creditori, sopra li quali sono situati li pesi suddetti; giusta la nota inserita nel presente istrumento.

Di maniera che, deducendosi li suddetti ducati 2396,4,14 di pesi, che passano alli creditori, dalli suddetti ducati 38455,2,9 assegnati a beneficio della detta Casa Santa, restano a beneficio della medesima duc. 36058,2,15, franchi, e liberi da detti pesi, che passano a'creditori a lor carico. A qual effetto li medesimi, e per essi li signori deputati, in detto nome, promettono l'indennità in amplissima forma, restando solamente *obnoxii* alli suddetti duc. 2286, che restano a carico di detta Casa Santa.

Per rifare però a' detti creditori la suddetta summa di duc. 2396,4,14, è insorto dubbio, fra di essi signori Governadori e Deputati, da'quali effetti seu rendite s'avesse dovuto ad essi la refezzione suddetta; già che essi signori Deputati pretendevano averla con l' *insolutum datione* degli effetti migliori, sul motivo che gli effetti suddetti doveansi *ex natura rei*, e buona parte erano situati sopra li feudi che passavano a beneficio de' creditori; ed all'incontro replicavano essi signori Governadori, che non potevano nè doveano dare la refezzione suddetta, se non che coll' *insolutum datione* delle case site all' isola di S. Andrea, o con partite di nomi di debitori con prezzo; per la ragione che l' altre rendite avevano da servire per lo mantenimento dell' opere pie, che quotidianamente portano spesa.

Oltre a questo dubio, della refezzione di detti duc. 2396,4,14, n'è insorto un'altro fra esse parti. Imperciocchè avendo essi signori Governadori fatta riflessione, che fra gli effetti, che passano a'creditori, vi è un molino chiamato l'Infornata, sito nella Baronia di Mercogliano, han rappresentato che per ogni ragione dovea il molino suddetto assignarsi a beneficio di detta Casa Santa, con rifarsi a' detti creditori la rendita del medesimo, in summa d' annui duc. 525; sì perchè non è convenevole che resti detto molino dismembrato da detta Baronia; sì anche perchè, passando in mano d' altri, averebbe ciò potuto cagionare, col tempo, disturbo ed inquietudine a detta Casa Santa ed a' suoi vassalli.

E parimente, per la stessa ragione, si è posto a mezzo, da essi signori Governadori, che dovea restare a beneficio di detta Casa Santa la Baronia della Pietra de' Fusi con rifarsi al ceto de' creditori della medesima la somma di annui ducati 550; sì perchè la Baronia è unita con quella di Mercogliano, sì ancora per evitare ogni lite che avesse per avventura potuto inferirsi, non meno dalli padri del monistero di Montevergine, che da' cittadini della Baronia suddetta.

Proposti per ciò tutti li dubi suddetti al detto spettabile Reggente de Miro, acciò ch' egli, in esecuzione del 15° capitolo di detta transazione e concordia, l' avesse determinati e composti; il medesimo, con suo parere, il quale esse parti in detti nomi hanno accettato confermato ed omologato; ha stabilito: Che resti a beneficio di detta Casa Santa così detto molino, chiamato l' Infornata, come detta baronia di Pietra de'Fusi; ed all' incontro si dia la refezione al ceto de'creditori della rendita di détti effetti, cioè di ducati 525 per detto molino, e di ducati 550 per detta baronia di Pietra de'Fusi. Le quali rendite, unite colli suddetti ducati 2396,4,14 di pesi che passano a carico de'creditori, sono annui ducati 3471,4,14; per la rifezzione della qual summa passino, *insolutum et pro soluto*, per tali quali, e senza promessa alcuna d' evizzione, a' creditori, la Baronia di Castell' a mare della Bruca seu della Scea, per la stessa summa d'annui ducati 2550 per quanto era rimasta alla Casa Santa: gli annui ducati 37,1,1, d' adoe insieme con il lor capitale, dovute dalle persone descritte nella nota inserita nel presente istrumento; e li restanti ducati 884,3,13 di partite d' annue entrade con prezzo, che sono situate a minor ragione d' annualità fra li ducati 1053,18 assignati a detta Casa Santa; di modo che resti a beneficio di detta Casa Santa la somma di annui ducati 158,1,15 di dette partite di annue entrate con prezzo alla maggior ragione d' annualità; siccome apparisce dal parere suddetto, il quale similmente è inserito nel presente istrumento.

In secondo luogo. Dovendosi da essi signori Governadori, in detto nome, far l'elezione delli suddetti annui ducati 6000, o in tanti fiscali, o

35

in tanti arrendamenti, avendo maturamente considerata l'elezzione suddetta, finalmente han deliberato eliggere le sottoscritte partite di fiscali, che al presente si possedono per la maggior parte dal patrimonio del Banco; valutate ed estimate, di comun consenso di esse parti, dal magnifico Domenico Antonio Vitolo per detta summa di annui duc. 6000 effettivi, una con li loro capitali; quali partite sono inserite nel presente istromento.

Ma perchè, sopra gli annui ducati 385,1,14 di fiscali sopra Maranola nella provincia di Terra di Lavoro, vi è un peso d'annui duc. 100 che si paga dal patrimonio del Banco, per li maritaggi istituiti dalla quondam signora Giovanna Arcella, per ciò, in contracambio di detta summa d'annui duc. 100, che da oggi avanti resterà da pagarsi dalla Casa Santa, si è convenuto che rimangano assegnati e dati *in solutum et pro soluto*, a beneficio della detta Santa Casa, altri annui ducati 100 effettivi col suo capitale sopra l'arrendamento de' sali de' quattro fundaci; in modo che, per detto assegnamento, non restino in nessun futuro tempo obbligati li creditori a cosa alcuna per detto peso d'annui duc. 100, ora effettivi col suo capitale sopra l'arrendamento suddetto, in parte o in tutto che mancasse.

Terzo. Essendosi, con detta transazione convenzione e concordia, appurato e stabilito doversi assegnare a detta Casa Santa annui ducati 1117,3,2, in tanti stabili di case in questa città, e fra di esse quelle site nel luogo detto alli Banchi vecchi, S. Andrea de' Scopari, e l'altre nel quartiere dell'Orefici; ed in caso che la rendita delle case suddette non facesse il pieno di detti duc. 1117,3,2 di frutto, lo di più s'avesse a supplire coll'assignamento di altre case site nelli quartieri chiamati di Soprammuro e vico de'Cristi. Perciò, essendosi liquidate fra esse parti, in detti nomi, coll'esame de' bilanci suddetti, che le suddette case, site nel quartiere di S. Andrea e degli Orefici danno di rendita annui ducati 1150,4,10, cioè ducati 713,4,10, quelle site in detto quartiero di S. Andrea, e ducati 347 quelle site nell'Orefici, onde avanzano di più ducati 33,1,8; s'è convenuto che detta summa di ducati 33,1,8 debba dedursi e defalcarsi dagli annui ducati 158,1,15 di nomi di debitori con prezzo; restando l'assegnamento de'nomi de' debitori, faciendo a beneficio di detta Casa Santa, in annui duc. 125,7; e restando in oltre a beneficio dei creditori tutte l'altre case, e specialmente quelle site nelli luoghi di Soprammuro, e vico de' Cristi.

Quarto. Essendosi parimente, con detta transazione, convenzione e concordia, convenuto appuntato e stabilito, doversi assegnare li suddetti annui ducati 1043 dalla rubrica di detti nomi di debitori, o di consenso di esse parti, o, nel caso di discordia, da detto signor Reggente de Miro; perciò, rimanendo la detta somma di annui ducati 125,7 cosi per l'aumento di rendita sopra le suddette case degli annui ducati 33,1,8, come per l'assegnamento *et insolutum datione* di altri annui ducati 884,3,13 fatta a' creditori, giusta il parere del signor Reggente de Miro; perciò, di comune consenso di detti signori Governadori e signori Deputati, si sono destinati li seguenti nomi di debitori, con la situazione dell'annualità alla maggior ragione, li quali restano assignati alla Casa Santa in soddisfazione di detti annui ducati 125,7. *Inseratur*.

Quinto. Essendosi convenuto ancora che restino a peso di detti creditori li vitalizi che si devono, giusta la nota formata dal magnifico razionale di detta Casa Santa per chiarezza del fatto, si è parimente appurato, che detti vitalizi, che restano a peso di detti creditori, sono li seguenti, inseriti nel presente istrumento. *Inseratur*

E finalmente, essendosi nel capo

nono convenuto riconoscere, prima della stipola del presente istromento, se fra gli effetti che s'hanno d'assegnare a' creditori vi fosse corpo o effetto addetto a certa opera, per restituirsi a detta Casa Santa, e ricevere l'equivalente d'altri effetti liberi e non addetti ad opere. Perciò si dichiara espressamente, ch' essendosi fatte molte diligenze, si è osservato, riconosciuto ed esaminato, che fra gli effetti che restano a beneficio della Casa Santa, non si può dire che vi siano effetti liberi quali possono permutarsi; poichè, sebbene ve ne siano alcuni pochi, ad ogni modo restano in luogo di quelli pervenuti con pesi intrinseci, li quali vanno a beneficio de' creditori. Per modochè non può dubitarsi che tutti gli effetti che rimangono assegnati a detta Casa Santa siano addetti all' opere che la medesima esercita; anzi le restano *in fundum* dell' opere suddette, e soggetti solamente alle medesime opere, e pesi di sopra descritti. Onde resta conchiuso e determinato che, non potendosi far luogo al detto cambio d'effetti, non debbia da oggi avanti tenersi ragione alcuna del detto capo convenuto, circa la permuta suddetta.

Per venire adunque esse parti, in detti nomi, alla stipulazione del presente contratto di transazione convenzione e concordia; ed affinchè il medesimo resti in ogni futuro tempo con tutta la dovuta fermezza e cautela necessaria, così per detta Casa Santa, come per detti creditori; nè vi possa *in futurum* esser ombra di litigio e disturbo veruno; hanno dato supplica a S. E. e suo Regio Collateral Consiglio, dal quale, *capta informatione et servatis servandis*, è stato ordinato esser espediente a detta Casa Santa e creditori venire alla suddetta trasazione e concordia, e stipulare le cautele; come apparisce dalla copia degli atti fatti appresso detto magnifico scrivano di mandamento Lombardo, come si è detto di sopra. Riserbandosi l'istesse parti *ad majorem cautelam et non aliter nec alio modo*, e ferma sempre restando la presente transazione convenzione e concordia, gli assensi, *quatenus* bisognassero *nec aliter nec alio modo*, di Sua Santità; giusta le suppliche rimesse in Roma; e quello dell' invittissimo Imperadore Carlo VI, nostro Re e Signore, che Dio perpetuamente guardi e conservi, secondo l' altre suppliche da mandarsi nella Real Corte di Vienna; quali assensi, ottenuti che saranno, debbano notarsi in questo istrumento, ed in esso inserirsi le copie de' medesimi.

Quali cose così asserite, volendo esse parti, nelli nomi respettivamente come sopra, eseguire la suddetta transazione convenzione e concordia, e mandarla a debito effetto, come stimata di molto utile ed espediente per l'una e l'altra parte; e delle cose suddette cautelarsene *ad invicem* con pubblico istrumento, come si conviene; quindi è, che anco in esecuzione tanto del detto appuramento concluso e determinato in detti capitoli; formati da esse parti, in ordine alla detta transazione convenzione e concordia ; precedenti dette sessioni e pareri dati da comuni sig. avvocati, approvati similmente da detti signori Reggenti de Miro e Positano; quanto del detto decreto d'*Expedit* del detto regio collateral consiglio; e perchè così ed esse parti, in detti nomi, per loro maggior quiete, ha piaciuto e piace; detti signori deputati, in detto nome, e di tutto il ceto de' creditori istrumentarj con patto *de retrovendendo* di detta Casa Santa e Banco, per causa di detta transazione convenzione e concordia, spontaneamente, in presenza nostra, non per forza o dolo alcuno, ma per ogni miglior via ecc. si sono espressamente contentati e si contentano, ed hanno voluto e vogliono, che in soddisfazione di tutte l'opere che detta Casa Santa esercita, e dovrà esercitare da oggi avanti, ed in qualsivoglia infinito progresso di tempo, così dell'ospedale, rota, conservatorio, maritaggi, chiesa, e messe, anco di quelle che hanno effetti certi, opera di Pozzuoli, ospedale de'convalescenti, come di ogn'altra opera e spesa, che sotto qualsivoglia nome o esito si facesse da detta Casa Santa, niuna esclusa, debbiano restare e rimanere in beneficio della medesima Casa Santa, e sotto l'amministrazione dei signori Governadori *pro tempore* della stessa Casa Santa, siccome da ora, per l'effetto suddetto, s'intendano da essi signori deputati in nome di tutto il ceto de' credito'ri istrumentarj con patto *de retrovendendo*, rilasciati a detta Casa Santa, e suoi signori Governadori, li sottoscritti corpi, beni, effetti, rendite burgensatiche e feudali, capitali, annue entrate, nomi de' debitori, ed altro, *ut infra* dichiarando, contenuti e descritti in detti bilanci seu inventarj, formati da' magnifici razionali di detta Casa Santa e banco, liberi ed esenti da qualsivoglia ragione ed ipoteca di detti creditori; come quelli che sono propri di detta Casa Santa, e nei quali s'includono così tutti quelli corpi ed effetti addetti a cert'opera, sopra de' quali non vi concorre ragione o ipoteca veruna di detti creditori, *tacita nec expressa*, in virtù di cautele e scritture appartinenti a favore di detta Casa Santa, ben considerate osservate e riconosciute dai detti creditori, e loro savj a tal fine destinati; come altri non addetti ad opere, nè soggetti a peso alcuno, i quali restano surrogati in luogo di quelli pervenuti con pesi intrinseci delle dette opere, che passano a beneficio delli creditori. Per modo che tutti li suddetti effetti restano per fondo particolare dell'opere suddette, ed alle medesime sono sottoposti, col sottoscritto loro frutto annuo, regolato dagli effetti enunciati; importantino annui ducati 36058,2,15 per effetti come sopra; dedotti ducati 2396,4,14 di pesi che sono passati a carico dei creditori. Quali effetti e loro frutto sono li seguenti, cioè:

(Siegue la nota che si legge nell' albarano; colla mutazione di notarsi per la Santa Casa la baronia di Pietra de' Fusi e'l molino dell'Infornata, stante il passaggio della baronia dell'Ascea a' creditori; e così anche di restare per la Santa Casa ducati 125,7, della partita di ducati 1043,8 di nomi di debitori con prezzo, passando il rimanente a'creditori, per la rifazione de' pesi.)

Quali suddette rendite attuali di detti effetti e corpi, rimasti ed assegnati alla detta Casa Santa, importano in tutto annui ducati 36058,1,15. Però s'è convenuto, per patto espresso, che se mai da oggi avanti, ed in qualunque progresso di tempo, li suddetti corpi ed effetti dassero maggior frutto, o pure deteriorassero, tutto l'aumento e detrimento vada ad utile e danno di detta Casa Santa; senza che li creditori possano respettivamente pretendere o succumbere a cosa alcuna, e non altrimenti.

Item. L'officio di portiero del S. C. posseduto da detta Casa Santa. Quale officio debbasi da' signori governadori *pro tempore* affittare, con condizione espressa di dover l'affittatore *pro tempore* servire *gratis* al ceto de' creditori, per tutto il tempo che durerà, in tutto o in parte, il patrimonio de' creditori, e fin tanto che durerà la totale divisione, vendita, o altra distribuzione, facienda da detti creditori, degli effetti che s'assegnano a loro beneficio, in soddisfazione di detti loro crediti.

Ed oltre li suddetti effetti e corpi di sopra descritti; si dichiara e conviene che parimente debbiano restare assignati a beneficio di detta Casa Santa, nel modo detto di sopra, li sottoscritti altri corpi ed effetti delle seguenti eredità e confidenze, che s'amministrano da detta Casa Santa. Sui quali corpi ed effetti detti creditori non tengono ragione azione o ipoteca. *Quatenus* l'avessero quella espressamente renunziano; dichiarando, e contentandosi che restino a beneficio di detta Casa Santa, liberi ed esenti da ogni loro pretenzione.

(Siegue la nota contenuta nell'Alberano).

Con dichiarazione però espressa, che s'intendano restare a beneficio di detta Casa Santa quegli effetti delle suddette eredità e confidenze che, sino al presente giorno, si sono esatti da detta Casa Santa a nome delle medesime eredità e confidenze, o ciascuna di esse; e che in qualsivoglia modo spettano o s'appartengono alle medesime eredità e confidenze, e non si trovano alienati, permutati, e passati al patrimonio e conto del detto banco.

Imperciocchè si è convenuto espressamente che qualsivoglia capitale, stabile, nome di debitori, o altra rendita, che fusse pervenuta a detta Casa Santa da ciascuna di dette eredità e confidenze di sopra descritte, e fosse dalla medesima alienata, permutata, o in altra parte distratta, o fusse passata a beneficio del patrimonio di detto banco, debbiano tali alienazioni, permute, o distrazioni restar ferme e valide. E così debbiano passare in beneficio de' creditori, con gli altri effetti assignandi a loro beneficio, senza che detta Casa Santa vi possa, in qualsivoglia futuro tempo, pretendere cosa alcuna, ancorchè fosse addetta a certa opera.

Di più s'è convenuto che per causa della presente transazione, ed in esecuzione del convenuto e stabilito tra dette parti, in detti nomi, debbiano restare a beneficio di detta Casa Santa tutte l'entrate e rendite degli effetti di Palermo; dipendenti dall'eredità delli quondam Francesco e Niccolò Romano, e Bartolomeo Ajutame Cristo; come ancora debbiano restare alla detta Casa Santa l'annue franchigie che le spettano.

E parimente si è convenuto, che per causa della presente transazione, ed in esecuzione ancora del convenuto e stabilito frà di esse parti, in detti nomi, debbiano restare a beneficio di detta Casa Santa le sottoscritte partite di capitali ed annue entrade annesse a certo e determinato peso, dovute a detta Casa Santa; come quelle del banco, che presentemente si trovano intavolate nelli mandati generali de'creditori istrumentarj con patto *de retrovendendo*, cioè:

(Segue la nota contenuta nell'Albarano.)

E volendo esse parti, in detti nomi, spiegare migliormente la detta transazione convenzione e concordia, acciò che *in futurum* non possa insorgere dubio o lite alcuna, dichiarano: Che restano a beneficio di detta Casa Santa, e confidenze, li seguenti altri crediti, che sono situati nel mandato, li quali stanno intestati a diverse eredità, legati, maritaggi, ed altro, cioè: (s'inseriscano).

Per li quali suddetti capitali ed annue entrate, debbia detta Casa Santa correre la stessa fortuna che averanno gli altri creditori istrumentari di detta Casa Santa e Banco; restando in ogni futuro tempo a suo beneficio, senza che possa opporsi cosa alcuna da' signori creditori; maggiormente che, per le diligenze fattesi, si è appurato fra esse parti, che fra le suddette partite non ve n'è alcuna che abbia dipendenza da eredità libera, e come tale ciascuna è sottoposta ad opera certa.

E perchè s'è conosciuto ed appurato che detta Casa Santa, com'erede del qu. Giulio Blanco, possiede e deve conseguire, con patto de retrovendendo, dal patrimonio di detto Banco, un capitale di duc. 3626,1, e per esso annui duc. 145, totalmente libero da qualsivoglia peso; s'è convenuto e dichiarato espressamente, che detto capitale ed annue entrade, dovute dal patrimonio di detto Banco a detta Casa Santa, erede di detto qu. Giulio, debba restare affatto estinto a beneficio dei creditori.

E di vantaggio si è convenuto, che per causa della presente transazione, ed in esecuzione del convenuto e stabilito fra esse parti, in detti nomi; debbano restare medesimamente a beneficio di detta Casa Santa le sottoscritte annualità, con li loro capitali, dovute per le rate sottoscritte da diversi nomi di debitori delle sottoscritte eredità, in virtù di publiche cautele. Già che detta Casa Santa, o com'erede de'disponenti, o come obligata dall'accettazione delle donazioni, fatte a suo beneficio dalle sottoscritte persone a certo e determinato peso; s'è veduto che, nel presente tempo, non tiene effetti delle dette eredità o donazioni che siano sufficienti alla soddisfazione ed adempimento di detti pesi. E perciò (essendo il frutto presente obligato ed ipotecato alli pesi e legati contenuti in dette donazioni, testamenti e disposizioni, senza esservi altro che rimanesse libero) s'è lasciato a beneficio di detta Casa Santa; quali partite sono le seguenti, cioè: *inseratur*.

Parimente s'è convenuto, che per causa della medesima transazione, ed in esecuzione del convenuto trà di esse parti, in detti nomi, debbiano restare similmente a beneficio di detta Casa Santa tutte le sustituzioni purificate a favore suo dal dì 24 giugno prossimo passato 1716, *et in futurum* purificande; senza che a detti creditori, sopra dette sustituzioni purificate e purificande, resti nè vi possino avere, direttamente o indirettamente, per qualsivoglia titolo ragione e causa, azzione o pretenzione alcuna.

Ed a rispetto de' pagamenti dei censi, legati, ed altri pesi, dovuti sopra gli effetti e corpi di detta Casa Santa; tanto per quelli convenuti restare a beneficio della medesima Casa Santa, quanto per quelli convenuti assegnarsi a detti creditori; quali pesi tutti, con detta concordia passata e firmata da detti signori Governadori e Deputati, fu stabilito che dovessero andare a carico di detta Casa Santa; essendosi da esse parti calcolata la somma di detti pesi cogl'annui duc, 369,3,11 di pensioni, quindemi, unioni ed altro, contenuto in detto bilancio de' pesi, si è ritrovato ascendere alla somma di annui duc. 4683 come di sopra. Che perciò si è convenuto e dichiarato espressamente, che di essi ne restino a carico della stessa Casa Santa, sopra li suddetti corpi ed effetti rimasti ed assegnati a beneficio di detta Casa Santa, li suddetti annui duc. 2286, per le rate espresse e dichiarate nel suddetto bilancio, e nota di sopra inserita. Ed all'incontro passino a carico di detti creditori, e sopra le robbe, che cede a lor beneficio, li restanti annui duc.2896,4,14, anche per le rate distintamente rapportate in detto altro bilancio e nota, parimente di sopra inserita; oltre degli altri corpi che non sono sommati; a cagione che coloro a' quali si devono ne tengono intestazione particolare, e questo a riflesso degli effetti e corpi da assegnarsi *ut infra* a beneficio de' medesimi creditori, sopra de'quali sono situati detti pesi.

Decorse tutte le rendite ed entrade di detti corpi, beni, ed effetti, tanto burgensatici quanto feudali, a beneficio di detta Casa Santa, dal primo luglio del passato anno 1716 avanti.

In modo tale che in virtù della presente transazione, convenzione e concordia; ed in esecuzione di detto convenuto e stabilito tra esse parti in detti nomi; coll'approvazione ed intelligenza di detti signori Reggenti de Miro e Positano; ed in esecuzione ancora di detto decreto *d'expedit* di detto Regio Collateral Consiglio; tutti li suddetti corpi, beni, ed effetti burgensatici e feudali, censi, stabili, capitali, annue entrade, e nomi de' debitori di sopra descritti *sub verbo signanter*, debbiano, dal detto primo di luglio 1716 avanti, *et in futurum* restare, come prima stavano, nel pieno dominio e possessione di detta Casa Santa, e sotto l'amministrazione de'signori Governatori *pro tempore* di essa, in soddisfazione e per fondo particolare di tutte l'opere che fa detta Casa Santa, nell'Ospedale, Rota, Conservatorio, Maritaggi, Chiesa, Messe; ed anco di quelli, che hanno effetti certi, opera di Pozzuoli, Ospedali dei convalescenti ed ogni altra opera o spesa, che sotto qualsivoglia nome o esito farà detta Casa Santa da oggi avanti *et in futurum; obnoxii* però al peso della soddisfazione di detti annui ducati 1286, che sono restati a carico di detta Casa Santa, nel modo come di sopra; e franchi, liberi, ed esenti da qualsivoglia ragione, azione, ipoteca, servitù, obligazione, o pretenzione di tutto il ceto de' creditori istrumentari col patto *de retrovendendo*, della medesima Casa Santa e Banco, fin'oggi esistente, e da ciascun di essi contratta, ed acquistata sopra detti beni, corpi, ed effetti burgensatici, e feudali rimasti a detta Casa Santa come di sopra. Restando bensì salve ed intatte, a beneficio di essi creditori, tutte le loro ragioni, azioni, ed ipoteche, tali quali li competono, sopra li restanti beni, corpi, ed effetti burgensatici e feudali, che si dovranno assegnare, e dare *insolutum* al ceto de' medesimi creditori, in soddisfazione di tutti l'intieri loro crediti, nel modo che appresso si dirà.

Ed all' incontro detti signori Governadori, in detto nome, anco per causa della presente transazione, convenzione, e concordia; ed in esecuzione del convenuto e stabilito tra esse parti, in detti nomi; coll'approvazione ed intelligenza di detti signori Reggenti di Miro e Positano; ed in esecuzione ancora del detto decreto d' *expedit* del Regio Collateral Consiglio; e per liberarsi affatto dalla gravezza di tutti i creditori istrumentari col patto *de retrovendendo*; e da qualsivoglia ragione, azione, o ipoteca a quelli, ed a ciascuno di loro, in qualsivoglia modo competente contro detta Casa Santa e suoi beni; e soddisfarsi appieno, secondo gli si permette nel tempo presente (atteso l'intiero patrimonio, così di detta Casa Santa, come di detto Banco, fu già conosciuto, liquidato, e discusso da detti signori Reggenti, a tal effetto destinati) di tutti li suddetti loro intieri crediti di capitale, e terze, ed interesse, ed ogn' altro preteso credito, così in vigore d'istromento, come di partite di libri, conti particolari fra detta Casa Santa e Banco, ed ogn' altra scrittura privata, fin oggi dovutoli; di forma che a detti creditori, e ciascuno di essi, non resti altro, da oggi avanti, che pretendere e dimandare da detta Casa Santa, per causa de'medesimi loro crediti; e perchè così li pare, e piace; spontaneamente, in presenza nostra, non per forza o dolo alcuno, ma per ogni miglior via, e da ora liberamente, in soddisfazione di tutti l' intieri loro crediti, che detti creditori rappresentano, e ciascuno di loro rappresenta, con patto *de retrovendendo* contro detti patrimoni di detta Casa Santa e Banco, così di capitale, come di terze, ed interessi sin oggi decorsi, e di qualsivoglia altro credito, ed a qualsivoglia somma ascendano, tanto detti intieri capitali, quanto dette intiere terze, ed interessi, ed ogn' altro, che contro detta Casa Santa e Banco detti creditori, e ciascuno di essi avessero, potessero avere sin oggi per qualsivoglia titolo, ragione e causa, così dedotta, come non dedotta, tanto in virtù di qualsivogliano scritture pubbliche o private a loro beneficio appartenenti, quanto in altro qualsivoglia modo: liberamente hanno assegnato, ed assegnano, cedono, e rinunziano, e danno *insolutum, et prò soluto* al ceto di detti creditori istrumentari, con patto *de retrovendendo*, sin oggi esistenti di detta Casa Santa e Banco assenti, ed a detti signori deputati, in detto nome, ed a me notaro presente etc. Tutto lo di più di qualsivogliano restanti beni, corpi, ed effetti, e rendite burgensatiche, e feudali, capitali, annue entrade, censi, nomi di debitori, ed altro; così contenuto in detti bilanci, seu inventari formati, e fatti da detti magnifici razionali di detta Casa Santa, e Banco, dedotti da essi primieramente tutti li suddetti corpi, beni, effetti, rendite burgensatiche e feudali, capitali, annue entrade, censi, nomi di debitori, ed altro convenuto come di sopra, e infra si spiegarà, dovrà restare a beneficio di detta Casa Santa, per adempimento, e mantenimento dell'opere suddette: come altri beni e corpi, non contenuti nelli bilanci suddetti, che presentemente possedesse detta Casa Santa; senza che la medesima in ogni futuro tempo vi possa pretendere cos'alcuna, così per causa di dette opere, come per causa d'avanzo che forse facessero le rendite, dovendo l'accrescimento o 'l detrimento andare ad utile e danno de' creditori.

E come che fra gli effetti e beni, che ha posseduto e possiede detta Casa Santa, vi sono la città di Lesina (1), ora distrutta e senza abitatori, la baronia dell'Ascea, i feudi chiamati di Policastro, e feudi chiamati Sala, Salella, e Corinoti; li quali feudi si tengono uniti colla suddetta dell'Ascea, ancorchè non siano membri della medesima, e la detta città, baronia, feudi, siccome altri effetti feudali si sono posseduti, e possedono immuni ed esenti da ogni peso, ordinario, ed estraordinario, in vigore degli amplissimi suoi privilegi, concessioni, ed osservanza immemorabile: anzi la detta Casa Santa parimente ha, per privilegio antichissimo, confirmato da tutti li serenissimi Re predecessori, di potere acquistare per atto fra vivi, ed ultime volontà, ed alienare senza assenzo, qualsivogliano sorta di feudi e beni feudali, come ne stà in pacifico ed inveterato possesso, e s'attesta ancora da'scrittori istorici e legali del Regno; perciò, la stessa Casa Santa, s'obbliga e promette, in vigore della presente transazzione, convenzione, e concordia, cedere e vendere *quandocumque, et nulla data temporis praescriptione*, liberamente, e senza patto di ricomprare, salvo il Regio assenzo, *quatenus* sia di bisogno a maggior cautela, e non altrimenti, nè di altro modo, al ceto de' creditori, o a quella o quelle persone che si destineranno da'medesimi creditori, sempre che ad essi piacerà, ed a semplice loro richiesta; anzi, *ex nunc pro tunc*, si conviene che s'intendano ceduti e venduti colle medesime esenzioni, privilegi, prerogative, pree-

---

(1) I dritti feudali su Lesina, posti in vendita per pubblico incanto l'anno 1750, comprendevano la signoria della città "con l'intiero stato, et signanter col banco di giustizia, giurisdizione di prime e seconde cause, civili, criminali e miste, mero e misto impero, facoltà di aggraziare e commutare le pene corporali in pecuniarie; e quelle di rimettere, o in tutto, o in parte, od anco di aggraziare, soddisfatta prima la parte offesa; cogli emolumenti e proventi di detta giurisdizione; coll'amplissimo privilegio, *etiam contra viduas et pupillos*; colla derogazione alla legge unica Cod. *quando imperator*; e, per l'esercizio di detta giurisdizione, creare il governatore annuale, mastro d'atti, attitante, e subalterno; con famiglia armata, giusta le leggi del Regno; tener carceri; col peso all'Università di pagare annui ducati sette al Governatore per la revocazione dei Banni pretorii, e di pagare al giurato annui ducati diciotto per servirlo; e colla giurisdizione della Bagliva; con percezione della fida e diffida, così per li cittadini come per li forastieri; e col jus della Portolania dentro, fuori et prope la detta città; col jus della zecca di peso e misura; quale giurisdizione si estende anco nel mare ed in tutto l'intero territorio di Lesina; e colla giurisdizione in tutto il territorio posseduto dalla Badia di Ripalda, e con il jus di esercitare ivi la giurisdizione ed andar a tener Corte nel giorno dell'Assunzione della SSma Vergine „.

Spettava pure al Barone di Lesina " la Mastrodattia con tutti i jus. Jus di presentare l'arciprete di Lesina; la panetteria; il molino; forno; jus di vender pane; piazza; fida di mare; passo e gabella del tumulaggio del Fortore; jus della spiga; decima del grano, orzo, fave, caccia, pesca etc. (a).

(a) Faraglia. Il comune nell'Italia Meridionale pag. 254.

minenze, jus, e ragioni, come meglio l'ha sin ora posseduti; comunicando a' medesimi, ed a chi da essi averà causa, l'istessi suoi privilegi; con valersi espressamente della sua facoltà, per una causa tanto necessaria e privilegiata, e di servizio del Re nostro Signore, del pubblico, e di questa Casa Santa; senza però che sia tenuta a cosa alcuna, nè possa mai esser chiamata in giudizio per l'emenda, se mai li suddetti privilegi, immunità, ed esenzioni non fussero menati buoni, accordati, e confirmati (il che non si crede). E sin tanto che li creditori suddetti non vorranno che detta Casa Santa venda e ceda *in solutum* a loro beneficio, o alla persona o persone che ad essi piaceranno, li feudi suddetti. Trasferita al detto ceto la tenuta de' medesimi coll'esercizio della giurisdizione; coll'obbligo di cedere e trasferire ogni jus che restasse appresso detta Casa Santa *ad omnem simplicem requisitionem* de' stessi creditori; e colla facoltà di poter vendere ed alienare detta tenuta ed esercizio di giurisdizione per soddisfarsi, col prezzo, di detti loro crediti; con dichiarazione che, eligendo d'aver detta tenuta, non s'intenda preclusa la strada di fare in ogni tempo, a loro libito e piacere, intestar li detti feudi e beni feudali alla persona da essi destinanda. Senza che mai possa detta Casa Santa contraddire a detta intestazione, o rivocare la cessione suddetta; rinunciando a tale effetto essi signori Governadori a qualunque beneficio di legge comune o municipale: anzi, acciocchè da questa convenzione resti maggiormente cautelato il detto ceto di creditori, si conviene espressamente: che in ogni caso di contraddizione a detta intestazione, non possa mai detta Casa Santa essere intesa, se prima non paghi al ceto suddetto la summa di ducati 350000, per quanti, di comune consenso, si è dato prezzo a detti feudi e beni feudali. Ed al pagamento di detta summa resti sempre tenuta nel caso di rivocazione o contraddizione suddetta, senza che possa opporne eccezione alcuna, *sic ex pacto speciali et non in poenam*; a riguardo che la detta summa si è convenuta *ex debito praecedenti*, ed il prezzo di detti feudi e beni feudali deve cedere a beneficio de' creditori, in soddisfazione de' loro crediti.

Cominciati parimenti a decorrere li frutti, rendite, ed entrade di detti restanti beni, corpi, ed effetti feudali e burgensatici, come di sopra assignati e dati *in solutum* a' detti creditori, dal primo di detto mese di luglio 1716 avanti, e decorrenti *in futurum*; restando il maturato e frutto pendente respettivamente, di detti beni ed effetti, una colli pesi e spese dovute per causa degli effetti suddetti, sino a detto dì primo luglio, a beneficio e carico di detta Casa Santa, *quia sic etc. et ex pacto, etc.*

Del qual' assignamento *et insolutum datione*, come di sopra fatto, di detti restanti corpi ed effetti burgensatici e feudali, in soddisfazione di tutti detti intieri crediti, e ciascuno di essi, cosi di capitale, come di terze interesse ed altro *ut supra*, detti signori Deputati, in nome di tutto il ceto di detti creditori, spontaneamente, in presenza nostra, ne hanno chiamato e chiamano tutto detto ceto de' creditori, e ciascuno di essi, ben contento e soddisfatto. E quantunque il pieno di detti intieri crediti, di tutti detti creditori, e ciascuno di essi, cosi di capitale, come di terze ed interessi *ut supra*, importasse assai maggior summa del valore delli restanti corpi beni ed effetti, come di sopra assignati e dati *in solutum*; tutta volta tutto lo di più che a detti creditori, o ciascuno di essi, si dovesse per lo compimento di detti intieri loro crediti, li medesimi signori deputati, in nome di tutto detto ceto di creditori, e di ciascuno di essi, avendo mira alla chiarezza colla quale detti signori Governadori di detta Casa Santa e Banco si sono compiaciuti dimostrare, ad essi signori deputati, in detto nome, il pieno del patrimonio, così di detta Casa Santa come di detto Banco, ed alla gravezza de'pesi ed obblighi che tiene la medesima Casa Santa; colla quale chiarezza avuta, essi signori deputati, in detto nome, apertamente han conosciuto non potere pretendere altro in soddisfazione de' loro intieri crediti, di capitale terze ed interesse decorso sin oggi: e per divozione che dissero portare verso detta Casa Santa, e Madre Santissima dell'Annunziata, dalla quale si esercitano tante opere pie, e per sollevare in parte detto pio luogo, ed abilitarlo a maggiori opere; con eccitare ancora la divozione de' fedeli, quali è di più facile che accorreranno, colle loro carità, al sollievo di detto pio luogo, sciolto già dal peso di tanti creditori, a' quali ha cercato soddisfare quel tanto l'è stato permesso di levarsi dal suo dominio, per non restare detti creditori totalmente incapaci di poter ricuperare qualche parte de'loro crediti, per la disgrazia soppraggiunta a detta Casa Santa; e perchè così a tutto detto ceto de'creditori pare e piace, di certa loro scienza, spontaneamente, in presenza nostra, non per forza o dolo alcuno, ma per ogni miglior via, l'hanno rilasciato e donato, per titolo di donazione irrevocabile tra'vivi, a detta Casa Santa, e suoi signori Governadori successori assenti, ed alli detti signori odierni, in detto nome, ed a me notaro presente, etc. Promettendo detti signori Deputati, in detto nome, detta donazione non giammai rivocare nè ritrattare, in qualsivoglia futuro tempo, per qualsivoglia titolo ragione e causa, anco per vizio d'ingratitudine; o che in avvenire detta Casa Santa venisse a maggior auge, siccome è stata ne' tempi addietro, con peculio esorbitante, senza peso di tanti creditori, e benchè il detto peculio acquistando non stasse soggetto ad opera alcuna. Quale donazione hanno voluto e vogliono detti signori Deputati, in nome di tutto il ceto di detti creditori, che s'intenda fatta in beneficio di detto pio luogo, anco per atto principale, separato, ed indipendente dalla detta transazione, convenzione, e concordia; e che non s'intenda una, ma più e diverse volte fra la summa permessa dalle leggi, e che in quella o quelle non vi sia necessaria insinuazione alcuna, ma vaglia, tenga, e resti sempre ferma e valida, come se fusse stata fatta in qualsivoglia Corte, Tribunale, e Foro, ed in presenza di qualsivoglia giudice, uffiziale, e magistrato ecclesiastico o secolare, e con decreto, autorità, ed insinuazione di essi, ed ogn'altra miglior via e modo; e che in ogni successo di tempo abbia la sua fermezza ed efficacia, nè debbia patire diminuzione, o dubbiezza alcuna, *rebus etiam in eodem statu non permanentibus:* rinunciando con giuramento, in presenza nostra, detti signori Deputati, in detto nome di tutto il ceto de' creditori, alla *l. fin. tot. titulo*, alla *l. cum quando Cod. de revocandis donat.*, alla *l. de don. insin.*, ed alla stessa insinuazione.

Ed in caso che in avvenire forse occorresse, per qualsivoglia causa, anco giusta e permessa dalle leggi, rivocarsi o ritrattarsi: detti signori Deputati, in nome di detto ceto dei creditori, e ciascuno di essi, da ora hanno voluto e vogliono che tal rivocazione s'abbia per non fatta. E tante volte donano, come di sopra, a detta Casa Santa, il di più di detti intieri crediti di capitale, terze, ed interesse fin' oggi decorso, quante volte occorresse detta donazione rivocarsi, o in qualsivoglia modo a quella controvenirsi.

Però, per osservanza dell'espresso patto, legge e decreto d'*Expedit*, colli quali esse parti, nelli nomi respettivamente come di sopra, sono venute alla presente transazione, convenzione e concordia, altrimenti quella non avrebbero conclusa, nè sarebbero venute alla stipulazionedel presente stromento; detti signori deputati,in nome di tutto il ceto di detti creditori istrumentari con patto *de retrovendendo* di detta Casa Santa e Banco, stante il suddetto assignamento *et in solutum* datione, come di sopra fatta a'medesimi creditori, nel modo di sopra espresso: da ora liberamente hanno ceduto e renunziato, e cedono e rinunziano a qualunque ragione, azione ed ipoteca, che in qualsivoglia modo spetta e compete, e può spettare e competere alli medesimi creditori, e ciascuno di essi, e che gli stessi tengono contratta ed acquistata sopra detti corpi, beni, ed effetti burgensatici e feudali, rimasti a detta Casa Santa per fondo ed adempimento di dette opere, e descritti nel presente contratto; volendo che li medesimi beni corpi ed effetti, descritti in detto contratto, e che s'è convenuto restare a detta Casa Santa, debbano rimanere a beneficio della medesima Casa Santa liberi, sciolti, ed esenti da qualunque soggezione, ipoteca, servitù; e da tutte, e qualsivogliano ragioni ed azioni, che in qualunque modo, e per qualsivoglia titolo, ragione e causa, competono, e possono competere a' detti creditori, e ciascuno di essi, nulla esclusa; ed anco da qualsivoglia emenda, che in qualsivoglia tempo, e per qualsivoglia ragione, e causa competesse, e potesse competere a detti creditori, e ciascheduno di essi, sopra detti beni, convenuti col presente istromento restare a detta Casa Santa.

E così all'incontro detti signori Governadori, in detto nome, stante il suddetto contentamento di detti signori Deputati, in nome di tutto il ceto di detti creditori, e ciascuno di essi, sopra li medesimi corpi, beni, ed effetti, nel modo detto di sopra, spontaneamente, in presenza nostra, non per forza o dolo alcuno, ma per ogni miglior via etc. parimente da ora liberamente hanno ceduto e rinunziato, e cedono e rinunziano a qualunque ragione, ed azzione, che in qualunque modo spetta e compete, e può spettare, e competere alla detta Casa Santa e suo Banco, sopra detti restanti beni, corpi, ed effetti burgensatici, e feudali assignati come di sopra, e dati in solutum a detti creditori, in soddisfazione di detti intieri loro crediti di capitali, terze, ed interessi sin oggi decorsi; e restino totalmente liberi, esenti, e sciolti da qualunque soggezione, ipoteca, servitù, obbligo, e da tutte qualsivogliano altre ragioni, in qualunque modo comprese, niuna esclusa; ed anco da qualsivoglia emenda, che in qualsivoglia tempo, e perqualsivoglia ragione, potesse mai avere detta Casa Santa; ancorchè qualche credito, contro detta Casa Santa rappresentato, non fusse vero, o per altro motivo e ragione indebito. E per tal effetto esse parti, nelli nomi respettivamente come di sopra, a maggior cautela si sono ad invicem quietate, e quietano, liberano, ed assolvono di tutte le suddette, ed ogni altra ragione, e pretenzione, che una parte avesse, o potesse avere contro dell'altra, e l'altra contro dell'una, per le suddette cause dedotte, o che potessero dedursi. Facendosene ad invicem di tutte dette ragioni, e pretensioni, ac de tota causa, et actione ipsarum una cum dependentibus et emergentibus, annexis, et connexis ex eis, ampia, finale, generale, e generalissima quietanza in ampla forma etiam per aquilianam stipulationem etc. et per pactum de aliquid aliud in perpetuum non petendo, nec peti faciendo, e di commune consenso hanno cassato, irritato, ed annullato, e cassano,irritano, ed annullano tutti, e qualsivogliano atti da esse parti, e ciascuno di essi, ne'nomi respettivamente come di sopra, fatti, così in detto Regio Collateral Consiglio, ed avanti detto spettabile signor Reggente de Miro, come in altro qualsivoglia tribunale superiore; volendo che di detti atti da oggi avanti non se ne debba avere ragione alcuna, nè facciano fede in judicio, nec extra, restando però quelli fermi solamente per l'osservanza del presente istrumento, e non altrimente, nè di altro modo.

E colli seguenti altri patti, obblighi, dichiarazioni, e convenzioni, contenuti ed espressi in detti capitoli, appurati e firmati da dette parti, cioè:

Primo. Che restino a peso e debito di detti creditori, non solo tutti li pesi dovuti per natura e per debito degli effetti, che di presente sono del patrimonio di detto Banco; eccetto però il peso d'annui duc. 24, dovuti sopra detto molino posseduto da detto Banco, e rimasto a beneficio di detta Casa Santa, col comprensorio delle case dell' Isola della medesima Casa Santa, qual peso di annui ducati 24 resta a carico di detta Casa Santa; come anco l'altro degli annui duc. 100, dovuto per li maritaggi di Giovanna Arcella, per li quali si è fatto, a detta Casa Santa, l'assegnamento et in solutum datione sopra li quattro fondachi di sale, come di sopra; ma anche le due partite, una d'annui ducati 39 di censo dovuto sopra la casa sita a Santa Maria dell'Agnone, e l'altro del quindemio dovuto al beneficiato di S. Guglielmo, per gli effetti del medesimo; stante che detti effetti e case, per possedersi dal patrimonio del Banco, viene incluso in detto assignamento et in solutum datione fatta a detti creditori; come anco restano a peso di detti creditori li suddetti annui ducati 2396,4,14 di pesi passati a carico loro, e li suddetti vitalizi, che si devono alli suddetti creditori, asseriti nella nota formata dal suddetto Razionale, come di sopra si è detto, colla promessa della indennità in ampla forma a beneficio della Casa Santa.

Secondo. Che tutti gli attrassi dei crediti litigiosi e di difficile esazione; o pure di sostituzioni già purificate, addette all'opere certe e a confidenze sino al giorno 24 giugno 1716, in cui furono da esse parti formati li capitoli della presente transazione, cedano e siano, siccome detti signori Governadori, in detto nome, quelli cedono, assegnano, e danno parimente in solutum a beneficio di detti creditori, in soddisfazione ancora di detti loro crediti, nel modo come di sopra, anco per tali quali, nel modo detto di sopra.

In oltre li medesimi signori Governadori, in detto nome, cedono parimente, e danno in solutum et pro soluto, alli medesimi creditori, in soddisfazione medesimamente di detti loro intieri crediti, li capitali di detti loro crediti dependenti da eredità libere, insieme colle loro terze.

Ed all'incontro quelli capitali dei crediti e sostituzioni già purificate, che sono addette ad opere certe o a confidenze, insieme colle terze dovute da detto 24 giugno fin oggi, e da oggi avanti decorrende, restino a beneficio di detta Casa Santa, per mantenimento di dette opere. Dovendosi lo stesso praticare a rispetto dei crediti che fussero denunciati, o si denunciassero dopo la presente transazione.

Verum dagli attrassi recuperandi di eredità addette a peso, li quali per detto di 24 giugno si sono ceduti ed assignati al ceto de' creditori, debbano, ante partem, percepirsi da detta Casa Santa tutte quelle quantità delle quali va debitrice al conto dell'eredità seu confidenze. Et signanter li ducati 15 mila all'eredità del quond. Ascanio d'Elia, ed altri duc. 5900 in circa alla confidenza di Minutolo, dalle quali si è pigliato il denaro, ed è rimasto il debito a detta Casa Santa, per servizio de' creditori, ossia per pagarsi da tempo in tempo li mandati.

Verum, nel caso che non si ricuperassero, nè si esiggessero detti attrassi da confidenze, o altri effetti addetti ad opere certe, li detti creditori non siano tenuti a cosa alcuna.

Terzo. Che, per lo credito contro del signor Duca della Torre ed altri intesessati, il capitale e terze decorse dal dì 24 giugno sin oggi avanti, et in futurum decorrende, restano a beneficio della Casa Santa nel modo detto di sopra. E tutte le terze decorse di detto credito, sino al dì 24 giugno, e loro interesse forse dovuto, debbiano cedere, cioè per due terzi a beneficio di detti creditori, in soddisfazione ancora di detti loro crediti, ed un altro terzo sia e debbia restare in beneficio di detta Casa Santa; quale terzo s'abbia da valutare fatta la deduzione delle spese occorse per la lite.

Quarto. Che a rispetto de' crediti litigiosi addette all'opere, a riguardo de' quali si è data la providenza di sopra descritta, non possano li signori Governadori di detta CasaSanta transiggere, cedere, o in altro qualsivoglia modo alienare la porzione del suo credito, così di capitale, come di terze, senza l'intervento, presenza, e consenso dei creditori. E così all'incontro non possano ciò fare detti creditori senza l'intervento, presenza, e consenso de' signori Governadori pro tempore di detta Casa Santa. E lo stesso resti stabilito e convenuto a riguardo di detto credito contro detto signor Duca della Torre, ed altri interessati; e facendosi da ciascheduna di esse parti senza l'intervento dell'altra, sia ogn' atto ipso jure nullo ed invalido, e come non si fusse fatto.

Quinto. Che tutti gli attrassi degli effetti correnti, tantum per tutto il mese di giugno del passato anno 1716, e la rata di ogni qualsivoglia eredità, anche di frutti pendenti, e non maturati sino e per tutto detto mese di giugno, debbia restare a beneficio di detta Casa Santa. E dal primo di luglio, del medesimo passato anno in avanti, il frutto civile e naturale de' beni, e corpi, ed effetti assegnati, e dati in solutum a detti creditori, si debbia esiggere da detti signori Governadori di detta Casa Santa sino all'ultimo di decembre, poi pagarsi a detti creditori.

Sesto. Che l'attrasso debito, sino al detto dì 24 giugno, al beneficiato di San Vincenzo, debba soddisfarsi per tre porzioni da detta Casa Santa, per un altra porzione delle quattro dal ceto di detti creditori.

Settimo. Che il taglio del bosco chiamato lo Litto, e la proprietà del medesimo bosco, ed il taglio e la proprietà delle selve nella Terra della Valle, siccome ogn' altro taglio e frutta di legname sistente ne' feudi che sono restati a beneficio di detta Casa Santa, debbiano restare tutti detti tagli e proprietà in beneficio di detta Casa Santa; senza che sopra di essi resti altra ragione, o azione a detti creditori, o ciascuno di essi. Però il taglio e proprietà delle selve di Somma, ed altre che vi fussero negli altri feudi di sopra, assegnati e dati in solutum a detti creditori, debbiano tutti restare in beneficio e dominio de' medesimi creditori.

Ottavo. Che tutte le ricognizioni e palmari delli signori avvocati e procuratori d'ambe le parti, e d'ogni altra persona che ha travagliato, e merita ricognizione per le fatiche fatte in ridurre a fine la presente transazione; scrivano di mandamento; diritti e spese da farsi nel Regio Collateral Consiglio per lo decreto d'Expedit ed assenzo; e parimente per gli assenzi del Sommo Pontefice, e dell'Augustissimo Imperadore quatenus etc.; e per quelli che saranno necessari, et non aliter; ed ogni altra spesa necessaria per la totale esecuzione e fermezza della medesima presente transazzione, debbiano, ex pacto speciali, pagarsi, cioè per tre parti di esse spese, come di sopra enarrate, da detti creditori; e per l'altra quarta parte da detta Casa Santa; quale quarta parte di spesa debbia soddisfarsi nell'ultima tanna. Rimettendo alla determinazione del detto spettabile signor Reggente di Miro, così la quantità a loro dovuta, come il tempo ed il modo con cui debbiano soddisfarsi.

Nono. Essendosi già verificata la sostituzione fatta dal quondam Gio. Battista Pepe in beneficio di detta Casa Santa, quantunque fusse insorta lite col magnifico D. Niccolò di Jorio, il quale rappresentava sopra li beni di detto qu. Gio. Battista diverse pretensioni; ad ogni modo, essendosi compromesse dette differenze al Dottor signor D. Francesco Crivelli, per parte di detta Casa Santa, ed al Dottor signor D. Francesco Guerrasio per parte di detto dottor Niccolò; ed essendosi da questi promulgato laudo; e dall'una e dall'altra parte proposti li gravami, pendenti nel S. R. C. è finalmente terminata la lite con detto Dottor Niccolò, in virtù di pubblico istromento già stipulato. Ma perchè detta Casa Santa, come erede di detto qu. Gio. Battista, è tenuta fare un monacaggio, che unito col vestiario, la spesa ascende alla summa di ducati 350, per una donzella nubile e povera della città di Sansevero, con la prelazione a quella che fusse della famiglia del testatore. Che però, anco in esecuzione del convenuto da esse parti, come di sopra, si è convenuto espressamente, che da tutti gli effetti di detta eredità di detto qu. Gio. Battista, tanto di quelli che possedeva detta Casa Santa, quanto di quelli che sono pervenuti alla medesima Casa Santa in virtù del detto istromento, stipulato col detto Dottor Niccolò, si debbiano rilasciare, assegnare, e dare in solutum, siccome detti signori Deputati, in nome di tutto il ceto de' creditori, e di ciascuno di essi, per causa della presente transazione, da ora liberamente rilasciano, assegnano, e danno in solutum et pro soluto, a detta Casa Santa, e suoi signori Governadori successori, assenti, ed alli detti signori odierni in detto nome, ed a me notaro presente, etc. li sottoscritti effetti e capitali di detta eredità, quanti giungono al frutto e rendita d'annui ducati 200, secondo l'esazione presente; quali effetti si sono inseriti nel presente istromento, con tutte e qualsivogliano ragioni di detti effetti e corpi, coll'intiero loro stato, in modo che cosi l'aumento, come la diminuzione de' medesimi effetti e capitali, da oggi avanti, resti e sia in beneficio e danno di detta Casa Santa; senza che possa mai pretendere emenda, ristoro, o altra cosa sopra il rimanente di detta eredità.

Tutto lo di più della medesima eredità, detti signori Governadori, in detto nome, da ora liberamente l'hanno assegnato ed assegnano, e danno in solutum et pro soluto a beneficio di detti creditori; anco in soddisfazione di tutti detti loro intieri crediti di capitali, terze, ed interessi sin oggi decorsi. Con dover restare detto di più in pieno e libero dominio di detti creditori; con che resti a peso di detta Casa Santa, ed a suo obbligo, di soddisfare tutti li monacaggi che in futurum si dovranno fare; senza che detti creditori siano tenuti a cosa alcuna per quelli effetti di detta eredità rimasti a lor beneficio, come di sopra. E nel caso che non vi fusse a chi farsi detto monacaggio, restino li detti ducati 200 annui a beneficio di detta Casa Santa, senza che detti creditori vi possano in qualsivoglia futuro tempo pretendere cosa veruna.

E per ultimo, accettando esse parti, nelli nomi respettivamente come di sopra, il parere dato da detti signori arbitri intorno alli tre punti delle liti passive, della stanza pretesa dai creditori, e degli effetti del Banco dismesso; in esecuzione del medesimo parere, si è convenuto e stabilito fra di esse parti: che a rispetto delle liti passive, ciascuna delle parti resta soggetta e sottoposta a quelle liti passive che sono e saranno sopra gli effetti, e corpi, che in virtù della presente transazione, convenzione, e concordia le restano; senza che l'una possa pretendere e dimandare dall'altra, per causa di dette liti, rifezione o evizione alcuna;

per modo che la detta Casa Santa resti soggetta alle liti che sorgeranno sopra gli effetti e corpi, che ad essa rimangono; e li detti creditori succumbano all'altre che si dedurranno sopra li beni ed effetti ad essi assignati, e dati in solutum.

Parimente si è convenuto. Che per commodità di detti creditori, ed acciò che si possino essi unire, e tenere le scritture per l'ultimazione dei loro interessi, resti alli medesimi assignata, dalli 4 maggio del corrente anno 1717 avanti, la casa sita all'isola di detta Casa Santa, e proprio quella ove al presente abita il fioraro nominato N. N. destinata de communi consensu di esse parti, la quale serva per uso di detti creditori, sin tanto che saranno terminati l'interessi suddetti, senza pagamento di piggione. Col patto espresso, che debbiano essi procurare la determinazione suddetta fra il termine di anni 4 dal detto dì 4 maggio 1717; di sorte che passato detto tempo, e non terminati li detti interessi, o per divisione, o per assegnamento, o per altro mezzo, debbiano li creditori suddetti, siccome li detti signori Deputati, nel detto nome, promettono e s'obbligano pagare a detta Casa Santa, e suoi signori Governadori, il piggione di essa casa; che ex nunc resta liquidato ed appurato nella somma per quanto è l'affitto presente della medesima casa; dichiarando che vadano e siano a carico dell'istessi creditori tutte le accomodazioni necessarie nella casa suddetta, o spese bisognevoli per loro servizio, dal dì 4 maggio 1717 sino e per tutto il tempo che durerà l'uso della casa suddetta per loro servizio.

In oltre si è convenuto e conviene, che tutti gli effetti e denaro contante al presente esistente nel Banco dismesso, e tutte le liti che si tengono contro li debitori di detto Banco, e per gl'introiti vacui, tali quali sono, passino in beneficio di detti creditori; ritenendosi la Casa Santa però la somma di ducati due mila del detto denaro contante, *pro una vice tantum*; con patto, e legge espressa che detti creditori restino tenuti ed obbligati, com'essi Signori Deputati, nel nome suddetto, promettono e s'obbligano: di levare ed estrarre indenne ed illesa, *etiam via exequtiva et ante damnum passum* detta Casa Santa da qualunque credito di detto Banco dismesso, *et signanter* da quelli di fedi di credito e di depositi; colla rifazzione di tutti i danni, spese, ed interessi. E con altro patto, che detti creditori non possano procedere all'assignazione, divisione, o alienazione degli effetti del detto Banco dismesso, se prima non sarà da essi data, per l'interessi di detti creditori di detto Banco, *et signanter* di fedi di credito e di depositi, la cautela da dichiararsi dal detto Signor Reggente di Miro. Ed acciò che non possa, in ogni futuro tempo, insorgere dubio alcuno alle specie di detti effetti, se n'è fatta far nota o bilancio del Magnifico Razionale di detto Banco, che si è inserita nel presente istromento.

Di più è convenuto, che detti Signori Governatori sieno tenuti di far dare a detti creditori tutte quelle scritture che sono in archivio, *et penes* detta Casa Santa, attinenti agli effetti assignati a' creditori, *gratis*, quando ne faranno richiesta, con che la spesa delle copie vanno a danno de' creditori.

Ed in fine si è convenuto e stabilito, che occorrendo forse qualche dubio, o lite, o controversia intorno alla presente transazione, e concordia, e circa li patti espressi; o intorno all'interpetrazione delle cautele, promesse, obblighi, ed ogni altra cosa nella medesima contenuta, debbia il tutto determinarsi dall'amichevole arbitrio e prudenza del detto Signor Reggente di Miro; del cui parere non possa alcuna di esse parti, in qualsivoglia modo, o per qualsivoglia ragione, motivo, o causa, gravarsi e richiamarsi; ma a quello promettono stare, obedire, e dare subito l'esecuzione dovuta.

Promettendo dette Parti, e ciascuna di esse, nelli nomi respettivamente come di sopra, per solenne stipulazione, una parte all'altra, e l'altra all'una, in detti nomi, presenti, etc. la suddetta transazzione, convenzione, concordia, contentamento, assegnamento, *in solutum* dazione, cessione, rinunzia, donazione, e tutte le altre promesse *ad inricem* respettivamente come di sopra fatte, sempre, ed in ogni futuro tempo, aver rate, grate, ferme, ed a quelle non contravenire per qualsivoglia ragione e causa, anco di errore e lesione enorme, o d'altra causa assai maggiore dell'espresse, nè domandare assoluzione, o abilitazione di giuramento, etiam ad effectum agendi et experiendi de earum juribus, ed ottenendola ed impetrandola di quella non servirsi.

Ed in caso che, non ostante la suddetta transazione, convenzione, e concordia, da ciascuna di esse Parti, in detti nomi, si controvenisse o tentasse di controvenire alla medesima transazione, convenzione, e concordia, sotto qualsivoglia pretesto, directe vel indirecte; in tal caso, restando sempre fermo ed in suo vigore il presente istrumento, e quanto in esso si contiene, a favore della parte osservante, alla quale restino sempre salve, intatte, ed illese tutte le suddette sue prime ragioni, azioni, pretensioni, e crediti, cosi com'erano avanti il presente contratto. E si possa la parte osservante di quelle servire ed avvalere, non solo per osservanza a suo favore dello stesso presente contratto, e per la manutenzione di quello che possiede, ma ben anco per la consecuzione di qualsisia altro credito, azione, e pretensione, non ostante le cessioni e rinuncie di quelle, *ut supra* fattele, a' quali, per la presente, nel caso predetto, non s'intenda fatto pregiudizio, novazione, o derogazione alcuna; ma quelli restino nel loro vigore contro la parte che controvenirà, o sarà inosservante, non ostantino qualsivogliano leggi, privilegj e beneficj dettanti a loro favore, a' quali tutti hanno con giuramento espressamente rinunziato e rinunziano; poichè la suddetta rinunzia di ragioni e pretensioni dovrà avere il suo effetto in quanto che dalla parte non si controvenga in cos'alcuna *in futurum*, ma si stia totalmente all'osservanza del presente contratto. Anzi si è convenuto per patto speciale, che resti impedito alla parte inosservante l'ingresso della lite, e non possa essere intesa in qualunque Tribunale, o avanti qualsivoglia Giudice, se prima non avrà fatta l'intiera restituzione di tutto quello che in virtù della presente transazione, convenzione o concordia le sarà pervenuto, una con tutti li frutti percepiti. Sic ex speciali conventione, senza che possa opporsi cos'alcuna in contrario o per legge comune, o per opinione de' Dottori, o per stile de'Tribunali, de'quali dichiarano esse parti esserne a pieno informate; e, fatta la restituzione suddetta, resti nulladimeno lo presente istrumento fermo, e nel suo robore a favore della parte osservante, ed a quella restino sempre salve, intatte ed illese le sue prime ragioni, azioni e pretensioni, come di sopra; nè si possa pretendere dalla parte inosservante ritenzione di cos'alcuna in parte della maggior somma, che forse pretendesse, nè dar pleggiaria, nè altra qualsivoglia cautela, ma ante ingressum judicii, debbia fare la totale e real restituzione suddetta in mano della parte osservante. Non ostante l'allegazione 34 del Regio Consigliero Signor Giov: Andrea di Giorgio, e qualsivogliano altre leggi, opinioni di Dottori, ed uso di giudicare in qualsivoglia Tribunale, a' quali tutte esse parti in detti nomi, come ben intese, e cerziorate da' loro savj, come di sopra, di quelle, e loro importanza ed efficacia, con giuramento hanno espressamente rinunziato, atteso con detto patto speciale si è venuto alla presente transazione; volendo esse parti, in detti nomi, stare a tutte le leggi che dispongono la restituzione dell' accetto e ricevuto; ed in specie alla l. qui quidem 16. ff. de transact., alla l. cum proponas 17, alla l. ubi pactum 40, ed alla leg. si quis major C. de transaction. Volendo di vantaggio e contentandosi, le medesime parti, che si debbia praticare la decisione del S. C. fatta a'3 Decembre 1694, nella Rota del Regio Consigliero Ciavari, con intervento del Signor Presidente del S. C. ed aggiunti, nella causa de'Signori Piscicelli, colla quale fu ordinata la restituzione dell'accetto, una cum fructibus, quia sic, etc.

Pro quibus omnibus etc. quaelibet ipsarum, nominibus respective ut supra, prout, etc. ad unam quamque ipsarum, attentis promissionibus praedictis, ut supra factis, spectat et pertinet, sponte obligaverunt se ipsas et quamlibet ipsarum, nominibus respective ut supra, praedictamque S. Domum et Bancum, ac Creditores predictos, eorumque et cujuslibet ipsorum haeredes, praedictae S.Domus et Banci successores, et bona omnia, mobilia et stabilia, burgensatica et feudalia, praesentia et futura, etc. reservato assensu pro feudalibus desuper obtinendo, semper salvo, etc. una pars videlicet alteri, et altera alteri, dictis nominibus, praesentibus respective, ut supra, sub poena, etc. dupli, etc. medietate, etc. cum potestate capiendi, etc. constitutione precarii etc. et renunciaverunt, etc. et juraverunt, etc. unde, etc. praesentibus opportunis.

Extracta est praesens copia ab actis meis, factaque collatione concordat, meliori semper salva, etc. in fidem, etc. U. J. D. Vincentius Collocola de Neapoli, Regius Notarius, in Curia Notari Nicolai Antoni Collocola mei patris signavi = Loco ✠ Signi = Fateor Ego subscriptus Notarius qualiter supradictus U. J. D. Vincentius Collocola de Neapoli, qui supradictam extraxit copiam, fuit et est publicus, lealis, fidelis, ac Regia auctoritate Notarius, sibique scripturisque suis omnibus, publicis et privatis, in judicio et extra, semper adhibita fuit, et ad praesens adhibetur plena et indubitata fides; et in fidem Ego Nicolaus Antonius Collocola de Neapoli, Apostolica et Regia authoritatibus Notarius, et in Archivio Romanae Curiae descriptus, signavi. Neapoli die 6 mensis Augusti 1725. Loco ✠ Signi.

La soprascritta convenzione fu approvata dall'Imperatore, dal Vicerè, dall'Arcivescovo ed anche dal Pontefice Benedetto XIII, con bolla del 1.° gennaio 1725. Ma sono in seguito surte tante difficoltà, tanti processi, che la rappresentanza del ceto dei creditori non s'è sciolta prima del 1880. Quella vendita di beni immobili, riscossione di crediti e ripartizione *pro rata* agli aventi dritto, che avrebbe dovuto sbrigarsi in pochi anni, è durata due secoli; senza che sia completamente finita.

I rappresentanti, costituiti in corpo morale, che prese il nome di Ceto dei creditori di A. G. P., conservarono per le loro riscossioni e pagamenti molte consuetudini dell' abolito banco. Senza l' inopportuno zelo del Comm. Carta, che fece intervenire l'autorità del Ministro per costringerli a tenere diversamente le scritture e la cassa, avrebbe questo Ceto dei creditori, se non fatto risorgere il Banco

— 290 —

di A G. P., per lo meno ricordato la mirabile costituzione delle vecchie officine apodissarie. Mantenendo nella loro purezza gli usi primitivi, le regole, i metodi contabili del secolo XVI, poteva A. G. P. permettere i confronti col banco governativo del 1818. Probabilmente avrebbe ciò dimostrato che meritassero qualifica ben differente da quella di *progresso* le novità ch' erano effetto di violenza, monopolio, ladreria!

Napoli 5 febbraio 1818.
Eccellenza

Dietro il rapporto da me rimessole, in data de' 10 giugno dello scorso anno, relativo alle polizze che si emettono da deputati del ceto de' creditori di A. G. P., e dietro informo da V. E. chiesto sull' oggetto a S. E. il Segretario di Stato Ministro di Grazia e Giustizia, si è V. E. medesima compiaciuto di passarmi, con Ministeriale de' 17 andante, una rappresentanza de' deputati anzidetti, incaricandomi di dirle quant' altro mi possa occorrere su tale assunto.

I deputati del ceto de' creditori di A. G. P. credendo di confutare il suddetto mio rapporto, assumono che quanto in esso si dice è lontano dal vero, ed insussistente; giacchè è totalmente differente, essi dicono, il modo con cui si amministra ed è organizzata la cassa di quella deputazione da quello del Banco; dicono ch' essi fanno i pagamenti per la loro medesima cassa a' particolari creditori di quel ceto, per maggior comodo de' medesimi; giacchè, dovendosi pagare il mandato delle picciole rate d'interessi, vien esso soddisfatto giornalmente, in conformità che perviene l' introito della loro rendita: quandocchè al Banco dovrebbe rimettersi l' importo del mandato in una somma, ed allora verrebbero attrassati li più bisognosi, che ora esiggono puntualmente al maturo, ed allora esiggerebbero più mesi dopo del maturo, per potersi unire l'intera somma E finalmente dicono che quel ceto dei creditori non forma fedi di credito nella sua cassa, e per conseguenza non può notar polizze, come si asserisce nel mio rapporto, che dicono fatto senza piena cognizione dello affare.

Io, dopo nuovi e più minuti informi, posso dire a V. E. che non è nè lontano dal vero, nè insussistente ciò che le rassegnai, col cennato mio rapporto de' 10 giugno dell' anno scorso; e mi credo in dovere di farle osservare più dettagliatamente ciò che si pratica nella cassa del ceto dei creditori di A. G. P. onde possa V. E. medesima giudicare della verità del fatto.

Le operazioni che sta attualmente praticando il ceto de' creditori del fu Banco di A. G. P. si riducono a due. Una è quella che riguarda il pagamento de' soli creditori istrumentari, l' altra riguarda tutti gli altri esiti appartenenti alla sua particolare amministrazione.

La spedizione de'pagamenti a creditori istrumentarî è stata sempre, pel passato, eseguita da deputati del ceto, con mandati diretti al Banco, come si praticava dagli aboliti arrendamenti, e come si pratica tuttavia da tutte le altre amministrazioni e corpi morali. Il sistema che ora si sta praticando è tutto diverso dal primo. La deputazione spedisce li stessi soliti mandati, ed invece di diriggerli al Banco, per riscuotersi le somme da' rispettivi creditori, li dirigge alli stessi suoi impiegati. Costoro praticano tutte le medesime operazioni che si fanno dal Banco, giacchè intestano sù di un libro maggiore i nomi de' rispettivi creditori, formando una partita di credito, egualmente che pratica il Banco. I creditori anzidetti, volendo riscuotere le rispettive quote, devono formare un mandato munito di loro firma autentica: questa viene riconosciuta dal pandettario che tiene la suddetta deputazione per mezzo di registro a tal uopo formato: in seguito, col *visto* del cennato pandettario, passa a discaricarsi la partita sul mentovato libro maggiore a fronte del credito che in detto libro si è aperto, e colla *bona* dell'officiale libro maggiore, viene dal medesimo pandettario avvalorato il mandato della sua *pagata*; e cosi adempito, passa al chiamatore, il quale va insieme colla parte ad esibirlo al cassiere, da che si adempie al pagamento.

Or senza entrare a riflettere che i notai non potrebbero autenticare tali mandati, senza esser prima registrati, nè il pandettario di A. G. P. potrebbe ammetterli e passarli, essendo questo privilegio accordato particolarmente al solo Banco delle due Sicilie, autorizzato da S. M. chi non vede che questo giro è tutto bancale? È quello stesso che solo dal Banco è stato, ed è praticato? Chi non vi riconosce la stessa ruota, la stessa cassa, e li stessi officî del Banco? Chi non comprende che la deputazione del ceto de' creditori di A. G. P. avendo adottato un tal sistema, ha voluto indirettamente formare un Banco privato, senza valersi del Banco autorizzato dal Sovrano? E che abbia voluto assumere quelle facoltà ed attribuzioni che son date dalla Sovrana autorità al solo Banco delle due Sicilie, caricandosi di un esito che potrebbe risparmiare, dirigendo, al pari d'ogni altra amministrazione, li suoi mandati al Banco, dalli di cui pubblici registri si avrebbe in ogni tempo la cautela della deputazione non meno, che di tutti gli interessati? Nè dalle suddette operazioni, che fa la deputazione, si sperimenta il vantaggio che si vuole esagerare a favore della classe bisognosa, giacchè i mandati vengono formati tutt'insieme in un tempo determinato, senza veruna parzialità di stato o condizione, essendo eguale la ragione di tutti gl'interessati.

Per tutti gli altri esiti di sua particolare amministrazione, la deputazione del ceto de' creditori di A. G. P. pratica egualmente le stesse operazioni di sopra indicate. Essa tiene tre libri maggiori; uno detto di azienda: il secondo detto di notate; ed il terzo di cassa. Quello di azienda contiene i debitori del ceto dei creditori per le possidenze che tiene; quello di notate contiene tutt' i pagamenti che il ceto spedisce a favore dei suoi creditori, ed in questo tiene aperto un conto intitolato *Nostri di Cassa* il di cui introito, o sia partita di credito, nasce da un introito che si passa al cassiere, il quale lo descrive in dorso di una fede di credito scritta a mano, come ne'primi tempi si praticava dagli antichi Banchi, prima di formarsi in istampa le fedi di credito, e che porta la stessa intestazione. *Nostri di Cassa*.

Tutti gli esiti si notano in dorso di detta fede con tante polizze, le quali, venendo a passarsi, si discaricano dal conto anzidetto. In queste polizze, oltre le firme del Governo, e del Razionale, viene apposto un bollo indicante A. G. P. sotto del quale vi si fa la notata nello stesso modo che si pratica dal Banco, con firma di *Schioppa*, il quale tiene il carico di aiutante del Razionale e di notatore in fede, tenendo un registro particolare a tal uopo.

Le suddette polizze si spendono sul libro colla *Bona* del libro maggiore *Pica*, ed indi con *pagata* del pandettario *Piscopo,* e firma del chiamatore *Carratura* si pagano dal cassiere, e si scrivono in seguito sul libro d'esito, ed in giornale, tutto in forma come si pratica dal Banco, vedendosi anche in commercio girare questi tali mandati a forma di polizze, che i cambiamonete neppure incontrano ostacolo di pagare in confidenza.

Non è questo adunque lo stesso giro di scrittura, e le stesse formalità che si praticano dal pubblico Banco delle due Sicilie, che oggi è il solo autorizzato da S. M.? E come può negarsi che si facciano dalla deputazione del ceto de'creditori di A. G. P. delle polizze notate, perchè essa non fa uso della fede di credito?

Che la deputazione, invece di pagare li suoi creditori per mezzo di Banco, li voglia soddisfare con privati mandati, diretti al suo particolare cassiere, resterebbe in suo arbitrio di eseguirlo; quando creda che questo modo di privato pagamento le dia quella stessa cautela che ne riporterebbe facendo i pagamenti per mezzo di pubblico Banco. Ma che, dopo la formazione di tali mandati, voglia eseguire tutte le formole bancali, senza sovrana autorizzazione, è questo un assurdo che non è da permettersi, giacchè, come le feci osservare col suddetto mio rapporto de' 10 giugno ultimo, potrebbe produrre de' seri inconvenienti, confondendosi le carte private che si emettono dalla cassa di A. G. P. con le carte che si emettono dal Banco.

Tutte le amministrazioni, e stabilimenti che spediscono pagamenti, o con particolari mandati, o con polizze di Banco, per niente poi s'incaricano delle successive operazioni che occorrono per la riscossione del danaro che vanno a fare i loro creditori. All' opposto la sola deputazione del ceto de' creditori di A. G. P. come ho fatto osservare a V. E. spedisce il mandato a forma di polizza di Banco, l' avvalora di bollo, e di notata, ed indi lo consegna a coloro in favor de'quali i pagamenti sono stati spediti. Costoro, dopo di averli adempiti di loro firme autentiche, riconosciute dal pandettario che tiene la detta deputazione, riscuotono da quella cassa il pagamento, prendendo tutte le formalità medesime che usa il Banco, cioè *visto* del pandettario, discarico e *bona* del libro maggiore, firma del chiamatore prima di presentarsi alla cassa per la soddisfazione, ed indi trascrizioni di tali polizze in esito, e nel giornale.

Da quanto dunque ho avuto l'onore di rassegnare a V. E. è chiaro che si è voluto dalla suddetta deputazione formare un Banco privato, che abbia tutte le stesse attribuzioni, e formalità di un pubblico Banco.

Or avendo S. M. in conseguenza del piano formato dalla deputazione degli apodissarî, e da essa approvato fin dall' anno 1805, stabilito col decreto de' 12 dicembre 1816, che un solo debba essere il Banco, sotto nome di Banco delle due Sicilie, distinto in due casse, una per lo Banco di Regia Corte, e l' altra de' privati che deve far il servizio di tutt'i particolari della capitale, e del Regno, e delle particolari amministrazioni, non sembra certamente regolare ciò che si sta praticando dalla deputazione del ceto de'creditori di A. G. P. la quale o dovrebbe fare i suoi pagamenti per mezzo di questo Banco, come tutte le altre amministrazioni e corpi morali, o, quando volesse eriggersi in pubblico Banco, dovrebbe ottenere la Sovrana autorizzazione, ed essere un altra cassa, dipendente dal Banco delle due Sicilie.

Ma siccome ciò non è eseguibile, finchè sussista il R. Decreto organico del Banco delle due Sicilie, così io rimango sempre nel fermo proposito che debba vietarsi alla deputazione del ceto dei creditori di A. G. P. di far uso di quel giro di pagamenti che ha adottato; e che si serva, come tutte le altre amministrazioni, del pubblico Banco. Qualora voglia le stesse cautele, faccia i suoi pagamenti, in contante, per mezzo del suo cassiere assoggettandosi a' dritti di bollo e registro, qualora voglia le ricevute autentiche.

Sottopongo tal mio sentimento ai

superiori lumi di V. E. per gli ordini di risulta, respingendo la rappresentanza de' deputati che V. E. mi fece l'onore di rimettermi.

A S. E. il Segretario di Stato
Ministro delle Finanze

Il Reggente del Banco
Carta

*
* *

24. All'epoca del Banco di Law, il Vicerè Austriaco, Principe di Solmona, per comando dell'Imperatore, pubblicò l'ordine di non accettare nè spendere biglietti dei banchi forestieri (28 nov. 1721); sotto pena di duc. 400 per ammenda, oltre dei castighi corporali, ad arbitrio di S. E.

Poco dopo fu rinnovata la proibizione dei riscontri, e degl'*introiti vacui*, con una prammatica che ripete tutte le prescrizioni dell'altre pubblicate dal Vicerè Spagnuolo Duca di Medina Celi, Don Luigi de la Zerda y Aragon, fin dal 12 dicembre 1701.

" La perniciosa introduzione dei riscontri, nei Banchi di questa città illustre e fedelissima, fin dai primi tempi della loro erezione praticata, siccome ha partorito in essi, e quindi nel pubblico, tutti quei danni e sconcerti che in varie volte si sono veduti, così ha chiamato ad una giustissima attenzione i nostri predecessori, per abolirne il pessimo costume introdotto, e ad un meritato rigore contro dei trasgressori delle leggi sopra di ciò da tempo in tempo promulgate. Imperocchè, mantenendosi inviluppati ed in somma oscurità i conti di ciaschedun Banco, per le polizze e fedi che l'un Banco tenea dell'altro, l'esperienza ha dimostrato che ogni danno e mancamento dei cassieri, d'onde poi sono nate le rovine dei medesimi Banchi, è stato cagionato, come da sua origine, da' suddetti riscontri. Qual verità essendosi conosciuta fin dai tempi passati, ed ancor quando i banchi si reggevano in casa di particolari (1), nonchè in appresso, quando sortirono la loro situazione nei luoghi pubblici, si sono sempre mai da detti nostri illustri predecessori, colla pubblicazione di varie Regie Prammatiche, imposte pene gravissime ai cassieri, e ad ogni altro ufficiale di banco che in simili riscontri tenesse mano. Ma poichè la lunghezza del tempo, con le varie sue contingenze, unita alle umani frodi, han tolto l'osservanza delle varie Regie Prammatiche, proibenti severamente i detti riscontri, quindi è che col voto e parere del Regio Collaterale Consiglio, appresso di Noi assistente, facciamo la presente *omni tempore valitura*, con la quale, rinnovando in prima e confermando l'antiche prammatiche, sopra di ciò emanate dai detti nostri illustri predecessori, ed in particolare la terza e la settima, sotto il titolo *de nummulariis*, ordiniamo e comandiamo: che i cassieri e sotto cassieri dei banchi e loro aiutanti, e qualunque altra persona de-

---

(1) Questo è falso. Il Monte della Pietà, e gli altri banchi pubblici, facevano la riscontrata, al secolo XVI e XVII, non solamente fra di loro, ma eziandio coi banchieri privati, vale a dire con le ditte commerciali che avvaloravano fedi e polizze di deposito. Ecco un ordine del 28 febbraio 1584.

« Avendosi riguardo, per l'infrascritti signori Protettori, che si solea nel passato mandare a tirar contanti da banchi tutte le partite delle

stinata in detti banchi per fare introiti di monete, cosi presenti come futuri, non ardiscano in modo alcuno, nè per essi nè per mezzo d'altri, di fare riscontri dall'uno all'altro banco, nè di fare introiti in essi, o dar credito in virtù di fedi, o di polizze d'altri banchi, se non che col vero danaro contante, che in quel banco dove si vuole acquistare il credito s'introduca. E ciò sotto la pena, per ogni volta che si contravvenga, di ducati duemila per ciascheduno, e di tre anni di galera, da eseguirsi immediatamente. E colla prova legittima della flagranza, quando si trovassero in loro potere o nelle casse dei banchi dette fedi e polizze dei banchi, o girate o non girate che sieno dei padroni del denaro; o in qualunque modo si provasse d'essersi al presente ordine contravvenuto; ammettendosi, per facilitarsene la notizia, qualunque denunciante di detta contravvenzione, al quale si promette la terza parte di quello che si esigerà di detta pena pecuniaria, restando l'altre due terze parti in beneficio del Regio Fisco. E nelle medesime pene s'intendano anche caduti tutti quegli officiali dei banchi, che sotto il loro nome cooperassero, in qualunque modo, alla detta contravvenzione, o tenendone certa notizia non la rivelassero a Governatori di essi, i quali in averla siano obbligati di darla subito a Delegati, affinchè comunicandola a Noi possano darsi gli ordini per l'esecuzione di dette pene. Imperciocchè è tale il danno di questo inconveniente contro la pubblica utilità, nella buona amministrazione dei banchi, che si stima giusto ogni maggior rigore, per tenersi sempre in osservanza la detta proibizione. Ed al detto effetto, non meno ordiniamo e comandiamo che nelle medesime pene s'intendano anche caduti i cassieri e sotto cassieri ed altri assistenti ed officiali di detti banchi, a' quali portandosi le dette fedi o polizze come di sopra pagate, o ricevute in contravvenzione per riscontro dell'altro, le pagassero. Siccome egualmente per tutti gli altri ufficiali dei medesimi banchi, a quali s'appartiene di riconoscere le dette fedi e polizze prima del loro pagamento, dovendo questi, avvedendosi delle contravvenzioni commesse dall'altro banco, non solamente non effettuarne il pagamento, ma darne subito notizia ai Governatori come di sopra. E si promette a denuncianti la medesima partecipazione di detta pena, affinchè resti totalmente proibita ai banchi qualunque comunicazione, o contrattazione tra di loro, salvochè d'esigere per mezzo dei loro ordinarii esattori le polizze dei mandati d'arrendamenti, per quelle somme solamente che a ciascheduno spettano; nel qual caso debbano i detti esattori prendere il danaro da quel banco ove detti mandati si pagano e subito introitarlo nei proprii banchi. E quel creditore che tenendo denaro in un banco, o in suo nome o giratogli da altri, vorrà introdurlo in altro banco, debba prenderselo di contanti e poi farne introito ove gli piace. Altrimenti tali creditori, contravvenendo in trasportare il loro danaro per mezzo di polizze o fedi di credito dall'uno all'altro banco, o in prender

---

quali il sacro monte era creditore, e che gli erano girate da diverse persone; e di poi, per evitare ogni impedimento e pericolo vi fosse, si voltavano le dette partite ad altri banchi, i quali erano creditori d'esso sacro monte, e quelle si mandavano a spendere per polizze e cosi si saldavano i conti del sacro monte coi banchi. Per osservanza del predetto, e per ogni altro buon rispetto e governo del sacro monte, hanno conchiuso ed ordinato: che da mo avanti, ogni mese, si tiri la resta d'accordo co'banchi, e di quello che restano debitori al sacro monte, si debba subito voltare per polizze del monte ad altri banchi suoi creditori; ovvero, non essendo debitore il sacro monte ai banchi, si debba il suo credito spender per polizze, e mandarsi a tirar il resto contanti —Il conte di Mileto—Giov. Vincenzo Pignone — Giov. Francesco Gargano — Giov. Battista Vicedomini — Giov. Alfonso Invidiato — Agostino Caputo.

danaro da un banco, dandosi la polizza o fede per l'altro, cadano nella pena della perdita dei danari, con applicarsi parimenti la terza parte al denunciante, ed in altre pene a nostro arbitrio, secondo le persone ed i casi che accaderanno ».

« Di vantaggio, per evitare il gravissimo disordine ch'è succeduto alle volte, di farsi introiti vacui nei banchi, con darsi credito del denaro a chi non lo tiene, o prima che l'introiti in esso (delitto che tiene natura di furto con falsità) si proibisce, siccome colla presente proibiamo, sotto pena della morte naturale, così a detti cassieri, come a qualunque altro officiale di scrittura che con scienza commettessero, in qualunque modo, il detto delitto; o lasciassero fraudolentemente di notare, secondo le loro istruzioni, tutti gl'introiti nel tempo che si fanno. Proibendosi, sotto la medesima pena, a cassieri e sotto cassieri suddetti di valersi per proprio uso del danaro delle casse, nè pure con licenza dei governatori, nè di fare altri pegni che quelli che si fanno legittimamente, secondo l'istituto di ciascun banco. I quali pegni, legittimamente fatti, si debbano introdurre nel giorno stesso dentro il luogo della loro conservazione. E per maggior cautela, affinchè si eviti ogni dubbio, e constino con la scrittura immediatamente tutti gl'introiti che si fanno nei banchi: ordiniamo e comandiamo che quegli officiali che sono destinati per formare le fedi di credito o di deposito, non possano consegnare in mano dei cassieri tali fedi in bianco in confidenza, ma debbano sempre tenerle in loro potere, consegnandole al cassiere volta per volta, in ciascheduno introito che si farà, con iscriverci di loro mano il nome di quelli che li fanno, e le somme introitate. E così i loro libri come quelli dei cassieri, si debbano consegnare per passarsi a libro maggiore, secondo l'istituto di ciascheduno banco, e quelli che contravverranno, se la contravvenzione sia con scienza, cadano nella pena medesima di ducati duemila e di tre anni di galea, e se per casuale dimenticanza, cadano nella pena della perdita dell'ufficio; ed in altre a nostro arbitrio, secondo la qualità del loro errore. Siccome vogliamo che tutti gli officiali dei banchi e dei loro monti, che tenendo notizia della frode che commettessero gli altri, non la riveleranno a detti governatori rispettivamente dei loro banchi, cadano nella medesima pena che merita quegli che commette la detta frode; non essendo convenevole che coloro che si alimentano con le sostanze dei banchi, tengano poi occulti i gravi loro danni e pregiudizii ».

« Ma se mai si rappresentasse caso, per ragione di credito particolare che l'uno banco acquistasse o dovesse acquistare con l'altro, e volesse per detta causa trarne il danaro, debbano i governatori ricorrere da Noi, affinchè possa darsi la provvidenza conveniente ».

« E l'osservanza di tutto ciò che si è ordinato nella presente prammatica, la riponiamo alla cura e peso dei governatori di detti banchi, rispettivamente di quelli ch'essi governano; con obbligarli costantemente a far contare le casse allo spesso da detti cassieri e sotto cassieri, con la loro assistenza, almeno ogni quindici giorni. E sia irremisibilmente, nelle mattine di lunedì, in ogni banco, incominciando dal primo dopo la pubblicazione della presente, in modo che vengano a contarsi unitamente nei medesimi giorni suddetti le casse di tutti i banchi e similmente ad usare tutte le maggiori diligenze per lo buon governo di questa loro amministrazione; dovendo subito dar notizia in iscritto a Delegati, rispettivamente dei banchi che essi governano, di qualunque trasgressione che troveranno circa quanto di sopra si è ordinato. E detti Delegati debbano immediatamente darla a Noi, non dubitando che dallo zelo sperimentato dei presenti governatori resterà a tutto ciò perfettamente adempito. E vogliamo che si pubblichi nei luoghi soliti di questa illustre e fedelissima città. Datum Neapoli in Regio Palatio die 29 mensis martii 1728. El Cardinal de Althann. Vidit. Ulloa Reg. D. Nicolaus Fragianni a Secretis. In bannorum 2 fol. 129 Mastellonus. De Sanctis. Prammatica ut sopra pubblicata a 29 maggio 1728 ».

*
* *

25. L'ultima offesa, che i Vicerè spagnuoli o austriaci minacciarono ai Monti, fu il novello tentativo di mettere a Napoli un monopolio bancario, mediante certi esorbitanti privilegi da concedersi ad un nuovo Istituto, che dal nome dell'imperatore sarebbesi chiamato Banco S. Carlo.

A 12 gennaio 1726, scriveva S. M. " ha procurato ed attual- " mente procura per tutte le vie possibili all' accrescimento di un " florido ed utile commercio tanto interno quanto esterno. „ Notisi che proprio allora, col decreto proibitivo d' estrarre moneta dal regno, aveva posto insormontabile impedimento agli scambi internazionali.

Li 2 d' ottobre del medesimo anno 1726, decretò di affidarsi la direzione ed il governo del nuovo istituto ad una giunta, con assoluta autorità e giurisdizione, indipendente da qualsiasi tribunale, la quale con giudizio quasi sommario risolver dovesse le controversie tra il banco ed i suoi clienti. Quindi il vicerè de Haltham, a 18 marzo 1728, pubblicò il progetto di statuto; cominciando col manifestare che il nuovo banco S. Carlo teneva la dote di ducati centomila.

I privilegi non differivano da quelli goduti allora dal banco San Giorgio di Genova, cioè che i depositi, i mutui, le rendite, non si potessero sequestrare nè confiscare e che nessuna imposta potesse colpire i depositi, per qualsivoglia causa o diritto fiscale. Era stabilito ad un tempo come banco di circolazione e di deposito, dando ed anche prendendo a mutuo, per gli affari che avrebbe stimato convenienti.

La dote consisteva in *fiscali*, cioè assegnazioni sul provento di varie imposte (dogana, seta, olio, sapone, ecc.) Per convertirla in capitale si vendettero li dritti d' esazione, come usavano a quell'epoca, ma fu difficile trovare compratori. Dopo molte pratiche vane, si volse il Vicerè a quelli stessi banchi che intendeva distruggere col suo nuovo istituto, e gl'invitò a comperare i fiscali di San Carlo. Ubbidirono i governatori della Pietà, e forse anche gli altri, ma di mala voglia e con tanta poca fiducia che non ardirono di toccare i depositi apodissari, cioè la moneta esistente in cassa. Essi diffalcarono dal patrimonio quant' occorreva per contentare S. E.

Per la caduta del Governo Viceregnale, al quale successe, nel 1735, la Casa di Borbone, e per la riacquistata autonomia del reame di Napoli, si soppresse questo Banco di San Carlo, restituendo alla Pietà il capitale versato per fondarlo. (1)

Fra tanti biasimi, è dovuta al governo Viceregnale la lode d'aver quasi sempre rispettato l'indipendenza dei banchi, e di non avere tentato di pagare con carta moneta.

L'ingerenza presa dal Vicerè fu semplicemente di mandare un Commissario Regio, *Delegato Protettore*, e di scegliere i Governatori, ovvero d'approvarne le nomine; cose dalle quali avrebbe fatto meglio ad astenersi. In quanto alla carta moneta, fra tanti rovinosi spedienti ai quali ricorse quel governo, non pensò mai di tenere in circolazione, per forza o per inganno, valuta bancaria *vacua*, che cioè non fosse corrispettivo di moneta in cassa o di credito certamente riscuotibile.

*
* *

26. Del Re Carlo III° le sole leggi pubblicate, che riguardino i banchi, sono la prammatica del 30 ottobre 1752 contro l'usura e quella 10 agosto 1757 per le monete false.

Con la prima, rinnovandosi i decreti del precedente governo, che minacciavano severissime pene, si disse bastevoli per provare il de-

---

(1) Conclusione 11 giugno 1739. Banco Pietà .... Essendosi proposta l'imbasciata della Regia Giunta, pervenuta ad essi signori Protettori per mezzo del magnifico notar Giuseppe Benucci, notaro della Regia Corte, con cui ha loro notificata la Real Volontà di comprare i fiscali del Banco di San Carlo, presentemente posseduti dal Sacro Monte; benignamente esibendo la Real Clemenza di S. M. (D. G.) o l'assegnamento a beneficio del detto Sacro Monte sopra i precipui di cassa militare, a ragione del quattro per cento, o la restituzione del capitale prezzo dei fiscali suddetti, hanno essi signori Protettori mostrato cieca ubbedienza agli ordini Sovrani, contentandosi di prendersi il capital prezzo che da loro fu sborsato per la compra dell'anzidetti fiscali, affin di estinguere alcuni di quei debiti che lo stesso Sacro Monte tiene con particolari, ai quali corrisponde il quattro per cento.

Conchiusione 31 agosto 1739. Raunati i signori Protettori, han conchiuso ed ordinato: che essendo stata fatta dalla Regia Corte la restituzione a questo Sacro Monte dei D. 60055,86, per la ricompra dei fiscali olim vendutigli dal Real Banco di San Carlo; e, non avendo occasione pronta di impiegare detta somma, si facciano le seguenti restituzioni agl'infrascritti creditori di detto Sacro Monte.

(Segue l'elenco di 31 nomi, fra quali diciassette di enti morali, compreso il Monte de oficiali dei banchi per D. 300).

litto le querele di due persone che avessero patito usure ; ed ove mancassero i querelanti , ma la pubblica fama designasse qualche reo, si potesse la condanna fondare sulle dichiarazioni di due o tre testimoni. Conseguenza di questa legge era il fatto che si stipulavano pochissimi contratti di prestito a tempo determinato.

Per le monete false poi, d'oro e d'argento, ordinò Carlo III° che si dovessero tagliare per metà, e serbarsi una parte dalla cassa, l'altra consegnarsi all' esibitore.

Ma, se scarseggiano i documenti stampati, abbondano quelli inediti e l' archivio del banco conserva molti volumi di reali dispacci di quell' epoca. Ce ne sono parecchi curiosissimi. Per i banchetti a Corte fornivano l' argenteria i monti dei pegni, con evidente infrazione alla regola di rispettare il deposito (1). Invano gli antichi *Protettori* del banco Pietà avevano comandato, fin dal 12 marzo 1583. " Perchè delli pegni che s'impegnano e conservano nella
" guardaroba di questo Sacro Monte non si deve nè può servire per-
" sona alcuna, senz'offensione di coscienza; conforme alla matura
" deliberazione su ciò fatta per Noi , con consulta dei Reverendi
" Padri Teologi; essendo proibito di ragione l' uso dei pegni, tanto
" più per essere istituita l' opera del sacro monte per evitar l'usu-
" re. Affinchè nel detto prestare e servire de' pegni non si com-
" metta usura, contro l' istituzione dell' opra, e anche per evitare
" ogni inconveniente che potrebbe nascere, portandosi i pegni che
" si prestano fuori del luogo ; si è conchiuso e ordinato che per
" l' avvenire, in modo nessuno, li pegni impegnati in questo sacro
" monte, tanto d' oro , d' argento , rame e panni di seta , lino e
" lana, che di qualunque altra sorte, non si debbano prestare a per-
" sona alcuna, etsi fosse Protettore di questo sacro monte, e nem-
" meno cavarli fuor del luogo, per qualsivoglia causa. Al che obbli-
" ghiamo l' illustrissimo Sebastiano Soprano, guardaroba del sacro
" monte, sotto pena di perdere la sua provvisione d' un mese per
" ogni volta che si contravenerà al predetto. — Il conte di Mile-
" to — Giov. Francesco Severino — Giov. Francesco Gargano —
" Eliseo Ram. „

---

(1) Avendo risoluto il Re di tenere in questo real palazzo qualche festino, ne prevengo di Real Ordine V. S. I. perchè disponga che dai banchi del Popolo e della Pietà si consegnino, colle corrispondenti cautele, a D. Sebastiano Padronaggio, gli argenti che saranno a tal effetto ricercati. Palazzo 5 febbraio 1777. Il Marchese della Sambuca. Al signor D. Gennaro Pallante.

Nella regola del Monte dei Poveri, 19 ottobre 1666, sta pure detto coll'articolo XIII. " Li pegni, così del tesoro del Banco co-
" me del guardaroba del Monte, non si prestino per qualsivoglia cau-
" sa a veruna persona, ancorchè fosse ordinato l'imprestito da tutto
" il Governo e se ne contentasse il padrone dei pegni, e vi assi-
" stesse l'apprezzatore. Sotto pena alli conservatori, così del Ban-
" co come del Monte, della perdita dei loro uffici, e d'ogni altro
" danno che risultasse per la contravvenzione ,,.

Le provviste di grano per conto del Municipio di Napoli, che, secondo le storte opinioni economiche di quel tempo, eran credute valevoli ad impedire la carestia del pane, si ottenevano mediante anticipazioni dai banchi, sulle quali non correvano interessi, e che giunsero nel 1764 alla somma di duc. 480,000. Anche quando si temeva mancanza di olio, i banchi erano invitati ad anticipare, senza interessi, il capitale occorrente perchè fossero riforniti i magazzini del Comune.

Il capo del banco, *Delegato Protettore*, lo sceglieva il Re, ed era un magistrato che nominalmente teneva grande potere e facoltà, ma col fatto badava solo alle faccende contenziose. Fra' privilegi degl'istituti c'era quello di sfuggire alla giurisdizione dei tribunali, salvo il Sacro Regio Consiglio, ch'era una specie di cassazione, per modo da risolversi le vertenze civili, qualche volta pure le criminali, colle sentenze del Delegato Protettore, le quali erano quasi sempre non appellabili. Varî processi, esistenti nell'archivio patrimoniale, mostrano che stavano sotto la giurisdizione del Protettore così gl'impiegati come la clientela, senza esclusione di feudatari, d'enti morali, d'ecclesiastici e nemmeno di regi ministri. Mostrano pure ch'erano le sentenze valevoli non solo pei denari ed oggetti in potestà del Banco, ma eziandio per le persone e per la roba di quelli che avevano col banco contrattato. Si trovano ordinanze di sequestri e di liberazioni, mandati di comparizione e d'arresto, ed anche condanne alle galere. Avvenne qualche volta che per fatti dov'entravano due o più banchi si promulgarono decisioni contradittorie. Per esempio, nel vuoto di Monteforte e Carluccio, il Delegato della cassa Spirito Santo condannò il Banco S. Giacomo a pagargli D. 45000, circa, valore d'un riscontro presentatogli da Monteforte, considerando che quella polizza teneva le firme d'un cassiere e d'un fedista, e ch'era munita del bollo d'un banco.

Il Delegato di S. Giacomo, invece, decise, da parte sua, che il debito fosse nullo. Mancando la registrazione sui libri d'introito, e non essendo entrati i denari nella cassa dell'istituto, egli dichiarò falsa la polizza.

La gestione economica del Banco e del Monte, nonchè degli ospedali, delle confidenze e dell'opere pie annesse, spettava, quasi senza controllo, ai Governatori, che si nominavano, nel Monte dei poveri, con libera elezione e voto segreto, dai membri della fratellanza. L'altre confraternite perdettero questo dritto d'elezione, usurpato a poco a poco dal Vicerè, poi dal Re, cosicchè nel secolo XVIII i governatori di S. Giacomo, Pietà, Popolo, Salvatore, Spirito Santo e Sant' Eligio eran tutti nominati con dispaccio ministeriale. Però doveva scegliere S. M. sulla lista presentata da chi usciva di carica, per avere finito il biennio. Della deferenza, che naturalmente mostravano tutti questi signori per chi li aveva nominati, si traeva profitto facendoli concorrere con larghe sottoscrizioni dei banchi ai *doni spontanei* (ch'erano contribuzioni forzose) alle compre di arrendamenti (prestiti con emissione di rendita) ed eziandio alle elemosine, che S. M. credeva opportuno si facessero, ma non voleva far tornare a discapito della propria borsa.

Salvo la deficienza di coraggio civile, come pure salvo la pedanteria, l'odio alle novità e l'indole curialesca, difetti pei quali i governatori del secolo XVIII risultano molto inferiori a quelli dell'epoca Viceregnale, niente si trova da criticare nelle persone scelte. Ripetiamo d'esser convinti che all'onesta direzione dei Banchi di Napoli abbia precipuamente contribuito il singolare metodo di scelta del Governatore, col quale si designava da ciascuno il proprio successore. Per ragione d'amor proprio, ed anche perchè la regola comandava, con vincolo di giuramento, di non includere fra candidati nè parenti proprî o d'altri governatori, nè debitori dell'istituto, nè persone colle quali s'avessero relazioni d'affari ed interessi comuni, ciascuno formava la sua lista colle persone più rispettabili, che gl'ispiravano maggiore fiducia. Così si spiega come fra le centinaia di governatori succedutisi nei tre secoli, nessuno fu convinto, nemmeno accusato, di malversazioni o di complicità con cassieri, fedisti, e razionali ladri. Eppure l'operazioni di collocamento facevansi tutte per loro comando.

La regola, scritta per qualche istituto, consuetudinaria per gli altri, che i Protettori e Governatori non si potessero mai servire per propria comodità dei denari della cassa, e che per nessun pretesto potessero divenire debitori del Banco, fu sempre osservata. A torto biasimava tal metodo la curia Romana, dalla quale, come riferisce il Card. De Luca (disc. 39 N. 1) " Decreto etiam Sac. Congreg. est vetitum, in urbe Roma, successores gubernatores confraternitatum eligi ab antecessoribus, uti quid irrationale, ob speciem monopoli et communitatis supplantationem. „ Lungi dallo sperimentarlo *irrationale*, i nostri otto banchi antichi andavano meglio o peggio secondo che l'osservavano con maggiore o minore severità.

Irragionevole veramente era la proibizione dei riscontri, che l'ordinanze mantenevano, ed ove si fosse rispettata avrebbe fatto gran danno al commercio ed a chiunque, possedendo carte bancali, doveva necessariamente recarsi a quella cassa che le aveva poste in circolazione. Però colla Regia Corte si faceva eccezione; il Sovrano sperimentava comodo per sè quello che ai sudditi proibiva.

Fortunatamente, questa proibizione poco si rispettava, ed il Rocco, scrittore contemporaneo, ci dice che (1).... " bilanciandosi il comodo " grande e l'utile che il riscontro reca al commercio, coi danni " che ha recato e può recare ai banchi, sempre si è preferito il " comodo del commercio ai danni dei banchi „. Savia massima, che posta quasi sempre in pratica, contribuì ad ispirare l'affetto pei Monti ed a farli ricchi. Oltre della testimonianza di Rocco, abbiamo quella più valevole dell'archivio, colla traccia di pagamento per riscontro su molte migliaia di bancali, colle *fedi di resta*, e specialmente coi *libri della riscontrata*. Un Dispaccio Reale, del 4 novembre 1794, riconosce come non reputavano " opportuna " cosa di abolire un costume che, anche a fronte di più leggi che " l'han vietato, si è stabilito e radicato, perchè di sommo comodo " alla facilità del commercio dei cittadini „.

Qualche volta la contravvenzione alle prammatiche, più che tollerata, fu imposta da comandi del Re. Quando un banco vacillava per *correria*, gli altri ricevevano l'invito di tenersi nella cassa la sua valuta apodissaria, senza presentarla pel pagamento. Ne abbiamo riferito esempî di San Giacomo, Salvatore, Spirito Santo; ed è facile provare che nei secoli XVII e XVIII questo fu l'unico

---

(1) Vol. 1, pag. 77.

spediente al quale si ricorse per trarre d'angustia un banco; dandogli tempo, mantenendo il credito della carta dell'istituto, tale espediente era il mezzo più efficace di fargli ricuperare la riserva metallica. Non si potrebbe, con argomenti migliori di quelli offerti dalla nostra storia economica, provare quanto sia giovevole la pluralità delle banche.

Pure quando mancava il comando regio, procurava qualche istituto, condotto con minor prudenza degli altri, di far assorbire dai rivali le sue polizze, destreggiandosi per ritardarne il pagamento. Li 4 giugno 1790, il Delegato di S. Giacomo, Palmieri, all'accusa fattagli d'incettare riscontri per sopraffare il Banco dello Spirito Santo, rispose ch'egli, al contrario " aveva da molto tempo
" coi suoi cassieri inveito per l'eccessiva somma della quale il
" Banco di San Giacomo era creditore del Banco Spirito Santo;
" e per timore di qualche disgrazia non solo fu da me proibito,
" per alcuni giorni, di pigliarsi riscontri del Banco Spirito Santo,
" ma pressai quel Banco al pagamento; e quantunque, a gravi
" stenti abbia ricevuto non piccola somma di contanti, per cui
" feci di nuovo pigliare li suoi riscontri, pure in oggi il Banco
" di San Giacomo è di lui creditore di D. 105706,63 „.

Continua Palmieri con una lunga diatriba sui metodi amministrativi dell'altro banco, che accusa di speculazioni cambiarie per incettare l'argento Spagnuolo (*pezzi duri*) e di pagare un aggio di due per mille sulla moneta regnicola, pure d'argento. Cosa dannosissima agli altri banchi, particolarmente al suo di San Giacomo, dove quotidianamente scemava la riserva, per la ragione che il guadagno, da un concorrente pagato, faceva diminuire l'immissione di contanti e crescere l'estrazione. Infine si duole con grande energia del sistema di dare capitali a mutuo, pel quale il Banco Spirito Santo " impiega, contro le proprie forze, quel denaro che
" non ha, e lo supplisce con carta che nega di pagare agli altri
" istituti „.

Eccezionali però sono i documenti che provano mal'umore fra Banchi, mentre che l'intera loro storia mostra un ammirevole spirito di concordia, anzi di solidarietà. Non si reputavano rivali o concorrenti, ma fratelli, tenuti al soccorso scambievole, perchè l'intento loro, ch'era la beneficenza ed il pubblico vantaggio, dava sufficiente campo all'attività ed al lavoro d'ognuno.

Spesso uscivano nuove tariffe delle monete forestiere, che qualche volta si permetteva e qualche volta si proibiva ai banchi di accettare per le riscossioni, è di rimettere in circolazione coi pagamenti; quest' incertezza tornava d'immenso vantaggio a certi cassieri ed impiegati, che s'arricchivano speculando sull'aggio. Un dispaccio, 20 novembre 1746, si duole acerbamente del fatto che i zecchini romani entravano al prezzo di carlini 25 e ne uscivano al prezzo di carlini 26, pagandosi la differenza dall'amministrazione pubblica, alla quale occorrevano questi zecchini romani per i possedimenti in Toscana (Stato dei presidii, cioè Piombino, Orbetello ec.). Un altro dispaccio, 16 ottobre 1766, proibisce di pigliare in pegno i talleri imperiali.

Arrivò troppo tardi questa proibizione, che non valse per impedire le deficienze a tutt'i banchi, specialmente a quelli del Salvatore, Sant'Eligio e Popolo. Carlo III°, fin dal 1752, aveva concesso l'appalto della zecca a Leonardo Perillo, e per facilitarne l'operazioni, aveva comandato ai Monti di trattare come pegno *grazioso* le monete forestiere e paste metalliche dell'appaltatore. Con piccolissimo capitale, Perillo fece coniare più di nove milioni di ducati in poco tempo, mediante dispacci ministeriali, pei quali passavano dai monti alla zecca i pegni di verghe e monete, senza ch'egli avesse restituite le somme anticipategli.

Tali dispacci non dicevano, con la debita chiarezza, che si dovesse impegnare gratis unicamente per fornire di materia coniabile la zecca, e Perillo ne trasse profitto per dare immenso sviluppo al proprio commercio di cambiavalute. Al 1764, epoca di carestia, nella quale si lavorava all'importazione di grano dal Levante, fece incetta di talleri austriaci, moneta corrente nei paesi barbareschi, che impegnò a D. 1,40 l'uno, mentre l'intrinseco valore non superava D. 1,31. Riuscì a cederne quarantamila al Municipio di Napoli, per D. 1,42; ma centomila che n'aveva fatti prendere dal Banco del Popolo e quelli accettati dagli altri sei Monti, che non erano pochi, minacciavano di restare eternamente come pegno senza interessi, per l'impossibilità di trovar compratori a D. 1,40 o più, e perchè non conveniva di fonderli e convertirli alla zecca in moneta regnicola. Perillo ci avrebbe perduto quasi nove per cento.

Ministro di finanza e governatori di banchi s'accorsero finalmente dello sbaglio commesso, di computare i talleri più dell'intrinseco, ed intavolarono un clamoroso processo col partitario della zecca, nonchè coi proprî cassieri e razionali, che fece ricuperare piccola parte delle differenze passive (1).

Ad onta di questa brutta esperienza, fino a quando s'usarono gli appalti della zecca, somministrarono i banchi la massima parte del capitale. Infatti comperavano i partitarî la moneta non circolabile perchè di conio straniero, ovvero perchè scadente; la mettevano in pegno, ricevendone quasi l'intera valuta, e poi ottenevano un ordine al banco che questo pegno fosse mandato alla zecca, come pasta metallica. In tal modo era l'istituto di credito quello che restava scoperto, fino a che la coniazione fosse finita. Quando poi la finanza si decise a tener per proprio conto la zecca, finì la simulazione del pegno. Ai banchi si mandava l'ordine di consegnare le monete calanti, forastiere, illegali, le verghe e le paste metalliche. Talvolta s'aggiungeva l'altro comando d'aprire casse nelle quali gratuitamente facevano i banchi il baratto dei tipi, cioè il ritiro delle monete destinate ad uscire dalla circolazione. Sempre dichiarano i dispacci ministeriali che si tratta di prestito temporaneo, ma però i conti correnti senza interesse, pel ramo zecca, non saldavano mai; ed una *conclusione* del 20 agosto 1796 riferisce che la rimanenza a debito del fisco era quel giorno di D. 649297,00.

Ferdinando IV, quand'ebbe il rapporto di Giovanni Pallante, sull'irregolare condotta del Banco Spirito Santo, preparò la riforma di tutti.

" Col motivo di avere esposto al Re, il Delegato della Casa e Banco dello Spirito Santo, gli abusi e disordini che si trovano nel banco introdotti su le gratificazioni, sussidi, aumenti di soldi e giubilazioni che si dispongono, e spese che s'impiegano in fabbriche ed altre opere. E credendo S. M. che ciò che accade in questo banco succeda pure in tutti gli altri, è venuta a delegare la Real Camera di Santa Chiara, affinchè in unione di V. S. I. e degli altri delegati di banchi, si faccia un sinodal esame della primitiva

---

(1) Trent'anni dopo, come appare da relazione del Banco del Popolo, quell'istituto teneva ancora talleri N. 15575 ¾ che ad onta delle condanne i proprietarî non avevano ritirato, restituendo l'anticipazione, e che i varî Delegati non erano riusciti a vendere. Per bilanciare i conti s'era deliberato di compensare la perdita sui talleri col guadagno sulle monete d'oro di antichi depositi o pegni, che pure venderono, perchè morti li proprietarî, ovvero perchè sordi all'invito di ripigliarli; ma l'operazione non era ancora finita nell'anno 1794.

istituzione di ogni banco, delle obbligazioni che abbia e delle opere alle quali sia addetto; riflettendo a tutti gli abusi che da tempo in tempo si sono andati introducendo e si vanno continuando: con tener presente la franchezza con cui si dispongono gratificazioni ad ufficiali e subalterni ; contribuzioni sotto titolo di fatiche straordinarie ed altri pretesti ; sussidî nelle occasioni delle tre principali festività dell'anno ; le giubilazioni che si danno senza esaminarsi le precise circostanze, per vedere se si abbia o no da graduare ; con tenere altresì in mira quel che arbitrariamente si dispone per fabbriche, o per altri usi ed opere, che talvolta sono voluttuose e non profittevoli. Come ancora vedersi e stabilirsi quei soldi ed assegnamenti che siano regolari e compatibili con li rispettivi impieghi, acciò s'eviti ogni dubbio che si potessero commettere frodi; e con andar ciascheduno dei Delegati indicando quegl'inconvenienti che crede d'aver bisogno d'emenda e riparo; ad oggetto di frenare la pregiudizievole libertà, che sinora si è usata nelle accennate disposizioni. Ed indi essa Real Camera formi un piano distinto del sistema che per l'avvenire abbia da tenersi in ogni banco, per lo di loro buon regolamento, con farne circostanziata relazione, per l'intelligenza di S. M. e sue ulteriori Reali risoluzioni. 28 ottobre 1771. Gio: Goyzueta „.

La pretesa riforma, che probabilmente avrebbe accelerato di trent'anni la rovina dei banchi, non si fece per inerzia della Camera di Santa Chiara. Salvo qualche rapporto, che esiste nei volumi manoscritti di conclusioni e dispacci, e salvo poche informazioni sul patrimonio e gli affari di qualche Monte, nulla c'è in archivio che riguardi la compilazione del *piano*. Da vero leguleo, Pallante, aveva scritta una lunga diatriba contro degl'impiegati subalterni, e fatta una requisitoria per le spese di poco conto, senza accennare all'essenziale difetto, che non poteva sfuggire ad uomo tanto sagace. Il servizio del fisco, pei banchi Spirito Santo e San Giacomo, la cassa del Comune, pel Banco del Popolo, e l'arrendamento della farina, pel Banco Salvatore, facevano di tanto in tanto vacillare quei quattro istituti, e li rendevano molto inferiori ai rimanenti tre. Una ricchezza apparente, dovuta al giro più rapido della carta, era pagata con molte infrazioni alle regole e con ingerenza meno discreta del Ministro.

* *
*

27. Quel medesimo avvocato Antonio Rossi che risuscitò la denunzia di Scandinari, ed ebbe la meritata lezione dalla Regia Camera, col parere già riferito del 1786 (pag. 233) aveva precedentemente tentata una maniera più efficace di distruggere i banchi napoletani. Sperando che il Re n' avrebbe a lui data qualche porzione, suggerì a Ferdinando IV di pigliarsi tutta la roba dei sette istituti. Egli stampò tre diversi opuscoli. *Espediente interessante le supreme regalie del Re delle Due Sicilie.—Il diritto del Re delle Due Sicilie sopra i banchi di Napoli, 10 marzo 1779.—Confutazione delle varie allegazioni pubblicate in difesa dei banchi, 1781.*

Era un individuo che si voleva far credere mandato da Dio, pel vantaggio del Re e del popolo. Non si peritò di scrivere nella seconda memoria, pag. 6 e 7. " Aveva la Divina Provvidenza, dopo
" un lungo intervallo, designato di manifestare al Re Ferdinando,
" a lei tanto caro, il mezzo conforme alla ragione e alle leggi da
" provvedere al vantaggio dello Stato, al bisogno dei sudditi e alla
" gloria del suo nome. La stessa Provvidenza a me sciolse la lin-
" gua ed animò la penna, nel dichiarare il denaro vacante e de-
" mortuo, ritenuto dai banchi, come senza padrone, e i fondi stessi
" come oltre alle doti accresciuti nei banchi, avere il Re padrone
" e riconoscere il Re Signore e legittimo amministratore, qual so-
" vrano e creditore insieme „.

Tutt' i ragionamenti consistevano nell' asserire che l' avanzo della rendita sulla spesa, pel quale s'erano formati i patrimonî, fosse spettanza fiscale; e che S. M. avesse dritto di prendere il *denaro demortuo*, cioè le somme che si reputavano abbandonate per la morte del proprietario, ovvero per la perdita del titolo creditorio.

Il giureconsulto Antonio Maria Crisafulli, ch' era in quel tempo Protettore del banco dei poveri, con lunga memoria stampata, mise bene in chiaro quanto fossero assurde le denunzie del fiscale. Egli dimostrò che i banchi non li aveva fondati il governo; che il loro patrimonio consisteva nella roba donata, quando si fondarono, da filantropi cittadini, accresciuta poi con gli utili delle speculazioni fatte; speculazioni assolutamente legittime, perchè i banchi non avevano la qualità di *depositarii* sibbene di *debitori* del denaro; essi acquistavano il dominio e potevano far uso della moneta, che si consegnava loro per controcambiarla con crediti apodissarii, avendo solamente obbligo di restituirne il valore ad ogni semplice richiesta.

Ma un' altra difesa, molto più notevole, fu collegialmente concordata fra'Delegati di tutt'i Monti, meno San Giacomo, ed esiste manoscritta nei volumi di dispacci del Banco del Popolo (24 dicembre 1780). Per l' eccessiva lunghezza, non si può trascrivere questo documento, che contiene molte notizie storiche, giuridiche, amministrative, di cui già ci siamo serviti, ed è la monografia più autorevole, meglio scritta, sull' indole e l' operazioni dei banchi di Napoli, nel secolo XVIII.

Notarono i compilatori " il dritto sovrano non essere sostenuto " nè da fatto nè da legge, e perciò, come un prodotto di malignità " e d' ignoranza, diretto alla distruzione e dismessione dei banchi, " non meritare nè approvazione, nè ascolto. „ Ricordarono pure che quando a Carlo III, nel 1735, s' era fatta eguale proposta, costui avesse ordinato di rispondere " stimare pernicioso sostenere diritti " così vagamente e generalmente espressi contro di essi ; pel dub-
" bio che la gente, la quale vi tiene i suoi denari, in vedere simi-
" gliante pretensione eccitarsi dal regio fisco, vada subito a ritirar-
" seli; e possa quindi avvenire la mancanza di alcuni di essi ban-
" chi, la quale tragga poi seco la mancanza degli altri, e cento e
" mille conseguenze, pregiudizievoli al pubblico commercio ed al ser-
" vizio del re „.

Portata la contesa al supremo tribunale finanziario , Camera di Santa Chiara , se ne ottenne un giudizio, di cui trascriviamo la parte dispositiva, il quale prova che con frutto insegnavano economia a quell' epoca Genovesi, Filangieri , e Galiani.

" Per tutte le recate considerazioni, che sono conformi al buon
" sistema , al buon ordine ed alla pubblica economia , e vengono
" sostenute dalle leggi con le quali si son governati e si governa-
" no i banchi, i quali in tal guisa hanno conservato e conservano
" la pubblica fede; per la sicurezza dei pegni e dei depositi , già
" convertiti nella natura di un contratto di debito e credito ; per
" il pubblico bene della Nazione, passa la R. Camera a rassegnare
" alla M. V. il suo ossequioso sentimento, qual' è quello di non do-
" versi dar ascolto alla denunzia fatta dall' avvocato Rossi, per es-
" sere contraria al legittimo sistema dei banchi, per essere opposta

" alle leggi con le quali questi si governano; e per poter esser pro-
" duttiva di disordini, in una materia la più gelosa e delicata, qual'è
" quella dei banchi: il cui fallimento può cagionare la rovina della
" Nazione, e questo può sorgere, com' è talvolta accaduto, da
" un'ombra di sospetto e di mal concepito timore, che sovverta il
" fondamento della pubblica fede „.

*
* *

28. Dopo tale sentenza, non si parlò altrimenti di ragioni del fisco, ed i banchi ebbero pochi altri anni di prospera vita. L'indirizzo amministrativo fu, nel secolo XVIII, meno coraggioso, meno sagace ed anche meno giovevole che nel XVI; essendosi rinunziato ai contratti di vitalizio, dei quali l'ultimo pare che abbia la data del 1651; ai mutui passivi, che cessarono verso il 1620, salvo poche costituzioni di rendita in favore di monasteri ed enti morali, che si fecero per ragioni di deferenza; agli arbitraggi sui fondi pubblici (*compre e ricompre*); alle gestioni di nuove confidenze; ed a varie altre utilissime speculazioni, ch'aveva fatto inventare la voglia di procacciare un guadagno da spendere per la sussistenza dei poveri. Gli stessi due servizi conservati, apodissario cioè e pegnorazione, erano deteriorati, divenendo pedanteschi ed insufficienti per molti usi ai quali avevano prima bastato.

Ci restava nondimeno tanto di buono da rendere quei sistemi meritevoli della più grande ammirazione.

Per l'epoca 31 dicembre 1788, c'è in archivio (1) un conto generale dell'attivo e passivo dei sette istituti, che compendiamo con questo prospetto (2).

---

(1) Scritture patrimoniali del Banco Salvatore.
(2) Varie cifre differiscono da quelle stampate a pag.CCXLVI dell'altro lavoro sulla storia e regole del Banco.Il prospetto fu allora compilato sulla fede del Galanti e del Petroni, non avendo ancora scoperta la copia del conto fatto pel ministro, che ha servito questa volta. Pare che a Galanti si fossero date informazioni non complete, per le quali niente potette dire sulle riserve metalliche, collocamenti fruttiferi e confidenze.
Con gelosia grandissima tenevano allora segreti li bilanci dei banchi; ed è possibile che negli stessi governatori fosse nato qualche dubbio sulla perfetta correttezza dei loro metodi amministrativi. Considerando come deposito, non come mutuo, i denari del pubblico, si peritavano di manifestare d'averli collocati e di ricavarne rendita.

BILANCI

DEL

1788

	Pietà	Poveri	Popolo
Creditori apodissari, cioè circolazione e conti correnti debitori D.	2,231,143,77	1,857,086,61	2,949,690
Riserva di numerario metallico »	1,403,676,28	355,232,93	1,495,507
Somma collocata nei mutui con pegni ad interesse »	451,170,00	412,841,00	400,613
Somma collocata nei prestiti ipotecari e chirografari, con o senza ordine regio »	140,415,08	82,163,37	217,125
Beni patrimoniali mobili ed immobili »	212,363,36	957,071,30	514,006
Diversi »	23,519,05	49,778,01	322,438
	2,231,143,77	1,857,086,61	2,949,690
Pegni senza interessi »	570,256,65	108,500,00	—
Conti aperti di debito fra diversi banchi per riscontri »	=	57,077,05	—
Proventi e rendite annuali dei banchi, compreso l'inter. dei pegni »	124,141,08	93,558,67	63,053
Rendite d'alcune confidenze annesse ai banchi »	4,274,65	5,337,01	—
Totale D.	128,415,73	98,895,68	63,053
Stipendi, onorari e pensioni D.	50,880,44	36,494,27	26,641
Spese amministrative »	17,218.00	14,153,11	13,614
Opere di carità »	51,331,09	24,874,16	10,035
Supero che andava in aumento del patrimonio »	8,986,20	23,374,14	12,761
Totale D.	128,415,73	98,895,68	63,053

Santo	Sant'Eligio	San Giacomo	Salvatore	TOTALE
2,773,64	3,048,134,55	5,353,037,03	3,149,330,—	21,421,195,78
6,556,04	1,989,019,12	3,713,507,41	2,142,321,29	12,425,820,20
9,734.—	444,981,—	573,543,39	410,475,—	3,293,357,39
1,177,68	346,940,84	203,341,81	176,579,66	1,387,743,83
0,319,57	224,781,89	222,644,42	410,314,16	3,141,500,96
4,986,35	42,411,70	640,000,—	9,639,89	1,172,773,40
2,773,64	3,048,134,55	5,353,037,03	3,149,330,—	21,421,195,78
—	—	—	—	678,756,65
4,572,10	40,223,49	—	199,563,58	411,436,22
4,909,20	59,921,21	67,531,98	51,328,73	524,444,53
4,372,49	19,117,34	--	—	53,101,49
9,281,69	79,038,55	67,531,98	51,328,73	577,546,02
0,306,21	27,956,68	28,462,80	20,147,70	230,889,28
6,723,42	12,904,83	9,934,12	5,377,06	89,925,49
0,421,60	33,883,89	4,140,—	9,295,92	163,982,51
1,830,46	4,293,15	24,995,06	16,508,05	92,748,74
9,281,69	79,038,55	67,531,98	51,328,73	577,546,02

— 312 —

Le condizioni economiche dei nostri sette banchi e monti di pietà erano dunque: una circolazione di ducati 21,421,195,78 ed una riserva metallica di D. 12,425,820,20, cioè 58 per cento circa (1), Gli altri D. 8,968,375,58 si tenevano in collocamenti fruttiferi e davano l'interesse di D. 524444,33, vale a dire 5,30 per cento circa, che non solo era soverchio per gli stipendi e spese, ma permetteva di consacrare non meno di annui D. 163982,51 (L. 696925,67) alla beneficenza, ed altri D. 92748,74 all'aumento del capitale patrimoniale. I pegni senza interesse, pei quali stavano pronti ducati 678756,65, non li computavano nell'attivo, considerandoli come confidenza separata.

La maggior parte dei mutui rappresentava contributo per opere di beneficenze, ovvero di pubblico vantaggio, ed era fatta con discretissima ragione d'interesse; qualche volta gratuitamente. Gli ospedali, conservatorii e luoghi pii di Napoli aveano quasi tutti il conto corrente a debito.

Si spendevano; per salari agl'impiegati attivi e ritirati, e ad altre persone che nei banchi prestavano la loro opera, nonchè per pensioni alle famiglie di quelli ch'erano morti duc. 230,889,28. Le gratificazioni, compreso quella straordinaria d'un mese di stipendio in occasione del parto della regina (2), i compensi agl'impiegati

---

(1) La proporzione fra la riserva metallica e la circolazione risulta:
pel Banco Pietà di 63 per 100 circa
« « Poveri « 19 « « «
« « Popolo « 54 « « «
« « Spirito Santo « 47 « « «
« « Sant'Eligio « 65 « « «
« « San Giacomo « 70 « « «
« « Salvatore « 69 « « «
Media generale « 58 « « «

Le regole amministrative degli antichi banchi e particolarmente del Monte dei Poveri, che *caricavano in madrefedi*, vale a dire si rendevano debitori di loro medesimi, esagerano la circolazione e fanno comparire meno favorevoli di quanto effettivamente fossero le proporzioni fra la riserva metallica e la carta emessa. Collo stesso metodo come portavano i conti correnti della clientela, accreditando per le somme versate in moneta o valuta apodissaria ed addebitan do per gli cheques, chiamati polizze ovvero mandati, tenevano i banchi scrittura di tutte le loro faccende pecuniarie. Essi a ciascun diverso ramo d'affari consacravano una particolare m drefede, con la quale pareggiavano la propria condizione a quella d'ogni altro creditore, figurando perciò come debito li capitali di loro pertinenza

(2) Banco Pietà — Conclusione 6 Maggio 1792 — A motivo che sua Divina Maestà si è *compiaciuta* d'aver fatto felicemente dare alla luce dalla Maestà della nostra Sovrana un altro Real Principe (Oh!), che ha apportato somma consolazione a questa intiera popolazione, per essersi cosi maggiormente assodate le speranze di tutta questa città e regno; li signori Delegato e Protettori, volendo dimostrare il loro particolare giubilo che ne hanno provato, hanno stabilito di darsi agli ufficiali ed a tutti gli altri individui di questo Sacro Monte e Banco della Pietà, inclusi anche il Rettore, confessori e chierici di nostra Chiesa, una provvisione straordinaria, anche a tenore del solito praticatosi in simili fauste occasioni, e parimenti a tenore del praticatosi dagli altri banchi di questa capitale.

adoperati alle verifiche di cassa, di scrittura, e guardaroba; le spese di scrittoio, giudiziarie, per le manutenzioni degl'immobili ed altre, costavano in tutto duc. 89,925,49. Finalmente le opere di carità; che consistevano in sussidii all'Albergo dei poveri, (1) all'ospizio di S. Gennaro, ai conservatorî dello Spirito Santo e Sant' Eligio: scarcerazioni di debitori (2) e mantenimento di ospedali delle prigioni; elemosine ed assegnamenti mensili alla gente bisognosa; largizioni in occasione di feste etc., producevano la spesa di altri ducati 163,982,51. Restava un utile netto di duc. 92,748,74, ch'era tenuto in serbo o per futuri bisogni, o per darsi a prestito, o per investirsi in compre di benifondi e fabbriche, facendo sempre in modo che il capitale patrimoniale aumentasse. Grandi chiese e palazzi furono costruiti o rifatti nel secolo XVIII, con denaro dei sette banchi, e quello della Pietà spese non meno di D. 87819,49 per sola rifazione delle sale danneggiate dall' incendio 1786 (3). Con maggiore larghezza spendevano pel pubblico. Il cimitero di S. M. del pianto, la passeggiata della villa, l'albergo dei poveri, molte strade, i tentativi di prosciugamento della piana di Fondi e del lago Fucino, la cassa sacra per le bonificazioni dei pantani di Calabria: insomma quasi tutte l'opere di pubblico beneficio, promosse dai ministri Tanucci e Palmieri, similmente si fecero, per la massima parte, con denaro dei sette Monti. Infinite persone ne traevano decorosa sussistenza, onde nel cuore dei napoletani ingenerossi quel rispetto di che tuttora restano tracce, pel quale gli amministratori scrivevano al Re, nel 1780 " anche il popolo insano, quando per capriccio e sconsigliato furore ha traviato dal sentiero dei suoi doveri, non ha giammai avuto l' ardimento di attentare su dei banchi, questi rispettando più delle leggi stesse e della suprema autorità. „ Infatti, nei tanti tumulti e rivoluzioni, che ricorda la storia nostra, negli ultimi quattro secoli, non ci furono mai violenze popolari ai banchi, salvo un solo tentativo al 1647, contro al Monte de' Poveri, che fu tanto poco importante da bastare l' energia e coraggio degl' impiegati per vincerlo. Gli studiosi di patrie memorie li

(1) D. 2400 all'anno pel dispaccio 27 Maggio 1774 ed altri D. 11109,47 all'anno pel dispaccio 10 febbraio 1781. L'albergo manteneva allora ottocento accattoni. Oltre di queste contribuzioni ordinarie, molte cospicue somme furono date, nel secolo XVIII, all'albergo, per le spese di fabbrica, ed in occasione di contagio, di carestia, di guerra.
(2) Provano i conti ch'erano numerose; ed i delegati dei Banchi ottenevano quasi sempre, dai creditori, riduzioni molto notevoli sull'ammontare del debito.
(3) Conclusione 21 Settembre 1795 pag. 199.

vanno ancora memorando, come modelli di savia e filantropica amministrazione, che l'età nostra non sa nemmeno imitare, nulla avendo fatto che possa pareggiare i vecchi monti di pietà.

Un sol difetto avevano queste istituzioni, ed era quello di concentrare l'opera loro nella sola città di Napoli; ma furono i provinciali che non seppero o non potettero far allignare le operazioni apodissarie nei monti di pietà e nei monti frumentarii che avevano. Gli statuti poi dei banchi di Napoli non permettevano la fondazione di casse succursali; solo nel 1780 si pensò di fare qualche cosa. Ci erano nel regno non meno di cinquecento *monti frumen--tarii*, intesi cioè a fornire i coloni poveri di grano per la semina; ma giacevano in così tristi condizioni che a nulla servivano, conservando soltanto il nome di benefici istituti, tanto erano scaduti di credito e male amministrati. Con le leggi relative agli spogli delle chiese vacanti, 12 e 28 luglio 1778, volle il ministero provvedere all'ordinamento di quelli di Capitanata, costituendo un generale monte frumentario, fornito d'una dote di ducati 120,000, metà della quale si doveva somministrare dai banchi di Napoli, con prelevazioni sul capitale collocato nei pegni; e l'altra metà dalle rendite delle chiese e benefizi vacanti, o di libera collazione, o di regio patronato. I mutui far si doveano in grano per le semine e qualche volta in denaro, sopra pegno d'oggetti d'oro e d'argento, alla ragione del 3 0[0. Agli agricoltori non si potevano anticipare più di ducati 18 a versura. Le successive turbolenze politiche non permisero che l'eccellente progetto fosse eseguito.

Paragonando, sul prospetto, le condizioni dei sette banchi, si ricava un insegnamento bellissimo. I due, retti con modi più filantropici e che facevano prestito senza interesse sui piccoli pegni (Pietà e Poveri), vincevano di gran lunga gli altri cinque, col patrimonio più cospicuo, col debito apodissario più discreto e coll'elemosine più larghe. Abbiamo infatti:

	Pietà e poveri	Altri cinque banchi	Proporzioni
Rendita	227311,41	350234,61	2 a 3 non 2 a 5
Circolazione	4088230,38	17332965,40	1 a 4 " "
Beneficenza (non compresi li pegni gratuiti) . .	76205,25	87777,26	7 a 8 " "
Pegni gratuiti	678756,65	— -	—

Se poi si bada alla differenza di regole, di scopo, di lavoro economico; nonchè alla storia, che dice come non puntarono mai li pagamenti per propria colpa questi due banchi filantropici, e non subirono mai correrie o crisi per scredito della lor carta, sorgono nuovi argomenti per difendere la libertà degl'istituti, l'astensione dagli affari col fisco o coi municipi, e soprattutto la beneficenza. Molte decine di migliaia costavano annualmente ai Poveri ed alla Pietà li pegni gratuiti, pel lucro cessante dell'interesse perduto, e pel danno emergente delle spese di locali, di persone ecc. Ma questa opera procacciò loro la benevolenza di tutti; essa produsse sul principio donazioni e testamenti; in seguito dette tanti affari, tanto credito, tanta ricchezza, che si potette distribuire d'elemosine almeno il centuplo di quanto i benefattori avevano dato. Le scritture contabili dei nostri rugginosi Monti, provano, a chi le sappia interpetrare, che non giova regolarsi coi gretti criterii del tornaconto, e che la religione, la filantropia, l'onestà, finiscono coll'arricchire un istituto meglio delle più sagaci combinazioni finanziarie.

CAPITOLO III.

APPROPRIAZIONI FISCALI E LIQUIDAZIONI FORZOSE. TENTATIVI FATTI PER RICOSTITUIRE I BANCHI AI TEMPI DI FERDINANDO IV E DI GIOACCHINO MURAT.

1794 a 1815

1. Ultimi atti amministrativi del marchese Palmieri—2. Apparecchi di guerra e spese relative.— 3. Prime frodi nei banchi. Vuoti Todisco e Guarino — 4. Giunta dei banchi e decreto di fusione 29 settembre 1794 — 5. Scredito delle carte bancali e sospensioni di pagamenti — 6. Spedienti per l'aggio; confisca degli oggetti d'oro e di argento — 7. Altre appropriazioni indebite — 8. Atti della Repubblica Partenopea — 9. Ritorno dei Borboni. Crediti sequestrati nei banchi — 10. Proposta Zurlo; sua lettera ad Acton — 11. Discussione alla Giunta di Governo. Parere del Marchese Simonetti — 12. Editto 8 maggio 1800 — 13. Esecuzione di tale editto — 14. Giunta dell'aggio. Annullamento dei crediti contro del Governo o dei banchi — 15. Tristi condizioni degli istituti di credito — 16. Nuovo ordinamento dei banchi e nuove frodi. Destituzione di Zurlo — 17. Editto 18 agosto 1803 — 18. La Deputazione degli apodissarii — 19 Le polizze di rame — 20. Povertà dei Banchi all'epoca della Deputazione I provvedimenti di Giuseppe Bonaparte e di Gioacchino Murat — 21. Legge 11 giugno 1806 — 22. Decreto 20 maggio 1808—23. Legge 6 dicembre 1808 — 24 Il Banco Nazionale delle due Sicilie—25 Proposta d'introdurre i biglietti al latore — 26. La Reggenza del Banco delle due Sicilie—27. Soppressione del Banco Nazionale. Decreti 22 marzo e 21 agosto 1809 — 28 Decreto 20 novembre 1809 — 29. Esecuzione di esso — 30. Pretensioni del Fisco ed imbarazzi del Banco per la tentata spedizione di Sicilia — 31. Decreto 18 novembre 1810 — 30 Decreti 11 febbraio 1813 e 14 febbraio 1814 — 33. Crisi economica del 1813 — 34. Ultimi Decreti di Gioacchino.

I. Ferdinando Corradini succedette nel posto di ministro della finanza al marchese Palmieri, benemerito uomo, che si era mostrato grande amico dei banchi, ed aveva dato prova di quanto valesse, con ottimi libri e con eccellenti riforme dell'amministrazione civile o economica. Fra queste riforme l'ultima e forse più importante fu l'abolizione dei *dritti di passo*, cioè delle dogane che molti feudatarii tenevano, per proprio conto, alle porte delle città ed al passaggio dei fiumi. Gl'inconvenienti dell'attuale *dazio di consumo* erano ben conosciuti dai nostri maggiori, che ne soffrivano forse più di noi, pel modo bestiale come si riscuoteva questo preteso dritto. È rimasta nel nostro dialetto la frase, *stare al passo*, per definire l'attitudine di un malfattore in agguato.

L'amministrazione pubblica avrebbe avuta tutta la ragione di sopprimere un avanzo di barbarie, senza dar nulla a chi ne traeva profitto; ma Palmieri si contentò di comperarlo, e pagò un giusto compenso, per la rendita che perdevano, ai baroni possessori di autentica e formale concessione sovrana. In memoria del fatto si coniò la medaglia, che al diritto mostra le immagini di Ferdinando IV e di Maria Carolina ; al rovescio la catena rotta fra due colonne, una delle quali è spezzata, con l'epigrafe *Portoris redemptis* e con la data 1792.

*
* *

2. Cambiati i ministri, mutò politica la corte napoletana. Le notizie della rivoluzione di Francia facevano rabbia o paura per la parentela che ligava le due famiglie Borboniche, specialmente le due regine ch'erano sorelle, e per le minacce delle assemblee e della stampa di Parigi a tutt'i sovrani. Ferdinando IV firmò patti d'alleanza con l'Austria, con l'Inghilterra, con chiunque prometteva di soccorrere o vendicare Luigi XVI, e comandò grandissime spese per apparecchi guerreschi. Mancava il danaro e non bastando le nuove imposte, i mutui, l'altre alterazioni di monete, la confisca degli oggetti d'oro e d'argento che possedevano il clero ed i cittadini, prese enormi somme dai banchi, si giovò del credito che questi godevano per pagare con carta, e rubare ai napoletani molti milioni.

Cominciò il re, e per esso i ministri Acton, Corradini, Simonetti, col gravare i bilanci passivi dei banchi di stipendii e pensioni ad individui che avevan reso servigi allo stato, massime polizieschi ; poi comandò ai delegati e governatori che approvassero concessioni di mutui agli appaltatori delle imposte, per metterli in grado di pagare con anticipazione alla finanza la rendita degli anni successivi ; quindi confiscò il denaro condizionato e vincolato, vale a dire li depositi più comodi per gl'istituti, quelli che avevano meglio servito pei loro collocamenti di capitali, ed avevano con maggior efficacia contribuito alla costituzione del patrimonio, per cumulo di profitti (1).

(1) « Convenendo al bene dello Stato, ed agl'interessi dei particolari, che non rimanga inutile, senza circolazione, la considerevole quantità di denaro, che inceppato da vincoli e condizioni che si debbono verificare e adempire, o di cui se ne contende la pertinenza, ritrovasi sequestrato e in deposito presso i magistrati, per cautela delle parti, e anche del Regio Fisco; e volendo la Maestà del Re nostro Signore, in seguito della consulta fattagli dalla conferenza di Stato tenuta nel dì 17 del corrente, concorrere a che gl'interessati ne riportino qualche vantaggio : ha risoluto che tutte le diverse somme, presso qualunque magistrato, si restringono in potere dei caporuota Marchese Porcinari e D. Gregorio Bisogni e dell'Avvocato Fiscale Cianciulli, perchè ne siano, fino a nuova sua Real disposizione, esclusivamente depositari; dando loro perciò la facoltà di richiamarlo

Ma non bastando alle spese militari li mentovati cespiti, la Corte non ebbe scrupolo di comandare che buona porzione del denaro, messo dal pubblico nelle casse, fosse prestato al tesoro ed al municipio. Le carestie degli anni 1792 e 1793, che afflissero tutta l'Europa, contribuirono, com'è noto, ai disastri della rivoluzione francese. Furono anche pretesto d'addentare i depositi bancari nei nostri monti, perchè volle Ferdinando che le somme necessarie all'incetta del grano e dell'olio uscissero dalle loro casse. È vero che prometteva pronto, prontissimo rimborso, ed i dispacci del ministro dicono:

.... " Il Re ora m'impone di dire a V. S. I. che non man-
" cherà di restituire ai banchi medesimi le somme che rispettiva-
" mente hanno dato, per lo indicato bisogno, subito che le attuali
" circostanze lo permetteranno „ (dispaccio 4 febbraio 1793).
Ma poco ricevettero gl'istituti, quantunque gagliardamente insistessero e vari pubblici istrumenti fossero stipulati. Il contratto 10 dicembre 1796, per Notar Vincenzo Portanova, manifesta che " la
" Maestà Sua, per accorrere ai bisogni di questo Regno, per la
" scarsezza dei grani degli anni 1792 e 1793 e per altre opera-
" zioni di pubblico vantaggio, fece nel suo Real nome sommini-
" strare dai banchi di questa capitale, senza veruno interesse, alle
" infradescribende persone le infrascritte somme, cioè, ecc. „.

Il Ministro Corradini, come minutamente riferisce il notaio, che cita o trascrive tutt'i dispacci, s'aveva fatto consegnare di effettiva moneta:

<small>dalle mani di chiunque, per impiegarle a beneficio dello Stato, restando per cautela delle medesime gli effetti tutti del Real Patrimonio e specialmente il fondo delle partite ricomprate. Promette la Maestà Sua, dal momento che tutte le somme saranno riunite presso i suddetti Caporuota e Avvocato fiscale, debba correre a beneficio degl'interessati ed a disposizione dei magistrati ai quali compete, l'interesse del due per cento; colla legge espressa che subito che tali depositi saranno sciolti dai vincoli e liberati, per sentenza di giudice, alle parti, saranno a queste restituiti una cogl'interessi decorsi, meno che non vogliano spontaneamente continuare a tenere le rispettive somme impiegate colla Real Corte. E occorrendo, nella esecuzione, qualche dubbio per la sicurezza maggiore delle parti, ch'esigga Sovrana provvidenza, specialmente per evitare le lungherie della stipula formale di tanti contratti, o per qualunque altro punto, lo debbano essi unitamente riferire per risaperne il Sovrano Oracolo. »

« Lo partecipa di Suo Real Ordine a V. S. I. il supremo Consiglio delle Finanze, acciò, come Delegato del Banco del SS. Salvatore, ne disponga per la sua parte l'adempimento. Palazzo 25 Novembre 1792. Gius. Palmieri. — Al Sig. D. Michele de Iorio. »

Ipocritamente, il dispaccio non parla di banchi; ma in quell'epoca i depositi condizionati e vincolati stavano quasi tutti nelle loro casse ed erano rappresentati da fedi o madrefedi, sulle quali era bene indicata la natura ed i patti dell'impedimento. Spettava ai Pandettari di badare all'osservanza di questi patti, ed autorizzare la liberazione del denaro nel solo caso che si fossero eseguite tutte le formalità necessarie.</small>

Dal Banco	Poveri,	li 15 Luglio 1793—D.	40,000
„	„	Popolo	13 Aprile	„ — „	30,000
„	„	Spirito Santo	23 „	„ — „	30,000
„	„	„ „	13 Luglio	„ — „	30,000
„	„	„ „	6 Settembre	„ — „	20,000
„	„	„ „	18 „	„ — „	4,000
„	„	Sant' Eligio	13 Aprile	„ — „	30,000
„	„	Salvatore	24 „	„ — „	30,000
„	„	„	6 Settembre	„ — „	20,000
„	„	Pietà	17 Luglio	„ — „	40,000
„	„	„	6 Settembre	„ — „	20,000
„	„	San Giacomo	4 Maggio	„ . — „	30,000
„	„	„ „	23 Giugno	„ — „	30,000

                D. 354,000,00

Aveva fatto dare al Barone Barnaba Abenante, negli stessi anni 1792 e 1793

Dal Banco	Poveri	in sei rate	D.	222,000
„	„	Popolo	„	„	182,000
„	„	Spirito Santo	in sette rate	„	220,000
„	„	Sant' Eligio	in sei rate	„	182,000
„	„	Salvatore	in sette rate	„	220,580
„	„	Pietà	in sei rate	„	205,000
„	„	S. Giacomo	„	„	220,000

            D. 1451,580

Ma, nel corso degli anni 1793 a 1796, il Barone Abenante aveva restituiti D. 1,175,000, onde, pei sette banchi, restava il credito contro la Finanza di „ 276,580,00

D. Gaetano de Sinno e D. Saverio di Costanzo avevano ricevuto altri . . . . „ 174,443,55

" Cosicchè (dice il contratto) delle indicate som-
" me, dai detti banchi somministrate alle descritte
" persone, in nome della Maestà Sua e per esecu-
" zione dei Reali dispacci, rimangono i suddetti
" banchi, fino al presente giorno (10 dicembre 1796)
" a conseguire la residual somma di   - . . . D. 805,023.55

Non comprese le somme riscosse dal Principe di Tarsia, per l'esercizio delle filande regie di San Leucio, che erano garentite dai proventi del lotto; ed esclusi pure li D. 393,372.84, dati a mutuo coll'interesse a varie persone, per esecuzione di Reali dispacci, colla promessa della garenzia della Regia Corte.

La Finanza cedette ai Banchi un credito di D. 80030, contro del Barone Gennaro Rossi, per residual prezzo del feudo di Oria; altro credito di D. 325842,45 contro del Principe di Frasso, per residual prezzo dei feudi di Carovigno e Serranova; altro credito di D. 32620 contro del Principe del Colle, per residual prezzo del feudo di Decorata; e finalmente un credito di D. 366531,10, contro del Barone Giulio Cesare Donnaperna, pel residual prezzo del feudo di Scanzano. Tali cespiti erano fruttiferi d'interesse; ma, nei pochi anni che furono posseduti dai banchi, non produssero altro che liti, fastidi e spese di giudizî.

Altri contratti d'allora, e specialmente quello pei trecentomila ducati che dette il Monte della Pietà, nel 1793, alla deputazione o *colonna olearia*, provano come i governatori consentissero non solo per conseguenza di ordini o promesse del Re, ma anche perchè lusingati dalla speranza di procacciare, col mutuo stesso, un movimento di moneta metallica valevole per nascondere la deficienza di cassa. Era stipulato che gl'introiti ed esiti, in argento e rame, derivanti dal commercio delle più necessarie derrate sarebbero monopolizzati dall'officine dei Monti.

Il Comune pel grano, la Deputazione per l'olio, cedevano i rispettivi privilegî sulle compre e le vendite all'ingrosso; ciò importava che vari milioni d'effettiva moneta dovessero ogni mese passare per le casse degl'istituti, e che, servendosene con la debita destrezza, si potesse mantenere molta carta in circolazione, e pagare sempre a vista.

Ma il patto rimase scritto, quell'argento fu consumato dal Ministro, e l'anticipazioni dei banchi uscirono veramente dalle loro casse.

*
* *

3.° Esaurite le riserve metalliche dalla finanza, che s'impossessò delle soprascritte e d'altre somme, come pure dal pubblico, che per le contingenze politiche ed economiche, aveva più del solito bisogno di moneta contante, e corse a domandare il baratto della carta in denaro, S. E. Corradini cominciò ad usare la forza. Egli costrinse tutt'i banchi a violare non solamente lo spirito, ma eziandio la lettera dei proprî statuti, emettendo fedi di credito per conto dello Stato, senza il rispettivo introito di moneta, *avvalorando* pure e facendo circolare *polizze notate* per le quali la finanza non aveva versato la equivalente somma in madrefede.

Per la pratica esecuzione, Corradini, che ben sapeva com'eran tenuti i conti, avendo esercitato per varii anni lo ufficio di delegato regio nel banco S. Giacomo, si valse di un tale Giuseppe Marciano. Era questi segretario della Giunta amministratrice del medesimo banco di S. Giacomo, e fu chiamato a servire nella segreteria del supremo consiglio delle finanze (dispaccio 8 agosto 1793) perchè la cognizione perfetta, ch'egli avea dei nostri istituti di credito, lo metteva in grado di eseguire provvedimenti valevoli a cavarne danaro.

Tanta era la segretezza con la quale si scavava il vuoto che gli stessi verbali dei consigli di amministrazione, (*Appuntamenti delle Giunte di Governo*) poco o niente ne parlano. La corrispondenza, conservata, di quell'epoca, contiene solo le minute delle lettere con le quali si chiedono diminuzioni dell'elemosine, diventate superiori alle forze dei banchi, e provvedimenti per le madrefedi governative, che quasi tutte sbilanciavano, con saldi a debito proibiti rigorosamente dalla regola, che li chiama, come sono, *falsità*.

Il solo Delegato del Banco della Pietà, Marchese Potenza, curò di mettere nel registro dei dispacci questa dichiarazione " 9 settem-
" bre 1794. Essendo io stato chiamato, con tutti gli altri delegati
" dei Banchi, nella Segreteria delle Finanze, dal Direttore signor
" Marchese Corradini, ci sono state comunicate, a voce e senza bi-
" sogno di dispaccio, le seguenti risoluzioni, fatte dal Supremo Con-
" siglio, ed approvate dal Re, per dar riparo alle presenti angustie
" dei Banchi, per la scarsezza del denaro contante.

" 1.° Che siasi ordinato dal Re che tutti gli argenti dei luoghi pii,
" così della città di Napoli come del Regno, fra due mesi, si debbano
" portare nella suddetta Real Segreteria, per coniarsi (dedotti quelli
" solamente che si son già presi dalla Città) con doversi alli stessi
" luoghi pii corrispondere il 4 per 100, per lo rispettivo valore delli
" detti argenti; e che gli stessi luoghi pii destinino persona per assi-

" stere al peso che se ne farà nella zecca, nel loro interesse. E, coniati
" che saranno li detti argenti, la moneta che ne risulterà, dalla stessa
" segreteria si ripartirà fra' banchi; li quali avranno il peso di sod-
" disfare l'annualità suddetta alli rispettivi luoghi pii, per la con-
" corrente quantità del denaro che riceveranno; e l'annualità sud-
" detta debba decorrere dal giorno in cui la moneta sarà spendi-
" bile; e che, qualora qualche partita d'argento non si facesse pèr-
" venire tra il designato termine di due mesi, non si darà altro in-
" teresse se non il due per cento. „
" Che, per quella quantità di moneta che i banchi riceveranno in
" disconto del debito della città, si debba l'annualità promettere e
" pagare pure dalli stessi banchi, per non impegnare li luoghi pii
" proprietari a contrattare colla città, e li banchi ne avranno dalla
" città stessa la refezione.
" 2.° Che li Delegati dei Banchi abbiano la facoltà di pigliare
" all'interesse, dai particolari, la somma di un milione; purchè sia
" di denaro contante, e pagar loro l'interesse del 4 sino al 5 per
" cento, come meglio potrà convenire; con far loro l'assegnamento,
" per la concorrente quantità, sulli fondi proprii del Banco. E riu-
" scendo a qualche Banco di trovare chi dia qualche altra quantità
" d'argento per coniarsi, oltre di quella che dovrà come si è detto
" pervenire dalla Real Segreteria, lo possa fare, con convenire l'in-
" teresse, come meglio si potrà „.
" 3.° Che, per sostenere la reputazione dei Banchi, la quale si è
" molto vulnerata colle difficoltà che incontrano gli apodissari per
" esser pagati, li quali talvolta, nell' insistere per lo pagamento,
" dagli uffiziali vengono maltrattati, debba ogni giorno di banco as-
" sistere un Governatore, il quale regoli le cose con prudenza e
" procuri di tener contenti l'avventori.
" Si è detto dippiù, che essendosi trovata già venuta una parte
" delli detti argenti dei luoghi pii, e' già mandata alla zecca per
" coniarsi, in guisa che fra pochi giorni si avrà la liberata di 140000
" ducati incirca, tutto questo denaro si comincerà da ora a ripar-
" tire alli medesimi banchi. „

Si doveva scoprire la deficienza subito che qualche banco avesse finito di consumare la riserva metallica; negato, per materiale impossibilità, il pagamento delle fedi o polizze da lui messe in circolazione; e manifestato cha il fallimento fosse conseguenza degli ordini del ministro. Per allontanare questo giorno, i banchi comperarono, con aggio, moneta contante; affrettarono, come potevano, l'incasso dei crediti scaduti; scemarono e poi soppressero i mutui con o senza pegno; (1) diminuirono le spese amministrative; vendettero i pegni non riscattati; cambiarono certi cassieri, cercando di migliorare il servizio (2); presero danaro a mutuo (3). Ma tutto questo fa-

---

(1) Ii Banco della Pietà, col pretesto di non far confusione nelle guardarobe, allora ricostruite, prescrisse, ai 12 gennaio 1793, che quell'inverno non si dovesse impegnare con interesse, ma solo attendere allo spegno. Pei pegni graziosi poi, disse con la medesima conclusione. « Stante le cir-
« costanze di nostro monte, così per l'incendio patito, come per la spesa sofferta della nuova fab-
« brica, per la quale il capitale di 700000 ducati, che stava impiegato nell'opera dei pegni pic-
« coli, trovasi diminuito a circa D. 400000, si è stabilito, nell'apertura dell'opera, non doversi im-
« pegnare e dispegnare ogni giorno, ma impegnarvi in uno o più giorni ed in altri poi farsi il
« dispegno, come ora si pratica; per lo chè non occorre, per ora, di aumentare il numero delle
« casse ecc. »
La ricostruzione, allora compiuta, dei saloni di guardaroba, doveva consigliare l' allargamento non la restrizione del servizio pegni; ma i Protettori, necessitati a nascondere la vera ragione, si valsero di questo pretesto per coonestare un fatto che produsse molto malumore nel popolo.
(2) 14 Settembre 1793 — Banco Pietà — Conclusione. — « Avendo li signori Delegato e Protettori
« veduto che il nostro Banco andava in deteriorazione per la scarsezza del contante, e similmente
« minorati li riscontri, per cui le riscontrate con gli altri banchi facevano sempre riuscire in
« debito il detto nostro Banco, sono andati investigando qual mai potesse essere l'origine di un
« tanto male, che poteva un giorno produrre un danno maggiore. Hanno perciò opinato varie
« cause , quali non avrebbero potuto mai accertarle se non quando si allontanasse il cassiere
« maggiore per qualche tempo e fintanto che avessero scoverto la sorgiva di tali inconvenienti,
« e nel tempo stesso paragonare lo stato vero del Banco, dal tempo della morte del passato Cas-
« siere Maggiore Sangiovanni, con lo stato presente, per così venirsi in chiaro dell'abilità e dei
« servizi di detto attuale cassiere maggiore, ed indi risolversi il conveniente. A tale effetto li
« Signori delegato e protettori han pensato di situare un interino, ecc. »
Sapevano benissimo i Governatori che la riserva non si esauriva per colpa del cassiere. L'affettata ignoranza delle cause del male dovette peggiorare l'andamento degli affari, perciochè, dopo poche settimane, videro l'utilità di restituire allo stesso Laino l'esercizio della carica.
« 3 Gennaio 1794. — Avendo il cassiere di nostro banco fatto istanza di ripigliare l'esercizio
« del suo ufficio nella cassa, dopo di essersi esaminato l'affare, si è concluso che lo debba ripi-
« gliare; e che perciò si faccia la nuova numerazione della cassa, e so ne faccia la consegna dal
« cassiere interino D. Giuseppe Palmieri al detto D. Carlo Laino ; e ciò con condizione che il
« medesimo debba rendersi gradevole al pubblico, colle buone maniere, e specialmente con dare
« prontamente e senza ritardo ad ogni apodissario la dovuta soddisfazione, senza dare occasione
« di doglianze. e con legge che non adempiendosi tutto ciò sia nella libertà del governo il ri-
« muoverlo dal detto ufficio, e surrogare altri che si stimerà più opportuno per lo miglior servizio
« del pubblico. E la stessa legge si debba osservare dagli altri cassieri minori , li quali egual-
« mente debbano esser tenuti ad ammettere, con buon garbo, tutti gli apodissari a loro si
« presentano, e dare alli medesimi, fuori di qualunque pretesto, la dovuta sodisfazione; senza che
« un cassiere si faccia lecito di rimettergli all'altro per esiggere il denaro, e nel caso di affol-
« lamento straordinario, in alcuna delle dette casse, debbano avere tra di loro una lodevole ar-
« monia, affinche tutti siano debitamente sodisfatti. »
(3) Dispaccio 11 Ottobre 1794. 1.° Lo stabilito conto a parte (di depositi fruttiferi dell'interesse tre per cento) rispetto al tempo dovrà durare per anni sei, e rispetto alla somma non dovrà eccedere per ora D. 2,100,000, che ratizzatamente ricade a D. 300000 per ogni banco.
2.° Tal ratizzo non dovrà pregiudicare la insolidità fra i banchi, prescritta con reale editto, emanato ai 29 settembre di questo corrente anno.
3.° La somma che si deposita non debba essere irrepetibile dal Banco, per quel tempo che piacerà di stabilire a chi fa il deposito; purchè non sia meno di mesi sei e non sia più di anni sei, che si è stabilito dover durare il conto a parte, cosa che dovrà notarsi nella stessa fede.
4.° Elasso il tempo stabilito, e notato nella fede, per non potersi ritirare dal Banco il denaro, resterà in arbitrio del creditore di ripigliarselo quando voglia ; purchè, come si è detto, non ecceda gli anni sei, e ripeterà allora dal Banco non meno la sorte che la rata dell'interesse decorso, all'anzidetta ragione, dal giorno del deposito fino a quello del pagamento.
5.° Resterà anche in balia del creditore di ritirarsi dal Banco il denaro prima che scorrino i

ceva entrare nelle casse poche centinaia, o poche migliaia, quando l'ingordigia del fisco ne faceva uscire milioni. Fu eziandio occasione o pretesto di guai, essendosi per le vendite dei pegni scoperto che gli apprezzatori, con esorbitanti valutazioni, avevano fatto restare scoperti i monti di pietà, per grosse somme; più che il cassiere ff. di S. Giacomo, Giuseppe Todisco, aveva preso dalla cassa duc. 343,295; quello del Salvatore, Raimondo Guarino, duc. 313,636,76 e che altre deficienze si deploravano nelle casse Poveri e Spirito Santo.

Pare che la Corte avesse saputa, o almeno sospettata, la deficienza di cassa, prima dei governatori dei banchi; essendo dal palazzo reale usciti questi ordini.

" 1.° Avendo risoluto il Re che siano sospesi da impiego tutti li
" cassieri dei rispettivi banchi (1) e che siano incaricati li gover-

---

mesi sei; purchè rinunzii alla rata d'interesse, che in tal caso rimaner deve a beneficio del Banco.

6.° Le quantità che si riceveranno per lo deposito di conto a parte dovranno essere di libera pertinenza di chi l'esibisce, non soggette a litigio, vincolo o condizione alcuna.

7.° Sulle fedi di credito, che si faranno per li depositi fruttiferi, non si potranno notare polizze di pagamenti parziari; per evitare di tenere un conto ed una scrittura impicciosissima, che sarebbe inevitabile se si adottasse il sistema della notata in fede.

8.° Finalmente, per facilitare tra cittadini il commercio dell'anzidette fedi di credito, non dovranno esser soggette nè a vincoli, nè ad ipoteche nè a condizioni, meno che a quelle che si noteranno in piedi della fede dallo stesso creditore o dal suo giratario. Quindi non nasca alcun suscettibili di alcun sequestro, nè sottoposte a qualunque pretensione altrui, se non nasca da dominio, sperimentandosi l'azione furtiva.

Sarà cura del governo dei banchi di manifestare al pubblico questa Sovrana risoluzione; con affiggere alle porte dei medesimi l'invito per chi voglia concorrere a far quivi deposito nella espressata maniera. »

Gl'Istituti non raggranellarono i D. 300000 per ciascuno, e sulle poche fedi fruttifere, fatte dal 1794 al 1796, si provvide con quest'altro dispaccio, del 4 luglio 1800.

« Avendo il Re avuto presente il real dispaccio del di 11 ottobre 1794, col quale s'introdussero nei banchi i così detti *depositi fruttiferi*, coll'interesse del tre per cento, i quali si distinguono dal marchio delle fedi di credito, che è rosso invece del solito nero; uniformandosi al parere della Giunta dei banchi, ha dichiarato che essendo i medesimi tanti veri mutui fatti ai banchi, debbono correre sotto questa rubrica, e dipendere non meno dalle leggi generali regolatrici di tal contratto, che dalle particolari apposte nel citato real dispaccio, le quali tutte da S. M. si confermano ».

« In conseguenza, ha ordinato la M. S., che le fedi di credito rosse, che si trovino fatte fino al 1796 (poichè indi in poi non se sono più fatte e non se ne faranno più) non siano soggette all'abolizione delle carte bancali, a cui si sta ora procedendo, ma siano riguardate come titoli di tanti mutui, da mantenersi secondo le loro scadenze, senza poter circolare a guisa delle fedi di credito comuni. »

La proibizione d'avvalorare altre fedi fruttifere s'era partecipata con dispaccio del 9 Maggio 1796 (Conclusioni del Banco Pietà pag. 304) Fin d'allora i banchi avevano restituito quasi tutto il denaro raccolto con tal mezzo, che fu di pochissima efficacia. Il registro del Banco dei poveri dimostra che le ricezioni si fecero dal 19 gennaio al 13 luglio 1795, percependo D. 9950, sottoscrizioni di soli governatori dell'istituto, che vollero dare il buon esempio. Al giorno 16 Settembre 1796 il conto era saldato, avendo tutti ripigliato i rispettivi depositi fruttiferi.

(1) Si dolsero, naturalmente, d'aver perduto carica e stipendio molti cassieri che fecero consegna regolare, e provarono d'avere onestamente tenuto l'ufficio. Tornando vane le petizioni, intavolarono un giudizio; ma il Re, che non voleva esser seccato, fece scrivere da Corradini. « Comànda S. M. che si faccia intendere agli anzidetti ricorrenti che ringrazino Iddio di ciò che per pura carità loro si dà; ed all'avvocato che fa le loro parti di non molestare ulteriormente su di tal punto la M. S. » (dispaccio 11 marzo 1795).

" natori delli medesimi di mettere, interinamente, nel disimpegno
" di tal' impieghi gli ufficiali più probi, che vi sieno nelle rispetti-
" ve classi; con dover incominciare il loro interino esercizio da sa-
" bato la mattina 20 del corrente (settembre 1794) se sarà possi-
" bile, e con badare seriamente a non fare accadere vuoto nel ser-
" vizio del pubblico; mi ha comandato la M. S. di partecipare tal
" Sovrana risoluzione a cotesto governo del banco S. Giacomo, per
" la pronta esecuzione — Palazzo 18 settembre 1794—Saverio Si-
" monetti „.

" 2.° In conseguenza di quanto ha S. M. risoluto, di sospendere
" gli attuali cassieri di tutti li banchi, con destinarsi, da interini
" cassieri, altri uffiziali più probi, tra le prime classi; comanda ora
" che per la giornata di domenica si effettuisca tal sospensione, con
" doversi contare le casse correnti di ciascun banco, coll'assistenza
" del governo; abilitando la M. S. l' interini cassieri destinati a
" dar plegeria tra il più breve spazio di tempo che sarà possibile;
" volendo che la mattina di sabato, 20 del corrente, si tengano aperti
" li banchi, per comodo del pubblico, ma coll' intervento, e sotto
" la più esatta diligenza, di tutti o parte dei governatori dei ban-
" chi medesimi. Nel real nome ecc. Palazzo 19 settembre 1794.
" Saverio Simonetti. „

Giuseppe Todisco amministrava la cassa maggiore di San Giaco-
me, in luogo del padre Antonio Todisco, vecchio gottoso, che si
trovava nella materiale impossibilità d' esercitare l' ufficio.

Nella dichiarazione che fece quando, tre anni dopo della contata
di cassa, si costituì prigioniero, disse: " In ottobre 1792 si fece una
" contata di cassa, che risultò esattissima (1). Dopo di questa con-
" tata, principiò nei banchi di Napoli la scarsezza di danaro con-
" tante, onde il governo del banco di S. Giacomo, nel mese di feb-
" braio, se non erro, dell' anno 1793, fece una conclusione colla
" quale dava la facoltà al cassiere maggiore di comprare la mone-
" ta, siccome egualmente lo stesso si praticò dagli altri banchi (2).

---

(1) Lo dice Todisco. Non é impossibile però che il vuoto già esistesse, e che lo avesse colmato con polizza di riscontro, o con qualche altro artifizio. I Preposti del Banco SS.Salvatore, nel loro primo rapporto sulla deficienza Guarino, raccontano, molto ingenuamente, ch'essi avevano verificato la cassa ventiquattro giorni prima, e sottoscritto il certificato d' averla trovata in piena regola, perchè stimarono buone tutte le polizze di riscontro.
(2) Queste conclusioni non esistono. Dovettero tenerle segrete e poi levarle dall'archivio. Però, in un registro della razionalia, fu ligata, probabilmente per disattenzione, questa confessione delle irregolarità permesse od imposte dai governatori. Ill. Signori. In obbedienza dell' ordine orate.

— 327 —

" Io dunque incominciai a comprare il contante e così proseguii in
" appresso, arrivando a pagarlo sino a duc. 46 ogni mille ducati.
" E comechè, per tale compra, mi trovava in disborso di molte
" migliaia di ducati, ed il banco non curava di bonificarmi l' im-
" porto di dette spese, secondo le note che io le dimostravo, non
" ostante le continue premure ed assistenze che facevo in ogni
" sessione, pensai negoziarmi il danaro del banco medesimo e della
" cassa che io amministrava ; per così, dal lucro che ne percepivo.
" potermi rinfrancare della spesa che faceva in comprare il con-
" tante. A richiesta dunque ecc. „. Segue un elenco lunghissimo
dei prestiti ch' egli fece con danaro del banco ; poi continua la
confessione, raccontando che Guarino, cassiere del Salvatore, gli
avesse domandato fedi di credito *vuote*, ed avess'egli consentito, ma
con patto di averne altre in controcambio di quel banco. Mediante
tali fedi, ambo i cassieri potevano nascondere la deficienza, ed as-

---

nus ingiuntoci, nella sessione dei 4 di questo mese, siamo umilmente a riferire alle LL. SS. Ill.me come per il noto caso di timore di essere assaliti dai francesi , ognuno che aveva denaro depositato nel Banco ha procurato di ritirarselo in moneta contante effettiva, per tenerlo presso di se, da avvalersene nel bisogno Ciò aveva in una certa maniera depauperato il tesoro, ed affinchè il medesimo fosse stato in una adeguata esistenza, si è stimato comprare, come tutti gli altri banchi, moneta effettiva, per essere pronto al pagamento di chi richiedeva il suo denaro. Per la qual compra il cassiere D. Antonio Todisco ha speso molte centinaia di ducati , come dalla nota che esiste presso di me sottoscritto razionale , oltre di quelle somme bonatèli nelle mensuali note di spese, sotto diverse denominazioni di compra di sacchi ed altre; della quale somma ne dee esser soddisfatto; altrimenti la sua provvisione non è mica sufficiente per tale spesa, e sarebbe lo stesso che rifonderci non solo le fatiche, ma anche il suo in tanti anni acquistatosi. E per rifare il medesimo di tale spesa, come non conviene far comparire spesa per compra di monete, siamo di parere compensarlo con qualche pagamento in aiuto della spesa che soffre per li suoi acciacchi, che continuamente soffre di podagra e di orine (c. r.) con qualche pagamento pella nota di spese della razionalia, sotto colore di compra di olio e di cera per lumi ; con altro pella nota delle spese della cassa, sotto pretesto di compra di sacchi o di altre spese, e finalmente con qualche altro pagamento, per stampa di cartelle di pegno e per qualche genere di finti accomodi nelle case del Banco e pel Banco stesso. E di queste tali somme se ne dovrà dal sottoscritto magnifico razionale far discarico di quello che fin oggi ha speso il suddetto magnifico cassiere maggiore , come a me sottoscritto Razionale costa da nota che conservo. Dippiù, essendosi in oggi la moneta renduta capo di commercio, che si vende come qualsivoglia mercanzia, per cui la gente non la porta ad introitare nel Banco, ma viene bensì a pigliarla per vendersela; siamo di parere, affinchè il tesoro sia nella sua sussistenza , fare lo stesso che fanno gli altri banchi , di comprarla. Altrimenti , se si mette mano al tesoro, di mano in mano si smaltirà tutto quel contante che vi esiste, e s' impingueranno quei banchi che lo comprano; ed a nostro debole sentimento stimiamo meglio che il banco succumba alla spesa di qualche migliaio e più l'anno, che sterilire il tesoro. Ed approvandosi da loro signori illustrissimi questo nostro debole sentimento, per la spesa che si farà, se ne debba dal sottoscritto razionale tenere conto di quello che si pagherà, sotto li descritti nomi, in discarico della spesa.
E restiamo con tutto il rispetto raffermandoci, di loro signori illustrissimi, umilissimi ed obbed. servi veri. Davide Marzano Razionale. Giuseppe Marciano Segretario. — Dalla Segreteria e Razionalia del Banco San Giacomo, li 7 luglio 1793.
Nella sessione dei 23 febbraio 1794. Dalla suddetta relazione, rilevandosi la necessità di comprare la moneta, come lo fanno tutti gli altri banchi, si è stimato, affine di non depauperare li tesori, in ogni mese si faccia la nota di ciò che si spende dal magnifico cassiere maggiore, coll' intelligenza del magnifico razionale, e si firmi l' ordine di pagamento da tutto il governo, acciò la spesa sia regolata col maggior risparmio, ed il banco non venga a subire spesa al di più del bisogno. Puoti — Alitto — Migliorini — Suarez Coronel.

sumere l'aspetto di creditore l'uno dell'altro. Ma giunto l'ordine di cambiare i cassieri, e di verificare le casse di tutt'i banchi, la magagna diventava chiara.

" Considerando io dunque, che dovendosi la mattina seguente
" contare la cassa, tuttochè il governo non si fosse accorto delle
" dette fedi d'introito vuoto, somministratemi dal Guarino, pure
" si doveva scoprire colla riscontrata che il nuovo cassiere man-
" dava a fare al banco del Salvatore, risolvei di mettermi in salvo
" dopo la contata ; e far pervenire, al detto banco di S. Giaco-
" mo, tutte quelle cautele dei suddetti debitori che conservavo „.

Il Razionale poi, Davide Marzano, nella sua deposizione del 20 ottobre 1794, dopo di aver detto che la rimanenza del tesoro e cassa maggiore del banco S. Giacomo, nel giorno 20 settembre 1794, avrebbe dovuto giungere a duc. 1,755,469,83, continua così :

" Nella contata si trovarono duc. 704,54 in più ; fatta la veri-
" fica mi ritirai a casa. Fin dalla mattina si era sul banco detto
" che il cassiere maggiore del banco del Salvatore fosse fuggito via.
" Ritornato la mattina seguente di lunedì, nell'indicato real banco,
" con tristezza seppi che il cennato D. Giuseppe Todisco era ancor
" fuggito via ; per cui si dubitava fortemente che frodi commesso
" avesse in detta cassa maggiore ; e fu tanto vero, giacchè la sera
" dell'istesso giorno di lunedì, sotto le ore 24, per ordini di quel
" governo, che congregatosi in sessione stava nelle stanze della se-
" greteria, fu carcerato, sullo stesso banco, il fedista D. Francesco
" Conte ; per causa, siccome pubblicamente si disse, di aver egli,
" fin da più giorni addietro, fatte 78 fedi di credito, a richiesta
" di D. Giuseppe Todisco, ascendenti alla somma di ducati 300,000,
" intestate a diverse persone, senza essersi scritte a libro dell'in-
" troito ; fedi che date aveva a detto Todisco. E la mattina poi
" dei sei di questo corrente mese di ottobre, mandatosi a riscon-
" trare col suddetto banco del Salvatore, io appresi che quelle 78
" fedi di credito d'introito vuoto, in somma di duc. 300,000, erano
" state ritrovate nella cassa maggiore di quel banco, esercitata dal
" detto Guarini ; e che tra quelle di spettanza della cassa del Sal-
" vatore, rinvenute nella cassa di Todisco, novantanove di esse fedi
" di credito si erano ancora trovate d'introito vuoto, che compo-
" nevano la somma di duc. 343,295 ; ed allora si venne in co-

" gnizione, che il furto con frode, commesso dal detto D. Giuseppe
" Todisco, in danno di questo banco S. Giacomo, ascendeva alla detta
" ingente somma di duc. 343,295 ; per lo quale era fuggito via
" il Todisco, senza comparire più nel banco „.

Oltre di Todisco e Guarino, fuggirono gli aiutanti cassieri del banco Salvatore, Domenico e Francesco Romeo.

Ad onor del vero, dobbiamo aggiungere che Todisco effettivamente non aveva speso, ma solo dato a mutuo il danaro che pigliava dalla cassa. I documenti di credito, che consegnò, rappresentavano un capitale non inferiore, e forse maggiore del vuoto fatto; sicchè il banco di S. Giacomo potette poi ricuperare la massima parte della somma toltagli, grazie all'energia e saper fare del Cav. Medici, che fu l'individuo al quale S. M. dette l'incarico di spingere l'esazioni per colmare il vuoto. Similmente le famiglie di Guarino e di Romeo consegnarono i titoli d'un credito di D. 150000, contro del Principe di Butera, più molte cambiali, istrumenti e biglietti, che in totale facevano somma poco minore di quella presa nel Banco Salvatore. Ma la riscossione fu laboriosa faccenda, per la quale si consumarono più di venti anni.

*
* *

4.° Prima ancora che divenissero noti tali fatti, il pubblico era sgomentato, come confessa un dispaccio del **17 Settembre 1794**.

" Agitatò il Real animo della Maestà del Re N. S. da sensibile
" pena e rincrescimento, per lo stato in cui sente ritrovarsi li banchi,
" a motivo della mal concepitasi idea da molti che mal sicuri fossero
" li loro capitali nelli stessi banchi depositati, e per la somma in-
" quietudine che ne deriva al popolo. Ed animata nello stesso tempo
" la M. S. dalla volontà la più determinata di accorrere, con ogni
" possibile, efficace, e più sollecito riparo, a prevenire i danni ul-
" teriori, che possono risultare da un così erroneo concetto, a Sta-
" bilimenti di tanta pubblica utilità, à risoluto di adoperare ogni
" mezzo, che sia in suo potere, per accelerare le operazioni e le
" verificazioni effettive. Onde venga restituita ai banchi la solita
" necessaria fiducia, è venuta la M. S. a destinare all'incarico spe-
" ciale di assistere nell' attual momento ad ogni qualunque dire-
" zione, incombenza ed operazione relativa ai banchi, proporre li

" pronti e desiderati ripari alle nocive conseguenze che possono
" minacciarli, e vegliare al pieno ed efficace adempimento di tutte
" le provvidenze, mentre che continuerà l'urgenza, il principe di
" Luzzi, il conte di Policastro, il marchese di Fuscaldo ed il mar-
" chese di Gagliati, ai quali unisce l'avvocato D. Antonio Crisa-
" fulli ed il negoziante D. Antonio Rossi. Tutti costoro ecc. „.

Per l'ampie facoltà date a tale Commissione, che si chiamò
Giunta dei Banchi, perdettero gl'istituti quell'autonomia ed indipendenza che le prammatiche precedenti avevan rimasto. Ai 18 settembre 1794 furono licenziati li Delegati Protettori, cioè i Direttori dei sette banchi, passandosene alla nuova Giunta tutte l'incombenze, ed ai 23 del mese stesso comandò il Re:

" 1.° Che si faccia distinto ragguaglio dello stato generale di
" tutt'i banchi, così patrimoniale come degli apodissarî, della ve-
" rità del quale stato debba essere responsabile l'ufficio della razio-
" nalìa; e che si facci nota separata del denaro condizionato, se-
" questrato e vincolato che in ciascun banco esiste, colla distin-
" zione dei nomi, somme e fogli del libro maggiore.

" 2.° Che tutt'i governi dei banchi non possano, da ora innanzi,
" fare nè mutui nè altri impieghi senza la Sovrana approvazione.

" 3.° Che non si possano dare, a colòro che fanno pegni, riscontri
" di altri banchi, ma o denaro contante, o fedi di credito del pro-
" prio banco, meno per coloro che chiedessero tali riscontri.

" 4.° Che a coloro che vengono a chiedere il lor denaro, coll'esibi-
" zione di fedi di credito o polizze del proprio banco, quando non si
" dà loro l'intero contante, non si debbono pagare con riscontri, ma
" con fedi dello stesso Banco, purchè non cercassero tali riscontri.

" 5.° Che, fino a nuova Real determinazione, non si possa ac-
" crescere il numerario nelle casse dei pegni, oltre di quello che at-
" tualmente si trova impiegato.

" 6.° Che non si possa fare dai banchi compra di moneta, vo-
" lendo la M. S. osservati per tale assunto tutt'i precedenti reali
" ordini „.

Fin dall'11 luglio 1794, aveva Ferdinando IV soppresse le proibizioni dei riscontri, anzi comandato l'accettazione e pagamento delle bancali in qualsiasi cassa apodissaria; aveva pure comandato di mandare i pegni scaduti alla zecca ed invitato i luoghi pii ed enti morali a consegnare i loro argenti per farne moneta. Una legge del 9 agosto 1794 rinnovò le strane regole proibitrici dèl cambio e dell'aggio, minacciando pene severe ai cambiavalute e chiudendone le botteghe. Ma perchè siffatti rimedi aggravavano il male, ed era prossimo l'esaurimento delle riserve metalliche, fu pubblicato l'editto o legge 29 settembre 1794, con la quale Sua Maestà diceva d'essere persuasa: che in gran parte i disastri avvenuti ai banchi erano derivati dal considerarli come sette istituzioni fra loro disgiunte e separate, senza che l'una a nulla fosse tenuta per l'altra; che furono essi istituiti pel servizio del pubblico, il quale poneva egual fede nel depositare le proprie sostanze, qualunque fosse la sede ed il nome del banco; che le ricchezze da essi acquistate derivavano dal pubblico, al cui vantaggio unicamente dovevano essere addette e consacrate; e che mentre vero utile del pubblico era la conservazione e salvezza di tutt'i sette banchi, gravissimi danni seguirebbero se alcuni soddisfare non potessero i proprii creditori, tuttochè in piedi rimanessero gli altri, ricchi e soprabbondanti di capitali e possessioni. Epperò, per tal convincimento, decretava che quind' innanzi per unico dovesse considerarsi il Banco Nazionale di Napoli, diviso in sette casse o rami, sotto diversa denominazione e cura particolare, pel maggior comodo dei cittadini. Quindi, che i beni fondi, i crediti, le partite, e l'intero patrimonio di ciascun banco, rimanesse vincolato per la sicurezza e pagamento di tutt'i creditori apodissarii.

Sempre replicando che " I banchi di questa capitale non debbono più riguardarsi come opere pie civiche e municipali semplicemente, giusta la loro prima origine e fondazione, ma come tanti rami di un Regio Banco Nazionale, in cui l'interesse non è solo della capitale, ma benanche del regno e dell' intero Stato, per essere il deposito della ricchezza di tutta la nazione " (dispaccio 28 settembre 1795) Sua Maestà si servì comodamente così della roba dei banchi, come di quella del pubblico.

L'opposizione di parecchi governatori fu punita prima col sopprimere tutte le prestazioni, propine e regalie consuetudinarie (lettera 2 maggio 1795), facendo un'eccezione, che pare canzonatura, cioè quella della torcia; ed in seguito col licenziarli. Il ministro dettò nuove regole (dispaccio 26 settembre 1795), partendo dal principio che non si dovesse badare nè alle istituzioni, nè ai testatori (dispaccio 17 settembre 1794). Dippiù furono bene chiarite l'ampie facoltà della Giunta, con altra lettera del 17 gennaio 1795, per le quali divenne questa Giunta l'assoluta padrona dei banchi; essendosi proibito ai governatori qualsivoglia spesa, qualsivoglia nomina d'impiegati, e fino di corrispondere coi ministri o con pubblici uffiziali. Per l' elemosine, si fece sentire ai cittadini, li 25 marzo 1795: " Resta solennemente stabilito che non sono i banchi, per " loro istituto, addetti a fare limosine, e che per sola Real Clemen- " za si permette che continuino a talune persone, le quali ora le " godono „.

Per la contemporaneità di due diverse cose, stampa dell' editto con soppressione della libertà dei banchi, e contata di tutte le casse con dichiarazione delle deficienze, si dette ad intendere che ogni guaio derivasse dalle malversazioni di Todisco e di Guarino. Ma gli abusi di costoro avevano importanza minima, in paragone di quelli della Finanza; trattavasi di vuoto coperto da titoli di credito che poi si riscossero, con perdita definitiva di poche migliaia. Passività ben maggiori avevano anteriormente messo in pericolo uno o più banchi, sia per casi meramente fortuiti, sia per trascuraggine di governatori, sia per pubbliche calamità, senza che si pensasse di scuotere la base del loro ordinamento. Ma, nel 1794, Sovrano e Ministro furon lieti di trovare un pretesto, per rendere da loro dipendenti i sette istituti, ed inondare il regno di carta a corso forzoso.

Il *distinto ragguaglio*, ordinato da Corradini, fu certamente compilato dai sette banchi. Ma esiste in archivio la sola minuta di quello che presentò il Razionale di Santa Maria del Popolo. Mancano gli altri sei per la ragione che i Deputati tenevano l'ordine di compilarlo " *colla maggior riserva e sotto un segreto inviolabile che* " *dovranno solo confidare alla M. S.* „ (dispaccio 17 settembre 1794). In generale tutto quello che riguardava gl'interessi reciproci della finanza e dei banchi fu trattato verbalmente, senza che rimanessero prove d'infrazioni delle regole; e per qualche scritto, proprio indispensabile, non solo si provvide a non farlo passare nell'archivio, ma esistono dichiarazioni d'essersi soppresse e lacerate carte già copiate sui registri o legate nei volumi, le quali avevano indiretta relazione con gli affari governativi. Per esempio sul dispaccio della giunta 7 aprile 1795 (San Giacomo Vol. 14, pag. 145), si legge questa nota: " A 16 Gennaio 1796:

— 333 —

" Siccome, per Real determinazione dei 3 settembre 1795, si han
" dovuto lacerare tutte le carte relative all'interessi tra il nostro
" Banco ed il Barone D. Francesco Taccone, si nota perciò come
" il Real ordine che si trova in questo folio 145, per atto parte-
" cipato dalla Suprema Giunta, in data dei 7 aprile 1795, resta
" nullo per effetto di detta Real determinazione dei 3 settembre,
" ed anche a tenore dell'appuntamento dei 30 novembre 1795 —
" firmati a cautela. Alitto—Pignatelli (Governatori del Banco San
" Giacomo) „.

Taccone era il tesoriere generale. La Real determinazione 3 settembre 1795 manca nel volume che la dovrebbe contenere. L'appuntamento poi o conclusione dei governatori, del 30 novembre 1795, contiene l'ordine di lacerare determinati fogli da parecchi registri, ma provvede su di un debito di D. 12000, personale dei fratelli Taccone e connesso al vuoto Todisco. Sarebbe mancata la ragione di far un'irregolarità, nuova negli annali dell'istituto, senza la confusione fra i segreti del Tesoriere e quelli del fisco, e se le carte soppresse non avessero contenuto notizie che importava al Re, non ai Governatori od a Taccone di nascondere.

Le condizioni del Banco S. M. del Popolo, al giorno 21 Settembre 1794, quali risultano dal conto dettagliatissimo, che forma quasi un volume, salvatosi chi sa per quale fausta combinazione, possiamo compendiare coi seguenti numeri:

BILANCIO GENERALE

Circolazione e debito apodissario D.2,462,314.38
Moneta in tesoro . . D. 30,699.10
  id. in cassa . . . " 17,832.21
                                ——— 48,531.31
Monete forastiere in tesoro D. 29,130.21
  id.   id.   in cassa " 24,547.83
                                ——— 53,678.04
Polizze di riscontro degli altri banchi. 682,557.70
Somma disponibile pel monte pegni. . 409 —

                 A riportarsi 785,176,05 2,462,314,38

Riporto 785,176,05 2,462,314,38

Monte di pietà — somma collocata . . . . . D.	388,168 —	
Mutui e crediti fruttiferi. "	544,530.92	
Per tanti posti a ristretto in un libro a parte negli anni 1779 e 1788 ed indi passati a credito nella fede conto di compre . . . . . "	46,316.41	
		979,015.33
Prestiti senza interesse fatti con la garenzia della Regia Corte ed in ossequio di reali dispacci D.	151,714.28	
Id. come sopra con interessi "	6.000 —	
Denaro anticipato alli arrendamenti per lo pronto pagamento dei mandati. "	89,216.71	
Prestiti senza interesse al Municipio di Napoli . "	60,858.36	
Id. con interesse id. . "	71,333.40	
		379,122.75
Perdita sulla riconiazione de'zecchini romani (1752) D.	3,693.75	
Deficienza Nicola de Mari (1702). . . . . . "	7,317.77	
Id. Donato Cuomo (1737) "	16,044.92	
Id. Gaetano Le Planh (1767). . . . . . "	284,146.44	
Id. Francesco Martinelli (1772). . . . . . "	3,955 —	
Id. diverse. . . . . "	2,321.10	
Crediti inesigibili . . . "	1,521,27	
		319,000.25

Totale eguale 2,462,314.38

BILANCIO PATRIMONIALE

	Valor capitale	Rendita ottenuta nel precedente anno 1793
Arrendamenti e fiscali	410,012,64	16,832.12
Censi attivi	29,275,—	1,161.91
Case e terreni	39,478.15	2,209.21
Crediti istrumentari	477,949.85	17,890.81
Crediti con interesse scalare	343,660.07	12,757,20
	D. 1,300,375.71	50,851.25

Detraendo le somme prese dal debito apodissario, cioè le cifre dietroscritte

Mutui e crediti fruttiferi	D.	544,530.92
Id. alla Regia Corte	"	6,000 —
Id. al Municipio di Napoli	"	71,333.40
Conto a parte	"	46,316.41
Perdite, deficienze ed inesigibilità	"	319,000.25
		987,180.98

Restava un capitale patrimoniale netto di . . . . D. 313,194.73

RENDITA E SPESE

Rendita patrimoniale	D.	50,851.25
Interessi del Monte di pietà (media d'un decennio)	„	21,377.94
Pigioni attive	„	521.50
A riportarsi	D.	72,750.69

Riporto D. 72,750,69

Elemosine	D.	11,891.63
Stipendî	„	23,773.37
Pensioni	„	4,400.93
Compensi ed onorarî . . . . ,	„	3,989.11
Spese di scrittoio	„	1,953.68
Pigioni passive	„	1,909.45
Manutenzione, esazione, liti . .	„	2,086.80
Diverse	„	1,087.37

„ 51,092.34

Rendita netta D. 21,658.35

La riserva metallica disponibile, di D. 48531,31, rappresentava dunque una cinquantesima parte della circolazione. Fa meraviglia che il Banco del Popolo tirasse innanzi fino al 21 settembre 1794; ed avesse potuto, quel giorno, dire che sospendeva il cambio, in contanti, per ossequio agli ordini di S. M. non perchè la mancanza di contanti gli proibisse di compiere il debito suo.

Pel Banco Salvatore manca il *distinto ragguaglio*, ma esistono varie minute di *ristretti*, cioè bilanci dell'istituto. Quello di luglio 1793 riferisce:

Circolazione, ovvero totale debito apodissario . D. 2,748,942.10
Compre, cioè fondi pubblici e mutui ad interesse
   al fisco ed altri, garentiti ed assegnati su provento d'imposte . . D. 457,278.62
Monte di pietà, prestiti ad
   interesse con pegno   „ 423,916 —
Totale degl'impieghi fruttiferi   D. 881,194.62
Mutui senza interesse alla
   Regia Corte . . . . „ 214,580 —
Id. alla Città . . . . „ 59,111.12
Id. agli arrendamenti per
   pronto pagamento dei
   mandati , ... „ 42,633.15
Id. alla Giunta della monetazione del rame. . „ 2,000 —

Riporto D. 318,324,27   881,194,62   2,748,942,10

Riporto D. 318,324,27 881,194.62 2,748,942,10
Id. al tribunale di fortifi-
 cazione . . . . . „   341.69
Id. per anticipazione di
 stipendio agl'impiegati. „ 1,146.50
Debitori decotti . . . „ 14,018.28
Totale degl'impieghi non frut-
 tiferi . . . .   „ 333,830.74
Riscontri d'altri banchi . . . . .   „ 664,801.80
Bancali proprie venute per riscontro ma
 non ancora discaricate dal passivo. „ 492,933.16
Denaro contante nella cas-
 sa maggiore seu tesoro. D. 361,181.78
Id. in mano dei cassieri. „ 15,000 —
 ───────── „ 376,181.78

Totale eguale D. 2,748,942.10

Nella circolazione si comprendevano D. 549,514.41, valore nominale del patrimonio o capitale dell' istituto.

Il rapporto fra la riserva ed il debito a vista risultava di 14 per 100 circa.

*
* *

5, Sperava forse il governo di colmare il vuoto fatto nelle casse coi futuri introiti della finanza, e col patrimonio degli stessi banchi, ch' era a quel tempo di ducati quindici milioni circa; e veramente, se avesse agito con discrezione, l'espediente di costituire un consorzio dei sette banchi ne poteva impedire il fallimento; e forse permettere al governo di sostenere quel debito galleggiante, ch'era la carta avvalorata per suo comando, fino a che non avesse trovato modo di consolidarlo. Dicono che la fusione fu suggerita dallo stesso Cav. Medici, chiamato per l'affare Todisco; uomo che meritamente ha goduto fama di bravo amministratore, e che, quando quando poi divenne ministro, nel 1803 e 1816, lavorò con coscienza e sagacia per la risurrezione del credito pubblico napoletano. Però troppe erano le fedi e polizze avvalorate con ordine dei ministri, che si dice giungessero al valore di D. 35,000,000 (L. 148,750,000); somma enorme per una città come Napoli, enormissima a quell'epoca. Mancò la fiducia che fino a quel momento aveva fatto preferire le bancali all' oro o argento coniato. Verso la fine del 1794, le fedi di credito e le polizze notate non servivano più a tutti gli affari civili o commerciali; ed i possessori dovevano recarsi molte volte ai banchi, per averne il cambio in moneta, che spesso non ottenevano; ovvero dovevano sopportare una perdita per aggio, la quale andò progressivamente crescendo nel 1795 e 1796, senza che lo potessero impedire le chiacchiere del ministro, le ordinanze ed i decreti che proibivano qualsivoglia speculazione di cambio. Anche certi cassieri del banco ardirono di vendere la moneta, e di cambiare le carte alle sole persone che si contentavano di somme inferiori al prezzo nominale. Fu pure messa in circolazione gran copia di polizze false, fabbricate nel bagno penale di Santo Stefano, da un certo Domenico Sacco e dagli altri galeotti.

Quando stavano per esaurirsi le riserve metalliche, ed i banchi dovevano finalmente confessare che con ordini dei ministri avevano consegnato al fisco la massima parte del danaro ad essi confidato; peggio ancora, che avevano contravvenuto alle loro leggi, partecipato ad una frode, col mettere in piazza promesse di pagamento a vista cui non potevano in modo alcuno fare onore, vennero gli ordini, che la moneta esistente nei sette istituti di credito non si dovesse più toccare (1). Voleva il Re che siffatta moneta esi-

---

(1) " 22 maggio 1796. Avendo S. M. preso nella più seria e matura considerazione ciò che ha manifestato cotesta Giunta dei banchi, relativamente alla esorbitanza degli esiti in numerario che in questi ultimi giorni si è nei banchi osservata, ed ai sconcerti che potrebbero avvenire per le eccessive richieste di coloro che per effetto di alterazione di fantasia (!) vanno a riscuotere il loro denaro; onde ha essa Giunta implorato le convenevoli Sovrane disposizioni, per darsi riparo a siffatti disordini. Sul riflesso che i banchi sono i mezzi sicuri, necessarî ed indispensabili per promuovere il commercio nello Stato, e che un rovescio che si potesse dai medesimi soffrire porterebbe seco danno incalcolabile al pubblico intero, che nello stato attuale non ha che temere, per le provvide già date disposizioni. Per modo che siffatto affollamento nei banchi può essere prodotto non tanto da mal fondata alterazione di fantasia, quanto da premure di chi non ama come dovrebbe la pubblica tranquillità. È venuta la M. S. a risolvere e comandare che tutto il numerario che attualmente si trova esistente nei sette banchi di questa capitale non si adoperi più per la giornaliera negoziazione, ma serva di dote permanente dei banchi medesimi, dovendosi eseguire la negoziazione con quel numerario che di giorno in giorno si va introitando, in guisa che l'esito in contanti non possa superare l'introito che si trova esistente; con supplirsi al dippiù o con fedi di credito del proprio banco o con riscontri degli altri banchi. Continuandosi tal sistema sino a nuove sovrane disposizioni che S. M. prenderà in seguito della calma che si vedrà ristabilita. Lo partecipa ecc. „.

« 24 Maggio 1796. — Ho fatto presente al Re tutto ciò che ha cotesta Giunta riferito, con sua rappresentanza dei 23 del corrente maggio, in rapporto all'esecuzione da darsi al Real dispaccio dei 22 dell'istesso mese, con cui si stabilisce il sistema da doversi osservare nella negoziazione de' banchi, acciò il numerario che di trova attualmente in essi esistente serva di dote permanente dei medesimi; e la M. S. uniformandosi a quanto da essa Giunta si è proposto, meno che al capo V e VII nell'additata rappresentanza contenuti, ha risoluto e comanda ».

« 1. Che continuandosi a tenere aperte, nei cinque banchi ove ora esistono, le casse di permuta delle monete viziate, si consegni alli cassieri delle medesime, dalla massa del numerario che si è dichiarata dalla M. S. permanente per dote dei banchi, quella quantità di moneta spen-

— 339 —

stente rimanesse come dote dei banchi; e che al negoziato giornaliero, cioè alle richieste di pagamento dei creditori apodissarii, si provvedesse con l' introito delle casse; vale dire coll' oro ed argento che qualche cliente del banco avesse per avventura portato nell'istesso giorno, *ovvero con fedi di credito, sia del medesimo banco, sia di riscontri.*

Tutte l' introduzioni di corso forzoso si son fatte con pretesti di bene pubblico, necessità dello Stato, protezione del commercio, ec. ma per nessuna s'è spiegata tanta ipocrisia. Ferdinando IV fa scrivere dal ministro due semplici lettere, quasi che l' affare fosse di poco conto, ed in queste sono incidentalmente nominate le carte bancali, che diventavano la moneta del regno. La nebulosa minaccia alla

---

dibile che il bisogno della permuta richiegga, con passarsi alla regia zecca la moneta viziata che si ritrae, acciò dopo riconiata si restituisca alla surriferita massa permanente di numerario ».

« 2. Che lo stesso si pratichi per la compra dei pezzi duri (colonnati di Spagna) con restituirsi la moneta, per mezzo di questi coniata dalla regia zecca, nella stessa massa permanente del numerario ».

« 3. Che l' opera dei pegni con interesse resti aperta nei banchi, con farsi però i pegni ed i dispegni collo stesso metodo ordinato per le casse d' introito ed esito ».

« 4. Che resti permesso di potersi fare dai banchi le fedi di credito anche al disotto della somma di ducati dieci, fino a quella di ducati cinque, con mettersi nelle fedi infra i D. 10 la parola ducati immediatamente dopo la quantità, così in abaco che in iscritto, per evitarsi le falsità che si potrebbero commettere. E che, per le somme al disotto di D.5, invece delle fedi di credito si dovessero fare i bollettini stampati, simili a quelli dei pegni con interesse del Banco della Pietà, nella maniera più comoda e facile che potrà riuscire per agevolarsi il commercio ».

« 5. Che i provvisionati dei banchi e di cotesta Giunta non siano abilitati a cambiarsi nei banchi in contanti dalla dote permanente di numerario le rispettive polizze che ricevono in ogni fine di mese „ .

« 6. Che i pagamenti da farsi dai banchi alla regia corte in contanti, dalla dote permanente di numerario, si debbano eseguire precedente Real dispaccio, non già in seguito di semplici viglietti dei Reali Tesorieri; a qual' effetto ha dato S. M. gli ordini convenienti per li corrispondenti canali ».

« 7. Che le limosine mensuali che si fanno dai banchi e monti di questa capitale non si debbono pagare dalla dote permanente di numerario ».

" Oltre a ciò, nell' atto che attende la M S. (da venerdì in poi 27 del corrente mese, giorno in cui si riapriranno i banchi) dal noto zelo e sperimentata esattezza dei governatori dei banchi tutta la possibile assistenza in questi luoghi, che interessano tanto il pubblico e lo Stato; è sua Real volontà che gli stessi governatori dei banchi debbano invigilare, dichiarandoli di ciò responsabili che i cassieri ed altri ufficiali non facciano abuso o mercimonio del numerario che nelle casse si anderà giornalmente introitando; con privarne immediatamente d' impiego i contravventori e darne parte alla M. S. per le ulteriori sovrane risoluzioni; nella prevenzione che ha dato la M. S. i convenienti Reali ordini a tutt' i capi di officine numerarie, così di regia corte come di città e d' arrendamenti, d' introitare ne' banchi tutto il contante che esiggono, rendendone responsabili gli stessi capi di qualunque mancanza in ciò si commettesse dai rispettivi loro subalterni. La partecipa ecc. »

Con la contata di cassa, fatta pel Banco Pietà li 26 maggio 1796, si trovarono;

Presso i cassieri	D. 194873,75
In tesoro	» 413655,00
Ultima liberata della zecca	» 150000,00
	D. 758528,75

Ma poiché doveva immobilizzare, per sua quota della dote permanente, D.710000, non gli restarono disponibili che soli D. 48528,75.

gente che s'affollava per esigere, chiamandola nemica della tranquillità, valeva molto ai tempi di *Giunta di Stato*, quando per sospetti politici erano già cadute le teste di Vitaliani e di De Deo!

Il beneficio del pegno senza interessi fu contemporaneamente tolto ai napoletani.

" (Dispacci del Banco Pietà - pag. 58. - 21 maggio 1796) „. Dalla Real Segreteria di giustizia è pervenuta a questa Giunta la seguente Sovrana determinazione della stessa data del 21 del corrente. Dovendosi fare gl'inventari dei pegni graziosi nei monti della Pietà e dei Poveri, in conformità di quanto si è da cotesta Giunta proposto; *comanda il Re che restino sospese*, sino a nuova Sovrana risoluzione, l'impegnate che si fanno nei mentovati monti di pegni senza interesse; *con rivolgersi il denaro di queste opere alle occorrenze delle casse dei due rispettivi Banchi.* Lo partecipo ecc. „

Per le lettere ministeriali, i banchi avrebbero barattato con altre carte le fedi, le polizze e le madrefedi che loro si presenterebbero. Quell'introito giornaliero, sul quale il Governo mostrava di fare assegnamento, non poteva esserci; chè niuno sarebbe stato gonzo da consegnar danaro contante ad una cassa che pagava con carta.

*
* *

6. Non si può esprimere lo sgomento ed il dolore dei cittadini, quando si videro spogliati di ciò che avevano posto in deposito appunto perchè fosse più sicuro; quando seppero distrutta la potente e benefica istituzione dei banchi, tolto il vantaggio del pegno gratuito, soppressa financo la comodità del pegno con interesse (1).

Mancando la possibilità di pagare a vista, e reggendo la finanza un individuo il quale non sapeva impedire che rovinasse addirittura il credito delle carte bancali, succedette che, appena sospeso il pagamento, le fedi di credito scapitarono dal 64 $°/_0$; poi si giunse all' 82 ed 87 per cento. Gl'istituti lottarono quanto potettero; sagrificarono senz'esitare il poco argento lasciato a loro disposizione; inventarono la *tassa* cioè un modo di pagamento con cui davano

---

(1) Nessun ordine scritto, di quell'epoca, chiude le casse del pegno fruttifero; ma la soppressione avvenne per via di fatto, poichè non c'erano denari e specialmente perchè fu rispettata l'antichissima regola di non tollerarsi avvaloramento di carta per l'operazioni del Monte. Scomparsa la moneta del regno, esauste le casse dei banchi, mancava la possibilità di pagare nella maniera prescritta, cioè con monete legali d'argento.

qualche carlino d'argento in ogni baratto ; ma ciò non pertanto l'aggio divenne universale speculazione che si faceva pure nelle sale dei banchi (1), e gl'infelici depositanti con molta fatica giungevano a ricuperare dei loro crediti il 36 $°/_o$ pei il 18 e quindi 13 $°/_o$, cioè una ottava parte. A tanto male sperò il Governo di porre rimedio dando i beni allodiali in ipoteca. Ma il prestito forzoso, comandato lo stesso giorno 22 maggio 1796, di tutte le somme o capitali vincolati, tolse ogni valore a siffatta malleveria.

" Rimetto, di Real ordine, a cotesta Giunta dei banchi, otto esem-
" plari stampati dell'editto dalla Maestà Sua formato, e, per mezzo
" della Real Camera di Santa Chiara, nelle solite e debite forme
" pubblicato; contenente le Sovrane disposizioni perchè tutto il de-
" naro vincolato, di qualunque natura si fosse, ed a qualunque con-
" dizione soggetto, il sottoposto a fidecommessi, a sostituzioni, il
" pupillare, il dotale, il condizionato per impiegarsi in compra o
" ricompra, o di qualsiasi altra indole, che non si trovasse ancora
" impiegato, si dovesse intendere da ora già impiegato colla Regia
" Corte. Con doversene da questo punto liberamente valere, la quale
" debba corrispondere l'annualità del 4 per $°/_o$, coll'assegnazione
" di partite d'arrendamenti, finchè non se ne faccia la restituzio-
" ne e ricompra. Da decorrere tale annualità dal giorno che la Re-
" gia Corte farà uso di queste somme (2); ancorchè non si fossero
" stipulati i rispettivi contratti. In forza delle quali Sovrane dispo-
" sizioni, vuole il Re che tutto il denaro vincolato, di qualunque
" natura si fosse ed a qualunque condizione soggetto, dai banchi
" di questa capitale si passi immediatamente in testa della Regia

---

(1) 25 agosto 1796 — Conchiusione — Banco Pietà — Essendosi con rincrescimento sommo penetrato dai signori protettori che nel cortile del nostro banco della Pietà e nelle adiacenze di esso vi si portino delle persone commercianti, dalle quali si subornano quei che vengono a far dispegni all'interesse con denaro contante, con prendersi esse il contante e darli polizze e fedi di credito dello stesso nostro Banco per eseguirne li disposti dispegni. E perché preme ad essi signori protettori che si tolga un si pernicioso commercio, maggiormente nelle presenti circostanze, e di venire in chiaro cosi delle persone che lo fanno, che di quelle dalle quali vengono tali persone garentite; si è perciò dai medesimi ordinato che il magnifico D. Salvatore de Simone, come cassiere dell'interesse, colla sua sagacità ed avvedutezza procuri di appurare quali siano tali persone, potendogli ben riuscire di penetrarlo da coloro che gli esibiranno tali polizze per dispegni; e che tutto fedelmente riferisca al Governo, acciò prender possa quegli espedienti che stimerà più proprii per togliere un si pernicioso commercio. E se mai dal detto De Simone si trascurerà di adempire al disimpegno di un si geloso incarico che dal Governo se gli è dato, colla debita premura sincerità ed esattezza, sarà privato d'impiego.

(2) L'uso era già fatto. Nel verbale 23 marzo 1796, Banco Pietà, trovasi un ordine di pagare in conto ducati trecentomila, per spese militari, prelevandoli dal fondo del denaro condizionato.

" Corte, acciò possa disponersene dalla medesima, per li bisogni ur-
" genti dello Stato „.

Servì l'editto per dare una qualche apparenza di legalità alle consegne, che pretendevano dai banchi, di moneta contante e di carte. Il denaro condizionato non si sapeva a quale somma giungesse, e nessuno curò d'indagarlo, perchè le richieste del fisco ne superarono a molti doppi l'ammontare.

Per sostenere il prezzo delle carte bancali, il Governo mise officine che le comperavano al corso giornaliero (1); e disse che le voleva tutte ritirare a poco a poco, accettandole in pagamento, come prezzo dei beni allodiali che aveva dato per pegno, ed intendeva vendere. Promise solennemente che tutto il prodotto d'una nuova imposta, chiamata *decima*, sarebbe servito pel medesimo scopo di ritirare la carta (2). Proibì l'esportazione del numerario, ed armò navi da guerra che incrociavano lungo le coste e perquisivano i bastimenti mercantili, affinchè fosse rispettata la proibizione. Le gratificazioni ai capitani ed alle ciurme si dovettero pagare dai banchi, quasichè si trattasse di un loro interesse. Confiscò pure, il governo, e fece monete di tutti gli oggetti di oro e d'argento che possedevano le corporazioni religiose, le confraternite, le chiese ed anche le private persone. Ma, con insigne malafede, fece ser-

---

(1) Il Botteghino per la compra e vendita del numerario, messo di conto Regio nella piazza di S. Ferdinando, restò aperto fino al 24 febbraio 1805.

(2) 25 ottobre 1796 — Conclusione — Dalla Giunta dei banchi si è partecipato, a questo governo del Sacro Monte della Pietà, la seguente Sovrana determinazione, in data dei 17 del corrente mese, alla medesima pervenuta dalla Real Segreteria di giustizia.

« Sulla richiesta fatta dal presidente Aiello, a qual ramo della Regia Corte dovessero girarsi le somme finora riscosse e che giornalmente si vanno riscuotendo dall'imposta decima; ed a vista della rappresentanza di cotesta Giunta di non doversi pagare dai banchi l'importo di tal peso su dei loro beni, ma bensì ritenerlo per compensarsi dei crediti che rappresentano contro la Regia Corte. Memore il re che per sostenere le spese della presente guerra, in difesa dello Stato e della giusta comune causa (cosa che con somma sua gloria ha posto finora al coverto i piantissimi popoli di nulla soffrire di quelle amarezze che ben molte altre nazioni han sofferto e soffrono) senza gravare la gente povera, fu nell'obbligo di tassare discretamente i soli possidenti, della decima, con tassa temporanea. Nello stesso tempo, prendendo in mira non solo la salvezza dei banchi, che unicamente debbono la loro sussistenza alla vegliante paterna cura della M. S. (!) ma ancora il loro non piccol vantaggio e profitto, fin dai 28 del p. p. luglio prescrisse che di tutto il fruttato dell'imposta decima se ne dovesse stabilire un fondo di ammortizzazione, col quale si avesse per ora ad estinguere tutto il debito della Real Corte coi banchi, contratto e da contrarsi; il che dovesse farsi a ragione scalare, coll'interesse del 4 per cento fino alla totale sua estinzione. Avendosi la M. S. riserbato le disposizioni da prendere acciò coll'istessa decima restassero ammortizzati gli altri debiti, che in occasione della presente guerra avesse la Regia Corte per altri rami contratto o dovesse contrarre; per indi poi abolirsi dalla M. S. l'imposto peso, e così restarne sgravati i suoi amatissimi sudditi.

Ora, in seguito di ciò, ha comandato la M. S. che tutto quello che ha il riferito Presidente d'Aiello, Delegato, fin'ora riscosso, ed anderà mano mano riscuotendo (dedotte le spese) lo paghi ai banchi in disconto dei debiti finora, per detta causa, contratti e da contrarsi, nella maniera di sopra indicata. Ed acciò in tale operazione non ci possano accadere intrighi e difficoltà, ma riesca la più facile ecc. »

Seguono lunghe istruzioni per la scrittura contabile, piantata in modo da potersi accrescere le deficienze di cassa e debito del fisco. Li 30 dello stesso mese d'ottobre si dovettero pagare dai Banchi i primi ducati 800000 « a conto del fruttato dell'imposta decima ».

vire per accrescere il debito, per emettere altre carte, questi spedienti che dovevano produrre l'effetto opposto.

Infatti, le bancali comperate dalle officine, al prezzo corrente, si davano agl'impiegati regi ed agli altri creditori dello Stato, costringendoli a prenderle per valore nominale; i beni che si vendettero, appartenevano alla Chiesa, non al Demanio; e le carte ottenute, furono novellamente messe in circolazione; gli stessi oggetti d'oro e d'argento, confiscati per farne moneta, non solo si pagarono con fedi di credito, ma, caricando sui banchi un debito del fisco, furono questi costretti a computare, ed a pagare ai luoghi pii l'interesse quattro per cento (1).

L'argento valeva allora D. 13,60 la libbra, ed il Governo lo comperava a duc. 15,20. Ma, per la ragione che dava al prezzo nominale un titolo screditato, cioè la carta di Banco, commetteva sul prezzo una frode di tre quarti e più. Niente diciamo della violenza con cui spogliava i possessori di cose che tenevano legittimamente, e della malvagità con la quale non faceva conto di sorta del pregio artistico, sicchè molte reputate opere di celebri cesellatori ed orafi furono gettate nei crogiuoli della zecca (2).

---

(1) 22 febbraio 1795. D'spaccio. « Avend' osservato il Re ciò che da cotesta Giunta si propone, in rapporto alla ripartizione dell'interesse quattro per cento, da corrisponderai dai banchi ai luoghi pii, per gli arge nti esibiti a fin di monetarsi; è venuta la Maestà Sua ad uniformarsi alla proposta ripartizione interinamente, finchè non si faccia l'ordinata discussione degli stati dei banchi, per mezzo della quale si conoscerà a qual banco si possa addossare maggiore o minore peso. »

Una conclusione del 24 marzo 1795 dice che l'importo degli argenti esibiti fino al 31 gennaio 1795 giungeva a D. 367319,56, e che si fece questo addebito del capitale e dell'interesse:

Banco Pietà. Capitale D. 117406,70. Interesse annuo ai luoghi pii D. 4696,27
«   Salvatore   «   «   157394,31   «   «   «   « 6295,77
«   Sant'Eligio «   «   55046,80   «   «   «   « 2201,87
«   Poveri   «   «   37471,75   «   «   «   « 1498,87

Totale D. 367319,56   D. 14692,78

Posteriormente si fecero consegne di maggiore importanza, essendosi adoperate le minacce e la forza contro dei monaci e degli amministratori d'opere laicali, che tentarono ogni mezzo per salvare il patrimonio artistico.

(2) « Banco dei Poveri — Conclusione 12 aprile 1798.

« Per adempiere ai Reali Ordini, pubblicati con Regio Editto dei 27 dello scorso marzo, di doversi esibire gli argenti di tutt'i particolari e luoghi pii di questa Capitale e Regno, si è letto in Banca lo stesso editto, per rilevare la qualità degli argenti da esibire, del nostro Oratorio, e quelli che sono eccettuati, perchè addetti immediatamente al culto sacro.

« In seguito, essendosi esaminato l'inventario degli utensili del suddetto nostro Oratorio, da esso si è rilevato che gli argenti da esibirsi sono; la croce grande dell'altare maggiore, sei candelieri grandi e sei piccoli dello stesso altare, un campanello, due lampade, ed un giardinetto per i lumi, che si oprava sulla mensa dell'altare medesimo, nella benedizione del Santissimo; ed oltre di questi una sottocoppa, quattro candelieri da tavola, un'ampollina con polvere per misurare le ore, sei calamai e sei arenaroli, per uso della nostra udienza, che si adoperavano in tempo delle sessioni. Si è conchiuso perciò consegnarsi tutti gli enunciati argenti, con liquefarsi prima e ridursi a verghe, da ripeterne quel compenso che sta stabilito nel ridetto Editto di darsi a tutti gli altri luoghi pii di questa capitale ».

Il valore di tutta questa roba fu dalla zecca determinato per ducati 4001,12.

Per la chiesa del Banco Pietà, gli argenti s'erano consegnati tre anni prima, ed eransi valutati per la somma di D. 4862,29. Conclusione 2 maggio 1792.

7.° Quando finalmente, dopo l'infelice spedizione di Roma, Re Ferdinando fu costretto a fuggire in Sicilia, rovistò prima nei Banchi, per togliere quanto ci fosse per avventura rimasto. La dote, dei ducati tre milioni e mezzo, che, per le sue stesse ordinanze del 1796, si doveva considerare come sacra ed intangibile, aveva subito parecchi salassi.

Nei volumi di dispacci, di rappresentanze, e di conclusioni dei vari banchi, si trova una moltitudine d'ordini per sottrazioni di moneta metallica dalla riserva immobilizzata. Eccone uno.

Banco Pietà — Conclusione — " Essendo stata partecipata, dalla Real Giunta dei banchi, a questo governo del Sacro Monte e Banco della Pietà, la seguente Sovrana risoluzione, alla medesima pervenuta dalla Real segreteria di giustizia, in data dei 14 del corrente giugno (1796) ed a quella comunicata dal generale Acton; di essersi da S. M. ordinato che, per supplire alle spese dell'esercito in campagna, ed attualmente in parte accantonato, si passino subito al ramo militare cinquecentomila ducati, metà in polizze dal fondo dei denari vincolati, e l'altra metà dal medesimo fondo e per esso dai tesori o dote dei banchi, in oro ed argento, secondo le quantità convenienti ed atte ai trasporti, onde potersi pagare in contanti il *prest* delle truppe, a tenore del sistema praticato e stabilito con ordine precedente „.

" In esecuzione di quale Sovrana risoluzione, si è stimato da essa Giunta di fare la seguente ripartizione „.

" Il Banco Sant'Eligio faccia polizza di D. centomila, in testa del ramo militare, nel modo ordinato, per la sua quota dei ducati cinquecentomila, con cambiarla in seguito in contanti, dalla sua dote permanente di numerario, in conto dei ducati duecentocinquantamila, ordinati di pagarsi in contanti „.

" I Banchi della Pietà e di San Giacomo facciano le polizze di D. 75000 per ciascuno, per la loro quota dei ducati 500000 in testa del ramo militare, con cambiarla in seguito in contanti dalla dote permanente di numerario, in conto dei ducati 250000 ordinati pagarsi in contanti „.

" Ed i Banchi del Salvatore, del Popolo, dei Poveri e dello Spirito Santo, facciano le fedi in testa del ramo militare di D. 62500 per ciascun Banco, con pagarli soltanto in polizze, a norma dello stabilito coll'enunciata Sovrana risoluzione „.

" Si è perciò dai signori Governatori stabilito e determinato, in esecuzione di tal Sovrana disposizione, di farsi polizza degli enunciati D. 75000, rata ordinata pagarsi da questo Banco della Pietà per la quota dei D. 500000 in testa del ramo militare; con cambiarla in seguito in contanti, dalla dote permanente di numerario, in conto dei D. 250000, come sopra ordinati di pagarsi in contanti „.

Facendo i conti, troveremmo ch'erano usciti dalle casse più di tre milioni e mezzo; ma, dal 1796 al 1798, i banchi avevano alimentata la coniazione della zecca, passandole molta moneta forastiera e molto argento ricavato dalle confische. Insomma la rimanenza metallica, del giorno 16 dicembre 1798, giungeva a ducati 2,083,734.19 (1) che per la maggior parte stavano nella zecca.

Questo residuo comandò Ferdinando che di notte, con la massima segretezza, avessero trasportato nel castello nuovo.

Dimentichi i Governatori della sorte toccata ai denari che centocinquanta anni prima, per ubbidienza al Duca d'Arcos, s'erano egualmente portati nel medesimo castello nuovo, credettero che veramente S. M. pensasse alla miglior custodia ed a garentirli dai francesi. Le rappresentanze, scritte per questa consegna, delle quali alcune furono spedite ad ore nove di notte, cioè alle due antimeridiane, provano che sinceramente stavano in angustia per la poca sicurezza della stanza loro assegnata, che moltiplicarono le casse, i suggelli, le chiavi.

Una delle lettere dice:

" S. R. M. Signore — Conferitosi questo Governo nella corrente giornata nel castel nuovo, si è trovato di non essersi ancora compite le fabbriche che si erano disposte per la sicura custodia del luogo; per la perfezione delle quali potrà appena bastare la giornata di domani. Ciò però non ostante, abbiamo stimato opportuna cosa di riporre i sacchi di detto numerario nelle casse, per essersi considerato di esser sempre una cautela migliore di tenerlo così

(1) Rappresentanza 14 Agosto 1800.

custodito ed anche numerato nei sacchi, che buttato per terra disordinatamente „.

" D'accordo dunque col Commissario di guerra, D. Gaetano Ciafrone, abbiamo riposto detto numerario numerato nei sacchi, in casse settantasette, ed in un altra abbiamo fatto riporre tutto l'oro. Credevamo che ci dassero le casse di artiglieria, le quali sarebbero state più caute, ma trovandosi queste occupate per altri indispensabili usi, siamo stati nella necessità di comprare settantasette casse di pioppo, tali quali han potuto rinvenirsi, avvalendoci solo per l'oro di una cassa d'artiglieria „.

" Si è suggellata ciascuna delle settantotto casse con quattro sigilli di cera di Spagna soprapposti a due fittuccie inchiodate, con essersi adoperati due diversi sigilli, quello cioè di questo banco e l'altro della reale artiglieria. Si è poscia chiusa la porta della stanza con tre chiavi, due delle quali son restate in potere di questo Governo, la terza si è consegnata al Signor Commissario di guerra, giusta le prescrizioni del Capitan Generale Pignatelli „.

" Non abbiamo mancato di situare separatamente le somme dei ducati novecentomila, per passarsi agl'individui dell'intendenza, giusta gli ordini Reali, quando verrà fatta la richiesta a questo Governo „.

" Non mancheremo infine di assistere, per veder terminate le fabbriche, che rendono il luogo più sicuro, e di far seguire in nostra presenza l'apertura di un nuovo ingresso, e la chiusura interna dell'antico; affinchè non si manchi, dal canto nostro, a quanto richiede ogni più sopraffina diligenza, facendoci sempre un dovere di dar conto a V. M. di tutto l'operato. E genuflessi al R. Trono, col più profondo ossequio ci riprotestiamo, di V. R. M.—Dal Banco della Pietà li 18 dicembre 1798 — Umilissimi vassalli — Il Duca di Calvizzano — Il Principe di Canosa — Il Duca di Piedimonte — Crescenzo de Marco — Giovanni Talamo „.

Non minore fastidio dava ai Governatori il non sapersi come regolare per la *tassa*, cioè per quei pochi carlini che si davano di contanti nei pagamenti o baratti della carta bancale. Ma mentre che scrivevano, e che andavano e venivano dal castello nuovo, la moneta fu clandestinamente imbarcata sui vascelli di Nelson!

Più larghe, formali e pubbliche promesse di restituzione ai banchi, di pagamento della lor carta e di non domandare altre somme, aveva fatto Ferdinando pochi giorni prima, coll'editto stampato, di ottobre 1798 , che giova riferire integralmente , perchè si vegga quanto poco rispondevano l'azioni alle parole.

" Ferdinando IV per la grazia di Dio ecc. Gli urgenti bisogni dello stato avendoci obbligato a delle moltiplicate e straordinarie spese , affine di provvedere alla difesa ed alla tranquillità di questi Reali Dominî, e per allontanare da essi ogni sinistro avvenimento, c' indussero a prendere ad imprestito da' banchi di questa capitale le quantità necessarie a tale oggetto, per non moltiplicare i dazî sui nostri amatissimi sudditi. Nel dar corso ad una tale misura, dettata dalle più pressanti circostanze, noi ci proponemmo nel tempo stesso di rimpiazzare, non meno le somme tolte dai banchi, che le altre che si sarebbero prese da altri rami, per la medesima cagione. A tal effetto risolvemmo ed ordinammo d'imporsi la decima sulla rendita attuale di tutte le proprietà particolari del regno , e di esporsi in vendita i beni di molti luoghi pii , per formarne un fondo di ammortizzazione e destinarlo all' estinzione degl'imprestiti suddetti „.

" Non ostante però queste nostre provvide sovrane disposizioni, abbiamo avuto il rincrescimento massimo di veder sorgere un aggio sulle carte del Banco, prima sconosciuto , ed ormai sensibilmente aumentato ; ed abbiamo conosciuto in tutta l'estensione le tristi e fastidiose conseguenze che da un tal disordine derivano alle proprietà dei nostri sudditi , alla facilità della circolazione interna, ed ai rapporti di commercio coll'estere nazioni, oggetti essenzialissimi delle nostre incessanti cure „.

" Per apprestare dunque un riparo pronto e proporzionato a tal'inconvenienti, ed ai maggiori che potrebbero derivarne, dopo matura deliberazione , abbiamo prese le seguenti risoluzioni , che in solenne e pubblica forma annunciamo ai nostri sudditi , per assicurarli su di un oggetto che interessa egualmente e le loro fortune ed il nostro Real Erario „.

" 1. Dichiariamo, in primo luogo, che da ora innanzi , per qualsivoglia bisogno od urgenza, *non saranno assolutamente aumentate le carte di banco per nostro conto , nè contratti nuovi imprestiti dal nostro real erario coi banchi* „.

" 2. Abbiamo abolita la deputazione che si trovava eretta per la direzione dei banchi , esonerando gl'individui di essa dalle loro incombenze per questo ramo. Nell' atto stesso abbiamo creata una nuova deputazione, composta dei soggetti seguenti, insino a nostro Sovrano beneplacito. Il Marchese Mazzocchi, Presidente del S. R. C.; il Marchese Porcinari, Luogotenente della Summaria; il duca d'Atri, il Principe di San Nicandro, il duca di Monteleone, il duca di Marigliano, il Marchese de Petris, il Presidente D. Saverio Manes, il Barone D. Pasquale La Greca, D. Gaetano de Sinno. Abbiamo pertanto ordinato che i nominati soggetti non solamente succedano alle funzioni dell'antica deputazione, ma sieno particolarmente incaricati di escogitare e proporre tutt'i mezzi che crederanno proprî ed opportuni a ristabilire ed a consolidare il credito delle carte di banco, e ad esaminare i varî progetti fatti o che saranno presentati su di tale assunto; come anche ad eseguire le ulteriori nostre risoluzioni e provvidenze, che verranno loro comunicate per tale oggetto, che forma una parte essenziale delle nostre sollecite ed incessanti cure „.

" 3. Nell'atto che abbiamo disposto e sovranamente risoluto di non accrescere di vantaggio le carte di banco cogl'imprestiti; è nostra precisa e ferma determinazione di adoperare tutt'i mezzi efficaci a diminuirne il numero, estinguendole a poco a poco, sino alla quantità corrispondente ai cennati imprestiti che sono stati fatti. Confermando perciò le nostre precedenti risoluzioni, colle quali fu stabilito di dover la decima esser destinata all'estinzione di tutt'i debiti ch'eravamo nell'obbligo di dover contrarre per li pubblici bisogni, dichiariamo ed ordiniamo che la decima suddetta resti da ora innanzi attribuita ai banchi medesimi, in isconto ed in compenso delle quantità da essi somministrate, a titolo d'imprestito, al nostro Real Erario e sino alla totale estinzione del debito „.

" 4. A tal effetto abbiamo disposto che l'amministrazione della decima, tanto per la direzione quanto per la riscossione, passi alla deputazione nuovamente eretta per lo governo dei Banchi, e venga dalla medesima regolata, nella forma e sul piede stesso con cui trovasi costituita, e con tutt'i pesi che trovansi sulla medesima sinora imposti. Ben inteso che non si possano alterare i regolamenti adottati per lo quantitativo, per la liquidazione, e per lo modo di esazione della suddetta decima, come anche per lo metodo attuale di scrittura introdottovi. E siccome il marchese de Petris, uno dei deputati eletti, è pienamente istruito degli affari di questo ramo, così abbiamo ordinato che in detta deputazione egli abbia il carico della commessa di detto ramo della decima, alle cui officine continuerà ad assistere come Sopraintendente, nel modo prima praticato „.

" 5. Volendo inoltre che l'estinzione del debito del nostro real erario coi banchi venga ad effetto colla massima celerità, oltre all'annuale introito della decima già attribuito ai banchi, ed oltre ad altri fondi che ci riserbiamo di applicare all'uso medesimo, comandiamo che la cennata deputazione, non solo abbia la facoltà di obbligare, soggettare ad ipoteca ed assegnare in luogo di faciliore esazione, sino alla ragione del sei per cento, oltre il prodotto della decima, anche i nostri beni allodiali e quelli della reale azienda di educazione, ma esponga immediatamqnte in vendita i beni medesimi. Intendendosi questa facoltà di obbligare e di vendere sino alla concorrente quantità delle somme dovute ai banchi dal nostro real erario „.

" 6. Per l'oggetto medesimo di agevolare e sollecitare la totale estinzione dell'accennato debito, contratto coi banchi, vogliamo che la deputazione possa anche obbligare, soggettare ad ipoteca ed assegnare in luogo di faciliore esazione, ed esponga pure in vendita, tutti i beni fondi patrimoniali delle università del regno; ancorchè si trovassero alle medesime reintegrati, in forza dei stabilimenti contenuti nelle prammatiche 18 e 22, sotto il titolo de administratione universitatum. Ed affinchè si accresca il numero dei beni vendibili, comandiamo che il dritto di reintegra, accordato alle università medesime in forza delle cennate prammatiche, possa esercitarsi dal fisco; dando al medesimo la facoltà di agire in giudizio, e di far seguire le dette reintegre a beneficio delle università rispettive, ad oggetto di ottenersi poi per mezzo della deputazione la vendita dei fondi che verranno reintegrati „

" 7. La rendita dei beni fondi patrimoniali delle università, che si venderanno in forza del presente editto, comandiamo che venga loro compensata annualmente, col rilascio in favore delle medesime di una corrispondente quantità di funzioni fiscali. Nella intelligenza che tanto di questo rilascio di funzioni fiscali a pro delle università, quanto della rendita annuale che viene per effetto di tale operazione a perdere il Real Erario, per la vendita, ipoteca o assegnazione degli allodiali e dei beni dell'azienda di educazione, ne dovrà essere rimborsato, a misura che succederanno, dal prodotto e dal fondo della decima. „

" 8. Siccome, per nostra precedente disposizione, il marchese Vivenzio trovasi incaricato di vendere i beni allodiali e quelli dell'azienda di educazione a coloro che offerissero argenti; così, sospendendo tale disposizione, vogliamo che il suddetto Marchese Vivenzio non proceda ad ulteriori vendite di siffatti beni; ad eccezione però di quelli pei quali trovansi fino al giorno della pubblicazione del presente editto fatte le offerte, o che si domanderanno in avvenire dai particolari, purchè sino allo stesso tempo abbiano esibito gli argenti e dichiarato di volere acquistar fondi, ancorchè il fondo non si fosse specificato; essendo nostra mente che in questi due casi continui il marchese Vivenzio ad eseguire le vendite che se gli trovano ordinate „.

" 9. Dichiariamo solennemente: Che il prodotto di tali vendite ed il fruttato della decima non saranno, nè potranno essere, per qualsivoglia urgenza dello stato, investiti in altro uso; ma verranno costantemente ed unicamente impiegati a questa inviolabile destinazione, di estinguere cioè assolutamente ed interamente il debito che il nostro Real Erario ha contratto coi banchi. A tal effetto vogliamo che la nuova deputazione impieghi il prezzo di tali vendite come il fruttato annuale della decima, alla immediata e sollecita ammortizzazione delle carte di banco, sino alla corrispondente quantità del debito del nostro real patrimonio coi banchi medesimi. „

" 10. Ordiniamo che le vendite, così dei nostri beni allodiali e della reale azienda di educazione, come dei fondi patrimoniali delle università, si eseguano precedente apprezzo, con tenersi presente la rendita e previe le subastazioni, abbreviandosi solamente i termini per gli additamenti di decima e sesta, riducendosi il primo a giorni otto ed il secondo a dodici. E poichè alla nuova deputazione si è data la facoltà di poter ipotecare, obbligare ed assegnare in luogo di faciliore esazione, come pure di vendere anche i nostri beni allodiali, dell'azienda di educazione, ed i fondi patrimoniali delle università del regno; perciò abbiamo creduto necessario, per la dovuta regolarità e per l'indennità dell'interesse fiscale e delle università, che sia inteso ed intervenga in qualità di fiscale, con aver destinato a tal'effetto l'avvocato fiscale del nostro real patrimonio D. Giuseppe Zurlo, perchè assuma tale incarico „.

" Ed affinchè queste nostre sovrane determinazioni abbiano il pieno effetto, e si rendano note nella maniera più solenne e rituale, vogliamo e comandiamo che questo editto si pubblichi nei luoghi soliti della capitale e delle province del regno ; ed in pubblica testimonianza sarà da noi sottoscritto, munito col suggello delle nostre reali armi, riconosciuto dal nostro Consigliere di stato e segretario di stato di azienda, e Presidente del supremo consiglio delle Reali Finanze, visto dal nostro Protonotario ed il suo visto autenticato dal segretario della nostra Real Camera di Santa Chiara. — Napoli—Ottobre 1798.

Ferdinando—Saverio Simonetti—Sigillo—Vidit Mazzocchi Praeses, Vice Protonotarius—Dominus Rex mandavit mihi Petro Rivellini a segretis—A ventidue di .ottobre 1798.

Io sottoscritto lettore dei regi bandi dico di aver pubblicato il reale editto, con li trombetti reali, nei luoghi soliti e consueti di questa fedelissima città di Napoli „.

*
* *

8. Partito Ferdinando, nelle giornate di confusione e di tumulti che precedettero l'arrivo dell' esercito 'francese', corsero grave pericolo d'incendio e di saccheggio i banchi, specialmente quello dei Poveri. Una deliberazione 7 febbraio 1799 concede " Al cit-
" tadino Giacinto Virzo, nostro portiere, duc. 19, tanti da esso
" spesi così per ricognizione alla gente armata, chiamata a te-
" nere in ordine gli avventori concorsi nel nostro banco, per la
" tassa del numerario, nei tumultuosi giorni precedenti l'arrivo in
" questa Città dell'armata francese, come per ricognizione anche
" data alla gente chiamata per smorzare il fuoco, attaccato dopo
" l'arrivo di dett'armata in una casa dirimpetto la Vicaria (1) e
" ciò per allontanare ogni pericolo dal nostro Banco. „ A molti altri impiegati si concedette una gratificazione . per avere messo in pericolo la vita, coll'andare quei giorni all'ufficio.

I Preposti medesimi fecero sentire:

" 5 Febbraio 1799 — Libertà — Uguaglianza — Alla Deputazione de' Banchi. Li cittadini Governatori del Banco della Pietà fanno

---

(1) Adiacente al Banco.

presente alla Deputazione dei Banchi non essere in grado di potere esercitare l'uffizio di mensari, nei giorni stabiliti per la tassa. Le minacce che fanno i cittadini, che un giorno potrebbero verificarsi ed i continui pericoli uniti agl'insulti, hanno cagionato tal timore nell'animo dei cittadini governatori che niuno ha il coraggio di presentarsi nei giorni stabiliti nel banco suddetto, se non si trova un rimedio sicuro di mettere in salvo le di loro vite, le quali sarebbero pronti a sacrificare quando si trattasse per il bene della Repubblica, ma non già per il capriccio dei facinorosi. Quindi fanno di tutto partecipe la Deputazione, affinchè prenda quegli espedienti che stimerà opportuni per far servire i cittadini, e per non mettere a cimento li cittadini governatori. Sulle intelligenze che il rimedio dev'essere sollecito e prima del giorno di domani. Salute e fratellanza „.

Gli ospedali delle prigioni, che il Monte dei poveri teneva alla Vicaria ed a San Francesco, furono svaligiati, perchè i carcerati scapparono, portando via tutti gli arredi od oggetti mobili (2).

---

(2) « Banco dei Poveri — Conclusione 28 ottobre 1799 — Per i popolari tumulti, accaduti in questa capitale nei principii di questo corrente anno, furono saccheggiati tutt'i letti, e gli utensili addetti ai medesimi, di pertinenza del nostro banco, che erano esistenti nella G. C. della Vicaria e nell'Ospedale di San Francesco di Paolo fuori Porta Capuana, per l'opera che dallo stesso nostro Banco si esercita a favore dei carcerati di Vicaria. Essendo quindi entrate in questa dominante le gloriose e vittoriose armi di S. M, (D. G.) ed abbattuta l'anarchia della sedicente repubblica, la M. S. sempre intenta al sollievo dei suoi amatissimi sudditi, si compiacque con suo R. Dispaccio, spedito per la R. Segreteria di Stato ed Azienda, del dì 1° del passato agosto, di ordinare a questo Banco la pronta costruzione di tutt'i letti bisognevoli per siffatta opera, percui, a vista dei Reali Comandi, furono date le necessarie disposizioni per l'esecuzione; non essendosi tralasciato in tal rincontro di supplicare la prefata M. S. per la facilitazione del contante, necessario per l'acquisto dei generi bisognevoli. Ma avendo Sovranamente il Re (D. G.) disposto, con altro suo R. Dispaccio dei 6 del medesimo passato agosto, che avesse il Banco pensato il modo di acquistare il contante bisognevole, si stabilì costruire i letti suddetti coll'aggio sulle polizze. Ora, costrutti i ridetti letti, si sono esibite in banca le corrispondenti note dell'importo di essi; per cui si è conchiuso spedire le sotto notate polizze, a norma delle infrascritte note certificate dal sig. Deputato dell'Opera, e dal nostro Razionale, come sopramentovato dell'opera medesima, cioè ecc. ecc. » Si spesero ducati quindicimila circa per trecento letti. La lettera ministeriale alla quale si accenna diceva:
» Sig. Governatori del Monte e Banco dei Poveri — Il Direttore di polizia D. Antonio della Rossa, con sua relazione in data d'oggi, ha fatto presente che i presi di stato, che sono ai granili del ponte della Maddalena, vengono attaccati da una febbre maligna che può produrre sinistre conseguenze in tutta la città; che, mancando in quel luogo un ospedale, sarebbe opportuno per tale oggetto l'edifizio di San Francesco di Paola fuori Porta Capuana, senonchè manca di letti perchè furono involati dal popolo nella passata insurrezione; e finalmente che essendosi fatta premura a cotesto Banco, a cui spetta un tal peso, acciocchè si fornisca i detti letti, si sia dalle SS. LL. Ill. incontrato dubbio, atteso la perdita che si farebbe sul cambio delle carte ».
« In vista di una tale rimostranza ha comandato il Re che cotesto Monte e Banco, trattandosi di una spesa che interessa la pubblica salute, adempia subito al fornimento dei letti necessarii al detto ospedale, non ostante le difficoltà proposte, e che, qualora abbiano bisogno di qualche coadiuvazione, riferiscano senza impedire l'esecuzione di questa Sovrana volontà. Nel Real nome la Real Segreteria di Finanze lo partecipa alle SS. LL. Ill. per lo pronto adempimento, nell'intelligenza di essersene passato il corrispondente avviso al Direttore di Polizia La Rossa. — 1 agosto 1799. Giuseppe Zurlo. »
Il Ministro non solamente costrinse il Banco a spendere più del doppio perchè non gli dette la valuta

Onesta si mostrò la repubblica Partenopea, che dichiarandosi: " penetrata della gran verità che la rigenerazione di un popolo non " può effettuirsi senza un gran rispetto ai principî della morale e " della giustizia pubblica. E considerando, nel tempo stesso, che seb- " bene le dilapidazioni e depredazioni del passato Governo, tanto " sui banchi che sulle casse pubbliche, non siano tornate che a " profitto particolare della Corte e ad utile degl'infami agenti „ pure, avendo riguardo alla buona fede dei creditori, ed alla violenza subita, metteva sotto la guarentigia nazionale tutto il debito pubblico del paese. Ebbe carico il Comitato di Finanza di studiare e proporre, nel minor tempo possibile, gli espedienti acconci per pagare questo debito, e le proposte furono; di vendere immediatamente i beni della famiglia dei Borboni, e di levare dalla circolazione le carte bancali, che si darebbero per pagarli. Ciò s'incominciò a fare, e nel maggio 1799 avevano già ritirati ducati 1,600,000 circa, che racconta Colletta avere il Ministro di Finanza mostrato al popolo, ed annullate definitivamente in occasione di una festa civile.

Cercò il governo provvisorio di procacciare ai banchi un po' di valuta metallica, pei pagamenti giornalieri, e di levare dal commercio li polizzini di piccolo taglio.

" Repubblica Napoletana—Governo Provvisorio—Comitato di Firenze — La quantità immensa delle carte di banco, che, per un tratto di perfidia del passato regime, inonda la repubblica, è un male assai grave, su cui il nuovo governo ha fissata tutta la sua attenzione, per apprestarvi l'opportuno rimedio. Il primo salutare passo ch'egli diede fu di dichiarare debito della nazione quell'ingente vuoto, che la dilapidazione, la mala fede e la rapina di una corte iniqua aveva cagionato. Se la nazione non si fosse caricata di tal debito, le fortune di tutt'i particolari sarebbero state in un momento sconvolte, e risultata ne sarebbe quindi la pubblica miseria. Dopo questa così interessante operazione, non si è arrestato il governo nella sua lodevole intrapresa, ed in atto sta rintracciando

---
metallica, che aveva lasciato lasciato intendere volesse concedere, ma gli tolse dopo pochi giorni le coverte comperate.

« Avendo Sua Maestà risoluto e comandato che tutte le mante di lana, le quali si trovano acquistate, siano addette per l'urgente bisogno della truppa, che n' è sprovvista, possono le SS. LL. in altra maniera ed interinamente provvedere per gli ammalati, nell'ospedale di S. Francesco di Paola esistenti. Nel Real nome ecc. — 18 settembre 1799 — Gius. Zurlo. »

i mezzi efficaci a far scomparire, colla maggior sollecitudine possibile, una tal'enorme massa di carta, ed a sostituirvi l'effettivo numerario. Mentre però egli si applica a togliere la radice del male, si vede nella necessità di stabilire alcuni spedienti, che stima proprî, e per far versare nelle casse dei banchi quella maggior quantità di numerario che sarà possibile, e per farla distribuire, colla dovuta eguaglianza, a tutte le persone le quali si presenteranno nei banchi medesimi. Perciò, il comitato di finanza, anche in seguito di appuntamento fatto dall'intiero governo provvisorio, nella seduta del 23 corrente ventoso, dichiara e decreta quanto segue „.

" 1. Creasi una commissione di sei probi ed intelligenti cittadini, che abbia cura di esaminare e visitare i libri di tutte le casse pubbliche d'introito, come sono quelle degli arrendamenti, della dogana, del lotto ed ogni altra pubblica cassa, acciò si veda qual contante si sia ricevuto e si riceva nelle medesime, per farlo versare nei banchi „.

" 2. Tutti li polizzini, che si ritroveranno nelle mentovate casse, li debba la detta commissione far bollare nei rispettivi banchi, e farli convertire in una fede di credito, acciò tali polizzini non siano più in commercio „.

" 3. Resta assolutamente vietata la formazione dei polizzini di cassa „.

" 4. A niuno è lecito di notare in fede polizze colla direzione del pagamento *a me medesimo*, in somma minore di ducati dieci, essendo permesso notarie nella somma da ducati dieci in sopra „.

" 5. Non è proibito di notare in fede polizze di qualunque tenue somma, purchè il pagamento sia diretto a persona diversa da chi paga e si esprime la causale. „.

" 6. Per formare la commissione suddetta si eliggono i cittadini Filippo Russo, Andrea Cinque, Gennaro Cantalupo, Nicola Mastellone ex marchese, Giustino Battiloro e Giuseppe del Re.

" Napoli 25 ventoso—Anno 7° della libertà—Rotondo „.

La presidenza della commissione fu, nel giorno seguente, data al Rappresentante De Filippis.

La *tassa*, o pagamento della frazione in moneta contante, fu fissata a cinque carlini, con questo manifesto.

" Libertà — Eguaglianza — **La Municipalità provvisoria di Na-**

poli. — Ad oggetto di ovviarsi, per quanto si può, il disordine che vi è nelli banchi, nelle tasse finora fatte dalli rispettivi governi; la Municipalità ha stabilito, che da oggi in avanti, dovendosi a tutti li cittadini, indistintamente, pagare carlini cinque, non vi sia più bisogno di tassa. E che, in luogo delle indicate tasse, si abbiano da ciascun banco a formare gli biglietti stampati, contenenti il *si paghi*, con sua particolar cifra. Questi distribuirsi alli cittadini, dalle ore cinque prima di mezzogiorno fino alle ore tre, similmente prima di mezzogiorno, quale tempo decorso niun altro cittadino abbia più il dritto di pretendere il biglietto cifrato. E coloro poi ch'esibiranno detti biglietti stampati, colla polizza, riceveranno li stabiliti carlini cinque; dovendo li cassieri rispettivi ritenersi li biglietti stampati; per poterne fare la distribuzione nell'altra giornata di banco. Salute e fratellanza—Napoli 11 Piovoso (v. s. 30 gennaio) Anno primo della repubblica napoletana — Bruno Presidente—Moltedo Segretario — Nella stamperia di Gennaro Migliaccio „.

Ma, quantunque la repubblica si dasse molto da fare perchè il provento in moneta del dazio consumo, e di qualche altra imposta, giungesse nei banchi, spesso succedeva che a questi mancava il contante, per la distribuzione dei promessi cinque carlini. Da ciò baruffe, minacce, qualche volta legnate.

Gli ordini dei varî Comitati facevano grande confusione, ed i governatori della Pietà, con lettera 2 marzo 1799, mostrarono di aver perduta la pazienza, dicendo: Fateci sapere quali si debbano eseguire fra' comandi contradittorî, che ci pervengono. Manifestarono pure come il peggior flagello fossero i soldati civici, che invece d'aiutarli e di mantenere l'ordine, commettevano soverchierie ed insolenze; s'intascavano quella moneta che, con tanti sudori, avevano raccolta pel pubblico.

L'idea di assegnare il chiostro di S. Domenico, pel pagamento della tassa, fece scrivere dai monaci questa graziosa petizione.

" Libertà — Eguaglianza — Li cittadini religiosi di San Domenico Maggiore al cittadino Chiamponet (sic) Generale in capo. 19 Piovoso—Anno 7.° della repubblica francese e 1.° della Napoletana. Voi, Cittadino Generale in Capo, ci avete liberato dai ferrei ceppi, e ridotti a quell'essere di libertà in cui ci ha creati l'Ente Supremo. Noi, nel rendervene infinite grazie, vi abbiamo dimostrato la nostra vera gratitudine, ed il legittimo e schietto nostro spirito democratico, appena giunte le vostre gloriose truppe, nell'apparecchiare l'alloggiamento per 150 soldati. Noi abbiamo in convento 19 francesi coi quali trattiamo, e ci pare di essere coi medesimi nelle antiche delizie di Capua. Ora il Banco di San Salvatore vuol trasferire domani la tassa nel convento, non nostro, ma tutto vostro. Voi dovete proteggerlo, voi dovete allontanare dal medesimo quell'oscura reliquia di realismo (!), che noi abbiamo sempre abborrito. Se giunge il suddetto Banco a porre domani la succennata tassa, i nostri e vostri bravi francesi non avranno più sito ove riposare dalle lunghe sofferte fatiche. Noi ieri fummo i primi a pagare la nostra tangente di D. 500, di cui fummo tassati, e per voi, Generale in Capo, e per le truppe la sborsammo in poche ore, pronti al di più, se ci volete. Desideriamo solo che ci allontaniate, mercè la vostra giustizia, dal convento la succennata tassa, che porrebbe il convento medesimo nella fisica impotenza di più dimostrarvi il nostro amore, oltre all'infinito incomodo che, postasi la detta tassa, darebbe agli uffici di quella religione di cui voi siete il Padre e il Protettore — Salute e fratellanza „.

Si tentò di scemare l'aggio, mediante ordinanza 27 Fiorile, anno 7 (16 maggio 1799), che proibiva di barattare la moneta contro valuta dei banchi, a ragione maggiore di quaranta per cento. Ma quest'arbitraria determinazione non fu rispettata da nessuno. Parecchi documenti provano che la perdita, pei possessori di carte, giungesse allora al 70 per cento circa.

Ci sono, di quell'epoca, molti ordini di permettere gli spegni con carte, cui mal volentieri ubbidivano i governatori. Dalla corrispondenza si scorge l'incertezza di chi comandava, qualche volta di prendere e qualche volta di respingere la carta; ciò che poteva derivare sia dal non avere capita la quistione, sia da pressioni di mestatori, sedicenti patrioti. I banchi fecero quanto potettero per salvare il credito dei loro Monti di pietà, e perchè almeno questi usassero la sola moneta contante.

Opportuno provvedimento prese il Ministro di Finanza, Macedonio, nel giorno 28 Fiorile, o 17 maggio 1799, col rinnovare e rendere più efficace la proibizione di avvalorare altre polizze o polizzini, da ducati dieci in sotto, e coll'ordine di ritirare quelli già messi in circolazione. Così tutt'i danni del corso forzoso li facevano subire dagl'individui più o meno agiati : ma le piccole contrattazioni e le giornaliere compre-vendite si compievano con valuta d'argento o di rame. Era questo un modo d'affezionare la plebe al governo repubblicano, che concordava colle massime democratiche del tempo. La lettera di Macedonio ai banchi dice che non potessero notare in fede polizze minori di duc. 10, salvo pei pagamenti dovuti alla repubblica. La finanza avrebbe accreditato sulle proprie madrefedi le polizze e polizzini, per le quali si faceva eccezione, senza poterli rimettere in circolazione; e per maggior sicurezza era comandato ai banchi d'annullare con bollo rosso tutte le carte di valuta minore di duc. 10, a misura che sarebbero presentate nelle casse. Le pubbliche ricevitorie di dogana e d'arrendamento, alle quali prima era proibito di prendere carta, potevano accettare questi piccoli valori, che il governo desiderava scomparissero nel minor tempo possibile. Per gli stipendi, pensioni, assegni ed altri pagamenti mensili dei banchi, se la somma fosse minore di carlini venticinque, doveva l'istituto consegnare moneta ; se poi fosse maggiore di carlini venticinque, ma inferiore a duc. 10, si potevano anticipare due, tre, quattro mesi, operando un sol pagamento con polizza del valore prescritto. Vendendo pegni per mancato riscatto, di ciò che spettava al banco potevano far polizza o polizzino, qualunque fosse il valore; ma il supero, dovuto al proprietario del pegno, bisognava pagare in contante.

Il fisco dette soli ottomila ducati per l'annullamento della piccola carta; al resto dovevano pensare i governatori dei banchi. Ma costoro, dopo qualche tentativo di comperare argento, e dopo d'essersi serviti delle reste dei pegni (1), tornarono ad emettere polizzini ed a pagare con piccole carte, per la positiva impossibilità di fare diversamente.

L'amministrazione repubblicana non potette colmare il vuoto dei banchi, e non potette nemmeno impedirne l'allargamento, perchè

---

(1) 1799 li 8 giugno — Banco Pietà — Dovendosi prontuariamente pagare di contanti, a tenore della legge emanata, alcuni pesi di questo banco, della somma da carlini ventiquattro in sotto, nè essendosi financo incettato alcun quantitativo di numerario, pel pagamento suddetto, giusta il disposto con differenti inviti; perciò si è da questo Governo stabilito, per evitarsi un danno al banco, per la compra della somma suddetta, che li cittadini credenziere e cassiere delle vendite improntino la somma di ducati duecento, dal denaro a lor pervenuto dalla vendita dei pegni di questo suddetto Banco, al cittadino cassiere Serafino Vittori, il quale dovrà eseguire il pagamento delle suddette somme di carlini ventiquattro in sotto. Con doverne essere rimborsati. essi credenziere e cassiere delle vendite, dalle somme che per tale oggetto s'incetteranno in appresso.

in quei sei mesi altre fedi furono poste in circolazione, ed i tempi non erano tali da far rivivere la fiducia ed il credito. Ebbe pure un gran torto, che fu quello d'esprimere l'idea di servirsi dei beni patrimoniali. Ferdinando IV aveva fin allora considerato li banchi come creditori, promettendo molte volte di restituire la moneta della quale s'impossessava, e di estinguere, con proventi fiscali, le polizze create per suo comando; ma la Repubblica Partenopea parlò di vendita.

" Libertà—Eguaglianza—Repubblica Napoletana—Napoli 5 Pratile, anno 7 repubblicano — La Commissione esecutiva „.

" Volendo la commissione esecutiva dare alla legge del 17 fiorile la dovuta esecuzione, perchè, posti al più presto possibile in vendita tutt' i beni antichi dei banchi, tutti gli altri alla lor dote aggiunti, e quei che in appresso le si andranno aggregando, possansi estinguere le carte bancali e coprire il vuoto dei banchi, ha creato una commissione dei seguenti individui „.

" Cittadino Francesco Carpi commissario del Governo — Giuseppe de Rogati—Franco Laghezza—Andrea Cinque—Michele Quagliarelli—Domenico de Sinno—Domenico Mastellone—Assisterà come commissario del Governo il cittadino Francesco Carpi „.

" A questa commissione, oltre di esserle pienamente affidate tutte le facoltà, per l'esatta esecuzione della cennata legge dei 17 fiorile, e tutte le altre ch'erano state delegate dal passato governo alla deputazione dei banchi (ch'è rimasta abolita), le si son trasferite ancora tutte le altre necessarie, perchè un oggetto, che tanto interessa la repubblica, sortisca tutto il buon effetto „.

" A questa commissione dunque, da cui l'amministrazione dei banchi, la vendita dei loro beni antichi e nuovi, l'estinzione delle carte ed il ripianamento del lor vuoto dipende, debbono dirigersi tutti quei cittadini che possono avervi parte o interesse „.

" Può esser sempre più sicuro il pubblico, per queste disposizioni già date, che il governo non trascura mezzo per sollevarlo sollecitamente dal flagello delle carte, e dall'avidità dei venditori di monete, che tanto sanno profittarne „.

" Ercole d'Agnese, Presidente — Carcani Ferdinando, Segretario Generale „.

Manifestato nettamente il disegno d'usare un capitale raccolto con trecento anni di fatiche e di parsimonia, Zurlo, Medici ed altri agenti Borbonici l'eseguirono, come ora diremo.

Nel 1799 si soppresse il dazio sulla farina, ed altri *arrendamenti* che non appartenevano alla finanza; ma questo dono, ispirato dalla voglia d'aver fautori nella plebe, era pagato per forza dai proprietari dell'imposta, ai quali la repubblica non ebbe tempo di promettere compensi (1).

Abbiamo anche prove di violenze fatte per aver denaro, come per esempio questa deliberazione del 23 dicembre 1801: " Faccia " altresì (il Razionale) bollettino per la somma di duc. 4000.... " che, a viva forza e con mano armata, furono esatti dal Banco " dalla passata anarchia, a 12 giugno 1799. Lo dia (il bollettino) " al magnifico cassiere maggiore di nostro Banco, in rimpiazzo dello " sbilancio in cui è la cassa maggiore, per simil somma, di conto " vecchio, dalla medesima estratta nel modo di sopra indicato, per " ordine di quel sedicente Ministro delle Finanze Macedonio, e " dell'altro della guerra Manthonè, senza la esibizione della po- " lizza originale „. Tanto chiasso per 4000 ducati, quando l'amministrazione Borbonica aveva già preso molti milioni dai banchi (1), e si preparava a pigliarne altri tre!

---

(1) Delib. dei Gov. del Banco della Pietà — 20 giugno 1800. — Essendosi, dai consegnatari dell'arrendamento delle farine, fatto ricorso a S. M. (D. G.) acciò si compiaccia di far rimettere il dazio chè si ricavava prima sulle farine anzidette, e che fu tolto nel tempo della passata anarchia, ed essendosi nel tempo stesso fatta offerta alla prelodata M. S. di voler rilasciare in beneficio dei Regio Erario l'importo di un annato di fruttato dei rispettivi loro capitali, che possedono sull' arrendamento medesimo, in aiuto delle necessarie e straordinarie spese dello Stato; perciò, possedendosi da questo Sacro Monte e Banco della Pietà, sul detto arrendamento, il capitale di D. 74,500 circa; si è dai signori Protettori data facoltà al loro collega Barone D. Gennaro Bammacaro, di poter sottoscrivere il ricorso anzidetto, e fare l'offerta medesima in nome del suddetto Sacro Monte e Banco.

(1) Non s'è potuto mai conoscere il conto dei capitali ottenuti dal fisco, alla fine del secolo XVIII, mediante circolazione forzosa di carta nominativa, vendita dei beni patrimoniali dei banchi e consegna delle loro riserve di moneta metallica. Gli stessi ministri, Medici, d'Andrea, Bianchini, che dalla corrispondenza risulta avessero varie volte domandata questa notizia, tanto importante per la storia economica del Regno di Napoli, non ebbero risposte soddisfacenti. Cifre probabili sembrano le seguenti:

Somme prese a titolo di mutuo per la cassa militare, giusta il dispaccio riferito a pag. 344, ed altri molti dello stesso tenore, dell'epoca 1794 a 1798.

Banco S. Giacomo	D.	2,206,397,27
« Popolo	«	2,196,246,49
« Salvatore	«	2,196,246,41
(Pietà	«	2,206,396,67
« Sant' Eligio	«	2,470,323,97
« Spirito Santo	«	2,318,071,89
« Poveri	«	2,196,246,45
	D.	15,789,929,15

Non si può distinguere la porzione data in moneta effettiva, che si tolse dalle casse, e quelle rappresentata da carta cioè, fedi di credito che la tesoreria fece avvalorare per suo conto, e mise in circolazione col darle per pagamento ai propri creditori.

Sbilanci di madrefedi della tesoreria stessa, cioè mandati posti in circolazione senza che ci fosse il relativo credito sul conto corrente.

Anarchia vera si provò nei giorni che seguirono l'entrata a Napoli del Cardinale Ruffo, con le bande Sanfediste, quando i *patrioti* tentavano ancora di difendersi nel Castel Nuovo, e la città stava in potere della canaglia. Illustri scrittori (Cuoco, Colletta, Botta ed altri), raccontano le uccisioni, gl'incendi, le grassazioni. Anche il Banco S. Giacomo si tentò di spogliare, e furon salvati gli archivii, con quel poco che c'era nelle casse, dall'impiegato Giuseppe Parlato. Costui teneva le chiavi di tutte le officine, e, come dice una deliberazione, 18 marzo 1804 " per fuggire dal furore del po-
" polo, che lo ricercava per avere in mano le chiavi del Banco e
" saccheggiarlo, serbando al Banco quella fedeltà che se gli dove-
" va, si rifugiò colle suddette chiavi addosso sull'organo della chie-
" sa, ed ivi rinserrato si contentò di starsene nascosto, dalla mat-
" tina per tempo sino alle ore avanzate della sera, senza neppure
" prendere il minimo ristoro e con pericolo della sua propria vita ". Furono però saccheggiati l'ospedale S. Giacomo e molte case adiacenti, compresa quella del Parlato. Da quell'epoca è rimasto sempre nella famiglia Parlato l'ufficio di custode della cassa S. Giacomo.

*
* *

9. Debellato il partito repubblicano, uno dei primi atti del Cardinale Ruffo, comandante delle truppe Borboniche, fu di costituire

San Giacomo	D.	78,811,40
Popolo	«	61,916,65
Salvatore	«	40,559,44
Pietà	«	75,930,80
Sant' Eligio	«	74,750,98
Spirito Santo	«	431,371,33
Poveri	«	44,686,74
	D.	808,027,34

I beni patrimoniali dei banchi, consistenti nelle partite d'arrendamento, ch'erano i fondi pubblici d'allora, ed in case, terreni, crediti ecc., si possono computare per ducati quindici milioni circa.
Gli argenti confiscati alle chiese, monasteri e cittadini, che si controcambiarono con fedi di crediti, sono stimati dal sig. Matteo de Augustinis (Della condizione economica del regno di Napoli pag. 231) per ducati 23,982,700; altri scrittori riferiscono cifre diverse, ma questa pare che sia presa dai conti del Razionale Marchese Vivenzio.
I depositi giudiziarii, che pel dispaccio 25 novembre 1793 (pag. 318) eran divenuti debito fiscale, le partite non disposte, caducate e devolute, i beni dei rei di stato, le somme intestate alla cassa di campagna, parecchie rimanenze a credito ed altri cespiti di cui si servì la tesoreria per diminuire l'apparente suo debito coi banchi, mediante scritturazioni contabili che li fecero passare all'attivo delle madrefedi fiscali, si calcolò approssimativamente che potessero valere da 20 a 24 milioni di ducati.
Altri capitali, che si possono valutare per un paio di milioni, si dettero al Senato ed alla colonna oleria (Municipio di Napoli). Furono argomento di lunghe trattative, e di molte stipulazioni notarili, nelle quali intervenne lo Stato, ma la malleveria di quest'ultimo non valse pel rimborso.

una *Giunta dell'esame delle polizze*, per sequestrare le ragioni-creditorie contro degl' Istituti, consistenti in carte monete nominative, che per qualsivoglia ragione o pretesto si potessero sospettare devolute al rimesso Governo. Gli ordini spiccati da tale Giunta dicono:
" Magnifici ufficiali del Real Banco di San Giacomo; li ducati
" 79187,02, sistentino in vostro Banco, in credito dei nomi della
" qui annessa descritta nota, ne farete due fedi di credito, in testa
" della Regia Corte, una cioè di D. 42000 e l'altra di D. 37187,02
" *non ostante che non si esibiscano le polizze e fedi di credito, e non*
" *ostante qualsivoglia condizione o sequestro;* e ciò in esecuzione dei
" Reali ordini, in data dei 18 novembre, comunicati per l' adem-
" pimento a questa Giunta. Dalla Giunta dell' esame delle polizze,
" li 25 novembre 1799, Giovanni Andrea d' Afflitto, Luca Sava-
" rese, Giuseppe Marciano „.

Vuole il Cav. Petroni che la somma ottenuta dai sette banchi, con molti ordinativi, tutti di questo tenore, fosse di D. 517,400.93. Appare dagli atti che i Governatori non solamente dovettero tollerare l' inquisizioni sui libri d'emissione, cosa proibita dagli statuti, ma consentirono e parteciparono ad abusi nuovi nella storia del credito Napoletano. Possessori delle carte eran quelli che l'avevano prese in buona fede, o per dir meglio erano stati costretti ad accettarle dalle leggi del medesimo Re Ferdinando. Quasi tutti quei possessori non avevano avute relazioni di sorta col governo repubblicano, e le fedi o polizze, che la Giunta faceva riscuotere dal Fisco, erano arrivate nelle loro mani per pagamenti ricevuti o per un fatto qualunque di natura contrattuale.

Altri duc. 201,286.46, saldi di madrefedi, cioè reste a credito di conti correnti, si passarono egualmente all'attivo del fisco, e non si tenne conto della inesistenza del titolo, per essersi l' originale madrefede dispersa, o portata via, od anche distrutta dagli agenti della Repubblica Partenopea.

Poco diciamo dei soprusi di ogni sorta, pei quali fu disordinata la ragione amministrativa dei banchi, e dei tirannici provvedimenti presi contro degl' individui sospetti d' aver parteggiato per la repubblica, contentandoci di trascrivere qualche documento.

1.ª 1° ottobre 1799.—Banco del Popolo — Conclusione — « La suprema Real Giunta di Stato, con diversi suoi ordini rimessi al Banco, ha disposto il sequestro di tutte quelle quantità sistenti in testa di moltissimi rei di stato, e di quelle pagabili alli medesimi, a norma di più note, complicate negli stessi ordini, nelli quali sono allistati i nomi suddetti. Essendosi prontamente dato esecuzione agli accennati ordini, con eseguire l'indicato sequestro, ha siffatta operazione prodotto un significante ritardo al dovuto passaggio delle polizze; giacchè conviene, per potersi passare ciascuna polizza, di riscontrarla prima colle lunghissime note dei rei suddetti. Convenendo pertanto, agl'interessi del luogo e del pubblico, di non attrassarsi affatto l'importante passaggio delle polizze, si è procurato dai signori del Governo di prendersi quegli espedienti più proprii, onde evitarsi l'accennato attrasso. Chiamati quindi i pandettarii di nostro Banco, per inculcarli la pronta sollecita visura delle polizze da passare, costoro hanno esposto essere inabilitati nella loro incombenza, perchè pretendesi, dal Libro Maggiore di nostro Banco, che i pandettarii medesimi siano responsabili del sequestro del girante e del giratario; cosicchè gravandoli del peso di osservare due volte, nell'intero allistamento dei rei suddetti, ogni polizza che passar si deve, fisicamente non potranno adempiere il loro dovere se non per metà, e quindi inevitabilmente ne risulterà un significante attrasso. Prese intanto in giusta considerazione le espresse ragioni dei pandettarii suddetti, e considerandosi che, per antichissima pratica del nostro Banco, sempre e costantemente il libro maggiore è stato responsabile de' sequestri assentati su i libri di suo carico, per la quantità in testa di ogni creditore apodissario del Banco medesimo; si è risoluto: che i pandettarii siano tenuti ad osservare semplicemente nel suddetto allistamento dei rei di Stato il nome del giratario soltanto, restandone responsabili quantevolte da essi si passerà qualunque polizza pagabile ai suddetti rei di Stato, annotati negli accennati ordini: restando il libro maggiore solamente tenuto e responsabile de' sequestri apposti ai nomi in testa a' quali le somme esistono su i libri maggiori; giacchè in ogni conto di tali nomi già trovasi antecedentemente assentato il sequestro; maggiormente perchè si è dato il permesso al suddetto nostro Libro Maggiore di formare libro separato, di tutte quelle quantità sistenti in testa dei suddetti rei, nel quale a prima vista, e dalla sola indicazione del foglio apposto a ciascuna polizza, può immediatamente rilevare se il danaro sia o no sequestrato ».

2.° « Conclusione della Giunta di Governo del Banco di Santa Maria del Popolo; — 10 novembre 1799.

" Si paghino alli soprannumeri D. Michele Zamparelli e Giovanni Pinto D. sessanta — cioè ducati trenta per ciascheduno, in ricognizione delle straordinarie fatiche fatte, in aver dovuto apporre i sequestri a tutti li nomi delli rei di Stato, individuati in due ben lunghe note, rimesse al Governo di nostro Banco dal Cav. D. Gaetano Ferrante — con aver dovuto essi soprannumeri fare tale operazione non solo sopra le pandette e libri di fedi e di arrendamenti; ma anche sopra le pandette e libri maggiori delle notate fedi, oltre delle copie che han dovuto fare di tali note, per passarle agli officiali del Banco. »

3.° « Comanda S. M. che la Giunta novellamente eretta per le carte dei banchi, si applichi all'esame della condotta degl'impiegati nelle officine dei Banchi stessi, ad oggetto di purgarle da tutti quegl'individui che non meritano la pubblica fiducia. »

« S. M. riguarderà come un delitto la più piccola misura che tenda a nascondere il vero, e che in questo importantissimo momento sarebbe infinitamente dannosa al bene del suo R. Servizio e dei suoi fedelissimi sudditi ».

« La R. Segreteria di Azienda lo

previene, nel R. Nome, a V. S. Ill.ma per intelligenza della Giunta ed adempimento. Palazzo 8 maggio 1800— Firmato Giuseppe Zurlo.

4.° « Vuole S. M. che la Giunta novellamente eretta per la esecuzione dell'editto pubblicato per le carte di banco, si applichi ad esaminare se convenga far qualche mutazione sulle persone che sono all'attuale governo dei Banchi, e se convenga scegliere altri soggetti nelle piazze vacanti, nella prevenzione che dovrà usarsi in questo punto la maggior vigilanza, per la scelta di persone attive, oneste, intelligenti, e di pubblica fiducia, dando poi conto di tutto a S. M.

« La Real Segreteria lo previene ecc. Palazzo 8 maggio 1800. Giuseppe Zurlo.

5.° 1799 10 settembre — « Essendo pervenuto nel nostro Banco (del Popolo) Real dispaccio dei 3 del passate agosto, con cui la Maestà del Re (D. G.) sovranamente dispose che gli individui impiegati nei varii rami e nelle diverse officine, che continuano e continuar debbano ad essere impiegati, percepiscano i rispettivi soldi; ma esclusi sempre quelli che notoriamente avessero cattive massime, o avessero esercitato un impiego qualunque della sedicente repubblica; si discusse il rollo dei nostri officiali e soprannumerari, e nel medesimo si rinvennero i seguenti soggetti, della condotta dei quali vi era sufficiente motivo a dubitare, cioè:

D. Giuseppe Pacifico
D. Raffaele Salvio
D. Giuseppe Cassini
D. Vincenzo Guercia
D. Nicola Timone
D. Michele Verdone
D. Nicola Montefusco
D. Pasquale Mattioli
D. Mario Mazzari
D. Gaetano Severino
D. Aniello Migliore

« Pel quale espresso dubbio si risolve: per i primi tre, toglierli assolutamente la provvisione, e per gli altri, sequestrarli i rispettivi soldi, finchè avessero chiarita la loro condotta, con valevoli documenti. »

« In seguito di siffatto stabilimento, propostosi in sessione e discussi i documenti da alcuni di essi esibiti, si è risoluto: che i suddetti primi tre, D. Giuseppe Pacifico, D. Raffaele Salvio e D. Giuseppe Cassini, restino privi dei loro soldi ed uffici, per essere stati impiegati, con gradi, nella milizia civica della sedicente repubblica. Per D. Nicola Montefusco, D. Pasquale Mattioli, D. Marco Mazzari, D. Gaetano Severino e D. Aniello Migliore, avendo fatto constare, con fede di Parroco, Capitano di Ottine e Complateari, non aver essi esercitato impiego veruno, all'infuori di essere stati solamente civici forzati, come dalle fedi medesime, che si conservano nel 23 volume di cautele, fol. 173 a 177, si è stabilito toglierli il sequestro dei loro soldi e permetterli l'esercizio dei rispettivi uffici; e per li restanti, D. Vincenzo Guercia, D. Nicola Timone, e D. Michele Verdone, che non ancora hanno documentata la loro condotta, seguitarsi il sequestro dei loro soldi, fino a che non esibiranno le fedi del loro operato ».

6.° Conclus: Banco del Popolo, 16 agosto 1799. « Dal Governo istallato in questo Banco dall'abbattuta sedicente Repubblica, si stabilì censuarsi, per l'annuo canone di duc. 26,50, a Giovanni Parlato, la casetta sita nella città di Gragnano, che al nostro Banco fu aggiudicata, in agosto 1798, per ducati 700, dal patrimonio della famiglia Donnarumma. Per effetto del cennato stabilimento se ne eseguì il contratto, mediante strumento stipulato nel dì 9 aprile di questo corrente anno, per notar Antonio Spezzacatena di Napoli, con un' annata di censo anticipata e con patto di potersi affrancare il canone suddetto, per la somma capitale di ducati 700, da effettuirlo fra il decorso di un anno, elasso qual termine e non effettuita l'affrancazione suddetta s'intendeva decaduto dal dritto di affrancare. In forza dell'espressato patto lo stesso Parlato, con sua fede di credito per nostro Banco, di ducati 690, dei 6 del passato luglio, stimò avvalersi della facoltà concedutagli, ed affrancarsi il censo, con girata in detta fede, chiamando il compimento dei ducati 710, stante li mancanti ducati 20 dipendevano dalla suddetta annata pagata anticipata, di ducati 26,50, e ducati 6,50 restavano in beneficio del Banco per rata di canone corso dal dì 9 aprile per li 6 luglio corrente anno. In seguito dell'esibizione di siffatta fede di credito, essendosi incontrato dubbio per la ricezione di essa, per ragione della validità del contratto, tutto si espose con umile rimostranza alla Maestà del Re (D. G.) per li sovrani oracoli, per cui la prefata M. S. si degnò, con suo R. Dispaccio del 12 del corrente agosto, ordinare aversi per nullo il contratto; e, dove si stimasse pel Banco, procedersi *ex integro* agli atti legali per la censuazione, colle debite solennità. Per effetto delle accennate sovrane risoluzioni, si è conchiuso restituirsi non solo la suddetta fede di credito di ducati 690, ma anche spedirsi polizza a detto Parlato di ducati 17,45 in restituzione dei suddetti duc. 26,50, pagati per l'annata anticipata, stante i mancanti ducati 9,05 si ritengono per rata decorsa dal dì 9 aprile passato, giorno in cui si solennizzò il contratto, per li 12 agosto corrente, giorno del dispaccio con cui resta nullo il contratto medesimo, e si è conchiuso ancora che il nostro procurat. D. Bartolomeo Celeste, agisca nella G. C. della Vicaria per cerzionare a detto Parlato, formalmente, la nullità del ridetto contratto.

Non dimenticarono gli agenti fiscali l'antiche pretensioni sul denaro demortuo, o beni vacanti, rappresentati da crediti apodissari, che le confraterie proprietarie dei monti combattettero al tempo dei Vicerè, e che gli stessi Delegati, gente ligia al Ministro, non che la Regia Camera, tribunale amministrativo, avevano dichiarato cavillose e malvage, quando pubblicarono la sentenza di condanna del denunciante Rossi. Ma persone meno coraggiose governavano i Banchi al 1798 e 1799. Costoro, dopo d'aver ripigliato l'ufficio, per dispaccio abbastanza scortese del Ministro (1), non vergognarono d'inserire nel volume degli atti:

« 1799, 29 luglio. Con lettera d'ufficio dell'interino avvocato fiscale, D. Domenico Martucci, delegato delle partite abolite e devolute alla Regia Corte, perchè si continui l'operazione intrapresa fin dal caduto anno 1798, per ricuperarsi tanto le partite capitali di arrendamenti e fiscali,

---

(1) « Siccome V. S. si ritrovava, con Sovrana approvazione, esercitando l'impiego di Governatore del Banco della Pietà, prima della spirata anarchia, così vuole il Re che riprenda Ella subito l'esercizio del suddetto impiego. E, dove E.la abbia finito il tempo dello stesso, ha comandato che a norma del solito si facci la nomina del successore, non impedito frattanto l'esercizio, fino a che dalla M. S. non sia destinato il successore. La Real Segreteria di Stato d'Azienda ghielo partecipa per sua intelligenza e regolamento. Napoli li 5 luglio 1799. Gius. Zurlo. » La Repubblica Partenopea aveva cambiati tutt'i Governatori dei Banchi, e per quello della Pietà s'erano scelti i *cittadini* Vincenzo Avitabile, Ferdinando Montella, Prospero Villarosa e Raffaele Tramaglia.

che le reste per causa di frutti; come anco le reste di fedi di persone defunte, che non hanno lasciato legittimi eredi, quali, come beni vacanti, appartengono al Regio Fisco. Quindi, acciò non resti attrassato il Real servizio, si è chiesto di ordinare alli magnifici Razionale, Revisore, Archivario, ed agli altri uffiziali di questo banco ai quali spetta, che senza il menomo ritardo, e senza scrupolosità di sorte alcuna, diano tutte quelle vendite, bilanci, partite e tutt'altro che occorrerà, e che li verrà chiesto dal magnifico Razionale della Regia Camera, e dalla delegazione suddetta, o da D. Tommaso Vandes, a tal uopo incaricato, o dal di lui pro razionale D. Francesco Saverio d'Avila, con farli osservare quant' occorre, e se bisogna anche i libri, cosi convenendo al Real Servizio. E da signori Protettori si è in seguito stabilito e determinato, che il nostro magnifico razionale disponga di farsi eseguire, colla debita attenzione e prontezza, tutto ciò che si contiene nell'espressata lettera, con passargliene la corrispondente copia, acciò possa a tutto adempirsi dagl'incaricati pel Real Servizio.

*
* *

10. L'avv. Giuseppe Zurlo, messo a capo dell'amministrazione finanziaria (Segreteria di Azienda) dal Cardinale Ruffo e poi confermato da Ferdinando IV, doveva trovare un rimedio qualunque pel flagello delle bancali a corso forzoso, che aveva fatto sparire l'oro, l'argento ed eziandio il rame, e che incagliava ogni industria o commercio. Egli stimò necessario che si distruggessero tali carte valori, e scrisse una memoria pel Re, che non fu mai stampata e pare che non esista nell'archivio, ma di cui si possono conoscere i concetti della discussione che poi se ne fece, e dalla seguente sua lettera all'Acton:

« Mi do l'onore di acchiudere a V. S. un duplicato della memoria relativa alle carti bancali, acciò V. E. ne faccia l'uso conveniente ».

« Io devo aggiungere solo qualche cosa, che la prudenza non mi ha permesso di scrivere. In casi come questo, conviene avere un piano e seguirlo, guardandosi di comunicarlo e metterlo in carta. Al male delle carte non ci è altro rimedio che quello di distruggerle. Senza di ciò non potrà mai ottenersi la felicità e la floridezza del regno. Si possono distruggere in due maniere, o ad un tratto e ad un colpo, o a poco a poco ».

« Il distruggerle tutte ad un tratto è una cosa troppo forte. In fondo sarebbe buona, ma, nel momento dell'esecuzione, lo stupore, il timore, assalirebbe tutti; molta gente sarebbe disgustata, molti si crederebbero rovinati, o vedrebbero mancata la loro sussistenza. Il Governo non è abbastanza consolidato per tentare una simile operazione, e la nazione non mi pare atta a ricevere questi rimedii. Conviene dunque pensare ad un altro piano, cioè a distruggerle a poco a poco. Ed è questa la mira che ho avuta nel distendere l'acchiusa memoria ».

« Io propongo di riceversi tutto dalla Regia Corte, con l'interesse del 4 0|0, altrimenti non darsi altro valore alla carta che quello del corso ».

« Siccome l'aggio è molto alterato (1), ognuno è verisimile che le dia. L'erario Reale ha i fondi della decima, i quali, necessarii per ora al regio erario, spero che non lo saranno l'anno venturo, quando matura il primo pagamento dell'interesse ».

« Se i particolari non vogliono fare questo contratto, allora imputino a loro stessi questo danno. Le carte si ridurranno al corso e così tutte le ingiustizie ed inconvenienti, che ora sono nel commercio, verranno tolti. Leviamo ogni velo; io credo che allora l'aggio potrà crescere, e credo che sia conveniente di non inquietarsi che cresca, sino a che le carte si riducano a zero, o a tanta piccola ragione da potersi ritirare dalla circolazione. Niuno potrà dire che il Re sia ingiusto, poichè l'unico mezzo che ha di salvare l'interesse dei particolari, lo mette in opera, cioè il cautelarli col tanto per cento. Non ci sarà neanche più danno importante dei particolari, poichè ricevendosi le carte al corso, ed aumentandosi l'aggio a poco a poco, questa perdita si divide e suddivide per tutte le mani per cui passa la polizza, e diventa insensibile ».

« Mi permetta l'E. V. di dirle che non conviene dare ascolto a chiunque dica che si debbono sostenere le polizze. Questo è un danno per lo Stato e questo è ancora impossibile. Per sostenerle si dovrebbero dare mille provvidenze, tutte assurde, tutte fatali all'interesse dei particolari e del R. Erario. E pure, a dispetto di tutti gli sforzi, le polizze cadrebbero. La ragione, l'esperienza di tutti i tempi, di tutte le nazioni, deve convincerci di questa verità. Val meglio fare da sè e con prudenti misure una cosa, che esserci sforzato infine dalla necessità ».

« Mi permetta inoltre V. E. di aggiungere che sarebbe un errore funestissimo il credere che l'andar radendo un poco di danaro, per metterlo nei banchi, il vendere effetti pubblici, possa dar rimedio a questo male. Io l'ho detto nella memoria, io lo ripeto ancora, questo male è incurabile. Conviene tagliare il nodo, giacchè non si può sciogliere ».

« Premessi questi principii, dei quali io sono convinto, e dai quali non posso rimuovermi, io ho un vero dolore dal rilevare che l'E. V. sia angustiata dall'aumento dell'aggio ».

« Nei principii conveniva fare qualche cosa per diminuirlo, perchè dovevano cambiarsi le carte reali (!) Io adoperai quindi alcuna di quelle piccole arti, che possono, per pochi giorni, avere buon successo. Ma rappresentai al Cardinale (Ruffo), ed il Cardinale rappresentò alla M. S. che ciò non poteva esser durevole ».

« Dopo questo tempo, messa l'esazione regia in contanti, dovrà l'aggio ricever qualche aumento. Io ho trattato questa cosa con molta prudenza, perchè l'aggio non crescesse a dismisura, attendendo l'approvazione del piano. Ma quando sia approvato, io non ho increscimento che poi l'aggio cresca ».

« Anzi io vado preparando tutto, perchè la distruzione delle carte non porti danno al commercio. Una sola cosa rimaneva a fare, cioè: che si stabilisse il cambio alla Borsa in effettivo ».

« Per ottenerlo, io, senza che persona alcuna se ne accorgesse, suscitai questa controversia, chiamai i Deputati della Borsa. Per buona fortuna, il vero interesse del Re combina questa volta con l'interesse dei negozianti, sicchè la maggior parte conchiusero per l'effettivo, altri si opposero ».

---

(1) In agosto 1799 era stato di 48 e 50 per 0|0, come si scorge da qualche *conclusione* della Giunta di Governo del Banco di S. M. del Popolo. Ci fu leggiero miglioramento in dicembre dello stesso anno, essendo disceso l'aggio a 40 per 0|0, ma dopo tornò a crescere. Prova questa lettera che il temporaneo miglioramento venne dalle pratiche o intrighi di Zurlo, che se ne valse per vendere le *carte reali*, vale a dire le polizze del fisco.

„ Io dissi di volerlo proporre alla Giunta di Governo. La mia idea era di far risolvere per l'effettivo, allegando però i pretesti di metterci del pari dell'estero ed altri pretesti di giustizia particolare, mai il vero fine. Pervenutami la lettera dell'E. V. ho lasciata la cosa sospesa, contentandomi che i mercanti dicano che io mi sono scordato questo punto, che veramente non ho mai messo in dimenticanza, sebbene per tutt'altro motivo di quello che credono. Ma io ho temuto che questo passo, facendo crescere l'aggio, dispiacesse a S. M. „.

" Io prego dunque V. E. a discutere bene questo affare; per adottarsi un piano dal quale il Governo non debba più rimuoversi. L'affare è troppo grande per non prendere su di ciò un partito, e seguirlo costantemente „.

" Io non ignoro che la maggior parte della gente troverà, nell'esecuzione di questo piano, il mezzo di discreditarmi. Ma io sono persuaso che sia necessario al bene del Real servizio; e tanto basta perchè io sia disposto a seguirlo con fermezza, qualora la M. S. si degni di approvarlo. Mi ripeto col maggiore ossequio, di V. E. ecc. ecc. „.

" D. S. Io devo assegnare a V. E. due altri osservazioni. La prima è che queste carte ritirate può avvenire forse che riprendano credito. La seconda, che in questo piano non ci è da temer niente per la pubblica quiete. Le carte sono in mano dei ricchi, non del basso popolo. Anzi, qualora sieno estinte, esce il denaio, e non può allegarsi alcun pretesto per pagare la minuta gente in carta „.

Quando si voglia fare astrazione dalla disinvoltura con la quale dimentica il Ministro che il denaro lo aveva fatto prendere S. M., onde i possessori di carte bancali erano legittimi e veri creditori dell'amministrazione pubblica, bisogna ammettere che il progetto di Zurlo non fosse pessimo. Egli proponeva ciò che si è chiamato dopo *consolidare il debito galleggiante*, vale a dire la permuta delle fedi o polizze con titoli di credito contro lo Stato, che producessero quattro per cento all'anno. Ma il reddito dell'imposta della decima, che avrebbe dovuto servire al pagamento degl'interessi, si spendeva diversamente a quell'epoca, come lo stesso Zurlo confessa, e lo scopo, che risulta dalla lettera, non è fare la conversione, sibbene giovarsi dello scredito della carta, dell'aggio che sarebbe aumentato, per pagare il meno possibile.

Acton rispose:

" Ho letto il foglio di V. S. I. del caduto agosto e il duplicato incluso della memoria sulle carte bancali. Io trovo tutto giudiziosamente pensato e disposto. Ne ho dato conto al Re, che n'è rimasto molto soddisfatto, avendo rilevato da quelle carte le ottime intenzioni, il sapere, la previdenza e lo zelo di V. S. I. per lo vero bene della Real Corona, dello Stato, e dei particolari (!)

" Dalle provvidenze che S. M. darà, V. S. I. scorgerà quante si tengano in pregio, dalla Real Corona, i savii e buoni consigli di V. S. I. Continui dunque Ella a sempre più distinguersi nel Real servizio ed a concorrere, dalla sua gran parte, al risorgimènto del Regno, e sia sicuro della giusta protezione dei RR. Sovrani, i quali non permetteranno giammai che sia fatto alcun torto al nome ed all'onore di V. S. I. la cui buona fama è ormai poggiata su basi solide. Io, dal canto mio, impiegherò tutta la mia opera per renderle tutti quei buoni servigi e uffici che per me si potranno, e lo farò tanto più volentieri, quanto crederò di giovare ad un soggetto del merito di Lei. E qui con sentimenti di distinta stima ecc. ecc. „.

*
* *

11. Avuta questa lettera di elogio, Zurlo affrettò la pubblicazione di un ordine del Sacro Regio Consiglio, pel quale tutte le carte bancali, in qualsivoglia riscossione o pagamento, si dovessero valutare al corso della giornata, sottraendo cioè dal valore ch'era espresso nel titolo la perdita per aggio. Poi fece discutere il suo progetto dalla Giunta di Governo, ch'era composta dal Cardinal Ruffo, Filippo Spinelli, Giovanni Antonio di Torrebruna, Emmanuele Parisi, Francesco Migliorini, Marchese Simonetti, Monsignor Torrusio, Domenico Martucci ed altri. Questa Giunta peggiorò la condizione dei creditori, riducendo al $3\,°/_0$ l'interesse annuale delle assegnazioni sulla decima, che Zurlo aveva fissato al 4 per cento; più dichiarando, per quanto si riferiva a vendite dei beni demaniali, che il prezzo si sarebbe fissato sulla rendita vera ed effettiva, alla ragione di uno e mezzo o due per cento. Solo il Marchese Simonetti difese la giusta ragione di chi teneva carte bancali.

Trascriviamo i brani del suo rapporto riferiti dal Petroni, sia perchè mostrò molta rettitudine, esprimendo verità poco piacevoli, sia perchè giova sentire, da bocca non sospetta, quale veramente fosse il parere delle persone imparziali.

" Apprezzare i principii della Giunta, ma i Banchi dover sussistere, l'Erario pagare il suo debito di 28 milioni. Se si annientassero i Banchi, la Nazione, avvezza ai vantaggi o comodi che ne trae, ne verrebbe dissestata e sconvolta; se non si paga il debito, si proveranno tutte le conseguenze della mala fede e dell'ingiustizia sull'animo dei sudditi, e quelle di un fallimento generale, che ruinerà tanto le costoro sostanze, quanto l'Erario medesimo „.

" Nella fatta proposta scorger egli due difficoltà, l'una di teoria, l'altra di esecuzione „.

" Prima parte del piano della Giunta è: perda subito la carta il suo valor nominale, e valga al corso, essendo assurdo ed ingiusto, ch'essa abbia due valori diversi. Si riduca ciò in termini semplici „.

„ Esistono nel Regno 28 milioni di carta, l'aggio oltre il 50; adunque si demoneti la carta per metà ed i 28 milioni si ridurranno a 14. E poichè il valore reale o del corso è variabilissimo alla giornata, quanto più cresce l'aggio, tanto più resta la carta demonetata. L' aggio certamente dovrà crescere, per il maggiore discredito in cui cadranno le carte; ed ecco che la demonetazione crescerà in maniera da assorbir tutto o la maggior parte del valore, ed esse rimarranno estinte „.

" È vero essere assurdo ed ingiusto un aggio sì esorbitante; ma a questo grave inconveniente bisogna pria, ed oggi badare. Qual rimedio si propone? Si tagli il nodo, si annulli la carta. »

« Qualunque sia il profitto, che una classe di persone abbia fatto su di un'altra per l'aggio, è stato profitto figlio delle circostanze dei tempi e delle turbolenze delle cose. Si debbono perciò gastigare i possessori delle carte con le perdita di esse, ed al danno sofferto aggiungerne un altro maggiore? I possessori delle carte (e per conseguenza il pubblico intero) sono creditori dei Banchi; questi lo sono dell'Erario. L'un credito e l'altro è giusto, è sacrosanto! L'Erario quindi dee pagare ai Banchi, ed i Banchi al Pubblico. Perchè dunque dichiarare in un colpo, che il debito si riduce a metà? Se si vuole esercitata la buona fede e la giustizia, ne dia il Governo l' esempio. »

« Si dicono necessarii due espedienti, diminuire e riaccreditare una parte mentre l'altra si vuole annientare? Nè vale il dire che ora col fatto trovansi annientate di circa la metà. Tal fatto appunto, cagionato dalle note vicende delle cose, è quello che bisogna correggere, e non già con arguzie verbali formarne un sistema di economia, per cui il pubblico non abbia ad esser pagato del credito che rappresenta. »

« Si vogliono obbligare i fondi dello Stato, pel ritiro con la carta ad interesse, e si cita lo Stato Veneto, ove dicesi che si ritirò la carta per via d' impresti. Non si fece dunque in Venezia l' operazione di demonetarla. »

« In fine, per salvar la giustizia, si propone l' impiego con le carte al 3 per 0[0 e la vendita dei fondi, con riceversi la carta fra due mesi al valor nominale, elassi i quali, riceversi al corso. »

« Ciò non solo si riduce ad un prestito forzoso, ma è spediente rovinoso ed ineseguibile, da sconvolgere l'interesse di tutto lo Stato. Che uso faranno delle loro carte i tanti possessori delle piccole somme? Le daranno al corso tra particolari? Ma si può fissare il corso delle carte? Non si deve anzi dire che, dopo la dichiarazione, il lor discredito sarà tale che si ridurrà a zero? »

« Ma i gran capitalisti possono far degl' impieghi ed acquistar fondi. Or quali e quanti sono i gran capitalisti a fronte dei possessori di carte di piccole somme? come potranno quelli, ancorchè vi fossero, tra due ed anche tra quattro mesi, equilibrare in modo i loro interessi da spogliarsi di tutte le somme che posseggono in carta? Concorreranno oltre a ciò di buona voglia alle operazioni indicate? Fondi all' uno e mezzo e due per cento; assegnamenti vaghi ed incerti; promesse per lo passato replicate e non adempite. »

" Non si perda di veduta la principale massima, in materia di pubblica economia. Bisogna che l' interesse dei sudditi non vada disgiunto da quello del Governo. Il Re si trova di aver garentito, con più solenni sovrane dichiarazioni, il debito contratto coi Banchi; si trova di aver disposto, anzi cominciato ad eseguire il pagamento; gli stessi ribelli non ardirono dichiarar vano un debito contratto per causa così giusta, qual fu la difesa dello Stato. Non solo non l' annullarono ma minacciarono gravi pene contro chi osasse proporlo. „

"Ma, indipendentemente dall'interesse dei sudditi, dalla giustizia della cosa, e dal decoro del Governo, i proposti espedienti possono riuscire utili e vantaggiosi, anche indirettamente, per l'Erario? Nello s a o attuale del nostro regno i canali di circolazione del commercio interno sono ripieni di carte. Un istantaneo impedimento al corso, di tutte o della maggior parte, produrrebbe un fallimento generale. Non si esamini se il nostro regno abbondi o no di numerario; si conceda pure che ce ne sia a sufficienza: ma è in piena circolazione? La rapida circolazione del rappresentante, sia di qualunque natura, forma la ricchezza nazionale. Nelle più ricche nazioni d'Europa vi è relativamente minor quantità di numerario effettivo. Quando si tolgono in un fiato dalla circolazione 28 milioni di rappresentante, la nazione va incontro al fallimento, e l'Erario non potrà avere sorte diversa. „

" Bisogna dunque non estinguere le carte, ma accreditarle il più che sia possibile, con andarsi pagando di buona fede e regolarmente il debito contratto. Cosi richiede la giustizia, cosi richiede l'interesse publico, dei privati e della Corte „.

" Pare che gli espedienti per ottenere siffatto intento sieno nello stesso piano contenuti, quando si ributti la proposta demonetazione. Si destinino in esso 5 milioni, per ora, di beni fondi, ed il di più in assegnamenti al 3 per cento, per estinguere il debito della Corte coi Banchi „.

" Si cedano dunque solennemente ai Banchi, come immediati creditori della Corte i 5 milioni di beni fondi, valutandosene il prezzo a giusta ragione. Ne incarichi il Governo i Banchi stessi per la vendita, permettendo loro di eseguire le operazioni che meglio stimeranno. Si ceda ai Banchi quella parte di decima che si riscuote dai luoghi pii e d'opera pubblica. Si ordini a questi di dover affrancare in carte le rispettive loro partite di decima al 5 0|0 e si permetta di poter contrarre debiti, per questa causa, con particolari alla ragione che potrà convenire. „

" Se questa parte di decima importa 4 in 500 mila ducati annui, si possono ritirare dai Banchi 8 in 10 milioni di carta, che, uniti ai 5 di fondi, compiono la maggior parte di debito della Corte „.

"Questo spediente, contenendo giustizia e vantaggio generale, è di facile esecuzione. È giusto, perchè i Banchi restan pagati. Il pubblico non ha di che dolersi, e la Corte procede con quel decoro che le conviene. È utile pei possessori di carta, perchè possono impiegarla o in fondi o coi luoghi pii. Lo è per questi, che affrancano a maggior ragione di quella dei debiti che potranno contrarre, facendo così nuovi acquisti, non ostante la legge d'ammortizzazione, a cui per tal causa si potrebbe dispensare. Lo è infine per la Corte, perchè troverà sempre nei sudditi, trattati con giustizia, immense risorse pei suoi bisogni, restando da ora il di più del fruttato della decima a sua disposizione. In tal guisa la carta si verrà a ritirare senza coazione e senza renderla inutile e ristagnata ; sarà anzi accreditata in maniera che l'aggio verrà sempre più, da sè stesso, a diminuire. „

" Questi spedienti non son nuovi. In ottobre del passato anno furono proposti e cominciati ad eseguire. La decima da principio fu imposta per tale oggetto. Vi sono mille determinazioni del Re, e mille promesse, a cui non bisogna contravvenire. I sudditi soffrono volentieri questo grave peso, ma non bisogna deluderli. In ottobre si cedè ai Banchi la decima per intero e taluni fondi per soddisfazione del loro credito. Prima s'era fatto lo stesso per la vendita dei fondi allodiali, padronati e luoghi pii, il ritratto dei quali doveva pagarsi ai Banchi. Tali operazioni progredirono in maniera che avrebbero prodotto tutto il buon effetto, se le male circostanze dei tempi non lo avessero, per dura necessità, impedito. „

Il tenore della memoria, che porta la data del 2 di novembre 1799 e che dimostrava quanto fosse poco leale il progetto del Ministro; progetto che la Giunta aveva modificato, peggiorando le condizioni dei creditori, era ignorato da Zurlo, il quale aveva gran voglia di saperlo, e per lettera ne avvertiva il collega Acton, promettendo, appena che l' avesse letto, le sue osservazioni e risposte. Ma Simonetti, che invocava la buona fede, non poteva trovare ascolto presso chi badava unicamente al proprio comodo. Ferdinando approvò le proposte di Zurlo.

* *

12. Li 8 maggio 1800, pubblicarono l'editto pel riconoscimento temporaneo dell' aggio; separazione fra *carta vecchia* e *carta nuova*; soppressione della prima mediante cessione di beni stabili, ovvero mediante conversione con fondi pubblici tre per cento. Legge oscura, ad onta d' una verbosità poco comune negli atti governativi d'allora, non priva di contradizioni fra' vari articoli, e piena di promesse inosservate.

" Le novità che negli ultimi tempi hanno avuto luogo in Europa, la necessità di ricorrere a mezzi straordinarii per preparare una valida difesa e per conservare la tranquillità dei nostri amatissimi sudditi, gli sconvolgimenti e le vicende in seguito avvenute, hanno, fra gli altri mali, causato quello dell' aggio sulle carte del banco, il quale, cresciuto ad una ragione enorme, turba l'interna circolazione e produce danni gravissimi alle proprietà dei particolari, ed ai nostri rapporti di commercio coll' estero. Un disordine di tanta conseguenza non isfuggì, fino dai suoi principii, alla nostra paterna vigilanza e cura, ed a questo effetto furono da noi, nei passati anni, di tempo in tempo, pubblicati varii editti, e fatte diverse ordinazioni, per apporvi l' opportuno riparo. Tutte queste provvidenze, per le mutazioni avvenute nello stato delle cose, abbiamo veduto che in parte non possono più aver luogo, ed in parte non sieno bastevoli a togliere un male di tanta conseguenza. Volendo pertanto Noi, sopra un oggetto cosi essenziale, dare dei provvedimenti capaci a sradicare ogni disordine, e combinarli colla salvezza delle proprietà particolari (!), quantunque le attuali circostanze rendessero malagevole questa impresa, pure Noi, preferendo ad ogni altro oggetto il ben essere dei nostri sudditi (!...) ci siamo determinati, dopo maturo consiglio, a prendere le seguenti Sovrane risoluzioni, da eseguirsi inviolabilmente."
" 1° In primo luogo; siccome il lasciarsi correre, in alcuni casi, le polizze di banco al valore nominale, produce l'inconveniente gravissimo, che i particolari che le ricevono non possono poi spenderle in piazza alla medesima ragione, atteso l'aggio che si è introdotto, e debbono perciò farvi perdita; su di che sorgono ogni giorno litigi e controversie nei tribunali; cosi Noi, per togliere il disordine che la carta medesima abbia

due diversi valori, per evitare ogni danno nella proprietà dei particolari, e finalmente acciocchè i nostri amatissimi sudditi non sieno distratti e dispendiati con litigi, comandiamo: che dal dì della pubblicazione del presente (derogando a qualunque altra precedente risoluzione), le carte di Banco, in ogni caso e per qualsivoglia pagamento o contrattazione, si paghino e si ricevano non già al valor nominale, ma al corso, ossia al valore pel quale correranno e si cambieranno in piazza col numerario effettivo, nel giorno in cui si eseguirà il pagamento. Ed affine di togliere ogni controversia, che potrebbe sorgere per l'interpetrazione di questa nostra Real Volontà, dichiariamo che la medesima debba aver luogo anche per tutte le obbligazioni e per tutti i contratti fatti prima della pubblicazione del presente Editto, purchè il pagamento non si sia già eseguito o non si sia espressamente convenuto di eseguirsi il pagamento in carta; nel quale ultimo caso, della particolare convenzione, ne lasciamo la decisione, nei termini di giustizia, ai nostri tribunali (1)

" 2.° È poichè, dalla esecuzione dell'articolo precedente, potrebbe risultare danno ed interesse ai particolari, possessori delle carte; o perchè le abbiano essi ricevute al valore nominale, nel percepire le rendite dei loro beni, o perchè loro siano stati restituiti in carta i capitali dai debitori, o per altre cagioni; perciò Noi, malgrado la considerazione che gli attuali possessori delle carte, per

---

(1) Si fecero poi eccezioni contro dei soli banchi, costringendoli a pigliare fedi pel valore nominale, ed anche ordinando di darle in pagamento

« Ha la M. S. preso in considerazione che da qualche tempo ai portatori dei pegni i banchi hanno dato carta, che si é poi dovuto cambiare coll' aggio, che nei rispettivi tempi è corso in piazza ».

" Ha inoltre S. M. preso in veduta, che qualora le fedi di credito che i particolari offriranno ai Banchi pei dispegni, si ricevessero al corso e non già al valor nominale, molti particolari verrebbero a pagare il triplo di quello che effettivamente hanno ricevuto, e ciò contro la mente dell' ultimo suo Real Editto, il quale non avendo in veduta, se non d'indennizzare i particolari da qualunque danno sulle carte di banco, non può in conseguenza prescrivere che ne soffrano uno tanto grave sulla carta, che i banchi hanno data. "

" Per queste ragioni, e per la ferma idea di sollevare, quanto è possibile, la classe dei poveri, S. M. quantunque vi esistano nei banchi molti pegni fatti in tempo che la carta in piazza equivaleva al contante; pure, senza fare alcuna distinzione, ordina che in tutt' i casi, niuno eccettuato, i banchi ricevano al valor nominale le carte che dai particolari si offeriranno per disimpegnare i pegni fatti, fino alla pubblicazione dell' ultimo Reale Editto, emanato per le polizze bancali, cioè sino al dì 8 del corrente maggio, purchè però tali disimpegni si facciano tra il termine di quattro mesi, da computarsi dalla detta epoca; giacchè, elasso tal termine, dovrà anche per questo caso eseguirsi inviolabilmente l'articolo prescrivente di riceversi le carte al corso. »

" Rispetto poi al sistema da tenersi per i pegni, dopo la pubblicazione dello Editto, S. M. vuole che siano eseguite le sue clementissime disposizioni, manifestate a cotesta Giunta per mezzo del Direttore delle Reali Finanze. „

« La Real Segreteria di azienda lo previene nel Real Nome a V. S. Ill ma, per intelligenza della Giunta ed adempimento.

« Palazzo 10 maggio 1800 — Giuseppe Zurlo. „

" Ha S. M. preso in considerazione, che dovendo i banchi, dalla pubblicazione del recente editto in poi, pagare tutt' i soldi dei loro ufficiali, e far tutte le altre spese in denaro effettivo, giusta il primo articolo del citato editto, e non potendo sì prontamente dalle lor rendite riscuotere tanto contante che basti ai bisogno, si trovano nella posizione o di dover contrarre dei debiti in contanti, o di ritardare il pagamento dei soldi, o di spendere, per lo valore corrente in piazza, le carte che abbiano di lor pertinenza. »

" Riguardando S. M. il primo partito come rovinoso, e non praticabile che in caso di assoluta necessità, abborrendo il secondo, come gravoso a tanti suoi amatissimi sudditi, quanti sono specialmente tutti gli ufficiali dei banchi, trova l' altro preferibile ai primi due. „

" Volendo quindi la M. S provvedere non meno alla economia dei banchi, che alla sussistenza dei loro numerosi individui, ha sovranamente disposto che i medesimi banchi si ritengano, dalle carte di vecchio conto di loro spettanza, che al presente hanno, non meno di capitali che di rendite; tanta somma quanta, con un aggio prudenzialmente calcolato, possa bastare a tutto l'esito occorrente per quattro mesi, dal dì dell'editto, e rechino il dippiù alla Giunta dei banchi, per bollarsi a tenore dell' atto medesimo „

« Qualora, finalmente, delle carte che ritenganno ne avanzasse una parte, sarà bollata allo spirare dei quattro mesi. „

" La Real Segreteria di azienda, lo partecipa nel Real Nome a cotesta Giunta per intelligenza. »

" Palazzo 23 maggio 1800 — Giuseppe Zurlo „.

lo più, non le abbiano acquistate che al corso cbe da tempo in tempo hanno avuto in piazza, e malgrado il danno ch'è risultato al nostro Real Erario, dall'essersi il denaro contante delle casse fiscali cambiato con fedi di credito; pure, sacrificando alla sicurezza delle proprietà particolari, ed alla ferma idea di garentire l'intero capitale delle polizze, ogni altra considerazione ed ogni Nostro vantaggio; vogliamo che sia permesso, ai particolari medesimi, di far l'impiego dei capitali di dette carte, fra lo spazio di quattro mesi, colla Regia Corte, che le riceverà al loro valore nominale „.

" 3.° A questo effetto, comandiamo che qualunque persona voglia impiegare le sue carte di banco colla Regia Corte, e le esibisca fra il termine di quattro mesi, computandi dal giorno della pubblicazione del presente editto, possa farlo liberamente. Le carte si accetteranno al valor nominale; e si assegnerà l'annualità del tre per cento in contanti e franco di decima; da pagarsene la rata in ogni quattro mesi, e da decorrere quest'annualità dal giorno in cui le polizze verranno esibite „.

" 4.° Il pagamento del tre per cento, contenuto nell'art. precedente, sarà fatto dalla Regia Corte nel modo stesso che si pratica coi creditori assegnatarii, sulle rendite che la medesima possiede; e verrà eseguito sul ramo della decima, che continuerà, per ora, ad amministrarsi secondo il sistema che trovasi stabilito; riserbando al nostro Reale arbitrio di prendere in avvenire, sull'amministrazione della medesima, le misure che si crederanno più opportune e convenienti. Per la sicurezza però degl'interessati, dichiariamo che, oltre al ramo della decima, rimarranno obbligati, per la sicurezza dei capitali e per lo pagamento degl'interessi, tutti i beni della Corona, di qualunque natura „.

" 5.° Per maggior comodo degl'interessati, vogliamo che sia lecito ad ogni possessore di carte, che voglia impiegarle colla Regia Corte, di farsi fare l'assegnamento *loco facilioris exactionis*, e per la concorrente quantità dell'annualità che gli sarà dovuta, o dalla partita di decima che lo stesso esibitore paga alla Regia Corte, o da qualunque altra partita domanderà, preferendosi sempre ed in ogni caso, pel medesimo assegnamento, che chiegga prima colui che il primo abbia effettivamente esibite le fedi di credito „.

" 6.° E volendo noi, efficacemente, che il disordine, risultante dal gran numero delle carte di banco, sia tolto colla massima celerità, e che i possessori delle carte ottengano tutte le possibili facilitazioni, per la sicurezza de' loro capitali; pertanto, comandiamo che, per ora, sia posta in vendita, pagandosene il prezzo con polizze, una quantità di beni del valore capitale di cinque milioni; e che questi beni saranno primieramente tutt'i beni dei rei di stato confiscati, a norma delle leggi del regno; indi una quantità di beni devoluti e di quelli di Regio Patronato, e dell'azienda di educazione, fino al compimento del valore di cinque milioni, se non lo compiranno i beni confiscati. La nota di tutti questi fondi, assegnati all'indicato uso, sarà fatta e pubblicata contemporaneamente al presente editto, per norma degl'interessati „.

« 7.° I detti rami, dei beni confiscati, dei devoluti, di quelli di Regio padronato, della Reale Azienda di educazione e dei monasteri soppressi, vogliamo che siano, sul prodotto della decima, indennizzati della rendita dei loro fondi che saranno venduti o gravati d'ipoteca ».

« 8.° La vendita sarà fissata sulla vera rendita di ciascun fondo; all'uno e mezzo per cento nei territorii di Napoli e di Aversa; al due per cento in tutti gli altri luoghi di Terra di Lavoro, ed al due e mezzo per cento nelle altre provincie del Regno. Colla circostanza che, per la vendita delle case, il prezzo delle medesime sarà fissato nella maniera che si crederà più utile e conveniente ».

« 9.° Chiunque preferisca l'acquisto dei benifondi alle annualità sulla decima, dovrà farne la domanda nello spazio di quattro mesi, dal dì della pubblicazione dello editto ; e dovrà, nell'atto stesso della domanda, esibire la quantità delle carte di banco che corrisponde al valore del fondo che intende di acquistare; qualora la rendita del medesimo sia certa; e non essendo certa, dovrà esibire un quantitativo di polizze bancali, che verrà prudenzialmente fissato dalla Giunta che sarà incaricata dell'esecuzione del presente editto. Si riceverà quindi la sua offerta; sulla quale si faranno le subastazioni, e si serberanno tutte le solennità necessarie per l'alienazione dei fondi fiscali. Il fondo sarà dato al migliore offerente ; e qualora non resti al primo oblatore, dovrà costui essere rifatto delle polizze esibite da quello che acquisterà il fondo, se pure non voglia farle rimanere impiegate colla Regia Corte, nel modo stabilito cogli articoli 3 e 4 del presente editto ».

« 10.° Se due persone, nel citato termine di quattro mesi, offrirano di acquistare un fondo con carte di banco, vogliamo che nell'accettazione dell'offerta sia sempre preferito colui che sarà stato il primo ad esibirle, salvo gli additamenti in beneficio del Regio Erario ».

« 11.° Quando si siano fatte tante domande per compre che esauriscano tutti i fondi posti in vendita; vogliamo che i possessori delle carte non possano in altro modo esibirle alla Regia Corte, nello stabilito termine di quattro mesi, che colla condizione di riceverne il 3 per cento di annualità in contanti, franco di decima, nel modo espresso nei precedenti articoli 3 e 4. »

« 12.° Tutti coloro che chiederanno fondi, ed esibiranno le carte bancali, a norma del precedente articolo 9, dal giorno dell'esibizione e fino a che non conseguano il possesso ed il frutto del fondo, goderanno dell'interesse del 3 per cento, in contanti e franco di decima. »

« 13.° Elassi quattro mesi, dal dì della pubblicazione del presente editto ; vogliamo che non siano più dalla Regia Corte ricevute polizze al loro valore nominale ; ma, chiunque voglia presentarle, comandiamo che riceva il 3 per cento, in contanti e franco di decima, sul valore delle polizze in contanti, al corso che ha in piazza; o sia per quel quantitativo pel quale si cambia in numerario effettivo nel giorno della consegna. Nel modo stesso saranno valutate le polizze, elassi i quattro mesi, qualora vogliano impiegarle nell'acquisto di fondi „.

" 14.° Le polizze e fedi di credito che in ciascun giorno verranno esibite, sia per averne l'annualità sulla decima, sia per acquistare fondi, verranno notate nell'ordine stesso con cui si esibiranno, e questo notamento verrà cifrato ogni giorno, non solo dalle persone incaricate a questo oggetto, ma ancora dal direttore delle nostre Reali Finanze, o, non potendovi esso assistere, da uno dei membri della nostra Giunta di Governo, che destinerà a ciò il Luogotenente del Regno. In ciascuna settimana, questi notamenti saranno resi pubblici colle stampe. „

« 15.° Comandiamo inoltre che, a misura che le polizze e carte bancali verranno esibite, sieno, in presenza e coll'assistenza dell'esibitore medesimo delle polizze, bollate con un bollo con vernice, dall'una e dall'altra parte, acciocchè restino perpetuamente tolte dalla circolazione. Fatta questa prima operazione, vogliamo che le polizze medesime così bollate, in un determinato giorno di ciascuna settimana, siano ad una ad una segnate nuovamente con un altro bollo, alla presenza del direttore delle nostre Reali Finanze, di tutta la nostra Camera della Summaria, e di due individui della Regia deputazione di città. Nell' atto stesso, vogliamo che si faccia una distinta nota di queste polizze annullate, la quale nota si pubblicherà per le stampe ogni settimana. »

« 16.° Se gl'impieghi sulla decima, e le polizze che si daranno per acquisto dei fondi, eccedano il quantitativo del debito della Regia Corte coi banchi, vogliamo che la Regia Corte venga rimborsata dello avanzo, sugli effetti dei banchi medesimi ».

« 17.° Per le polizze che i particolari non esibiranno alla Regia Corte, permettiamo che i Banchi ne facciano l'introito e l'esito, come sinora si è praticato, secondo le regole stabilite. Comandiamo però, che ciascun banco apra un conto nuovo per le fedi di danaro effettivo, con apporvi nelle medesime delle marche particolari, che le distinguano dalle altre, e specialmente con notarsi in dette fedi di credito di essere deposito di danaro effettivo; rimanendo assolutamente vietato di dar fuori fedi di credito, di questo conto nuovo, senza l'esibizione di danaro effettivo (1).»

« 18.° Per la esecuzione del conte-

---

(1) Ecco i dispacci all'apertura del conto nuovo, che dopo pochi mesi diventò anch'esso *conto vecchio*, cioè fu rappresentato da carte inesigibili.

A) « Ha S. M. approvate le istruzioni, formate da cotesta Giunta, per lo stabilimento e per lo proseguo del conto nuovo dei banchi, prescritto dall'art. 17 del suo Reale Editto degli 8 del corrente; il qual nuovo conto si aprirà lunedì prossimo 12 del mese. — La Real segreteria lo partecipa ecc. — 10 maggio 1800 — Giuseppe Zurlo ».

B) « Istruzioni agli uffiziali dei banchi, per lo stabilimento del conto nuovo, da aprirsi nel di 12 del corrente maggio, in esecuzione del Reale Editto degli 8 del detto mese, per le carte bancali ».

« 1.° I cassieri dovranno cominciare il nuovo conto, con formare un libro d'introito, uno squarcio di cassa, ed altri libri subalterni appartenenti alla cassa, tutti nuovi, acciocché tal negoziato non si confonda col conto vecchio. »

« 2.° A tale uopo, per distinguere le fedi di credito del conto nuovo da quello del vecchio, si dovrà sulle prime, e precisamente nel mezzo del margine superiore, imprimere un bollo di color verde, di cui sarà data la forma dalla Giunta dei banchi. Inoltre i cassieri ed i fedisti dovranno, di proprio pugno, scriverci *contanti*, con distinguere se la moneta rappresentata da ciascuna fede sia d'oro o d'argento; nella prevenzione che, per la qualità della moneta, si osserveranno i Reali stabilimenti. Mercé di sì fatte distinzioni, le fedi di credito del conto nuovo verranno non solo garentite dalle falsificazioni, ma saranno eziandio discernibili dalle altre del conto vecchio, anche agli occhi degli analfabeti ».

« 3.° Per le fedi di credito di tal fatta, che diverranno madrefedi, si dovrà benanche distinguere il conto nuovo dal vecchio, con la formazione di un libro maggiore di polizze notate in fede, e dei suoi corrispondenti registri. In tali libri verrà condotto il negoziato delle madrefedi del conto nuovo. Sulle polizze nascenti da queste madrefedi, sarà obbligato il notatore in fede di apporre il nuovo bollo, che darà la Giunta dei banchi, e di aggiungervi di propria mano la parola *contanti*. »

« 4.° Le fedi di credito e le polizze, colla spiegazione in contanti, formate prima dell'apertura del conto nuovo, non si dovranno confondere colle carte e col negoziato del conto vecchio. Accadendo quindi che sopra fedi in contanti del conto vecchio si vogliano notar delle polizze, avvertano i notatori in fede, di non apporre sopra tali polizze il bollo del conto nuovo; ma basterà che vi scrivano, di proprio carattere, *contanti*. Per la ragione medesima sarà vietato di continuare ad introitar denaro sotto le madrefedi del conto vecchio, benché in contanti, essendo solo permesso di continuare l'esito »

« 5.° Nella Ruota dovrà essere un Libro Maggiore, così per le suddette fedi del conto nuovo come per lo conto nuovo degli arrendamenti, colle corrispondenti pandette »

« 6 o Inoltre si dovranno formare esiti di cassa, registri d'introito, giornale di cassa e di banco, libri di reste, tutti nuovi; con quanto occorre per la distinzione dell'uno e dell'altro conteggio, dovendo il nuovo procedere colle regole medesime tenute pel vecchio. »

« 7.° Saranno indispensabilmente tenuti tutti gli uffiziali addetti alle reste, di formarle separatamente, cioè quelle del vecchio e del nuovo conto. »

« 8.° Nel fine di ogni semestre si deve appurare il conteggio dei libri, secondo che prescrivono le istruzioni per lo esatto regolamento della scrittura dei banchi. »

« 9.° Finalmente, trovandosi nelle casse dei banchi del contante pervenutovi fino al di 11 del corrente inclusive, dovrà essere separatamente conservato, senza confonderlo con quello che indi verrà nelle casse versato, spettando il primo al vecchio conto, ed il secondo al nuovo.»

nuto nel presente editto, per lo stabilimento del conto nuovo determinato per i banchi, abbiamo stimato di eriggere una Giunta, composta di

C) « Affinchè la scrittura dei banchi proceda con tutto il buon ordine possibile, e che non si dia luogo a frode, o a sospetto di frode, in danno dei particolari, che vi depositano il loro danaro, comanda S. M. che sieno subito mandate ad effetto le disposizioni seguenti : »

« 1.° Che si proceda all'appuramento dei conti della scrittura del Banco di conto vecchio »

« 2.° Che rimanga proibito di dar debito, nel conto di qualunque persona o corpo, senza che vi sia il credito. »

« 3.° Che dovendosi passare qualche polizza in uno dei conti che sbilancia, si debba appurare prima il conto, e poi passarsi la polizza. »

« 4.° Che si vegga se, sino ad ora, vi sia su di ciò qualche difetto o mancanza, e mettersi tutto in regola. »

« 5.° Che nel conto nuovo non si faccia attrasso, circa l'appuramento del medesimo in ogni semestre. »

« 6.° I Governatori dei Banchi saranno responsabili di ogni menoma negligenza, su i cennati articoli. »

« 7.° Gli uffiziali che mancheranno, se avvenga ciò per omissione perderanno l' impiego; se poi avranno colpa, saranno puniti a misura del delitto. »

« 8.° D. Gaetano Barbetta verrà interinamente destinato a vigilare e sopraintendere sulla regolarità della scrittura anzidetta, e dovrà a questo effetto girare i banchi e dar conto di quanto osserverà. (a)

« La Real Segreteria di azienda lo previene nel Real Nome a V. S. Ill.ma per intelligenza della Giunta dei Banchi e regola — Palazzo 8 maggio 1800 — Giuseppe Zurlo ».

D) « Avendo il Re preso in considerazione : che il gran fine della ritirata delle carte bancali del vecchio conto poichè, e della istituzione del conto nuovo, sia che, dal recente editto in poi, non circoli carta bancale, del nuovo conto, per questo Regno di Napoli, la qual non abbia il corrispondente numerario che rappresenta , riposto effettivamente nelle pubbliche casse dei banchi ; sicchè lo scambio della carta col contante possa sempre farsi a piacere del possessore della carta , senza perdita e senza indugio ; ha proibito, da ora in poi, a tutti i banchi di notare in fede i mandati degli arrendamenti, quando sopra i fedoni di questi non si trovi l'introito sufficiente all' esito che si vuol notare. »

« Il praticare altrimenti sarebbe un nuovo avviamento al vuoto dei banchi, ed a quei disordini a cui S. M. sta provvedendo con tanta cura. »

(a) Il giorno seguente si aggiunse, che questo signor Barbetta avrebbe fatto il suo ufficio con la direzione del Referendario, D. Giuseppe Marciano.

« Nel tempo stesso, la M.S. ha dichiarato che prenderà tutt' i mezzi onde quegli arrendamenti che attendono l' introito dalla sua Regia Corte, vengano esattamente soddisfatti al maturo , e non sentano la mancanza di qnell' abilitazione sui banchi, che se finora dalle circostanze è stata permessa, viene d' oggi innanzi interdetta dalla suprema legge della pubblica utilità. »

« La Real Segreteria di Stato di azienda lo partecipa, nel Real Nome, a cotesta Giunta, per sua intelligenza. »

« Palazzo 19 maggio 1800 — Giuseppe Zurlo.»

E) « Col recente Reale Editto, degli 8 del corrente mese, ha già S. M. pienamente provveduto al disordine delle carte bancali , che giravano per lo suo Regno di Napoli, senza che avessero il valore reale corrispondente al nominale. Con questa mira , mentre da una parte ha disposto, co' mezzi i più efficaci, la voluntaria esibizione delle dette carte, senza ninna perdita, anzi con gran vantaggio degli esibitori (!), ha dall'altra ordinato che nei banchi si aprisse un nuovo conto, tutto distinto e separato dal vecchio. Di questo nuovo conto, il principale ed essenziale articolo si è che dai banchi non uscirà carta la quale non abbia il corrispondente numerario, che rappresenta; riposto effettivamente nelle casse di essi banchi, sicchè lo scambio di queste carte col contante si possa fare ad ogni momento , senza ritardo e senza perdita di chi le abbia. »

« Volendo quindi S. M. che le sue provvide disposizioni sortiscano il natural fine a cui sono dirette, e che d' ora in avanti torni libero e sicuro il negoziato delle carte , da cui derivano infinite facilitazioni al commercio, significa a tutt' i suoi amatissimi sudditi , che le fedi di credito e le polizze del nuovo conto corrono dappertutto per la somma che portano descritte, poichè nei Banchi si trova realmente depositato il valsente che rappresentano. «

« E perchè, nella discernibilità delle dette carte, non cada errore o timor d' errore o pretesto d' ignoranza , S. M. dichiara a tutti , che il distintivo delle carte del conto nuovo, è un bollo ad olio di color verde , che nelle fedi di credito si trova nelle loro sommità, e nelle polizze del segno della notata in fede, oltre la parola *contanti* scritta di mano del cassiere e del fedista nelle prime, e del notatore in fede nelle seconde ».

« La Real Segreteria di Stato di azienda, lo partecipa alle SS. LL Ill me per loro intelligenza, con prevenzione che sarà subito comunicata tale Sovrana dichiarazione, ai tribunali di questa capitale dipendenti da essa ed a Regi visitatori generali ed economici delle provincie, come alle Segreterie di Stato, pe'tribunali alle dipendenze loro , non meno delle province che della capitale — Palazzo 10 maggio 1800 — Firmato Giuseppe Zurlo. »

soggetti da Noi destinandi; la quale larà tutte le opportune provvidenze, e rappresenterà a Noi quello che occorrerà, pel canale della Real Segreteria di azienda. »

« 19° Convinti che il vero mezzo di far prosperare il nostro Regno, sia quello di togliere i debiti che il nostro Reale Erario verrà a contrarre con questa operazione; e desiderando che niuno tra nostri sudditi risenta il menomo danno dall'operazione medesima, dichiariamo che, subito che le circostanze permettano, prenderemo le più efficaci misure per restituire ai rispettivi proprietarii tutte quelle somme per le quali, in forza del presente editto, riceveranno l'assegnamento dell'annualità sulla decima, coll'ordine stesso con cui verranno portate le polizze.»

« Ed acciocchè questo nostro Sovrano Editto venga a notizia di tutti, vogliamo e comandiamo che si pubblichi ne' luoghi soliti della capitale e delle province del Regno; con essere da noi sottoscritto, munito col sigillo delle nostre Reali ar-

---

F) « Con real carta del di 19 maggio, fu da S. M. dichiarato a tutti i suoi amatissimi sudditi, che essendosi coll'editto del di 8 del detto mese provveduto pienamente al disordine delle carte bancali, le quali giravano per lo regno di Napoli senz' avere il loro valor reale corrispondente al valor nominale, si era dato principio al nuovo conto dei banchi; il cui fondamentale articolo si é che da banchi stessi non uscirà più carta la quale non abbia il corrispondente numerario, riposto effettivamente nelle pubbliche casse. Fu quindi tutto il regno avvertito che le fedi di credito del conto nuovo correvano, sic come corrono, liberamente dappertutto, per le somme in esse descritte, essendone pronto ad ogni istante lo scambio col numerario effettivo. E perchè sulla discernibilità delle nuove carte non cadesse errore, o timore di errore, o pretesto d'ignoranza, si fece a tutti noto che il distintivo del nuovo conto era un particolar bollo ad olio, di color verde; il solo distintivo che allora si potè meglio combinare colla sollecita premura che S. M. ebbe di provvedere, fin dal principio, alla sicurtà dei suoi amatissimi sudditi. »

« Oggi che la grande opera della ritirata e dell'abolizione delle vecchie carte bancali è venuta prosperamente al suo bramato termine, in capo dei quattro mesi prefiniti nel citato sovrano editto; oggi che il nuovo conto dei banchi, il quale consiste tutto in carte di valore effettivo, in cui l'aggio non puote avere più luogo, ha già preso il più felice avviamento e va di giorno in giorno aumentando; ha risoluto S. M. di assicurare in un modo vie più fermo e stabile il libero commercio delle nuove fedi di credito e delle polizze; in maniera che non solo indicassero l'effettivo contante che rappresentano, ma portassero le più cospicue indicazioni del conto nuovo, da cui dipendono, dei vari banchi a cui appartengono, e di quelle integrità che le assicura dalla frode delle mutilazioni ».

« Dichiara quindi la M. S. che il Reale editto, pubblicato in questo giorno, riguarda solo le carte del vecchio conto, le quali fino al di 10 di ottobre non si riceveranno che al corso e dopo il detto termine rimarranno abolite. Ma in quanto alle carte del nuovo conto, continueranno le medesime a correre nel modo stesso che si trova prescritto nel citato dispaccio dei 19 maggio. Ed acciocchè queste carte del conto nuovo non siano soggette ad equivoco alcuno e possano da tutti riconoscersi, si sono già formate in tutt' i banchi le nuove fedi di credito. Il loro distintivo comune è un fregio impresso a nero, che termina da ogni lato la prima faccia di ogni fede; inoltre vi si legge in tutte la parola *contanti* sulla loro sommità. Il distintivo peculiare che servirà a far meglio discernere di qual Banco sia ciascuna, sarà la figura del proprio tutelare, o l'emblema allusivo al titolo del Banco, col nome di esso banco apposto alla figura o all'emblema. Le polizze poi avranno, allato alla notata fede, il nome del banco, impresso in caratteri chiari, con un fregio, anche impresso, che il contorna. »

« Avverte espressamente S. M. che il corso di queste nuove carte non altererà in menoma parte il corso di quelle altre, introdotte fin dal principio del conto nuovo, distinte co'bolli verdi; le quali seguiteranno inviolabilmente a rappresentare il denaro effettivo a cui corrispondono. Però, da ora in poi, tutte le nuove carte che usciranno da queste si faranno nella nuova foggia, acciocchè a poco a poco, e senza incomodo del pubblico, in breve processo di tempo si trovino uniformi tutte le carte dei banchi ».

« Vieta finalmente S M. in conferma delle sue precedenti risoluzioni, a tutt' i percettori, collettori ed esattori delle sue rendite fiscali e di tutto il denaro appartenente ai vari rami del regio fisco, di ricusare, sotto qualunque pretesto, non solo le fedi e le polizze della nuova ultima divisa, ma benanche le prime del conto nuovo, finchè nè resteranno, come quelle che tutte, a differenza delle vecchie carte abolite, equivalgono al contante effettivo, potendosi ad ogn'ora da ogni persona farne lo scambio col contante, ne' banchi di questa capitale. »

« La Real Segreteria ecc.—7 settembre 1800—Giuseppe Zurlo. »

mi, riconosciuto dal nostro Segreta-rio di Stato di azienda, visto dal nostro Vice Protonotario, e la di lui vista autenticata dal Segretario del- | la nostra Reale Camera di S. Chiara — Palermo 25 aprile 1800 — Pubblicato li 8 maggio 1800. »

Lo stesso giorno, il fisco replicò la manifestazione delle sue pretese sul denaro demortuo, e sul valore delle bancali che non si sarebbero presentate.

" Siccome è a notizia di S. M. che moltissime fedi di credito o per la morte dei possessori, o per incendii, o per naufragi, o per altri accidenti, si sieno perdute, e dimenticati così i crediti sul Banco; e che specialmente questo abbia avuto luogo nelle ultime dolorose vicende, comanda la M. S. che si abbia di ciò la dovuta ragione, affinchè, qualora non si esibiscano mai queste carte, nel corso della operazione ordinata dalla M. S. pel ritiro delle carte, non perda il fisco il suo dritto sul totale a cui ascendono i detti crediti, che devono essere reputati per beni vacanti, e che dovranno al fisco medesimo addirsi, qualora dai banchi non si producano legittime eccezioni „.

" Palazzo 8 Maggio 1880 — Gius. Zurlo „.

Prima che finissero i quattro mesi, aggiunse il Ministro quest'altra dichiarazione, più esplicita.

" Benchè le facilitazioni di ogni maniera, accordate con varî particolari dispacci da S. M, assicurino che la spirante ritirata delle carte bancali sia per comprendere tutte quelle che nell'ultimo tempo realmente circolavano per questo regno, e sia per concedere una perfetta indennità ai possessori; si congettura pur nondimeno che tutto il lor cumulo non possa giungere ad agguagliare quella somma che dai libri de' banchi risulta in credito degli apodissarî del vecchio conto „.

" La perdita e le dispersioni di molte carte, il loro abbandono per morte senza eredi o per altri casi, la obblivione di molte reste, specialmente de' conti fiscali, effetti tutti non solo dell'ordinario corso delle cose, ma molto più degli straordinarî accidenti e soprattutto delle ultime vicende dello Stato, debbono aver cagionato, non ostante il rimedio delle liberanze con cauzione, una mancanza che l'attuale operazione farà discoprire, e di cui niuno è che possa essere ristorato „.

" Prevedendo ciò S. M., anche prima di porsi mano all'opera, con Real Carta contemporanea alla pubblicazione dell'editto degli 8 di maggio, mentre ordinò a cotesta Giunta, eretta per eseguirlo, di liquidare la vera somma di tutte le carte uscite dai banchi, dichiarò che il valsente di quelle che non si esibissero dovesse addirsi al Regio Fisco, salvo ai banchi i dritti nascenti dalle transazioni „.

" Avendo ora S. M. rilevato dalle dette transazioni, passate in varî tempi fra esso R. Fisco ed i banchi, che le medesime non possono per lor natura, essendo tutte particolari, includere un caso sì generale e sì impensato; anche attente le tenuissime somme per le quali si trovan fatte, confermando la precedente dichiarazione, è venuta, in virtù delle leggi comuni e municipali su questa materia, a dichiarare di nuovo ed assolutamente, che tutte le carte le quali non saranno esibite a tenore dell'editto, come costituenti tanti crediti adespoti, vacanti, derelitti, caducati e devoluti, s'intendono fin da ora incorporati, senza niuna eccezione, al detto suo R. Fisco „.

" Ha comandato in conseguenza che il medesimo debba essere riguardato come particolar successore degli antichi ed incerti proprietarî, per tutte quelle carte che, finchè la esibizione sarà aperta, non verranno presentate; e come creditore dei banchi di tanta somma, a quanta sarà per ascendere il valore nominale delle carte non esibite; aggiunta la plusvalenza di quelle che forse si esibiranno al valore del corso dopo i quattro mesi, la qual somma sarà conteggiata coi banchi stessi „.

" La Real Segreteria lo partecipa ecc. — 4 settembre 1800 — Gius. Zurlo „.

Così la finanza non s'impadroniva delle sole somme sulle quali avrebbe potuto vantare un certo dritto, cioè le bancali messe in circolazione per suo conto, che i possessori avrebbero trascurato di presentare nei quattro mesi, sì bene pigliava tutt'i crediti apodissari dell'intero pubblico. Tre secoli di lavoro erano dunque perduti dai banchi, che diventarono debitori liquidi di tutte le passività scritte sui loro registri, ma inesigibili per distruzione del titolo, e per morte o dimenticanza del creditore.

Erano queste positive infrazioni alle antiche regole dei banchi, ed atti d'ingiustizia, poichè Sovrano e Ministri dicevano, a quel tempo, di volerne rispettare la qualità di enti morali autonomi.

Tale qualità portava la necessaria conseguenza che ai banchi sarebbero spettate le somme abbandonate dai creditori.

Sull' ammontare delle carte non presentate mancano le notizie poichè, non solo trascurarono di farne il conto, ma procurarono di nascondere o distruggere gli stessi registri dai quali si poteva ricavare.

Probabilmente furono molti milioni di ducati, trattandosi di circolazione che durava da trecento anni. Però questo cespite, e tant'altre cavillose industrie di Zurlo, non valsero per sgravare completamente il fisco dai suoi debiti coi banchi. Se non si fosse fatto altro che forzare l'emissione e la circolazione della carta, questa liquidazione del 1800 avrebbe fatta comparire creditrice la finanza; ma poichè s'erano prese le riserve metalliche, le rendite patrimoniali ed i depositi del pubblico, rimase debitrice delle seguenti somme (bilancio 1803).

Carte del vecchio conto (vale a dire bancali di pertinenza degl'istituti che l'avevano presentate, ai termini dell'editto, per ottenere quella rendita tre per cento che non è stata mai loro pagata) . . . . D. 981,035.40

Città, ossia Senato (debiti del Municipio di Napoli, fatti per ordine e con malleveria della finanza) . . . . „ 2,639,505.17

Regia Corte per sè e per altri di Real ordine (residuo a debito del fisco risultato dal conteggio e liquidazione di tutte le carte anteriori al 1800) . . . . „ 1,126,592.85

Totale D. 4,747,133.42

*
* *

13. Per le parole dell'editto, il compenso ai possessori di carte bancali sarebbe consistito o nella rendita annuale tre per cento, da assegnazioni sulla decima, o nella rendita annuale uno e mezzo, ovvero due, ovvero due e mezzo per cento, da compra di benifondi. La promessa di restituir poi le somme capitali, fatta coll'art. 19, non meritava, nè ispirava credito alcuno. Assegnazioni e benifondi valevano somme ben inferiori al prezzo nominale delle bancali che si volevano distruggere, ne superavano nondimeno il prezzo cor-

rente, cioè netto di aggio, ed avrebbero in certo modo soddisfatto i creditori, se al Re fosse piaciuto di osservare gli articoli della propria legge che a questi ultimi giovavano.

Però la lettera di Zurlo, ed i discorsi di Simonetti, dei quali non si fece conto, provano come tutta la legge 8 maggio 1800 non fosse diretta a liquidare il debito galleggiante, ed a ritirare le carte dei banchi, mediante permute con i beni demaniali o con certificati di rendita 3 per 100. Volevasi invece cavar profitto dall'aggio, adoperando lo scredito che aveva colpito le fedi o polizze, e che speravasi sarebbe aumentato, per pagare il meno possibile.

Con insigne furfanteria, si dettero soli quattro mesi di tempo ai creditori, perchè scegliessero fra le due maniere di pagamento. La maggioranza avrebbe senza dubbio preferito i benifondi; pel valore scarsissimo dei titoli di debito pubblico d'un governo fallito, ed anche perchè molti sapevano avere già Zurlo venduto o impegnato il reddito della imposta decima, del 1801 e 1802. Infatti coloro che si contentarono del 3 per cento dovettero aspettare fino a giugno 1802, per ottenere qualche cosa, ed i due anni d'attrasso non si sono più pagati.

Nei quattro mesi menare a termine si dovevano tutte le formalità giuridiche ed amministrative della vendita all'incanto. Atti così difficili, che si riferivano a tante migliaie d'individui ed a tante case o terreni, situati in tutte le provincie del Regno, non si potevano certo sbrigare in centoventi giorni, ed il ministro a bello studio accresceva i fastidî. Egli comandò che la sola Giunta da lui preseduta (1), la quale si riuniva nel monastero di S. Pietro

---

(1) « Essendosi, coll'articolo decimottavo dell'editto pubblicato da S. M. per le polizze bancali, prescritto che per la esecuzione dello stesso editto, e per lo stabilimento del conto nuovo, per le fedi di credito in effettivo, venisse eretta una Giunta, ha ora S. M. interinamente, e fino a nuova disposizione, comandato che la medesima sia composta dei soggetti seguenti: „
« Il Direttore delle Finanze, D. Giuseppe Zurlo, che sarà il capo.
Il Principe di Bisignano.
Il Marchese di Montagano.
Il Consigliere D. Bernardo Navarra.
Il Giudice della G. C. D. Luca Savarese.
L'Avvocato D. Giuseppe Sanseverino.
L'Avvocato D. Giovanni Tranfo.
D. Pietro Paolo Tramontano.
D. Francesco Vetere.
« Destina inoltre il Re, interinamente, per segretario della giunta medesima, l'avvocato D. Gaspare Capone.
« E poichè è indispensabile che presso la Giunta medesima esista una razionalia, non solo per i registri da tenersi, ma ancora per la direzione di tutte le operazioni che dovranno farsi, S. M. fino a nuova sua sovrana risoluzione, destina a tale scopo D. Giuseppe Marciano, D. Gaetano Barbetti e D. Vincenzo Grosso, ai quali saranno dati gl'incarichi convenienti ».

a Maiella, potesse ricevere le bancali e stipulare i contratti; egli volle che nelle sole giornate di lunedì questa Giunta, insieme alla Camera della Summaria, potesse concedere il possesso dei beni venduti ed annullare le bancali consegnate per pagarli; egli dette incarico ad un tale Cav. Ferrante di compilare l'elenco dei beni confiscati ai nemici del Re, che già fossero donati ovvero che si stimasse conveniente di donare agl'individui benemeriti della causa Borbonica (1). Dovendosi tali beni escludere dalla lista di quelli vendibili, mediante annullamento di bancali, le subaste non potevano cominciare se non dopo che Ferrante avesse terminato il suo lavoro.

Un altro intoppo si trovò nell'amnistia 30 maggio 1800, che Ferdinando fu costretto a concedere dalle vittorie dei Francesi in Lombardia, per la quale molti fondi rustici ed urbani, già messi nelle liste, si dovettero restituire ai legittimi proprietarî.

Quando poi mancavano soli quarantacinque giorni al perentorio termine dei quattro mesi, un'ordinanza reale, che ha la data 7 luglio 1800, ma che si pubblicò ai 24, annullando la promessa di vendere benifondi per togliere dalla circolazione carta dei banchi, disse:

Tutt'i contratti compiuti con Regie approvazioni (2) rimanere fermi ed inviolabili perchè garentiti dalla parola di S. M. Ma tanto quelli iniziati, la cui procedura fosse pendente, quanto quelli compiuti per la parte relativa agli atti giuridici, ma non ancora approvati da S. M., rimanere sciolti.

Al danno si aggiunse l'ingiuria, dicendo il Re che egli per

« E siccome, per la esecuzione dell'editto, converrà procedersi a vendite, nelle quali è necessario che intervenga e sia inteso un avvocato fiscale, comanda la M. S che interinamente e fino a nuova disposizione, per l'indennità dell'interesse del fisco, quando si eseguiranno le vendite, sia inteso l'avvocato fiscale del Real Patrimonio D. Domenico Martucci, che resta interinamente destinato a tale effetto. »

« Raccomanda la M. S. che in affare tanto decisivo per la prosperità del Regno e pel bene dei suoi amatissimi sudditi, si proceda con un continuo ed indefesso travaglio, colla maggior celerità, colla massima esattezza ed in modo che siano adempite le sue sovrane intenzioni, le quali sono di togliere tutt'i mali che si sperimentano dalla moltiplicazione delle carte, conservandosi colla maggiore scrupolosità i dritti e proprietà particolari. »

« La Real Segreteria di stato ed azienda lo previene nel Real nome alle SS. LL. Ill.me, per intelligenza ed esatto adempimento.

« Palazzo 8 maggio 1800 — Giuseppe Zurlo.

« (1) Ha il Re ordinato al cav. Ferrante di trasmettere subito, per uso di cotesta Giunta, una lista dei beni dei rei di stato che si trovino già dati ed assegnati o che sieno per darsi ed assegnarsi, per effetto della sovrana munificenza, alle persone benemerite dello Stato, affine di escludergli dalle vendite a cui la Giunta sta procedendo, per esecuzione ed a tenore del Reale Editto delle carte bancali. »

« La Real Segreteria di stato ed azienda lo partecipa alle SS. LL. Ill.me per loro intelligenza »

« Palazzo 15 maggio 1800 — Giuseppe Zurlo.

(2) Che erano pochissimi e sbrigati per favoritismo.

giuste cause negava il beneplacito. Sua Maestà, facendo perdere altri giorni di quel prezioso tempo ai creditori che, mediante consegna di titoli bancali, avevano già pagato il prezzo delle case o terreni da lui messi in vendita, ordinò loro di presentarsi nell'officina S. Pietro a Maiella, perchè sentissero dirsi dal Referendario Marciano di *essere stati sciolti i contratti, per mancanza del Real Beneplacito, sotto la cui espressa condizione erano stati ammessi a licitare*. Quasichè un solenne editto, ed un espresso mandato di vendere, che il Re aveva dato a Zurlo, Marciano ed altri membri della Giunta, non significassero che il *beneplacito* esisteva.

Le parole del mandato, quali risultano da un breve dispaccio, che fu pure messo a stampe, dicevano senza equivoco:

" Il Re *autorizza* la Giunta, eretta per la esecuzione del recente
" editto delle carte bancali, ad intervenire nel real nome negl'istru-
" menti, per gl'impieghi e per le compre che si faranno dai partico-
" lari con carte bancali, in virtù del citato Reale Editto.

" La Real Segreteria di stato di azienda lo partecipa a V. S. Ill.ª
" per sua intelligenza e adempimento. Palazzo 10 maggio 1880 —
" Giuseppe Zurlo „.

Riferiamo due altri dispacci che meglio provano l'incredibile malafede.

" Il Luogotenente del Regno, Principe di Cassaro, ha partecipato alla Real Segreteria di Stato ed Azienda, con biglietto degli 11 del corrente, quanto segue: „

" Il Capitan Generale Cavalier Acton, con Real Carta del 1° del corrente, mi comunica il seguente: Ecc. signore. Il Re ha veduto la relazione di V. S. dei 25 del caduto giugno, che accompagna le tre altre del Direttore delle Reali Finanze, D. Giuseppe Zurlo, nelle quali tutte si propone, col parere della Giunta dei Banchi, quel che debba disporsi intorno alla validità delle vendite fatte dal Marchese Vivenzio, a prezzo di carta, pei beni delle badie di regio padronato, dei luoghi pii laicali, e dei monasteri soppressi; intorno alla proposta abolizione dei revisori fissi de' pegni nei banchi, ed intorno al sussidio dovuto alla famiglia del defunto D. Carlo Bossio, già Razionale della passata giunta dei Banchi. Quindi S. M. dopo aver lette e pienamente considerate le riflessioni esposte in quelle relazioni, sopra i cennati assunti, è venuta ad uniformarsi ai proponimenti di Zurlo e di V. E. ed ha ordinato; che per le vendite a prezzo di carta, fatte da Vivenzio, rimanendo fermi li contratti di tali vendite già consumati e forniti della Reale approvazione, non si dia corso a quelli che manchino di tale approvazione, nè si parli più affatto di quelli già incoati; trovandosi impegnata pe' primi la parola Reale, *non essendo pei secondi convenientemènte accertati i reali interessi, pel vile ed irregolare apprezzo dei beni disposti in vendita, e non avendo pei terzi acquistato alcun dritto i concorrenti alla compra*. In conseguenza di tal Sovrana disposizione, vuole il Re, che le carte ottenute dai contratti approvati Sovranamente si aboliscano come le altre, e che pei pagamenti da ritrarsi in carta, per la dilazione accordata a taluni compratori dei fondi, già venduti con regia approvazione dal suddetto Vivenzio, si disponga che tali pagamenti in carte si facciano fra i quattro mesi dall'editto bancale, ovvero si facciano in contanti qualora i compratori vogliano fruire dell'ottenuta dilazione, restando in arbitrio di costoro lo scegliere l'un mezzo piuttosto che l'altro, o dare per rescissi i contratti, ove a nessuno di tali espedienti vogliano aderire. Riguardo all'abolizione dei revisori fissi ecc. ecc. Palazzo 16 Luglio 1880. Giuseppe Zurlo „.

" In esecuzione della Sovrana risoluzione, del dì primo del corrente mese, colla quale S. M. negò la sua approvazione a tutte le vendite di beni delle cappelle laicali, di patronato regio e di monasteri soppressi, che non si trovavano fino a quel dì approvate, ferme sempre le già approvate; la Real Segreteria di Stato di Azienda ha restituito al marchese Vivenzio i sessantadue processi relativi a tali vendite imperfette, che il Vivenzio trasmise, e l'ha rimessi insieme a quelle fedi di credito che vi si trovano depositate „.

" Nel tempo stesso l'ha incaricato, nel R. Nome, di render subito i depositi delle dette fedi a coloro che li hanno fatti; facendo sentire ai medesimi che accudissero al Referendario di questa Real Segreteria D. Giuseppe Marciano, per lo disvincolo di quelle carte che si trovassero già girate alla Regia Corte „.

" L'ha inculcato finalmente di far noto, a tutti gli oblatori dei contratti non conclusi, la non approvazione di essi, acciocchè sappia ciascuno di esserne restato sciolto, per mancanza del Regio Beneplacito, sotto la cui espressa condizione gli aveva il detto marchese Vivenzio ammessi a licitare „.

" La Real Segreteria di stato di azienda lo partecipa, nel Real

Nome, a cotesta Giunta per sua intelligenza. Palazzo 25 luglio 1800 — Giuseppe Zurlo „.

L'ipocrisia trionfava e ci sono documenti di quell'epoca più strani dei soprascritti. Fra le ragioni con le quali, il governo del Banco San Giacomo, difende (17 giugno 1800) l'atto non regolare di aver nominato, a 6 dicembre 1799, capo dell'archivio un certo Donato Vella, invece di Gregorio Salomone, ch'era di molto più anziano, ed aveva esercitato uffici di maggiore importanza, si legge:

" Dippiù si è compiaciuto il Governo in sentire, dagli altri capi d'ufficio, che questo Vella, quotidianamente, nelle ore di vacanza, e molto più nei dì festivi, istruisce ed esercita i giovani dell'archivio negli atti di pietà e della religione, con somma costanza, ed esemplarità „.

*
* *

14. Lo stesso giorno, 8 maggio 1800, che si pubblicò l'editto, fu mandato questo dispaccio:

" Essendosi stabilito da S. M. coll'editto pubblicato in questo stesso giorno, per le polizze bancali, che le medesime, dal dì della pubblicazione, non dovessero più riceversi al valor nominale, ma al corso, ossia pel valore al quale correranno e si cambieranno in piazza col numerario effettivo, nel giorno in cui se n'eseguirà il pagamento; ha considerato la M. S. che potrebbero su di ciò nascere, in questa città, dov'è il maggior commercio di polizze, delle continue quistioni e dispareri, nella fissazione dell'aggio medesimo. Quindi, siccome è assolutamente necessario, per la speditezza del commercio, che in quest'affare non si dia luogo a lunghe controversie, ha comandato la M. S. che interinamente e sino a nuova Sovrana disposizione, si erigga una Giunta, composta dal Presidente del Tribunale di Commercio, D. Felice Damiani, che ne sarà il capo, dal Principe di Canosa padre e dal negoziante D. Ferdinando Politi „.

" Costoro, nei casi soli nei quali nasca equivoco o controversia, dovranno dichiarare e definire quale sia in piazza il valore delle polizze, nelle giornate in cui se ne fa il pagamento, prendendone a tal effetto nozione, e tenendone registro giornaliero „.

" Quando le parti ricorrano alla suddetta Giunta, dovranno essere intese a voce. Di quello che la Giunta determinerà dovrà farsene un atto, senz'altra solennità „,

" La dichiarazione di questa Giunta non sarà soggetta ad appello, nè a gravame di sorta alcuna „.

" La Giunta si convocherà ogni giorno, niuno eccettuato, ed in ora fissa ed inalterabile; la quale sarà stabilita dal suo capo e comunicata al pubblico, e specialmente alla Borsa, per regola di chi dovrà ricorrervi „.

„ La Real Segreteria di Stato ecc. „.

La perdita per l'aggio variava da un quartiere all'altro della città, ed anche da una strada all'altra dello stesso quartiere. Nondimeno i mentovati tre individui, facendo computi sul prezzo medio, lo stabilirono di 70 per cento in maggio 1800, di 79 per cento in giugno e di 81,50 per cento in luglio. Più tardi giunse ad 83 per cento; e quando, in settembre ed ottobre 1800, le vecchie carte bancali avevano pochi giorni di vita, si davano per uno o due centesimi del valore nominale. Un dispaccio, degli 11 ottobre 1800, sciolse tale Commissione, con parole d'elogio ai componenti, per la ragione che nel precedente giorno 10 era definitivamente cessata la circolazione e l'accettazione delle bancali conto vecchio, che avevano perduto ogni valore. Ma sarebbe stato utile di mantenerla, poichè subirono peripezie ed aggio anche le carte di conto nuovo.

La scadenza 8 settembre 1800 fu rovinosa, per la moltitudine d'individui che non aveva potuto presentare i suoi titoli (1) o che avendoli presentati non era giunta a farli accettare (2). Costoro altro rimedio non ebbero che quello indicato da altro editto,

---

(1) Lo Stato medesimo, agli 11 luglio, non aveva dato a moltissimi suoi creditori le polizze che loro spettavano, e che li 8 settembre avrebbero perduto ogni valore. Ecco il documento:

« Poichè gl'iterati ordini dati, acciocchè gli arrendamenti avessero subito spedito gli ultimi loro mandati in carta, non sono stati per anco totalmente eseguiti; restando tuttavia ad uscire parecchi mandati, i quali tengono impedito dall'esibire le proprie carte molta gente, che attende prima di raccoglierle tutte; ha comandato il Re che la Giunta del contante, dopo un perentorio a suo arbitrio, che intimerà ai computanti e scritturali di quegli arrendamenti che non ancora hanno ubbidito, gli sospenda di soldo fino a nuovo ordine. »

Coloro che non possedevano il titolo per effetto di dispersione, furto ecc. ma ne conoscevano la data e la somma, facevan ressa per ottenerne il duplicato, mediante malleveria, com'era prescritto dalle antiche regole. Zurlo inventò nuove formalità (dispacci 17 e 21 agosto e 2 settembre 1800) con le quali passarono i quattro mesi, e la maggior parte non potette fare a tempo per la conversione della nuova bancale in rendita 3 per cento.

(2) Sono rimasti in archivio fasci di suppliche e di reclami di persone, che non si trovavano nel regno, o che non avevano avuta notizia del decreto o che per legittime ragioni non avevano presentato a tempo le carte. Al 1800, non c'era telegrafo, nè ferrovia, e quasi mancava la stampa periodica.

pubblicato ai 7 settembre 1800, pel quale, ferma rimanendo la promessa di pagarle con assegnazioni 3 per cento, si accettavano le carte bancali al prezzo corrente, non al valore nominale, e questo prezzo era straordinariamente basso. Però l'editto dava tempo fino al 10 ottobre dello stesso anno 1800; passato il quale giorno le vecchie carte perdettero qualsivoglia valore. Onde moltissimi cittadini, che furono i più bisognosi, si trovarono privi di quanto stimavano possedere. Nessuna eccezione si fece della regola, che smonetava le carte non presentate. Quando si voleva giovare a qualcuno, come, per esempio, a proposito di Rosa Ciafrone, la quale aveva ottenuto nel 1790 polizza vincolata, per maritaggio di D. 25, e non aveva trovato marito prima del 1804, pagavano qualche cosa a titolo di elemosina o di premio, senza riconoscere, nemmeno indirettamente, la carta di banco. Giuseppe Bonaparte e Gioacchino Murat furono non meno sordi di Ferdinando Borbone alle querimonie della gente che, nel 1799, era stata spogliata per ragion politica, e nel 1800 non aveva potuto far riconoscere le sue bancali. Il valore delle carte riconosciute per valide dal Governo, ed assegnate sul tributo della decima, fu di D. 23,890,702.11 (L. 101,535,483.97).

Grandi discrepanze troviamo negli scrittori, per la cifra di valute bancali ritirate nei quattro mesi. Bianchini (1) dice ducati tredici milioni; Petroni soli D. 5,876,533.73 ed aggiunge risultare da testimonianza scritta del Sopraintendente della decima, Gabriele Giannoccoli, che in quella lista di creditori dello Stato entrarono N. 5865 individui. Ma la somma di D. 23,890,702.11 è chiaramente definita da un dispaccio del Re, che manifesta la sua soddisfazione per l'opera della Giunta, e ne premia tutt'i componenti con promozioni e croci.

*
* *

15. Dopo tale liquidazione, ripresero i banchi il vecchio andamento; però tiravano innanzi con incredibile stento, chè le casse eran vuote, il credito mancava ed il patrimonio stava in potere del fisco. Alcuni si reggevano per filantropia di Governatori, come prova questo dispaccio.

" Informato il Re dello spontaneo e gratuito imprestito di più

---

(1) Pag. 198, vol. 3. Storia della finanza.

migliaia in contanti, fatto al Banco del Salvatore dal Governatore marchese Ferrilli; perchè il detto Banco, finchè non cominci a percepire in contanti le proprie rendite, possa supplire ai soldi ed alle spese dei primi mesi; senza barattare al valor corrente in piazza le carte del conto vecchio, che con maggior profitto s'impiegano con la Regia Corte al valore nominale, ha sovranamente ordinato che si rendesse, a sì benemerito Governatore, una solenne testimonianza del suo Real gradimento „.

" Un simile elogio ha comandato che si facesse a D. Pietro Paolo Tramontano, Governatore di Sant'Eligio, per aver costui, mesi addietro, imprestato in simil modo a quel Banco delle varie somme in contanti, in tempo che se ne pativa la maggiore scarsezza. Ha commendato S. M. sì virtuosi esempi non solo per loro stessi, ma soprattutto per la imitazione a cui possono servire di stimolo; si è compiaciuta di sentire con tanto zelo secondate le sue sollecite cure per lo rifiorimento dei Banchi; ed ha preso a sperare di vedere accesa, fra tutti quelli che in qualunque modo possan concorrere nell'opera, quella generosa emulazione per lo miglior servizio di S. M., d'onde dipende la prosperità dello Stato „.

" La Real Segreteria ecc. „. .

Dove i Governatori non vollero o non potettero metter mano alle proprie borse, si tentò, con infelici risultati, di prendere qualche piccola somma in prestito.

" 22 giugno 1800. Si è proposto, che mancando la pronta esazione delle rendite di questo banco in contanti, e dovendosi necessariamente in contanti erogare non meno tutte le spese giornaliere che pagare i soldi degl'individui del banco medesimo, ed altri pesi; a tenore del Real Editto, del dì 8 del passato mese di maggio, vedesi già la necessità assoluta di prendere ad imprestito il denaro contante; giacchè il cambiare in piazza le carte bancali, coll'aggio corrente ch'è cresciuto eccessivamente, produrrebbe non meno maggior disvantaggio che rovina; per la gran perdita che si farebbe; e minore per l'altra parte è l'interesse che si paga al mutuante in contante, secondo il conto palmare che ne apparisce „.

" Quindi si è stabilito, unanimemente, dai signori Governatori, che bisognando per le spese *in dies*, soldi ed altri pesi che ha il banco impreteribilmente da soddisfare in contanti, la somma di ducati diecimila, si prendano questi a mutuo, da una o più persone, all'interesse che meglio si può convenire, e colla dilazione più breve che potrà convenirsi. A qual effetto si è data ogni facoltà, bastante e necessaria, al signor Governatore Duca di Laurino, di poter trattare per detto mutuo o mutui, convenire, stipulare uno o più istrumenti a nome di questo Banco; con fare e dare tutte le cautele opportune, che dal creditore o creditori convenientemente si richiederanno; senza che a detto signor Governatore si possa opporre mancanza veruna di potestà e facoltà, intendendosi a lui accordata e conceduta, siccome in virtù della presente conclusione si accorda e concede. Li Governatori del Banco del Popolo. Angelo del Verme, Duca di Laurino, Gaetano Cicarelli, Marchese di Sant'Agapito, Cav. Fra Giambattista Caravita ".

" 30 agosto 1800. L'urgenza di questo banco a dovere, dopo il Reale Editto del dì 8 maggio ultimo passato, fare tutt'i pagamenti di soldi, pesi e spese in denaro contante, che mancava, commossero lo zelo e premura dei signori Governatori, di rimediare al possibile. Si videro in assoluta necessità di ritrovare ad imprestito sino alla somma di ducati diecimila, quanto si fece conto bisognare fino a dì 8 dell'entrante mese di settembre, siccome fu stabilito con conclusione dei 22 giugno. Ma non essendo, per tutto questo tempo, riuscito di trovare che soli ducati 2600 (1) e fra tanto, per rimediare ai pagamenti correnti di soldi e spese *si è dovuto ritrovare da amici ad imprestito qualche somma*, con impegnare loro le carte di questo banco. Ma la premura di coloro ad avere la restituzione, e gli altri pagamenti che restano a farsi, richiede che prontamente si adempisse. Il che non potendosi, come si è veduto, far altrimenti, si è stabilito, anche per sentimento presone dal sig. Direttore della Segreteria di Stato di azienda, cui dai signori governatori si è a voce il tutto fatto presente, si è stabilito e determinato di cambiarsi in piazza, coll'aggio che ora corre, già minore di prima, la somma di ducati trentamila di carte di questo banco, sopravanzanti dal conto vecchio per introito superante esito, per avere il contante, e rimediare all'assoluta necessità di fare i detti pagamenti di restituzione ed altro, e le rimanenti carte sopravvanzanti impiegarsi con la Regia Corte ".

" 10 ottobre 1800—Banco Pietà—Rappresentanza—L'effettiva

---

(1) Cioè ducati 1000 li 16 luglio, all'interesse dell'8 per cento, e ducati 1600 il 21 agosto al 9,37 1\|2 per cento.

mancanza del numerario, l'esazione delle rendite in buona parte diminuita, e la quantità dei pesi forzosi da doversi soddisfare da questo Banco della Pietà, ci han messo nella necessità di far richieste per prendere in piazza denaro ad interesse, a quella ragione che meglio avesse potuto convenire. Dopo molte ricerche, finalmente ci è riuscito trovare la somma di D, 4000, colla condizione di non doversi questa restituire se non dopo l'elasso di quattro anni, precedente denunzia di mesi sei e coll'interesse alla ragione di dodici per cento. Le attuali circostanze del luogo, ed il non aver modo altronde come formare il pieno per pagare le provvisioni degl'individui, e l'aver attrassato il pagamento di quelle limosine che sono state da V. M. ordinate e fissate sovranamente col piano generale; lo che forma l'estrema desolazione di tante migliaia di povere famiglie, che da tali limosine ritraggono la di loro esistenza, ci hanno fatto risolvere di contrarre questo debito, per toglierlo subito che saranno migliorate le circostanze dei tempi, e della esazione delle rendite di questo Banco. Lo passiamo intanto alla intelligenza di V. M. ecc. „.

Vari anni durò questa miseria, avendo noi documento che, li 24 dicembre 1803, un altro Governatore di S. Giacomo prestò D. 3500, coi quali si pagarono agl'impiegati certi stipendi ritardati. E che li 9 Febbraio 1806 un dispaccio permise di prendere denari a mutuo e con pegno di partite d'arrendamenti, potendosi consentire interesse non maggiore dell'otto per cento. Eppure le Giunte non permisero mai che, per le spese amministrative, si toccasse il denaro degli *apodissari*; cioè la valuta in moneta contante delle polizze di *conto nuovo*, messe in circolazione dopo l'editto ed i dispacci dell'8 maggio 1800. Regola praticata scrupolosamente dai vecchi banchi comandava ai Governatori di non fare uso della moneta depositata, salvo che collocandone qualche porzione a mutuo, pegnoratizio od ipotecario. Per qualsivoglia altro pagamento si doveva provvedere con le rendite patrimoniali e coi lucri.

Il fisco, quantunque debitore di quasi cinque milioni di ducati (pag. 380), pigliava le somme che si restituivano dai debitori, ed anche quelle ricavate dalle vendite dei pegni, col pretesto che fossero di conto vecchio.

" 18 Luglio 1800 — Al Banco di Sant'Eligio — In esito della rappresentanza di cotesto Governo, del dì 28 del passato mese di giugno, riguardante l'uso da farsi della somma di D. 4000, ritratta dalla vendita di un antico pegno di perle, che esisteva in cotesto Banco di S. Eligiò, nel R. Nome respingo ad esso Governo la fede di credito che ha rimessa, corrispondente all'indicata somma, affinchè la giri a beneficio della Regia Corte, mentre, provenendo da un pegno che trovavasi fatto molti anni prima del R. Editto dei 25 aprile 1800, s'appartiene al conto vecchio, di cui tutto il debito è a carico del R. Erario, il quale dev'esserne rimborsato dai banchi, a norma del citato Real Editto. Francesco Seratti „.

L'opera dei pegni era ridotta a minimi termini; sicchè i Banchi del Salvatore e dello Spirito Santo, volendosi sbarazzare dei *Revisori*, impiegati messi dal Re nel 1794, i quali, poco o nulla lavorando, si pigliavano ognuno ducati mille all'anno, stipendio a quell'epoca grosso, dimostrarono, d'avere il Salvatore ridotto il capitale collocato da D. 400,000 a D. 31,000 (istanza 2 agosto 1799) e lo Spirito Santo disse, con la istanza 16 agosto 1799 " Prima s'im-
" pegnava quasi giornalmente, fino alla somma di D. 3000, ora
" di rado giungono i pegni a D. 50. La ragione è molto nota
" all'alta mente della M. S. senza che noi veniamo a dettagliarla „.
Gli altri banchi non ne facevano addirittura. Ma Zurlo, poco curando che mancassero li denari, spiccò quest'ordine:

« Volendo il Re segnalare il ritorno di S. A. R. il Principe Ereditario in questa Capitale, col ricominciamento di un'opera, intermessa finora per le circostanze passate dei banchi, e desiderata dal pubblico intero per sollievo dei bisognosi di tutte le classi. Volendo nel tempo stesso opporre un argine alla esorbitanza a cui è giunto lo interesse del danaro, soprattutto presso gli usurai, e volendo infine restituire ai banchi il principal mezzo del loro mantenimento, che interessa tanto il bene generale. Ha risoluto e vuole che fino a nuovo ordine e colle nuove regole che verranno spiegate, analoghe alla interinità del provvedimento, si ripigli l'opera dei pegni, in tutt'i banchi della capitale.

1.° Il fondo di tutta l'opera sarà di D. 100,000, da ripartirsi fra tutt'i banchi, a proporzione del numerario che tengono depositato, dal quale dovrà ciascuno prendere il suo contingente. Ha S. M. considerato che essendo la detta somma, con altre che saranno appresso indicate, corrispondente al valsente di tutto il denaro sequestrato o altrimenti vincolato che si trova nei banchi, può la medesima essere presa e separata con sicurezza, pel detto salutare uso, attenta la lenta circolazione del denaro legato.

2.° La ripartizione della detta somma sarà la seguente: D. 17,500 per lo Banco di S. Giacomo, altrettanti per lo Spirito Santo, altrettanti per lo Salvatore, altrettanti pe' Poveri; D. 12,500 per lo Popolo; D. 9000 per Sant'Eligio; D. 8500 per la Pietà.

3.° Le descritte rate serviranno, nei rispettivi Banchi, per fondo di una cassa di pegnorazione di effetti preziosi, cioè a dire oro, argento e gioie. I detti pegni non saranno maggiori di ducati cinquanta l'uno, nè minori di sei.

4.° I medesimi saranno tutti ad interesse, alla ragione del sei per cento, senza la deduzione dei primi giorni franchi, praticata per lo passato.

5.° I giorni nei quali staranno aperte le casse dei detti pegni saranno il lunedì ed il venerdì di ogni settimana, simultaneamente per tutt'i banchi, cominciando dal prossimo lunedì 2 del seguente marzo.

6.° Oltre la cassa dei pegni comuni, come sopra, da aprirsi nel banco dei poveri, al pari che in tutti gli altri, vi si aprirà une cassa distinta per pegni di tela e panni di seta e di lana, similmente coll'interesse del sei e senza la franchigia dei primi giorni. Il fondo di tal particolar cassa dovrà essere di D. 18,000, che lo stesso Banco separerà dal fondo dei depositi.

7.° Nel banco della Pietà, oltre la cassa dei pegni comuni, come sopra, se ne aprirà un altra di pegni gratuiti, colle regole praticate per lo passato. Il fondo di tal cassa, in somma di D. 30,000 di rame, sarà da S. M. graziosamente somministrato, in soccorso della classe più indigente, dalla sua cassa di corte esistente in San Giacomo. Il giorno di tali pegni sarà il mercoledì.

8.° La durata dei pegni di ogni sorta, durante la loro interina apertura, sarà in ogni banco di soli mesi sei dal dì della pegnorazione, scorsi i quali sarà il pegno venduto, colla maggior cautela possibile, in favore del proprietario e del Banco.

9.° Per la regolarità di tutta la esecuzione dell'opera, specialmente per la vendita degli effetti impegnati, ha S. M. approvate alcune particolari istruzioni, che si acchiudono ai Banchi, per la esatta osservanza.

10.° Tutto ciò che non si trovi regolato nel presente Real Dispaccio, e nelle dette istruzioni, dovrà esserlo a norma degli stabilimenti e degli usi antichi dei banchi.

11.° Raccomanda caldamente S. M. allo zelo ed alla prudenza dei governi rispettivi dei banchi, l'adempimento di questa sua Sovrana determinazione, dalla cui buona esecuzione si attende un beneficio incalcolabile, non meno in favore dei banchi stessi che di tutt'i suoi amatissimi sudditi. I Governatori invigileranno specialmente, col loro accorgimento, che profittino dell'opera quelli soli che ne abbiano veramente bisogno, e non quelli che, facendo materia del loro profitto le miserie altrui, tentassero di mischiarvisi, per far mercimonio del denaro destinato al sollievo comune. La Real Segreteria ecc. 25 febbraio 1801. Giuseppe Zurlo. »

Alcuni Banchi giunsero a racimolare dai nuovi depositi del pubblico qualche piccola somma e fecero un certo numero di pegni, per mostrare d'avere ubbidito; ma non vennero i D. 30,000 promessi dalla finanza, per quelli senza interesse, e non fu possibile di mettere un servizio regolare. Che anzi, liquidando lo stralcio delle vecchie gestioni, si scoperse allora una deficienza nella cassa Sant'Eligio, fatta dall'orefice apprezzatore Antonio d'Amato, ed un altro vuoto si trovò nel Banco del Popolo, per colpa dell'orefice Pietro Paolo Cataldi ed aiutante di guardaroba Giovanni Scafaro; si conobbe pure che dalle filze o volumi dello stesso Banco del Popolo erano state rubate molte fedi e polizze.

Nel giorno 31 Dicembre 1801, tutto il collocamento in pegni, del Banco Pietà, giungeva a soli D. 11290.76; dei quali 2754.58 appartenevano al patrimonio del Monte e D. 8538.08 s'erano presi dalla massa apodissaria, cioè dai depositi per carta circolante.

*
* *

16. Il Banco San Giacomo ebbe il monopolio degli affari fiscali.

« Pervenendo alla Tesoreria Generale introiti da diversi rami, i quali hanno il loro introito e la loro madrefede chi in uno e chi in un altro Banco, è avvenuto in conseguenza che la Tesoreria, spendendo il denaio nel medesimo Banco in cui l'introita, abbia tanti diversi conti quanti sono i Banchi.

« Inoltre, esistendo molti altri rami fiscali, i prodotti dei quali non pervengono nella Real Tesoreria, si fanno pure gl'introiti pei medesimi non già in uno, ma in diversi banchi.

« S. M. ha riconosciuto che questo metodo sia complicato e produttivo di confusione, e che tolga la semplicità e l'unità, necessaria in cose simili.

« Ha considerato inoltre: che dovendosi mettere in sistema i banchi, in conseguenza delle risoluzioni prese col nuovo editto, sia necessario che i medesimi siano al possibile sbarazzati dai rami fiscali, acciò possano le rispettive officine avere il tempo ed il comodo di occuparsi della nuova scrittura ordinata. Comanda pertanto S. M. che l'introito ed esito della Real Tesoreria, della Real Casa, e quello della decima, degli allodiali, della Real Azienda di educazione, dei conti a parte, dei Monti Borbonici, del Monte frumentario, della giunta dei lagni, del ius sententiae, dei beni dei rei di stato, dei monasteri soppressi, della regia posta, dell'amministrazione di Malta, delle regie strade, di tutto ciò che perviene dai luoghi pii soggetti al tribunale misto, ed insomma l'introito ed esito di tutti i vari cespiti ed amministrazioni fiscali, di qualunque natura, niuna eccettuata, si portino nel Banco di San Giacomo; dove si fissi separatamente (1) e colle

---

(1) La separazione, fra casse di Regia Corte e Cassa dei particolari, non fu esattamente mantenuta nei primi anni, poichè si registrarono bancali di Corte al conto dei particolari e viceversa. Da ciò vuoti di cassa, che dettero luogo a gravi dispute, col Ministro e col Referendario Marciano. A 25 luglio 1801, prese la giunta amministratrice di S Giacomo questo provvedimento.

« Avendo il nostro magnifico Libro Maggiore, per mera inavvertenza, accreditato su conti appartenenti a rami della Regia Corte polizze alla stessa Regia Corte pagabili, che nel conto separato dei particolari erano state formate; ed all' incontro avendo accreditato sui conti dei particolari polizze che dai rami della prelodata Regia Corte erano provenienti, senza fare il dovuto passaggio del numerario dall'un conto altro. Da tale erronea operazione n'è derivato, nei conti di ambo i rami, per la confusione che ha cagionato, quei sconci per li quali viene l'animo di questo governo oltremodo agitato.

« Volendo noi quindi dar sesto a siffatti sconcerti, e venire nel tempo stesso in chiaro della certezza dei fatti, ordiniamo al nostro magnifico Razionale, che di unita al di lui aiutante, Don Francesco Fiorentino, riveggano ed esaminino tutte le filze delle polizze originali di banco, e quelle delle casse ancora; e dove veggano che i due rami si siano fra di loro confusi, senza essersi eseguito il mentovato passaggio dall' un conto all'altro, il magnifico Razionale, con bollettino del prenominato magnifico Libro Maggiore, ma di sua firma roborato, faccia seguire il passaggio del contante in quella cassa dove deve essere rimpiazzato — firmati — Franchini, Sanfelice, d'Afflitto, Frasso ».

A 7 agosto 1802, aggiunse poi la Giunta medesima:

« Si rinnovano gli ordini già dati antecedentemente ai cassieri del conto dei particolari, di non dover prendere polizze di sorta alcuna dai rami della Regia Corte. E qualora la necessità

dovute distinzioni, l'introito ed esito di ciascun ramo, indipendentemente e nel modo stesso che esisteva prima in altro Banco.

« Perchè queste Sovrane risoluzioni abbiano esatta osservanza e non si dia luogo a disordini, comanda S. M. che si esegua quanto è prescritto negli articoli seguenti:

« 1. Il banco di San Giacomo, delle quattro casse che tiene, ne impiegherà tre per servizio della Regia Corte (1), cioè due per gl' introiti di tutt' i percettori e tesorieri, e degli arrendamenti di Regia Corte e dogane sia nella capitale che nel Regno, e per li pagamenti politici e militari; ed una terza per tutti gli altri rami fiscali.

« 2. In dette casse vi saranno stabiliti due contatori per cadauna, acciò non si ritardi punto il servizio di S. M. e del pubblico.

« 3. Si formerà un libro maggiore diviso in due volumi, colla sua corrispondente pandetta, tanto pel conto della Tesoreria quanto per gli altri rami fiscali.

« 4. Si stabiliranno due note in fede, per tutt' i rami di Tesoreria e fiscali, colli corrispondenti aiutanti, ma con due libri di notate fedi, cioè in uno soltanto il conto della tesoreria pel ramo politico, ed alcuni conti per i rami fiscali, un altro pel ramo militare colli rimanenti conti per altri rami fiscali; da dividersi i suddetti conti de'diversi rami, secondo la prudenza di chi regola il Banco.

« 5. Si formeranno tanti fedoni quanti sono i rami diversi, cioè uno per la tesoreria generale, ramo politico.

« Altro per la tesoreria generale, ramo militare. »

" Altro per la tesoreria, conto dei rami a parte.

" E così tanti fedoni quanti sono i rami distinti.

" 6. In conseguenza di queste risoluzioni, il tribunale della camera, e tutti gli amministratori, percettori, e tesorieri, non dovranno più introitare denaro se non nel banco di San Giacomo; e dovranno ancora gli ufficiali degli altri banchi, ai quali spetta, domandare a tutte le persone che vengono a fare introito, se l'introito stesso riguarda rami fiscali, e trovandolo tale non dovranno riceverlo, ma farli sentire che portino il denaio al Banco di San Giacomo, dove si tengono questi conti.

" 7. Vuole la M. S. che dal giorno di lunedì 13 del corrente mese, inclusivamente, si esegua il contenuto nei soprascritti articoli, facendosi gl' introiti e gli esiti nel cennato Banco di San Giacomo.

" D. Giuseppe Marciano dirigerà quanto occorre, acciò tutto in detto banco sia pronto pel detto giorno, per le casse, per i libri, per gl'individui, e per quant' altro convenga; e D. Gaetano Barbetti assisterà incessantemente per la esatta esecuzione.

" 8. S. M. comanda che non si promuovano dubbi e non si frappongano dilazioni, dai rispettivi rami, per questa importante operazione, che S· M. ha risoluta irrevocabilmente,

---

richiedesse che si debba introitare qualche polizza di Regia Corte, nelle casse dei particolari, si debba ciò praticare coll' intelligenza del Governo, ed in difetto del Governo, coll' intesa del nostro Magnifico Razionale. Con legge espressa però che, in simili occasioni, li cassieri dei particolari debbano essere sempre canti che ci sia nel tesoro, in moneta di rame, l'equivalente somma, di quella che dovranno introitare, con ritenere presso di loro le chiavi del suddetto tesoro, sino a che non si siano le corrispondenti somme nelle casse anzidette dei particolari rimpiazzate. Firmati—Franchini, Sanfelice, Frasso, Puoti, d' Afflitto ».

Vane precauzioni! Li cassieri dei particolari furon costretti a pigliare carte bancali di conto regio, delle quali a 3 gennaio 1804 tenevano D. 150,000 circa, e nel fallimento della Cassa di Corte, che indi a poco succedette, fu travolta la cassa dei particolari.

(1) Li 5 dicembre 1800 ne aggiunsero una quarta.

e che vuole mandata ad effetto nel tempo stabilito.
" La Real Segreteria di Stato ed Azienda lo partecipa alle SS. LL. Ill. acciò ne disponga la Giunta dei Ban-chi l'adempimento, nella parte che le spetta.
" Palazzo 8 maggio 1800. Giuseppe Zurlo. „

La data non differisce da quella dell'editto regio ; ma è degno di nota che con semplice lettera si facesse un mutamento radicale della costituzione dei banchi. Prima non avrebbero dovuto far distinzione tra fisco e pubblico ; le otto regole comandavano espressamente di trattare l'amministrazioni governative come qualsiasi altro cliente. Quel dispaccio, invece, creò una *Cassa di Corte* o Banco governativo, ch'è durato fino al 1864, esercitando grandissima influenza sugli affari economici del regno di Napoli.

Zurlo, probabilmente, non pensò alle grandi conseguenze di quel monopolio pel Banco San Giacomo, ed ebbe il semplice scopo di fabbricarsi uno strumento più maneggevole. Col pretesto dell'unità e semplicità di servizio, creò un officina che dipendeva solo da lui e gli permise di prendere altri denari dal pubblico, mettendo in circolazione nuova carta moneta.

La spesa fu, per metà, caricata sugli altri banchi, ordinando alla Pietà che pagasse annui D. 5000; a Sant'Eligio e Popolo D. 2500; ed al Salvatore D. 1000 (1). Doppio danno era fatto loro col togliere una porzione dell'attivo, cioè i depositi appartenenti al fisco, e con accrescimento di spesa, quando la rendita mancava.

Furono negati ai banchi i pagamenti di decima, cioè gl'interessi sui capitali prestati. Un breve dispaccio del Ministro lascia intendere che la fuga e ritorno di Sua Maestà cancellava i debiti!

" Propostesi al Re due rappresentanze del rispettivo Governo,
" dei Banchi del Salvatore e dello Spirito Santo, per restituirsi in
" benefizio di essi Banchi l'assegnamento sulla decima, che gode-
" rono fino alla fine del 1798, per le carte da loro somministrate
" alla Real Corte; ha S. M. dichiarato di avere, col suo Real ri-
" torno in questo regno, abrogate tutte le precedenti disposizioni
" su questa materia, per dare quelle altre, più convenienti al ri-
" sultato delle succedute vicende, che si stanno ora felicemente (?)
" eseguendo.

---

(1) Per stipendi e spese d'ufficio le casse di corte o banco San Giacomo avrebbero dovuto costare annui D. 21771.30. Gli altri D. 10771.30 stimavano potersi ricavare dalle residuali rendite patrimoniali e dal provento dei pegni.

" La Real Segreteria di Stato di Azienda lo partecipa, nel Real
" nome a cotesta Giunta, per sua intelligenza.
" Palazzo 23 maggio 1800. Gius. Zurlo „.

Ai Governatori mancò il coraggio di lasciare l'uffizio; od almeno di formulare qualche atto di protesta.

Ecco un altro documento.

" 9 Novembre 1801.— Conclusione della Giunta di Governo del
" Banco di S. M. del Popolo. Essendosi da S. M. (D. G.) dichia-
" rati sciolti tutti li contratti che avevano i banchi coi loro esat-
" tori, per la riscossione delle partite fiscalarie, o che fossero a
" partito sciolto o forzoso (i contratti) *con essersi dalla stessa S. M.*
" *incaricata tal' esazione ai Percettori Provinciali*, siccome venne a
" questo banco partecipato, con Real Dispaccio col 1 luglio cor-
" rente anno 1801, ecc. „

Dopo d'aver provveduto all'accettazione delle nuove bancali nelle casse pubbliche, (1) il governo, con legge 22 settembre 1800, approvò molti provvedimenti sulla forma di queste nuove fedi di credito, perchè circolassero, fosse effettivo il valore che indicavano, e niente avessero di comune con le abolite carte. Comandò pure che la sola Tesoreria Regia potesse fare versamenti con moneta di rame (2).

Successivamente provvide Zurlo per le nuove regole amministrative dei sette banchi, con un lunghissimo dispaccio del 10 marzo 1801, che li rese più schiavi di prima. Il proemio è un singolare monumento d'impudenza segretariesca, parlandosi di fiducia, di piena soddisfazione dei creditori e di munificenza Sovrana, poche settimane dopo d'aver tolto ai Napoletani la stessa speme di restituzione dei lor denari, quando non si pagava nemmeno quel meschino interesse di tre per cento, per una parte del capitale, promesso ai

---

(1) « In conseguenza del Real Dispaccio dei 19 maggio, col quale S. M. dichiarò che le fedi
« di credito del conto nuovo, rappresentando effettivamente quelle somme che portano descritte,
« corrono dappertutto come danaro contante; ha ordinato la M. S. a tutt'i tesorieri e percettori
« di rendite fiscali ed erariali, cosi provinciali come urbani, di accettarle e riceverle da chiun-
" que le offre loro, al pari dei contanti, senza poterle ricusare. La Real Segreteria di stato di
« azienda lo partecipa nel Real Nome a cotesta Giunta dei banchi, per sua intelligenza.
« Palazzo 25 luglio 1800 — Gius Zurlo. »

(2) « Essendosi il Re uniformato al parere di cotesta Giunta, eretta per la esecuzione del recente
« reale editto circa le carte bancali ed il nuovo conto dei banchi, vuole che li medesimi banchi
« non ricevano rame dai particolari, e che per l'oro e per l'argento si osservino le regole stabilite.
« La Real Segreteria di Stato e di Azienda lo partecipa nel Real Nome a V. S. Ill. per in-
« telligenza della giunta.
« Palazzo 10 maggio 1800 — Gius. Zurlo. »

creditori trattati meglio degli altri, e quando l'irritazione per l'offese alla borsa era più grave.

" Dopo avere S. M. restituiti felicemente i banchi nell' antica fiducia del pubblico, colla piena soddisfazione dei creditori apodissari del vecchio conto, e con varî regolamenti, ordinati alla inviolabile sicurezza del nuovo, ha veduto la necessità di provvedere al loro mantenimento successivo, con un piano di economia più analogo non meno al loro istituto, che al loro stato attuale. Ha veduto che, quantunque essi abbiano dei ricchi patrimoni per sussistere, le spese nondimeno han finora ecceduto le loro rendite (!), talchè han dovuto gravarsi di debiti particolari, specialmente negli ultimi tempi, quando la intermissione della pignorazione, togliendo loro i profitti di quest'opera, ha lasciato scoverto l'eccesso della spesa. „

" Ha veduto che una riforma di amministrazione interessava non solamente il pubblico intiero, per la immancabile e facile conservazione di un così utile e grande stabilimento, qual'è quello dei banchi, ma interessava benanche direttamente il suo Reale Erario, dal quale sono stati essi banchi riprodotti e ravvivati, con una spesa che eccede di molto i loro fondi, dedotti i pesi, secondo che sarà ampiamente dichiarato con altra Real Carta. (1) „

" Volendo quindi S. M. provvedere a tutti questi oggetti, ha risoluto di porre i banchi sul piede di altrettante amministrazioni *fiscali*, con dichiarazione che ogni dubbio, che possa emergere in ciò, si abbia a risolvere secondo la regola delle amministrazioni di questa natura „.

" Avendo, in conseguenza di queste provvide mire, inteso non solo la Giunta dei Banchi, ma i Governi dei Banchi stessi, ha ordinato, per ora, i seguenti articoli, di cui inculca la esatta e fedele osservanza ed esecuzione; riservandosi l'ulteriore sviluppo di alcuni di essi e lo aggiungimento di altri, secondochè dalle circostanze verrà domandato. „

---

(1) Manca quest'altra Real Carta. È impossibile che sia esistita per la ragione che S. M. non dette nulla, nè prima nè dopo; anzi allora si riscuoteva buona parte delle rendite dei banchi e non pagava gl'interessi dei loro arrendamenti, cioè fondi pubblici. Verissimo era lo sbilancio per spesa superante introito, ma questo dipendeva dallo sciupo che il fisco aveva fatto di tutto il capitale, compreso quello sacro perchè destinato ai pegni gratuiti; e dipendeva pure dall'indebita appropriazione degli arrendamenti, per la quale mancava ai monti il principale provento.

Seguono non meno di settanta articoli, la maggior parte riferentisi a personale. Per l'opera dei pegni con interessi, sono invitati i banchi a consacrarci le somme ricuperabili dai mutui scaduti, e dagli spegni o vendite derivanti dalle passate· gestioni dei monti, che chiamavano conto vecchio.

Riguardo all'altra opera dei pegni senza interessi, per la soppressione della quale c'era grave malcontento, l'art. 42 dice " Per rimettere nell'antico stato l'opera dei pegni senza interessi, già interinamente ricominciata nel banco della Pietà, dovrà la Pietà impiegarvi gli annui D. 12000, che percepisce dalla colonna olearia, pei D. 300000 che questa gli deve, ed inoltre i D. 5000 e più che percepisce dalla decima, per gl'impieghi ultimamente fatti in questa; supplendo colla riscossione dei fiscali e dell'altre rendite arretrate a ciò che forse abbia impiegato in altri usi. Il Banco dei Poveri s'impiegherà similmente annui D. 3000 e più, che percepisce dalla decima come sopra „. Zurlo affetta d'avere dimenticato che tali rendite erano nominali, non effettive, perchè la decima si spendeva da lui, e perchè il Municipio di Napoli non si trovava allora in grado di liquidare la colonna olearia, pagare cioè, se non il capitale, almeno gl'interessi d'un debito fatto dieci anni prima, per la provvista dell'olio.

Ai Governatori " Restano proibiti i disvincoli dei capitali dei banchi, i passaggi da un conto all'altro, gl'imprestiti, e qualsiasi altra cosa che esca dalle regole fissate (art. 53) „ più " Daranno ogni anno il conto formale della loro amministrazione al Direttore delle finanze, il quale ha il carico della sopraintendenza dei banchi „ (art. 59). Più, furono dichiarati Ufficiali regi, da nominarsi dal Re, sulle liste che formerebbero i governi collegialmente, „ derogando il Re ai privilegi di qualche corpo per le dette nomine ed elezioni; privilegi che per lo cambiamento delle circostanze e pei dritti (!) che il fisco ha acquistato sui banchi, non possono più aver luogo. „ Diventarono dunque i banchi semplici amministrazioni gonernative, senza ingerenze di cittadini, cosichè la confrateria che possedeva il Monte de' Poveri, il ceto di creditori dell'arrendamento che teneva quello del Salvatore, gli amministratori di ospedali e di conservatori a S. Giacomo, Sant' Eligio, Spirito Santo, Popolo, perderono i secolari loro dritti. Specialmente per S. Giacomo dichiarò Zurlo (art. 61). " Questa vigilanza e sopraintendenza dei banchi avrà luogo, in un modo anche più speciale, sulle casse della Regia Corte esistenti nel Banco di San Giacomo, per le quali la Regia Corte, medesima ha un interesse maggiore. Quindi i Governatori dovranno, per queste casse, *far tutto colla dipendenza dal Direttore delle Reali Finanze*. Le contate di casse, e tutt'altro che riguarda la sistemazione e le cautele delle dette Casse di Corte, non si potrà da ora innanzi eseguire se non colla intelligenza ed approvazione del Direttore di Azienda „.

Fabbricatosi dunque l'istrumento, il Ministro se ne servì per avvalorare altre fedi *vacue*, e per impossessarsi dei nuovi depositi, che i troppo fiduciosi Napoletani stimavano guarentiti dalle solenni promesse del Re. Nei precedenti mesi, Zurlo s'era permessa qualche libertà, per la quale i Governatori, pur obbedendo, gli avevano fatto tenere *rappresentanze* sgradevoli, che lo costringevano a mettere in carta ciò che non gli piaceva si sapesse. Per esempio, prova l'archivio che, li 31 agosto 1800, ordinò ai Governatori del Banco San Giacomo di avvalorare fedi di credito, da consegnare a lui, per la somma di duc. 25,000. Alla risposta che ciò offendeva le recentissime leggi, replicò; *Rimanere S. M. intesa ma volere assolutamente eseguiti gli ordini dati*. Ai 13 settembre dell'anno stesso, domandò altri duc. 110,000, pure in fedi di credito, che per duc. 78,638,98 tenevano il corrispettivo in depositi di moneta di rame, i quali forse spettavano alla Tesoreria, ma pei rimanenti duc. 31,361,02 rappresentavano vuoto di cassa. Osservarono modestamente gl'impiegati, che il Re cadeva in due *involontarii* equivoci. Primo, di credere appartenersi alla Regia Corte il denaro depositato, senza che fosse eseguita la voltura di credito, mentre per legge il denaro appartiene alla persona che lo sborsa, la quale può, quando crede, riprenderlo, se non abbia consegnato ad altri il titolo creditorio; secondo, di ordinare l'emissione della fede di credito, ciò che sarebbe, dicevano, quasi falsità. Replicò che la moneta di rame era troppa, e ne consegnassero, senz'altra obbiezione, duc. 27,000 al Delegato Regio, Cafiero. Ogni resistenza finì col dispaccio 10 marzo 1801, che metteva tutt'i banchi sotto la dipendenza del Ministro.

I denari nelle casse non erano allora molti. Con le notizie che fece raccogliere, nel 1833, il Ministro d'Andrea (1), abbiamo

---

(1) Volume 1156, archivio del Segretariato Generale.

compilato questo prospetto del numerario esistente alla fine d'ogni mese dell'anno 1801. Però tali notizie son prese dai *Libri Maggiori Apodissari*, ed esprimono la somma che avrebbe dovuto trovarsi, non quella che effettivamente ci era. Le deficienze sono mascherate con scritturazioni contabili, per le quali figurano, come se esistessero, somme equivalenti alla valuta delle polizze emesse per ordini ministeriali, e si mette alla categoria argento la moneta di rame.

RISERVE
dell'anno 1801

Anno 1801	BANCO S. GIACOMO			Ban
	CASSA DEI PARTICOLARI		CASSA DI CORTE	PIET
	nel Tesoro	nella cassa in monete di argento	nella cassa in monete di argento	nella c in mo di arg
Gennaio	»	269421,64	522527,01	660!
Febbraio	»	300727,11	466196,83	882
Marzo	»	340792,72	480498,86	1496
Aprile	»	242604,01	398602,55	559
Maggio	»	277366,46	557676,80	628
Giugno	»	220063,—	372558,98	951!
Luglio	»	159315,92	321183,59	927
Agosto	45701,—	84239,32	527519,46	1474
Settembre	73061,—	126794,26	750513,18	1459
Ottobre	112559,—	207718,95	886764,08	913(
Novembre	141715,20	198387,94	978344,30	682
Dicembre	129587,20	146934,45	943738,05	968
Totale . . .	502623,40	2574365,78	7206078,69	11605
Media . . .	41885,28	214530,48	600506,56	967.

	Banco del POPOLO	Banco dei POVERI	Banco di SANT'ELIGIO	Banco SPIRITO SANTO	Totale
	nella cassa in monete di argento	nella cassa in monete di argento	nella cassa in monete di argento	nella cassa in monete di argento	
3	63740,—	9843,31	50100,—	171333,20	1,232,284,65
)	100560,—	19119,56	50100,—	155132,80	1,260,825,94
2	76460,—	67942,36	50100,—	311760,85	1,587,937,85
9	65600,—	44278,38	30800,—	264925,99	1,133,085,40
4	50000,—	61546,06	30800,—	214127,46	1,293,501,75
0	50000,—	10713,33	30800,—	216512,47	1,037,600,18
3	50000,—	11846,30	30800,—	134817,48	819,406,80
5	45000,—	31230,13	20800,—	201318,16	1,132,563,29
7	45000,—	19322,33	20800,—	262543,07	1,507,852,22
3	60000,—	25121,68	30000,—	343164,78	1,827,838,33
5	75320,—	47303,40	30000,—	528739,15	2,168,317,32
5	100400,—	73262,75	30000,—	534803,72	2,139,734,60
1	782080,—	421529,59	405100,—	3339179,13	17,140,948,33
4	65173,33	35127,37	33758,33	278264,93	1,428,412,86

Coi mentovati ordini, e con moltissimi altri, si fece un vuoto nei banchi San Giacomo e Poveri di ducati 3,085,060.67. Ai 31 dicembre 1802, il debito della Regia Corte, cioè la mancanza nella cassa S. Giacomo era già arrivato alla somma di duc. 2,110,080.20, ma nel primo trimestre 1803 si restituirono duc. 100,000, coi proventi della carta bollata e del lotto, riducendosi a ducati 2,010,080.20 (1). Gli altri duc. 1,074,980.47 uscirono dal Banco dei Poveri, al quale, in luglio 1799, s'era dato l'ordini di riscuotere certi arrendamenti.

Parecchie volte rifiutò il ministro di mettere la firma alle polizze di pagamento, che per suo ordine si caricavano sul Banco di Corte. Leggesi infatti nel volume delle conclusioni di S. Giacomo:

« Essendosi servita la M. S. di ordinare, con Real dispaccio del primo del prossimo scorso mese di agosto, che le polizze che devono accreditarsi, col giro di ruota, nella fede madre in testa della Tesoreria Generale, non ostante che fossero mancanti delle firme necessarie, pure si fossero accreditate alla detta generale tesoreria, per poi rimettersi dallo stesso Banco, per farle adempire delle debite firme; si credette nell'obbligo questo governo di far presente alla prefata M. S. con rispettosa rimostranza degli 8 del menzionato mese di agosto, gli sconci che avvenir potevano da una sì irregolare operazione. Successivamente, avendo S. M. rescritto, con altra Real carta dei 4 andante, che l'impedirsi una tale esecuzione era pregiudizievole ai Reali interessi, e che voleva perciò che, senza replica, eseguiti si fossero i precedenti Reali ordini; con doversi accreditare le polizze, senza passarsi per ruota, non ostante che fossero mancanti delle debite firme; abbiamo stimato miglior consiglio di portarci dal Direttore delle Reali Finanze, e di comunicargli colla viva voce le nostre giustificate obbiezioni, per la irregolarità di siffatta operazione, e per i dissesti che potevano dalla medesima derivare. Avendo noi quindi, in questo giorno, tenuto seco lui lo stabilito abboccamento, per invenire il modo onde il Real servigio non resti punto attrassato, e sia il banco stesso pienamente in simili emergenze cautelato, mediante l'assicurazione di una idonea persona, che, maggiore di ogni eccezione, in ogni futuro evento responsabil ne sia; di comun consenso si è convenuto, che qualora la bisogna richieda, per qualche pressante urgenza della Regia Tesoreria, di doversi prontuariamente accreditare le polizze di questo nostro banco, al prelodato signor direttore pagabili, o alla disposizione del medesimo girate, e che non siano da esso lui firmate, o perchè stia in altro occupato, o perchè l'ora della notte sia molto avanzata, si accreditino dal nota in fede, non ostante che siano mancanti della firma del prelodato signor Direttore; colla condizione però che debbano essere le medesime roborate in piede della firma del di lui referendario, D. Giuseppe Marciano; e con legge espressa benanche che, nel susseguente giorno, si debbano dall'uffi-

---

(1) Rapporto dei Razionali V. Grosso e F. Cavaliero, 28 maggio 1803.

ciale D. Francesco Fiorentino, a tal uopo incaricato, consegnare al Direttore della scrittura dei Banchi, Don Gaetano Barbetti, per farle delle debite firme completare; e resti a cura di esso Fiorentino, non solo di dar parte immediatamente a questo governo di tutto lo eseguito, ma di ritirare benanche le dette polizze, nello stesso giorno, dal mentovato D. Gaetano Barbetti, e di restituirle subito sulla ruota, perchè siano sulla medesima legittimamente passate. Affinchè, nel prestarsi il dovuto istantaneo servizio alla prefata Segreteria Generale, non si deroghi punto alle leggi costituzionali del Banco, le quali richiedono che le polizze che devonsi col giro dolla ruota accreditare, debbano essere ancora delle necessarie condizioni completate. Beninteso, che siccome si permette di potersi, in qualche urgenza, tali polizze mancanti di firma accreditare, cosi resta assolutamente proibito di potersene altre simili, mancanti di firma, accreditare, qualora le antecedenti, accreditate, non saranno legalmente per lo giro della ruota già passate. Si partecipi dunque questo nostro stabilimento agli uffiziali ai quali si convenga, affinchè sia, in tutte le sue parti, inviolabilmente osservato — firmati — Frasso—Puoti—Sanfelice = Franchini — d'Afflitto.»

Pretende lo storico Bianchini (1) che Ferdinando IV niente sapesse degli ordini di Zurlo, e dei tre milioni di ducati, nuovo debito per polizze messe in giro. È difficile ammettere tale asserzione, quando si pensi all'abuso che tutt'i dispacci fanno nel nome di S. M. e si considerino le parole di quest'ordine, 11 luglio 1800:

" Ha dichiarato finalmente S. M. che le disposizioni le quali si
" dànno da esso Barbetti (D. Gaetano, il cagnotto di Zurlo) pe' pas-
" saggi del denaro pertinente alla Real Tesoreria, *sono tutte con*
" *Sovrana intelligenza, laonde ha comandato che dagli uffiziali a cui*
" *spetta siano sempre con prontezza e con esattezza secondate* „. Il Re faceva così rispondere ad una *rappresentanza* diretta a lui, non a Zurlo, nella quale i Governatori della Pietà denunziavano fatti di appropriazione indebita.

" 28 giugno 1800.—Rappresentanza del Banco Pietà. Con Real carta de' 7 corrente anno, volendo la M. V. accorrere, con le sue paterne benefiche cure, al risorgimento dei Banchi, che in massima parte dipende dalla fiducia e buona opinione del pubblico, si benignò di ordinare e dichiarare che il deposito di ciascun particolare doveva essere inviolabile, e da non potersi ritirare dal Banco e spendere in altro uso, se non per quello che dai particolari medesimi sarebbe stato disposto. Ed affinchè un tal Sovrano comando, diretto a così lodevole fine, avesse avuto il più esatto adempimento,

---
(1) Pag. 205 vol. 3.

ne chiamò noi responsabili in qualunque caso, anche in quello di equivoco „.

" Per la pronta esecuzione di questa Sovrana Legge, ne furono subito da noi spediti gli ordini corrispondenti ai cassieri di questo Banco e ad altri ufficiali ai quali spettava. Ma, allorchè riposavamo tranquilli, e credevamo che non si fosse alterata, ne alterar si potesse in menoma parte la legge dalla M. V. emanata, con nostra sorpresa, abbiamo avvertito che non una, ma più volte è avvenuto il caso che, per disposizioni date a voce da D. Gaetano Barbetti, alcune somme, ch'esistevano a credito dei particolari, sono state passate a credito della Real Corte; ed i cassieri, non ostante il suddetto Real dispaccio, si son creduti in dovere di eseguire tali disposizioni, credendo che anche su di ciò si estendessero le facoltà che alla M. V. è piaciuto di accordare ad esso D. Gaetano Barbetti. Nè noi saressimo, per ora, venuti in cognizione di questo fatto se un tale Crescenzo Cretella non fosse, giorni sono, venuto ad esigere il suo deposito di D. 430, che in data dei 7 caduto maggio aveva fatto in questo Banco, e non si fosse venuto in chiaro, dalle di costui lagnanze, che il deposito medesimo non si trovava esistente, essendo stato, per la surriferita causa, ai 9 di detto maggio, passato in credito della Regia Corte „.

" Or siccome la M. V. si serve di ordinare, con legge scritta, tutto ciò che vuole che si esegua; e d'altra parte li verbali stabilimenti possono facilmente andare in oblìo, e dar campo ancora agli ufficiali di non ubbidire agli ordini loro prescritti; e quindi render noi responsabili di ciò che non può esserci a notizia se non dopo avvenuto qualche sconcio, così rassegniamo l'accaduto alla M. V. a ciò si compiaccia d'ordinare che non sia lecito a chi che sia di alterare i Sovrani vostri stabilimenti, quando la legge da V. M. scritta non venga derogata da un'altra, egualmente scritta, ed a noi diretta. Giacchè, facendosi il contrario, verrebbero ad essere postergati facilmente i Sovrani vostri comandi, e potrebbero accadere moltissimi sconci „.

" E, nell'atto medesimo, passare gli ordini corrispondenti alla General Tesoreria, acciò venga rimessa nel Banco l'anzidetta somma di D. 430, presa dal deposito fatto dal suddetto Crescenzo Cretella, per poterne essere il medesimo soddisfatto „.

" Ed intanto prostrati ecc. „.

— 407 —

Avuta la risposta, chiara e sufficiente, che metteva in salvo le loro responsabilità, i Protettori curarono la forma segretariesca. " Si è " dai signori Protettori, in esecuzione di tal Sovrana risoluzione, " stabilito e determinato; che da tutti gli uffiziali ai quali spetta, " si eseguano subito, colla debita prontezza ed esattezza, tutte quelle " disposizioni che loro verran date dal detto D. Gaetano Barbetti, " relative ai passaggi del denaro pertinente alla Real Tesoreria; " con farsene però fare da esso Barbetti l'ordine, o almeno la nota " in iscritto, per poterne con esattezza e senza equivoco eseguire " il disimpegno, ed in ogni tempo dimostrarne l'esecuzione, per loro " giustificazione „. Ciò bastò per lavare il loro banco dalla macchia delle fedi vacue. Zurlo e D. Gaetano più non si servirono della Pietà, e non la fecero partecipare a quest'altro vuoto di cassa, perchè trovarono maggiore ossequenza nei banchi S. Giacomo e Poveri, dove non si chiedevano comandi scritti.

Chi avesse divulgato la notizia degl'illeciti avvaloramenti noi non sappiamo. Ma era tanto fresco il danno della liquidazione 1800, tanto scarse le riserve metalliche, e così vacillante il credito pubblico, da bastare un lieve sospetto perchè i creditori temessero di aver perduta la moneta allora depositata e corressero a pigliarla, se potevano. In soli due giorni furono esauste le casse apodissarie, che puntarono i pagamenti.

S. M. che si diceva sgomentata ed afflitta pel primo vuoto nei banchi, ed aveva con due leggi solennemente promesso di non voler permettere altre offese alla fede pubblica, biasimò nel modo più formale gli atti di Zurlo.

Giustizia esige di ricordare che le condizioni nelle quali si era trovato quel ministro furono difficili e pericolosissime, tali che nessuno avrebbe potuto far buona figura. La Finanza non trovava danari a nessun patto; le tasse davano assai meno del solito; dopo il fallimento del 1796, e le taglie dei francesi, ed i guasti dell'anno 1799, bisognò mantenere a Roma un esercito, e provvedere alla spedizione in Toscana, all'assedio di Malta, e pagare i patti della pace di Firenze, e alimentare il presidio francese delle Puglie, e satollare l'avarizia dei diplomatici stranieri, e sborsar doti per le nozze delle principesse, e mantenere tre reggie e tre corti, una in Napoli del Principe Francesco, l'altra in Sicilia del Re, la terza in Vienna della Regina. Ma pure la finanza lungo tempo

resistè, per prestit
sandando leggi, r
stato, schermivasi
teso a schivare il
città, con gli esat
vili stipendiati, co1
stremità pervenne
dodicimila ducati',
per certo tempo q'
compense di alti i1
il credito, la fede
e nella rovina dell

Il Re, proclive
nava in patria, pi(
stipendio di molti
vere, nella carica
poli, dove andò cl
appresso, esaminat,
pubblico, fu trovat
mandati, quando 1
tenere ufficio dove

Abolito il minist
dente Medici (1).

17. A' 18 agost

" Sin d'allora che
nunziare al pubblic(
presa ed il nostro d(
contradizione ai pr(
ni, e senza che ne
alcuna notizia, fosse s
che arbitrio (!) nell'a
dei banchi; e dichia
sacrosanto scudo de

evuto d(le proposizioni di perso-opulent di versare sollecitamen-nei banai il contante, quasichè rispondate alla somma del cre-o degli podissari (1) „.
' Intanto per rendere viemaggior-nte cau i possessori delle carte ncali, e ›r facilitarne sempre più soddisfaione del credito; siamo nuti nel determinazione di asse-are una ;iusta quantità di fondi, e appreso spiegherassi, onde, col-vendita ei medesimi, si abbia ad cassare qella somma effettiva che lle suddtte carte bancali viene ppresent a. E poichè siffatta ope-,zione, pe essere legalmente man-ıta ad efftto, fa di bisogno che gli)odissari, ell'interesse dei quali si atta, fos ro intesi per mezzo di ersone di 'onosciuta probità, e fa-oltose ins me; che li rappresenti-o, e che l tempo stesso veglino ll' esatto dempimento dei nostri rdini, e ı assicurino a favore de-

gl'interessati le salutevoli conseguen-ze; ordiniamo, e col presente nostro Reale Editto comandiamo:
" 1.° Che si formi una deputazione, così detta degli apodissarî, la quale li rappresenti, e possa e valga in lo-ro nome consumare tutti gli atti ne-cessarî e legali, come appunto se ella fosse munita di special mandato di procura di ciascheduno degl'interes-sati; supplendo noi, con la Sovrana nostra autorità, al consenso indivi-duale di tutti e di ognuno di loro „.
" 2.° Nominiamo per deputati: Il Principe di Bisignano, il marchese di Acquaviva, D. Alfonso Garofalo, D. Giuseppe Carta, il marchese D. Gaetano de Sinno, D. Francesco Buo-no, D. Giovan Luigi Falconet, D. Gio-vanni Martini „.
« 3.° Prima cura di siffatta deputa-zione sarà quella di verificare l'ef-fettiva quantità delle carte bancali che sono in circolazione (2). E per-ciò i governi dei rispettivi banchi

(1) Non cı (tato possibile di conoscere i uo-nı dı queste r·sone opulenti e che somma vo-essero prest La solenne asserzıone dı S. M.) dei Minist embıa senza fondamento, dappoı-chè nessuna fede o polizza fu poi levata dalla circolazione, mediante prestito fatto da tali per-sone.

(2) L' arc ıω deıla Direzione Generale (volume 378) conserva i verbali di verifica e contata generale de casse, compiuta aı 6 settembre 18(3. Le principali cifre sono:

	CREDITO degli apodissa-rı per carte ın circolazione ovvero per depositi ın C[C	DENARO ın cassa com-prese le monete estere depositate a titolo di pegno	DEBITO dei banchi per denari tolti a mutuo o per pagamentı attrassatı	SOMME prese dallo Stato	CREDITO dei banchi per mutui con pegno o ipoteca
BANCO dei poveri	1,672,675,68	7,594,17	63,693,62	1,074,980,47	55,322,20
del popolo	404,239,74	1,835,24	8,600,80	»	33,765,21
Pietà	413,343,49	25,433,16	28,835,66	»	8,500,—
Salvatore	656,979,03	1,173,59	34,532,78	»	59,640,86
Spirito Sao	1,049,857,52	22,779,81	19,938,19	»	39,714,—
Sant' Elıgı	393,198,89	1,294,77	16,955,18	»	37 545,26
San Giacoo	3,165,400,82	58,515,05	35,123,28	2,010,080,30	47,531,—
Totale	7,755,695,17	118,625,79	207,679,51	3,085,060,67	282,018,53
Meno i risen-tri	3,992,610,29				
Circolazione	3,763,084,88				

resistè, per prestiti rovinosi e per le arguzie del ministro, che trasandando leggi, regole, giustizia, utilità del fisco, utilità dello stato, schermivasi come disperato tra le tempeste e solamente inteso a schivare il naufragio. Erasi indebitato coi negozianti della città, con gli esattori delle taglie, con le casse di deposito, co' civili stipendiati, con l'esercito, con la stessa borsa del Re; e a tale stremità pervenne che involò dal procaccio le somme (poco più di dodicimila ducati), che venivano a cittadini privati e bisognosi. Egli per certo tempo quietava i creditori con le promesse, o con le ricompense di alti interessi o d'impieghi pubblici; ma caduto alfine il credito, la fede, la pazienza, si levarono lamentanze infinite, e nella rovina dell'erario rovinò il Ministro.

Il Re, proclive alla collera, lo dimise con onta: ed egli tornava in patria, piccola terra di Molise; povero, creditore del suo stipendio di molti mesi, e debitore agli amici del suo stretto vivere, nella carica sublime di Ministro. Tra via fu rivocato in Napoli, dove andò chiuso nelle carceri del castel nuovo; ma poco appresso, esaminata dai ragionieri l'amministrazione del danaro pubblico, fu trovata sregolata, ma sincera; i disordini quando comandati, quando necessari, ed il ministro veramente colpevole di tenere ufficio dove era impossibile il successo.

Abolito il ministero si ricompose il consiglio di finanza, Presidente Medici (1).

*
* *

17. A' 18 agosto 1803, fu pubblicato il seguente editto:

" Sin d'allora che noi fecimo annunziare al pubblico la nostra sorpresa ed il nostro dolore, perchè, in contradizione ai precisi nostri ordini, e senza che ne avessimo avuta alcuna notizia, fosse stato preso qualche arbitrio (!) nell'amministrazione dei banchi; e dichiarammo, sotto il sacrosanto scudo della nostra Real Parola, essere nostra principal cura di conservare ai pubblici banchi l'intera pristina fiducia; onde potessero essere tranquilli tutti coloro che per l'avvenire credessero di affidarvi i loro averi. Niun mezzo è stato per noi trascurato per venirne felicemente a capo; e, con infinito contento del sollecito animo nostro, abbiamo

---

(1) Colletta—Storia di Napoli—Lib. 5 cap. 24 — Il dispaccio però del 26 luglio 1803 (vol. 28 archivio pag. 83) che licenzia Zurlo, ha forma molto cortese; dice che lo esonera dall'ufficio per ragion di malattia ed in seguito di ripetute domande. Medici ebbe allora il grado di Vice Presidente, non Presidente del consiglio. I subalterni, al solito, furon trattati con meno cerimonia, cosicchè parecchi soffrirono prigionia e domicilio coatto. D. Gaetano Barbetti lo tennero per parecchi mesi nel castello d'Ischia (dispaccio 1 settembre 1804) e poi abolirono il suo ufficio di direttore della scrittura dei banchi (3 ottobre 1804).

— 409 —

ricevuto delle proposizioni di persone opulenti, di versare sollecitamente nei banchi il contante, quasichè corrispondente alla somma del credito degli apodissari (1) „:

" Intanto, per rendere viemaggiormente cauti i possessori delle carte bancali, e per facilitarne sempre più la soddisfazione del credito; siamo venuti nella determinazione di assegnare una giusta quantità di fondi, che appresso spiegherassi, onde, colla vendita dei medesimi, si abbia ad incassare quella somma effettiva che dalle suddette carte bancali viene rappresentata. E poichè siffatta operazione, per essere legalmente mandata ad effetto, fa di bisogno che gli apodissarî, dell'interesse dei quali si tratta, fossero intesi per mezzo di persone di conosciuta probità, e facoltose insieme; che li rappresentino, e che al tempo stesso veglino all' esatto adempimento dei nostri ordini, e ne assicurino a favore degl'interessati le salutevoli conseguenze; ordiniamo, e col presente nostro Reale Editto comandiamo:

" 1.° Che si formi una deputazione, così detta degli apodissarî, la quale li rappresenti, e possa e valga in loro nome consumare tutti gli atti necessari e legali, come appunto se ella fosse munita di special mandato di procura di ciascheduno degl'interessati; supplendo noi, con la Sovrana nostra autorità, al consenso individuale di tutti e di ognuno di loro „.

" 2.° Nominiamo per deputati: Il Principe di Bisignano, il marchese di Acquaviva, D. Alfonso Garofalo, D. Giuseppe Carta, il marchese D. Gaetano de Sinno, D. Francesco Buono, D. Giovan Luigi Falconet, D. Giovanni Martini „.

«·3.° Prima cura di siffatta deputazione sarà quella di verificare l'effettiva quantità delle carte bancali che sono in circolazione (2). E perciò i governi dei rispettivi banchi

---

(1) Non ci è stato possibile di conoscere i nomi di queste *persone opulenti* e che somma volessero prestare. La solenne asserzione di S. M. e dei Ministri sembra senza fondamento, dappoichè nessuna fede o polizza fu poi levata dalla circolazione, mediante prestito fatto da tali persone.

(2) L' archivio della Direzione Generale (volume 378) conserva i verbali di verifica e contata generale delle casse, compiuta ai 6 settembre 1803. Le principali cifre sono:

		Credito degli apodissari per carte in circolazione ovvero per depositi in C$_i$C	Denaro in cassa comprese le monete estere depositate a titolo di pegno	Debito dei banchi per denari tolti a mutuo o per pagamenti attrassati	Somme prese dallo Stato	Credito dei banchi per mutui con pegno o ipoteca
BANCO	dei poveri.	1,672,675,68	7,594,17	63,693,62	1,074,980,47	55,322,20
	del popolo.	404,239,74	1,835,24	8,600,80	»	33,765,21
	Pietà	413,343,49	25,433,16	28,835,66	»	8,500,—
	Salvatore	656,979,03	1,173,59	34,532,78	»	59,640,86
	Spirito Santo	1,049,857,52	22,779,81	19,938,19	»	39,714,—
	Sant' Eligio.	393,198,89	1,294,77	16,955,18	»	37,545,26
	San Giacomo.	3,165,400,82	58,515,05	35,123,28	2,010,080,30	47,531,—
	Totale	7,755,695,17	118,625,79	207,679,51	3,085,060,67	282,018,53
	Meno i riscontri	3,992,610,29				
	Circolazione	3,763,084,88				

avranno a dipendere dalle disposizioni che quella sarà per dare ; e, finchè le suddette carte non venghino fra di tanto soddisfatte, sieno tenuti comunicarle tutt'i lumi che le bisognino, e saranno richiesti ; dovendosi considerare la deputazione suddetta, siccome la consideriamo noi, qual posseditrice attuale dei beni dei Banchi. Ed è nostra sovrana volontà che sino a tanto che gli apodissarî non siano tutti intieramente soddisfatti, non si abbia a fare nei banchi cosa alcuna senza l'espresso consenso di quella, quindi dichiariamo abolita la giunta dei banchi, restando per ora la sola sopraintendenza, pe' lumi che saranno necessarî.

« 4.º E per la soddisfazione ed estinzione delle carte bancali, noi destiniamo ed assegniamo agli apodissarî, in loro beneficio, e per essi alla deputazione, i più speciosi fondi che ella saprà scegliere, e che crederà di più facile e spedita vendita, dai beni dei nostri allodiali, dall'azienda dell'educazione e dall'amministrazione dei monasteri soppressi (1).

« 5.º Dippiù la deputazione unirà a così fatti beni, da noi destinati ed assegnati, anche dai beni dei banchi, che ascendono a 13 milioni, quelli similmente che saranno giudicati di più facile e spedita vendita; la quale scelta, fatta che sia, verrà pubblicata per mezzo delle stampe, onde si possano tutt'i beni suddetti esporre all'incanto (2). A tal oggetto

noi concediamo alla Deputazione la facoltà di restringere gli additamenti di decima a 10 giorni soli; e quelli di sesta a 20, dispensando, sovranamente e di piena e spontanea nostra volontà, da tutte le altre leggi e prammatiche le quali altrimenti stabilissero. (3)

" 7.º Ed affinchè la vendita suddetta non venga a ricevere il menomo ritardo, lasciamo ad arbitrio della deputazione di ricevere le offerte corrispondenti all'apprezzo, qualora questo possa speditamente farsi, ovvero corrispondenti alla rendita che costi, depurata però dai pesi colla regola delle coacervazioni.

« 7.º Concediamo pure alla deputazione la facoltà di poter ricevere le offerte per affrancazioni di censi e di canoni, sopra i beni tanto delle tre sopraindicate aziende, quanto dei Banchi; alla ragione del 5 per cento se siano sopra terreni o suoli, e del 6 sopra case.

« 8.º Prometterà la Deputazione, e noi da ora vi prestiamo il nostro sovrano assenso e tutta intera la nostra approvazione, la debita evizione di dritto e di fatto, in amplissima forma, a beneficio dei compratori, e nel modo loro più favorevole, e questa su i beni dei banchi che resteranno invenduti. Ed a scanso di ogni timore di lite o di qualsivoglia molestia, che possa in avvenire esser recata ai compratori da parte del Fisco, dichiariamo che le vendite, in questo modo dalla deputazione fatte, non possano essere infi-

---

(1) Vedremo in seguito che questa promessa fu mantenuta solo in parte.

(2) Gli ospedali dipendenti o annessi ai banchi perdettero in quell'occorrenza molti beni, e senza frutto cercarono di provare la separazione d'interessi. Sant'Eligio, specialmente, ch'era nato quattro secoli prima del banco, e si era fatto sempre pagare la pigione per le stanze occupate da questo, fece ogni sforzo per restare in possesso dei suoi feudi e masserie.

(3) Gli anni precedenti si era parecchie volte pensato di pagare, in tutto o in parte, i debiti apodissari con la vendita dei beni patrimoniali dei banchi; si era anche compiuta qualche con-

segna ai compratori; ma le turbolenze politiche avevano impedita siffatta liquidazione; onde nel 1803 possedevano ancora, i sette Monti, gran parte della dote o capitale patrimoniale che nel 1788 l'abate Galanti valutava D. 13,000,000. Però lo possedevano solo di nome; che in fatto era il fisco quello che incassava la rendita e teneva l'amministrazione dei beni immobili. Lo stesso fisco negava allora di pagare la rendita dovuta per decima e partite d'arrendamento, vale a due pei titoli di debito pubblico; ed una gran parte dei tredici milioni consisteva proprio nel valore capitale di crediti di questa specie contro lo Stato.

ciate da chicchessia, nè per vizio di nullità, nè per mancanza de' solenni che reputansi indispensabili nell'alienazione dei beni fiscali, nè anche per lesione, comunque si dicesse enorme, enormissima; avendo Noi considerato che questa nostra rinuncia ai dritti del fisco resta più che abbondantemente compensata coll'utilità pubblica, che ci è tanto a cuore, ed in preferenza di qualsiasi nostro interesse; la quale utilità consiste principalmente nel riaprimento delle casse dei banchi, il quale, ove non fossero le sollecite e spedite vendite mandato ad effetto, sarebbe per cagionare assai maggior danno al Reale Erario ed agli interessi Sovrani. (1)

« 9.° E per maggior cautela, più stabile sicurezza dei compratori e loro perfetta tranquillità contro le azioni fiscali, qualunque esse sieno, o potessero mai in ogni futuro tempo essere, vogliamo e comandiamo che l'avvocato fiscale del nostro Real Patrimonio, D. Domenico Martucci, rappresentando legittimamente il fisco, intervenga nel nostro Real Nome a tutti gli atti delle subaste e nelle stipulazioni degl'istrumenti di vendite, per renderne viemaggiormente sicuro l'atto; senza però che egli abbia punto a ingerirsi, sotto qualunque pretesto, nelle operazioni della deputazione; la quale avrassi sempre a considerare, come noi la consideriamo, come assoluta e libera dispositrice dei beni suddetti.

« 10.° E poichè noi non vogliamo che il vantaggio dei nostri sudditi, che concorreranno alle nostre benefiche mire, assolviamo i compratori da tutte le spese che simili contratti portan seco, restando queste a carico della deputazione, con quelle della stipula e della copia degl'istrumenti.

« 11.° Lasciamo poi alla deputazione la cura di escogitare altri mezzi, che saranno giudicati più conducenti alla facilitazione della vendita dei beni espressati. E siccome da persone facoltose ci vengono fatte proposizioni di versare nelle casse dei banchi non piccole somme in effettivo; così vogliamo che resti per Noi autorizzata la deputazione stessa a mettere in pratica tutte quelle operazioni che ella stimerà più convenienti, più spedite e meno dispendiose a conseguire il desiderato fine.

« 12.° E poichè è nostra sovrana volontà che la suddetta deputazione degli apodissari non abbia a durare che sino a tanto che i Banchi siano in pari; conciosiachè questo sia stato uno straordinario provvedimento da noi preso; ordiniamo perciò che dopo un anno dal dì della pubblicazione del presente editto, debba essa deputazione cessare dalle sue funzioni ; potendo questo determinato tempo bastare a compire tutte le sue operazioni, quella specialmente dell'espressata vendita dei beni, nonchè a mettere i Banchi in pari, ossia alla soddisfazione dei creditori, a cui è unicamente diretta. (2).

« 13.° E allora, siccome è nostra sovrana volontà, verrà a cessare l'insolidità dei banchi, da noi già sovranamente decretata sin dall'anno 1794; e sarà d'indi in poi ciascun banco restituito al suo pristino regime, l'uno dall'altro separato, e ciascuno distinto da per sè; nè vorremo prenderne noi altra cura, se non quella sola che è dalla nostra sovranità inseparabile, cioè di vegliare alla santità ed incolumità dei pubblici depositi, ed alla osservanza delle leggi sopra di ciò ordinate.

---

(1) Quest' articolo era necessario dopo la cattiva azione fatta tre anni prima, quando, stipulato il contratto, ed incassato pure il prezzo, si annullarono le vendite per la pretesa mancanza di Regio Beneplacito.
(2) Non bastò l'anno. La durata in ufficio della deputazione degli apodissari si prolungò di mese in mese, ma per forza di Reali dispacci, fino ai 1807, rimanendo una commissione temporanea, per l'applicazione della legge 11 giugno 1806, che durò fino al 1809. Ci sono in archivio molti atti, con una importante collezione di lettere dei ministri.

"14.° Il Banco di San Giacomo, soltanto, resterà destinato a tutt'i diversi rami delle nostre Reali Finanze. E perciò, estinta che sarà l'insolidita con gli altri, sarà esso dichiarato Banco di Corte, sotto l'immediata direzione del Ministro della nostra Reale Azienda, e del Tribunale della Regia Camera. E, perchè l'indipendenza e separazione dagli altri banchi sia assoluta, sarà allora da noi vietato ai particolari di farvi introito di danaro o spendervelo, se non per oggetti soltanto riguardanti le nostre Reali Finanze e loro dipendenze; e sarà pure vietato che in detto Banco sieno ricevuti i riscontri degli altri, e cosi per l'opposto quelli di questo negli altri. Riserbandoci di pubblicare, quando che sia, le istruzioni necessarie per lo buono andamento suo, volendo noi che la sua costituzione non abbia nulla di comune con quella degli altri banchi, essendo assolutamente diverso l'oggetto a cui esso è destinato. Ma, qualora la deputazione degli apodissari, dopo le sue mature considerazioni sulla quantità dei crediti degli apodissarî stessi, e sulle cautele per l'assegnazione dei beni suddetti, crederà che la separazione del Banco di San Giacomo, e nuova sua costituzione come Banco di Corte, debba aver luogo prima della soddisfazione dei creditori, noi volentieri vi condiscendiamo; essendo nostra assoluta determinata Sovrana volontà, che non mai i depositi dei privati e le loro operazioni bancali, abbiansi a mischiare con i depositi delle nostre Reali Finanze, e con le loro bancali operazioni (1)".

"15.° Intanto, volendo noi conservare all'amministrazione de' monasteri soppressi, senza niuna diminuzione, quel rispettivo patrimonio che sino al giorno di oggi si trova esistente; ordiniamo e vogliamo che dopo che la deputazione fatta avrà la scelta di quei beni e censi dei monasteri suddetti al suo scopo necessari; prima di eseguirsene l'assegnazione, dai mutui e dalle rendite di annue entrate che i banchi oggidì posseggono, dovrassi assegnare altrettanta quantità di rendita, che sia corrispondente a quella che davano, depurata da pesi, i beni e fondi di essi monasteri, dalla deputazione prescelti; e vogliamo ed espressamente comandiamo, che fra gli otto milioni, che tra mutui e rendite di annue entrate i banchi si trovano al giorno di oggi di possedere, sieno scelti quei mutui o quelle rendite di annue entrate che sono le meglio cautelate e di più facile e spedita esazione, per assegnarsi all'amministrazione dei monasteri soppressi; riser-

---

(1) Primo atto del nuovo ministro, cav. Medici, era stato l'invio di questo dispaccio.

« Con sovrana determinazione del dì 8 del mese di maggio dell'anno 1800 fu prescritto, tra le altre cose, che l'introito ed esito di tutti i vari cespiti ed amministrazioni fiscali di qualunque natura, niuna eccettuata, si facessero nel banco di San Giacomo, e propriamente nelle particolari casse in quella designate per servizio della R. Corte.

Questo stabilimento, diretto a togliere nei prodotti della Real Tesoreria generale la complicazione, ed a produrre unità, che è madre dell'ordine nelle pubbliche amministrazioni, ha inteso S. M. non sia più letteralmente osservato, tuttochè non siavi alcuna Real risoluzione in contrario. »

« Vuole quindi e comanda la M. S. che la sopracitata sua Sovrana determinazione sia richiamata in esatta osservanza, nè vi si contravvenga sotto qualunque colore o pretesto. E perciò di ogni qualunque somma, da pagarsi alla Regia Corte, dovrà farsene introito nel solo Banco di S. Giacomo e propriamente nelle dinotate casse. »

« A tal effetto, comanda S. M. tanto la Camera, che i delegati, soprantendenti, amministratori ed altri incaricati dei vari cespiti fiscali non ricevano pagamenti per loro si faciano per conto dei rispettivi pecuniarî, qualora questi non siano fatti per mezzo del Banco di San Giacomo nelle sopraccennate casse. »

« Nel R. nome ecc. — 30 luglio 1803. — Luigi de Medici ».

Dicesi che da Medici si fosse prima consigliato di fare del monte San Giacomo un Banco governativo, ed è cosa certa che tutta l'opera finanziaria di questo ministro, pei molti anni che a varie riprese tenne il potere, fu sempre diretta a servirsi degli antichi metodi bancarii napoletani per comodo e profitto del fisco.

bandoci noi d'indicare persone, di nostra piena fiducia, le quali veglino all'indennità de'monasteri e de'loro interessi; essendo nostra volontà che a ciascheduno di essi venga a restare, senza la più piccola detrazione, quella stessa annuale rendita che oggidì si ritrae dai beni esistenti e non venduti, depurata però dai pesi; e solo per l'utilità pubblica abbiamo potuto inclinare il nostro Real Animo a tollerare che sia eseguita così fatta permuta fra beni stabili dei monasteri e crediti dei banchi (1) „.

" Confida il nostro Real Animo che le provvidenze ora da noi date abbiano a restituire alle carte bancali la pubblica fiducia, conciosiachè resti già assicurata l'intera soddisfazione degli apodissarî; nè saranno da noi trascurati altri mezzi, che sapremo escogitare o che ci verranno dalla esperienza suggeriti, onde venga a restare pienamente adempita questa nostra Sovrana determinata volontà; cioè che al più presto possibile gli apodissarî, ed ogni altro creditore in virtù di carte bancali, sia prontamente soddisfatto in effettivo contante del suo avere „.

" Ed affinchè tali nostre sovrane determinazioni, sottoscritte da Noi, e da un nostro Consigliere di Stato, sieno a notizia di tutti, nè alcuno le ignori, vogliamo che sieno date alle stampe, pubblicate nelle solite forme in Napoli, e per lo stesso effetto rimesse ancora nelle provincie. perchè abbiano l'esatta loro esecuzione „.

---

(1) Un dispaccio dei 14 luglio 1804 dichiara che l'amministrazione dei monasteri soppressi si dovesse ricevere « tanto di capitale di mu- « tui ed annue entrate *dei banchi*, a loro scelta « ed elezione, quanto è risultato e risulta dal « prezzo delle rendite alienate dai monasteri « soppressi, alla ragione del sei per cento, es- « sendo il minoramento possibile della rendita « ben compensato con la scelta dei migliori ca- « pitali di mutui ed annue entrate che loro si « accorda. »

Questo editto Regio, interpetrarono come un ordine di pagare le carte *vacue*, con la vendita dei beni immobili e delle rendite degli stessi banchi. Non sono espresse dai documenti d'allora le ragioni per le quali scrisse Medici l'articolo quindicesimo dell'editto, che pare un circolo vizioso, poichè fa vendere poderi e case di monasteri, non di banchi; ma computa la rendita a favore dei monasteri stessi, rappresentati da un'amministrazione governativa, e comanda che la paghino i banchi, mediante cessione di capitali di mutui o d'annue entrate. Sarebbe stata cosa molto più semplice alienare addirittura li beni di banchi, che dovevano servire per colmare il vuoto, cioè debito apodissario, senza cominciare con un baratto che si potrebbe definire compra forzosa.

Probabilmente dovette il ministro considerare che le vendite all'asta pubblica di tutto il patrimonio dei banchi, mobile ed immobile, potevano maggiormente screditare la loro carta. Invece l'espediente di vendere roba di monasteri, sebbene fatto per legge che menava allo stesso risultato, era da presumere che non avrebbe sgomentato i creditori ed aumentato l'aggio delle polizze. Il pubblico non leggeva i registri e niente sapeva delle scritturazioni contabili con le quali rendite e capitali passavano dalla deputazione degli apodissari all'amministrazione dei monasteri soppressi; vedeva solo che le vendite si facevano di beni di monasteri e con annullamento della carta; ciò gli bastava per sperare la prossima risurrezione dei suoi Istituti.

Altronde non c'era da fare permute in epoca nella quale ambo gli enti, banco e monasteri, dipendevano dallo stesso ministro che si riscuoteva la rendita dell'uno e dell'altro. Gli otto milioni citati nella legge, tenevano i banchi solo nominalmente.

La Deputazione degli apodissarî durò più dell'anno prescritto per compiere il suo ufficio, e presentò, nel 1805, una proposta di riordinamento, che fu approvata dal Re, ma non si potette porre in esecuzione, per gli accidenti politici di quell'anno. È da por mente che sin d'allora pensava Medici di aggiungere, alle antiche operazioni dei Monti della Pietà, una cassa di sconto e di anticipazioni, che ricevesse le scritte commerciali ed i titoli di debito pubblico.

Fece la deputazione molte vendite di beni, dei banchi ed anche di roba ecclesiastica, con le quali ridusse a D. 1,879,549.74 il vuoto di D. 3,085,060.67. E non fu piccola impresa vincere gli ostacoli messi dalle condizioni economiche, dalla generale sfiducia e dalla bacchettoneria della Corte. Uno dei prolungamenti dell'ufficio dei deputati contiene queste nuove regole.

" 31 Aprile 1804 — Dispaccio — Prorogate, di Sovrano Comando, sino a tutto il venturo mese di dicembre le facoltà concesse a cotesta deputazione degli apodissarî, S. M. uniformemente al parere della deputazione medesima, espresso con sua rimostranza del 20 agosto passato, che ho rassegnato alla sua Sovrana intelligenza, ha comandato che sia fatta nota al pubblico questa risoluzione; dichiarandosi al tempo stesso che siccome per la ripristinazione dei monasteri di San Severino e San Martino e della Compagnia di Gesù, i di costoro beni non sono più vendibili nè i censi affrancabili, così rimangono in vendita per lo ripristinamento dei banchi i beni degli altri monasteri soppressi di San Gaudioso, San Giovanni a Carbonara, San Pietro a Maiella, San Pietro ad Aram e Monte Oliveto, *i beni tutti dei banchi* e quelli dell'azienda allodiale „.

" 2.° Che la ragionata dell'affrancazione dei censi sopra case si contínui a fare alla ragione del sei per cento franco di decima, quella poi sopra terreni e suoli si riduca dal cinque al quattro, parimenti franco di decima „ .

" 3.° Per le offerte pendenti e presentate innanzi l'epoca del 18 agosto per le dette affrancazioni, ove nell' improrogabile termine di tutto il dì 15 settembre gli oblatori non adempiano all'effettivo pagamento, non debba più tenersene conto; e volendo affrancare debbano presentare nuova offerta, secondo la ragionata nuovamente fissata „ .

" 4.° Dichiara finalmente S. M. che la facoltà accordata agli enfiteuti, di affrancare i censi fra l' anno, che si trovassero da estranei comprati, s' intende spirata. E per le compre di diretto dominio, che si faranno a tutto dicembre, tempo in cui spirano le nuove facoltà accordate alla Deputazione, gli enfiteuti avranno lo stesso dritto di affrancare dalle mani dei compratori alla ragionata nuovamente fissata; da valersene però tra lo stesso termine improrogabile a tutto il dì 31 dicembre del presente anno. Lo partecipo ecc. Luigi de Medici „ .

Il primo cespite, al quale la Deputazione ricorse per colmare il vuoto e pagare la carta governativa, fu la piccola resta di pegni che ancora esisteva. Invano gridò il pubblico, per la perduta comodità ed invano gli stessi banchi facevano notare che togliendo loro quelle poche centinaia di ducati di lucro per interessi, sarebbe divenuta più intollerabile di quanto già fosse la condizione degl'istituti. Furono inesorabili li deputati che per sbrigarsi consentirono rinunzia d'interessi (notificazione di ottobre 1803) e nuove forme contabili pel discarico.

" 26 settembre 1803.—Dalle reste dei pegni, rimesse a questa Deputazione, essendosi rilevato che in taluni Banchi siasi nuovamente investito in uso della pegnorazione quel denaro che dai dispegni si è percepito, dal 30 del passato agosto fin oggi, si vede questa stessa deputazione in dovere di pregare l' E. V. perchè si compiaccia disporre che assolutamente le somme, che da' dispegni pervengono, restino in cassa per appianamento del vuoto di questo ramo e non si tornino ad impiegare nell' opere dei pegni „ .

" Resterà alla economia dell'EE. VV. il far seguire i dispegni o in contanti o con carte bancali, come meglio potrà riuscire e le circostanze permetteranno; pregandole bensì di non lasciare su quest'oggetto libertà veruna al cassiere o ad altri ufficiali del Banco, ma compiacersi, qualora si debbano ricevere carte bancali per dispegno, di farne l'EE. LL. ordine in iscritto in dorso delle polizze con cui si viene a fare il dispegno, affinchè possa sapersi con sicurezza quante sieno le somme pervenute in contanti e quante in carta per lo scopo anzidetto „.

" E qui colla solita stima ecc. firmato, il Principe di Bisignano.

*
* *

18. Nell'allegazione in difesa del Banco, contro la Congregazione del Monte dei poveri del SS. Nome di Dio, presentata dagli avvocati cav. Nicola Santamaria e Pasquale Benincasa, a 21 aprile 1879, fu stampato un lungo rapporto di questa Deputazione degli Apodissarî. Lo trascriviamo per mostrare con quanta umiltà esponevano le loro idee i sindaci del fallimento. Gli è vero che questi *deputati* o sindaci non s'erano scelti dai creditori, sibbene dal ministro e dal Re, fra' possessori di carte bancali, reputati più obbedienti.

« 6 giugno 1804. S. R. M. — Signore. Uniformemente a quanto la M. V. con real carta dei 2 corrente maggio, ha ordinato a questa Deputazione, si sta la medesima occupando alla formazione di un sistema invariabile, per la perpetua cautela dei creditori apodissarii, di tutti i Banchi di questa nostra dominante. Affinchè però questo travaglio non rendasi inutile, ci facciamo arditi d'implorare dalla M. V. alcune elucidazioni, perchè il nostro edifizio poggi su di una sicura e stabile base. Signore; il primo oggetto che questa Deputazione si propone, è di fissare i sistemi dell'amministrazione dei beni patrimoniali de' Banchi, onde restino sempre salve, ed intatte le casse de' depositi. L'esatta esecuzione del Real Editto de'18 agosto dell'anno scorso, e la premura di accorrere sollecitamente al ripianamento del vuoto de' Banchi, ci ha fatto finora, e ci farà, indifferentemente, alienare i beni di tutti i Banchi; e la scelta che stan facendo i deputati del rimpiazzo dei beni di Luoghi pii, piuttosto da un Banco che da un altro, a loro arbitrio, produrrà certamente che alcuni Banchi si troveranno sprovvisti di capitali sufficienti all'intrinseco mantenimento de' loro pesi; onde bisognerà supplirvi, nel nuovo sistema di ammortizzazione, coi capitali e fondi degli altri, senza che alcuno possa lagnarsi. (!) Il Banco che certamente avrà più bisogno di soccorso ai suoi pesi, sarà quello dei Poveri; giacchè anche prima delle vendite che si son fatte, e si continuano a fare, e l'assegnamento che si sta facendo di rimpiazzo ai monasteri soppressi, aveva una gravissima deficienza nella sua rendita, come in appresso si dettaglierà. (1) Altronde un ceto particolare di famiglie, ha creduto finora

---

(1) Dov'è il dettaglio! Tutti i documenti provano menzognera quest'asserzione poichè con soli avanzi di rendita il Monte e Banco dei poveri s'era fatto un patrimonio ben ricco, una rendita libera che lo metteva in prima riga fra gl'istituti filantropici.

di sostenere una privativa del governo non meno di quel patrimonio del Banco, che dalla Cassa degli Apodissarii ; e sarebbe ora molto ingiusta la condizione di tale privativa, subito che dai fondi degli altri Banchi si dovrebbe supplire al suo mantenimento, o lasciare all' eventualità il pericolo, che per mancanza di rendite si servissero dalla cassa di deposito, come pur troppo si è fatto, e che nel nuovo sistema ci vien proposto di rendere assolutamente impossibile. A rimuovere così grave ostacolo, crede questa Deputazione indispensabile di doversi assolutamente distruggere tal privativa. E, perchè il nuovo sistema dell'utilità pubblica non offendesse la privata giustizia, ha voluto questa Deputazione maturamente esaminare qual dritto avessero queste famiglie a tal governo, ed a tutti i vantaggi che ne ritraggono, esaminando le antiche e nuove capitolazioni delle medesime, approvate dalla Sovrana Autorità. Ha trovato che in esse non vi sia alcuno appoggio di giustizia a sostenere tal privativa. A meglio sviluppare il nostro sentimento, fa d'uopo ricorrere alla storia della origine di ciascuno dei Banchi di questa vostra Dominante, e particolarmente a quella della Congregazione del Monte dei Poveri, che è la sola, al presente, che crede poter conservare l'attuale amministrazione dei beni che si appartengono al Banco, e che sia una sua privativa il governarlo. »

" È ben noto, che dopo la metà del decimo sesto secolo, i privati ricchi di numerario, che erano stati soliti fino allora, per loro comodo e sicurezza, depositarlo volontariamente presso pubblico negoziante (che banchiere comunemente appellavasi) scoraggiti dalle frequenti fallenze di questi, immaginarono di collocare piuttosto i loro depositi presso dei Governatori di alcuni luoghi pii, ai quali, a ragion veduta per la loro integrità, ne aveva affidato la direzione chi reggeva le redini dello Stato. I primi, anzi i soli, su dei quali per molti anni furono fissati i loro sguardi, furono i Governatori dell'ospedale degli Incurabili. Costoro aprirono il primo Banco, e lo tennero pel corso di molti anni nel recinto dello stesso Spedale. Cresciutone il concorso, lo collocarono in una casa al largo di San Lorenzo, che presero in affitto dal Monistero di S. Liguoro, e lo denominarono Banco del Popolo. Chi però allora reggeva questi nostri fortunati dominii, credette, nel 1584, doverne togliere al Governo dell'Ospedale l'amministrazione, e destinarvi dei particolari Governadori, che scelse da varie classi di persone, e così tuttavia si pratica, senza che mai l'Ospedale abbia proposto eccezioni, per conservarne l'amministrazione. Fin d'allora, Signore, si vide che simili istituzioni dovevano non solamente interessare i particolari creditori apodissarii, ma lo stato intero, poichè colle carte di Banco veniva non solamente a facilitarsi la circolazione del numerario, tanto utile al commercio, ma se ne poteva benanche, colle regole di una data proporzione, aumentare la massa, per la maggior felicità ed opulenza di tutti i sudditi. Nacquero in seguito, contemporaneamente e propriamente nel 1575, quelli della SS. Annunciata e della Pietà. Del primo ne fu lasciata la cura, fino al tempo della sua disgraziata mancanza, a coloro che il Governo, da tempo in tempo, veniva a destinare per l'amministrazione di quello spedale; esempio dispiacevole, che comprova l'irregolarità dell'attuale sistema del Banco dei Poveri, e garentisce quello che crede questa Deputazione doversi adottare.

" Il secondo, cioè quello della Pietà, ebbe origine nel seguente modo. Fin dal 1540, l'Imperadore Carlo V stabilì di espellere da questi vostri Regni gli Ebrei, i quali, profittando a danno delle classi de' bisognosi, facevano l'illecito traffico di pretendere da costoro de' pegni; dandoli, ad esorbitante interesse, somme molto minori di quello che importavano le robe, che per loro sicurezza ritenevano in pegno nelle loro mani.»

« In tal rincontro i due professori di legge, Aurelio Pesaro, e Nardo di Palma, per accorrere all'urgenza di coloro che dovevano sollecitamente liberare i loro pegni dalle mani di quegli usurai, che dovevano abbandonare per sempre questi vostri dominii, immaginarono, e col loro proprio danaro, o con quello che ritrassero dalla pietà di molti fedeli, animati a tal opera dallo spirito di San Gaetano di Tiene, somministrare senza interesse di sorta alcuna, le somme che bisognavano per liberare i pegni dalle mani degli Ebrei, e che essi tennero d'allora in poi presso di loro; anzi seguitarono a fare la stessa opera in appresso, senza interesse alcuno, impiegandovi il loro proprio danaro.

In proporzione dell'aumento considerevole di tale opera di pietà, in diversi tempi, ne fu ampliato il recinto. Con giusto fondamento adunque, nel 1575, i privati cominciarono a fare dei volontarii depositi di numerario presso di costoro, che avevano formato del loro lodevole istituto un Banco di sommo credito; non potendo mai nè i fondatori dell'anzidetta pia opera, nè tampoco i loro eredi, conservare a loro, ed alle di loro famiglie, la privativa di amministrarlo e governarlo; ma sempre è stata cura dello Stato il presceglierzi, dai diversi ceti, quelle persone che ha creduto capaci. „

« Lo stesso si praticò in quello dello Spirito Santo, che ebbe origine nel 1591 in quello di S. Eligio, che fu nel 1596; anzi di questi due Banchi, nati sotto gli auspicii di Governatori del Conservatorio dello Spirito Santo, che esisteva già da molto tempo, e dello Spedale di S. Eligio, eretto fin dal 1270, e che per legge di loro fondazione dovevano essere prescelti da una determinata classe di persone, ne nacque qualche cosa dippiù, poichè lo Stato si assunse non solo il peso di scegliere i Governatori di tali Banchi, ma a questi stessi ingiunse l'obbligo di sopraintendere e vigilare benanche a quelle opere di pietà che nel recinto dei Banchi medesimi si amministravano; e non ostante che, prima di devenire pubblici Banchi, avessero fondi e rendite loro proprie per mantenersi.

« Il Banco dei Poveri ebbe origine nell'anno 1600. Esisteva, fin dal 1563, una fratellanza di magistrati ed avvocati napoletani, i quali, per ovviare alle infinite frodi e sconcerti che accadevano in detrimento dei poveri carcerati della Vicaria, i quali o non trovavano a pignorare le loro robe, o pure pignorandole venivano angariati da incredibili usure, si unirono tra di loro, e stabilirono di pagare una piccola mensuale quota, e di andar questuando di persona a tal oggetto per la città; per impiegare tali somme al sollievo de' carcerati della Vicaria, e ricevere dai medesimi in pegno le loro robe, senza esigere interesse alcuno. Fu chiamata questa Compagnia, ossia Congregazione, col nome di *S. Maria Monte dei Poveri*.

« Si cominciò ad unire in una stanza della Casa dei PP. Teatini dei SS. Apostoli, indi passò nel 1571 in quella dei PP. pii Operarii di S. Giorgio, e nel 1585 ottenne un salone, nel cortile della Vicaria stessa. »

« Nel 1588 si unì a questa Compagnia quella del *Nome di Dio*, che presso a poco esercitava gli stessi atti di pietà, onde unite in tal modo, se ne formò una sola, che venne denominata: del *Sacro Monte de' Poveri del SS. Nome di Dio*. »

« Nell'anno 1600 cominciarono alcuni privati a fare i loro depositi di numerario presso questa Congregazione, onde aprì anch'essa un Banco, che fu denominato *dei Poveri*. »

« Il luogo ove era allora il medesimo situato (ch'era nel cortile della Vicaria), e la qualità delle persone che alla Congregazione erano ascritte (giacchè vi si noverarono la maggior parte de' Supremi Magistrati, e degli avvocati i più accreditati) fece sì che questo Banco avesse maggior concorso degli altri. Quindi tutti i depositi che nei Tribunali venivano fatti, quasi tutte le quantità che si pagavano condizionate per impiegarsi in compra, in questo stesso Banco s'introitavano, ragion per la quale, divenuto in poco tempo il più abbondante di numerario, potè renderlo fruttifero, impiegandone una gran quantità; nella sicurezza che la durata de'litigii, e la verificazione delle condizioni non potesse sollecitamente, e nel tempo stesso farne avvalere i proprietarii ».

« Credette la Congregazione potersi avvalere delle rendite di tali capitali dal Banco impiegati , e liberarsi così delle quote mensuali, come dell'obbligo di andar questuando per la città ; onde si addisse a formare delle nuove regole, che fece roborare di Regio Assenso, senza però essere intesi i creditori apodissarii, che vi erano interessati. »

« In queste Capitolazioni però, lungi di esservi la suddetta privativa, si vede anzi che in varie occasioni il Governo, e specialmente S. M. Cattolica, cassò ed aggregò molti fratelli, e non v'è alcuna che fissasse quelle doti alle figliuole femine, o per maritarsi, o per monacarsi, e quei lunghi sussidii, che possono chiamarsi piuttosto pensioni, che si han preso in seguito la libertà di stabilirsi; mentre han cessato di corrispondere quelle mensuali prestazioni, che le capitolazioni ordinavano, e che in tutte le fratellanze di simil natura si contribuiscono. »

" L'opera di pegni ai carcerati privativamente non si è più fatta, e solo si faceva l'opera de'pegni senza interessi, a chiunque si presentava; piuttosto dannosa che utile al ceto de' poveri. Col danaro stesso del Banco, nell'anno 1616, fecero acquisto di una casa palaziata al largo della Vicaria, e l'adattarono in modo da poter servire e per Banco, e per Monte, fabbricandovi anche una commoda Chiesa, per unirvisi ad ufficiare. In somma fecero con i denari del Banco tutto quello che avrebbe potuto stabilire un Monte di famiglia, senza soggettarsi a quegli sborsi, che in simili casi erano soliti allora praticarsi da coloro che li formavano. Tali vantaggi della fratellanza resero in seguito molto difficile l'essere ascritto a tale Congregazione, mentre altronde molto facile avrebbe dovuto essere, se si fosse trattato soltanto di dovere esercitare quegli atti di pietà, che nelle loro prime regole vennero stabiliti. »

« Tali stabilimenti svegliarono, non ha guari l'attenzione di coloro che ai Banchi presedevano, onde, colla vostra sovrana approvazione, furono interinalmente sospese quelle doti, che erano state per lo passato somministrate alle donzelle de'fratelli che andavano a marito, o che si monacavano, e fu posto freno alle largizioni. Che, sotto nome di sussidii ai fratelli bisognosi, ed agli individui delle loro famiglie, assegnavansi sussidii che, non ostante restrizioni, ascendono al presente ed annui ducati 3500 in circa. »

« Signore : da quanto abbiamo avuto l'onore di storicamente esporre alla M. V. se ne deduce, che non solamente il mantenimento della Chiesa e della Congregazione è rimasto a carico del Banco, ma sono anche a peso del medesimo i sussidii anzidetti, e quelle opere di pietà, che la Congregazione, per suo istituto, si era prescritto di esercitare, e con proprio danaro, e con la questua per la città. »

« Al presente la esorbitanza di tali pesi, gl'impieghi del capitale del Banco, non sempre fatti colla dovuta oculatezza e cautela, e circostanze dei tempi a noi più vicini; che hanno generalmente deteriorata la condizione di tutti i Banchi, hanno reso quello dei Poveri incapace a poter adempire, nello stesso tempo, a quei pesi che dovrebbero considerarsi come stranei dal Banco, ed a quello che è l'intrinseco del mantenimento del Banco medesimo; mancandogli da circa annui ducati 20mila, posta per esatta tutta l'attuale sua rendita. E molto più lo sarà, dopo che sarà finita l'operazione delle vendite, e degli assegnamenti de' capitali. »

« Ciò posto, Signore, crede questa Deputazione, che dovendo essa, per la perpetua cautela de' creditori apodissarii, di cui per vostro Real Comando rappresenta il ceto, applicarsi alla formazione di un sistema invariabile di amministrazione, sia incompatibile con il medesimo quella prerogativa, che crede avere la Congregazione del Monte de' Poveri del SS. Nome di Dio, di governare ed amministrare la Cassa del Banco, e le sue rendite, e che il distruggerla non rechi offesa ad alcun diritto, che mai abbiano avuto quelle famiglie, che abusivamente l'hanno finora esercitato. »

« Per non togliere però il commodo ad una nobile fratellanza di continuare l'esercizio delle opere di pietà, per le quali fu fondata, crediamo che una porzione di quell'edifizio, sebbene comprato e riattato col denaro del Banco, tutta separata e distinta, compresa la Chiesa, potrebbe rimanere a quella Congregazione, per unirvisi ad esercitare quegli atti religiosi, che sono prescritti dalle sue primitive regole; restando l'altra porzione, dove oggi il Banco si tiene, a solo commodo del Banco, e suoi creditori apodissarii; dipendente intieramente da quel Governo che alla M. V. piacerà destinarvi, secondo il nuovo sistema che si compiacerà V. M. dare ai Banchi de' Privati; senza incaricarsi nè punto, nè poco della Fratellanza suddetta. »

« In quanto poi alle rendite, non v'ha dubbio che siano tutte del Banco. Per effetto di Vostra Real Clemenza, si potrebbe benignare ordinare, che dalle medesime si potesse alla Congregazione assegnare un'annua pensione, per sovvenire ai carcerati, e per soddisfare qualche sovvenzione veramente necessaria per gl'individui bisognosi della stessa Congregazione; potendo al dippiù supplire colle loro mensuali prestazioni, o colla questua, come le capitolazioni stesse prescrivono. »

« Tanto si fa ardita di far presente questa Deputazione alla M. V. persuasa, che essendogli infinitamente a cuore il riordinamento dei Banchi, vorrà compiacersi di comunicarci i suoi Sovrani Oracoli sull'assunto, per essere indi, al più presto possibile, la Deputazione nel caso di presentarle quel piano del quale si trova già incaricata. »

« E qui prostrati, ecc. »

Suggerivano dunque i deputati di togliere quel piccolo residuo d'indipendenza, che ad un sol banco era rimasto. Affastellando spropositi e menzogne nel racconto storico, velenose insinuazioni nel descrivere l'ordinamento amministrativo, s'ingegnavano di giustificare siffatto arbitrio, e quasi lasciavano intendere che il fallimento fosse derivato da cattiva costituzione della confraternita. Il dispaccio riferito a pag. 58; l'ascolto dato alle denunzie di Cervelli, che fecero pagare 800 ducati dallo stesso Monte dei Poveri, e molti documenti dell'archivio, provano l'antipatia della Corte per quel banco, lo studio di giovarsi di qualsivoglia pretesto per umiliarne gli amministratori, con brutali rabbuffi.

Il *piano* poi, o proposta d'ordinamento generale, presentato dalla Giunta degli apodissari a luglio 1805, fa cadere sui suoi componenti buona parte della responsabilità, per la morte di cinque banchi e per la cambiata natura degli altri due. Questi Signori ebbero il torto, che chiamano gloria, di concepire la fusione delle varie casse, esclusa San Giacomo, in un solo istituto, col nome di Banco dei Privati.

" Egli è vero, Signore, che col Real Editto dei 18 agosto dello
" scorso anno, V. M. coll'art. 13, si degnò di dichiarare che separato
" il banco di corte e ripianato il vuoto dei banchi, sarebbe cessata la
" insolidità dei medesimi, dichiarata con R. dispaccio dell'anno 1794,
" e sarebbero ritornati al loro pristino regime, separato e distinto cia-
" scuno per sè. Pur tuttavolta, avendo collo stesso R. Editto avuta
" la clemenza di dichiarare la deputazione degli apodissarî come l'at-
" tual posseditrice dei beni di tutt'i banchi, ed avendo alle sue cure
" commesso di proporre il nuovo sistema, noi, per base e fondamento
" di tutto, abbiamo creduto: che non solo la insolidità debba sussi-
" stere, ma se ne debba in realtà formare uno, solo ed indivisibile
" nella intestazione di tutto l'intiero patrimonio e nell'amministra-
" zione, nel modo che ci diamo la gloria d'indicare „.

Per fare accettevole quest'idea, d'annullare la principale promessa dell' editto 1803, i deputati, nulla curando l'opinione pubblica, ma solleciti di restare padrone dei beni ed arbitri delle vendite, che qualche tradizione pretende si fossero fatte con insufficiente lealtà, offersero al Sovrano grande lucro, e parte non piccola di quanto nominalmente era restato ai Banchi.

Tutto il patrimonio dell'istituto San Giacomo, cambiato in Cassa di Corte, diventava roba fiscale. Tutt'i cespiti attivi dei Banchi Popolo e Salvatore, che proponevano di sopprimere, lasciarono capire i Deputati che si sarebbero poi ceduti alla finanza. Quasi che ciò non bastasse, promisero altro lucro a S. M. pel conteggio delle carte di conto vecchio, cioè anteriori al 1800.

" La prima cura che avrà questa deputazione sarà quella di liquidare il credito che ha V. M. coi banchi per le carte di vecchio conto, che coi fondi dello stato ha avuto la clemenza di ammortizzare (!) e di concertarne col Ministro delle Vostre Reali Finanze la sollecita soddisfazione, nel modo il più equitativo e che si combina coll' attuale commoda sussistenza dei banchi stessi; avendo in mira i molti crediti di difficile o disperata esazione, per somme date in vista di vostri Reali comandi, e molti pesi alieni dalla loro costituzione, che per effetto di Sovrani rescritti loro sono stati imposti, e l'intiero fondo patrimoniale del Banco di San Giacomo, che resterà in perfetta e privata proprietà della Vostra Real Corte, onde, soddisfatta pienamente la M. V. non possano giammai, per qualsivoglia evento, i creditori apodissarî del banco dei privati temere molestia o ingerenza del vostro regio fisco sul ramo dei suoi beni. Anzi, ad evitarne anche l'esterna apparenza, supplichiamo la M. V. che siccome al fisco rimarrà sempre il dritto di appropriarsi le partite oblite (!) così invece di darne la delegazione all'avvocato fiscale del Real patrimonio, potrebbe accordarla al Regio Commissario ,.

Pare incredibile che si parlasse di *partite oblite*, quando da poco tempo s'era fatta la generale liquidazione, con annullamento di tutta la carta emessa, ed il fisco non solo aveva conteggiato a proprio benefizio tali partite, ma aveva pure negato il riconoscimento di qualsiasi bancale se non gli fosse presentata nei celebri quattro mesi. I Deputati sapevano benissimo come si fosse fatto punto e da capo; per quali avvenimenti e leggi non potessero a quell'epoca trovarsi crediti di siffatta specie; ma fecero intravvedere la possibilità di altre liquidazioni, profittevoli al fisco, per carpire più ampie facoltà, e per diminuire gl'incarichi d'un Delegato (Commissario Regio), del quale, per suggerimento del Ministro, avevano dovuto proporre la nomina nel loro *Piano*, ma non volevano che potesse diventare un incomodo Censore. Ridotte le funzioni di costui alle partite oblite, che non c'erano, ed alla problematica interposizione del *veto*, su qualche atto non legittimo, l'opera della deputazione si sarebbe svolta senza controllo e senza impedimento di sorta alcuna.

E non occorreva poco per contentare i Deputati. " Di tutt'i
" beni patrimoniali dei banchi, di qualunque natura, come benan-
" che di quelli di tutte le loro diverse confidenze, formar se ne
" deve una sola azienda, la quale non sarà amministrata come al
" presente dai governi delle rispettive casse, ma verranno tutti in-
" testati al Banco dei privati, e saranno amministrati da un corpo
" che rappresenterà l'intero ceto dei creditori apodissarî, e che perciò
" potrà chiamarsi deputazione amministratrice di detto ceto, per la
" di cui cautela restar debbono annessi perfettamente tali beni „.

Rispetto a giurisdizione poi dissero: " Questo corpo avrà tutte le

" facoltà necessarie all' oggetto che gli viene affidato, ed in con-
" seguenza non solo avrà tutte quelle giurisdizioni che oggi hanno
" i governi di ciascun banco, ma ancora tutte le altre che con-
" durranno alla buona amministrazione dei medesimi, uniforman-
" dosi al piano individuale che V. M. avrà la clemenza d'appro-
" vare; *senza bisogno d'invocare le Sovrane Provvidenze, se non nel*
" *solo caso di sopra indicato, cioè che la persona da V. M. destinata*
" (per l'ufficio di censore) *si opponga alle determinazioni di essa de-*
" *putazione* „.

È troppo visibile nel rapporto il desiderio dei deputati di conservare un ufficio che li rendeva signori dei banchi. All' ostacolo derivante dalla temporaneità delle funzioni, dichiarata solennemente coll' editto regio, essi rispondono con la proposta di farle perpetue, mediante nuove regole; e per non dire nominate o confermate noi sottoscritti, scrivano nel piano: " la deputazione si dovrebbe com-
" porre da un feudatario, un ricco possidente, un legale (escluso
" però qualunque magistrato), un negoziante nazionale ed un estero„ indicando così, con sufficiente chiarezza i cinqui firmatari.

Per le difficoltà, più gravi, che nascevano dalla costituzione dei sei banchi e dalle leggi del secolare loro governo, asseriscono che: " Tutt'i privilegi che vantar possono gli attuali governi dei banchi,
" od i ceti dai quali si sono scelti, restar debbono annullati, o
" come mancanti di un giusto titolo (!), o come quelli che ceder
" debbono al pubblico vantaggio (!) ed alla uniformità del sistema„.

Un pretesto sarebbe stato necessario per togliere lo stesso residuo d'indipendenza, lasciato dalle regole del 1797 e 1801 che, al dire dei deputati; „ si diressero con infinita saviezza e prudenza a fre-
" nare l'arbitrio dei governi „ ma questo manca nel piano, leggendosi solo irragionevoli censure dei governatori e degl' impiegati, quasichè fossero costoro i colpevoli dei ripetuti 'alimenti, ed i denari non si fossero presi per ordine del Re.

L' uniformità del sistema sarebbe consistita nel proibire ogni rinvestimento in mutui o benifondi, anzi riscuotere e vendere quelli che si tenevano, senza riserbare al banco altro collocamento di capitali che la pignorazione. Escluso dalle casse il rame, salvo che per frazioni minori d' un carlino. Aboliti li pegni gratuiti. Interesse sui pegni sei per cento. L' istituto Spirito Santo destinato per lo sconto di cambiali e pegni di monete straniere; la Pietà per i pegni di metalli e pannine ; Sant' Eligio e Poveri per i pegni d'oggetti d' oro o d'argento e di gioielli.

Il Cav. Medici, il Conte di Mosbourg, che fu ministro delle finanze di Gioacchino, erano persone tutt'altro che ingenue. Servendosi, come vedremo, del piano, passarono al fisco, vale a dire che tennero per sè, tutte quelle facoltà, ingerenze, funzioni che gli ambiziosi Deputati escogitarono, per costituirsi un autorevole e lucroso ufficio.

*
* *

19. Eseguendo il decreto o editto 18 agosto 1803, dava luogo ad inconvenienti gravi l'enorme quantità di moneta di rame, che la zecca di Napoli aveva emessa, e l'aggio sul cambio del rame in argento. Un cantaio di eccellente pasta costava alla zecca ducati 60 a 65, che per la impressione del conio divenivano ducati 142,86. Ma non contento di questo lucro, del sessanta per cento o più, il governo lo aveva raddoppiato nel 1797, col mettere in circolazione pezzi da grana quattro che appena meritavano di aver corso per due; e nel 1798 uscirono pezzi da grana cinque e da grana due e mezzo i quali pesavano 25 per 100 meno degli altri più antichi, dello stesso valore nominale. Era cosa naturale che l'enorme vantaggio promuovesse la falsificazione, sicchè fu straordinaria la quantità degli spiccioli contraffatti che circolava a quel tempo nel regno di Napoli. La cassa di Corte o Banco San Giacomo, con le sue madrefedi della Tesoreria, e con le relative polizze di conto rame, accresceva la confusione, avendosi doppio tipo di carte bancali, doppia moneta per annullarle. L' aggio sul cambio del rame in argento, tuttochè proibito dall'ordinanze, giunse a cinque, sei per cento, e più, producendo continue dispute ed intollerabile incaglio degli affari. Il ministro Luigi De Medici studiò i rimedî, e dopo un infelice tentativo di sbarazzarsi dei cambiavalute (1) con effetto analogo a quello visto nei tempi del Cardinal

---

(1) È giunto a notizia del Re, che malgrado gli ordini reiterati d'allontanarsi dalla negoziazione in confidenza nelle casse dei banchi, i cambiamonete ed i loro mandatari, vi continuino a negoziare ; non senza sospetto che i cassieri, dimentichi della santità del loro ministero e del pubblico danno, per agevolare questa gente scellerata e malvagia, giungano a darli delle fedi, aspettando fino alla chiusura del banco per averne la valuta. È volendo S. M. a così grave inconveniente recare un pronto riparo, ha ordinato che, sotto la responsabilità del governo, sia vietato ai cambiavalute e loro mandatari di negoziare in confidenza nelle casse, dovendo le di loro polizze e fedi passare per ruota, e fino a nuovo Real ordine non farsene altro uso che fedi di

Zapata, cioè con aggravamento dell'aggio, fece stampare due dispacci, ed una notificazione, che similmente giovarono assai poco; per la mala fede del governo, che voleva riscuotere argento e pagare rame. Sarebbe stato meglio rispettare l'antiche regole dei banchi, i quali, fin dal tempo della riforma monetaria del Marchese del Carpio, cioè fin dal 1680, non accettavano moneta di rame, nè tenevano apposita scrittura per metterla in circolazione.

« Ad oggetto di evitarsi qualunque frode, che possa commettersi giornalmente, nei pagamenti di moneta contante effettiva, che dalla cassa di R. Corte si fanno, il Re ha risoluto e vuole: che qualunque polizza o fede di credito, si esibisca alla Cassa di Corte, nel Banco San Giacomo, per conto della Real Corte stessa, sia subito esattamente pagata in moneta di rame; senz'alcuna parte di argento, poichè l'argento esser dee riserbato per pagarsi quelle polizze le quali siano avvalorate da un ordine espresso, in iscritto, del Vice-Presidente del Supremo Consiglio delle sue Reali Finanze; e dell'esatto adempimento di questo Sovrano Comando è Real volontà che sia responsabile il Governatore mensario.

« Ed affinchè siano egualmente lontane le frodi negl'introiti della R. Corte, S. M., rimanendo ferme le sue reali determinazioni antecedenti, rispetto a' rami fiscali, e specialmente riguardo a' sali, vuole e comanda: che per le sole dogane, arrendamento de' ferri e percettorie del regno si osservi quello che, con separato Real Dispaccio, ha la prefata M. S. colla data di oggi, ordinato. Per gli introiti che dai particolari si faranno o sotto alle madrefedi, o per formarne fedi di credito nuove, vuole che siano composti di due terze parti in argento ed una terza parte in rame; intendendosi per argento cosi l'effettivo, come le polizze di argento del conto dei particolari, di San Giacomo o degli altri banchi, e per rame cosi l'effettivo come le polizze e fedi della stessa cassa di R. Corte. Ripetendo S. M. che tali prescrizioni debbano aver luogo per gl'introiti di particolari, nelle casse di Regia Corte; giacchè, per quelli che si fanno da' rami fiscali, si debbono osservare le precedenti sovrane determinazioni; e per le dogane, arrendamenti dei ferri e percettorie del regno, deesi osservare, come di sopra si è detto, quel che trovasi prescritto con altro separato R. dispaccio. Finalmente, ha determinato e vuole S. M. che rimanga espressamente vietato a chicchessia di ordinare che le fedi di R. Corte sieno fatte fedi di argento, cioè che passino al conto dei particolari; riserbando S. M. questa facoltà al solo Vice Presidente del Supremo Consiglio di Finanze, da manifestarla con ordini per iscritto; e dell'esatto adempimento di questo Sovrano Comando ne sarà benanche il Governatore mensario responsabile.

credito in testa delli stessi cambiamonete, per cosi non esser negoziabili che soltanto per esiggerne il contante dal Banco stesso. S. M. vuole che il rispettivo governo subito che trovi in qualche cassa la più piccola contravvenzione di questo Sovrano comando, passi alla immediata privazione dell'impiego del cassiere ed alla sua carcerazione, a disposizione di S. M.; e per rendere più esatta l'osservanza di questo comando vuole che, il governatore mensario del banco sorprenda ad ogni momento le casse, ne visiti i riscontri e prometta un premio, da destinarsi da S. M. a chiunque denunzî alcun cassiere che sia caduto nella contravvenzione.

Di sovrano comando, la Real Segreteria di Stato ed Azienda, lo comunica alla Deputazione degli apodissarî per lo pronto adempimento, nella intelligenza che, perchè fosse messo da questa mattina in esecuzione, se n'è passato il corrispondente ai rispettivi Governi.—Palazzo 29 Dicembre 1803, Luigi de Medici.

« Ed affinchè quest'ordine sia a notizia di tutti, vuole S. M. che nelle casse di R. Corte ne sia affissa copia. — La Real Segreteria di Stato ed Azienda lo partecipa al Governatore di esso Banco di San Giacomo per la esatta esecuzione. — Palazzo 12 marzo 1804. LUIGI DE MEDICI.

« Essendo sommamente a cuore a S. M. che le fedi di credito, e le polizze notate fedi, sieno non solamente ai porgitori cambiate prontamente e senza verun ritardo, comunque la somma ne fosse grande ; ma benanche che, nel pubblico girando, non possano far nascere nessuno equivoco sulla qualità del metallo che rappresentano; ha creduto degno di avvertenza e di correzione quel che fin oggi si è praticato nel banco di San Giacomo, che le fedi di Regia Corte, volgarmente dette di rame, non abbiano alcuna estrinseca apparente distinzione, la quale assicuri il possessore, non pratico delle forme bancali, della qualità del metallo di cui il banco sia depositario. Degno ancora di avvertenza e di correzione è a S. M. sembrato di non lasciare alla fede di cassieri, del conto di Regia Corte, la libertà di permettere delle agevolazioni ai debitori nel comporre le fedi; conciosiachè obbligati taluni a pagare tutto in argento, e taluni parte in argento e parte in rame, tuttochè con istruzioni date a cassieri si fosse loro ordinato come avessero dovuto regolarsi, nel riceversi gl'introiti dalle diverse classi dei debitori fiscali, l'esperienza ha fatto vedere che tali regolamenti sieno stati tutto giorno elusi. Quanto a pagamenti, che dalla Regia Corte si fanno, così per la sua generale tesoreria, come per altri rami fiscali, avendo tutti la divisa di rame, grande imbarazzo arreca il dare delle disposizioni, onde taluni si abbiano a pagare in argento, e taluni parte in argento e parte in rame, secondo o la diversa qualità dei crediti o i giusti riguardi alla dignità dei creditori ; non potendo essere a meno che cosi fatte disposizioni non sieno talvolta arbitrarie e parziali.

" Cosi fatti sconci, chiamati ad esame dalla deputazione degli Apodissarii, han fatto sì che eglino ne implorassero dalla M. S. i dovuti provvedimenti a correggerli; anche perchè, essendo vicina la separazione del Banco San Giacomo dagli altri, per la diversa costituzione che dovrà avere il Banco di Regia Corte, secondo il Sovrano Editto dei 18 agosto 1803, e i provvedimenti da darsi, essendo analoghi alla di lui nuova forma, servissero di preparazione al sistema da stabilirsi. Degnatasi quindi la M. S. di uniformarsi ai saggi suggerimenti della deputazione, che ha sempre avuto per guida, nelle diverse ordinazioni che ha fatto, per lo ristabilimento dei banchi, mi ha imposto di manifestare i seguenti ordini:

« 1.° Proseguendo il Banco di San Giacomo a tenere i due diversi conti, dei privati e di Regia Corte, come fin oggi si è praticato, il conto di Regia Corte sarà suddiviso in due, cioè *Conto di Regia Corte Argento*, e *Conto di Regia Corte Rame*, secondo le istruzioni che in fine del presente Real dispaccio saranno inserite. Quindi le fedi e le polizze notate fedi di Regia Corte, sieno di Tesoreria, sieno di qualsivoglia altra Regia amministrazione, saranno, prontamente, al porgitore, pagate col rispettivo metallo che esprimono. E le anzidette fedi, siccome quelle di argento saranno formate o col deposito in argento effettivo o con riscontri in argento, siano dello stesso banco di conto dei privati, o di conto della Regia Corte in argento, siano di altri banchi, tolta qualunque differenza tra carta e contanti (1). Così quel-

(1) 20 aprile 1805. — Ad un reclamo del marchese Rota, contro d'un cassiere del Banco, che pretendeva moneta metallica, rifiutando polizze pel conto argento, rispose il Ministro : « Con

le di rame dovranno esser composte, o di moneta effettiva, o di carta di rame, tolta parimenti qualunque differenza tra carta e contanti, e dal Banco saranno ai porgitori estinte in rame effettivo. Rimanendo in libertà dei porgitori anzidetti, ove così delle prime come delle seconde non vogliano esserne soddisfatti in effettivo, di formarne altre fedi o farne altro giro bancario, sempre però della stessa natura del metallo rappresentato; in guisa che questi due conti, di rame ed argento, siano tra loro divisi per modo e separati, che le carte di rame ed il rame effettivo non possano giammai far parte d'introito di una fede di argento. Quindi li cassieri di Regia Corte non dovranno altrimenti curare, come sin oggi han fatto, qual debito fiscale abbiasi ad estinguere, ma seguire la volontà dei deponenti, accettando e rame ed argento, siccome piacerà loro; conciosiachè rimarrà a peso e cura degli esattori ed amministratori fiscali il non ricevere dai debitori i pagamenti, che in carte rappresentanti quel metallo con cui soddisfar debbono il loro debito, secondo le Sovrane prescrizioni.

» 2.° Le fedi di rame e di argento, del Banco San Giacomo, sia di conto di Regia Corte, sia di conto dei privati, siccome le polizze notate di ambo i conti, dovranno avere un bollo in istampa esprimente la di loro diversa natura, siccome nelle istruzioni, qui in piedi inserite, sarà specificato.

« 3.° Le polizze o fedi di rame potranno esser girate con causali, sieno pagabili alla Regia Corte od a qualche ramo fiscale, come sin oggi si è praticato; sieno pagabili a particolari, il che fin oggi è stato vietato. Con che però, ove la girata non sia diretta alla Regia Corte o a qualche ramo fiscale, ma contenga spiegazioni d'interesse dei privati, non sia obbligato alcuno a riceverle; dipendendo dalla spontanea volontà delle parti di poterle prendere o rifiutare. Ben inteso, che laddove sarà accettata, la girata in dorso d'essa formerà reciproca cautela, come le altre girate in dorso delle altre carte bancali. Quindi potranno anche i particolari formar fedoni e notate in fedi nelle casse di Regia Corte del conto in rame, con che le notate fedi sieno ricettibili o rifiutabili dai particolari, siccome di sopra si è detto per le fedi di rame, restando sempre fisso che le suddette fedi di rame, e polizze notate fedi parimenti di rame, (siano girate alla Regia Corte o qualche ramo fiscale, sieno a particolari) non possano riscontrarsi cogli altri banchi, nè colle altre casse di San Giacomo d'argento; attesochè il loro conto è tutto in argento. All'incontro poi le polizze o fedi di argento, del conto di Regia Corte, potranno parimenti esser girate, con causale, anche a'particolari, ed in oltre introitate come riscontri, così nello stesso banco di San Giacomo, come negli altri, al modo stesso che per le altre carte bancali di argento si pratica. E tutto ciò s'intende durevole fino alla totale separazione del banco di Corte, quando la riscontrazione tra esso e gli altri banchi, a norma dell'editto dei 18 agosto 1803, sarà vietata.

" 4.° Tutte le carte di Regia Corte, di data anteriore all'esecuzione del presente Sovrano nuovo stabilimento, dovranno esser tenute per

---

« foglio dei 19 del corrente mese, avendo V. S.
« Ill. manifestata d'essersi nel Banco San Gia.
« como ricusato gl'introiti di carte del Banco
« di monete di argento, e di non volersi am-
" mettere che la sola moneta effettiva in con-
» tanti, le riscrivo in replica che S. M. non ha
« inteso giammai d'alterare i suoi Sovrani sta-
« bilimenti, coi quali ha prescritto d'ammettersi

« qualunque pagamento in carte del Banco; ed
« ora espressamente dichiara che preferisce le
« carte bancali al numerario effettivo; come
« quelle che maggiormente assicurano la prov-
« venienza e l'incasso delle sue Reali rendite.
« Quindi ha dati la M. S. gli ordini necessari
« per la verifica dell'asserto rifiuto ».

carte di rame, e come tali negoziate.

« 5.° Siccome gli arrendamenti di Regia Corte, i quali si distribuiscono a consegnatarî, si sono fin oggi pagati con carte di rame, cosi i pagamenti degli estagli, che la Regia Corte farà, dal dì primo dello entrante mese di novembre, saranno tutti in argento, per cosi facilitare la spedizione di mandati ai consegnatari, e le altre operazioni bancarie.

« 6.° Tutt'i debitori di Regia Corte dovranno fare i loro pagamenti o con fedi di argento o di rame, o parte con polizze di argento e parte con polizze di rame, secondo la diversa natura del loro debito; potendo, nelle rispettive girate, chiamare il compimento pagato con altra carta di diverso metallo. Quindi, i rispettivi tesorieri e percettori o altri regi amministratori, dovranno ricevere i pagamenti in tal modo, e cosi introitarli rispettivamente, sulle madrefedi dell'uno o dell'altro metallo; rimanendo nei loro conti risponsabili di rimborsare al fisco l'importare dell'aggio che correrà, ove avessero ricevuto in carte di rame delle somme che da debitori avessero dovuto esser pagate in carte di argento. E, ad evitare ogni dubbio, sarà qui in piedi inserito il notamento dei rami fiscali, con di contro le diverse qualità di carta con cui ricever debbono i pagamenti dai debitori. Quindi soddisferanno gli assegnamenti, che vi sono, sopra gli stessi rami, secondo gli ordini che saranno loro dati da S. M., in vista di loro rimostranza, la quale specifichi la natura degli assegnamenti e la qualità degl' introiti, onde fissarsi la proporzione dell' argento e del rame da tenersi nella soddisfazione di detti assegnamenti.

« 7.° La general Tesoreria formerà le diverse madrefedi, come sarà detto nelle istruzioni, e noterà i polizzini in rame o in argento, o ne formerà due, che insieme compongano la somma espressa nelle liberanze, giusta i verbali che giornalmente le si rimetteranno dalla Real Segreteria di Azienda, senza potersi prendere alcuno arbitrio, notando in cima del polizzino, al disotto della ditta, *conto corrente o conto di attrasso*, la qualità del metallo per esteso—*argento — rame.*

« 8.° Finalmente è Real volontà, che il presente sovrano stabilimento di separazione dei due diversi conti di rame e di argento, abbia la sua piena esecuzione del dì 26 del mese di ottobre.

« D' ordine del Re, comunico a V. S. I. queste sue Sovrane risoluzioni, perchè la Camera ne curi l'esecuzione nella visione de'conti dei diversi rami fiscali, ed in ogni altra emergenza, che sia di sua ispezione.

« Palazzo 5 luglio 1804. — firmato Luigi de Medici.—Al signor Marchese Vivenzio.

Seguono diciannove lunghi articoli d'istruzioni per eseguire il dispaccio, e l'elenco delle varie imposte, *cespiti fiscali*, per le quali dovevansi aprire nuove madrefedi di conto argento, ovvero di conto rame. Tali cespiti fiscali, a quell'epoca, non erano meno di sessantadue.

« 27 marzo 1805.—Notificazione.— Affin di dare il più sollecito moto, che sia possibile, a condurre a termine le operazioni che, per Sovrana clemenza, furono affidate alle cure della deputazione degli apodissarii, per la prossima separazione de' banchi de' privati da quello di Corte, e facilitare nel tempo stesso i compratori dei beni, messi a disposizione della medesima, per lo riempimento del vuoto dei banchi ; si è stabilito che tutti coloro i quali sono ancora debitori, per residuo di prezzo di alcun fondo di tal natura acquistato, saranno abilitati a soddisfare il loro debito in carta di banco, rappresentante moneta di rame, purchè eseguano il pagamento per tutto il dì 20 del prossimo entrante aprile. Con dichiarazione che, elasso il detto tempo, dovranno alle scadenze inalterabilmente pagare l'importo in polizze di moneta di argento. E simile abilitazione avranno anche coloro che, fra il cennato termine, procurino il dispegno della loro roba, che si trova forse ancora ne' banchi pignorata. Elasso però un tal termine, si dovranno, impreteribilmente, far di nuovo i dispegni e i pagamenti in carta che rappresenti moneta di argento.

*
* *

20. Assai difficile fu la reggenza della Deputazione degli apodissarî. Sospesa, com'era, l'opera dei pegni, sequestrati dal fisco i redditi patrimoniali e gl'interessi attivi, ai Banchi poco restava per le indispensabili spese. Fino gli oggetti di scrittoio si pagavano a stento e con ritardo (1).

Gl'impiegati ottenevano qualche porzione, non tutto lo stipendio, con maggiore difficoltà dei fornisori; ragione per la quale o non andavano all'ufficio o tentavano di buscare mance. Per essi la Deputazione, con poco successo, promulgò varie ordinanze, fra le quali questa:

" In seguito di rapporto della deputazione, 26 luglio 1805, S, M..... perchè possansi richiamare ad osservanza gli antichi salutari stabilimenti dei banchi, l'inadempimento dei quali e la rilasciatezza della subordinazione è causa di molti sconci, si è stabilito di rinnovare l'ordine „.

" Che niuno degl'individui di ciascun banco, sia ufficiale, sia soprannumerario, possa intrigarsi di presentare polizze ai pandettarî „.

" Che la rota sia inaccessibile a chiunque non sia addetto a quella officina „.

" E finalmente che gli ufficiali della ruota, senza legittima cau-

---

(1) « Con Real Carta, dei 29 del passato luglio, nell'essere stato rimesso a questa Deputazione un foglio del Governatore di cotesto Banco, signor Comm. Pignatelli, con cui ha chiesto i mezzi onde poter soddisfare il cartaro dell'importo dei generi di libri, carta ed altro, somministrati per lo passato al Banco stesso, e di quelli ora necessari, è stato ad essa ordinato di farne l'uso conveniente ».

« Nell'atto intanto che io, a nome della Deputazione, passo ad intelligenza dell' E. V. di essersi disposto di passarsi dal Banco della Pietà qualche somma a cotesto di San Giacomo, in conto di ciò che li deve, la prego disporre che dalla suddetta somma, che perverrà dal banco anzidetto, e dalla prima esazione delle rendite correnti di cotesto banco, sia soddisfatto il mentovato cartaro *alia meglio di ciò che va creditore, non essendo gran fatto che uno, che ritrae utile dal negoziato che fa col banco, aspetti l'esazione, per esser soddisfatto dell'importo de'generi ehe ha somministrato (!)* ».

« Dalla Deputazione degli apodissari, li 15 agosto 1804. — Il Marchese di Acquaviva ».

sa, e senza intelligenza e permesso in iscritto del governatore, non possano disimpegnare il loro ufficio per mezzo di sostituti, sotto pena ai contravventori della sospensione del soldo per la prima volta, ed indi ad arbitrio di questa Deputazione „.

Medici lavorò sinceramente, dal 1803 al 1806, per la ricostituzione de'banchi, e non fu colpa sua se l'altra invasione dei Francesi, ed una seconda cacciata dei Borboni, gl'impedirono di colmare il vuoto Zurlo. Egli, a 5 Febbraio 1805 dichiarò d'avere già pagato :

Sul vuoto argento . . .	D.	546,778.75		
„ „ rame . . .	„	658,732.18		
			1,205,510.93	
E che si dovevano ripianare				
Per saldo del vuoto argento	D.	528,200.72		
„ „ „ rame	„	1,351,349.02		
			1,879,549.74	
		Totale D.	3,085,060.67	

Per tale ripiano, cioè pagamento della carta, cedeva i fondi pubblici della giunta delle ricompre, ch'era una rudimentale cassa d'ammortizzazione, i quali giungevano al valore di annui D. 70000, e se si fossero trovati compratori a ragione di quattro per cento, com'egli voleva venderli, avrebbero dato quasi l'intera somma, cioè D. 1,750.000. Dippiù, fece donare dal Re i feudi di Deliceto, Montefusco, Airola, Montoro, Sant'Angelo a Scala ed Altavilla, che insieme rendevano più di annui ducati trentamila. I fondi dunque bastavano e sopravanzavano.

Prima di mandare questo dispaccio, Medici aveva lavorato pei banchi con energia della quale si veggono gli effetti, col paragone delle due generali contate di casse, 6 settembre 1803 e 6 marzo 1804. In sei mesi aveva fatto migliorare le lor condizioni nel seguente modo:

	6 settembre 1803	6 marzo 1804	Differenza
Circolazione (netta di riscontri)	3763084.88	3830972.92	+ 67888.04
Riserva metallica (compreso le monete forastiere)	118625.79	629633.05	+ 511007.26
Vuoto ovvero debito della Regia Corte. . . .	3085060.67	2868060.67	—217000.00
Vuoto ovvero debito dei banchi	207679.51	202910.37	— 4769.14
Investimenti del Monte di Pietà, deficienze e diversi	282018.53	130368.83	—151649.70

Per l'anno 1805, tuttochè tanto sfavorevoli le condizioni del regno da risolversi coll'uscita dei Borboni, Medici potette far presentare, dalla Deputazione degli apodissarî, il seguente bilancio di chiusura:

Situazione dei Banchi di Napoli

	DEBITO APODISSARIO OVVERO CIRCOLAZIONE				RISCO...
	Circolazione totale giusta i libri mastri apodissari	Meno le carte bancali pagate ma non scaricate sui registri	Meno pure i riscontri cioè le carte pagate dagli altri banchi	Circolazione effettiva	Debito per valori propri pagati dalle altre casse	Credito per valori delle altre casse pagati
veri.....	1,479,565.60	15,377.42	699,858 56	764,329.62	699,858.56	1,064,212.8
polo.....	749,639.54	30,634.42	644,956.69	74,048.43	644,956 69	250,229,1
età......	2,476,640.79	499,716.30	782,951.65	1,193,972.84	782,951.65	1,453,694.ε
lvatore....	1,064,998.53	10,911.76	984,530.33	69,556 44	984,530.33	576,159.ϟ
irito Santo..	1,955,038.59¹/₂	112,305 51	1,063,729.20	779,003.79¹/₂	1,063,729.20	1,236,638.ϟ
nt' Eligio...	536,851,64	2,893.36	244,015.48	289,942.80	244,015.48	333,364.ϟ
Giacomo (pubblico).....	1,288,511,64	100,431.16	1,134,731.15	53,349.33	1,134,731.15	834,566.ϟ
Giacomo (Regia Corte)..	3,603,803.72	525,785.61	1,608,174.05	1,469,844.06	1,608,174.05	1,414,081.ϟ
	13,155,049.96¹/₂	1,298,055.54	7,162,947.11	4,694,047.31¹/₂	7,162.947.11	7,162,947.

) Compresi Duc. 122,000 mandati alla zecca per riconiazione.
) Compresi Duc. 18,657 monete forestiere.

la chiusura dell'esercizio 1805

A		CREDITI ED ATTIVITÀ					
DIFFERENZA		Riserva metallica	Debito della Finanza pel suo vuoto	Debito dei banchi cioè altro vuoto da essi fatto per tirare innanzi	collocamenti del Monte di pietà	Crediti diversi derivanti quasi tutti da deficienza a carico d'orefici e cassieri	TOTALE eguale alla circolazione
ebito	a credito						
—	364,354.28	63,398.91	631,000.00	51,761.02	3,846.00	14,323.69	764,329.62
727.51	—	60,950.91	—	—	—	13,097.52	74,048.43
—	670,742.91	1,165,137 18 (a)	—	28,835.66	—	—	1,193,972.84
371.13	—	65,244.24	—	4,188.20	—	124.00	69,556,44
—	172,909.77	713,342.80'/₂	—	13,438.19	19,385.00 (b)	32,837.80	779,003.79'/₂
—	89,348.84	270,726.36	—	16,955.18	2,261.26	—	289,942.80
164.48	—	44,890.71	—	—	3,381.00	5,077.62	53,349.33
092.68	—	79,185.26	1,351,349.02	35,291.43	—	4,018 35	1,469,844.06
355.80	1,297,355.80	2,462,876.37'/₂	1,982,349.02	150,469.68	28,873.26	69,478.98	4,694,047.31'/₂

Li 11 Febbraio 1806, Medici, con un dispaccio che fu l'ultimo atto di quel Ministero, una specie di testamento finanziario, regalò ai banchi tutta quella loro carta che stava nelle casse erariali, e così tolse ai nemici la facoltà di spenderla legittimamente (1).

Avuto riguardo alle circostanze, non bastano lodi per l'espediente del Ministro, che dichiarò ipso facto pagate dai banchi, spese pel ripianamento o ammortizzazione delle lor deficienze, tutte le valute cartolarie che quel giorno si trovavano in qualsiasi cassa regia. Il danno, pei francesi, risultava maggiore di quello fatto da Acton e Corradini nel 1798, quando presero la riserva metallica per portarla a Palermo. Però, invece di commettere un'appropriazione indebita, escogitò il provvedimento che stava nei limiti della più stretta legalità, ch'era onesto e doveroso, poichè tutto si riduceva a pagare un debito, e riconoscere la legittima ragione, tanto dei banchi, quanto dei loro creditori. In quell'atto si vede l'uomo d'ingegno.

Giuseppe Bonaparte, sul principio, tanto non s'accorse del tiro fattogli, che fece stampare un esplicita conferma dell'editto 18 agosto 1803, e dei dispacci 5 ed 11 febbraio 1806. Ma, quando ne vide le conseguenze, fece scrivere secco secco, dal suo Ministro di polizia, Saliceti, " Sua Altezza Imperiale ha comandato, che dalla deputazione degli apodissarî, venga disposto che il Banco di San Giacomo non ponga ostacoli, al pagamento delle polizze di esito del tesoriere della Real Casa (Dispaccio 2 Aprile 1806) „.

(1) Sua Maestà, con real dispaccio segnato a dì 5 febbraio, volendo sempre più render cauti i possessori di carte bancali, e facilitare la soddisfazione del loro credito, coll'intero ripianamento del vuoto rinvenuto nei banchi, in marzo 1803, ha ordinato che per la restante somma da doversi ripianare, in estinzione del vuoto anzidetto, si fossero aggiudicate e prontamente intestate alla deputazione degli apodissari le partite d'arrendamento proprie della Maestà Sua, che si amministravano dalla giunta delle ricompre, e che si dassero in tenuta ed in amministrazione alla deputazione medesima vari fondi allodiali, onde, vendendosi questi e quelle, se ne ammortizzasse la somma, in ripianamento del vuoto, e frattanto se ne impiegasse il fruttato in simile ammortizzazione. Così volendo ora curare che i pubblici banchi, il più presto che sia possibile, si mettano in pari, colla intera soddisfazione dei loro creditorî apodissarî, è venuto, per sua sovrana clemenza, a comandare e vuole che tutte le polizze esistenti, sino al presente giorno, nelle varie casse regie, cioè in effetti della scrittura reale, ossiano rami camerali come sotto, once immuni, decima, dogana, percettorie, amministrazione della carta bollata, arrendamento di corte di qualunque natura, sia che la regia corte ne sia affittatrice, sia che ne sia proprietaria, jus sententiae, giunta di ricompre, monte frumentario, allodiali ed altre qualsivogliano regie somministrazioni, sotto qualsivogliano denominazioni, o che i pagamenti siano in testa della Regia Corte, o che siano dei particolari delegati ed amministratori, o comunque alla Regia Corte spetti e si appartenga, vengano pagate, alla deputazione suddetta degli apodissarî, direttamente per essere ammortizzate. Anzi ipso facto si abbiano e s'intendano già per ammortizzate tali somme, a favore dei suddetti banchi. Ed intanto è sovrana volontà che tutte le somme, fino al presente giorno pervenute nei banchi, delle suddette casse e pervenienze regie, non si paghino ad alcun altro, dovendo solo impiegarsi nell'uso accennato dell'ammortizzazione e ripianamento del vuoto dei banchi medesimi. Di Sovrano comando lo partecipo ecc. Palazzo 11 Febbraio 1806—Luigi de Medici.

Giuseppe stesso, e Gioacchino Murat, ordinarono cose assai più radicali di quelle suggerite dalla rappresentanza dei creditori apodissarî. Dal 1806 al 1815, si promulgarono tali leggi nei banchi, se ne modificò in tante guise l'ordinamento, che è stato possibile, cinquant'anni dopo, negare la successione dell'attuale Banco di Napoli dagli antichissimi sette monti di Pietà.

L'anno 1863, nel Consiglio Generale, cioè nel Collegio che sopraintende all'amministrazione, si disse, dagli avvocati del fisco, che i sette antichi istituti erano stati in varie guise trasformati, poi sciolti, sicchè il nuovo banco, surto nel 1816, fu creato dal Governo, con capitale proprio, per lo scopo di promuovere il commercio e di regolare il servizio di finanza. Quest'opinione, dettata non dalla storia, ma da spirito di cavillazione forense, trovò sostenitori, i quali pretendevano doversi prendere dalla Finanza tutt'i lucri avuti dal banco, con lo sconto ed i pegni. Noi trascriveremo parecchie leggi o decreti, e qualche autentico documento, per mettere bene in chiaro come quelle poche cose, ottenute dal Banco nel 1816, che falsamente si disse costituire dono o mutuo, altro non furono che minuscola frazione di quanto il Governo stesso aveva preso dal 1794 al 1816.

Uno dei primi atti di Giuseppe Bonaparte (1) fu di confermare l'editto 18 agosto 1803, disponendo che si continuassero ad osservare l'ordinanze, *concernenti l'estinzione dei biglietti di banco ed il trasporto dei beni ceduti in pagamento ai detti banchi*. La deputazione degli apodissarî avrebbe continuato i suoi studî, ed avrebbero seguitato ad *aver corso come per lo passato i viglietti di banco, detti fedi di credito e polizze, che saran ricevuti in tutte le casse dello Stato, in pagamento delle contribuzioni, come numerario effettivo*.

*
* *

21. Gli 11 giugno 1806, uscì questa legge:

« Penetrati della necessità di dare ai banchi della città di Napoli quel grado di confidenza ch'è indispensabile per la pubblica prosperità, e per la sicurezza degl'interessi privati.

« Visto il rapporto del nostro Ministro delle Finanze;
« Udito il nostro Consiglio di Stato;
« Abbiamo ordinato ed ordiniamo quanto segue:
« 1.° L'amministrazione del Ban-

---

(1) Decreto 19 Febbraio 1806.

co San Giacomo sarà, da ora innanzi, divisa da quella degli altri banchi;

« 2.° Il Banco di San Giacomo resta esclusivamente addetto al servizio della Regia Corte.

« 3.° La scrittura d'introito della cassa dei privati, esistente nel Banco di San Giacomo, sarà chiusa dal giorno della pubblicazione della presente legge. Continuerà esso però i suoi pagamenti, che dovranno essere, per quanto è possibile, compiuti a tutto il prossimo luglio; la qual epoca spirata, la sua scrittura e contabilità verrà trasferita al Banco dei privati. (1)

« 4.° Tutte le rendite patrimoniali del Banco San Giacomo restano addette al mantenimento del Banco di Corte (2).

« 5.° I banchi dei privati saranno ridotti ad uno solo. Sarà questo diviso in quattro casse diverse, che avranno per centro comune un'amministrazione medesima e sola; conformemente al piano fatto della deputazione degli apodissarî, presentato dal Ministro di Finanze e da Noi approvato (3).

« 6.° Il Ministro delle Finanze, di concerto colla Deputazione degli apodissarî, procederà alla liquidazione degl'interessi esistenti tra il Banco della Regia Corte e quello dei privati; e, nella esecuzione del piano enunciato nell'articolo precedente, veglierà particolarmente a ciò che concerne la sorte degli antichi impiegati.

« 7.° La riscontrata, ossia il bilancio settimanale tra il Banco di Corte e dei privati, sarà continuata fino alla liquidazione, che sarà consumata fra due mesi.

« 8.° A datare dal giorno della pubblicazione della presente legge, le polizze e fedi di credito del Banco di Corte saranno di una nuova forma, tanto per i pagamenti in argento, che in rame.

« 9.° Cesserà ogni obbligazione solidale tra il Banco di Corte e quello dei privati. Non risponderà ciascuno di essi che dei suoi impegni particolarmente contratti.

« 10.° La deputazione degli apodissarî continuerà nell'esercizio delle sue funzioni attuali, finchè non venga altrimenti ordinato.

---

(1) Dispaccio 19 giugno 1806. Volendosi regolarmente procedere alla separazione del Banco San Giacomo dagli altri banchi dei privati, e darsi esecuzione alla legge a tal uopo emanata, il Re, uniformandosi al parere di cotesta deputazione, esposto con rimostranza dei 16 stante, si è degnato autorizzare la stessa deputazione a disporre; che la cassa dei privati, nel detto banco di San Giacomo, non faccia più introiti ma soltanto esiti; onde, nello spoglio del venturo agosto, possa estinguersi il conto dei privati in quel banco, e portarsene la resta in altra cassa de' privati.

Comanda inoltre la M. S. che, fino all'intero sviluppo ed esecuzione della sopradetta legge, i governi delle casse dei particolari non eseguano verun pagamento, ancorchè compreso fra gli esiti stabiliti col piano del 1801, senza la precedente approvazione di cotesta deputazione.

Ella lo partecipi ecc. Il Principe di Bisignano.

(2) Dispaccio 23 giugno 1806. Sua Maestà vuole che non debba esser compreso anche il Banco di San Giacomo nell'ordine del 19 del corrente mese, con cui fu prescritto al governo dello stesso banco di non far pagamento di sorta alcuna, per quello riguarda cassa dei particolari, ancorchè negli esiti permessi col piano del 1801, ma che debba restare al sovrano arbitrio di risolvere ciò che meglio crederà convenire alla economia del banco di corte.

(3) Li 14 aprile 1807 si nominarono amministratori, il Principe Capece Zurlo, Alfonso Garofalo, Domenico de Sinno, Gennaro Bammacaro, M. Falconnet, il Conte di Policastro e Crescenzo De Marco. Furono poi aggiunti Giuseppe Carta e Ferdinando Politi e, sostituito al Conte di Policastro, il signor Caravita.

Grandi disordini vennero dalla morte dei due banchi Salvatore e Popolo, che per interpretrazione dell'art. 5 della legge si chiusero, passandone i beni al demanio, e dalla soppressione d'un principale servizio del Banco San Giacomo, qual'era la cassa del pubblico. I portatori della carta ragionevolmente strepitarono pei ritardi e qualche volta pei rifiuti di pagamento, prodotti col passaggio dei registri d'introito dall'uno all'altro edifizio.

Le quattro casse del Banco dei privati avrebbero dovuto essere Pietà, Poveri, Spirito Santo e Sant'Eligio.

Dicendosi " *penetrato della necessità di dare ai banchi della città di Napoli il grado di confidenza indispensabile per la pubblica prosperità* „ il governo di Giuseppe Bonaparte li demoliva con questa legge, perchè diventavano più irrecettibili di prima le loro carte nelle pubbliche casse. Confermandosi ed allargandosi un privilegio, dato da Zurlo e da Medici alla cassa di Corte, di farsi pel suo mezzo le riscossioni e pagamenti fiscali, implicitamente si levava ai superstiti quattro istituti quello che ora chiamano *corso legale*. Ed a scanso di equivoci pubblicarono dispacci (1), decreti (2), ed istruzioni (3), per cui diventava legale ed obbligatorio il monopolio della cassa di Corte.

Scarso assegnamento potevan fare sul corso fiduciario, mancando i quattro banchi di credito, ed anche di fondi, perchè le ragioni loro contro la finanza non furono riconosciute. Anzi espressamente si dichiarò, coll'art. 7 della legge 2 luglio 1806. " I luoghi pii di qualunque natura ed i banchi saranno esclusi dal beneficio della

---

(1) Sua Maestà ha risoluto che dal primo di agosto prossimo entrante mese in avanti, nelle casse regie, non s'introiteranno polizze che del solo banco di regia corte; restando questo interamente diviso da quello dei particolari. Nel Real nome ecc 29 Luglio 1806—Il principe di Bisignano.

(2) Napoli 2 ottobre 1806.
Visto il rapporto del nostro Ministro di Finanza;
Abbiamo decretato e decretiamo quanto segue:
Art. 1. Gli esiti, che ogni amministratore regio farà, non si potranno fare che con polize del Banco di Corte, e cosi dovrà eseguirsi gradatamente dagli amministratori subalterni.
2. Sono eccettuati i pagamenti, che dagli amministratori principali dovranno farsi agli amministratori subalterni, residenti nelle provincie, e quei pagamenti che, dovendo soffrire una troppa piccola divisione, non possono non esser fatti in contanti.
3. Qualunque esito o pagamento, che non sarà fatto nel prescritto modo, non sarà mandato buono nella reddizione de'conti, delle rispettive amministrazioni.
4. Il nostro Ministro delle Finanze è incaricato della esecuzione del presente decreto.—Firmato Giuseppe.

(3) Il ministro delle finanze, in esecuzione del decreto di S. M. del 2 corrente, dà l'istruzioni seguenti:
1.° Tutt'i cassieri o esattori subalterni dei cespiti fiscali sono tenuti di fare introito nel banco di Corte, in contanti, di tutto ciò che avranno percepito in contanti.
2.° Ciò che sarà stato dalli medesimi percepito in carte bancali, del banco di Corte, sarà introitato allo stesso banco in tali carte, purchè vi sia ragionato il pagamento, per causa di quel debito fiscale di cui sono incaricati i detti cassieri o esattori.
3.° Di quest'introiti i detti cassieri o esattori subalterni ne faranno una fede di credito, ragionata come sopra, in testa loro, con cui pagheranno i loro principali e cosi di seguito, finchè il pagamento sia fatto nella Regia Corte. Il Ministro raccomanda, alli Direttori ed amministratori delli differenti rami di finanze, l'esatta esecuzione dei voleri Sovrani ed una severa vigilanza — 3 ottobre 1806 — firmato Bisignano.

presente legge „. Trattavasi di vendere beni ecclesiastici o demaniali, pel valore di D. 10,000,000, ed il beneficio consisteva nel modo di pagarli, poichè il fisco domandava un quarto di moneta contante, e per gli altri tre quarti computava al prezzo nominale le partite d'arrendamento e gli altri titoli di debito dello Stato.

D'allora in poi non si parlò più di compenso agl'istituti e di pareggio di patrimonio ; dimenticando l'art. 6 della legge ed anche un decreto, del 24 settembre 1806, pel quale tre Consiglieri di Stato, Codronghi, Delfico e Ferri Pisani, dovevano liquidare le rispettive ragioni di debito e di credito. Senza che nessuna legge, o decreto, o dispaccio lo dichiarasse, scomparve il capitale patrimoniale consistente in fondi pubblici, com'era scomparso l'altro capitale, rappresentato da beni immobili, per conseguenza delle vendite comandate coll'editto 1803.

Insisteva fortemente la deputazione coi ministri, e mandava continue suppliche al Re, per deciderlo a pagare qualche parte di quanto doveva, se non altro le poche migliaia che mensilmente occorrevano per gli stipendî.

" 16 Gennaio 1807 (vol. 81 fol. 41) S. R. M. Signore, questa deputazione, stabilita per rappresentare l'intero ceto dei creditori apodissarî dei banchi, e per invigilare alla buona amministrazione ed economia dei medesimi, vedendo che vanno a mancare degli stabilimenti riconosciuti sempre utili allo Stato ed al pubblico, a motivo dell'incaglio ed inesazione delle loro rendite, con più e più replicate rimostranze si è fatta un dovere di rassegnare a V. M. e proporre dei mezzi onde potessero i banchi continuare a sussistere. Niun Sovrano oracolo si è ricevuto sull'assunto „.

" L'affare intanto non ammette ulteriore dilazione. Spiacerebbe sicuramente alla M. V. che sotto gli auspicî dell'attuale governo venissero a mancare del tutto i banchi, stabiliti in questa capitale fin da circa tre secoli, e che dalle diverse dinastie, che nel frattempo han regnato, sono stati sempre protetti, garentiti e riconosciuti per utilissimi. E quindi non vuole questa deputazione che possa dirsi giammai di non aver essa fatto sapere alla M. V. il vero stato dei Banchi e di non avere implorata all'oggetto la Sovrana protezione. Ond'è che si vede nel dovere di ripetere alla M. V. ciò che molte volte si è dato la gloria di rassegnarle „.

" I pubblici banchi di questa capitale esistono, come si è detto, da circa tre secoli. Riguardati sempre come gli stabilimenti più utili, non meno alla pubblica fiducia e sicurezza del commercio, ma benanche dello Stato, sono stati sempre garentiti in modo da far crescere giornalmente la di loro fiducia; e questo faceva sì che si aveva nel regno una massa in certo modo maggiore dell'effettivo numerario esistente, mettendosi in circolazione una parte del numerario medesimo; ed una parte con le carte di banco che lo rappresentavano „.

" I banchi formavano e formano ancora la sussistenza di circa duemila individui che, colle loro famiglie, compongono sicuramente il numero di più di diecimila persone; e costoro, non ad altro adattati, poggiando solo la lor sussistenza sui soldi che ritraggono dal Banco, al di cui servizio si son consacrati sin dalla più giovane età, si ridurrebbero, col terminare i banchi, alla più deplorevole mendicità; a cui sono già in gran parte ridotti, essendo in attrasso di cinque mesate (1) „.

" I banchi avevano delle grosse rendite e coll'avanzo di queste facevano ancora la sussistenza di più migliaia di persone alle quali si trovano assegnati dei sussidî; coadiuvavano a varie pubbliche opere, e sono più volte accorsi ai bisogni della Città e dello Stato. Ora nulla più possono di questo e fino manca loro il modo di pagare i soldi agl'individui ed i più intrinseci pesi „.

" Consisteano le accennate rendite, per la maggior parte, in partite d'arrendamenti, fiscali, pochi fondi stabili, in capitali di mutui o di annue entrate, e nel fruttato dell'opera dei pegni con interesse, che non era minore di annui D. 25000, per ciascun banco. Per le circostanze dei tempi, l'opera anzidetta dei pegni, da più anni, è sospesa ed in conseguenza n'è cessata la rendita. Una gran parte dei fondi dei banchi è stata alienata, per ripianare il vuoto fatto dalla Regia Corte, e quindi la rendita per questo ramo è ridotta a nulla. Da capitali di mutui e di annue entrate quasi niente si ritrae, giacchè i debitori, per le medesime attuali circostanze, sono resi tutti morosi e decotti „.

" Ad accorrere alla economia dei banchi, e bilanciare l'esito coll'introito a proporzione dell'attuale lor rendita, trovasi questa De-

---

(1) In seguito l'attrasso giunse a nove mesate, senza contare le soppressioni di quasi tutti i compensi straordinari.

putazione incaricata di dover eseguire un piano di riforma pe' banchi, dalla M. V. approvato. Questo nuovo sistema però è poggiato sul solo unico mezzo che, oggi, restava ai banchi per poter soddisfare i loro intrinseci pesi ed i soldi degl' impiegati. Un tal mezzo era la rendita delle partite d' arrendamenti, che per tutti i banchi ascende alla ingente somma di circa annui D. 225000; oltre di altri annui D. 77000 ceduti dalla Regia Corte a questa Deputazione, per ripianamento del vuoto dei banchi; e la rendita delle partite dei fiscali, che pure ascende all' annua somma di circa D. 53000 „.

" Mancati gli accennati due rami di rendita, oltre dell'esser mancata la circolazione del numerario nel paese, ecco mancato ancora assolutamente il modo di potere reggere stabilimenti cotanto utili, quanto sono i banchi. Manca il modo di soddisfare i soldi agl' impiegati, che non hanno altro mezzo di vivere, ed alla di cui onestà è affidata la pubblica sicurezza. Manca il quotidiano alimento a più migliaia di bisognosi, ai quali, per Sovrana disposizione, trovansi assegnati dei sussidî su dei banchi. Manca finalmente il sussidio ancora ai poveri reclusi nell' albergo, giacchè mentre i banchi non esiggono la loro rendita non possono certamente pagare i pesi „.

" Subito che per Sovrana disposizione vennero a concentrarsi tutti gli arrendamenti alla Regia Corte, vide fin d' allora la M. V. la precisa necessità che vi era di non dovere i banchi subire la sorte medesima dei particolari, e quindi si compiacque dichiarare, con dispaccio segnato fin dai 9 agosto passato anno, che sarebbe stato pagato ai banchi un mensuale acconto, corrispondente alla loro rendita di partite d' arrendamenti, onde avessero potuto soddisfarsi i soldi agl'impiegati. Dopo però due acconti, dati a questa deputazione, componenti in una la somma di duc. 25,000, nell'atto che i banchi vanno creditori di D. 180000, null' altro si è ricevuto. Anzi, dippiù, non solo si sono esclusi i banchi dai mandati del trimestre che s'è pagato, per le partite di loro proprietà, ma, con sorpresa, ha inteso la Deputazione che ne siano anche esclusi per le partite loro assegnate dai particolari debitori, in disconto di sorte ed interessi ai banchi medesimi dovuti, lo che, quando fosse vero, oltre dell'inviluppo della scrittura, formerebbe la totale rovina dei debitori e l'assoluto arresto dei banchi „.

" Intanto, a norma dei vostri Reali Ordini, si sono diggià abolite le due casse del Salvatore e del Popolo, ed è venuta con ciò ad ottenersi una porzione di quella economia e risparmio, che per questa parte si era immaginato. Per darsi però esecuzione e sviluppo, in tutte le sue parti, al cennato nuovo sistema, da V. M. approvato, onde possano ottenersi tutti quei vantaggi che dal sistema medesimo verrebbero a risultare, la rendita delle dette abolite due casse, e quella delle altre quattro casse dei privati, dovrebbe concentrarsi nella sola deputazione amministrativa del Banco dei privati; i di cui individui, nel numero di cinque, a tenore della Sovrana risoluzione, dovrebbero da V. M. nominarsi „.

" Ma ciò non è possibile d'eseguire, se prima la V. M. non si degni di far sentire la sua sovrana risoluzione, sull'oggetto più volte da questa Deputazione rassegnato, di dichiarare cioè quando ed in qual modo voglia soddisfare ai banchi la rendita degli arrendamenti e dei fiscali di lor pertinenza; giacchè non può fissarsi l'esito, quando a punto fisso non si sappia l'introito „.

" La Deputazione, adunque, non fa che ripetere, di nuovo e più vivamente, le sue preghiere, onde la M. V. si degni sollecitare sull'assunto la Sovrana risoluzione, d'onde dipende l'esecuzione del nuovo piano e la sorte dei pubblici banchi. Sicura, la Deputazione medesima, che non potrà permettersi ora che vadano a perire dei stabilimenti che per tre secoli han formato l'oggetto delle cure dei passati governi; nè che voglia la M. V. permettere che venga a mancare la sussistenza a tante migliaia di persone, che dai pubblici banchi la riconoscono e la traggono giornalmente. E qui prostrati ecc. „

Ma S. M. non degnava di risposta; probabilmente perchè le pareva disonorevole di negare debiti tanto evidenti, mentre che non le piaceva di comprometterssi con altri riconoscimenti, e molto meno di pagare. Immaginando i Deputati che a Corte non s'intendesse l'italiano, cominciarono a tradurre le loro domande in un cattivo francese, però senza migliore risultato. Nuove leggi misero una pietra sepolcrale sulle ragioni creditorie dei banchi, scomparve il capitale ammassato con tanti anni di onesta e filantropica gestione, senza che nemmeno una dichiarazione del fisco provasse quello che risulta dai fatti, averlo cioè preso la finanza perchè gli faceva comodo.

Con la legge costitutiva del debito pubblico (14 settembre 1807) il Banco di Corte fu " incaricato del pagamento degl' interessi iscritti " nel Gran Libro e della estinzione progressiva di questo debito. " Per questo effetto, esso avrà due casse distinte, di cui una sarà " sotto il titolo di cassa di ammortizzazione. I Governatori del Ban- " co ne dirigeranno soli le operazioni, a norma delle nostre leggi " e decreti; il nostro Ministro delle finanze ne avrà solamente la " sorveglianza e l' ispezione „ (articolo 5).

Alla cassa di ammortizzazione, quella cioè che avrebbe dovuto estinguere il debito pubblico, si assegnarono, per tale scopo, annui duc. 250,000, provenienti da censi e da rendite del Demanio. Lungi dal pagare, od almeno diminuire tal debito, questa cassa, imitazione dei metodi francesi, servì per accrescerlo.

L' altra cassa poi, *delle rendite*, che faceva solo il pagamento degl' interessi segnati sul Gran Libro, teneva, per sua dote, quanto produceva una sopraimposta di dieci per cento, messa su tutte le tasse dirette; più l' altre somme che dovevasi aggiungere dalla finanza, per compiere questo pagamento, privilegiato ed obbligatorio.

Insomma il banco di Corte, *cassa S. Giacomo*, non mancava di affari, dovendo raccogliere tutte le somme riscosse dalla pubblica amministrazione. Ma l'altro, dei privati, vivacchiava stentatamente, perchè inoperoso, screditato, e senza danari. L'aggio, che ai tempi di Zurlo e di Medici, era stato di 12 per cento, al massimo, con una deficienza di tre milioni, nel giorno 15 luglio 1807 si calcolava a più di trenta per cento, malgrado che il vuoto fosse ridotto a D. 737924,47. Fu riferito al Re " l' allarme ed il discredito è cresciuto rapidamente dopo lo stabilmento della novella amministrazione e del nuovo sistema del banco dei particolari. Ciascuno si attendeva che un tal sistema sarebbe stato preceduto dai mezzi per stabilire e finalizzare il conto tra la Regia Corte ed i banchi; e che sarebbero stati dati dei compensi, per fornirli di un capitale, senza del quale non possono pagarsi gl' impiegati, non possono soddisfarsi gli altri pesi forzosi, e molto meno offerirsi sicurezza e confidenza al pubblico „.

Se il fisco avesse adempito al suo dovere, potevano sopravanzare i fondi per la sussistenza delle quattro casse, poichè, nel 1807, i residui delle rendite patrimoniali giungevano a D. 440407,35, mentre che la spesa era D. 390416,05. Dunque supero per D. 49991,30. Ma, per la ragione ch'era mancata la riscossione degli arrendamenti, fiscali, adoe, cioè di ducati 330699,53 all'anno, ne risultava il disavanzo di D. 280708,23.

Fece un tentativo, Giuseppe, di prolungare la vita del banco particolari, con la promessa di duc. 12,000 di annua rendita, mettendo a carico del tesoro 'le pensioni dei giubilati, delle vedove e degl' impiegati soverchi. Ordinando pure che si escogitasse qualche spediente, per animare la circolazione delle sue carte bancali e garentirne il pagamento (1). Questo valse poco, la cassa dei particolari fece mala prova, ed il Ministro di finanza, Roederer Conte di Mosbourg, la soppresse, dichiarando che aveva pessimamente sostituito le vecchie istituzioni. Quando fu promulgato il decreto 20 maggio 1808, che Ciccarelli chiama sarcofago dei banchi Napoletani, le casse eran quasi vuote. Il così detto patrimonio consisteva in

duc. 637,367 Crediti di facile riscossione, al dire del conto, ma che per la massima parte colpivano la finanza ed il comune, i quali hanno tergiversato tanto da finire col non pagarli.
"   910,062 Crediti di difficile riscossione per insolvibilità del debitore o per qualità litigiose del dritto dei banchi.
"   675,442 Rendite arretrate, cioè gli arrendamenti, fiscali ed altre specie di fondi pubblici che la finanza non aveva curato di soddisfare.

duc. 2,222,871.

I debiti giungevano a duc. 968,000 circa, cioè:
duc. 700,000 carta in circolazione e
duc. 268,000 stipendii da pagare ed altre passività.

A tanta poca roba erano ridotti gl' incerti e litigiosi avanzi di sette banchi, che quindici anni prima avevano i tesori pieni, vantavano patrimonio soverchio, credito indiscutibile! Questi medesimi avanzi nemmeno sarebbero esistiti, se alcuni debiti non si fossero precedentemente riconosciuti, come propri, dal fisco, e scritti sul Gran Libro, che a quell' epoca prese le forme moderne.

---

(1) Decreto 25 novembre 1807.

*
*   *

22. La liquidazione tenne conto dei settecentomila ducati di carta emessa dal Banco dei particolari. Dice il decreto 20 maggio 1808.

" 1.° Il Banco de' particolari è soppresso.

" 2:° I suoi beni sono riuniti al demanio dello Stato.

" 3.° I suoi creditori sono creditori dello Stato. Le sue polizze sa-
" ranno ammesse, durante tre mesi, cominciando dal giorno della pub-
" blicazione del presente decreto, in pagamento dei crediti del Banco,
" tanto in capitale che in interessi o attrassi di rendite ; che sa-
" ranno descritti nello stato, che sarà determinato dal nostro mini-
" stro delle finanze, per una somma almeno uguale a quella delle
" suddette polizze (1). Spirata la dilazione di tre mesi, quelle che
" non fossero ammortizzate saranno convertite in cedole, ammissi-
" bili in pagamento di beni dello stato , o in acquisto di rendite
" sul Gran Libro, ed i crediti che resteranno saranno riuniti alla
" cassa di ammortizzazione (1).

" 4.° Il Banco di Corte aprirà i conti correnti anche co'partico-
" lari, tanto pe' pagamenti che riceveranno dal Tesoro pubblico ,
" quanto pe' depositi che essi faranno nel Banco medesimo.

" 4.° Sui beni del Banco dei particolari saranno riservate due
" case, per stabilirvi, se vi è luogo, delle casse di aiuto al Banco
" di Corte. Le case che saranno riservate sono la Pietà ed il Ban-
" co dei Poveri.

" 6.° L' amministrazione del Banco di Corte proporrà, al Mini-
" stro delle Finanze, un piano per l' organizzazione del servizio
" delle sue officine e casse di aiuto , se vi è luogo. Essa v' im-
" piegherà i soggetti del banco dei particolari più capaci e più
" bisognosi.

" 7.° Saranno accordate delle pensioni a coloro che si trovano
" nei casi previsti dalla nostra legge de' 5 gennaio 1807 „.

Mosbourg, francese , non s'era capacitato dei pregi del sistema bancario napoletano ed intendeva, con questo decreto, di farlo ab-

---

(1) I debitori del banco dei particolari, che in tutto dovevano, come abbiamo ora visto, ducati 2,222,871, potevano dunque estinguere le loro obbligazioni presentando fedi di credito o polizze, nel prescritto termine dei tre mesi.

(1) Capece Zurlo, Bammacaro e Falconet, per invito del ministro , diressero il lavoro di revisione ed annullamento della carta del Banco dei particolari.

bandonare. Spiegando ai governatori il senso dell' articolo 4, dichiarò, con sua lettera del 30 maggio 1808.

" Egli è ben essenziale, signori, il distinguere questa facoltà (di tenere conti correnti) ben diversa da quella di ricevere il denaro, per pagarlo a compimento e conservare le quietanze negli archivi, per farle servire, in caso di bisogno, di pruova autentica dei pagamenti. „

" L'atto di ricevere in deposito le quietanze dei pagamenti, che i particolari fanno da mano a mano, la facoltà di dare autenticità alle medesime, è un attributo piuttosto notarile che bancale. Il banco ha per oggetto essenziale di fare il pagamento; e dei suoi pagamenti egli è obbligato di ricevere e somministrare, al bisogno, delle pruove autentiche „.

" Non è già che io costantemente rifiuti di adottare il secondo attributo, fin ad ora abusivamente (?) dato ai banchi, se voi, signori, me lo proporrete, con delle modificazioni e con delle condizioni compatibili coll' ordine naturale di un banco; e soprattutto combinate in modo da non obbligare S. M. a delle ingenti spese, per una manutenzione notarile assolutamente, e la quale si rende esorbitantemente dispendiosa per lui „.

Con tali idee, sarebbe fin d'allora finito l'apodissario. Ma gli usi cittadini furono più forti della volontà del ministro, il quale, quando ebbe meglio studiato il vecchio sistema, e conosciuto che la finanza più di tutti ne cavava profitto, sottoscrisse altri decreti, dove si mantengono ed approvano l'incumbenze notarili del banco.

Chiama S. E. dispendioso per Sua Maestà il sistema, quasi che i patrimoni degl' istituti fossero roba del Re. Lo erano infatti divenuto, quello stesso giorno 8 maggio 1808, con la dichiarazione che i beni del banco dei particolari fossero riuniti al Demanio pubblico; nonchè per altro decreto il quale dice. " Noi dichiariamo ammortizzati tutt' i crediti sullo Stato che possedevano i monasteri, i di cui beni sono stati riuniti al nostro demanio; come pure quelli dei banchi e luoghi pii, che l'art. 7 della nostra legge, dei 2 luglio 1806, esclude dal beneficio della liquidazione. Non saranno mai firmate nè emesse cedole pei suddetti crediti, e dichiariamo false quelle che potrebbero essere emesse „.

Con le soppressioni di banchi e confische dei loro beni, anche le annesse opere pie d'ospedali e conservatorî subirono molto danno ; sia per la ragione che non si erano mai separati bene i rispettivi patrimonî, onde le controversie giuridiche che vennero dal fallimento della Casa Santa dell'Annunziata, sia perchè gli agenti di Giuseppe Bonaparte militarmente procedettero alla presa di possesso dei beni. Gli stessi edifizi non furono risparmiati. Del Banco di Sant'Eligio si fece una caserma. Il Banco Spirito Santo e quello dei Poveri, occupati dal Demanio, in parte si affittarono ed in parte servirono per qualche amministrazione pubblica; gli altri del Popolo e del Salvatore, già condannati alla distruzione due anni prima, si vendettero, ed ora son case d'abitazione, che d'antico tengono le sole porte, opere pregevoli dei secoli XV e XVI. La Deputazione degli apodissarî aveva fatto molti tentativi, per conservare al patrimonio artistico del paese quei due monumenti. Poichè non poteva impedire l'applicazione della legge 11 Giugno 1806, che riconosceva sole quattro casse del Banco dei privati, nè poteva distruggere la proposta da essa medesima fatta, di sopprimere definitivamente li due istituti Salvatore e Popolo, fece dichiarare dal Re che l'edifizio Salvatore dovesse servire per sua sede (1). Pel locale Popolo, disse di non poter consegnare le stanze, senz'aver prima riscosso ciò che doveva l'erario, per fiscali ed arrendamenti, e senz'aver provveduto per la sistemazione dell'archivio. Ma troppe persone s'arricchivano colle vendite dei beni demaniali, ed i loro intrighi fecero tornare vani questi lodevoli sforzi, quantunque avvalorati da un decreto, di gennaio 1809, pel quale l'edificio Salvatore sarebbe servito alla Corte dei Conti.

* *

23. Gioacchino Murat doveva mantenere la promessa di sistemare il servizio dei Banchi Pietà e Poveri, ma non si contentò di creare semplici ufficine succursali della Cassa di Corte, giusta il decreto

---

(1) Deliberazione 7 Gennaio 1807. Avendo dovuto questa Deputazione, fin da luglio 1805, a causa del noto tremuoto, abbandonare la sua officina in Monteoliveto, fu nella necessità di far trasportare tutte le carte e libri attinenti alla Segreteria in casa del Segretario medesimo, e quelle appartenenti alla Razionalia in casa del Razionale. Or essendo tali carte a dismisura cresciute, ed essendo necessario, per le correlazioni tra Segreteria e Razionalia, che tali carte siano tutte in un locale, che formi un punto d'unione, è venuta la deputazione suddetta a stabilire; che siccome col nuovo sistema, da S. M. approvato, la Deputazione amministratrice del Banco dei Privati dovrà reggersi nel locale dell'abolito Banco del Salvatore, ed ivi avere le sue officine di Segreteria, Razionalia ed Archivio; così le carte anzidette della Segreteria e Razionalia, della deputazione suddetta, si passino da ora nell'accennato locale. Perchè però è necessario che il medesimo venghi comodamente adattato ecc. ecc.

20 Maggio 1808. I Napoletani mormoravano per la distruzione dei benemeriti loro banchi, e non mostravano la menoma fiducia nella Cassa di Corte, che pretendeva di farsene l'erede, solo perchè manteneva la forma materiale dei registri e delle carte valori. Altronde non si poteva pensare alla risurrezione degl'istituti, per varie potenti ragioni. Il patrimònio era scomparso. Mancava quell'intento di filantropica religiosità pel quale erano nati ed avevano progredito i Monti di pegni, nei precedenti tre secoli. Le manimorte, di qualsiasi qualità, erano combattute dalle leggi e dall'opinioni vigenti, che non avrebbero tollerato l'esistenza di confraterie amministratrici dei denari del pubblico. Molto meno il dispotismo d'un governo militare poteva consentire che si reggessero banchi, colla libertà che a Napoli era tradizionale, e che speriamo d'aver provato fosse il fattore precipuo dei loro progressi.

Conveniva dunque pensare ad altro. L'esempio del cognato Napoleone, ch'era per lui poco meno di ordine, spinse Gioacchino a promulgare questa legge del 6 dicembre 1808, nella quale si parla di azionisti, e sono imitati gli statuti della Banca di Francia, che Napoleone aveva recentemente modificati, adattandoli empiricamente alle consuetudini e bisogni del popolo Napoletano.

« 1.° Noi istituiamo un Banco nazionale, che avrà il titolo di Banco delle Due Sicilie.

« 2.° Il capitale del Banco delle Due Sicilie, per ora, sarà di un milione di ducati, diviso in 4000 azioni, da duc. 250 l'una.

« 3.° Le attribuzioni di questo banco consisteranno:

« Ad aprire i conti nel modo stesso che si praticava da'banchi di Napoli; le sue carte faran fede in giudizio, come per lo passato.

« A fare delle anticipazioni sulle materie di oro e d'argento, sulle monete forastiere e sulle derrate o mercanzie.

« A fare dei prestiti sopra pegno.

" A scontare tutti gli effetti di commercio, le cambiali e le obbliganze verso il Tesoro, con quelle cautele che verranno stabilite nei regolamenti.

" A ricevere in deposito tutte le somme che gli verranno confidate.

« 4.° L'interesse dei pegni, che si porteranno in deposito nel Banco, non potrà eccedere l'otto per cento l'anno.

« 5.° Il Banco verrà amministrato da sette Governatori e tre Censori, sotto la vigilanza di un Reggente, che farà le funzioni di Commissario Regio.

« 6.° Il Reggente del Banco sarà sempre nominato da Noi. I Governatori ed i Censori saranno scelti fra gli azionarî.

" 7.° Il nostro Ministro delle Finanze ci presenterà un progetto, sulla costituzione, regolamenti e servizio del Banco, perchè sia fatto noto a quelli che vorranno prendere delle azioni.

" 8.° Saranno messi alla disposizione degli azionari del Banco, per goderne durante il tempo del loro privilegio, i due edifizi demaniali, cono-

sciuti sotto nomi di banchi dei Poveri e della Pietà. Ci riserbiamo di accordare loro anche i banchi del Salvatore e dello Spirito Santo, se il bisogno lo richieda.
« 9.° Il Banco delle Due Sicilie verrà aperto al 1° gennaio 1809.
« 10.° Il Banco di San Giacomo resta solamente addetto al Tesoro Pubblico. All'epoca dell'apertura del Banco delle Due Sicilie verrà chiusa la cassa dei particolari.
« 11.° Il servizio della istituzione del Banco delle Due Sicilie sarà ceduto agli azionari, per lo corso di 25 anni, e potrà essere prorogato secondo le circostanze.

Con decreto poi dei 22 dicembre, medesimo anno 1808, si stamparono gli statuti e regolamento del nuovo Banco Nazionale delle Due Sicilie. Eccoli:

Della costituzione del Banco.

Art. 1. Il banco delle due Sicilie, istituito colla legge de' 6 dicembre 1808, sarà rappresentato dalla totalità dei suoi azionari, e questa da venticinque di essi.

2. I venticinque azionari, che, uniti al reggente, a governatori, ed a'censori, costituiranno l'assemblea generale del banco, saran coloro che costì, da' libri del medesimo, essere i più antichi e i maggiori proprietari d'azioni; e dovranno avere l'età non minore di anni trenta.

3. Il dritto di voce deliberativa, nelle assemblee generali, si acquisterà colla cumulazione rappresentativa di dieci azioni, almeno.

4. Ciascun numero di dieci azioni farà acquistare il diritto di un voto: ma ciascun votante non potrà mai averne più di tre, qualunque fosse la massa delle azioni, di cui sarà proprietario o rappresentante.

5. I sette governatori e i tre censori del banco, incaricati della sua amministrazione, sotto la presidenza del reggente, commissario del Re, saranno scelti tra gli azionari dell'assemblea generale, e nominati, precedente scrutinio, alla maggiorità assoluta di voti.
I censori saranno scelti tra la classe de' negozianti azionari.

6. In ogni anno saran cambiati due governatori ed un censore. Nel terzo anno verran cambiati tre governatori.

7. L'uscita dei governatori e del censore avrà luogo, nei primi tre anni, per sorte; e negli altri consecutivi per rango di anzianità.

8. I governatori ed il censore che dovranno uscire, potranno esser confermati, se avranno due terzi de'voti. La seconda conferma dev'essere a pieni voti.

9. Entrando in esercizio, i governatori, ed i censori dovran giustificare ch'essi sieno proprietarii, ciascuno, di sei azioni almeno.

10. Il dì 10 di gennaio di ciascun anno vi sarà, per dritto, un'assemblea generale di azionari del banco, per esaminare il conto delle operazioni dell'anno antecedente, e per procedersi, precedente scrutinio, alla elezione dei governatori e del censore usciti, ed al rimpiazzo di quelli trapassati o dismessi.

11. L'assemblea generale potrà essere straordinariamente convocata da' governatori del banco, allorchè, per causa di morte o di dismissione, il numero de' governatori si troverà ridotto a meno di cinque, e quello de' censori ad un solo, o che si tratterà d'affari urgenti, o tali per loro natura che debbano esser sottoposti all'esame dell'intero corpo degli azionari.

12. Simile convocazione potrà egualmente aver luogo in seguito di domanda formale de'censori, e sulla quale essi avran deliberato fra loro, e dopochè avran fatto conoscere ai

governatori i motivi della convocazione.

13. I governatori e i censori eletti nel corso dell'anno, in rimpiazzo dei morti, o di quelli che avran dato la loro dimissione, non potranno restare in funzione, se non durante il tempo che resterà a decorrere per completare l'esercizio di coloro a' quali saranno succeduti, salvo le conferme, che potranno aver luogo nelle assemblee ordinarie, giusta il prescritto nell' art· 8.

14. Il reggente di nostra nomina sarà scelto tra il numero degli azionari, e dovrà esser proprietario di dodici azioni almeno.

15. Per questa volta solamente, i governatori e i censori saran nominati da Noi tra gli azionari.

Delle sue obbligazioni.

16. Il capitale del banco fissato, dalla legge de' 7 dicembre 1808, ad un milione di ducati, potrà esser nel tratto successivo aumentato, ma solo per la creazione di nuove azioni. È proibito qualunque aumento sull'azione, fissata diffinitivamente per la somma di ducati dugento cinquanta.

17. Il corpo intero degli azionari sarà responsabile degl'impegni del banco. Ma ciascun azionario individualmente, altro non essendo che un semplice proprietario di azioni, non sarà mallevadore degl' impegni contratti dal banco, che fino alla concorrenza della quantità da esso posta in società; cioè a dire del numero delle azioni, pel quale egli si troverà iscritto al banco.

18. Il codice di commercio formerà legge per questa società.

19. Tutti gli atti giudiziari o estragiudiziari, che avranno luogo, a favore o contro del banco, saran fatti in nome generico degli azionari, rappresentati da' governatori.

20. Le offerte, per interessarsi nelle operazioni del banco, saranno ammissibili immediatamente dopo la pubblicazione del presente decreto. Gli azionari verseranno lo ammontare delle loro offerte in ispecie metalliche d' oro o d' argento, nel tesoro del banco, nel termine di quattro mesi, a datare dal primo di gennaio 1809, in rate uguali, scadibili in ogni mese. Saranno obbligati di sborsare la prima rata in contanti; e potranno dare per le altre tre rate altrettante cambiali, da estinguersi alle rispettive scadenze. Non godranno però del beneficio della dividenda se non avranno adempito all'intero pagamento delle azioni, a cui si saranno obbligati.

Della sua organizzazione e del suo servizio

21. I sette governatori del banco formeranno fra loro la commissione generale, la quale sarà sotto la sorveglianza del reggente.

22. La Commissione generale sarà divisa in tre Consigli, i quali saranno privativamente incaricati de'principali rami delle operazioni del banco, e ne renderanno conto alla Commissione generale.

23. Vi sarà il Consiglio dello sconto e de' pegni;
Quello delle casse e de' biglietti;
Ed il Consiglio de' conti e della corrispondenza.

Questi Consigli saranno cambiati in ogni semestre, in modo che i membri del Consiglio dello sconto passino al Consiglio delle casse, e i membri di questo al Consiglio de' conti, e così alternativamente.

24. Il reggente presederà al governo del banco, e sarà incaricato della direzione generale di tutte le operazioni, e de' rapporti del banco co'Ministri e colla real tesoreria. La Commissione generale firmerà in nome del banco i trattati e le convenzioni che stipulerà. Essa avrà la nomina e la destituzione degli agenti, de'corrispondenti ed impiegati; e farà i regolamenti che concernono il servizio interno ed esterno del banco.

25. Nella sua qualità di commissario del Re, il reggente avrà la sorveglianza cui esige la conservazione degli statuti fondamentali e costituzionali del banco, e l'esecuzione delle leggi, decreti ed ogni altro atto dell'autorità sovrana, relativo al servizio ed organizzazione del medesimo. Qualunque deliberazione de'Consiglio o della Commissione generale non potrà aver forza alcuna, se non è approvata e vistata dal reggente. Egli occuperà sempre il primo luogo di onorificenza. Nessun'altra autorità potrà avere ingerenza nell'amministrazione del banco. La polizia interna del medesimo sarà affidata al reggente.

26. Il reggente sarà supplito, in tutte le sue attribuzioni, da un vicereggente, la nomina del quale apparterrà a Noi. Egli prenderà rango fra i governatori. Sarà scelto fra la classe degli azionari, e dovrà esser proprietario di otto azioni almeno.

27. I censori potranno prender cognizione dello stato delle casse, del portafoglio, e de'libri del banco. Verificheranno il conto annuale, che i governatori dovran rendere all'assemblea generale, e veglieranno affinchè le deliberazioni dell'assemblea ed i regolamenti della Commissione sieno esattamente osservati.

28. I censori non potranno far parte di alcun Consiglio, e non avran voce deliberativa nella Commissione; ma vi assisteranno tutte le volte che lo crederanno necessario, e potranno proporre le loro osservazioni alla Commissione generale.

29. Le funzioni di reggente, di vicereggente, di governatore e di censore saranno esercitate gratuitamente, salvo i dritti di presenza, che saran proposti dalla commissione, e determinati dall'assemblea generale.

30. Il servizio centrale ed il domicilio legale del banco, verranno stabiliti nella cassa detta Pietà. La cassa de' Poveri, posta a disposizione degli azionari, e le altre che loro potranno esser concesse nel tratto successivo, altro non saranno che un locale annesso al banco, a cui la Commissione confiderà un ramo di servizio particolare, risultante da' privilegi del banco.

Dei conti correnti.

31. Il banco riceverà, in conto corrente, tutte le somme in numerario metallico, che gli saran versate dai particolari, o dagli stabilimenti pubblici; e pagherà per essi, fino alla concorrenza de' fondi che avrà dai medesimi incassato, le polizze che saran tratte sulla sua cassa.

32. I crediti in conti correnti saran, dati sulle *madrefedi*, dal cassiere del banco; e i debiti vi saran portati a misura delle polizze tirate sul banco.

33. La cassa de' conti correnti sarà distinta e separata dalle altre.

34. La scrittura, il registro e l'archivio de' conti correnti saran portati nel modo stesso che si praticava dagli antichi banchi.

35. Il banco esigerà un piccolo dritto sulle fedi di credito e polizze, per indennizzazione delle spese di servizio del conto corrente de' particolari. Rilascerà, quante volte gliene sarà fatta richiesta, copia delle polizze, o estratti de' registri; ed esigerà un dritto di conservazione, cercatura e spedizione. Per ciascuna partita di banco che si vorrà estrarre, la Commissione generale del banco ne formerà la tariffa, che verrà sottoposta alla nostra approvazione.

36. Il banco sarà aperto in tutt'i giorni, eccetto le domeniche e le feste di doppio precetto. Pagherà a *banco aperto* tutte le polizze che gli verranno presentate.

Dello sconto.

37. Il banco sconterà le lettere di cambio ed i biglietti ad ordine pagabili in Napoli, forniti però di tre firme di mercanti, negozianti e banchieri sudditi o esteri, notoriamente solvibili.

38. Vi sarà un Consiglio di sei nogozianti azionari, che sarà chiamato dal Consiglio dello sconto a dare il suo parere sulla validità d'una cambiale, o d'un biglietto ad ordine, quando il bisogno lo richiegga; ma non sarà mai responsabile dell'evento. Questo Consiglio sarà rinnovato in ogni anno, dall'assemblea generale del banco, sulla nomina della Commissione generale.

39. Gli azionarii del banco godranno della preferenza dello sconto, in quella proporzione che verrà determinata da'regolamenti della Commissione. E gli effetti, che avranno più di due mesi a decorrere, non saranno ammessi allo sconto fino all'incasso della totalità delle azioni.

De' prestiti sopra pegni, e delle anticipazioni.

41. Gli effetti mobili, che saran portati al banco, per sicurezza dei prestiti che farà, saran deposti nei suoi magazzini, dopo d'essere stati stimati dagli apprezzatori che sono addetti al banco.

42. Il banco non riceverà effetti mobili in pegno, per una somma maggiore di cento ducati, che da persone conosciute e domiciliate, ovvero assistite da un mallevadore, il quale dovrà esser conosciuto e domiciliato. Non si potranno far pegni per una somma maggiore di ducati mille, nè minore di duc. venticinque.

43. I prestiti sopra le materie d'oro e d'argento corrisponderanno a'tre quarti del valore di stima del pegno: quelle sopra le gioie, alla metà: e per gli altri effetti, a' due terzi del prezzo di stima.

44. Nel pegnorare la somma, regolata ne' termini dell'articolo precedente, il banco rilascierà una ricognizione, o sia cartella, dell'effetto che egli avrà pegnorato.

45. I pegni saran fatti per sei mesi, colla facoltà di rinnovarli, spirato detto termine.

46. Per eseguire tal rinnovazione, il pegnorante sarà tenuto di pagare gl'interessi, fissati dalla legge in ragione dell'otto per cento, fino allora decorsi.

47. Gli effetti dati in pegno al banco, e che non saranno stati spegnorati nel termine fissato nell' art. 45, ed enunciato nella cartella rilasciata al pegnorante, saran venduti pubblicamente, all'incanto, per conto del banco; il quale dal risultato della vendita si rimborserà del prestito, degl'interessi e delle spese, e bonificherà al particolare l'eccedente del prezzo, colla restituzione della cartella.

48. L' interesse de' prestiti, che il banco farà sulle derrate e mercanzie, sarà regolato amichevolmente tra la Commissione del banco ed il pegnorante. I prestiti sulle derrate saran fatti sopra i generi esistenti nella regia dogana, o nelle pubbliche conservazioni. La chiave del magazzino verrà deposta nella cassa del banco, per la sua cautela. I generi deperibili non saranno ricevuti in pegno al banco.

Delle azioni.

49. Le azioni del banco saranno rappresentate da una iscrizione nominativa sopra un registro, il quale sarà tenuto per duplicato, e di cui sarà rilasciato all'azionario un estratto firmato da' governatori e censori, e vistato dal reggente.

50. I trasferimenti d'azione avran luogo in virtù d'una semplice dichiarazione del proprietario, trascritta su i libri del banco, e certificata da uno degli agenti di cambio di Napoli, accreditati presso il banco.

51. Il trasferimento fatto a profitto d'una massa di azioni, sarà valutato proporzionalmente per una firma di sconto.

52. Saranno commerciabili le azioni del banco. Non saranno soggette ad ipoteca, e saranno sottoposte alle azioni de'creditori fino a che si trovino presso del debitore. Saranno esenti dalla tassa d'industria.

53. La dividenda delle azioni sarà regolata in ogni semestre dalla Commissione del banco, che la farà pagare dal suo tesoro, a vista, agli azionari, tostochè ne sarà stata determinata la quantità.

54. Le azioni del banco possono essere acquistate dai forestieri.

55. Le azioni obbligative del reggente, del vicereggente, de'governatori, e de' censori, non si potranno alienare durante il tempo della loro amministrazione.

Disposizioni generali.

56. Il banco riceverà, a titolo d'impiego ad interesse, tutte le somme che gli saran confidate, per esser pagate in epoche convenute; ed a titolo di consegna ogni sorta di materie, derrate ed effetti reali.

57. Potrà emettere biglietti pagabili a vista, calcolando tale emissione in modo che col numerario effettivo riserbato nel suo tesoro, alla scadenza della carta esistente nel suo portafoglio, possa sempre pagare i suoi biglietti, nel momento della esibizione, ed a banco aperto.

58. Potrà ugualmente rilasciare dei mandati su i diversi luoghi del regno, ne'quali manterrà de'corrispondenti.

59. Gl' impiegati che sono responsabili e contabili del banco, saranno obbligati di dar pleggeria in danaro effettivo, o in azioni depositate al banco.

60. Gli obblighi degli impiegati ed agenti subalterni del banco, ed i loro soldi, saran determinati dalla Commissione generale del banco.

61. Il nostro Ministro delle finanze è incaricato della esecuzione del presente decreto.

Firmato GIOACCHINO NAPOLEONE

* * *

24. Cominciò infelicemente questo Banco delle Due Sicilie, per la ragione che si venderono poche azioni, e queste poche nemmeno furono tutte pagate. Scrisse il Reggente Carta, con relazione del 26 novembre 1809. " Sire. Il Banco delle due Sicilie si è aperto per espresso comando di V. M., malgrado che il numero delle azioni fosse cosi ristretto da non presentare un aspetto florido per quest' utile stabilimento. Li azionarii si sono sottoscritti per N. 1312 azioni, che ammontano alla somma di 328,000 ducati, e quantunque non possa dirsi un fondo sufficiente a fare delle operazioni vantaggiose, pure sarebbe stato tale da ottenersi una discreta dividenda, se tutti avessero adempito all' impegno contratto. Ma, disgraziatamente, non è avvenuto così, e sinora, malgrado le maggiori premure ed inviti per lo versamento dell' ammontare delle indicate azioni, non si è incassato che ducati 126,000, cioè dalla cassa di ammortizzazione ducati 94,000, dalli particolari ducati 32,000; nè rimane altra riserva che sopra ducati 21,000 di cambiali cedute dalla medesima cassa di ammortizzazione, che a poco a poco si spera di realizzare. „

" Questi fondi si sono esauriti , perchè si sono fatti dei pegni per la somma di ducati 120,000 (1) e poche cambiali si sono scontate. „

" Da ciò vede bene V. M. che bisogna ricorrere a degli espedienti per completare il fondo promesso; altrimenti il banco rimane nella perfetta inazione, si discredita nel suo nascere, e soggiace a delle perdite, invece di sperarsene l' utile della dividenda „.

" Il Direttore della Cassa di ammortizzazione deve pagare altri ducati 83,000, e, premurato da me, ha risposto di non avere fondi disponibili , se dal Ministro di Finanza non gli vengon fatti. La guardia reale non ha pagato l' importo delle cento azioni cui si è sottoscritta. Li particolari devono ancora duc. 72,000, e tra questi ve n' è una porzione che nulla ha dato in conto; altri poi han pagato una o due rate ; ma, accorgendosi che non tutti egualmente adempiono agli obblighi assunti, anche si sono astenuti dal proseguire i loro pagamenti (1), Comprendo bene che è dispiacevole di astringere i debitori , ma non saprei immaginare altro mezzo per la buona riuscita del Banco „.

" Mi si potrebbe opporre che l'obbligar per forza a divenire azionario forma un discredito al Banco, che li vantaggi che offre si devono desiderare da un privato per proprio utile, non mai forzarsi chi crede di non trovarci il proprio conto. „

" Rispondo: che è vero il principio prima di segnare il proprio nome, nel libro delli azionarii; ma, quando uno ha sottoscritto, non ha la facoltà di retrocedere; poichè tutta la società si è reciprocamente impegnata, e che non si fa nessun torto quando si obbliga a mantenere l' impegno contratto. Dico dippiù, che si farebbe un torto all' intera società delli azionarii , se fosse lecito ad una porzione di ritirarsene , mentre l' altra rimane impegnata, per effetto della somma che si è sborsata, e dalla quale non potrà mai sperare l' utile che si proponeva di ottenere. „

---

(1) I primi pegni furono occasione di battibecchi con l' ufficio del marchio degli oggetti preziosi (Lettera 3 marzo 1809), ed il ministro ci pose rimedio coll'art. 2 del decreto 10 marzo 1809, pel quale « Il Banco è autorizzato a ricevere in pegno, senza essere bullati, tutt' i lavori d' ar« gento dei particolari già fabbricati, assicurandosi però del valore intrinseco contenuto nei me« desimi ».

(1) Degli stessi Governatori del banco alcuni non pagarono le azioni che servivano per esercitare legalmente l' ufficio, e, quando furono invitati a mettersi in regola, risposero che non si volevano mostrare più zelanti delle amministrazioni pubbliche, della cassa di ammortizzazione cioè e della guardia reale, le quali, dopo d' aver sottoscritto buona parte del capitale, non lo avevano poi versato (Lettera del Reggente Carta 16 ottobre 1809).

" Il denaro finora impiegato, nella somma di ducati 125,000, unito a' piccoli dritti che si percepiscono, dà tanto utile da coprire le spese, per un calcolo approssimativo, poichè, stabilite tutte le officine del banco, dei pegni e dell' archivio, la spesa non ammonta a ducati 1000 al mese, e credo che non si poteva fare maggior economia. „

" Se altre somme non verranno impiegate, due mali sono inevitabili; il primo di un discredito del banco, che deve chiudere l'opera dei pegni senza averci impiegato che somme così tenui; il secondo, ch' è il maggiore, cioè di presentare in fine dell' anno un conto in cui l' utile è assorbito interamente dalle spese, e forse anche con qualche piccolo discapito, nel capitale che un azionario vi ha impiegato. „

" Tutte queste considerazioni, di giustizia e di economia, mi obbligano di pregare V. M. a prendere i più efficaci provvedimenti, perchè tutti coloro che si sono sottoscritti, come azionisti, adempiano sollecitamente gli obblighi che han contratto; altrimenti questo stabilimento, utile per impedire le usure, vantaggioso per le transazioni private, diverrà nullo, ed anzi nocivo all'interesse di V. M. che è il principale azionario, e di coloro che, per ubbidire a V. M. han concorso a promuoverlo. „

Li 3 gennaio 1809, i nuovi Governatori " persuasi della impos-
" sibilità di dar principio alle operazioni prima che fossero sotto-
" scritte almeno duemila azioni „ chiesero qualche aiuto pecuniario o che almeno la rendita de' soppressi banchi, che il fisco non avesse ancora distrutta, si concedesse al novello ente. Ottennero la sola proprietà degli archivi degl' istituti soppressi, che, giusta il decreto 10 gennaio 1809, si dovevano tutti riunire nel locale della Pietà, coll' analogo dritto di riscuotere le tasse per le copie e per i certificati.

Tasse che cercarono d'accrescere, chiedendo facoltà di riscuotere.
Per l' emissione d' una fede di credito . . . . . grana 5
       id   d' un mandato o d' una polizza notata fede . . . . " 3
Da ogni individuo, mentovato in un mandato, che si presentasse ad incassare la sua quota . . . . . " 2

Più aumentare a grana 20, per foglio, il dritto per le *partite di banco*, vale a dire per le copie di carte bancali, che prima era di grana 10.

Più aumentare a grana 30 per anno il dritto sui bilanci di conti correnti, che prima era di grana 10.

Serbarsi l'antica tariffa, di grana 60, per le attestazioni o certificati.

Finalmente, aggiungersi un dritto di *cercatura*, di carlini due ad anno, dandosi però la facoltà ai Governatori o Deputati di transiggere per qualche porzione dell'ammontare, quando lo stimassero esorbitante.

Erano sgradevoli novità, per un popolo che, da secoli, si serviva del Banco, senza pagar nulla. Invano i proponenti parlavano di tristi condizioni dell'Istituto, ehe non poteva altrimenti tirare innanzi. Si studiavano anche di giustificare le nuove imposte, o l'aumento delle vecchie tariffe, mentovando i pregi delle girate, per le quali i pagamenti fatti con fedi, o polizze, o mandati, davano ad ogni individuo una sicura e perpetua cautela, non soggetta nè a frode, nè a dispersione, ed offrivano un documento privilegiato in giudizio ; dippiù le cinque o tre o due grana erano somme minori di quelle occorrenti per una semplice quietanza legale. Ma questi e maggiori vantaggi si ottenevano anche prima, senza che i vecchi banchi avessero mai pensato di riscuotere dritti d' emissione. Aggiungasi che il Fisco faceva eccezione per sè. Infatti la Cassa San Giacomo, conservata per comodo del Tesoro pubblico, non prese dritto d' emissione; e rispetto alle copie o certificati, si contentava della tariffa 24 febbraio 1809, ch' era sufficientemente discreta.

Fu stabilito che le operazioni del Banco Nazionale sarebbero cominciate al 1° febbraio 1809, e si domandò l' esenzione dalle tasse di bollo sui libri e scritture. Sursero poi difficoltà per l'applicazione delle leggi di registro, volendo i notai che l' imposta si fosse pagata prima di presentare ad essi le bancali, per l' autentica delle firme: ma, dopo un rapporto del Reggente, 9 giugno 1809, la controversia fu accomodata, interpetrando la legge 6 dicembre 1808 come formale riconoscimento delle regole tradizionali, per le quali può la girata contenere qualsiasi patto, e vale come scrittura autentica.

*
* *

25. Si parlò eziandio di biglietti al latore, e ci sembra opportuno di trascrivere il rapporto fatto al Ministro di Finanza, perchè

le ragioni favorevoli o contrarie, espresse settant' anni fa, hanno valore anche oggi.

" 20 gennaio 1809.—Nell'ultima seduta, fatta dai componenti il Governo del Banco delle Due Sicilie, fu messo in discussione se convenisse d'introdurre, qui in Napoli, i così detti biglietti di banco; ad esempio di ciò che si pratica in Francia, ed in altre piazze d'Europa ».

« L'affare fu lungamente esaminato, le opinioni furono discordanti fra loro. Uno dei censori fu di sentimento affermativo per l'emissione dei biglietti di banco; due altri censori furono di sentimento contrario. Dei Governatori, quattro opinarono di doversi emettere i biglietti, e tre furono di contrario parere ».

" Coloro che sostennero la opinione favorevole per i biglietti, ne analizzarono la utilità, facendo riflettere che tutte le altre piazze d'Europa, ove vi sono banchi, hanno adottato questo lodevole sistema; che si sarebbe così introdotta una carta rappresentante moneta effettiva, di più facile circolazione della nostra fede di credito, la quale ha bisogno di molte forme e verifiche; che si sarebbe così, per mezzo dei biglietti di banco, venuto ad accrescere la massa del numerario; e che coi biglietti si sarebbe anche ottenuto molto risparmio, nelle spese necessarie per i commessi, che occorrono per la verifica ed adempimento delle forme richieste dalla fede di credito, secondo l'antico sistema dei nostri banchi „.

" Gli altri, che sostenevano il sentimento contrario, facevan riflettere che se i biglietti sono adottati nelle altre piazze d'Europa, lo sono perchè i banchi colà sono altrimenti modellati, e non si conoscono i vantaggi del nostro sistema; che la nostra fede di credito, mentre ha tutt'i stessi vantaggi del biglietto di Banco, non ne contiene i pericoli, giacchè non può essere facilmente falsificata, come i biglietti, non può servire volentieri all'altrui frode e malizia; e le forme e verifiche di cui ha bisogno la fede di credito, se impediscono, per pochi momenti di più, il portatore, servono nel tempo stesso alla sicurezza e perpetua cautela dei particolari e del banco; lo che non si ottiene dal biglietto, che falsato può girare ed essere in commercio, venire al banco, emettersi di nuovo e di nuovo tornare, e può dar luogo al cassiere di servirsene, per se stesso o per altri ».

« Si aggiungeva essere pericoloso che il banco dasse fuori, nel tempo stesso, due differenti carte, sulle quali differente potrebbe essere la fede ed opinione del pubblico, ed una potrebbe discreditare il valore dell'altra; tanto più che la nostra nazione ha una stabilita opinione della fede di credito, che da tre secoli indietro ha riconosciuta, e non conosce affatto il biglietto. Che, essendo stato riconosciuta da tutt' i governatori e censori la utilità della fede di credito, sarebbe lo stesso che inviluppare le operazioni del Banco, con due diversi metodi di scrittura ».

« Che in dorso alla nostra fede di credito si posson fare delle girate, ed apporsi quelle condizioni che si vogliono nel pagamento. Ed è questa appunto la gran molla degli avventori del banco, perchè i pagamenti così fatti, formando una prova in giudizio, formano la sicurezza delle proprietà delle famiglie, lo che non si ottiene coi biglietti di banco „.

" Che disperdendosi, o essendo rubata, una fede di credito, si può subito impedire al banco, giacchè le forme appunto delle quali è contrassegnata, ed il registro che si ha sui libri del Banco del nome del proprietario, dell'epoca e della somma, e la notizia se il denaro sia libero o sequestrato, servono a far distinguere il proprietario dal portatore che l'ha trovata o rubata; vantaggio che non hanno i biglietti „.

« E finalmente, che non è questo certamente il tempo d'accrescere,con una carta monetata, il numerario effettivo, perchè crollerebbe nel suo nascere il Banco; e che quando poi sia il banco perfettamente accreditato, e si voglia ciò fare, può aversi lo stesso intento colle nostre fedi di credito, ed aversi intanto quella cautela che non offrono i biglietti di Banco ».

« Essendo questo un affare di somma delicatezza, che interessa il pubblico intero, e che servir deve di fondamento al credito o al discredito del Banco, nel momento istesso del suo nascere, mi son veduto in dovere di farlo presente a V. E. perchè si compiaccia di passarlo alla Sovrana intelligenza, onde la M. S. co'superiori suoi lumi, prenda sull'oggetto quelle risoluzioni che meglio crederà convenire ».

L'altra radicale proposta, d'aprire conti correnti senza interessi, simili a quelli della Banca di Francia, fu respinta con cinque voti contro due; per la ragione che la Madrefede Napoletana equivale al conto corrente, ma offre maggiori malleverie, e maggiore comodità, tanto per l'istituto quanto pel pubblico.

*
* *

26. Il pegno degli oggetti d'oro e d'argento fu ricominciato il 1° febbraio 1809, ma trovava intoppo nell'art. 42 del nuovo statuto, pel quale siffatti prestiti non dovevano superare i duc. 1000, nè essere inferiori a duc. 25. Li 22 febbraio 1809, scriveva Carta al Ministro:

" Su quest'oggetto, mi conviene di far presente all'E. V. che nell'istituire S. M. quest'opera della pegnorazione, ha voluto certamente aiutare la c¹asse dei più bisognosi, sollevandola dell'oppressione delle gravi usure „.

" Questa classe, per l'opposto, niun utile ricava da un opera così salutare, anzi sarei per dire che forse ne risulta per essa maggior detrimento. Dal primo giorno che fu aperta l'opera anzidetta, accorse a folla la gente a pegnorare i suoi effetti, e giornalmente vi è venuta, per liberarsi dalla gravezza degli usurai. La maggior parte però, del ceto il più bisognoso, ha dovuto tornarsene scontenta, e senza poter fare il pegno della sua roba, giacchè non era del valore stabilito dalla legge, per arrivare a pegnorarsi per la somma di D. 25; e soli li più ricchi, che avevano preziosi effetti, han potuto godere del beneficio di quest'opera „.

" Or siccome la mente del Sovrano è sicuramente di sollevar tutti, ma con ispecialità li più bisognosi; così prego V. E. di ottenere la modifica del suddetto articolo del decreto, e permettere che il Banco possa far prestito sopra pegno della somma da D. 10 fino a D. 1000, coll'interesse dalla legge stabilito „.

" Sarebbe sicuramente poi della Sovrana Clemenza lo stabilire, per la classe indigente, la pegnorazione anche di piccoli effetti, per somme minori di D. 10, ed a più basso interesse di quello fissato, dell'otto per cento; siccome prima si praticava, in sollievo dei poveri „.

Anche delle monete forastiere, che gli eserciti francesi, tedeschi, inglesi, russi, avevano importato in gran copia nel regno, si dovette occupare la rappresentanza degli azionisti, e scrisse (2 marzo 1809), che mancando di corso legale nel paese, il banco non le poteva emettere, quindi non le poteva nemmeno accettare pei prezzi stabiliti alcuni anni prima, con officiali tariffe, dai ministri Medici e Bisignano. Ricevendo infatti tali monete estere, gli azionisti, che a quell'epoca avevan posto un piccolissimo capitale, e facevano scarso introito per depositi, avrebbero potuto trovarsi in imbarazzo, costituendo buona parte della riserva con monete forastiere, che dal pubblico non si sarebbero prese.

Dichiarò il Ministro che tali monete, senza corso legale, dovessero rifiutarsi per pagamento, e pigliare solo come pegno, all'interesse otto per cento, quando c'erano fondi disponibili.

Le regole per lo sconto di cambiali rimasero scritte, avendone gli azionisti ammesse pochissime, che appartenevano al solo tesoro, e servirono al pagamento del prezzo dell'azioni.

27. Uomini operosi ed intelligenti furono da Gioacchino messi a dirigere la Società, ma non potettero vincere nè la sfiducia dei Napoletani, che poco credevano alla vitalità del nuovo banco, nè la gelosia degli agenti fiscali. Costoro avevano conservato il Banco Governativo o Cassa di Corte di San Giacomo, diretto dal Ministro ed indipendente dalla società di azionisti, con officine pel servizio dei particolari (decreto 26 Dicembre 1808) che lavorava per assorbire la maggiore possibile quantità di depositi del pubblico; ed aveva grandi privilegi, pei quali si può dire che la sua carta godesse una specie di corso forzoso. Dopo pochi mesi d'esercizio, col pretesto che fosse insufficiente, ma per la vera ragione che il

pubblico non lo curava, il Banco Nazionale fu soppresso, con decreto 20 novembre 1809, e si licenziarono gli azionisti. restituendo le somme versate per formare il capitale. La dividenda fu di soli D. 530 (1).

Prima di riferire il decreto di costituzione del Banco delle due Sicilie, giova ricordare che li 22 marzo 1809 si provvide agl'impiegati dei banchi soppressi, e li 21 agosto del medesimo anno, si annullarono definitivamente i crediti derivanti dai titoli apodissari, anteriori al 1808, con questo decreto:

Art. 1. Le polizze del banco dei particolari, che non sono state presentate all' ammortizzazione nel termine prescritto, non potranno essere mai più riconosciute dal Governo.

Saranno regolarmente rifiutati, dal dì primo ottobre venturo in poi, i bullettini di deposito di quelle polizze che, alla descritta epoca, non si trovassero cambiate contro le ricognizione della commissione temporanea.

Art. 2. I D. 161550,51 di ricognizioni, che non ancora sono stati impiegati, essendo (in vista dei pagamenti già fatti, in esecuzione dello stato determinato dal Ministro delle Finanze, nel dì 18 giugno 1808) inferiori alle somme che si richiedono per la totale estinzione di que' debiti in conto dei quali i debitori han fatto dei versamenti, non potranno essere impiegati, fino al primo del venturo novembre, che in saldo dei debiti stessi.

Spirato un tal termine, quella porzione degli enunciati debiti che non si trovasse ancora estinta, sarà riunita ai beni della cassa di ammortizzazione; e quelle ricognizioni che resteranno in circolazione saran ricevute dal Real Tesoro, conformemente all' art. 3 del decreto de' 20 maggio 1808, a similitudine delle cedole del debito pubblico.

Art. 3. Il nostro Ministro delle Finanze è incaricato dell' esecuzione del presente decreto.

28. Trascriviamo tutto l'importante decreto di Gioacchino, pel quale il Banco divenne unico, gli fu data forma che maggiormente si accostava ai vecchi modelli, ma era confermata la dipendenza dal ministro, ed il carattere d'ufficio governativo.

Li 20 novembre 1809.

Considerando che il banco di San Giacomo, e quello delle due Sicilie, organizzati e retti sopra differenti principii, si pregiudicano scambievolmente nelle loro operazioni, senza recare alcun utile alle di loro casse, al pubblico, o al Governo.

Che la riunione di questi due stabilimenti, formando coi loro capitali una sola massa, e dando un unico centro al moto de' loro fondi e dei loro effetti, procurerà, nel medesimo

---

(1) Lettera del reggente Carta, 22 gennaio 1810.

tempo, il vantaggio di una grande economia nelle spese di amministrazione, non meno che di un servizio più semplice, più regolare e meglio adattato a' bisogni ed agli usi del commercio;

Che gl'interessi ed i voti de'nostri sudditi sono diretti ad affrettare il ritorno di un sistema bancale, di cui la esperienza di molti secoli ha dimostrato i vantaggi; instituzione nazionale, che presenta insieme un deposito sicuro e senza spese per tutt'i capitali, ed una inviolabile garanzia per tutti i pagamenti, nell'atto che dà alla circolazione de'valori una sicurezza, una facilità ed una speditezza, tale che ne produce la moltiplicazione;

Che, volendo far risorgere degli stabilimenti, i di cui beneficii furono immensi, egli è necessario sopratutto di rimuovere, con delle misure precise e severe, gli abusi che li fecero perire;

Che il banco, avendo il maneggio de'denari dello Stato, e di quelli che il commercio, ovvero i particolari v'immettono; non ci sarebbe responsabilità troppo gravosa pe'funzionarii a'quali tante ricchezze sono affidate;

Che egli è giusto di ammettere il commercio alla sopravveglianza di uno stabilimento depositario de'suoi più preziosi interessi; e che questa sopravveglianza può ancora essere utile al tesoro dello Stato, quando essa sia esercitata da uomini versati negli affari, e di uno sperimentato carattere, scelti fra i negozianti del regno i più distinti;

Visto il rapporto del nostro Ministro delle finanze;

Abbiamo decretato e decretiamo quanto segue;

Della costituzione del banco

Art. 1. Il banco di Corte ed il banco delle due Sicilie non formeranno più, a datare dal primo di gennaio 1810, che un solo e medesimo banco, il quale farà il servizio del governo e quello de'particolari, sotto il titolo di *Banco delle due Sicilie.*

Del capitale del banco

2. Il capitale del Banco delle due Sicilie, fissato, dallo articolo 2 della legge de' 6 di dicembre 1808, ad un milione di ducati, diviso in 4000 azioni, di ducati 250 per ciascuna, sarà da Noi fornito a titolo di dotazione. Questo capitale sarà aumentato dal prodotto delle azioni realizzate o da realizzarsi da' particolari, da oggi sino al primo del futuro mese di luglio. Indipendentemente da detto capitale, il Governo provvederà a' mezzi di soddisfare tutte le polizze del banco di Corte, che sono in circolazione.

3. In seguito delle disposizioni dell'articolo precedente, il patrimonio del banco delle due Sicilie sarà composto;

I. da' beni assegnati, co'nostri decreti degli 11 di giugno 1806 e 12 di settembre 1809, al banco di Corte;

II. dal prezzo, realizzato o da realizzarsi in moneta effettiva, delle 800 azioni del banco delle due Sicilie, acquistate dal Governo;

III. dal prezzo delle altre 100 azioni date alla nostra guardia;

IV. dal prodotto del riacquisto delle seguenti partite, che apparterranno al banco, e che saranno nel medesimo versate, a misura che avranno luogo; cioè:

rimborso che devesi fare dall' antica amministrazione de' lotti di Terra di Lavoro.	30000
arretrati de' lotti. . . .	14800
arretrato dell'antico bollo.	126830
dritti di sentenze. . . .	70000
pene contumaciali . . .	144000
officii del regno	2000
arretrato dei ferri, comprese diverse percezioni da farsi dopo i giudicati della commissione de' titoli. . . .	50000
Totale duc.	437630

V. da un supplemento di beni, scelto fra quei de' banchi soppressi, o fra le altre proprietà del demanio, valutate a ragione del 6 per 100 netto, e calcolato in modo che i fondi del banco (dopo l' esito fatto per far fronte alle polizze del banco di Corte) restino fissati ad un milione di ducati;

VI. dall' ammontare delle azioni de' particolari.

4. Tutte le azioni delle quali il Governo avrà somministrato i fondi, all'infuori di quelle date alla nostra guardia, apparterranno alla cassa di ammortizzazione; talchè la medesima, sopra le 4000, ne possederà 3900, la detta nostra guardia 100.

5. Per mezzo de' fondi assicurati al banco dagli articoli precedenti, e dal trasporto che al medesimo sarà fatto di tutt' i fondi esistenti in madrefede al banco di Corte, per conto del Governo o de' suoi stabilimenti pubblici, e per conto dei particolari, tutte le polizze che si troveranno date fuori, a tutto il dì 31 dicembre 1809, circoleranno per conto del banco delle due Sicilie, il quale ne diverrà garante, dal giorno che saranno state riconosciute.

6. Tutti gli altri debiti del banco di Corte andranno a carico del Governo; che li farà liquidare e pagare, co' prodotti delle rendite arretrate di detto banco.

7. Per conoscere l' ammontare positivo delle polizze del banco di Corte che sono in circolazione, e per determinarlo con sicurezza, i possessori delle medesime dovranno presentarle, fra lo spazio di due mesi a contare dal giorno che sarà indicato, acciò sieno riconosciute. Il banco delle due Sicilie non si chiamerà debitore, nè pagherà, se non quelle che saranno state sottoposte a tal verificazione; ed il termine a ciò stabilito sarà improrogabile.

8. I particolari, azionari del banco delle due Sicilie, che non hanno adempito alle loro offerte, e coloro che desiderassero unirsi a' primi azionari, per prender parte negli affari del banco, avranno sei mesi di tempo per fare o completare i fondi, senza per altro esservi costretti.

9. La cassa di ammortizzazione sarà autorizzata ad accettare i trasferimenti delle azioni che i proprietarii vorranno negoziare.

10. Nel caso che, per effetto delle alienazioni, il prodotto de'valori da noi assegnati venisse ad eccedere lo ammontare delle polizze del banco di Corte e delle 4000 azioni che il Governo dee realizzare, l' eccedente sarà convertito in nuove azioni, a favore della detta cassa di ammortizzazione.

Nel caso poi che questo prodotto fosse inferiore alla somma per la quale saranno stati dati i valori, allora si assegneranno degli altri fondi per completarla.

11. Il banco avrà l'amministrazione intera di tutti i suoi beni, sia per la loro alienazione, sia per lo di loro regolamento, sotto la sorveglianza del Ministro delle finanze.

Della dividenda

12. La dividenda, che risulterà dai profitti che il banco potrà fare, sarà ripartita e pagata in ogni sei mesi;

13. Sino a che i valori assegnati al banco non saranno totalmente ratizzati, la cassa di ammortizzazione e la guardia parteciperanno della dividenda, in ragione di 4000 azioni. Ciò non ostante sarà garantita agli azionarii particolari, durante il corso de'due primi anni, una dividenda che non potrà essere al di sotto dell' otto per 100 l'anno. La somma, che potrebbe forse mancare, per far salire a tal ragione la dividenda, sarà presa dalla dividenda della cassa di ammortizzazione.

Del servizio del banco

14. Il servizio di tutti i fondi del tesoro pubblico, della tesoreria di casa reale, della cassa delle rendite,

della cassa d'ammortizzazione, dell'ordine delle due Sicilie, e di tutte le amministrazioni pubbliche, residenti in Napoli, è confidato al banco delle due Sicilie.

15. Tutti gli stabilimenti pubblici, come sono gli ospizii ed altri luoghi di beneficenza dimoranti nella capitale, la comune di Napoli, i luoghi pii, e tutti i corpi ecclesiastici e civili, faranno i loro introiti ed esiti per mezzo del banco. I di loro cassieri non potranno presso di loro conservare altro denaro effettivo se non quello che, per le occorrenze giornaliere, debbono necessariamente pagare fuori banco; e ciò in quella proporzione che loro sarà fissata da quel Ministro da cui tali stabilimenti dipendono, di concerto col Ministro delle finanze. Qualunque cassiere contravvenisse a questa disposizione sarà punito, come colui che avrà traviato ad uso illecito delle somme a lui affidate. I debitori di detti stabilimenti non saranno legittimamente quietanzati, se i pagamenti che avran fatti non saranno comprovati dalle scritture del banco.

16. Il banco continuerà a ricevere, secondo l'antico sistema, tutte le somme che i particolari vi vorran versare; e farà per di loro conto tutti que' pagamenti, la di cui prova desidereranno che sia conservata negli archivi di questo stabilimento.

17. La cassa cho riceverà i fondi depositati da' particolari, e che farà i pagamenti per conto dei medesimi, sarà separata da quella che introiterà ed esiterà per conto del governo.

18. Le polizze del banco saranno ammesse, tanto in Napoli che nelle province, come danaro contante, in tutte le casse pubbliche, per pagamento de' pesi fiscali, dopo la necessaria verificazione, e sotto la responsabilità de' cassieri che le avranno ricevute.

19. I depositi de' particolari saranno cerzionati con delle carte di ricognizione, o dichiarazioni di crediti; che potranno essere trasferite all'infinito per mezzo di una girata, e saranno pagate a vista, colla quietanza dell'ultimo depositario, secondo l'uso degli antichi banchi di Napoli.

20. Le fedi di credito del banco faranno fede, e proveranno in giudizio la verità de' pagamenti pe' quali saranno state impiegate da' depositarii. Ma le stesse non avranno alcun effetto per istabilire de' pagamenti anteriori; che potessero essere enunciati nelle girate, eccettochè detti pagamenti non fossero anche stati fatti per la via del banco. Queste fedi di credito non potranno giammai servire a provare quelle convenzioni che, esigendo il consenso delle due parti, non potrebbero, per loro natura, altrimenti essere confermate se non in vigore di contratti sinallagmatici.

21. Le polizze e fedi credito originali non saranno soggette ad alcun dritto nè di bollo, nè di registro. Le stesse dichiarazioni de' notai, che potessero essere incaricati di legalizzare e riconoscere le firme de' giratarii, non saranno sottoposte ad alcun diritto.

22. Il banco avrà un archivio generale, ove saran conservate tutte le polizze e fedi di credito quietanzate, e ne rilascerà, in carta bollata, tutte quelle copie o estratti che saranno dimandati dalle parti. Queste copie o estratti saran soggette a quei medesimi dritti di conservazione che son fissati dall'attuali tariffe del banco di Corte e del banco delle due Sicilie.

23. Tutti i depositi, ordinati per via giuridica, saranno versati nel banco delle due Sicilie; per essere restituiti ai proprietarii tostochè ne sarà ordinata la liberazione, e sarà questa provata nelle forme prescritte dalle leggi.

24. Il banco è autorizzato a ricevere, contro semplici carte di ricognizione, tutti i depositi volontarii di fondi che i particolari vorranno immettervi; ed a bonificarne gl'interessi, a quella ragione che sarà fissata, nel principio di ogni semestre,

dal Ministro delle finanze, sul parere del consiglio del banco. Questo interesse sarà pagato a contare dal decimo giorno dopo eseguito il deposito, sino al giorno in cui sarà ritirato, purchè, per altro, l'intervallo sia stato di un mese intero. Le frazioni, di meno di dieci giorni, non saranno calcolate.

25. I fondi depositati, in conformità dell'articolo precedente, saranno restituiti a' proprietarii dieci giorni dopo le domande che ne faranno, unitamente agl' interessi che loro son dovuti.

26. I fondi volontariamente depositati, o versati in conto corrente del banco, non saranno sequestrati.

27. Il banco potrà fare de' prestiti sopra pegni, o sopra effetti di commercio, sottoscritti almeno da tre negozianti o banchieri, di una solvibilità sperimentata Le somme che potranno essere impiegate a questi usi saranno determinate, di sei mesi in sei mesi, dal Ministro delle finanze, in seguito dei conti e degli stati di servizio del banco. La ragione dell'interesse sarà fissata nel medesimo tempo.

28. La dilazione conceduta per la restituzione delle somme prestate, non potrà eccedere lo spazio di sei mesi.

Dell' amministrazione del banco

29. L'amministrazione del banco delle due Sicilie sarà confidata ad un consiglio, composto da un reggente, da dodici governatori, de' quali per lo meno sei saranno scelti fra il ceto de' negozianti i più accreditati del regno, e da tre censori.

30. Il reggente sarà nominato per cinque anni; sei dei governatori saranno da principio nominati per tre anni; e sei per due. In seguito sei ne saranno nominati in ogni anno, per esercitare le loro funzioni durante lo spazio di due anni. I medesimi potranno sempre essere nominati di nuovo.

Il direttore della cassa di ammortizzazione, quello della cassa delle rendite, e quello del gran libro, saranno di diritto censori del banco.

31. Il reggente avrà la direzione generale dell'amministrazione, la corrispondenza col Ministero, la presidenza del consiglio, la nomina di tutti gl' impiegati del banco (salva l'approvazione del Ministro delle finanze) e la polizia interna del banco. Niuna deliberazione del Consiglio potrà aver forza o potrà essere eseguita senza essere stata approvata e vistata dal medesimo.

Tre governatori saranno costantemente di servizio, e regoleranno, coll'autorità del reggente, il primo tutto ciò che concernerà la cassa incaricata degl'introiti ed esiti del tesoro; il secondo tutto ciò che apparterrà alla cassa de' particolari; ed il terzo finalmente tutte le operazioni dei pegni.

32. I censori avranno la facoltà d'ispezionare, quando lo giudicheranno a proposito, tanto i registri di cassa, quanto il portafoglio; siccome ancora di presentare, riguardo a tutte le partite di servizio, sia al reggente, sia al consiglio, i rapporti e le osservazioni che saran loro inspirate dallo zelo per gl' interessi del banco.

33. Il Consiglio del banco si riunirà almeno una volta al mese, per deliberare sugli oggetti che gli verranno sottoposti dal reggente, dai censori, o da qualcheduno dei suoi membri. Esso riceverà e chiuderà ogni sei mesi, dopo aver inteso i censori, il conto che si renderà delle operazioni del banco, circa le somme che dovranno esser proposte al Ministro delle finanze, per essere impiegate all'opera de' pegni, non meno che circa la ragione dell'interesse che dovrà esser fissato pel seguente semestre.

34. Due uditori del nostro Consiglio di Stato saranno incaricati, sotto gli ordini immediati del reggente, d'invigilare alla regolarità delle scrit-

ture ed al dettaglio delle operazioni.

35. I membri componenti il Consiglio generale del banco saranno nominati da Noi. Essi presteranno, nelle nostre mani, il giuramento di non permettere giammai che alcun pagamento regolarmente domandato soffra il menomo ritardo, nè che alcun fondo esca dal tesoro o dalle casse del banco, senza che il valore ne sia rappresentato da un discarico legale, o da un effetto creduto di sicuro rimborso dal Consiglio del banco, o da un pegno facile a realizzarsi, e di un apprezzo eguale a quello che l'articolo 43 del decreto de' 22 di dicembre 1808 ha determinato.

36. Il reggente del banco, ed i governatori di servizio, saranno responsabili, personalmente, e sopra i di loro beni, di tutti i fondi depositati al banco, che eglino acconsentissero di rivolgere in altro uso diverso da quello a cui detti fondi saranno stati destinati; sotto qualunque pretesto o ordine ciò avvenisse. Niuna autorità potrà liberarli da questa garantia, acquistata contro di loro da ogni parte interessata.

34. Nella fine di ogni semestre, una porzione de' profitti del banco sarà prelevata, per essere ripartita, a titolo d'indennità, fra i funzionarii che avranno avuto parte all'amministrazione del banco. Questa porzione, che all'avvenire sarà anticipatamente determinata, resta fissata, sino al primo di gennaio 1812, alla duodecima parte de' detti profitti.

38. La somma da distribuirsi sarà divisa in diciotto porzioni, tre delle quali apparterranno al reggente; una a ciascun governatore; una sarà ripartita fra i due uditori dei quali si è fatta menzione all'articolo 34; e le altre due resteranno a disposizione del Ministro delle finanze, per essere distribuite in gratificazioni (sulla proposta del reggente) a coloro fra gl'impiegati del banco che avranno dimostrato più zelo e talento.

39. I guadagni devoluti alla cassa d'ammortizzazione saranno esclusivamente consacrati all'estinzione del debito pubblico.

40· Per compensare il banco delle spese di qualunque natura, che il servizio del tesoro e la sua istallazione nel locale che dovrà occupare potranno cagionarli, esso sarà compreso nel 1810 nel *budget* del Ministro delle finanze, per una somma di duc. 20000. Noi ci riserviamo, alla fine di ogni anno, di determinare la somma da doversi al medesimo addire nel corso dell'anno seguente, a misura dei servigii di cui sarà incaricato pel Governo.

41. Gl'impiegati del banco saranno scelti fra gl'impiegati più abili dei due banchi attuali. Coloro che non potranno restare in impiego otterranno una pensione, che loro sarà pagata a datare dal dì 1 di gennaio 1810, con obbligo di seguitare, senza appuntamenti, tutt'i lavori che si richiederanno per la liquidazione dei conti del banco, per la di loro verificazione alla Corte de' conti, e per la custodia degli archivii di tutti i banchi soppressi.

42. Sarà fatto, espressamente, un fondo alla cassa delle rendite, per lo servizio delle pensioni che saranno concedute agl'impiegati soppressi del banco di Corte.

43. Il Ministro delle finanze preparerà, senza ritardo, il regolamento organico del banco delle due Sicilie, e lo sottoporrà alla nostra approvazione.

44. Il nostro Ministro delle finanze è incaricato della esecuzione del presente decreto.

firmato *Gioacchino Napoleone*

* * *

29. Pieno di magnifiche promesse era questo decreto, ma peccò nell'applicazione. Al solito, gli articoli che rispettarono, furono so-

lamente quelli utili alla Finanza ed alla Corte; gli altri, che accennavano al beneficio del pubblico, e per esso dell'istituto, caddero in dimenticanza.

Il capitale sarebbe bastato, quando fossero state serie le valutazioni dei cespiti e se veramente l'avessero consegnati. Ma è tanto oscura la dizione degli articoli 2 ad 11, tanto contraddicente alle corrispondenze ed agli ordini posteriori, da rendere inesplicabile la storia bancaria di quel tempo, se non esistessero i conti. Questi ci dicono:

a) Che il patrimonio di San Giacomo, chiamato dal 1801 banco di Corte, e dal 1809 banco delle due Sicilie, s'era già incamerato e venduto; ad eccezione del palazzo, di pochi beni stabili, e di varî crediti litigiosi od inesigibili, sui quali s'incassò, dal 1810 al 1820 la meschina somma di D. 300; restando un cespite figurativo, che tutt'i documenti chiamano non valore, di D. 249663.51.

b) Che l'azioni dei privati sottoscrittori, lungi dal conservarsi ed accrescere, si annullarono. Il Banco due Sicilie rimborsò l'ammontare di quelle precedentemente pagate, dai pochi azionisti del soppresso banco dei particolari. Vide il ministro Mosbourg, meglio di lui videro le persone chiamate a governare il trasformato ente, che i comproprietari non l'avrebbero fatto regolare, con piena libertà, dal fisco. Era impossibile pretendere perfetta ubbidienza dal creditore. Applicando perciò il decreto in modo assolutamente contrario alla lettera ed allo spirito di vari suoi articoli, cominciarono dal disinteressare e licenziare tutti gli azionisti, ed allo stesso reggimento guardie tolsero i cento titoli donati dal re, ma non ancora pagati, dicendo che tutte le quattromila azioni si dovessero, con vincolo d'inalienabilità, tenere dalla cassa di ammortizzazione.

c) Le partite bollo, sentenze, lotto ecc. che il decreto valuta D. 437630, ed un posteriore conteggio D. 469418,82, produssero al banco soli D. 45,740,03 e gli costarono forse più di tanto per liti e spese di riscossione. Si trattava di multe, di vecchie liquidazioni dell'imposte abolite da varii anni, di dritti feudali e d'altri cespiti, tanti incerti che lo stesso ministro fu dalla necessità costretto a sottoscriverne la cancellazione dell'ammontare, dagli elenchi dei residui attivi.

d) Il milione di ducati, valore delle quattromila azioni della cassa di ammortizzazione, non si dette in contanti ma in benifondi:

cioè case, botteghe, e terreni d'origine ecclesiastica, che avevano appartenuto ai monasteri tre anni prima soppressi. La calcolazione del capitale si fece a tre per cento della rendita, in epoca che pei fondi pubblici l'interesse superava nove per cento; ma, con tutto questo, non si potette assegnare valor capitale maggiore di ducati 886774,85.

Insomma, dimostra una relazione, presentata al parlamento napoletano del 1820, che il patrimonio dell'istituto consisteva in beni stabili e crediti stimati riscuotibili per . . . . D. 892145,90 ed in ragioni non esigibili per carenza di dritto, ovvero per fallimento del debitore . . . . „ 249663,51

La rendita lorda era di D. 41963,95. Quella netta d'imposte e spese di riscossione D. 36079,14.

L'eccesso di circolazione, chiamato vuoto del 1803, continuò a sussistere, come vedremo, quantunque il decreto avesse promesso di saldarlo a spese dell'erario.

Ciò non pertanto, il giuridico riconoscimento delle consuetudini napoletane ed antiche leggi, contenuto negli articoli 14 a 23 fu accolto eon entusiasmo dal commercio e dal pubblico. Maggiore sarebbe stata la soddisfazione, se l'articolo 20 non avesse indiscretamente moderata la forza probante del titolo apodissario, col dichiarare che non potesse la girata valere come giustificazione di pagamenti anteriori, e non potesse tener luogo di contratto sinallagmatico. Per lo passato, la firma sulla carta bancale, coll'atto di riscuotere il denaro, si stimava prova sufficiente d'accettazione di qualsivoglia patto e qualsivoglia dichiarazione; sicchè non occorreva la forma del contratto, e tutti trovavano nel Banco il notaio, che li serviva gratis. Libidine di prendere tasse di bollo e di registro ci ha tolto questo incalcolabile beneficio!

Nessun principio d'esecuzione fu dato agli articoli 24 a 26 del decreto, che parlano di depositi ad interesse. Stimarono gli amministratori che ne potesse venire diminuzione della valuta apodissaria. Ma il conto corrente con cheques e la cassa di risparmio del Banco, hanno provato, dopo più di cinquant'anni, che quest'opinione fosse pregiudizievole ed erronea.

L'articolo 35, che voleva giuramento dei governatori, *di non permettere che alcun pagamento regolarmente domandato soffra il menomo ritardo*, fu tema d'una buffa corrispondenza. Scrissero al ministro

— 467 —

di mandare prima i denari, che poi avrebbero giurato; ma fino a quando non avesse colmato il vuoto del 1803; e fosse esistita una deficienza di cassa, di più di mezzo milione, non poteva da loro pretendere simile impegno.

Dalle corrispondenze ed atti, relativi alla esecuzione di questo decreto del 20 novembre 1809, sappiamo infatti che allora la carta si pagava con ritardo. Gli stessi militari, onnipotenti, ai tempi di Gioacchino, ottenevano l'intera somma delle sole polizze o fedi di valuta inferiore a D. 100; sulle altre, di valuta maggiore, avevano un quinto subito, e quattro quinti a rate (1).

Il progetto di organico del personale dava posto a soli 230 individui, mentre che i sette banchi soppressi adoperavano più di duemila impiegati; e gli stessi due salvatisi dal naufragio, cioè la Cassa di Corte (San Giacomo) ed il Banco Nazionale delle Due Sicilie (cassa Pietà) ne avevano allora 314. La riduzione proposta fu dunque di 84 impiegati, cioè più di un terzo. (2)

A 27 dicembre 1809, la Reggenza scriveva al conte di Mosbourg, ministro di Finanza.

" È già in punto pervenuto, in questo Banco delle due Sicilie,
" tutto il numerario che trovavasi esistente nel Banco San Giaco-
" mo, componente la somma di D. 232,055,89, della quale ducati
" 95,142,68 appartengono al ramo de'particolari, in oro ed argento,
" e D. 136,913,21 al ramo di Regia Corte; e sono cioè D. 3.311,82
" in monete di oro, D. 124,362,71 di argento e ducati, 9238,68
" di rame.

" Si sono inoltre ricevute N. 8 casse, suggellate, con entro tutti
" gli argenti dei conventi soppressi, ch'eran depositati nel banco
" anzidetto di San Giacomo; il tutto è stato quivi riposto con la
" dovuta cautela (3). „

Appena cominciate le operazioni del banco governativo, la finanza volle trarne profitto. Li 31 gennaio 1810, prese il governo ducati 40,000, per l'esercizio della zecca; malleveria del prestito certe cambiali di negozianti o banchieri, offerte dal governo stesso.

---

(1) Rapporto 30 dicembre 1809.
(2) Lettera 9 dicembre 1809.
(3) Quando abolirono le corporazioni religiose possidenti, i francesi s'impadronirono, per farne moneta, degli arredi sacri d'oro e d'argento ch'erano sfuggiti alle precedenti confische. Ma dicono che ne toccasse allo Stato una piccola porzione, il resto fu nascosto dai monaci, ovvero lo rubarono gli agenti finanziari.

Con una riserva metallica molto scarsa, non si potevano pagare a vista le fedi o polizze presentate pel cambio. L'annullamento perciò si faceva a poco a poco, dando il banco una parte della somma, più o meno grossa secondo che c'era moneta in cassa, ritirando il titolo, ed emettendo altra fede di credito per la parte residuale. Scriveva il Reggente, al 1° febbraio 1810.

" Mi rincresce però che V. E., nella sua lettera, supponga che
" questo sconcerto (dell'accordo fra i cambiavalute e gl'impiegati
" del banco a danno dei possessori di polizze) sia frequente, e non
" il solo indicato di sopra. L'espressioni sono equivoche, e non so
" se riguardano li disordini del passato o dell'attuale Banco. Quan-
" tevolte V. E. parli del Banco di San Giacomo, ne convengo, e
" ne conosco benissimo l'origine, la traccia e l'estensione. Se poi
" ha inteso parlare dell'attuale Banco, posso assicurarla ch'è stata
" male informata, dai falsi rapporti di coloro che non trovano il
" loro conto colla presente amministrazione. Senza diffondermi, una
" prova incontrastabile, manifesta, le vien somministrata dalla *tassa*
" abbondante, giornaliera, e dall'aggio, ch'è caduto al mezzo per
" cento. Aggio legittimo, che si è pagato anche nei tempi più flo-
" ridi dei nostri banchi, in premio a coloro che anticipano il de-
" naro, e che hanno l'incomodo di andarlo a riscuotere „.

2 febbraio 1810. Aumentati gl'impiegati di altri 20 individui. Il Reggente era lieto del modo come andavano gli affari, avendo scritto. " Nell'atto che con piacere vedo aumentarsi, di giorno in
" giorno, il negoziato di questo Banco, specialmente per lo ramo
" dei particolari, e che il pubblico, avvezzo a trovare la sua cau-
" tela nei pagamenti per Banco, ne voglia assolutamente conser-
" vare il sistema e vado ripigliando l'antica fiducia, vedo d'altra
" parte che, nel giro necessario della scrittura, si sperimenta un in-
" caglio ecc. „

14 febbraio 1810. — Si domandò che fosse al Banco esteso il privilegio delle amministrazioni pubbliche, del *citra praeiudicium*, di potere cioè accettare bancali contenenti girate con parole o patti nocivi per l'istituto, senza patirne poi danno, e senza dovere, volta per volta, ricorrere ai tribunali o rifiutare il titolo. Ma dovette aspettare otto anni perchè questo desiderio fosse, in parte, soddisfatto col decreto 12 ottobre 1818.

Prima di cominciare la liquidazione delle polizze, giusta l'articolo 7, ricordarono al ministro che non occorreva di verificare e riconoscere le carte del banco di Corte, ramo dei particolari. Tal ramo non aveva fatto vuoti, pareggiavano i conti, e pareva regolare di farne sussistere i titoli. Però Mosbourg, che sperava molto guadagno dalla brevità del tempo, di soli due mesi, assegnato per le presentazioni, non accettò questo suggerimento. Tutta la carta di San Giacomo fu pagata o barattata con altri titoli. Dice un rapporto del 2 marzo 1810.

" Spirato, nell' ultimo giorno del passato febbraio, il termine accordato, coll' art. 7 del Real Decreto dei 20 novembre ultimo, ai possessori delle polizze del Banco San Giacomo, a poterle presentare per essere riconosciute, furono da me date, il giorno medesimo, le disposizioni per la chiusura di questo conto; a qual effetto dovettero indefessamente lavorare, non solo tutta l' intiera giornata, ma benanche fino a notte avanzata, tanto gli ufficiali di questo Banco, quanto quelli addetti nella revisione del Banco San Giacomo, onde si avessero potuto verificare tutte le polizze presentate da' particolari, e rimesse in gran copia dal tesoro reale, dalla cassa di ammortizzazione, e da tutti i tribunali; ed in seguito ieri, coll' intervento di più governatori di questo Banco, passai a far la contata generale delle casse, per poter stabilire il risultato dei conti rispettivi........ „

" Dal risultato poi della contata generale delle casse, si rileva che le polizze del Banco San Giacomo, ramo di Corte, ritirate . ascendono alla somma di duc. 1,045,742,30; dalla quale, togliendosi li duc. 139,817,16, versati dal Banco San Giacomo a quello delle due Sicilie in contanti, resta il debito della Regia Corte, verificato nella somma di duc. 905,925,14 ; e quindi se ne deduce la differenza in beneficio del Real Tesoro, tra questa somma e quella di duc. 949,636,85, per la quale si trovava fissato l' importo del vuoto, in D. 43,711,71 „.

" Egualmente l' importo delle polizze del ramo dei particolari, che si sono ritirate, ascende a D. 57,357,66 e quindi dall'antica resta dei creditori apodissari, in D. 92,415,92 viene a rimanere la somma di altri D. 35,058,26, di polizze che non si sono presentate alla verifica, nel termine dalla legge prescritto. „

" Riunito l' importo delle due di sopra indicate partite, di ducati 43,711,71 del ramo di Corte e D. 35,058,26 del ramo dei particolari, si rileva, che le polizze non presentate al Banco, per essere riconosciute, ascendono alla somma di D. 78.769.97. „

Lucrò dunque la finanza D. 78769.97. Posteriormente si pagarono poche altre carte, sia del ramo di Corte, sia del ramo dei particolari; presentate con ritardo, ma che si ammisero perchè appartenevano alla finanza, o per qualche altra ragione che le fece eccettuare dalla regola comune.

Il vero conto della liquidazione del 1810 lo riceviamo da un rapporto del 14 settembre 1814, dov'è detto che le carte apodissarie dell'abolito banco di Corte, presentate in tempo, giunsero a . . . . D. 906,026,89
e quelle presentate con ritardo, che si accettarono per ordine del ministro, a . . . . D. 6,230,39

Ducati 912,257,28

La madrefede patrimoniale, cioè tutto l'attivo, era nello stesso giorno 14 settembre 1814 di . . D. 333,766,82

Deficienza ducati 578,490,46

Stava scritto nel decreto che la finanza avrebbe, con proprio denaro, pagata la carta di suo conto, ed avrebbe pure dato un milione per dote o capitale del Banco. Ma furon tutte mistificazioni e spedienti per accreditare la nuova valuta apodissaria. Niente ebbe il banco; che nascose la deficienza dei D. 578490,46 con emissione e circolazione d'altri titoli, mantenendo un debito galleggiante del fisco, senza interessi, ch'è durato fino al 1865.

15 marzo 1810. — " Nell' avere S. M. istituito questo Banco, oltre di avere voluto far risorgere uno stabilimento nazionale, i di cui vantaggi sono stati conosciuti per l'esperienza di molti secoli, volle ancora che l'istituto medesimo servisse a comun vantaggio della popolazione e del commercio, e quindi autorizzò il Banco medesimo a fare dei prestiti sopra pegni e sopra effetti di commercio, sottoscritti almeno da tre negozianti, di sperimentata solvibilità „.

" Allorchè il capitale del banco era formato dal denaro degli azionarii, fu aperta l'opera dei pegni e dello sconto, e le benefiche Sovrane mire ebbero tutto il loro effetto. Cessarono le eccedenti usure, ed ebbe facilitazioni il commercio „.

" Nell'essersi riunito il Banco di Corte a questo delle due Sicilie, una giusta misura di economia fece sospendere l'opera anzidetta. Ecco ripullulata l'insaziabile sete degli usurai, anche maggiore di prima, perchè cresciuto il bisogno della popolazione, ed il commercio da tutte le parti inceppato e senza risorse „.

" In tale stato di cose, il Consiglio di questa Reggenza, nell'ultima seduta, si applicò a riconoscere lo stato del Banco ; e vidde con piacere che, mentre i possessori delle polizze son pagati, con piena loro soddisfazione, nel presentarle, esiste inoperosa nel tesoro una gran massa di numerario cioè; D. 321,000 per il ramo di Regia Corte e D. 250,000 per lo ramo dei particolari. Osservò inoltre ch'esistono nella madrefede D. 97,126,87, de' quali giova disporre, essendovi molto numerario inoperoso nelle casse „.

" Il Consiglio della Reggenza, unanimamente, è stato di parere di potersi impiegare la somma di D. 100,000, parte nell'opera dei pegni e parte in sconto di cambiali ; onde accorrere ai bisogni della popolazione, facilitare le operazioni di commercio, ed abbattere la smoderata ed eccessiva usura, che, mentre depaupera i cittadini, è sempre rovinosa allo Stato „.

" Ha considerato il Consiglio di questa Reggenza, che una tale misura, mentre è di sollievo al pubblico, e forma una rendita ed un profitto vantaggioso al Banco, non può d'altra parte portargli il minimo dissesto, nel giro della sua negoziazione ; giacchè la costante esperienza ha fatto conoscere che resta sempre, nel giro del Banco, una gran massa oziosa di numerario, ed in qualunque caso, i valori sono realizzabili al momento, e lo sconto delle cambiali, a tenor della legge, non può essere a più lunga durata di due mesi ; onde se ne può far subito l'incasso, ed intanto, in questo lontanissimo caso, si può supplire col denaro di proprietà „.

" Perciò, in nome di questo Consiglio, lo passo all'intelligenza di V. E. per attenderne la risoluzione, prevenendola che l'interesse dei pegni si trova dalla legge fissato all'8 per $0_{\overline{10}}$. Per lo sconto delle cambiali, l'interesse finora esatto è stato del nove per cento, ma questo Consiglio sarebbe di sentimento di fissarlo, per tutto il corrente anno 1810, alla stessa ragione dell'otto per cento ; affine di accreditare maggiormente il Banco ; e quindi, anche per tale assunto, attendo le risoluzioni di V. E. quali prego che sian sollecite, onde possano quest'opere riaprirsi pria della imminente Pasqua, tempo in cui sono più precisi i bisogni della popolazione, più cercano di profittare gl' ingordi usurai „.

*
* *

30. La Reggenza, quando faceva questi progetti, rallegrandosi pel credito rinascente, per l' abbondanza di moneta in cassa, non supponeva che dopo pochi mesi avrebbe dovuto parlare diversamente, poichè dalle spese, per la tentata spedizione militare in Sicilia, veniva un' altra crisi economica. Al solito, trascriviamo qualche documento.

" 16 agosto 1810 N. 43. — Non posso dispensarmi di rinnovare a V. E. le più forti premure, perchè prenda in veduta le circostanze in cui si trova il Banco, la di cui salvezza, e credito acquistato, mi deve tanto interessare, avendomene voluto S. M. affidare la cura. Dal quadro della resta giornaliera, vedrà bene che nel tesoro, per lo ramo di Corte, non vi è più un soldo; e che nelle casse appena vi esistono D. 70,000, non comprese le monete di rame; ne' quali, essendovi circa D. 40,000 di monete d'oro e d'argento non disponibili, perchè non comprese nella tariffa del 1806 (1), solo posso contare sopra li D. 30,000, che sono in parte assorbiti da ordini di pagamento, disposti per lo giorno di domani. Ecco che il Banco si troverà nel caso di minorare la ripartizione giornaliera, e farla a misura delle scarse somme che introita; ecco, in conseguenza l'aumento dell' aggio, che per lo corso di otto mesi si è veduto interamente estinto. E inutile che io le rammenti che da molte province il denaro non viene più al Banco, essendosi direttamente disposto lo invio per le Calabrie, misura savia e regolare nel momento, per economizzare le spese di trasporto, e per lo sollecito ricapito delle somme bisognevoli. Non trovo però egualmente utile e plausibile che gl' introiti delle casse pubbliche, di Napoli e Terra di Lavoro, si versino immediatamente nel tesoro; che forma un banco separato e distinto. Se non m' inganno, questo sistema adottato è in contraddizione cogli articoli 14 e 15 del decreto de' 20 novembre 1809; è mal sicuro, cosi per la qualità del locale, che per la forma dell'introito e dei versamenti, e toglie al banco la circolazione del numerario, che sola può far fronte al vuoto di D. 900,000.

" Il Banco tiene stagnanti sulla sua madrefede circa D. 200,000; altri D. 100,000 possono contarsi in riserbo, nella cassa delle rendite e di ammortizzazione; ma D. 600,000, di Corte, eccedenti il numerario, esistono ancora; e questi dalla sola certezza di circolazione possono ricevere quell' utile che si risente, in modo che l'aggio vedesi sparito, e che il pubblico riceve copiose distribuzioni di numerario. Mi si potrebbe far l' obbiezione che è pienamente superfluo d'immettere il denaro al Banco, per poi, nella settimana, disporne per le Calabrie, e che farebbe impressione una

---

(1) Queste monete forastiere, non circolabili, eransi prese dalla precedente amministrazione, ed il nuovo banco aspettava l'occasione di poterle mandare a riconiare nella zecca.

forte estrazione di numerario dal Banco. Ma, domando, se l'ho fatto finora, quando in maggio diedi in un fiat D. 200,000 e due settimane dopo altri D. 120,000; se l'ho fatto le continue rimesse di D. 20,000 e D. 30,000 la settimana, che da tre mesi si operano costantemente?

" Il continuo giro del numerario, che s'immette e si estrae, forma la floridezza dei banchi, ed ogni giorno che si guadagna, tra l'una e l'altra operazione, costituisce la base principale dell'utile di questi stabilimenti. Ora le parlo contro il comodo di quest'amministrazione, perchè quanto minor giro si fa di moneta, tanto minore è il travaglio della contabilità. Ma son obbligato di avvertirlo, per lo dovere della mia carica. Credo benanche opportuno di ricordarle che il Banco non è poi assolutamente inutile all'interesse del Real Tesoro, poichè ha scontato per ducati 80,000 di cambiali, ad una ragione discretissima, e questi soccorsi non devono reputarsi di poco momento.

« Prego V. E. di prendere in seria considerazione l'oggetto, che mi son creduto in obbligo di rassegnarle, e darvi quel pronto rimedio, che la circostanza esige, se non si vuol vedere di nuovo il banco caduto nell'antico discredito.

Concedette il Ministro che si facessero al banco i versamenti delle due provincie, Napoli e Terra di Lavoro.

" 28 agosto 1810.—Il Tesoro Reale richiede di fare un nuovo sconto, con questo Banco, dell'ammontare di circa 18,000 ducati.

" Quando V. E. lo voglia, questa Reggenza non incontrerà veruna repugnanza di eseguirlo; ma, in ciò fare, prego V. E. di accordare, che l'interesse dello sconto si esigga dal Banco alla ragione di 3[4 per cento al mese, come per lo passato si è praticato; essendo questo un interesse molto discreto e regolare (!) ed in cui il Real Tesoro anche trova il suo vantaggio; giacchè la cassa di ammortizzazione non sconta a minore ragione dell'uno per cento al mese; e la prega inoltre, questa reggenza, di darle la facoltà d'impiegare altri D. 20,000 all'opera dei pegni, giacchè i bisogni della popolazione sono urgentissimi, e pressantissime sono le richieste.

" Finalmente, siccome, fra le cambiali che si vorrebbero scontare del Tesoro Reale, ve ne sono molte scadibili ai 30 del venturo novembre, così dovrebbe V. E. compiacersi derogare alla legge, che stabilisce di non poter essere le cambiali, da ammettere allo sconto, di più lunga scadenza di due mesi.

" 7 settembre 1810. Di riscontro a quanto V. E. mi ha detto, col suo biglietto, segnato il dì 5 del corrente mese, relativamente allo sconto di D. 17.000, tra questo Banco ed il Tesoro Reale, che nella maniera si propone, vorrebbe considerarsi come un semplice affare, da trattarsi e regolarsi tra il solo Reggente del Banco ed il Tesoro medesimo; devo farle riflettere che il Banco, in forza della sua legge organica, emanata a 22 dicembre 1808, non conosce altro mezzo da scontare gli effetti di commercio se non quello delle cambiali; quali fu stabilito che dovessero essere garentite da tre firme, notoriamente solvibili, e di scadenza non più lunga di due mesi; e per potersi ammettere è necessario che vi preceda il parere del Consiglio dello Sconto.

« Inoltre, coll'art. 35 del Real Decreto de' 20 novembre 1809, che riunisce il Banco di Corte a quelle due Sicilie, vien prescritto che l'effetto, di sicuro rimborso, debba essere reputato tale dal Consiglio del Banco; ed il Reggente, nelle deliberazioni del Consiglio o della Reggenza, ha solamente il *Veto*, ma non ha dritto di ordinare ciò che l'una o l'altra abbia risoluto negativamente. Ed a tutto ciò si aggiunge che le polizze, ossiano

— 474 —

ordini di pagamento, non possono esser firmate dal solo Reggente, ma unite alla sua firma vi devono accedere quelle di due altri governatori almeno, altrimenti, per costituzione del Banco, la polizza non passerebbe sulla ruota.

« Da quanto adunque le ho rassegnato, vede bene V. E., che avendo il Consiglio dello Sconto rifiutate alcune cambiali presentate dal Tesoro, e la Reggenza deciso di non doversi ammettere, non può il solo Reggente ordinare il contrario; nè si troverebbero altri governatori che apporrebbero la loro firma alla polizza. Siccome però V. E., a voce, mi fece sentire che il tesoro era possessore di altre cambiali, di più sicure firme, così possono con queste permutarsi quelle che il Consiglio dello sconto ha creduto di rifiutare; e questo mezzo, che allontana qualunque difficoltà, non nuoce al Tesoro, e non fa allontanare il Banco delle sue leggi, della di cui osservanza ne vien chiamata responsabile la Reggenza.

*
* *

31. Senza preoccuparsi della crisi economica, conseguenza di spese militari, e dell'inopia del Banco, il governo pensò di modificarne nuovamente gli statuti, e di nominare altri commissarii per la verifica dei conti.

18 novembre 1810. Visto il rapporto del nostro ministro delle Finanze, abbiamo decretato e decretiamo quanto segue:

Art. 1. Lo stato dei beni, di qualunque natura, che il Banco possiede, in fondi, in rendite costituite, in capitali esigibili, in censi, in dritti ed in rendite arretrate; il suo proprio conto d'introito ed esito, dal 1° gennaio 1810; quello dei suoi profitti e perdite; la situazione dei suoi conti pel servizio del governo e per tutti gli stabilimenti pubblici di ogni specie; quella de' conti dei particolari; la situazione della cassa degli sconti e de' pegni; la situazione di quella de' depositi giudiziarii; la situazione dell'altra de' depositi volontari; l'inventario apprezzativo e reale degli effetti e materie date in pegno; il conto delle polizze di Corte e dei particolari date fuori, ritirate, ammortizzate e restate in circolazione; saranno verificati e determinati, al primo pubblicarsi del presente decreto, da una commissione del nostro Consiglio di Stato; cosicchè questa possa diffinire i suddetti conti e stati diversi, pel 31 di dicembre prossimo, e presentarci il bilancio generale del Banco, al 1.° di gennaio 1811.

Art. 2. Lo stato delle proprietà del Banco, e del loro valore, verrà diviso in tre capitoli.

Il primo comprenderà i beni dell'antica cassa San Giacomo, posseduti dal Banco di Corte, e quindi assegnati in dote a quello delle Due Sicilie.

Il secondo diviserà le case, gli edifizî e i dritti arretrati che furono aggiunti alla sua dote, e la cui realizzazione è destinata a pagare le polizze che ha garentito.

Nel terzo la Commissione presenterà il capitale del Banco; composto delle azioni cedute alla Cassa di ammortizzazione, di quelle date alla nostra Guardia, e di quelle acquistate da' particolari.

Art. 3. Le rendite, che dovranno entrare nell'attivo del banco, al primo gennaio 1811, serviranno di base ad un secondo stato, nella formazione del quale la Commissione procederà:

a) Collo stabilire la rendita di ciascun fondo, sino al primo dicembre prossimo; cioè dei beni provenienti dal Banco San Giacomo, da che sono usciti dal suo patrimonio; e delle proprietà che il Banco ha ottenute a titolo di dote supplementaria, da che han cessato di essere amministrate le une da'demanii e le altre dal Tesoro Reale.

b) Col diffalcare da questo conto il prodotto di tutte le somme ricuperate dal Banco di Corte, durante il suo possesso, ed appresso dal Banco delle due Sicilie.

Art. 4. Le alienazioni dei fondi, la restituzione de'capitali, l'affrancazione delle rendite e dei censi, che avranno avuto luogo dal 1.° giugno 1806, e di cui il Banco di Corte, il Banco attuale, e, in virtù delle nostre decisioni particolari, la cassa di ammortizzazione, avranno profittato; del pari che il ricovramento imputabile sulle percezioni lasciate al Banco, bilanceranno il conto della sua dotazione.

Art. 5. L'attivo del bilancio del Banco consisterà nei beni della sua dotazione; negl'introiti che ne saran derivati; ne'profitti che i suoi negozî, dritti e privilegi gli avran prodotto; e nelle assegnazioni di fondi che avrà ricevute sul nostro Tesoro Reale, per supplire alle spese di amministrazione. Il suo passivo sarà composto delle spese che avrà fatte; delle perdite che avrà sofferte nelle sue operazioni; e delle sue obbliganze verso gli esibitori di polizze, i di cui fondi non trovansi realizzati: dimodochè se dal bilancio risulti un saldo a credito del Banco, questo serva alla Commissione, per determinare la dividenda, che dovrà ripartirsi tra i funzionari e gli impiegati del banco, la cassa di ammortizzazione, la nostra guardia e gli azionari particolari; e se al contrario il Banco risulti debitore, possa il suo deficit essere facilmente liquidato.

Art 6. Il saldo del conto corrente, che il Tesoro Reale aveva al Banco di Corte, e il saldo del Banco che si era formato per associazione, saranno definitivamente riconosciuti e fissati; del pari che il trasporto che n'è stato fatto al Banco attuale, allorchè questo ha formato la sua madrefede.

Art. 7. Il montante delle polizze che si troveranno in circolazione, per conto del Governo e de'particolari, a 31 dicembre 1810, sarà verificato sulle madrefedi tenute al Banco, e confrontato col denaro contante, co'valori e colle materie che dovranno trovarsi in deposito nelle sue casse e nel suo portafoglio, e di cui la Commissione avrà già fatto uso nel bilancio.

Art. 8. La Commissione formerà il modello dello stato d'introito e d'esito, che il Banco dovrà presentare al Ministro di Finanze, nel primo di ciascun mese, cominciando dal primo gennaio prossimo; come ancora il borderò del bilancio di tutte le somme che avrà ricevuto e pagate colla madrefede, e di tutte le polizze che avrà formate, ammortizzate e lasciate in giro; avvertendo che la situazione ed il bilancio, del mese pel quale il Banco presenterà i suoi stati, siano sempre ricapitolati, distintamente, con quelli del mese antecedente.

Art. 9. Finalmente i Commissari, nell'aprire e nel chiudere il loro processo verbale, faranno constare l'esistenza di tutt'i fondi, di tutt'i valori, e di tutte le materie che sono depositate al Banco; si assicureranno dell'ordine ed esattezza della scrittura che vi si tiene; presenteranno le loro idee sul miglioramento onde crederanno capace quel sistema, sia per la chiarezza dei conti, sia per la celerità delle operazioni, sia pel vantaggio e comodo del pubblico, sia per l'economia delle spese. Formeranno la lista degl'impiegati contabili e responsabili, da'quali il Governo dovrà esigere una cauzione in numerario o in immobili, siccome ogni agente contabile è tenuto a darla; e fisseranno in fine la valuta di ciascuna specie di cauzione da realizzarsi.

Art. 10. Il nostro Ministro delle Finanze è incaricato della esecuzione del presente decreto.

Numerario esistente nei tesori e nelle casse del Banco due Sicilie alla fine d'ogni mese dell'anno 1811 (a)

	CASSA DI CORTE			CASSA DEI PARTICOLARI		TOTALE
	nel tesoro	nella cassa moneta di argento	nella cassa moneta di rame	nel tesoro	nella cassa moneta di argento	
Gennaio	675,351,88	359,926,54	186,164,28	180,008,62	205,953,19	1,607,404,51
Febbraio	653,531,66	536,926,29	381,675,99	223,208,62	256,155,44	2,051,498,00
Marzo	464,363,84	553,826,49	269,953,07	204,508,62	140,308,60	1,632,960,62
Aprile	292,092,48	469,066,12	161,235,0	204,508,62	167,566,51	1,294,968,75
Maggio	164,191,52	1,493,191,76	200,292,85	186,508,62	209,279,45	2,253,464,20
Giugno	272,531,52	1,159,818,41	191,136,43	186,508,62	260,482,87	2,070,477,85
Luglio	146,191,52	161,935,98	33,765,36	2,948,62	44,477,53	599,319,01
Agosto	73,341,62	721,505,62	110,791,20	257,448,62	163,692,11	1,336,779,17
Settembre	156,441,52	2,152,086,25	170,243,48	257,448,62	241,093,33	2,977,313,20
Ottobre	330,861,52	1,011,886,46	87,824,92	2,948,62	104,649,97	1,758,171,49
Novembre	240,391,52	821,478,64	171,226,17	305,407,55	243,309,56	1,781,813,44
Dicembre	78,820,78	1,153,271,90	156,031,54	321,209,07	179,158,57	1,888,491,86
Totale	3,548,111,38	10,594,920,46	2,120,840,31	2,772,662,82	2,216,127,13	21,252,662,10
Media	295,675,95	882,910,04	176,736,69	231,055,23	184,677,26	1,771,055,17

(a) Notizie ricavate da certi conti che il Ministro d'Andrea fece compilare nel 1833.

Di poi, per decreto 23 gennaio 1812, fu ordinata la vendita di tutte le case che erano appartenute agli antichi banchi, e delle altre che il Demanio aveva prese dagli ordini monastici soppressi. Il prezzo si doveva per un quarto pagare prontamente, dandosi al banco mandato di riscuotere; gli altri tre quarti, si conteggiavano con obbligazioni a termine. C'è un conto, del 1813, da cui risulta che le vendite fatte, fino al 6 marzo, rappresentarono il valore di ducati 249590,10, con incasso di D. 61487,55; più l'obbliganze, per D. 153315,75 di capitale e D. 19334,92 d' interessi.

*
* *

32. Le regole del 1809 procacciarono molta comodità di sconti per la finanza. Fu cosa meravigliosa che un banco screditato dall' aggio, con patrimonio nominale non effettivo, ricevesse volontarî versamenti, e li potesse quasi tutti cedere al ministro, senza che ne derivassero correrie e sospensioni di pagamenti. Ciò non pertanto, parve a Gioacchino d' aver dato troppo, e per nuovo decreto tolse al banco quella dotazione di case cadenti e devastate, d'inesigibili crediti che, senza costar nulla, gli aveva reso grandi servigi. Fece dunque passare i fondi alla cassa d' ammortizzazione, affinchè questa li potesse, senza controlli, comprendere nelle vendite dei beni demaniali.

11 febbraio 1813. — Visto il rapporto del Ministro delle Finanze.
Abbiamo decretato e decretiamo quanto segue.
Art. 1. L' amministrazione delle proprietà, che abbiamo assegnato in dotazione al Banco delle Due Sicilie, (ed i cui fondi e rendite restano stabilmente addetti alla sicurezza dei suoi impegni ed alla estensione delle sue operazioni) è trasmessa, da oggi innanzi, alla cassa di ammortizzazione, le cui relazioni ed organizzazione prestansi di vantaggio ad una regia di affari contenziosi, e che troverà, nell' azienda così affidatale, la garenzia necessaria delle sue 4000 azioni.
Art. 2. Verrà nel Banco formato, senza ritardo, un esatto inventario de' diversi beni appartenenti a questo stabilimento, come ancora un conto di tutte le sue rendite esigibili affin di far seguire il ricupero, nel modo che verrà stabilito dai seguenti articoli del presente decreto.
Art. 3. L'amministrazione generale de' demani resterà incaricata, in virtù del presente decreto, e del duplicato dell'inventario che essa riceverà, di eseguire, secondo i suoi regolamenti, la percezione delle rendite dei beni rurali e delle case del banco; e di farne versare dai suoi preposti il prodotto nella cassa di ammortizzazione; osservando il modo di contabilità cui si trovano già sottomessi tutti gli altri fondi destinati ad essere, dall'amministrazione dei demani, versate in questa cassa.
La cassa di ammortizzazione avrà, senz' alcun intermedio, la regia dei censi, delle rendite costituite, de'ca-

pitali esigibili, e di tutti gli altri crediti che fan parte della dotazione del Banco.

Art. La cassa di ammortizzazione terrà, nella sua amministrazione, un conto corrente di tutte le somme che riceverà e pagherà pel Banco, e lo bilancerà per ogni semestre, facendo passare dalla sua madrefede a quelle del Banco il saldo che le resterà, dopo averlo fissato con un appuntamento che le due casse riconosceranno tra loro, e di cui sarà rimessa una spedizione conforme al Ministro delle Finanze.

Art. 5. Non potranno ritirarsi fondi dalla madrefede patrimoniale del Banco, e dal suo portafoglio, che in virtù di crediti speciali, che il ministro delle finanze resta autorizzato ad aprire a questo stabilimento, per le sue spese fisse o variabili, e per le sue operazioni, finchè non abbia da noi ricevuta la sua compiuta e diffinitiva organizzazione.

Art. 6. Il Ministro delle Finanze è incaricato dell'esecuzione del presente decreto.

Coll'amministrazione diretta del banco, poco s'era riscosso, per intrinseca mala qualità dei beni e crediti. Meno ancora si poteva sperare da un esattore tanto poco diligente, quant'era la cassa di ammortizzazione; infatti, le lettere ed i registri contabili del tempo provano qual dissesto fosse venuto, alla rendita ed al credito dell'istituto, da siffatta forzosa regìa. Solo utile frutto fu il decreto pel quale cancellarono dall'attivo le partite puramente nominali.

10 febbraio 1814.—Visto il rapporto del nostro Ministro delle Finanze.
Abbiamo decretato e decretiamo quanto segue:

Art. 1.° I crediti, proprietà della cassa di ammortizzazione e di quella del Banco, che saranno divenuti irrecuperabili per l'assenza, disparizione o insolvibilità dei loro debitori, per la di cui riscossione si saranno impiegati amministrativamente o giudiziariamente gli ultimi mezzi di coazione, verranno, allo svolgimento di ciascuno esercizio della cassa di ammortizzazione, inventariati e portati in uno stato generale di mancanze, per poter essere distratti definitivamente dal patrimonio cui essi beni apparterranno.

Art. 2.° Il Direttore della cassa di ammortizzazione unirà ai titoli costitutivi, ed agli atti di trasferimento di questi crediti, gli stati per mezzo dei quali detta cassa ne avrà fissato il capitale e liquidato gl'interessi; gli appoggerà cogli altri rispettivi documenti, e colle carte delle differenti procedure che si avran dovuto sostenere; e li trasmetterà, col loro inventario, all'agente giudiziario del Tesoro Reale, che darà loro un corso eguale a quello di tutt'i crediti di cui è incaricato di procurare la riscossione a profitto del governo; fino alla destinazione di cui le leggi e le circostanze possono rendere capaci queste ripetizioni.

Art. 3.° In virtù del duplicato dell'inventario, firmato dall'agente giudiziario, e vistato dal Direttore Generale del Tesoro Reale, la cassa di ammortizzazione farà menzione, nei conti della sua amministrazione generale, a datare dall'esercizio 1813, della somma di questi non valori, che le saranno situati sì in capitale che in interessi, giusta i borderò di liquidazione, che essa avrà fatti stabilire per ciascun credito.

Art. 4.° Il nostro ministro delle Finanze è incaricato dell'esecuzione del presente decreto.

— 479 —

*
* *

33. Parecchi mesi prima che si pubblicasse questo decreto, aveva cominciato ad andare male la cassa di Corte, perchè diminuiti i versamenti dei percettori ; diminuito l'introito dei procacci, cioè la trasmissione di fondi, che dalle provincie si facevano a Napoli; consegnate alla zecca L. 660,000 d'argento, per conversione della vecchia moneta con altra a sistema decimale (1) ; composta quasi tutta di pezzi duri di Spagna la riserva metallica, che al 7 luglio 1813 era di sole L. 1,905,520,50 (2); e specialmente perchè si chiedevano a prestito dalla Tesoreria somme troppo grosse pel Banco d'allora. Tutte conseguenze della guerra.

Il primo espediente fu di porre in circolazione le monete a sistema decimale, ottenute dalla zecca, senza aspettare il tempo che s'era prima determinato (Lettere del Reggente Carta 5, 6 e 7 luglio 1813). Poi si dettero in pagamento quei pezzi duri di Spagna che avrebbero dovuto servire per le nuove coniazioni; quindi si sospesero le

---

(1) « 1 aprile 1813. — Il Ministro delle Finanze al signor Consigliere di Stato Carta. Signor Reggente. La rimonta delle antiche monete, che interessa la nazione intera, è stata l'oggetto dell'attenzione e della continua premura del Re. Sua Maestà ha deciso in conseguenza che la coniazione delle nuove monete debba cominciare senza verun ritardo, e che questa operazione importante sia eseguita con prestezza. Il signor Direttore Generale dell' Amministrazione delle monete avendo domandato, che fosse fatto un fondo di 660,000 lire che questa somma continuasse ad essere alimentata per battere, il Re ha ordinato, con suo decreto dei 28 del mese scorso, che il Banco fornisse questo fondo, sia in monete forastieri, sia in quelle del regno, nelle proporzioni che il Ministro delle finanze stabilirà. Le casse del banco, conservando nel momento attuale lire 2,174,032,48 di monete di oro e di argento forastiere , la prego di toglierne le 660,000 lire che sono destinate ad essere versate alla zecca, per essere battute col nuovo conio. Saranno date delle istruzioni per li versamenti ulteriori che il Banco dovrà fare , a misura che l'amministrazione delle monete li reintegrerà con le nuove. Per garentire alla Reggenza, ai termini dei suoi statuti, le somme che Ella va a togliere dalle Casse , e di cui Ella è depositaria, gli è dichiarato che le azioni del Banco, appartenenti alla Cassa di ammortizzazione , egualmente che il capitale di una iscrizione di 13,200 lire di rendita sul Gran Libro, saranno depositate al Banco, durante il tempo che Ei si saranno forniti alla zecca. Ho dato conoscenza di questa disposizione al Direttore della cassa di ammortizzazione. Li fondi che vengono tolti al Banco, in monete antiche, e quelli che avranno luogo in monete nuove, saranno sottomessi ad una numerazione ed un peso, che formeranno ogni volta l'oggetto di un processo verbale, del quale mi sarà inviata copia conforme. Il Decreto prescrive li funzionarii in presenza dei quali questi processi verbali saranno fatti e che li dovranno firmare. Ho l'onore di darle una comunicazione ufficiale del decreto del Re, e pregarlo di sorvegliare all'esecuzione. Conviene che sia riunito subito il Comitato Generale del Banco per farli leggere il decreto, e concertarvi con li signori Governatori, che ne sono membri, il turno che essi osserveranno tra loro, perchè egli ce n' abbia sempre uno presente alla redazione dei processi verbali, che constateranno gli esiti e gl' introiti dei fondi che la nuova fabbrica impiegherà. Gradisca ecc. — firmato Conte di Mosbourg. »

(2) Sulle accettazioni di monete forastiere , ed in particolar modo pei *pezzi duri di Spagna* , di cui nel Regno hanno sempre fatto grande uso, la legislazione Napoletana è stata molto oscillante all' epoca dei Borboni e dei Francesi. Qualche volta si stampavano tariffe, approvate dal Re, che avrebbero dovuto essere obbligatorie , qualche altra volta invece lo stesso Sovrano dichiarava che il valore potesse dipendere dalle circostanze; dal cambio cioè con l'estero e dalla libera volontà dei contraenti.

operazioni di sconto e di pegno (lettera 18 luglio 1813); indi si fece il risconto del portafoglio, col vendere le cambiali ai banchieri Bourguignon, Falconnet e Meuricoffre (lettere 22, 27 e 31 luglio 1813); si prese qualche somma dalla cassa dei particolari (lettera 28 luglio 1813); si tenne chiuso alcuni giorni il Banco di Corte (lettera 9 agosto 1813); si presero a mutuo dalla cassa privata del Re L. 393,760,51 (lettera 24 settembre 1813); e si ordinò finalmente che uno dei Governatori (Alfonso Garofalo) avesse firmato le bancali prima di autorizzarne il pagamento; e che questo pagamento si sarebbe solamente fatto allorchè gl'introiti giornalieri della cassa avrebbero procacciato il numerario disponibile (19 agosto 1813). L'aggio e la difficoltà di spendere le polizze tormentarono nuovamente il popolo, come prova questa lettera.

" 20 agosto 1813. Eccellenza. È giusto di portare alla conoscenza di V. E. che, nella mattina di mercoledì, tutt'i cambiamonete di questa capitale furono chiamati dal Prefetto di Polizia, e ricevettero da lui una insinuazione di realizzare le polizze del Banco non più che del 2 per 100 in argento, e del 3 per 100 in rame, e si esiggè una promessa; che quelli francamente fecero, perchè, in quel giorno, l'agio sulle polizze di argento non era che di 1 1[4. V. E. coi suoi lumi, conosce l'irregolarità di questo passo, che, lungi di giovare al corso delle polizze, può piuttosto nuocere; giacchè il ceto dei cambiamonete è stato sempre il nemico naturale della libera circolazione delle polizze, e che cercano tutti i mezzi di tirare nelle loro mani quel contante che dovrebbe animare il Banco. Dall'altra parte, tutti gli espedienti che V. E. ha con tanta saviezza immaginati, ed i soccorsi che con molta generosità S. M. ha accordati, han fatto sì che il Banco ha per intero soddisfatto tutte le polizze degne di essere realizzate nella loro totalità; come V. S. avrà potuto rilevare dalle note originali che le furono ieri rimesse, di cui l'esattezza si deve particolarmente all'indefessa e saggia assistenza del Governatore signor Alfonso Garofalo; e solo è rimasta giustamente (!) in attrasso qualche polizza di cambiamoneta; e quindi non solamente non vi è finora un aggio sensibile, e di giorno in giorno, continuando lo stesso sistema, dovrà fra poche settimane ogni angustia cessare. Intanto però se altre autorità, fuori di V. E. vorranno ingerirsi, potrà temersi qualche inconveniente. Onde mi sono affrettato a passare tutto allo notizia di V. E. perchè nella sua saviezza possa prendere le misure che crederà più opportune „.

Pel visto delle polizze e ritardo di pagamento, spesso si veniva a dispute coi militari. Le lettere del Reggente Carta, 13 e 28 agosto 1813 e 3 settembre medesimo anno, invocano l'aiuto del Ministro, perchè fossero posti a dovere.

Insomma le leggi finanziarie di quell'epoca sono ottime. Riordinata l'azienda pubblica, ogni rendita si trovò soggetta a tributo, ogni peso distribuito, ogni ramo finanziario amministrato da un direttore responsabile, ogni amministrazione soggetta a sindacato della Corte dei Conti. L'erario pubblico, avendo una contabilità centrale coll'ufficio di Tesoreria, ed una cassa col Banco di Corte, tutta la finanza Napoletana era in un sol libro ed in un solo erario racchiusa. Ma gli atti non rispondono agli scritti, perchè le guerre e le dissipazioni della Corte facevano rimanere sempre esausto il tesoro pubblico.

8 Ottobre 1813. Essendo terminato il periodo acuto della crisi, tanto che si potettero riporre nel tesoro della Cassa di Corte Lire 251,698.87, lasciando nel tempo stesso al cassiere una quantità di moneta sufficiente, chiese il Reggente che potesse il banco rinunziare all'uso di far *vistare* le polizze dal Governatore Garofalo, e che per conseguenza si ripigliassero i pagamenti a cassa aperta. Il ministro fu di contraria opinione, probabilmente perchè sapeva che presto sarebbero ricominciati i bisogni del fisco, e con questi lo scredito della *fede*, l'inopia della cassa. Ma il Reggente Carta, che non aveva posto nel Consiglio di Stato, ed ignorava i segreti politici, mostrò il coraggio di replicare (lettera 23 ottobre 1813).

" Devo però prevenire V. E. che ciò avrà luogo (il visto preventivo delle polizze fino a dicembre) come finora si è praticato, per le sole polizze della cassa di Corte, mentre, per quelle del ramo dei particolari, non credo affatto che debba aver luogo, e V. E. mi permetterà che per questa parte non siano adempiuti i suoi desiderî; giacchè il volersi introdurre ora il visto del Governatore; anche sulle polizze della cassa dei particolari, sarebbe certamente un passo falso, peggiore ancora di quello che si diede per il Banco di Corte nella scorsa està, e sarebbe lo stesso, con questa novità, che allarmare il pubblico, farli credere che il Banco non sia più nella circostanza di soddisfare liberamente le sue polizze; ed in conseguenza far affollare, in un punto, tutti i particolari a ritirarsi il loro danaro, ciò che produrrebbe il certo danno e discredito del Banco. Son sicuro che queste riflessioni ecc. „.

Come prevedeva il ministro, dopo pochi giorni (27 novembre 1813) divennero evidenti gl'imbarazzi della cassa di corte, che teneva di contanti sole L. 248,078.76. Quindi necessità di usare gli stessi rimedî dell'altra volta, cioè prelevazioni dalla cassa dei particolari (lettera 28 novembre); chiusura per qualche giorno; mutuo dalla cassetta particolare del Re; pagamento con moneta di rame; ed alla fine pagamento delle sole somme che giornalmente si ottenevano dai percettori delle tasse. Di tali versamenti dei percettori mandavano tutt'i giorni la nota al ministro.

*
* *

34. Li 15 settembre del seguente anno 1814, avendo il ministro Pignatelli presentato a Gioacchino, allora tornato dalla guerra, un bilancio patrimoniale del banco, fu provveduto ad annullarne in parte i debiti.

15 Settembre 1814. — Visto il rapporto del nostro ministro delle finanze.

Visto l'articolo 3° del nostro decreto de' 20 novembre 1809, che assegnò al banco del regno una dotazione, per assicurare il rimborso in contante di tutte le polizze, emesse dall'antico banco di Corte, senza farle garentire da un deposito in denaro contante.

Visto il rapporto col quale il nostro ministro delle finanze ci ha fatto conoscere che i prodotti di tale dotazione lasciano al banco una somma disponibile di duc. 333,766,82.

Volendo far provare, da questo istante, agli esibitori delle polizze gli effetti salutari dell'ammortizzazione, mediante la quale il deficit, di cui si è il banco incaricato, dee intieramente annullarsi.

Abbiamo decretato e decretiamo quanto segue:

Art. 1. La somma di duc. 333,766,82, tanto in moneta di argento che di rame, che il banco ha ritirata fin oggi dalle vendite ed alienazioni di beni, che noi gli abbiamo assegnato in dote, col nostro decreto de'20 novembre 1809, e che è portata in credito nelle sue madrefedi patrimoniali, verrà subito passata in debito di tali madrefedi, come rimborso, verificato dal banco, sul deficit dell'antico banco di Corte.

Colla presente disposizione, il conto corrente della cassa patrimoniale trovandosi bilanciato e chiuso, il banco lo farà depositare, insieme con tutte le madrefedi estinte, nel suo archivio generale.

Art. 2. Gli effetti di commercio che il banco possiede nel suo portafoglio, ed il suo capitale de'beni territoriali, in case.ed in crediti, continueranno a restare specialmente ipotecati per garentia di tutte le sue obbligazioni.

Art. 3. Il nostro ministro delle finanze è incaricato dell'esecuzione del presente decreto.

Con altro decreto, dello stesso giorno 15 settembre 1814, si modificò leggermente la contabilità dei pegni.

15 Settembre 1814. Volendo far godere al pubblico tutt'i vantaggi che gli sono assicurati dalle disposizioni del nostro decreto de' 20 novembre 1809, concernenti i prestiti su i depositi di materie di oro e di argento e di pietre preziose.

Volendo altresì che il banco del nostro regno sia, in tutt'i rami della sua nuova organizzazione, amministrato colla più esatta regolarità.

Visto il rapporto del nostro ministro delle finanze.

Abbiamo decretato e decretiamo quanto segue:

Art. 1. Il regolamento, preparato e presentato al ministro delle finanze dal comitato del banco, per sottomettere la contabilità de' pegni ad un sistema fisso e compiuto, rimane approvato. Questo regolamento sarà messo in vigore dal primo ottobre prossimo.

Art. 2. La verifica della cassa attuale de'pegni avrà luogo, a 30 del corrente settembre, con tutte le solennità e formalità prescritte dal regolamento medesimo, per le annuali verifiche di questa cassa.

Verrà formato processo verbale della sua situazione; e questo documento servirà a determinare il valore dei depositi, che risponderanno della somma la quale si troverà aver il banco impiegato all'oggetto, nel dì 1° ottobre prossimo.

Art. 3. Non si potranno far prestiti, su i depositi di materie di oro e di argento o di pietre preziose, inferiori a duc. 10, nè eccedenti i duc. 500.

Art. 4. Il ministro delle finanze aprirà, in ogni mese, un credito al banco per eseguire le sue operazioni di pegni; ed il banco non potrà, sotto verun pretesto, nè in alcun tempo, oltrepassarlo.

Art. 5. Le somme che giornalmente rientreranno alla cassa dei pegni, non verranno impiegate a nuovi prestiti, ma saranno in ogni giorno, alla chiusura di questa cassa, restituite a quella che le avrà fornite.

Art. 6. Le somme che verranno prestate, in virtù de' crediti che aprirà il ministro delle finanze, saranno rilasciate direttamente ai pignoranti dalla cassa; che potrà in tal modo esibire costantemente, sia in contanti, sia in mandati della cassa de' pegni, il valore dei depositi affidatile.

Art. 7. Il comitato del banco resta incaricato di concorrere, insieme colla reggenza e col governo del banco, allo stabilimento ed alla sopravveglianza della esecuzione del regolamento riguardante la contabilità dei pegni; al quale non potrà farsi alcun cambiamento senza la nostra approvazione. Uno dei membri del comitato, designato alla reggenza, sulla proposizione del presidente, dal ministro delle finanze, avrà la commessione speciale di eseguire e verificare tutte le operazioni di questa contabilità, sino alla fine dell'anno 1814.

Art. 8. Il nostro ministro delle finanze è incaricato dell'esecuzione del presente decreto.

Fu questo l'ultimo decreto relativo ai banchi che sottoscrisse Gioacchino. A 29 maggio **1815**, pel trattato di Casalanza, egli non era più re, e due giorni dopo partiva per Francia. Li 24 maggio, con le schiere tedesche, entrava a Napoli il principe Leopoldo di Borbone; il dì **4** giugno re Ferdinando giungeva a Baia, ed il **6** stava nella **reggia** di Portici.

CAPITOLO IV·

IL BANCO DELLE DUE SICILIE

1816 a 1863

1. Stato del banco quando ritornò Ferdinando IV. Decreto 5 dicembre 1815. — 2. Nuovo ordinamento. Decreti 1 ottobre e 12 dicembre 1816. — 3. Regolamento ed istruzioni 26 febbraio 1817. Loro difetti. — 4. Altri difetti del regolamento del 1817. — 5. Il servizio dello Stato. — 6. La Cassa di Sconto. Decreto del 1818. — 7. Regolamento per i pegni di rendita. — 8. Operazioni della cassa di sconto dal 1818 al 1820. — L' archivio generale. — 10. I pegni di tessuti e metalli. — 11. Conseguenze pel Banco della rivoluzione del 1820 e confisca dei suoi certificati di rendita. — 12. Progetto di fondare un banco per azioni. Discussione nel Parlamento Napoletano. — 13. Crisi del 1821 e Decreti del 1822. — 14. Provvedimenti per la zecca. I pegni di monete e di verghe. — 15. La cassa del rame. — 16. Riapertura della Cassa Spirito Santo.— 17. Ordinanza dei diciottesimi. — 18. Decreto 12 febbraio 1832 ed altri atti di Francesco 1° e Ferdinando II. — 19. Progetti del ministro d' Andrea. — 20. Regolamento della cassa di sconto 2 aprile 1839. Variazioni sul saggio dello sconto e la ragione degl'interessi.—21. Istruzioni 20 gennaio 1841 sulle rinnovazioni dei pegni di rendita. — 22 Casse succursali di Palermo e Messina. — 23. Stato della cassa di sconto al 1834. — 24. Rivoluzione del 1848. Verifica e separazione delle casse di Sicilia. — 25. La succursale Bari. — 26. I pegni di mercanzie. Decreto e regolamento 3 febbraio 1858.—27. Atti governativi del 1859. — 28. La situazione 31 luglio 1859.— 29. Operazioni della cassa di sconto dal 1818 al 1861.— 30. La mancanza di succursali.—31. Decreti di settembre e novembre 1860. — 32. Programma Avitabile. — 33. Crisi del 1861. Le minorazioni — 34. Ostacoli all' accettazione della carta. — 35. Piccole riforme. — 36. La cassa Donnaregina. — 37. Il sedicente piccolo commercio. — 38. Leggi monetarie del 1862. — 39. La cassa di risparmio.—40. Nuovo ordinamento del Banco, rapporto Manna e decreto 27 aprile 1863.

1. Al suo ritorno da Palermo, re Ferdinando trovò il banco in pessime condizioni. Non c'era moneta nelle casse. Non c'erano nemmeno titoli o benifondi, per malleveria di pagamento ai possessori di *fedi*, *polizze* o *crediti su madrefedi*, poichè Giuseppe e Gioacchino, facendo eseguire i decreti che si leggono nel precedente capitolo, avevano dato, per una parte al Demanio, per una parte alla Cassa di Ammortizzazione, e pel resto al Ministro delle Finanze, il possesso dei beni patrimoniali, con la riscossione delle rendite.

Mancando d'un capitale proprio, senz'azionisti, doveva l'Istituto vivere unicamente di credito. Egli coi soli denari del pubblico aveva tirato innanzi qualche anno; ma, ligato come era alle sorti d'un governo vacillante, pareva che insieme coi Napoleonidi dovesse cadere. Le carte bancali perciò si rifiutavano nelle contrattazioni fra privati, si rifiutavano eziandio da parecchie casse pubbliche; in alcune provincie del regno a stento trovavano compratori, mediante scapito per aggio, di dieci o dodici per cento. Tutti prevedevano

la ripetizione della crisi economica, con fallimento dell'erario, che pochi anni prima s'era subita, quando cadde la repubblica Partenopea.
Ma non fu così. Memore forse dei guai d'allora, Ferdinando fece rispettare un proclama ch'egli aveva indirizzato da Palermo al popolo napoletano, prima di riprendere l'avito dominio, nel quale prometteva molte cose, e fra l'altro che avrebbe provveduto ai Banchi. Proclama suggerito, imposto probabilmente, dall'Inghilterra, dalla Russia, dall'Austria ed altre potenze alleate contro Napoleone, che non volevano concorrere ad una ripetizione dei fatti del 1799.

Promovendo la richiesta della carta apodissaria, tentò il Cav. Luigi de' Medici, ch'era tornato alla direzione della finanza, di facilitarne il giro o l'accettazione, e di distruggere l'aggio. Uno dei primi suoi provvedimenti fu perciò quello di comandare che, nella città di Napoli, tutti i pagamenti allo Stato si facessero con polizze di banco (1). Così all'istituto di credito si procacciava una riserva metallica, perciocchè i proventi fiscali entravano nelle sue casse. Gli è vero che ci restavano pochi giorni, spendendosi subito dalla tesoreria regia le polizze avute per pagamento d'imposte; ma, questa prova di fiducia nel banco, data dal nuovo governo, bastò per dileguare molti sospetti.

Altro favore, più grosso, concedette poi lo stesso Ministro, ordinando che, in tutte le casse del regno, le fedi e polizze non solamente s'accettassero pel valore nominale, ma eziandio che fossero cambiate in moneta metallica, a richiesta dei possessori (2).

Centinaia di casse regie acquistavano, per quest'ordine, il carattere di corrispondenti e quasi di succursali del banco. Con sano giudizio, dichiarò il Ministro che non intendeva dare corso forzoso

(1) Decreto 5 dicembre 1815, articolo 5.° « *Confermiamo le disposizioni date dal nostro ministro di finanze*, che, in tutte le casse della nostra città di Napoli, non si possano ricevere pagamenti che per polizze di banco ; sotto pena della immediata destituzione dei funzionari, in caso di contravvenzione „.

(2) Decreto 5 decembre 1815, articolo 1° «A contare dal giorno della pubblicazione del presente decreto , tutte le casse regie , non esclusi i botteghini del lotto reale, ricevitorie del demanio , delle due direzioni (dei beni riservati alla nostra disposizione e dei beni donati reintegrati allo stato) saranno obbligati, non solamente di ricevere in pagamento di contribuzioni dirette od indirette o di qualsivoglia altro credito fiscale le fedi di credito e le polizze del detto banco, ma benanche di cambiarle in moneta effettiva di argento o rame, secondo la qualità della polizza, a richiesta dei possessori, senza che vi si possano rifiutare. »

« Art. 2. Le fedi di credito e polizze, per essere ricevute e cambiate dai sopradetti ricevitori, dovranno avere o l'ultima gira di firma conosciuta al ricevitore o che la persona esibitrice gli sia conosciuta e sottoscriva in piedi. »

« Art. 3. Questa nostra disposizione non riguarda che le sole nostre ricevitorie, non inducendo nel commercio dei particolari, nelle provincie del nostro regno, alcun'obbligazione di ricevere polizze e fedi di credito per contanti. »

alle carte, anzi che lasciava piena libertà ai cittadini di prenderle o rifiutarle. Bastò la sanzione morale, la sicurezza cioè che i cassieri governativi avrebbero preso e barattato, a vista, le bancali, perchè tutti se ne servissero.

Si può dimostrare che la vita del Banco delle Due Sicilie, vale a dire dell' Ente che, dal 1816 al 1862, tenne il monopolio della circolazione nell'Italia Meridionale, dipendesse dall'esecuzione di questo decreto. Non era difficile di farlo rispettare; per la ragione che tutti i percettori e cassieri regî ci trovavano tornaconto. La valuta apodissaria era meno incomoda della moneta d'argento. Faceva risparmiare fatica, tempo, coadiutori, locali, spese di trasporti. Essa dava sicurezza al possessore, perchè non si temevano falsificazioni, e per la facilità di riscuotere l'ammontare; anche se avesse perduto il titolo, o glielo avessero sottratto o distrutto.

Quando sospettavano che qualche agente fiscale manovrasse per creare aggio sulla carta, intascando illecito profitto, con sacrifizio della reputazione del Banco Regio, denunziavano la cosa al Ministro. Fra molte lettere, ci contentiamo di trascrivere questa, del 22 gennaio 1842, per dimostrare con quanta energia si reprimeva l'abuso.

" Ministero e Real Segreteria di Stato delle Finanze — 2.° Ripartimento — 1.° Carico — N. 125.

" Napoli, 22 gennaio 1842 — Signore — In un rapporto dei 29 dicembre, Ella, dopo di aver rammentate le disposizioni di un Decreto Reale, dei 5 dicembre 1815, per le quali venne imposto l'obbligo, a tutte le casse regie, di ricevere in pagamento delle contribuzioni dirette ed indirette, e di qualunque altro credito della Real Tesoreria generale, le fedi di credito e le polizze del Banco; e l'obbligo benanche di cambiarle in moneta effettiva d'argento o rame, secondo la qualità della polizza, a richiesta dei possessori, senza che i contabili vi si potessero rifiutare, ha esposto di esserle fatto intendere, dai Deputati della Cassa di Sconto, che il cambio delle polizze va soggetto ad un forte aggio, nelle casse dei Ricevitori generali e distrettuali, soggiungendo che, attesa tale circostanza, si desiderano piu tosto delle tratte o del danaro contante, malgrado il rischio e la spesa che si soffre pel trasporto di esso.

" In riscontro, la prevengo di aver passati uffizii a ciascun Intendente, perchè qualora, per parte del rispettivo Ricevitore generale della Provincia, o di alcun Ricevitore distrettuale, si commetta un tale abuso, provvegga che sia subito eliminato, e che non abbia ulteriormente luogo, facendomene immediato rapporto; avendo inoltre dichiarato, al pari di quanto altra volta venne prescritto da questo Real Ministero, cioè, che avendo i Ricevitori danaro disponibile non debbano *sotto pena di destituzione* negarsi al cambio delle polizze e fedi di credito, senza poter all'uopo riscuotere, sotto verun pretesto, qualunque menomo aggio. „

" Non lascio di farle osservare che Ella, riservatissimamente, mi farebbe cosa molto grata di prendere delle notizie positive, da' Deputati della Cassa di Sconto, ond' io conosca quale, tra Ricevitori generali e distrettuali, si sia allontanato dalle disposizioni della legge.

" Il Ministro Segretario di Stato delle Finanze — Ferri.

" Al Sig. Reggente del Banco di Napoli „.

*
* *

2. Nel seguente anno, 1816, furono restituiti al banco quei beni patrimoniali che non avevano trovato compratori, dicendosi:

" Crediamo più conducente al buon servizio del pubblico, ed alla santità dei depositi del nostro banco delle Due Sicilie, di restituirgli l'amministrazione dei suoi beni patrimoniali, la di cui proprietà servir dee di garenzia ai depositarii, e le rendite, che si ritraggono, debbono essere impiegate al mantenimento dei suoi uffiziali, ed alle spese di sua amministrazione (1) „.

---

(1) Proemio del Decreto 1° ottobre 1816. Gli articoli di tale decreto dicono;
Art. 1. Le disposizioni del decreto degli 11 di febbraio 1803, colle quali fu affidata alla cassa di ammortizzazione l'amministrazione de' beni e rendite di proprietà del banco delle Due Sicilie, sono rivocate.
Art. 2. La reggenza del banco, a contare dal dì primo di settembre di questo anno, riprenderà l'amministrazione di tutti i beni, fondi ed effetti che si trovano tuttavia esistenti, e che furono assegnati al banco per sua dotazione, col decreto de' 23 di novembre 1809; secondo gl'inventarii che ne furon dati da' 3 di aprile fino a' 28 di luglio dell'anno 1813. Un particolar regolamento fisserà il modo e le forme di questa amministrazione.
Art. 3 La cassa d'ammortizzazione, dopo di aver pagato le spese occorrenti, per lo mantenimento del banco, fino a tutto agosto, passerà nello stesso tempo alla reggenza l'importo delle rendite esatte, dal detto di primo di settembre sino al giorno della consegna, tutti i beni, le obbliganze e le cambiali per residuo di prezzo delle alienazioni dei beni del banco, e l'importo di detti boni, obbliganze e cambiali incassate dal detto dì primo di settembre, come ancora i valori che rimangono di quelli che le furon passati per disposizione ministeriale de'29 di ottobre 1814, e secondo l'inventario che ne fu formato a' 17 di dicembre 1814.
Art. 4. La cassa d'ammortizzazione, nel corso di un mese, formerà un bilancio generale di tutte le somme pervenute dalle rendite ed alienazioni de' beni del banco, e de'valori contenuti nel portafoglio, che sieno stati esatti o trasferiti ad altri, come pure da'versamenti fatti al banco, sia pel suo mantenimento, sia per qualunque altra ragione Questo bilancio formerà poi parte del conto generale della cassa anzidetta.
Art. 5. A tenore de' risultati che darà il bilancio suddetto, ci riserbiamo di provvedere a'mezzi

A 12 Dicembre 1816, lo stesso re Ferdinando, coi ministri Medici e Somma:

" Considerando che, fin dall'anno 1803, desiderammo di dare una organizzazione definitiva ai banchi di questa capitale; onde, di nostro ordine, da una deputazione di creditori apodissarii, fu formato un piano che noi approvammo, in dicembre dell'anno 1805, che, per la guerra sopravvenuta, non si potè mettere in esecuzione ".

" Considerando che, in tutto il tempo dell'occupazione militare, molte e gravissime novità sieno avvenute, di soppressione e ristabilimento, di questa antica ed utilissima istituzione nazionale.

" E volendo noi riordinarla ".

Dettarono nuovi statuti per l'ente, che continuarono a chiamare Banco delle Due Sicilie.

Rimase, anzi fu con maggior precisione determinata, la coesistenza di due istituti; dei quali l'uno serviva pel pubblico, l'altro pel fisco. Il primo, posto nell'edifizio Pietà, destinato a prestare esclusivamente la sua opera alle private persone ed ai corpi morali, contrassegnava i suoi titoli con la scritta *Cassa dei privati*. L'altro, posto nel locale dell'antico banco San Giacomo, teneva il servizio del Tesoro, delle pubbliche amministrazioni e del Municipio; contrassegnava i suoi titoli con la scritta: *Cassa di Corte*. Biasimati gli atti dei Re Francesi, ed annullate le leggi o decreti del 1808, 1809, 1810 e 1813, si fece ritorno al sistema del 1803.

Mantenendo il *Banco dei particolari*, col nome novello di *cassa dei privati*, voleva il Governo ricostituire uno degli antichi banchi, nello stesso locale della Pietà, e dare qualche soddisfazione al popolo napoletano, che ardentemente bramava la risurrezione dei suoi istituti di credito; mostrandosi assai poco contento degl'infelici tentativi di Giuseppe o Gioacchino. Gli statuti quindi, le operazioni, l'ordina-

---

di sussistenza, che forse bisogneranno per lo mantenimento del Banco, ed alla quietanza scambievole di queste due amministrazioni.

Art. 6. Non ostante le suddette disposizioni, la cassa di ammortizzazione continuerà ad essere incaricata, a tenore del nostro decreto de' 28 di maggio del corrente anno, dell'alienazione dei beni fondi del banco, di qualunque natura essi sieno, e della reluizione de'suoi capitali, trasferendo, volta per volta, al medesimo le inscrizioni di rendita sul gran libro, che riceverà in soddisfazione de' capitali corrispondenti a' fondi suddetti

Art. 7. Il direttore della cassa di ammortizzazione ed il reggente del banco delle due Sicilie, si porranno d'accordo sulla consegna di tutte le scritture, e sul ritorno degl'impiegati che dal banco passarono alla cassa, allorchè questa s'incaricò dell'amministrazione de'beni.

Art. 8. Il nostro segretario di stato, ministro delle finanze, è incaricato dell'esecuzione del presente decreto.

cacciare capitali al fisco.

Con abilità meravigliosa fu colorito questo disegno. Per cinquant'anni, la Cassa di Corte è stato il più fermo sostegno dell'amministrazione Borbonica.

Dal mentovato decreto 1816 fu dichiarato che, per garentire le carte bancali della Cassa di Corte, il Governo dava in ipoteca ai possessori tutt'i beni dello Stato, in particolar modo il Tavoliere di Puglia. Promessa poco seria, perchè non fu provveduto all'esperimento delle ragioni ipotecarie. Poteva benissimo il Governo vendere, donare o cedere ad altri creditori, la garenzia promessa per i debiti della cassa di corte. Infatti, dopo del 1860, furono per legge permessi gli affrancamenti dei canoni del Tavoliere, senza che il banco fosse interrogato. Ai possessori di fede o polizze non si dava facoltà di sequestrare il pegno, nè di guardare da chi e come si riscuotesse la rendita, e nemmeno di prendere informazioni, per vedere se i fondi esistessero veramente, quale ne fosse la valuta. Eppure questo pegno ipotetico fu buono per gettar polvere agli occhi, tolse i sospetti legittimi, che ispirava tanto la memoria dei vuoti 1794 e 1800, quanto l'autorità grandissima che il ministro si arrogava.

L'art. 6 del decreto, quello che stabiliva l'ingerenza del ministro da una parte, la garanzia dall'altra, dice così:

" La cassa di corte sarà direttamente sotto gli ordini del nostro
" segretario di stato, ministro delle finanze, per tutte le operazioni
" che nella medesima gli converrà fare, pel servizio della nostra
" Real Tesoreria *e gli ordini manifestati con le sue lettere ministe-*
" *riali verranno immediatamente eseguiti.* A qual effetto, la cassa di
" corte avrà la sua dotazione, distinta e separata; ed avrà ipotecati,
" per cautela dei suoi creditori, tutt'i beni dello Stato, ed in modo
" speciale tutte le rendite del Tavoliere di Puglia, da cui resterà
" perpetuamente garentita la carta che rappresenta il numerario. „

Mentre si concedevano, a parole, dritti sul Tavoliere di Puglia'

.e sui beni del Demanio, eran col fatto confermate e rese definitive le confische del patrimonio dei banchi, dicendosi (Decreto 30 gennaio 1817 art. 1) " *sono dichiarati beni di diretta proprietà dello* " *Stato* gli allodiali, i devoluti, *i beni dei banchi che rimangono dopo* " *l'assegnazione da noi fatta al banco delle due Sicilie, quelli ancora* " *restanti dei soppressi banchi*, i beni residuali del Monte Borbonico, " i beni confiscati, o che in avvenire lo saranno legalmente. „

Toglievasi così ai banchi la stessa speranza di ripigliare il tolto patrimonio, od almeno quella parte dei fondi rustici ed urbani, o delle ragioni ipotecarie, che erasi salvata dalla rapacità del fisco per controversie giuridiche, per mancanza di compratori, o per altre ragioni. Non occorre ripetere che ben poca cosa fu l'*assegnazione*, magnificata dal decreto, quasi fosse un dono del Re.

Per assicurare diversamente i cittadini creditori del banco, e levare il sospetto che i depositi confidati alla cassa dei privati potessero servire per i bisogni della finanza, od anche pei traffici del banco governativo, si disse:

" La cassa di corte riceverà come moneta effettiva le carte del-
" la cassa dei privati (art. 5); La cassa dei privati non potrà ser-
" vire ad alcuna delle operazioni della R. Tesoreria, nè potrà es-
" sere obbligata a riceversi, come contante, le carte emesse dalla
" cassa di corte (art. 8). „

Quest'articolo ottavo però rimase scritto, e non fu mai eseguito; come non furono mai eseguite le prescrizioni della legge intese a separare i patrimonii. La divisione, fra cassa di corte e cassa dei privati, ebbe luogo unicamente per ciò che si riferiva alla tenuta dei conti, ed all' obbligo dei ministeri o amministrazioni pubbliche di adoperare solo la prima. Per tutt'altro il banco si reputava uno; cosicchè poteva il cittadino consegnare le valute e chiedere le carte, ovvero i pagamenti, così a San Giacomo come alla Pietà. (art. 5) E ciascuna cassa doveva permutare con moneta effettiva, od accettare pel valore nominale, i titoli emessi dall'altra. Alla definizione dei conti provvedeva la *riscontrata* e le *polizze di resta*, che tenevano ragione delle differenze a debito od a credito. Lungi dal separare i patrimonii delle due casse, si fecero ambo amministrare dallo stesso *Reggente*, e fu costituita una contabilità, un personale, ed un bilancio comune.

Ambedue i banchi ebbero facoltà di emettere *fedi di credito*, che tutte le casse pubbliche della capitale o del regno dovevano accettare come moneta (art. 5).

Le officine San Giacomo, cassa di corte, tenevano due conti separati; *argento* e *rame*, distinguendoli con particolari epigrafi e bolli. Ciascuna fede o polizza era pagata con la qualità di moneta che rappresentava; senza permesso di usare la moneta di argento per una carta del conto rame, o viceversa.

Alla cassa dei privati, dipendenza Pietà, fu proibito di ricevere depositi di rame, ed emettere titoli che li rappresentassero (art. 8).

I fondi della cassa dei privati, cioè quella porzione dei depositi che il ministro avrebbe consentito di mettere a frutto, si potevano collocare con mutui sopra pegno di gioie ed oggetti di oro o d'argento. Qualsivoglia altro uso di capitali era espressamente vietato (art. 11).

Ciascuna cassa teneva un Presidente e due Governatori.

L'amministrazione di tutto il banco era poi diretta da un *Consiglio di Reggenza*, formato dal reggente, capo dell'amministrazione, e dai presidenti delle due casse (art. 12).

I privilegi delle carte bancali furon così definiti dall'art. 13.

" Tutte le carte che si trovano emesse, e che si emetteranno
" dalle casse di tutti e due i banchi, sieno fedi di credito, sieno
" polizze notate fedi originali, non solo continueranno ad essere
" esenti dai diritti di bollo e registro, ma, per accrescerne sem-
" prepiù la circolazione, e ripristinarle nel loro antico credito,
" serviranno di prova della numerazione del danaro. Come ancora
" tutte le dichiarazioni, convenzioni e patti qualunque, apposti
" nelle girate delle suddette carte, formeranno quella pruova e
" produrranno quell'effetto che la natura e qualità dell'atto seco
" porta; ancorchè non sieno registrate, bastando la giornata se-
" gnata nelle stesse, per la loro passata al banco, ad assicurarne
" la data. Rimanendo soltanto soggette a registro le citazioni per
" atto di usciere, che si faranno in dorso delle carte stesse di ban-
" co, o che siano alligate alle medesime, prima di passarsi al ban-
" co, per ritrarne il denaro con quelle proteste che le parti cre-
" deranno di apporvi, per loro cautela. Saranno parimenti soggette
" al registro fisso le così dette *partite di banco*, o sieno copie estrat-
" te dalle fedi o polizze, delle quali le parti vogliono fare uso le-
" gale, secondo le leggi vigenti. „

*
* *

3. Lo stesso giorno, 12 dicembre 1816, fu soppressa l'imposta per emissione di cartelle di pegno, e stabilito che dal giorno 1 gennaio 1817 i mutui del monte di Pietà sarebbero fatti alla ragione del 9 per cento.

Due mesi dopo, con Decreto 10 febbraio 1817, ordinava Medici che la malleveria, pel pagamento condizionato di bancali disperse, fosse stipulata, con atto amministrativo, dal banco, invece di convenirsi innanzi ai tribunali. Poscia, con lettera ministeriale 26 febbraio 1817, approvò ed ordinò che fossero eseguiti i regolamenti organici e le istruzioni di massima per tutti i servizii.

L'opera, di chi scrisse quei regolamenti organici e quelle istruzioni, consistette nel raccogliere tutte le formalità segretariesche, tutte le minute prescrizioni, tutte le scritture e registri che ciascuno degli antichi banchi aveva usato per suo conto. Coordinando alla meglio i sistemi di otto diversi istituti, aggiungendo un amministrazione centrale, *Reggenza*, che prima non c'era, un officina per lo sconto e le anticipazioni, il servizio dello stato, ed una esorbitante autorità del ministero, doveva necessariamente disporsi, per ogni lieve negozio, un interminabile treno di fastidiose pratiche. Alla complicazione delle procedure, che spesso impediva di sbrigare faccende semplicissime, rimediavano con espedienti più o meno abusivi.

Col regolamento organico del 1817, avendo terminato d'escludere le confraternite, licenziare le commissioni di creditori apodissarii, annullare le azioni, e sopprimere qualsiasi partecipazione di ospedali ed opere pie, si tolse al banco ogni traccia di personalità giuridica e di autonomia. Era diretto dal Reggente, cioè da un impiegato superiore di qualche amministrazione dello stato (art. 10) il quale *farà tutto ciò che il ministro delle finanze crederà commettergli per utilità del servizio* (art. 9). I presidenti poi, e governatori delle due casse, dipendevano dal reggente, ed a costoro *tutti gl'impiegati dovranno, senza replica, ubbidire* (art. 1).

Tre anni durava l'ufficio dei presidenti e governatori (art. 6) ma potevano essere confermati. L'onorario dei presidenti era di annui duc. 480, quello dei governatori di duc. 240. Il reggente aveva un compenso di anni due. 1000 , per la direzione del banco , e durava il mandato cinque anni , salvo conferma.

Un conto, degl'introiti e delle spese , doveva ogni anno presentare il banco alla corte dei conti ; pareggiandosi in ciò a qualsivoglia altra amministrazione dello stato (art. 11).

Restò saldo il principio che tutti i beni immobili si dovessero vendere, e permutare con iscrizioni di rendita sul gran libro. La cassa di ammortizzazione, quindi, seguitò ad eseguire le leggi di Gioacchino, e la reggenza doveva solamente fornire le notizie e documenti necessarî per la vendita e per l'immissione in possesso dei compratori (art. 7).

Giova riferire il *regolamento per lo sconto di cambiali o altri valori commerciali*, ispirato a principii tanto assurdi da recar meraviglia che avesse la firma di Medici , uomo pratico e sagace finanziere. Gli è vero che dopo pochi mesi (23 giugno 1818) ei vide la necessità di annullarlo.

Art. 1. Sarà istallato, separatamente dal governo del banco e senza che abbia ingerenza col medesimo, un consiglio di sconto, composto di due o più negozianti.

Art. 2. La somma da impiegarsi allo sconto dovrà essere determinata, in ogni sei mesi, da S. E. il ministro delle finanze. L'interesse. che si esigerà su di esso, sarà del 9 per 100 l'anno, di cui una parte, da fissarsi dal ministro di finanze, andrà in beneficio dei negozianti che garantiscono lo sconto, come appresso si dirà, ed il rimanente utile resterà al banco. I negozianti non percepiranno premio dagli effetti che disconterà la tesoreria o le amministrazioni che ne dipendono, purchè non sia richiesta dal banco la di loro responsabilità; come si richiede per gli altri effetti scontati.

Art. 3. Gli effetti di commercio, che si vogliono scontare, dovranno essere rivestiti di tre firme di negozianti, o almeno di due negozianti e di un particolare, proprietario conosciuto.

Art. 4. Le cambiali da scontarsi dovranno essere traettizie e pagabili in Napoli, nè potranno avere scadenza maggiore di tre mesi.

Art. 5. Li deputati negozianti saranno solidalmente garanti delle somme che si scontano.

Art. 6. Coloro che richiedono lo sconto, presenteranno la dimanda, una col notamento dei valori che si vogliono scontare, in mano al segretario generale della reggenza, il quale farà segnarla dal reggente, a cui è nota la somma ch'esiste, da potersi impiegare in questa operazione, e la passerà all'esame dei suddetti deputati.

Art. 7. Costoro si uniranno, per fare lo scrutinio dei valori che si vogliono scontare: e quelli che resteranno ammessi dovranno esser firmati al piede dai suddetti negozianti, i quali firmeranno anche il notamento, che dovrà essere in carta bollata, restando così garanti dell'importo dello sconto.

Art. 8. Allorchè lo sconto sarà stato ammesso, sarà subito passato al segretario generale della reggenza, il quale avrà cura di passare le carte corrispondenti in razionalia, immediatamente; onde venga subito spedito il pagamento, a favor di colui che avrà negoziato i suoi effetti di commercio.

Art. 9. Un tal pagamento dovrà farsi con polizza notata fede, giusta il sistema scritturale del banco, quale sarà firmata dal solo reggente: e tali polizze saranno formate in istampa, tutte uniformi, a tenore di un modello che ne daranno i stessi deputati negozianti.

Art. 10. Vi dovrà essere, sotto l'immediata ispezione del razionale della reggenza, un'aiutante che abbia conoscenza del codice e della scrittura mercantile, il quale dovrà essere particolarmente incaricato del disbrigo di questa operazione, e di tenerne il conto e la scrittura in regola.

Art. 11. Finalmente, siccome potrebbe con faciltà accadere che molte cambiali scadessero in una sola giornata; e che taluni dei negozianti facessero i pagamenti, in estinzione delle medesime, in numerario effetti e non già in polizze, ed in tal caso non solo si renderebbe difficile, ma anche rischiosa l'esazione; dovendosi affidare le cambiali in mano di molti, che si ricevano la moneta dai negozianti, così vi sarà un cassiere dello sconto, persona proba e solida, che si renda garante di questa esazione. Al medesimo saranno consegnate le cambiali, ed esso ne curerà l'esazione, a misura delle scadenze, e ne avrà il discarico, o col versamento delle somme corrispondenti, o colla restituzione delle stesse cambiali; che dovrà aver cura di far protestare, qualora non venissero estinte al maturo, per esigersene l'importo dai deputati negozianti, che han garantito lo sconto; a che li medesimi saranno obbligati, non ostante qualunque circostanza possa concorrervi. Il cennato cassiere dovrà dare una cauzione, di annui ducati trecento di consolidato, restando sotto la sua sua risponsabilità li commessi, dei quali dovrà avvalersi per la esazione delle cennate cambiali, acciò il banco resti sempre al coverto da qualunque danno.

Si dovette sopprimere questo regolamento, per la semplicissima ragione che li *deputati negozianti* non accettarono nessuna cambiale. Il rischio di pagarne l'ammontare non era proporzionato al premio o compenso promesso.

Pel monte di Pietà, le ordinanze del 1817 dicono:

Art. 1. L'opera de' pegni, che si rende di grandissimo sollievo per la nazione, di sommo utile per il commercio, e che è una sorgente di ricchezza per il banco; nell'atto che accorre ai bisogni de' particolari, si continuerà a fare, sulle materie di oro, argento e gioie, nel locale dell'antico banco della Pietà, con fondo, de' capitali della propria dote della cassa de' privati, potendosi anche impiegare il denaro in detta cassa depositato, qualora il ristagno ne fosse eccessivo; locchè si eseguirà secondo la prudenza del reggente del banco, coll'autorizzazione però sempre del ministro delle finanze.

Art. 2. I pegni si potranno fare anche di piccole somme, inferiori ai ducati 10, e fino alla somma non eccedente i ducati 500, per ora, potendosi in appresso, a tenore delle circostanze, aumentare. Su di ogni pegno, di qualunque somma egli sia, si esigerà l'interesse, alla ragione del nove per cento l'anno, calcolato per giorni.

Art. 3. Ogni pegno non potrà godere una mora maggiore di mesi sei, elassi i quali dovrà dispegnarsi. Se però un pignorante, in fine del termine accordato, volesse rinnovare il pegno, pagando l'interesse decorso, sarà permesso di eseguirsi, consegnandoseli una nuova cartella, e descrivendosi ne'libri dell'impegnata, come un pegno allora fatto.

Egualmente sarà considerato e descritto nel libro, come pegno allora fatto, qualora un pegnorante, in fine del termine accordato, o anche prima, volesse diminuire il pegno, venendo a pagare l'interesse decorso, ed una porzione della sorte principale, nel qual caso anche gli sarà consegnata una nuova cartella.

E finalmente se un pegnorante, in fine del termine accordato, o prima ancora, venisse a pagare l'interesse decorso, e volesse esser restituita una porzione degli oggetti pignorati: sarà questo permesso; purchè però venga pagato, contemporaneamente, dalla parte, quella porzione di denaro che sarà giudicato dall'orefice poter valere quelli oggetti che vuol essere restituiti: ed in tal caso sarà rinnovata la cartella, e formandosi un nuovo pegno, se ne prenderà ragione sopra i libri corrispondenti.

Art. 4. Non potranno farsi pegni di vasi o arredi sacri, nè di oro e di argento coll'impronta reale, senza permesso in iscritto delle autorità alle quali compete, vistato dal reggente del banco, o almeno dal presidente della cassa.

Art. 5. L'argento fino sarà pegnorato, valutandosi a ducati 11 la libbra, e l'oro fino alla ragione di ducati 13 l'oncia; senza tenersi conto della manifattura, per eccellente che fosse. Le gioie saranno valutate per la metà del valore che corrono in piazza, allorchè sono pegnorate, senza tenersi affatto conto del lavoro; restando l'orefice apprezzatore risponsabile della qualità e valore degli oggetti, che da esso saran pignorati.

Art. 6. In ogni pegno sarà segnato il nome e cognome del pegnorante, ed il domicilio che lo stesso indicherà; affine che si possa mandare ad avvisare, qualora così si disponga dal governo della cassa, alquanti giorni prima che deve seguire la vendita, a dippiù del cartello di avviso che ne sarà affisso nel cortile del banco. Questo avviso però si farà per mezzo dell'usciere del banco medesimo, nè avrà dritto il padrone del pegno di reclamare dopo la vendita, asserendo di non essere stato avvisato; giacchè, siccome nella cartella del pegno, che si consegna al pignorante, sta scritto e dichiarato, che il termine è di mesi sei, così dev'esser noto a ciascuno che in fine di queste prefisso termine, quando il pegno non è dispegnato o rinnovato. deve mettersi in vendita, ed il suddetto avviso si da per una sola maggior attenzione (1).

Art. 7. Allorchè sarà scaduto il termine prefisso ed accordato dalla legge, ed i pegni non saranno stati o dispegnati o rinnovati, saranno essi venduti a pubblico incanto, nella piazza degli orefici, per mezzo di pubblici incantatori, liberandosi al maggior offerente, allorchè l'orefice apprezzatore conoscerà che non può vantaggiarsi dippiù; restando garante il medesimo orefice pei suddetti incantatori, e restando benanche lo stesso orefice garante delle persone, alle quali vengono liberati i pegni, e dalle quali deve riscuoterne l'importo, nel momento stesso della liberazione: come il tutto sarà, dettagliatamente, dichiarato nelle istruzioni dei rispettivi impiegati dell'officina dei pegni.

Per le spese occorrenti nell'incanto, dritto degli incantatori e di presenza degl'impiegati che vi assisteranno, si riterrà, secondo l'antico solito, il due per cento (1).

---

(1) Posteriormente si rinunziò a questa benevola consuetudine, sostituendo, all'avviso personale, il magro compenso d'un inserzione sul giornale.

(1) *Ordinanza del Reggente*, 10 luglio 1819, con cui si stabilisce il sistema per la consegna e vendita de' pegni di oggetti preziosi.

Informato questo signor reggente, che attualmente, nella vendita de' pegni, hanno luogo diverse irregolarità; e che contro le buone regole

Art. 8. In ogni anno si farà l'inventario de' pegni esistenti in guardaroba, eligendosi a tal' effetto un orefice revisore, dal signor reggente del banco; dovendo intervenire a tal atto il segretario ed il razionale della cassa, ed assistervi ancora un governatore della cassa medesima. L'orefice revisore resterà garante, solidalmente coll'orefice apprezzatore, del valore impiegato dal banco in ciaschedun pegno, e dell'interesse corrispondente.

Le fedi di credito si stampavano nelle stanze del segretariato generale; ed il regolamento contiene minute prescrizioni per la incisione degli scudi, tiratura, stampa e conservazione. (art. 10).

Tanto per la direzione generale, quanto per le due casse, di Corte e dei privati, ci stavano un ufficio di segreteria ed un uffizio di razionalia, che ambo conducevano l'amministrazione, con incumbenze pressochè identiche. Da ciò difficoltà di scritture e perdita di tempo. Il Razionale del banco, colui che doveva amministrarne la proprietà ed incassarne gli utili e le rendite " niun pagamento potrà ricevere in contanti, per conto del banco, ma tutto dovrà es-

---

e contro l'antico sistema de' banchi trovansi introdotti degli abusi, che posson esser causa di gravi disguidi, giusta l'alligato rapporto fattone dall'orefice revisore de' pegni; confermando gli antichi stabilimenti, riguardanti la vendita di pegni, è venuto a risolvere quanto segue.

1. La consegna de' pegni che vanno a calare alla vendita, la quale attualmente si fa dal guardaroba agl'incantatori, contro la buona regola, ed antico sistema de' banchi, dovrà farsi, da oggi innanzi, dagli orefici apprezzatori, nel seguente modo, cioè. Stabilita, col consenso del razionale della cassa e di concerto col medesimo, la giornata nella quale debbono calare i pegni alla vendita, nella stessa giornata, alla prim'ora della mattina, il guardaroba, unito col credenziere, dovrà consegnare agli orefici apprezzatori un numero discreto di pegni; che potrebb'essere di 24 fino a 30 e non più, e ritirare da' medesimi la ricevuta, sul libro delle vendite. Gli orefici, dopo aversi riveduti e pesati di nuovo i rispettivi pegni, e riconosciuti in regola, cioè che gli oggetti siano i medesimi, e della stessa qualità e peso che essi han pegnorati, dovranno essi medesimi consegnarli agl'incantatori di loro fiducia, e de' quali essi sono responsabili; ripartendone quattro o cinque per ognuno, affinchè la roba sia più sicura, e tutti abbiano il tempo di bene incantarla, e procurare il maggior utile de' padroni.

2. Siccome, nell'eseguirsi la vendita in giornate addette alla pignorazione ed al dispegno, spesso accade che, terminando troppo tardi tali operazioni, tardi ancora vanno a calare nella strada degli orefici gl'impiegati che devono assistere alla detta vendita; ed allora, non essendovi più concorso di compratori, gl'incantatori dicono che non trovano più poste, e si libera il pegno, molte volte, per somma minore di quella che potrebbe aversene se vi fossero i compratori; locchè forma un danno a' particolari padroni de' pegni; così resta risoluto che, nelle giornate che saranno destinate per la vendita, si disbrighi, ne' termini un poco più per tempo del solito la pegnorazione; affinchè gl'impiegati, addetti ad assistere alla detta vendita, possano calare ad ora competente, secondo la stagione, nella strada degli orefici; onde, sotto gli occhi loro, gl'incantatori abbiano tempo di ricevere le *poste e stringere i prezzi*, e gli orefici abbiano tutto il tempo di esaminare se i pegni incantati sono arrivati al prezzo giusto, e se effettivamente non vi sono più *poste* per farli liberare.

3. Finalmente, allorchè i pegni si crede di potere più avanzare, è che non devono liberarsi nella stessa giornata, per non essere arrivati al giusto prezzo, non dovranno mai lasciarsi in potere degli stessi incantatori; ma tali pegni dovranno ritirarsi dalle di costoro mani, e conservarsi da quell'orefice stesso che l'aveva già ricevuti dal guardaroba, per riconsegnarsi come sopra all'incantatore, in un altro giorno di vendita. E dovrà inoltre badarsi, che tutta l'operazione della vendita de' pegni sia disbrigata prima delle 24 ore, affinchè i particolari avventori, che voglion comprare, non si ritirino; ed in danno degl'interessi de' padroni de' pegni, non restino i soli complottanti, ad imporre sul prezzo degli oggetti che si vendono.

Quindi, per la esecuzione, ha determinato, il suddetto signor reggente, che se ne spedisca certificato alla cassa de' privati — Visto — Carta — G. Gifoni, Segretario generale.

" sere incassato per mezzo di polizze, e versato in madrefede „ (pag. 50).

Tal regola era applicata a qualsivoglia riscossione o pagamento del banco ; cosicchè i clienti dovevano prima consumare mezza giornata o più, negli ufficii di cassa e notata fede, per depositare la moneta ed ottenere le polizze , quindi perdere maggior tempo, perchè queste polizze fossero accettate.

*
* *

4. Ciascuna cassa aveva un *governo*, composto da un presidente o vice-presidente e da parecchi governatori, ordinarii , straordinarii e soprannumeri , che il ministro delle finanze sceglieva a suo libito; bastando, per essere nominato, la qualità di avvocato, di possidente o di commerciante. Tutti erano funzionarii non responsabili , senza obbligo di assistenza giornaliera , che si spartivano le giornate di servizio al banco, per turno settimanale o quotidiano. Mancava dunque lo indirizzo costante ed uniforme all' amministrazione, perciocchè il presidente o governatore di turno, non sapeva; e non aveva sempre agio di conoscere, quali ordini si fossero dati dal collega che lo aveva preceduto. Anche meno, nel breve tempo in cui era tenuto d'assistere, poteva prendere esatta e completa conoscenza dei fatti amministrativi. Da ciò risultarono molte malversazioni, per verità poco importanti, inconvenienti d'ogni maniera, e soprattutto una sfacciataggine d' inservienti ed impiegati subalterni a domandare e pretendere mance , a non eseguire l' obbligo loro se dall'interessato non ricevessero qualche cosa, che erano positive vergogne per l'istituto.

I presidenti poi, mentre facevano da capi nel rispettivo banco, e ne regolavano l'amministrazione, nella giornata o settimana in cui erano di turno, avevano la qualità di membri deliberanti del Consiglio di Reggenza , cioè del consesso cui era devoluta la censura dei loro atti medesimi.

Per gl' impiegati poi, un privilegio malinteso proibiva, a chi non fosse figlio o nipote d'altro impiegato, di entrare nel banco; si tollerava l' inassistenza; si permetteva di cumulare al proprio uffizio quello del compagno; si perdonavano debiti, scrocchi, indelicatezze d' ogni sorta. Al personale subalterno davano compensi assurdi, sedici o venti carlini al mese (L. 6,80 ovvero 8,50). Non essendo possibile di vivere con questo, i più svelti esercitavano la professione di avvocato, di medico, di notaio ecc., altri facevano i sensali, alcuni giunsero a stabilire il domicilio lontano da Napoli, conservando l'impiego, ed una parte di quelli che venivano in ufficio o si faceva pagare dai compagni inassistenti, e raggranellava così il necessario per vivere, o si aiutava con le mance e con le indelicatezze. L'ordinamento difettoso degli uffizii, le strane formalità e soprattutto la conoscenza personale degl'individui, con garenzie delle firme, che richiedevasi anche quando non occorresse, facilitavano queste porcherie. Chi non sapeva perfettamente come fossero congegnate le scritture, e distribuite le funzioni fra varie centinaia di impiegati, si trovava nella materiale impossibilità di sbrigare qualsivoglia faccenda ; e non bastava tale cognizione, perchè gli affari del banco si facevano tutti con carte nominative, le quali dovevano essere firmate da *persone di fiducia*. La fiducia si meritava sia con le relazioni personali, sia mediante compenso. Era naturale che l'ufficio di sensale, col suo lucro, toccasse agl'impiegati stessi, ch'erano pagati così male, ovvero ad individui che spartivano con essi il provento.

Dopo tutto ciò, si operavano le promozioni col solo requisito dell'anzianità, mettendosi a capo degli uffizii persone notoriamente disadatte, per vecchiaia o insufficienza.

Gli uomini che dirigevano l'amministrazione del banco, sia come sovrani o ministri, sia come presidenti, governatori o reggenti, ispirati dal sistema del governo, ripugnavano dal modificare qualsiasi parte del servizio, ed anche quando vedevano gl'inconvenienti di qualche difettosa pratica, non ardivano di proporre novità.

Le pensioni erano calcolate nella stessa maniera che per tutti gl'impiegati civili dello stato, ed erano messe a carico del tesoro pubblico, avendo avuta il governo la lealtà di dichiarare (decreto 19 maggio 1817).

" Considerando che colla soppressione degli antichi banchi *tutti*
" *i fondi dei medesimi furono incorporati allo Stato*, ed in conse-
" guenza quel diritto medesimo che gl'impiegati degli antichi
" banchi rappresentavano sui fondi dei banchi, lo rappresentano ora
" sullo stato „.

Li 20 giugno, fu tolta la tassa, posta da Gioacchino, per l'emissioni delle fedi di credito e polizze, dicendo S. M:

« Considerando noi che, secondo l'antica instituzione dei banchi, il pubblico servizio si fosse sempre fatto senza alcuna esazione di dritti; che soltanto, in tempo della occupazione militare, sia stata autorizzata l'esazione di grana 5, per ogni fede di credito, e di grana 3 per ogni polizza notata fede o mandato, nel banco dei privati, succeduto al così detto banco degli azionarii; e volendo noi ripristinare, per quanto è possibile, tutte le antiche instituzioni, che non si oppongano alle giuste misure di pubblica economia:

« Sulla proposizione del nostro ministro delle finanze;

« Abbiamo risoluto di decretare e decretiamo quanto segue:

« Art. 1.—Qualunque esazione per lo valore e formazione delle fedi di credito, e per le notate fedi o mandati, del banco dei privati, è abolita; a datare dal primo dell'entrante luglio, e tutto sarà fatto gratis, secondo l'antica instituzione.

« Art. 2. — Ci riserbiamo d'indennizzare il banco, su i fondi suppletori che da noi gli saranno assegnati, per far fronte a questo cespite di rendita, che viene a mancare, nell'articolo corrispondente, allo introito del suo stato discusso; qualora dall'opera dei pegni, da noi ripristinata. non ne sia pienamente compensato: ».

Furono anche liberate le officine del banco dall'obbligo di far registrare le copie delle fedi o polizze.

Li 25 agosto 1817.

Veduto l'articolo 10 della nostra legge, del 25 dicembre 1816, sul registro e le ipoteche, l'articolo 2 del nostro decreto del 21 aprile scorso, del pari che l'articolo 6 del decreto del 17 dello stesso mese.

Volendo sempre più favorire lo stabilimento del banco delle due Sicilie, e render maggiormente libero il corso delle sue relazioni commerciali, come pure più agevole l'uso delle copie degli atti pubblici, spedite anteriormente all'attivazione di detta legge;

Sulla proposizione del nostro segretario di stato, ministro delle finanze;

Abbiamo risoluto di decretare e decretiamo quanto segue:

Art. 1. Gli uffiziali del banco delle due Sicilie sono dispensati dall'obbligazione, imposta a'funzionarii pubblici, di far registrare, a loro cura e responsabilità, gli estratti delle partite di banco, che possono rilasciare a'richiedenti. La spedizione e consegna, di detti estratti, sarà fatta dagli uffiziali del banco alle parti interessate, senza previo registro.

Art. 2. La esenzione accordata, come sopra, agli uffiziali del banco, non s'intende estesa al caso di spedizione e consegna di altre carte, che non fossero estratti di partite di banco.

Art. 3. Gli estratti delle partite di banco saranno soggetti alla formalità del registro solamente quando se ne dovesse far uso presso qualunque autorità amministrativa o giudiziaria; farne inserzione o menzione in alcuna scrittura pubblica; ed in tal caso la parte interessata sarà tenuta di farla adempiere, ed il ricevitore di farvi apporre il *visto* dal giudice del circondario della residenza del ricevitore, ed in Napoli dal controloro del quartiere del ricevitore, colla retribuzione portata nell'art. 3 del detto decreto del 21 aprile in favore del cancelliere medesimo, ed in Napoli da esigersi dal ricevitore, giusta il decreto de' 2 del corrente mese di agosto.

Art. 4. Il ricevitore che, dopo il registro di questi estratti, non curasse la vidimazione del giudice o del controloro alla sua registrata, pagherà l'ammenda di ducati sei. La mancanza però di questa vidimazione non renderà nulla e di niun vigore la registrazione seguita.

Art. 5. Le copie e spedizioni, i certificati, gli estratti, le fedi ed altre carte, contemplate nel § 7 dell'articolo 38 della divisata legge, rilasciate dagli uffiziali e funzionarii pubblici, a tutto aprile ultimo, e da sottoporsi al registro, in virtù dell'art. 6 del suddetto decreto del 17 aprile, che trovansi tuttora, sfornite di quella formalità, in mano delle parti, potranno, a cura delle parti stesse, essere adempiute, presso qualunque uffizio, della formalità del registro; ed oltracciò dovranno essere munite del *visto* del giudice, del circondario del ricevitore; salvo le pene portate nell'articolo precedente, in caso d'inadempimento delle obbligazioni quivi prescritte.

Art. 6. Il nostro consigliere segretario di stato, ministro delle finanze, è incaricato della esecuzione del presente decreto.

Le copie dovevano farsi su carta da bollo da grana sei (Sovrano rescritto 6 giugno 1818).

Provvide, quell'anno stesso, il governo a confermare la insequestrabilità del danaro affidato al banco, e rappresentato, per la circolazione, da fedi o polizze. Ecco il decreto, tuttora vigente, che spesso occorre invocare, perchè, nei casi di furti o dispersioni, si compilano atti d'uscieri, ed anche sentenze, non eseguibili.

Considerando che l'antica istituzione de'banchi di questa capitale, da noi definitivamente richiamata in osservanza, col decreto de' 12 dicembre 1817, ha per principale oggetto la libera circolazione, per tutto il regno, della carta rappresentante la moneta depositata nel banco delle due Sicilie, tanto nella cassa di corte, quanto in quella de' privati; e che la intestazione del nome, di colui che ha depositata la moneta descritta nei libri del banco, non pruova che continui la stessa persona a possederne il credito; per la libertà, che ha di girare la carta, data fuori dal banco, ad altri, e da questi passare ad altri possessori, senza, che il banco possa averne contezza: e quindi i sequestri, che si facessero ad istanza de' creditori dell'intestatario della moneta descritta ne'libri del banco, anderebbero a danno de' legittimi possessori delle carte del banco, da essi ricevute come contante, sotto la garantia della buona fede del pubblico deposito.

Sulla proposizione dei nostri segretarii di stato, ministri di grazia e giustizia, e delle finanze.

Abbiamo risoluto di decretare, e decretiamo quanto segue:

Art. 1. Le somme depositate nel banco delle due Sicilie non potranno essere, da qualunque funzionario o da qualunque autorità giudiziaria, sequestrate, anche ad istanza di parte; salve le disposizioni contenute nel nostro decreto de' 10 di febbraio del corrente anno, per le polizze o fedi di credito disperse.

Art. 2. Le fedi di credito e le polizze di banco neppure potranno essere sequestrate, se non nei casi e nel modo con cui può essere sequestrato il danaro contante.

Art. 3. I nostri segretarii di stato, ministri di grazia e giustizia, e delle finanze, sono incaricati della esecuzione del presente decreto.

*
* *

5. Dopo pochi giorni (27 ottobre 1817) uscì un " regolamento

" sulle formalità da osservarsi nel trasporto dei fondi pubblici, e nella
" loro consegna, tanto al banco delle due Sicilie, quanto ad altre
" casse regie „.

Il banco era già divenuto istituzione affatto governativa, centro, riscontro e sicurezza di tutta quanta l'amministrazione dello Stato. Medici, servendosi con fino accorgimento delle antiche tradizioni dei banchi, e dei loro metodi scritturali, fece che ivi fosse raccolto tutto il denaro che, per imposte dirette o indirette, dallo Stato si riscuoteva. I proventi fiscali passavano subito, dagli agenti della riscossione, ai ricevitori generali delle province, e da costoro al cassiere principale del banco; che ne prendeva nota, a credito della tesoreria generale, segnando l'introito in madrefede, e ne dava notizia al tesoriere ed al controllore generale. Similmente le spese si facevano tutte con polizze notate; e quindi gli amministratori del pubblico denaro non solamente si trovavano nella materiale impossibilità di usufruirne, o di cambiarne la destinazione; ma, con la semplice notizia delle reste in madrefede, e del carico o discarico, si potevano in brevissimo tempo conoscere le condizioni della pubblica finanza. La madrefede sul banco, con la intestazione Tesoreria Generale, era quindi un perfetto *saldaconti* o *libro di cassa* dell' amministrazione pubblica, e doveva contenere la massima parte del numerario, appartenente allo Stato e conservato a Napoli. Nelle province, alle spese pubbliche provvedevano i ricevitori. A tale proposito acconciamente osservava Nisco (1).

« Per cotesto intreccio di servizio finanziario e bancario, la disposizione degl'incassi e dei pagamenti rimaneva tutt' affatto distinta dall' esecuzione, ed a vicenda si controllavano ; in guisa che, mentre da un lato, dai registri della tesoreria e della scrivania di razione, che si formavano esattamente sui bilanci, fissati in ciascun anno, per ciascun dipartimento della pubblica amministrazione, si poteva ad ogni ora avere un quadro completo delle somme esatte e delle esigibili, e di quelle erogate, ed ancora da erogarsi, per ogni capitolo del bilancio, nonchè per ogni articolo, ed anche per ogni individuo; dall' altro lato la madrefede della tesoreria generale, e quella della pagatoria generale, tenute dal banco, erano i libri maestri di tutta l'attività e passività effettiva erariale; i quali, nella chiusura delle operazioni, fatta dai rispettivi cassieri, presentavano quotidianamente la reale situazione di cassa. »

Quest' era poco a fronte dell' economia di lavoro, di tempo, di spesa ; della comodità e sicurezza, per lo stato e pel pubblico, che

---

(1) Il banco di Napoli— Lettere di Nicola Nisco, Deputato al Parlamento Italiano, pag. 71.

derivava dall' uso delle madrefedi. La finanza napoletana teneva al banco tutto il suo denaro, e quindi non le occorrevano cassieri, ragionieri, verificatori, non subiva la spesa e pericolo che accompagna la registrazione e custodia delle monete o carte valori. I pagamenti poi d'interessi, pensioni, stipendii ecc., faceva quella finanza quasi tutti con polizze notate fedi, e tale forma di mandato alla cassa escludeva le quietanze e gli accertamenti di firme, per la morale sicurezza che il vero creditore, non altri, avrebbe in seguito riscosso. A ciascun amministrazione pubblica bastava un *appoderato*, cioè economo e conservatore della madrefede, il quale, con moltà facilità, sbrigava tutte le faccende pecuniarie; bastandogli di far registrare su quel conto corrente il credito per assegnazioni in bilancio ed il debito per polizze notate; più di scrivere le polizze stesse e consegnarle a chi spettavano.

Peccato che una scarsa conoscenza di quell'ammirevole metodo, con la smania di ridurre ad unico tipo tutti gli uffizi pubblici d'Italia, abbia fatto rinunziare ai suoi beneficii. I contribuenti pagano molto, ma molto più, e sono peggio serviti. Per convincersi di questo fatto basta d'interrogare i vecchi creditori del fisco, specialmente i pensionisti o possessori di rendita nominativa, ovvero d'entrare in qualche cassa governativa di grande città.

L' antico *appoderato*, nel giorno di scadenza, aveva già pronte tutte le polizze, ed il pagamento consisteva unicamente nel distribuirle a chi, chiedendole, aggiungeva a voce sufficienti notizie. Non occorrevano firme, non si contava moneta, non si facevano registrazioni, non si temeva di frodi, non si badava ad identità di persone. La polizza era una carta valevole solamente pel vero creditore; dappoichè, senza quietanza autenticata in modo soddisfacente, il banco non avrebbe in seguito pagato. Questo creditore però non aveva bisogno di presentare il titolo all'istituto, ovvero ad altra determinata cassa, quando lo voleva barattare con moneta contante. Accettandosi dal commercio, bastavano le firme perchè le polizze divenissero valori non meno circolabili dei biglietti di banca.

Grande abbondanza di depositi ne risultava per l'istituto, all'epoca in cui le condizioni della finanza eran prospere; ed il banco giunse a tenere in cassa duecento trentotto milioni di lire, che in gran parte spettavano al demanio, alla tesoreria, alla cassa depositi, agli altri diversi ufficii alla pubblica azienda, ed alla casa regnante. Ma questo carattere di cassiere di tutte le amministrazioni del regno, non era scevro d'inconvenienti, perchè i ministri usavano ed abusavano della riserva metallica; che non apparteneva tutta allo Stato, spettandone una parte ai commercianti ed al pubblico, per depositi fatti. Pigliava la tesoreria somme a mutuo, mediante i così detti *boni della cassa di servizio*, che erano cambiali regie, le quali si scontavano dal banco, alla discretissima ragione del 2 per cento. Dippiù la facilitazione accordata a molti commercianti, di pagare i dazii di dogana con cambiali a tre mesi, si convertiva pure nell' invito al banco di farne lo sconto al tesoro, con interesse egualmente piccolo.

Sui denari poi dello Stato non si poteva fare grande assegnamento, perchè sapevasi che breve tempo sarebbero rimasti nella cassa dell' istituto. Insomma, la tesoreria fu a certe epoche debitrice di lire trenta milioni, che s' erano quasi tutte prese dai depositi del pubblico. Le relazioni del governo col banco, lungi dal recar giovamento a quest' ultimo, furon dannose forse allo sviluppo del suo credito ; ed impedirono certamente che adoperasse i capitali a vantaggio dei cittadini.

*
* *

6. L'anno seguente fu aperta la cassa di sconto. Trascriviamo il decreto regio e le istruzioni :

Visto l'articolo 7.° del nostro decreto de' 16 dicembre 1816, riguardante l'organizzazione del Banco delle due Sicilie.
Volendo sollecitamente attivare la operazione dello sconto delle cambiali, e di altri valori commerciali, onde animare il commercio de' nostri amatissimi sudditi.
Sulla proposizione del nostro segretario di stato, ministro delle finanze.
Abbiamo risoluto di decretare, e decretiamo quanto segue :
Art. 1. Il dì 20 luglio di questo anno, sarà aperta una cassa di sconto, sotto la immediata direzione e disposizione del reggente del banco, come opera aggiunta alla cassa di corte in S. Giacomo, a tenore delle istruzioni da noi approvate, e comunicate al reggente, dal nostro segretario di stato, ministro delle finanze.
Art. 2. L'interesse dello sconto non sarà mai maggiore del sei per cento, o sia del mezzo per cento al mese, calcolato per giorni; potrà bensì diminuirsi dal reggente del banco per centesimi, secondo le circostanze, dietro un'autorizzazione che riceverà dal segretario di stato, ministro delle finanze, e la diminuzione sarà fatta nota alla borsa, per inserirsi ne' listini de' cambii.
Art. 3. Per facilitare un tal negoziato, e dargli tutta quella estensione che è necessaria pel commercio de' nostri sudditi, la reale tesoreria fornirà, per ora, un'anticipazione di

un milione di ducati al banco suddetto, e propriamente alla cassa di corte, riscuotendo, in luogo di interesse, in ogni trimestre, una quota fissa di lucri, da determinarsi dal nostro segretario di stato, ministro delle finanze.

Art. 4. Lo stesso segretario di stato, ministro delle finanze, è incaricato della esecuzione del presente decreto.

Istruzioni per lo sconto delle cambiali e di altri valori commerciali

1. In esecuzione del real decreto di questa istessa data, nel giorno 20 luglio di questo anno, sarà aperta la cassa di sconto nel banco delle due Sicilie, come opera aggiunta alla cassa di corte, residente in S. Giacomo.

2. Su i fondi che la real tesoreria fornirà, a titolo di anticipazione, alla suddetta cassa, a tenore dell'articolo 3° del suddetto real decreto, la quota de' lucri in esso indicata, da pagarsi alla suddetta real tesoreria, resta arbitrata fissamente alla ragione del 9 per 100. Il dippiù del prodotto, dedotta la suddetta prestazione, e le sole spese amministrative, sarà costantemente, in ogni fine di trimestre, investito in compra d'iscrizioni sul gran libro, e mano mano che se ne sarà fatto l'acquisto, sarà trasferito alla general tesoreria, in estinzione del fondo improntato, e minorata per conseguenza la trimestrale prestazione, finchè, estinta l'anticipazione, il·fondo della cassa non sia più soggetto a prestazione alcuna.

3. Sarà, per tale oggetto, aperta una madrefede nella cassa di corte, a disposizione del reggente del banco, coi fondi che, per detta anticipazione, gli verranno somministrati dalla real tesoreria.

4. Le cambiali da scontarsi dovranno essere traettizie, con tre firme, pagabili in Napoli, ed accettate dai trattarii; o biglietti ad ordine di commercio, colla stessa qualità di tre firme; nè potranno avere scadenze più lunghe di tre mesi a scorrere.

Saranno parimenti suscettibili di sconto le cambiali del governo, sulle ricevitorie generali di Capua, Salerno ed Avellino, all'ordine de' privati, dopochè, a loro cura, saranno state accettate. Saranno parimenti ammessi allo sconto i boni della cassa di servizio. E finalmente potranno essere suscettibili di sconto le rendite del gran libro, quando non rimangono a scorrere che soli tre mesi per la maturazione; ossia non potrà farsi lo sconto per lo primo semestre, di maturazione al primo di luglio, che dal primo di aprile in poi; e per lo secondo semestre, di maturazione nel primo di gennaio, che dal primo di ottobre in poi.

L'interesse dello sconto è stabilito a non oltre del sei per cento, o sia del mezzo per cento al mese, calcolato per giorni; restando non però in arbitrio del reggente del banco, coll' approvazione del segretario di stato, ministro delle finanze, di diminuirlo per centesimi, a misura delle circostanze, facendosi palese alla borsa, ed inserendosi ne' listini dei cambî.

Pei valori de' quali domanderà lo sconto la tesoreria generale e le altre amministrazioni finanziere, l'interesse sarà del tre per cento, o sia di un quarto per cento al mese.

Per le cambiali sulle ricevitorie di Capua, Salerno ed Avellino, che si sconteranno dai possessori, sarà calcolato lo sconto per cinque giorni di più della scadenza, e sarà fatta una ritenuta, per compenso del trasporto del numerario alla cassa del banco, di quindici centesimi, o sia grana quindici per ogni cento ducati; e per le rendite sul gran libro, senza distinzione di numeri, sarà calcolato lo sconto per dieci giorni di più, in conseguenza dei modi dei pagamenti de' semestri, che per la multiplicità dei numeri si eseguono ordinariamente nel corso di venti giorni.

5. Il segretario di stato, ministro delle finanze, nominerà una commissione di quattro negozianti per lo meno, i quali saranno incaricati di

esaminare le cambiali ed altri valori da scontarsi; la quale, trovandoli in regola commerciale, buoni ed ammissibili, darà il suo parere, in iscritto, in piedi dello stato, o sia borderò di cui si fa menzione nel seguente articolo, restando non solamente i negozianti, sul loro onore, ma moralmente responsabili della regolarità e della bontà degli effetti ammessi allo sconto.

Ciascuno di essi riceverà, per tale incarico, una gratificazione annuale di ducati seicento pagabili, o per seduta, o nelle circostanze di Pasqua e Natale, o in altro modo che dal detto nostro ministro, d'accordo colla commissione, sarà determinato.

6. Un agente di cambio, da destinarsi dal reggente del banco, e da approvarsi dal ministro di finanze, nel lunedì di ciascuna settimana, riceverà i valori che vorranno scontarsi, e ne formerà uno stato o sia borderò, nel quale designerà il nome dello accettante, quello della persona che domanda lo sconto, la somma da scontarsi, il giorno della scadenza, e l'ammontare dello interesse, calcolandolo dal prossimo venerdi al giorno seguente alla scadenza, inclusive; e per le cambiali sulle ricevitorie di Salerno, Avellino e Capua, coll'addizione di altri cinque giorni, più la ritenuta, per compenso di trasporto, dei quindici centesimi; e per la rendita del gran libro, coll'addizione dei dieci giorni. Rimarrà l'agente responsabile della verità della firma dell'accettante e del girante alla cassa.

L'agente sarà benanche nel dovere di consegnare, per la sera dello stesso giorno, siffatto stato, colle corrispondenti cambiali, al primo in nomina tra i negozianti componenti la commissione, stabilita coll'articolo precedente; il quale la riunirà la mattina seguente, o nel locale di S. Giacomo, o in altro luogo che crederà opportuno, onde scrutinare i valori, dichiarando quelli che troveranno buoni ed ammessibili, e restituendoli nella giornata seguente, coll'enunciato stato dell'agente.

Non sarà vietato, ai possessori degli effetti da scontare, di procurarsi direttamente, dalla commissione dei negozianti, senza l'intelligenza dello agente, l'approvazione; rimanendo sempre obbligati, dopo l'approvazione della commissione, di passare i detti effetti allo sconto, per mezzo dell'agente anzidetto, onde non nasca alcun dubbio sulla verità delle firme.

7. Tutte le cambiali, che si troveranno approvate dai negozianti deputati, nel modo sopraindicato, saranno, prima della sera del mercoledì, passate dall'agente dei cambii alla razionalìa della reggenza, con uno stato simile a quello prescritto coll'articolo antecedente;ed il contabile, trovandolo esatto, per quanto riguarda la calcolazione, farà sottoscrivere dal reggente, e notare le corrispondenti polizze, per la somma scontata, dedottone l'interesse; e per le cambiali delle ricevitorie di Salerno, Capua ed Avellino, e per le rendite del gran libro, la sopradetta ritenuta; quali polizze consegnerà allo agente la mattina del venerdì, tenendo un esatto registro di tutti i nomi di coloro ai quali si sono scontati i valori, degli accettanti, e delle somme accredenzate; qual registro sarà ostensibile alla commessione dei negozianti, sempreché lo richiederà.

8. Le cambiali delle quali la tesoreria generale o altre amministrazieri domanderanno lo sconto, saranno rimesse direttamente, con lettera del tesoriere generale, o dei rispettivi direttori, al reggente del banco, con in piedi *se ne permette lo sconto,* firmato dal ministro di finanze, con borderò calcolato dallo stesso agente; e ne sarà fatto lo sconto senza passare allo esame della commissione. Le polizze saranno rimesse alla tesoreria generale, ed alle rispettive amministrazioni per mezzo dello stesso agente dei cambii.

9. Verrà nominato, dal reggente i-

stesso, un esattore delle cambiali, e dei sopradetti effetti commerciali.

All'esattore, nel giorno precedente alla rispettiva scadenza, saranno gli effetti consegnati dal razionale della reggenza, contro suo ricevo; ed egli dovrà, sotto la sua risponsabilità, alla scadenza, esigerne il pagamento dallo accettante; ed in caso di rifiuto farà, tra le ore 24 susseguenti alla scadenza, purchè non sia festa di doppio precetto, adempire al protesto per mancanza di pagamento, ai termini degli articoli 161, 162, 173 e 174 del primo libro del codice di commercio, provvisoriamente in vigore.

10. Nel giorno seguente a quello del protesto, l'esattore consegnerà al contabile della reggenza le cambiali protestate, unitamente all'atto di protesto, e questi prenderà immediatamente gli ordini del reggente, per astringersi chi di dritto, ai termini della legge in vigore.

11. Per le cambiali scontate per conto delle amministrazioni finanziere, l'esattore, fatto eseguire nel modo anzidetto l'atto di protesto per mancanza di pagamento, le presenterà alle amministrazioni cui sonosi scontate, e ne esigerà prontamente il pagamento.

11. Tanto i negozianti componenti la commissione, quanto lo agente dei cambii addetto allo sconto, nel caso di fallimento dell'accettante, saranno nel dovere di renderne avvertito immediatamente il reggente, onde possa lo stesso far eseguire il protesto, ed istituire la sua azione, ai termini dell'art. 163 del detto primo libro del citato codice.

13. Le somme, che introiterà l'esattore, saranno passate, con polizze, al contabile, il quale, verificatane l'esattezza, le farà introitare nella madrefede indicata nell'articolo 3°, e discaricherà l'esattore delle corrispondenti cambiali, al medesimo consegnate; come pure gli saranno discaricate quelle che avrà riconsegnate al contabile stesso, protestate, nel caso preveduto dal precedente articolo 9.

Il premio dell'esattore, in cui ogni spesa è compresa, verrà fissato dal reggente, ed approvato dal ministro delle finanze, e provvisoriamente sarà calcolato a carlini 4 per ogni mille ducati di esazione.

14. L'agente dei cambii destinato non potrà esigere altro dritto, su i valori che si scontano, sotto qualsivoglio titolo, oltre quello di grana 50 per ogni ducati mille, che avrà pagato colui al quale si sono scontati i valori. La cassa di sconto pagherà all'agente anzidetto, per ogni ducati mille di effetti scontati, grana venti, senza che possa pretendere altro, non ostante qualunque uso di commercio e stabilimento in contrario.

Per le cambiali ed altri effetti che saranno scontati per conto della tesoreria, gli saranno dalla tesoreria pagate grana venti per ogni mille ducati, e dalla cassa grana 5.

15. In fine di ogni settimana, il reggente del banco rimetterà uno stato, o sia bilancio sommario della cassa, al ministero di finanze, in doppia spedizione, secondo il modello che dal detto ministero gli sarà rimesso.

Delle due spedizioni, una sarà conservata nel ministero, e l'altra sarà rimessa al tesoriere generale, per conservarla, e per farvi quelle osservazioni che crederà conducenti per la sicurezza del capitale somministrato dalla tesoreria.

16. Le istruzioni per lo sconto delle cambiali, approvate in data dei 26 febbraio 1817, sono rivocate, per tutto ciò che non corrisponde alle presenti.

Poi si creò il posto di Agente Contabile (decreto 30 giugno 1818). Questo ufficio accrebbe le complicazioni amministrative, perciocchè;
" Tutti i mandati di esito, di qualunque natura essi sieno, e le

" altre carte contabili, relative tanto all' introito che all'esito, do-
" vranno, oltre la firma del Reggente, avere anche la firma del-
" l' Agente Contabile ; beninteso però che la firma del Reggente
" non lo esonererà (l' Agente) di essere responsabile della rego-
" larità dell' introito e dell' esito „.

7. Alle regole per lo sconto delle cambiali fece il Ministro aggiungere quelle per le anticipazioni contro pegno di rendita pubblica.

Ordinanza.

Il Segretario di Stato, Ministro, delle Finanze, volendo rendere suscettibili di pegnorazione, come tutti gli oggetti preziosi, gli estratti di iscrizioni sul Gran Libro del debito pubblico, ed i certificati di rendita delle due Amministrazioni Napolitane; da eseguirsi detta pegnorazione nella Cassa di Sconto, come opera aggiunta alla medesima, ordina quanto segue:

Art. 1. Gli estratti d'iscrizioni suddetti, per i quali non si sarà mai rilasciato duplicato, da giustificarsi a cura del pegnorante, ed i certificati delle due Amministrazioni, potranno essere pegnorati, nella Cassa di Sconto, per lo termine non più lungo di mesi tre.

Art. 2. Sarà in libertà dei possessori, tanto degli estratti che de' certificati delle Amministrazioni, di domandare sulle medesime la somma di cui possono aver bisogno, purchè non ecceda quel che si pratica nel Banco de' privati, cioè la proporzione tra la somma richiesta ed i pegni dei metalli preziosi e gemme; ed a togliersi ogni quistione sul valore corrente di dette iscrizioni e certificati, potrà essere domandata la somma, fino alla concorrenza di ducati 60 per ogni ducati 5 di rendita.

Art. 3. L'interesse sopra tali pegni sarà quell'istesso ch'esige il detto Banco de' privati per i metalli preziosi e le gemme, come sopra, cioè del sei per cento l'anno, per rata di giorni.

Art. 4. Le operazioni necessarie per l'esecuzione dei pegni saranno fatte dall'agente della Cassa, signor D. Pietro Giannelli; il quale non potrà esigere altro dritto se non quello che riscuote dai particolari, per lo sconto delle cambiali.

Art. 5. Nell'atto della pegnorazione, sarà formata una cartella a tallone, contenente le indicazioni precise delle carte pegnorate, segnata in ambedue le parti dal pignorante, il quale ne riterrà una per sua cautela; e l'altra, ossia il tallone, rimarrà in potere della Cassa, per notarvisi l'estinzione nell'atto del dispegno.

Art. 6. Se però, elasso il termine de' tre mesi, non avrà l'interessato curato di eseguirne la spignorazione, potrà la Cassa, in forza di una dichiarazione del pignorante, che verrà espressa in detta cartella, procedere, qual sua procuratrice, alla vendita o intestazione in di lei beneficio della rendita pignorata; ritenendo, dal prodotto in capitale di essa, la sorte principale, l'interesse e le spese, e restituendo il dippiù, quando sarà richiesto dal proprietario.

Napoli li 24 agosto 1818 — Il Segretario di Stato, Ministro delle Finanze — DE MEDICI.

Regolamento.

Art. 1. Quante volte un particolare, intestatario di una iscrizione qualunque sul G. Libro del debito pubblico (purchè non l'abbia immobilizzata per cauzione o per altra causa) voglia pignorarla nella Cassa di Sconto, dovrà richiedere al Direttore Generale del G. Libro, e da costui subito rilasciarglisi, un certificato, in carta d'officio, senza necessità nè di bollo nè di registro, da cui venga costatato quanto dalle scritture di quella dipendenza si rileva sull' assunto; e precisamente che, per siffatta iscrizione non sia stato mai rilasciato il duplicato estratto, nel qual caso sarà negato un tal certificato.

Art. 2. Appena che dal Direttore del G. Libro sarà stato rilasciato il certificato suddetto, dovrà, dagl'impiegati di quella dipendenza, sotto la loro più stretta responsabilità, prendersi minutamente ragione, sulle scritture di loro carico, di siffatta circostanza; per impedirsi in ogni tempo, e finchè questo notamento non venga cancellato come in appresso si dirà, di rilasciarsi duplicato de' dinotati estratti, di che rimarranno essi garanti.

Art. 3. Colui che avrà ottenuto il suddetto certificato lo presenterà, insieme coll' estratto d'iscrizione di cui è intestatario, all'Agente della Cassa di Sconto, al quale dimanderà di volerne pignorare l'importo, nel modo istesso come il Banco de' privati riceve in pegno i metalli preziosi e le gemme, cioè coll'interesse del 6 per cento l'anno, per rata di giorni.

Art. 4. L'Agente della Cassa, ricevuta tal richiesta, conteggerà la valuta della suddetta iscrizione, al prezzo non maggiore di ducati 60 per ogni ducati 5 di rendita, e sarà in libertà del proprietario di domandare il pagamento, contro il suddivisato pegno, o del risultato intiero della somma conteggiata come sopra, o di altra minor quantità, di che ne sarà, dall'Agente suddetto, fatta menzione in dorso del suo borderò di conteggio.

Art. 5. Il disposto nell'articolo precedente è comune anche ai certificati di rendita delle due amministrazioni Napolitane; li quali però, siccome sono intestati a favore del portatore, non avranno perciò bisogno del certificato, prescritto nell'articolo 1°, o di altro documento qualunque; e soltanto rimarrà a cura e responsabilità dell'Agente della Cassa di assicurarsi della loro veracità, affine di evitarsi la ricezione, forse, di alcuno di essi falso.

Art. 6. Il pegno, per la somma indicata nell' articolo 4°, e coll'interesse suddetto del sei per cento l'anno, per rata di giorni, non potrà eccedere la durata di tre mesi; e, per cautela tanto della Cassa quanto dei pignoranti, sarà a costoro rilasciata una cartella a tallone, eguale al modello qui annesso, segnata in ambedue le parti da' suddetti pignoranti, e che indichi tutte le circostanze necessarie per dinotare la qualità della carta pignorata.

Art. 7. Una delle parti di detta cartella sarà ritenuta dal pignorante, e l'altra rimarrà presso la Cassa; per avvalersene o a notarci il dispegno, allorquando sarà effettuito, oppure a farne uso, quante volte, elasso il termine di tre mesi, non si presentassero a spignorarlo; per ottenere in beneficio di detta Cassa l' intestazione o la vendita della rendita pignorata, e così rifarsi la medesima delle somme anticipate, dell' interesse e delle spese, conservando il dippiù, se ne avanzi, per restituirsi a chi si appartiene, quando sarà richiesto.

Art. 8. Per l'esecuzione del prescritto nell'articolo precedente, dovrà il pignorante dichiarare, in detta cartella, e prestare il suo fermo consenso, che laddove si facesse il caso suddetto, dell'elasso de' tre mesi, possa la Cassa, qual sua procuratrice, procedere, senz'altra formalità, alla vendita o intestazione espressata delle carte pignorate.

Art. 9. Se però l' interessato sarà esatto a ritirare, nel termine di rigore, la carta pignorata di sua proprietà, dietro il corrispondente pagamento della sorte principale ed interesse, in tal caso, gli sarà data dalla Cassa la debita quietanza, in piè della parte della cartella di pegno rimasta presso detto interessato; per potersene costui avvalere a presentarla alla Direzione del G. Libro, e cosi far cancellare in quella Dipendenza il notamento preso, in forza dell'art. 2°, cioè di non potersi rilasciare duplicato degli estratti d'iscrizione pignorati.

Art. 10. L'importo dell'interesse del pegno dovrà dalla Cassa essere esatto nell'atto del dispegno, al termine di tre mesi, quando per mancanza di esso, si procederà alla vendita o intestazione delle carte pignorate, e giammai potrà pretendersene ritenuta alcuna dal pagamento della pignorazione.

Art. 11. Per far sì che durante il termine di rigore pei pegni degli estratti d'iscrizione, o de' certificati di rendita delle due Amministrazioni Napolitane, possa il proprietario di tali carte riscuotere il semestre dell'annualità pignorata, sia direttamente dalla Direzione del G. Libro, sia dalle suddette Amministrazioni, qualora venisse contemporaneamente a maturare tal semestre, rimane stabilito che l'intestatario delle iscrizioni debba, in questo caso, al momento che egli ne chiede il pegno, provvedersi dalla suddetta Direzione di un borderò corrispondente a detto semestre, prescritto nelle istruzioni approvate da S. M. in data de' 3 corrente agosto, per lo sconto delle rendite, e che il proprietario de' certificati ritenga presso di sè il cupone che dalle suddette Amministrazioni suol consegnarsi per la riscossione delle annualità.

Art. 12. Siccome i luoghi pii, ed i corpi morali, sono per legge inabilitati a poter alienare le loro proprietà, cosi rimangono essi esclusi dal beneficio della pegnorazione degli estratti d'iscrizione appartenenti ai medesimi.

Art. 13. L'Agente della Cassa non potrà, per la sua opera necessaria di siffatti pegni, giusta il prescritto nell'articolo 4°, esigere altro dritto, intieramente a carico dei particolari, se non quello stesso che riscuote dai medesimi particolari per lo sconto degli effetti commerciabili, senza che la Cassa sia tenuta, per la sua parte, di niente corrispondere al detto Agente.

Art. 14. Per la vendita poi degli estratti d'iscrizione o de' certificati di rendita, che non venissero spignorati nel termine di rigore, l'Agente suddetto esigerà, a carico intieramente del proprietario di tali carte, quell'istesso dritto che suole per costume della piazza pagarsi generalmente in questi casi, senza che la Cassa debba essere assoggettata a spesa veruna.

Napoli li 24 agosto 1818. — Il Segretario di Stato, Ministro delle Finanze — DE MEDICI.

***

8. La Cassa di Sconto ebbe, prima della rivoluzione del 1820, un capitale disponibile di Duc. 3,250,000; avendo il Banco aggiunto al milione di prestito dello Stato altri Duc. 1,400,000 nel 1818, che salirono a Duc. 2,450,000, nel 1819 e 1820, presi in parte dai depositi apodissarii, ed in parte ottenuti dalla circolazione dei suoi titoli di debito.

La valuta delle cambiali giunse a D. 3,930,220,72 nel 1818, D. 12,529,724,55 nel 1819 e D. 1,819,208,71 nel 1820. Quella dei pegni a Duc. 909,588 nel 1818, D. 1,225,225 nel 1819, e D. 605,200 del 1820.

Gl'interessi, computati a favore della cassa, bastarono per pagare quello che pretendeva il fisco, a titolo di frutto del suo milione, e lasciarono un discreto margine per le spese amministrative.

Ma la massima delle mentovate somme fu presa dalla Finanza.

Riferisce il signor Del Re (1), che le spese straordinarie, subite dai Napoletani, pel trattato di Casalanza e ritorno di Ferdinando furono :

Riunione delle truppe di fanteria, cavalleria, artiglieria e treno (vale a dire spese straordinarie per la fusione dell' esercito Napoletano con le milizie di Sicilia) . . . . . D. 5,750,000,—
Id. per la marina . . . . „ 1,447,000,—
Rimborso di spese tollerate dalle Alte Potenze alleate . . . . „ 6,000,000,—
Per le spese e servizi d'illustri personaggi e negoziatori . . . . „ 2,261.000,—
Compenso agli emigrati . . . . „ 200,000,—
Mantenimento delle truppe Austriache,
anno 1815 . . . . „ 1,154,167,61
„ 1816 . . . . „ 2,144,832,14
„ 1817 . . . . „ 1,645,204,25

D. 20,602,204,—

* *
*

9. Gli archivi dei banchi, che avevano subite molte peripezie per le soppressioni del 1806 e 1808 ; come pure per le vendite d'alcuni edifizi, e precipitosi sgombri d' altri, trovarono alla fine convenevole stanza, nel locale *Monte dei Poveri*, coll' esecuzione del decreto 29 novembre 1819.

Visto l'articolo 3° del nostro decreto de' 6 luglio 1818, col quale ci riservammo di ripristinare l'opera de' pegni di ferro, rame, pannine, telerie, stoffe di seta ed altro, subitochè fosse pronto un comodo ed a- | datto locale da destinarsi a tale uso.
Veduta la nostra Sovrana risoluzione, de' 5 aprile del corrente anno, colla quale approvammo il progetto rassegnatoci dal Reggente del Banco, di riunirsi nel locale del soppresso

---

(1) Descrizione fisico, politica ed economica del Regno.

Banco de' Poveri l'archivio generale di tutt' i Banchi soppressi, non che quello del Banco delle due Sicilie e del Banco S. Giacomo; e ciò non solo pe' grandi vantaggi che risultano dalla riunione in un locale solo di tutte le scritture de' Banchi, ma per rendere ancora sgombra quella parte del locale del Banco della Pietà che ora viene occupata di tali carte; per addirla in seguito all'opera de' pegni di ferro, rame, telerie, pannine, stoffe di seta, ed altro.

Veduto l'altro rapporto del Reggente, del dì 25 del passato mese di ottobre, con cui si rinnova il progetto dell' archivio suddetto, e dell'opera de' pegni di sopra espressa.

Sulla proposizione del nostro Consigliere, Segretario di Stato, Ministro delle Finanze.

Abbiamo risoluto di decretare, e decretiamo quanto segue:

Art. 1. Il locale del soppresso Banco de' Poveri è interamente destinato ad uso dell' Archivio Generale di tutt' i Banchi, tanto soppressi, che di quelli attualmente esistenti; come anche di qualche altro Banco che in appresso venga a ripristinarsi.

Art. 2. In conseguenza dell'articolo precedente, quella porzione del suddetto locale che ora è addetta in supplemento dell' archivio generale del Regno; verrà sgombrata, e sarà data in vece a questo archivio una porzione della contigua casa, detta Cuomo.

Art. 3. Similmente, tutti coloro che attualmente godono abitazione nel locale suddetto, a qualunque titolo, dovranno uscirne nel dì 4 maggio dell'entrante anno 1820; e ove sia loro dovuto, per dritto legalmente riconosciuto, compenso, in luogo dell'abitazione che lasciano sarà data ai medesimi un' equivalente abitazione in altre case appartenenti al Banco, o in altro modo che si crederà conveniente.

Art. 4. Rimasto sgombro il locale mentovato, si metterà subito mano per adattarlo ad uso dell' archivio mentovato; assegnandosi, colle convenienti distinzioni, una porzione a ciascun Banco; avendosi riguardo ai Banchi attualmente esistenti, pei quali si deve assegnare uno spazio atto a contenere non solo le carte che ora vi sono, ma benanche le successive.

Art. 5. Passate, in detto archivio generale de' Banchi, le carte di alcuni soppressi banchi, che ora sono nel Banco della Pietà, il locale che queste occupano verrà subito adattato all'opera de' pegni di sopra espressi.

Art. 6. La somma di duc. 21650, arbitrata preventivamente per adattare il locale del Banco de' Poveri ad uso dell'Archivio generale de' Banchi, e per adattare ad uso de' pegni la parte accennata del locale del Banco della Pietà, come pure per adattare quella parte della casa Cuomo che viene assegnata all'archivio generale del Regno, sarà prelevata dagli utili della cassa di sconto, per la somma di ducati 19150, cioè ducati 11230, che avanzano da' ducati 35230 ammessi nello stato discusso di questo anno, ed altri ducati 7920 dagli utili di detta Cassa nell'anno venturo, ed i rimanenti ducati 2500, sono quei medesimi che, nello stato discusso del Ministero degli Affari Interni, sono ammessi per gli accomodi necessarii nella casa Cuomo.

Art. 7. Appena sarà resa adatta la parte del locale del Banco della Pietà addetta all' opera de' pegni, il Reggente del Banco farà subito ripristinare l' opera medesima, ammettendo i pegni di ferro, rame, telerie, mussoline, pannine, e stoffe di seta; però in pezze soltanto, sieno sane o dimezzate.

Art. 8. Per tali pegni sarà riscosso il 6 per 100, a rata di giorni, in considerazione delle gravi spese cui l'economia dell'amministrazione di questa specie di pegni è soggetta.

Art. 9. Il nostro Consigliere Segretario di Stato, Ministro delle Finanze, è incaricato dell' esecuzione del presente decreto.

Già il ministero, con altro decreto del 6 luglio 1818, aveva promesso di " apprestare un comodo ed adatto locale per ripristi- " narvi l'opera dei pegni di ferro, rame, pannine, telerie, stoffe " di seta e simili „ ma non trovava siffatto locale nell'edificio della Pietà, ovvero di San Giacomo, per la ragione, che tutte le guardarobe, o magazzini dei pegni, s'erano utilizzate per la scrittura, collocandovi i registri e documenti dei cinque istituti distrutti. San Giacomo specialmente, lungi dall'offrire capienza, non aveva nemmeno una stanzuccia pel Direttore, e non poteva contare sullo stesso insufficiente suo locale perchè intendevano di togliergli molti saloni, che presto effettivamente gli tolsero, colla costruzione, già incominciata, del palazzo dei Ministeri.

Il Reggente, Comm. Carta, prima fece pratiche per comperare certi suoli e case dirute, adiacenti al Banco della Pietà, per ingrandire quell'edificio, e farlo capace delle scritture e pegni ; ma, ricordando poi ch' era quasi vuoto l'immenso locale del Monte dei Poveri, propugnò la destinazione di esso per archivio generale dei banchi.

Molta fatica e spesa costò l'ordinamento di questo archivio, per la ragione che, dopo la catastrofe del 1794, i volumi e documenti avevano parecchie volte cambiato posto. Considerando il fisco come cosa propria gli edifizî dei sette monti, specialmente dopo il decreto abolitivo 20 maggio 1808, certe pubbliche amministrazioni, qualche istituto di beneficenza, ed anche parecchie famiglie d'impiegati regi, ne avevano occupato le stanze, facendo aspro governo di carte o registri, che per loro costituivano fastidioso ingombro. Ma ora le *scritture apodissarie*, cioè le collezioni dei titoli pagati e dei *libri maggiori, squarci, pandette, giornali, bilanci* ecc. sono quasi complete ; stanno in buon ordine, con diligente distribuzione, per banco e per date cronologiche.

Le cure della Direzione furono anche volte a ricuperare le carte che mancavano per fatti anteriori al 1794. Dopo grandi insistenze, si sono ottenuti li documenti del Banco di S. M. del Popolo, per gli anni di gestione municipale, 1623 a 1635, che il Comune di Napoli, da quel tempo, conservava nel suo archivio a S. Lorenzo ; ed anche le filze ed i volumi del Banco dell'Annunziata, i quali, fino al 1868, sono stati nelle mani dei sindaci dei creditori apodissarii, giusta i patti del 1716.

Per collocare bene tanta roba, e trovare posto alle carte più recenti, si è allargato l'edifizio del Monte dei Poveri, mediante l'aggiunzione della casa Cuomo, antica proprietà del Banco Poveri, che pel decreto 1819 avrebbe dovuto assegnarsi all'archivio di Stato, nonchè colla compra di molte case adiacenti.

L'archivio generale contiene certamente la più ricca collezione di documenti bancarii che vi sia in tutto il mondo. Centinaia di saloni e di stanze bastano appena per l'enorme mole di volumi e pandette; e questi volumi non solamente sono garentia di quanti abbiano concluse faccende per mezzo del Banco, ma eziandio costituiscono valido documento per quasi tutte le famiglie dell'ex reame; e sono pure una ricca, pressochè inesplorata, miniera di preziose notizie storiche e biografiche.

Ignorato, quasi, dai paleografi, si ricorda ai Napoletani pel bisogno continuo di prendere copia di antichi e recenti contratti. Ben dice il signor Pietro Aiello (1) che " Pochissimi vi hanno fat-
" to ricerche per soli scopi scientifici; eppure nessun altro archivio,
" o biblioteca, potrebbe fornire notizie e documenti così importanti
" per la storia dell'economia politica, e specialmente del movimento
" e dei progressi economici delle nostre province meridionali, in ma-
" teria di credito e di banche. Questo archivio, si può dire giusta-
" mente col Somma, *costituisce un monumento che fa gloria alla nazio-*
" *ne*; e spero che non si farà rimprovero di spirito municipale, a
" me non napoletano, se aggiungo che nessuno potrà pretendere di
" scrivere completamente di credito e d'ordinamenti bancarii, e
" della storia economica d'Italia, che non abbia studiato ed esplo-
" rato nei suoi innumerevoli scaffali, che sono come una terra ver-
" gine, per l'economista e pel giurista. „

Più diligente studio meritano le pergamene, ed i volumi di scrittura patrimoniale, o di corrispondenza amministrativa, testè messi in regola. Questi contengono la vera storia civile del Mezzogiorno d'Italia. All'attuale Segretario Generale, Comm. Gennaro Marino, spetta la gloria d'aver fatto dissepellire tanti preziosi documenti, dei quali s'ignorava l'esistenza, perchè, fin dal principio di questo secolo, quando i francesi soppressero i banchi, l'avevano affastellati in sudice ed oscure stanzaccie.

---

(1) I depositi, le fedi di credito e le polizze dei banchi di Napoli, saggio dell'avv. Pietro Aiello. Fascicoli di novembre e dicembre 1882 della rivista *il Filangieri*.

— 515 —

*
* *

10. Li 27 febbraio 1820, fu pareggiato il banco alle opere di beneficenza con decreto che gli concedeva eguali privilegi per la riscossione delle rendite o crediti, e per la coazione dei debitori.

Si approvavano poi (13 maggio 1820) le regole sui pegni di tessuti e di metalli non preziosi, dov'è detto:

Art. 1. Nel locale dell'abolito Banco della Pietà, ora Cassa de'particolari, sarà aperta la nuova opera della pignorazione del ferro, del rame, ed altri metalli, in verghe o lavorati, e delle pezze, sieno sane sieno dimezzate, di ogni specie di telerie, mussoline, pannine, stoffe e balle di seta, merletti, così di seta che di filo, e dippiù dei galloni di oro o di argento. I pegni potranno farsi dalla somma di carlini dieci in sopra.

La valutazione, sopra ogni pegno, sarà fatta pel valore da potersi ritrarre in piazza, in ogni circostanza di vendita, senza tenersi affatto conto della manifattura, per gli oggetti lavorati.

Art. 2. Sopra ogni pegno sarà pagato al Banco l'interesse del sei per cento, calcolato per rata di giorni, relativamente al danaro prestato, nel modo e forma che si pratica pei pegni delle materie preziose.

Art. 3. I pegni non potranno farsi per la durata più lunga di mesi sei, elasso i quali dovranno dispegnarsi. Qualora il pignorante, in fine del termine accordato, volesse rinnovare il pegno, e dall'apprezzatore sarà riconosciuto, sotto la sua responsabilità, di esserci la stessa capienza pel valore, potrà farlo, pagando l'interesse decorso; e questa operazione dovrà eseguirsi come se fosse un nuovo pegno, come anche praticasi pei pegni delle materie preziose, a'termini dell'articolo 3° del regolamento approvato da S. M. per l'opera de' pegni suddetti.

Art. 4. Il servizio di questa pignorazione sarà ripartito in due officine: la prima è destinata pei pegni delle pezze di telerie, mussoline, pannine, stoffe e balle di seta, merletti e galloni; l'altra per quelli di ferro o di rame o di altro metallo, in verghe o lavorato.

Art. 5. Vi saranno nelle due officine i seguenti impiegati:

Un Custode, che veglierà all'uffizio della pignorazione delle telerie, mussoline ecc.

Un Vice-Custode, che baderà a quello della pignorazione del ferro, del rame ecc.

All'immediazione di questi due uffiziali saranno addetti due ajutanti e 4 soprannumerari.

Un Credenziere, il quale avrà un aiutante e 4 sopranumerari.

Un liquidatore degl'interessi.

Un Cassiere, che terrà presso di se uno squarcio di cassa e due sopranumerari.

Due Apprezzatori, uno addetto all'officina dei pegni di telerie, pannine ecc., ed uno a quella de' pegni di ferro, di rame ecc.

Altri due Apprezzatori straordinarii.

Quattro facchini, due per officina.

Art. 6. Quelli tra sopradetti impiegati che dovranno prestare le cauzioni, secondo vien prescritto ne' titoli seguenti, la daranno colla immobilizzazione di ducati cinque di rendita iscritta sul G. L. del debito pubblico per ogni ducati cento di cauzione, ai termini del Real Decreto del giorno 20 luglio 1818. Un particolare regolamento amministrativo fisserà gli averi de' suddetti uffiziali. I loro carichi sono dettagliati negli articoli seguenti.

Seguono altri trentotto articoli d' istruzioni per gl'impiegati, che non occorre di riferire, avendo il Banco mutato quelle regole, dopo la fondazione della cassa Donnaregina.

*
* *

11. La rivoluzione del 1820 fece sospendere il lavoro di sconto, i pegni, e, per poco tempo, pure il pagamento a vista delle polizze. Fin dai primi giorni del *pronunciamiento* militare, le condizioni del Banco divennero difficili, com' è provato da questa lettera del Reggente.

7 Luglio 1820. — N.° 655 (vol. 1156 dell' Archivio). — Eccellenza — Le attuali circostanze dello Stato, avendo prodotto uno straordinario concorso di creditori apodissarî del Banco, che vengono a ritirare il loro danaro, mi mettono nel dovere di rassegnare a V. E. che l'attuale debito della Cassa di Corte, verso i suoi creditori apodissarî, ammonta alla somma di D. 3,860,879,34; e che, per far fronte a questo, vi è la somma di D. 1,189,397 in numerario effettivo; altri ducati 185,425,48 che si devono versare dalla Regia Zecca; altri duc. 423,119,06 che si devono introitare dalla cassa dei particolari, per riscontri di quella cassa pagati; altri D. 1,475,298,46 impiegati a varie diverse operazioni della Cassa di Sconto e che si andranno introitando nelle scadenze. Gli altri D. 83,000, accreditati a vuoto sotto le fedi di rame della R. Tesoreria, negli anni 1815 e 1816; ed i rimanenti D. 487,932,92, che si compongono cioè D. 280,000 in argento e D. 207,932,92 in rame, sono di effettivo vuoto, residuo di quello formato nel 1803, e non ancora ripianato. „

" Egualmente, il debito della Cassa dei particolari, verso i suoi creditori apodissarii, è nella somma di D. 1,504,891,67; cioè ducati 423,119,06 che deve alla Cassa di Corte, D. 1,081,772,61 ad altri creditori particolari. Ai quali fanno fronte D. 540,742,67 che esistono in numerario effettivo e D. 964,149 che trovansi impiegati nell' opera dei pegni; cioè D. 952,264 a quelli di gioie, oro ed argento, e D. 11,885 a quelli di pannine, telerie e metalli, cominciati nel dì 12 dello scorso giugno. „

" Queste somme, impiegate alle opere suddette, istituite con Sovrani Decreti, tanto nella Cassa di Corte, quanto in quella dei particolari, anderanno man mano rientrando, e non formano un vuoto effettivo del Banco, a fronte dei suoi creditori apodissarii; essendo solo il vuoto effettivo negli anzidetti D. 570,932.92. Come il tutto potrà V.ª E.ª rilevare dall'alligata dimostrazione. „

" Intanto, per il momento, richiedendosi molto tempo a poter realizzare le somme impiegate alle suddette opere, specialmente nelle attuali circostanze, mentre io credo che non si debbano attrassare i pagamenti, e debbasi soddisfare qualunque polizza venga a presentarsi al Banco, finchè vi saranno fondi per eseguirlo, locchè può calmare l'animo della Nazione e far rinascere la fiducia verso il banco; credo, nel tempo stesso, prudente cosa, quando positivamente l'urgenza lo esigga, il doversi sospendere tanto le operazioni della pegnorazione nella Cassa dei particolari, quanto le operazioni dello sconto nella Cassa di Corte; operazioni che, rinascendo fra breve, come dobbiamo augurarci, la pubblica fiducia ed opinione verso il Banco, potranno senza pericolo ripigliarsi. „

" Siccome però le cennate opere sono istituite e pubblicate con Sovrani Decreti, legalmente pubblicati, come di sopra le ho rassegnato, così la prego di prendere sull'assunto gli ordini Sovrani; e farmi indi sentire i suoi oracoli, se creda, quando il preciso bisogno lo richiegga, che debbano sospendersi. Autorizzandomi, in tal caso, ad avvertire il pubblico con degli affissi, che per le attuali emergenze restano tali opere sospese per ora. Come egualmente la prego di farmi sentire se è del mio sentimento, di doversi cioè pagare per intero qualunque polizza si presenti al banco, in questo momento di crisi. Ed allorquando sarà esaurito il numerario effettivo esistente, come dovrò regolarmi in faccia al pubblico, per la soddisfazione delle altre polizze, che verranno a presentarmisi, dandomi sull'oggetto delle precise disposizioni. „

" V:ª E.ª, da se, conosce di quale importanza sia la risoluzione di questi oggetti, e specialmente di quest'ultimo; e quindi mi permetterà che la preghi di darmi al più presto li suoi riscontri „.

" D. S. In discarico del mio dovere, la prevengo che dietro l'abboccamento avuto da V.ª E.ª avendo ravvisata, nel Banco di Corte, eccessiva la concorrenza dei creditori apodissarii, ho stimato indispensabile di sospendere, in questa giornata, le operazioni dello sconto, e mi regolerò nello stesso modo anche domani, qualora sieno le stesse circostanze di oggi „.

Le risposte furono verbalmente date dal Ministro e quindi mancano fra' documenti dell' archivio. Sembra che nessun espediente avesse suggerito o comandato S. E., per accreditare la carta. Lungi dall' aiutare il banco, gli tolse i pochi fondi pubblici che allora possedeva.

« 16 Agosto 1820 — N. 32 — Signor Reggente—La incarico di far eseguire, con la maggior possibile sollecitudine, il trasferimento a favore della Tesoreria Generale di tutte le rendite sul Gran Libro, che si trovano iscritte in testa di codesto Banco, di qualunque origine esse sieno, ed a qualunque cespite appartengano. La incarico inoltre d'informarmi di tutte le somme sottoposte a sequestro, che il Banco stesso non ha pagate, nè versate fino al presente giorno, e di rimettermene uno stato distinto, nel quale sarà ancora espressa la causa del sequestro, e se nella cassa vi sia l'effettivo in deposito, o pure il credito corrispondente. Il Ministro delle Finanze interino — Macedonio ».

« 19 Agosto 1820 — N. 759 — Eccellenza. Con Ministeriale dei 16 andante, spedita dal gabinetto di cotesto Ministero, e segnata col N. 32, mi ha incaricato V.ª E.ª di fare eseguire, a favore della Tesoreria Generale, il trasferimento di tutte le rendite che si trovano iscritte sul Gran Libro, in testa di questo Banco, di qualunque origine esse siano, ed a qualunque cespite appartengano ».

« Su questo particolare, in conseguenza ancora di quanto a voce ho avuto l'onore di rassegnarle, permetterà V.ª E.ª che io, riportandomi a ciò che dettagliatamente le feci osservare, col mio rapporto in data del 1 andante N. 717, le ripeta che, nell'essersi riunito il Banco di Corte a questo delle Due Sicilie, col Decreto del 20 novembre 1809, fu fatta ad esso una dotazione; parte della quale fu impiegata in estinzione del vuoto fatto dalla Regia Corte, e parte fu addetta al mantenimento del Banco; ma, non essendosi intieramente realizzata la suddetta dotazione, si è stato sempre nella necessità di supplire con altri fondi, dati da S. E.ª il Ministro delle Finanze, per la soddisfazione dei pesi e spese del Banco. Fra la suddetta dotazione, vi fu una quantità di case, la massima parte in cattivo stato e sparse in tutti i quartieri della città ».

« Molte di esse, in conseguenza di reali decreti, sono state vendute o censite; precedente anche particolare sovrana autorizzazione per ciascuna vendita o censuazione, ed il banco, in questo caso, non ha fatto che cambiare la rendita incerta delle case, con un'altra rendita sicura, iscritta sul Gran Libro; e quindi, siccome prima le case suddette formavano parte della dotazione del Banco, e la di loro rendita serviva al mantenimento del Banco suddetto, così invece di quelle alienate, oggi la corrispondente rendita, iscritta sul Gran Libro in testa al Banco, appartiene alla sua dotazione; e servir deve al suo mantenimento ».

« Egualmente, il Banco trovasi possessore di una partita di rendita iscritta sul Gran Libro, in D. 8,442. Questa dipende da una transazione fatta con la Principessa di Butera, colla quale si convenne di dover la medesima pagare la cennata somma, in totale soddisfazione delle somme dovute dalla sua casa agli antichi Banchi; e con R. Decreto, dei 7 settembre 1818, fu ordinato che la suddetta rendita, di D. 8,442, venisse intestata a questo Banco, in supplemento della sua dotazione, unitamente a tutti gl'interessi arretrati, nel contratto convenuti ».

« Veda dunque bene V.ª E.ª che le partite di rendita sul G. L. che si trovano iscritte in testa di questo Banco, appartengono alla sua dotazione, stabilita con R. Decreti, e servono al mantenimento suo, essendo comprese negli articoli d'introito dello stato discusso; e quindi non è a me permesso di farne il trasferimento a favore della Tesoreria Generale ».

« Colla stessa ministeriale poi, dei 16 andante, mi ha incaricato V.ª E.ª di rimetterle uno stato delle somme sottoposte a sequestro, che il Banco non ha finora pagate; ma siccome è questo un affare che riguarda la cassa di ammortizzazione, presso la quale, in pregiudizio del Banco, si trova introdotto di farsi i depositi giudiziarii, così potrà V.ª E.ª a quell'amministrazione rivolgersi per l'indicato oggetto ».

La legittima resistenza del Banco niente valse. Un decreto, del 20 novembre 1820, ordinò la vendita, in pro della tesoreria, dei certificati appartenenti a parecchi enti morali di Napoli o del Regno, e furono in tale vendita compresi i titoli, per annui D. 13,200, che il Banco a quell'epoca possedeva. Invece dunque di trovare aiuto nel ministro, l'istituto perdette quel po' di rendita che, con grave stento, aveva liquidato a suo favore, per vendite d'immobili, e per transazioni di crediti verso Butera, nascenti dagli antichi vuoti di Todisco e di Guarino.

*
* *

12. Stretto dalla penuria di contante, e dalla mancanza di credito, lo stesso ministro Macedonio aveva già pensato di sopprimere la cassa di sconto del Banco, e crearne un'altra d'azionisti, che lo potesse meglio soccorrere, coll'uso della carta al portatore, in pro della finanza; colla restituzione del patrimonio d'un milione, che da nominale ed ipotetico, qual era, avrebbe voluto far diventare credito esigibile del fisco ; ed anche con cessione di qualche parte del capitale sottoscritto dagli azionisti medesimi. Tali concetti non sono espressi nel proemio del decreto 22 agosto 1820 (1) che ripete

---

(1) « Considerando che la istituzione delle casse di sconto, presso le nazioni le più illuminate, ha sempre avuto per oggetto di moderare l'interesse del denaro, di facilitare lo sconto dei biglietti di commercio, di ridurre allo stesso livello quello degli effetti della finanza, di togliere dalla inazione molti capitali, che rimangono inoperosi per mancanza d'impiego, di creare delle risorse al commercio, all'agricoltura ed alla industria, di alimentare ed accrescere le transazioni sociali e di dare ancora la più grande attività alla circolazione delle ricchezze dello Stato».

" Considerando che sì preziosi vantaggi non possono realmente ottenersi se non se allor quando l'amministrazione di queste banche è indipendente, e quando i fondi che costituiscono il loro capitale di negozio sono spontaneamente e solidalmente formati, e regolati in maniera che possano aumentare i mezzi di sconto, far fronte a tutta le spese che porta seco una grande amministrazione, ed assicurare nel tempo stesso ai loro azionarii dei benefici positivi. „

" Considerando che l'attuale cassa di sconto altro non è che un ramo del tesoro, ed un opera del governo, che i suoi amministratori non hanno alcuna responsabilità; che il suo capitale, continuamente variabile, è stato formato con una parte di denaro del tesoro dello Stato, nel quale ha lasciato un vuoto „.

« Considerando infine, che conservando la cassa di sconto nelle basi attuali, sarebbe lo stesso

le solite disquisizioni sull'utilità delle banche, ma risultano da parecchi articoli del decreto stesso, e specialmente dalla fretta con la quale lo volevano porre in esecuzione; prima d'averlo fatte discutere ed approvare dal Parlamento.

Il regolamento di Macedonio conservava piccola parte delle leggi del 1818, e copiava molti articoli di statuti di banche forastiere. Per esso, la nuova agenzia di sconto si doveva aprire nel giorno 1 settembre 1820, col capitale di 3000 azioni, nominative e trasferibili, da ducati 500 ognuna.

Il Governo, promettendo di concedere gratuitamente la casa alla nuova società, avrebbe sottoscritto per 2000 azioni, vale a dire che non ripigliava immediatamente il milione, già dato alla cassa di sconto del Banco. Ma però si teneva un dritto di vendere queste duemila azioni.

L'assemblea generale dei soci poteva fare aumentare il capitale, mediante l'emissione di altre azioni.

Le operazioni alla cassa sarebbero state:

Scontare scritte di cambio, pagabili in Napoli, a scadenza non maggiore di tre mesi, e fornite di tre soscrizioni di mercanti nella città domiciliati. La malleveria personale, dipendente dalla bontà delle firme, potevano in certi casi crescere colla malleveria reale d'un deposito di azioni.

Aprire conti correnti, così con privati cittadini e ditte commerciali, come con la Tesoreria generale e gli enti morali; potendo non solo accettare depositi di moneta, ma eziandio assumere l'incarico di eseguire incassi e di soddisfare ordini o mandati di pagamento.

Fare anticipazioni, tanto sulle verghe e le monete straniere d'oro e d'argento, quanto sulle rendite iscritte napoletane. La durata di tali pegni limitata, come per le cambiali, a tre mesi, ma si potevano permettere le rinnovazioni.

Ricevere depositi volontari, con o senza interessi.

Avvalorare biglietti di banco, al latore, e biglietti ad ordine, nominativi, pagabili a vista; gli uni non inferiori a D. 100, gli altri

---

che allontanare da questa la fiducia nazionale, privarla del credito sopra del quale tutte le banche di Europa hanno trovato i loro principii di utilità e prosperità, ed esporla per lungo tempo ad una funesta inerzia per essere finalmente annichilita, »

« Sul rapporto del nostro Ministro delle finanze ecc. Seguono i quarantuno articoli del decreto.

non suscettivi di girate condizionate. I biglietti esenti da diritto di bollo. Le somme depositate, i valori riscossi, i fondi dell'associazione, non soggetti a sequestro, nè gravabili di imposta.

Mallevadori degl' impegni contratti dalla cassa i socii, ciascuno pel valore nominale delle azioni sottoscritte. Lecito lo sconto di cambiali della Finanza, e di boni tratti dalla Tesoreria Generale di Napoli sui vari ricevitori, però con maggiore garenzia alla cassa, prescrivendosi il deposito preventivo di azioni o di titoli di rendita pubblica. Dice l' art. 15 che " La esistenza della Cassa di Sconto di Napoli dovendo essere basata sui principii della più assoluta indipendenza, tutte le volte il Governo tratterà con essa, la transazione sarà come da particolare a particolare, secondo le disposizioni dell' art. 9 dei presenti statuti „.

L' assemblea generale dei socii nominerebbe, a maggioranza di voti, un Comitato Generale di quaranta persone, fra coloro che possedessero almeno venti azioni. Da tale Comitato si dovevano eleggere nove Direttori e tre Censori, che durerebbero in uffizio tre anni, senza divieto di rielezione.

Almeno la terza parte dei Direttori o Censori, doveva esercitare il commercio. Depositavano per cauzione i Direttori dieci azioni, ed i Censori sei, senza poterne disporre, per tutto il tempo che restavano in carica.

I Direttori ed i Censori componevano il Consiglio di Amministrazione, che deliberava a maggioranza assoluta di voti, su tutti gli affari della cassa; ma il voto dei Censori solamente consultivo, con facoltà di farlo inserire nel processo-verbale delle deliberazioni. Ad agevolezza di amministrare, diviso il Consiglio in tre comitati, dello sconto, dei biglietti e delle casse.

Sorvegliatore per l'osservanza dello statuto, con attribuzioni di Pubblico Ministero, un Commissario del Governo, pagato dallo Stato. Questi avrebbe il dritto di assistere a tutte le deliberazioni del Consiglio, senza voto, ma con facoltà di fare in esse inserire la opinione sua, nonchè di provocare il *veto* dei Ministri, sui provvedimenti non legali.

La dividende agli azionisti pagate, a vista, ogni anno, dopo compilato il bilancio, e sanzionato dal Parlamento; prelevandosi una somma, non maggiore del sesto dall' utile netto, per fondo di riserva della cassa; da impiegarsi in rendita iscritta, o come altrimenti piacesse al consiglio di amministrazione. Provveduto al modo di trasferire gli affari dall'antica alla nuova Cassa.

Manifestando al Reggente del Banco d'averlo posto a capo della nuova cassa di sconto, come Commissario Regio; d'aver nominato Direttori Nicola Buonocore, Filippo Buono, Costantino Volpicelli e F. Boutet, censore il sig. Viesseux, aggiunse Macedonio " desidero " di comunicarle io stesso il regolamento per l'amministrazione prov- " visoria della cassa di sconto; a qual effetto la prego ad aver la " compiacenza di recarsi, personalmente, al Ministero, nel mio ga- " binetto, domenica mattina, 27 di questo mese, alle ore 12 di " francia precise, unitamente ai direttori di sopra nominati „ (lettera 26 agosto N. 46).

Dovevano essere ben pericolosi i progetti che il Ministro non metteva in carta, perchè un suo subordinato, qual'era il Reggente, dichiarasse che non si potevano ricevere nelle casse apodissarie i biglietti, al latore o nominativi, di nuova forma.

" 5 Settembre 1820. N. 802. Eccellenza. La sua ministeriale, del 3 andante, spedita da cotesto gabinetto, sotto il n. 71, e diretta ai signori Direttori e Commissari del governo della cassa di sconto, contenendo in fine un paragrafo che riguarda assolutamente il Banco, io, nella qualità di Reggente del medesimo, alla di cui carica S. M. si compiacque di promuovermi, mi vedo nel preciso obbligo di farle delle osservazioni, che credo indispensabili; e crederei di mancare all'adempimento dei doveri a me affidati se trascurassi di palesarle, con sincerità, i miei sentimenti „.

" Nella cennata Ministeriale, si dice di avere V. E. incaricati il tesoriere ed il pagatore della tesoreria di concertarsi coi quattro capi di divisione della cassa di sconto, onde prendere conoscenza della forma e carattere dei biglietti all'ordine, per verificarli allorchè si presentino nelle casse pubbliche di Napoli; e di dare a me le stesse istruzioni, affinchè i cassieri del Banco possano domandare alla cassa il rimborso dei suoi biglietti, ogni qual volta si stimerà conveniente „.

" Ciò suppone che il Banco sia obbligato a riconoscere e ricevere, come contante, i biglietti all'ordine. Mi permetta V. E. che io, schiettamente, le faccia osservare che questo non è affatto eseguibile. Il nostro Banco nazionale, i di cui sistemi sono garentiti dalla esperienza di tanti secoli, ed ai quali la nazione è attaccatissima, pèrchè ne ha riconosciuto sempre i vantaggi, non riconosce e non ha mai riconosciuto altra carta, fuorchè la sua fede di credito o la polizza notata fede. Allorchè queste carte, emesse dal Banco, al Banco medesimo rientrano, adempite delle necessarie formalità, niun dubbio può esservi nel doverle controcambiare in numerario, o nel riceverle per introito, perchè nei libri del Banco son esse registrate, e se ne tiene esatta scrittura, dal primo momento che vengono emesse, e prima di consegnarsi alle parti ; locchè non si avvera per i biglietti all' ordine, li quali son considerati come contante, nè possono verificarsi al Banco, che non ne ha ricevuto l' equivalente numerario, come accade nella formazione delle fedi di credito e delle polize, e non può conoscerne l'effettivo credito, perchè nessun registro ne tiene. E quindi è un bel dire che i biglietti all'ordine equivalgono alle fedi di credito e polize del Banco. Se ciò si verifica in altri paesi, lo è perchè non hanno un banco Nazionale, e tutto di deposito, come il nostro. Per queste ragioni dunque, il banco non può ricevere tali carte, perchè son esse contrarie alla istituzione del nostro banco; il quale, nel dar fuori le sue carte, deve avere i corrispondenti fondi depositati; e non si possono dal Banco verificare, perchè nessun registro ne tiene ne' suoi libri. E finalmente, non può questo avere esecuzione, perchè diametralmente opposto ai stabilimenti del banco, ed al Real decreto dei 12 dicembre 1816, in cui all' articolo 3 si dice „.

" Saranno ambedue questi banchi (cioè quello di corte e quello
" dei particolari) autorizzati ad emettere le loro fedi di credito,
" della stessa forma attuale, non dissimile dell' antica, rappresen-
" tanti l' effettivo numerario, e che in tutte le casse della capi-
" tale e del regno saranno ricevute come moneta contante „.

" All'incontro, nei statuti della novella cassa di sconto, sanzionati da S. A. R. d'accordo colla giunta provvisoria, sebbene si dia facoltà d'emettere i biglietti all' ordine, non si dice però che debbano riceversi dal Banco come contante „.

" E quindi nè a me, nè a tutti gli altri impiegati del Banco, è permesso di allontanarsi da quelle leggi e decreti reali, che sono tuttavia in vigore, nè alcun Cassiere del Banco potrebb' essere obbligato a ricevere altre carte, se non che quelle del Banco medesimo, che sono registrate nei suoi libri, fino a che una formale legge della Rappresentanza Nazionale, Sovranamente sanzionata, non lo stabilisca „.

" Finalmente, devo farle osservare che al momento che i particolari si avvederanno che il banco, invece di numerario, riceve una carta monetata, sospetteranno sicuramente che il loro contante, depositato al Banco, più non esiste; ed affrettandosi tutti a ritirare i loro fondi, si vedrà cadere questo antico ed utile stabilimento; che nelle attuali circostanze si è durato e si dura tanta fatica e circospezione per sostenerne il credito e la buona fede. E quindi, per tutte queste osservazioni, vede bene V. E. che io, assolutamente, non posso prestarmi ad eseguire in ciò i suoi ordini; come mi do il vanto di averli eseguiti per lo per lo passato, e mi farò dovere d'eseguire, in tutt'altro che non sia contrario ai miei doveri „.

Opposizioni parimenti energiche fece il Reggente all'invito di sottoscrivere mille azioni, per completare il capitale della nuova cassa di sconto.

" 11 Settembre 1820. Eccellenza. Le attuali circostanze della cassa di corte e l'osservare che costantemente, da qualche giorno a questa parte, si ha un esito straordinario ed eccedente, a fronte dell'introito, mi avevan messo nel voto di rassegnare a V. E. lo stato del Banco, e farle osservare che, volendosi al momento eseguire ciò ch'è prescritto nel regolamento per la nuova cassa di sconto, di passarsi cioè la somma di D. 500,000 dal Banco alla cennata nuova cassa, per dar luogo alle sue operazioni, sarebbe stato lo stesso che mettere il Banco di Corte nelle massime strettezze e nella circostanza di non poter soddisfare i suoi creditori apodissari. Ora però che ho preinteso di esser la general tesoreria in qualche straordinario bisogno, e che abbia la necessità di fare qualche sconto non indifferente, mi veggo nel preciso dovere di rassegnare a V. E. che io, nella qualita di Reggente del Banco, assolutamente non sono, per ora, nel caso di passare alla nuova cassa di sconto li D. 500000, voluti dal regolamento; perchè in tal modo darei luogo all'immediato fallimento della cassa di Corte, e forse ad un allarme nel pubblico, in faccia del quale potrei esser colpevole, nelle attuali circostanze „.

" A. V. E. è ben noto che, prima del cangiamento politico, esistevano nel tesoro e nelle casse del Banco di Corte circa due milioni di ducati; ed ha potuto osservare, dalle reste giornaliere che mi son dato l'onore di rassegnarle, l'esito straordinario che d'allora ha avuto luogo, e precisamente in questi ultimi giorni, dopo pubblicati i statuti della novella cassa di sconto ; per cui, a tutto il corrente giorno, appena esiste nelle casse e nel tesoro del detto Banco di Corte, fra moneta di oro, argento e rame, la tenue somma di Duc. 360613,24, a confronto del debito che ha il Banco verso de suoi creditori apodissari, nella ingente somma di D. 4,005,204,91 „.

" Ora volendosi, al momento, passare dal Banco li cennati D.500000 alla nuova cassa di sconto, e facendosene da questa delle negoziazioni, specialmente col tesoro, vorrebbe questa somma sicuramente a realizzarsi immediatamente al Banco, in effettivo numerario ; ed ecco che il Banco non solamente non potrebbe supplire al pagamento di tali negoziazioni, ma verrebbe immediatamente a fallire; perchè non avrebbe neppure un soldo di numerario, onde poter supplire e far fronte, nel miglior modo possibile, ai pagamenti degli attuali suoi creditori apodissari : e quindi io non mi veggo affatto, per ora, nella circostanza di passare alla nuova cassa di sconto li 500000 ducati, per prenderne le corrispondenti azioni, ed indi procurarne la vendita, per fare incassare la stessa somma al Banco; e V. E, sotto la di cui direzione immediatamente è la cassa di corte, è necessario che s'incarichi di tale circostanza, e procuri i mezzi onde allontanare qualunque allarme e combustione nel pubblico ; ed io crederei di mancare al mio dovere, se non la tenessi di ciò avvertita „.

" Si aggiunge a ciò che già la novella cassa di sconto cammina regolamente nelle sue operazioni, e può in tal modo continuare, col solo milione di pertinenza del tesoro Nazionale; sebbene anche per questa somma la nota prudenza di V. E. e quella dei direttori della Cassa di sconto, farà si che il Banco non riceva urto nelle circostanze attuali ; e quindi può, per ora, la cennata cassa fare le sue operazioni sul milione anzidetto, senza essere obbligato il Banco a passarli li cennati cinquecento mila ducati, che attualmente non tiene, e nell'atto che gli manca il numerario bisognevole per far fronte alla giornata ai suoi creditori apodissari ; tanto più che col decreto dei 22 del passato agosto, per la nuova cassa di sconto, (che in niente ha potuto essere alterato dal regolamento per la cassa medesima) nell'articolo 37, si dice che dal credito del portafoglio dell'antica cassa si debba prelevare un milione; fino alla qual concorrenza lo Stato s'interessa negli affari ; come si dice nel regolamento, che gli altri D. 500000 debbano esser versati dal Banco, per fornire il capitale della nuova cassa di sconto „.

" Finalmente, mi credo in dovere di far osservare a V. E. che siccome il Banco non ad altro oggetto deve versare alla cassa di sconto la somma di D. 500000, se non che per acquistarne altrettante corrispondenti azioni, per indi farne la cessione ad altri particolari, che si vogliono impegnare nelle operazioni, della cassa; così potrebbe da ora aprire quel registro di soscrizioni stabilito col cennato regolamento, e riceversi, direttamente dai particolari, le offerte per impegnarsi nelle azioni della cassa; senza l' inutile giro tortuoso, di far acquistare dal Banco le azioni, per indi rivenderle e cederle ad altri, onde ripianare al Banco la somma presa in vuoto. Ed in tal modo si avrebbe l' intento che si è prefisso col regolamento, senza mettersi il Banco nella circostanza di un pronto fallimento, per non poter supplire nè al pagamento delle polizze, che si emetterebbero dalla cassa di sconto, per le sue operazioni, nè a far fronte agli esiti giornalieri, pe'suoi creditori apodissari „.

" V. E. nella sua saviezza, ponderarà queste riflessioni, che mi sono affrettato di rassegnarle, essendo esse dirette ad allontanare qualunque disordine ed allarme nel pubblico, qualora venisse ad accadere il fallimento della cassa di Corte, ch'è sotto l'immediata direzione di V. E. e non si potessero soddisfare ai particolari quelle somme che, in buona fede, finora hanno essi depositate al Banco; e quindi troverà regolare che io, nella qualità di Reggente del Banco, non mi presti, nell'attuale momento, a passare li suddetti D. 500000 alla nuova cassa di sconto, perchè questa operazione produrrebbe sicuramente dei grandi sconcerti „.

Le settimane che passarono, per queste ragionevoli obbiezioni; fors' anco qualche pratica per affrettare la discussione parlamentare, fecero fallire il progetto di Macedonio, di presentarsi ai Rappresentanti con un fatto compiuto. Scopo confessato dal Ministro era di ripigliare quel milione di ducati; che il Tesoro aveva messo nella cassa di sconto, due anni prima, mediante la vendita delle duemila azioni della Finanza. Così i compratori avrebbero surrogato lo Stato, facendo ricuperare alla Finanza una somma che occorreva per colmare in parte il *deficit* del Bilancio. Scopo nascosto, era quello d'usare la carta al portatore e le cambiali dei tesorieri, per ottener quello che non poteva sperarsi dal credito pubblico in tempo di rivoluzione e di generale sfiducia, ad un piccolo Stato, che minacciavano tutte le grandi potenze d' Europa , collegate colla Sant' Alleanza. Però si coloriva questo disegno col pretesto che la novella istituzione fosse vantaggiosissima alle manifatture, alle industrie, al commercio.

Nella tornata 13 novembre 1820, il Deputato Castagna , con grande chiarezza e precisione, paragonò la cassa di sconto, istituita a 23 giugno 1818, con la nuova che si proponeva fondare ; dimostrando la utilità della prima, con discretissima spesa, e il danno dell' altra, con spesa assai grave.

Parlando poi della restituzione del milione, dato da Medici alla cassa di sconto nel 1818, disse che nulla si poteva incassare, dappoichè nessuno proponeva di abolire il servizio apodissario, mediante soppressione dei Banchi San Giacomo e Pietà, chiamati allora Cassa di Corte e Cassa de' Privati. La tesoreria, nell'atto stesso che avrebbe ritirato il milione dall' ufficio sconti del Banco San Giacomo , si sarebbe trovata nell' obbligo di farne versamento all'ufficio del medesimo banco chiamato Cassa di Corte, sia per mantenere la promessa, tante volte fatta, di costituirgli una dote, sia per colmare il vuoto del 1803 e l'altre deficienze a carico del tesoro, che il ministro ammetteva giungessero quel giorno a D. 557,439,02. Qualche somma dovevasi anche dare alla nuova società di azionisti, perchè il Governo potesse aver parte ai lucri , e , per necessaria conseguenza, lungi dal fare assegnamento sul milione, sarebbe convenuto di provvedere pel resto. Disapprovava dunque.

Il Banco, acquistando maggior fiducia, avrebbe potuto ripigliare le operazioni di sconto, come faccenda succursale, e continuare il pegno degli oggetti preziosi. In tal guisa sarebbero cansati i gravi danni che sentirebbe il paese, per la facultà, conceduta alla nuova cassa, di metter fuori biglietti ad ordine. Domandava, per conchiudere, il Castagna : non soddisfacendosi al debito verso i creditori apodissarî, che sarebbe del Banco ?

Con maggiori particolarità, faceva un confronto fra la Cassa di Sconto fondata da Medici e quella proposta da Macedonio, il deputato Catalani ; esaminando ad uno ad uno gli articoli dei rispettivi statuti. A più alte considerazioni storiche ed economiche elevaronsi nei loro discorsi, il Nicolai, il Dragonetti ed altri. Il giureconsulto Lauria, con la memoria del Banco di Law, ch' era già cosa vecchissima a quell'epoca, pretese dimostrare che la nuova Cassa proposta, non solo avrebbe privata la nazione dei vantaggi dalla precedente ottenuti, ma apparecchiata la ruina dei possidenti, ed il disordine del commercio.

" La prima Cassa di Sconto a credito dei privati , (ei disse)
" fu istituita sotto la Reggenza di Orleans dal famoso Scozzese
" Giovanni Law. Questi, arricchito nei giuochi d' Italia , aprì un
" banco di suo conto a Parigi : i suoi splendidi principii alletta-
" vano i capitalisti, e tutti gareggiarono di addivenire azionarii.
" La ricchezza della Cassa alzò a tanta prosperità i progetti di
" Law, ch'egli, ammirato e benedetto, come l'angiolo tutelare della
" Francia, il cui commercio aveva rianimato e reso floridissimo ;
" in quattro anni fu feudatario, controlloro delle finanze reali, mi-
" nistro, amico del Duca Reggente ; mentre l'inorgoglita sua donna
" non trovava animale più noioso di una duchessa. Ma l'ambizione
" di obbligar la Corte, con pagarne i debiti, ed ottenerne il mini-
" stero : lo eccesso dei profitti agli azionarii, ed il suo lusso, vuo-
" tarono la Cassa ; sovvertirono i patrimonii di infinite famiglie ;
" rovesciarono il credito nazionale ; e fecero piombare nel disor-
" dine il commercio e lo Stato. Law intanto , fuggendo innanzi
" all' odio di tutti, andò ramingo, impoverito, a finire in Venezia
" una vita oppressa dai patimenti e dalla generale esecrazione. Ecco
" la storia della prima Cassa di Sconto presso i privati. Law rac-
" colse i capitali della Francia e li distrusse. Chi potrebbe garen-
" tirci da una simile sorte ? L' onestà dei banchieri ? Narrasi che
" anche Law fosse onesto, e che mancò fortuna ai suoi progetti ;
" ma qual pro ai commercianti ruinati ?

" Per l' opposto, la gran Banca di Londra ha quintuplicata la
" massa dei segni degli effettivi valori che circolano nello Stato.
" Il suo deficit è immenso, e non è più un arcano. Intanto la gran
" Banca è in fiore ; tutti vi portano i loro capitali, ed il commer-
" cio inglese non risente alcun danno. Ma la Banca è sotto la
" protezione del Re ; il Parlamento n' è garante. Ecco il risulta-
" mento di una Cassa della nazione : il Governo la cinge di sua
" autorizzazione e cura, e la pubblica fiducia si conferma ; essa
" spande su tutti i rami del commercio la sua attività e la sua
" forza.

" Dopo questo paragone, chi di voi non esecrerà una Cassa pri-

" vata, e di più conceduta a stranieri, e non vorrà confermare quella
" della nazione ?

" Cangia consiglio e cammino chi, caduto in errore, cerca ancorail
" suo bene; ma lasciare il sicuro, per abbandonarsi al pericolo, più che
" stoltezza, sarebbe nequizia! „.

Non meno eloquentemente, ma con più sode ragioni e più giusto
criterio, discorse il Barone Giuseppe Poerio, per esaminare, se convenisse fondare la nuova Cassa in quel momento, o in tempo più opportuno. Ci piace di recare la conclusione di quel ragionamento.

" Si è lungamente disputato quale delle due Casse di Sconto me-
" ritar debba la preferenza. Inutile disputa, a mio avviso. Niuna di
" esse è necessaria, ambedue sono utili.

" Restituito il Banco al suo splendore ed alla sua floridezza, e
" rincorata la pubblica fiducia, chi potrà negare l'utilità di una Cassa
" di Sconto sussidiaria, sotto la mano e direzione del Governo ?
" L' esperienza si unisce alla teoria per far decidere l'affermativa.
" Ma, nel tempo stesso, chi potrebbe negare che più casse di sconto,
" create nell' interesse dei privati, e messe soltanto sotto la vigi-
" lanza dell' autorità pubblica, giovino alla moltiplicazione dei va-
" lori ed al loro più rapido giro ? La rivalità di queste diverse
" Casse di Sconto sarebbe uno stimolo maggiore per l' attività del
" commercio, sarebbe il rimedio sovrano contro l'usura, sarebbe in-
" fine l' ostacolo più forte contro il monopolio metallico. Gli esa-
" gerati pericoli di questa istituzione si riducono ad uno solo: l'in-
" troduzione della *carta moneta* nel regno, a volontà dei particolari.
" Ma una carta non è mai moneta, quando non è di ricezione for-
" zosa. Basterebbe dunque vietare che i biglietti al porgitore fos-
" sero ricevuti in pagamento necessario, e specialmente nelle casse
" pubbliche. Allora la misura della loro circolazione sarebbe quella
" del loro credito.

" Stabilita però l' utilità di ambedue le Casse di Sconto, non è
" men vero che rimane sempre a decidere, se il ripristinamento del-
" l'antica debba aver luogo adesso o in altri tempi. La soluzione
" di questo problema dipende dalla conoscenza perfetta delle risorse
" e dei bisogni dello Stato, conoscenza che non abbiamo ancora
" noi. Se l'aumento dell' esercito sul piede di guerra, se la difesa
" della nostra indipendenza, esiggono dei grandi sacrifizii, converrà
" meglio imporre dei nuovi tributi ai popoli, o pure avvalersi del

" milione di dote residuale della Cassa? Mi sembra perciò più sano
" consiglio limitarsi oggi a decretare il ritorno dell' antica Cassa
" sussidiaria del Banco, differendone però l'attività al momento in
" cui potremo disporre di quella somma, senza offesa della pubblica
" causa; e frattanto incoraggiare la creazione di quante altre casse
" di sconto potranno sorgere per conto di privati azionarii „.

Udite anche le considerazioni di parecchi altri deputati, la Camera, con soli tre voti di maggioranza, risolvette : " Che non approvava
" l'abolizione della Cassa di Sconto, istituita nel 1818 ; e conseguen-
." temente non occorreva di esaminare, e molto meno di sancire gli
" statuti della proposta Compagnia anonima „.

* *
*

13. Rimasero dunque saldi gli ordinamenti di Medici. Ma le commozioni politiche, col necessario effetto di crisi commerciale ed economica, avevano fatto interrompere i prestiti sopra pegno, gli sconti di cambiali, e, nel marzo 1821, anche il pagamento delle carte apodissarie. Ecco due lettere del Reggente del Banco, al Parlamento Nazionale ed al Ministro.

2 marzo 1821 — N. 217 — (volume 1156 dell'Archivio).

Il malcontento e le continue lagnanze, che si sentono nel pubblico, a motivo che, da qualche giorno, non vengono soddisfatte e controcambiate in numerario le polizze, che dai possessori delle medesime vengono presentate al Banco, mi mettono nel dovere di rassegnare, a cotesto Nazionale Parlamento, la vera posizione in cui io infelicemente mi trovo.

« Egli è vero ch'esistendo una mancanza nella Cassa di Corte (di cui l'EE. VV. sono pienamente informate) manca in conseguenza una parte del numerario, a fronte delle carte di Banco che si trovano in circolazione ; ma questa mancanza, che in altri tempi è stata molto maggiore, come finora non è comparsa, nè in niente ha impedito il giro della negoziazione, cosi niun urto darebbe adesso al Banco, se questo liberamente potesse fare il suo negoziato, e regolare, con una certa prudenza, i suoi pagamenti a favore di tutt'i possessori delle sue carte; ma, disgraziatamente, io mi veggo costretto, per le attuali circostanze, a non poter ciò eseguire.

« Gli urti pressanti, che ad ogni ora si ricevono dal Ministero della guerra, e dai militari che deggiono partire per l'armata, mi obbligano a non poter fare alcun uso del numerario, che s'introita al Banco di Corte, per pagamento ai particolari, dovendo tutto versarsi al ramo anzidetto della guerra; e quindi vedono bene l'EE. VV. che in tal modo i cittadini avranno ben ragione di dolersi, le loro polizze non saranno mai pagate, ciascuno resterà paralizzato nei suoi affari e mancheranno a molti anche i mezzi come sostenere le proprie famiglie, non potendo ritirare il loro denaro dal Banco, il quale,finalmente, resterà del tutto discreditato, e le polizze non verranno più ricevute.

« Signori, io ben riconosco quanto urgentissima cosa sia il non porre alcun ritardo alle spese della guerra, che nel momento interessar dee l'intera nazione, per la salvezza della patria, e quindi non lascio di prontamente ubbidire agli ordini che ricevo; ma non posso nascondere di essere al vivo penetrato, nel vedere che i privati non possano essere soddisfatti dei loro crediti sul Banco, locchè cagiona dei serii disquidi a danno dei proprietari, e produce anche il totale discredito della carta di Banco; d'onde ne deriva un male sicuro alla nazione, e le toglie ogni risorsa.

« Essendo io dunque in questa infelice posizione, costretto ad eseguire gli ordini che mi si comunicano, altro mezzo non trovo, per adempiere ai doveri della carica a me affidata, se non quello di fare di tutto intese l'EE. VV. acciò io sia discaricato in faccia al Governo ed alla Nazione, e Le prego perchè si compiacciono di far registrare nei verbali, di codesto Parlamento, la presente mia rimostranza, e far noto ai cittadini che l'urgente ed immensa spesa della guerra, e l'attuale scarsezza di numerario, sono le ragioni del ritardo dei pagamenti delle loro polizze; quali, cessata l'urgenza come mi auguro, saranno fedelmente soddisfatte, onde i possessori delle carte di Banco restino così, almeno in qualche modo, tranquilli ».

« 5 marzo 1821 = N. 220 Eccellenza — L'affollamento dei particolari e de'militari, che devono partire, è talo questa mattina al Banco che si rende incredibile; e tutti fan chiasso per essere controcambiate in numerario le di loro polizze. Intanto S. E. il Ministro della Guerra ha disposto di tutta la somma ch'esisteva nel Banco, e le disposizioni di pagamento fatte da V. S. sono anche al di là. In questo stato di angustie, vedendomi senza alcun mezzo a poter soddisfare tanti avventori, e precisamente i militari che schiamazzano, io prego V.ª S.ª a dare qualche disposizione all'oggetto, o almeno indicarmi se posso assicurarli che la giornata di domani saranno, se non in tutto, almeno in parte soddisfatti, onde in qualche modo calmarli, [ed allontanare al momento dal Banco una così numerosa folla di avventori La prego inoltre di mettersi sempre di accordo col Ministro della Guerra, e fargli anticipatamente sapere le liberanze che si fanno dal tesoro, affinchè non siano caricati al Banco dei pagamenti, oltre del contante ch'esiste.

« P. S. In discarico del mio dovere, mi dò l'onore prevenirla che non potendo reggere agli urti di numerosa calca di avventori, fra' quali molti militari, per mantenere la quiete al miglior modo possibile, vado a disporre di qualche somma dell'introito venuto in giornata „.

Li 8 marzo 1821 furono addirittura sospesi i pagamenti. Non resse il Banco di Napoli, perchè mancavano alla sua cassa le somme prese dal fisco, con cambiali dei Ricevitori Provinciali, ed anche perchè sussisteva il vuoto del 1803, infelicemente mascherato dalle operazioni con la Zecca e con la Pagatoria Generale. Le riscossioni eziandio di valute commerciali o di pegni scaduti si facevano con difficoltà e lentezza. Per dare un po' di credito alla carta apodissaria, che tutti rifiutavano, il Parlamento permise di riscontare o vendere le cambiali della cassa di sconto (1) e disse

---

(1) Ci sono in archivio l'autorizzazione di consegnare sessantamila ducati di cambiali all'agente di cambio Cianuelli, perchè le vendesse alla miglior ragione possibile, con facoltà di consentire fino a nove per cento di sconto, ma non si trova il resoconto di questo sensale.

che la deficienza di D. 543,392,92, residuo del vuoto 1803, sarebbe solennemente garentita dalla Nazione e pagata subito, con la vendita dei beni demaniali. Gli stessi pegni di oggetti preziosi, fatti al Banco si potevano riscattare nel termine di quindici giorni, con fedi di credito o con denaro sonante, così dai proprietarii come da terze persone. Per l'anticipata restituzione del prestito, si concedeva il premio dell'uno per cento e le persone che riscattavano i pegni altrui subentravano nei dritti e nelle obbligazioni del Banco; però non potevano levare gli oggetti dal luogo dove erano alla pubblica custodia affidati.

Questi spedienti poco giovar potevano quando, con la circolazione di parecchi milioni, c'erano in cassa soli 17,000 ducati.

Ecco il conto del numerario ch'esisteva alla fine d'ogni mese dal 1821.

	CASSA DEI PRIVATI		CASSA DI CORTE			TOTALE
	nel tesoro	nelle casse monete di argento	nel tesoro	nelle casse monete di argento	nelle casse monete di rame	
Gennaio....	160,000.	58,575.13	301,900. "	220,781.79	57,119.63	798,376.55
Febbraio....	"	11,643.69	"	46,886.69	18,243.75	76,774.13
Marzo........	"	913.25	"	10,779.98	6,066.77	17,760.00
Aprile........	"	22,150.27	"	51,794.09	32,186.11	106,130.47
Maggio......	"	75,463.98	873,337.42	172,095.90	37,438.23	1,158,335.53
Giugno......	43,600. "	95,672.71	2,502,830.02	298,927,75	47,621.83	2,988,652.31
Luglio........	150,800. "	87,877.84	1,441,531. "	299,776.29	60,172.52	2,040,157.65
Agosto.......	192,900. "	96,836.09	1,584,900. "	408,251,01	96,047.50	2,378,934.60
Settembre..	245,300. "	138,208.63	1,126,700. "	668,656.46	78,862.48	2,257,727.57
Ottobre......	300,860. "	129,814.72	1,207,000. "	362,259.36	58,224.69	2,058,158.77
Novembre..	346,000. "	106,525.23	1,547,880. "	373,477.36	89,561.77	2,463,444.36
Dicembre...	346,000. "	139,992.86	1,673,720. "	379,831.30	59,375.08	2,598,919.24
TOTALE.......	1,785,460. "	963,674.40	12,259,798.44	3,293,517.98	640,920.36	18,943,371.18
MEDIA........	148,798.33	80,306.20	1,021,649.87	274,459.82	53,410.03	1,578,614.26

L'arrivo dei Tedeschi, col ristabilimento della monarchia assoluta, e col ritorno al ministero del Cav. Medici, ispirando qualche fiducia nella solidità dello Stato, e nel senno di chi reggeva le finanze, fece nuovamente accettare la fede di credito. In aprile e maggio 1821, l'istituto tentò di scemare l'aggio con tre pubblici botteghini di cambio, dove le carte bancali si scambiavano in monete d'argento legale, colla discreta perdita di un quarto per cento; mentre che l'operazione inversa, di consegnare la moneta per ottenere la carta, si faceva a ragione di uno per mille. Botteghini tenuti dai cambiavalute Raffaele Denza, Pasquale Piezzo ed Aniello Masullo. Ma, dopo pochi giorni, videro ch'erano superflui questi pericolosi rimedi, perchè le casse cominciavano ad accreditarsi, cosicchè, li 19 maggio 1821, sciolsero i contratti. Tutta la spesa d'aggi non superò D. 1557,74.

Ferdinando IV avrebbe voluto punire i fautori delle forme costituzionali, tanto per ribellione quanto per ladrocinio. Ma si dovette contentare del solo primo capo d'accusa, perchè non trovò, nel banco, prove dell'altro, (vol. 815 dell'archivio).

"Commissione consultiva temporanea.—Napoli 16 maggio 1821.— Con determinazione degli 11 aprile, dal Direttore delle Finanze, è stata rimessa a questa commissione una nota, passata alla giunta del governo provvisorio, sui fondi malversati durante l'ottimestre delle passate emergenze; onde si supplisse tutto ciò che fosse conveniente al servizio del pubblico, ed indi, con ministeriale dei 5 maggio, si è avuta anche l'autorizzazione di porsi direttamente in corrispondenza con tutte le autorità, alle quali era necessario di dimandare de' rischiaramenti „.

" In adempimento di tale determinazione, la prego che si compiaccia di rimettermi, colla maggiore sollecitudine, li stati riguardanti le somme prese, durante il tempo delle passate emergenze, dal Banco dei Privati e da quello di Corte, dalla cassa di sconto e dalla cassa dei pegni, onde questa Commissione si metta al caso di proporre, a ragion veduta, al Governo gli espedienti che crederà opportuni, per lo ricupero di quelle somme che sono state o maliziosamente involate o scioperatamente e senza utile oggetto dilapidate „.

" (Risposta) 26 maggio 1821.—Con suo pregiatissimo foglio, dei 16 andante, mi ha incaricato di rimetterle dei stati riguardanti le somme prese, durante il tempo delle passate emergenze, dal banco dei privati e da quello di Corte, dalla cassa di sconto e dalla cassa dei pegni, onde possa cotesta Commissione conoscere le malversazioni seguite, e proporre al Governo gli espedienti che crederà opportuni, per lo ricupero di quelle somme che o sono state maliziosamente involate o senza utile oggetto dilapidate „.

" Di riscontro, debbo rassegnarle, signor Presidente, che nel Banco, così di Corte che dei privati, durante il corso delle passate vicende, non si è disposto irregolarmente di somma veruna. Tutt'i pagamenti sono stati fatti in regola, per lo banco, il quale non ha fatto altro che controcambiare le sue carte in moneta. Lo stesso si è praticato sul conto del Tesoro, il quale ha sempre regolato i suoi esiti sugl'introiti esistenti nelle sue fedi di credito. Se poi questi esiti siano involati, o dilapidati senza utilità veruna, e non per gli oggetti per cui furono fatti, non può questo al certo apparire dalle gire delle polizze o dalla scrittura del banco, ma, per venirne in chiaro, deve ricorrersi ad altri mezzi „.

" Egualmente, niuna novità vi è stata relativamente alla cassa di sconto, giacchè, dopo di aver restituito al tesoro il milione di sua pertinenza, che vi teneva impiegato, in forze del decreto de'22 agosto 1820, che stabilì una nuova cassa di sconto (che fu poi abolita e ripristinata l'antica) rimasero nel banco medesimo, in tanti valori, li D. 2450000, ch'esso vi teneva impiegati. Di questi ne ha ritirato finora la somma di D. 2,097,027,44 e giornalmente va ritirando il resto, in modo che fra poco altro tempo il banco sarà del tutto ripianato. Questo residuo, che deve il Banco tuttavia incassare, dipende, nella maggior parte, dal cambio fatto colla Tesoreria, per ordini superiori, di tanti estratti e certificati d'iscrizioni, pegnorati nella cassa di sconto dal ministero di finanza austriaco, e per esso dall'incaricato sig. Frappart, con altrettanta somma in cambiali girate dal tesoro al banco, a carico dei ricevitori di Napoli e del regno, i quali, se han fatto qualche ritardo, per causa delle passate emergenze, ora che trovasi riattivata la percezione delle pubbliche imposte, colla mediazione ed autorità da me invocata del Tesoriere Generale, son sicuro che sollecitamente salderanno il loro debito „.

" Finalmente, in quanto alla cassa dei pegni, non vi è stata alcuna operazione che dir si potesse o irregolare o dannosa al banco. Sospesa l'opera della pegnorazione, ho procurato che con sollecitudine si fossero dispegnati o venduti quei pegni per li quali era scorso il tempo stabilito. E con questo mezzo il Banco si è ripianato, sin ora, della somma di duc. 670000 circa, ed ora fa liberamente il suo negoziato „.

" Quindi Ella ben vede che il Banco, per suo conto, in ogni ramo, si trova in perfetta regola „.

Le deficienze di cassa, del 1821 ed anteriori, furon coverte dalla circolazione dei titoli, ed il banco riprese l'usato andamento ; facendosi solo qualche timida riforma nel 1822 (1) con la soppressione dei *giornaletti e registri delle notate fedi*, *registri dei fedisti* ed altri inutili libri, i quali, senza rispondere a nessun bisogno dell'amministrazione, producevano perdita di tempo, lavoro e spesa grande.

Le passività delle finanze furono enormi quegli anni, per le conseguenze della guerra con l'Austria, rivoluzione del 1820, e mantenimento dell'esercito Tedesco d'occupazione. Il debito pubblico, in pochi mesi, fu quadruplicato; facendosi un prestito con la Casa Rothchild, per duc. 800,000 rendita, al prezzo d'emissione 50; poi un altro, con la medesima casa, per duc. 840,000 rendita; quindi un terzo, nel 1822, per duc. 1,100,000 rendita ; e finalmente un quarto, a Londra, nel 1824, sempre con la casa Rothchild, per la somma capitale di lire sterline due milioni e mezzo. Nulla diciamo delle regie cointeressate delle dogane e dei tabacchi, con le quali si rinnovellarono gli abominevoli spedienti dell'epoca viceregnale, di vendere le gabelle.

Nel contratto del primo prestito, promise Medici pronto rimborso, per via di vendita di beni demaniali; ed intendeva di comprendere fra questi la dotazione del Banco. Come Macedonio s'era servito dei fondi pubblici, Medici si sarebbe valso degl'immobili, se non avesse protestato il Reggente de Rosa, con questo coraggioso rapporto.

" Il sig. Direttore della Real Cassa d'ammortizzazione mi ha rimessa, con suo uffizio de'26 del passato settembre, la copia di una ministeriale de' 12 detto, d'onde si rileva, che a' termini del contratto stipulato coi signori Rotschild e Compagnia, a' 7 maggio ultimo, la cassa anzidetta deve procedere alla vendita, in iscrizioni sul G. L., di tutti i beni e rendite appartenenti alle diverse dipen-

---

(1) Verbale di Reggenza 31 agosto.

denze finanziere. Ed essendo fra queste notato benanche questo Banco delle due Sicilie, per una rendita di duc. 41,068,61, il cennato direttore della cassa d'ammortizzazione mi ha chiesto uno stato dettagliato, accompagnato da' notamenti parziali, di tutt' i beni che si devono alienare, di proprietà di questo Banco „.

" Siccome, per questo oggetto, tempo addietro, io le rassegnai una ragionata memoria, colla quale sostenni che il Banco non era una amministrazione finanziera, e che in conseguenza non doveva essere compreso tra le altre amministrazioni di simil natura, per l'alienazione di tutti i suoi beni, in forza del contratto fatto da cotesto ministero, col negoziante sig. de Rotschild; così, vedendo ora che le ragioni esposte in quella memoria non han prodotto il desiderato effetto, e che, seguendo le stesse idee di allora, si vuol dare nuovamente cammino all'affare, mi credo nel dovere di nuovamente rassegnarle, che il banco non può comprendersi affatto fra le amministrazioni finanziere, e deve, per giustizia, formare una eccezione alla regola; per le ragioni che qui appresso vengo a dettagliarle. „

" 1.° Perchè amministrazioni finanziere sono, propriamente, quelle che amministrano fondi del Governo, coll'obbligo di versarne i prodotti alla General Tesoreria, come sono, per ragion d'esempio, il demanio pubblico, la direzione de'beni riservati, quella dei beni reintegrati, ed altre simili. Il Banco adunque, che, lungi dal versare i prodotti de' suoi beni alla Tesoreria, l'impiega per proprio uso, non è un amministrazione finanziera, ma un pubblico patrio stabilimento, succeduto ai sette Banchi che prima vi erano; i di cui beni il Governo incamerò a sè e poscia (di tutt' i sette avendone creato un solo) supplì, in parte, all'assegno de'beni, già incamerati, con una particolare dotazione, nemmeno sufficiente pel suo mantenimento. Quindi, escluso di dritto dal contratto passato col sig. de Rotschild, non può essere spogliato dei suoi fondi „.

" 2.° Perchè, qualora se gli volessero togliere i beni, che attualmente possiede, bisognerebbe dargliene altri in compenso, onde assicurarli i mezzi di sussistenza; e questo cambio di effetti, mentre niente opererebbe in rapporto alla estinzione del debito della Nazione, ch' è stato oggetto principale della disposizione di vendersi i fondi delle amministrazioni finanziere, sconcerterebbe l' attuale sistema amministrativo del Banco; dappoichè il medesimo trovasi di aver dato in affitto tutte le sue rendite, per un estaglio pagabile mensualmente, affine di avere così i mezzi di soddisfare i suoi pesi mensili „.

" 3.° Finalmente, perchè i beni del Banco non si possono, in modo alcuno, distrarre senza un' espresso decreto del Re (D. G.) poichè essi, per effetto del Reale Decreto dei 12 dicembre 1816, essendo stati dichiarati dotazione della cassa de'privati, colla promessa di aumentarli, sono destinati a garentire le carte di quella cassa; nella stessa guisa che i beni dello Stato garentiscono le carte della cassa di Corte: come si rileva chiaramente dall' art. 5° e 6° del titolo 1° e dall' art. 8 e 10 titolo 2° del mentovato Real Decreto „.

" Le devo inoltre far osservare che il distrarre i beni del Banco, oltrechè sarebbe contro la buona fede, mentre sotto l'ombra di questa ipoteca la nazione deposita, con tanta fiducia, i suoi tesori in quella cassa, potrebbe produrre ancora la conseguenza che il pubblico, colpito da questa novità, e memore delle ultime fasi del Banco, corresse a ritirarsi i suoi depositi; locchè produrrebbe senza dubbio un dissesto ben considerevole, nelle attuali circostanze „.

" Da quanto mi son dato l'onore di rassegnarle, Ella ben vede che è evidentemente dimostrato di non essere i beni del Banco alienabili, perchè appartenenti ad un pubblico stabilimento, anziehè ad un amministrazione finanziera; che se, finora, si son fatte delle alienazioni di alcuni fondi del Banco, contro iscrizioni, il Banco medesimo ne ha introitata la rendita e nulla ha perduto. Che, alienando, non si otterrebbe l'intento di ammortizzare il debito, giacche altri fondi si dovrebbero cedere dallo Stato al Banco, perchè, gravati di un ipoteca a favore della Nazione, incontrano nella alienazione la resistenza della legge. Io quindi la prego di mettere, colla sua solita energia, tuttociò sotto gli occhi di S. M. (D. G.), affinchè, rammentandosi di quanto trovasi da esso stesso sovranamente disposto, col cennato R. D. 12 dicembre 1816, ed in vista delle suddette ragioni, da me esposte, si compiaccia di eccettuare i beni del banco dalla vendita di quelli delle altre amministrazioni finanziere, essendo, di dritto, il Banco escluso dal contratto passato col sig. de Rotschild, come di sopra le ho detto „.

Sia per le forze di questi argomenti, sia perchè si convinse ch'era più giovevole alla finanza, ed allo stesso Rotschild, d'accreditare per via indiretta i nuovi fondi pubblici, mediante facile pegno del titolo e facile sconto della rendita semestrale, rinunziò il ministro all' idea di confiscare gli avanzi del patrimonio dell'istituto; facendo invece stampare questo rescritto.

" Signore — Con rapporto della data de' 15 di questo mese, Ella mi ha proposto : 1° di aumentarsi, di altri ducati centomila, il fondo destinato, nella Cassa dello Sconto, alla pegnorazione delle Iscrizioni sul Gran Libro, prelevandoli dalla madrefede della Cassa dello Sconto ; 2° di permettersi ancora la pegnorazione dei Certificati di rendite delle due Amministrazioni Napolitane, prendendosi all' oggetto una somma di ducati cinquecentomila dagli Apodissarî della Cassa di Corte, in cui tale prelevamento non può portare alcun inconveniente ; 3° in fine di calcolarsi, in tali pegnorazioni, tanto le iscrizioni quanto i certificati di rendite, non già alla ragione di ducati 60 per ogni ducati cinque di rendita, ma bensì ad un quarto di meno del prezzo fissato dalla Borsa, all' epoca della dimanda di pegnorazione „.

" Avendo quindi rassegnato tutto ciò a S. M. nel suo Consiglio ordinario di Stato, del 24 corrente, e la M. S. essendosi degnata di approvare quanto di sopra da lei si è proposto, nel Real Nome glielo partecipo, signor Reggente, per sua intelligenza, e per lo adempimento di risulta. Napoli 26 giugno 1822. De Medici „.

In seguito, il pegno dei certificati di rendita prese tale sviluppo da superare spesse volte il lavoro dello sconto di cambiali, ed ai denari dell' istituto s' aggiunsero certi fondi della finanza. Per maggiore garenzia dei possessori di certificati, ed anche per comodo dell' amministrazione, fu ordinato ai ricevitori che depositassero ogni decade al Banco, caricandola su di apposita madrefede, la quinta parte dei redditi del tributo fondiario. Però il Ministro, che non voleva tenere ozioso questo denaro, lo collocava con pegno di certificati di rendita e sconto di cambiali, per conto della finanza, non del banco, ottenendone qualche anno l' utile di D. 50,000. Ma, nel 1824, prima del prestito di lire sterline 2,500,000, uno straordinario ribasso delle rendite napoletane fece perdere alla finanza D. 200,000.

Per gl'impiegati del Banco si stabilirono, a quel tempo, parecchie massime, che sembraci opportuno trascrivere, in sostegno delle nostre asserzioni che ci fosse privilegio a favore dei figli d'impiegati, e che si tollerasse l'inassistenza.

Avendo, la Reggenza di questo Banco delle due Sicilie, inviato al Ministero di Stato delle Finanze, fin dal mese di ottobre dell'anno scorso, il progetto di stato discusso di questa Amministrazione, per l'esercizio del corrente anno 1822; col quale, per lo miglioramento e maggior facilitazione del servizio, furon proposte diverse variazioni su lo stato degl'impiegati; ed avendo S.ᵃ E.ᵃ il Ministro delle Finanze partecipato a questo signor Reggente, con ministeriale de' 31 del passato luglio, che S. M. (D. G.) nel Consiglio di Stato dei 29 detto, si era degnata di approvare quanto erasi proposto col suddetto progetto di stato discusso, ed ordinarne l'esecuzione, la Reggenza medesima, in obbedienza di tali Sovrani ordini, dovendo prima di ogni altro coprire tutte le cariche ed impieghi del Banco, in conformità del nuovo stato di situazione, col quale vengono a sopprimersi alcuni impieghi, che si son creduti meno necessarii, e ad aumentarsi gl'impiegati in alcune officine, ove il bisogno del servizio lo richiedeva, si è riunita, per questo interessante oggetto, nella solita stanza delle sue sedute, nel locale delle finanze in San Giacomo, nei giorni 12, 13, 16, 17, 19, 20 e 21 del corrente agosto, applicandosi indefessamente al regolare passaggio di tutti gl'impiegati, secondo la loro graduazione, e facendone la situazione nelle diverse cariche ed impieghi, secondo che il miglior servizio, di quest'amministrazione del Banco e del pubblico, ha creduto dover richiedere.

Quindi la Reggenza suddetta:

Visto il rapporto del 21 ottobre dell'anno scorso, col quale fu rimesso al Ministero delle Finanze il progetto di stato discusso di quest'amministrazione, per l'esercizio dell'anno corrente, ed il nuovo stato di situazione degli impieghi, colle variazioni, ampliazioni e restrizioni in esso proposte.

Vista la suddetta ministeriale, del 31 del passato luglio, portante la sovrana approvazione del cennato progetto non solo, ma anche di essersi S. M. degnata di approvare che potessero ammettersi nel banco una trentina di alunni senza soldo, onde prevalersene in ajuto degli attuali vecchi impiegati del banco, ed addirli ove il bisogno lo richiegga; giusta l'autorizzazione chiesta da questo signor Reggente, con rapporto dei sedici dell' antipassato mese di giugno; coll'espressa condizione che debbano esser questi giovani alunni di età non maggiore di anni venti e figli di antichi impiegati, *esclusi gli estranei.*

Vista l'altra ministeriale, de' 17 andante agosto, colla quale venne approvato, che l'esecuzione del nuovo sistema debba aver luogo dal primo dell'entrante mese di settembre in avanti;

Vista la ministeriale dei 24 detto mese di agosto, con la quale viene partecipato di essersi accordate le pensioni di ritiro agli uffiziali D. Vincenzo Calabrese, D. Biase Capo, D. Gaetano Belsito, D. Alessandro Capo, D. Donato della Rocca, D. Giuseppe Caiazzo, D. Pietro Paolo Damiani, e D. Raffaele Ruggiano; con essere stato autorizzato questo signor Reggente di far pagare a' medesimi i rispettivi soldi da quest'amministrazione, pendente la liquidazione delle suddette pensioni;

Vista benanche la ministeriale con cui vien determinato, in conformità di quanto fu opinato da questa Reggenza e rassegnato a S.ᵃ E.ᵃ il Ministro, con rapporto de' 19 detto, che gl'impiegati i quali, per effetto delle proposte restrizioni, vanno a retrocedere, dalle rispettive classi alle quali attualmente appartengono, ad altre classi inferiori, debbano riguardarsi come non rimossi da quelle, ed esser conservati nell'attuale loro soldo e graduazione, onde non abbiano il menomo pregiudizio, nè essi nè le loro famiglie, in qualunque caso di morte o di ritiro;

Viste finalmente le ordinanze della stessa Reggenza, dei 5 ottobre 1821 e de' 22 giugno 1822, che vengono richiamate in esatta osservanza, e di cui dovrà darsi conoscenza al nostro Agente contabile, il quale resta responsabile della esecuzione degli articoli 5, 6 e 7 della suddetta ordinanza, del giorno 22 giugno 1822.

Intesi inoltre i Razionali delle rispettive Casse, relativamente alla condotta, assistenza e inassistenza di ciascun impiegato;

Considerando che coloro i quali sono inassistenti, e non si presentano all'adempimento de' loro doveri, ancorchè mantengano il supplemento nel loro impiego, non possono avere lo stesso dritto, in caso di promozione, come lo hanno quelli che vi adempiono e non mancano alla giornaliera assistenza, e che in conseguenza travagliano maggiormente, per la mancanza di altri.

Considerando che, coll'attuale nuovo stato delle cariche, che va a mettersi in esecuzione, la Reggenza, mentre ha avuto cura che, non ostante le proposte restrizioni, niuno avesse dovuto perdere o la sua graduazione, o qualche menoma parte del suo soldo, ha avuto però nel tempo stesso in mira il migliore e più spedito servizio del banco;

Considerando, finalmente, che se lo esatto adempimento de'doveri, nello esercizio delle rispettive cariche, merita lode ed anche premio; l'oscitanza per l'opposto, ed il poco impegno, specialmente allorchè si tratta di appuramento e bilancio della scrittura, d'onde possono risultare dei seri disguidi al banco, meritano sicuramente una mortificazione.

Ha determinato

1. Che gl'inassistenti, nel caso di promozione, non debbano aver dritto al passaggio, secondo le loro graduazione; ma, restando essi nel grado in cui si trovano, debbono essere preferiti negli ascensi quelli che sono assistenti e li seguono in graduazione; affinchè, da ciò avvertiti gl'inassistenti, vengono in seguito ad adempiere a' loro doveri, per meritare il passaggio in altra promozione. E, continuando a non assistere, saranno cassati dal rollo; non essendo giusto che coloro i quali non intendono affatto di adempiere ai loro doveri, debbano essere di ostacolo alla promozione di altri, che travagliano con zelo ed esattezza. E ciò s'intende anche per coloro che, non assistendo personalmente, si fanno supplire da altri nel loro impiego.

2. Che ciascun impiegato, qualunque sia il suo impiego di graduazione, debba prestar servizio in quella carica ed officina ove la Reggenza lo crederà più opportuno, per l'andamento di quest'amministrazione e per lo disbrigo e miglior servizio del banco e del pubblico, secondo il sentimento de' signori Presidenti e dei Capi di officio delle rispettive casse; che alcuno possa negarsi ad esercitare quell'impiego che o in proprietà, o per permuta gli sarà destinato: giacchè la destinazione all'impiego deve dar dritto solamente al soldo ed all'antichità di servizio, e non già alla carica, che può esser destinata a misura del bisogno e secondo la circostanza del servizio: e ciò s'intenda anche pei soprannumerarî ed alunni, i quali, nelle promozioni, saranno considerati non secondo la graduazione, ma a misura della loro assistenza, e de' loro meriti particolari nel servizio.

3. Che, ad ovviare gl'inconvenienti che possono derivare dall'attrasso dell'appuramento della scrittura, e dall'attrasso di scritturazione dell'esito di cassa e de' giornali (fermo restando il disposto coi suddetti articoli 5, 6 e 7 dell'ordinanza dei 22 dell'antipassato mese di giugno) il soldo degl'impiegati nella Revisione debba pagarsi dietro certificato del Razionale della cassa, che assicuri la giornaliera assistenza de'medesimi, e che la revisione della scrittura vada in corrente; e lo stesso debba praticarsi per tutti gl'impiegati nell'esito di

cassa, nel di cui certificato dovrà assicurarsi di esser stata scritturata l'ultima giornata del mese precedente, di cui si paga il soldo.

Pei giornalisti poi, dovrà pagarsi il soldo dietro certificato del Revisore e del Razionale, che assicurino di essere in corrente e regolarmente scritturati i rispettivi giornali.

Quindi è venuta la Reggenza a fare il regolare passaggio, ed a destinare gl'impiegati a coprire tutte le cariche ed impieghi, a tenore del nuovo stato di situazione, giusta l'alligato notamento.

Da decorrere il presente movimento dal 1° dell'entrante mese di settembre in avanti.

La Reggenza — Prospero de Rosa Reggente, Giovanni Sanfelice Presidente, il Barone Ciccarelli Presidente, G. Gifuni Segretario Generale.

***

14. Si provvide, nell'istesso anno 1822, a procacciare pasta metallica per la coniazione di nuove monete, mediante ordine alla zecca di pigliare le verghe d'oro e d'argento, le monete estere, e le antiche monete di oro del regno, e di pagarne il valore con mandati *a vista* sul banco. Ecco la notificazione, pubblicata nel giornale officiale del 18 novembre 1822.

" Il pubblico è prevenuto che per disposizione di S. E. il signor Consigliere Ministro di Stato, Ministro Segretario delle Finanze, la Regia Zecca continua, d'oggi innanzi, a ricevere tanto le verghe che le monete d'oro e d'argento estere, calcolandone l'importo a norma di quanto è prescritto nell'ordinanza ministeriale del dì 8 maggio 1818, rilasciando ai proprietari i mandati di soddisfazione, che verranno a vista estinti dal Banco delle Due Sicilie. Riceverà parimenti le monete d'oro antiche di regno, venendo soddisfatti i proprietari dell'importo, secondo il loro valore nominale, in monete d'oro nuove, anche con mandati sul banco; prelevandosi dall'importo medesimo il solo valore della mancanza di peso, in caso che ve ne fosse, facendosi il peso in massa, ed in caso che vi sia aumento sarà bonificato ».

Un altro vantaggio fu accordato ai possessori di monete e di verghe con la

Notificazione inserita nel giornale officiale, del 16 giugno 1823, per la pignorazione delle monete straniere, e delle verghe di oro e di argento, con l'interesse dell'uno per cento all'anno.

1. È permesso ad ogni particolare di esibire al banco delle verghe di oro e di argento, come anche delle monete forestiere, per pegnorarle.

2. L'interesse sopra tal sorta di pegni sarà calcolato alla ragione dell'uno per cento all'anno, che ricade a grana 25 per 100 calcolato per tre mesi, alla qual'epoca è fissata la durata del pegno, salvo a potersi rinnovare.

3. Prima di esibirsi le suddette materie di oro e di argento al banco, dovranno le verghe esser saggiate e valutate dalla zecca, per l'importo del fino che contengono; e le monete dovranno essere valutate a peso, in conformità della tariffa stabilita con l'ordinanza di S.ª E.ª il Ministro di Finanza Cavaliere de Medici, in data

de' 10 aprile 1818, rilasciandosi a tal uopo, dalla Direzione della Zecca, il corrispondente certificato.

4. In vista di detto certificato, sarà fatto il pegno dall'orefice apprezzatore, colla deduzione dell'uno per 100, per sicurezza dell'importo dell'interesse alla ragione suddetta; interesse che sarà pagato al dispegno.

Il pegno di verghe o monete sarà ricevuto in guardaroba, dopo essere stato scritto nel libro del credenziere, colle solite formalità, come si pratica per tutti gli altri pegni, consegnandosene la cartella al pegnorante; non dovendovi essere altra differenza, tra i pegni delle suddette materie di oro e di argento in verghe o di monete forestiere, ed i pegni di altri oggetti preziosi, che la sola durata del tempo ridotta a tre mesi, e la ragione dell'interesse, da calcolarsi come sopra, sull'importo che vien determinato dal certificato della zecca, e che forma la base del valore del pegno.

5. Qualora, dopo l'elasso di tre mesi, il pegno non sarà dispegnato, o rinnovato, saranno le dette materie di oro e d'argento e monete forestiere passate alla Regia Zecca, per coniarsene monete di regno; la differenza dell'uno, dedotto l'interesse che sarà scorso sin al dì dell'invio delle monete alla Zecca, sarà conservata al pegnorante.

6. Per intelligenza del pubblico, si farà inserire nel giornale la presente ordinanza, dietro l'autorizzazione di S. E. il Ministro delle Finanze.

Il Reggente del Banco. Prospero de Rosa, il Segretario Generale, Giambattista Gifuni. Napoli 31 maggio 1823. Approvato. Il Consigliere Ministro di Stato, Ministro Segretario di Stato delle Finanze, De Medici.

Le *notificazioni* della zecca, pubblicate sul giornale uffiziale del 24 luglio 1823, dicevano:

Si certifica da noi sottoscritti, incaricati del tesoro dell'amministrazione generale delle monete, qualmente, a tenore della legge, le verghe raffinate di oro debbono essere di titolo non minore di millesimi 992, e che il valore dell'oncia, nelle materie di detto titolo, secondo l'ordinanza ministeriale degli 8 maggio 1818, corrisponde a ducati 20 grana 75 e centesimi 46. Giovanni Pappalettere segretario, Giovanni Hind controloro, Giuseppe Radente contabile.

Si certifica da noi sottoscritti, incaricati del tesoro dell'amministrazione generale delle monete, qualmente, a tenore della legge, le verghe raffinate di argento debbono essere al titolo non minore di millesimi 934; ed il loro valore, a detto titolo, corrisponde a ducati 16 grana 11 e centesimi 79 per libbra, a tenore della ordinanza ministeriale 8 maggio 1818. Giovanni Pappalettere segretario, Giovanni Hind controloro, Giuseppe Radente contabile.

Stabilirono, quel medesimo anno 1823, un nuovo metodo di registrazioni contabili per l'invio alla zecca e riconiazione delle monete vecchie. Quasi tutta la pasta metallica fu, sotto l'Amministrazione Borbonica, somministrata dal Banco, ed appunto per questo il suo Direttore generale, o Reggente, aveva anche l'ufficio e qualità di capo dell'amministrazione delle monete o Direttore della

zecca. Secondo il Bianchini, dal 1735 al 1831, si coniarono di
monete d' oro   Duc. 35,569,321,09
  „   d' argento   „   37,830,575,24
  „   rame   „   3,155,463,96

                          Totale Duc. 76,555,360,29

In media, la somma mancante dalle casse del Banco, per deposito alla zecca, di moneta vecchia da riconiare, superava un milione di ducati.

                          *
                        * *

15. Il rame procacciava al fisco un lucro netto di 70, e qualche volta 80 per cento, allorchè si metteva per la prima volta in circolazione, e la pasta veniva da compra di metallo, non da rifusione di moneta vecchia, che la zecca avesse preso pel valore nominale. Dal 1818 al 1833, la finanza ebbe Duc. 354,546 ; ma il Banco pagava le spese, avendo dovuto tenere, fino al 1862, tre conti, oro, argento, rame, con casse separate per quest'ultimo, provvedute di numeroso personale.

Siccome molti esattori d' imposte avevano facoltà di fare con moneta di rame, ovvero con fedi e polizze del conto rame, una parte dei loro versamenti, succedeva che nell'apposita cassa del banco se ne accumulava grande quantità, 300,000 ducati in media. Le fedi, o polizze, o crediti in madrefedi, tuttochè dicessero, *moneta di rame*, erano meno incomode a trasportare ed a custodire dell'effettivo metallo. Si riprodussero fra noi quelle circostanze che avevano condotto, due secoli prima, alla costituzione del banco di Svezia, tanto elogiato dagli scrittori. Gli Svedesi, col loro rame, dovevano usare le carrette sempre che occorresse di far passare somme di qualche importanza da una mano all' altra. Essi trovarono il rimedio di un deposito pubblico o banco, che faceva le volture di credito sui propri registri, senza bisogno di materiali consegne. A Napoli, similmente, il rame, rappresentato com' era da valori cartacei, perdeva i suoi difetti di peso e volume incomodo, perchè si affidava al Banco di Corte in San Giacomo (1) che lo teneva a disposizione del proprie-

---

(1) E, dal 6 giugno 1832 in poi, anche alla Cassa Privati o Banco Pietà, per effetto di Reale Rescritto.

— 545 —

tario della fede o polizza, ovvero del creditore in madrefede. Ciò non pertanto, quella parte che rimaneva in piazza era sempre soverchia pel commercio del Regno, cosicchè scapitava nei baratti con monete nobili. Nelle provincie, l'aggio sul cambio del rame in argento era del due, due e mezzo, anche tre per cento. Nella capitale sarebbe stato maggiore, se la ricerca che ne facevano gli esattori delle imposte, i quali avevano riscosso argento dai contribuenti, e volevano versare rame all'erario, non avesse ridotto la perdita a più discreta misura.

Concluso il prestito a Londra, di lire sterline due milioni, si venne ad un'altra liquidazione delle reciproche ragioni di debito e credito, fra la Tesoreria dello Stato ed il Banco. Risultò la prima debitrice di Duc. 461,536,59. Ciò fu consegnato in atto verbale (31 maggio 1824) sottoscritto dai Ragionieri della Reggenza e della Cassa di Corte, Amatrice e Gagliardi, dal Reggente Prospero De Rosa, dai Presidenti Giovanni Sanfelice e Barone Ciccarelli, con l'autentica del Segretario Generale, Gifuni.

Il Re, nel Consiglio di Stato dei 28 di giugno, se ne dichiarò inteso. Indipendentemente dai D. 461,536,59, debiti vecchi, la Tesoreria aveva preso, quello stesso anno 1824, D. 2,878,467,67, con boni della cassa di servizio, scontati dal banco, alla mitissima ragione del 2 1[2 per cento.

*
* *

16. Atto di maggiore importanza fu la fondazione d'una seconda Cassa di Corte, nell'edifizio dell'abolito banco dello Spirito Santo, pel servizio apodissario e pegni degli oggetti d'oro o d'argento.

Allorchè, col Nostro decreto de' 12 dicembre 1815, volemmo dare una organizzazione definitiva ai Banchi di questa capitale, formandone due, sotto l'unica denominazione di Banco delle Due Sicilie, uno cioè pel servizio della Regia Corte, della Tesoreria Generale e di altre amministrazioni finanziere, e l'altro pel servizio de' particolari; sulle basi di un piano che, di nostro ordine, fu formato da una deputazione di creditori apodissarî, che noi approvammo in dicembre 1805, e che poi, per la guerra sopravvenuta non si potè mettere in esecuzione, stabilimmo che al più presto che sarebbe stato possibile, si sarebbe aperta un'altra cassa, nel locale dell'antico banco di S. Eligio, riserbandoci di aprirne ancora delle altre, qualora l'affluenza de' depositi e le circostanze del commercio lo avrebbero richiesto.

Ora, con molta soddisfazione del nostro Real animo, abbiamo veduto pienamente risorgere il credito pubblico, verso questa antica ed utilissima istituzione, che trovavasi annientata, a motivo delle gravi novità avvenute per tale stabilimento, in tempo della occupazione militare.

Abbiamo nel tempo stesso osservato, che l'affollamento del negoziato è tale nel banco di corte, situato nel locale delle finanze in San Giacomo, che, per quanto sia l'attività ed il numero degl'impiegati, deve sempre sperimentarsi un ritardo nel servizio, e nelle operazioni della scrittura del banco medesimo.

Volendo quindi facilitare il servizio, e ripartire in altro locale il negoziato del ramo di corte; e considerando che sebbene, col cennato decreto de'12 dicembre 1816, fu detto che sarebbe stata aperta un'altra cassa in seguito, nel locale di S. Eligio, pel servizio de' particolari; pure, pel maggior comodo delle diverse amministrazioni finanziere, e dei particolari medesimi, è necessario, per ora, che la nuova cassa sia una cassa ausiliaria del banco di corte, e si apra nel sito più centrale di questa capitale.

Visto il rapporto del nostro consigliere Ministro di Stato, Ministro segretario di Stato delle Finanze.

Udito il nostro Consiglio di Stato ordinario;

Abbiamo risoluto di decretare, e decretiamo quanto segue:

Art. 1. Nel locale dell'antico banco dello Spirito Santo, e propriamente in quella parte dell'edifizio che fu assegnata alla così detta amministrazione del Demanio, come di proprietà di detto banco, giusta la transazione fatta con quel conservatorio, in forza del decreto de' 9 gennajo 1812, ed istrumento che fu ordinato stipularsene, con ministeriale degli 8 settembre 1819, e che attualmente si occupa dall' amministrazione del registro e bollo, sarà aperta un'altra cassa, che sarà succursale del banco di corte, stabilito nel locale delle Finanze, in San Giacomo. L' apertura di detta cassa avrà luogo subito dopo il passaggio della suddetta amministrazione del registro e bollo nel nuovo locale destinato per la medesima in S. Giacomo.

Art. 2. Pel maggior comodo delle diverse amministrazioni finanziere, la cennata nuova cassa, stabilita nel locale dello Spirito Santo, farà particolarmente il servizio del corpo municipale, dell'intendenza di Napoli, dell'amministrazione dei lotti, dell'amministrazione delle poste, di quella del registro e bollo, e di altre amministrazioni di opere pubbliche e di pii stabilimenti, che vorranno avvalersene, e che si stimerà opportuno, secondo le circostanze, di farli negoziare nella seconda cassa di corte allo Spirito Santo. Sarà anche in libertà di tutti i particolari di potersene servire, depositandovi il loro danaro, e disponendone con girate, e con notate fedi, egualmente come trovasi stabilito e si pratica nel banco di corte in S. Giacomo.

Art. 3. La nuova cassa dello Spirito Santo, come soccorsale della cassa di corte, è autorizzata ad emettere le sue fedi di credito, nella stessa forma di quelle che attualmente si emettono dalla detta cassa di corte.

Art. 4. La suddetta nuova cassa, egualmente come la cassa di corte in S. Giacomo, avrà due conti separati, uno di argento e l'altro di rame, apponendo nell'epigrafe delle fedi e nel bollo delle polizze le parole *Argento, Rame,* in tutto come sta ordinato per la cassa di corte, col decreto de' 12 dicembre 1816; e solo, per distinguere le fedi e le polizze di una cassa dall'altra, vi sarà apposta sullo scudo delle fedi di credito l' indicazione seguente; *Spirito Santo seconda cassa di corte;* e la stessa indicazione si farà, con un bollo, nelle polizze notate fedi.

Art. 5. Riceverà le polizze e fedi di credito, così della cassa di corte in S. Giacomo, come della cassa dei privati, sotto la responsabilità dei cassieri e de' pandettarî, coll'obbligo di farne il dovuto riscontro, nello stesso modo e forma come ora si sta praticando tra le due casse di corte e de' privati, secondo trovasi stabilito coll'art. 5 del decreto de' 12 dicembre 1816.

Art. 6. A fine di facilitare semprepiù il commercio, ed accorrere ai bisogni della popolazione, essendo di molto cresciuta l'opera della pegnorazione di oggetti preziosi, che si fa nel banco de' privati, stabilito nel locale della Pietà, e grande essendo colà l'affollamento degli avventori, nella suddetta nuova cassa si farà l'opera dei pegni, sopra materie soltanto di oro e di argento manifatturate, nel modo stesso che si esegue nel locale anzidetto della Pietà, e si potranno anche pegnorare le verghe d'oro e d'argento, come ancora le monete forastiere, per la pegnorazione delle quali si osserverà ciò che sta determinato nella notificazione del Reggente del Banco, de' 31 maggio 1823, approvata dal nostro ministro delle Finanze.

Art. 7. La suddetta pegnorazione sarà un opera aggiunta alla cassa di corte, del pari che lo è il negoziato dello sconto.

Art. 8. I regolamenti e le disposizioni generali, fatte col decreto dei 12 ottobre 1816, relativamente alla corrispondenza e riscontrata tra il banco di corte e quello dei privati sono anche comuni alla nuova succursale del banco di corte, restando anch'essa sotto la dipendenza, direzione ed amministrazione della Reggenza del banco.

Art. 9. Un particolare regolamento, sottoscritto dal nostro ministro delle Finanze, darà le norme alle operazioni di questa nuova cassa.

Art. 10. Tutte le altre disposizioni e regolamenti relativi al modo dell'amministrazione del banco delle Due Sicilie e delle sue dipendenti officine, divise nelle due casse di corte e de' particolari, contenute tanto nel citato decreto dei 12 dicembre 1816 e suo regolamento organico, che in tutti gli altri all'oggetto emanati, e che non si oppongono al presente decreto, rimangono nel loro pieno vigore e saranno, da oggi, innanzi osservate per questa cassa succursale del Banco di Corte.

Art. 11. Il nostro ministro delle Finanze è incaricato dell'esecuzione del presente decreto.

Per dirigere la nuova cassa non fecero nomina di Presidente, ma crebbero i Governatori, disponendo che fossero sei: *dei quali quattro saranno prescelti tra probi e distinti proprietarii, uno sarà del ceto dei primarii avvocati, e l'altro del ceto dei negozianti accreditati* (decreto 23 agosto 1824).

*
* *

17. Nominale, dal 1816 al 1824, era stata la separazione fra le faccende governative e quelle del pubblico, per l'organamento strano del banco, duplice negli edifici e nei nomi, unico nella circolazione, riserva, personale, scrittura ed altro; ma tanto, un visibile segno che li distingueva si poteva trovare nella qualità del collocamento fruttifero; tenendo gli affari di sconto e d'anticipazione quella cassa di Corte che i cittadini continuavano a chiamare, e chiamano ancora, Banco di San Giacomo; mentre che la cassa dei Pri-

vati, ovvero Banco della Pietà, rimaneva monte di pegno. Risorto dunque il terzo banco, dello Spirito Santo, col nome di cassa di Corte e con gli affari di monte di pegno, sparve addirittura la distinzione, della quale non si fè motto, quando fu determinato l'impiego dei fondi del banco, con ordinanza riservatissima del ministro, che è rimasta ignota fino al 1863.

1. La massa dei depositi esistenti, nelle rispettive casse del banco delle due Sicilie, sarà ripartita in diciotto eguali porzioni.

2. La ripartizione sarà eseguita nelle seguenti proporzioni:

Nove diciottesimi saranno sempre in circolazione (1) e serviranno per lo negoziato giornaliero del Banco di Corte in San Giacomo, sua cassa succursale allo Spirito Santo e del Banco dei privati alla Pietà. Da questi nove diciottesimi saranno anche prelevate le somme che saranno rimesse alla Regia Zecca per monetarle.

Due diciottesimi e mezzo saranno addetti ai pegni di oggetti preziosi, e di pannine, seterie e metalli.

Quattro diciottesimi e mezzo rimarranno destinati allo sconto di effetti commerciali, i quali saranno oltre il milione di ducati di proprietà della Real Tesoreria, e che trovasi dato in anticipo, alla detta Cassa, per una parte della sua dote.

Due diciottesimi saranno assegnati ai pegni d'iscrizioni. Trovandosi attualmente impiegata su di questi pegni somma maggiore, viene rimesso alla prudenza del Reggente del banco di ridurla alla indicata proporzione, per quel tempo che meglio e secondo le circostanze gli potrà riuscire, non tralasciando di darne ragguaglio a S.ª E.ª il Ministro delle Finanze, nelle *verbali* conferenze che terrà col medesimo (2).

3. Tutte le somme che potranno rimanere oziose sulli due diciottesimi e mezzo, destinati alla pegnorazione di oggetti preziosi, pannine e metalli, saranno aumentate sui quattro diciottesimi e mezzo assegnati per l'opera dello sconto di effetti commerciali; di modo che fra i pegni indicati e lo sconto siano sempre impiegati sette diciottesimi dei depositi apodissari; cercando, per quanto è possibile, di non far rimanere fondi inoperosi, onde non perdersene il prodotto.

4. Qualora le circostanze del banco richiedessero qualunque alterazione sulle anzidette proporzioni, o in aumento o in minorazione, sarà permesso al Reggente del Banco di ese-

---

(1) Effettiva moneta da tenersi nei tesori e casse.

(2) Gran parte dei fondi disponibili del banco serviva per i pegni di certificati di rendita Pure gli anni seguenti, fino al 1860, spesso succedette che la stabilita proporzione di due diciottesimi fosse superata.

L'amministrazione Borbonica nascondeva gelosamente i fatti finanziarii, anche quando importassero a tutti i cittadini, e potesse tornare vantaggio al Governo dalla loro manifestazione. Fra centinaia di documenti ci contentiamo di copiare questo, che è abbastanza eloquente nella sua brevità:

« Ministro delle Finanze — 7 luglio 1834.—1°
« Rip.° 2° Car. numero 1454. — Riservata —Signor Reggente. Nel richiamare a di Lei me-

« moria le antecedenti disposizioni, comunicatele
« con Ministeriale del 2 aprile 1832 num. 704,
« onde conoscere le quote proporzionali per di-
« ciottesimi delle varie opere e negoziazioni del
« banco. La incarico di rimettere un analogo
« stato di situazione *a casa mia ed a me solo*
« *segretamente* in ogni mese. Il Ministro Segre-
« tario di Stato delle Finanze — d'Andrea. Vol.
« 1156 dell'archivio ».

Era dunque proibito di dire come procedessero le operazioni del banco, e come fosse collocato il capitale disponibile, non ostante che al 1834 si trovasse in buone condizioni l'Istituto; ed ove si fosse conosciuta quest'ordinanza del 1824, e si fossero redatti e pubblicati i bilanci, maggiore ne sarebbe stato il credito.

guirla, sino alla somma di D. 300,000. Eccedendo una tal somma, non potrà farsi altra alterazione, senza una espressa ministeriale disposizione, in seguito di proposta che ne dovrà fare lo stesso Reggente.

5. Perchè sia sempre tenuta l'ordinata proporzione, nell'uso del denaro depositato nei banchi, disporrà il Reggente del Banco che, in ogni quindici giorni, il Razionale della Reggenza formi *riservatamente* uno stato di situazione, dimostrante lo ammontare della massa dei depositi esistenti nei banchi, e l'uso nel quale si trovano impiegati.

Questa dimostrazione farà conoscere se le proporzioni sieno serbate e quali modificazioni sieno a portare in ciascun ramo di negoziato.

6. Il Reggente del Banco resta incaricato *esclusivamente* della esecuzione di questo regolamento, comunicandolo *al solo Razionale* della Reggenza, per lo adempimento da sua parte.

Del presente regolamento se ne sono formati tre originali, da rimanere presso S. E. il Consigliere Ministro Segretario di Stato delle Finanze, un altro presso del Reggente del Banco ed il terzo presso del Razionale della Reggenza — firmati de Medici (ministro) Prospero De Rosa (Reggente del Banco) G. Amatrice (Razionale).

Questa regola dei diciottesimi non si potette sempre osservare. Ordinariamente il fondo collocato era ben al di sotto delle proporzioni stabilite, perchè mancavano le buone cambiali da scontare, e non si domandavano sufficienti anticipazioni sopra pegno di titoli e di oggetti. Succedette pure qualche volta che si avverava il caso opposto, che cioè la riserva metallica non giungeva alla metà della carta circolante.

*
* *

18. Il successore di Ferdinando, Francesco, poco si occupò del Banco. Unico suo atto importante fu di crescere al 4 per 0[0 l'interesse sui pegni di monete straniere, e di verghe d'oro e d'argento (1) che tre anni prima, con lo scopo già mentovato, era stato ridotto all' uno per cento.

Ai 12 di febbraio 1832, sotto il Ministero del Marchese d'Andrea, uscì questo decreto di Ferdinando Secondo:

Volendo Noi accrescere il movimento dei fondi della Cassa di Sconto, ed animare in un tempo il commercio delle gioje, onde far godere ai nostri amatissimi sudditi de' vantaggi che ne derivano, conciliando il conseguimento di queste vedute con la sicurezza dello esatto rimborso dei fondi stessi, alle scadenze determinate;

Sulla proposizione del nostro Ministro Segretario di Stato delle Finanze;

Udito il nostro Consiglio ordinario di Stato;

Abbiamo risoluto di decretare e decretiamo quanto segue:

Art. 1. Dal dì primo di aprile del corrente anno, nella Cassa di Sconto, potranno ricevarsi dei valori garentiti da depositi di gioje, fatti nel Banco delle due Sicilie.

---

(1) Notificazione pubblicata a 4 luglio 1826.

Art. 2. Sono escluse dalle disposizioni dell'articolo precedente le perle e le pietre preziose colorite.

Art. 3. Lo sconto dei valori, ed i depositi delle gioje dovranno eseguirsi secondo le norme fissate nel regolamento annesso al presente decreto, il quale rimane da Noi approvato.

Art. 4. Il nostro Ministro Segretario di Stato delle Finanze è incaricato della esecuzione del presente decreto.

Regolamento intorno al modo di effettuirsi lo sconto dei valori nella Cassa di Sconto, contro depositi di gioje.

Art. 1. Le cambiali o i boni che si dovranno scontare con depositi di gioje, dovranno essere non maggiori di ducati mille, saran formati secondo le regole commerciali, della scadenza non più lunga di tre mesi, e potranno esser muniti della sola firma di colui che fa il deposito; salvo quando non fosse di piena soddisfazione de' Deputati della Cassa, nel quale caso dovranno munirsi di firma di qualche negoziante, o di altro proprietario conosciuto, e che goda opinione di onestà e di agiatezza

Art. 2. Non potranno essere negoziati alla Cassa che dopo di essersi fatto il deposito delle gioie nel Banco dei privati; il di cui valore dovrà essere tre quinti maggiore della cambiale o del bono, giusta la stima degli apprezzatori.

Art. 3. Gli oggetti di gioje dovranno sempre valutarsi almeno da tre orefici apprezzatori ordinari del Banco della Pietà, i quali dovranno esser concordi e non discrepanti tra loro nel fissare il valore; e, qualora saranno dai medesimi stimati di contenere tre quinti di più del valore della cambiale o bono da scontarsi alla Cassa di Sconto, verrà fatto il deposito, colla redazione di un verbale in quattro simili esemplari, in cui sarà, colla massima precisione, dinotata la specie, il peso ed il valore dell'oggetto depositato, giusta il modello unito al presente regolamento.

Art. 4. Gli Orefici apprezzatori, per l'incarico dell'apprezzo degli oggetti suindicati, dovranno aumentare le rispettive cauzioni di altri ducati cinquecento. Essi rimarranno strettamente responsabili della valuta del pegno, anche coll'arresto della di loro persona. Questa condizione s'intende espressamente accettata da essi colla firma che appongono al verbale.

Art. 5. Fatto il deposito delle gioje, nei modi soliti ordinati da' regolamenti per la pegnorazione, il Presidente del Banco invierà al Reggente, come Direttore della Cassa di Sconto, uno degli esemplari del verbale redatto, onde potersi eseguire lo sconto della cambiale o del bono.

Art. 6. L'interesse sul valore della cambiale o del bono sarà del sei per cento, calcolato a rata di giorni.

Art. 7. I Deputati della Cassa di Sconto, e l'agente dei cambi, assumeranno, per questa specie di cambiali o boni, gli stessi obblighi e risponsabilità che hanno per tutti gli altri valori commerciali, che nella Cassa medesima vengono ad esser negoziati.

Art. 8. Scorso il termine de' mesi tre, fissato nella cambiale o nel bono, sarà permesso di potersi rinnovare lo sconto per un altro trimestre, collo stesso deposito di gioje, presentandosi alla Cassa altra cambiale o bono, del valore della prima.

Art. 9. Non pagandosi la seconda cambiale o bono alla scadenza, la Cassa procederà al protesto contro il sottoscrittore, secondo le leggi commerciali, ed agirà per le vie giudiziarie, onde astringerlo alla soddisfazione così della somma pagata dalla Cassa che degl'interessi e spese tutte giudiziarie, e nel tempo istesso metterà anche in vendita le gioje depositate.

Se il prodotto sarà sufficiente a ripianare la Cassa di ogni suo avere, allora si desisterà dal procedere per le vie giudiziarie; in caso opposto non si lascerà di continuare il giudizio contro del proprietario, e sottoscrittore della cambiale o del bono, e si agirà anche contro gli apprezzatori pel ricupero della deficienza, rimanendo tutti costoro solidalmente tenuti, e risponsabili in faccia alla Cassa di Sconto,per ogni danno ed interesse.

Art. 10. La vendita delle gioie sarà eseguita nella piazza degli Orefici, a pubblico incanto, e con le stesse formalità che si praticano per la vendita degli oggetti preziosi.

Per le spese occorrenti nell'incanto, pel dritto degl'incantatori, e per l'assistenza degl' impiegati, si riterrà il dritto dell' uno per cento sul valore ricavato dall'incanto.

Art. 11. Gl'impiegati della Cassa di Sconto godranno, per quest' oggetto, gli stessi dritti loro accordati sopra tutti gli altri effetti commerciali scontati da' particolari.

Art. 12. Per quelle cambiali o boni che saranno rinnovati per altri tre mesi, collo stesso deposito di gioie fatto giusta l'articolo 8, gl'impiegati addetti alla Cassa di Sconto e l'Agente dei Cambi non percepiranno dritto veruno.

Art. 13. Sarà prelevato, dagli utili della Cassa di Sconto, un dritto del due e mezzo da pagarsi per ogni somma di ducati mille di oggetti depositati, il quale verrà proporzionatamente ripartito dal Reggente del Banco, Direttore della Cassa di Sconto, a due Orefici apprezzatori, ed agli altri impiegati che sono particolarmente incaricati della esecuzione di tali depositi.

Art. 14. Per potersi dar principio allo sconto dei valori contro depositi di gioie, con le norme di sopra stabilite, è autorizzato il Reggente del Banco, Direttore della Cassa di Sconto, a prelevare da' fondi della Cassa suddetta la somma di ducati centomila per ora, per impiegarla al detto negoziato.

Non potrà oltrepassare tal somma senza una particolare autorizzazione del nostro Ministro Segretario di Stato delle Finanze.

Art. 15. Le istruzioni emanate, cosi per l'officina della pegnorazione che per la Cassa di Sconto, rimangono per quest'oggetto in pieno vigore, in quanto non si oppongono al presente regolamento.

Altro Decreto, degli 8 marzo 1832, aggiunse un nuovo conto apodissario, col permettere alla dipendenza San Giacomo (prima Cassa di Corte) di avvalorare fedi o polizze pagabili con valuta d'oro.

Decreto.

Veduto il decreto de' 12 dicembre 1816, risguardante la organizzazione del Banco delle due Sicilie, col quale è stabilito di farsi i depositi in monete di argento e di rame.

Volendo estendere i depositi alle monete di oro;

Sulla proposizione del Nostro Ministro, Segretario di Stato delle Finanze;

Udito il nostro Consiglio ordinario di Stato;

Abbiamo risoluto di decretare, e decretiamo quanto segue.

Art. 1. Il Banco delle due Sicilie, dalla pubblicazione del presente decreto, riceverà i depositi delle monete di oro al peso legale, colle norme stabilite nel regolamento da noi approvato, annesso al presente decreto.

Art. 2. Il Nostro Ministro Segretario di Stato delle Finanze è incaricato della esecuzione del presente decreto.

Regolamento.

Art. 1. Il Banco delle due Sicilie riceverà i depositi in moneta di oro del Regno, al peso legale, di cui terrà un conto apodissario a parte.

Art. 2. Le fedi di credito ed il bollo delle polizze porteranno nell'epigrafe la denominazione della specie delle monete depositate: colle parole — *Oro antico* — se il deposito verrà fatto in monete coniate prima della nuova legge monetaria de' 20 aprile — *Oro nuovo* — se il deposito sia in monete coniate in forza della legge suddetta. Ciascuna fede o polizza sarà soddisfatta nella specie di monete di oro che rappresenterà.

Art. 3. Si terranno all'uopo nel Banco due libri, uno apodissario e l'altro delle notate fedi, con esservi destinati dal Reggente, fra gl'impiegati del Banco, quattro individui, due come Libri maggiori e due come aiutanti, per lo compenso de' quali, non meno che de' Cassieri e Notatori in fede, sarà a tempo opportuno provveduto.

Art: 4. Per la responsabilità di questi depositi di oro, e per quanto riguarda il servizio del Banco, rimangono ferme e nel loro pieno vigore tutte le leggi, decreti, istruzioni e regolamenti finora emanati, e che non sono in opposizione al detto Real decreto di questa data.

In sulla fine del seguente anno (8 di dicembre 1833) modificando il decreto del 10 marzo 1808, proibirono i pegni d'oggetti d'oro e d'argento, che non avessero il marchio della zecca di Napoli. Fu anche stabilito che la Cassa di Sconto potesse anticipare sei mesi di stipendio agl' impiegati del Banco, ed uno o due mesi agli altri funzionarii pubblici.

E poche altre disposizioni attinenti al Banco, nè di gran momento, troviamo pubblicate sino al 1839.

*
* *

19. Furono anni di relativa prosperità. I depositi apodissarii giunsero a ventidue milioni di ducati. Lungi dal trovarsi in angustia per mancanza di danaro, i Reggenti del Banco erano imbarazzati dalla difficoltà di trovare buoni collocamenti delle somme disponibili. Propose il Ministro d'Andrea che investissero in compra di boni o cambiali della Tesoreria duc. 3,000,000, che a quell'epoca si potevano aggiungere al capitale messo nelle operazioni di sconto, senza varcare il limite dei quattro diciottesimi e mezzo, cioè la quarta parte dei depositi. Di questi tre milioni la finanza si sarebbe servito per estinguere obbligazioni Anglo Napoletane, ch'erano cartelle nominative d'un prestito rimborsabile fatto da Medici, nel 1824, all'interesse del 5 per cento.

Accettando il progetto d'Andrea, dal Banco si sarebbe ottenuto l'interesse 2 per cento su di un capitale giacente di ducati tre milioni, e dalla Finanza si sarebbe risparmiato l'annuo interesse tre per cento. Trattavasi insomma di permuta delle obbligazioni Anglo

Napoletane cinque per cento, con boni o cambiali presi allo sconto alla ragione del due per cento.

La Reggenza del Banco accolse con entusiasmo la proposta (corrispondenze del Segretariato Generale volume 1156); ma la Consulta di Stato fu di contraria opinione, ed il parere di quel supremo tribunale amministrativo, che per le leggi del Regno doveva essere interrogato negli affari gravi, valse a fare abbandonare l'idea.

Fra molte ragioni assurde, la Consulta ne espresse due valevoli; cioè pessimo effetto morale della notizia che il fisco avesse preso tre milioni, e soverchia lunghezza di tempo che questi denari sarebbero rimasti immobilizzati. Infatti la restituzione della somma al Banco sarebbe cominciata dopo sette anni, quando cioè la Finanza avesse già estinte, per scadenza di termini, molta parte delle obbligazioni Anglo Napoletane.

L'anno seguente (1839) avrebbe voluto il Ministro che dal Banco si facessero compre di rendita pubblica; sempre per collocare i capitali inoperosi; ma ciò non piaceva al Consiglio di Reggenza, che si oppose con le ragioni solite ad esprimersi da ogni prudente amministratore di Banche, cioè che in tempo di crisi monetaria può diventare un grave pericolo e danno tener collocato i depositi in fondi pubblici.

20. Tornati vani questi concetti, pensò d'Andrea di fare un beneficio alla povera gente, col diminuire dal 6 al 4 per cento l'interesse sui pegni di pannine, telerie, mussolina e stoffe di seta (1).

Poi ottenne l'approvazione del Re ad un ordinamento nuovo della cassa di sconto, che da cinque anni (2) stavano studiando il Reggente del Banco Barone Ciccarelli, l'Agente del Contenzioso Fer-

---

(1) Sovrano Rescritto 18 marzo 1839.
(2) Lettera del Ministro 26 giugno 1834 N. 1311 (vol 20 dell'archivio G. 3). Il bene del servizio richiede che la carica di Razionale del Banco di Corte rimanga disgiunta da quella di Tesoriere della Cassa di Sconto. Per siffatta nuova carica isolata di Tesoriere rimane, da ora, fissata la cauzione di D. 30,000, metà in rendita iscritta sul Gran Libro e metà in benifondi od altro di meglio.

Io la incarico quindi, signor Reggente, di sentire i deputati della cassa di sconto ed il Consiglio di Reggenza; e dopo ciò, riunendosi Ella col Presidente Ferri, agente del Contenzioso, e col cavaliere della Valle, Tesoriere Generale, potrà compilare un regolamento preciso, col quale si stabilisca il soldo del Razionale, il soldo del Tesoriere, ovvero i lucri di costui, i doveri e le attribuzioni precise di ciascuno, e tutt'altro che si crederà dover determinare sulla materia.

Le inculco altresì la sollecitudine, non potendo differire di provvedere definitivamente la carica di tesoriere della cassa di sconto. Il Ministro — D'Andrea.

dinando Ferri ed il Tesoriere Governativo, Cav. della Valle. Le regole del 1818 s' erano sperimentate molto difettose. Fra le prove di loro insufficienza c' era un vuoto nella cassa del Tesoriere degli sconti, di oltre ducati quarantamila, che avevano potuto nascondere per molti anni, ed era giunto a notizia dei superiori per sola confessione spontanea dello stesso tesoriere, Carlo Gagliardi.

Questo signore, vittima dei suoi coadiutori che gli tolsero non sappiamo quanto, aveva cercato di sopperire alla mancanza col versare in cassa buona parte dei suoi stipendii ed aggi; ma la vecchiaia ed una grave malattia, della quale morì pochi mesi dopo, non gli dettero tempo. La lettera di confessione al Reggente (volume dell' archivio 20 G. 3) fu scritta quando si trovava nella materiale impossibilità, di assistere all' ufficio.

Regolamento per lo servizio della cassa di sconto, approvato da S. M. (D. G.) giusta la ministeriale del 2 aprile 1839, 1° ripartimento, 2° carico, n. 705.

Titolo 1.° — Disposizioni preliminari

Art. 1. La Cassa di Sconto, istituita col Real Decreto dei 23 giugno 1818, per lo bene e prosperità del commercio, e per vieppiù animare ed incoraggiare le industrie nazionali, continuerà ad essere, qual'opera aggiunta del Banco di Corte, sotto la immediata direzione del Reggente del Banco.

Art. 2. Le operazioni della Cassa riguardano principalmente:

§ I. Lo sconto
 a) delle cambiali e de' boni commerciali, esigibili non al di là di tre mesi:
 b) di tutti quei valori, qualunque siasi la loro scadenza, che pervengono, previa l'autorizzazione del Ministro delle Finanze, dalla Tesoreria Generale:
 c) delle cambiali garentite da un deposito di gioie, ai termini dei particolari regolamenti in proposito.

§ II. L' anticipazione dei soldi, agl'impiegati di conto regio, similmente ai termini di speciali regolamenti sull'oggetto.

§ III. L' anticipazione benanco del semestre corrente di rendita, rappresentata da *Cuponi* rilasciati dalle due Amministrazioni Napolitane, parimente ai termini della ministeriale dei 17 aprile 1833, relativa all'altra dei 2 dicembre 1818. Oltre all' interesse, la Cassa riterrà quel diritto che dovrà bonificare, al tempo dell' esazione, alle suddette due Amministrazioni, ed alle medesime spettante.

§ IV. La pignorazione degli estratti e certificati di rendita sul Gran Libro, dei certificati della Real Tesoreria, e parimente dei semestri, ugualmente a termini dei regolamenti propri sulla materia.

Art. 3. La ragione dell' interesse, secondo le istruzioni dei 23 giugno 1818, Sovranamente approvate, sarà, per ciascuna delle indicate operazioni, regolata secondo che verrà proposto, a misura delle circostanze, dal Reggente Direttore, ed approvato dal Ministro delle Finanze. In tutti i casi, non potrà eccedere quella del sei per cento all'anno, calcolata per giorni, ai termini delle istruzioni mentovate.

Gl'interessi che attualmente si esigono, a ragione del due per cento, per gli sconti della Tesoreria Generale, potranno variare secondo le circostanze, in vista delle disposizioni che potrà dare il Ministro delle Finanze, a proposizione del Reggente Direttore; senza poter mai eccedere il tre per cento, secondo l'enunciato articolo quarto delle istruzioni del 1818.

Le variazioni che potranno aver luogo, intorno alla tassa di tali interessi e per ciascuna delle indicate operazioni, saranno, dallo stesso Reggente Direttore, manifestate alla Camera Consultiva di Commercio ed alla Borsa (1).

---

(1) *Variazioni degl' interessi e sconti.*

I documenti arrivati a nostra notizia, che consistono in decreti regi, ordinanze, bilanci, e lettere, ci han permesso di compilare quest'elenco dei mutamenti fatti, per la ragione degl'interessi, dal 1817 al 1863. Ma è facile che ne manchi qualcheduno.

Sconti di cambiali al commercio.

1817 — 9 0/0. Giusta l'art. 2 d'un regolamento stampato quell'anno, che pare non si fosse posto in pratica.
1818 — Giugno 23. — al 6 0/0.
 » Dicembre 31. — al 5 0/0.
1820 — Sospesi gli sconti, pei fatti politici di quello e del seguente anno 1821.
1821 — Luglio 7. — al 6 per 0/0.
1822 — Giugno 19. — al 5 per 0/0.
 » Settembre 15. — al 4 per 0/0.
1831 — Marzo 14. — al 5 per 0/0.
1832 — Febbraio 12. — Per le cambiali ad una firma, garentite da pegno di gioie, fatto nella cassa Pietà — 6 per 0/0.
1832 — Agosto 18. — Al 4 per 0/0.
1833 — Gennaio 28. — al 3 1/2 per 0/0.
1841 — Maggio 1. — al 3 per 0/0 per le sole cambiali estere, continuando la ragione di 3 1/2 per quelle nazionali.
1842 — Gennaio 1. — al 3 1/2 per 0/0.
1848 — Ottobre 16. — al 4 per 0/0.
1858 — Febbraio 3. — Consentita scadenza maggiore di tre mesi. — Per le cambiali estere e per quelle nazionali a tre mesi, o meno, 4 per 0/0 — a quattro mesi, 4 1/2 per 0/0 a cinque mesi, 5 per 0/0; ed a sei mesi 5 1/2 per 0/0.
1858 — Aprile 29. — Per le cambiali a tre mesi o meno 3 1/2 per 0/0, per l'altre a quattro mesi 4 per 0/0, a cinque 4 1/2 per 0/0 ed a sei mesi 5 per 0/0.
1860 — Giugno 9. — Cambiali a tre mesi 5 per 0/0, a quattro mesi 5 1/2 per 0/0, a cinque mesi 6 per 0/0, ed a sei mesi 6 e 1/2 per 0/0.
1860 — Settembre 14. — al 6 per 0/0, con proibizioni di pigliare cambiali lunghe più di tre mesi.
1862 — Aprile 5. — al 5 per 0/0.

Sconti alla finanza.

1818 — Dicembre 31. — al 3 per 0/0.
1822 — Giugno 19. — al 2 1/2 per 0/0.
1823 — Gennaio 18. — al 2 per 0/0.
1831 — Marzo 14. — al 2 1/2 per 0/0.
1832 — Agosto 18. — al 2 per 0/0.

Anticipazioni su pegno di titoli.

1817 — Gennaio 1. — al 9 per 0/0.
1818 — Agosto 1. — al 6 per 0/0.
1820 — Sospesi i pegni per le vicende politiche
1822 — Aprile 27. — Ripresi i pegni di rendita, all'interesse del 6 per 0/0.
 » Settembre 15. — al 5 per 0/0.
1826 — Agosto 1 — al 5 per 0/0. L'ordinanza dice che scema l'interesse sui pegni di titoli di rendita dal 6 al 5 per cento. Ma non si è trovata in archivio l'altra ordinanza, posteriore al 15 settembre 1822, che abbia rialzato quest'interesse al 6 per 0/0.
1831 — Marzo 14. — al 6 per 0/0.
1832 — Agosto 18. — al 5 per 0/0.
1833 — Gennaio 28 — al 4 1/2 per 0/0.
 » Ottobre 1. — al 5 per 0/0.
1835 — Maggio 1. — al 4 per 0/0.
 » Novembre 17. — al 3 1/2 per 0/0.
1842 — Gennaio 1. — al 3 1/2 per 0/0.
1845 — Febbraio 12. — al 4 per 0/0.
 » Giugno 18. — al 3 per 0/0; ma per i soli titoli di rendita napoletana 4 0/0.
1848 — Gennaio 12. — al 3 1/2 per 0/0.
 » Gennaio 26. — Per le commozioni politiche, sospesi li pegni al pubblico dei certificati di rendita.
 » Ottobre 16. — al 4 per 0/0; ma solamente alla finanza.
 » Dicembre 15. — al 5 per 0/0; ma solamente alla finanza.
1850 — Febbraio 27. — al 4 per 0/0, per la rendita 4 0/0, sempre alla finanza.
1851 — Gennaio 27. — Riprese le anticipazioni al pubblico. Rapporto del Reggente num. 73.
1853 — Gennaio 15. — al 4 1/2 per 0/0.
1857 — Aprile 21. — per la rendita 5 per 0/0 al quattro e per la rendita 4 0/0 al tre e mezzo.
 » Maggio 13. — per la prima al 3 1/2, per l'altra al 3.

Art. 4. I valori da ammettersi allo sconto, secondo che sta prescritto nei numeri 1, 2 e 3 della prima parte dell'articolo 2°, e secondo le norme che in appresso verranno indicate, saranno esaminati, in quanto alla loro forma ed alla bontà e solvibilità delle firme e regole commerciali, da quattro almeno della Commissione dei sei Deputati (1), che il Ministro delle Finanze propone, con Sovrana approvazione, alla Cassa di Sconto, scegliendoli fra i primarî commercianti stabiliti in Napoli. Ed i componenti di questa Commissione, nella quale per deliberare dovranno intervenire non meno di quattro, ne saranno moralmente e solidalmente risponsabili, e tenuti sul loro onore, probità e coscienza.

L'esercizio delle funzioni di ciascuno di essi sarà per la durata di sei anni, cangiandosene uno in ogni anno, salvo il caso di conferma. (2)

Dai Deputati suddetti, in numero non minore di quattro, e dal Reggente del Banco, da cui, col titolo di Direttore, saranno preseduti, si comporrà il Consiglio dello Sconto.

A ciascuno dei suddetti Deputati, e per ciascuna seduta ordinaria, di cui il Segretario Generale compilerà verbale di presenza, sarà corrisposto, a titolo di semplice onorificenza, un gettone di presenza, del valore di carlini venti, che sarà realizzato in fine di ogni mese.

Art. 5. Il Consiglio suddetto dello Sconto si riunirà, per lo esame e scrutinio de' valori da negoziarsi colla Cassa, per lo meno due volte la settimana. Le due sedute ordinarie saranno nei giorni di martedì e venerdì. Avvenendo che in questi giorni ricorresse una festa civile o religiosa, le sedute saranno fissate per altro giorno, dandosene, come anche per le sedute straordinarie, preventivo avviso al pubblico. L'importo però degli effetti scontati sarà pagato in giornata, o tutto al più nell'indomani della loro ammissione.

Art. 6. I valori ammessi allo sconto verranno, colle formalità che quindi a poco saranno espresse, conservati in una solida cassa di ferro, a due diverse serrature, delle cui chiavi una sarà ritenuta dal Tesoriere, l'altra dal Controloro.

1858 — Aprile 29. — per la prima al 3 per l'altra al 2 1ɪ2.
1860 — Luglio 6. — per la prima al 4 1ɪ2, per l'altra al 3 1ɪ2.
  » — Settembre 14. — per la prima al 6, per l'altra al 5.
1862 — Aprile 5. — al 5 per 0ɪ0.

Monti di Pietà e pegni diversi.

1817 — Gennaio 1. — al 9 per 0ɪ0.
1818 — Luglio 6. — al 6 per 0ɪ0.
1819 — Novembre 29. — al 6 per 0ɪ0 anche per le nuove operazioni di pegni di ferro, rame, telerie, mussoline, pannine e stoffe di seta.
1820 — Per le vicende politiche, sospesi i pegni di oggetti preziosi.
1823 — Giugno 23. — Pegni di verghe d'oro e d'argento e di monete estere all'1 per 0ɪ0.
1826 — Giugno 28 id. id. id. id. al 4 per 0ɪ0.
1832 — Febbraio 12 — Per le cambiali ad una firma garentite con pegno di gioie fatte nella cassa Pietà 6 0ɪ0.
1839 — Marzo 18. — Pegni di pannine, telerie, cotoni e stoffe di seta al 4 per 0ɪ0.

1845 — Pegni d'oggetti d'oro e d'argento al 6 per 0ɪ0, di pannine e telerie al 4 per 0ɪ0.
1858 — Febbraio 3. — Pegni delle mercanzie depositate nei magazzini della Gran Dogana 5 1ɪ2 per 0ɪ0.
1858 — Febbraio 3. — Pegni delle mercanzie depositate nei magazzini alla Regia Posta 5 per 0ɪ0.
1858 — Luglio 10. — 4 per 0ɪ0 sui pegni di mercanzie tanto della Dogana quanto della posta; si lasciava mezzo per cento allo apprezzatore, ed il banco incassava 3 1ɪ2 per 0ɪ0.
1860 — Settembre 14. — Pegni di oggetti preziosi al 6 per 0ɪ0.
1863 — Gennaio 23. — Pegni di mercanzie al 7 per 0ɪ0.
  » — Marzo 11. — Pegni di mercanzie al 7 1ɪ2 per 0ɪ0.
  » — Maggio 17. — Pegni di mercanzie all'8 per 0ɪ0.

(1) Col Sovrano Rescritto del 29 luglio 1843, il numero de' Deputati [lo aumentarono ad otto.

(2) Lo stesso Rescritto, 29 luglio 1843, stabilì che ogni anno si dovessero cambiare quattro Deputati, e che gli usceuti non potessero rientrare nella commissione prima che fosse passato un quadriennio.

Art. 7. Il Segretario Generale della Reggenza del Banco sarà, come lo è al presente, il Segretario della Cassa, e ne controllerà la scrittura, cogli obblighi, attribuzioni ed emolumenti che in appresso saranno indicati.

Art. 8. Parimente il Razionale della medesima Reggenza, destinato già col prefato Real Decreto per contabile della detta Cassa, ne sarà da ora in poi il Razionale; con quegli obblighi, attribuzioni ed emolumenti, che del pari quì appresso saranno spiegati.

Art. 9. Per la esazione delle somme, che la Cassa dovrà riscuotere, vi sarà un Tesoriere, gli obblighi, le attribuzioni e gli emolumenti del quale saranno egualmente in prosieguo specificati.

Art. 10. Gli Agenti dei cambi eserciteranno, periodicamente le loro funzioni presso la Cassa, nel modo e colle condizioni che verranno a suo luogo dichiarate.

Titolo 2.° — Del Direttore della Cassa di Sconto

Art. 11. Il Reggente del Banco, Direttore della Cassa di Sconto, interverrà e presederà, in tale qualità, nel Consiglio dello Sconto: dirigerà ed ordinerà tuttociò che si conviene pel buon andamento del servizio, ai termini non meno del presente Regolamento, che di tutte le altre disposizioni generali e particolari che possono riguardarla: avrà una ispezione superiore sulle diverse ufficine della Cassa: corrisponderà direttamente col Ministro delle Finanze, e conferirà collo stesso, qualora il bisogno lo esigga: corrisponderà ugualmente colle altre Autorità e Magistrature; ordinanzerà, su ciascun borderò de' diversi valori ammessi allo sconto, la spedizione dei rispettivi pagamenti, come di tutti gli altri che per qualsivoglia causa debbono eseguirsi dalla Cassa, e ne firmerà le corrispondenti polizze: disporrà del pari d'introitarsi nella madrefede della medesima tutte le polizze che alla stessa vengono dirette: girerà ciascuno degli effetti negoziati colla Cassa, per farsene la riscossione, alla loro scadenza, dal Tesoriere: si farà esibire ogni mattina, dal Tesoriere, il borderò delle esazioni che si verificano in giornata: disporrà che le cambiali non esatte si passino all'Uffiziale pubblico, per levarne i debiti protesti, a norma della legge: interverrà nella stipula dei contratti: destinerà i patrocinatori, per le procedure analoghe, contro i debitori delle cambiali non soddisfatte alla scadenza: presederà nelle sessioni degli affari contenziosi, inteso il Governatore avvocato, ove lo creda: darà le provvidenze opportune, e presederà benanche nelle verifiche dei valori sistenti in portafoglio, o presso la Cassa, che si eseguiranno con frequenza ed a suo talento, e non mai con intervallo maggiore di quaranta giorni: le quali verifiche debbono essere sempre inopinate, e senza che l'operazione della verifica possa esser mai discontinuata. Il Reggente avrà la facoltà dì obbligare il Tesoriere a far *Cassa netta*.

Art. 12. Il Reggente Direttore, per tutte le attribuzioni che lo riguardano, ne resta moralmente responsabile.

Titolo 3.° — De' Deputati

Art. 13. Conformemente alla prima parte dell'articolo 2°, gli effetti da ammettersi allo sconto dovranno essere cambiali traettizie, biglietti all'ordine, ed ogni altra carta commerciale, riconosciuta tale dalle leggi vigenti; e le une e le altre munite per lo meno di tre firme, due delle quali dovranno indispensabilmente appartenere a persone abitualmente addette al commercio, e che siano riputate in piazza per solide e solvibili, e ciò a pieno giudizio e soddisfazione di essi Deputati; e la terza di un'altra persona, a prudenza dei Deputati, ed a misura dell'ammontare dell'effetto, e della maggiore o minore validità delle altre due firme.

Art. 14. Potranno bensì essere ammessi a negoziazione dei valori che nelle tre firme abbiano la firma di un sol commerciante, purchè questi, a pieno giudizio di essi Deputati, sia solido e di un rango proporzionato alla somma dell'effetto che viene a scontarsi, avendo anche riguardo alle altre due firme che l'accompagnano. In tal caso, il numero dei Deputati che intervengono nell'atto non deve essere minore di cinque, e l'atto dovrà meritare l'approvazione del Reggente, da intendersi semplicemente come permissiva. Per le cambiali traettizie poi, provvenienti dall'estero, e che ordinariamente contengono tre firme, potranno queste ammettersi col concorso di una quarta firma, di persona conosciuta, e che dipenda da colui che viene a negoziare l'effetto alla Cassa; il tutto a pieno giudizio e risponsabilità dei Deputati, nel modo ed ai termini dell'artic. 4° del presente Regolamento.

È accordata al Reggente Direttore la facoltà, da usarne coll'intervento della intera Deputazione, di fare ammettere a disconto i valori di scadenza maggiore di tre mesi, purchè non oltrepassino il quarto mese, che sogliono talvolta venir dall'estero; i quali, sebbene di firme di prima considerazione, pur nondimeno per le regole generali non potrebbero ammettersi a sconto.

In tutt'i casi, il fido da accordarsi, individualmente e non cumulativamente, a quei tra i negozianti compresi nella classe di eccezione dalla Camera Consultiva di Commercio, non potrà eccedere la somma di ducati centomila; secondo fu dichiarato colla ministeriale de' 4 di marzo 1835, 1° ripartimento, 2° carico, num. 448, e colle clausole e riserve in essa espresse.

Presentandosi bensì allo sconto cambiali traettizie, di firma delle prime case di commercio di Europa, per somme superiori ai ducati centomila, in tal caso, qualora si creda da tutti i sei Deputati, e vi concorra il voto adesivo del Reggente e del Presidente del Banco di Corte, e sian quindi tutti di unanime avviso, si formerà all'uopo verbale motivato, che originalmente sarà trasmesso, con rapporto del Reggente, al Ministro delle Finanze, provocandosi il suo superiore permesso all'operazione.

Art. 15. Ciascuno degli effetti ammessi allo sconto dovrà essere cifrato da uno dei Deputati; ed il borderò nel quale vengono descritti dovrà essere firmato da tutti quei Deputati che ne hanno deliberata l'ammissione; con ripetere in lettere il suo importo totale.

Titolo 4.° Del Segretario Generale, e della parte che prende nella scrittura della Cassa.

Art. 16. Il Segretario della Reggenza del Banco, nella qualità di Segretario della Cassa di Sconto, sarà all'immediazione del Reggente Direttore: interverrà nel Consiglio dello sconto e nelle sessioni che si terranno per gli affari della Cassa medesima: sarà di suo carico e cura non solo la corrispondenza, ma benanche la compilazione dei processi verbali, appuntamenti, ordinanze, ed altro che possa riguardare gli affari della Cassa medesima: regolerà l'andamento interno della sua ufficina: parteciperà a chi conviene, con darne copia da lui firmata, tutti gli ordini e disposizioni emesse dal Reggente; ed invigilerà sull'esatta osservanza delle leggi, regolamenti ed istruzioni in vigore; e, laddove il bisogno lo esiga, provocherà dal Reggente Direttore le opportune provvidenze: controllerà e verificherà le diverse operazioni, di qualunque natura esse sieno, della Cassa; e proseguirà a tenere nella sua ufficina i corrispondenti libri e registri all'incontro: sottoscriverà, dopo averne presa ragione, i borderò ordinanzati dal Reggente Direttore, degli effetti negoziati colla Cassa, con firmarne altresì le polizze di pagamento: riscuoterà, nelle epoche designate, i borderò dei versamenti da farsi dal Tesoriere; e, riconosciuta che ne avrà, col confronto dei suoi libri e registri, la regolarità, li sottoporrà, rivestiti della sua firma, alla decretazione del Reggente Direttore, per quindi passarli in Contabilità: munirà della sua firma tutte le polizze di pagamento dirette alla Cassa e le presenterà a quella del Reggente Direttore : farà destinare, per gli effetti non soddisfatti e caduti in protesto, i patrocinatori, per astringere i debitori in giudizio ; e farà partecipare dal Reggente Direttore ai Deputati della Cassa i nomi de' sottoscrittori delle cambiali cadute in sofferenza, acciocchè non ammettano la loro firma in avvenire, tenendone un apposito registro.

Lo stesso Segretario Generale verificherà, riscontrandolo coi suoi libri e registri, lo stato della situazione giornaliera della Cassa, che il Razionale è tenuto di formare, per rimetterlo al Reggente Direttore, ed interverrà nelle verifiche degli effetti sistenti in portafoglio, distendendone e sottoscrivendone il corrispondente verbale.

Art. 17. Attaccato al Segretario Generale, continuerà ad esservi un'incaricato degli affari contenziosi della Cassa; ed egli, sotto questo rapporto, dipenderà dagli ordini del Reggente Direttore, e conferirà all'oggetto direttamente collo stesso e col Governatore Avvocato, ed occorrendo, anche coi Deputati.

Art. 18. Lo stesso Segretario Generale dovrà prescegliere gli impiegati per la Segreteria della Cassa di Sconto, tra gli individui del Banco di sua fiducia, e sempre colla intesa e preventiva autorizzazione del Reggente Direttore.

Art. 19. Al medesimo Segretario Generale, per sè e per gli ajutanti impiegati nella sua ufficina, saranno corrisposte grana quattro per ogni ducati mille, sopra tutte le somme che la Cassa eroga, per le negoziazioni dei diversi effetti, che colla medesima si eseguono. Questo compenso è indipendente dall'assegnamento fisso di mensuali ducati venti, che gravita a peso del Tesoriere, come si dirà all'articolo 42.

Art. 20. Il Segretario Generale, infine, è moralmente responsabile per tutti gli obblighi, doveri ed attribuzioni della sua carica ; val dire per omissioni e commissioni, come di dritto.

Titolo 5.° Del Razionale della Cassa

Art. 21. Il Razionale della Reggenza del Banco, qual Contabile della Cassa di Sconto, ne controllerà tutte le operazioni, con essere tenuto a darne al Consiglio di Tesoreria il conto annuale; qual conto verrà esaminato e discusso, coll'intervento dell'Agente del Contenzioso, e di due Razionali della Gran Corte dei Conti, che verranno prescelti tanto dallo stesso Magistrato, quanto dal Controloro Generale di detta Tesoreria. Ciò non pertanto, nel Consiglio di Tesoreria, il Ministro delle Finanze potrà destinare altri aggiunti, da sceglierli fra i Magistrati della Gran Corte dei Conti o altrove. Il Razionale, nel modo stesso sinora praticato, continuerà a portarne la scrittura a stile doppio, e ciò tanto per quello che concerne il conto capitale, che l'altro dei profitti e spese della Cassa ; ed in conseguenza seguiterà a tenere tutti quei libri e registri in oggi esistenti.

Egli, al pari del Segretario Generale, sarà alla immediazione del Reggente Direttore ; conferirà direttamente collo stesso, interverrà al bisogno nel Consiglio dello Sconto e nelle sessioni che possono aver luogo per gli affari della Cassa : riterrà presso di sè le madrefedi in testa della Cassa, sì del conto capitale, come del conto degli utili: ne spedirà le corrispondenti polizze di pagamento, da sottoscriversi dal Reggente;

e da lui preventivamente presa ragione, restando responsabile della regolarità delle stesse: conserverà tutti gli effetti e titoli di crediti appartenenti alla Cassa, non esclusi gli estratti di rendita ed i certificati delle due Amministrazioni Napolitane: riconoscerà se i borderò dei diversi effetti scontati e negoziati colla Casca sieno corredati di tutte quelle formalità dalle leggi e regolamenti prescritte, e verificherà, accertando colla sua firma, la esattezza del calcolo degli interessi, già formato dall'Agente dei cambi: spedirà, dopo essere stato così ordinanzato dal Reggente Direttore, tutte le polizze di pagamento, sia per causa di sconti, e di altre negoziazioni fatte colla Cassa, sia per qualsivoglia altra causa; e, sottoscritte da lui, le passerà, per essere verificate e vistate, al Segretario Generale, per quindi essere da quest'ultimo sottoposte alla firma del Reggente Direttore.

Il medesimo Razionale riscontrerà parimenti se i borderò di versamento del Tesoriere, non che le polizze in essi contenute, sieno in regola; e trovandoli tali, darà loro il corso analogo, e disponendo ciascuna delle suddette polizze per accreditarsi nelle rispettive madrefedi della Cassa, le passerà al Segretario Generale, perchè, dopo averle verificate, ne prendesse ragione, e munite della di lui firma le sottomettesse a quella del Reggente Direttore; ed in quanto agli effetti non soddisfatti e caduti in protesto, passerà questi, dietro ricevo, a quel Patrocinatore che il suddetto Reggente Direttore avrà destinato. Sarà ugualmente sua cura di dar conoscenza ai Deputati della Cassa dei nomi dei soscrittori delle cambiali cadute in sofferenza, come si è detto nell'articolo 16.

Inoltre, lo stesso Razionale dovrà formare lo stato della situazione giornaliera della Cassa, e passarlo al Segretario Generale, per verificarsi dal medesimo, ed indi rimetterlo al Reggente Direttore: nelle verifiche degli effetti in portafoglio egli dovrà intervenire, con compilarne il bilancio; e sottoscrivere non meno questo che il corrispondente verbale di verifica.

Ed in fine, come capo della sua officina, ne regolerà il servizio e l'andamento ed invigelerà sull'esatta osservanza delle leggi, regolamenti, disposizioni ed istruzioni che la riguardano, restandone strettamente responsabile.

Art. 22. Per le pignorazioni degli estratti e certificati di rendita sul Gran Libro, e per lo sconto dei cuponi e dei semestri di rendita, sarà proseguito il medesimo andamento e sistema che sinora è stato praticato, ed ai termini dei regolamenti sull'oggetto superiormente approvati.

Art. 23. Le disposizioni contenute nell'articolo 18, sotto il titolo del Segretario Generale, sono applicabili anche al Razionale.

Art. 24. Al medesimo Razionale, per sè e per gli aiutanti impiegati nella sua officina, saranno corrisposte grana sei per ogni ducati mille, sopra tutte le somme che la Cassa eroga per le negoziazioni dei diversi effetti che colla medesima si eseguono. Questo compenso è indipendente dall'assegnamento fisso di mensuali ducati venti, che gravita a peso del Tesoriere, come si dirà all'art. 42.

Art. 25. Il Razionale finalmente è responsabile materialmente, per tutti gli obblighi, doveri ed attribuzioni della sua carica; ed all'uopo darà una cauzione, in rendita iscritta sul Gran Libro, nella somma di annui ducati duecento. Per premio di tal cauzione, per gasti di scrittoio, e tutt'altro, rimane accordato, a dippiù de' compensi di cui è parola nel presente regolamento, una indennità di ducati sedici al mese.

Titolo 6.° — Del Tesoriere

Art. 26. Tutti i valori, che saranno ammessi allo sconto, verranno passati, per mezzo dell'Agente de' cambii, al Tesoriere, il quale, riscontrati che li avrà coll'annotazione già fattane ne' borderò che li contengono, specialmente per ciò che riguarda la somma, le firme, le gire e la scadenza; ed assicuratosi inoltre che sieno rivestiti del bollo proporzionale corrispondente, della cifra di uno dei Deputati, e del visto del suddetto Agente, ne accerterà la loro regolarità, con sottoscriverne, accusandone la ricezione, il borderò.

De' risultati derivanti dalla inesattezza di siffatto riscontro ed assicurazioni il Tesoriere sarà sempre risponsabile.

Art. 27. I borderò, mentovati nell'articolo precedente, adempiti non meno di tutte le altre formalità proprie dei Deputati e dell'Agente dei cambi, che del visto del Controllo presso il Tesoriere, ed ordinanzati dal Reggente Direttore, serviranno di documento al Razionale ed al Segretario Generale, pel controllo della scrittura generale, per la validità e regolarità de' valori ammessi, e per la spedizione delle corrispondenti polizze di pagamento.

Art. 28. Nella giornata medesima dell'ammissione dei suddetti valori, gli stessi valori, preventivamente assortiti, per ordine delle loro date di esigibilità, saranno dal Tesoriere e dal controloro presso il medesimo riscontrati, in quanto alla sola somma, colle scritture del detto Controloro, e verranno quindi senza discontinuazione rinchiusi in una solida cassa di ferro, di cui una chiave resterà presso il Tesoriere, e l'altra presso il detto Controloro.

Art. 29. Nello stesso modo saranno in ogni giorno estratti dall'anzidetta cassa, ossia portafoglio, tutti quei valori che scadono l'indomani; e laddove i giorni che a questo succedono fossero dì festivi, in tal caso dovranno pure nello stesso giorno estrarsi tutti quegli altri valori scadibili nei consecutivi dì festivi, ed in quello non festivo che immediatamente li segue.

Art. 30. Questi valori, nell'atto della loro estrazione, dopo che ne avrà preso conto il nominato Controloro nelle sue scritture, saranno consegnati al Tesoriere, sotto la sola più stretta risponsabilità sua, rimanendo a suo carico di farsegli girare dal Reggente Direttore o da chi a questi piacerà nominare, per indi, a tempo opportuno ed a tutto rischio e pericolo, effettuarne la esazione; ai termini e secondo le prescrizioni delle nostre leggi di eccezione per gli affari commerciali.

Art. 31. In fine della giornata, il Tesoriere dovrà dimostrare al Controloro l'esazione che avrà fatta dei valori consegnatili; consistente in polizze direttamente pagate alla Cassa, resta in madrefede, e valori non soddisfatti. Dopo di che si riceverà gli altri valori, scadibili il giorno seguente.

Art. 32. Col medesimo metodo e colle stesse formalità indicate nello articolo precedente, saranno estratti dal suddetto portafoglio specialmente quei valori per dazi doganali, che si volessero estinguere prima del loro maturo, e dee soddisfarsene l'importo con polizze di banco girate alla Cassa.

Queste stesse polizze saranno dal Tesoriere versate lo stesso giorno, con borderò a parte, indicante le scadenze alle quali i pagamenti si appartengono. Lo stesso Tesoriere, per tali effetti estinti anticipatamente, ne rilascerà certificato alle parti, vistato dal Reggente Direttore della Cassa, da servire per uso della Gran Dogana.

Art. 34. Il Tesoriere, ricevuti che avrà i valori, ne curerà a suo rischio e risponsabilità la esazione; e qualora vi saranno de' valori non soddisfatti ne' giorni di scadenza, questi, presane prima ragione dal Controloro, verranno dal medesimo Tesoriere passati la mattina vegnente, non più tardi delle nove, all'Uffiziale pubblico per i debiti protesti da farsi; restando a di lui cura di farseli restituire, unitamente agli atti di protesto, al più tardi nella mattina del

71

dì susseguente a quello in cui gli vengono consegnati.

Il Tesoriere, fra le ventiquattro ore del giorno dopo alle scadenze, verserà, ne' modi e forme che appresso saranno spiegate, il prodotto della esazione, con polizza a saldo della somma descritta nel borderò; ed indicherà del pari la somma de' valori caduti in protesto, che ha l'obbligo di restituire alla Cassa, insieme ai corrispondenti atti di protesto.

Trattandosi di un suo interesse, e restando egli sempre risponsabile, non meno dell'importo del valore non soddisfatto, che della regolarità per l'adempimento di tali atti di protesto e riprotesti, il Tesoriere avrà il dritto, salva l'approvazione semplicemente permissiva del Reggente Direttore, di scegliere l'Uffiziale pubblico che per un tale disimpegno occorre.

Art. 34 Indipendentemente dal ricevo, che deve riscuotere dall'Uffiziale pubblico, cui vengono consegnati i valori per adempirli di protesti, lo stesso Tesoriere dee far figurare i medesimi, descrivendo tutti i nomi di quelli che a qualunque titolo vi sieno intervenuti, in un registro particolare, e con far figurare altresì il pagamento, che di poi se ne ricevesse, con un versamento a parte, riportandosi al borderò nel quale figurava la mancanza del pagamento.

Art. 35. Oltre i valori di cui si è parlato nell'articolo precedente, che il Tesoriere dovrà esigere nelle rispettive scadenze, sarà tenuto ancora esigere l'importo dei dispegni; delle rendite del Gran Libro sulla Tesoreria Generale, e quelle delle Amministrazioni Napolitane, coi loro corrispondenti interessi.

Questa esazione seguirà in vista della liquidazione, che sulle cartelle sarà fatta e firmata dal Razionale. Le polizze esatte per sorte ed interesse saranno sul punto medesimo versate in Contabilità, con borderò sottoscritto dal Tesoriere e dal Controloro, in vista del quale il Razionale, colle solite formalità, rilascerà alle parti gli effetti pignorati.

Art. 36. I versamenti, di cui si è parlato negli articoli 32 e 33, dovranno eseguirsi con borderò in triplice spedizione; l'una per passarsi e restare in Contabilità, l'altra all'uffizina del Segretario Generale, e la terza, munita delle firme de' Capi di queste due uffizine, per conservarsi, per suo discarico, dal Tesoriere stesso.

Questo borderò dovrà contenere, nella parte del debito, la enunciazione de' singoli valori scaduti nella giornata, colla distinta di quelli il di cui pagamento è a carico dei semplici particolari, e quelli a carico della Tesoreria; osservando, in margine di ciascun valore, se sia stato soddisfatto o in polizze, o in contante, ovvero protestato.

Nella parte dell'avere enuncierà gli effetti che si versano in discarico, compresi in essi quei valori non riscossi, e d'altronde non pregiudicati, non che le somme non esatte e dovute dalla Tesoreria Generale.

Le polizze di pagamento, che saranno dirette alla cassa, dovranno identicamente comprendersi ne' suddetti borderò di versamenti: il Tesoriere però sarà sempre tenuto per la loro veracità e regolarità, non che per le gire che esse contengono, qualora sieno pregiudizievoli alla Cassa.

Art. 37. I principii, le regole e le formalità indicate nel presente Regolamento saranno comuni, per quanto però potranno adattarsi, a tutti quei titoli e valori che, per qualunque causa, potranno esser consegnati al Tesoriere, per procurare la riscossione del loro importo.

Art. 38. Il Tesoriere riscuoterà altresì l'importo di quei valori protestati di cui n'è stato discaricato, unitamente agl'interessi che liquiderà, ed alle spese che gli saranno indicate da' rispettivi patrocinatori, nelle loro specifiche.

I valori esatti, unitamente alle specifiche de' patrocinatori, saranno con separati rapporti, diretti da esso Tesoriere al Reggente Direttore, versati al Razionale; in vista dei quali, se le cambiali esistono ancora presso il medesimo Razionale, saranno da questi restituite alle parti. Laddove poi tali valori esistessero presso dei rispettivi patrocinatori, il Razionale, in vista del preventivo versamento che ne avrà ricevuto, li richiamerà da'medesimi per farli consegnare alle parti.

Art. 39. Qualora ne venga richiesto, il Tesoriere non potrà rifiutarsi di far rilevare, nella quietanza posta a tergo dello effetto, il nome della persona che lo estingue; in tal caso però egli potrà dimandare che il pagamento fosse eseguito con polizza di banco, esprimendone la causa nella girata.

Art. 40. Per lo intervallo che intercede tra il giorno della scadenza del valore, e quello in cui, a' termini dell'articolo 33, deve effettuirsene il versamento, il Tesoriere non è tenuto a corrispondere interessi.

In ordine poi a' valori che si passano al Notaio per protestarsi, sarà serbato il disposto coll'ordinanza dei 10 luglio 1834.

Art. 41. Il Tesoriere è obbligato a rendere una cauzione, la quale sarà fissata secondo il bisogno, a proposizione del Reggente Direttore, dal Ministro delle Finanze. In ogni caso non potrà mai essere minore di ducati quattordicimila, metà in rendita iscritta sul Gran Libro, e metà in beni fondi nella Provincia di Napoli o di Terra di Lavoro, da liquidarsi dalla Commissione dei Presidenti della Gran Corte dei Conti. Questa cauzione dovrà rispondere delle persone tanto del Tesoriere quanto di tutti gli agenti e commessi ch'egli adopererà, a sua scelta.

Egli godrà, per tale cauzione di ducati quattordicimila, una indennità in ragione del due per cento all'anno.

Art. 42. Per totale ed intero compenso di esso Tesoriere, sotto qualsivoglia natura e rapporto, e per emolumenti e soldi d'impiegati e servienti che a sua scelta potrà esso Tesoriere adoperare, riceverà egli un dritto di grana trenta per ogni migliaio di ducati, sopra tutti i valori a carico dei particolari che la Cassa sconterà, ed un dritto di grana dieci sui valori a carico della Real Tesoreria, e sopra tutte le somme che pervengono per conto di sorte della spignorazione d'iscrizioni e certificati del Gran Libro e della Tesoreria, come pure su tutte le somme che incasserà per i cuponi e semestri di rendite scontati dalla Cassa. Dall'ammontare del dritto del Tesoriere, come sopra stabilito, saranno ritenuti, nelle liquidazioni da farsene mensualmente, mensuali ducati sessanta, in rimborso dei pagamenti che la Cassa avrà fatti, cioè di venti ducati al mese per compenso del Controloro, e di mensili ducati quaranta per le officine della Segreteria e della contabilità della Cassa stessa.

Art. 43. Avuto riguardo al peso fisso di mensuali ducati sessanta come sopra, ed agl'impiegati e servienti che potrà il Tesoriere mantenere, alla sua opera personale, ed alla sua risponsabilità, rimane stabilita come *minimum* degli emolumenti mensuali, fissati nell'articolo 42, la somma di ducati duecentoquaranta, e, per essi, netta dei ducati sessanta come sopra, la somma di mensuali ducati centottanta; di maniera che, qualora nelle liquidazioni mensuali gli emolumenti non giungano ai ducati ducentoquaranta, sarà alla liquidazione mensuale aggiunto un supplemento, sicchè il dritto arrivi al *minimum* di mensuali ducati duecentoquaranta come sopra.

È rivocata la disposizione ministeriale de' 22 giugno 1831, da S. M. approvata, per la quale gli emolumenti agli Agenti dello Sconto non avrebbero dovuto eccedere ducati quattrocentosettanta il mese, rimanendo da oggi innanzi stabilita, come limite degli emolumenti di essi: 1° la somma di duc. cinquecentosessanta mensuali pel Tesoriere, lordi de' ducati sessanta mensuali, e delle spese di cui è discorso nell'articolo 42: 2.° la somma di mensuali ducati duecentoventi del compenso che gli articoli 19 e 24 stabiliscono pel Segretario e suoi Ajutanti, e pel Razionale e suoi Ajutanti. Laddove poi la esperienza di tre mesi consecutivi mostri che gli emolumenti eccedessero le proporzioni enunciate, saranno adottati provvedimenti convenienti.

Art. 44. Oltre tutte le obbligazioni sopra espresse, il Tesoriere, a simiglianza di quanto è prescritto pel Razionale, potrà al bisogno intervenire nel Consiglio dello Sconto e nelle sessioni che possono aver luogo per gli affari della Cassa.

Per tutti gli obblighi, doveri ed attribuzioni riguardanti il Tesoriere, ne resta egli realmente, ossia materialmente responsabile.

Titolo 7.° — Del Controllo presso il Tesoriere.

Art. 45. Tutti i valori che saranno ammessi allo sconto verranno, dal Controllo, trascritti in un registro denominato *valori immessi in portafoglio*, e ne visterà li borderò che li contengono, onde potersi dal Razionale spedire i corrispondenti pagamenti.

Art. 46. In fine della giornata, il Tesoriere esibirà al Controllo tutt'i valori ammessi, e, fattone il confronto col registro indicato nell'articolo precedente, verranno rinchiusi nella cassa, di cui il Controllo ne conserverà una chiave.

Art. 47. Dalla stessa Cassa, in ogni giorno, saranno estratti quei valori che scadono l'indomani; e qualora i giorni che a questo succedono fossero di festivi, in tal caso dovranno pure nello stesso giorno estrarsi tutti quegli altri valori scadibili nei sussecutivi dì festivi, ed in quello non festivo che immediatamente li segue, e consegnarsi dal Controllo al Tesoriere, previo suo ricevo, in un'altro registro denominato *valori estratti dal portafoglio*, per curarne sotto la sua responsabilità la esazione. Una tal consegna però avrà effetto dopo che sarà stata dal Tesoriere giustificata la esazione de' valori scaduti nella giornata, la quale consister deve in polizze girate alla Cassa, resta in madrefede, ed in valori non soddisfatti alla scadenza.

Art. 48. Egualmente saranno estratti dal portafoglio tutti quei valori che si volessero estinguere prima della loro scadenza. Una tale estrazione si farà in vista delle polizze girate alla Cassa, e corrispondenti alle cambiali che si vogliono estinguere, e ne sarà del pari presa ragione del Controllo, nel suo registro indicato nell'articolo precedente.

Art. 49. Tutte le somme che il Tesoriere incasserà, sia per sorte, che per interessi, provvenienti da dispegni delle rendite sul Gran Libro, sulla Tesoreria Generale, e delle Amministrazioni Napoletane, dovranno esser versate nello stesso giorno, con borderò sottoscritto da esso Tesoriere e dal Controllo.

Art. 50. Al medesimo Controllo sarà corrisposto, a carico del Tesoriere, il compenso di mensili ducati venti, siccome si è stabilito nell'art. 42; oltre ad altri ducati 4 mensuali, che saranno precapiti dagli utili stabiliti negli articoli 9 e 24.

Il Controloro, in guarentia delle sue operazioni, avrà il dovere di rendere la cauzione di ducati dugento di rendita iscritta sul Gran Libro, e per premio di tale cauzione, per gasti di scrittoio, commessi e tutto altro, gli rimane accordato, al dippiù de' compensi sopra espressi, l'indennità di ducati diciotto al mese.

Titolo 8.° — Degli agenti dei Cambî.

Art. 51. Ciascuno degli Agenti dei cambii e trasferimenti, somministrata che avrà la cauzione di cui appresso sarà parlato, potrà, conformemente all'articolo 10, trattare per la durata di tre mesi e per turno, le diverse negoziazioni della Cassa.

L'ordine del giro tra loro sarà regolato secondo quello delle date in cui avranno fatto conoscere di aver fornite le rispettive cauzioni, esclusivamente a favore della Cassa.

Il pubblico, mercè l'avviso preventivo che il Reggente direttore periodicamente darà alla Borsa, resterà avvertito del nome dell'Agente di servizio, e lo stesso preventivo avviso sarà anche dato alla Tesoreria Generale.

Art. 52. In conseguenza dell'articolo precedente, l'Agente de'cambii di servizio riceverà tutti quei valori che alle parti interessate piacerà passargli, onde ottenere la somma dello sconto. Egli, riuniti che li avrà, li presenterà ne' giorni di seduta al Consiglio di Sconto, perchè ne abbia luogo la discussione.

Non resta però impedito alle parti di presentarne direttamente, e senza il mezzo dell'Agente, al Consiglio di Sconto i valori che intendono scontare.

Art. 53. In tutti i valori di cui è stata deliberata l'ammissione, non esclusi quelli esibiti dalle parti al Consiglio, l'Agente suddetto dovrà apporre il suo *visto*.

Per effetto di questo solo visto, lo stesso Agente resta, di pieno dritto, garante e materialmente responsabile per la verità della firma degli accettanti, non che di quelle dei penultimi e degli ultimi giratarii, e di coloro che prestano l'avallo; rimanendo anche garante e responsabile, e nello stesso modo, della verità della firma di uno o più de'garanti intermedii, qualora così si richiedesse dai deputati; in simili casi però, egli dovrà specificatamente enunciare, nel suo visto, questa ampliazione di sua garentia e responsabilità.

Parimente, per effetto del suo visto, il medesimo Agente resta responsabile e garante, nella stessa maniera di sopra indicata, di tutte le irregolarità che possono esistere, sì nel testo, ossia nel corpo delle cambiali o altri effetti, che nelle gire ed avalli di essi; come ancora di tutte quelle nascenti dalla mancanza assoluta o dalla insufficienza del bollo proporzionale di cui deggiono esser muniti.

Art. 54. I valori così ammessi, cifrati da uno dei deputati, ai termini dell'articolo 15, e completati del visto come sopra, saranno dal medesimo Agente riportati in uno stato, altrimenti detto borderò; specificando principalmente in esso, per ciascun valore, il nome dello scribente, dell'accettante, dell'ultimo girante che ne ha richiesto lo sconto, la data di sua formazione, e l'altra del maturo, la somma che rappresenta, ragguagliata alla moneta di corso nel nostro Regno, apponendo nel fronte lo ammontare degl'interessi a ritenersi, calcolato per numero di giorni dal dì in cui se ne effettuisce la negoziazione sino a quello della scadenza, inclusivamente per i due termini, ed a quella ragione che sarà superiormente fissata; in linea poi di osservazione, annoterà in margine dello stesso borderò i nomi di tutti quegli altri che a qualunque titolo siano concorsi o indicati nel valore, non che ogni altra qualsisia circostanza che dal medesimo valore apparisca.

Art. 55. Questo borderò in tal guisa redatto, datato e soscritto dal medesimo Agente de' cambii, sottoscritto benanco da quei Deputati che hanno deliberata l'ammissione de'valori descrittivi, e riconosciuta in lettere, di carattere di uno de' suddetti deputati, la somma totale di essi, sarà, di unita a' valori stessi, passato dal ridetto Agente al Tesoriere della Cassa, per quindi, eseguitosene da costui il dovuto riscontro, secondo i termini dell'articolo 26, e ritenendo i valori presso di sè, passare il borderò dal medesimo sottoscritto al Razionale della Cassa, per le corrispondenti operazioni di risulta.

Di questo borderò, il medesimo Agente de'cambii dovrà formarne una simile copia, sottoscritta solamente da lui, per passarla all'officina del Segretario Generale, da servire per le operazioni, che quivi debbono aver luogo.

Art. 56. Per lo sconto de' cuponi del semestre di rendita, rilasciati dalle due Amministrazioni Napoletane e dalla Direzione del debito pubblico, l'Agente dei cambii dovrà similmente formarne il corrispondente borderò. In esso egli riporterà il nome di colui che ne dimanda lo sconto, la enunciazione dettagliata dei cuponi, l'ammontare dell'interesse, calcolato per giorni inclusivamente, ed il dritto spettante all'amministrazione, da ritenersi anticipatamente dalla Cassa: questo borderò, da lui sottoscritto, sarà passato, insieme ai cuponi, al Razionale della Cassa, per le ulteriori operazioni di risulta.

Art. 57. Per la pegnorazione degli estratti di rendita scritta sul Gran Libro, l'Agente di cambio, in vista non meno dell'estratto da pegnorarsi che del certificato della direzione del debito pubblico, di essersi adempite le formalità prescritte in proposito, ne formerà il corrispondente bordereau, da lui datato e sottoscritto.

In esso egli riporterà il nome dell'intestatario dell'estratto, l'ammontare della rendita, la elevazione di essa in capitale secondo il prezzo corrente fissato in borsa, la somma corrispondente a tre quarti di questo capitale, giusta il Real Rescritto dei 26 giugno 1822, e quella per la quale si è richiesto di farsi la pegnorazione.

Art. 58. Il borderò, mentovato nell'articolo precedente, insieme all'estratto di rendita, ed al certificato della Direzione del Debito pubblico, sarà passato in contabilità, ed ivi, formata la così detta cartella, dovrà venire questa firmata dal medesimo Agente dei cambii e dalla parte interessata.

Art. 59. Per la pignorazione dei certificati di rendita delle due Amministrazioni Napolitane, l'Agente de'cambii formerà similmente il corrispondente borderò, da lui datato e sottoscritto; ed oltre le enunciazioni riguardanti la somma della rendita, quella della valutazione in capitale, l'altra corrispondente ai tre quarti di questa valutazione, e l'altra ancora per la quale debba aver luogo il pegno, dovrà specificare, nel detto borderò il numero e la somma di ciascun certificato, come anche il nome e la elezione di domicilio in Napoli della persona che ne ha dimandato la pignorazione.

Art. 60. Questi certificati, di unita alla loro matrice, ai cuponi per la esazione semestrale della rendita rilasciati dalle rispettive Amministrazioni, ed al borderò nel precedente articolo espresso, saranno esibiti dall'Agente suddetto, in unione della parte interessata, al Razionale della Cassa; e fatto da quest'ultimo, in di loro presenza, un semplice riscontro de' numeri delle matrici con quelli de' certificati stessi, sì le une che gli altri saranno, come anche i loro corrispondenti cuponi, senza alcuna remora, rinchiusi in un plico da suggellarsi a cera; colla impronta della cifra dell'Agente de' cambî, e da questo e dalla parte pignorante firmato; dovendosi da questi due ultimi sottoscrivere la cartella del pegno, che all'oggetto verrà formata dal Razionale della Cassa.

In questa cartella, oltre la elezione di domicilio in Napoli, che il pegnorante sarà tenuto di fare, dovrà espressamente pattuirsi, ch'esso pignorante, non comparendo per l'apertura e dissuggellazione del plico, nel giorno designato nella citazione fattagli, nel suddetto domicilio eletto, da un usciere della Reggenza del Banco, possa in tal caso la Cassa liberamente devenire a tali atti, col solo intervento e presenza del Regio Giudice della residenza della Cassa, che a quest'oggetto, in seguito di un rapporto del Razionale della Cassa, constatante la non comparsa, sarà con semplice ufficio del suo Reggente Direttore invitato.

Questa formalità sarà sufficiente per tutti i casi di non comparsa, non esclusi quelli per assenza, per morte, o per qualsivoglia altro positivo impedimento.

Le spese tutte che occorrono dovranno cedere a carico del pignorante ; esse però saranno anticipate dall' Agente de' cambii.

Art. 61. L' Agente de'cambii, come nelle cambiali, dovrà similmente apporre, in compruova della di loro identità, il suo visto ne' cuponi che si ammettono allo sconto, come pure negli estratti delle iscrizioni di rendite, e nei certificati che si rilasciano dalla Direzione del Gran Libro, come anche nei certificati di rendita delle due Amministrazioni Napolitane, e nei cuponi che debbono accompagnarli; ed in generale in tutte le altre carte e titoli che dalle parti potranno essere presentate ; e , per effetto del suddetto suo semplice visto, resta egli di pieno dritto garante e risponsabile della di loro verità ed integrità. E resta egualmente, di pieno dritto, garante e risponsabile, in forza della semplice soscrizione de' borderò, della verità della firma dell'intestatario degli estratti di rendita, e di quella di coloro che vengono a pignorare tali estratti , o i certificati di rendita, o pure a scontare i cuponi , garentendone benanche, sotto la di lui esclusiva risponsabilità, la di loro facoltà e capacità, per poter devenire liberamente a tali atti (1).

Art. 62. È dell' obbligo di quell'Agente de' cambii , pel di cui mezzo sonosi eseguite le pignorazioni, di vendere, al prezzo fissato in Borsa, gli estratti ed i certificati di rendita, laddove , spirato il termine pattuito, non venissero dalle parti ritirati ; ed il loro prodotto , netto di spese , dovrà essere da lui versato nella Cassa, non più tardi del secondo giorno dal dì che dal Razionale della medesima gli saranno stati tali valori consegnati.

Art. 63. Nel caso di doversi devenire alla vendita dei certificati di rendita, perlocchè occorre di aprirsi, in presenza della parte pignorante, il plico in cui sono stati rinchiusi , sarà dell'obbligo dell'Agente dei cambii che ha funzionato nella pignorazione, di fare intervenire a questa apertura e dissuggellazione la parte pignorante; ed in mancanza di comparsa è tenuto ad adempiere a quanto, a sua cura a spesa, è prescritto in fine dell' articolo 70.

Art. 64. Le polizze di pagamento per le negoziazioni fatte colla Cassa, sì per sconto che per pignorazioni, dovranno essere ritirate dall' agente dei cambii per consegnarle alle parti interessate, dovendone egli però , o persona da lui espressamente autorizzata in iscritto, rilasciar ricevo al Razionale della Cassa.

Art. 65. L'Agente de' cambii , anche dopo finito il suo periodo di servizio, è nel dovere di sollecitamente avvertire il Reggente Direttore delle fallenze, legalmente pronunziate, di quelli individui che, a qualunque ti-

---

(1) Con lettera ministeriale, del 24 maggio 1839, la dizione di questo articolo 61 fu modificato nella maniera seguente:

Art. 61. L'Agente dei cambii, nello sconto dei cuponi, e nella pignorazione degli estratti di rendita iscritta sul Gran Libro, e dei certificati di rendita delle due Amministrazioni Napolitane , dovrà , per i primi , come praticasi per le cambiali ed altri effetti commerciali, apporre in dorso di ciascun di essi il suo visto ; per i secondi , ossia per gli estratti di rendita , dovrà apporre parimente il suo visto, sopra i certificati a questi relativi, che all' oggetto vengono rilasciati dalla Direzione del suddetto Gran Libro, e ne' quali sono comprese tutte le enunciative ed indicazioni contenute negli estratti medesimi; e per gli ultimi dovrà sottoscrivere il plico ove tali certificati di rendita , unitamente alle loro matrici e corrispondenti cuponi, vengono chiusi e suggellati, nel modo e nelle forme spiegate nell' articolo precedente.

Ed inoltre , lo stesso Agente de' cambio resta tenuto ed obbligato di apporre egualmente il suo visto a tutti quei titoli, scritture e documenti, che possono essere necessarii ed occorrere per le operazioni in parola, e che possono, per qua-

tolo, sieno intervenuti negli effetti negoziati colla Cassa, nel tempo del suo periodo di servizio, e ne sarà strettamente risponsabile.

Art. 66. Per la tenuta del registro, da servire per norma e regola dei Deputati, e per l'assistenza alla formazione del borderò e sue copie, lo stesso Agente dei cambii è obbligato, durante il tempo del suo servizio, di corrispondere, in ogni mese, metà de' ducati venticinque, assegnati per compenso mensile a colui che dal Reggente Direttore ne sarà incaricato, cedendo l'altra metà a carico della Cassa.

Art. 67. Per tutte le operazioni, sia per mediazione di sconti degli effetti commerciali e de'cuponi di rendita, sia per pignorazione degli estratti e certificati di rendita, e per la loro vendita, l'Agente de'cambi non dovrà percepire dalla Cassa alcun dritto o emolumento.

Gli è lecito però di esigere dall'altra parte, per le operazioni di sconto, il dritto, tutto in esso compreso, di grana cinquanta sul primo migliaio di ducati di valori negoziati, e di grana trenta sulle migliaia ulteriori:

Per i pegni degli estratti d'iscrizioni di rendita, sino a ducati mille grana cinquanta, e per quelli che eccedono i ducati mille, grana quaranta a migliaio:

Per i pegni di certificati delle due Amministrazioni Napolitane, fino a ducati mille grana trenta, e per quelli eccedenti questa somma, di ducati mille, grana venticinque a migliaio:

E per le vendite de'suddetti estratti e certificati di rendita riscuoterà quelli stessi dritti soliti a percepirsi per tali vendite.

Art. 68. Per vieppiù assicurare la esecuzione e lo esatto adempimento di ciascuno degli obblighi, e di ciascuna delle responsabilità prescritte col presente Regolamento, a carico dell'Agente de'cambii, lo stesso, oltre della sommissione del suo arresto personale, cui s'intende assoggettato colla semplice accettazione del presente Regolamento, ed oltre ancora della cauzione di annui ducati cinquecento di rendita iscritta sul Gran Libro, da lui prestata per lo esercizio delle funzioni, dovrà somministrarne un'altra dell'annua rendita di ducati mille, di simil natura, per garentia esclusiva della Cassa, con doverne eseguire la corrispondente immobilizzazione.

Art. 69. Rientrando ne' diversi obblighi dell'Agente quello specialmente di dovere, per effetto della risponsabilità da lui assunta, colla semplice sua soscrizione ai borderò, e del visto da lui apposto alle diverse carte, titoli e scritture, mentovate ne' due precedenti articoli 53 e 61, ed ai termini di questi articoli stessi, indennizzare la Cassa, per tutte le vie di dritto, e con privilegio sulla detta cauzione, di tutti quei danni che potesse la medesima risentire, derivanti e dipendenti dalla non verità

---

st'oggetto, dalle parti interessate presentarsi.

Per effetto della semplice apposizione di tal visto, resta il detto Agente, di pieno diritto, risponsabile e garante, e per tutti i loro effetti, della veracità e regolarità de' suddetti cuponi di certificati, rilasciati, come sopra, dalla Direzione generale del Gran Libro; non che degli estratti a cui essi si riferiscono, de'certificati di rendita e delle loro matrici, coi corrispondenti cuponi; ed in generale di tutte le altre scritture, come dianzi si è detto, che in occasione delle operazioni di sopra mentovate, o che vi hanno rapporto, possono essere esibite e presentate.

In forza poi della di lui sola e semplice soscrizione de' borderò riguardanti le pignorazioni, e delle corrispondenti cartelle e talloni, il medesimo Agente resta del pari tenuto ed obbligato, di pieno dritto, della verità delle firme degl'intestatarii degli estratti di rendita, e delle firme benanche di coloro che vengono a pignorare tali estratti o i certificati di rendite, o scontare i cuponi, estendendosi siffatta sua risponsabilità, senza alcuna limitazione, anche per quello che riflette la piena facoltà e capacità di tutti i sunnominati individui, per poter liberamente devenire a simiglianti operazioni, sien di pegno, sotto le condizioni prescritte ne'regolamenti sulla materia, sien di sconto, sien di qualsivoglia altra specie e natura.

delle firme, o dalle altre circostanze, espresse negli anzidetti due articoli, e da lui in tal modo assicurate e garentite; così, avvenendo che l'ammontare di quei valori, pei quali o in occasione dei quali venissero, sia in linea civile, sia in linea correzionale o criminale, promosse quistioni di tal genere, superasse detto ammontare il valor capitale, secondo il prezzo in quell'epoca corrente in Borsa, di due quinti della suindicata cauzione, ossia di ducati quattrocento, della suddetta rendita di annui ducati mille; da lui a questo titolo immobilizzata, dovrà egli in tale ipotesi, e per tutta una siffatta eccedenza, somministrare, in seguito dell'avviso che amministrativamente ne riceverà, ed in pendenza delle istruzioni de'giudizii, altra simigliante cauzione, con farne eseguire la corrispondente immobilizzazione; in guisa che restino sempre ed in tutti i casi liberi, intatti ed indeminuti i rimanenti ducati seicento, dell'anzidetta cauzione di ducati mille. Mancando il medesimo agente allo esatto e pronto adempimento di questo obbligo, saranno dal direttore della Cassa presi quegli espedienti che egli meglio giudicherà al proposito.

Art. 70. La disposizione contenuta nell'antecedente articolo, riguardante il supplemento di cauzione nei casi nel medesimo contemplati, essendo per sè stessa un semplice temperamento, ed una misura di pura tolleranza e di equità, basata sulla presunzione della verità e regolarità delle cose, cosi, cessando in forza dei giudicati cotesta presunzione, e venendo coi medesimi giudicati dichiarato il contrario, dovrà in tal caso il detto agente rimborsare prontamente la Cassa, in ciascuna specie, ogni suo avere, per sorte, interessi e spese, al che vi sarà astretto, anche per effetto dell'articolo 68 del presente, col suo arresto personale; indipendentemente dal dritto privilegiato sulla cauzione da lui prestata.

Art. 71. In ogni controversia o contestazione, ed in tutti i giudizi, in cui verranno promosse ed elevate quistioni intorno alla non verità e non regolarità delle cose assicurate e garentite dal detto agente, e per le quali egli, in conformità dei due succennati articoli 53 e 61, è responsabile, il medesimo sarà tenuto d'intervenire in causa, ed assumere, in concorso della Cassa, se a questa ultima cosi piaccia, il peso della lite; ed a questo oggetto gli sarà per parte della medesima denunziata la quistione promossa; e sarà inoltre nello stesso tempo, e col medesimo atto, citato per sentirsi condannare di rifare, in caso di soccombenza, la Cassa di tutti i danni, in sorte, interessi e spese, anche col di lui arresto personale, e sempre non escluso il dritto privilegiato della medesima sulla di lui cauzione.

Art. 72. Verificandosi, per un motivo o circostanza qualunque, la vendita di una parte della suddetta cauzione dei ducati mille come sopra, e non venendo questa subito reintegrata e portata al suo pieno, resta nella facoltà del Direttore della Cassa, e secondo la sua prudenza, di interdire al detto Agente l'esercizio delle sue funzioni verso la medesima: potrà riprendere un tale esercizio tosto che avrà compiutamente adempito a questa obbligazione.

In tutti i casi in cui occorresse doversi devenire alla vendita di tutta o parte della rendita immobilizzata per garentia e cautela della Cassa, la medesima dovrà aver luogo in forza di una disposizione ministeriale, provocata dal Direttore di essa Cassa.

Art. 73. Finita la sua gestione, a richiesta dell'Agente, potrà essere liberata la suddetta cauzione, per tutta quella quantità che eccede lo importo degli effetti negoziati per mezzo suo, compresi i pegni d'iscrizioni o di certificati di rendita non ancora estinti.

Benvero non potrà l'Agente essere nuovamente ammesso alle negoziazioni della Cassa, se prima non avrà di nuovo immobilizzata la suddetta rendita di ducati mille.

Art. 74. Gli Agenti incaricati delle negoziazioni della Cassa di Sconto non potranno volontariamente cessare dall'esercizio di tali funzioni, se non tre mesi dopo che ne avran fatta la formale dichiarazione al Reggente. In caso di loro volontario inadempimento, sarà dalla Cassa adoperato altro Agente, per non arretrare il corso delle negoziazioni della Cassa, e le operazioni di questo Agente si intenderanno guarentite dalla cauzione dell'inadempiente.

Nei casi poi di legittimo impedimento, riconosciuti dal Reggente Direttore, potran farsi supplire da altri Agenti, a loro scelta e coll'approvazione dello stesso Reggente; e delle operazioni di costoro saranno essi responsabili, per risponderne colle loro cauzioni. Nè saranno, d'ora innanzi, ricevute le cauzioni, senza che si sottopongono alle condizioni nel presente articolo stabilite.

Titolo 9.° — Disposizioni Generali

Art. 75. In caso di legittimo impedimento del Segretario Generale, del Razionale, del Tesoriere e del Controllo presso il Tesoriere, gli stessi dovranno rispettivamente nominare, coll'autorizzazione del Reggente Direttore, un loro aiutante che li rimpiazzerà, restando essi responsabili delle operazioni del medesimo.

Art. 76. Le disposizioni contenute nel presente Regolamento potranno essere modificate, cangiate ed innovate, sia per punto di massima, sia pei casi particolari all'occorrenza, a beneplacito del Ministro delle Finanze, ogni qual volta lo crede conveniente, inteso il Reggente Direttore.

Art. 77. Tutte le precedenti disposizioni Sovrane o Ministeriali, alle quali non si è portata col presente Regolamento espressa alterazione o rivoca, restano in pieno vigore.

Art. 78. Il Reggente del Banco è incaricato di trasmettere copia del presente Regolamento a tutti coloro cui riguarda, e dei quali è menzione; e, dal momento della consegna della copia, ciascuno sarà, sotto la sua risponsabilità, obbligato all'esatta osservanza di esso.

Napoli li 31 marzo 1839.

*
* *

21. Si provvide poi, 30 gennaio 1841, alle rinnovazioni dei pegni di titoli o certificati, con le seguenti istruzioni:

Art. 1. Chiunque voglia rinnovare il pegno di sue iscrizioni sul Gran Libro, o di rendita perpetua sulla Tesoreria Generale, o di certificati delle amministrazioni Napolitane, ne presenterà dimanda, in carta libera, al signor Direttore Generale della Cassa, il quale la rimetterà allo Agente di cambio di servizio, per conoscere il prezzo corrente in Borsa, all'epoca in cui la rinnovazione vuolsi eseguire, e la somma che, a quel prezzo, dedotto il quarto, può darsi sul pegno; come attualmente l'Agente pratica ne' borderò delle pignorazioni.

Art. 2. La dimanda, col certificato dell'Agente de' cambi, sarà presentata al Razionale della cassa, il quale formerà, sulla cartella del pegno da rinnovarsi, il calcolo degl'interessi a pagarsi, e della rata del capitale a restituirsi, qualora il prezzo attuale sia minore di quello che correva allorché la pignorazione ebbe luogo.

Art. 3. Liquidata così la somma a pagarsi, per la rata del capitale a minorarsi e per l'interesse, la parte richiedente presenterà al Tesoriere della cassa la cartella sulla quale ne sarà stata fatta la liquidazione, e questi, esigendosi le polizze corrispondenti alle somme dal Razionale in essa fissate, ne rilascierà rapporto al signor Direttore generale, nella stessa guisa che attualmente si pratica pei dispegni, acchiudendovi le polizze del pagamento, e distinguendo la sorte e l'interesse.

Art. 4. Il rapporto del Tesoriere, colle acchiuse polizze, sarà dal signor Direttore Generale rimesso al Controllo della cassa, per prenderne ragione; e costui, dopo avere ciò adempito, rimetterà in contabilità il rapporto e le polizze.

Art. 5. Il Razionale della cassa, in vista del certificato, di cui si è fatto parola nell'articolo 2°, formerà coll'estratto della iscrizione, che gli fu depositato allorchè seguì la prima pignorazione, un novello pegno, per la somma certificata dall'Agente, corrispondente al prezzo corrente.

La polizza di questo nuovo pegno sarà pagabile allo intestatario della iscrizione, e per esso alla Cassa di Sconto, in estinzione del pegno precedentemente fatto.

Art. 6. La polizza di cui si è parlato nel precedente articolo, dopo le consuete formalità, sarà notata in fede. Dessa, di unita alla rata di capitale già pagata, come si è detto nei precedenti articoli, nel caso di esser minorato il prezzo della iscrizione, opererà il dispegno dell' originario pegno.

Art. 7. L'antica cartella sarà dal Razionale della cassa, coll'atto del seguito dispegno, passata al Controllo della medesima. La nuova cartella sarà consegnata al proprietario.

Art. 8. Le cartelle ritirate, come nel precedente articolo, saranno di tempo in tempo bruciate; facendosene processo verbale, come si usa per le fedi di credito.

Art. 9. Se il prezzo delle iscrizioni sarà lo stesso che correa all'epoca della prima pegnorazione, il proprietario non sarà tenuto a pagare cosa alcuna, per minorazione del pegno, ammenochè non volesse per proprio comodo diminuirlo; circostanza che dovrà esprimere nella dimanda prescritta coll'articolo 1°, ed in tal caso le operazioni saranno le stesse già stabilite nell' articolo 2.° e seguenti.

Nei casi di considerevole aumento del prezzo delle iscrizioni, rimane riserbato al signor Direttore della Cassa il permettere, quando lo giudicherà conveniente, che il pegno possa essere aumentato, per quella somma che sarà capiente al prezzo corrente, secondo il certificato dello Agente dei cambii.

In questo caso, usate tutte le formalità stabilite nei precedenti articoli, saranno dell'importo del nuovo pegno formate due polizze, una corrispondente all'antico pegno da rinnovarsi, pagabile allo intestatario del pegno medesimo e per esso alla Cassa di Sconto, e l'altra allo istesso intestatario, pel di più che il pegno si aumenta.

Art. 10. I certificati della Direzione generale del Gran Libro, e quelli del Regio Scrivano di Razione, pei pegni di rendita sulla general Tesoreria, saranno alligati ai novelli pegni, fermo rimanendo il vincolo della inalienabilità, sino a che non ne seguirà definitivamente il dispegno.

Art. 11. Ciò che si è finora fissato pei pegni delle rendite iscritte sul Gran Libro, sarà comune anche per quelli dei certificati delle due amministrazioni Napolitane: colla sola diversità che i plichi, suggellati a fuoco, nei quali i certificati si conservano, dovranno aprirsi in presenza di coloro che li sottoscriveranno nell'atto della primitiva pegnorazione; e quindi, per la formazione del nuovo pegno, saranno i certificati medesimi chiusi e suggellati in novelli plichi, descrivendosi la somma che corrisponderà alla nuova pegnorazione.

Art. 12. Alla scadenza de' semestri delle rendite d'Iscrizioni sul Gran Libro pignorate, se il proprietario vorrà farne la esazione, ne presenterà dimanda al signor Direttore generale della cassa, il quale autorizzerà il

Razionale della medesima a far presentare l'estratto, da un impiegato della sua officina, alla Direzione generale del Gran Libro, per farlo bollare, ed appena ciò seguito, lo restituirà al Razionale medesimo per rimetterlo al suo posto. Di questa operazione sarà presa ragione del controllo della cassa. Lo stesso si praticherà pei pegni di rendita in certificati sulla Tesoreria generale. Durante il tempo in cui gli estratti del Gran Libro, o i certificati della general Tesoreria pegnorati, rimarranno fuori della cassa, per l'indicato oggetto, il proprietario dovrà lasciare presso il Razionale della cassa, in deposito, la cartella del pegno; per ripigliarsela ritornato l'estratto od i certificati. Notandosi nella cartella medesima e nel suo tallone, che è presso la Cassa, essersi pagato il semestre. Se però la rendita sarà in forte minorazione di prezzo, rimarrà nel prudente arbitrio del signor Direttore della Cassa il permettere la esazione della rendita maturata.

Art. 13. Quest'abilitazione non sarà applicabile ai pegni de'certificati delle due Amministrazioni Napolitane; poichè, per distaccarsi dai medesimi i cuponi della rendita, si dovrebbero dissuggellare i plichi, e poi risuggellarli, seguito il distacco, ciò che produr potrebbe qualche inconveniente.

Art. 14. Tutte le altre leggi e regolamenti, che riguardano le pignorazioni de' cennati valori, rimarranno in osservanza, per tutto ciò che non si oppone alle presenti istruzioni.

*
* *

22. Due anni dopo, decretarono la fondazione di casse succursali del Banco in Palermo e Messina.

Decreto 7 aprile 1843

Veduti gli articoli 2 e 3 del real decreto del 12 dicembre 1816, con cui, provvedendo alla diffinitiva organizzazione del Banco delle due Sicilie, gli fu concessa la facoltà di emettere, giusta l'antica forma, le fedi di credito rappresentanti l'effettivo numerario, che in tutte le regie casse, della capitale e del regno, esser dovevano ricevute come moneta contante;

Visto l'articolo 9 del detto real decreto, con cui ci riserbammo di aprire delle altre casse, qualora la affluenza del numerario e le circostanze del commercio lo avessero richiesto;

Considerando, che le polizze e le fedi di credito del Banco vengono talmente accolte nei nostri dominii oltre il Faro, che cominciasi nelle piazze di Palermo e di Messina a gustare i vantaggi di questa utile instituzione, ed a risentirne il bisogno; poichè detti valori sono tanto più accetti e ricercati in commercio, per quanto meno rischio ed incomodo si sperimenti nel trasferirne il dominio; che anzi, mentre il danaro andar potrebbe soggetto a dispersione od involamento, e con difficoltà se ne rintraccerebbe il possessore, ai valori che si emettono dal Banco resta impressa, con le firme che vi si appongono, la traccia di tutti coloro che li han posseduti.

Considerando, che per promuovere l'industria ed il commercio fra gli amatissimi nostri sudditi al di là del Faro, è assolutamente d'uopo di attivare la libera e spedita circolazione del danaro, mercè de' valori che lo rappresentano, onde ognuno possa avvalersene, come tante lettere di cambio, ricettibili in ogni cassa regia o provinciale;

Considerando, che questo utilissimo scopo mirabilmente si consegue nei nostri reali dominii continentali, mercè l'opera dei Banchi, in diversi punti della capitale di Napoli istallati;

Volendo noi corrispondere ai voti dei nostri amatissimi sudditi oltre il Faro, e modellare il sistema di quelle amministrazioni su quello stabilito nei nostri reali dominii continentali;

Sulla proposizione del nostro Ministro segretario di Stato delle finanze;

Abbiamo risoluto di decretare, e decretiamo quanto segue:

Art. 1. Il Banco delle due Sicilie sarà aumentato di due altre Casse di Corte, stabilite una in Palermo e l'altra in Messina.

Art. 2. La direzione dell'interna polizia di ciascuna cassa, e delle sue officine, sarà affidata ad un probo e distinto benestante, che prenderà il nome di Presidente. Egli dipenderà dal Reggente del Banco, ed avrà in aiuto tre Governatori, uno scelto anche fra il ceto dei più distinti proprietarii, l'altro fra i primarii avvocati, e il terzo fra i più accreditati negozianti. Tanto il Presidente che i Governatori saranno da Noi nominati, sulla proposta del Ministro delle Finanze.

Queste casse, del pari che quelle stabilite in Napoli, saranno sopravvegliate da un Consiglio di Reggenza centrale, composto dal Reggente e da due Presidenti delle casse di Napoli. A tal Consiglio dovranno di diritto assistere anche i due Presidenti delle casse di Palermo e di Messina, qualora, per affari della carica, trovinsi chiamati in Napoli, ed in questo caso il Consiglio sarà di cinque componenti; tutti con voto deliberativo.

Art. 3. Per eseguire il servizio delle casse di Palermo e di Messina, sarà, per ora, aggiunto al rollo degli attuali impiegati del banco un discreto numero di uffiziali graduati e di soprannumerarii, prescelti dalla Reggenza; che ci riserbiamo poi di aumentare, a seconda del bisogno e dell'affluenza del negoziato bancario.

Art. 4. Le dette casse, nel modo stesso che quelle stabilite in Napoli, nei locali di S. Giacomo e dello Spirito Santo, eseguiranno indistintamente il servizio della Regia Corte e dei privati; cioè a dire riceveranno qualsiasi somma di danaro, rilasciando agl'immittenti dei valori fiduciarii, denominati fedi di credito o polizze, le quali compiranno in commercio una estesa circolazione, tenendo luogo di quella moneta che trovasi versata al banco. Le legalità da cui verranno rivestite saranno le stesse di quelle prescritte negli attuali regolamenti del Banco delle due Sicilie, di cui fan parte le casse di Palermo e di Messina.

Art. 5. In conseguenza, tutte le istruzioni, ordinanze, regolamenti e ministeriali disposizioni, emesse per le casse del banco nei nostri dominii continentali, sono comuni ed applicabili anche alle due casse oltre il Faro, in quanto non si oppongano a ciò ch'è stabilito nel presente decreto. Ed onde viemaggiormente confermare la libera circolazione, per tutto il regno, della carta, rappresentante la moneta riposta nelle casse del banco, la quale, ai termini del real decreto de' 6 ottobre 1817, non può nè deve mai soffrire la menoma remora, inibiamo a qualsiasi autorità, civile o giudiziaria, d'imporre impedimento o sequestro al danaro versato nelle dette casse di Palermo e di Messina; quando anche venisse richiesto dalle parti interessate, salvo ad esse il diritto di stabilire, nelle girate, quelle condizioni o quei vincoli che meglio credono nei loro particolari interessi.

Art. 6. Ci riserbiamo di stabilire l'opera della cassa di sconto, come l'è in Napoli, ove tale opera ha recato dei vantaggi incalcolabili alla industria ed al commercio. Ogni altro impiego di danaro è da Noi espressamente vietato.

Art. 7. I beni dello Stato rimangono ipotecati alle casse di Palermo e

— 574 —

di Messina; come anche, per lo stesso oggetto, rimane vincolato il milione di ducati, che la generale Tesoreria tiene impiegato con la cassa di sconto in Napoli.

Art. 8. Istallate che saranno tali casse, i capi tutti delle pubbliche amministrazioni, i pagatori, i ricevitori, gli esattori, ed ogni altro contabile, residente in Palermo ed in Messina, ov'è il banco, non potranno più fare alcun esito in numerario, sì bene dovranno pagare con polizze notate fedi, e quindi stabilire delle madrefedi, che debbono poi presentare alla Gran Corte dei Conti, in caso di richiesta.

Art. 9. Tutti gli amministratori, ricevitori e cassieri del regio erario di Sicilia, in qualunque Provincia o Comune trovinsi, saranno obbligati di ricevere, in pagamento di contribuzioni dirette ed indirette, o di qualunque altro arrendamento e credito fiscale, le fedi di credito e le polizze di banco; e dovranno anche cambiarle in moneta effettiva di argento o rame, secondo la qualità della polizza, qualora abbiano del numerario in cassa.

Art. 10. Le fedi di credito e le polizze, per essere ricevute o cambiate, dovranno esser libere e senza condizione alcuna; e quando anche sienvi delle condizioni, deggiono secoloro portarne l'adempimento; ed avere bensì l'ultima gira conosciuta dai sopraddetti ricevitori, amministratori e cassieri, od almeno che la persona esibitrice, sempre però di loro conoscenza, si segni al piede, dovendo essi rimanere garanti dell'ultima firma.

Art. 11. Le casse del Banco in Napoli sono anche esse autorizzate a ricevere, come contante, le fedi di credito e polizze emesse dalle casse di Palermo e di Messina; nè queste possono rifiutare le fedi di credito e polizze delle casse del banco di Napoli, sempre però sotto la responsabilità dei Cassieri e de' Pandettarii.

Art. 12. Un particolare regolamento, da noi approvato, come parte integrale del presente decreto, stabilirà tanto il modo di praticarsi la riscontrata di siffatti valori, quanto i doveri e le attribuzioni di taluni funzionarii del banco, per quella parte di servizio che non fu preveduta nel regolamento de' 26 febbraio 1817.

Art. 13. Il nostro Ministro Segretario di Stato delle Finanze, ed il nostro Luogotenente generale nei nostri reali dominii oltre il Faro, sono incaricati, ciascuno per la parte che lo riguarda, della esecuzione del presente decreto.

Regolamento 20 settembre 1843

Capitolo I. Doveri ed attribuzioni del Presidente.

Art. 1. Il servizio interno della nuova Cassa di Corte in Palermo, da istallarsi nell'edifizio delle Finanze, sarà diretto da un probo e distinto proprietario, col titolo di Presidente. Egli godrà l'onorario di mensuali ducati cinquanta, come gli altri suoi colleghi di Napoli.

Art. 2. Avrà in suo aiuto due Governatori, uno ordinario, che supplirà il Presidente nei casi di assenza o di impedimento, e l'altro soprannumerario: il primo godrà l'onorario di ducati venticinque al mese. Le loro attribuzioni e facoltà sono determinate dal Regolamento organico del governo de' banchi, approvato col Sovrano Rescritto de' 26 febbraio 1817.

Art. 3. Onde non ritardare il servizio delle amministrazioni e de' pubblici stabilimenti, per gli esiti ed introiti che occorrono farsi per banco, il Presidente è autorizzato a tenere corrispondenza con qualsiasi autorità de' reali domini oltre il Faro, per oggetti riguardanti soltanto riconoscenze di firme, richieste di partite, perizie, e liberazione di denaro per fedi di credito o polizze disperse. Per queste ultime però darà le opportune provvidenze, e ne farà inteso il Reggente.

Art. 4. Per le richieste poi che se gli faranno dai particolari, per liberazione di denaro o di fedi di credito o polizze disperse, dopo gli atti preparatorii, ricever dovrà la cauzione ed i consensi di tutti gl'interessati, che debbonsi alligare in copia agli atti da conservarsi nel volume, in luogo della fede di credito o polizza smarrita.

Art. 5. Occorrendo, per qualsivoglia circostanza, sia di andamento, sia di miglioramento di servizio, provocare delle ministeriali disposizioni, il Presidente della cassa di Palermo non può che per l'organo del Reggente del banco provocarle, stante che a questo è riservata la corrispondenza col Ministro e con le pubbliche autorità.

Art. 6. In ogni caso di giubilazione, di destituzione o di promozione d'impiegati, il Presidente dovrà coi Governatori discutere ed esaminare l'affare; ed indi, con ragionato verbale, manifestarne il risultato al Reggente, il quale emetterà i definitivi provvedimenti.

Art. 7. Vi saranno nella cassa di Palermo dieci alunni senza soldo, nominati dal Reggente, sulla proposta che ne farà il Governo della cassa. Tal numero, a prudenza del Reggente, potrà in seguito estendersi a venti, qualora il bisogno lo richiegga.

Gli alunni non godranno soldo, ma avranno un discreto compenso, per le trascrizioni delle fedi di credito e polizze sui giornali.

Art. 8. I soldi, le indennità, gli averi per la trascrizione delle polizze, e le spese minute ed impreviste, per la cassa di Palermo, saran sempre, con l'anticipazione di giorni quindici, pagate a titolo di abbuonconto dall'Agente contabile del banco al Razionale della cassa di Palermo, il quale presenterà tali polizze al visto del Presidente, per accreditarle sulla madrefede, che dovrà all'oggetto tenere aperta, con la seguente intestazione: *Il Razionale appoderato della nostra Cassa di Corte.*

Da tal madrefede non può egli prelevare alcuna somma senza l'ordinativo del Presidente, il quale, in conferma, dovrà apporre il suo visto alle polizze, che senza di quest'approvazione non si possono notare.

Art. 9. Gli ordinativi del Presidente, pe' soldi agl'impiegati e per l'indennità di cauzione, non possono mai eccedere le somme fisse e determinate nello stato discusso, che verrà appositamente a lui comunicato. Potrà non pertanto tener sequestrati i soldi agl'impiegati, sia per insubordinazione, sia per inassistenza, sia per altra colpa; e dello ammontare di tali soldi potrà anche disporre un competente compenso a colui che avrà rimpiazzato il manchevole, purchè ne sia stato autorizzato dal Reggente.

Art. 10. Il Presidente resta autorizzato a rimpiazzare il Reggente, per la firma degli ordinativi del compenso a darsi agli alunni che trascrivono le fedi di credito e polizze sui giornali, secondo la liquidazione che ne farà il Razionale, ai termini dell'articolo 56 delle istruzioni dei 5 gennaio 1819, e per gli ordinativi di tutte le spese minute, che potran farsi dall'usciere del Governo o dal custode del locale, il quale ne avrà poi il rimborso dal Razionale appoderato, in vista della nota approvata ed ordinanzata dal Presidente.

Art. 11. Egli è del pari autorizzato a rimpiazzare il Reggente in tutti quei contratti che per la economia del banco stimerà dover fare; come sarebbe il contratto per la formazione de' volumi delle polizze originali, per gli accomodi de' libri, somministrazione della carta, inchiostro, penne ec. Tali contratti debbono sempre essere approvati dal Reggente.

Art. 12. Lo stesso Presidente è anche autorizzato alle seguenti cose:

1. a tutte le disposizioni urgenti ed indispensabili che non si possono prevedere, salvo a farne contempo-

raneamente rapporto al Reggente;
2. agli ordinativi per ridurre a volumi le polizze e fedi, sul certificato che in ogni mese sarà firmato dal Revisore, e vistato dal Razionale, il quale dovrà poi liquidare ciò che spetta al ligatore, secondo i prezzi stabiliti;
3. agli ordinativi per fare stampare gli stati di reste, le note dei riscontri ed altro; come anche per fare somministrare i libri, la carta, l'inchiostro ecc. sulle richieste dei rispettivi impiegati, vistate dal Razionale, che ne assicuri il bisogno;
4. agli ordinativi, sulle richieste dei cassieri, per sacchi, laccetti, ed altro che loro occorre, vistate però dal Razionale, per assicurarne il bisogno;
5. agli ordinativi per accomodi del locale, ed utensili per le officine, sulle domande che ne avanzerà il Razionale.

Le note di tali accomodi ed utensili debbono essere apprezzate da un architetto della finanza, qualora ascendano a somma maggiore di ducati dieci; ed ove trattisi di minor somma possono, in vece dell'architetto, essere apprezzate da un impiegato del banco, autorizzato appositamente dal Reggente, sulla proposizione del Presidente, purchè abbia una opportuna conoscenza di tali lavori.

Capitolo II. Doveri ed attribuzioni del Razionale.

Art. 13. I documenti, espressi nel precedente articolo, saranno tutti rimessi dal Razionale all'Agente contabile del banco, il quale, trovandoli in regola, e compilati in conformità del regolamento del 5 gennaio 1819, li presenterà al Reggente, che disporrà i corrispondenti pagamenti. Le polizze saranno dall'Agente contabile rimesse al Razionale della Cassa di Corte in Palermo, il quale avrà cura di fargli pervenire le quietanze, munite di suo visto.

Ove poi i documenti non si trovino in regola, l'Agente contabile li respingerà con le sue osservazioni, e dopo le analoghe regolarizzazioni si eseguirà il pagamento.

Art. 14. Il Razionale della Cassa di Corte in Palermo, nella sua qualità di appoderato per lo pagamento dei soldi, indennità, gratificazioni e spese minute, è tenuto a dar conto delle somme che se gli anticipano a titolo di abbuonconto; in conseguenza, in ogni tre mesi, rimetterà all'Agente contabile un conto giustificato da validi documenti, che saranno i seguenti:

Pei soldi; lo stato emarginato da tutti gl'impiegati, ed ordinanzato dal Presidente, coi certificati dei rispettivi capi di uffizio, costatanti l'esatto adempimento dei doveri di ognuno.

Per le gratificazioni ed indennità di cauzioni; un simile stato emarginato dalle parti prendenti, ed ordinanzato dal Presidente.

Per le spese minute giornaliere; le note di colui che le avrà fatte ordinanzare dal Presidente, e la copia della polizza pagatagli, assicurante di aver ricevuto l'originale; e quanto altro occorrerà, ai termini del mentovato regolamento del 5 gennaio 1819.

Art. 15. Tanto il conto che i documenti saran firmati, in ogni pagina, dal Razionale, poichè dessi debbono operare presso la Gran Corte dei Conti, in discarico dell'Agente contabile; il quale avrà il regresso, in caso di significa, verso il detto Razionale; ed all'oggetto darà questi una cauzione di ducati mille, che dovrà rispondere tanto per sè, che pel suo aiutante, ed ogni altro sostituto che verrà da lui prescelto, con l'approvazione del Presidente, nel caso di sua infermità o di qualunque altro impedimento.

Art. 16. Il Razionale della Cassa di Corte in Palermo dovrà, immancabilmente, in ogni corso di posta far pervenire la posizione di cassa al Reggente ed al Razionale della Reggenza, che deve tenerne esatta scrittura, come si pratica per le altre Casse di Corte e dei privati; ed onde mantenere sempre esatto ed al corrente tale carico, e quello della corrispondenza e liquidazione dei conti, sarà all'uopo aggregato un sufficiente numero d'impiegati graduati al personale delle officine centrali della Reggenza.

Capitolo III. Stampa e consegna delle fedi di credito.

Art. 17. Lo scudo delle fedi di credito, che si emetteranno dalla nuova cassa di Palermo, conterrà la solita dichiarazione — *Il Banco delle due Sicilie tiene creditore N. N. . . . . . in D. . . . . . dei quali potrà disporre con la restituzione della presente firmata.*

Per la semplice distinzione della cassa e della qualità della moneta, sotto la firma del cassiere vi saranno impresse le seguenti voci — *Cassa di Palermo argento o rame*; e cosi egualmente sul bollo delle polizze notate fedi.

Art. 18. La stampa di dette fedi si farà in Napoli, sotto la sorveglianza del Segretario Generale; ma il Razionale della Cassa di Corte in Palermo dovrà sempre tenerne una soddisfacente provvista, facendo delle anticipate richieste al Reggente, per l'organo del Presidente.

In vista di tali richieste, nelle quali dovrà indicarsi il numero delle fedi, il Reggente ne ordinerà la spedizione, in una o più volte successive; ed il Segretario generale ne curerà lo adempimento, badando soprattutto che vadano molto ben condizionate, per non farle nè macchiare nè maltrattare. Gl'involti, convenientemente suggellati a cera lacca, coi suggelli del Banco, saranno diretti a quel Presidente.

Giunti gl'involti alla cassa di Palermo, il Presidente farà dal Razionale riconoscere la integrità dei suggelli, ed indi l'autorizzerà a rimuoverli, per fare da lui stesso aprire gl'involti in sua presenza. Ciò fatto, il Razionale si occuperà immediatamente a numerare le fedi di credito per accusarne ricevo al Segretario generale. Tal ricevo sarà ritirato dal Presidente, che lo rimetterà col primo corso di posta al Reggente, per lo discarico del Segretario generale. Questi l'unirà alle richieste, per formarne un volume, che terrà per giustificazione di quelle partite che verran segnate sul libro d'immissione e consegna delle fedi di credito, senza la sottoscrizione del Razionale.

Capitolo IV. Metodo per la riscontrata.

Art. 19. Dovendo le casse in Napoli realizzare le fedi di credito e le polizze emesse dalla cassa di Palermo, o viceversa, è destinata ad eseguire la riscontrata la sola Cassa di Corte in S. Giacomo con quella di Palermo.

Art. 20. Il cassiere maggiore in San Giacomo terrà particolare registro dei valori in argento della cassa di Palermo, indicando la somma, la data, il nome dell'intestatario,' quello del primo e dell'ultimo girante, e quello dello esibitore notato al piede. Tal registro sarà cifrato, in fine della giornata, dal cassiere maggiore, il quale lo passerà al Razionale per far copiare, con lo stesso ordine, e con le stesse categorie, il notamento delle polizze prese nella giornata.

Il cassiere del conto in rame farà altrettanto, per le polizze di simil metallo.

Art. 21. Ove la cassa di Corte in Napoli fosse creditrice di quella di Palermo, il cassiere maggiore in Napoli avrà l'obbligo di rimettere al suo collega in Palermo le polizze di quella cassa, di unita alla fede di resta, in un piego ben suggellato. Tali polizze, nel giorno della partenza della posta e del vapore, saranno, con l'intervento del Razionale e del Segretario presso del Presidente, confrontate di buon'ora col registro del cassiere maggiore, e col notamento esistente in razionalia; ed ove qualche indicazione sia erronea, si rettificherà dal Razionale la partita del libro, formandosi altra copia del notamento. Tanto il libro che il notamento saran cifrati dal Cassiere maggiore, dal Razionale e dal Segretario. Il Cassiere maggiore, in presenza di essi, chiuderà in un piego ben suggellato i riscontri, la fede di resta, ed il notamento, con lo indirizzo al suo collega in Palermo.

Lo stesso verrà parimenti praticato dal cassiere del rame, per le polizze di tal metallo.

Ambo i pieghi saranno dal Segretario avvolti in altra carta, formandone un sol piego, coll'indirizzo alla Cassa di Corte in Palermo, e vi apporrà il suggello del banco. Tal piego si dovrà dal Segretario consegnare alla posta tre ore prima della partenza, e n'esigerà ricevo, secondochè sarà combinato di accordo tra il banco e l'amministrazione generale delle poste.

Art. 22. Il Segretario dovrà tenere soltanto conto del numero delle polizze e del loro ammontare, che si saranno spedite a Palermo, per informarne il Presidente. Ciò non esclude che il Presidente, o qualunque Governatore, non debba vigilare per la esattezza e regolarità di tale spedizione, per cui, assistendovi alcuno di essi, apporrà il visto al libro ed al notamento.

Art. 23. Giunto il piego a Palermo, l'uffizio delle poste curerà di farlo subito pervenire al Presidente od al suo Segretario, da chi si verificherà pria lo stato de' suggelli, e dopo ne farà ricevo. Essendovi alterazione ne farà espressa menzione nel ricevo, per tutte le conseguenze che potranno derivarne. La prima fascia sarà particolarmente aperta dal Presidente o dal Segretario, in presenza del Razionale. La seconda, che avvolge le fedi di credito e polizze di riscontrata, non sarà aperta che dal rispettivo cassiere, in presenza del Razionale e del Segretario, i quali assisteranno al confronto del notamento con le polizze. Il detto notamento, dopo di essere stato cifrato dal cassiere, sarà controposto ai riscontri delle casse di Napoli, esistenti presso di quel cassiere, dal quale, secondo la differenza che ne risulterà, sarà aumentata o diminuita la fede di resta.

Art. 24. Con la prima partenza di posta, i cassieri di Palermo rimetteranno, con le formalità di sopra stabilite, ai loro colleghi in Napoli le fedi di resta di argento e di rame, con le polizze delle casse di Napoli ivi realizzate, di unita ai notamenti. Qui giunto il piego, il Segretario del Presidente verificherà lo stato de' suggelli, facendone menzione nel ricevo, ed aprirà il piego in presenza del Razionale; ivi rinverrà i due pieghi diretti al cassiere maggiore, ed al cassiere di rame, e li passerà loro per aprirli e verificare in presenza tanto del Razionale che del Segretario, se vadano in regola le fedi di resto.

Indi, nel primo giorno della partenza di posta, detti cassieri, col Razionale e Segretario, prepareranno di buon' ora i rispettivi pieghi, con le fedi di resto, i riscontri ed i notamenti, per formarne un solo, e farsene dal Segretario la consegna alla posta, come nell'articolo 21.

Art. 25. Qualora poi la Cassa di Corte di Palermo divenisse creditrice di quella di Napoli, dovrà questa emettere la fede di resto a favore della prima, e si praticheranno egualmente le stesse formalità prescritte negli articoli precedenti.

Art. 26. Siccome, per effetto della riscontrata delle polizze, difficilmente i conti possonsi pareggiare fra la cassa di corte di Palermo e quella di Napoli, cosi, avvenendo il caso che siavi un considerevole sbilancio, il Reggente del banco resta facoltato a procurare i mezzi per far restituire il numerario alla cassa creditrice; sia con delle operazioni commerciali, sia col trasporto dell'effettivo sui battelli a vapore, secondo che crederà egli più sicuro ed economico, nello interesse del banco, con dover però sempre tenerne informato il Ministro delle Finanze.

Art. 27. Sia pei pieghi della riscontrata, sia per tutti gli altri pieghi di corrispondenza, diretti al *Reggente del Banco*, al *Banco delle due Sicilie*, od *alla Cassa di Corte in Napoli*, non dovrà pagarsi alcun dritto di posta, siano essi giunti per la via di terra o di mare; come anche vi sarà franchigia per tutti i pieghi di uffizio che si spediranno con l'indirizzo al *Presidente della Cassa di Corte in Palermo*, od *alla detta Cassa di Corte*.

Capitolo V. Delle cauzioni degl'impiegati.

Art. 28. Gl'impiegati obbligati a cauzione dovranno darla in rendita, secondo i regolamenti per le cauzioni della finanza in Sicilia, sia per lo impiego attuale, che per gli altri ai quali, nel tratto successivo, l'impiegato possa esser traslocato; e salvo l'obbligo di dare il supplemento, qualora il nuovo impiego richiedesse una maggiore cauzione.

Art. 29. Volendosi dare la cauzione in beni fondi, siti in Palermo, l'esame dei titoli e delle cautele resta affidato a quel Governatore avvocato, che ne farà la proposta in sessione; e qualora il Presidente coi Governatori inclinino ad accettare tal cauzione, rimetteranno le carte all'agente del contenzioso, ed indi al Procurator generale di quella Gran Corte dei Conti, per farlo esaminare e discutere; dopo di che deve il Presidente tenere di tutto informato il Reggente, per provocare l'approvazione del Ministro delle Finanze.

Se poi si volesse dare in benifondi in Napoli, lo esame dei titoli e delle cautele resta affidato alla Reggenza, con l'intervento dell'avvocato governatore, rimanendo a cura del Reggente d'interrogare l'Agente del contenzioso, ed il Procurator generale della Gran Corte dei Conti, per lo esame, ai termini del Sovrano Rescritto del 13 luglio 1831, e della ministeriale del 23 maggio 1832, per provocarsi l'approvazione del Ministro delle Finanze.

Salvo dunque poche modificazioni e di lieve importanza, furono messe a Palermo ed a Messina le vecchie forme regolamentari del Banco, quali esistevano a Napoli. Al trentuno dicembre 1844, la cassa di Palermo aveva già in riserva D. 1110305,30.

*
* *

23. La Cassa di Sconto di Napoli faceva a quel tempo rapidi progressi, poichè alle date 31 dicembre ci furono in portafoglio:

ANNO	CAMBIALI appartenenti al Governo	CAMBIALI appartenenti ai privati	TOTALE
1840	1,088,864,58	1,599,390,40	2,688,254,98
1841	1,785,265,99	2,182,789,73	3,968,055,72
1842	1,821,920,21	2,425,430,21	4,247,350,42

— 580 —

Quando il Governo pensava di allargare in Sicilia le operazioni apodissarie e di collocamento del Banco, l' ufficio Cassa di Sconto aveva prestato duc. 4,878.909,21 (L. 20,735,364,34) e poteva disporre, con la regola dei diciottesimi, di altri duc. 2,266,872,29, cioè lire 9,634,197,23. Il bilancio 25 novembre 1843, uno dei pochi di quel tempo che l' archivio conservi, esprime questa distribuzione dei prestiti e pegni:

Cambiali da scadere. Conto argento. . . .	D.	2,644,469,16
Stipendi anticipati agl' impiegati. Conto arg. .	„	50,574,89
id. id. id. Conto rame .	„	1,230,62
Cambiali garentite con pegno, da scadere .	„	39,000,—
id. id. id. scadute . .	„	53,000,—
Pegni di rendita sul Gran Libro e di certificati delle due amministrazioni napoletane . . .	„	1,340,895,—
Pegni di certificati della Tesoreria Generale .	„	18,135,—
Cambiali protestate fino al 31 dicembre 1838	„	59,999,06
id· id. da gennaio 1839 al 12 novembre 1843	„	53,904,08
Bono della Cassa di servizio scaduto al 22 novembre 1843 e non ancora contabilizzato dalla Tesoreria Generale.	„	471,917,37
Crediti chirografari della Cassa di Sconto . .	„	145,784,03
	Totale ducati	4,878,909,21
Rimanenza disponibile sulle madrefedi della cassa. Conto argento	D.	1,967,102,91
Conto rame	„	299,769,38
	Totale ducati	7,145,781,50

Quel medesimo anno 1843 le operazioni del monte di pietà furono:

Mutui con pegno di oggetti preziosi	D.	2,626,786
id. id. telerie e pannine	„	303,401
id. id. metalli ignobili	„	79,639
	Totale ducati	3,009,826
Spegni di oggetti preziosi	D.	2,248,611
id. telerie e pannine	„	282,232
id. metalli ignobili.	„	55,663
		2,586,506

Vendite, per mancato riscatto, di oggetti preziosi . . . , ... D.   48,205
id.   id.   telerie e pannine. . .   „   13,312
id.   id.   metalli ignobili . . .   „   3,840
                                    ——————
                                         65,357

Aumentò per conseguenza, quell'anno, la *resta* o capitale collocato, di ducati 357.966.

* * *

24. Meno di cinque anni rimasero dipendenti, dalla Reggenza del banco delle due Sicilie, le casse di Palermo e Messina. La rivoluzione del 1848, che proprio a Palermo ebbe cominciamento, staccò per qualche tempo dalla corona di Napoli i dominii insulari , e non solo ruppe ogni relazione d' affari fra le casse di Napoli e quelle di Sicilia, ma costrinse queste ultime a sospendere i pagamenti; dopo d' aver esaurito la riserva metallica, e dopo d'avere posto in circolazione moltissime fedi di credito a corso forzoso.

Ristabilito il potere assoluto di Ferdinando 2°, una commissione nominata dal Generale Principe Filangieri, per la verifica dei conti della cassa Palermo, ch' era composta da Gaspare Wochinger, pagatore generale della cassa militare, Felice Carta, Giambattista Galbo e Gennaro Pepe, uffiziali della real marina, nonchè dai Presidenti e Ragionieri del banco, trovò nel tesoro soli D.   5,830,20
presso il cassiere Davide . . . .   „ 19,461,13
   id.   „   Palumbo . . . .   „   633,12
                                              ——————————
              Totale . . . . D. 25,924,45

Liquidò poi i seguenti debiti, per carta in circolazione:
Conto della Tesoreria di Palermo. . . . . D. 3,042,861,40
  "   Pagatoria . . . .   „   121,172,54
           Diverse amministrazioni. . . . „   57,444,25
           Privati . . . .   „   632,629,42
                                           ——————————————
              Totale . . . D. 3,854,107,61

Con vendite di nuovi titoli di debito pubblico fu colmato questo disavanzo, e le altre cospicue passività pei moti politici del 1848. Ma il banco di Napoli rimase scoverto della somma di D. 289,979,15, valori di riscontro, ossia carte delle casse Palermo e Messina spese nelle officine San Giacomo, Pietà e Spirito Santo.

debito, consegnando, per pagarlo, parecchi certificati di rendita. Ma li prese il Ministro di Finanza Pietro d'Urso per conto del Fisco. Non valsero sollecitazioni continue del Reggente del Banco, Ciccarelli, nè petizioni al Sovrano, perchè li restituisse.

Il Principe Filangieri propugnò la separazione dei banchi di Sicilia da quello di Napoli, ed in generale di tutta l'amministrazione dell'isola da quella dei dominii continentali; ciò che ottenne con l'atto Sovrano 27 settembre 1849, ed in particolar modo col decreto 15 agosto 1850, pel quale le due casse di Palermo e Messina si chiamarono *Banco Regio dei Reali Dominii di là del Faro*; con un Consiglio direttivo, formato dal Direttore Generale, che era eziandio Presidente della cassa di Palermo, da tre Governatori, e dal Presidente e Governatori della cassa Messina. La dote si stabilì non minore di annui duc. 36,813; da crescersi fino a 39,668 se alle operazioni apodissarie si aggiungesse il servizio di sconto, che S. M. aveva promesso, coll'articolo 6 del decreto 7 aprile 1843.

Fece compilare Filangieri un regolamento, approvato poi con decreto dei 26 d'agosto 1854, che conservava gran parte degli ordinamenti del 1843, poc'anzi riferiti. Principali novità l'autonomia, la soppressione della riscontrata con Napoli e l'assegnamento della dote, necessaria ad un Istituto di semplice circolazione, che non aveva lucro dalle cambiali o pegni.

*
* *

25. L'anno 1857, fu soddisfatto finalmente il desiderio delle province di Puglia, che da molto tempo insistevano per avere una cassa di circolazione, sconto, pegno; ed avevano fatto proporre, dal Consiglio Provinciale nel 1842, e dalla Società Economica nel 1850, di formarne la dote patrimoniale coi capitali e fondi dell'opere pie, dei comuni, della stessa amministrazione provinciale. Parve più semplice al ministro di Finanze, Murena, servirsi del Banco di Napoli, che allora si trovava in condizioni floride, adoperandone il capitale ed il credito per la fondazione d'un altra Cassa di Corte a Bari. Mediante decreti del 18 maggio e 9 ottobre 1857, ne fece approvare gli statuti e regolamenti, poco diversi da quelli promulgati per Messina e Palermo nel 1843, che serbavano le vecchie forme contabili ed amministrative del banco, salvo qualche indispensabile modificazione.

Decreto 18 maggio 1857.

Visto l'art. 9.° del Real Decreto del 12 dicembre 1816, con cui, provvedendo alla diffinitiva organizzazione del banco delle due Sicilie, ci riserbammo di aprire delle altre casse, qualora l'affluenza del numerario ed i progressi del commercio lo avessero richiesto.

Atteso che la prosperità sempre crescente dell'agricoltura e della industria, il progressivo aumento delle transazioni commerciali, e la grande affluenza del numerario nel nostro Reame, richieggono l'aumento, per ora, di un'altra cassa del banco delle due Sicilie nel centro del commercio delle Puglie.

Sulla proposizione del nostro Ministro Segretario di Stato delle Finanze.

Udito il nostro Consiglio Ordinario di Stato.

Abbiamo risoluto di decretare e decretiamo quanto segue:

Art. 1. Il banco delle due Sicilie è aumentato di un'altra Cassa di Corte, da stabilirsi nella città di Bari.

Art. 2. La direzione del suo andamento, e la disciplina degl'impiegati, saranno affidate ad un probo e distinto benestante, che prenderà il nome di Presidente. Egli dipenderà dal Reggente del banco ed avrà in aiuto tre Governatori, uno scelto dal ceto de' proprietarî, l'altro degli avvocati, ed il terzo fra i più accreditati negozianti. I medesimi saranno da Noi nominati, sulla proposta del nostro Ministro Segretario di Stato delle Finanze.

Art. 3. Questa nuova cassa, a similitudine di quelle stabilite in Napoli, resta autorizzata a ricevere qualsiasi somma di denaro in argento o rame, sia per conto dei particolari che della General Tesoreria, e di ogni pubblica amministrazione, rilasciando agli immittenti dei valori fiduciari, denominati fedi di credito o polizze, di cui ciascuno può disporre con girate e notate fedi.

Art. 4. Le medesime, come quelle che si emettono dalle dette casse stabilite in Napoli, saranno ricevute per contante effettivo da tutt'i ricevitori e cassieri del Regno, sia in soddisfazione di dazi e di contribuzioni qualunque, che per essere convertite in numerario; a quale oggetto anche le casse di Napoli sono autorizzate a ricevere le fedi o polizze della cassa di Bari; nè questa può rifiutarsi di convertire in numerario quelle delle casse di Napoli, sempre però sotto la responsabilità de' Cassieri e de' Pandettarî.

Art. 5. Istallata che sarà in Bari la cassa di Corte, i Ricevitori, gli Esattori ed ogni Contabile dello Stato colà residente, non potranno fare alcun esito, nè alcun versamento in numerario, sibbene dovranno pagare con polizze, stabilendo all'uopo presso detta cassa le corrispondenti madrefedi.

Art. 6. Come pure i Ricevitori Generali di Lecce e Capitanata, ed i Ricevitori Distrettuali residenti in dette province ed in quella di Bari, non che il Ricevitore del Tavoliere di Puglia, si asterranno di spedire del numerario in Napoli, dovendolo far pervenire alla Cassa di Corte in Bari, ed invieranno invece una polizza di quel banco alla general Tesoreria, alla cassa di ammortizzazione o ad altra dipendenza cui spetta.

Art. 7. Onde animare maggiormente il commercio e le industrie, per lo vantaggio de' nostri amatissimi sudditi, ci riserbiamo di stabilire in detta cassa le opere della pignorazione di oggetti preziosi, e dello sconto delle cambiali, a misura del cumolo del numerario e dello incremento del negoziato bancario. Ogni altro impiego di danaro è da noi espressamente vietato.

Art. 8. Per attivare il servizio della nuova Cassa di Corte, sarà staccato dal personale del banco delle due Sicilie, a prudenza del Consiglio di Reggenza, un competente numero di uffiziali graduati e soprannumerarî, che ci riserberemo poi di aumentare a secondo del bisogno e delle opere che vi saranno aggiunte.

Art. 9. Un particolare regolamento, approvato dal nostro Ministro Segretario di Stato delle Finanze, stabilirà tanto il modo da praticarsi per la pronta ed esatta riscontrata delle polizze, che vicendevolmente si scambieranno fra la cassa di Bari e quelle di Napoli, quanto i doveri e le attribuzioni di taluni funzionari del banco, per la parte di servizio non preveduta dai vigenti regolamenti, che saranno eziandio comuni alla nuova cassa.

Art. 10. Il nostro Ministro Segretario di Stato delle Finanze è incaricato della esecuzione del presente Decreto.

Decreto 9 ottobre 1857.

Sulla proposizione del Nostro Ministro Segretario di Stato delle Finanze;
Udito il Nostro Consiglio ordinario di Stato;
Abbiamo risoluto di decretare e decretiamo quanto segue:

Art. 1. Rimangono da noi approvati gli annessi due Regolamenti pel servizio della cassa di Corte del banco delle Due Sicilie in Bari, e pel servizio della Cassa di Sconto presso la medesima istituita.

Art. 2. Il nostro Ministro Segretario di Stato delle Finanze è incaricato della esecuzione del presente Decreto.

Capitolo 1.° Doveri ed attribuzioni del Presidente.

Art. 1. Il servizio interno della nuova Cassa di Corte in Bari sarà diretto da un probo e distinto proprietario, col titolo di Presidente. Egli godrà l'onorario di mensili ducati cinquanta, come gli altri suoi colleghi in Napoli.

Art. 2. Avrà in suo ajuto tre Governatori, uno ordinario, che supplirà il Presidente nei casi di assenza o di impedimento, e gli altri due soprannumerarî; il primo godrà l'onorario di ducati venticinque al mese. Le loro attribuzioni e facoltà sono determinate dal Regolamento organico del Governo dei banchi, approvato col Sovrano Rescritto de' 26 febbraio 1817.

Art. 3. Onde non ritardare il servizio delle amministrazioni, o de' pubblici Stabilimenti, per gli esiti ed introiti che occorrono farsi per banco, il Presidente è autorizzato a tenere corrispondenza con qualsiasi autorità della provincia, per oggetti risguardanti soltanto riconoscenze di firme, richieste di partite di polizze attaccate di falso, perizie e liberazione di denaro per fedi di credito e polizze disperse. Per queste ultime, prima di eseguire il pagamento, ne farà inteso il Direttore generale Reggente.

Art. 4. Per le richieste poi che gli si faranno dai particolari, per liberazione di danaro di fedi di credito o polizze disperse, dopo gli atti preparatorj, ricevuta che avrà la cauzione, ed i consensi di tutti gl'interessati, non potrà ordinarne la liberazione se non con l'approvazione del Direttore generale Reggente; che devesi alligare in copia agli atti da conservarsi nel volume, in luogo della fede di credito o polizza smarrita.

Art. 5. Occorrendo, per qualsivoglia circostanza, sia di andamento, sia di miglioramento di servizio, provocare delle Ministeriali disposizioni, il Presidente della Cassa di Bari non può, che per l'organo del Direttore generale Reggente, provocarle; stante a questo è riservata la corrispondenza col Ministero, e con le principali autorità del Regno.

Art. 6. In ogni caso di giubilazione o di destituzione d'impiegati, il Presidente dovrà co' Governatori discutere ed esaminare l'affare, ed indi con ragionato verbale manifestarne il risultato al Direttore generale Reggente, il quale emetterà i diffinitivi provvedimenti.

Art. 7. Vi saranno, nella cassa di Bari, dieci alunni senza soldo, nominati dal Direttore generale Reggente sulla proposta che ne farà il Governo della cassa. Tal numero, a prudenza del Direttore generale Reggente, potrà in seguito estendersi a venti, qualora il bisogno lo richiegga.

Gli alunni non godranno soldo, ma avranno un discreto compenso, per le trascrizioni delle fedi di credito e polizze sui giornali.

Art. 8. I soldi, le indennità, gli averi per la trascrizione delle polizze, e le spese minute ed impreviste, per la cassa di Bari, saranno, sempre con l'anticipazione di giorni quindici, pagate, a titolo di abbuonconto, dallo agente contabile del banco al Razionale della cassa di Bari; il quale presenterà tali polizze al' visto del Presidente, per accreditarle sulla madrefede, che dovrà all'oggetto tenere aperta, con la seguente intestazione: *Il Razionale ed appoderato della nostra Cassa di Corte*. Da tal madrefede non può egli prelevare alcuna somma senza l'ordinativo del Presidente, il quale, in conferma, dovrà apporre il suo visto alle polizze, che senza di quest'approvazione non si possono notare.

Art. 9. Gli ordinativi del Presidente, pei soldi gl'impiegati e per le indennità di cauzione, non possono mai eccedere le somme fisse e determinate nello stato discusso, che verrà appositamente a lui comunicato. Potrà non pertanto tener sequestrati i soldi agl'impiegati, sia per insubordinazione, sia per inassistenza, sia per altra colpa, e dello ammontare di tali soldi potrà anche disporre un competente compenso a colui che avrà rimpiazzato il manchevole; purchè ne sia stato autorizzato dal Direttore generale Reggente.

Art. 10. Il Presidente resta autorizzato a rimpiazzare il Direttore generale Reggente, per la firma degli ordinativi del compenso a darsi agli alunni che trascrivono le fedi di credito e polizze sui giornali; secondo la liquidazione che ne farà il Razionale, ai termini dello articolo 54 delle Istruzioni de' 5 gennaio 1819, e per gli ordinativi di tutte le spese minute che potranno farsi dall'usciere del Governo o dal custode del locale, il quale ne avrà poi il rimborso dal Razionale appoderato, in vista della nota, approvata ed ordinanzata dal Presidente.

Art. 11. Egli è del pari autorizzato a rimpiazzare il Direttore generale Reggente in tutti quei contratti che, per la economia del banco, stimerà dover fare; come sarebbe, il contratto per la formazione de' volumi delle polizze originali, per gli accomodi de' libri, somministrazione della carta, inchiostro, penne ec. Tali contratti debbono sempre essere approvati dal Direttore generale Reggente.

Art. 12. Lo stesso Presidente è anche autorizzato alle seguenti cose:

1. A tutte le disposizioni urgenti ed indispensabili, che non possonsi prevedere, salvo a farne contemporaneamente rapporto al Direttore generale Reggente;

2. Agli ordinativi per ridurre a volume le polizze e fedi di credito, sul certificato in ogni mese firmato dal Revisore e vistato dal Razionale, il quale dovrà poi liquidare ciò che spetta al ligatore, secondo i prezzi stabiliti;

3. Agli ordinativi per fare stampare gli stati di reste, le note de' riscontri ed altro, come anche per far somministrare i libri, la carta, l'inchiostro ecc., sulle richieste de' rispettivi impiegati, vistate dal Razionale, che ne assicuri il bisogno;

4. Agli ordinativi, sulle richieste de' cassieri, per sacchi, laccetti, ed altro che loro occorre, vistate però dal Razionale per assicurarne il bisogno;

5. Agli ordinativi per accomodi del locale, ed utensili per le officine, sulle domande che ne avanzerà il Razionale.

Le note di tali accomodi ed utensili debbono essere apprezzate dall'architetto provinciale, qualora ascendano a somma maggiore di ducati dieci, ed ove trattisi di minor somma, possono, invece dell'architetto, essere apprezzate da un impiegato del banco, autorizzato appositamente dal Direttore generale Reggente, sulla proposizione del Presidente, purchè abbia una opportuna conoscenza di tali lavori.

Capitolo 2.° Doveri ed attribuzioni del Razionale.

Art. 13: I documenti espressi nel precedente articolo saranno tutti rimessi dal Razionale allo Agente contabile del banco, il quale, trovandoli in regola, e compilati in conformità del Regolamento de' 5 gennaio 1819, li presenterà al Direttore generale Reggente, che disporrà i corrispondenti pagamenti. Le polizze saranno dallo Agente contabile rimesse al Razionale della Cassa di Corte in Bari, il quale avrà cura di fargli pervenire le quietanze, munite di suo visto.

Ove poi i documenti non si trovino in regola, lo Agente contabile li respingerà con le sue osservazioni, e dopo le analoghe regolarizzazioni si eseguirà il pagamento.

Art. 14. Il Razionale della Cassa di Corte in Bari, nella sua qualità di *appoderato* per lo pagamento de'soldi, indennità, gratificazioni e spese minute, è tenuto a dar conto delle somme che gli si anticipano a titolo di abbuonconto; in conseguenza, in ogni tre mesi, rimetterà allo Agente contabile un conto giustificato da validi documenti, che saranno i seguenti :

Pe' soldi ; lo stato, emarginato da tutti gl'impiegati, ed ordinanzato dal Presidente, coi certificati de' rispettivi capi di uffizio, costatanti lo esatto adempimento de' doveri di ognuno;

Per le gratificazioni ed indennità di cauzioni; un simile stato, emarginato dalle parti prendenti, ed ordinanzato dal Presidente;

Per le spese minute giornaliere; le note di colui che le avrà fatte, ordinanzate dal Presidente, e la copia della polizza pagatagli, assicurante di aver ricevuto l'originale; e quanto altro occorrerà, ai termini del mentovato regolamento de'5 gennaio 1819.

Art. 15. Tanto il conto che i documenti saranno firmati, in ogni pagina, dal Razionale, poichè dessi debbono figurare presso la Gran Corte de' Conti, in discarico dello Agente contabile, il quale avrà il regresso, in caso di significa, verso il detto Razionale ; ed all' oggetto darà questi una cauzione di ducati mille, che dovrà rispondere tanto per sè che pel suo aiutante, ed ogni altro sostituto che verrà da lui prescelto, con l'approvazione del Presidente, nel caso di sua infermità o di qualunque altro impedimento.

Art. 16. Il Razionale della Cassa di Corte in Bari dovrà immancabilmente, in ogni corso di posta, far pervenire la posizione delle casse al direttore generale Reggente, che deve tenerne esatta scrittura, come si pratica per le Casse di Corte e de' Privati, esistenti in Napoli.

Art. 17. Dovrà eziandio riceversi le casse di numerario, che per mezzo del procaccio si spediscono al banco dai Ricevitori generali e distrettuali; esaminarne lo stato esterno, e farne poi seguire in sua presenza la verifica e numerazione dal cassiere, con l'assistenza dei rispettivi procuratori, ai termini del Regolamento dei 27 ottobre 1817, e delle successive prescrizioni emesse.

Capitolo 3.° Stampa e consegna delle fedi di credito.

Art. 18. Lo scudo delle fedi di credito, che si emetteranno dalla nuova cassa di Bari, avrà la solita leggenda: *Il Banco delle due Sicilie tiene creditore N. N. . . . in duc. . . . . . . dei quali potrà disporre colla restituzione della presente firmata.*

Per la semplice distinzione della cassa e della qualità della moneta, sotto la firma del cassiere vi saranno impresse le seguenti voci : *Cassa di*

Corte in Bari argento o rame, e così egualmente sul bollo delle polizze notate fedi.

Art. 19. La stampa di dette fedi si farà in Napoli, sotto la sorveglianza del Segretario generale; ma il Razionale della Cassa di Corte in Bari dovrà sempre tenerne una soddisfacente provvista, facendo delle anticipate richieste al Direttore generale Reggente, per l'organo del Presidente.

In vista di tali richieste, nelle quali dovrà indicarsi il numero delle fedi, il Direttore generale Reggente ne ordinerà la spedizione, in una o più volte successive, ed il Segretario generale ne curerà l'adempimento; badando soprattutto che vadano molto ben condizionate, in una cassa di legno all'uopo costruita, per non farle nè macchiare nè maltrattare. Una chiave di essa si riterrà dal Segretario generale, ed un'altra del Presidente della cassa di Bari. La cassa sarà per mezzo del procaccio spedita in Bari, ma, in caso di pressante bisogno, le fedi si potranno anche spedire per la posta, formando di esse dei pacchi ben aggiustati, e convenientemente suggellati con cera lacca.

Giunta la cassa in Bari, il Presidente farà immediatamente numerare le fedi del Razionale, per accusarne ricevo al Segretario generale.

Tale ricevo sarà ritirato dal Presidente, che lo rimetterà, col primo corso di posta, al Direttore generale Reggente, per lo discarico del Segretario generale. Questi le unirà alle richieste, per formarne un volume, che terrà per giustificazione di quelle partite che verranno segnate, sul libro d'immissione e consegna delle fedi di credito, senza la sottoscrizione del Razionale.

Capitolo 4.° Metodo per la riscontrata.

Art. 20. Dovendo le casse in Napoli realizzare le fedi di credito e le polizze emesse dalla cassa di Bari, o viceversa, è destinata ad eseguire la riscontrata la sola Cassa di Corte in S. Giacomo con quella di Bari.

Art. 21. Il Cassiere Maggiore di San Giacomo terrà particolare registro de' valori in argento della Cassa di Bari; indicando la somma, la data, il nome dell'intestatario, quello dell'ultimo girante, e quello dello esibitore notato al piede. Tale registro sarà cifrato, in fine della giornata, dal Cassiere Maggiore, il quale lo passerà al Razionale, per far copiare, con lo stesso ordine e con le stesse categorie, il notamento delle polizze prese nella giornata.

Il Cassiere del conto in rame farà altrettanto, per le polizze di simil metallo.

Art. 22. Ove la Cassa di Corte in Napoli fosse creditrice di quella di Bari, il Cassiere Maggiore in Napoli avrà l'obbligo di rimettere al suo collega in Bari le polizze di quella Cassa, di unita alle fedi di resto, in un piego ben suggellato. Tali polizze, nel giorno della partenza della posta, saranno, con l'intervento del Razionale e del Segretario presso del Presidente, confrontate di buon ora col registro della Cassa Maggiore, e col notamento esistente in Razionalia; ed ove qualche indicazione sia erronea, si rettificherà dal Razionale la partita del libro, formandosi altra copia del notamento. Tanto il libro che il notamento saranno cifrati dal Cassiere Maggiore, dal Razionale e dal Segretario.

Il Cassiere Maggiore, in presenza di essi, chiuderà in un plico ben suggellato i riscontri, la fede di resto, ed il notamento, con lo indirizzo al suo collega in Bari.

Lo stesso verrà parimenti praticato dal Cassiere del rame, per le polizze di tale metallo.

Ambo i pieghi saranno dal Segretario avvolti in altra carta, formandone un sol piego; con lo indirizzo alla Cassa di Corte in Bari, e vi apporrà il suggello del Banco. Tale piego si dovrà dal Segretario consegnare alla posta tre ore prima della partenza; si esigerà ricevo, secondo che sarà combinato di accordo tra il Banco e l'Amministrazione generale delle Poste.

Art. 23. Il Segretario dovrà tenere soltanto conto del numero delle polizze e del loro ammontare, che si saranno spedite a Bari, per informarne il Presidente. Ciò non esclude che il Presidente, o qualunque Governatore, debba vigilare per la esattezza e regolarità di tale spedizione, per cui, assistendovi alcuno di essi, apporrà il visto al libro ed al notamento.

Art. 24. Giunto il piego a Bari, il Direttore della posta curerà di farlo subito pervenire al Presidente od al suo Segretario, da chi si verificherà pria lo stato dei suggelli, e dopo se ne farà ricevo. Essendovi alterazione, ne farà espressa menzione nel ricevo, per tutte le conseguenze che potranno derivarne. La prima fascia sarà particolarmente aperta dal Presidente o dal Segretario, in presenza del Razionale. La seconda, che avvolge le fedi di credito e polizze di riscontrata, non sarà aperta che dal rispettivo Cassiere, in presenza del Razionale e del Segretario, i quali assisteranno al confronto del notamento con le polizze. Il detto notamento, dopo di essere stato cifrato dal cassiere, sarà conservato dal Razionale, ed il suo ammontare sarà controposto a'riscontri delle casse di Napoli, esistenti presso di quel cassiere, dal quale, secondo la differenza che ne risulterà, sarà aumentata o diminuita la fede di resto.

Art. 25. Con la partenza della posta, i cassieri in Bari rimetteranno, con le formalità di sopra stabilite, a'loro colleghi in Napoli le fedi di resto di argento e di rame, con le polizze delle Casse di Napoli ivi realizzate, di unita al notamenti. Qui giunto il piego, il Segretario del Presidente verificherà lo stato de'suggelli, facendone menzione nel ricevo, ed aprirà il piego in presenza del Razionale. Ivi rinverrà i due pieghi diretti al cassiere Maggiore ed al cassiere del rame, e li passerà loro per aprirli e per verificarsi, in presenza tanto del Razionale che del Segretario, se vadano in regola le fedi di resto.

Indi, nel primo giorno della partenza di posta, detti cassieri col Razionale e Segretario prepareranno di buon' ora i rispettivi pieghi con le fedi di resto, i riscontri ed i notamenti, per formarne un solo, e farsene dal Segretario la consegna alla Posta, come nell' art. 22.

Art. 26. Qualora poi la Cassa di Corte in Bari divenisse creditrice di quella di Napoli, dovrà questa emettere la fede di resto a favore della prima, e si praticheranno egualmente le stesse formalità prescritte negli articoli precedenti.

Art. 27. Siccome, per effetto della riscontrata delle polizze, difficilmente i conti possonsi pareggiare fra la Cassa di Corte in Bari, e quella di Napoli, così, avvenendo il caso che siavi un considerevole sbilancio, il direttore generale Reggente del Banco resta facoltato a procurare i mezzi per far restituire il numerario alla Cassa creditrice, sia con delle operazioni commerciali, sia col trasporto dello effettivo per mezzo del procaccio, secondo che crederà egli più sicuro ed economico.

Art. 28. Sia pe'pieghi della riscontrata, sia per tutti gli altri pieghi di corrispondenza, che inviansi *al Direttore Generale Reggente del Banco delle Due Sicilie*, od· *alla Cassa di Corte in Napoli*, non dovrà pagarsi alcun dritto di posta, come anche vi sarà franchigia per tutt'i pieghi di uffizio, che si spediranno con l'indirizzo *al Presidente della Cassa di Corte in Bari*, ed alla detta *Cassa di Corte*.

Art. 29. Tutte le altre disposizioni racchiuse nel Regolamento del Banco delle Due Sicilie, non che le ministeriali e le ordinanze, che non si oppongono a quanto di sopra è stabilito, rimangono nel loro pieno vigore, e saranno applicabili anche allo andamento del servizio della Cassa di Corte in Bari.

Appendice al Regolamento del 31 marzo 1839, per lo servizio della Cassa di Sconto, da stabilirsi presso la Cassa di Corte del Banco delle due Sicilie in Bari.

Art. 1. La Cassa dello Sconto, da stabilirsi in Bari, per effetto del Real Decreto del 18 maggio 1857, sarà una dipendenza della Cassa di Napoli, ov' è l' amministrazione centrale, affidata alle cure del Direttore Generale Reggente del Banco delle Due Sicilie.

Art. 2. Lo andamento del servizio della Cassa di Sconto in Bari sarà ivi regolato e diretto dal Presidente della Cassa di Corte, il quale dipenderà dal Direttore generale Reggente, ai termini dell' articolo 2° dell' enunciato Real Decreto.

Art. 3. Le operazioni della medesima consisteranno nello sconto delle cambiali traettizie, de'boni della Cassa di servizio e degli altri valori della Tesoreria generale, dei boni ed altri effetti commerciali, esigibili non al di là di tre mesi; secondo le regole stabilite nel Regolamento approvato ai 2 aprile 1839, per la Cassa di Sconto in Napoli.

Art. 4. Lo esame dei valori da ammettersi allo sconto, in quanto alla loro forma, ed alla bontà e solvibilità delle firme e regole commerciali, apparterrà ad un Consiglio, composto dal Presidente del Banco, dal Vice Presidente della Camera consultiva di commercio, e da quattro negozianti, da cambiarsi uno in ogni anno. Quattro componenti del Consiglio possono deliberare.

Art. 5. Quel componente che cifrerà gli effetti ammessi allo sconto, avrà cura di segnare, in un libretto particolare, il nome del negoziante al quale si sia avuto maggior fiducia nell' ammissione delle cambiali, onde lo Agente de'cambii abbia una sicura norma per aprire i corrispondenti conti nel registro dei fidi, che serve di guida al consiglio.

Art. 6. Al solo Presidente è attribuita la corrispondenza officiale col Direttore generale Reggente, avvalendosi dell'opera del Segretario della cassa di corte e dei suoi impiegati, il numero dei quali verrà convenientemente aumentato.

Art. 7. Lo stesso Presidente ha pure la facoltà di ordinare al Razionale il pagamento:

I. Dei valori ammessi allo sconto.
II. Del gettone di ducati due, spettante a ciascun componente del Consiglio, quando abbia prestato la sua presenza, secondochè si rileverà in ogni fine di mese dai verbali d'intervento, formati in ogni seduta dal Segretario della cassa, e vistati dal Governatore negoziante.
III. Il compenso mensile, ovvero il dritto spettante all'esattore, secondo la liquidazione formata dal Razionale.
IV. Le spese dei protesti, fatte dall' ufficiale pubblico e trovate in regola dal Controllo.
V. Le spese ordinarie pei giudizi debitamente autorizzati.
VI. Ed ogni altro esito fisso e determinato o superiormente approvato.

Art. 8. Nel giorno precedente alla scadenza dei valori, il Presidente avrà cura di farne la gira allo Esattore per la debita riscossione, e nel giorno seguente si farà esibire il borderò di versamento della esazione fatta; come anche, assistito dal Governatore Controllo e dal Razionale, procederà, quando crede, alla verifica dei valori esistenti in portafoglio, fra di un termine non mai al di là di tre mesi.

Art. 9. Il Presidente, in ogni corso di posta, rimetterà al Direttore generale Reggente una copia del borderò dei valori ammessi allo sconto; ed in ogni metà e fine di mese gli spedirà lo stato di situazione, tanto del capitale, che degli utili, con la distinta dei singoli valori caduti in protesto; ed al termine di ciascun quadrimestre vi unirà il versamento degli utili, dedotti gli esiti fatti.

Art. 10. La scrittura di Controllo sarà affidata al Governatore negoziante, il quale godrà l'onorario di mensuali ducati venticinque, e ducati dieci al mese per gasti. Egli avrà gli stessi obblighi addossati al Segretario generale, col titolo: IV del Regolamento del 1839; a quale oggetto, per la tenuta dei corrispondenti registri e libri, nonchè per la compilazione dei rapporti richiesti dal Presidente, si avvalerà del Segretario e dei suoi impiegati; ai quali, con la intelligenza del Presidente, distribuirà mensilmente il compenso delle grana quattro per ogni ducati mille, sopra tutte le somme che la cassa eroga per la negoziazione dei diversi effetti, che con la medesima si esegue.

Art. 11. Il Governatore controllo conserverà gelosamente il registro dei fidi, e vigilerà per la sua esattezza e regolarità. Controllerà e verificherà le diverse operazioni, di qualunque natura esse siano, e rivedrà anche le calcolazioni degli interessi. Sottoscriverà, dopo di averne presa ragione, i borderò degli effetti negoziati con la cassa, debitamente ordinanzati, e firmerà le polizze di pagamento, in compruova della esattezza delle calcolazioni e della regolarità dei documenti.

Art. 12. Ogni mattina si farà esibire dallo esattore il versamento del giorno precedente; ne verificherà l'ammontare e lo presenterà al Presidente, il quale disporrà passarsi al Razionale, e munirà di sua firma ogni polizza di pagamento diretto alla cassa, sottoscrivendo i borderò.

Art. 13. Terrà conto degli effetti non soddisfatti e rimessi ai patrocinatori, per renderne informati i deputati, onde non ammettano la firma di quei sottoscrittori di cambiali, che non han curato di estinguerle.

Art. 14. Il Razionale della Cassa di Corte aumenterà a ducati tremila la sua cauzione, e sarà il Razionale della Cassa di Sconto, venendo coadiuvato dà un corrispondente numero d'impiegati. Egli, su tale cauzione, percepirà la corrispondente indennità del tre per cento, ed inoltre il compenso di grana sei, per ogni mille ducati, sopra tutte le somme che la cassa eroga per la negoziazione dei diversi effetti, che con la medesima si esegue; quale compenso si dovrà ripartire in ogni mese coi suoi ajutanti, con l'autorizzazione del Presidente.

Art. 15. Il Razionale registrerà gli sconti delle cambiali, tenendone esatta scrittura a stile doppio, in modo che dia i più soddisfacenti risultati, tanto per lo capitale, che pei profitti, e darà il suo conto materiale al Consiglio della Tesoreria Generale. Questo conto formerà appendice di quello che darà il Razionale in capo della cassa di sconto di Napoli, senza che la responsabilità dell'uno aggravi l'altro, essendo ciascuno di essi tenuto a dar conto per la propria gestione.

Art. 16. Il Razionale in Bari, come controllo immediato dell'esattore, terrà una delle chiavi del portafoglio o della cassa, nella quale debbonsi immediatamente racchiudere i valori ammessi allo sconto. L'altra chiave rimarrà affidata all'esattore, che tiene principalmente in consegna detti valori, ma non potrà estrarne alcuno senza il concorso del Razionale. Estraendosene, per esigenza anticipata a richiesta dei debitori, il Razionale dovrà informarne il Presidente, il quale si farà esibire i valori per apporvi le gire e per obbligare l'esattore a farne il versamento pel dì seguente. Insomma il Razionale adempirà a quanto altro nel titolo VII del Regolamento del 2 aprile 1839 è prescritto pel controllo presso il Tesoriere, senza però aver dritto al compenso stabilito dall'articolo 50.

Art. 17. Sarà portato nella sua officina il libro delle scadenze degli effetti negoziati con la Cassa, per conoscere se in ciascuna giornata siasi dall'esattore realizzato il carico effettivo delle cambiali che scadono. Come anche terrà registro di tutti gli effetti protestati, con la notizia del patrocinatore incaricato del giudizio, e vi discaricherà i pagamenti, che faranno i debitori per mezzo dell'esattore, e quindi ne passerà avviso al patrocinatore.

Art. 18. Terrà presso di sè la madrefede del capitale intestato alla cassa, e spedirà le corrispondenti polizze, in vista de' borderò degli sconti, qualora il tutto sia in regola, tanto per la esattezza del calcolo degl'interessi, quanto per gli adempimenti che vi occorrono.

Similmente terrà una madrefede separata riguardante gli utili, sulla quale eseguirà tutti gli esiti ordinanzati dal Presidente, in corrispondenza degli articoli 7, 9 e 10 del presente regolamento.

Art. 19. Passerà le cambiali e protesti al patrocinatore destinato, con ritirarne ricevo in piè della copia delle cambiali, qualora trovisi in Bari. Se si troverà in Trani, gli atti con la cambiale si spediranno per mezzo della posta, con piego assicurato, per quindi ritirarne ricevo in piè della copia della cambiale, dovendosi tal copia rimettere al Consiglio di Tesoreria, in appoggio del conto. Avrà eziandio cura di farne altra copia per notizia della segreteria, che dovrà informarne il Direttore generale Reggente, e darne avviso al patrocinatore, con ufficio del Presidente. Apporrà le debite disposizioni alle polizze d'introito di sorta e degli utili, per accreditarle sulle rispettive madrefedi, qualora sieno in regola, e senza gira pregiudizievole alla cassa, e le passerà al Governatore Controllo. Questi le munirà di sua firma, per indi vistarsi dal Presidente, ed eseguirsi l'introito nelle madrefedi.

Art. 20. Il conto, di cui si è fatto menzione nell'art. 15, sarà giustificato da analoghi documenti, e per l'organo del Presidente sarà, in ogni fine di marzo, rimesso al Direttore generale Reggente del banco, il quale lo passerà al Razionale della Cassa di Sconto in Napoli, per aggregarlo al suo conto, dopo di averne verificato i risultati, per ciò che emerge dalla sua scrittura.

Art. 21. Saran validi documenti per la giustificazione degli introiti nella madrefede di proprietà, i borderò di versamento dell'esattore ed i parziali rapporti coi quali accompagnar deve le polizze pagate dai debitori; quali borderò giustificheranno anche il discarico delle cambiali protestate nel corso dell'anno, quante volte siavi l'ordine del Presidente per la loro spedizione al Patrocinatore, ed il ricevo dello stesso, come si è detto nell'art. 19.

Art. 22. Le reste che per cambiali protestate risulteranno ad esigersi, saranno documentate con certificato del Governatore Controllo, vistato dal Governatore avvocato, con cui verranno costatati i giudizi in corso, e le altre ragioni della inesazione delle reste.

Art. 23. In fine di ogni anno il Presidente, assistito dal Governatore controllo, farà la contata di cassa, e dei valori che esisteranno presso dello esattore; e si distenderà dal Razionale e dal Segretario un verbale di verifica, che, munito del visto del Presidente, sarà presentato in giustificazione delle reste che figureranno nel conto. La esistenza in portafoglio ed in madrefede verrà documentata da un certificato dell'uffiziale addetto al giornale della Cassa di Sconto, vistato dal Razionale e dal Governatore Controllo.

Art. 24. I borderò degli sconti, sottoscritti dall'Agente dei cambii, col *visto* del Consiglio, ed ordinanzati dal Presidente, giustificheranno gli esiti fatti.

Art. 25. L'Esattore della Cassa sarà obbligato a dare una cauzione, di ducati cinquemila, la quale risponderà tanto del fatto proprio che dei suoi aiutanti e commessi. Su tale cauzione non percepirà alcuna indennità, ma godrà del dritto di grana trenta, per ogni migliaio di ducati, su tutti i valori, a carico de' particolari, che realizzerà; senza nulla corrispondere alle officine della Segreteria e Contabilità della Cassa; non essendo applicabili, per lo Esattore della Cassa di Bari, le disposizioni racchiuse negli articoli 42 e 43 dell'enunciato regolamento del 1839.

Tale dritto è compensativo di ogni sua opera, e della spesa che potrà erogare, per la tenuta della scrittura, e pei commessi e facchini; che adoprerà con la intelligenza del signor Presidente, dovendogliene passare nota prima di adibirli.

Art. 26. Gli obblighi dell' Esattore sono definiti dal regolamento del 2 aprile 1839, sotto il titolo del Tesoriere, ed ai medesimi l' Esattore si dovrà pienamente uniformare.

Art. 27. In caso di congedo o di fisico impedimento, il Presidente sarà rimpiazzato, nella firma e nelle sue attribuzioni, dal primo Governatore, come per gli affari del Banco. Il Governatore Controllo da altro Governatore. Il Razionale dal suo primo ajutante, sotto la responsabilità dello stesso Razionale; e l'Esattore da un soggetto di sua scelta, purchè siavi concorsa l' approvazione del Presidente; in difetto il Segretario ne assumerà provvisoriamente il carico; ed in ambo i casi gli esercenti saranno sempre a rischio e responsabilità del titolare. Elassi quindici giorni dal provvisorio rimpiazzo, il Presidente ne informerà il Direttore generale Reggente, il quale ne farà rapporto a S. E. il Ministro delle Finanze, per le superiori definitive risoluzioni.

Art. 28. Il più abile ed intelligente fra i Regii Sensali di commercio residenti in Bari, che dar possa una corrispondente cauzione in rendita iscritta al Gran Libro, assumerà l'ufficio di Regio Agente de' cambii. Egli apporrà la sua cifra a tutte le cambiali e biglietti ad ordine che saranno ammessi allo sconto; e mercè tale cifra resta responsabile della verità della firma degli accettanti, non che di quelle dei penultimi e degli ultimi giranti, e di coloro che prestano l'avallo; rimanendo anche garante e responsabile della identità delle persone, e della loro capacità di contrattare, come pure sarà responsabile di tutte le irregolarità, intrinseche ed estrinseche, che possano esistere sì nel testo che nel corpo dei valori ammessi allo sconto.

Art. 29. Il Regolamento della Cassa dello Sconto, del 2 aprile 1839, e le Ministeriali ed Ordinanze, che non si oppongono alle presenti disposizioni, rimangono nel loro pieno vigore e saranno applicabili per l'andamento del servizio della Cassa di Sconto in Bari.

*
* *

La spesa di compra ed adattamento d'un palazzo si fece per metà dall' amministrazione provinciale di Bari, e pel resto dall' altre due province Pugliesi di Foggia e Lecce. Vincendo varie difficoltà, di natura tecnica ed amministrativa, l' Intendente Manderini riuscì a far inaugurare la cassa nel giorno natalizio di Ferdinando 2° (12 gennaio 1858). Da parte sua, il Ministro Murena lavorò molto a questo primo tentativo d' allargamento delle operazioni del Banco nelle province continentali; e fra l'altro scrisse una iscrizione, che i Governatori posero sotto d' un ritratto in marmo del Re (1).

*
* *

27. Varie importanti novità si comandarono, nel seguente anno 1858, per la Cassa di Sconto; che avrebbe voluto anticipare al fisco l'ammontare dei dazi doganali, tenendo come pegno le merci depositata nei magazzini regii (2); e per la succursale Spirito Santo, che

(1)
FERDINANDUS II
INCOMPARABILIS TOTIUS REGNI SOSPITATOR
REGIUM HEIC AERIS REPOSITORIUM
PROVIDENTIA SUA INSTITUIT EREXIT
QUO PUBLICI PRIVATIQUE CENSUS
INGENS NUMMORUM VIS
IN MAIUS RARA TEMPORUM FELICITATE GLISCENS
QUA COMMERCIORUM QUA SECURITAS ERGO
AD USUM ADSERVARETUR
MENSA INSUPER MERCATURAE COMMODO ADDITO·
QUAE
PECUNIAE EX LITTERIS COLLIBISTICIS DEBITAE
SOLUTIONEM PRAEVERTERET
ET PIGNORE DEPOSITO NOMINA FACERET ˙
STATA PRO MORAE DISPENDIO USURA
QUANTA MINIMA
PRIMISCRINIO ET III VIRIS PECUNIAE CURATORIBUS
ATQUE ARCARIS CREATIS
ANNO R. S. MDCCCLVII

L' iscrizione esiste. Il ritratto dovettero toglierlo nel 1860, dopo che l' avevano sfregiato con daghe e baionette certe guardie nazionali, che non seppero far uso migliore dell'armi loro confidate.

(2) *Decreto 3 febbraio 1858.*

Intenti Noi sempre a promuovere la prosperità del commercio ed a diffondere le ricchezze nel regno, a vantaggio dei nostri amatissimi sudditi.
Volendo a tal fine accrescere vie più il movimento dei fondi della dote propria della Real Cassa di sconto, ed estendere le funzioni dei suoi capitali in una larga proporzione, a favore del commercio e delle industrie nazionali, facilitando le attuali operazioni della cassa anzidetta; ed aggiungendovene delle altre di grande utilità, di non lieve importanza alla crescente prosperità economica del Reame.
Veduto l' art. 7 del Real Decreto de' 12 dicembre 1816, col quale ci riservammo di estendere le operazioni della cassa di sconto alle anticipazioni di danaro sulle mercanzie esistenti in dogana, per animare sempre più il commercio ed estenderne i fondi; nonchè l' articolo 6 del Decreto dei 23 agosto 1824, i Reali Decreti de' 29 novembre 1819 e de' 12 febbraio 1832, e il Regolamento della Cassa di Sconto de' 31 marzo 1839, da noi approvato.
Veduto inoltre l' art. 11 del predetto Reale Decreto dei 12 dicembre 1816, e la necessità di stabilire diffinitivamente le norme per eseguirsi, presso il Banco delle Due Sicilie, l'opera della pegnorazione delle monete estere di argento e delle verghe di simile metallo.
Sulla proposizione del nostro Ministro Segretario di Stato delle Finanze.
Udito il nostro Consiglio ordinario di Stato.
Abbiamo risoluto di decretare e decretiamo quanto segue:
Art. 1. La Real Cassa di Sconto è autorizzata a fare ai negozianti, a determinate scadenze, prestiti di somme, garentiti dal valore delle mercanzie depositate nei loro magazzini nella Gran Dogana di Napoli; le quali verranno costituite a titolo di pegno a favore della cassa, mediante apposito verbale amministrativo, e senza che siano smosse dai magazzini di deposito.

ebbe facultà d'impegnare le verghe d'argento e le monete forestiere (1). Fu provveduto pure per lo sconto indiretto fra Napoli e Ba-

Art. 2. Nel caso della vendita delle mercanzie pegnorate, sul prodotto sarà prima pagato alla Gran Dogana il dazio ed ogni altra tassa liquidata nella scrittura a matrice del deposito, ed il di più sarà versato in pagamento alla Real Cassa di Sconto; il credito della quale, dopo quello della Dogana, è sopra ogni altro privilegiato, fino alla concorrenza delle somme prestate e di ogni altro accessorio delle stesse.

Art. 3. Saranno ammessi dalla cassa di sconto i boni o biglietti ad ordine, sottoscritti da un commerciante, o da qualunque altra persona, che, col solo fatto della sua sottoscrizione, dovrà intendersi di avere assunta una obbligazione commerciale; purchè sieno garentiti, in determinate proporzioni, da un valore di mercanzie già sdaziate e poste in circolazione, per le quali sarà stabilito un deposito speciale, di dipendenza della cassa anzidetta.

Art. 4. Le cambiali a tre firme che si ammettono allo sconto, ai termini del regolamento dei 31 marzo 1839, potranno avere la scadenza di cinque mesi, con facoltà al Reggente del Banco, direttore della cassa di sconto, di permettere la dilazione fino a sei mesi.

Art. 5. L'annesso regolamento, da Noi approvato, e che fa parte del presente decreto, stabilisce le condizioni e le norme per la esecuzione di ciascuna delle operazioni indicate negli articoli precedenti.

Art. 6. Sarà pure eseguita, secondo le norme prescritte col predetto regolamento annesso al presente decreto, l'opera approvata col Real Decreto dei 12 dicembre 1816, della pegnorazione delle monete estere di argento e delle verghe di simil metallo presso il Banco delle Due Sicilie.

(1) *Articoli del regolamento 3 febbraio 1858 riguardanti pegni di verghe e monete estere di argento.*

Art. 63. Nel Banco delle Due Sicilie, e precisamente nella 2ª Cassa di Corte allo Spirito Santo, sarà permesso di pignorare le monete estere di argento, di antico e di novello conio, come pure le verghe di simil metallo, in seguito di richiesta, in iscritto, che la parte ne farà al Presidente della Cassa.

Art. 64. Nella dimanda dovrà indicarsi il domicilio della parte, il nome del padre, la professione ed il mestiere, non che il numero e la qualità delle monete o delle verghe, il loro valore, ed ogni altra particolarità che vi abbia rapporto. Il Presidente, con sua decretazione, la passerà al Razionale pel corso regolare, e per prenderne nota in apposito registro.

Art. 65. Niuno di tali pegni potrà eccedere la somma di ducati diecimila, e verranno essi annotati, del pari che gli altri pegni, sul libro del credenziere, e riposti in cassettini di legno, dove l'esibitore scriverà il suo nome. Questi pegni verranno conservati nel guardaroba, in una cassa a due chiavi, una delle quali sarà affidata al revisore dei pegni, ed un'altra al custode.

Art. 66. Le monete di argento straniere saranno valutate a peso, come ogni oggetto di simil metallo, ed a giudizio dello estimatore e del revisore si pagherà ai pegnoranti una somma prudenziale, da non eccedere i quattro quinti del valore corrente. Tanto il revisore che lo estimatore dovranno poi firmare i corrispondenti cartellini.

Art. 67. Laddove l'interessato non sia contento della seguita valutazione, sarà inviato alla Regia Zecca, accompagnato da un aiutante del guardaroba che custodirà le monete che s'intende. ranno pegnorare. Ivi, qualora le monete si trovino comprese nelle tavole annesse alle ordinanze del dì 8 maggio 1818 e 2 ottobre 1822, si verificheranno e, dopo pesate, si assegnerà alle stesse il valore effettivo che avranno, ai termini di quelle ordinanze. Fatto ciò, si rilascerà un certificato in duplice spedizione, sottoscritto dal verificatore, dal campione e dal contabile del tesoro, e vistato dal controloro; delle quali spedizioni, una sarà consegnata all'aiutante del guardaroba unitamente alle monete esibita, e l'altra sarà rimessa, riservatamente, alla Razionale della Cassa, che la conserverà presso di se, per la dovuta sorveglianza sull'andamento del servizio. Questo certificato servirà di norma allo estimatore ed al revisore per la valutazione delle monete; di cui soltanto quattro quinti l'apprezzatore potrà far pagare allo esibitore del pegno.

Art. 68. Ove poi le monete non si vedranno comprese in quelle tavole, il proprietario dovrà farle fondere, a sue spese e rischio, nella piazza o nella Zecca stessa; ad oggetto che quest'ultima possa, sul massello o masselli che si avranno, far praticare i saggi di uso, che pur saranno pagati dal proprietario; ed indi rilasciare i prescritti certificati, nei quali saranno indicati il peso grezzo e fino delle materie, non che il loro valore, a norma dell'ordinanza del 1818, onde possa proporzionarsi il pagamento de' quattro quinti detti di sopra.

Art. 69. I masselli dovranno sempre esser accompagnati dal certificato dei saggiatori della zecca, e portare impresso, su di una delle loro superficie, la cifra di detti saggiatori, non che i millesimi di puro che contengono. Nè i mentovati saggiatori ometteranno di far giungere, riservatamente, un doppio di tali certificati al Razionale del Banco; onde, in vista di essi e de' contras-

ri, nonchè per le cambiali estere traettizie (1) e per la contabilità dei protesti.

segni marchiati su i masselli, possa permettersi il pegno, per soli quattro quinti, del risultato del valore riportato nel certificato, com' è detto nel precedente articolo.

Art. 70. Non venendo bene riconosciuti i contrassegni, perchè forse non chiaramente impressi, ed in caso di qualunque altro dubbio, che sorger potesse all'orefice o al revisore, sul fino dei masselli, potranno i medesimi, unitamente allo interessato, recarsi presso lo Ispettore dei saggi della Zecca, per richiedere in loro presenza un novello saggio ed una nuova impressione de' segni; il tutto a spesa dello interessato.

Art. 71. La cartella, che per tali pegni si rilascerà alla parte, ed il cartellino pel cassiere, saranno vistati dal Razionale della Cassa, il quale prenderà particolare ingerenza di siffatto servigio.

Art 72. All' epoca del dispegno, il cassiere della pegnorazione ritirerà la somma mutuata, con l' interesse del tre per cento l' anno, calcolato per giorni, ed il custode consegnerà il pegno allo interessato, quando il Razionale avrà riveduta la calcolazione degl' interessi, ed avrà posto il suo visto alla cartella.

Art. 73. Qualora, dopo l' elasso di sei mesi, il pegno non sarà riscattato o rinnovato, l' orefice venditore, assistito dal credenziere, recherà all' amministrazione generale delle monete le verghe o le monete di argento; ed ottenutone il solito mandato, lo realizzerà, dopo i 45 giorni, nella 1ª Cassa di Corte, e farà immediato versamento dello importo di esso, come si pratica per tutti gli altri pegni.

Art. 74. Questi pegni figureranno, come tutti gli altri, nella resta giornaliera che formerà il credenziere; ma il Razionale della 2ª Cassa di Corte, ogni qualvolta vi sarà aumento o diminuzione di siffatta specie di pegni, ne farà specifica menzione in dorso, secondo la posizione del registro, che all' uopo porterà la sua officina.

Art. 75. Il Presidente, ogni qualvolta procederà alla verifica delle casse, terrà di mira anche questo ramo di pegnorazione, e ne farà particolare menzione nei verbali di verifica.

(1) *Regolamento 22 maggio 1858*

1. La Cassa di Sconto aggregata al Banco delle due Sicilie, in Napoli, resta autorizzata a scontare le cambiali e boni commerciali pagabili in Bari. E viceversa, la cassa di sconto in Bari sconterà i simili valori, da accettarsi nella piazza di Napoli.

2. Le cambiali, estere e traettizie, per essere presentate allo sconto, debbono essere munite di copia firmata dall' ultimo girante, e le cambiali di piazza debbono essere fornite di seconda.

3. Questi valori, sebbene privi di accettazione, debbono essere rivestiti almeno di due firme di solidi ed accreditati negozianti della piazza, e saranno ammessi allo sconto dietro l' esame e la discussione, che ne farà il Consiglio dei Deputati; ai termini dell'articolo 4° del Regolamento del 31 marzo 1839.

4 L'Agente dei cambii, presso la Cassa di sconto di Napoli, formerà il corrispondente borderò dei valori pagabili in Bari, nel modo e forma prescritta dallo articolo 55 del detto Regolamento; ma separato e distinto dagli altri valori, e lo presenterà al Tesoriere, ed al suo Controllo, con due copie, da lui sottoscritte, di unita ai valori.

Lo Agente dei cambii in Bari praticherà lo stesso pei valori ammessi colà, presentando all' Esattore ed al Razionale l' originale borderò, con le due copie ed i valori.

5. Il Tesoriere ed il Controllo della Cassa di Napoli, fatto il confronto delle prime e seconde di cambio, e degli originali con le copie, accuseranno in piè del borderò originale la ricezione delle seconde cambiali di piazza, e delle copie di quelle estere. Le prime cambiali e gli originali delle traettizie saranno debitamente girate all'Esattore della Cassa di Bari, ed in tal modo adempite, con una copia del borderò, saranno consegnate al Segretario Generale, od al suo aiutante, incaricato della spedizione dei pieghi alla Posta, il quale ne accuserà ricevo in piè del borderò originale, che sarà poi ordinanzato dal Direttore Generale Reggente, per la formazione delle polizze di pagamento degli ultimi giranti.

6. Il Segretario Generale, od il suo Aiutante, spedirà la detta copia di borderò, coi valori originali, al Presidente della Cassa di Corte in Bari, il quale li passerà al Razionale, come Controllo all' Esattore, per farli accettare dai negozianti cui sono gravati. Ed in tal modo adempiti, saranno consegnati all' Esattore, che, di unita al Razionale Controllo, ne rilascerà ricevo in piè della detta copia di borderò, che sarà immediatamente passata al Governatore Controllo della Cassa.

7. Il medesimo farà eseguire altra copia del borderò, trascrivendovi il ricevo dei valori, e da lui sottoscritta, la invierà, per l'organo del Presidente, al Direttore Generale Reggente, per farlo certo dell'accettazione dei valori. In caso di rifiuto il Razionale avrà cura di farne levare il corrispondente protesto da uno dei Pandettarii del Banco, e le passerà al Governatore Controllo, unitamente al valore ed alla copia del borderò.

Le scadenze furono allungate consentendosi d'arrivare fino al semestre. Però lo sconto dovevasi calcolare a ragione di 3 per 0[0 sulle cambiali a tre mesi o meno; 4 1[2 per 0[0 a quattro mesi; 5 per 0[0 a cinque mesi e finalmente 5 1[2 per 0[0 a sei mesi. Quest' ultime cambiali non si potevano ammettere senza speciale permesso del Reggente Direttore.

Il concetto di fondare una cassa di prestito pegnoratizio, per le mercanzie depositate nei magazzini governativi della Gran Dogana, rimase senz'applicazione. Volendo dire che avevano ubbidito all'ordine del Re, dovettero gli amministratori concedere fittiziamente un prestito. Fatto confessato dal direttore del Banco, Avitabile, nel suo rapporto al Consiglio Generale, sessione 1863. Di veri mutui non se ne fecero poi che due soli. L'idea fa grande onore al Ministro Murena, cui sembra doversi attribuire, ma fu vero peccato che prima la pedanteria segretariesca, poi la caduta dei Borboni, coi nuovi sistemi doganali, rendessero vane le sue fatiche. È noto che uno dei be-

---

8. Se tutt'i valori, riportati in detta copia di borderò, non siano stati accettati, il Governatore Controllo, per l'organo del Presidente, li respingerà a Napoli, con la stessa copia e coi protesti; per potersi convenientemente agire. Se parte dei valori non siano stati accettati, farà eseguire la copia disposta nel precedente articolo, e vi farà trascrivere il ricevo dell'Esattore, per quelli accettati, notandovi gli altri, che respingerà a Napoli, perchè non accettati.

9. Il Governatore Controllo aprirà sulla scrittura un conto separato, a debito dello Esattore di Bari, ed a credito del Tesoriero della Cassa di Napoli, per notarvi tutte le cambiali, che consegna al primo, ed i pagamenti che si fanno all'altro, e ne prenderà conto nel libro di scadenze, al che adempito, la copia del borderò, accettata dallo Esattore, sarà passata al Razionale, il quale farà lo stesso sulla sua scrittura.

10. All'epoca della scadenza, l'Esattore riscuoterà, a suo rischio e risponsabilità, l'importo delle cambiali; quale importo sarà presentato in polizze al Governatore Controllo, col solito borderò in triplo esemplare, richiesto dall'articolo 36 del Regolamento del 31 marzo 1839. Uno di essi sarà ritenuto dal detto Governatore, l'altro dal Razionale, per prenderne scrittura in suo discarico; ed il terzo, anzichè ritenersi dallo Esattore, verrà spedito, per l'organo del Presidente, di unita alle polizze, al Tesoriere di Napoli; con piego assicurato e diretto al Direttore Generale Reggente.

Il Tesoriere all'arrivo della posta, riceverà le polizze col borderò, e formerà tre simili borderò di versamento alla Cassa di Napoli, respingendo, munito di suo ricevo per discarico di quell'Esattore, lo stesso borderò con le seconde cambiali di piazza, e con le copie delle tracttizie, che presso di lui esistevano.

11. Ammenocchè qualche cambiale non si estinguesse con anticipazione, è sempre a presumersi che, per causa della distanza, giunga con ritardo di più giorni il pagamento delle cambiali al Tesoriere di Napoli; quindi costui, per le cambiali che si debbono esigere a Bari, noterà all'osservazione in epoca della scadenza, *che si attendono i fondi.*

12. Per la esazione di tali cambiali, l'Esattore della Cassa di Bari riscuoterà il solito dritto di grana trenta a migliaia di ducati, ed il Tesoriere di Napoli grana dieci, per suo compenso sulle somme che verserà.

13. Le presenti istruzioni sono comuni anche alle cambiali che, scontate a Bari, vengonsi qui ad esigere; ed ogni funzionario o contabile, addetto al servizio di ambo le Casse di sconto di Napoli e Bari, curerà lo adempimento di quanto qui trovasi prescritto; essendo eguali gli obblighi e le responsabilità fra gl'impiegati e contabili delle Casse medesime, pei posti tra loro corrispondenti.

14. Ogni altra disposizione, emessa per lo andamento del servizio delle Casse di sconto di Napoli e Bari, e specialmente quelle racchiuse nei regolamenti del 31 marzo 1839, e 9 ottobre 1857 rimangono nel loro pieno vigore, per tutto ciò che non si oppone a quanto di sopra è detto.

nefizi delle cambiali mercantili, il più importante forse, sta nel tempo che lasciano per vendere le merci, senza sopprimere l'uso della valuta contanti, che tali merci rappresentano. Il creditore dispone fin dal primo giorno del denaro dovutogli, salvo un leggiero sconto, quando trova da collocare la cambiale; ed il debitore, da parte sua, paga dopo d'avere incassato, poichè i mesi di respiro gli dettero tempo di trovare chi comperasse. Però, nel commercio internazionale, la dogana rappresenta un cuneo nelle ruote. Essa non aspetta vendite o riscossioni, ma pretende che il dazio se gli paghi subito, sia dal debitore, sia dal creditore. Murena, toglieva il freno col suo sistema d'intervento del Banco, che, se si fosse bene applicato, ci avrebbe fatto da gran tempo fruire dei benefici dei Docks. Per mala ventura le regole, approvate col decreto 3 febbraio 1858, accennano vagamente al progetto di fondare un *magazzino generale*; ma sono tanto confuse, incomplete, prescrivono un tale numero d' inutili e vessatorie formalità, che non fu possibile d' eseguirle.

Per l'analoga opera, del pegno cambiario di merci senza vincoli doganali, fu scelto il locale dell'antica Regia Posta, presso del teatro del Fondo; dove fondarono un altro piccolo Monte, che durò pochi anni. Le regole, determinate con ordinanza ministeriale del 5 giugno 1860, dicevano:

Art. 1. Chiunque voglia pignorare gran quantità di mercanzie dovrà indicarne la specie, in apposita dimanda, diretta al Direttore Generale Reggente del Banco e della Cassa di Sconto, manifestando il proprio domicilio.
La indicazione della specie serve per la destinazione de' periti, che deggiono esaminare il genere e darvi la valuta. Il domicilio per avvisare il proprietario, in caso della vendita del genere, qualora il Capo dell'Officina creda di farne seguire l'avviso.

Art. 2. I generi, grezzi o manifatturati, ammessibili alla pignorazione sono i seguenti:
Acciaio grezzo - Asfalto - Bande Stagnate - Bronzo grezzo o vecchio - Cacao - Caffè - Cannella - Cassia-lignea - Cera vergine - Coccinigla - Cotoni grezzi o lavorati - Cotone in stoppa e filato - Cuoia, pelose, secche, conce, salate, colorate, verniciate - Denti di elefante - Droghe - Ferro nuovo o filato - Figlati di lino o di canape bianchi - Garofani - Indaco - Lamiere di ferro - Lana grezza, lucida, e lavata - Legni stranieri, ossia il roseo, il mogano, il palissandro, l'acero, e l'ebano - Lino pettinato - Litargirio - Liquirizia - Minerali non combustibili - Nanhin delle Indie - Ossa di balena segate - Ottone grezzo, filato od in foglie - Pelli colorate, verniciate - Pepe - Pimento - Piombo in pani, o lavorato in pallini, in piance, o vecchio - Rame in pani, in piance, o vecchio - Seta grezza - Stagno in pani, ed in verghe - Tartaruga grezza - Thè - Tessuti di lana, di ogni specie o colore - Tessuti di cotone, di lino, di canape, di qualunque sorta, bianchi - Vacchette conce - Velluto di cotone liscio o rigato di un colore - Vitelli conci - Vitelli colorati o verniciati - Zinco in pani od in foglie - Zuccheri grezzi o raffinati.

Art. 3. Non si faranno pegni per somma minore di duc. 100, nè maggiore di duc. 6.000, e gli oggetti non potranno rimanere in guardaroba per un tempo maggiore di sei mesi.

Art. 4. L'officina sarà diretta e sorvegliata dal più anziano dei Govertori del Banco, il quale avrà il titolo di Vice Presidente. Per la compilazione dei rapporti, e dei verbali di pegnorazione, per la verifica delle scritture, e dei conteggi, e per quant'altro potrà occorrere nello andamento del servizio, sarà egli assistito da un Segretario Contabile.

Art. 5° Tutti gl'impiegati addetti a questa officina verranno sottoposti agli ordini del Vice Presidente, il quale dipenderà dal Direttore Generale Reggente, e lo informerà dei movimenti diurni dell'Officina stessa.

Art. 6. Nel farsi il pegno, il Segretario Contabile formerà un verbale in doppio, in cui saranno dinotate le specie, le particolari marche e numeri, il peso, la misura, ed il valore degli oggetti pignorati. Un esemplare si consegnerà al Razionale della Cassa di Sconto, per mezzo dell'interessato; e l'altro gli sarà spedito direttamente, per formare la corrispondente polizza di pagamento, da cui riterrà il diritto spettante ai Periti.

Detta polizza, dopo di averne presa scrittura anche il Controllo della Cassa, sarà consegnata con un esemplare alla parte; ritenendo l'altro il Razionale, che servir deve per giustificazione della seguita consegna della polizza al pegnorante

Art. 7. Le mercanzie dovranno valutarsi da due periti, i quali vi assegneranno la valuta, secondo i prezzi correnti in piazza; e di tale valuta il proprietario del pegno riceverà soli due terzi, se trattasi di generi non soggetti al capriccio della moda, e riceverà la sola metà pei generi di moda, come sarebbero i tessuti misti di vario colore, o a disegno rilevato ecc. ecc.

Art. 8. I Periti daranno una cauzione di annui ducati cento di rendita iscritta al Gran Libro, e sul valore nominale di ducati 2000 riceveranno dalla cassa il premio del 3 per cento l'anno.

Per loro compenso poi, ogni pignorante rilascerà il mezzo per cento su quello che riceve, ed il Razionale della Cassa ne farà la ritenzione, come in seguito sarà detto.

Art. 9. Dessi rimarranno strettamente responsabili della valuta data alla mercanzia, anche con lo arresto della loro persona, e questa condizione s'intenderà espressamente accettata con la firma che apporranno al verbale.

Art. 10. La conservazione delle mercanzie pegnorate sarà affidata ad un Custode, prescelto fra i più onesti impiegati del Banco, il quale avrà degli aiutanti di sua fiducia, ed un determinato numero d'inservienti, del cui fatto sarà responsabile.

Egli farà piazzarle, giorno per giorno, con esatto ordine, in appositi magazzini; baderà che un genere non venga dall'altro maltrattato o degradato, ed avrà cura che ciascuna specie di mercanzia sia riposta in casse, od altrimenti condizionata; e contrassegnata da marche visibili o dai numeri della fabbrica, e quindi allacciata da corde ben forti, ovvero avvolta in robusta tela.

Art. 11. Il Custode prenderà registro delle mercanzie che gli si affidano, indicando il nome del pignorante, la qualità, la quantità, peso o misura della mercanzia, con le marche e numeri da cui è contrassegnata, e la valuta datavi. Nel caso di riscatto, o di spegnorazione, ne segnerà il giorno in margine della partita, e terrà per suo discarico il verbale quietanzato dal Razionale della Cassa, vistato dal Segretario Generale Controllo, che gli sarà passato dal Credenziere.

Art. 12. Il Credenziere, come controllo del Custode, terrà anch'egli scrittura dei pegni, nel modo di sopra descritto, obbligando gli estimatori ad indicarne i più esatti ragguagli, ed in caso di riscatto riceverà dal Segretario Contabile il verbale di pegnorazione debitamente quietanzato, per prenderne registro al margine della partita, ed indi passarlo al Custode.

Art. 13. Il Credenziere formerà, ogni giorno, dalla sua scrittura lo stato di situazione del Guardaroba, per numero di pegni e valore di essi, e lo farà sottoscrivere al Custode. Indi lo passerà al Segretario Contabile, il quale ne spedirà una copia al Direttore Generale Reggente, ed un'altra al Razionale della Cassa di Sconto.

Art. 14. Elasso il termine fissato dall'art. 3°, il pegnorante sarà nell'obbligo di ritirare il pegno, restituendo il verbale al Razionale della Cassa; e pagherà la sorte e gl'interessi.

Il Razionale rilascerà quietanza in dorso del verbale, e ne prenderà scrittura il Controllo della cassa, il quale restituirà il verbale alla parte, per esibirlo al segretario contabile dell'officina ed al credenziere. Questi ne prenderanno anche scrittura, segnandosi in margine del verbale, e lo passeranno al custode per rilasciare il genere al pegnorante.

Art. 15. Ove il pegnorante sia a ciò inabilitato, potrà avanzare dimanda per la rinnovazione e minorazione del pegno, sottoponendo il genere ad un nuovo apprezzo. Alla dimanda alligherà il verbale di pignoramento, ed il Direttore Generale Reggente, ove creda annuire, destinerà i periti apprezzatori, i quali dovranno essere diversi da quelli che han fatto il primitivo apprezzo, qualora ve ne sieno più nominati.

Art. 16. Dal Segretario contabile, presenti i periti apprezzatori, sarà compilato un novello verbale in doppio, e questo, di unita alla dimanda ed al precedente verbale, sarà passato al Razionale della Cassa di Sconto, il quale esigerà dal pegnorante gl'interessi con la quota della sorte, di cui si parlerà nel segnente articolo, e ne farà ricevo in dorso del precedente verbale.

Questo verbale, con la dimanda, sarà respinto all'officina della pegnorazione delle mercanzie, ed opererà il dispegno, di cui dovrà prendersi scrittura presso di tutte le officine; secondo è detto negli articoli 11 e 12, intendendosi soddisfatto il resto.

Art. 17. In dorso della detta dimanda, il Segretario contabile trascriverà la copia del verbale, con tutti gli adempimenti, e la passerà al razionale della cassa di sconto, per le operazioni della sua officina.

Art. 18. La quota della sorte a restituirsi sarà del decimo, se gli apprezzatori valuteranno il genere a dippiù dei nove decimi del precedente apprezzo.

Ove la valuta sia minore, il pignorante pagherà quanto manca a completare la sorte di cui è debitore.

Art. 19. Il razionale della cassa di Sconto, in vista del pagamento di tal differenza, degl'interessi, del dritto spettante ai periti e del nuovo verbale, spedirà la polizza dello ammontare del pegno a favore del pegnorante, e per esso alla cassa di sconto, onde completare la somma che manca pel seguito dispegno.

Qualora il Direttore non credesse di consentire alla minorazione del pegno, le mercanzie saranno vendute a pubblico incanto, nel locale istesso dell'officina, in linea economica ed amministrativa, come praticasi pei pegni fatti nella Cassa dei Privati; ed il Custode, col più graduato fra gli estimatori, sosterranno l'uffizio dei cassieri.

Art. 21. Essi non permetteranno che le merci sieno altrove trasportate, se non quando ne avranno ritirato il prezzo dall'aggiudicatario, poiché in seguito di tale adempimento l'aggiudicazione s'intenderà valida e perfetta. Del prodotto della vendita si formerà madrefede, in testa loro, per notarvisi tre polizze a favore della Cassa di Sconto; l'una in restituzione della somma prestata al proprietario del genere venduto, lorda del dritto del mezzo per cento; l'altra per gli interessi decorsi, e l'ultima per la residuale somma, da tenersi a disposizione del proprietario. Sarà pure ritenuto il dritto del 2 per cento sul prodotto della vendita, che rimarrà in madrefede, per ripartirlo secondo il sistema in vigore.

Art. 22. Se il prodotto non sarà sufficiente a ripianare la cassa vi suppliranno gli Apprezzatori. E, qualora non vi adempiranno, la cassa stessa si rivalerà della mancanza sulla loro cauzione; nel qual caso gli apprezzatori rimarranno sospesi di esercizio; ed ove il dare neppure resti saldato, si agirà contro di essi per le vie giudiziarie.

Art. 23. L'interesse sulle somme che si prestano dalla cassa, su tali pegni, sarà del tre e mezzo per cento l'anno, calcolato per rata di giorni, salvo ad aumentarsi o diminuirsi, sulla proposta che potrà farne il Direttore Generale Reggente; come pure lo elenco delle mercanzie, in principio riportato, potrà in seguito estendersi o limitarsi, secondo che sarà richiesto dalle circostanze della cassa di sconto, e dalle condizioni delle industrie e del commercio.

Nemmeno quest' opera dei pegni di mercanzie potette prosperare. Lo stesso Direttore Generale Avitabile, nel mentovato rapporto al Consiglio Generale del Banco, sessione 1863, confessò che lo scopo non s'era raggiunto; anzi disse che la nuova forma di prestito aveva fatto più male che bene, usandone solo pochi individui quasi falliti. Il vero commerciante non poteva a quell' officina presentarsi senza mettere a grave repentaglio il proprio credito.

*
* *

27. Li 15 settembre 1859, il Governo, che già aveva fondato casse di sconto a Palermo ed a Messina (Decreto 27 dicembre 1858), donando alla prima un capitale patrimoniale di D. 550,000, ed all' altra di D. 450,000, rimise la riscontrata apodissaria fra le casse del continente e quelle di Sicilia. Provvide eziandio per lo sconto e l' incasso delle cambiali traettizie, pagabili a Napoli, Bari, Palermo e Messina.

Nell'intento di rendere più rapide e più frequenti le transazioni commerciali, tra l'una e l'altra parte dei nostri Reali Dominî, di qua e di là del Faro, con un bene inteso sistema di mutua fiducia, e quindi di libera circolazione e permutazione in contanti dei valori che dai banchi, e dalle casse di corte in essi istituite, rispettivamente si emettono; nonchè di mutuo sconto delle cambiali delle rispettive casse di sconto.

Sulla proposizione del Ministro Segretario di Stato per gli affari di Sicilia, presso la Nostra Real Persona, nonchè del nostro Direttore del Ministero e Real Segreteria di Stato delle Finanze;

Udito il Nostro Consiglio ordinario di Stato;

Abbiamo risoluto di decretare e decretiamo quanto segue:

Art. 1. Dal 1° gennaio 1860 in poi, tutte le casse di corte, dell' una e dell'altra parte dei nostri Reali Dominî, di qua e di là del Faro, saranno autorizzate a permutare in altri valori, a ricevere in pagamento, ed a cambiare in contanti, a seconda delle richieste, le fedi di credito, e le cosi dette polizze di banco, che loro verranno esibite, qualunque sia la cassa che le abbia emesse.

Tutti gli amministratori, ricevitori, percettori e cassieri, di qualsiasi pubblica amministrazione, così del ramo finanziero, che civile, avranno il dovere di ricevere le polizze e fedi di credito delle dette casse in pagamento, pel concorrente valore di quanto sia loro per avventura dovùto, a qualunque titolo, come tributi, estagli, canoni, multe ecc.

Ove mai costasse di trovarsi nelle loro casse del contante, oltre i bisogni ordinari dell'amministrazione dalla quale dipendono, il suddetto dovere si estende al cambiamento puro e semplice degli anzidetti valori in contanti.

La estinzione o permutazione di valori di rame e delle polizze di rame, non potrà farsi che in moneta o valori di rame.

Art. 2. Le fedi di credito e le polizze, per essere ricevute o cambiate, sia dai cassieri delle casse di corte, che da quei delle pubbliche amministrazioni, dovranno essere libere e senza condizione alcuna.

Qualora in dette fedi o polizze, che si presentano alla cassa di corte, sienvi apposte delle condizioni, deggiono seco loro portarne lo adempimento; a soddisfazione, giudizio è responsabilità esclusiva dei Notai Pandettarî delle Casse.

Art. 3. Per estendere maggiormente, a vantaggio del commercio, le operazioni delle casse di sconto di Napoli e Bari, sono autorizzate le dette casse a ricevere e scontare le cambiali esigibili in Napoli e Bari, secondo le norme stabilite in apposito regolamento.

Art. 4. È accordata al Reggente dei Banchi, in questa parte de' Reali Dominii, al Direttore Presidente del Banco di Sicilia, al Presidente della Cassa di Corte di Messina, non che al Presidente della Cassa di Corte di Bari, la franchigia postale, non che quella della telegrana elettrica; tanto fra di loro, quanto con tutte le autorità con le quali occorrerà che si mettano in corrispondenza; ma però esclusivamente per lo adempimento di quanto è stato disposto nel presente Decreto, e nel correlativo regolamento; e, per ciò che riguarda la telegrafia elettrica, pei casi di grave urgenza.

Art. 5. L'annesso regolamento, riguardante le operazioni a praticarsi fra le Casse di Corte e le Casse di Sconto dei Nostri Dominii di qua e di là del Faro, per lo cambio delle fedi di credito, e polizze, e per lo sconto delle cambiali ed altri effetti di commercio, di cui sopra è parola, è da Noi approvato.

Art. 6. Il Ministro Segretario di Stato per gli affari di Sicilia presso la Nostra Real Persona, il Nostro Direttore del Real Ministero e Segreteria di Stato delle Finanze. ed il Nostro Luogotenente Generale nei Reali Dominii al di là del Faro, sono incaricati della esecuzione del presente Decreto.

Portici 15 settembre 1859. — *Firmato* — FRANCESCO.

Regolamento del mutuo cambio delle fedi di credito e polizze di banco.

Art. 1. Le fedi di credito o polizze, che si presentano pel mutuo cambio, autorizzato dal Decreto di pari data, deggiono esser munite di firma di persona ben conosciuta, che meriti anche la fiducia dei cassieri rispettivi, dovendone essi unicamente rispondere in ogni caso di contestazione; non altrimenti che un pubblico notaio risponde della verità dell'ultima firma, posta ad una polizza che viene realizzata, con giro di ruota, in quel Banco dove ebbe origine. Poiché la firma soltanto della parte prendente dev'essere munita di autentica, secondo è prescritto dall'art. 157 del Regolamento pei Banchi di Sicilia, da Noi approvato a' 26 agosto 1854, e dalla ordinanza del Reggente del Banco delle Due Sicilie, del 18 marzo 1819, pei Banchi di Napoli.

Art. 2. Dovendo tutte le Casse di Corte, dell'una e dell'altra parte dei Nostri Reali Dominii, di qua e di là del Faro, mutualmente realizzare in contanti, o permutare in altri valori delle Casse stesse, le fedi di credito o le polizze, è trascelto a centro di verifica e controllazione l'uffizio della Reggenza del Banco Regio di Napoli, sotto la speciale sorveglianza del suo Direttore Generale.

Art. 3. È istituita all'uopo, presso il suddetto officio, la carica di un Ispettore di Contabilità, e, presso la Cassa di Corte in S. Giacomo, un cassiere addetto esclusivamente alle operazioni che occorreranno per lo servizio della permutazione e realizzazione dei valori, autorizzate col Sovrano Decreto di oggi stesso.

Art. 4. I Cassieri delle casse di corte di Napoli, sia del conto argento che di rame, dovranno rimettere, coi sistemi in vigore, al Cassiere della riscontrata, i valori tanto della cassa di Bari, che delle casse dei Reali Dominii insulari loro esibiti.

Art. 5. Questo Cassiere sarà coadiuvato da due ufiziali, denominati squarci di Cassa, uno cioè per l'argento, e l'altro per conto rame, e da tre aiutanti, uno dei quali sarà addetto al registro delle polizze da spedirsi in Palermo, un altro per Messina, ed il terzo per Bari. Ciascuno di questi aiutanti terrà due registri, uno cioè per le polizze di argento, e l'altro per quelle di rame. Ogni registro indicherà la somma, la data, il nome dello intestatario, dell'ultimo giratario, e dello esibitore notato al piede. Questi registri saran cifrati, in fine della giornata, dal Cassiere, il quale li passerà all'Ispettore, per far copiare, con lo stesso ordine e con le stesse categorie, il notamento delle polizze.

Art. 6. Codesto servizio comincerà ad attuarsi dalla Cassa di Corte in Napoli, il cui Cassiere della riscontrata avrà l'obbligo di rimettere al Cassiere di argento, in Palermo, le polizze di quella Cassa, in un piego ben suggellato. Tali polizze, nel giorno della partenza della posta, o dei piroscafi postali, saranno, con l'intervento dell'Ispettore e del Segretario presso del Presidente, confrontate di buon'ora col registro del cassiere, e col notamento esistente nella officina dello Ispettore; ed ove qualche indicazione sia erronea si rettificherà la partita del libro, formandosi altra copia del notamento. Tanto il libro, che il notamento, saranno cifrati dal Cassiere, dallo Ispettore e dal Segretario; il quale immediatamente chiuderà in un plico ben suggellato i riscontri, la fede di resto (quando vi sarà) ed il notamento, con lo indirizzo al cassiere di argento in Palermo.

Lo stesso verrà praticato per le polizze di rame. Ed ambo i pieghi saranno avvolti in altra carta, formandone un sol piego, coll'indirizzo alla Cassa di Corte in Palermo, e vi si apporrà il suggello del Banco. Tal piego si dovrà dal Segretario consegnare alla posta tre ore prima della partenza, e ne esigerà ricevo.

Art. 7. Il Segretario dovrà tenere soltanto conto del numero delle polizze, e del loro ammontare, che si saranno spedite a Palermo, per informarne il Presidente. Ciò non esclude che il Presidente, o qualunque Governatore, debba invigilare per la esattezza e regolarità di tale spedizione; per cui, assistendovi alcuno di essi, apporrà il visto al libro ed al notamento.

Art. 8. Tostochè giungerà a Palermo un piego allo indirizzo del cassiere di argento di quella Cassa di Corte, ne sarà all'istante avvertito, a cura e sotto la responsabilità di quell'Amministratore Generale delle Poste, o di chi ne fa le veci, il suddetto cassiere, il quale dovrà immediatamente portarsi colà a ritirarlo, per farne e rilasciarne la corrispondente ricevuta.

Ove avvenisse che il piego offrisse delle alterazioni, ne farà espressa menzione nella ricevuta; locchè fatto, un uffiziale dell'Amministrazione delle Poste, da destinarsi istantaneamente dal capo del servizio di quel giorno, accompagnerà il cassiere sino all' uffizio della presidenza della Cassa di Corte. Giunti colà, la prima fascia del piego sarà aperta dal Segretario in presenza del Razionale.

La seconda, che avvolge le fedi di credito e polizze di riscontrata, non sarà aperta che dal rispettivo cassiere di argento e rame, in presenza del Razionale e del Segretario, i quali assisteranno al confronto del notamento con le polizze. Il detto notamento, dopo di essere stato cifrato dal cassiere cui riguarda, sarà conservato dal Razionale, ed il suo ammontare sarà controposto a'riscontri delle Casse di Napoli, esistenti presso di quel cassiere, dal quale sarà formata una fede di credito in testa al cassiere di riscontri, ove siavi eccesso.

Delle anzidette cennate operazioni ne sarà disteso processo verbale, che sarà pur sottoscritto dall'uffiziale postale. Se avvenisse che il cassiere fosse impedito, dovrà egli deputare un impiegato di sua fiducia, e sotto la sua responsabilità, per rappresentarlo nello adempimento delle suddette operazioni.

Art. 9. Con la prima partenza di posta o di piroscafo postale, i cassieri in Palermo rimetteranno, con le formalità di sopra stabilite, al cassiere de' riscontri in Napoli, le fedi di resto di argento e di rame, colle polizze delle Casse di Napoli ivi realizzate, di unita a'notamenti, compilati nel modo prescritto nell'art. 4.° Qui giunto il piego, e ritirato dall'uffizio postale, con le forme prescritte nel precedente articolo, dal cassiere della riscontrata, il Segretario del Presidente verificherà lo stato dei suggelli, facendone menzione nel ricevo, ed aprirà il piego in presenza dell'Ispettore; ivi rinverrà i due pieghi diretti al cassiere dei riscontri, e gliela passerà per aprirsi e verificare, in presenza tanto dell' Ispettore che del Segretario, se vadano in regola le fedi di resto.

Indi, nel primo giorno della partenza di posta, o di piroscafo postale, il cassiere de' riscontri, con l' Ispettore e Segretario, preparerà di buon'ora i corrispondenti pieghi, con le fedi di resto, i notamenti, e le polizze realizzate; per formarne un solo, e farsene dal Segretario la consegna alla posta, come nell' articolo 6°.

Art. 10. Quanto di sopra è detto, per la riscontrata delle polizze colla Cassa di Corte in Palermo, sarà applicabile per le Casse di Corte di Messina e di Bari, dove saranno praticate le stesse formalità prescritte negli articoli precedenti.

Della spedizione del numerario.

Art. 11. Siccome il mutuo cambio delle polizze farà sempre risultare creditrice quella cassa dove sperimentasi maggiore affluenza di esiti; così il Direttore Generale Reggente del Banco delle due Sicilie resta incaricato di mantenere un giusto ed avveduto equilibrio di numerario fra le Casse di Corte di Napoli e di Sicilia, onde impedire dei considerevoli sbilanci; ed a prevenirli resterà a sua prudenza di fare delle operazioni di commercio, o di richiamare l'effettivo da Palermo, facendolo trasportare sui piroscafi, a spese della Real Tesoreria di Sicilia.

Art. 12. Nelle occorrenze, egli farà la richiesta al Tesoriere Generale in Sicilia, per provvedere alla spesa, ed al Direttore Presidente del Banco di Palermo, per la spedizione del numerario; a quale oggetto i cassieri, tanto di Napoli che di Palermo, restano facoltati a nominare dei procuratori, per farsi rappresentare nella spedizione o ricezione del numerario.

Art. 13. La numerazione del danaro da spedirsi da Palermo dovrà praticarsi in presenza del Presidente, o del Governatore di servizio, e del Razionale, o del suo aiutante, e potrà assistervi anche il procuratore del cassiere di Napoli, che dovrà farne introito.

Questa numerazione però, in quanto all'esattezza degli invii, non discaricherà da alcuna responsabilità il cassiere che spedisce il danaro; attesochè la numerazione ha luogo per dare al Banco una guarentia morale, e non per ottenere una garentia precisa dagli errori che possansi commettere.

Art. 14. Il danaro, assortito per specie, sarà posto in sacchi ben ligati, ed alla estremità della legatura il cassiere dovrà apporvi un particolare suggello, e ciascun sacco dovrà pesarsi, per indicare su di un cartellino il peso, la somma, e la specie delle monete.

Art. 15. Detti sacchi dovranno essere posti in casse di una conveniente solidità, le quali verranno legate con corde, le di cui estremità saran munite di suggelli del Banco, e del cassiere che li spedisce, non che del suggello del procuratore del cassiere che deve riceverli, se vi sarà presente. Per guarentire i suggelli dagli accidenti che possano essere occasionati nel trasporto delle casse, sarà apposta su di essi una piastra di latta, inchiodata nei quattro angoli, e sulla medesima sarà scritto il numero d'ordine che si darà a ciascuna cassa.

Art. 16. Per ogni invio sarà formato un processo verbale, firmato da tutte le persone che avranno officialmente assistito alla numerazione del danaro; qual verbale dovrà enunciare il peso, e la somma di ciascuna cassa, e di ciascun sacco, non che la natura delle monete. Questo processo verbale sarà redatto in tre esemplari, e vi saranno impressi al piede gli stessi suggelli apposti alle casse. Uno di questi esemplari rimarrà presso il cassiere, l'altro sarà esibito con le casse sul bordo del piroscafo a Pilota, che riterrà le casse col verbale, ed il terzo sarà inviato in Napoli al Direttore Generale Reggente; munito del ricevo del Pilota, per rimetterlo al Presidente del Banco cui si spedisce il numerario.

Art. 17. Le casse di numerario saranno trasportate a bordo, mercè l'opera de' proprii facchini atti a tal servizio, e verranno scortati non meno dall'aiutante del Razionale del Banco, che dal procuratore del cassiere cui si spedisce il danaro, se vi sarà presente. Dal momento che le casse saranno consegnate al Pilota, questi, e per esso l'Amministrazione del piroscafo postale, rimarrà responsabile del peso di ciascuna di esse, dello stato delle corde che le avranno avvolte, e della integrità dei suggelli.

Quanto è stato preveduto e disposto negli articoli 11, 12, 13, 14, 15, 16, 17 sarà nel modo stesso praticato ogni qualvolta lo sbilancio del numerario, di cui si è parlato nell'art. 11, avvenga nella Cassa di Corte di Palermo, ed in questo caso le spese saranno fornite dalla Cassa di Corte di Napoli.

Delle pratiche a serbarsi nello arrivo del numerario.

Art. 18. Giunto il piroscafo a Napoli, il pilota farà bentosto avvisare il Presidente del Banco, il quale, per far disbarcare le casse di danaro, e trasportarle al Banco, spedirà immediatamente sul piroscafo l'Ispettore, con un sufficiente numero di facchini, ed il procuratore del cassiere di Palermo, se trovasi al Banco. I medesimi verificheranno a bordo lo stato esterno delle casse, il peso, e la integrità dei suggelli.

Eseguite tali operazioni, e non sorgendo alcun dubbio, l'Ispettore rilascerà ricevo delle casse in piedi del secondo esemplare rimasto presso il pilota. Lungo il cammino per terra le casse verranno accompagnate dal detto Ispettore, e dal procuratore, i quali si occuperanno di far subito passare le casse per la Dogana, invitando gli agenti dei dazii indiretti a visitarle nel Banco, a quale oggetto il Ministro delle Finanze darà i corrispondenti ordini a quel direttore Generale.

Art. 19. Allo arrivo del numerario al Banco, l'Ispettore inviterà il cassiere che deve ricevere la somma, ed il detto procuratore, se pur siavi, alla rimozione dei suggelli, ed all'apertura delle casse; per indi far pesare i sacchi, riconoscere i suggelli, e numerare le monete.

Art. 20. Qualora sorgesse a bordo qualche dubbio sulla integrità dei suggelli, e sullo stato delle casse, oppure il peso non corrispondesse a quello enunciato nel processo verbale d'invio, l'Ispettore inviterà il pilota a scortare seco lui le casse lungo il cammino per terra, per assistere nel Banco all'apertura delle medesime, ed alle ulteriori operazioni di verifica. In caso di rifiuto, l'Ispettore, nel riceversi le casse, farà le convenienti proteste in piè del verbale.

Art. 21. Appena giunto al Banco, informerà dei suoi dubbi il Presidente ed il Governatore di servizio, il quale farà conservare le casse, e farà chiamare il pilota ad esser presente all'apertura delle casse, nel seguente giorno di negoziato bancario.

Art. 22. Allora il Presidente, od il Governatore di servizio, farà procedere all'apertura delle casse, dietro un esame, fatto in contraddittorio del procuratore del cassiere, del pilota del piroscafo, se sieno presenti, e dell'Ispettore. Costoro formeranno le loro dichiarazioni sullo stato delle casse e dei suggelli; dopo di che il Presidente disporrà la verifica del numerario, ossia la contata del danaro. E lo stesso praticherà in assenza del pilota, o del procuratore, onde il servizio non rimanga paralizzato.

Art. 23. Il Contatore del Cassiere, incaricato della ricezione del danaro, non potrà che numerare un sacco per volta, e sempre dopo averne riconosciuto il suggello, ed assicurato il peso, nel modo indicato nell'art. 10. Se in un sacco si troverà qualche mancanza, dopo essere state due volte numerate le monete che vi si contengono, può pesarsi un'altra volta, ed allora il procuratore del cassiere, od il pilota, se trovinsi presenti, verificheranno essi stessi il conto delle monete, e riconosceranno se vi esista mancanza.

Art. 24. Dopo essersi verificate le somme, si formerà un processo verbale in tre esemplari, se mai ci sarà luogo, delle mancanze che si troveranno. Desso offrirà in dettaglio la natura delle monete mancanti, il sacco e le casse nelle quali si sarà rinvenuta la mancanza. Un esemplare resterà nella Segreteria del Banco, ove si esegue la verifica, un altro sarà rimesso al Direttore Generale Reggente, ed il terzo al Presidente da cui dipende il Cassiere che ha spedito le somme; e, se il pilota del piroscafo sarà presente, si formerà di detto verbale una quarta spedizione, che gli sarà consegnata.

Art. 25. Le monete riconosciute false saranno tagliate all'istante, ritenendone un pezzo lo Ispettore e l'altro il procuratore del Cassiere. In mancanza di lui, il pezzo sarà spedito al Presidente da cui dipende il Cassiere che le ha rimesse. Il valore di tali monete figurerà nel verbale di mancanza; come anche figureranno le monete visibilmente tosate, che, ai termini del Sovrano Rescritto dell'11 febbraio 1853, n. 485, debbonsi tagliare, e così sfregiate saranno consegnate al procuratore del Cassiere.

Art. 26. Nel caso il pilota del piroscafo, od il procuratore del Cassiere, si rifiutassero di segnare il processo verbale della riconosciuta mancanza, il Presidente, od il Governatore, li sollecitera a manifestare in iscritto i motivi del rifiuto; ed ove a ciò si negassero, ne sarà fatta menzione nel processo verbale.

Art. 27. Sia che le somme rimesse si trovino esatte, sia che vi si trovi mancanza, il cassiere che le riceve formerà dell'effettivo ammontare una fede di credito in testa del suo collega, nella quale dovrà enunciarsi la data del verbale d'invio.

La medesima verrà dall'Ispettore consegnata al Presidente della Cassa di Corte in Napoli, il quale avrà cura di farla pervenire, col primo corso di piroscafo, al Direttore Presidente in Palermo, ove da colà sia partito il danaro. Quest'ultimo disporrà che il Razionale la passi al Cassiere, ritirando il verbale d'invio, che dovrà servire per la giustificazione della spesa a sopportarsi dalla Generale Tesoreria per tal servizio.

La fede di credito, munita di firma, come ogni altro valore, figurerà tra le polizze di riscontrata.

Art. 28. Le formalità prescritte dall'art. 18 in poi, per lo arrivo ed entrata del numerario spedito da Palermo in Napoli, saranno applicabili ai casi ne' quali fosse per avvenire il contrario, cioè che da Napoli dovesse spedirsi il numerario in Palermo; in questi casi le incumbenze dell'Ispettore sono disimpignate dal Razionale.

Art. 29. Le spese per la fornitura delle casse di legno, dei sacchi di tela, che dovranno respingersi immediatamente dopo la verifica, e per la ricezione del numerario, saranno, per le Casse di Corte di Sicilia, apprestate da quella Tesoreria, e, per quella di Napoli, dalla Reggenza dei Banchi. A questo effetto ciascuna Cassa si fornirà con anticipazione di una conveniente provvista dell'uno e dell'altro articolo.

Art. 30. Nel caso il Direttore Presidente del Banco Regio di Sicilia credesse di esservi in Messina un eccedente cumulo di monete, potrà, dopo averne avvertito convenientemente il Reggente de' banchi di Napoli, e fino alla concorrenza del rimborso che le Casse di Sicilia devono a quelle di Napoli, commettere al Presidente di Messina lo invio del numerario in Napoli, che avrà luogo nel modo di sopra indicato, e per conto della Cassa di Palermo, che ne sarà sempre la responsabile. È però sottinteso, che le richieste del Reggente de' Banchi, come centro e controllo delle operazioni di permutazione e di sconto, debbono essere puntualmente eseguite.

Effetti di commercio che si scontano in Napoli, per esigersi in Palermo, Messina, Bari e viceversa.

Art. 31. Le cambiali estere o traettizie, per esser presentate allo sconto, debbono essere munite di copia firmata dall'ultimo girante, e le cambiali di piazza debbono essere fornite di seconda.

Art. 32. Questi valori, sebbene privi di accettazione, debbono essere rivestiti almeno di due firme di solidi ed accreditati negozianti della piazza. E, purché siavi un tempo non minore di un mese per la scadenza, saranno ammessi allo sconto dietro lo esame e la discussione che ne farà il Consiglio dei Deputati, ai termini dei regolamenti.

Art. 33. Lo Agente de'Cambi, presso la Cassa di Sconto di Napoli, formerà il corrispondente borderò dei valori pagabili in Palermo, od in Messina, nel modo e forma prescritto dall'articolo 55 del Regolamento del 31 marzo 1839, relativo al servizio della Cassa di Sconto in Napoli; ma separato e distinto dagli altri valori; e lo presenterà al Tesoriere, ed al suo controllo, con due copie, da lui sottoscritte, di unita ai valori.

Lo Agente dei cambi in Palermo, o quello di Messina, praticherà lo stesso pei valori ammessi colà, presentando al Tesoriere Esattore, ed al Razionale, l'originale borderò con le due copie di valori.

Art. 34. Il Tesoriere ed il suo Controllo in Napoli, fatto il confronto delle prime e seconde di cambio, e degli originali con le copie, accuseranno, in piè del borderò originale, la ricezione delle seconde cambiali di piazza, e delle copie di quelle estere. Le prime cambiali, e gli originali delle traettizie, saranno debitamente girate all'esattore di quella cassa che deve riscuoterne l'ammontare; ed in tal modo adempite, con una copia del borderò, saranno consegnate al Segretario Generale, od al suo aiutante, incaricato della spedizione dei pieghi alla posta, il quale ne accuserà ricevo in piè del borderò originale, che sarà poi ordinanzato dal Direttore Generale Reggente, per la formazione delle polizze di pagamento agli ultimi giranti.

Art. 35. Il Segretario Generale, od il suo ajutante, spedirà la detta copia di borderò, coi valori originali, al Presidente della Cassa di Corte in Palermo, od in Messina, il quale li passerà al Razionale, come controllo all'Esattore, per farli accettare dai negozianti cui sono gravati; ed in tal modo adempiti, saranno consegnati al Tesoriere Esattore, che, di unita al Razionale Controllo, ne rilascerà ricevo in piedi della detta copia di borderò, che sarà immediatamente passata al Segretario.

Art. 36. Il medesimo farà eseguire altra copia del borderò, trascrivendovi il ricevo dei valori, e, da lui sottoscritto, lo invierà, per l'organo del Presidente, al Direttore Generale Reggente, per farlo certo dell'accettazione dei valori.

In caso di rifiuto di accettazione, il Razionale avrà cura di far levare il corrispondente protesto da un pubblico uffiziale, e lo passerà al Segretario, unitamente al valore ed alla copia del borderò.

Art. 37. Se tutt'i valori riportati in detta copia di borderò non sieno stati accettati, il Segretario, per l'organo del Presidente, li respingerà a Napoli con la stessa copia, e coi protesti, per potersi convenientemente agire.

Se parte dei valori non sieno stati accettati, farà eseguire la copia disposta nel precedente articolo, e vi farà trascrivere il ricevo del Tesoriere Esattore per quegli accettati, notandovi gli altri, che respingerà a Napoli perchè non accettati.

Art. 38. Per tutte le cambiali, che si consegnano al Tesoriere Esattore di Palermo o di Messina, esigibili in Napoli, il Segretario Controllo aprirà sulla scrittura un conto, a debito di lui ed a credito del Tesoriere di Napoli, per notarvi tutte le cambiali che consegna al primo, ed i pagamenti che si fanno all'altro, e ne prenderà conto nel libro di scadenze. Similmente, per le cambiali esigibili in Bari, ne darà credito all'Esattore in Bari, al che adempito, la copia del borderò, accettata dal Tesoriere Esattore, sarà passata al Razionale, il quale farà lo stesso sulla scrittura.

Art. 39. All'epoca della scadenza, il Tesoriere Esattore riscuoterà, a suo rischio e responsabilità, l'importo delle cambiali, quale importo sarà presentato in polizze al Segretario Controllo, col solito borderò in triplo esemplare; uno di essi sarà ritenuto dal detto Segretario, l'altro dal Razionale, per prenderne scrittura in suo discarico, ed il terzo, anzicchè ritenersi dal Tesoriere Esattore, verrà spedito, per l'organo del Presidente, di unita alle polizze, al Tesoriere di Napoli, se si trattasi di cambiali scontate in Napoli, ed allo Esattore in Bari, se il versamento riguarda cambiali colà scontate.

Questo borderò, di unita alla polizza, sarà chiuso in un piego raccomandato, e diretto al Direttore Generale Reggente, il quale avrà cura di spedire il piego al suo destino.

Il Tesoriere della Cassa di Sconto di Napoli, appena ricevuta la polizza col borderò, formerà tre simili borderò di versamento alla Cassa di Napoli, respingendo, munito di suo ricevo per discarico del Tesoriere esattore, lo stesso borderò, colle seconde di cambio di piazza, e colle copie delle traettizie, che presso di lui esistevano.

Lo stesso praticherà lo esattore di Bari, pe' versamenti di suo carico, rimettendo, per organo del Presidente, tali documenti al Direttore Generale Reggente, il quale farà pervenirli a Palermo, od a Messina, cui spettano.

Art. 40. Ammenocchè qualche cambiale non si estinguesse coll'anticipazione, è sempre a presumersi che, per causa della distanza, giunga col ritardo di più giorni il pagamento delle cambiali al Tesoriere di Napoli; quindi costui, per le cambiali che si debbono esigere a Palermo od a Messina, noterà in osservazione che si attendono i fondi.

Art. 41. Dato il caso che qualche cambiale non venisse soddisfatta in scadenza, il Tesoriere Esattore di Palermo, o di Messina, ne farà levare il protesto, ai termini di legge, e col conto di ritorno la respingerà, per l'organo del Presidente, al Tesoriere in Napoli, od allo Esattore in Bari, nel modo indicato dall'art. 38. Allora il Direttore Generale Reggente, od il Presidente in Bari, disporranno di agirsi immediatamente contro i sottoscrittori della cambiale, e dalla madrefede degli utili rimborseranno il Tesoriere Esattore di Palermo o di Messina della spesa dell'atto, e gli respingeranno eziandio il borderò colle seconde di cambio.

Art. 42. Per la esazione di tali cambiali, lo Esattore percepirà il solito dritto di grana trenta a migliaio di ducati, dalla Cassa di Sconto della dimora del negoziante; ed il Tesoriere o l'Esattore che riceve il versamento, si farà pagare grana 10 a migliaio dalla Cassa cui serve, per suo compenso sulle somme che verserà.

Art. 43. Queste prescrizioni sono comuni anche alle cambiali che, scontate a Palermo od a Messina, vengonsi ad esigere in Napoli, od a Bari; ovvero che, scontate a Bari, debbansi esigere a Palermo od a Messina. Se non che le cambiali scontate a Bari, e pagabili a Palermo, od a Messina, e viceversa, ed i rimborsi de' versamenti a praticarsi fra le dette Casse di Sconto, debbono assolutamente pervenire nell'amministrazione centrale di Napoli, dalla quale si faranno spedire per il loro destino; non potendo affatto essere in diretta corrispondenza il Presidente di Bari con quei di Sicilia.

Art. 44. Rimangono nel loro pieno vigore, per tutto ciò che non si oppone a quanto di sopra è detto, tanto i regolamenti delle Casse di Sconto di Napoli e Bari, del 31 marzo 1839, 9 ottobre 1857, e 20 maggio 1858, quanto il Regolamento delle Casse di Sconto di Palermo e di Messina, del 27 dicembre 1858.

Disposizioni Generali

Art. 45. Onde il presente Regolamento venga con unità di principii, e con sistema uniforme e costante, adottato in tutte le Casse, al di là e al di quà del Faro, il Direttore Generale Reggente del Banco delle due Sicilie resta specialmente delegato a curarne l'osservanza, a reprimere gli abusi che possano introdursi, ed a rimuovere gl'inciampi che si frappongano alla speditezza del servizio. E, laddove questi avvengano nell'altra parte dei Reali Dominii, a proporre al Ministro Segretario di Stato per gli affari di Sicilia le corrispondenti misure di repressione, che saranno istantaneamente eseguite, rendendone informato il Ministro Segretario di Stato delle Finanze.

Art. 46. Aggregata al Segretariato generale del Banco, vi sarà l'officina dell'Ispettore addetto alla sorveglianza del servizio della riscontrata e delle cambiali da esigersi fuori Napoli. Questo Ispettore sarà alla immediata dipendenza del Segretario generale, da cui dipenderà, ed avrà l'obbligo di trovarsi sempre pronto a partire per Palermo, Messina o Bari, quando il Direttore generale Reggente crederà affidargli delle commissioni per aggiustare de' conteggi, e dileguare a voce de' dubbi, per il celere andamento del servizio. Ciò per altro si farà di accordo coi rispettivi Presidenti o Governatori, cui il Direttore generale Reggente farà pervenire i suoi uffizi.

Portici 15 settembre 1859.

Decreto e regolamento hanno la firma del giovane re Francesco 2°
il quale, nei pochi mesi di governo, ordinò pure la fondazione di
succursali Casse di Corte a Reggio ed a Chieti (Decreto 11 febbraio 1860). Non spetta a noi di raccontare per quali vicende la
Dinastia Borbonica abbia ceduto il posto alla Casa di Savoia.

*
* *

28. Niun dubbio che, dal 1816 al 1860, la protezione del Governo abbia molto contribuito a facilitare la ricezione della carta
nominativa. Entrata nella cassa la valuta metallica, ci restava gran
tempo , poichè nel regno aveva corso legale la sola moneta d' argento, incomoda per volume e peso. Tutti preferivano il titolo del
Banco. I pagamenti poi, per la massima parte, si facevano con *assegni e volture di credito*, vale a dire si riducevano ad una semplice
permuta di carta; convertendo la fede o la polizza, che s'annullava, con altro titolo al nome del nuovo creditore. Dalle scritture ,
conservate in archivio, si possono avere curiose prove del numero
di passaggi, con girate o con firme, che facevano quelle carte (qualche volta centinaia), del tempo che restavano in piazza, e specialmente della generale consuetudine di non domandare la moneta metallica al Banco. La tesoreria, la casa del Re, la provincia, il comune, i luoghi pii ed ogni altra pubblica amministrazione , come
pure i banchieri, i commercianti, ed ogni persona agiata, non altrimenti riscuoteva o pagava somme di qualche importanza che mediante fedi di credito e polizze. E non occorreva barattarle con numerario, bastando che fossero segnate a credito delle persone o enti
morali cui spettavano. In particolar modo al tempo dei Ministri d'Andrea e Murena, che s'occuparono con maggior diligenza del Banco, e ressero la finanza in epoca di calma relativa, quando il danaro abbondava e lo Stato era ricco, il Banco ha tenuto nel tesoro, di effettiva moneta, più di trenta milioni di ducati; ed i titoli circolanti hanno passato il valore di cinquanta milioni.

Pur nondimeno i collocamenti erano scarsi, e stavano molto al
di sotto di quella medesima stabilita proporzione di diciottesimi, che
lasciava tanto poco margine pel commercio e pei cittadini. Doveva
il Banco tenere nelle casse o nel tesoro la massima parte della valuta metallica a lui consegnata, per la ragione che si trattava di

potevano essere domandati. Quel medesimo collocamento, fatto com'era con pegni di certificati di rendita, o di cambiali del fisco, giovava molto poco al pubblico.

Il mistero poi, nel quale piaceva ai Ministri tener sepolto le operazioni del Banco e lo stato delle sue casse, (1) non solo ha impedito che il paese ne avesse notizia a quell'epoca, ma rende quasi impossibile di sapere oggi quale fosse. Le *situazioni* mensili si sottraevano agli sguardi profani, e, per abbondare in cautela, spesso non si compilavano neppure; cosicchè lo stesso archivio della Direzione Generale del Banco ne conserva poche. Eccone una:

Situazione del Banco al 31 luglio 1858. Casse di Napoli, cioè 1ª di Corte (S. Giacomo), 2ª di Corte (Spirito Santo), Banco dei privati (Pietà).

Numerario in Cassa-Oro	D.	290,052.95	
" " Argento	„	21,707,354.26	
Rame	„	198,194,52	
			D. 22,195,601.73
" nella Zecca-Oro	..	1,416.91	
" " Argento	„	2,035,989.49	
			„ 2,037,406.40
Debito della Tesoreria Generale per la riconiazione — Argento	„	225,942.32	
Rame	„	23,929.95	
			„ 249,872.27
Pegni di oggetti preziosi nella seconda Cassa di Corte (Spirito Santo)			„ 652,170. —
Pegni di oggetti preziosi, pannine, metalli nel Banco dei privati (Cassa Pietà)			„ 1,500,522.73
Pegni d' iscrizioni sul Gran Libro			„ 1,200,533.—
Cambiali — Argento.			„ 4,463,799.34
		Da riportarsi	D. 32,299,905.47

(1) È cosa probabile che il Governo volesse spargere e sostenere la falsa credenza che tutte le carte in circolazione fossero rappresentate da effettive monete di oro o d'argento, tenute in deposito nelle casse del Banco.

Riporto D. 32,299,905.47
Cambiali — Rame . . . . „ 215.23
Conto Corrente col Real Governo . . . . „ 429,536.59
" con la cassa del Banco a Palermo . . „ 284,008.30
"   "   a Messina . . „ 5,970.85
"   "   a Bari. . . . „ 1,088,707.77

Totale ducati 34,108,344.21

I ducati 249,872.27, riconiazione, esprimono la perdita subìta col rifondere monete straniere o consumate dall' uso. Molte lettere del Direttore del Banco giustamente si dolgono che la perdita fosse dell' istituto, al quale restava un semplice credito contro del fisco; mentre che il guadagno della zecca, ottenuto col monetare verghe e valute forastiere, si riscuoteva subito dalla finanza.

I ducati 429,536.55, conto corrente, rappresentano la cifra alla quale era ridotta, nel 1858, la rimanenza pel vuoto 1803 e per altre deficienze, a carico della finanza, che non s' erano colmate.

Gli altri ducati 284,008.30 e 5970.85 erano quelle reste per la riscontrata del 1848 che la tesoreria di Sicilia aveva pagato; ma il Banco non aveva potuto riscuotere perchè, come abbiamo detto, d' Urso, sequestrando i titoli di rendita, li aveva convertiti in proprietà del fisco, facendo percepire l'interesse dalla tesoreria di Napoli.

Nella somma di duc. 4,463,799.34 (portafoglio) erano compresi D. 2,122,639.61 *boni della cassa di servizio*, cioè cambiali della tesoreria, create dal governo napoletano fin dal 1840, quando aveva dovuto pagare gli speculatori inglesi, che seppero pescare nel torbido colla faccenda degli zolfi. Cambiali rinnovate a misura che scadevano, senza che ne fosse mai pagata porzione alcuna.

Tutta la circolazione, di duc. 34,108,344.21, era rappresentata da titoli di debito del Banco.

Conto oro . . . . D. 13,145.00
Conto argento . . . . „ 33,431,594.06
Conto rame . . . . „ 663,605.15

Durava sempre il metodo di contabilità pel quale i debiti a conto corrente (*madrefedi*) si comprendevano nella circolazione e si chiamavano fedi o polizze. La parte passiva del bilancio è per conseguenza espressa con un solo articolo. Ma siccome l' Istituto teneva l' obbligo d' accreditare sul conto corrente (*caricare in madrefede*) le rendite, gli utili, i fondi patrimoniali e tutto l' attivo, figurando come debitore di sè stesso, da così fatti bilanci o *Situazioni*, non risulta che capitale possedesse; nè si conosce a quanto veramente ascendessero le carte circolanti.

Non siamo giunti a procacciarci i bilanci 31 luglio 1858 delle Casse di Palermo e Messina, che, per la separazione voluta da Filangieri, formavano un altro banco autonomo; quella di Bari aveva:

Numerario in cassa — Argento	D.	457,832.36
" " Rame	„	3,646.07
Pegni di oggetti preziosi	„	5,000.00
Cambiali argento	„	207,792.67
	Totale D.	674,271.10

Cioè: Conto Argento . . . . D. 670,625.03
  „   Rame . . . . „ 3,646.07

C' era poi il debito per riscontrata, con la cassa di Napoli, di D. 1,088,707.77, che avrebbe dovuto essere rappresentato da egual somma di valuta contante.

Ad illustrare questi bilanci, riferiamo due lettere del Reggente Ciccarelli, che esprimono con molta franchezza quali fossero le vere condizioni del Banco. Vi si dimostra, assai meglio di quanto potremmo far noi, che la finanza erasi largamente servita dei depositi apodissarii, e che le passività dell'istituto costituivano, quasi tutte, debiti dello Stato. Ogni quindici giorni, allorchè mandava la situazione al Ministro, tornava ad insistere calorosamente il Direttore del Banco, perchè la Tesoreria avesse cominciato a pagare, od almeno perchè fossero restituiti i titoli di rendita siciliana e gli utili della monetazione. Dava prova di grande indipendenza e coraggio Ciccarelli, scrivendo così spesso la verità a chi non la voleva sentire.

Archivio del Segretariato Generale, volume 1156. Li 27 ottobre 1853. N.° 877.

" Eccellenza. Quì compiegato, mi dò il bene di farle tenere lo stato degli apodissarii, compilato a tutto il 30 dell' ora scorso settembre, dal quale rileverà che il Banco era in quel dì debitore, per polizze in circolazione, di ducati 26,745,056.83; mentre esistevano di effet-

tivo numerario soli . . . . D. 7,624,069.19
di materie da monetarsi nella R. Zecca . . „ 10,447,558.75
e vi mancavano . . . . „ 8,673,428.89

" Eguale come sopra . . . . D. 26,745,056.83
" Ora la esistenza del numerario, in D. 7,624,069.19, attenuati da esiti sofferti dal Banco, ne' primi giorni del corrente mese, a causa delle materie portate in Zecca, vedesi quasi ridotta alla quarta parte delle polizze in circolazione, montanti a D. 26,745,056.83; la quale sproporzione, essendo intollerabile per una banca di circolazione, al dire degli economisti, lo è molto più per un Banco di deposito, il quale, con sterili mezzi, difficilmente può sostenere la concorrenza del cambio delle polizze. Ciò è pel principio. Ma, nel fatto, lo esempio del passato mi spaventa, nel considerare che mentre il Banco, a 31 dicembre 1847, aveva un passivo molto inferiore dell' attuale, il contante disponibile era di D. 11,486,758.17
" Di questi rimasero, a 14 agosto 1848, soli „ 3,970,610.57

" Per cui, in meno di otto mesi, scomparvero dal
Banco . . . . D. 7,516,147.60
" Che è, presso a poco, l'identica cifra che attualmente esiste nelle Casse. „
" Passo ora a dimostrarle come mancano i D. 8,673,428.89, giusta quanto rilevasi dall' annesso stato. „

D. 2,196,453.50 per tanti impiegati per le opere di pegnorazione del Banco, sugli oggetti di oro, argento, pannine e metalli rozzi.
„ 475,447.00 sono impiegati in pegni di rendita iscritta presso la Cassa di Sconto, ed in maggior parte per ordine superiore, a beneficio di taluni luoghi pii e pubblici stabilimenti.
„ 4,993,138.31 impiegati in sconti di cambiali o di boni, per ordine della Generale Tesoreria; *ad eccezione di piccola parte diffusa a vantaggio del Commercio*, una col milione di spettanza della Tesoreria.
„ 288,874.34 mancano per le perdite sofferte sulla rimonetazione dell' oro, dell' argento e del rame.
„ 7,953,913.15 da riportarsi.

"   429,536.59 per l'antico vuoto in rame, dovuti anche dalla Generale Tesoreria.
"   289,979.15 pel nuovo vuoto in argento e rame, succeduto per la riscontrata delle polizze con la Sicilia, di cui la Generale Tesoreria si è appropriato i certificati sul Gran Libro di Sicilia.

D. 8,673,428.89 Totale

" Prego quindi l'E.ª V.ª a volersi interessare della triste posizione del Banco, ordinando che la Generale Tesoreria cominci a rimborsare le ingenti somme che deve; poichè essa nol potrebbe nei supremi momenti, in cui il Banco ne avesse materiale bisogno; di che le ho ripetute volte favellato, in diversi rapporti. "

" Ma, se a tanto non creda provvedere, Le propongo tre espedienti, mercè dei quali potrebbesi, in qualche modo, rimediare alla emergenza del caso, senza dissestare gli interessi della Generale Tesoreria. "

" 1.° Rimettere al Banco i certificati di rendita Siciliana, ricevuti dalla Generale Tesoreria, in soddisfazione del nuovo vuoto in argento e rame, di duc. 289,979.15, dipendente dalla riscontrata delle polizze con le Casse di Corte di Palermo e Messina, una alla rendita sinora percepita. "

" 2.° Permettere che gli utili della monetazione, dietro le corrispondenti operazioni di scrittura, nello interesse della Generale Tesoreria, si versino costantemente al Banco; in disconto, prima del credito di ducati 288,874.34, per le perdite della rimonetazione, e quindi dell' antico vuoto in rame, di D. 429,536.59. "

" 3.° Destinare una discreta somma annuale per la estinzione dei seguenti boni, scontati dalla Cassa di Sconto; quali boni riproduconsi in ogni scadenza, quasi per la stessa somma, dietro il pagamento degl' interessi, che si esegue mercè gli annui D. 60,000, che la Cassa dello Sconto suol corrispondere sul milione di spettanza della Regia Tesoreria. "

" I boni sono:
il primo di . . . . D.   480,000.00
" 2.°   . . . .   "   471,916.98

Da riportarsi D.   951,916.98

	Riporto D.	951,916.98
3.°	„	127,790.48
4.°	„	750,676.72
5.°	„	488,184.82
6.°	„	324,818.75
	Totale . . . . D.	2,643,387.75

" Sono questi gli espedienti che, nelle mie limitate vedute, ho saputo escogitare, a solo fine di rendere meno vacillante la posizione di questo Stabilimento, la cui rovina porterebbe funestissime conseguenze „.

" 24 maggio 1854.

" Eccellenza. Sebbene, sotto gli alti suoi auspicii, è a dirsi piuttosto soddisfacente la posizione del Banco, pure dimenticar non posso che, nei momenti di perplessità e di dubbiezza, il numerario sparisce affatto. La qual circostanza niuna impressione farebbe, se gli impronti fatti alla Generale Tesoreria, e la esistenza dei vuoti, che di anno in anno sono andati in aumento, non facessero temere il discredito e la distruzione del Banco. Deplorando una simile sciagura, che sia sempre lontanissima, mi sono renduto importuno verso l' E.ª V.ª domandando, con replicati miei rapporti, che la Generale Tesoreria cominciasse a soddisfare, almeno a rate, taluno dei suoi gravi impegni, contratti col Banco o con la Cassa dello Sconto; ma perchè veggo che non mostra neppure la buona voglia di corrispondere alla fiducia usatale, mi permetto di richiamare l' attenzione dell' E.ª V.ª ogni qualvolta ho l' onore di inviarle gli stati quindicinali, compilati sulle norme dell' ordinanza ministeriale del 31 dicembre 1824 „.

" Sul proposito, V.ª E.ª potrà rilevare che lo stato di situazione, del 15 aprile ultimo, portava che nel Banco e nella Zecca esistevano. . . . . D. 17,863,252.84

" E quello del 30 detto, che ora le confoglio, mostra la esistenza in. . . . . „ 17,246,411.29

" In quindici giorni, adunque, sono scomparsi. D.   616,841.55

" Or se, in tempi tranquilli, verificasi una sì notabile detrazione di numerario, non so mica mostrarmi indifferente all' idea tristissima del discredito delle polizze, qualora, in tempi calamitosi o difficili, il Banco rimanesse esausto di numerario; locchè facilmente potrebbe avvenire, a fronte di un passivo di duc. 26,282,758.53, di polizze in circolazione „.

" A prevenire questa sciagura, conviene ora provvedere dalla saggezza dell' E.ª V.ª, ed è perciò che nuovamente La supplico a degnarsi di prendere in considerazione i precedenti miei rapporti, al riguardo indirettile „.

A tali lettere, il Ministro per lo più non rispondeva, ma qualche volta le repliche consistevano in rabbuffi, sul genere di questo:

" 2 Maggio 1849. N.° 1150 (volume 1, fascicolo 67, dell'archivio del Segretariato Generale). In risposta di due suoi rapporti, del dì 27 aprile e 1 maggio, N.° 190 e 196, le manifesto che gli ordini Sovrani, comunicati a Lei ed alla Deputazione dello Sconto, con rescritto del dì 23 aprile N. 1052, circa l'ammissione delle cambiali, tratte dal Ministero delle finanze sul ricevitore generale di Napoli, e dei boni della cassa di servizio, sono troppo chiari per meritare le sciocche osservazioni, che la Deputazione dello Sconto si è permessa di fare, ad ordini CHE AVEVA IL DOVERE DI UBBIDIRE E NON DI DISCUTERE „.

" Ella quindi IMPONGA alla Deputazione di dare esecuzione agli ordini Sovrani, nè occorre altra risposta alla presente ministeriale — firmato — Ruggiero „.

Sciocche osservazioni sarebbero state la mancanza di denari e le contravvenzioni agli statuti del Banco. Infatti, nel ricevere il rescritto 23 aprile 1849 N.° 1052 (1) aveva detto Ciccarelli ch'egli non poteva stabilire, *somma fissa in ogni settimana da collocare per lo sconto di carta governativa* poichè " il fondo addetto alla cassa di sconto
" vien limitato dal regolamento ministeriale del 27 dicembre 1824
" a quattro diciottesimi e mezzo, ossia al quarto della intera massa
" degli apodissarii (circolazione). E questo fondo trovasi ora, non
" solo esaurito, ma ecceduto di D. 417,237.44, per accorrere ai

---

(1) Eccone il testo. « Il Re N. S. vuole che le lettere di cambio, tratte dal Ministro delle Fi-
« nanze sul Ricevitore Generale di Napoli, e da questo accettate, siano ammesse allo sconto, quan-
« do sono girate da negoziante conosciuto. Vuole del pari S. M. che siano ammessi allo sconto i
« boni della cassa di servizio.
« Nel Real Nome, ed in risposta al suo rapporto del dì 20 corrente, le comunico tale Sovrana
« risoluzione, per l'adempimento.
« Nello sconto di questi effetti, la deputazione userà la prudenza di ammetterne una quantità che
« non impedisca di dare qualche aiuto al commercio, per lo sconto di cambiali che vengono da ne-
« gozianti, secondo le regole della cassa. Potrebbe, a modo di esempio, stabilire una somma fissa
« in ogni settimana, da impiegare allo sconto delle suddette cambiali del Ministro delle Finanze
« e dei boni della cassa di servizio. — firmato — Ruggiero. »

" pressanti bisogni della general tesoreria , secondo diversi ordini
" dati da S. M. o da V. E.

" Nè questa sola quota ha ecceduto, ma bensì l' altra della pe-
" gnorazione degli oggetti preziosi , pannine e metalli, in ducati
" 292,048.30; sicchè l' intero eccesso, secondo emerge dallo stato
" degli apodissarii ultimamente rimessole, al 7 andante, ascende a
" D. 709,285.74; somma che va sempre di giorno in giorno au-
" mentando, come V. E. rileverà dal nuovo stato apodissario, che
" avrò l' onore di rimetterle....

... " Non essendovi che disporre, atteso lo esaurimento delle
" quote, io non saprei qual somma far distribuire ai deputati, nè
" come dare esecuzione ai Sovrani voleri, ed alle sue prescrizioni.

" Tale essendo lo stato delle cose, io prego vivamente l' E. V.
" di renderne informato il Re , sottoponendo all' alta sua penetra-
" zione come le vicende politiche abbiano ridotto quasi alla metà
" il decrescente polisario, ossia la massa di creditori apodissarii (car-
" ta emessa) e come con la realizzazione (pagamento) di molte po-
" lizze sieno dal banco più milioni celeramente spariti ; talchè, a
" soddisfare quelle che ora sono in circolazione evvi al Banco pres-
" so al terzo in effettivo numerario , mentre per regola dovrebbe
" esistervi la metà. Che, finalmente, le quote impiegate ai pegni ed
" allo sconto di cambiali dovrebbonsi assolutamente restringere, per
" portarle ai giusti limiti, stabiliti dallo enunciato regolamento....„

Da parte loro, i Deputati per lo sconto avevano fatto notare, scrivendo nel modo sottomesso che s' usava a quell' epoca, come non
potessero ammettere cambiali governative, per espresse proibizioni
delle leggi commerciali e delle regole del Banco. Tali cambiali ,
munite com' erano delle firme di due pubblici funzionari, del Ministro cioè e del Ricevitore di Napoli, non erano suscettive di protesto, nè si potevano considerare come titoli cambiarii dei quali fosse
lecito lo sconto. In caso di protesto, la cassa avrebbe mancato d' a-
zione contro dei commercianti giratari, perchè il codice non ammette responsabilità di chi cede obbligazioni governative; e molto
meno avrebbe potuto agire contro di S. E. o dell' accettante Ricevitore Generale, ch' erano troppo bene coverti dalla loro qualità.

*
* *

29. Il capitale aggiunto dal Banco al milione del fisco, per le operazioni della cassa di sconto, fu, a fine d'anno.

di D.	1,400,000	nel	1818
„ „	2,450,000	„	1819 e 1820
„ „	300.000	„	1821
„ „	800,000	„	1822
„ „	2,300,000	„	1823
„ „	4,310,000	„	1824
„ „	3,346,000	„	1825
„ „	3,600,000	„	1826
„ „	4,100,000	„	1827
„ „	5,230,000	„	1828
„ „	5,303,484.58	„	1829
„ „	5,280,181.39	„	1830
„ „	5,245,781.50	„	1831 a 1832
„ „	5,645,781.50	„	1833 a 1840
„ „	6,145,781.50	„	1841 a 1844
„ „	6,845,781.50	„	1845 a 1855
„ „	7,500.000 —	„	1856 a 1858
„ „	9,000,000 —	„	1859
„ „	10,300,000 —	„	1860
„ „	11,000,000 —	„	1861

In media, pei quarantaquattro anni, D. 5,666,231.89; e, col milione della tesoreria, D. 6,666,231.89, pari a L. 28,331,485.58.

Le operazioni di sconto e di pegno giunsero a D. 712,387,437.08 pari a L. 3,027,646,607.59, cioè in media L. 68,810,150.17 all'anno, comprese l'anticipazioni cambiarie o pegnoratizie al Tesoro, che, all'ingrosso, si possono valutare due terzi della somma collocata. La durata media dei collocamenti risulterebbe di mesi cinque circa; ma la massima parte degli sconti e pegni si rinnovava alle scadenze, conteggiando il solo interesse.

Tutte le rendite e lucri della cassa di sconto, nel mentovato periodo, 1818 a 1861, giunsero a ducati 7,089,191.72 (pari a lire 30,129,064.81) e ne fecero il seguente uso.

Spese amministrative	D.	591,162.47
Immobili	„	119,439.60
Da riportarsi	D.	710,602,07

Riporto D.   710,602,07

Oltre dei pagamenti per rifazione degli edifizi Archivio Generale, Spirito Santo, Pietà, Posta e Donnaregina, il Banco contribuì con ducati 32696,72 (pagati dal 1834 al 1853) alla ricostruzione dell'antico Monte e Banco di Sant' Eligio. Per moltissimo tempo, fece la finanza sperare che avrebbe pensato alla risurrezione di quell' istituto, ma poi non mantenne le promesse.

Spese considerevoli (!) . . . . „   649,375.09
Questo nome danno nei conti alle spese delle quali non volevano specificare con chiarezza l' indole. Ci sono comprese molte imputazioni a perdita di cambiali inesigibili, qualche restituzione d'indebito, ducati 6,900.62, pagati nel 1844, per l'apertura del Banco a Palermo, eccet.

Utili versati al Banco . . . . „   1,480,435.67
Le scritture del ramo *apodissario* erano separate da quelle del ramo *cassa di sconto*; ragione per la quale appare sempre debitore quest' ultimo del fondo preso dai depositi del pubblico; e creditore di quelle somme che, di tanto in tanto, prelevava dagli utili per contribuire alle spese amministrative del primo, ovvero per la costituzione del suo patrimonio. A tali somme non davano carattere di restituzione, nè d' interesse.

Somme impiegate in compre d' iscrizioni (titoli di rendita napoletana 5 per 0[0). . . . . . „   1,253,959.76

Somme prelevate dagli utili, a favore della Tesoreria Generale, dietro ministeriali disposizioni . „   412,177.74
D. 122,596.50, presi con Rescritto del 23 agosto 1856, e D: 160,000 con ordini ministeriali del 14 gennaio e 30 agosto 1860. — I rimanenti ducati 129,581.24 si consegnarono in agosto 1860, insieme ai titoli di rendita; pagati dalla cassa di sconto

Da riportarsi D.   4,506.550,33

Riporto D. 4,506,550,33
D. 1,253,959.76, giusta il precedente articolo, e valutati dal fisco D. 1,215,771.50, ch' era il prezzo che facevano nel giorno che li dovettero consegnare.

Utili versati alla tesoreria generale sul milione „ 2,284,655.96
Grandi dispute si fecero nel 1863 e 1864 per tale partita di credito. Il Banco versava, quasi ogni anno, grosse somme, a titolo di restituzione pel milione, ma la tesoreria, senza rifiutare questi pagamenti, niente sottraeva dal suo credito, acciocchè le rimanesse sempre il dritto di computare 90 o 60 mila ducati all' anno d' interesse. Il carattere d' amministrazione governativa e dipendente del ministro di finanza, che aveva la cassa di sconto, rese possibile lo strano fatto di pagare più del doppio, e di rimanere sempre debitore dell'intera cifra.

6,791,206.29

Esistevano sulla madrefede degli utili, al 31 dicembre 1861 . . . . „ 136,370.73
E si dovevano riscuotere da diversi debitori .. „ 161,614.70

Totale come sopra D. 7,089,191.72

*
* *

50. Al tempo dei Borboni, non si vedeva la necessità di tenere casse succursali nelle varie provincie del Regno, per la ragione che i Ricevitori e Percettori regi ne facevano in certo modo l'ufficio. La circolazione delle fedi di credito o polizze era largamente favorita dagli agenti finanziari del Governo, che non solo le accettavano per pagamento d' imposte, cosa comandata dall' art. 3.° del decreto 12 dicembre 1816, ma ne facevano il baratto con valuta metallica, e talvolta pagavano aggio per averle. Erano cercate dai ricevitori le carte bancali quando dovevano far pagamenti alla Tesoreria Centrale di Napoli. Allora, mediante invio per la posta di fedi di credito o polizze, risparmiavano le spese ed i pericoli dei trasporti di monete. Ciò non pertanto mancava nelle province il ser-

vizio d'emissione, e quelli più importanti di anticipazioni e sconti. Succedeva pure che quando il Ricevitore non aveva bisogno di carta, la circolazione divenisse difficile nella provincia e che il baratto con moneta d'argento potesse anche costare qualche cosa.

Pare che Medici avesse meditato su tale inconveniente. Nisco (1) asserisce che quel Ministro voleva fondare in ogni provincia una vera Succursale del Banco, incaricata di ricevere dai percettori di circondario il pagamento delle imposte, d'accettare depositi, di mettere in circolazione fedi o polizze e specialmente di collocare le somme raccolte con sconto di cambiali e con mutui sopra pegno. Medici avrebbe scritto, nel rapporto al Re, che le Succursali si dovevano aprire onde " l'attività e l' industria venissero in tutti i
" punti del Regno vigorosamente animate, la percezione della im-
" posta non fosse più un carico pel Tesoro o una sopratassa pei
" contribuenti, e l'Erario pubblico avesse, pei suoi bisogni ordinari e
" straordinari, una inesauribile sorgente di riserva, per scontare i
" suoi effetti, senza mandarli sul mercato della Borsa e produrre
" le gravi oscillazioni sul corso della rendita, cotanto nocive pel
" commercio e pel credito di uno Stato ,.

Il concetto, finanziariamente ottimo, era con chiarezza espresso da chi aveva potere d'eseguirlo. Eppure, dal 1816 al 1860, si fece assai poco per sviluppare nelle province l'opera del Banco, tuttochè la deficienza di succursali fosse vivamente deplorata, e non mancassero continue insistenze dei Municipi ed Intendenti delle città che avrebbero dovuto averle. Solo, come abbiamo visto, Palermo e Messina ottennero le loro casse nel 1843, Bari nel 1857, Chieti e Reggio una semplice promessa nel 1860 (Decreto 11 febbraio) che fu poi mantenuta, dopo molti anni, dall'attuale amministrazione.

*
* *

31. Due giorni dopo ch'era entrato a Napoli Garibaldi, si stampò questo decreto:

" Li 9 settembre 1860.
" Il Dittatore delle Due Sicilie, Decreta:
" Art. 1. Il debito pubblico dello Stato Napoletano è riconosciuto.

---

(1) Proemio al progetto di Statuto del Banco. Atti del Consiglio Generale. Sessione 1863 p. 189.

" Art. 2. I pubblici banchi continueranno i loro pagamenti, a
" cassa aperta.
" Art. 3. La cassa di sconto continuerà gli affari da essa dipen-
" denti, nei modi conformi alle leggi ed ai regolamenti preesistenti.
E la seguente settimana aggiunsero:
" Li 16 Settembre 1860.
" Il Dittatore dell' Italia Meridionale, Decreta:
" Art. 1. È ristabilita la perfetta reciprocanza pel libero e mutuo
" cambio delle polizze e fedi di credito tra le casse del Banco di
" Palermo e Messina e quelle delle province continentali, nonchè
" per le reciproche operazioni delle casse di sconto, di quà e di
" là del Faro.
Art. 2. Il Ministro del dipartimento delle finanze è incaricato
" della esecuzione.
Altro Decreto, 30 novembre 1860, firmato dal Luogotenente
Farini, modificò leggermente le regole del Banco di Napoli. Soppresse il posto di Reggente e pose a capo dell' Amministrazione un Consiglio, composto dai Presidenti e Vice-Presidenti delle tre casse, S. Giacomo, Spirito Santo e Pietà, e da un Censore, di nomina Regia. Esercitava le funzioni di Capo " uno dei Presidenti del Banco,
" con la qualità e col titolo di Presidente del Consiglio di Ammi-
" nistrazione „ (art. 2.) e questi era " scelto, per libero suffragio,
" fra tre Presidenti del Consiglio di Amministrazione, del quale fa-
" ranno parte, in questa sola occasione, anche i Governatori ordi-
" narii del banco. „ (art. 4). La persona scelta restava in carica un anno; poteva essere confermata, con permesso del Ministro delle Finanze, ma per un altro solo anno.

Piccole novità! La clientela poteva ben dire che niente le importava se il Capo si chiamasse Presidente o Reggente, se fosse nominato dai colleghi o dal Ministro. Farini non s' occupava di altro, anzi diceva espressamente che " Il Presidente del Consiglio
" di Amministrazione assumerà le funzioni ed eserciterà le attribu-
" zioni stabilite dai Regolamenti esistenti per la carica di Reggente
" (art. 2)...... Rimangono in vigore le prescrizioni delle leggi e dei re-
" golamenti esistenti, in tutto ciò che non si oppone al presente
" Decreto (art. 10) „. Pur nondimeno questo decreto, manifestando concetti più liberali di quelli che fin allora avevano prevalso, fece sperare che sarebbe restituita finalmente l' autonomia, la libertà di

agire ed il patrimonio al vecchio Istituto; e sarebbero riprovati gli strani modi del Governo Borbonico. Questo, come abbiamo dimostrato, si serviva del Banco quasi fosse proprietà dello Stato: credeva forse che delle rendite, dei capitali, ed anche delle somme consegnate a titolo di deposito o di mutuo si potesse servire il Monarca. Se non lo credeva, per la ragione che le leggi costitutive del 1816, 1818 e 1839 dicono proprio l'opposto, disponeva le cose in modo da procacciare, con tali fondi, il massimo beneficio della finanza, il minimo dell'istituto e del pubblico.

Dopo che il Governo Italiano aveva rinunziato al modo efficacissimo di comandare nel Banco, che era la nomina d'un impiegato regio per Capo dello Istituto, colla subordinazione di costui al Ministro delle Finanze, era cosa naturale sperare qualche diminuzione dell'ingerenza fiscale. Veramente il decreto 30 novembre 1860 fu principio di buone riforme, non tanto per quello che c'era scritto, quanto perchè Ministro di Agricoltura e Commercio divenne un benemerito nostro concittadino, Giovanni Manna, e perchè il primo Consiglio di Amministrazione fu composto di persone operose e sagaci.

32. Gli anni 1861 e 1862 li spesero in preparativi e studio. Il programma comprendeva molte cose.

1. Conservare tutta la parte del vecchio ordinamento che offeriva una qualche utilità. 2. Rendere più semplici le operazioni, più facile il servizio, più spediti gli affari, migliorando i sistemi contabili, levando le scritture inutili, distruggendo molte formalità, praticate col solo scopo di scemare la responsabilità, o di nascondere la insufficienza di determinate persone. 3. Introdurre, o per dir meglio, rimettere, quelle forme di credito che abbiamo dimostrato fossero usi, fors'anco invenzioni dei Monti Napoletani; le quali, per malvagità di tempo ed insipienza di ministri, s'erano abbandonate proprio quando i progressi d'altre nazioni e d'altri banchi meglio avevano cominciato a provarne la saggezza; conti correnti cioè, cheques, warrants, cartelle fondiarie, cassa di risparmio. 4. Pagare meglio gl'impiegati, ma senza che pesassero sul bilancio passivo maggiori spese di stipendio; per conseguenza modificare servizio e ruoli d'organici in modo che, scemate di numero le persone, potessero com-

pensare decorosamente le fatiche dei buoni ufficiali, 5. Consolidare il credito e la forza dell' Istituto, accrescendone il capitale patrimoniale.

Per la pratica esecuzione delle riforme, i membri del Consiglio, ed il nuovo Presidente, Marchese Michele Avitabile, con la modestia che accompagna il vero merito, domandarono giudizio e suggerimenti ai più reputati cultori di scienze economiche o amministrative. Varie commissioni, di cui fecero anche parte commercianti e ragionieri, studiarono con diligenza i registri, le consuetudini, per valutarne la bontà, proporre gli opportuni cambiamenti, e discutere maturamente di qualsivoglia innovazione.

* * *

43. Ma gli studi furono disturbati da una grave crisi economica, che, nel 1861, fece vacillare il credito del Banco, mettendo in pericolo la sua stessa esistenza. La rivoluzione del 1860, col suo sperpero di danaro pubblico; i fallimenti, furti all'erario e disordini d' ogni specie, che accompagnarono la caduta della dinastia Borbonica, vuotarono in poco tempo le casse di molti milioni di ducati, che il Governo ci teneva. Più la mancanza di fiducia nei Dittatori, Prodittatori o Luogotenenti, che nel 1860 e 1861 vennero a governare queste provincie, l' assedio di Gaeta, il brigantaggio ; insomma la paura che si sospendessero i pagamenti, fece ritirare buona parte dei depositi anche dagli altri clienti. In diciotto mesi, da ottobre 1859 ad aprile 1861, avvenne una diminuzione di quasi due terzi sulla riserva metallica, perchè il numerario da L. 82,084,254.81 si ridusse a . . . . „ 29,730,829.16

con esito di . . . . „ 52,353,425.65
e di oltre due quinti sulla circolazione, perchè la resta di fedi di credito, polizze, polizzini, madrefedi, volture da L. 155,723,810.33
si ridusse a . . , ... , . „ 92,346,385.01

con pagamento maggiore dello introito per . L. 63,377,425.32

Ricordando che allora si adoperava la sola moneta di argento ; che un sacco di piastre, pesante chilogrammi venticinque e mezzo, valeva L. 5,100, possiamo calcolare quanto dovessero crescere i pagamenti, e scemare gl' introiti, per levarsi dalle casse cinquantadue milioni.

Gli stessi fatti, che diminuivano i fondi disponibili, facevano crescere le domande di prestito. Le commozioni politiche del 1860 pesarono gravemente sul commercio, sulle manifatture e sulle private aziende, permodochè migliaia d' individui salirono, per la prima volta, le scale del Monte di Pietà; o consegnarono per pegno qualche certificato di rendita. Anche i buoni clienti vecchi della Cassa di sconto si mostrarono lenti a pagare le cambiali scadute, solleciti di chiedere, con insolita insistenza, anticipazioni di maggiori somme.

In simili contingenze, le Banche di Francia e d'Inghilterra, che si pretende siano modelli di savia amministrazione, badano anzitutto a fornir la cassa; negano i prestiti, riscuotono i crediti a misura che scadono, rifiutano inesorabilmente ogni proroga o rinnovazione di mutuo. Così danno molto da fare ai notai ed uscieri; rovinano infinite persone, per la quantità di fallimenti che segue l' inaspettato rigore; accrescono l' intensità della crisi ed i suoi danni; ma ottengono la proporzione che vogliono fra riserva di contanti e circolazione di biglietti; provvedono insomma al pagamento a vista dei propri titoli.

Possono queste banche agire in tal modo perchè il portafoglio è buono. Le cambiali sono avallate da ricchi banchieri o commercianti, ovvero da altri istituti di credito, ed è cosa certa che saranno, quasi tutte, alla scadenza, pagate. La bontà dell' ultime firme non impedisce un danno del commercio, derivante dalla contrazione del credito bancale, poichè gli altri giratari e debitori sono assuefatti a rinnovare. Essi han regolato le cose in modo da trovarsi pronti per pagare, nel giorno della scadenza, il solo interesse o sconto, ed il bollo della nuova cambiale. Ma ciò importa poco alla Banca. Sono faccende che non le appartengono, e che si devono sbrigare fra chi ha preso il denaro e chi ne ha garentito la restituzione.

Ben differenti erano, alla fine del 1860, le condizioni del Banco di Napoli. Patrimonio quasi non ne aveva; (1) il portafoglio non

---

(1) Poche persone conoscevano il congegno delle scritture, che nascondeva la circolazione fiduciaria. Al pubblico facevano credere che tutta la carta avesse un corrispettivo di moneta metallica, esistente in cassa. Nessuna visibile differenza appariva fra le polizze dei clienti, che tenevano tale corrispettivo, perchè avvalorate mediante consegna alla cassa apodissaria di valuta

si poteva facilmente liquidare perchè composto, per la maggior parte, da crediti, inesigibili allora, contro la Finanza (1), e da obbligazioni di modesti dettaglieri, ed anche d' individui non commercianti. Si erano fatte grandi anticipazioni sopra pegni di rendita pubblica; il Monte di Pietà aveva collocato ducati due milioni e mezzo circa. Esiziale sarebbe tornato il metodo delle Banche di Parigi o Londra, che lo inusitato rigore contro individui i quali, per circostanze indipendenti dalla volontà, non potevano essere pronti, avrebbe fatto cadere in sofferenza molte cambiali, avrebbe pure condotto alla vendita di molti titoli e di molti oggetti dati per pegno.

Sebbene ci fosse pericolo di perdere tutto il capitale patrimoniale, ed anche di finire con qualche deficienza sui depositi dei creditori apodissari, il nuovo Consiglio Amministrativo, senza preoccuparsi della riserva metallica che scemava, senza lasciarsi dominare da paurosi concetti, fu largo di dilazioni, e si contentò di piccoli acconti per le cambiali. Il portafoglio diminuì pochissimo quell'anno.

Maggiori difficoltà davano le anticipazioni, per lo enorme ribasso della rendita Napoletana, nel 1860 e 1861. Qualche milione aveva il Banco collocato, su pegno di cartelle nominative, allorquando i titoli del Gran Libro Napoletano facevano il prezzo di 120. Giusta il Rescritto 26 giugno 1822, che permetteva di anticipare tre quarti del valore effettivo, per ogni cinque ducati rendita, gl'inte-

---

contante, ovvero di carta bancale, e le polizze della cassa di sconto, che n'erano prive. La emissione di queste ultime era fatta per ordine del Direttore, ed il corrispondente credito in madrefede dipendeva dal computo dei diciottesimi

(1) In settembre 1860, quando Francesco II uscì da Napoli, era debitrice la Tesoreria.

Pel vuoto 1803, (somma residuale) . . . . D.	429,536.59
Debito dei Banchi di Sicilia che la Finanza aveva incassato . . . »	289,979.15
Perdite subite dal Banco per la riconiazione fino al 1852 (somma residuale) »	97.242.70
Boni della Tesoreria scaduti . . . . »	108,584.20
» » da scadere . . . . »	2,357,938.09
Boni della Cassa di servizio scaduti . . . . »	1,411,351.35
» » da scadere . . . . »	590,958.96
Anticipazione presa con pegno di rendita li 10 marzo 1860 . . . »	800,000.00
Altra anticipazione presa li 6 aprile 1860 . . . . . . »	582,640.00
Primo semestre 1860 delle rendite di pertinenza del Banco e della Cassa di Sconto, che non s' era pagato . . . . »	32,838,00
Totale D.	6,701,069.04

cioè L. 28,479,543.42.

Oltre di questo, c' erano le perdite sulle riconiazioni posteriori al 1852, non ancora liquidate ma che si conoscevano maggiori di D. 300,000; le cambiali di dogana, scontate dalla Tesoreria, un debito del Municipio di Napoli garentito dalla finanza, di D. 27,949.68; molti mutui ad enti morali, conceduti con ordini dei Ministri dell' Interno e della Finanza; e finalmente i titoli di rendita presi dalla Tesoreria e le somme indebitamente percette come restituzione del milione, cioè altri duc. 2,912,606,20. In tutto, la finanza aveva presa una cinquantina di milioni di lire.

statarî avevano preso ducati 90. Certo, nel 1861, non conveniva al debitore di riscattare il pegno; pagando novanta la restituzione di un titolo che in Borsa si vendeva sessanta.

Gli è vero che sulle cartelle del banco stava stampato questo patto : " Il signor........ ha dichiarato di volersi assoggettare " a tutte le condizioni prescritte, fra le quali quella di dovere la " presente cartella valere per suo formale consentimento, affinchè " quante volte, elasso il termine di tre mesi, non abbia curato di " spegnorare lo enunciato estratto d' iscrizione, possa la Cassa di " Sconto, qual sua procuratrice, venderselo in piazza o intestar- " selo, per rifarsi del suo credito e dell' importo dell' interesse e " delle spese, restituendo al proprietario il dippiù, se ne avanzi „. Poteva dunque la Cassa di Sconto disporre liberamente del pegno dopo tre mesi. Ma l'esercizio di questo dritto avrebbe fatto vendere migliaia di titoli, con la necessaria conseguenza di aggravare ed accelerare il ribasso.

Il Consiglio Amministrativo, astenendosi dall'aggiungere la sua pressione sulla Borsa ai fatti politici ed economici che screditavano la rendita napoletana, praticò il rimedio delle *minorazioni*. Egli allargò l'agevolezza, conceduta alla Cassa di Sconto, con le istruzioni ministeriali 20 gennaio 1841, di pretendere che fosse restituita parte della somma capitale, nell'atto di rinnovare la cartella di pegno " *qualora il prezzo attuale sia minore di quello che* " *correva allorchè la pegnorazione ebbe luogo* „. Senz'aspettare che fossero passati i tre mesi, le cartelle scadute, a misura che diminuiva il prezzo, invitava i debitori a mettersi in regola, ed a restare col debito dei soli tre quarti, mercè rinnovazione del pegno, per somma più discreta.

Si cominciò dal domandare, per tali rinnovazioni, un quinto della somma primitiva ; poi fu permesso di pagare il decimo; ed in seguito la minorazione si ottenne dalla stessa rendita che semestralmente pagava la finanza.

Questa rendita non solo era sufficiente per conteggiare gl'interessi, che spettavano al banco, ma lasciava pure un piccolo margine, il quale serviva per diminuire l'obbligazione, cioè il valore della cartella di pegno.

La vendita dei titoli avveniva nel solo caso che replicate lettere ed inviti amministrativi fossero stati inefficaci. Poche volte dovette il Banco giungere a questo, per la ragione che quasi tutti i debitori furono solleciti di minorare, non volendo perdere la rendita.

*
* *

34. Quasi che non bastassero le scosse politiche del 1860, ed un mutamento di governo, i ministri della Dittatura e della Luogotenenza, con ordini di pagare grosse somme, e con impedimenti non ragionevoli all' accettazione della carta bancale, fecero più imminente il pericolo che si rinnovassero i guai del 1794 o del 1821.

In gennaio 1861, prese il fisco D. 600,000, con pegno d' un certificato di rendita di annui D. 40,000. Parecchi boni della Tesoreria e della Cassa di servizio, che rappresentavano milioni, si dovettero scontare o rinnovare quando la moneta mancava per l'occorrenze giornaliere, quando pareva difficile lo stesso pagamento a vista della valuta apodissaria.

Un decreto dittatoriale, che imitava gli atti peggiori della reazione Borbonica del 1799, mise sequestro sulle bancali, di data anteriore al 7 settembre 1860, pertinenti alla caduta dinastia, ai reggimenti dell' esercito napoletano, ed alle persone che facessero traffico con Gaeta.

" Siffatto provvedimento, che nella sua attuazione sorprendeva la buona fede di chi si trovava legittimo possessore di quelle bancali, e ne ostacolava la libera e sollecita realizzazione, non tardò a diffondere nel pubblico l' esagerato timore che i titoli del Banco non avessero avuto più corso „.

" Oltre di che il modo lato con cui si esprimeva il Governo, per giungere a sequestrare quei valori, come pure la grave responsabilità, che pesava sugli agenti del banco, a cui carico si mise la immediata esecuzione, faceva sì che questi, per prevenire ogni possibile elusione degli ordini dittatoriali, procedeano con la massima incertezza nel cambio dei valori „.

" Non poche rimostranze si produssero, per persuadere il Governo che l'adottato provvedimento, mentre era in opposizione colla insequestrabilità del deposito bancario, mirava a scrollare la buona fede, unica base di questa interessante istituzione (1) „.

Altra offesa alla reputazione delle bancali fece il decreto per la

---

(1) Rapporto stampato del Direttore Avitabile, anno 1863.

soppressione degli ordini monastici (febbraio 1861), con una confisca dei loro crediti apodissarî, che sconosceva i dritti dei possessori e portatori della carta.

Ma il fatto più grave fu la proibizione alle casse fiscali di prendere e cambiare polizze. Una circolare del 10 luglio 1861, firmata dal Tesoriere Generale, esprimeva nettamente questa proibizione, sebbene nessun provvedimento legislativo avesse annullato le ordinanze del 1816, confermate da mezzo secolo di pratica costante. Per siffatta circolare, le carte del Banco cominciaronsi a rifiutare in tutte le province meridionali e nella stessa città di Napoli; gli speculatori pigliavano per aggio due, tre ed anche quattro per cento; tutti correvano alla cassa per cambiarle con argento. Se, per mala ventura, l'ordine irragionevole non si fosse rivocato, poteva il Banco giungere alla necessità di chiudere lo sportello del cambio. Ma le rimostranze energiche di Avitabile fecero annullare quel comando del Tesoriere, mediante lettera del Ministro, pubblicata al 1° agosto 1861.

*
* *

35. Alla economia d'impiegati e di lavoro, ed alla speditezza degli atti, si cominciò a provvedere mediante soppressione dei registri chiamati *giornali*. Contenevano questi, o, per dir meglio, avrebbero dovuto contenere, le copie delle bancali tolte dalla circolazione.

Il Regolamento del 1816, al capitolo istruzioni per la scrittura dei giornali, manifesta perchè si trascrivevano carte già pagate ed estinte, che stavano presso l'amministrazione stessa del Banco, e si dovevano con la massima diligenza conservare ; ma gli scopi erano :

1. Registrare i titoli apodissarii; copiare le girate, l'autentiche delle firme, gli adempimenti di condizioni e tutto quello che contenevano; per tenere un volume dal quale, in caso d'inopinati accidenti, che avessero fatto distruggere o perdere le carte originali, fosse conservata la memoria delle contrattazioni; e fossero garentite le ragioni dei giranti, dei giratarii, dello stesso banco.

2. Eseguire un'altra verifica dei titoli; osservando se fossero completamente adempite le formalità, messe le occorrenti firme ed autentiche, eseguite tutte le condizioni scritte nelle gire.

3. Tenere un libro di riscontro a quello denominato *Esito di Cassa*, ch' era un elenco sommario delle carte pagate, per sapere con certezza l'ammontare della somma, cioè il credito dei Cassieri per valori apodissarii estinti.

Tutto questo si poteva fare, prima del 1794, dagli antichi Banchi, che non avevano certi servizî governativi, ed erano otto. La collezione di *giornali*, conservata nell' archivio centrale, al Monte dei Poveri, prova che i Banchi i quali facevano maggiori pagamenti non consumavano più di dieci o dodici volumi al mese. Ma, dopo del 1818, le fedi di credito e le polizze giunsero alle centinaia di migliaia ogni anno, qualche volta superarono il milione, e moltissime contenevano lunghi contratti. Che improbo lavoro sarebbe mai occorso per adempiere esattamente al compito dei giornalisti ?

Le utilità dei libri giornali, anzi la necessità di tenerli, poteva dimostrarsi quando c'era il sistema d'infilzare con una cordicella gli originali titoli, e di appenderli alle soffitte delle revisioni. Ma, nel secolo XVIII, s'abolirono le *filze lunghe*, mettendo l'uso di ligare a volumi le bancali tolte dalla circolazione, e di tenerle sempre pronte per l'opportune notizie, riscontri, copie ed attestazioni. Divenendo poco meno che inutili le trascrizioni nel registro, perchè si ricorreva sempre all' originale, cercarono di pagarle quanto meno potessero, dichiarando, col piano organico del 1797, ch'era incombenza dei soprannumeri ed alunni, cioè dei giovani senza stipendio, mentre prima i giornalisti erano discretamente retribuiti. Però tale dichiarazione, confermata da un articolo dell' istruzioni del 1817, che ordina d'affidare la scrittura dei giornali " ai so-
" prannumeri ed alunni più idonei, attenti, e che abbiano intelligi-
" bile e corretto carattere „ (pag. 153) non s' osservava per convenienza dell' istituto, dandosi buoni uffici a chi possedeva siffatti requisiti. Mettevano al giornale gl'impiegati più incapaci, disadatti, inassistenti; quell' incombenza si reputava, ed era veramente, severo gastigo. I registri per conseguenza, illegibili, monchi, infedeli, a nulla servivano, tanto che, fin dal 1799, i Protettori della Pietà (Rappresentanza 16 ottobre) avevano riferito che "ven-
" gono ad essere questi libri pieni di sconnessioni, di cassature, e
" da non potersene molte volte comprendere neppure il senso, on-
" de ne deriva la non sicura cautela del pubblico. „ Bene si fece

col sollecitare il decreto ministeriale 17 novembre 1862, pel quale rimase soppressa la scritturazione delle polizze sui giornali. Fra gli altri vantaggi, si ottenne anche quello d'evitare che i titoli restassero, per molti mesi, nei cassetti dei giornalisti, ciò che spesso aveva ingenerato disordini ed abusi.

Al Monte di Pietà cominciarono ad usare le cartelle a matrice, dove sono dichiarate e descritte le robe che si danno per pegno.

Le polizze notate ed i polizzini si ordinò che fossero scritti su fogli stampati, che il Banco mette in vendita. Questo provvedimento, consigliato forse da comodità del ligatore dei volumi, e dal minuscolo guadagno che può dare la vendita del modulo, non pare, come gli altri, commendevole. Fra le moltiplici cause di diminuzione della valuta apodissaria tiene posto quel benedetto stampato, che pochi si vogliano pigliare il fastidio d'andare a comperare dai guardaportoni del Banco.

*
* *

36. Nello stesso anno 1861, il Banco si fece restituire un grande edifizio, prossimo al Monastero di Donnaregina, che ridusse a Monte di pegni delle pannine; vale a dire dei tessuti di lana, seta, cotone e lino. Tal edificio faceva parte della dotazione di beni immobili, conceduta da Gioacchino al 1809, ma era sfuggito alle vendite di case e di botteghe, fatte da Ciccarelli, per questa circostanza :

Il filantropo Padre Capano fondò, nel 1813, un conservatorio dove raccolse parte delle giovanette povere ch'avevan perduto sussistenza ed asilo, per conseguenza delle soppressioni di monasteri e di luoghi pii, fatte poco prima. Egli ottenne la casa in discorso per la pigione d'annui duc. 340. Nel 1815, se gli dette, a titolo provvisorio, l'uso gratuito del locale stesso, salvo compenso al Banco che fu promesso e stipulato nel contratto, ma, come tant'altre promesse, non fu mai conteggiato.

Morto Capano, il conservatorio diventò collegio di signorine. Ciccarelli, vedendo ch'eran finite l'opere filantropiche, perchè l'istituto si faceva pagare buone pensioni dall'alunne, cominciò ad insistere, nel 1856, per la restituzione del palazzo, od almeno pel pagamento delle pigioni. Furon vane le sue pratiche per l'opposizione del Cardinale, che si fondava sulla concessione del 1815, e bisognò aspettare che Avitabile lo rivendicasse dal Demanio.

Il decreto di concessione porta la data 7 settembre 1861, e l'apertura del nuovo Monte si fece ai 16 dicembre. I fondatori degli antichi Banchi avevano largamente provveduto al pegno dei panni, ma l'interruppero i guai del 1794. Ripristinato al 1819, nel locale Pietà, ed annesso al Monte degli oggetti preziosi e metalli comuni, non aveva potuto convenientemente svilupparsi, poichè lo spazio mancava. Il Consiglio di Amministrazione, tornando ai vecchi metodi, difese con maggior efficacia gl'indigenti dalla pravità usuraria.

Spese il Banco L. 232,000 per mobili e primo impianto, più mezzo milione per adattare il locale al nuovo servizio. Come si prevedeva, il Monte delle pannine è stato per molti anni passivo, ed ora, con grave stento, ottiene poche migliaia di lucro netto da un capitale collocato in pegni che giunge ad un milione e mezzo di lire; ma si tratta di beneficenza non di speculazione.

* * *

37. Sullo sconto di cambiali, scrisse Avitabile, nel rapporto stampato del 1863:

" Il ramo della Cassa di Sconto non è stato trascurato. Le istru-
" zioni da noi date ai Deputati della stessa intendono a giovare il
" negoziante dettagliere, egualmente che alle case bancarie e mani-
" fatturiere. Noi abbiamo la convinzione che aiutando il piccolo ed
" onesto industrioso manufatturiere, come il commerciante minuto
" modesto, per quanto il loro credito in piazza il comporta, si com-
" batte il monopolio, e mentre si giova agl' interessi della Cassa,
" si anima efficacemente la produzione indigena, elemento vitale
" della pubblica ricchezza, „

Questa volontà di soccorrere il piccolo commercio, accettando cambiali di modesti industrianti e dettaglieri, che fu inspirata forse dalla filantropia; o, come sembra probabile, che fu conseguenza degli articoli dei giornali e della ressa di gente bisognosa, è divenuta poi una piaga.

Le *sofferenze*, o cambiali non esigibili, sono cresciute di anno in anno. Adesso rappresentano la valuta di alcuni milioni; non ostante che qualche ragguardevole somma si fosse già passata al conto perdite. Per i debiti di gente insolvibile e pei dispendiosi litigi che ne son derivati, la Cassa di Sconto, lungi dall' aiutare il piccolo commercio, ha, con proprio danno, contribuito alla rovina di molte persone.

I successivi rapporti di Avitabile, e quelli di Colonna, Sacchi, Consiglio, quando parlano su questo argomento, si esprimono in modo ben diverso dal primo. Non vi s'inneggia alla filantropia, ai soccorsi pel modesto traffico, per le botteghe e gli opifizî di secondo e terz'ordine. Invece si deplorano le soverchie larghezze e l'abuso di ammettere cambiali di *comodo*, che cioè non dipendono da atti di commercio, ma sono semplici mutui ad impiegati o professionisti. Nondimeno è ancora in discussione la massima se si debba concedere il *fido* unicamente alle case di prim'ordine.

Qualche volta il Consiglio Generale ha sentito, con discorsi eloquenti, difese le ragioni di quelle meno reputate. Hanno detto che il Banco, per la sua qualità di ente morale, debba soccorrere più volentieri il basso che l'alto commercio; escludere il primo, dalla clientela della Cassa di Sconto, vale lo stesso che sostenere ed autorizzare l'usura. Si è ragionato in tal modo anche dopo che la strana liberalità di certe commissioni di sconto aveva fatto prendere cambiali rifiutate dalle altre banche, e quando l'articolo *sofferenze* sporcava i bilanci dell'Istituto.

Ma bisogna pure ammettere che dei crediti non vale il numero sibbene la qualità. È vero che la casa di prim'ordine specula sul risconto; che le cambiali appartengono effettivamente al dettagliere, all'industriante, qualche volta al proprietario o al professionista. È anche vero che l'individuo privilegiato, il quale presenta cambiali all'Istituto di credito, con patto di garentirne la soddisfazione, si faccia pagare un dritto di provvigione ; dritto proporzionato al pericolo, ed alla maggiore o minore fiducia ispirata dell'effettivo debitore. Non si nega che tale dritto di provvigione possa diventare gravoso, sia perchè il traente meriti discreta fiducia, sia perchè la cambiale passi per molte mani, e paghi varii risconti. Ma tutto questo non costituisce monopolio ; la provvigione rappresenta legittimo compenso della malleveria, è un premio pel rischio, ed è anche l'anticipato pagamento della spesa e delle fatiche che forse costerà la riscossione, quando sia venuta la scadenza.

Un grande istituto di credito, specialmente una banca d'emissione, che tiene sul mercato titoli pagabili al portatore ed a vista, non dovrebbe altrimenti soccorrere la produzione e l'industria paesana che mediante *fido* alle principali case.

Il piccolo commercio vive del credito che gli è fatto dai *gros-*

sisti, in particolar modo dalle banche mutue o popolari, casse di risparmio, società cooperative e simili istituti, molto numerosi nelle contrade dove il credito è bene inteso. Queste società, trovandosi in quotidiano rapporto col minuto commercio, lo possono conoscere, valutare e per conseguenza soccorrere, facendo quasi da sensali alle grandi banche.

Torniamo al nostro Istituto. Negli anni che seguirono il 1860, fu dato straordinario svolgimento al metodo delle *decimazioni* pel pagamento delle cambiali. Sulla pratica di rinnovare il titolo, pagando l'interesse, più il decimo del valore capitale, nessuna precisa disposizione è stampata, sia nel vecchio sia nel nuovo regolamento. Fu ammessa, per tolleranza, fin dal 1818, ma tali forme ed accorgimento usava l'antica Cassa di Sconto, che non si tramutò mai in diritto, nè produsse sensibili perdite. Dopo la rivoluzione, fu tale lo strepito dei giornali e dei debitori, che i commissarii permisero alla tolleranza di diventare regola.

Ogni qualità di scritte di cambio fu ammessa alla decimazione, e fu cambiata la maniera di calcolarla. Prima era proporzionata alla somma primitiva, per modo che si otteneva il pagamento nel termine di trenta mesi; dopo, venne ragguagliandosi alla somma gradatamente residuale, onde l'estinzione non si otteneva in meno di sei anni. Lo sconto diventò prestito; poichè le cambiali non avevano il debitore ed il creditore, non rappresentavano consegne di merci od altro atto di commercio, sibbene munificenza della cassa verso le persone ch' avevano carpito il *fido*, e pigliavano denaro a ragione molto più discreta di quella ch' avrebbero altrimenti ottenuta. Le somme poi erano restituite a spilluzzico; restavano immobilizzati, per lungo volgere di tempo, capitali procacciati coll' emissione di titoli pagabili a vista. Rispetto poi al piccolo commercio, la difficoltà di determinare chi fosse il piccolo commerciante fece sciupare molti quattrini. Secondo il criterio di certe Commissioni, qualunque ciabattino o rigattiere aprisse bottega era nel diritto di sottoscrivere cambiali ed averne la valuta di contanti. Non all'onesto commerciante facevasi dunque il prestito, sibbene a chi lo domandava col proposito deliberato di consumare una truffa.

*
* *

38. La legge monetaria, 24 agosto 1862, mise in grande angustia gli amministratori ed impiegati del Banco. L'art. 11 dice:

" Nei contratti e negli atti pubblici, nei registri di contabilità delle pubbliche amministrazioni, ed in ogni altro libro o documento che riguardi gli interessi del pubblico, i valori devono essere calcolati ed espressi in lire e centesimi della moneta italiana ; ogni contravvenzione commessa, da un uffiziale pubblico, alle disposizioni di questo articolo è punita con la multa di L. 50. „

" Una medesima obbligazione, di esprimere i valori in lire e centesimi della moneta italiana, è estesa a tutte le scritture private, a datare dal 1° gennaio 1863. I contravventori sono soggetti ad una multa da lire 5 a L. 50. „

Si dovettero, per conseguenza, cambiare tutt' i registri e tutte le scritture, e fu necessaria la calcolazione del ragguaglio in lire per le reste a ducati di tutt' i conti aperti ; cioè per varii milioni di fedi, polizze e polizzini, cambiali, cartelle di pegno etc. che al giorno 31 dicembre 1862 figuravano come debito o come credito. Notisi che fu promulgata la legge prima di mettere in circolazione la moneta decimale, sicchè le scritture si portavano a lire e centesimi, le riscossioni e pagamenti si facevano con ducati e grana. Questa medesima legge ammise il doppio tipo, oro ed argento, dichiarò obbligatoria l'accettazione, per qualsivoglia somma, tanto della moneta di oro quanto dei pezzi da 5 lire d'argento, (1) e con l'articolo 7 disse :

" Niuno è obbligato a ricevere, nei pagamenti, una somma mag-
" giore di lire cinquanta, in monete divisionarie (pezzi da L. 2,
" 1, 0,50, 0,20) le quali sono invece senz' alcun limite ricevute
" nelle pubbliche casse. La moneta di bronzo può essere impiegata,
" nei pagamenti, solamente a compimento delle frazioni di lira. „

Le difficoltà, pel Banco, di eseguire questa legge non stavano solo nell' obbligo di cambiare i sistemi contabili. L'Istituto, che teneva separate scritture pei vari metalli, ed anche per determinati tipi

---

(1) Cosa già condannata dalla scienza economica. Questa ha messo fuori dubbio, sia con ragionamenti, sia con la storia dei prezzi, che cambia il valore relativo dell' oro ed argento. Un grammo di oro, che adesso si permuta con quindici di argento, può, dopo qualche tempo, valere quattordici ovvero sedici, secondo che muta la produzione e la richiesta dell'uno e dell'altro metallo. Quando dunque la volontà del legislatore stabilisce un rapporto proporzionale, fissando il peso così delle monete d'oro come di quelle d'argento, e con arbitraria determinazione della equivalenza, succede che le riscossioni ed i pagamenti siano fatti col metallo che vale meno.

di monete, dovette sollecitare un decreto ministeriale sulla fusione dei conti oro ed argento. (1)

---

(1) *Il Ministro delle Finanze*

Volendo provvedere a vari dubbi surti nel servizio pratico del Banco di Napoli; Considerando che avendo il Banco espressamente conservato, nei suoi titoli, il patto di rimborsarne il valore colla moneta del metallo che rappresenta, non possa disertare dai principî incrollabili del dritto comune, e quindi debba religiosamente rispettarlo. Che siffatta teoria viene apertamente ritenuta nel sistema pratico con cui il Banco stesso attualmente regola la sua scrittura, vale a dire tenendo il doppio conto argento ed oro, da cui s' inferisce con chiarezza che non abbiasi inteso confondere il duplice tipo metallico. Che non valga il dire che il banco, in virtù della legge 24 Agosto 1862, possa sottrarsi dalle osservanze del principio, avvegnachè la legge cui si accenna non ha distrutto il tipo argento, e perciò il Banco non è messo nell' assoluta impossibilità, per negarsi all'esatto adempimento del patto cui è tenuto, senza urtare la legittimità dei dritti dei suoi deponenti e scuotere la base fondamentale del suo credito ; che ciò non pertanto, qualora i deponenti e loro cessionari non incontrassero alcuna difficoltà a ricevers i somme in oro, per rimborso delle bancali di valore argento, niun dubbio che il banco possa prestarvisi, senza pregiudizio alcuno.

Considerando che tanto il Banco che la cassa di sconto, nel ricevere e fare i pagamenti, non possono sottrarsi al dettato nella legge 24 Agosto 1862 ; ma che il Banco, esclusivamente nelle relazioni coi suoi deponenti, sia facoltato a dichiarare sotto quali condizioni intende ricevere, da ora innanzi, i depositi, qualora le stesse non siano in opposizione alla legge.

Considerando che a soddisfare quei pagamenti che potranno venir domandati in argento dagli esibitori di titoli di tale metallo, sia indispensabile tenersi una sufficiente riserba di tale moneta; che ciò non ostante, per effetto delle risoluzioni prese nel presente decreto, nel banco affluisce una quantità di detto numerario argento assai superiore al bisogno che possibilmente potrà sperimentarsi; che perciò tutto quello che sia da stimarsi eccedente, senza il benchè menomo inconveniente, possa passarsi al governo, mercè il pronto rimborso, nei modi consentiti da' regolamenti.

Considerando che le copie delle polizze, estratte dai giornali, mancano delle formalità, dalla legge prescritte, per dare agli atti la caratteristica di autentici, e che le verifiche a cui potrebbero servire i giornali possono eseguirsi dagli altri uffici bancali, sicchè manca lo scopo per cui quei giornali furono dai regolamenti bancali stabiliti.

Decreta ecc.

Art.° 1.° Il Banco pagherà agli esibitori delle sue carte in argento l'equivalente in oro , a meno che espressamente reclamassero l'argento.

Art.° 2.° Ad oggetto di diminuire il numero dei suoi creditori di argento, tutte le operazioni della Cassa di Sconto, meno quelle che riguardano il Governo, da ora in avanti debbono essere eseguite sulla madrefede in oro, versando al Banco tutte le polizze d'argento , non che il contante che si esigerà in pagamento.

Art.° 3.° Similmente tutte le Operazioni delle officine di pegnorazione, che superano le venti lire, debbono essere eseguite in oro, cumulandosi nella riserba metallica argento, tutte le somme che di tale metallo verranno restituite in riscatto di pegni

Art.° 4.° Onde il Banco venga ad esimersi per l'avvenire da qualsiasi inconveniente, nei rapporti coi suoi deponenti, dal 1.° Gennaio 1863 in avanti, nelle sue carte, dovrà espressamente dichiarare, che la restituzione dei depositi sarà fatta in oro, oppure in argento.

Art.° 5° Ad evitare il cumulo delle monete in lire due , una e di quelle in centesimi cinquanta, di cui è parola nella Legge 28 Agosto 1862, il Banco, semplicemente nei depositi, non sarà tenuto a ricevere oltre la decima parte delle cennate monete ; e lo stesso sistema sarà serbato nella restituzione a coloro che si negassero riceverne in maggiore quantità.

Art.° 6.° La riserba di metallo argento non potrà essere minore di L. 8 milioni e sulle quantità che eccederanno tal cifra potranno essere consegnate al Governo le somme di vecchia moneta non decimale, previo il pronto rimborso in effettivo oro , ovvero col mettere alla Cassa di Sconto e con l'interesse del 2 p %; in conformità dei regolamenti cambiari della Banca Nazionale, o di altre case commerciali.

Art.° 7.° Ove mai si sperimentasse il caso che la detta riserva diminuisca al disotto delle L. 8 milioni di sopra stabilita, sarà sospesa ogni ulteriore consegna di somma al Governo, ed il Consiglio di Amministrazione del Banco proporrà i mezzi opportuni ad aumentarla.

Art.° 8.° Resta abolita la scritturazione delle polizze sui giornali.

Art.° 9° Gl'impiegati che fin'ora sono stati addetti a siffatto servizio, saranno dal Consiglio di Amministrazione destinati negli uffici del Banco ove il bisogno lo esigerà.

Dato a Torino li 17 Novembre 1862

Flr. Il Ministro — *Sella*

Questo distrusse la secolare consuetudine, riconosciuta da leggi, ch' era un grande titolo di benemerenza pel banco, di determinare cioè quale metallo, od anche qual tipo di moneta fosse rappresentata dalla sua carta apodissaria. Non sapremmo abbastanza deplorare gl' infelici ripieghi coi quali cancellarono uno dei caratteri distintivi della valuta nominativa; proprio quello che ricordava i banchi Olandesi e per centinaia d' anni aveva fatto innocui, nel Regno di Napoli, gl' inconvenienti del polimetallismo e del lavorìo di zecca non concordante coi bisogni del mercato. Avendosi indicazione della qualità di moneta, nessuno poteva temere che il banco rimborsasse con valuta d' inferiore qualità. Ogni criterio d' aggio, come pure di perdita o guadagno, per decorrere di tempo e per modificazione del relativo prezzo dei metalli, era dunque escluso dall' indole stessa della carta bancale. Le nostre casse non solo erano regolatrici della circolazione, ma servivano pure come serbatoi delle quantità superflue ; dappoichè, quando cominciava a correre aggio sfavorevole per uno dei metalli, o per qualche determinata moneta, il possessore usufruiva del dritto di permutarlo con titolo creditorio, universalmente accetto e ricevuto al prezzo nominale.

Le controversie per l' applicazione del sistema decimale non vennero da questo criterio teorico, di cui non tennero conto, sibbene dallo scapito che ragionevolmente se n' aspettava il banco per l'inferiore qualità della roba nuova. Avendo la Zecca coniato moneta spicciola d' argento, al titolo di 835 millesimi, ed essendosi poi detto che nei pagamenti se ne dovessero accettare lire 50 e non più, il Banco correva rischio che tutta questa moneta spicciola restasse nel suo Tesoro. Infatti, mentre che pel carattere di pubblico cassiere doveva prenderne la quantità che somministrava il Governo e l'altra che tutta la clientela versava per accreditare madrefedi o per avvalorare fedi di credito, non aveva poi dritto di pretendere che i creditori ne accettassero più di lire 50.

L' officina Cassa di Sconto ebbe anch'essa facoltà di giovarsi dell' art. 7, rifiutando la moneta spicciola d' argento, per somma maggiore di L. 50. Però le operazioni di collocamento avevano importanza troppo minore di quelle apodissarie; per ogni sacco di spezzati, che la *Cassa di Sconto* rifiutava, n'entravano cento nella *Cassa di Corte o dei Privati*. E quello stesso sacco rifiutato poteva benissimo diventare una fede di credito, che la Cassa di Sconto avrebbe ricevuta.

L' accettazione della moneta decimale trovava invincibile ostacolo nelle abitudini del popolo Napoletano.

Conviene anche dire che questa legge monetaria, 24 agosto 1862, fu pessimamente eseguita, sia perchè non si ritirarono in breve tempo le monete Borboniche, sia perche si tardò troppo a mettere in circolazione le monete decimali, e non si provvide alla difficoltà del cambio.

Per molti mesi, quelle lire e centesimi che la minaccia d' una multa faceva servire di base ai computi, furono più rare delle medaglie Puniche. Ogni individuo doveva dunque tenere i conti con una moneta; riscuotere o pagare con un'altra. Quando finalmente il Governo fece cominciare la coniazione dei pezzi decimali,, preferì le lire o mezze lire; perchè il titolo $\frac{835}{1000}$ procacciavagli un utile di 7 1|4 per cento circa, ed anche perchè aveva detto, con l' art. 6 della legge:

" I pezzi da L. 5, di argento, al titolo di 900 millesimi, non si
" conieranno se non per conto e sopra domanda di privati, ed avran-
" no corso legale al pari delle monete di oro. „

Tutti però sapevano di quanto il valore intrinseco degli spezzati fosse inferiore a quello dei pezzi da 5 lire ; ed anche minore di quello dei carlini o tarì, che avevano $\frac{11}{12}$ ovvero $\frac{917}{1000}$ di fino.

Rifiutandosi dal pubblico le nuove monete , perchè scadenti ed ignote, quella grande quantità di lire e mezze lire, che usciva da zecche nazionali o estere, la tesoreria di Napoli consegnava alle casse del Banco, pigliando invece fedi, polizze e crediti per madrefedi, che adoperava per i suoi pagamenti. Gravi perdite temeva l'Istituto se per avventura i proprietari della carta , domandandone il pagamento in oro e argento, avessero rifiutato le quantità di moneta spicciola maggiori di L. 50.

Pel bronzo, peggio ! Trentadue milioni di lire, in soldi e centesimi , furon coniati, per ordine del Governo Italiano, in zecche forestiere, dagli appaltatori della monetazione Estivent, Colombier etc. e vennero quasi tutti a Napoli nel 1863, alla cassa del Banco, che offeriva la comodità di permutare con carta.

Da ciò inconvenienti di ogni sorta. I cambiavalute facevano monopolio sulla moneta di bronzo e sulla carta che la rappresentava, con aggio a loro favore che giunse al 4 per cento; la tesoreria dello Stato pagava con polizze del conto bronzo , adoperando la cassa del banco per metterne in giro eccedente quantità; temevasi che gli appaltatori della monetazione, sedotti dallo straordinario guadagno, potessero coniarne più di quanto si era convenuto. Il pubblico non voleva quella roba, ed il Banco era costretto a tenere 56 impiegati nella sua *Cassa del bronzo*, spendendo, pel solo materiale, per sacchi cioè, corde, registri, più di lire ottomila all'anno.

Non si seppe trovare altro rimedio che sopprimere questa cassa del bronzo, essendosi gli amministratori convinti che faceva danno al paese, mentre rovinava la reputazione dell'istituto, per la perdita che subivano i portatori delle mentovate polizze di tesoreria. Dopo due giornate di dispute nel Consiglio Generale (16 e 20 luglie 1863) fu invitato il Tesoro dello Stato a ripigliare il bronzo, e chiudere le relative madrefedi. Si approvarono eziandio, unanimamente, le seguenti due proposte :

" 1. Il Banco, dal 1.° gennaio 1864, cesserà dal fare opera-
" zioni d'introito in contante di bronzo.

" 2, Dal 1.° gennaio 1864 al 31 dicembre, detto anno, il
" Banco farà operazioni sulle fedi, madrefedi, e polizze di bronzo
" già emesse (1), elasso il quale periodo i possessori di tali effetti
" avranno soltanto il dritto di ritirare, in una sola volta, in nume-
" rario, la moneta depositata. „

Per gli spezzati di argento poi, il Consiglio Generale medesimo (tornata 3 Decembre 1863) manifestò i suoi voti al Governo affinchè :

" 1. La coniazione degli spezzati sia fatta in moneta da due
" lire, in preferenza di quella da una lira, ed in tanta quantità
" da far fronte alla quantità di vecchi spezzati.

" 2, Siccome gl'inconvenienti pel baratto, fra la vecchia e la
" nuova moneta, si verificano più per gli spezzati che per le piastre,
" così occorrerà che le piccole monete borboniche fossero ritirate
" a preferenza delle piastre.

" 3. Ritirare la vecchia rame con nuovi spezzati e non col bronzo,
" per non contravvenire alla legge.

" 4. Provocare, per mezzo dei poteri competenti, una modifica
" alla legge 24 agosto 1862, nel senso che i pagamenti, invece

---

(1) Questi termini perentori si dovettero poi prorogare. Deliberazione del Consiglio Generale 5 gennaio 1865.

" di eseguirsi con la quota fissa di 50 lire in moneta spezzata,
" fossero fatti per un decimo o per un ottavo nella indicata moneta „.

Molti provvedimenti occorsero per levare dal mercato la moneta napoletana, sostituendo il sistema decimale. Nondimeno gl'inconvenienti ed i pericoli cessarono solamente nel 1866, pel danno assai più grave derivante dall'applicazione del corso forzoso. Ma non fu colpa del Banco, che da parte sua si adoperò, con la massima energia, onde il passaggio dal vecchio al nuovo sistema monetario fosse fatto col minore danno e fastidio dei cittadini. Sul finire del 1864, quando cioè le zecche italiane avevano quasi fatta la riconiazione delle piccole monete di argento, ma si subivano gli effetti di una crisi monetaria, che colpì tutte le Borse di Europa, con incalcolabili perdite ed aggravio d'interessi, il Banco ebbe il coraggio di dire che accettava qualsivoglia quantità di moneta spicciola di nuovo conio, ma che non intendeva di costringere i suoi creditori a prenderne più di quanto volessero.

Bastò questo per togliere la paura e le difficoltà, avvegnacchè tutti mandavano al Banco la moneta $\frac{835}{1000}$ cambiandola con fedi di credito, pagabili dopo in oro o in moneta $\frac{900}{1000}$. La lieta accoglienza fatta dal Banco agli spezzati di argento valse per sè sola a metterli in credito od almeno a diminuirne l'antipatia. Avendo ciascuno modo di sbarazzarsene facilmente, mancò la ragione di rifiutarli o di tenerli in uggia. Si ritirò pure la vecchia moneta, e si diffusero nel minuto commercio i nuovi spezzati d'argento, con semplicissimo espediente, che fu l'apertura di dodici officine di cambio nei varii quartieri della città. Ivi il baratto della vecchia con la nuova moneta era fatto, dai fattorini del banco, senz'aggio. In breve tempo furono levate dalla circolazione lire undici milioni della prima, emettendo egual somma dell'altra, non ostante che il valore intrinseco o *titolo* fosse inferiore.

*
* *

39. Vecchio desiderio dei Napoletani erano le casse di risparmio, che il Governo dei Borboni, per inesplicabile antipatia, aveva sempre contrariate. Una sola timida prova era stata permessa alla Società di assicurazioni diverse ; ma con ordinamento della cassa per la società vessatorio, scarso di beneficio pei depositanti, cosicchè poco s'era raccolto, e quel poco apparteneva a persone agiate, cioè agli stessi azionisti della società, ed a persone che avevano con questa quotidiane relazioni, per affari bancarii.

Il Governo Nazionale vide la necessità di divulgare l'uso dei piccoli depositi ad interesse e dei libretti nominativi. Ma la vera occasione di fondare altra cassa di risparmio fu l'incredibile numero di petizioni per elemosine che, nei primi mesi, si presentarono a Vittorio Emmanuele ed ai suoi Rappresentanti. I tesori di Golconda non sarebbero bastati a soccorrere tanta gente. La risposta negativa che facesse minor danno alla popolarità del nuovo Monarca, dei Luogotenenti, e del Municipio, si stimò poter consisterc nel dono di un piccolo capitale, per la fondazione d'un istituto di previdenza. Con grande sfoggio di rettorica, furono, dalla stampa liberale, incolpati i Borboni della petulanza de' richiedenti; e sviluppate teorie intrinsecamente giuste, vale a dire che la nuova cassa avrebbe giovato molto più dell'elemosina, sia perchè offeriva a chiunque volesse giovarsene il modo di provvedere agl'impreveduti bisogni, sia perchè doveva diffondere principii di morale, di ordine, di assegnatezza. Per siffatte ragioni furono donate L. 152,250, e nacque la cassa di risparmio.

Non mancarono sul principio difficoltà e perdite di tempo. Il primo statuto, fatto per regolarne l'amministrazione, che porta la data 30 marzo 1861, ebbe l'approvazione del Luogotenente Farini, ma rimase lettera morta, e la cassa non si potette aprire a quell'epoca, per le preoccupazioni politiche che impedirono di pensarvi seriamente. Anche le pratiche del Luogotenente Lamarmora niente conclusero; e solamente ai 14 settembre 1862, con la firma del Ministro Pepoli, comparvero sulla Gazzetta Ufficiale il decreto costitutivo della cassa di risparmio ed un nuovo statuto. Quest'ultimo era stato discusso e proposto da una commissione della quale fecero parte Giovanni Manna come Presidente, Nicola Nisco come Segretario.

Troppo piccolo era il capitale di L. 152,250; e difficilmente avrebbe attecchito la cassa di risparmio *Vittorio Emmanuele*, se il Banco non provvedeva alle spese di fondazione e d'esercizio, alla sicurezza dei depositanti, agl'impiegati, ai locali ed a tutto l'occorrente. Fu la cassa dichiarata *annessa* al Banco di Napoli, ed ebbe sul principio una certa autonomia, per la ragione che nel 1862 il Banco dipendeva ancora dal Ministro delle finanze, ed il fisco non volle assumere nuove responsabilità. Pur nondimeno lo scopo dell'annessione fu d'improntare alla cassa di risparmio il nome del Banco di Napoli, quasi che sorgendo con la protezione del vecchio istituto, e togliendo esempio dal modo scrupoloso come è diretto, in breve avesse acquistato credito uguale. Il fatto rispose alla espettazione. Nessun dubbio fu mai espresso sulla sicurezza dei depositi. Questi hanno sempre superato le speranze; sono giunti a somma che reca fastidio per la difficoltà di collocarla con lucro che permetta di pagare o capitalizzare gl'interessi. Salvo pochi mesi dell'amministrazione Avitabile, potremmo dire che la storia della cassa di risparmio si riduca alla storia di provvedimenti diretti a scemare il movimento dei capitali.

Quando fu restituita al Banco l'autonomia, mediante lo statuto del 1863, che ora riferiremo, cessarono le ragioni per le quali la cassa di risparmio stava divisa. I consigli direttivi della cassa stessa e del banco fecero pratiche per una completa fusione dei due istituti; e pareva che nessun ostacolo dovesse sorgere. Ma una lettera del Ministro di Agricoltura e Commercio al Municipio, poco benevola pel Banco, mise tutto in quistione. Il Ministro suggeriva al Comunale Consiglio di riflettere meglio sul voto già espresso, dicendo che non occorreva preoccuparsi del credito ovvero esistenza della cassa di risparmio, la quale poteva benissimo vivere e prosperare, indipendentemente dal credito, concorso e garenzia del Banco di Napoli, nel modo stesso che vivono e prosperano le casse di Milano, Genova, Bologna. Aggiungeva che prima conseguenza del voto definitivo sulla fusione sarebbe pel Municipio la perdita del dritto di nominare gli amministratori, che godeva coll'articolo 17 dello statuto 1862.

Letta tale nota ministeriale, il Consiglio Comunale dichiarò, (1) a piccola maggioranza, che non intendeva di voler perdere un suo privilegio colla rinunzia alla scelta degli amministratori. Consentiva la fusione; però col patto espresso che fosse mantenuto e confermato l'art. 17 dello statuto 1862.

Era assolutamente impossibile, per ragioni di competenza amministrativa, ed anche per dignità, che il Banco si rassegnasse a questo; onde il Consiglio Generale, dopo grave discussione, approvò unanimamente l'ordine del giorno, proposto dal Comm. Aveta.

« Letto il resoconto della tornata del Municipio di Napoli, del 30 giugno ultimo ».

« Visto l'ordine del giorno, votato da quel Consiglio, ed espresso nei seguenti termini:

(1) Sessione 30 giugno 1864.

« Il Consiglio, letta la nota del Ministro di Agricoltura e Commercio, e vagliate le ragioni in essa contenute, dichiarando di non rinunziare al diritto di nomina del Consiglio di Amministrazione della Cassa di Risparmio Vittorio Emmanuele, che gli concede il decreto organico della medesima cassa di risparmio, conferma la deliberazione del dì 11 aprile 1864, sulla fusione col banco, e passa all'ordine del giorno.

« Considerato che, dopo il voto esplicito ed incondizionato per la fusione della cassa di risparmio Vittorio Emmanuele col banco di Napoli, manifestato da S. M. il Re, dal Generale Cialdini, dal Municipio di Napoli, e dallo stesso Consiglio di Amministrazione di quell'Istituto, soli e veri interessati nella quistione, non era ragionevolmente a dubitare che altri ostacoli ed inciampi sorgessero, per ritardare l'autorizzazione superiore, e l'attuazione sollecita di quella progettata annessione ».

« Che, lungi ogni idea di assorbimento, nell' accettare l' annessione completa, ed esprimere al governo il voto di convenienza ed apportunità che la cassa di risparmio si fosse fusa col banco di Napoli, il Consiglio Generale non ebbe, nè potrà avere, altro scopo che quello di provvedere al più largo sviluppo ed alla maggiore solidità di una istituzione tanto provvida e benefica pel popolo, concorrendo coi suoi mezzi e con tutta la sua possa ad assicurarne la esistenza.

« Che, nella condizione fattale dai suoi statuti, e stante l'affluenza nelle sue casse di forti depositi di speculazione, per loro natura celeramente rimborsabili, (fatto cui non è estranea la fiducia ispirata nel pubblico dal sapersi la cassa di risparmio annessa al Banco San Giacomo) e la mancanza di convenevoli sbocchi di impieghi, fecero un dovere imprescindibile al Consiglio generale del Banco di Napoli, accorrere tostamente all'aiuto, e prevenire anche l'ombra di una crisi passeggera, che più che altrove avrebbe potuto addivenire funesta al credito, all'avvenire ed alla stabilità del nascente istituto.

« Che, per le vicissitudini ed oscillazioni che sogliono accompagnare l'esordire di siffatte istituzioni, difficilmente la Cassa di risparmio, senza essere appoggiata al Banco di Napoli e confortata dal suo credito, avrebbe potuto resistere e far fronte alla urgenza e moltiplicità dei rimborsi, colle sottili ed esigue risorse della sua primitiva dotazione, che appena tocca le L. 152,000; e la quale a quest'ora sarebbe rimasta assorbita dalle prime spese di impianto, se il Banco non vi avesse altrimenti sopperito coi suoi mezzi, col personale e colla somministrazione gratuita dei proprii locali ».

« Che, nella normalità del saggio d'interesse sugli sconti, con grave difficoltà, privata dell' appoggio di un potente istituto di credito, potrebbe la cassa di risparmio corrispondere un interesse ragguagliato al quattro per cento; posto mente che dai suoi impieghi non ne possa ritrarre che il 5 al massimo, e col dover tenere in sofferenza una riserva in numerario almeno della metà, per far fronte ai numerosi e successivi rimborsi; ed è questa anche una ragione validissima per determinarne la fusione ».

« Che, improvvido consiglio sia quello, nell'interesse della cassa di risparmio, per ovviare ai possibili inconvenienti di estrazioni ed accumuli di capitali, e per metterla in grado ad ogni evenienza di far fronte a richieste straordinarie ed imprevedute di rimborsi, il determinarla a collocare i suoi fondi in rendita pubblica. Andandosi a ritroso di ogni principio economico, e della mala pruova fatta in Francia, che deplorevolmente ebbe a sperimentarne le disastrose conseguenze. Ciò produrrebbe un afflusso di capitali alla borsa, spostandoli dalla loro naturale destinazione, ch'è quella di sovvenire l'industria ed il commercio. Oltrechè non è conveniente nè savio esporre il capitale dei depositi alle rapide ed imprevidibili oscillazioni della rendita, facendo rimanere costantemente la cassa di risparmio sotto la minaccia di un vuoto e di una possibile crisi ».

« Che, mal si giudicherebbe della progettata fusione della cassa di risparmio di Napoli, facendo un paragone con quello che si è verificato a Milano, Bologna, nell'Umbria ed in altri luoghi d'Italia. L'incremento e grandiose proporzioni di quegli istituti mettono capo in ragioni speciali, che non è del proposito rivangare, che bene ad essi permisero di sorgere ed ingrandire nella sfera della propria autonomia. Per accennarle in iscorcio, vuolsi ciò ripetere dall'organamento dei loro statuti, che in molte parte diversificano da quello adottato per Napoli, da condizioni economiche ed industriali diversissime, e massime dallo sviluppo dato al credito fondiario, operazione non consentita alla Cassa di Risparmio di Napoli ».

« Che, come meramente gratuita e priva affatto di fondamento, il Consiglio Generale respinge da sè qualunque osservazione colla quale si sia voluto far credere che nel provocare ed accettare la progettata fusione, il Banco abbia voluto far torto alla popolazione Napoletana, quasi non fosse da tanto, o non sapesse concorrere e dar vita ad una istituzione di credito, da cui può e deve trarre molti ed innumerevoli vantaggi. Surta la amministrazione del Banco dal libero suffragio del popolo, fieri i suoi componenti di essere Napoletani, anche essi comprendono che tale un' accusa non li può riguardare. Però istituzione municipale antica e rispettata il Banco, come municipale la cassa di risparmio, dirette entrambe al vantaggio e progresso del popolo, non si potrà dai loro amministratori raggiungere il maggiore sviluppo, progresso ed ampliamento, se non si annettono e si uniscono in un sodalizio perfetto; e diventi un fatto quella fusione che ora si vorrebbe contrastare, con supposte ed insinuate idee di ambiziosi ingrandimenti ed indelicate ingerenze ».

« Che, la fusione col Banco della cassa di risparmio, nel modo come venne prima liberamente votata e consentita dal Consiglio Municipale e dagli altri corpi interessati, anzichè un fenomeno, invece di far torto alla popolazione napoletana, segnerebbe un progresso nella storia e svolgimento delle casse di risparmio; essendo un desiderato della scienza che, raccolti i piccoli risparmi, frutti di accumulata economia, una potente ed accreditata istituzione di credito li faccia valere e li metta nel torrente della circolazione, senza che la massa dei depositi costituisca un impaccio, più che una risorsa ».

« Che, ritenuta e dimostrata la espedienza ed utilità della fusione, per raggiungere lo scopo ed essere conseguente ai principii, il voto che la proclama e la consacra vuole essere libero ed incondizionato, non già ristretto e vincolato, qual'è quello del Municipio, che ha creduto poter riserbare a sè la nomina degli amministratori della Cassa di Risparmio ».

« Che, inaccettevole pel Banco, incompatibile, contraddittoria, risulta una tale condizione, perocchè la fusione deve importare unità di gestione, di direzione, di amministrazione, e quindi di polso esclude una estranea ingerenza, che verrebbe ad esercitare un potere la dove la responsabilità non sarebbe la sua ».

« Che, una doppia ed indipendente amministrazione contradirebbe ai regolamenti organici del Banco, distruggerebbe in fatto quella fusione che in principio si accetta; gitterebbe la confusione nella sua pratica attuazione; e potrebbe rendere il Banco garante e responsabile di fatti che non procedano dalla sua direzione ».

« Che, in ultimo, si tenga pure quel calcolo e quella buona ragione che si voglia dei motivi che consigliarono il Banco ad accettare e consentire alla fusione, è oltremodo urgente che cessi una situazione precaria, che prolungata potrebbe essere produttiva d'inconvenienti e perturbazioni deplorevoli, le quali occorre ad ogni costo evitare ».

« Il Consiglio (generale del Banco) delibera sospendersi ogni deliberazione sulla proposta avanzata dal Consiglio di Amministrazione; ma intanto esprimersi il voto al Ministro di Agricoltura, Industria e Commercio, per dichiarare e protestare: che qualora si voglia ritenere la condizione apposta dal Municipio, per la fusione nel Banco della Cassa di Risparmio Vittorio Emanuele, modificando in ciò la sua incondizionata adesione dell'11 aprile, quanto a riserbarsi la nomina del Consiglio di Amministrazione, il Banco di Napoli non intende prestare all'uopo, sotto questa novella condizione, il suo consentimento; salvo a prendere, dietro le superiori risoluzioni, gli opportuni provvedimenti, per regolare in prosieguo le sue relazioni e rapporti con essa Cassa di Risparmio ».

L'energico contegno del Consiglio Generale produsse buoni effetti, perciocché il Municipio fu sollecitato dal Ministero per novello studio della deliberazione; e di accordo cancellarono l'articolo che offendeva la dignità del Banco. Solo chiesero che la rendita del capitale donato dal Re e da Cialdini, quando fondarono la cassa, fosse al Municipio lasciata per le sue opere di beneficenza; su questo non s'incontrarono difficoltà, trattandosi di somma inferiore ad annue L. 10,000. Così nacque il decreto 20 novembre 1864, che consentì la fusione; onde la cassa di risparmio divenne un ramo d'operazioni del Banco, simile all'apodissario, allo sconto, ed agli altri svariati suoi servizi.

*
* *

40. Il merito maggiore dell'amministrazione Avitabile fu d'avere apparecchiato ed ottenuto un nuovo ordinamento del Banco, cioè il decreto 27 aprile 1863. Questo decreto, con la relazione del Ministro che lo accompagna, è l'unico moderno provvedimento governativo che mostri vero liberalismo. Bene si espresse l'Avitabile, chiamandolo atto eloquente di lealtà e giustizia, che manifesta con ammirabile chiarezza di quali ragioni finanziarie ed economiche tenne conto il Governo, quando rinunziò quasi ad ogni ingerenza nel Banco, gli lasciò la sua naturale autonomia, la pienezza dei suoi dritti, ed un'amministrazione niente fiscale.

Giovanni Manna, egregio nostro concittadino, fatto ministro, volle far tornare l'istituto ai suoi principii; e non potendo giungere alla risurrezione delle confraternite, che con tanta sapienza avevano fondato i Monti di Pietà; non informato dell'antico sistema di designazione del successore ; sistema che stimiamo abbia contribuito più di qualsiasi altra circostanza alla lunga e gloriosa vita dei banchi napoletani, costituì, col Consiglio Generale , l'assemblea che rappresenta l'*universalità degl' interessi*.

Riferiamo per intero tale relazione e decreto, dai quali comincia un nuovo periodo di storia del Banco.

Storia non meno istruttiva dell'anteriore; che ci proponiamo di raccontare, completandola colle minute descrizioni degli ordinamenti contabili ed amministrativi, quando l'Italia avrà la promessa legge di riordinamento bancario.

Relazione a S. M. fatta nell'udienza del 27 aprile 1863, in Pisa.

Il Banco di Napoli, nella forma in cui si trovava ridotto dal passato Governo, non poteva ulteriormente continuare. Istituito nelle sue origini a beneficio dei privati e per alcune opere di pietà, era esso diventato, a poco a poco, un amministrazione strettamente legata e dipendente dalle finanze, di cui servivasi largamente il Tesoro.

Già il Cav. Farini, primo Luogotenente di V. M. nelle province napoletane, avea cercato di ridonare a quell'Istituto una amministrazione meno dipendente dal Tesoro, e quindi una garantia maggiore ai privati depositanti, coll'ordinare altrimenti il Consiglio di amministrazione, coll'abolire il Reggente, il quale fino a quel tempo era stato un vero impiegato del Governo, e col porvi soltanto un Censore. Ma questi soli mutamenti non bastavano a togliere ogni attinenza intima fra il Banco e il Tesoro dello Stato, nè a finirla con una confusione dei due stabilimenti , ed in una ingerenza governativa esorbitante e compromettente.

Un altro gran passo verso la separazione assoluta degli interessi del Tesoro da quelli del Banco era fatto allorchè, pei regolamenti della contabilità dello Stato, applicati alle province meridionali col regio decreto del novembre 1861, veniva a cessare nel Banco di Napoli l'amministrazione dei fondi del Tesoro, col darsene il carico al Direttore dell'uffizio del Tesoro ed al Tesoriere presso di esso.

Altro importante fatto era quello che il Tesoro dello Stato ritirava dalla cassa di sconto i boni della cassa di servizio, che, per la quantità di meglio che 20 milioni di lire, erano stati scontati dalla cassa di sconto (1).

Ma tutto ciò, se dava inizio ad un nuovo ordine di cose, non ispezzava recisamente tutti i legami che mantenevano il Banco di Napoli avvinto al Tesoro, e gli davano il carattere di una amministrazione finanziaria.

Ciò non può durare. Il Governo non può farsi amministratore dei fondi de' privati, nè disporne a suo talento. Molto meno esso può regolare per lo minuto le operazioni della cassa di sconto, che è una delle dipendenze del Banco. Lo Stato non può farsi dispensatore del credito, nè giudicare a quale saggio abbia a farsi, nè chi lo meriti. Se ciò è incomportabile in qualunque forma di governo, è poi assurdo nel nostro, in cui il Governo deve offerire garentie a tutti, pel libero uso delle proprie facoltà.

Fin dai primi giorni, in cui da Vostra Maestà io mi ebbi affidata la direzione del Ministero di Agricoltura, Industria e Commercio, tolsi a studiare quali partiti si avessero ad adottare per uscire da questo stato anormale di cose, senza recare però nessuna scossa alla fiducia onde il Banco gode nella pubblica opinione in Napoli.

Un' altra ragione che mi spingeva a questa ricerca era l'opinione che io trovava radicata presso tutti coloro coi quali io avéa preso a trattare per la fondazione di una grande Banca Nazionale estesa a tutta Italia: lo sconto in Napoli, essendo regolato dal Governo, era impossibile a' capitali privati di esercitarlo in larga base, quando avessero ad ogni tratto ad incontrare la concorrenza di uno stabilimento amministrato direttamente dal Governo. E questa opinione era tanto ferma, che nei diversi progetti per la fondazione di una Banca Nazionale, che io trovava nel Ministero, erasi proposta la soppressione della cassa di sconto come dipendenza del Banco.

Se non che la voce sparsasi di questi studi, che facevansi nel Ministero, esagerata e travisata per la incertezza del partito che il Governo sarebbe stato per adottare, dette origine al timore che si fosse voluto sconvolgere quell' istituto, e torgli alcuno dei suoi attributi. L'opinione pubblica in Napoli ne fu scossa.

Ad evitare inutili polemiche, le quali nessun buon frutto avreb-

---

(1) Il nome di *Bono del Tesoro* sostituito a quello di *Bono della Cassa di servizio* faceva sempre sussistere il fatto del mutuo allo Stato. *Ritiro dei boni* non significava restituzione dei denari.

bero potuto produrre; io m' indirizzai, con lettera del 31 marzo, messa a stampa, alla Camera di Commercio ed arti di Napoli, per ispiegarle gl' intendimenti del Governo. La risposta della Camera non mi è ancor giunta: ma l' opinione pubblica si è apertamente pronunziata favorevole al mantenimento del Banco, con tutte le sue dipendenze, compresa la cassa di sconto. Se non che tutti han riconosciuto, quasi unanimemente, di dover esso ritornare ad essere un istituto interamente separato dal Tesoro e governato con norme diverse dalle presenti, che lo tengono sotto l'amministrazione diretta del Ministero delle Finanze.

Forte di questo appoggio dell' opinione pubblica, e trovando le stesse idee nel mio collega delle finanze, il quale è il primo a riconoscere gli assurdi, ed anche i pericoli e le responsabilità che il Governo può incontrare nei presenti ordini del Banco, io vengo, d'accordo con lui, e col parere unanime del Consiglio dei Ministri, a sottomettere all' approvazione della M. V. il seguente Regio Decreto pel riordinamento dell' amministrazione del Banco.

Lo spirito che informa questo Regio Decreto è quello appunto di spezzare ogni legame fra il Tesoro dello Stato ed il Banco di Napoli, e di restituire quest' ultimo alla sua vera indole d' istituto di beneficenza e di credito, come sono le casse di risparmio, il Monte de' Paschi di Siena, ed altre simiglianti utilissime istituzioni, onde l' Italia è sì ricca.

Non altra che questa era infatti stata l' indole del Banco di Napoli, fino a che un Governo poco scrupoloso non andò ad attingervi le risorse di cui mancava, per cooperare coll'Austria alla repressione della rivoluzione francese.

Prima di quel tempo erano in Napoli sette banchi, i quali erano sorti dal concorso d'illustri e pii personaggi napolitani. Costoro aveano voluto fondare dei *Monti di Pietà*, dove si ponessero in pegno oggetti preziosi e pannilini e stoffe, per averne danaro in caso di bisogno. Quei Monti esercitavano altre opere pie, come escarcerazione dei debitori, maritaggi, ospedali, ed anche riscatto di coloro che erano fatti schiavi da Barbareschi.

Col processo di tempo, i privati cominciarono a riporvi in sicuro il loro danaro, avendone in vece delle cedole o polizze, ossia *certificati di deposito*, i quali erano accettati in pagamento senza difficoltà, mediante la semplice apposizione del nome, tanta era la fiducia che in quei Monti si avea. Fino il Tesoro dello Stato vi teneva il suo danaro.

Cotesti istituti andarono sempre acquistando maggiore importanza, tanto che nel 1793 tenevano un deposito di circa 100 milioni di lire (somma enorme per quei tempi) e una proprietà valutata a L. 60 milioni circa.

Ma nel 1794 cominciarono tempi fortunosi per quegli antichi istituti. Ferdinando IV organizzava la guerra che, di unita all'Austria, far doveva alla Francia nell'anno seguente, nei campi del Piemonte e della Lombardia, dove si mostrò la prima volta il raro genio di Napoleone I. Ma, scarso di risorse, pensò di valersi di quel denaro che era depositato nei banchi. Dopo averli tutti riuniti in una solidale Amministrazione e posti sotto la dipendenza del Governo, fece emettere per L. 140 milioni di carte dei banchi; ciò che ne produsse il discredito. I banchi non si rimisero più dopo quella scossa, ad onta di molti provvedimenti adottati per rassicurare la fede pubblica.

Il Governo francese, succeduto nel 1805 a quello del Borbone, in mancanza di mezzi per restituire ciò che erasi preso dalla caduta dinastia, studiò ogni modo di richiamare la fiducia universale; ma non potè riuscirvi. Esso però riunì in un solo tutti i banchi, ed aggiunse alle operazioni di pegnorazione quella dello sconto delle cambiali. Il Governo tentò di fondar questa con un principio più logico, qual era quello di costituire una società di azionisti per interessarsi nella cassa di sconto insieme al Governo. Gioacchino Murat soscrisse le prime azioni, per invogliare altri a seguitare l'esempio; ma il tentativo non ebbe successo.

Ritornata, al cadere del primo Impero francese, la dinastia dei Borboni, uno dei suoi primi atti fu il riordinamento del Banco, e sopra le basi allora stabilite quell'istituto si è governato fin oggi.

Esso però, quale fu costituito dal Ministro di finanze di quel tempo, il de Medici, diventò quello che è stato poi sempre, un istrumento del Governo per servirsi del danaro dei privati.

Infatti, il Decreto del 12 dicembre 1816, istituiva il *Banco delle Due Sicilie* con due casse, l'una detta *dei privati*, l'altra di *Corte*. Nella prima erano ricevuti i depositi di privati e con essi si faceva la pignorazione degli oggetti di oro, d'argento, metalli ignobili, gioie, pannilini e stoffe. Ad essa erano costituiti in garentia tutti ibeni mobili ed immobili che ancor rimanevano di antica proprietà dei banchi.

Nella cassa di Corte erano depositate tutte le entrate del Tesoro, ed essa faceva il servizio del Tesoro stesso. A sua garantìa erano dati i beni del Demanio dello Stato e le rendite del Tavoliere di Puglia. Eravi annessa una cassa di sconto per gli effetti del Tesoro e dei privati. Ma era data nel tempo stesso facoltà ai privati di depositare anche nella cassa di Corte il loro danaro.

La cassa dei privati era posta sotto la sorveglianza del Governo. Quella di Corte sotto la dipendenza del Ministro delle finanze.

Il Banco era governato da un Reggente, e da alcuni Presidenti e Governatori nominati dal Re.

Parea dopo ciò che, se non molte, almeno alcune garentie fossero date a' privati pei loro depositi; ma la facoltà data a costoro di porre anche nella cassa di Corte il loro danaro, era la prima origine di confusione fra gl'interessi dei privati e quelli del Tesoro, e questa confusione veniva accresciuta dalla istituzione, avvenuta nel 1824, di una seconda cassa di Corte, dove erano ammessi del pari i depositi privati, e cui fu data l'opera della pignorazione degli oggetti d'oro e d'argento, in concorrenza di quella che già facevasi dalla cassa dei privati.

Da ciò nascea che non era possibile distinguere le casse di Corte e la cassa dei privati; e quindi la ingerenza, o a dir più veramente l'amministrazione diretta del Governo si estendeva a tutto.

E questa ingerenza esagerata diventava ancor più grave allorquando, col Decreto del 25 giugno 1818, affine di dar vita alla cassa di sconto, promessa due anni prima, autorizzavasi il Tesoro ad anticipare un milione di ducati (4,250,000 lire italiane) alla detta cassa, coll'interesse del 9 per 100, ridotto in seguito al 6, coll'obbligo di restituire sul dippiù degli utili.

Era ben naturale che il Governo volesse vegliare al modo come era amministrata quella cassa, e difatti tutto il regolamento del 1818 concorda nel dare al Ministro delle Finanze una disposizione quasi assoluta di essa.

Egli fissava il saggio dello sconto ; egli doveva ogni settimana conoscere le operazioni che si faceano, egli poteva concedere sconti oltre i limiti fissati dal regolamento; egli infine potea variare questi regolamenti a suo giudizio.

Ma ciò non faceasi per sola libidine di potere. Nella cassa di sconto voleasi trovare modo di mantenere il debito galleggiante dello Stato, evitando il bisogno di negoziare i boni del Tesoro nella piazza, come si usa di fare da ogni altro Stato.

Questi boni erano scontati dalla cassa suddetta al 2 per 100 appena. Nè rare volte il Tesoro ha creato rendita del debito pubblico, scontandola quivi per non uscire a venderla nella borsa.

Il Tesoro scontava quivi del pari le cambiali che riceveva dai negozianti, in pagamento de' dazi di dogana e per non lievi somme.

La cassa di sconto insomma era un istrumento di credito nelle mani del Tesoro, servendosi del danaro dei privati.

È superfluo, dopo ciò, ricordare tutti i regolamenti successivamente fatti dal Governo per la detta cassa. Essi, anzichè mutar nulla all'ordine di cose creato negli anni 1816 e 1818, non ebbero altro scopo che di confermarlo ed allargarlo.

Il Banco era definitivamente considerato come un annesso del Tesoro dello Stato, ed avea perduto ogni qualità del Banco di depositi e prestiti privati.

I depositi privati erano investiti in non piccola parte di tali operazioni; le carte circolanti, emesse dalla cassa di sconto, erano vere creazioni, perchè sui depositi dei privati si erano già dati i certificati di deposito, che circolavano in tutto l'ex-reame.

E perchè meno si fosse potuto dubitare che il Banco era un istituto governativo, vi era stata unita anche l'amministrazione della Zecca dello Stato.

Ma perchè mai, ad onta di ciò, la fiducia pubblica nel Banco non era stata scossa? Perchè vi continuavano i depositi de'privati?

Varie ne sono le ragioni ed evidenti.

I *certificati di deposito*, o, come in Napoli addimandansi, *fedi di credito*, hanno avuto de' privilegi tutti speciali.

Sul dorso di esse potevasi fare qualunque contrattazione voleasi, fino di compre-vendite di stabili di qualunque anche più ingente valore, senza obbligo di registro o di carta bollata. Il giorno in cui la fede di credito era restituita per pagamento al Banco stabiliva la data certa.

Quest'agevolezza è stata sempre considerata come della massima importanza.

Oltre a ciò il Banco prestava un servizio gratuito ai depositanti, i quali sull' ammontare de' loro depositi potevano trarre mandati in favore di terzi, Le case di commercio, tutta la gente un po'agiata, come tutte le amministrazioni pubbliche, si servivano di questo mezzo semplicissimo di pagamento, senza aver bisogno di tener presso loro il danaro.

Le casse pubbliche erano tenute a ricevere le fedi come danaro sonante ; e nelle province i cassieri dello Stato erano obbligati a mutarle in danaro.

In un paese dove mancava ogni altro istituto di credito, questi privilegi non importavan poco.

La circolazione in quelle province era quasi tutta di monete di argento. La moneta d'oro era stata sempre in piccola quantità, e dopo che nel 1853 le casse pubbliche ebbero divieto di accettarle in pagamento, diventarono anche più scarse. Per le grosse somme era meglio aver polizze del Banco.

Il Governo non avea mai tollerato che sorgesse alcuna istituzione di credito che avesse rilasciato biglietti al latore. Quale altro mezzo dunque rimaner potea per tenere in deposito i capitali, che il Banco ?

E poi bisogna pur dirlo: la confusione che il Governo avea fatta de' depositi dei privati e pubblici aveva esteso nel fatto anche ai primi la garentia del Governo. Ognuno teneva per fermo, che questo non avrebbe mai potuto abusare del Banco in modo da compromettere i pagamenti delle fedi di credito ; sarebbe stato un darsi la scure sui piedi e vedersi ad un tratto privato di ogni risorsa.

Ecco le vere ragioni per le quali il Banco di Napoli ha potuto continuare a godere della pubblica fiducia, non ostante la soverchia ingerenza governativa e l'abuso fattone.

Io ho già detto, in principio di questo rapporto, che, pei nuovi ordini di contabilità generale dello Stato , il Tesoro non si serve più del Banco di Napoli pe' suoi servizi. Il tesoriere della Direzione del Tesoro in Napoli ha invero in deposito il danaro che in Napoli si riunisce per conto dello Stato, ma ve lo tiene come ogni altro privato. Gli esiti del Tesoro non si fanno più per mezzo del Banco ; non vi ha altro che un conto col tesoriere. Si paga anzi un compenso al Banco per questo solo servizio; cosa non mai fattasi prima.

In conseguenza, fino dal 1° gennaio 1862, le casse di Corte del Banco son finite di sussistere, e tutto il Banco è la sola cassa dei privati.

Nè ciò soltanto; ma anche nella cassa di sconto è finito ogni interesse del Tesoro.

Due erano questi : l' uno per *buoni* della cassa di servizio del Tesoro, i quali non erano circolanti sulla piazza, e che il Tesoro spesse volte rinnovava, pagandone il solo interesse del 2 per 100 l'anno. Ora ciò non più esiste. Il Tesoro li ha cambiati con *boni del Tesoro italiano*, a scadenza di pochi mesi, e che sono sempre soddisfatti regolarmente.

La cassa di sconto li ha come un impiego qualunque, e può realizzarli in piazza sempre che ne abbia mestieri.

L'altro interesse, che il Tesoro aveva nella cassa di sconto, era pel capitale di L. 4,250,000, dato a prestito nella sua fondazione nel 1818, coll' obbligo della restituzione, la quale si avrebbe dovuto eseguire mediante acquisto di rendita del debito pubblico, fatto al fine di ciascun semestre cogli utili della cassa, detrattane la quota spettante al Tesoro, per gli interessi del detto capitale.

Ma ciò non erasi mai eseguito. Il Banco aveva acquistato bensì delle rendite del debito pubblico, ma non erasi mai fatta veruna restituzione.

Intanto il Tesoro aveva in parecchi incontri fatto cedere alcune partite di rendita, ma come un diritto del Tesoro a partecipare degli utili del Banco in generale, e gli esempii di ciò erano stati non rari.

Ora, qualunque siano per essere le ragioni del Tesoro contro il Banco e viceversa, rimane indubitato che le somme così incassate dal Tesoro superano il capitale di fondazione della cassa di sconto, in lire 4,250,000; e che, salvo una liquidazione definitiva, può tenersi per fermo non essere più nel Banco la detta somma di conto del Tesoro.

Il perchè il Ministro delle finanze ha consentito a dichiarare che, fatto salvo ogni diritto del Tesoro, e riservandosi un diffinitivo conteggio col Banco, il capitale di lire 4,250,000 trovasi già ritirato, e che in conseguenza è cessato ogni interesse del Tesoro nella cassa di sconto.

Anche la Zecca, la cui amministrazione era riunita a quella del Banco, ne è stata separata dall'anno scorso.

Stante dunque questa separazione, già avvenuta, il Governo può agire più francamente, e ridonare al Banco di Napoli la sua amministrazione ; salvo la sorveglianza che il Governo ha dovere di esercitare su di ogni stabilimento che non sia puramente privato. E, perchè questo nuovo ordine di cose apparisca più spiccatamente, il Banco cesserà di dipendere dal Ministero delle Finanze e passerà sotto la sorveglianza del Ministero di Agricoltura, Industria e Commercio, al pari di ogni altro stabilimento pubblico di credito.

Ma come regolare questa amministrazione ?

I veri interessati nel Banco sono coloro che vi hanno il loro danaro; ma coloro che vi hanno fatto il primo deposito di una certa somma non ne sono più proprietarî appena che , avuta la *fede di credito* del loro deposito, ne hanno disposto, cedendola ad altri con una semplice firma del loro nome, e queste cessioni sono quotidiane e frequentissime. Può dirsi che tutto il pubblico sia interessato al Banco, perchè tutti ricevono o possono ricevere i loro pagamenti in fede di credito.

Manca adunque una rappresentanza diretta degl'interessati nel Banco e non si può costituire.

È stato perciò necessario di aver ricorso ad una rappresentanza, dirò così, degl' interessi dell' universale.

Io propongo alla M. V. che voglia approvare che l'amministrazione del Banco sia affidata ad un Consiglio Generale e ad un Consiglio di Amministrazione.

Il primo sarà composto di membri elettivi, delegati dalla Camera di commercio, dal Consiglio provinciale, dal Consiglio comunale, e dalla Camera degli avvocati di Napoli; non che da' Presidenti della camera di commercio e del Tribunale di commercio, e dal Sindaco della città di Napoli.

E poichè anche in Bari c'è una cassa del Banco, concorreranno alla composizione del Consiglio Generale i delegati della Camera di Commercio e dei Consigli provinciali e comunali di Bari.

V' interverranno ancora i componenti del Consiglio di Amministrazione , perchè è necessario che sia nel Consiglio Generale chi dia tutti i chiarimenti opportuni, e porti nella discussione i risultamenti della pratica quotidiana delle faccende del Banco. Essi intanto non avranno voto deliberativo nella revisione dei conti, ed in affari in cui sieno personalmente interessati, o abbiano presa parte come amministratori.

Per altro, il Consiglio di Amministrazione, nel modo com'è da me proposto, offre tutte le garentie al Consiglio Generale. Ne faranno parte due de' suoi componenti, ed il Direttore del Banco e due Ispettori generali.

Il Banco avrà, oltre del detto Direttore, un numero di Sotto-Direttori e di Ispettori da determinarsi dal Consiglio Generale. Due degl' Ispettori avranno la qualità d' Ispettori generali.

Tutti costoro saranno sostituiti agli attuali Presidenti e Governatori, i quali costituiscono ora due Consigli, e le cui attribuzioni erano inconciliabili col nuovo ordinamento.

La nomina del Direttore, de' Sotto-Direttori e degli Ispettori io ho stimato dover essere riservata alla M. V., a mostrare come il Governo guardi con interesse a questo Istituto. Ciò si pratica per altri grandi stabilimenti di beneficenza di Napoli.

Questo sistema accrescerà le garentie per l' universale, senza togliere la loro responsabilità innanzi al Consiglio generale.

Oltre di questi mutamenti inevitabili, ho creduto doversi lasciare al Consiglio Generale il provvedere a tutti gli altri che occorreranno.

Il Consiglio Generale approverà i bilanci ed i conti consuntivi; delibererà sulle alienazioni, permute e transazioni de' beni del Banco; sulla organizzazione dei servizi o stipendi degl' impiegati, ed altri affari generali.

Per le sole riforme degli attuali Statuti del Banco occorrerà la approvazione del Governo.

Il Consiglio Generale si riunirà, ogni anno, in sessione ordinaria, al 1° novembre. Le sue sedute non dureranno oltre i trenta giorni. Esso si sceglierà il suo Presidente, Vice-Presidente e Segretario.

Potrà essere convocato, in sessione straordinaria, dal Consiglio di Amministrazione e dal Governo.

Se non che, per questa prima volta, dovendosi adattare l' ordinamento del Banco al nuovo sistema, io propongo alla M. V. di convocarlo pel 1° del prossimo luglio. Si avrà per tal modo l'agio di tutto preparare acciocché, pel 1° di gennaio 1864, funzioni il nuovo ordine di cose.

Come conseguenza di ciò, l' attuale Amministrazione continuerà nelle incombenze fino al 31 dicembre del volgente anno.

Nel segnare il progetto di R. Decreto qui unito, la M. V. è per dare alla Città di Napoli un' altra prova dei sentimenti nobili e generosi ond' è animata verso quelle popolazioni.

Confermando gli statuti del Banco, garentendo i depositi che vi si fanno, da ogni deviazione in benefizio di altri che non vi abbiano interesse, affidandone l' amministrazione a persone delegate dai corpi che rappresentano, per diversi modi, gl' interessi economici di quelle popolazioni, e lasciando a questa nuova Amministrazione una grande libertà d' azione, il Governo della M. V. coopererà a volgere a vero vantaggio di que' popoli una istituzione la quale, sorta dalla pietà dei loro maggiori, era stata deviata dalla vera sua indole.

Io non dubito punto che quest'atto sarà apprezzato al suo giusto valore nelle Provincie Napoletane.

Nè dubito medesimamente che il Consiglio Generale sarà all' altezza della sua missione. Esso saprà comprendere la franchezza e lealtà del Governo della M. V., e saprà rispondervi con pari franchezza e lealtà.

Le facilitazioni, confermate al Banco, per la circolazione delle cartelle che esso emette, e per le sue operazioni di pignorazioni e di crediti, lungi di essere, come per lo passato, un impedimento alla fondazione di altri istituti di credito, dovranno essere volte ad agevolare questa; perchè soltanto col moltiplicarsi di tali istituti si estenderà la benefica azione dei capitali in tutte le branche dell' industria nazionale e si affretterà il miglioramento economico delle popolazioni di tutte le Provincie Napoletane, che è nei voti di tutti.

L' agevolezza, che è confermata, di fare pagamenti alle Casse pubbliche con *fedi di credito* del Banco, dovrà essere valutata in guisa da rendere agevole al Tesoro qualche operazione, non di credito, ma di depositi e giro di fondi nelle occorrenze, e da prestarsi volentieri a rendere qualche uffizio al Tesoro, come sarebbe per avventura il pagamento dei semestri di rendita dello Stato e simili.

Se il Tesoro favorisce il credito del Banco, con accettare le sue carte, è giusto che gli si renda qualche servizio di poco conto.

Sono perciò certo che il Consiglio Generale, comprendendo tutte queste necessità, ne terrà il dovuto conto nelle proposte che sarà per fare nella sua prima sessione.

Real Decreto del 27 aprile 1863 N. 1226.

VITTORIO EMMANUELE II. ecc.

Visti i Decreti del 12 dicembre 1816, del 26 giugno 1818, del 23 agosto 1823, dell' 8 febbraio 1857, relativi al Banco di Napoli e diverse sue dipendenze;

Veduto l'altro Decreto, del 18 maggio 1857, col quale il Banco suddetto fu aumentato di un'altra Cassa di Corte nella Città di Bari;

Veduto il Decreto del 30 novembre 1860, del Luogotenente Generale nelle Province Napoletane;

Considerando che i Banchi di Napoli, i quali erano in origine Monti di Pietà, dove i privati mettevano in deposito il loro danaro, erano stati deviati dalla loro pristina istituzione, diventando un'amministrazione governativa, così per l'aggiunzione delle Casse di Corte pel servizio del Tesoro, nelle quali promiscuamente erano depositati il danaro dello Stato e quello dei privati, come per essersi dal Tesoro anticipate al Banco lire quattromilioni duecentocinquantamila, per la fondazione di una Cassa di Sconto;

Considerando che, per l'applicazione dei nuovi regolamenti della contabilità generale dello Stato, fino dal 1° gennaio 1862 sono cessate le operazioni e quindi le garentie delle Casse di Corte per servizio del Tesoro, e che, salvo la liquidazione definitiva dei conti, il Tesoro non ha più interesse nella Cassa di Sconto;

Volendo restituire il Banco alla sua vera indole, di uno stabilimento pubblico, nel quale il Governo non ha altra ingerenza se non quella della sorveglianza, e volendo nello stesso tempo dare garentie ai privati, per l'amministrazione dei loro depositi;

Sulla proposizione del Ministro di Agricoltura, Industria e Commercio, di concerto con quello delle Finanze;

Udito il Consiglio dei Ministri;

Abbiamo decretato e decretiamo:

Disposizioni Generali.

Art. 1. Il Banco di Napoli, con tutte le sue attinenze, cessando di dipendere dal Ministero delle Finanze, sarà, come ogni pubblico stabilimento di credito, sotto la sorveglianza del Ministero di Agricoltura, Industria e Commercio.

Art. 2. Esso conserva i suoi attributi ed i suoi statuti, in quanto non sono opposti alle disposizioni del presente Decreto, e salvo la revisione da farsene, a norma degli articoli 6 e 12.

Art. 3. L'amministrazione del Banco sarà affidata ad un Consiglio Generale e ad un Consiglio di Amministrazione.

Del Consiglio Generale.

Art. 4. Il Consiglio Generale si compone nel seguente modo:

Per la Città di Napoli
- Sindaco della Città,
- Presidente della Camera di Commercio ed Arti,
- Presidente del Tribunale di Commercio,
- Quattro membri eletti dalla Camera di Commercio,
- Quattro eletti dal Consiglio provinciale,
- Quattro eletti dal Consiglio comunale,
- Due eletti dalla Camera degli avvocati.

Bari
- Due eletti dalla Camera di Commercio ed Arti,
- Due eletti dal Consiglio provinciale,
- Altrettanti eletti dal Consiglio comunale.

I componenti del Consiglio di Amministrazione faranno parte del Consiglio Generale, ma non avranno voto deliberativo nell'esame dei conti consuntivi, ed in ogni affare nel quale sieno personalmente interessati, o abbiano preso parte come amministratori.

Art. 6. L'uffizio dei componenti elettivi durerà per un triennio.
Essi potranno essere rieletti.
Le loro funzioni saranno gratuite.

Art. 5. Il Consiglio Generale è incaricato:

I. Di discutere ed approvare il bilancio annuale e i conti consuntivi;

II. Di fissare gli stipendî del Direttore, Sotto-Direttori, Ispettori ed Impiegati ;

III. Di deliberare sull'alienazione e permuta di beni di dotazione del Banco;

IV. Di deliberare, sulla proposta del Consiglio di Amministrazione, intorno alle modificazioni che si crederà opportuno di fare negli Statuti del Banco, salvo l'approvazione del Governo;

V. Di deliberare sulle modificazioni da arrecarsi ai regolamenti generali ed organici delle diverse dipendenze e sopra ogni altra proposta d'interesse generale, non che sugli altri affari che il Consiglio di Amministrazione giudicherà di presentargli.

Art. 7. Il Consiglio generale si riunirà in Napoli, ogni anno, il 1° di novembre, in sessione ordinaria, da non poter durare oltre trenta giorni.

Potrà essere convocato in sessione straordinaria, a richiesta del Consiglio di Amministrazione o del Governo.

Esso eleggerà il suo Presidente, il Vice Presidente ed il Segretario.

Le sue deliberazioni saranno prese a maggiorità assoluta di voti.

Il numero dei votanti, perchè una deliberazione sia valida, dovrà essere della metà più uno dei componenti il Consiglio generale.

In ogni caso, dovrà intervenire un numero non minore della metà dei membri elettivi.

Art. 8. Nell'adunanza annuale, il Consiglio di Amministrazione presenterà, unitamente al progetto di bilancio dell'anno seguente, ed al conto consuntivo dell'anno precedente, una relazione sull'andamento dell'amministrazione del Banco e sui miglioramenti da arrecarsi.

Del Consiglio di Amministrazione.

Art. 9. Il Consiglio di Amministrazione si compone del Direttore e di due Ispettori generali del Banco, e di due Delegati scelti dal Consiglio Generale fra i suoi membri.

Il Direttore ne è il Presidente.

Uno degl'impiegati superiori del Banco eserciterà l'uffizio di Segretario.

Art. 10. Il Consiglio di Amministrazione eserciterà le stesse incombenze che sono ora attribuite all'attuale Consiglio di Amministrazione.

Art. 11. Oltre il Direttore del Banco, vi saranno Sotto Direttori ed Ispettori, per le varie sue dipendenze.

Due dei detti Ispettori avranno la qualità di Ispettori generali.

Il Direttore e tutti i detti funzionari saranno nominati con Real Decreto, sulla proposta del Ministro di Agricoltura Industria e Commercio.

Disposizioni transitorie.

Art. 12. La prima adunanza del Consiglio Generale è convocata, in sessione straordinaria, pel 1° luglio corrente anno, per prender notizia dell'andamento del Banco, stabilire le norme generali per la sua amministrazione; ed anche per regolare i rapporti tra il Banco e la Banca Nazionale.

Art. 13, L'Amministrazione attuale continuerà nelle funzioni fino al 31 dicembre 1863.

Ordiniamo che il presente Decreto, munito del Sigillo dello Stato, sia inserto nella raccolta ufficiale delle Leggi e dei Decreti del Regno d'Italia, mandando a chiunque spetti di osservarlo e di farlo osservare.

Dato a Pisa, 27 aprile 1863.

VITTORIO EMMANUELE

G. Manna — M. Minghetti.

INDICE DELLE MATERIE CONTENUTE NEL PRESENTE VOLUME

CAPITOLO I.

Fondazione ed ordinamento dei vecchi Monti di Pietà di Napoli

Leggi e fatti concernenti li mutui contro pegno. 1538 a 1793

1. Fondazione del *Monte di Pietà*, malamente attribuita ad una espulsione degli Ebrei — 2. Monti di Pietà anteriori a quelli di Napoli; Controversie teologiche cui dettero occasione — 3. Il Monte di Roma. Applicazione del fervore religioso alle opere filantropiche — 3. Il *Monte di Pietà* di Napoli — 5. Il *Monte dei Poveri* — 6. La *Casa Santa* dell'*Annunziata* ed il Banco *Ave Gratia Plena* — 7. L'Ospedale degl'*Incurabili* ed il Banco di *Santa Maria del Popolo* — 8. Il Conservatorio e Banco dello *Spirito Santo* — 9. L'Ospedale e Banco di *Sant' Eligio* — 10. La Chiesa, Ospedale e Banco dei *Santi Giacomo e Vittoria*—11. Il Banco del *SS. Salvatore*—12. Antiche regole sui pegni. *Pag.* 3

CAPITOLO II.

Il servizio apodissario degli antichi banchi

1. Antichi banchieri a Napoli. Privilegio di Giovanna d'Aragona — 2. Prammatiche di Carlo V. e di Filippo II. — 3. Elenco dei banchieri. Notizie sui loro libri commerciali — 4. Dispute per le cauzione = 5 Tentativo di mettere un monopolio bancario (1580) — 6. Petizioni del Monte della Pietà e della Cassa Santa dell'Annunziata — 7. Il Banco *Incurabiles* — 8. Provvedimenti presi contro dei Banchieri — 9. Secondo tentativo di mettere il monopolio con la *Depositeria Generale* — 10. Indole ed operazioni

dei banchi nei primi tempi — 11. Le alterazioni di monete — 12. Sedicente riforma monetaria del Card. Zapatta — 13 Sospensione di pagamento dei banchi per le zannette — 14. Prammatica 10 aprile 1623 — 15. La *Gabella* sul vino — 16. Prammatiche sulle monete tosate — 17. Altre sospensioni di pagamento al 1636 ed al tempo di Masaniello — 17. L'ufficio di *Regio pesatore* e le monete scarse — 19. Dispute pel denaro *demortuo*—20. Riforma monetaria del Marchese del Carpio—21. Bilanci del 1701—22. Uso di tagliare le monete false o tosate—23. Fallimento del Banco e Casa Santa dell'Annunziata—24. Ordinanze dei Vicerè Austriaci che proibiscono la riscontrata—25. Altro tentativo di monopolio bancario—26. Atti di Carlo III. e di Ferdinando IV.— La denunzia dell'Avvocato Rossi—28. Bilancio dei banchi al 1788. . . . *Pag.* 111

CAPITOLO III.

Appropriazioni fiscali e liquidazioni forzose; tentativi fatti per ricostituire i banchi ai tempi di Ferdinando IV e di Gioacchino Murat, 1794 a 1815

1. Ultimi atti amministrativi del marchese Palmieri — 2. Apparecchi di guerra e spese relative—3. Prime frodi nei banchi. Vuoti Todisco e Guarino—4. Giunta dei banchi e decreto di fusione 29 settembre 1794—5. Scredito delle carte bancali e sospensioni di pagamenti—6. Spedienti per l'aggio; confisca degli oggetti d'oro e di argento—7. Altre appropriazioni indebite—8. Atti della Repubblica Partenopea—9. Ritorno dei Borboni. Crediti sequestrati nei banchi—10. Proposta Zurlo; sua lettera ad Acton—11. Discussione alla Giunta di Governo. Parere del marchese Simonetti — 12 Editto 8 maggio 1800 — 13. Esecuzione di tale editto—14. Giunta dell'aggio. Annullamento di crediti contro del Governo o dei banchi—15. Tristi condizioni degli istituti di credito—16. Nuovo ordinamento dei banchi e nuove frodi. Destituzione di Zurlo—17. Editto 18 agosto 1803—18. La Deputazione degli apodissarii—19. Le polizze di rame—20. Povertà dei Banchi all'epoca della Deputazione. I provvedimenti di Giuseppe Bonaparte e di Gioacchino Murat—21. Legge 11 giugno 1806—22. Decreto 20 maggio 1808—23. Legge 6 dicembre 1808—24. Il Banco Nazionale delle due Sicilie — 25. Proposta d'introdurre i biglietti al latore—26. La Reggenza del Banco delle due Sicilie=17. Soppressione del Banco Nazionale. Decreti 22 marzo e 21 agosto 1809—28. Decreto 20 novembre 1809—29. Esecuzione di esso—30. Pretensioni del Fisco ed imbarazzi del Banco per la tentata spedizione di Sicilia—31. Decreto 18 novembre 1810—32. Decreti 11 febbraio 1813 e 14 febbraio 1814—33. Crisi economica del 1813—34. Ultimi Decreti di Gioacchino. *Pag.* 317

CAPITOLO IV.

Il Banco delle due Sicilie, 1816 a 1863

1. Stato del banco quando ritornò Ferdinando IV. Decreto 5 dicembre 1815—2. Nuovo ordinamento. Decreti 1 ottobre e 12 dicembre 1816—3. Regolamento ed istruzioni 26

febbraio 1817. Loro difetti—4. Altri difetti del regolamento del 1817—5. Il servizio dello Stato—6. La Cassa di Sconto. Decreto del 1818—7. Regolamento per i pegni di rendita—8. Operazioni della cassa di sconto dal 1818 al 1820.—9. L'archivio generale— 10. I pegni di tessuti e metalli — 11. Conseguenza pel banco della rivoluzione del 1820; confisca dei suoi certificati di rendita — 12. Progetto di fondare un banco per azioni. Discussione nel Parlamento Napoletano—13. Crisi del 1821 e Decreti del 1822— 14. Provvedimenti per la zecca. I pegni di monete e di verghe — 15. La cassa del rame—16. Riapertura della Cassa Spirito Santo—17. Ordinanza dei diciottesimi—18. Decreto 12 febbraio 1832 ed altri atti di Francesco I e Ferdinando II—19. Progetti del ministro d'Andrea—20. Regolamento della cassa di sconto 2 aprile 1839. Variazioni sul saggio dello sconto e la ragione degl' interessi—21. Istruzioni 20 gennaio 1841 sulle rinnovazioni di pegni di rendita—22. Casse succursali di Palermo e Messina—23. Stato della cassa di sconto al 1834 — 24. Rivoluzione del 1848. Verifica e separazione delle casse di Sicilia—25. La succursale Bari—26. I pegni di mercanzie. Decreto e regolamento 3 febbraio 1858—27. Atti governativi del 1859 _ 28. La situazione 31 luglio 1858—28. Operazioni della cassa di sconto dal 1818 al 1861— 30. La mancanza di succursali—31. Decreti di settembre e novembre 1860—32. Programma Avitabile—33. Crisi del 1861. Le minorazioni—34. Ostacoli all'accettazione della carta— 35. Piccole riforme—36. La cassa Donnaregina—37. Il sedicente piccolo commercio — 38. Legge monetaria del 1862—39. La cassa di risparmio—40. Nuovo ordinamento del Banco, rapporto Manna e decreto 27 aprile 1863. . . . . *Pag.* 485

Lightning Source UK Ltd.
Milton Keynes UK
UKHW051403051118
331648UK00027B/395/P